LE NOUVEAU ET PARFAIT NOTAIRE REFORMÉ

Suivant les nouvelles Ordonnances,

CONTENANT

Des Formules, Stiles & Protocoles *Modernes*, pour dresser toutes sortes de Contrats & Actes, tant en matiere Civile que Bénéficiale, suivant l'usage du Pays Coutumier & des Provinces de Droit Ecrit.

AVEC

Des Observations & des Remarques sur la nature & forme desdits Contrats & Actes. Ensemble les Edits, Déclarations, Arrêts, Actes de Notoriété & Reglemens concernant les fonctions des Notaires.

Par JEAN CASSAN.

Nouvelle Edition corrigée & augmentée considérablement & mise par ordre Alphabetique *en forme de Dictionnaire.*

Par FRANÇOIS-BENOIST DE VISME.

A PARIS, AU PALAIS,
Chez THEODORE LE GRAS, au troisiéme Pillier de la Grande Salle, à l'L couronnée.

M. DCC. XLIX.

Avec Approbation & Privilege du Roi.

A MESSIEURS
LES CONSEILLERS DU ROI,

Notaires Gardes-notes & Gardes-Scels au Châtelet de Paris.

MESSIEURS,

Le Livre que j'ai l'honneur de vous présenter, est plutôt votre ouvrage que le mien, puisque c'est le Recüeil des Contrats & Actes dressés parceux qui ont excellé parmi vous.

Le nombre d'années qu'il y a que je me fais gloire de ſuivre de pareils guides, m'aſſure que ceux qui les ſuivront après moi ſe feront honneur en s'y conformant. C'eſt le ſeul but que je me ſuis propoſé, en vous aſſurant que je ſuis,

MESSIEURS,

Votre très humble & très-
obéiſſant Serviteur,
DE VISME.

AVERTISSEMENT DE L'EDITEUR,

Sur cette Nouvelle Edition du Parfait Notaire, *reformé suivant les nouvelles Ordonnances.*

POur rendre le Recueil d'Actes & Contrats de JEAN CASSAN plus complet, j'y ajoutai un Supplement qui fut imprimé il y a quelques années, l'accueil favorable avec lequel il a été reçû m'a engagé à exécuter le projet que je m'étois proposé long-tems auparavant, & dont je crois devoir ici rendre compte.

Comme j'ai toujours été attaché par inclination & par goût au Notariat, dans lequel j'ai été engagé dès ma jeunesse, j'ai lû avec attention presque tous les Ouvrages qui ont paru jusqu'à présent sur cette matiere, & particulierement la derniere Edition du Nouveau & Parfait Notaire de JEAN CASSAN qui parut en 1723, je conviens que les Remarques & les Observations en sont bonnes, étant fondées sur la Coûtume, sur les Ordonnances, & sur la Jurisprudence de tous les Tribunaux; mais à l'égard des Actes, je les trouvai d'une stile ancien & dur, j'y remarquai des clauses qui ne sont plus d'usage, & conçuës en termes Gaulois, ce qui me fit connoître que ces Actes avoient été copiés sur les plus vieilles Formules de nos Peres.

Dans ces circonstances je crus non-seulement qu'il étoit

néceſſaire de rectifier les Actes de CASSAN, pour les rendre conformes à l'uſage moderne, mais encore qu'il étoit utile d'en ajoûter un très-grand nombre de nouveaux qui y manquoient.

Je commençai d'abord par donner le Supplément dont je viens de parler, que je tirai d'un manuſcrit compoſé de Contrats & Actes que j'avois recueïllis avec choix, dans les Etudes des Notaires les plus expérimentés : j'avois raſſemblé tous ces Contrats & Actes pour ma ſatisfaction, & dans le deſſein de m'en ſervir pour mes propres affaires & pour celles de mes amis, qui me font ſouvent l'honneur de m'engager à leur dreſſer des projets d'Actes & Contrats dont ils ont beſoin.

Depuis j'ai travaillé non-ſeulement à rectifier les Formules de CASSAN, mais encore à en refondre un très-grand nombre, j'y ai ajouté toutes celles de mon manuſcrit & dudit Supplement, dont j'ai fait une compilation rangée en forme de Dictionnaire, *l'ordre Alphabetique étant d'un grand ſecours pour trouver ſur le champ les Actes dont on a beſoin*, j'ai laiſſé ſubſiſter les Obſervations & les Diſcours Préliminaires ſur la forme & la nature des Contrats & Actes tels qu'ils ſont dans CASSAN, & j'ai eu attention de n'en mettre que de concis & d'eſſentiels, afin que cet ouvrage fût plus abondant en Formules d'Actes, tant en matieres Laïques qu'en matieres Bénéficiales, (je dis Bénéficiales, étant permis aux Notaires de Paris d'en paſſer dans ce genre, depuis la réunion que Sa Majeſté a faite des Offices de Notaires Royaux Apoſtoliques à ceux du Châtelet de Paris, par Edit du mois de Février 1693.)

A la fin de ces Formules j'ai mis par ordre Cronologique les Edits, Déclarations du Roi, Arrêts & Actes de notoriété, dont les uns concernent la fonction des Notaires,

& ce qu'ils doivent obſerver dans la paſſation des Actes, & les autres regardent ces mêmes Actes auſquels l'application en doit être faite.

On y trouvera auſſi les Edits, Déclarations, Arrêts & Tarifs concernant le Contrôle, parce qu'il ſubſiſte en Province, & qu'il n'a été ſupprimé que pour les Contrats & Actes qui ſe paſſent par les Notaires de Paris ſeulement, ſuivant la Déclaration du Roi du 7 Décembre 1723, ce nouveau Protocole étant fait également pour la Province & pour Paris.

A l'égard des Obſervations & remarques ſur l'origine, les fonctions, les privileges & l'état préſent des Notaires Royaux, & Apoſtoliques, j'en ai toute l'obligation à un ami connoiſſeur en ces ſortes de matieres, qui a bien voulu me les communiquer.

Ce ſont-là les raiſons qui m'ont determiné à donner aujourd'hui au Public cette nouvelle Edition du Notaire de CASSAN toute différente de l'ancienne, avec d'autant plus de confiance qu'il n'y a preſque perſonne dans la ſociété civile qui n'ait un intérêt ſenſible d'être inſtruit en cette matiere, puiſque l'on a l'expérience journaliere, que quand les parties entendent & expliquent bien leurs conventions, cela donne beaucoup plus de facilité aux Notaires pour les rédiger dans la préciſion & dans la juſteſſe qu'elles doivent avoir, afin d'éviter par ce moyen les conteſtations & les procès qui en naiſſent trop ſouvent, faute d'être bien inſtruits du fait, & de pouvoir les prevenir par une redaction nette & non équivoque des clauſes néceſſaires dans les Actes, qui étant de juriſdiction volontaire, doivent n'avoir aucun trait à la contentieuſe, qu'à défaut de leur exécution.

Je ne dirai rien de plus ſur cette nouvelle Edition, me

soumettant au jugement des connoisseurs qui prendront la peine de l'examiner, toute ma satisfaction se borne à cet égard à souhaiter que ce Recueil puisse être utile au Public, aussi bien qu'à ceux qui travaillent à se former dans le Notariat.

TABLE

Des Titres des Contrats & Actes dont les modéles sont contenus dans ce Recueil.

MATIERE CIVILE.

PREMIERE PARTIE.

MATIERE BÉNÉFICIALE.

SECONDE PARTIE.

Voyez à la fin du Livre la derniere Table, *pag.* 917

TABLE CRONOLOGIQUE

Des Edits, Déclarations, Arrêts & Reglemens concernant les fonctions des Notaires.

MATIERE LAIQUE.

TABLE
CRONOLOGIQUE
Des Edits, Déclarations, & Arrêts concernant les Notaires.

MATIERE BÉNÉFICIALE.

Fin des deux Tables Cronologiques des Edits, Arrêts & Reglemens concernant les Notaires en matieres Laïque & Ecclésiastique.

APPROBATION.

J'Ai examiné par l'ordre de Monseigneur le Chancelier, le Livre intitulé, *le nouveau & parfait Notaire*, &c. Et j'ai trouvé que le nouvel arrangement & les augmentations rendront cette Edition encore plus utile que les précedentes. A Paris ce 2 Août 1747.

RASSICOD.

PRIVILEGE DU ROI.

LOUIS, par la grace de Dieu, Roi de France & de Navarre, A nos amés & féaux Conseillers les Gens tenans nos Cours de Parlement, Maîtres des Requêtes ordinaires de notre Hôtel, Grand Conseil, Prevôt de Paris, Baillifs, Sénéchaux, leurs Lieutenans Civils & autres nos Justiciers qu'il appartiendra : SALUT. Notre amé THEODORE LE GRAS, Libraire à Paris, ancien Adjoint de sa Communauté. Nous a fait exposer qu'il désireroit faire réimprimer & donner au Public un Livre qui a pour titre : *Le nouveau & parfait Notaire reformé suivant les nouvelles Ordonnances*, s'il nous plaisoit lui accorder nos Lettres de Privilege pour ce nécessaires : A CES CAUSES, Voulant favorablement traiter l'Exposant, Nous lui avons permis & permettons par ces Présentes, de faire réimprimer ledit Livre en un ou plusieurs volumes, & autant de fois que bon lui semblera, & de le faire vendre & débiter par tout notre Royaume pendant le tems de six années consécutives, à compter du jour de la date des Présentes : Faisons défenses à toutes personnes, de quelque qualité & condition qu'elles soient, d'en introduire d'impression étrangere dans aucun lieu de notre obéïssance. Comme aussi à tous Libraires & Imprimeurs, d'imprimer ou faire imprimer, vendre, faire vendre, débiter ni contrefaire ledit Livre, ni d'en faire aucun extrait, sous quelque prétexte que ce soit, d'augmentation, correction, changement ou autre, sans la permission expresse & par écrit dudit Exposant, ou de ceux qui auront droit de lui, à peine de confiscation des exemplaires contrefaits, de trois mille livres d'amende contre chacun des contrevenans, dont un tiers à Nous, un tiers à l'Hôtel-Dieu de Paris, l'autre tiers audit Exposant, ou à celui qui aura droit de lui, & de tous dépens, dommages & intérêts; à la charge que ces Présentes seront enregistrées tout au long sur le Registre de la Communauté des Libraires & Imprimeurs de Paris, dans trois mois de la date d'icelles: Que la réimpression dudit Livre sera faite dans notre Royaume & non ailleurs, en bon papier & beaux caracteres, conformément à la feuille imprimée attachée pour modéle sous le contrescel des Présentes. Que l'impétrant se conformera en tout aux Reglemens de la Librairie, & notamment à celui du 10 Avril 1725 : qu'avant de l'exposer en vente, l'imprimé qui aura servi de copie à la réimpression dudit Livre sera remis dans le même état où l'Approbation y aura été donnée ès mains de notre très-cher & féal Chevalier le Sieur Daguesseau, Chancelier de France, Commandeur de nos Ordres; Et qu'il en sera ensuite remis deux Exemplaires dans notre Bibliotheque publique, un dans celle de notre Château du Louvre & un dans celle de notredit très-cher & féal Chevalier le Sr Daguesseau, Chancelier de France, le tout à peine de nullité des Présentes: Du contenu desquelles vous mandons & enjoignons de faire jouir ledit Exposant ou ses ayans cause pleinement & paisiblement, sans souffrir qu'il leur soit fait aucun trouble ou empêchement: Voulons que la copie des Présentes, qui sera imprimée tout au long au commencement ou à la fin dudit Livre, soit tenue pour dûement signifiée, & qu'aux copies collationnées par l'un de nos amés & féaux Conseillers & Secretaires foi soit ajoutée comme à l'original; Commandons au premier notre Huissier ou Sergent sur ce requis de faire pour l'exécution d'icelles tous Actes requis & nécessaires, sans demander autre permission, & nonobstant Clameur de Haro, Charte Normande, & Lettres à ce contraires: CAR tel est notre plaisir. DONNE' à Paris le vingt-sixiéme jour du mois d'Août, l'an de grace mil sept cens quarante-sept, & de notre Regne le trente-deuxiéme. Par le Roi en son Conseil.

SAINSON.

Registré sur le Registre XI. de la Chambre Royale des Libraires & Imprimeurs de Paris, No. 837. fol. 732. conformément aux anciens Réglemens, confirmés par celui du 28 Février 1723. A Paris le 29 Août 1747.

G. CAVELIER, Syndic.

OBSERVATIONS

OBSERVATIONS GENERALES
Sur l'origine, les fonctions, les privilèges, & l'état présent des Notaires Royaux & Tabellions des Seigneurs.

LA réformation de la Justice au Châtelet de Paris faite par Saint Louis, fut l'un des premiers fruits du calme rétabli en France par Philippe Auguste; l'Ordonnance qui fut faite à cette occasion est rapportée dans Joinville, l'un des Seigneurs de la Cour de ce Prince & son Historiographe, & dans une autre histoire de sa vie; ce qu'il y a de certain selon ces Auteurs contemporains, c'est qu'il sépara toujours la recette du Domaine d'avec la Jurisdiction, qu'il donna la Prévôté en garde à Etienne Boileau, qu'il défendit de la donner à l'avenir, & qu'il venoit souvent au Châtelet y rendre la Justice en personne.

Mais comme les écritures faisoient alors partie du Domaine dont les Prévôts avoient eu la recette, S. Louis pour ne laisser aucun mélange de finance avec la Magistrature, créa en titre d'Office dans ce même tems *soixante Notaires*, pour ne travailler qu'au Châtelet de Paris, écrire & expédier les Actes de la Jurisdiction volontaire, & de mettre en grosse tous les Actes de la Jurisdiction contentieuse; *un Scelleur* pour y apposer le Sceau, & un *Receveur du Domaine*, pour recevoir ce qui en devoit revenir au Roi, & en rendre compte.

Nous ne sçavons en quelle année ces Officiers ont été créés, néanmoins le Pere Mabillon dans sa Diplomatique, déclare n'avoir trouvé aucun Acte signé par des Notaires en qualité d'Officiers, que depuis l'an 1270. sous le regne de Philippe dit le Hardi.

Après la création de ces soixante Notaires en titre d'Office, ceux qui furent choisis prirent le titre de *Notaires Jurés*, pour faire entendre qu'ils avoient Serment en Justice.

Ce Corps de Notaire à Paris y devint très-célébre, puisque dès l'an 1300. il avoit une Confrerie.

Par Lettres Patentes de Philippe le Bel, du mois d'Avril 1301.

adreſſées au Prévôt de Paris, les Notaires furent confirmés dans leurs droits & priviléges.

Dans les autres Bailliages, les Greffes & les Tabellionnages étoient encore réunis aux Prévôtés & Bailliages, & comme le tout ſe donnoit ſous la même forme, les Baillifs & Prévôts pour gagner davantage, ſe ſervoient de leurs Clercs pour Greffiers & pour Tabellions, ce qui fut défendu par le même Philippes le Bel en 1302. dans la ſuite Philippes le Long déclara, par ſon Ordonnance de l'an 1319. que les ſceaux & les écritures (ce qui ſignifioit en ce tems-là les Greffes & les Tabellionnages) étoient de ſon Domaine.

Anciennement en France les Notaires Royaux étoient qualifiés de *Clercs Notaires du Roi Notre Sire*, &, cette qualité leur venoit peut-être de ce que ſuivant la Préface des Chartres & priviléges des Notaires-Gardenotes du Châtelet de Paris, nous y liſons que les Notaires étoient autrefois Docteurs-Licentiés ou au moins Bacheliers en Droit.

En 1493. Charles VIII. ſépara les Greffes & les Notariats de l'Office de Prévôt & Baillif, leſquels s'étoient attribués le pouvoir d'en diſpoſer, il conſerva les Prévôts en titre, & donna à ferme les Greffes & les Notariats.

François premier créa depuis des Tabellions en titre d'Office par tout le Royaume, par ſon Edit de 1542. L'Arrêt d'enrégiſtrement en excepta la Ville de Paris; cet Edit défendit aux Juges, leurs Lieutenans & Greffiers de recevoir à l'avenir aucun Contrat volontaire entre les Parties, comme ils faiſoient pour lors, & en réſerva la faculté aux Notaires.

Le même Roi par ſon Ordonnance donnée à Angoulême, au mois de Novembre de la même année 1542. article III. accorda au Seigneurs Barons & Châtelains des Provinces reglées par le Droit écrit, le pouvoir de joüir des droits de Tabellionnage & Sceaux en leurs Baronies & Châtellenies, ainſi que faiſoient pour lors les Barons & Châtelains des Provinces reglées par les Coutumes, afin que l'égalité fût gardée entre les Seigneurs de même rang & de même qualité.

De plus, par cette même Ordonnance, Sa Majeſté ſupprima les Clercs (que le Roi Henri III. appella depuis dans ſes Lettres Patentes du 4. Octobre 1585. *Clercs-Jurés Subſtituts des Tabellions*) & établit à leur place des Notaires, & voulut que l'établiſſement des Tabellions fut général, auſſi bien que celui des Notaires, à la place des Subſtituts des Tabellions.

Par Ordonnance du Roi Charles IX. faite aux Etats tenus à Orléans au mois de Janvier 1560. Article IIII^xx V. les Tabellions créés & érigés en titre d'Office du tems & depuis le regne du Roi François I. furent éteints & supprimés.

En 1575. par Edit du mois de Mai, le Roi Henri III. créa *un Office de Notaire-Gardenotes* en tous les Bailliages, Sénéchaussées, Prévôtés & autres Siéges Royaux, pour avoir la garde de toutes les Minutes des Notaires après qu'ils seroient décédés ou qu'ils auroient résignés leurs Offices; & le Roi accorda à ces Officiers l'exemption de logement de gens de guerre, de Tutelle, Curatelle, établissement de Commissaires & autres Charges & fonctions publiques: néanmoins par l'Arrêt d'enrégistrement du Parlement du 22. Juin audit an, il est porté que lesdits Gardenotes ne seront point exempts de Tutelle.

Mais en 1579. ces nouveaux Officiers furent supprimés & réunis aux Notaires Royaux qui étoient ci-devant créés, lesquels ont conservés jusqu'à présent la qualité de Notaires-Gardenotes.

Jusqu'en 1597. les Charges de Notaires étoient données à ferme; mais par Edit du mois de Mai de ladite année 1597. le Roi Henri IV. les rendit héréditaires, unit & incorpora ensemble les Offices de Notaires-Tabellions & Gardenotes; de sorte que la garde des Minutes fait aujourd'hui partie de l'Office de Notaire, excepté en quelques Villes où les fonctions des Notaires & celles des Tabellions n'ont pas été réunies; & en ce cas, le Notaire reçoit la Minute, & le Tabellion en délivre l'expédition après l'avoir mise en forme. Et cet Office de Notaire au Châtelet de Paris en contient proprement trois; sçavoir, de Notaire, de Tabellion & de Gardenotes, tous trois Offices Royaux réunis & incorporés ensemble, suivant l'Edit ci-dessus de 1597. Ainsi les Notaires du Châtelet de Paris reçoivent les Actes, en gardent les Minutes, au moins pour la plûpart; & de ceux dont ils gardent Minutes, en délivrent des Expéditions & des Grosses aux Parties intéressées.

Ils joüissent de tous les droits & priviléges attribués aux Notaires Royaux, outre plusieurs prérogatives qui leur ont été accordées par nos Rois & qui leur sont particulieres; il n'y a en France que les Notaires de Paris, d'Orléans & de Montpellier, qui soient fondés en Ordonnance & Privilége particulier de pouvoir inſtrumenter en toutes les Villes & Lieux de ce Royaume, Pays & Terres de l'obéiſſance du Roi, où ils ſe rencontrent; de plus, ceux de Paris ont ſeuls le pouvoir d'inſtrumenter, recevoir & paſſer tous Contrats, Teſtamens, Inventaires, Partages, Terriers & autres Actes volontaires, en la Ville, Fauxbourgs & Banlieuë de Paris, ſans qu'il ſoit permis à aucuns Officiers de faire & paſſer èſdits lieux aucuns Actes concernant la Charge de Notaire, ſuivant les Edits & Déclarations qui leur ont été accordés par nos Rois, & notamment par l'Edit perpétuel du 5. Juin 1317. appellé la Conſtitution Philippine des Notaires du Châtelet de Paris.

Les Notaires de Paris ont été pris par le Roi Charles VI. en ſa ſauve-garde, par Lettres du mois d'Avril 1411. & ces Lettres ont été depuis confirmées par les Rois ſes Succeſſeurs, & notamment par l'Edit du mois de Mai 1575. dont il eſt ci-devant parlé.

Nous avons en France deux ſortes de Notaires; ſçavoir, les Notaires Royaux & les Notaires des Seigneurs, auſquels ont peut ajoûter les Notaires Apoſtoliques, dont il eſt ci-après parlé avant les formules des Actes pour les matieres Bénéficiales, à la fin de ce Livre.

Les Notaires Royaux ſont ceux qui ſont créés par le Roi dans les Juſtices Royales, pour recevoir les Actes faits entre toutes ſortes de perſonnes, de quelque qualité qu'elles ſoient & en quelque lieu qu'elles ayent leur domicile, pourvû que les Actes ſoient paſſés dans le reſſort de la Juriſdiction Royale, où le Notaire qui a paſſé l'Acte eſt immatriculé.

Mais il en eſt autrement des Notaires ou Tabellions des Seigneurs, qui ne peuvent recevoir des Actes que dans leur reſſort & entre perſonnes domiciliées dans les limites de leur Juriſdiction, à peine de nullité, ſuivant l'Ordonnance de Henri II. du 11. Décembre 1543.

Les Notaires doivent faire leur demeure dans l'étenduë du lieu où ils ont droit d'inſtrumenter, ſuivant l'Ordonnance du même Roi du mois de Novembre 1542.

Un Notaire ne peut recevoir ſeul un Acte tel qu'il ſoit, il faut qu'il le faſſe ſigner par ſon Confrere ou par deux Témoins âgés au moins de vingt ans, un Acte ſigné d'un ſeul Notaire ne peut paſſer que pour un Ecrit ſous ſeing-privé, & n'emporte aucune hypotéque étant réputé n'avoir aucune datte.

La fonction des Notaires est d'assurer la foi des Actes par leurs signatures & leur témoignage; ils peuvent recevoir des Actes tant entre vifs qu'à cause de mort; ils doivent écrire les Contrats & Actes sans chiffres, notes ou abbréviation, ainsi qu'il est porté par l'Arrêt du Parlement du 4. Septembre 1685. dont le dispositif est ci-après imprimé à la fin des formules d'Actes concernant les matieres Laïques.

Les seuls Laïcs peuvent être Notaires, & non les personnes constitués dans les Ordres sacrés, ni les Religieux, suivant l'Article II. de l'Ordonnance de Charles VIII. de 1490.

Pour pouvoir posseder une Charge de Notaire, il faut avoir vingt-cinq ans, suivant l'Article IIIIxxI. de l'Ordonnance de Charles IX. de 1560. ou bien il faut obtenir du Prince dispense d'âge.

Sous le nom de Notaires Royaux, sont compris les Notaires au Châtelet de Paris, qui ont des priviléges singuliers dont parties viennent d'être expliqués.

Il n'y a que le Roi qui puisse créer des Notaires Royaux, & les Apanagistes n'ont pas le pouvoir d'en créer dans les Terres de leur apanage; c'est un droit que le Roi s'est réservé à lui seul, comme étant un droit de souveraineté, ainsi qu'il est dit dans l'Ordonnance de Philippe le Bel de l'an 1302. Article XX. dans celle de Philippe V. dit le Long de 1319. & dans celle de Louis XII. Article XLII. de l'an 1510.

Cependant sous le bon plaisir de nos Rois, plusieurs Coutumes ont accordé aux Seigneurs Châtelains le droit de Tabellionnage; la Coutume de Blois porte, Art. XVII. que le Seigneur Châtelain a Scel, Contrôle & droit de Tabellionnage: Celle de Senlis a la même disposition, Article IIIIxxXIII. Celle de Touraine, Art. LXXV. porte que les Comtes & aussi les Barons peuvent avoir douze Notaires en chaque Comté & Baronie, & non plus; & les Seigneurs Châtelains six.

Par Edit du mois de Décembre 1635. registré en Parlement, & en la Chambre des Comptes le 20. desdits mois & an. Le Roi créa en titre d'Office vingt-sept Notaires au Châtelet de Paris, à l'instar de ceux ci-devant établis; & par cet Edit, Sa Majesté supprima l'Office de Contrôleur des Notaires audit Châtelet, qui avoit été créé par autre Edit du mois de Juin 1627. & en remit les fonctions ausdits Notaires.

Par autre Edit donné à Nancy au mois d'Août 1673. vérifié

au Parlement de Paris le 7. Septembre, & en la Cour des Aydes le 7. Octobre de la même année, la qualité de *Conseiller du Roi* fut accordée aux Notaires de Paris, avec pouvoir de passer tous Contrats, Inventaires & autres Actes, *sans déroger à Noblesse*, & au surplus déchargés du logement de gens de guerre, & conservés dans tous leurs priviléges, même au droit de Garde Gardienne.

Par autre Edit du mois de Juillet 1690. l'hérédité fut accordée aux Offices de Conseillers du Roi Notaires, Gardenotes & Garde-Scel au Châtelet de Paris.

Par autre Edit du mois de Février 1693. les Offices de Notaires Apostoliques ont été réunis à ceux des Notaires du Châtelet de Paris, par cet Edit qui est ci-après à la fin des formules d'Actes en matieres Bénéficiales, Sa Majesté a accordé le droit de *Committimus* au petit Sceau aux douze plus Anciens d'entre eux, lesquels ont la qualité de Délégués de leur Communauté.

Par autre Edit du mois d'Avril 1697. le Roi a désuni & distrait de l'Office de Garde-Scel des Contrats & Actes des Notaires, celui de Garde-Scel des Sentences & Actes Judiciaires, pour la Ville & Prévôté de Paris seulement; & par le même Edit, Sa Majesté a créé *vingt Notaires au Châtelet de Paris*, avec pouvoir d'instrumenter comme les autres Notaires, & en outre sceller les Actes qui se passeroient par tous les autres Notaires de Paris; ce pouvoir leur avoit déja été accordé par l'Edit du mois de Novembre 1696. & par la Déclaration du mois de Décembre suivant: ces vingt nouvelles Charges ont été depuis réunies au Corps des Notaires au Châtelet, en payant finance.

Par autre Edit du mois de Mars 1706. registré en Parlement le 14. Avril en suivant, le Roi créa en titre d'Office formé & héréditaire *douze* Conseillers du Roi, Syndics des Notaires au Châtelet de Paris; *deux* pareils Conseillers du Roi Syndics, dans toutes les Villes dans lesquelles il y auroit au moins huit Notaires; & *un* dans celles dans lesquelles il y en auroit au moins quatre, pour y faire & exercer mêmes & semblables fonctions que les autres Notaires Royaux des Villes & Lieux où ils seroient établis, & en outre celles de Syndic des Communautés desdits Notaires Royaux, & en cette qualité, joüir des droits & salaires qui se payoient ou devoient être payés ausdits Syndics électifs, ensemble de tous les mêmes honneurs, dignités, rang, séance, prééminences, prérogatives & priviléges, sans aucune exception ; recevoir en outre tous les deniers entrant en Bourse commune, avec attribution ausdits Officiers de 2. s. 6. den. tant pour chacun des Actes qui se délivreroient en Brevet, que pour chacune des Minutes qu'ils retiendroient ; de 2. sols par rôle des Actes & Contrats qui s'expédiroient en grosse ; & d'*un sol* par ceux des autres Villes : lesquels droits leur seroient payés par les Notaires à l'instant de leur signature, outre & par-dessus leurs droits ordinaires, le tout conformément aux dispositions portées audit Edit.

Ces nouveaux Officiers & attributions ont été depuis supprimés.

Par autre Edit du même mois de Mars 1706 Sa Majesté créa des Offices de Notaires Royaux, pour être établis dans toutes les Villes du Royaume, où la Justice n'appartient point au Roi.

Plus fut encore créé par autre Edit du mois d'Août 1707. une Charge de Syndic & Garde-Scel des Notaires en chacune Justice du Royaume.

Toutes les créations faites jusqu'à présent d'Offices de Notaires au Châtelet de Paris montent à *cent treize*, dont est composé leur Compagnie, & dont quatre d'entr'eux sont Syndics, un autre Greffier, & deux autres Receveurs & Payeurs de la Bourse commune, le tout par élection & à la pluralité des voix de ladite Compagnie.

Ceux qui ont exercés leurs Offices pendant vingt ans, lorsqu'ils se retirent, joüissent du privilége de Vétérance, & en cette qualité ont voye délibérative, & continuent à joüir de tous les priviléges de leurs Confreres.

LE

LE NOUVEAU ET PARFAIT NOTAIRE

Réformé ſuivant les nouvelles Ordonnances.

Acte d'Apport d'une Obligation ſur l'original d'icelle.

RAPPORTE' pour Minute à M. l'un des Notaires à Paris, ſouſſignez par demeurant à ce préſent, pour lui en être, & à qu'il appartiendra délivré toutes Expéditions, dont acte à Paris eſt Etudes, l'an mil ſept cens le & a ſigné.

Acte d'Apport d'une Procuration.

AUjourd'hui eſt comparu devant les Notaires à Paris, ſouſſignez, André C Bourgeois de Paris, y demeurant ruë Paroiſſe lequel a apporté à J l'un deſdits Notaires ſouſſignez, une Procuration à lui paſſée par Benoît D Bourgeois de la Ville de Dijon, devant & Notaires audit Dijon, le Septembre dernier présente année, original de laquelle dûment contrôlé, scellé & légalisé, ledit Comparant a requis ledit de mettre au rang de ses Minutes de ce jour, pour lui en être & à qui il appartiendra délivré toutes Expéditions ; ce qui lui a été octroyé, après avoir été par lui certifié véritable, & paraphé en présence des Notaires soussignez, dont Acte, &c. à lui octroyé. Fait & passé à Paris, en l'Etude dudit J Notaire, le Septembre mil sept cens & a signé.

Acte d'Apport d'une Ratification, pour être annexée à la minute d'un Contrat au désir duquel a été faite ladite Ratification.

LEdit Messire Michel D Conseiller au Parlement de Inspecteur Général de la Marine & des Galeres, demeurant ruë Paroisse a apporté à P l'un des Notaires soussignez, la Ratification ci-dessus faite par ledit Messire François B du Contrat, dont copie est de l'autre par écrite, pour être ladite Ratification annexée à la minute dudit Contrat ; ce qui lui a été octroyé, après avoir été par lui certifiée véritable, & paraphée *ne varietur* en présence des Notaires soussignez, dont Acte. Fait & passé à Paris en l'Etude dudit P le jour d mil & a signé.

Acte d'Apport d'une Sentence Arbitrale.

LA Sentence Arbitrale ci-devant écrite, contenant feüillets, le présent compris a été mise ès mains de l'un des Notaires soussignez par ledit sieur Arbitre y nommé, pour la garder en ses minutes, la prononcer aux Parties aussi y nommées, & en délivrer des Expéditions à qui il appartiendra, dont Acte. Fait & passé le a midi, & a signé.

Acte de Prononciation de la même Sentence.

ET le lendemain a midi, les Notaires à Paris soussignez, se sont transportés en la maison de Maître où étant, & y ayant trouvez lesdits sieurs la Sentence Arbitrale ci-devant écrite a été prononcée, & d'icelle fait lecture par l'un desdits Notaires soussignez ; l'autre présent ausdits qu'ils ont dit avoir bien entendu, à chacun desquels a été laissé une Copie de ladite Sentence, dont Acte. Lesdits jour & an ci-dessus mentionnez,

Acte d'Apport d'une Quittance sous signature privée.

AVERTISSEMENT.

Lorsqu'une personne pour faire plaisir à une autre (Débiteur d'une somme dûë par obligation) a payé en son acquit ladite somme, & s'est contenté lors dudit payement, de la Quittance que le Créancier lui en a donné sous sa signature privée, au dos de la grosse de l'Obligation; comme cette Quittance ne porte point privilége ni subrogation à celui qui a payé en l'acquit de l'autre, aux droits du Créancier payé, s'il veut avoir recours pour être payé & remboursé par la personne pour laquelle il a payé, il faut qu'il dépose ladite grosse chez un Notaire, & alors le Notaire fera l'Acte suivant sur une feuille séparée, & y annexera ladite grosse.

AUjourd'hui est comparu devant les Notaires à Paris soussignez, Louis B Officier de l'Hôtel de cette Ville de Paris, y demeurant ruë Paroisse lequel ayant payé de ses deniers la somme de livres mentionnée en la grosse de l'Obligation cy jointe, du jour d mil au sieur Etienne G Créancier d'icelle, en l'acquit & décharge de Luc M débiteur, il s'est contenté de la Quittance que ledit G a mise & signée au dos de ladite grosse, qu'il a certifiée véritable, pour l'avoir vû signer le jour de dernier, laquelle Quittance étant au dos d'icelle rapportée, pour lui en être délivré une expédition; dont & dequoi il a requis Acte, à lui octroyé ès Etudes, &c. le jour de mil & a signé.

Ce fait, il faut faire une Expédition du tout pour ledit Comparant, c'est-à-dire; faire Copie de la grosse, & Quittance étant au dos d'icelle, & ensuite de l'Acte ci-dessus.

Des Brevets d'Apprentissage.

LE Brevet d'Apprentissage est un acte par lequel un particulier s'oblige à demeurer chez un Maître pendant un tems, pour apprendre un négoce, art ou métier, moyennant une certaine somme.

Ce brevet d'apprentissage est d'autant plus nécessaire, sur tout à Paris, que nul ne peut être reçu Maître dans quelque profession que ce soit, qu'il n'ait fait son apprentissage, pendant le tems marqué par les Statuts, du commencement duquel le contrat ou brevet d'apprentissage marque l'époque, comme la quittance du Maître avec lequel il s'est engagé, en marque la fin.

L'Apprentif peut s'obliger tout ſeul lorſqu'il eſt majeur. S'il eſt mineur, il doit être aſſiſté de ſon tuteur qui ne doit pas négliger d'y faire intervenir les plus proches parens pour ſa sûreté, afin que l'on n'ait rien à lui reprocher dans la famille.

Outre le chagrin de ne pouvoir être reçu Maître auquel s'expoſe l'Apprentif qui ne ſatisfait pas à ſon brevet, il peut encore avoir celui d'être condamné en des dépens, dommages & intérêts envers ſon Maître, s'il n'a pas travaillé pendant le tems porté par ſon brevet.

Ce contrat, comme tous les autres, eſt *initio voluntatis, poſtea neceſſitatis.*

La contrainte par corps étant abrogée par le 6e. article du 34. Titre de l'Ordonnance de 1667. contre les Sujets du Roi, elle ne peut pas avoir lieu contre les Apprentifs pour cauſe civile : au moyen de quoi au lieu de cette contrainte par corps contre l'Apprentif, il eſt bon de mettre dans ſon brevet d'apprentiſſage, *qu'il renoncera au métier s'il ne l'acheve avec le Maître auquel il eſt obligé*, afin de contenir ledit Apprentif en ſon devoir.

Il y a pluſieurs Métiers, comme Tiſſutiers, Rubaniers, &c. dont les Statuts portent que les Maîtres ne peuvent prendre Apprentifs ſans appeller aux brevets deſdits Apprentifs un ou deux Jurés dudit métier pour éviter les abus : en ce cas, après le *car ainſi, &c.* l'on met ce qui ſuit :

Ce fait en la préſence & du conſentement de Jacques, &c. auſſi Maître, & à préſent Juré dudit Métier.

Nota. *Qu'aux brevets des Apprentifs Orfévres, Sculpteurs, Peintres, Enlumineurs, Imprimeurs, Chirurgiens, Apoticaires, il faut dire* que le Maître promet de montrer ſon Art, *au lieu qu'aux autres l'on dit* ſon métier.

Et qu'aux brevets des Apprentifs Marchands, il faut dire que le Maître promet de montrer ſa vacation, & la Marchandiſe dont il ſe mêle & entremet en icelle.

A ces ſortes de brevets le conſentement des Maîtres & Gardes de la vacation n'eſt point requis ; mais au lieu de cela, les brevets des Apprentifs doivent être inſcrits & regiſtrés dans le livre de leur Communauté, conformément à leurs Reglemens.

Apprentiſſage d'un Garçon qui s'oblige lui-même.

FUt préſent André B âgé de , &c. ou environ, fils de *tel*, & de *telle* ſa femme, demeurant à, &c. lequel pour faire ſon profit, a reconnu & confeſſé s'être mis en apprentiſſage de ce jourd'hui pour ans prochains finis & accomplis, à commencer de avec Chriſtophe, &c. de *tel métier*, demeurant ruë, &c. à ce préſent, qui l'a pris & retenu pour ſon Apprentif pour ledit tems, durant lequel il promet de lui montrer & enſeigner ſondit métier de & tout ce dont il ſe mêle & entremet en icelui; le nourrir, loger & traiter doucement & humainement comme il appartient, & lui faire blanchir ſon linge; & ledit Apprentif s'entretiendra de tous habits, linges, chauſſures, & autres néceſſités honnêtes ſelon ſa condition. Et promet d'apprendre ledit métier de &c. du mieux qu'il lui ſera poſſible, & ſervir ſon Maître fidélement, & lui obéir en tout ce qu'il lui commandera, faire ſon profit, & l'avertir de ſon dommage, s'il vient à ſa connoiſſance, ſans s'abſenter, ni aller ailleurs durant ledit tems; auquel cas d'abſence, ledit *un tel* ſon Maître pourra le chercher, pour s'il peut être trouvé, être ramené chez lui pour y parachever le tems qui pourroit lui reſter à expirer des préſentes, ſi mieux ledit Apprentif n'aime renoncer audit métier: ces préſentes ainſi faites ſans aucuns deniers déburſés de part ni d'autre; car ainſi, &c.

Les Tailleurs ne prennent point d'Apprentif s'il n'eſt de main-neuve, pour ſatisfaire à leurs Statuts, qui veulent qu'ils ſoient tels, c'eſt-à-dire, qu'il n'a encore rien été montré, ni enſeigné dudit Métier à l'Apprentif par qui que ce ſoit lorſqu'on l'oblige; c'eſt pourquoi il faut que celui qui oblige l'Apprentif le certifie de main-neuve.

Apprentiſſage par un Pere ou Oncle, de ſon Fils ou Neveu.

FUt préſent Nicolas O Bourgeois de Paris, y demeurant ruë Paroiſſe S. lequel pour faire le profit de Pierre Q ſon âgé de ans, qu'il certifie fidele, l'a par ces préſentes mis en apprentiſſage de ce jourd'hui du préſent mois de Septembre, pour années entieres & conſécutives, avec Rollin S Maître Tapiſſier à Paris, y demeurant ruë Paroiſſe A ce préſent qui a pris ledit pour ſon Apprentif, auquel il promet apprendre ſondit métier de Tapiſſier, & tout ce dont il ſe mêle & entremet en icelui, ſans lui en rien cacher, le nourrir, blanchir, loger & coucher; & au ſurplus ſondit l'entretiendra d'habits convenables à ſon état; ce fait en la préſence & conſentement dudit Apprentif, qui a promis apprendre ſondit métier le mieux qui lui ſera poſſible, obéir à ſondit Maître en tout ce qu'il lui commandera de licite & honnête, faire ſon profit, éviter ſon dommage, l'en avertir s'il en vient à ſa connoiſſance, ſans pouvoir s'abſenter pendant ledit tems, auquel cas d'abſence ledit O promet & s'oblige de le chercher & faire chercher par la Ville & Banlieuë de Paris, pour s'il le peut trouver, le ramener chez ſondit Maître, pour y parachever le tems qui pourroit lors reſter à expirer des préſentes; faites moyennant la ſomme de liv. ſur laquelle a été payée audit ſieur S celle de liv. qu'il reconnoît avoir reçû dudit ſieur O dont Quittance, &c. & pour les autres liv. reſtant, promet & s'oblige ledit ſieur O de les payer audit ſieur S en ſa demeure à Paris, ou au Porteur, &c. d'hui en un an prochain, à peine, &c. & pour l'exécution des préſentes, les Parties ont élû leur domicile en leur maiſon ſus déclarée, auquel lieu nonobſtant, promettant, obligeant, renonçant. Fait & paſſé à Paris, ès Etudes des Notaires ſouſſignez, le Septembre l'an mil ſept cens , & ont ſigné.

Alloüé ſimple.

FUt préſent François D Secretaire de S. A. S. Monſeigneur le Prince de Condé, demeurant ruë Paroiſſe lequel pour faire le profit d'Hypolite J ſon âgé de qu'il certifie fidéle, l'a obligé comme Alloüé pour années conſécutives à commencer de ce jourd'hui, *ou de tel jour* avec Louis M l'un des trois cens cinquante Barbiers, Perruquiers, Baigneurs, Etuviſtes, & Syndic de ſa Communauté, demeurant ruë & Paroiſſe à ce préſent, & qu'après ledit J en ladite qualité; auquel il promet montrer & enſeigner ſondit métier, & tout ce qui en dépend, le nourrir, loger & coucher. Et ledit ſieur D lui fera blanchir ſon gros & menu linge, & lui fournira tout ce qu'il aura beſoin; à ce faire étoit préſent ledit qui a eu ce que deſſus pour agréable, promis apprendre ledit métier du mieux qu'il pourra, obéir à ſondit Maître, faire ſon profit, éviter ſon dommage, l'en avertir s'il venoit à ſa connoiſſance, ſans pouvoir s'abſenter pour aller travailler ailleurs pendant ledit tems, auquel cas d'abſence ledit ſieur D s'oblige de le ramener chez ledit M pour achever ce qui reſtera lors à expirer deſdites années, ſinon faute de le ramener quinze jours après ladite abſence, ledit D payera audit M la ſomme de pour tout dédommagement qu'il pourroit prétendre, pour raiſon des préſentes faites, au ſurplus ſans aucuns deniers débourſés de part ni d'autre; & pour l'exécution des préſentes, ledit D a élû, &c. promettant, &c. obligeant, &c. renonçant, &c. Fait & paſſé à Paris, en l'Etude de Notaire, le Novembre mil & ont ſigné.

Alloüé plus libellé que le précédent.

FUt présent Charles J Maître Serrurier à Paris, y demeurant ruë Paroisse S. lequel pour faire le profit de Jean J son fils, & de défunte Catherine P sa premiere femme, âgé de ans ou environ, qu'il certifie fidéle, a reconnu l'avoir mis & obligé en qualité d'Alloüé pour années entieres & consécutives, à commencer de ce jourd'hui avec Jean J son frere, aussi Maître Serrurier à Paris, y demeurant ruë quartier de susdite Paroisse Saint à ce présent, qui a pris & retenu ledit J fils, son neveu pour son Alloüé, auquel il promet & s'oblige durant ledit tems montrer & enseigner sondit métier de Serrurier, & tout ce dont il se mêle & entremet en icelui, sans lui en rien cacher ni reserver, le nourrir, loger, coucher, blanchir & entretenir de tous vêtemens, linges & autres hardes à son usage, suivant son état. A ce faire étoit présent ledit Alloüé, lequel a eu ce que dessus pour agréable, promis apprendre ledit métier de Serrurier pendant lesdites années du mieux qu'il lui sera possible, servir ledit J son oncle en tout ce qu'il lui commandera de licite & honnête, faire son profit, éviter son dommage, l'en avertir s'il vient à sa connoissance, sans pouvoir s'absenter ni aller travailler ailleurs que chez sondit oncle, pendant ledit tems; auquel cas d'absence promet & s'oblige ledit Charles J son pere, de le chercher ou faire chercher par cette Ville & Banlieuë de Paris, pour s'il le peut trouver, le ramener chez sondit oncle pour parachever le tems qui pourroit lors rester à expirer des Présentes, pour lesquelles n'a été déboursé aucuns deniers de part ni d'autre. A été expressément convenu entre les Parties que ledit Charles J ne pourra retirer ledit Alloüé son fils de chez ledit Jean J son frere avant l'expiration desdites années, pour le faire travailler chez lui ou ailleurs, ou sous quelqu'autre prétexte que ce soit ou puisse être; lequel cas arrivant, ledit Charles J promet & s'oblige de payer aussi-tôt audit Jean J son frere la somme de liv. pour l'indemniser des nourritures, logement, blanchissage & entretien qu'il auroit pû donner & fournir audit Alloüé jusqu'alors, encore que le cas arrivât peu de tems après ces Présentes; à peine de tous dépens, dommages & intérêts; sans laquelle clause expresse cesdites présentes n'auroient été faites, ledit Charles J a élû son domicile en sa demeure ci-devant déclarée, auquel lieu nonobstant, &c. promettant, &c. obligeant chacun en droit soi renonçant. Fait & passé à Paris ès Etudes, le mil sept cens quarante & ont déclaré ne sçavoir écrire ni signer : de ce interpellez suivant l'Ordonnance.

Avis de Parens, à l'effet de lever une substitution, de créer un Tuteur à des enfans nés & à naître, & de vendre une Terre pour payer une ancienne dette.

FUrent présens Messieurs les Parens de âgé de fils de Comparans, par lesquels sur ce qui leur a été représenté de la part de la Dame Marquise de F que Dame Marie M sa mere au jour de son décès, veuve de Haut & Puissant Seigneur Messire Georges de M Chevalier des Ordres du Roi, Marquis d en l'instituant sa Légataire universelle, a substitué tous ses biens aux enfans de ladite Dame Marquise de F & aux autres personnes nommées dans ses testamens & codiciles dans le cas y exprimé; qu'entre les biens qui lui appartiennent audit titre de Légataire universelle, il y a une somme de liv. à reprendre sur les terres & biens de la maison d pour les reprises & conventions de ladite Dame Marquise D pour parvenir au payement de laquelle somme, ladite Dame Marquise de F demande que les terres & les biens de la Maison d soient vendus pour payer une dette plus ancienne, qui est de livres de rente dûë à Mesdemoiselles de G la substitution sur les biens sur lesquels seuls on peut être payé, ne pouvant avoir lieu qu'après cette dette payée, & qu'ainsi il doit être indifférent pour la payer, ou des biens de la Maison d adjugez à ladite Dame Marquise de F comme Légataire universelle de ladite Dame sa mere, ou d'autres biens de la succession d'icelle Dame sa mere; car si on vend des biens venans du chef de ladite Dame Marquise D il en restera davantage de ceux de M, le Marquis D & ce sera toujours le même effet pour la substitution.

Qu'il se présente une personne pour acquérir la terre de V qui est un acquêt de défunte Madame la Marquise D que l'on en offre livres, qui est un prix très-avantageux, & qu'il s'agit pour en faire la vente de lever la substitution dont ladite terre est chargée, & de la transferer sur les biens de la Maison d à condition d'employer le prix de ladite vente au payement de partie de ladite dette plus ancienne.

Et enfin que dans toutes ces circonstances, il est nécessaire d'élire un Tuteur ausdits enfans nés & à naître de ladite Dame Marquise de F à l'effet de ladite substitution, & d'agir en demandant & défendant aux fins ci-dessus expliquées. Pour quoi lesdits sieurs Parens sus-nommés ont constitué pour leur Procureur général & spécial M Procureur audit Châtelet, auquel ils donnent pouvoir de comparoître pour eux devant M. le Lieutenant Civil, & là dire & déclarer pour lesdits sieurs Constituans, qu'ils sont d'avis que ladite Terre de V soit venduë pour ladite somme de livres, à condition que le prix sera délegué & payé à mesdites Demoiselles de G en déduction du principal desdits livres de rente à elles dûës; que ladite Terre soit déchargée de la substitution, & qu'elle soit transferée sur les biens de la Maison D ainsi qu'il est proposé par ladite Dame Marquise de F & qu'à l'effet de ladite substitution, & pour obtenir les Arrêts, Sentences & Jugemens

nécessaires,

néceſſaires, & faire tout ce qu'il conviendra pour l'intérêt des enfans nés & à naître de ladite Dame Marquiſe de F la perſonne de leur ſoit élû Tuteur, & pour raiſon de ce que deſſus, faire par ledit ſieur Procureur tout ce qu'au cas appartiendra, requerir l'homologation du préſent avis, & généralement, &c. promettant, &c. obligeant, &c. Fait & paſſé à Paris ès demeures deſdits Seigneurs comparans, l'an mil ſept cens quarante le jour de & ont ſigné.

Avis de Parens à l'effet d'emprunter ou de vendre.

FUrent préſens les parens & amis de François M ſieur D mineur émancipé d'âge, procédant ſous l'autorité de Damoiſelle Marguerite C veuve de M. Nicolas M vivant Procureur en Parlement ſes pere & mere, comparans, ſçavoir par

Leſquels ſur ce qui leur a été repréſenté par ledit ſieur Deb que Jacques M ſieur D ſon frere, étant attaché au ſervice du Roi, auroit été obligé de faire des dépenſes extaordinaires, ayant emprunté à intérêts de défunt le ſieur Marchand, Bourgeois de Paris, la ſomme de livres, par l'obligation que ledit ſieur Jacques M auroit paſſée au profit dudit ſieur L par laquelle il ſe ſeroit déclaré franc & quitte, au moyen de quoi ſa veuve auroit obtenu une Sentence portant condamnation & par corps, & l'auroit en conſéquence fait empriſonner ès priſons du petit Châtelet, où il eſt actuellement détenu; & comme il eſt important qu'il ſorte deſdites priſons, pour ſe rendre au ſervice du Roi, & n'ayant quant à préſent aucuns deniers pour ſatisfaire ladite veuve P de ſon dû, icelui ſieur D ayant inclination de rendre ſervice audit ſieur M ſon frere pour lui faciliter la liberté de ſa perſonne, & empêcher le dépériſſement de ſes biens, que ladite veuve P menace de faire vendre; ce qui lui cauſeroit un préjudice d'autant plus conſidérable, qu'il ne pourroit pas même ſe rendre au ſervice du Roi, a par ces préſentes requis ſeſdits parens & amis de lui donner bon & fidele avis ſur ce que deſſus; & pour cet effet n'ayant aucuns deniers à prêter audit ſieur ſon frere, de vouloir bien conſentir que ledit ſieur D emprunte de quelques particuliers à conſtitution ou autrement, pareille ſomme de livres payables dans les tems dont il conviendra, ou bien vendre & diſpoſer de ſes rentes ſur la Ville, juſqu'à la valeur & concurrence deſdites livres en principal au profit de qui bon lui ſemblera, à la charge par le Contrat de vente qu'il en fera, de faire mention de ce que deſſus, & d'être ſubrogé par le payement qu'il fera à ladite veuve P au lieu & place d'icelle. Ce que leſdits parens & amis comparans ayant trouvé très-juſte, légitime & naturel: Ont par ces préſentes fait & conſtitué pour leur Procureur général & ſpécial M. Georges C Procureur au Châtelet de Paris, auquel ils donnent pouvoir & puiſſance de pour eux, & en leurs noms comparoir par-devant M. le Lieutenant Civil audit Châtelet, en l'aſſemblée qui s'y doit faire deſdits parens & amis dudit ſieur D à l'effet que deſſus, & là dire & déclarer pour & en leurs ames & conſciences, qu'ils ſont d'avis, attendu la minorité dudit sieur Deb sçavoir à l'égard dudit sieur C qu'il se rapporte à Justice, & des autres Comparans, que ledit sieur C son oncle maternel, soit élû son Tuteur, à l'effet seulement d'emprunter ladite somme de livres par constitution ou autrement, ou bien de vendre & disposer des rentes appartenantes audit sieur Mineur, sur les Aydes & Gabelles, jusqu'à ladite somme de livres en principal & notamment de livres de rente en principal de pareils livres, qui est sur le pied du denier vingt, ladite rente faisant partie des livres aussi de rente constituée sur les Aydes & Gabelles, au profit dudit sieur Mineur par Contrat passé par-devant & son Confrere Notaires à Paris, le passer à cet effet tous Actes aux charges qu'il conviendra, & à la garantie ordinaire; & par ledit Contrat sera fait mention, que les deniers qui proviendront de ladite vente seront employez au susdit payement, afin que ledit sieur D soit subrogé au lieu & place de ladite veuve P par le payement qu'il lui en fera, pour avoir son recours & repétition de ladite somme, à l'encontre dudit sieur M son frere, dudit Avis requerir l'homologation, & généralement, &c. promettant, &c. obligeant, &c. Fait & passé à Paris ès demeures desdites Parties devant déclarées, l'an mil sept cens quarante le & ont signé.

Avis de Parens, à l'effet de procéder à un partage de biens meubles.

PArdevant les Conseillers du Roi, Notaires au Châtelet de Paris soussignez, furent présens les amis à défaut de parens de Pierre Joseph, âgé de ans, Marchand Bourgeois de Paris, & de Jacques-François B âgé de ans, le tout ou environ, enfans mineurs de défunt sieur Jacques B Marchand de dentelles en la Ville de Tournay en Flandre, & de Damoiselle Antoinette L sa femme, émancipez d'âge suivant les Lettres par eux obtenuës en Chancellerie le enterinées par Sentence dudit Châtelet du du même mois, procédans sous l'autorité de M. Charles R Procureur audit Châtelet, leur Curateur aux causes, sçavoir *tels & tels*

Lesquels ont fait & constitué pour leur Procureur général & spécial M Procureur audit Châtelet, auquel ils ont donné pouvoir de comparoir pour eux, pardevant M. le Lieutenant Civil audit Châtelet, & là dire & déclarer qu'ils sont d'avis, qu'il soit procédé à la liquidation, partage & division des biens de la succession de ladite Damoiselle B de la maniere & ainsi qu'il sera convenu entre les Parties. Que la personne du sieur Jacques D Maître Tailleur d'habits à Paris, soit élûë Tuteur ausdits Pierre-Joseph & Jacques-François B. émancipez à l'effet de la liquidation & partage des biens portez en l'Inventaire fait après le décès de ladite veuve B le & autres jours suivans de l'année mil sept cens à la Requête dudit sieur R comme Exécuteur Testamentaire, & autres y dénommés; lesquels biens ne consistent qu'en un fond de Marchandise de toiles & de dentelles montant à livres, suivant la prisée qui en a été faite par ledit Inventaire; & en dettes actives, qui sont à recouvrer contenuës au Livre de ladite défunte, montant environ à la somme de livres, dont la plus grande partie sera difficile à recouvrer, parce qu'il y a des débiteurs insolvables, sur lesquelles sommes il est dû par la succession environ celle de livres. Qu'il soit parmis audit Pierre-Joseph B de s'associer avec le sieur Joachim A aussi Marchand, son beau frere, dans le commerce & marchandise de dentelles aux conditions qu'ils aviseront entr'eux, dans laquelle société ledit Pierre-Joseph B apportera ce qui lui reviendra dans les effets de la succession de ladite Damoiselle sa mere, & que la part dudit Jacques-François B dans ladite succession restera entre les mains desdits sieurs A & B lesquels en demeureront solidairement garants & responsables, jusqu'à la majorité dudit Jacques-François B ou son établissement, en lui payant l'intérêt de la somme à laquelle se trouvera monter sa portion, à raison de l'Ordonnance, affirmer ledit avis ès ames & consciences desdits Constituans, & généralement, &c. promettant, &c. obligeant, &c. Fait & passé à Paris ès demeures desdits sieurs Constituans ci-devant déclarées, l'an mil sept cens quarante le & ont signé.

Avis de Parens à l'effet de l'Election d'une Tutrice & d'un subrogé Tuteur à des Mineurs.

PArdevant les Conseillers du Roi, Notaires au Châtelet de Paris soussignez, furent présens les parens & amis de Jerôme, Magdelaine, Charlotte & Marie T enfans mineurs de défunt Pierre C Fontainier du Roi, & de Bernarde C sa femme, à présent sa veuve leur pere & mere; sçavoir.

Lesquels ont constitué leur Procureur général & spécial M Procureur audit Châtelet, auquel ils donnent pouvoir de pour à eux & en leurs noms, comparoir en la Chambre & pardevant Monsieur le Lieutenant Civil audit Châtelet, à l'Assemblée qui s'y doit faire des parens & amis desdits Mineurs, à l'effet de leur élire une Tutrice & un subrogé Tuteur, pour regir & gouverner leurs personnes & biens, & là dire & déclarer, même jurer & affirmer en leurs ames & consciences, comme ils ont présentement fait ès mains desdits Notaires soussignez, qu'ils sont d'avis que ladite Bernarde C mere desdits Mineurs, leur soit élû pour Tutrice, & pour subrogé Tuteur la personne de ne connoissant personne plus capables d'exercer lesdits Charges, faire le serment en tel cas requis; & généralement, &c. promettant, &c. obligeant, &c. Fait & passé à Paris ès Etudes, &c. l'an mil sept cens le jour d & ont signé.

Autorisation d'un mari à sa femme, pour accepter ou renoncer à une succession.

AUjourd'hui est comparu pardevant les Conseillers du Roi, Notaires au Châtelet de Paris soussignez, François D Marchand Orphévre, Bourgeois de Paris, y demeurant ruë Paroisse Saint lequel a par ces

Préſentes autoriſé Marie V ſa femme de lui ſeparée quant aux biens, à l'effet d'accepter, & prendre la qualité d'héritiere de défunt le ſieur Joſſe V ſon pere, ou de renoncer à ſa ſucceſſion; en paſſer & faire les actes néceſſaires & requis, dont Acte, &c. Fait & paſſé à Paris ès Etudes, &c. le mil & a ſigné.

Autoriſation à l'effet d'accepter un rembourſement de rente.

AUjourd'hui eſt comparu pardevant les Notaires à Paris ſouſſignez, ſieur François M Bourgeois de Paris, y demeurant ruë Paroiſſe Saint lequel en tant que beſoin ſeroit, a par ces préſentes autoriſé Marie H ſa femme, de lui ſéparée quant aux biens, à l'effet de recevoir le rachat de livres de rente au principal de livres reſtant de celle de livres auſſi de rente à elle conſtituée par le ſieur Pierre L Commiſſaire-Contrôleur, Juré-Mouleur de bois à Paris, par Contrat paſſé devant & ſon Confrere, Notaires à Paris, le & pour en donner toutes quittances & décharges valables & néceſſaires, même pour employer ladite ſomme & autres qui lui pourroient appartenir en conſtitution ou acquiſition d'autres rentes & fonds d'héritages tels qu'elle aviſera, & en recevoir les arrérages, même les rachats & rembourſemens ſous ſes quittances & décharges particulieres, & paſſer à cet effet tous Contrats & Actes néceſſaires, ſans qu'à l'avenir il lui ſoit beſoin d'autre autoriſation dudit ſieur ſon mari que la préſente, approuvant auſſi en tant que de beſoin le rembourſement ci-devant reçû par ſadite femme des livres faiſant le ſurplus de ladite rente, & à condition que le tout ne pourra nuire, ni préjudicier audit ſieur Comparant: promettant, &c. obligeant, &c. renonçant, &c. Fait & paſſé à Paris ès Etudes, &c. le mil & a ſigné.

Abſtention à une ſucceſſion.

AUjourd'hui eſt comparu pardevant les Conſeillers du Roi, Notaires, Gardenotes & du Sel, au Châtelet de Paris ſouſſignez, Louis demeurant Paroiſſe

Lequel après avoir pris communication de l'Inventaire fait après le décès de enſemble des effets actifs & dettes paſſives de ladite ſucceſſion, a déclaré qu'il s'eſt abſtenu, comme par ces préſentes, il s'abſtient d'icelle ſucceſſion dudit M^e. Philippe ſon oncle, pour lui être ladite ſucceſſion plus onéreuſe que profitable, jurant & affirmant ledit ſieur Comparant ès mains deſdits Notaires ſouſſignez, n'avoir pris ni appréhendé aucuns biens & effets de ladite ſucceſſion, ni s'être immiſcé en icelle, en façon quelconque; & pour faire inſinuer ceſdits Préſentes au Greffe des inſinuations dudit Châtelet & par tout ailleurs ou beſoin ſera, & les faire ſignifier à qui il appartiendra, ledit ſieur Comparant a fait & conſtitué ſon Procureur le porteur, &c. auquel il en donne pouvoir, dont acte, &c. promettant, &c. obligeant, &c. renonçant, &c. Fait & passé à Paris, &c.

Abandonnement de biens par des Débiteurs à leurs Créanciers, pour le payement de leur dû.

FUrent présens *tels & tels, de telles qualitez*, demeurans *à tels endroits.* Tous Créanciers du sieur D & sa femme, ci-après nommés, d'une part.

Et Marie-Magdelaine L épouse de au nom & comme sa procuratrice fondée de sa procuration spéciale, contenant autorisation à l'effet de présenter l'original de laquelle passé pardevant & Notaires Royaux à B le dernier, spéciale à l'effet des présentes, contrôlé le est demeuré annexé à ces présentes, après que ladite L l'a certifié véritable, & paraphé *ne varietur*, en présence desdits Notaires soussignez : par lequel Denis D son mari, elle promet faire ratifier cesdits présentes, & faire obliger à l'exécution d'icelles, & desdites ratification & obligation, fournir Acte incessamment, même ladite L promet s'y obliger d'abondant avec sondit mari solidairement sous les renonciations requises, demeurante ordinairement en la Paroisse de proche ledit B étant de présent en cette Ville logée ruë Paroisse d'autre part.

Lesquels sieurs Créanciers, sur ce que ladite L femme Procuratrice dudit D leur a représenté que pour les causes & raisons qu'elle leur a fait entendre, elle & sondit mari sont hors d'état présentement de les satisfaire de ce qu'ils leur doivent en principaux, intérêts, arrérages & frais ; qu'ils n'ont d'autre moyen de le faire qu'en vendant leurs biens, qui consiste en l'Office de Maître du Pont dudit B duquel ledit D est pourvû depuis plusieurs années, & en maisons & héritages situés audit B & terroir de lesquels biens étant vendus à l'amiable, produiront plus qu'il ne faut pour acquitter ce qui est dû ausdits Créanciers ; ce qui se voit facilement par l'état desdits biens ci-attaché, par lequel état lesdits biens sont prisés à raison de ce qu'ils rapportent, & sont loüés présentement, & peuvent monter à près de livres, & par l'état desdites dettes passives aussi attaché à ces présentes, après que ladite L les a affirmés véritables, il paroît qu'il est dû ausdits sieurs Créanciers environ en principal livres, & en arrérages ou intérêts & sommes mobiliaires, environ livres, ce qui peut revenir ensemble à la somme de livres de dettes passives ; mais au contraire, si lesdits biens étoient vendus & adjugés par décret & autorité de Justice, ils ne pourroient être adjugez qu'à un prix modique, bien au-dessous de leur juste valeur ; & le prix de cette adjudication ne seroit pas suffisant à beaucoup près pour acquitter ce qui est dû ausdits sieurs Créanciers, outre les frais considérables qui se prennent sur la chose, les droits de consignation & autres, qui diminuent d'autant le fond & consomment une bonne partie dudit prix, dont la perte ne peut retomber que sur lesdits Créanciers, ce qu'ils doivent & peuvent empêcher facilement, puisque ledit D & sa femme offrent de faire & consentir à tout ce qu'il conviendra, pour faire le bien & avantage desdits Créanciers & leur faciliter le payement de ce qui leur est dû ; pour à quoi parvenir, ils sont prêts de faire dès à présent un abandonnement entier ausdits Créanciers desdits Office, Maisons & Héritages pour les vendre par eux en la présence desdits D & sa femme, ou dûment appellez quand l'occasion de le faire s'en présentera, & sera jugée favorable pour le bien & avantage desdits sieurs Créanciers, & desdits D & sa femme, & en distribuer les deniers entre lesdits sieurs Créanciers, suivant l'ordre de leurs hypothéques, qui en sera pareillement fait entr'eux à l'amiable, avec le moins de frais que faire se pourra : & jusqu'à ce qu'il y ait lieu de faire ladite vente, lesdits sieurs Créanciers recevront aussi dès à présent les loyers desdites maisons, desquelles ils pourront faire des Baux pour tels tems, charges, clauses & conditions, & à si haut prix que faire se pourra ; & à l'égard dudit Office de Maître dudit Pont de B y commettront une personne expérimentée & agréable ausdits sieurs Créanciers, pour en faire l'exercice & fonction au lieu & place dudit D moyennant un prix raisonnable, laquelle personne sera garante en son propre & privé nom, des accidens qui pourroient arriver en la fonction dudit Office ; en sorte qu'il soit & demeure conservé ausdits Créanciers : lequel prix & fermage de l'exercice dudit Office sera pareillement reçû par lesdits sieurs Créanciers. Et à l'effet de recevoir lesdits loyers & fermages, & de faire la vente desdits biens, lesdits sieurs Créanciers conviendront de personnes d'entr'eux, ainsi qu'ils aviseront, lesdits D & sa femme les en faisant à cette fin libres dispensateurs, sans en reserver aucune chose : même à l'effet dudit abandonnement ladite L se désiste de sa part de tous droits & prétentions qu'elle a & peut avoir sur lesdits biens à cause de son doüaire, dot & conventions matrimoniales, sans qu'elle les en puisse rechercher. Et d'autant que lesdits biens sont saisis réellement à la Requête de Messire Jacques de Saint G Conseiller du Roi, Président en l'Election de qui en poursuit la vente & adjudication au Siége du Bailliage dudit B à laquelle saisie réelle, vente & adjudication, il a été formé des oppositions à la Requête d'aucuns desdits sieurs Créanciers, ce qui empêcheroit l'effet des présentes, si elles subsistoient ; il est de nécessité que lesdits sieurs Créanciers donnent main-levée desdites oppositions ; que pareillement main-levée soit faite de ladite saisie réelle, avec d'autant plus de raison qu'elles deviennent inutiles ; puisque ledit D & sa femme abandonnent leurs biens, & s'en désaisissent au profit de leursdits Créanciers : & outre que pour faire ladite vente avec utilité & avantage, il faut que lesdits Créanciers accordent un tems convenable pendant lequel ils surseoiront à toutes poursuites & contraintes contre ledit D & sa femme ; lesquelles propositions sont les plus avantageuses qu'ils puissent faire à leursdits Créanciers, ausquels ils ne demandent aucune remise. Et lesquelles propositions lesdits sieurs Créanciers ayant examinées & consideré que ce sont les moyens les plus prompts & les plus faciles qu'ils puissent prendre pour être payez de leurs droits & éviter leurs pertes, & que lesdits D & sa femme font tous leurs efforts, & ce qui dépend d'eux pour les satisfaire, & leur faciliter le payement de ce qu'ils leur doivent, sans en demander aucune remise ; sont lesdits sieurs Créanciers convenus avec ladite L esdits noms, & fait entr'eux ce qui ensuit; c'est à sçavoir, que ladite L femme dudit D audit nom de sa Procuratrice, & même en son propre & privé nom, a abandonné, cedé, quitté & délaissé par ces présentes ausdits sieurs Créanciers ce acceptans, tant pour eux que pour les absens; sçavoir, ledit état & Office de Maître du Pont dudit B consistant en une Maison située au bout dudit Pont appartenances & dépendances, une autre Maison située audit B vis-à-vis ledit Pont. Item une autre Maison audit lieu sur le bord de l'eau, & une autre Maison située même lieu, leurs circonstances, appartenances & dépendances & de fond en comble, sans aucune chose en reserver, pour par lesdits sieurs Créanciers faire la vente du tout à une ou plusieurs personnes, à si haut prix que faire se pourra; en sorte qu'ils puissent être payez entiérement, si faire se peut, de leur dû en principaux, arrérages, ou intérêts & frais, & ce pendant le tems de années, à compter du jour de l'homologation des présentes avec les Parties refusantes, & pour faire laquelle vente lesdits sieurs Créanciers ont nommé les personnes desdits sieurs Mathieu C Pierre L & Charles G ausquels ils donnent pouvoir de faire la vente desdits biens au nom de tous lesdits Créanciers en leurs présences & desdits D & sa femme ou dûment appellez par une simple sommation à eux faite au domicile ci-après élû, à l'effet de laquelle vente lesdits sieurs C L & G feront faire les publications nécessaires, & en tel cas requises & accoutumées, & feront l'adjudication desdits biens au plus offrant & dernier Enchérisseur dans ledit tems de années, en passeront aux Adjudicataires Contrat de vente en la maniere accoutumée. Pour l'effet des présentes ladite femme D promet esdits noms solidairement, & en chacun d'iceux fournir ausdits sieurs Créanciers incessamment la démission dudit D dudit Office, le nom du Démissionnaire en blanc, ensemble les Lettres de provisions que ledit D a obtenuës dudit Office, faute duquel fournissement ces présentes demeureront nulles & de nul effet; comme aussi fournir lors de la vente desdites Maisons les titres & piéces justificatives qu'ils peuvent avoir de la propriété d'icelles; les deniers provenans de laquelle vente & adjudication, seront distribués entre lesdits sieurs Créanciers suivant l'ordre de leurs priviléges & hypothéques, que lesdits sieurs Directeurs ci-dessus nommés, feront dresser à l'amiable avec le moins de frais que faire se pourra: & en attendant la vente desdits biens, ledit sieur L l'un desdits sieurs Directeurs, recevra pour tous lesdits Créanciers les loyers desdites Maisons, & les fermages dudit Office de Maître dudit Pont de B fera des Baux à loyer desdites Maisons pour ledit tems, moyennant tels prix & sous telles clauses & conditions qu'il trouvera les plus avantageuses pour lesdits sieurs Créanciers, fera faire les réparations qu'il conviendra faire esdites Maisons, après en avoir communiqué, pris l'avis desdits sieurs Directeurs, fera à cet effet tous marchés & conventions nécessaires avec les Ouvriers pour faire lesdites réparations, & leur cédera en payement les loyers desdites Maisons; & afin que ledit Office puisse produire ausdits Créanciers dès à présent l'effet dudit abandonnement, & un revenu qu'ils puissent recevoir, ainsi que lesdits loyers, ladite L esdits noms consent que lesdits sieurs Directeurs en faſſent Bail à ferme à telle perſonne qui ſe préſentera, pour exercer & faire la fonction dudit Office au lieu & place dudit D qui en ſera demis à cet effet, & ce pour tel tems & prix, & ſous les sûretés néceſſaires ; les fermages duquel Office ledit ſieur L l'un deſdits Directeurs, recevra ſous ſes quittances de même que leſdits loyers, deſquels loyers & fermages ladite L eſdits noms leur fait pareillement par ces préſentes tout abandonnement néceſſaire, pour en faire la répartition entre leſdits Créanciers, en déduction de leurs arrérages ou intérêts, ainſi qu'il appartiendra ; & à l'effet dudit abandonnement ladite L eſdits noms, s'eſt déſiſtée & démiſe de tous droits & prétentions qu'elle pouvoit avoir ſur leſdits biens pour ſes dot, doüaire, repriſes & conventions matrimoniales, dont elle les a déchargés, ſans les en pouvoir jamais rechercher directement ni indirectement ; bien entendu néanmoins que leſdits déſiſtement & renonciation ne pourront faire aucun préjudice à aucun deſdits Créanciers, leſquels au contraire pourront exercer ſur les biens & droits de ladite L les droits qui leur ſont acquis, auſquels ils n'entendent déroger, ni innover non plus qu'à leurs autres droits, privilèges & hypothéques ; & en conſéquence des préſentes leſdits Créanciers ont fait & donné pleine & entiere main-levée des oppoſitions qui ont été formées à leur requête à ladite ſaiſie réelle & criées deſdits biens, faites & pourſuivies à la Requête dudit ſieur de Saint G au Bailliage dudit B & de toutes autres oppoſitions, ſaiſies & empêchemens qu'ils peuvent avoir fait faire ſur leſdits D & ſa femme ; conſentant que le tout ſoit & demeure nul comme non fait ni avenu, qu'elles ſoient rayées de tous Regiſtres où elles pourroient être regiſtrées ; que les Commiſſaires, Gardiens & Dépoſitaires en ſoient & demeurent bien & valablement déchargés, à la charge par leſdits Commiſſaires établis au régime & gouvernement deſdits biens ſaiſis, de rendre compte auſdits ſieurs Directeurs de ce qu'ils auront reçu, fait & geré en vertu de leurs commiſſions, & de payer ès mains dudit ſieur L ce qu'ils devront de reliquat dudit compte, de leur geſtion ; quoi faiſant ils en ſoient valablement déchargés : laquelle main-levée ci-deſſus faite, n'aura pas lieu toutefois pour les oppoſitions, qui peuvent avoir été formées au ſceau dudit Office, leſquelles demeurent toujours en leur force & vertu, ladite main-levée n'étant que pour ladite ſaiſie réelle & oppoſitions à icelle : Et attendu qu'à pluſieurs deſdits Créanciers, il eſt dû fort peu d'arrérages, aux autres une année ou environ, & audit ſieur Mathieu C ſix ou ſept années d'arrérages des parties de rentes à lui dûës, montant leſdits arrérages à la ſomme de livres ou environ, a été convenu que des loyers & revenus deſdits biens, il lui ſera payé & délivré par préference la ſomme de livres par chacun an en déduction de ſes anciens arrérages, & le ſurplus deſdits loyers & revenus ſera diſtribué entre tous leſdits ſieurs Créanciers, ainſi qu'il eſt ci-devant dit. Et au moyen des préſentes leſdits ſieurs Créanciers ont ſurſis pendant ledit tems de années à toutes pourſuites & contraintes contre leſdits D & ſa femme ; promettant ne les en point rechercher ni inquiéter directement ni indirectement, le tout ſans préjudice par leſdits ſieurs Créanciers à leurs droits, actions, privilèges & hypothéques, & ſolidité, en vertu de leurs titres & piéces juſtificatives de leurs Créances, auſquels chacun d'eux

demeure

demeure conservé sans y déroger ni innover. Et pour faire homologuer ces présentes où il appartiendra, lesdites Parties ont fait & constitué leur Procureur le Porteur des présentes, auquel ils en donnent pouvoir, & de faire pour cet effet tout ce qui sera nécessaire ; & pour l'exécution des présentes, lesdites Parties ont élû leurs domiciles irrévocables en cette Ville de Paris, ès maisons où ils sont demeurans, ci-devant déclarées, ausquels lieux, &c. nonobstant, &c. promettans, &c. obligeans, chacun en droit esdits noms, &c. renonçans, &c. Fait & passé à Paris en l'Etude de l'un des Notaires soussignez, l'an mil sept cens quarante le jour de avant & après midi, & ont signé.

Abandonnement d'Effets mobiliers par des pere & mere à leur fils, à la charge de les nourrir, loger & entretenir le reste de leur vie.

PArdevant les Conseillers du Roi, Notaires au Châtelet de Paris, soussignez, furent présens Jean J Maître Serrurier à Paris, & Catherine F sa femme, qu'il autorise à l'effet des présentes, demeurant ruë Paroisse Saint lesquels sur ce qui leur a été représenté par Charles J leur fils, aussi Maître Serrurier à Paris : Que leur grand âge les mettant hors d'état de pouvoir continuer leur métier, & de travailler assez suffisamment pour subvenir à leurs nourritures, logemens & entretiens, s'ils vouloient céder & abandonner audit Charles J leur fils, la marchandise de fer, outils & ustenciles, avec le peu de meubles qu'ils ont en la boutique qu'ils occupent, & où ils sont demeurans, dépendans d'une maison appartenante à Madame dont ils sont principaux Locataire, ledit J le fils les nourriroit, logeroit & entretiendroit avec lui doucement & honnêtement, tant en santé que maladie, pendant la vie de l'un & de l'autre : Sur quoi lesdits Jean J & sa femme ayant mûrement réfléchi à loisir, & après avoir sur ce consulté, & pris l'avis de leurs amis communs, en acceptant & agréant la susdite proposition. Ont par ces présentes volontairement cédé & abandonné, & promis garantir de toutes revendications généralement quelconques audit Charles J leur fils, demeurant susdite ruë Paroisse Saint à ce présent & acceptant, les meubles meublans & ustenciles de ménage, avec les marchandises de fer, outils & ustenciles servans audit métier de Serrurier, étant dans la boutique qu'occupent lesdits Jean J & sa femme, & à eux appartenans ; pour par ledit J le fils, joüir desdits meubles, ustenciles de ménage, marchandises & outils comme bon lui semblera, qu'il reconnoit avoir en sa possession dont quittance, & continuer à travailler pour les Pratiques de sesdits pere & mere & autres qui se présenteront dans ladite Boutique, à commencer de ce jourd'hui : à condition par ledit J le fils, ainsi qu'il promet & s'oblige envers sesdits pere & mere, ce acceptans, de les nourrir, loger, coucher, blanchir leur linge, chauffer & éclairer, & entretenir de tous vêtemens à leur usage & suivant leur état, & les traiter doucement & humainement avec lui, tant en santé que maladie, pendant la vie de l'un & de l'autre ; & outre, de les acquiter envers ladite Dame tant de la somme de livres, sols qu'ils lui doivent pour loyers échûs du passé jusques au jour de Pâques dernier, à cause de ladite maison qu'ils tiennent de ladite Dame, que du terme qui échéera à la Saint Remi prochain, auquel jour expirera le Bail de ladite maison, ensemble ceux qui écheront à l'avenir, en cas que ladite Dame continuë ledit Bail audit J le fils, qui au moyen de ce que dessus, touchera des Soûlocataires de ladite maison, les loyers qu'ils doivent & devront ci-après : promettans, &c. obligeans, &c. chacun en droit soi renonçans. Fait & passé à Paris, en l'Etude de l'un des Notaires soussignez, l'an mil sept cens le jour de . Et ont signé, excepté ledit J le fils, qui a déclaré ne sçavoir écrire ni signer : de ce interpellé suivant l'Ordonnance.

Atermoyement.

FUrent présens M. Jacques H Sieur de S Avocat au Parlement, demeurant à Paris, ruë Paroisse Saint Sieur Etienne-Augustin A Bourgeois de Paris, y demeurant ruë Paroisse Saint &c.

Tous Créanciers du sieur Pierre G Marchand, Bourgeois de Paris, sçavoir ledit sieur de la somme de ledit sieur de la somme de ledit sieur, &c.

Lesdits Créanciers d'une part.

Et ledit sieur G demeurant ruë Paroisse Saint à ce présent d'autre part.

Disant ledit sieur G que depuis qu'il est en négoce, il a fait des pertes très-considérables tant en France qu'en Pays étrangers, tant par le moyen de la faillite de ceux avec lesquels il a trafiqué, que les grandes pertes qu'il a faites sur les Marchandises, ce qui le rend dans l'impuissance de satisfaire quant à présent lesdits sieurs ses Créanciers, des sommes qu'il leur doit en principal, intérêts & frais. Cependant ledit sieur G a la consolation d'être persuadé que lesdits sieurs ses Créanciers lui rendent assez de justice de reconnoître qu'il a toujours agi envers eux avec bonne-foi ; mais que si lesdits Créanciers lui vouloient faire une remise considérable, & lui donner du tems pour les payer de ce qu'ils conviendroient, & surseoir pendant ce tems aux Contraintes par corps & diligences qu'ils ont déja faites contre lui, il vendroit le peu d'effets qui lui reste pour les satisfaire. Au contraire, s'ils vouloient continuer d'agir contre lui, ils le mettroient hors d'état de pouvoir jamais les payer d'aucune partie de leur dû. Ce que considérant lesdits sieurs Créanciers, après avoir plusieurs fois conferé entr'eux sur les propositions dudit sieur G ils lui ont volontairement par ces Présentes fait remise de tous les intérêts des sommes principales qu'il leur doit, ensemble de tous les frais qu'ils ont faits généralement contre lui à cause de leur dû, même lui font remise des sixiémes des principaux qu'il leur doit ; ce qui a été accepté par ledit sieur G qui par ces mêmes Présentes promet & s'oblige bailler & payer ausdits sieurs ses Créanciers en leurs demeures à Paris, ou au porteur, la partie restant desdites sommes principales qu'il leur doit, sçavoir le tiers dudit dans ans du jour de l'homologation du présent Contrat, l'autre tiers ans après, & le tiers restant encore ans après, qui font ans du jour de l'homologation dudit présent Contrat, lequel tems lesdits sieurs Créanciers lui accordent pareillement, & jusqu'à ce, iceux sieurs Créanciers surseoïent à l'exécution des Sentences qu'ils ont obtenuës, même ne lui en demandent aucuns intérêts pendant ledit tems; bien entendu que si ledit sieur G ne faisoit lesdits payemens dans les termes ci-dessus, ils exerceront contre lui, ainsi qu'il s'y soumet, toutes contraintes obtenuës ou à obtenir en vertu de leurs Titres justificatifs de leur dû, qui leur sont restés ès mains en leur force & vertu, mais seulement sursis aux conditions ci-dessus prescrites; & dès à présent lesdits sieurs Créanciers lui font main-levée des Saisies, Arrêts & Exécutions qu'ils peuvent avoir faites sur lui, & en consentent la nullité. A ce faire est intervenu & fut présent sieur Jacques V Bourgeois de Paris, y demeurant ruë Paroisse S. lequel s'est volontairement rendu & constitué Caution dudit sieur G envers lesdits sieurs Créanciers au payement de ladite somme de de principal de leur dû dans les tems y portez; ce faisant s'est avec ledit sieur G solidairement lui seul pour le tout sous les renonciations requises, obligé & oblige à icelui payement esdits termes dont il répond, & fait sa dette en son propre & privé nom, comme principal débiteur de la somme de de principal, dont il ne pourra être déchargé, tel événement qui pourra arriver; & pour faire homologuer le présent Contrat en Justice & partout où il appartiendra, les Parties ont fait & constitué leur Procureur le porteur desdites présentes, auquel elles en ont donné pouvoir & d'en requerir tous actes, pour l'exécution desquelles lesdits sieurs G & V ont élû leur domicile irrévocable en la maison de M. Charles D Procureur au Parlement, scise ruë Paroisse Saint auquel lieu nonobstant, &c. promettant, &c. obligeant chacun en droit soi lesdits sieurs Débiteur & Caution solidairement comme dessus, renonçant, &c. Fait & passé à Paris, en l'Etude de Notaire, le mil sept cens quarante a midi, & ont signé.

Autre Atermoyement.

FUrent présent le sieur Claude D Marchand Epicier, Bourgeois de Paris, y demeurant ruë Paroisse Saint d'une part. Et

Tous Créanciers dudit sieur D sçavoir ledit pour la somme de ledit, &c. d'autre part.

Lesquels Créanciers sur ce qui leur a été représenté par ledit sieur D que les pertes considérables qu'il a faites dans son négoce & celles qu'il a souffertes à l'occasion du feu qui a été en la maison du sieur P son voisin, qui a pénétré en celle où il est actuellement demeurant, par les marchandises & meubles qui lui ont été emportés lorsqu'il les a fallu transporter chez des voisins crainte d'être brûlés; ce qui l'a obligé de faire des dépenses pour rétablir les lieux au même & semblable état qu'ils étoient; que d'ailleurs il ne peut par rapport au malheur du tems présent recevoir aucune chose de ses débiteurs, il se trouve engagé d'avoir recours à ses Créanciers pour lui faire remise de moitié de leur dû, & du total des intérêts de leurs créances à aucuns d'eux dûs, & des frais qu'ils peuvent avoir faits jusqu'à présent, & de lui accorder un délai suffisant pour leur payer le surplus de leurs créances & principaux, sans quoi ledit sieur D ne pourra pas se trouver en état de les payer avec autant d'honneur & d'exactitude qu'il souhaite. Sur quoi lesdits Créanciers ayant conferé entr'eux, & après avoir pris communication de l'état par lui dressé de ses effets actifs & passifs par lui représenté & demeuré joint à la présente minute pour y avoir recours, après avoir été certifié véritable dudit sieur D en la présence des Notaires soussignez ; & voulant autant qu'il leur est possible contribuer au rétablissement dudit sieur D ils lui ont volontairement fait remise gratuite de la moitié de leurs créances & du total des intérêts échûs & qui en écheront jusqu'à l'actuel payement & de tous les frais qu'ils peuvent avoir faits jusqu'à présent, au moyen de quoi ledit sieur D a promis & s'est obligé de bailler & payer ausdits sieurs ses Créanciers en leurs demeures à Paris, ou au porteur, &c. l'autre moitié du principal de leur créance en payemens égaux, sçavoir le premier dans années à compter du jour de l'homologation du présent contrat, & les autres payemens d'année en année successivement ; ensorte que tous lesdits payemens soient acquittés dans années, à compter du jour de ladite homologation, à peine, &c. & faute y auroit du premier, second ou autres subséquens payemens, ledit sieur D consent être contraint pour le tout, ou pour ce qui en resteroit lors à payer, nonobstant les termes à lui ci-dessus accordez, de la faveur desquels il demeurera audit cas déchû, sans que cette peine puisse être réputée comminatoire, mais de rigueur ; le tout sans déroger par lesdits sieurs Créanciers à la nature de leurs Créances & aux condamnations par aucuns d'eux obtenuës contre ledit sieur D lesquelles ils se reservent à mettre à exécution, faute de l'un desdits payemens à son échéance : car ainsi, &c. & pour faire faire l'homologation des présentes où il appartiendra, lesdits sieurs Comparans ont fait & constitué leur Procureur le porteur des présentes, lui en donnant pouvoir ; & pour l'exécution des présentes, ledit sieur D a élû son domicile en sa demeure ci-devant déclarée ; auquel lieu, &c. nonobstant, &c. promettant, &c. obligeant, &c. renonçant, &c. Fait & passé à Paris en l'Etude de l'un des Notaires soussignez, l'an mil sept cens quarante le jour d avant & après midi. Et ont signé.

Accord fait en conséquence d'une fondation comprise dans un Testament.

Fut présent Philippe, &c. au nom & comme Exécuteur du Testament & Ordonnance de derniere volonté de Défunt lequel s'est adressé à vénérable personne Messire Pierre, &c. & Messieurs, &c. à présent Marguilliers de l'Œuvre & Fabrique de ladite Eglise, ausquels il a proposé que ledit Défunt par son Testament reçu par Notaires, le jour d a ordonné qu'il soit fondé en ladite Eglise à perpétuité par chacune année, le vingt-uniéme jour de Décembre, Fête de Saint Thomas Patron dudit Défunt, une Messe haute à Diacre & Soûdiacre, avec les Prieres & Oraisons accoutumées pour les Trépassés, suivant l'article dudit Testament, dont la teneur ensuit. (*Il faut mettre en cet endroit l'article du Testament où il est fait mention du legs.*) Lequel Testament ledit sieur Philippe a montré & communiqué ausdits sieurs Curé & Marguilliers, & leur en a délivré copie; surquoi ils auroient fait assembler les anciens Marguilliers de ladite Eglise; & après en avoir conferé plusieurs fois, ils ont résolu & déliberé d'accepter ladite fondation, selon l'article dudit Testament, ainsi qu'il ensuit: C'est à sçavoir que lesdits sieurs Curé & Marguilliers se sont chargés & se chargent par ces présentes, ont promis & promettent, tant pour eux que pour leurs Successeurs, de faire dire, chanter, &c. & pour ce fournir, &c. pour laquelle fondation & pour l'entretenement d'icelle, ledit sieur Testateur a constitué, assis & assigné ausdits sieurs Curé & Marguilliers de ladite Eglise, la somme de livres de rente annuelle & perpétuelle, à prendre spécialement sur une maison sise à Paris, &c. loüée, &c. par les mains des locataires d'icelle, qui en seront chargés par leurs baux, par chacun an, à commencer le payement, &c. le tout suivant & conformément audit Testament, & à laquelle rente de ledit Philippe, suivant la charge & le pouvoir qu'il en a des héritiers dudit Défunt, y a obligé, affecté & hypothéqué tous les biens du Testateur, & spécialement ladite maison appartenante à la succession dudit Défunt fondateur, & pour mémoire perpétuelle, sera ladite fondation écrite au Ménologe de ladite Eglise; & feront lesdits sieurs héritiers, si bon leur semble, mettre une épitaphe qui contiendra par extrait ladite fondation, en tel endroit de ladite Eglise qu'ils aviseront; car ainsi, &c.

Aveu & dénombrement quand la foi & hommage est faite.

AUjourd'hui est comparu pardevant les Notaires, &c. Louis, &c. Sieur des Loges, demeurant, &c. lequel a reconnu & confessé être homme & sujet de Messire Jean, &c. Seigneur & Baron de Pilliers, & de lui avoüe tenir noblement & en plein fief & hommage, rachat, & quint denier, & à cheval de service, & à tel autre droit que peut être tenu son fief ci-après déclaré, à cause de sadite Baronie & Seigneurie de Pilliers; sçavoir est le Fief, Terre & Seigneurie des Loges, consistant en *telle chose* (*il faut déclarer en cet endroit tout le fief, terre, censives, justices, droits, devoirs, & généralement tout ce qui en dépend sans rien obmettre; puis dire*) auquel fief sont plusieurs hommes & sujets qui lui doivent par chacun an plusieurs rentes & deniers, grains, chapons, poules & corvées, montans en deniers à la somme de en grains à boisseaux mesure dudit lieu. A cause desquelles choses ci-dessus déclarées, & sur icelle est dû audit Seigneur Baron de Pilliers les foi & hommage, rachats, quint deniers & cheval de service, quand le cas y échet, droit de Coutume, tant par les hommes en proche fief, que par les Marchands forains, vendans & étalans aux foires dudit lieu de Pilliers, en arriere fief les jours de marché: Comme aussi appartient audit sieur Baron de Pilliers toute connoissance de Justice, haute, moyenne & basse, & le reconnoît être ſon Supérieur, & lui devoir obéiſſance telle qu'au Seigneur dominant appartient. De plus, s'il y a quelque choſe d'obmis au préſent aveu & dénombrement, promet ledit ſieur des Loges de l'y mettre & ajouter, ſi-tôt qu'il en aura connoiſſance : & s'il y a moins, proteſte que le préſent aveu ne lui pourra nuire ni préjudicier, dont Acte, &c. Fait & paſſé, &c.

Nota. 1°. *Que le Vaſſal doit laiſſer au Seigneur une copie ſignée de lui, de ſon dénombrement, & en garder une autre au bas de laquelle le Seigneur ajoute,* Reçu le préſent dénombrement le tel jour, *ſauf de le blâmer en tems & lieu, & ſans préjudice du droit d'autrui, à l'effet de quoi ſera ledit dénombrement publié à l'iſſuë de la Meſſe Paroiſſiale de tel lieu.*

2°. *Que le dénombrement ainſi reçu & publié ſert de titre, tant au Seigneur féodal pour juſtifier la mouvance de l'arriere-fief, qu'au Vaſſal pour ſe conſerver la propriété & la poſſeſſion de tout ce qui y eſt énoncé.*

3°. *Que s'il eſt conteſté, & que ſi le Seigneur perſiſte à le refuſer, les Parties ſont obligées de s'adreſſer au Bailli ou au Sénéchal, pour les regler, & faire ordonner qu'il ſera reçu, corrigé ou rejetté.*

Des Baux à loyer & à rente, & emphithéotiques.

LE Bail à loyer eſt un Contrat par lequel le Propriétaire d'une maiſon ou d'un héritage, permet à un autre d'en joüir & d'en faire les fruits ſiens pendant un certain tems, lequel ne doit excéder neuf années, moyennant une certaine retribution par année, payable en grain ou en argent.

Le Bail peut être paſſé, non-ſeulement par le Propriétaire, mais encore par l'uſufruitier, le tuteur des mineurs, & toute autre perſonne fondée d'une procuration ſuffiſante.

Il ne peut jamais devenir titre de propriété pendant quelque long eſpace de tems qu'il ait été continué : rien au contraire ne la prouve moins : *Res ſemper pro Domino clamat.*

Il eſt ſuſceptible de toutes les conditions qu'il plaît aux parties d'y inſérer, pourvû qu'il n'y en ait aucune qui ſoit contre les bonnes mœurs. Par exemple, de ne pouvoir être cédé en tout ou en partie ſans le conſentement du Propriétaire.

Il eſt quelquefois rompu, quand le Propriétaire veut habiter lui-même ſa maiſon, ou qu'il vend ſon fonds, ſans obliger l'acquéreur de continuer le bail, auquel cas le Fermier ou Locataire peut obtenir contre lui des dommages & intérêts.

Bail d'un Privilége.

FUt présent Antoine E Chirurgien privilégié de S. A. R. Madame, demeurant à Paris, ruë Paroisse lequel a donné à loyer du jour de de l'année mil pour années entieres finies & accomplies, & promet faire joüir à sieur Jean O aussi Chirurgien-Juré à Paris, y demeurant ruë Paroisse à ce présent & acceptant le droit & privilége de Chirurgien de S. A. R. Madame, au moyen de quoi ledit O pourra en vertu dudit privilége tenir boutique ouverte de Chirurgien en cette Ville & autres lieux du Royaume : à l'effet de quoi ledit sieur E a mis & subrogé ledit sieur O en son lieu & place. Ce Bail fait moyennant le prix & somme de livres de loyer pour & par chacune desdites années que ledit sieur O s'oblige de payer audit sieur E en sa demeure à Paris, ou au Porteur & par avance de quartier en quartier, dont le premier qui n'échera qu'au jour de de ladite année mil a été présentement payé & par avance par ledit sieur O dont quittance ; & ainsi continuer de quartier en quartier, & par avance jusques en fin du présent Bail, duquel il ne pourra ceder son droit à qui que ce soit, sans le consentement exprès & par écrit dudit sieur Bailleur, auquel il fournira autant des présentes : car ainsi a été accordé entre les Parties ; qui, pour l'exécution des présentes, ont élû leur domicile en leurs maisons sus déclarées, auquel lieu, &c. nonobstant, &c promettant, &c. obligeant, &c. renonçant, &c. Fait & passé à Paris ès Etudes des Notaires à Paris soussignez, l'an mil sept cens le a midi, & ont signé.

Bail de la voiture d'une Terre & Seigneurie, tant par eau que par terre.

FUt présent M. Claude-Aléxandre V Avocat au Parlement, Intendant des maisons & affaires de demeurant au nom & comme Procureur fondé de procuration générale pour la régie des biens & affaires d & spéciale à l'effet des présentes, passée par ledit Seigneur devant l'un des Notaires soussignez & son Confrere le Lequel sieur V audit nom, & pour la conservation des biens & revenus dudit a par ces présentes baillé & délaissé à titre de ferme, loyer & prix d'argent du de l'année prochaine mil jusques & pour années entieres & consécutives, & promet audit nom faire joüir durant ledit tems à François R Fermier du battelage de & Anne M. sa femme qu'il autorise à l'effet des présentes, demeurans audit étant de présent à Paris, à ce présens & acceptans, preneurs & retenans pour eux audit titre durant ledit tems, le droit de battelage & coche ordinaire tant par eau que par terre, de la Terre & Seigneurie de en cettedite Ville de

Paris, & de cettedite Ville à la Terre & Seigneurie de aux charges ; clauses & conditions qui ensuivent.

Premiérement lesdits Preneurs seront tenus, comme ils s'y obligent, d'avoir des batteaux, frettes & nacelles & autres vaisseaux qu'ils pourront faire construire d'une maniere convenable pour la navigation, en montant ou descendant pour servir de coches ordinaires, charettes & chevaux pour la conduite, sujets à la visite des Officiers de la Justice dudit qu'ils tiendront en si bon état que le Public en soit bien servi.

Plus, qu'en cas que les eaux soient gelées ou débordées, en sorte qu'on ne puisse sans péril naviger sur la riviere, lesdits Preneurs auront par terre des coches ou charettes attelés de bons chevaux, pour porter & conduire les personnes qui se présenteront, ensemble leurs meubles, paquets, linges, ustenciles, & autres choses pour aller par lesdites voitures ; & audit cas de gelée ou de débordement des eaux, & pendant que la navigation sera trop périlleuse, lesdits Preneurs seront tenus d'en user comme devant est dit, & de partir tant par eau que par terre ; sçavoir, de pour Paris le matin à huit heures, & de Paris pour à cinq heures du soir chaque jour consecutif, suivant qu'il est accoutumé.

Plus, que lesdits Preneurs ne pourront prendre plus grands ni moindres droits que ceux ordinaires, ainsi qu'il se pratique à présent.

Plus, que lesdits Preneurs seront tenus & obligés de porter & passer gratuitement sans rien payer les Gens & domestiques dudit Seigneur le sieur le Receveur dudit sa femme, enfans, domestiques avec leurs hardes, meubles & paquets quand bon leur semblera d'y aller, même les amis dudit sieur V & du Fermier de jusqu'au nombre de pourvû qu'ils soient de leur compagnie.

Comme aussi seront tenus de mener & passer gratuitement les Officiers de la Justice pour leurs personnes seulement.

Plus, que lesdits Preneurs, leurs Commis, Fermiers & Préposés par eux, garderont & observeront les reglemens de la Justice & Police dudit concernant ledit battelage & voitures, tant par eau que par terre & droits en dépendans, & qu'ils se gouverneront de maniere que le Public en soit satisfait pour lesdits droits de battelage, coches, voitures tant par eau que par terre & droits en dépendans, en joüir par eux durant ledit tems ; & en cas que lesdits Preneurs fussent troublés dans la joüissance du présent Bail, sera tenu ledit sieur Bailleur audit nom, de prendre leur fait & cause, à l'effet de les maintenir dans leur joüissance, à la premiere dénonciation qui lui en sera faite en son domicile ci-devant déclaré : Ce Bail fait moyennant le prix & somme de livres pour & par chacune desdites années que lesdits Preneurs promettent & s'obligent solidairement l'un pour l'autre, sous les renonciations de droit requises ; bailler & payer audit sieur Bailleur, aûdit nom en sa demeure à Paris ou au Porteur, &c. par chacun an aux quatre termes accoutumés également, dont le premier échera au premier de l'année prochaine, & ainsi continuer, &c. & faute de payer lesdits fermages un mois après l'échéance de chacun terme, le présent Bail demeurera nul & résolu, si bon semble audit sieur Bailleur audit nom ; sans observer aucune formalité de Justice. Lesquels

Preneurs

Preneurs ne pourront ceder ni transporter leur droit du présent Bail à personne quelconque, sans l'exprès consentement & par écrit d'icelui sieur Bailleur audit nom, auquel ils fourniront à leurs frais & dépens une grosse en forme du présent Bail incessamment ; à peine, &c. car ainsi, &c. Elisant lesdits Preneurs leur domicile solidaire & irrévocable en leur demeure sus déclarée, auquel lieu, &c. nonobstant, &c. promettant, &c. obligeant, &c. chacun en droit soi, &c. ledit Preneur solidairement comme dessus, renonçant, &c. Fait & passé à Paris audit Palais l'an mil le jour d a midi. Et ont signé.

Bail à ferme d'une Terre & Seigneurie.

FUt présent Illustrissime & Eminentissime Seigneur Monseigneur Louis-Antoine D Cardinal de la Sainte Eglise Romaine, Archevêque de Duc de Pair de France, Commandeur de l'Ordre du Saint-Esprit, demeurant en son Palais Archiépiscopal. Lequel a reconnû & confessé avoir baillé & délaissé à titre de loyer, ferme & prix d'argent du premier Janvier mil jusques & pour années entieres & consécutives, promet Son Eminence durant ledit tems faire joüir à Louis D Bourgeois de Paris, y demeurant ruë Paroisse Saint à ce présent & acceptant, preneur & retenant pour lui audit titre durant ledit tems, c'est à sçavoir la Terre & Seigneurie de G & M les prix des Baux amphitéotiques faits à Pierre B Gabriël G & sa femme, Claude H &c. le droit de Battelage de à Paris, la Voirie, la Garenne, le Greffe, les droits de Places & Marchés, les droits de Riviere, si aucuns sont dus, & autres appartenances & dépendances de ladite Seigneurie ; comme aussi les arpens perches d'héritages scitués à tenus à présent par M. B dont le Bail amphitéotique est ou doit expirer incessamment, & moitié des lods & ventes, se reservant Son Eminence l'autre moitié & l'ensaisinement des Contrats, lesquels ledit preneur sera pour ce faire tenu & obligé de les apporter à Son Eminence, sans pouvoir s'entremettre desdits ensaisinemens, à la réserve aussi des droits de quints & requints amortissemens & autres droits féodaux : plus, des Places pour faire bâtir Moulin, si Son Eminence le désire pendant ledit tems, ensemble de l'arche en laquelle étoit ci-devant bâti le Moulin servant à monter Bateaux, que tenoit ci-devant le sieur Président M & des Moulins à Bateaux & autres, que Son Eminence pourra ci-après faire édifier, comme aussi à la réserve du grand Moulin sur le Pont des à Fours bannaux dudit & du petit Moulin de dont les Baux ne seront point compris en ces Présentes, de arpens de vignes à l'endroit du territoire de qu'il lui plaira, pour les faire façonner & vendanger à son profit, & le vin voituré à son Palais Archiépiscopal à & aussi à la réserve de arpens & demi de prez, à sçavoir arpens & demi en & arpens au pré pour le foin en provenant être aussi conduit audit Palais Archiépiscopal ; & encore à la réserve que fait Son Eminence du Logement, Jardins & Lieux que le sieur V tenoit par Bail amphitéotique de l'Archevêché, dont S. E. a accordé la joüiſſance au ſieur P pendant le tems qu'il plaira à Son Eminence : plus, à la charge d'exécuter le Bail fait à François T & ſa femme, pour années devant & ſon Confrere Notaires à Paris, le mil pour ce qui en reſte à expirer, que ledit Preneur pourra renouveller auſſi bien que le Greffe, & les affermer de nouveau à qui bon lui ſemblera ; comme auſſi Son Eminence ſe réſerve livres de rente à prendre par chacun an, au jour qu'elle eſt payable ſur le petit Moulin du & duquel eſt à préſent joüiſſant, laquelle rente eſt dûë à la Seigneurie de deſquelles choſes baillées & reſervées ci-deſſus, ledit Preneur s'eſt contenté pour les bien ſçavoir & connoître, pour par lui en joüir audit titre durant ledit tems : ce Bail fait auſdits reſerves & aux charges, clauſes & conditions qui enſuivent ; ſçavoir de labourer, fumer, cultiver, façonner, échalaſſer & provigner toutes les vignes de ladite Terre bien & dûëment, ainſi qu'il appartient & comme vignes Bourgeoiſes & de Vignerons, entretenir les prés nets & en bonne nature de fauche, entretenir les édifices du Colombier & Preſſoir dudit de toutes menuës réparations locatives, ainſi qu'il appartient ; & en fin dudit tems, le tout rendre & délaiſſer en bon état & valeur deſdites menuës réparations, enſemble les logemens que ledit Preneur occupera, même le Colombier tout net & peuplé d'un nombre ſuffiſant de pigeons ; & attendu qu'il n'y a point à préſent de pigeons audit Colombier, à cauſe des réparations que Son Eminence y a fait faire, ledit Preneur ſera tenu de le faire peupler d'un nombre ſuffiſant de pigeons, dont lui ſera tenu compte ſur le prix de ſon préſent Bail, & outre lui ſera diminué la ſomme de livres, pour non-joüiſſance dudit Colombier pendant la premiere année ſeulement, & ſera fait un état des pigeons qui ſe trouveront au Colombier après ladite premiere année expirée, que le Preneur ſera tenu d'en rendre pareille quantité à la fin du préſent Bail : ſera tenu en outre ledit Preneur de labourer, fumer, cultiver & enſemenſer les terres labourables bien & dûëment par ſolles & ſaiſons convenables, ſans les deſſoler ni deſſaiſonner, & en fin dudit tems les rendre & délaiſſer en bon état & valeur. Item, de faire exercer & adminiſtrer bien & dûëment & fidélement la Juſtice dudit par les Officiers d'icelle, tant en Civil que Criminel, conduire & ramener les priſonniers criminels Appellans, faire exécuter les Sentences & Arrêts, le tout aux frais & dépens dudit Preneur ; & en fin dudit tems rendre & délaiſſer ladite Juſtice nette & acquittée de tous abus & appaux, dommages & intérêts ; & de payer, ſçavoir aux Prévôt & Lieutenant livres à chacun, & livres au Procureur Fiſcal, le tout de gages & honoraires par chacun an : plus, de fournir à Son Eminence par ledit Preneur un papier terrier & cueilloir, qui contiendra une nouvelle Déclaration deſdites Terres, Vignes, Prés & autres héritages de ladite Seigneurie par tenans & aboutiſſans & déſignations nouvelles, lui ſera à cet effet mis es mains celle que Gilles L & ſa femme doivent rendre, ſuivant qu'ils y ſont obligés par leur Bail dans le prochain, & outre de l'aider des Terriers & Titres qui ſe trouveront dans les Archives de Son Eminence concernant ladite terre, ſur ſon Récepiſſé qu'il ſera tenu de rendre ſix mois après, & outre toutes leſdits charges & reſerves ſuſdites, eſt le préſent Bail fait moyennant le prix & ſomme de livres de ferme, pour & par chacune desdites années que ledit Preneur promet & s'oblige de bailler & payer à Son Eminence, aux quatre termes & payement égaux de chacune année, dont le premier échera & se fera au prochain, & ainsi continuer de termes en termes jusqu'en fin du présent Bail, à condition expresse que si faute y avoit dudit payement de chacun quartier, le présent bail sera & demeura nul & résolu, pour le tems qui en restera à expirer, si bon semble à Son Eminence, qui pourra rebailler ladite Ferme à qui bon lui semblera pour le tems qu'il avisera à la folle enchere dudit Preneur, dans la quinzaine après ledit terme non-payé, sans aucune signification précédente ni autre formalité de Justice sur ce garder, sans prétendre aucuns dommages & intérêts, & néanmoins sera contraint au payement de ce qu'il devra lors, & de satisfaire aux charges, clauses & conditions ci-dessus : ne pourra le Preneur prétendre ni demander aucune diminution dudit prix & charges, soit pour causes de guerre, peste, famine & autres cas-fortuits, imprévus & inopinés qui pourroient arriver, nonobstant tous Arrêts & Reglemens qui pourroient être faits & donnés en faveur des Fermiers, aux bénéfices desquels ledit Preneur a dès à présent renoncé ; & outre le prix ci-dessus stipulé & charges susdites, ledit Preneur sera encore tenu de fournir & délivrer gratuitement toutes les Expéditions de Justice qui concerneront les droits de Son Eminence, est aussi accordé que si Son Eminence dispose du Jardin & Place où étoit l'ancienne Maison Seigneuriale dudit ou de partie d'icelle, ledit Preneur ne pourra prétendre aucune diminution dudit prix & charges, que celles pour lesquelles elles seront données à rentes ou à emphitéotiques par Son Eminence, fournira copies des sous-baux qu'il fera des dépendances de ladite ferme en bonne forme, à mesure qu'il en fera : ne pourra ledit Preneur céder ni transporter son droit du présent Bail à personne quelconques, sans le consentement exprès & par écrit de Son Eminence, à laquelle il fournira le présent Bail en forme exécutoire, & une Expédition en papier s'il le désire incessamment, à peine de tous dépens, dommages & intérêts.

A ce faire a été présent Bertrand G Procureur Fiscal de Et Jeanne T sa femme, qu'il autorise à l'effet des Présentes, étant de présent à Paris, lesquels de leur bon gré & volonté, se sont rendus & constitués cautions dudit Louis D ce faisant, se sont obligés solidairement l'un pour l'autre, un d'eux seul pour le tout, sans division, discution, ni fide-jussion, conjointement avec ledit sieur D au payement desdits livres, prix du présent Bail dans lesdits termes, & à l'exécution des charges, clauses & conditions y contenuës, dont ils font leur propre fait & dette sous ladite solidité, comme principaux Preneurs; & pour l'exécution des présentes & dépendances, lesdits Preneur & Cautions ont élû leur domicile solidaire en la maison desdits P & sa femme audit auquel lieu, &c. nonobstant, &c. promettant, &c. obligeant, &c. lesdits Preneur & Cautions, solidairement corps & biens, &c. renonçans, &c. Fait & passé à Paris, au Palais Archiépiscopal, l'an mil le jour d a midi. Et ont Son Eminence & lesdits D P & sa femme signés.

Bail à loyer d'une Ferme & Métairie à deux personnes.

FUt présent Vincent, &c. demeurant, &c. lequel a reconnu & confessé avoir baillé à titre de ferme & loyer du jour de Saint Martin d'hiver prochain, jusqu'à neuf ans & neuf dépoüilles entieres & consécutives, finies & accomplies; & promet durant ledit tems garantir & faire joüir à Laurent, &c. Laboureur, & à Jeanne, &c. sa femme, qu'il autorise à l'effet des Présentes, demeurant à, &c. à ce présens & acceptans, preneurs & retenans pour eux audit titre ledit tems durant, une Ferme & Métairie size près Reaulmont, vulgairement appellée la Ferme de, &c. qui consiste en une maison manable, granges, étables, écuries, bergerie, cour devant, avec toutes & chacunes les terres labourables, vignes, bois taillis & choses dépendantes d'icelle Ferme, comme le tout se poursuit & comporte: de laquelle Ferme & ses dépendances, tenans & aboutissans desdites terres, lesdits preneurs se sont contentés, disant la bien connoître, & avoir le tout vû & visité de toutes parts, pour de tout ce que dessus baillé, joüir par lesdits preneurs audit titre durant ledit tems, en tous fruits, profits & revenus appartenans à ladite Ferme. Ce bail ainsi fait, moyennant la quantité de trois muids de bled, les deux tiers pur froment & l'autre tiers meteil; le tout bon grain, sec, net, loyal & marchand, mesure de Paris à deux sols près du meilleur, & rendu en ladite Ville ès greniers dudit sieur bailleur, & la somme de cinq cens livres en argent; le tout de ferme & loyer pour chacune desdites neuf années, que lesdits preneurs promettent & s'obligent solidairement sans division, discussion ni fidejussion, à quoi ils renoncent de bailler & payer audit sieur bailleur en sa maison à Paris, ou au porteur, par chacun an; sçavoir ledit bled au jour de Saint André, & lesdits deniers au jour de Pâques, dont la premiere année de payement & livraison desdits loyers & fermages se fera & écherra aux jours de Pâques & Saint André de l'année prochaine & ainsi continuer de terme en terme & jours, jusqu'à la fin dudit tems; & outre aux charges, clauses & conditions suivantes, que lesdits preneurs promettent & s'obligent sous ladite solidité d'exécuter, sans pour ce prétendre aucune diminution dudit loyer, dépens, ni dommages & intérêts; sçavoir de bailler & apporter audit sieur bailleur en sadite maison à Paris, par chacune desdites neuf années au jour de Saint Martin d'hiver, six gros coqs d'inde; plus de labourer, fumer & cultiver lesdites terres bien & dûëment par soles & saisons convenables, sans les dessoler ni dessaisonner, convertir les feures en fumiers, & ensumer & amender lesdites terres près & loin, tenir les prés nets & en bonne nature de fauche; & en fin dudit tems le tout rendre & délaisser en bon état. Plus, seront tenus lesdits preneurs de rétablir & réparer èsdits lieux ce qu'ils y feront démolir, & de garnir ladite maison & lieux de biens meubles exploitables & suffisans, à eux appartenans, pour sûreté & fortissans nature dudit loyer, entretenir ladite maison & lieux dépendans de ladite Ferme de menuës réparations nécessaires à y faire durant ledit tems jusqu'à la somme de dix livres par chacun an, si tant se montent, souffrir faire les grosses s'il en convient faire : plus de payer les cens & droits Seigneuriaux que ladite Ferme & héritages en dépendans, peuvent devoir aux jours accoûtumés aux Seigneurs ou Dames à qui ils sont dûs, & en acquitter ledit sieur bailleur durant ledit tems, & en fin d'icelui lui en fournir les quittances : ne pourront lesdits preneurs ceder ni transporter leur droit du présent bail à qui que ce soit, sans le consentement par écrit dudit sieur bailleur, lequel tiendra lesdits preneurs esdits lieux clos & couvert suivants l'usage, qui lui fourniront la grosse des présentes incessamment : le tout à peine, &c. Pour l'exécution des présentes, lesdits preneurs ont élû leur domicile irrévocable, &c. car ainsi, &c. promettant, &c. obligeant chacun en droit soi, &c. lesdits preneurs solidairement comme dessus, corps & biens, &c. renonçant, &c. Fait & passé, &c.

Bail à loyer d'une vache.

FUt présent Vincent, &c. demeurant à, &c. lequel a reconnu avoir baillé à loyer & prix d'argent de ce jourd'hui, pour ans & accomplis à Claude Laboureur, demeurant à à ce présent preneur pour lui audit titre une vache laitiere sous poil noir, âgée de ans ou environ, que ledit preneur reconnoit avoir en sa possession, dont il se contente, pour en tirer par icelui preneur tous les profits qui en proviendront durant ledit tems. Ce bail fait à la charge que ledit preneur sera tenu & promet de nourrir & heberger ladite vache bien & dûëment durant ledit tems, & à la fin d'icelui la rendre saine & en bon état audit sieur bailleur, & outre moyennant le prix & somme de de loyer par chacune desdites années, que ledit preneur a aussi promis & s'oblige de bailler & payer audit sieur Vincent en sa maison à ou au porteur, &c. chacun an à pareil jour que ce jourd'hui, dont la premiere année & jour de payement échetra d'hui en un an prochain, & ainsi continuer le payement dudit loyer d'année en année, jusqu'à la fin dudit tems, & où ladite vache viendroit à mourir de sa mort naturelle, ledit preneur en certifiera ledit sieur bailleur par gens dignes de foi, & en demeurera quitte en lui apportant la peau d'icelle : Que si au contraire la mort de ladite vache arrivoit par la faute dudit preneur ou de ses gens, ledit preneur sera tenu & promet de bailler & payer aussi-tôt audit bailleur la somme de livres, qui est le prix auquel ladite vache a été appreciée entre lesdites parties ; car ainsi, &c. *Election de domicile, &c.*

Bail d'un Greffe d'Election.

FUt présent Maître Jean demeurant à propriétaire du Greffe ancien de l'Election de lequel a par ces présentes baillé & délaissé à titre de ferme & prix d'argent l'exercice & fonction dudit Greffe, pour années entieres & consécutives, à commencer & promet durant ledit tems garantir & faire joüir, fors du fait du Prince seulement, à François demeurant à ce présent & acceptant, preneur & retenant pour lui audit titre ledit

Greffe ancien de ladite Election de pour en joüir par lui & en percevoir à son profit tous les droits, fruits, profits, revenus & émolumens y attribués & appartenans durant ledit tems, desquels droits, fruits, profits, revenus & émolumens, exercice & fonction dudit Greffe, ledit preneur a dit avoir bonne & entiere connoissance, & s'en tient content, encore qu'ils ne soient particuliérement exprimés ni déclarés en ces présentes. Ce bail ainsi fait, à la charge que ledit preneur sera tenu & promet de bien & fidélement exercer ledit Greffe, & le faire exercer durant ledit tems, par gens capables & de probité qu'il y commettra, dont il demeurera garant, fera faire bons & fidéles Registres dudit exercice, lesquels il sera tenu de mettre ès mains dudit sieur bailleur à la fin du présent bail, & faire en sorte que le public n'en reçoive aucun préjudice, ni ledit sieur bailleur aucune plainte, perte ni dommage, sur les peines en tel cas introduites, & de tous dépens, dommages & intérêts. Et outre moyennant le prix & somme de d'une part, & deux bons saumons frais d'honnête & suffisante grosseur, d'autre part; le tout de ferme & loyer pour chacune desdites trois années, que ledit preneur a promis & s'oblige de bailler, payer & fournir audit sieur bailleur en sa maison à ou au porteur, sçavoir lesdites de six mois en six mois également, qui écherront ès jours de Saint Jean-Baptiste & de Noël de chacune desdites trois années. Et quant ausdits saumons frais, aux saisons propres pour cet effet. Le premier desquels termes & payemens de ladite ferme écherra au jour de Saint Jaan-Baptiste de ladite année 17 & lesdits saumons en chacun desdits termes de Saint Jean, & ainsi continuer lesdits payemens à chacune desdites années d'exercice dudit Greffe sus déclarées ausdits termes jusqu'à la fin du présent bail. Et pour plus grande sûreté du payement desdits loyer, charges, clauses & conditions du présent bail, ledit preneur promet de fournir audit bailleur dans trois mois prochains bonne & suffisante caution solvable, & domiciliée en cette Ville de au gré dudit sieur bailleur, avec certificateur d'icelle, laquelle s'obligera solidairement avec ledit preneur sous les renonciations de droit requises & au payement dudit prix, charges, clauses & conditions susdites, ainsi que ledit preneur y est tenu & obligé envers ledit sieur bailleur, dont ladite caution fera son propre fait & dette, & desdits cautionnement & certification, en fournir les actes en bonne forme à ses dépens audit sieur bailleur dans ledit tems de trois mois prochains, à peine de tous dépens, dommages & intérêts, & de résolution du présent bail, si bon semble audit sieur bailleur, qui en ce cas pourra & lui sera loisible de faire nouveau bail dudit Greffe à telle autre personne que bon lui semblera à la folle enchere dudit preneur, sans qu'icelui preneur s'en puisse plaindre ni prétendre aucuns dommages ni intérêts contre ledit sieur bailleur, lequel sans cette condition expresse ne lui auroit fait ledit présent bail, la grosse duquel en forme exécutoire ledit preneur fournira aussi à ses dépens audit sieur bailleur dans trois jours; car ainsi, &c. *Election de domicile, &c.*

Bail à loyer d'un moulin bannal à eau.

FUt présent Louis Receveur de la Terre & Seigneurie de demeurant au Château Seigneurial dudit lieu, lequel a reconnu avoir baillé par ces présentes à titre de ferme, par an & par semaine, à commencer du premier jour de Janvier prochain, pour trois ans après ensuivans consécutifs, finis & accomplis, & promet durant ledit tems, garantir & faire joüir à François Marchand, demeurant audit lieu de à ce présent & acceptant, preneur & retenant audit titre pour lui le moulin bannal (*il faut désigner le moulin*) & moulte dudit lieu de assis sur la riviere de Loing (*il faut dire aussi l'endroit*) à condition de mouture au douziéme, & ce suivant & conformément à l'Arrêt de Nosseigneurs de la Cour de Parlement de Paris, obtenu par ledit Seigneur de contre ses habitans. Outre ce ledit sieur bailleur a par cesdites présentes délaissé audit preneur la joüissance de l'Isle de contenant demi-arpent de pré ou environ, & encore lui permet de pêcher avec l'échiquier & nasse en ladite riviere de Loing appartenant audit Seigneur, durant ledit tems de trois ans, & ce depuis l'un des bouts de la chaussée dudit moulin jusqu'à l'autre bout seulement, pour de tout ce que dessus ainsi baillé, joüir par ledit preneur audit titre durant ledit tems à son plaisir & volonté au moyen des présentes. Ce bail ainsi fait, moyennant la quantité de trente boisseaux de bled meteil par chacune semaine, mesure dudit lieu de bon grain loyal & marchand rendu au grenier Seigneurial dudit lieu de avec la moulte du grain que pourra faire moudre ledit sieur bailleur franche pour sa maison seulement, sans que ledit preneur en prenne aucune chose. Que ledit preneur a promis, promet & s'oblige de bailler & payer lesd. trente boisseaux de grain, de la qualité & mesure ci-dessus, & le rendre par chacune semaine, ainsi que dit est à commencer le premier payement & livraison au huitiéme jour dudit mois de Janvier prochain, & de-là en avant continuer pareil payement par chacune semaine, jusqu'à la fin desdites trois années. Plus sera tenu ledit preneur d'aller querir la fournée dudit sieur bailleur, & icelle rapporter audit Château à ses frais : semblablement d'ouvrir & déboucher le pertuis aux montans & avalans. Fournira ledit sieur bailleur audit preneur, de batteau pour porter la corde seulement, à la charge par ledit preneur d'entretenir ledit batteau bien & dûëment durant ledit tems, & aussi d'aller ou envoyer par ledit preneur querir la clef dudit pertuis au Château Seigneurial, & icelle rapporter audit lieu. Outre ce de payer durant ledit tems de trois ans, & par chacun d'icelui cinq sols pour le droit de passage de lui & de ses gens, famille & bestial, & ce sur ladite riviere : Comme pareillement ledit preneur sera tenu des menuës réparations qui conviendra faire audit moulin, entretenir les chaussées & pertuis bien fermées & bouchées, & faire ensorte que ledit sieur bailleur n'en soit aucunement recherché ni inquiété en façon quelconque ; à la charge toutefois que ledit sieur bailleur fournira de bois & pierre pour l'entretenement dudit moulin, chaussée & pertuis, sur le bord de la riviere & proche ledit moulin, lequel bois & pierre ledit preneur fera employer à ses dépens, aux réparations qu'il conviendra faire audit moulin, chaussée & pertuis pendant ledit tems, comme arbre, rouës, rouët du moulin & autres choses nécessaires, battre des pieux èsdites chaussées quand besoin en sera, mettre & passer fers & barres audit pertuis, si besoin est. Et pendant ledit tems, semblablement sera tenu ledit preneur de relever les pierres qui tomberont des chaussées durant ledit tems, & à la fin d'icelui rendre ledit moulin, chaussées & pertuis en bon état & valeur, selon la visite qui en sera faite en entrant en joüissance du présent bail; & quant aux meules seront jaugées de l'épaisseur qu'elles auront lors du commencement du présent bail, afin que ledit bailleur en puisse avoir récompense en fin d'icelui, à raison de trente sols pour chacun pouce, que ledit preneur a promis & s'oblige aussi de bailler & payer audit sieur bailleur en fin dudit tems. D'abondant ledit sieur bailleur a délaissé & délaisse audit preneur, ce acceptant pour ledit tems de trois ans, la pêche du pertuis à la chûte des anguilles, moyennant la somme de douze livres, & deux chapons par chacun an, que ledit preneur promet pareillement & s'oblige de bailler audit bailleur, & payer par chacun an à deux termes égaux, qui écherront audit jour Saint Jean-Baptiste & à Noël, dont le premier d'iceux écherra au jour S. Jean-Baptiste prochain, & continuer de-là en avant ledit payement de terme en terme après ensuivant, durant ledit tems de trois ans. Aussi joüira ledit preneur pendant ledit tems de la pêche du Montoy, en toute moitié, en l'exerçant par ledit preneur & fournissant par lui de nasse, & à condition qu'il ne pourra lever ladite nasse, sans y appeller ledit sieur bailleur, ou gens pour lui, pour être fait le partage en leur présence & emporter chacun sa moitié, de laquelle ledit sieur bailleur ou ceux de ses gens qui y seront appellés pour lui, auront le choix après que ledit preneur en aura fait les lots. Plus sera tenu ledit preneur à ses dépens, de planter ou faire planter par chacun an, la quantité de deux cens d'aulnette, & deux cens de machault sur les chaussées dudit moulin, à la charge qu'icelui preneur pourra prendre sans rien payer audit sieur bailleur ni à qui que ce soit, le plan tant ès prés qu'ès chaussées dudit lieu de appartenant audit Seigneur. Ledit preneur sera encore tenu de bailler audit sieur bailleur un gâteau de fleur de froment la veille du jour des Rois par chacun an. Et quant à la visite dudit moulin, chaussée & pertuis, elle se sera entre lesdites parties, avant que ledit preneur entre en joüissance dudit présent bail, & par gens à ce connoissans, dont les parties conviendront amiablement, sans forme ni figure de procès, à peine de tous dépens, dommages & intérêts par le contrevenant à cette clause. Et pour recevoir par ledit preneur les réparations que *tel, &c.* précédent Fermier dudit moulin & ses dépendances, doit laisser en fin de son bail qui écherra au dernier jour de Décembre prochain, audit moulin, chaussées & pertuis, ledit bailleur a constitué son Procureur spécial, ledit preneur & le porteur desdites présentes, ausquels il en donne tout pouvoir, même de poursuivre ledit précédent Fermier à ce sujet par toutes voyes de droit en Justice, lesquelles poursuites ledit preneur sera tenu faire aussi à ses dépens, sans pouvoir prétendre aucun remboursement d'iceux contre ledit sieur bailleur en quelque sorte & maniere que ce soit. Mais s'il y en a d'adjugés contre ledit précédent Fermier, ils appartiendront entié-

entiérement audit preneur, lequel pour plus grande assurance audit sieur bailleur de tout le contenu ci-dessus, a promis d'y faire solidairement obliger avec lui aux renonciations requises, Pierre, &c. & de ladite obligation en fournir Acte en bonne forme audit sieur bailleur avant que d'entrer en joüissance dudit présent bail, à peine de tous dépens, dommages & intérêts. Et en faveur dudit présent bail, ledit preneur promet aussi de bailler & donner pour le pot-de-vin d'icelui audit sieur bailleur, la somme de sçavoir, moitié dans ledit premier jour de Janvier prochain, & l'autre moitié six mois après; car ainsi, &c. promettant, obligeant chacun en droit soi, &c. même ledit preneur son corps, &c. renonçant, &c. Fait & passé, &c.

Autre Bail d'un moulin à eau.

FUt présent Nicolas lequel a reconnu avoir baillé & délaissé à titre de loyer & prix d'argent du jour de Pâques prochain pour six ans après ensuivans, finis & accomplis, & promet garantir & faire joüir pendant ledit tems à Jacques à ce présent & acceptant, preneur pour lui audit titre, ledit tems durant, un moulin à eau faisant de bled farine, sis sur la riviere de garni de ses meules, tournans & travaillans, & autres ustensiles audit bailleur appartenans, pour en joüir par ledit preneur audit titre durant ledit tems. Ce présent bail fait moyennant le prix & somme de par chacune desdites six années, que ledit preneur promet & s'oblige de bailler & payer audit sieur bailleur, ou au porteur des présentes, &c. en quatre payemens égaux, de trois mois en trois mois, dont le premier d'iceux écherra au dernier jour de Mars prochain, & ainsi continuer à payer lesdits loyers de trois mois en trois mois après ensuivant par chacun an, jusqu'à la fin du présent bail. Et outre à la charge par ledit preneur de satisfaire à toutes les charges, clauses & conditions qui ensuivent, sans diminution desdits loyers, dépens ni dommages & intérêts; sçavoir d'entretenir bien & dûëment, comme il appartient durant ledit tems, ledit moulin, tournans & travaillans d'icelui, ensemble les vannes & chaussées dudit moulin, en telle sorte que l'eau ne se perde ni dépérisse; & à la fin dudit tems rendre & délaisser le tout en bon & suffisant état desdits entretenemens, & de pareille valeur qu'il lui sera baillé. Ausquelles fins, prisée & estimation sera fait de l'état dudit moulin, tant auparavant que ledit preneur entre en joüissance d'icelui, qu'à la fin du présent bail, par gens à ce connoissans dont lesdites parties conviendront amiablement. Ne pourra ledit preneur ceder son droit des présentes à qui que ce soit, sans le consentement exprès & par écrit dudit sieur bailleur, auquel il fournira autant des Présentes à ses dépens en bonne forme à sa premiere demande; car ainsi, &c. promettant, &c. obligeant chacun en droit soi, & ledit preneur corps & bien, &c. renonçant, &c. Fait & passé, &c.

Clauses particulieres pour un moulin à vent.

Il faut observer aux baux à moulin à vent, qu'au lieu de chaussées & vannes dont on n'y parle point, il faut mettre : Sera ledit preneur tenu d'entretenir les vollans & toiles d'iceux, l'arbre du moulin, tournans & travaillans d'icelui, & le tout rendre, &c.

Bail ou Marché pour un moulin à papier.

FUt présent Antoine Ouvrier Papetier demeurant à lequel a reconnu & confessé avoir fait marché, promis & promet par ces présentes au sieur François propriétaire du moulin à papier, situé sur la riviere de à ce présent & acceptant, de fabriquer & faire fabriquer incessamment & sans discontinuation, avec nombre d'ouvriers suffisans bien & duëment comme il appartient, au dire d'ouvriers & gens à ce connoissans, toute la quantité de papier qui se pourra faire & fabriquer audit moulin à papier durant le tems & espace de deux années entieres, qui ont commencé au premier jour de ce mois, & finiront à *tel jour :* laquelle fabrique sera faite suivant les deux formes que ledit sieur François & les pareilles qu'il lui fournira à l'avenir, au fur & à mesure qu'il en aura besoin, lesquelles sont & seront marquées, l'une de la marque du pot & l'autre de celle de en l'une & l'autre desquelles marques seront imprimées ces deux lettres *F* & *G*, signifians le nom & surnom dudit François, lequel sera pareillement tenu & promet de fournir aussi incessamment durant ledit tems audit entrepreneur, tous les drapeaux, feutres, colle, toilletes, fisselles & cloux qui seront nécessaires pour la manufacture & fabrique dudit papier, même de faire faire toutes les réparations & rétablissemens nécessaires, tant au bâtiment & habitation dudit moulin à papier, qu'aux ustensiles servant à ladite fabrique, tournans & travaillans dudit moulin, dans lequel & dans l'habitation d'icelui ledit entrepreneur, sa famille & ouvriers seront tenus de faire leur demeure & résidence actuelle durant ledit tems, sans que ledit sieur François lui puisse demander ni prétendre aucune chose pour le loyer durant ledit tems, dont il l'en a dès à présent quitté & déchargé en faveur du présent marché, & lui abandonne par la même considération, aussi sans rien payer durant ledit tems, la joüissance de sa petite maison située proche ledit moulin à papier, & du jardin en dépendant, à la réserve de la moitié de tous les fruits qui croîtront durant ledit tems sur les arbres fruitiers qui y sont plantés seulement. Ce marché ainsi fait, à la charge que ledit entrepreneur sera tenu & promet de fournir & livrer à ses dépens audit sieur François en sa maison à Paris, tout ledit papier qui sera fabriqué durant ledit tems audit moulin, moyennant & à raison de pour chaque rame dudit papier marqué au pot, & de pour chacune rame dudit papier marqué de *telle autre* marque. Tout lequel papier sera composé de vingt-cinq feüilles à la main, & de vingt mains à la rame, bon, loyal & marchand, y compris les premiere & derniere mains de chacune desdites rames, lesquelles premiere & derniere mains de chacune desdites rames seront reçûës pour bonnes, quoiqu'elles se trouvent cordées ou cassées. Lesquelles livraisons ledit entrepreneur sera tenu & promet de faire, comme dessus, audit sieur François en sadite maison à Paris ou au porteur, de mois en mois durant ledit tems, sans qu'il puisse divertir, vendre ni débiter aucun papier de ladite fabrique à qui que ce soit, à peine de cinq cens livres, qu'il sera tenu & promet de payer audit sieur François pour chacune contravention, pour ses dommages & intérêts, sans que ladite peine puisse être réputée comminatoire. Tout le prix duquel papier ledit sieur François promet aussi de bailler & payer audit entrepreneur en cette Ville de ou au porteur, &c. au fur & à mesure de ladite livraison d'icelui bien & dûëment conditionnée comme dit est; & encore de payer & acquitter ledit entrepreneur de tous les droits qui se trouveront dûs au Roi pour ledit papier; car ainsi, &c.

Bail d'un troupeau.

FUt présent André lequel a reconnu & confessé avoir baillé & délaissé par ces Présentes, à titre de loyer & moitié croît & profit de ce jourd'hui pour trois ans prochains, finis & accomplis, & promet durant ledit tems faire joüir à Etienne & à Jacqueline sa femme qu'il autorise, demeurans à à ce présens & acceptans, preneurs pour eux audit titre, un troupeau de bêtes à laine, composé de deux cens brebis & six beliers, le tout appartenant audit sieur bailleur, que lesdits preneurs reconnoissent avoir en leur possession dont ils se contentent, pour en joüir par lesdits preneurs audit titre durant ledit tems. Ce bail ainsi fait à la charge que lesdits preneurs seront tenus, ainsi qu'ils promettent & s'obligent solidairement l'un pour l'autre un d'eux seul pour le tout sans division, discussion ni fidejussion, à quoi ils renoncent, de nourrir, loger, heberger & faire conduire ledit troupeau aux champs en tems & saison convenable; en prendre le soin nécessaire, en telle sorte qu'il n'en arrive perte ni dommage, & à la fin dudit tems rendre ledit troupeau en bon état audit sieur bailleur. Que si par la faute ou négligence desdits preneurs ou de leurs gens arrivoit la mort de la totalité ou de partie desdites bêtes à laine, lesdits preneurs ptomettent solidairement, comme dessus, d'en payer la valeur audit sieur bailleur à sa premiere demande, à raison de pour chacune d'icelles, qui est le prix pour ce convenu entre lesdites parties. Que si au contraire elles viennent à mourrir de leur mort naturelle, lesdits preneurs en seront quittes & déchargés envers ledit sieur bailleur, lui rapportant les peaux, sans qu'ils puissent rien prétendre ni demander, pour raison desdites nourritures qu'ils auront fournies audit troupeau durant lesdites trois années, lesquelles seront entiérement portées en pure perte par lesdits preneurs. Et de plus est le présent bail fait à la charge & condition que tous les accroissemens qui proviendront desdites bêtes à laine par chacune desdites trois années, seront partagés également & par moitié entre ledit sieur bailleur & lesdits preneurs, lesquels preneurs seront aussi tenus à leurs propres frais & dépens de nourrir & payer les tondeurs qui feront la tonture dudit troupeau, & de faire tous les autres frais à ce nécessaires; même de faire apporter aussi à leurs frais, la moitié desdites laines qui appartiendra audit sieur bailleur, au lieu où la vente en sera faite, sans qu'ils puissent prétendre que ledit sieur bailleur y contribuë aucune chose en quelque sorte & maniere que ce soit, pour raison dequoi ils seront aussi tenus solidairement l'acquitter envers & contre tous, & faire ensorte qu'il ne lui en soit rien demandé par qui que ce soit. Ne pourront lesdits preneurs céder ni transporter, &c.

Nota. *Il faut observer que le bailleur d'un troupeau ne peut pas faire obliger le preneur par corps; parce que l'Ordonnance de 1667. Titre 34. article 7. ne permet de stipuler la contrainte par corps, que pour les terres & héritages situés à la campagne; ainsi elle exclut tacitement tous les baux des autres choses.*

Des Baux à rente.

LE Bail à rente est un contrat par lequel le propriétaire d'une maison ou d'un héritage se démet & désaisit entiérement à perpétuité de toute la propriété, & la transfere en la personne du preneur, pour en joüir comme il faisoit, moyennant une certaine pension payable par chaque année, soit en argent, ou en grains, ou autres espéces.

Bail à rente d'une Vigne.

FUt présent Aléxandre demeurant lequel a reconnu & confessé avoir baillé, cedé, quitté, transporté & delaissé par ces Présentes dès maintenant à toujours, promis & promet garantir de tous troubles & empêchemens généralement quelconques, à Noël, &c. demeurant ruë &c. à ce présent & acceptant preneur pour lui, ses hoirs & ayans cause, un arpent de vigne en une piéce sise à (*il faut déclarer en cet endroit le lieu, tenans & aboutissans de ladite piéce d'héritage*) audit bailleur appartenant de son propre (*il faut bien établir la propriété*) étant en la censive d'*un tel* Seigneur, & envers lui chargé de *tant* de cens payable chacun an au jour de S. Remy pour toutes & sans autres charges, dettes, ni hypothéques quelconques, ainsi que ledit bailleur a affirmé présentement pardevant les Notaires soussignez, franc & quitte des arrérages desdits cens & droits Seigneuriaux de tout le passé jusqu'à ce jour, pour de ladite piéce de vigne joüir & disposer audit titre de rente par ledit preneur, sesdits hoirs & ayans cause, comme de chose audit preneur appartenante au moyen des présentes à commencer la joüissance du Ce bail à rente ainsi fait, à la charge desdits cens & droits Seigneuriaux pour l'avenir seulement, & outre moyennant quarante livres de rente annuelle & perpétuelle fonciere de bail d'héritage, & nouvelle charge premiere & privilégiée après ledit cens, que ledit preneur promet & s'oblige payer audit Aléxandre en sa maison à Paris & sesdits hoirs & ayans cause ou au porteur, &c. chacun an à pareil jour que ce jourd'hui, dont la premiere année & jour de payement écherra d'hui en un an prochain venant *(ou bien à tels autres termes que l'on voudra accorder)* & continuer de-là en avant le payement de ladite rente par chacun an auſdits termes, tant & ſi longuement qu'elle ſera dûë à l'avoir, & prendre ſpécialement & par privilége ſur ledit arpent de vigne ci-deſſus déclaré, & généralement ſur tous ſes autres biens préſens & à venir qu'il a chargez, affectez, obligez & hypothéquez, à garantir, fournir & faire valoir ladite rente bonne, ſolvable & bien payable; comme dit eſt ſans aucune diminution, nonobſtant toutes choſes à ce contraires & ſans qu'une obligation déroge à l'autre,& encore à la charge que ledit preneur ſera tenu ainſi qu'il promet, & s'oblige de faire bâtir ſur ladite piéce de vigne un *tel* bâtiment pour ſa commodité dans deux ans prochains : & icelui bâtiment entretenir de toutes réparations qu'il y conviendra faire, tant qu'il ſera détenteur & propriétaire dudit héritage, tellement & ſi bien que ladite rente y puiſſe être aiſément priſe & perçuë par chacun an,comme dit eſt,& ſans que leſd. obligations ſpéciale & générale dérogent l'une à l'autre, pour de ladite rente joüir & diſpoſer par ledit bailleur,ſeſdits hoirs & ayant cauſe à toujours, comme bon leur ſemblera, au moyen des préſentes; tranſportant par ledit bailleur (à la charge & retention de ladite rente) tous droits & propriétés, &c. ſe déſaiſiſſans au profit l'un de l'autre, &c. même ledit preneur de tous ſes autres biens & héritages juſqu'à la valeur & concurrence de ladite rente, voulant, &c. Procureur, &c. le porteur, &c. donnant pouvoir, &c. rachetables à toujours leſdites quarante livres de rente, en baillant & payant par le rachetant en un ſeul payement audit Aléxandre ou à ſeſdits hoirs & ayans cauſe, la ſomme de huit cens livres avec les arrérages qui en ſeront lors dûs & échûs, frais, miſes & loyaux coûts. Pourra ledit preneur quand bon lui ſemblera, faire couper & prendre à ſon profit les arbres fruitiers qui ſont plantés dans ledit arpent de vigne pour en diſpoſer à ſa volonté; promettant ledit ſieur Bailleur de fournir les titres de propriété audit preneur, un mois après la demande qui lui en ſera faite, laquelle demande ne pourra néanmoins lui être faite, ainſi que le conſent ledit preneur, qu'au cas que ledit preneur fut inquiété ou tiré de ladite joüiſſance; car ainſi, &c. élection de domicile, &c. promettant, &c. obligeant chacun en droit ſoi, &c. renonçant, &c. Fait & paſſé, &c.

Bail à rente d'une Maiſon.

FUt préſent ſieur Guillaume le V   Chapellier à Paris, y demeurant   lequel a par ces préſentes baillé, cedé, quitté, abandonné & délaiſſé à titre de rente fonciere & de bail d'héritage, & promet garantir de tous troubles, &c. à François B   Vigneron à Montmartre, y demeurant   à ce préſent preneur pour lui audit titre ſes hoirs & ayant cauſe, une Maiſon ſciſe à Paris, &c. Ainſi que ladite maiſon ſe pourſuit & comporte & extend de toutes parts, tenant d'un côté à   d'autre à   appartenante ladite maiſon & dépendances audit vendeur au moyen de l'acquiſition qu'il en a faite de Louis B   Bourgeois de Paris, par contrat paſſé par-devant D

& B Notaires, le mil sept cens auquel sieur B ladite maison appartenoit comme héritier pour un quart de défunt sieur Gille B son pere, & comme lui étant échûë entr'autres choses par le partage des biens de la succession dudit défunt sieur son pere, passé entre lui & ses cohéritiers en ladite succession pardevant Q & D Notaires, ladite maison étant en la censive des Seigneurs ou Dames dont elle est mouvante, envers eux, chargée de tels cens & droits Seigneuriaux qu'elle peut devoir, que les parties n'ont sçû dire ni déclarer, de ce enquises pour satisfaire à l'Ordonnance, pour toutes & sans aucunes autres charges ni redevances quelconques, franche & quitte des arrérages dudit cens de tout le passé jusqu'à ce jour, pour par ledit preneur, sesdits hoirs & ayant cause, joüir, faire disposer de ladite maison, comme de chose leur appartenant au moyen des présentes, à commencer la joüissance de ce jourd'hui. Ce bail à rente fait à la charge dudit cens pour l'avenir. Et outre moyennant livres de rente de bail d'héritage & nouvelle charge annuelle que ledit preneur promet & s'oblige bailler & payer audit sieur L sesdits hoirs & ayant cause, en leur demeure à Paris ou au porteur par chacun an aux quatre termes de l'an accoutumez, dont le premier terme de payement écherra & se fera au dernier Décembre prochain avec la portion du présent mois, à compter de cedit jour, & ainsi continuer & à l'avoir & prendre spécialement & par privilége sur ladite maison présentement baillée, que ledit B sera tenu entretenir en bon état; en sorte que ladite rente y puisse être aisément prise & perçuë par chacun an, & généralement, & sur tous les autres biens meubles & immeubles présens & avenir dudit sieur B qu'il en a pour ce chargé, à garantir, fournir & faire valoir ladite rente bonne, solvable & bien payable par chacun an, comme dit est, sans diminution, nonobstant & sans qu'une obligation déroge à l'autre, pour par ledit sieur la V joüir, faire & disposer desdits livres de rente, tant en principal, qu'arrérages, comme de chose leur appartenant au moyen des présentes, transportant, respectivement, dessaisissant, voulant procurer le porteur, & sera ladite rente rachetable de la somme de livres, qui est à raison du dernier vingt, laquelle somme les racheteurs seront tenus bailler & payer en un seul payement avec les arrérages, qui lors dudit rachat seront dûs & échûs, & tous frais & loyaux cousts, en avertissant quinze jours auparavant; ainsi, &c. & à ledit sieur la V délivré audit Bourgeois ledit, &c.

Bail à rente d'une maison de particulier à particulier.

FUt présent Sulpice demeurant ruë lequel a reconnu & avoir baillé, cedé, quitté, transporté & délaissé par ces présentes à titre de rente fonciere & de bail d'héritage, dès maintenant à toujours, & promet garantir, & défendre envers & contre tous de tous troubles, dettes, hypothéques, évictions, aliénations & autres empêchemens généralement quelconques, à Mathurin demeurant ruë à ce présent & acceptant, preneur & retenant pour lui audit titre ses hoirs & ayans cause, une maison à porte cochere, couverte d'ardoise, sise à Paris ruë consistant en un corps de logis sur le devant, une cour, deux autres corps de logis en icelle, & un jardin derriere, les lieux ainsi qu'ils se poursuivent, comportent & étendent de toutes parts & de fond en comble, tenant la totalité d'un côté à d'autre côté à d'un bout par derriere à & pardevant sur la ruë. audit vendeur appartenant (*dire en cet endroit par quel moyen, si c'est de propre ou d'acquisition*) étant icelle maison & lieux en la censive de Messieurs l'Abbé Religieux & Couvent de & chargée envers ladite Abbaye & Couvent de deux sols six deniers payables par chacun an au jour Saint Martin d'hiver, lesdits cens portant lods & ventes, saisines & amendes quand le cas y échet, pour toutes & sans autres charges, dettes ni hypothéques quelconques, franche & quitte néanmoins des arrérages desdits cens & droits Seigneuriaux de tout le passé jusqu'à ce jour, pour de ladite maison, jardin & lieux joüir & disposer par ledit sieur preneur, ses hoirs & ayans cause, ainsi que bon lui semblera au moyen des présentes à commencer la joüissance du Ce présent bail à rente ainsi fait à ladite charge des cens & droits Seigneuriaux pour l'avenir, & outre moyennant sept cens cinquante livres de rente annuelle & perpétuelle, fonciere de bail dudit héritage & nouvelle charge premiere & privilégiée après ledit cens, que ledit preneur a promis, sera tenu, promet & s'oblige pour lui, sesdits hoirs & ayans cause, de bailler & payer audit Sulpice en sa maison à Paris & à ses hoirs & ayans cause, ou au porteur par chacun an aux quatre quartiers accoûtumez également. Le premier d'iceux pour portion de tems, échéant au dernier jour de Décembre prochain, & continuer de-là en avant le payement de ladite rente de quartier en quartier après ensuivant à toujours, à l'avoir & prendre spécialement par privilége sur ladite maison & lieux, & généralement sur tous les autres biens, présens & avenir, qu'il en a chargez, affectez, obligez & hypothéquez, à garantir, fournir & faire valoir ladite rente bien solvable & bien payable : comme dit est sans aucune diminution, nonobstant toutes choses à ce contraires, & sans qu'une obligation déroge à l'autre; & parce que ladite maison & lieux sont en péril iminent & menacent de ruine, ledit preneur sera tenu & promet d'y faire rebâtir de neuf aux endroits nécessaires, & de les remettre en bon état & valeur à ses dépens dans trois ans prochains de ce jourd'hui, & iceux entretenir & maintenir en bon état & valeur de toutes réparations, comme il appartient, en telle sorte que lesdites sept cens cinquante livres de rente y soient & puissent être bien & aisément prises & perçûës par chacun an ausdits quatre quartiers à toujours, désaisissans respectivement, voulant Procureur, le porteur donnant pouvoir; pour desdites sept cens cinquante livres de rente, joüir & disposer par ledit bailleur, sesdits hoirs & ayans cause, comme bon leur semblera au moyen des présentes, reconnoissant ledit preneur que ledit bailleur lui a remis, &c. car ainsi, &c. *Election de domicile par les parties de part & d'autre, &c.* promettant, &c. obligeant chacun en droit soi, &c. renonçant de part & d'autre, &c.

Bail à rente non rachetable d'une bannalité.

FUt présent Maître Abraham Chanoine en l'Eglise de Prevôt de en telle Eglise, disant qu'à cause de ladite Prevôté lui appartient plusieurs droits de Châtellenie, haute, moyenne & basse Justice, entr'autres la Châtellenie de & à cause d'icelle, par la Coûtume de le droit de bannalité, qui est que les sujets de ladite Châtellenie sont tenus faire moudre leurs bleds & grains au moulin, soit à eau, ou à vent, appartenant audit sieur Prevôt de en ladite Châtellenie de moyennant que ledit moulin soit au-dedans de la banlieuë : & parce que ledit sieur Abraham ni ses Prédécesseurs n'ont eu par le passé, & n'ont à présent moulin à eau ni à vent, tellement que ladite bannalité ne lui est d'aucun revenu ni profit, à son préjudice & dommage, & de sesdits sujets, ledit sieur Abraham désirant faire son profit & celui de ses successeurs en ladite charge de Prevôt susdit, garder & conserver lesdits droits pour le soulagement de sesdits sujets, auroit jugé à propos de bailler à perpétuité ledit droit de bannalité, à la charge de quelque redevance, & de faire bâtir & construire un ou plusieurs moulins à eau ou à vent aux endroits les plus commodes au-dedans de la banlieuë de ladite Châtellenie de ce qu'ayant ledit sieur Abraham fait publier par trois Dimanches consécutifs aux Prônes des Eglises Paroissiales de ladite Châtellenie, & aux autres Eglises les plus prochaines, à cause des grands frais qu'il convient faire pour le bâtiment d'un ou de deux moulins à eau ou à vent, dont le revenu ne seroit pas suffisant pour en payer l'intérêt, il ne se seroit trouvé personne qui eût voulu faire meilleure la condition dudit sieur Prevôt & de sesdits successeurs que le sieur Jules Ecuyer, sieur de la Morelle, lequel s'étant adressé audit sieur Prevôt, lui auroit offert de prendre ladite bannalité à perpétuité, à la charge de faire bâtir un ou deux moulins, si besoin étoit; ce qu'ayant ledit sieur Prevôt communiqué à son Conseil, de l'avis d'icelui porté par le résultat *d'un tel jour, &c.* ci-attaché, ledit sieur Prevôt pour accroître à l'avenir le revenu de ladite Prevôté, a par ces présentes reconnu & confessé avoir baillé, cedé, quitté, transporté & délaissé dès maintenant & à toujours, à titre de cens & rente annuelle & perpétuelle, ledit cens portant lods & ventes, défauts, saisines & amendes quand le cas y écherra selon la coûtume du pays, a promis & promet audit nom de Prevôt, garantir de tous troubles, évictions, aliénations & autres empêchemens généralement quelconques audit sieur de la Morelle, demeurant à à ce présent & acceptant pour lui, ses hoirs & ayans cause, tous les droits de bannalité & autres droits & privileges dont ledit sieur bailleur & sesdits successeurs comme Seigneurs Châtelains dudit ont droit de joüir & user sur leursdits sujets selon la coutume du pays & Duché de Ce présent bail fait à la charge & moyennant, sçavoir douze deniers de cens portant lods & ventes, défauts, saisines & amendes quand le cas y écherra, & la somme de douze cens livres de rente fonciere & Seigneuriale annuelle & perpétuelle, amortie & non rachetable, lesquels cens & rentes de la nature & condition susdite, ledit

sieur

sieur de la Morelle promet bailler, payer & continuer par lui, ses hoirs & ayans cause audit sieur Prevôt, à son Procureur, Receveur ou au porteur, &c. par chacun an en sa maison Seigneuriale dudit lieu de au jour de S. Remi, sur peine d'amende à l'égard dudit cens, la premiere année de payement échéant au jour S. Remi prochain venant, & ainsi continuer d'an en an après ensuivant à toujours à pareil jour Saint Remi, en & sur ledit droit de bannalité, comme aussi sur le moulin ou moulins à vent ou à eau que ledit preneur promet & sera tenu de faire bâtir, construire & édifier à ses dépens, soit sur la Terre Seigneuriale de la Morelle ou sur la Terre & Seigneurie de ladite Prevôté, si ledit preneur y a place commode au choix dudit preneur dans deux ans prochains venans. Lequel moulin ou moulins seront & demeureront spécialement & nommément chargez, affectez, obligez & hypothéquez au payement & continuation desdits cens & rente, & généralement sur tous & chacuns les biens, meubles & immeubles présens & à venir dudit preneur, sesdits hoirs & ayans cause, qu'il en a aussi dès-à-présent chargez, affectez, obligez & hypothéquez par cesdites présentes, à fournir & faire valoir lesdits douze deniers de cens, & douze cens livres de rente fonciere, bonne, solvable & bien payable par chacun an audit jour Saint Remi à toujours, ainsi que dit est, nonobstant mutation de monnoye, changement de détenteurs, propriétaires, prescription, laps de tems, discontinuation de payement, & autres choses à ce contraires, & sans que lesdites obligations spéciale & générale dérogent l'une à l'autre: & pour plus grande sûreté audit sieur preneur de tout le contenu en cesdites présentes, ledit sieur bailleur a promis & promet de faire ratifier, approuver & homologuer le présent contrat par Messieurs les Doyen, Chanoines & Chapitre dudit lieu de capitulairement assemblez en leur Chapitre, & en délivrer acte en bonne forme audit preneur dans trois mois prochains venans; car ainsi, &c. promettant, &c. obligeant chacun en droit soi, &c. ledit sieur bailleur à la garantie dudit droit de bannalité tout le revenu temporel de sadite Prevôté; & ledit preneur au payement desdits cens & rente, & entretenement desdites charges, tous & chacun sesdits biens, &c. renonçant de part & d'autre, &c. Fait & passé, &c.

Bail à rente fonciere & non rachetable.

FUt présent Messire H. de Malon de Bercy, Président au Grand-Conseil, demeurant lequel a par ces présentes cedé, transporté & délaissé à titre de rente fonciere, annuelle, perpétuelle & non rachetable du tout dès maintenant à toujours, & promet garantir à à ce présent, preneur & acquereur audit titre de rente fonciere & amortie pour lui, ses hoirs & ayans cause, un arpent de terre en une piéce, plus ou moins, si plus ou moins y a, la piéce ainsi qu'elle se poursuit & comporte, sans en rien diminuer ni parfaire, se contentant ledit preneur d'icelle en l'état qu'elle est, pour l'avoir vûë & visitée à son loisir, sans que ledit Seigneur bailleur soit sujet à faire autre mesure, dont ledit preneur le décharge, ledit arpent de terre sis à au lieu du tenant d'un côté à d'autre à d'un bout à &

d'autre à audit Seigneur de Bercy appartenant, étant en la Censive des Seigneurs dont se meut & chargé envers eux de tel Cens qu'il peut devoir, que lesdits parties n'ont sçû déclarer, de ce enquis suivant l'Ordonnance, pour en joüir, &c. à commencer ladite joüissance du jour de demain : ce bail à rente amortie ainsi fait à la charge dudit Cens & arrérages qui se trouveront dûs d'icelui, & outre moyennant livres de rente annuelle & perpétuelle amortie & non rachetable, que ledit acquéreur promet & s'oblige bailler & payer audit Seigneur de Bercy en son Château dudit Bercy ou au porteur, &c. par chacun an à toujours, au jour & Fête S. Martin d'hiver, dont la premiere année de payement échera à pareil jour de l'année prochaine, & de-là en avant continuer, en & sur spécialement ledit arpent de terre ou environ baillé, que ledit preneur sera tenu, promet & s'oblige faire clore de murs sur le devant seulement, & y faire bâtir une maison logeable à ses frais & dépens dans ans prochains venans pour plus grande sûreté & assurance de ladite rente amortie, laquelle maison & bâtimens qui y seront faits, sont & demeurent dès-à-présent affectez avec ledit arpent de terre, obligez & hypothéquez par privilege spécial, & à cette fin promet & s'oblige ledit preneur les entretenir, maintenir & soûtenir en bon état, tellement & si bien que ladite rente amortie y soit & puisse être bien & aisément perçuë & prise par chacun an à toujours audit jour S. Martin, comme généralement sur tous & chacuns ses biens, meubles & immeubles quelconques, présens & à venir, qu'il en a aussi chargez, obligez & hypothéquez, nonobstant, &c. sans que lesdites obligations dérogent l'une à l'autre, transportant par ledit Seigneur bailleur ausdites charges tous droits de propriété qu'il avoit & pouvoit prétendre audit arpent de terre ou environ, duquel il s'est dessaisi au profit dudit preneur, & pareillement s'est icelui preneur dessaisi de tous sesdits biens jusqu'à la valeur & concurrence de ladite rente de amortie & non rachetable, voulant respectivement, &c. Procureur, &c. ledit preneur fournira une grosse des présentes à ses dépens audit Seigneur bailleur, ainsi qu'il a été accordé. Promettant, &c.

Bail emphitéotique.

FUt présent Nicolas Religieux de l'Abbaye de demeurant, &c. lequel, comme Procureur général de ladite Abbaye, a déclaré audit nom qu'il appartient une place vague de sept toises de longueur sur trois toises de large, sur laquelle y avoit ci-devant une petite maison bâtie tenant d'une part d'autre à d'un bout par-derriere à & par-devant sur la ruë laquelle place lesdits Religieux auroient fait publier au Prône de *telles & telles* Paroisses, être à bailler à longues années, à la charge de trois deniers de Cens par chacun an, payables au jour Saint Remi à la Recette de ladite Abbaye, lesdits cens portant lods & ventes, saisines, défauts & amendes quand le cas y écherra, & d'y faire bâtiment & telle autre commodité de bâtiment que l'on voudroit, pour icelui dûëment entretenir de toutes réparations, grosses & menuës, entieres couvertures & voûtes, de rendre le tout en bon état à la fin du tems aux Religieux de ladite Abbaye, ausquels ou à leur Procureur & Receveur, &c. ceux qui acquerroient seroient en outre tenus de bailler & payer chacun an franchement & quittement lesdits trois deniers de Cens, & soixante sols de surcens & rente annuelle. Et que s'il y avoit aucun qui désirât avoir icelle place, volontiers lesdits sieurs bailleurs la lui bailleroient à ces conditions : Qu'ayant lesdits sieurs fait faire plusieurs fois les proclamations, & communiqué d'icelle, & dudit bail entr'eux & en général en l'assemblée tenuë en leur Chapitre le *tel jour*, ils auroient toujours eu la même délibération pour le bien & accroissement du revenu de ladite Abbaye : Et après plusieurs meures délibérations sur les offres & encheres faites par divers particuliers, ne se seroient trouvées autres personnes que Maître Marcel qui en aye plus offert & voulu faire meilleure condition à ladite Abbaye. C'est pourquoi, & pour empêcher l'entiere déterioration de ladite place, a ledit Nicolas audit nom de Procureur de ladite Abbaye & Convent ensuivant la conclusion Capitulaire d'icelui, en date du volontairement baillé, cedé, quitté, transporté & délaissé par ces présentes dès maintenant pour le tems de quatre-vingt-dix-neuf années, commençantes au premier jour de Janvier prochain, & promet audit nom garantir de tous troubles, dettes, hypothéques, évictions & autres empêchemens généralement quelconques audit Marcel à ce présent & acceptant, preneur pour lui, ses hoirs & ayans cause, ladite place où il y avoit autrefois une petite maison bâtie, ainsi qu'elle est ci-dessus déclarée, que ledit Marcel a dit avoir vûë & visitée, & s'est contenté de l'état & disposition d'icelle, pour en joüir & disposer par lui, sesdits hoirs & ayans cause audit titre durant lesdites quatre-vingt-dix-neuf années à leur plaisir & volonté au moyen des présentes : Ce bail, cession, transport & délaissement ainsi fait à la charge desdits trois deniers de Cens, portant lods & ventes, saisine, défaut & amende, le cas y échéant, ainsi que dit est, payables comme dessus. Et aussi que ledit sieur Marcel sera tenu de faire bâtir & construire à ses dépens sur ladite place, maison manable, grange, étable & jardin, les entretenir en bon état de tous amandemens & réparations grosses & menuës durant ledit tems ; & à la fin d'icelui le tout rendre en bon état & valeur ausdits sieurs Religieux & Couvent, leurs successeurs & ayans cause, sans prétendre aucune chose pour le remboursement desdits bâtimens & jardin ni autrement, en quelque sorte & maniere que ce soit. Et encore à la charge que ledit Marcel sera tenu & promet pour lui, sesdits hoirs & ayans cause, de bailler & payer ausdits sieurs Religieux, leur Procureur, Receveur ou au porteur, franchement & quittement chacun an audit jour premier Janvier, lesdits soixante sols de surcens & rente annuelle, dont la premiere année de payement écherra au dernier jour de Décembre de l'année prochaine & continuer de-là en avant le payement desdits soixante sols de surcens & rente par chacun an après ensuivant à pareil jour dernier Décembre, jusqu'en fin desdites quatre-vingt-dix-neuf années expirées sur ladite place, lieux & jardin qui y seront construits & édifiez en icelle, & généralement sur tous & chacuns les autres biens, meubles & immeubles, présens & à venir dudit preneur, qu'il a avec ladite place dès-à-présent chargez, affectez, obligez & hypothéquez pour payer, continuer, fournir & faire valoir lesdits soixante sols de rente par chacun an, comme dit est, sans aucun déchet ni diminution, nonobstant toutes choses à ce contraires, & sans que lesdites obligations spéciale & générale dérogent l'une à l'autre; laquelle rente demeurera éteinte & amortie du joür que ledit Marcel, sesdits hoirs & ayans cause auront fini le susdit tems & délaissé la joüissance de ladite place, bâtimens, &c. en bon état, comme dit est, audit Couvent, transportant, &c. dessaisissant, voulant, &c. procureur, &c. le porteur, &c. donnant pouvoir; car ainsi, &c. promettant, &c. obligeant chacun en droit soi èsdits noms, &c. renonçant, &c. Fait & passé; &c.

Bail à cens, surcens, & rente emphytéotique.

FUt présent Messire Jean Prieur Commendataire de demeurant à lequel a reconnu & confessé avoir baillé, cedé, quitté, transporté & délaissé par ces présentes à titre de cens, surcens, rente & pension emphytéotique, dès maintenant & pour le tems ci-après déclaré, ledit cens portant lods & vente, saisines & amendes, quand le cas écherra, & promet audit nom de Prieur, tant pour lui que pour ses successeurs Prieurs dudit Prieuré, garantir de tous troubles & empêchemens généralement quelconques à Guillaume à ce présent & acceptant, preneur pour lui audit titre, ses hoirs & ayans cause, jusqu'à quatre-vingt-dix-neuf années accomplies du jour des présentes après ensuivantes consécutives, finies & accomplies : c'est à sçavoir la Ferme & Métairie de consistant (*il faut mettre en cet endroit au long le nom & la consistance de ladite Métaire, Ferme & ses dépendances*) pour en joüir, user & posseder par ledit preneur, ses hoirs, & ayans cause jusqu'à quatre-vingt-dix-neuf années lors prochaines & consécutives sans intervale de tems, à compter du jour du décès du dernier décedé desdits enfans, ainsi que bon leur semblera, au moyen des présentes : Ce présent bail fait moyennant & pour cinq sols & deux chapons de cens; ledit cens portant lods, ventes, saisines, défauts & amendes, quand le cas y écherra, & cinquante sols de surcens & rente annuelle de bail d'héritage & pension emphytéotique, amortie & non rachetable, le tout payable au lieu de au jour de Lesquels cens, surcens & rente, ledit preneur tant pour lui que pour sesdits hoirs & ayans cause, a promis, promet & s'oblige de payer par chacun an pendant ledit tems de quatre-vingt-dix-neuf ans audit sieur Prieur & à ses successeurs Prieurs dudit Prieuré, à leur Procureur, Receveur, ou au porteur, &c. audit jour & lieu de la premiere année & terme de payement échéant au jour de Saint Martin d'hiver de l'année prochaine 17 & ainsi continuer de-là en avant le payement desdits cens, surcens, rente & pension emphytéotique par chacun an audit jour de jusques ausdites quatre-vingt-dix-neuf années expirées, sur lesdits lieux & héritages ci-dessus baillez & déclarez, lesquels en demeurent dès-à-présent chargez, affectez, obligez & hypothéquez, & que ledit preneur pour lui, sesdits hoirs & ayans cause, ainsi que dit est, sera tenu & promet entretenir & maintenir en bon état & valeur, ensemble de toutes réparations, grosses & menuës, si bien que lesdits cens, surcens & rente emphytéotique y puissent être aisément pris & perçus par chacun an audit jour & aussi à la charge que lesdits héritiers, hoirs & ayans cause seront tenus, & ainsi ledit preneur le promet & s'oblige pour lui & sesdits hoirs & & ayant cause, de rendre lesdits lieux à la fin dudit tems en bonne & suffisante réparation, tant grosses que menuës, & de pareille valeur qu'ils sont à présent, selon la prisée & estimation qui en sera faite par gens à ce connoissans dont les parties conviendront. Lesquels lieux ledit sieur bailleur & ses successeurs pourront faire visiter de six ans en six ans, pour sçavoir & connoître s'ils sont bien entretenus & dûëment réparez, & y contraindre les détenteurs ; & aussi à la charge que si ledit preneur, sesdits hoirs & ayans cause étoient défaillans de payer lesdits cens, surcens, rente ou pension emphytéotique, par trois ans consécutifs l'un l'autre ; en ce cas le présent bail demeurera nul, si bon semble audit sieur bailleur & à sesdits successeurs Prieurs, sans aucune sommation, formalité de procès, ni d'autre solemnité de Justice pour ce garder ni observer ; & néanmoins pourront être contraints à payer les arrérages qui en seront lors dûs, & à satisfaire & accomplir toutes lesdites charges. Et pour plus grande validité, effet & exécution des présentes, ledit sieur preneur sera tenu & promet de les faire approuver & homologuer, tant par les Religieux & Couvent de capitulairement assemblez au son de la cloche, que par leur Supérieur, selon & ainsi qu'il appartiendra dans six mois, aux dépens toutefois dudit preneur, & pour faire & consentir ladite homologation, lesdites parties ont respectivement fait & constitué leur Procureur spécial & irrévocable, le porteur desdites présentes, lui en donnant tout pouvoir ; car ainsi promettant, &c. obligeant chacun en droit soi & esdits noms, ledit preneur solidairement, &c. renonçant, &c. Fait & passé, &c.

Bail à nouveau cens.

FUt présent Maître Louis Seigneur de demeurant à lequel a reconnu & confessé avoir baillé, cedé, quitté, transporté & délaissé par ces présentes à titre de nouveau cens, profit de lods & ventes, saisines, défauts & amendes quand le cas y écherra, dès maintenant & à toujours, promis & promet garantir de tous troubles & empêchemens généralement quelconques à Jean demeurant à à ce présent & acceptant, preneur & retenant audit titre pour lui, ses hoirs & ayans cause à l'avenir, deux arpens & demi de terre en une piéce en friche assise au terroir de audit lieu tenant d'une part à d'autre à d'un bout à & d'autre bout par bas à ledit héritage tenu & mouvant en Censive de ladite Seigneurie de & chargé envers elle par ces présentes de cinq sols & un demi-chapon, le tout de cens, pour chacun arpent payable par chacun an au jour S. Remi, ledit cens portant droit de lods & ventes, saisine & amende, quand le cas y écherra, avec droit de retenuë & sujet au moulin & pressoir bannal d'icelle Seigneurie de pour de ladite piéce de terre joüir & user pleinement & paisiblement audit titre par ledit preneur, sesdits hoirs & ayans cause, comme bon leur semblera, au moyen des présentes : Ce bail ainsi fait à la charge desdits cens & droit de bannalité, & aussi que ledit preneur sera tenu de faire bâtir & construire sur ledit héritage dans deux ans prochains de ce jourd'hui, une maison habitable, & icelle entretenir & maintenir par chacun an & à toujours en bon état & valeur, tellement & si bien que sur icelle & sur le reste dudit héritage, lesdits cens & droits s'y puissent aisément prendre & percevoir par chacun an, audit jour comme dit est. Ce que ledit preneur tant pour lui que pour sesdits hoirs & ayans cause, promet & s'oblige faire, & de payer lesdits cens audit Seigneur de ou à son Receveur, ou au porteur, audit jour Saint Remi par chacun an, dont la premiere année de payement écherra au jour Saint Remi prochain venant, ou au jour que ledit Seigneur bailleur fera sa recette en sadite Seigneurie de & continuer de-là en avant ledit payement à pareil jour, tant & si longuement qu'il sera détenteur & possesseur dudit héritage, ou de partie & portion d'icelui; auquel payement ledit preneur a aussi obligé & hypothéqué tous & chacuns ses biens, meubles & immeubles, présens & à venir, sans que lesdites obligations spéciale & générale dérogent l'une à l'autre: Et si ledit preneur avoit manqué de faire bâtir & construire ladite maison dans ledit tems de deux ans prochains, ainsi que dit est, en ce cas pourra ledit sieur bailleur, si bon lui semble, rentrer dans ledit héritage, sans aucune forme ni figure de procès, demeurant néanmoins ces présentes en leur force & vertu, pour les arrérages qui en seront lors dûs à cause dudit cens, lequel preneur sera tenu en outre de fournir à ses dépens autant desdites présentes en bonne & dûë forme, audit sieur bailleur, dans trois jours; car ainsi, &c. promettant, &c. obligeant chacun en droit soi, &c, renonçant, &c. Fait & passé, &c.

Bail à titre de fief.

FUt présent Messire Charles Benoise Conseiller du Roi, &c. Prieur du Prieuré des deux Jumeaux, Diocèse de demeurant à Paris ruë Paroisse Saint lequel a par ces présentes pour le bien & utilité dudit Prieuré & de ses successeurs baillé & délaissé à titre de fief du tout dès maintenant à toujours, & promet en ladite qualité garantir de tous troubles & empêchemens généralement quelconques à Patou Ecuyer, Sieur de Saint-Remi, étant de présent en cette Ville de Paris, logé ruë Paroisse Saint en la maison où pend pour enseigne, &c. à ce présent & acceptant preneur pour lui, ses hoirs & ayans cause, une piéce de terre en friche sise en la Paroisse des appellée tenant à ainsi qu'elle se poursuit & comporte de plus ample déclaration, de laquelle ledit Sieur de Saint-Remi se contente, disant en avoir bonne connoissance, pour par icelui Sieur de Saint-Remi, sesdits hoirs & ayans cause, en joüir, faire & disposer comme de sa chose: Ce bail fait moyennant la somme de de fief que ledit Sieur de Saint-Remi, sesdits hoirs & ayans cause, seront tenus de bailler & payer audit sieur Prieur & ses successeurs doresnavant par chacun an au jour de S. Michel, dont la premiere année de payement écherra le jour de S. Michel prochain, & ainsi continuer d'année en année perpétuellément & à toujours, sans en pouvoir faire aucun rachat ni remboursement, sous quelque pied & prétexte que ce soit, auquel payement ladite piéce de terre sera & demeurera par privilége & préference obligée & hypothéquée, & à cette fin ledit sieur de Saint-Remi & sesdits hoirs & ayans cause seront tenus de l'entretenir & maintenir en bon état & valeur, en sorte que ladite redevance y soit & puisse être prise & perçuë aisément à toujours par chacune année au jour que dessus & aux conditions susdites: Ledit sieur Prieur en ladite qualité, a cedé & transporté audit sieur de Saint-Remi, sesdits hoirs & ayans cause, tous les droits de propriété qu'il avoit en ladite piéce de terre, dont il s'est dessaisi à leur profit, voulant qu'ils en soient saisis & mis en possession par qui & ainsi qu'il appartiendra; & à cette fin constitue son Procureur le porteur des présentes, auquel il donne pouvoir de ce faire, & outre ledit sieur Benoise en ladite qualité donne pouvoir à Me Moyne, Prêtre, Curé des deux Jumeaux, de pour lui audit nom, faire faire procès-verbal par le Juge des lieux, de l'état, mesure, situation, bouts & côtés de ladite piéce de terre, aux frais dudit sieur de Saint-Remi, afin qu'on puisse connoître d'autant plus & à l'avenir les ameliorations & augmentations que ledit sieur de Saint-Remi ou ses hoirs & ayans cause pourront avoir faites; car ainsi. Et pour l'exécution, &c.

Bail à vie.

FUrent présens tous Administrateurs de l'Hôpital de lesquels en ladite qualité reconnoissant qu'il seroit utile pour le bien dit Hôpital, de laisser la Maison ci-après énoncée à titre de Bail à vie à quelques personnes de piété qui se présenteroient, ils l'auroient fait proposer, & entre les offres qui leur en ont été faites, celle de Madame R ci après nommée étant la plus avantageuse pour les pauvres, ont par ces présentes baillé & délaissé à titre de Bail à Vie, & promis audit nom faire joüir, même garantir de tous troubles & empêchemens généralement quelconques à Dame de R une Maison située ainsi que le tout se poursuit & comporte, & étend de toutes parts de fonds en comble, sans en rien retenir ni réserver tenant d'un côté à pour en joüir par ladite Dame de R ou ceux qui se trouveront en ses droits seulement pendant la vie de ladite Dame, à commencer du auquel tems lesdits sieurs Administrateurs feront rendre les lieux libres & en bon état de toutes réparations & rétablissemens, lesdits sieurs Bailleurs entretiendront ladite Maison & dépendances de toutes réparations sans aucune exception, si ce n'est de menuës réparations locatives que ladite Dame fera faire; & si lesdits sieurs Administrateurs manquoient à faire faire les réparations qui les regarderont huitaine après que ladite Dame leur en aura donné avis par écrit, ladite Dame pourra les faire faire sans aucune procédure, & sera remboursé de sa dépense par lesdits sieurs Administrateurs audit nom, suivant le Mémoire qu'elle en donnera dont elle sera cruë de bonne-foi.

Ladite Dame ou ceux qui seront en ses droits pourront faire faire en ladite Maison & dépendances, tels changemens, ajustemens & augmentations qu'ils jugeront à propos. Si pendant la vie de ladite Dame, il arrivoit quelques taxes sur les maisons du soit pour lods & ventes, ou qu'il fut fait quelqu'autre demande, dont ladite maison fut l'occasion pour quelque cause que ce soit ou puisse être. Lesdits sieurs Administrateurs en acquitteront ladite Dame, qui ne sera tenuë que des simples taxes & Charges de la Ville, dont les maisons peuvent être tenuës, toutes les autres taxes & demandes regarderont lesdits sieurs Administrateurs audit nom.

Lesdits sieurs Administrateurs ne rentreront en joüissance de ladite Maison, que trois mois après le décès de ladite Dame.

Afin de conserver à ladite Maison ses vûës & agrémens, il ne pourra être fait sur tout le domaine dudit Hôpital, aucun Bâtiment ni plantation d'Arbres qui puissent ôter l'air & la vûë, que lesdits lieux ont à présent.

Lesdits sieurs Administrateurs renoncent à pouvoir pendant la vie de ladite Dame vendre ladite Maison. Le cas arrivant, il sera libre à ladite Dame de conserver sa vie durant la joüissance, ou de recevoir le remboursement de ce qu'elle aura payé, dont les intérêts demeureront compensez en ce cas avec les joüissances.

Pourra ladite Dame transporter son droit du présent Contrat en tout ou partie, sans avoir le consentement desdits sieurs Administrateurs.

En considération de ladite joüissance & de l'exécution desdites conditions, conformément au présent Contrat & par rapport aux vûës de piété de ladite Dame, elle a bien voulu accorder audit Hôpital la somme dix mille livres pour lui appartenir en propriété, quand même il arriveroit que ladite Dame décéderoit peu de jours après qu'elle seroit entré en ladite Maison ou qu'elle décéderoit sans y être entrée, pourvû que ce fut un mois après ladite joüissance qu'on l'eût renduë vuide & habitable ; & qu'il n'eut dépendu qu'à ladite Dame d'y entrer & en joüir ; ladite somme ou ce qu'elle aura payé lui sera rendu en payant par ceux qui la représenteront les loyers pendant six mois, à compter du jour qu'elle aura dû y entrer sur le pié de cinq cens livres par an, en déduction de laquelle somme de dix mille livres lesdits sieurs Administrateurs, confessent avoir reçu de ladite Dame en louis d'or & monnoye ayant cours la somme de dont lui sera fait raison des intérêts, à compter de ce jourd'hui jusqu'au jour qu'elle doit entrer en joüissance, & desquels intérêts diminution lui sera faite sur ce qu'elle doit de reste desdits dix mille livres, lequel restant ladite Dame promet payer trois mois après qu'elle sera entré en joüissance, & que lesdits sieurs Administrateurs de leur part auront satisfait au présent Contrat, & a été ladite somme de ci-dessus payée présentément, mise ès mains du Receveur dudit Hôpital, à ce présent, &c. *Le reste comme aux Actes ci-dessus.*

Concession

Conceſſion d'un Banc d'Egliſe.

FUrent préſens tous Marguilliers de préſent en charge de l'Oeuvre & Fabrique de la Paroiſſe de leſquels reconnoiſſent avoir par ces préſentes concédé & accordé pour toujours,& promettent pour & au nom de ladite Fabrique,tant pour eux que pour leurs ſucceſſeurs,garantir & faire jouir au ſieur Jean Maximilien , à ce préſent & acceptant, acquerant pour lui , ſes hoirs , &c. La jouiſſance d'un banc dans ladite Paroiſſe , ſitué pour par ledit Maximilien ſa vie durant , &c. y aller toutefois & quantes aux heures & jours qu'ils déſireront avec leurs familles & autres perſonnes que bon leur ſemblera , à l'effet de quoi lui ſera mis ès mains inceſſamment la clef d'icelui. Cette conceſſion faite moyennant la ſomme de que leſdits ſieurs Marguilliers, confeſſent avoir reçu dudit Maximilien,dont , &c. quittant,&c. ce fait en la préſence de Curé de ladite Paroiſſe , qui a eu ladite conceſſion pour agréable,& conſent qu'elle ſorte ſon entier effet , promettant , &c.

Cautionnement pour Deniers Royaux.

FUt préſent M. C. L. demeurant lequel s'eſt par ces préſentes volontairement rendu caution pour D. François de R envers Monſieur de M l'un des traitans des Offices , & Receveur des Fermes au ſujet du maniement qu'il fera des deniers du Roi , dans la commiſſion de Receveur des Traitans à S. Germain , à lui accordé par les ſieurs Traitans des Offices de Receveur des fermes & par le compte que ledit de R rendra dudit maniement. S'il ſe trouve Reliquataire de quelques ſommes , promet & s'oblige ledit ſieur L de les remplaçer,faiſant dudit reliquat ſon propre fait & dette comme principal débiteur , & conſent d'y être contraint comme pour deniers Royaux , à quoi il oblige & hypoteque tous & chacuns ſes biens meubles & immeubles, préſens & à venir , & pour l'exécution , &c.

Cautionnement en vertu de Procuration.

AUjourd'hui M. Jean Raullet demeurant au nom & comme Procureur de Jean - Pierre Louis fondé de ſa procuration ſpéciale, à l'effet qui enſuit , l'original de laquelle , paſſé devant Notaire à & le contrôlé le & légaliſé le eſt demeuré annexé à ces préſentes , aprés avoir été paraphé, *ne varietur* , dudit ſieur Raullet , en préſence des Notaires ſouſſignés ; lequel ſieur Raullet audit nom , & pour les les a rendu & conſtitués cautions & repondans envers la Compagnie des Indes Occidentales , ce acceptant par Directeurs Généraux de ladite Compagnie, pour ce présens de la fidélité & probité de Habitant de la ville de jusques à concurrence de la somme de dans les emplois & commissions qui lui pourront être donnés par ladite Compagnie ou les Agens d'icelle, soit en France ou dans les Isles de l'Amerique ou autres endroits, où il plaira à ladite Compagnie, & promet ledit sieur Raullet audit nom de Procureur desdits en cas qu'icelui fasse quelque tort ou dommage à ladite Compagnie, de le reparer & amender aussi-tôt le cas avenu jusqu'à ladite somme de à quoi il a obligé audit nom lesdits sieurs solidairement l'un pour l'autre, chacun d'eux seul pour le tout sans division ni discution, avec tous & chacuns leurs biens, meubles & immeubles présens & avenir, & dont il fait audit nom leur propre fait & dette comme principaux débiteurs, lequel sieur Raullet audit nom a élû leur domicile en la maison de auquel lieu nonobstant, &c. promettant, &c. obligeant, &c. audit nom renonçant, &c. fait & passé le

Cautionnement envers les Commissaires aux saisies réelles.

AUjourd'hui est comparu pardevant les Notaires à Paris, soussignés, le sieur B Bourgeois de Paris y demeurant, lequel s'est par ces présentes rendu & constitué caution pour le sieur Nicolas R aussi Bourgeois de Paris, envers Mrs. de l'exécution du Bail judiciaire des maisons, heritages & rentes situés & dûs en la Paroisse de G saisis réellement sur Louis D adjugé audit B sous le nom de M. Pierre C Procureur en la Cour, en la Jurisdiction D le dernier pour trois ans, si tant dure la commission, à compter du jour de S. Martin d'hyver dernier, moyennant livres de ferme par chacun an, & aux autres charges, clauses & conditions portées audit Bail, ce faisant s'est obligé pour & avec ledit R solidairement l'un pour l'autre, lui seul pour le tout sans division ni fidéjussion, à quoi il renonce au payement de ladite somme de livres par an, en la maniere, & aux autres charges & conditions portées audit Bail, dont & du tout ledit sieur comparant, fait son propre fait & dette en son propre & privé nom, solidairement comme dessus, à peine élisant son domicile en la maison dudit Me. C Procureur, scise ruë Paroisse auquel lieu nonobstant, promettant, obligeant, renonçant, fait & passé à Paris ès Etudes le mil sept cent & a signé.

Cautionnement envers un Receveur des Tailles, d'une somme à lui dûë par un Collecteur.

FUrent présens Jeanne L. femme de Pierre B Masson en plâtre à V l'un des Collecteurs de la Paroisse dudit lieu, en l'année mil ladite L demeurante audit V étant ce jour à Paris, dûment autorisée de sondit mari, pour l'effet des présentes, par Acte passé ce jourd'hui devant S & T Notaires à Paris, & Germain B aussi Masson en plâtre audit

V y demeurant, étant ce jourd'hui à Paris, fils desdits Pierre B & Jeanne L ses pere & mere.

Lesquels en conséquence & exécution de l'Arrêt de Nosseigneurs de la Cour des Aydes du jour d dernier, portant que ledit Pierre B sera élargi & mis hors des prisons de où il est détenu, en payant par lui la somme de livres, en donnant caution pour le surplus des causes de son emprisonnement; se sont volontairement constitués & rendus cautions solidairement dudit Pierre B leur mari & pere, & s'obligent aussi solidairement avec lui sans division, discution ni fidejussion, à quoi ils renoncent, comme pour les propres deniers & affaires de Sa Majesté envers Messire Philippe S Conseiller du Roi, Receveur des Tailles en l'Election de Paris en exercice ladite année mil au payement de la somme de livres restant à payer de celle de livres pour les causes dudit emprisonnement; sauf néanmoins répetition & recours par ledit B pour ladite somme de livres ou de partie d'icelle, contre qui, & ainsi qu'il avisera bon être, autres toutefois que contre ledit sieur P auquel ladite somme est entierement duë: Et pour l'exécution des présentes, les Parties ont élû leurs domiciles audit V en leurs maisons, où ils sont chacun demeurans, auquel lieu, &c. nonobstant, &c. promettant, &c. obligeant, &c. corps & bien, comme pour deniers royaux, &c. renonçant, &c. Fait & passé à Paris en l'Etude de P l'un des Notaires soussignés l'an mil le jour d a midi. Et ont signé.

Cautionnement pour un Emploi dans les Aydes.

PArdevant fut présent Lequel s'est par ces Présentes volontairement rendu & constitué caution & répondant solidaire envers Me Fermier des Aydes, formule, quatre sols pour livres & droits rétablis de la Généralité d de toutes les Recettes, maniemens qu'a fait jusqu'à présent & que fera ci-après le sieur dans l'emploi de ou autres lieux où il pourroit être dans la suite établi par ledit Me & Messieurs ses Cautions pendant tout le courant de la Ferme, même de la recette que ledit sieur pourra faire des restes de la Regie, depuis l'expiration d'icelle ou par la continuation d'une nouvelle Regie ou Ferme dans ledit emploi ou autres, sous quelque nom que ce puisse être, même de la Recette & maniement que pourroient faire les personnes que ledit sieur pourroit substituer, & par lesquelles il feroit faire en sa place l'exercice desdits emplois en cas d'absence ou de maladie, promettant agréer tous Comptes & Comptereaux qui seront par lui rendus desdits droits, ou autres dont il aura fait la Regie & Perception, même de compter pour lui en cas qu'il differât de le faire quinzaine après la sommation qui lui en aura été faite à la personne ou domicile ci-après élû, & de payer les reliquats desdits comptes, si aucuns y a: comme aussi d'être tenu de tous dépens, dommages & intérêts, à quoi ledit sieur pourroit être condamné, pour raison de la gestion dudit dont du tout ledit Caution, fait dès-à-présent son propre fait, & dette, toutefois jusqu'à la concurrence de la somme de au payement de laquelle, même à la reddition du compte, en cas de délai de la part dudit sieur il consent d'être poursuivi & contraint en vertu des contraintes dudit sieur ou de l'un de ses Cautions ou des Directeurs, Receveurs, ou Préposez dudit sieur ainsi qu'il est accoutumé pour les propres deniers & affaires de Sa Majesté, le tout sans division, discussion ni fidejussion; s'oblige pareillement d'être caution aux termes ci-dessus & responsable solidaire de tous autres deniers que ledit sieur pourroit recevoir, ou avoir reçûs pour raison des droits d'octrois ou autres droits, soit qu'ils dépendent des Fermes du Roi ou des Fermes particulieres dont ledit sieur ou lesdits sieurs ses Cautions sont ou pourront être chargez par Fermes, recouvremens, ou autrement: même consent que ledit cautionnement ait lieu en cas que ledit sieur soit changé de poste, & mis dans un autre emploi, à pied ou à cheval, en premier ou en second, Direction, Inspection, Contrôle ou Recette, de quelque matiere dépendante de ladite Ferme ou dans quelqu'autre place que ce soit, tant dans ladite Election, qu'autres, sans qu'il soit besoin de renouveller le présent cautionnement qui vaudra à l'égard de tous maniemens que ledit sieur fera pour ledit Me ou les sieurs ses Cautions, aux clauses, charges & conditions ci-dessus, & à l'effet de ce que dessus ledit sieur oblige, affecte & hypotéque ses biens meubles & immeubles, présens & à venir, généralement quelconques, qu'il déclare franc & quitte de toutes dettes, hypotéques, sous les peines de droit, sans laquelle clause, & celles ci-dessus énoncées le présent cautionnement n'auroit été reçû, & pour l'exécution des présentes, & dépendances ledit sieur a élû son domicile en sa demeure ci-dessus déclarée, auquel lieu il consent que tous exploits soient faits comme à sa personne : car ainsi promettant, &c. obligeant, &c. renonçant, &c. Fait & passé, &c.

Cautionnement pour un Emploi dans l'Artillerie.

AUjourd'hui est comparu pardevant les Conseillers du Roi, Notaires au Châtelet de Paris soussignez, François demeurant lequel s'est par ces présentes rendu & constitué caution envers Me L J C H de M Ecuyer, Conseiller du Roi, Trésorier Général de l'Artillerie de France, de la personne de pour raison de la Recette & maniement, que ledit sieur a fait & fera pour ledit sieur de M en qualité de au département de ou dans les autres lieux que ledit sieur de M jugera à propos de le mettre, & généralement de tout ce qui concernera ladite Recette, à quelque somme qu'elle puisse monter, même des personnes que ledit sieur pourroit substituer ou par lesquelles il feroit faire en sa place l'exercice de ses Emplois en cas d'absence ou de maladie. Ce faisant s'est obligé envers ledit sieur de M pour ledit sieur solidairement avec lui, lui seul pour le tout sans division, discution ni fidejussion, renonçant au bénéfice des droits, au payement des Reliquats des Comptes qui se trouveront dûs par ledit sieur de son maniement même, de rendre lesdits comptes pour & au lieu dudit sieur toutesfois

& quantes que ledit ſieur de M le déſirera, & a défaut de rendre leſdits comptes à la premiere requiſition dudit ſieur de M le ſieur Comparant s'oblige en ſon propre & privé nom, d'entendre le compte que ledit ſieur de M lui donnera des fonds qu'il aura remis audit ſieur de ſigner & arrêter ledit compte, & d'en payer le Reliquat à la volonté dudit ſieur de M dont & dequoi le ſieur Comparant fait ſa propre affaire & dette comme principal Débiteur, enſemble de toutes les Charges qui ſeront portées par les apoſtilles qui pourront être miſes ſur leſdits comptes, & conſent d'être contraint comme pour les propres deniers & affaires de Sa Majeſté, & ſur les ſimples contraintes qui ſeront délivrées par ledit ſieur de M leſquelles contiendront ce qui lui ſera dû par les comptes qui auront été arrêtez, ſi aucuns y a par rapport aux envois ou remiſes de deniers qu'il aura fait audit ſieur ſans qu'il ſoit néceſſaire d'aucune formalité de Juſtice pour établir ledit ſieur Débiteur, en cas qu'il n'y ait pas de compte avec lui que la ſimple contrainte dudit ſieur de M qui contiendra la ſomme qu'il prétendra lui être dûë, ſauf par la ſuite au cas qu'il ſe trouve moins dû, a en faire déduction & raiſon audit ſieur Comparant, ſans toutes leſquelles conditions ledit ſieur de M n'auroit accordé ledit Emploi audit ſieur Et à tout ce que deſſus le ſieur Comparant a ſous la même ſolidité obligé & hypotéqué tous ſes biens meubles & immeubles, préſens & avenir, & ſpécialement *telle choſe* ſans qu'une obligation déroge à l'autre Tous leſquels biens tant ſpécialement que généralement affectez & appartenans audit ſieur Comparant, ledit ſieur Comparant certifie & affirme, francs & quittes de toutes dettes & hypotéques généralement quelconques du paſſé juſqu'à ce jour, & toutesfois ne voudra le préſent cautionnement que juſqu'à concurrence de Et pour l'exécution des préſentes & dépendances, ledit ſieur Comparant a élû ſon domicile en cette Ville de Paris, &c.

Des Certificats.

CErtificat eſt une témoignage que l'on rend par écrit d'une choſe. On fait des Certificats pardevant Notaires de différentes ſortes, afin de ſervir en cas de beſoin.

Les Certificats qui ſe donnent le plus ordinairement, ſont qu'un garçon n'a jamais été marié, qu'un homme eſt décedé, ou eſt actuellement vivant.

Certificat d'une Piéce rapportée pour minute.

CErtifié véritable, ſuivant l'Acte d'Apport paſſé devant les Notaires ſouſſignez, tant par ledit Y que par ledit M Praticien, & à leurs requiſitions paraphé deſdits Notaires ſouſſignez, ce jourd'hui d mil

Certificat qui se met sur la grosse d'une Constitution par le Notaire, qui a succedé à celui qui a passé ladite Constitution, lorsque la quittance de remboursement d'icelle est passée devant d'autres Notaires, qui ont fait mention dudit remboursement sur ladite grosse.

JE soussigné Notaire au Châtelet de Paris, subrogé à l'Office & Pratique de M ci-devant aussi Notaire, qui a reçu le Contrat ci-dessus, certifie avoir fait mention sur la minute dudit Contrat, du remboursement contenu en la mention ci en marge. Ce jourd'hui, &c.

Certificat ou Attestation en forme d'Acte de notoriété.

PArdevant les Conseillers du Roi, Notaires au Châtelet de Paris, soussignez, furent présens sieurs Nicolas B demeurant Louis L demeurant & tous trois Marchands Bourgeois de Paris, lesquels ont certifié & attesté pour vérité à tous qu'il appartiendra, que le sieur Antoine G n'est pas & n'a jamais été domicilié en cette Ville de Paris, ni en aucune Ville, Bourgade, Village, ni autre endroit de ce Royaume; qu'il est étranger né dans le territoir de en qu'il est Marchand Forain, va & vient des Pays Etrangers en cette Ville, qu'il n'y apporte, ni vend aucunes Marchandises, tout au contraire qu'il en achette desdits sieurs Marchands comparans & de plusieurs autres, pour débiter dans les autres Royaumes, & Pays Etrangers, qu'il loge à présent dans cette Ville de Paris dans un Auberge à sols par jour, où il n'a aucuns meubles à lui appartenans, ce qui est si vrai qu'ayant été taxé au Conseil comme Etranger en exécution de la Déclaration du Roi du vingt-deux Juillet mil six cent quatre-vingt dix-sept, il a été déchargé par Arrêt du Conseil du dont & de quoi ledit sieur Antoine G demeurant à présent ruë à l'enseigne de Auberge comme dit est, pour ce présent a requis & demandé le présent Acte auxdits Notaires soussignez, à lui octroyé pour lui servir & valoir ce que de raison, & leur a exhibé ledit Arrêt à lui rendu à Paris ès demeures des Parties sus-désignées le jour d mil a midi & ont signé.

Certificat par plusieurs particuliers que deux personnes sont venuës en cette Ville.

AUjourd'hui sont comparus pardevant les Conseillers du Roi, Notaires au Châtelet de Paris, soussignez sieur Gabriel D Valet de chambre de Monseigneur le Duc de demeurant en l'Hôtel dudit Seigneur ruë Paroisse Saint sieur Jacques L Officier des Gardes de Monseigneur le Maréchal de demeurant ruë Paroisse S. & Louis G Garde dudit Seigneur, Marechal de demeurant ruë susdite Paroisse S. lesquels ont dit, déclaré, certifié & attesté pour vérité à tous qu'il appartiendra, avoir vû arriver en cette Ville de Paris Madame la Marquise de S Veuve de M. le Marquis de S Capitaine, Lieutenant des Gens d'armes de Monsieur le Duc D avec M. Jean-Pierre de M ci-devant Curé de S en basse Navarre, qui faisoit les affaires de la succession dudit feu Seigneur, Marquis de S peu de tems après la bataille de & que ledit sieur de M a demeuré en cettedite Ville près ladite Dame en ladite qualité pendant l'espace de années, dont & dequoi ledit sieur de M demeurant à Paris rue Paroisse S - pour ce présent a requis & demandé le présent acte auxdits Notaires soussignez, qui lui ont octroyé pour lui servir & valoir, & à qui il appartiendra, ce que de raison, en leurs Etudes le jour d mil sept cent quarante & ont signé.

Certificat par lequel une personne déclare avoir emmené un jeune homme avec elle du pays de Savoye en cette Ville, & lequel n'a voulu s'en retourner avec cette personne audit pays, & ce en présence de Témoins.

AUjourd'hui est comparu pardevant Nous, Conseillers du Roi, Notaires au Châtelet de Paris, soussignez, Augustin S Gagne-denier, Savoyard de nation, nâtif de la Paroisse de Saint Diocèse de demeurant en cette Ville de Paris, Fauxbourg Paroisse lequel a dit & déclaré qu'il partira demain du courant, de cettedite Ville, pour s'en retourner en Savoye, en ladite Paroisse Saint & qu'il laisse en cettedite Ville le nommé Martin C jeune enfant, âgé de quinze ans, nâtif de ladite Paroisse Saint fils de Jean C Laboureur en ladite Paroisse, lequel enfant il avoit amené en cette Ville, dès la S. Martin derniere, n'ayant pas voulu ledit Martin C s'en retourner avec ledit Comparant en Savoye, lequel Martin C est en bonne santé, ce que ledit Comparant a certifié véritable : A ce faire étoit présent Jean L & Jacques H nâtifs de ladite Paroisse Saint demeurans en cette Ville de Paris ruë au Marais, qui ont certifié que ledit Martin C est en bonne santé, & qu'il n'a pas voulu s'en retourner avec ledit Augustin S Fait & passé à Paris ès Etudes, &c. l'an mil sept cens le a midi, & ont déclaré ne sçavoir écrire ni signer : de ce interpellez suivant l'Ordonnance.

Certificat qu'un garçon n'a point été marié.

AUjourd'hui est comparu Jacques demeurant lequel a certifié à Ambroise que René est garçon, & n'a jamais été marié ; & qu'ainsi le sixiéme qui lui appartient en la maison située à ruë dont ledit sieur Ambroise s'est rendu adjudicataire ce jourd'hui, n'est chargé d'aucun doüaire, soit préfix ou coûtumier, sur la sûreté duquel présent certificat, ledit sieur Ambroise demeurant à ce présent, déclare qu'il a fait l'acquisition de ladite maison, sans lequel il ne l'auroit point fait ; s'obligeant ledit Jacques, en cas qu'il se trouvât le contraire de ce qu'il certifie ci-dessus, de rembourser audit sieur Ambroise la somme de à quoi monte le sixiéme dudit sieur René en ladite maison, dont il fait sa propre affaire, à quoi il oblige tous ses biens présens & à venir. Et pour l'exécution, &c.

Certificat qu'un homme est décedé.

AUjourd'hui sont comparus pardevant les Notaires Gabriël demeurant à & Philippes demeurant à lesquels ont dit & déclaré, certifié & attesté à tous qu'il appartiendra, juré & affirmé en leurs ames pardevant lesdits Notaires soussignez, la vérité être telle qu'ils ont eu bonne & entiere connoissance de défunt Antoine vivant *de tel état*, & qu'ils sçavent certainement que ledit Antoine est décedé en tel lieu au mois de *de telle* maladie, & qu'il a été enterré & inhumé en *tel* Cimetiere, *ou* Eglise, *ou autre lieu*, dont, & de tout ce que dessus Lucas demeurant a requis acte ausdits Notaires qui lui ont octroyé le présent pour lui servir & valoir & à qui il appartiendra ce que de raison. Ce fut ainsi fait, & octroyé, comme dessus. A Paris, &c.

Autre Certificat.

AUjourd'hui est comparu pardevant Louis demeurant à lequel sur la requête & sommation verbale qui lui a été présentement faite par Maître Emmanuel à ce présent & comparant, a dit & déclaré, certifié & attesté, juré & affirmé en son ame pardevant lesdits Notaires à tous ceux qu'il appartiendra, la vérité être telle, que ledit sieur Emmanuel est seul & unique héritier de feu Joseph son pere, vivant & qu'icelui défunt n'a point laissé d'autres hoirs, ni héritiers que ledit sieur Emmanuel son fils, dont & de tout ce que dessus, ledit sieur Emmanuel a requis acte, octroyé *comme dessus*.

Collation que l'on met au pied d'une Copie de minute, dont le Notaire qui l'a reçûë n'est plus Notaire, & que celui qui délivre ladite Copie est son Successeur.

L'An mil le jour d Collation des présentes a été faite par les Notaires du Roi à Paris soussignez, sur la minute dudit étant en la possession de P l'un desdits Notaires soussignez, comme subrogé à l'Office & Pratique dudit D ci-devant Notaire.

Collation à l'ordinaire.

COllationné à l'original, *(ou)* grosse, *(ou)* expédition *(ou)* copie en papier *(ou)* en parchemin, par Nous Conseillers du Roi, Notaires Gardenotes, & Gardes Scel en son Châtelet de Paris soussignez. Ce fait, à l'instant renduë le jour de mil

Comparution en exécution d'une Sommation.

AUjourd'hui est comparu pardevant les Conseillers du Roi, Notaires au Châtelet de Paris soussignez, Louis D Bourgeois de Paris, y demeurant ruë Paroisse Saint tant en son nom, que comme ayant épousé Demoiselle Denise R sa femme, auparavant veuve de Robert G Marchand Miroitier à Paris, ès noms qu'elle procede, lequel a dit & déclaré que par exploit d Huissier Sergent à Verge audit Châtelet du jour d'hier, contrôlé le même jour, il auroit fait sommer Me P Procureur audit Châtelet, & de Me V Greffier de la geolle du grand Châtelet, du sieur & de Créanciers & Directeurs des Créanciers de la succession de défunt le sieur Gilles B intéressé dans les affaires du Roi, de comparoir ce jourd'hui heure présente de en l'Etude de l'un desdits Notaires soussignez, & d'y faire trouver lesdits sieurs Directeurs pour être présens à la collation des piéces, promesses & billets justifians la dette desdits sieurs & Demoiselle D sur la succession dudit B & après avoir attendu jusqu'à heures sonnées, sans que lesdits sieurs P & Directeurs soient venus ni comparus, ledit sieur D a requis ausdits Notaires soussignez Acte de sa présente Comparution; ce qu'ils lui ont octroyé, après avoir représenté piéces, la premiere, &c.

Pour être lesdites piéces collationnées & prises en extrait; ce qui a été fait, & à lui icelles renduës, promettant de rapporter incessamment les autres piéces, établissant sa créance; dont & de ce que dessus, il a requis & demandé Acte ausdits Notaires soussignez, qui lui ont octroyé. A Paris, en ladite Etude dudit ce jourd'hui mil Et a signé.

Comparution à l'effet de recevoir une somme, au désir d'une sommation.

AUjourd'hui est comparu pardevant les Notaires à Paris soussignez, Perine L femme d'Etienne C Maître Tissutier-Rubannier à Paris, de lui séparée quant aux biens, demeurante ruë Paroisse laquelle a dit que par transaction passée entr'elle d'une part, Nicolas N Maître Teinturier à Paris, Agnès L sa femme d'autre, pardevant & Notaires à Paris, le pour les causes y contenuës, lesdits N & sa femme se seroient obligez de lui payer la somme de livres de principal & intérêts échus, & qui écheront jusqu'à l'actuel payement, & ce en plusieurs payemens égaux de livres chacun de mois en mois jusqu'au parfait payement de ladite somme de livres de principal & intérêts, faute de payement de deux termes échus, ladite femme C a fait procéder par voye de saisie arrêt sur eux entre les mains du nommé D Locataire d'une maison appartenante ausdits N & sa femme, comme l'ayant acquise dudit C faute de payement desdites livres de principal & intérêts; attendu que par ladite transaction, il est porté, que faute du premier ou subsequens payemens, que lesdits N & sa femme seront contraints pour le tout; laquelle saisie leur ayant été dénoncée, ledit N a fait sommer ladite femme C ce jourd'hui heures du matin de comparoir en l'Etude de l'un desdits Notaires soussignez heures de relevée, à l'effet de recevoir la somme de livres pour lesdits deux termes de payemens échus, & les frais bien & légitimement faits, au désir de laquelle sommation ladite femme C fait la présente Comparution, & déclare qu'elle est prête & offre de recevoir lesdits livres en déduction de son dû, conformément à la transaction sus-datée, & en payant ladite somme de donner main-levée de ladite saisie & arrêt sans préjudice aux frais faits pour en avoir payement; & attendu qu'il est heures sonnées, & que ledit N n'est comparu, ni autre pour lui, a requis Acte de sa Comparution, & protesté de continuer ses poursuites, faute par ledit N d'être comparu suivant la sommation ci-devant dattée, dont Acte, &c. promettant, &c. obligeant, &c. renonçant, &c. Fait & passé à Paris en l'Etude dudit Notaire, le mil après midi sur les heures du soir. Et a signé.

Comparution en répondant à la précédente, portant offre & dépôt d'espéces, attendu le refus de les recevoir.

ET à l'instant est survenu & comparu ledit Nicolas N Maître Teinturier à Paris, y demeurant ruë Paroisse saint lequel en répondant à la Comparution ci-dessus, a offert de payer les livres, dont il a fait offre par l'exploit, en conséquence duquel ladite femme C a ci-devant fait sa comparution ; laquelle somme il a au refus par elle de les vouloir recevoir présentement, déposée & mise ès mains dudit Notaire, en espéces de louis d'or, louis d'argent & monnoye ayant cours, qu'il a consenti être délivrée à ladite femme C en lui donnant par elle bonne & valable quittance, & main-levée des saisies arrêts faites sur ledit N à sa Requête, autrement proteste de tout ce qui est à protester en cette partie ; dont & de ce que dessus ledit N a requis le présent Acte ausdits Notaires soussignez, qui lui ont octroyé le présent en l'Etude dudit Notaire pour lui servir & valoir en tems & lieu, & ce que de raison, ledit jour sur les heures de relevée. Et a signé.

Compte & Quittance par un fils & bru à leur mere & belle-mere.

FUrent présens Catherine L veuve en premiéres nôces de Jacques C Maître Brodeur à Paris, & en secondes de François M aussi Maître Brodeur à Paris, y demeurante ruë Paroisse saint d'une part. Et Nicolas C aussi Maître Brodeur à Paris & Madelaine P sa femme, qu'il autorise à l'effet des présentes ; demeurans d'autre part.

Lesquels ont dit avoir ce jourd'hui compté ensemble, tant de ce qui peut revenir audit Nicolas C pour sa part héréditaire en la succession dudit défunt Jacques C son pere, dont le contenu en l'Inventaire des effets de la succession fait aprés son décès, à la Requête de ladite Catherine L par B & son Confrere, Notaires à Paris le dont il a dit avoir pris communication, que des dettes de ladite succession dudit défunt son pere, payées & acquittées par sadite mere depuis ledit Inventaire, ensemble d'une somme de livres contenuë en la reconnoissance dudit défunt Jacques C qui avoit reçu ladite somme pour ledit Nicolas C son fils de Messieurs les Marguilliers de l'Oeuvre & Fabrique de pour sa recompense d'avoir été enfant de chœur en ladite Eglise, l'espace de ans, ainsi que ladite veuve sa mere l'a reconnu & déclaré par ledit Inventaire. Plus de la somme de livres, que ladite L a reconnu devoir audit Nicolas C pour argent prêté, suivant l'obligation de ladite somme qu'elle a faite à son profit passée devant & son Confrere, Notaires à Paris le que des sommes qu'elle lui a payées, à compte sur-tout ce que dessus, ladite L s'est trouvée reliquataire envers ledit Nicolas C son fils, de la somme de livres, qu'icelle Catherine L promet & s'oblige bailler & payer audit Nicolas C son fils en payemens égaux de livres chacun, dont le premier payement se fera & échéra d'hui en mois, & ainsi continuer de mois en mois, jusqu'au parfait payement desdits livres ; & faute du premier, second, ou autre subsequent payement, consent être contrainte pour le tout, sans que cette peine puisse être réputée comminatoire, mais de rigueur ; au moyen de quoi lesdits Nicolas C & sa femme quittent & déchargent ladite Catherine L leur mere & belle-mere, de toutes choses généralement quelconques du passé jusqu'à ce jour, soit pour raison de ladite succession de leurdit pere & beau-pere, qu'autrement ; même promettent lesdits C &sa femme solidairement sous les renonciations de droit requises, de lui remettre ès mains incessamment le brevet de ladite Obligation par elle faite comme dit est, comme nulle & acquittée au moyen des présentes, & de l'en faire tenir quitte envers & contre tous, quittant & déchargeant pareillement par ladite L sesdits fils & bru de toutes choses quelconques jusqu'à ce jour, & demeureront tous billets, promesses, obligations, quittances ou autre qui pourront avoir été faits entre eux, nuls, comme compris en cesdites présentes, demeurant toutefois ledit C en tous ses droits, actions, privileges & hypoteques jusqu'au parfait payement de la susdite somme de livres, & pour l'exécution des présentes, les Parties ont élû leurs domiciles en leurs demeures ci-devant déclarées, ausquels lieux, &c. nonobstant, &c. promettant, &c. obligeant, &c. chacun en droit soi lesdits C & sa femme solidairement comme dessus, &c. renonçant, &c. Fait & passé à Paris ès Etudes, &c. l'an mil le jour d Et ont signé, excepté ladite P qui a declaré ne sçavoir écrire ni signer.

Compte & Obligation.

FUrent présens Très-haut & Très-puissant Seigneur, Monseigneur Antoine Charles, Duc de G Pair de France, Chevalier des Ordres du Roi, Souverain de &c. demeurant à Paris en son Hôtel ruë Paroisse saint d'une part. Et M^e^. Antoine S Avocat en Parlement, demeurant à Paris ruë Paroisse Intendant & Procureur de Très-haut & Très-puissant Seigneur, Monseigneur Honoré-Charles D Duc de M suivant sa procuration passée devant & Notaires à Paris le demeurée annexée à ces présentes, d'autre part.

Lesquelles Parties ont reconnu avoir ce jourd'hui compté entr'elles, tant de ce qui est dû par Mondit Seigneur Duc de G des arrerages de livres sols de rente & de ceux de livres sols deniers aussi de rente, faisant partie de celle de livres sols deniers constitués par Contrat passé pardevant & Notaires à Paris le mil échus depuis le jusques à pareil jour de l'année derniere mil que des intérêts de livres sols, de livres sols, faisant partie de livres d'intérêts de la somme de livres portés en l'Obligation passée pardevant & Notaires à Paris le mil échus depuis le jusqu'à pareil jour de la présente année, iceux arrerages & intérêts dûs par ledit Seigneur Duc de G audit Seigneur Duc de M à cause de Très-haute & Très-puissante Dame, Dame Marie-Anne-Jeanne de C son épouse, tant comme héritiere de défunte Haute & Puissante Dame, Dame Françoise M sa mere, au jour de son décès, épouse de Haut & Puissant Seigneur, Messire Philippe de C Chevalier Marquis de D &c. qui étoit heritier de défunt Messire Jacques M son pere, que comme heritier pour moitié dans les biens libres, & pour un tiers dans les biens substitués de défunt Messire

Guillaume M Marquis de Ch son oncle, par lequel compte les arrerages se sont trouvés monter à livres sols deniers, & lesdits intérêts à livres sols deniers, faisant lesdites deux sommes ensemble, celle de livres sols deniers, sur laquelle déduisant celle de livres sols, qui a été payée, sçavoir livres sols, à ladite Dame Duchesse de M suivant ses quittances, & livres au sieur B Marchand, Bourgeois de Paris, Cessionnaire desdits Seigneur & Dame de M en déduction de celle de livres sols deniers, qu'ils lui ont transportés à prendre sur ledit Seigneur, Duc de G sur lesdits arrerages & intérêts, suivant les quittances dudit sieur B il se trouve qu'il est dû de reste desdits arrerages & intérêts par ledit Seigneur Duc de G ausdits Seigneur & Dame Duc & Duchesse de M la somme de livres deniers, sur laquelle somme ledit Seigneur Duc de G promet payer audit sieur B audit nom de Cessionnaire desdits Seigneur & Dame Duc & Duchesse de M celle de livres sols deniers, restant desdits livres sols deniers; & à l'égard du surplus desdits livres deniers, montant à livres sols deniers, ledit Seigneur Duc de G promet & s'oblige les payer ausdits Seigneur & Dame, Duc & Duchesse de M en leur Hôtel à Paris, ou au porteur, &c. à leur volonté, à peine de tous dépens, dommages & intérêts, sans préjudice ausdits Seigneur & Dame, Duc & Duchesse de M des arrerages & intérêts échus & à échoir desdites rentes & sommes, & ausdits droits, actions, privileges & hypothéques que ledit sieur S audit nom s'est reservé & sans y déroger, élisant ledit Seigneur Duc de G domicile pour l'exécution des présentes, en sondit Hôtel; auquel lieu, &c. nonobstant, &c. promettant, &c. obligeant, &c. renonçant, &c. Fait & passé à Paris en l'Hôtel dudit Seigneur, Duc de G l'an mil sept cent quarante le jour d a midi. Et ont signé.

Compte réciproque entre deux Héritiers d'une succession, au sujet des déboursés faits par l'un d'eux, tant pour lui que pour l'autre, portant Obligation.

FUrent présens Pierre-François B de D demeurant rue Paroisse saint d'une part. Et Damoiselle Marie B de D sa sœur; émancipée d'âge procédante sous l'autorité d'Etienne L demeurante au Couvent des Hospitalieres dudit sieur L pour ce présent assistée, demeurant d'autre part. Lesquelles Parties sont amiablement venus à compte, sur les Mémoires réciproquement tenus par chacune d'elles des déboursez faits par ledit sieur de D particuliers pour ladite Damoiselle sa sœur, & communs entr'eux pour les frais funeraires de Madame leur mere, & prieres dites pour le repos de son ame, frais de ménage, loyers de l'appartement qu'ils occupoient, & gages de domestiques, jusqu'au premier Avril dernier, que ladite Damoiselle s'est retirée audit Couvent des Hospitalieres

& depuis pour ses pensions & entretiens audit lieu, par lequel compte il s'est trouvé que ladite Damoiselle de D est débitrice vers ledit sieur de D son frere, toutes choses déduites, précomptées & rabattuës du passé jusqu'à ce jour, y compris dans la dépense le quartier d'Octobre, Novembre & Décembre, de la présente année, que ledit sieur de D a payé ausdites Religieuses pour la pension de ladite Damoiselle sa sœur, de la somme de livres sols, sur laquelle somme ledit sieur son frere a reçû de ladite Damoiselle sa sœur en plusieurs & diverses fois celle de dont quittance, & les livres sols deniers restans, ladite Damoiselle de D promet & s'oblige lui payer à sa volonté, à peine &c. Laquelle reconnoit que ledit sieur son frere lui a remis les arrerages de ses rentes, qu'il avoit reçûs sur ses quittances, des Payeurs de la Ville, & en vertu de sa procuration des rentiers particuliers, dont elle le décharge; & au surplus se sont lesdites Parties réciproquement quittées & déchargées de toutes choses, jusqu'à cedit jour, comme compris au présent compte, à l'exception des meubles qui sont restés en communs entr'eux par l'Inventaire qu'ils ont fait faire après le décès de ladite Dame leur mere, lesquels meubles ladite Damoiselle reconnoît en avoir emporté audit Couvent pour son usage, ceux mentionnez au Mémoire ci-attaché, paraphé d'elle & des Notaires soussignez à sa réquisition, & au moyen des présentes, lesdits Mémoires ci-devant mentionés autres que celui-ci énoncé sont & demeurent nuls, & comme tels ont été biffez, & lacerez par chacune des Parties. Et pour l'exécution desdits présentes ladite Damoiselle de D élit domicile chez ledit sieur L en sa demeure devant désignée, auquel lieu, &c. nonobstant, &c. promettant, &c. obligeant, &c. renonçant, &c. Fait & passé à Paris audit Couvent l'an mil sept le Et ont signé.

Titre qu'il faut mettre à l'Etat mentionné en l'Acte ci-dessus.

Etat des meubles que Damoiselle Marie B a emportez avec elle au Couvent des Hospitalieres d le mil lesdits meubles compris en l'Inventaire fait après le décès de la Dame mere de ladite Damoiselle Premierement un lit &c.

A la fin de cet Etat, on met ce qui suit.

Paraphé au désir du Compte passé pardevant les Notaires soussignez, ce jourd'hui, &c.

Compte portant réduction d'une rente.

FUrent présens Damoiselle Simone-Françoise A épouse séparée quant aux biens, d'avec Antoine P Sieur de V de lui néanmoins pour ce présent autorisée à l'effet des présentes, demeurans à Paris ruë Paroisse saint d'une part. Et Dame Françoise P épouse aussi séparée quant aux biens de Messire Richard C Chevalier Seigneur de B demeurant à Paris, ruë & Paroisse saint d'autre part.

Lesquelles sont convennës, & ont compté ensemble de ce qui en suit ; c'est à sçavoir, que sur les arrerages de la rente de au principal de constituée par ladite Dame de V à ladite Damoiselle de la B par Contrat passé pardevant P & Notaires le dont il est échû années mois jours, montans à ladite Damoiselle de la B convient déduire livres qu'elle a touché du prix des meubles vendus sur ladite Dame de V suivant le procès verbal de Huissier priseur du & de tenir compte de livres, qui lui ont été adjugez par provision sur les biens saisis réellement appartenans à ladite Dame de V qu'elle a cédez, doivent être ou seront touchez par le sieur G partant reste dû desdits arrerages jusqu'à cedit jour livres sols. Et voulant bien ladite Damoiselle D tenir compte à ladite Damoiselle de V & imputer sur lesdites livres de principal livres qu'elle a payées en l'acquit dudit sieur P de la B son mari ; sçavoir livres audit sieur D de J & livres audit sieur de la B suivant plusieurs de ses quittances & billets, qui se trouvent perdus & adhirez ; pour la restitution desquels ladite Damoiselle de la B ne prétend aucune action contre ladite Dame de V étant contente, ledit principal de ladite rente se trouve réduit à & icelle rente de livres n'aura plus cours de ce jourd'hui en avant que pour livres sols de rente, laquelle ladite Dame de V promet payer à ladite Damoiselle de la B conformément audit Contrat de création d'icelle, ensemble de lui payer en exécution d'icelui lesdites livres d'arrerages, restant dûs & échus jusqu'à ce jour & sans innovation de droits & hypothéques résultans dudit Contrat & des Sentences & Arrêts obtenus contre ladite Dame de V & sans déroger à la continuation & poursuite de la saisie réelle faite à la Requête de ladite Damoiselle de la B des biens de ladite Dame de V pour avoir payement desdits arrerages, & faute de payement avoir été fait d'iceux, garantie du principal, frais, mises & loyaux-coûts, & sans préjudice d'iceux & des frais ordinaires & extraordinaires de ladite poursuite, consentant néanmoins que de ces présentes il soit fait mention sur la minute & grosse dudit Contrat & autres piéces que besoin sera, par tous Notaires requis, sans que sa présence y soit nécessaire, ce qui ne servira que pour un même acquit : & pour l'exécution des présentes, ladit Dame de V a fait pareille élection de domicile que celui porté au Contrat de création de ladite rente, auquel lieu, &c. nonobstant, &c. promettant, &c. obligeant, &c. renonçant, &c. Fait & passé à Paris, &c.

Des Comptes de Tutelle.

LEs Tutelles sont datives en France : nul ne peut être créé Tuteur que par le Juge, sur l'avis des parens des mineurs. C'est d'ordinaire une personne de la famille qui est chargée du soin de leur éducation & de leurs affaires ; & quand elles sont de trop grande conséquence, comme dans les grandes maisons, l'on nomme un Tuteur honoraire qui est un parent, & un Tuteur honéraire qui se charge de toutes les affaires des mineurs. Le Tuteur honéraire agit pour eux en jugement, & dehors; ils ne peuvent faire sans lui aucun acte qui préjudicie à leurs intérêts, quoiqu'ils puissent bien contracter à leur profit: il n'est appellé Tuteur que quand les mineurs sont impuberes, c'est-à-dire, les garçons au-dessous de quatorze ans, & les filles au-dessous de douze. L'on le nomme Curateur, quand ils ont passé cet âge: l'un & l'autre sont également comptables de leur gestion, de même que celui qui se seroit mêlé de leurs affaires sans avoir été nommé par le Juge. La tutelle & la curatelle finissent d'elles-mêmes à proportion que les mineurs viennent à l'âge de majorité, après quoi ils peuvent agir d'eux-mêmes sans tuteur, ni curateur. L'on nomme aussi des curateurs aux insensés & aux prodigues, quoique majeurs, même aux enfans qui ne sont pas encore nés, s'ils ont perdu leur pere, soit pour gerer leurs biens & exercer leurs droits, soit pour former une demande en retrait lignager d'un héritage vendu par leur propre pere encore vivant: il est dans tous les autres cas leur tuteur naturel & légitime.

Dès qu'un pere est décedé ayant laissé des enfans mineurs, le Procureur du Roi, ou celui du Seigneur dans la Justice duquel il demeuroit, est obligé de faire assigner quatre de leurs parens paternels, & autant de maternels, pour choisir l'un d'entr'eux pour tuteur ou curateur à ces enfans: S'ils sont Gentilhommes, la tutelle se fait toujours pardevant le Bailli ou le Sénéchal: s'ils sont roturiers, elle se fait pardevant le Prevôt Royal ou le Juge du Seigneur. Au défaut des parens l'on appelle des amis ou des voisins. S'ils se trouvent sur le lieu, il comparent eux-mêmes, sinon ils peuvent envoyer des procurations pour nommer à leur défaut.

Compte de Tutelle.

Compte que rend A défendeur, à L demandeur, de la Tutelle & administration qu'il a eû de la personne & biens de

PREFACE DU COMPTE.

Pour l'intelligence du présent compte, il doit être observé qu'après le décès de M pere de L les parens tant paternels que maternels s'assemblerent devant

devant Juge de pour élire un tuteur qui eût l'administration de sa personne & biens, à laquelle charge A fut élu par acte dont la teneur ensuit. A tous ceux, &c. (*Il faut transcrire en cet endroit l'acte de tutelle.*) En exécution duquel acte A a fait toutes les diligences possibles pour l'utilité & la conservation du bien de L jusques au jour que s'étant fait émanciper, il a demandé par exploit du que A fut tenu de lui rendre compte; & sur cette demande est intervenue Sentence le qui condamne A de rendre le présent compte.

Premier chapitre de recette, à cause de la vente des meubles demeurez après le décès de défunte M

Fait ledit rendant recette de la somme de provenant de la vente des meubles qui se sont trouvés après le décès dudit défunt, comme appert par le Procès-verbal de vente qui en a été faite par, &c. le

Item, fait ledit rendant recette de la somme de pour le prix de

Deuxiéme chapitre de recette à cause des loyers de maisons & arrerages de rente.

Fait ledit rendant recette de la somme de pour les loyers de

Item, fait recette à la charge de reprise de la somme de pour années d'arrerages de

Pour l'ordre du compte, le rendant doit faire recette de tout ce qu'il a dû recevoir, à la charge de reprise de ce qu'il n'aura pas reçu.

Premier chapitre de dépense, à cause des frais funeraires du défunt.

Fait le rendant dépense de la somme de payée à suivant son mémoire & quittance du

De la somme de par lui payée à Juré Crieur, suivant le mémoire de frais dudit & sa quittance du

De la somme de par lui payée à Marchand Cirier, pour le luminaire qui a servi au convoi & enterrement dudit défunt M suivant sa quittance ci-rapportée.

Deuxiéme chapitre de dépense, à cause des frais faits pendant la maladie du défunt.

Il faut mettre par ordre ce qui a été payé aux Medecins, Chirurgiens & Apotiquaires, & faire mention de leurs quittances.

Troisiéme chapitre de dépense, à cause de la pension & entretenement de l'oyant.

Fait le rendant dépense de la somme de par lui payée à pour années de la pension de l'oyant, suivant l'avis de ses parens du comme il est justifié par quittance dudit en date du de la somme de

Chapitre de reprise à cause des deniers comptez & non reçus.

Fait le rendant reprise de la somme de contenue au second article du dixiéme chapitre de recette pour *& ainsi des autres.*

Le rendant ne pourra employer dans la dépense du compte les frais de la Sentence ou de l'Arrêt, par lesquels il est condamné de le rendre, si ce n'est qu'il eût consenti avant la condamnation; mais pour toutes dépenses communes, il employera son voyage, s'il en échet, les assignations, pour voir présenter & affirmer le compte, la vacation du Procureur qui aura mis les piéces du compte par ordre, celle du Commissaire, pour recevoir la présentation & affirmation, & des Procureurs, s'ils y ont assisté, ensemble les grosses & copies du compte.

Chapitre de dépense commune du présent compte.

Fait le rendant dépense de la somme de par lui payée à son Procureur, pour avoir mis par ordre les piéces pour dresser le présent compte

Pour la grosse dudit compte, contenant Rolles, à raison de sols chacun Rolle en grand papier, revient à

Pour les assignations données à l'oyant à la requête du rendant, à comparoir en l'hôtel de Monsieur le Commissaire, pour voir présenter & affirmer le compte

Pour la vacation dudit sieur Commissaire qui a reçu la présentation & l'affirmation du compte

Pour celle du Procureur du rendant

Pour la vacation du Procureur de l'oyant

Pour la grosse du procès-verbal, contenant acte de la présentation du compte, & affirmation du rendant

Pour la copie du compte, & signification au Procureur de l'oyant

Le rendant compte sera tenu d'inserer dans le dernier article, la somme à quoi se monte la recette, celle de la dépense & reprise, distinctement l'une de l'autre.

Calcul de la recette, de la dépense & de la reprise.

Somme de la recette du présent compte, contenue en chapitres

La dépense contenue en chapitres, revient à

La reprise se monte à & la dépense commune du présent compte à partant la recette est plus forte que la dépense & reprise de la somme de

Si la recette se trouve plus forte que la dépense & reprise, l'oyant pourra prendre exécutoire de l'excédant, qui lui sera délivré sur l'extrait du dernier article du compte, sans préjudice des débats & soutenemens au contraire.

L'usage de faire des procès verbaux d'examen de compte a été abrogé en tous Siéges, même aux Cours de Parlement & autres Cours.

Sa Majesté par l'article XV. du titre XXIX. de l'Ordonnance de 1667, fait défenses de s'assembler en la maison du Juge, ou Commissaire, pour mettre par forme d'apostilles, à côté des articles du compte, les consentemens, débats &

soutenemens des parties, sans néanmoins déroger à l'usage observé par les Commissaires du Châtelet de Paris.

Après la présentation & affirmation, sera donné copie du compte au Procureur & les piéces justificatives de la recette, dépense & reprise lui seront communiquées sur son récepissé pour les voir & examiner pendant quinze jours, après lesquels il doit les rendre à peine de prison, de soixante livres d'amende & du séjour, dépens dommages & intérêts des parties, en son nom, sans qu'aucunes de ces peines puissent être réputées comminatoires, remises ou modérées, sous quelque prétexte que ce soit.

Après que le compte de tutelle a été examiné, clos & arrêté dans les formes ordinaires, les parties font pardevant Notaires l'acte de reconnoissance de l'arrêté & cloture d'icelui compte portant décharge des piéces justificatives dudit compte, & quelquefois quittance du payement du reliquat comme il est ci-après. *Voyez ci-après l'Acte de notoriété du 21 Mars 1699.*

Consentement d'une mere à son fils pour qu'il se pourvoye par mariage.

AUjourd'hui est comparuë devant les Conseillers du Roi, Notaires au Châtelet de Paris soussignez, Jeanne V veuve de Noël P Marchand Bourgeois de Paris, & à présent femme de Claude L Marchand de vin à Paris, de lui pour ce présent autorisée à l'effet qui suit, y demeurant ruë Paroisse saint Laquelle consent par ces présentes que Jean P fils dudit défunt Noël P son premier mari & d'elle, se pourvoye par mariage avec telle personne bien famée que bon lui semblera, les solemnités de l'Eglise observées, & qu'il en passe Contrat devant Notaires, aux charges, clauses & conditions qu'il jugera à propos, sans que pour raison de ce, ladite V sa mere y soit engagée, ni sa présence nécessaire en façon quelconque, & généralement faire pour raison dudit mariage, tout ce qu'il jugera à propos & nécessaire à ce sujet; promettant, &c. obligeant, &c. renonçant, &c. Fait & passé à Paris ès Etudes, &c. le mil sept cens Et ont signé.

Consentement de parens & amis d'un Mineur à son beaupere & mere & subrogé tuteur, à l'effet de faire passer Maître d'un métier ledit Mineur.

FUrent présens Marie R veuve de défunt Pierre L vivant, Maître Vitrier à Paris, & à présent femme de Jean-Baptiste G aussi Maître Vitrier à Paris, & de présent Juré en charge de sa Communauté, de lui pour ce présent autorisée à l'effet des présentes, demeurans ruë Paroisse saint icelle au nom & comme Tutrice de Pierre-François L âgé de ans ou environ, fils dudit défunt & d'elle, & seul & unique héritier en la succession dudit défunt son pere, au moyen de la renonciation qu'elle a faite à la Communauté de biens, qui étoit entre elle & ledit défunt son mari, par Acte passé pardevant B qui en a la minute, & son Confrere, Notaires à Paris, le d'une part. Sieur Jean L Maître Vitrier à Paris, y demeurant ruë Paroisse saint oncle paternel & subrogé Tuteur dudit Mineur : *Et ainsi des autres tant paternels que maternels, leurs noms, surnoms, demeures & dégrés de parentée.*

Lesquels, sur ce qui leur a été représenté par lesdits beau-pere & mere dudit Mineur, que pour son avancement & établissement, il seroit à propos de le faire recevoir Maître au Corps & Communauté dudit métier de Vitrier des deniers provenans de la succession dudit défunt son pere à lui appartenans, comme seul & unique héritier en ladite succession : ce qui ne se peut faire sans avoir le consentement des sus-nommez, qui ont à cet effet par ces présentes consenti & accordé qu'icelle Tutrice sous l'autorisation de sondit mari, conjointement avec ledit subrogé Tuteur dudit Mineur, fassent recevoir icelui Maître au Corps & Communauté des Maîtres Vitriers de cette Ville, en observant les formalités requises par les Statuts de ladite Communauté; Et pour ce faire qu'ils déboursent ce qui sera nécessaire des deniers de ladite succession, dont ils sont chargez esdites qualités, lesquels deniers leur seront allouez au compte qu'ils rendront audit Mineur de la regie & administration de sa personne & biens lorsqu'il aura atteint l'âge de majorité, & généralement faire tout ce qu'il trouveront à propos à ce sujet : Car ainsi a été convenu & accordé entre les parties, qui ont requis acte de ce que dessus aux Notaires soussignez, qui leur ont octroyé le présent, pour leur servir & valoir en tems & lieu ce que de raison. A Paris ès Etudes desdits Notaires, soussignez, l'an mil le jour d a midi. Et ont signé.

Consentement portant Transport d'une somme.

FUt présente Renée F veuve d'Etienne C Marchand de vin à Paris, y demeurante ruë Paroisse laquelle a consenti par ces présentes, que Dominique M Maître Tailleur d'habits à Paris, y demeurant ruë Paroisse Saint à ce présent & acceptant, touche & reçoive de Messire Philippe L Conseiller du Roi en sa Cour de Parlement, la somme de livres, sur les arrerages qui sont & seront dûs à ladite veuve C du doüaire de livres par chacun an, à elle constitué par ledit défunt son mari, dont le principal est ès mains dudit sieur L desquels arrérages, elle fait toute cession & transport avec garantie audit M jusqu'à concurrence desdites livres, le présent Consentement fait, pour demeurer quitte, par ladite veuve C de pareille somme de livres, qu'elle doit audit M . sçavoir livres, pour argent qu'il lui a prêté, & audit défunt. Et livres, que ladite veuve C lui a promis par gratification, pour avoir fait vendre une maison sise à Paris ruë qui appartenoit audit défunt, acquise par ledit sieur L Promettant, &c. obligeant, &c. renonçant, &c. Fait & passé à Paris ès Etudes, &c. l'an mil le jour d a midi ; ladite veuve C a déclaré ne sçavoir écrire ni signer, de ce enquise, & ledit M a signé.

Consentement pour faire insinuer une donation qui ne l'a pas été dans les quatre mois de l'Ordonnance.

AUjourd'hui est comparu pardevant les Notaires, &c. René lequel a déclaré que le *tel* jour par Contrat passé pardevant *tels* Notaires, il a fait don entre vifs à Pierre de livres de rente rachetable de livres à la reserve de l'usufruit sa vie durant, à prendre sur une telle maison appartenante à Louis qui lui a constitué ladite rente, par Contrat passé pardevant *tels* Notaires le *tel* jour; & d'autant que ledit Contrat de donation n'est encore insinué, & que ledit Donateur veut qu'il sorte son plein & entier effet; à ces Causes icelui Donateur, en confirmant par cesdites présentes ladite donation aux charges, clauses & conditions y contenuës au profit dudit Pierre à ce présent & acceptant, consent & accorde qu'icelui Contrat de donation susdaté, & ce présent Acte soient insinuez au Greffe des insinuations du Châtelet de Paris, & par tout ailleurs où besoin sera, pourquoi faire requérir & consentir être ainsi fait lesdits Parties, ont constitué leur Procureur spécial & général, le porteur desdites présentes, auquel elles en ont donné & donnent tout pouvoir, & d'en lever Acte; promettant, obligeant, renonçant Fait & passé, &c.

Consentement pour être couché sur l'état, & le nom du Vendeur de la Charge rayé.

AUjourd'hui est comparu pardevant les Notaires Jacques Regnaud Chirurgien de la Compagnie des Cent-Suisses du Roi, demeurant lequel a consenti & accordé par ces présentes, que son nom qui est à présent couché & employé dans les Départemens & Etats desdits Suisses en qualité de Chirurgien de ladite Compagnie, soit rayé, & qu'en son lieu & place soit employé & rempli le nom de Barthelemi *Pommier* Chirurgien, n'empêche que ledit Pommier exerce ledit Etat & Charge de Chirurgien desdits Suisses, suivant & conformément au Département que Monseigneur leur Colonel Général, lui en a donné sur le consentement dudit Regnaud, lequel a dit avoir mis ès mains dudit Pommier le certificat & provisions qu'il avoit dudit Office, pour en joüir par ledit Pommier comme bon lui semblera, au profit duquel il s'en est ci-devant démis; promettant, &c. obligeant, &c. renonçant, &c. Fait & passé, &c.

Consentement qu'une rente viagere soit sous le nom & au profit d'un particulier, pour en joüir sa vie durant après le décès du Consentant.

AUjourd'hui est comparu devant les Notaires à   soussignez, Suzanne C   veuve   de Philippes B   Marchand à   y demeurant, étant ce jourd'hui à Paris, ayant porté & fourni au Trésor Royal, ès mains de M   Garde du Trésor Royal, la somme de   livres, pour l'acquisition de   livres de rente au denier vingt, moitié héréditaire & l'autre moitié viagere, à prendre dans le neuviéme million aliéné, par Edit du mois de Décembre 1704. de laquelle finance ledit sieur B   doit expédier une Quittance dattée de ce jour, & ayant la liberté suivant l'Edit de faire expédier le Contrat de la rente viagere, au nom de qui bon lui semblera, désirant gratifier Pierre N   Clerc tonsuré, demeurant & étudiant au Seminaire de   qui a des dispositions favorables pour l'Etat Ecclésiastique, ledit N   fils de Jacques N   Ouvrier demeurant en ladite Ville de   a consenti & consent par ces présentes que par les sieurs Prevôt des Marchands & Echevins de cette Ville, le Contrat de Constitution qui doit être expédié de la rente viagere de   livres par chacun an, soit passé au nom & au profit dudit Pierre N   fils, & mis sur sa tête, à condition que les arrérages de ladite rente viagere appartiendront à ladite veuve B   pendant sa vie, lesquels arrérages elle recevra sous les quittances dudit N   & en cas qu'il fit refus de lui donner lesdites Quittances, ladite Veuve les pourra recevoir sous les Quittances d'elle, en rapportant le Certificat de la vie dudit N   lequel du jour après le décès de ladite Veuve, continuera à son profit particulier, en cas qu'il la survive, la joüissance des arrérages de ladite rente viagere dont audit cas elle se démet à son profit, sans que pour raison de ce, ledit N   puisse être inquiété ni recherché par les héritiers de ladite Veuve après son décès, & audit Cas ladite rente viagere tiendra audit N   lieu de titre Clerical ou Sacerdotal, lesquelles conditions ladite Veuve impose à sa libéralité. Promettant, &c. obligeant, &c. renonçant, &c. Fait & passé à Paris, en l'Etude, &c. de D   Notaires. L'an mil

Autre Consentement pareil à celui ci-devant à quelque différence près.

AUjourd'hui   a   ayant fourni au Trésor Royal ès mains du sieur   Garde d'icelui une somme de   pour l'acquisition de   livres, moitié viagere & moitié héréditaire, à prendre dans les   assignez sur les Aydes & Gabelles, & créez par Edit du mois de Juin 1707. de laquelle finance ledit sieur   doit expédier une Quittance au nom dudit sieur   dattée de ce jour, & ayant la liberté suivant ledit Edit, de faire expédier le Contrat de la rente viagere au nom de qui bon lui semblera, désirant gratifier *tel* & lui donner des marques de son affection, a consenti & consent par ces Présentes, que par Messieurs les Prevôts des Marchands & Echevins de cette Ville, le Contrat de Constitution de la rente viagere de livres par an, soit expédié & passé au nom & au profit de demeurant à Paris, & soit mis sur sa tête, à condition que les arrérages de ladite rente viagere appartiendront audit sieur pendant sa vie, lesquels arrérages ledit recevra sous les Quittances de & en cas qu'il fit refus de lui signer lesdites Quittances, ledit recevra sous ses propres Quittances lesdits arrérages, en rapportant le certificat de la vie de lequel du jour & après le décès dudit sieur continuera à son profit particulier en cas que le survive, la joüissance desdites arrérages de ladite rente viagere, dont audit cas il se démet au profit de qui pour raison de ce, ne pourra être directement ni indirectement, inquiété par les héritiers dudit sieur & sans que cela puisse produire à leur profit aucune récompense ni indemnité, ni répétition, sous quelque prétexte que ce puisse être, & demeurera la grosse dudit Contrat ès mains dudit sieur pour être après son décès renduë à Car telle est la volonté dudit sieur Ce qui a été accepté par l à ce présent, promettant, &c. obligeant, &c. recevant, &c. Fait & passé, &c.

Consentement simple en forme de Main-levée.

PArdevant les Notaires à Paris soussignez, fut présent Messire Gabriel D Chevalier Marquis dudit lieu, demeurant à de présent à Paris, logé ruë Paroisse saint lequel a consenti & consent par ces présentes, que Dame Antoine B veuve du sieur Charles R Officier de la Reine, touche & reçoive du sieur Jean J Maître Boulanger son débiteur d'une rente de livres foncieres de Bail d'héritages, la somme de livres sols, de laquelle par le compte qu'ils ont fait ensemble, il se reconnoît débiteur & redevable vers ladite Dame veuve R restant des principaux, intérêts, frais & dépens qu'il lui devoit, & pourquoi elle a fait saisir entre les mains dudit sieur J ce qui a été accepté par ladite Dame R pour ce présente, demeurante qui a, au moyen des présentes, rendu audit Seigneur Marquis D les obligations & billets qu'elle avoit de lui, & les piéces & procedures, qui s'en étoient ensuivies, approuvant les payemens que ledit sieur J lui a ci-devant fait en déduction de son dû, & après qu'il aura fait à ladite Dame R le payement de ladite somme de livres sols, sur les arrerages de ladite rente, qui écheront à la Saint Martin prochain; il lui en sera tenu compte par ledit Seigneur D la saisie-arrêt de ladite Dame R faite entre les mains dudit sieur J demeurant nulle, & de laquelle au surplus & dès-à-présent, elle fait par ces présentes toutes main-lévées; promettant, &c. obligeant, &c. renonçant, &c. Fait & passé à Paris ès Etudes, &c. l'an mil le jour d Et ont signé.

Consentement donné par un pere, qu'une rente viagere soit sur la tête & vie de sa fille, à la charge que lui pere joüira des arrérages de ladite rente pendant la vie de sadite fille.

AUjourd'hui est comparu devant les Notaires soussignez, sieur François le G Marchand Bourgeois de Paris, y demeurant ruë de au nom & comme Procureur de Jacques P fondé de sa procuration passée devant Notaire Royal, résidant en la Ville de le dûment légalisée, spéciale à l'effet qui suit, déposée pour minute à l'un desdits Notaires soussignez le lequel audit nom & en conséquence de ladite procuration, a consenti par ces présentes, que le Contrat qui doit être expedié de livres de rente viagere & même de livres de rente perpétuelle, dont le principal a été fourni au Trésor Royal de Sa Majesté par ledit sieur le G Comparant pour ledit sieur P suivant la quittance de M. Gruyn, Garde du Trésor Royal, datée du enregistrée au Contrôle général des Finances le soit passé & expedié au nom & sur la vie naturelle de Damoiselle Marguerite J. P fille dudit sieur P sur la tête de laquelle ledit sieur le G audit nom réserve les arrerages de ladite rente viagere, pour & au profit dudit sieur P pere; promettant, &c. obligeant, &c. renonçant, &c. Fait & passé à Paris ès Etudes, &c. l'an mil le Et a signé.

Consentement pur & simple à l'élargissement d'un prisonnier.

AUjourd'hui est comparu pardevant les Notaires à Paris soussignez, Pierre-Mathieu-Bernard D Bourgeois de Paris, y demeurant ruë Paroisse lequel a par ces présentes fait & consenti l'élargissement du sieur François le B prisonnier, à sa recommandation, ès prisons du Petit Châtelet de Paris, & qu'il soit mis hors d'icelles, & qu'en ce faisant les Geoliers-Concierges, & Gardes desdites prisons en soient & demeurent bien & valablement déchargez, comme il les en décharge par ces présentes; promettant, &c. obligeant, &c renonçant, &c. Fait & passé à Paris ès Etudes, &c. l'an mil sept le Et a signé.

Consentement par des Héritiers, que l'un d'eux touche les émolumens d'un Office depuis le tems qu'ils sont dûs, encore que par le délaissement qu'ils lui avoient fait dudit Office à titre de partage, ils se soient reservez lesdits émolumens en commun du passé jusqu'au jour & date dudit délaissement, ne lui ayant accordé ladite joüissance que du jour dudit délaissement.

AUjourd'hui sont comparu pardevant les Conseillers du Roi, Notaires à Paris soussignez, Me. Jerôme le T Dame Marie-Madelaine-Claude C son épouse, qu'il autorise à l'effet des présentes; M. Nicolas A Dame Charlotte-Henriette C son épouse, qu'il autorise pareillement pour la validité desdites présentes, & Jacques le M demeurant à en Auxerrois en Bourgogne, tant en son nom, qu'à cause de Dame Marie-Madelaine Car son épouse, d'elle fondé de procuration générale, spéciale néanmoins à l'effet desdites présentes, passée de l'autorité dudit sieur le M son mari, pardevant P & J Notaires audit le contrôlée, scellée & légalisée le même jour, dont l'original est annexé à la minute de l'Inventaire fait après le décès de M. Charles C son pere, vivant Commis à l'Audience & Receveur commencé par les Notaires soussignez le étant tous de présent à Paris, logés même maison ruë Paroisse de saint lesdites Dames le T A & le M sœurs, Héritieres avec Charles Florimond C des C Directeurs des Dom leur frere, chacun pour un quart dudit défunt sieur Charles C leur pere, & pour pareille portion de défunte Dame Marie-Madelaine de H leur mere, au jour de son décès, épouse dudit défunt sieur C lesquels ont dit qu'en attendant le partage, qui étoit à faire entr'eux des biens de la Communauté d'entre lesdits défunts sieur & Dame C ils ont par Contrat passé pardevant les Notaires soussignez le des présens mois & an, dont C l'un d'eux à la minute, délaissé à titre de partage audit sieur Charles Florimond C des C ledit Office de Commis à l'Audience & Receveur dont ledit défunt sieur C étoit pourvû & jouissant au jour de son décès, moyennant le prix & aux conditions y portées; & depuis par la lecture qu'ils ont prise à loisir dudit Contrat, ils ont reconnu & remarqué que l'on n'a donné audit sieur C des C la jouissance des gages, distributions, revenus & émolumens dudit Office, que du jour d'icelui, & que l'on a reservé ceux précedemment échus, ce qui est contraire à ce qui avoit été verbalement convenu avec ledit sieur C des C auquel conformément à ce qui a été reservé doit appartenir, laquelle erreur lesdits sieurs & Dames Comparans esdits noms & qualités, voulant rectifier & marquer audit sieur C des C leur bonne foi, ils ont par ces présentes, consenti & consentent qu'icelui sieur C des C touche & reçoive lesdits gages, distributions, revenus & émolumens dudit Office, échus avant ledit jour d des présens mois & an, reservés par ledit

Contrat, en fasse & dispose comme bon lui semblera, de chose lui appartenante, de même que s'ils lui avoient été abandonnez par icelui, conformément à ce qui avoit été convenu entr'eux, attendu que le tout est compris dans le prix porté audit Contrat; & qu'en lui en faisant le payement, toutes personnes en demeureront valablement déchargées, ainsi que lesdits sieurs & Dames Comparans esdits noms les en quittent, sans déroger au surplus aux clauses & conditions dudit Contrat de délaissement dudit Office. Promettant, &c. obligeant, &c. renonçant, &c. Fait & passé à Paris en la maison, où lesdits sieurs & Dames Comparans sont logez, l'an mil sept &c.

Consentement par un Acquéreur, que nonobstant son acquisition, son Vendeur joüisse sa vie durant des loyers que rapportera la chose venduë.

Aujourd'hui est comparu pardevant les Notaires à Paris soussignez, M. François V Avocat au Parlement, demeurant ruë Paroisse saint lequel, nonobstant la vente qui lui a été ce jourd'hui faite par Contrat passé pardevant lesdits Notaires soussignez, dont C l'un d'eux à la minute, par Damoiselle Catherine de G veuve de Messire Jean C de deux maisons qui lui appartenoient, tenante l'une à l'autre, scises ruë des moyennant la somme de livres, pour demeurer quitte par ladite Dame de pareille somme, qu'elle devoit audit sieur V comme étant aux droits de M. de B ci-après nommé, suivant & pour les causes expliquées audit Contrat, a sous l'assurance de l'indemnité, qui lui sera ci-après donnée par ledit sieur de B consenti & accordé par ces présentes, que ladite Dame C jouisse pendant sa vie, & jusqu'à son décès, desdites deux maisons, sans en payer aucuns loyers, ni qu'il puisse lui en demander ni prétendre aucuns la vie durant de ladite Dame, consentant même ledit sieur V que ladite Dame loue, soit le total, partie ou portion desdites deux maisons, ainsi que bon lui semblera, & qu'elle fasse & dispose desdits loyers à son profit, ainsi qu'elle avisera bon être, sans qu'elle soit tenuë d'en rendre compte à qui que ce soit; à la charge toutefois par ladite Dame C de payer annuellement les Cens & Droits Seigneuriaux, dont sont & peuvent être chargées lesdites deux maisons envers le Prieuré de saint à Paris, dont elles relevent, en sorte que ledit sieur V n'en soit en façon quelconque inquiété ni recherché, à peine, &c. Ce fait en présence de Messire Jean-Baptiste-Joseph B Seigneur de B demeurant à Paris lequel à la priere de ladite Dame C a consenti à son égard entant que besoin est ou seroit, l'exécution du présent Acte, & en conséquence a promis de tenir compte & faire raison audit sieur V des intérêts du principal de sa créance, tant & si long-tems que ladite Dame C aura la joüissance desdites deux maisons, en sorte que ledit sieur V n'en souffre aucune perte, sans néanmoins que ledit sieur de B puisse exercer aucun recours contre ladite Dame C ni sur ses biens, pour raison desdits intérêts, & sans préjudice de l'usufruit & joüissance appartenant à ladite Dame de la Terre

& Seigneurie de Boisg suivant & aux termes de sa donation de ladite Terre faite par Contrat du car ainsi, &c. Et pour l'exécution des présentes, les Parties ont élû leurs domiciles en leurs demeures ci-devant déclarées, ausquels lieux, &c. nonobstant, &c. promettant, &c. obligeant, &c. chacun en droit soi, renonçant, &c. Fait & passé à Paris en l'Étude dudit C Notaire, l'an mil sept &c.

Consentement par un Créancier à son débiteur, qu'il le paye du contenu en son billet, dans d'autres termes que ceux qui y sont portez.

PArdevant les, &c. fut présent Eléazard de K . demeurant comme étant aux droits de Louis D suivant la déclaration passée devant D & L Notaires à Paris, le dont l'original est annexé à la minute de l'Acte d'apport de l'obligation, dont sera ci-après parlé, passé devant ledit L & son Confrere, Notaires le lequel encore que par l'écrit sous signatures privées en datte du suivant, audit an fait entre lui & François D sieur de V & Marguerite P son épouse, portant quittance de la somme de livres par eux payée audit sieur de K à compte de celle de livres portée en l'obligation de pareille somme faite au profit dudit S par lesdits sieur & Dame de V pardevant lesdits D & L ledit jour il ait entre autres choses par ledit écrit, accordé & consenti que lesdits sieur & Dame de V lui payassent livres de trois mois en trois mois, consécutivement, à compter du jour dudit écrit jusqu'à parfait payement des livres restans de ladite somme de livres, a ledit sieur de K à la requisition desdits sieur & Dame de V pour ce présens, ladite Dame de V autorisée dudit sieur son époux, à l'effet des présentes, demeurans à volontairement consenti & accordé par cesdites présentes, que lesdits sieur & Dame de V lui payent pareille somme de livres, en espéces sonantes aussi de trois mois en trois mois consécutivement, dont le premier à compter du Décembre dernier échera le Avril prochain, le second le Août suivant aussi prochain, & ainsi continuer de trois mois en trois mois à pareils jours jusqu'à parfait payement des livres restans présentement à payer de ladite somme de livres, attendu la quittance de livres, que ledit sieur de K a donnée ausdits sieur & Dame de V ledit jour Décembre dernier, à quoi lesdits sieur & Dame de V promettent & s'obligent solidairement sous les renonciations requises de satisfaire, & faute y auroit du premier, second ou autres subsequens payemens ausdits termes, consentent sous ladite solidité d'être contraints pour le tout, ou pour ce qui en resteroit alors dû, sans que cette peine puisse être réputée comminatoire; & par ces mêmes présentes lesdits sieur & Dame de V & ledit sieur de K ont donné pouvoir à M Procureur en la Cour de regler & arrêter à l'amiable les frais, mises d'exécution, loyaux-coûts & dépens contenus en l'état & déclaration signifiée à M Procureur desdits sieur & Dame de V le le montant desquels frais, mises d'exécution, loyaux-coûts &

dépens, lesdits sieur & Dame de V promettent & s'obligent sous ladite solidité, de bailler & payer audit sieur de K ou en son acquit, à M son Procureur, en leurs demeures à Paris, ou au porteur, &c. aussi-tôt que ledit sieur M en aura fait son arrêté, à peine, &c. sans au surplus déroger par ledit sieur de K à l'hypotéque qui lui est acquise par lesdites obligation & déclaration, auquel n'est innové, dérogé, ni préjudicié, & sans aussi par lui préjudicier à ce qui est porté par ledit écrit dudit jour Août mil & par celui du sieur de G fait en conséquence le même jour, ensemble aux poursuites & procédures faites en conséquence de ladite obligation, à l'encontre desdits sieur & Dame de V & autres, le tout restant en sa force & vertu jusqu'à parfait payement du contenu en ladite obligation, & pour l'exécution desdites présentes, &c.

Des Constitutions de Rentes.

LA Constitution de rente est un Contrat par lequel celui qui emprunte une somme d'argent, promet d'en payer les intérêts que l'on appelle *les arrérages*, moyennant quoi tel débiteur ne peut être contraint au payement de la somme principale, & on use alors de ces mots *avoir vendu, créé, constitué, assis & assigné à toujours*, parce que celui qui prête son argent, est ici réputé pour un immeuble, comme si c'étoit un héritage, & ces arrérages lui tiennent lieu de revenu dudit héritage, d'autant qu'il ne peut non plus retirer son fonds principal que s'il l'avoit employé en acquisition d'héritage: ce n'est pas pourtant qu'il ne puisse espérer de le r'avoir quelque jour, & cela se peut.

Premiérement, lorsque le débiteur se veut libérer du payement desdits arrérages; ce qu'il ne peut faire qu'en remboursant le principal: & alors le créancier ne le peut refuser en lui payant préalablement tous les arrérages de la rente dûs & échûs, frais & loyaux-coûts.

Secondement, quand l'on fait décreter un héritage ou rente obligée & hypothéquée à une autre rente, le créancier d'icelle a droit de s'y opposer, non-seulement pour les arrérages, mais encore pour le principal, lequel lui est payé s'il vient utilement en ordre. Et la raison de cela procede de ce que par la vente dudit héritage ou rente décretée, il perd l'assurance du payement & continuation de sa rente.

En troisiéme lieu, quand celui qui emprunte déclare que les deniers seront employez au payement de quelque dette privilégiée ou non, & promet de fournir la quittance de l'emploi avec la subrogation au profit du créancier qui a fourni ses deniers, si le débiteur n'y satisfait dans le terme porté par son contrat de constitution, tel créancier le peut contraindre au rachat.

Et en quatriéme lieu, le débiteur peut être contraint au rachat quand il oblige à la rente des héritages qui ne sont point à lui, ou quand il déclare les siens francs & quittes, & qu'ils ne le sont pas; c'est ce que l'on appelle *stellionnat:* Et la loi de ce *stellionnat* est si forte, que quand elle est vérifiée, le créancier au désir du 4. art. du 34. titre de l'Ordonnance de 1667. peut obtenir facilement la contrainte par corps contre son débiteur, pour le contraindre au rachat dans certain tems que le Juge ordonne, qui est de six mois ou d'un an au plus.

Contrat de constitution sur l'Hôtel-de-Ville.

A Tous ceux qui ces présentes Lettres verront, Gabriël Jerôme de Bullion, Chevalier Conseiller du Roi en ses Conseils, Prevôt de la Ville & Prevôté de Paris, Salut. Sçavoir faisons que pardevant, &c. & Martin Conseillers du Roi, Notaires, Gardenotes & Gardes-Scel de Sa Majesté au Châtelet de Paris, soussignez, furent présens Messire Pierre-Antoine Prevôt des Marchands, Tous Echevins de cette Ville de Paris, lesquels ont dit que le Roi par son Edit du mois de Juin 1720. registré où besoin a été, auroit pour les causes y contenuës, créé vingt-cinq millions actuels & effectifs de rentes annuelles & perpétuelles au denier quarante, pour être venduës & aliénées ausdits sieurs Prevôt des Marchands & Echevins, par Messieurs les Commissaires du Conseil qui seroient à cet effet nommez par Sa Majesté, à avoir & prendre lesdites rentes généralement sur tous les deniers provenans, tant des Droits d'Aides & Gabelles, que des autres revenus de Sa Majesté qu'elle auroit déclaré, spécialement & par privilége affectez, obligez & hypothéquez au payement & continuation desdites rentes, & ordonné que chaque partie ne pourroit être moindre de mille livres pour faire vingt-cinq livres de rente; le fonds & principal desquelles rentes seroit fourni par les particuliers qui voudroient les acquérir, ès mains du Garde de son Trésor Royal, sur le pied du denier quarante, pour en joüir & disposer par eux comme de leur propre chose, vrai & loyal acquêt en vertu des contrats qui leur en seroient passez, & être payez des arrérages d'icelle de six mois en six mois, à Bureau ouvert en l'Hôtel de ladite Ville de Paris, à commencer des mois de Janvier & Juillet de chaque année par les Payeurs qui seroient établis à cet effet, & sur les simples quittances des Rentiers, sans que lesdites rentes puissent être retranchées ni réduites à l'avenir pour quelque cause & occasion que ce soit, & sans aussi que lesdits acquéreurs, leurs héritiers, successeurs & ayans cause, en puissent être dépossedez, sinon en leur remboursant en deniers comptans, en un seul payement les principaux desdites rentes.

Que par Déclaration du Roi du 19. dudit mois de Juin, aussi registrée où besoin a été, Sa Majesté auroit ordonné que les constitutions particulieres en seroient faites par lesdits sieurs Prevôt des Marchands & Echevins, sur les quittances dudit sieur Garde du Trésor Royal, & les contrats passez pardevant tels Notaires que les acquéreurs voudront choisir, avec faculté aux Etrangers non naturalisez, même à ceux qui sont demeurans hors du Royaume, Pays, Terres & Seigneuries de l'obéissance de Sa Majesté, d'acquérir lesdites rentes, ainsi que pourroient faire ses propres Sujets, même en disposer entre-vifs ou par testament de quelque maniere que ce soit : en cas qu'ils en ayent disposé, que leurs héritiers leur succedent, encore que leurs donataires, légataires ou héritiers soient Etrangers & non Regnicoles; & à cet effet Sa Majesté auroit renoncé au droit d'aubaine & autres droits, même à celui de confiscation en cas qu'ils fussent Sujets des Princes ou Etats avec lesquels elle pourroit être en guerre, dont elle les auroit relevé & dispensé : Comme aussi que lesdites rentes qui seroient acquises par lesdits Etrangers seroient exemptes de toutes lettres de marques & de represailles, sous quelque prétexte que ce soit, & qu'elles ne pourroient être saisies par leurs créanciers Regnicoles ou Etrangers.

Que par Arrêt du Conseil du 14. dudit mois de Juin 1720. Sa Majesté auroit ordonné que les acquéreurs desdites rentes joüiroient des arrérages des six mois dans lesquels les quittances de finances en auroient été expédiées par le Garde du Trésor Royal : Que par autre Arrêt du Conseil du 5. Juillet audit ans, Sa Majesté auroit encore ordonné, que ceux qui acquerroient leurs rentes avant le premier jour d'Août joüiroient des arrérages à commencer du premier Avril de ladite année; que par autres Arrêts du Conseil des 25. Juin & 19. Juillet Sa Majesté a permis aux Communautés Ecclésiastiques, aux Tuteurs des Mineurs, aux Curateurs & autres y denommez, d'acquérir des rentes créées par ledit Edit, & d'y employer les fonds à eux appartenans, dont ils sont chargez ou dépositaires, en exécution desquels Edit, Déclaration & Arrêts du Conseil sus-énoncez, & du contrat de vente & aliénation faite par Messieurs du Conseil, nommez par le Roi ausdits sieurs Prevôt des Marchands & Echevins desdits vingt-cinq millions de livres de rentes, passé pardevant Maîtres Antoine le Moine l'aîné & son Confrere, Notaires à Paris, le 6. Juillet 1720, & pour fournir à Sa Majesté par lesdits sieurs Prevôt des Marchands & Echevins, le fonds & capital desdits vingt-cinq millions de livres de rente, ont reconnu & confessé avoir par ces présentes, vendu, créé, constitué, assis & assigné dès maintenant & à toujours, & promis pour & au nom de Sa Majesté, garantir de tous troubles & empêchemens généralement quelconques à Demoiselle Marie L demeurante ruë de la Calandre, Paroisse S. Germain-le-Vieil, à ce présente acquereure pour elle audit nom & ayant cause, cent vingt-cinq livres de rente annuelle & perpétuelle, que lesdits sieurs Prevôt des Marchands & Echevins, pour eux & leurs successeurs èsdites Charges, promettent & s'obligent de faire bailler & payer par chacun an par lesdits sieurs Payeurs à ladite Demoiselle acquereure audit nom & ayans cause, sous leurs simples quittances en deux payemens égaux de six mois en six mois, ès premiers jours de Janvier & Juillet, à commencer du premier Janvier dernier, & continuer de six mois en six mois, tant que ladite rente aura cours, à l'avoir & prendre spécialement sur les droits d'Aides & Gabelles, & autres revenus de Sa Majesté, que lesdits sieurs Prevôt des Marchands & Echevins ont chargé, affecté, obligé & hypothéqué, à fournir & faire valoir ladite rente en principal & arrérages, bonne & bien payable par chacun an, comme il est dit ci-dessus, sans aucune diminution, nonobstant toutes choses à ce contraires, pour de ladite rente joüir, faire & disposer par ladite Demoiselle acquéreure audit nom & ayans cause, comme de chose leur appartenante. Cette vente & constitution faite moyennant la somme de cinq mille livres qui est à ladite raison du denier quarante, laquelle somme suivant ledit Edit a été payée comptant par ladite Demoiselle ès mains de Mre Jean de Conseiller du Roi en ses Conseils, Garde de son Trésor Royal, ainsi qu'il appert par sa quittance du 25. Juin dernier, contrôlée le 20. Juillet dernier, représentée ausdits sieurs Prevôt des Marchands & Echevins, & demeurée jointe à la minute des présentes : Ce faisant lesdits sieurs Prevôt des Marchands & Echevins se sont audit nom désaisis & dévêtus desdits vingt-cinq millions de livres de rente au profit de ladite Demoiselle acquéreure ausdits noms & ayans cause, jusqu'à concurrence de celle présentement constituée, consentant qu'ils en soient saisis & mis en possession par qui & ainsi qu'il appartiendra, & sera ladite rente de rachetable à toujours, en rendant & payant pareille somme de cinq mille livres pour le principal d'icelle, avec les arrérages qui en seront lors dûs & échûs, frais, mises & loyaux-coûts. Promirent en outre lesdits sieurs Prevôt des Marchands & Echevins avoir à toujours ces présentes pour agréables, sous l'obligation & hypothéque de tous les biens & revenus de Sadite Majesté, qu'ils ont audit nom soumis à toutes Jurisdictions, renonçant en ce faisant à toutes choses à ce contraires, en témoin de quoi lesdits Notaires Gardes-Scel, ont scellé cesdites présentes qui furent faites & passées à Paris au Bureau de cette Ville, l'an mil sept cens le jour d avant midi, & ont signé la minute des présentes demeurée à B l'un des Notaires soussignez.

Quittance du Garde du Trésor Royal.

JE Jean de Conseiller du Roi en ses Conseils, Garde de son Trésor Royal, confesse avoir reçu en cette Ville de Paris, de Damoiselle Marie L en louis d'or, d'argent & autre monnoye ayant cours, la somme de cinq mille livres, pour le principal de cent vingt-cinq livres de rente qui lui seront vendus & constituez par Messieurs les Prevôt des Marchands & Echevins de ladite Ville de Paris, sur les vingt-cinq millions de livres actuels & effectifs de rente annuelle & perpetuelle au denier quarante, à eux nouvellement alienez par Sa Majesté en conséquence de son Edit du mois de Juin 1720. regiſtré où beſoin a été, à prendre ſur les droits d'Aides & Gabelles & autres revenus de Sa Majesté, pour jouir par ladite Demoiſelle L audit nom de ladite rente de cent vingt-cinq livres par chacun an, à commencer la jouiſſance des arrerages des ſix mois dans leſquels les quittances de finance auront été expediées, conformément à l'Arrêt du Conſeil du 14 du même mois; ſur le pied du denier quarante, ainſi qu'il ſera plus au long expliqué audit contrat de conſtitution qui lui ſera expedié de ladite rente par leſdits ſieurs Prevôt des Marchands & Echevins, en exécution dudit Edit, de laquelle ſomme de cinq mille livres, ainſi à moi ordonnée pour employer au fait de ma Charge, je quitte ladite Damoiſelle L & tous autres. Fait à Paris le jour de Juin mil ſept cens ſigné de *Et à côté eſt écrit*, Quittance du Garde du Tréſor Royal année mil *Et au dos eſt écrit.*

Enregiſtré au Contrôle général des Finances, par Nous Ecuyer, Conſeiller du Roi, Garde des Regiſtres du Contrôle général des Finances. A Paris le jour de Juillet mil ſept cent ſigné S

Et l'original des préſentes demeuré, comme dit eſt, annexé à la minute dudit contrat de conſtitution, demeuré audit Notaire.

Conſtitution de rente viagere à fonds perdu ſur une Communauté Religieuſe.

FUt préſent Barthelemi demeurant ruë lequel déſirant s'aſſurer d'une rente certaine pour vivre honnêtement le reſte de ſes jours, il auroit cherché les moyens les plus convenables à ce ſujet, & n'en ayant point trouvé de meilleur que celui de mettre ſes deniers à quelque Communauté ou Maiſon Religieuſe, il auroit choiſi celle de l'Hôpital & Couvent de la Charité, établi à Paris Fauxbourg Saint Germain. Et pour cet effet s'étant adreſſé aux Reverends Peres Prieur & Procureur dudit Hôpital, il leur auroit déclaré ſon intention & la devotion qu'il avoit de faire du bien audit Hôpital, & à cet effet de leur bailler & fournir la ſomme de douze mille livres en deniers comptans, à la charge de lui payer huit cens livres de rente & penſion viagere par chacun an aux quatre quartiers accoutumés, & à condition qu'elle demeureroit éteinte & amortie au profit dudit Hôpital du jour du décès dudit Barthelemi : moyennant quoi, que ledit Hôpital le feroit enterrer en *tel lieu*, &c. que le jour de ſon décès ſeroit dit & chanté en l'Egliſe dudit Hôpital les Vêpres des Morts, & Vigiles; & que le jour de ſon enterrement ſon corps préſent, ſi faire ſe peut, ſinon le lendemain, ſera auſſi dit, chanté & célebré une haute Meſſe de *Requiem*, avec les proſes de *Dies iræ, dies illa*, & de *Languentibus in Purgatorio*, les Oraiſons accoutumées, & un annuel pour le repos de l'ame dudit Bathelemi, & de ſes parens & amis trépaſſés, le tout aux frais & dépens dudit Hôpital. Sur laquelle propoſition ledit ſieur Prieur ayant fait aſſembler en la maniere accoutumée ſa Communauté deſdits Religieux dudit Hôpital en leur

Chapitre,

Chapitre, & conferé d'icelle amplement entre eux, ils l'auroient trouvé si juste & avantageuse audit Hôpital qu'ils l'auroient unanimement acceptée. Et pour parvenir à un si bon & louable dessein, auroient donné pouvoir & procuration spéciale à Frere, &c. Procureur général dudit Hôpital, de consentir & accepter le présent contrat, Frere, &c. son assistant présent, ainsi que par ladite procuration appert, passée pardevant *tels Notaires le tel jour*, ci-attachée : A ces causes & en effectuant ladite proposition, ledit Barthelemi a présentement baillé, payé, compté, nombré, & réellement délivré, présens les Notaires soussignez, en louis d'or, écus d'argent, & autre monnoye, le tout bon & ayant cours, audit Frere, &c. à ce présent, qui audit nom de Procureur dudit Couvent, & en la présence dudit Frere son assistant, pour ce comparant, a reçu ladite somme de douze mille livres, dont, &c. quittant, &c. pour laquelle somme ledit Frere, &c. audit nom de Procureur susdit, a par ces présentes, créé, constitué, assis & assigné dès-maintenant, & promet pour & au nom dudit Hôpital, garantir audit Barthelemi, &c. ce acceptant huit cens livres de rente & pension viagere annuelle que ledit Frere, &c. audit nom, promet & s'oblige de bailler & payer audit Barthelemi sur ses simples quittances, ou au porteur d'icelles & des présentes, aux quatre quartiers de l'année à Paris en la maison dudit Barthelemi. Le premier quartier de payement échéant pour portion de tems au dernier jour de Décembre prochain, & continuer de-là en avant le payement de ladite rente & pension viagere par chacun an de quartier en quartier après ensuivant, ladite vie durant dudit Barthelemi, &c. seulement, en & sur spécialement trois grandes maisons audit Hôpital appartenantes, sises *en tel ruë*, à présent louëes à *tel* & *telle*, & généralement tous & chacuns les autres biens & revenus temporels présens & à venir dudit Hôpital, que ledit Frere, &c. audit nom, a par ces présentes chargez, affectez, obligez & hypothéquez à garantir, fournir & faire valoir ladite rente & pension viagere, bonne, solvable & bien payable par chacun an, sans aucune diminution ausdits quatre quartiers ladite vie durant dudit Barthelemi, comme dit est, sans que lesdites obligations spéciale & générale dérogent l'une à l'autre : laquelle rente & pension viagere sera & demeurera éteinte & amortie à toujours au profit dudit Hôpital du jour du décès dudit Barthelemi, &c. sans que ses héritiers ni autres personnes que ce soient, puissent rien prétendre ni répeter aucune chose desdites douze mille livres ci-dessus.

Constitution de rente au denier 80. pour cent sur les Indes Orientales à la grosse avanture.

PArdevant les Conseillers du Roi, Notaires, Gardenotes, & Gardes-scel au Châtelet de Paris soussignez, furent présens les sieurs Nicolas S Thomas T Antoine P & Jean-Baptiste H Directeurs Généraux de la Compagnie des Indes Orientales de France, établie en cette ville de Paris, stipulant tant en ladite qualité, que comme ayant pouvoir des autres Directeurs de ladite Compagnie, par leur déliberation du d mil déposée pour minute à R l'un desdits Notaires soussignez, le

L

dudit mois; lesquels sieurs S T P & H esdits noms, & en chacun d'iceux solidairement, un d'eux seul pour le tout, sans division, discussion, ni fidejussion; renonçant aux bénéfices & exceptions desdits droits, ont reconnu & confessé devoir à, &c. la somme de livres, pour cause de pur & loyal prêt d'argent fait par ledit sieur créancier ausdits sieurs Directeurs ci-devant nommés esdits noms, dont ils se contentent, & ont déclaré que ladite somme est pour employer à l'équipement, armement, avituaillement & cargaison du vaisseau ci-après nommé, achat d'effets & marchandises, qui y seront embarquées; de laquelle somme ledit sieur créancier consent de courir les risques, perils & avantures de la mer, de la guerre & de tous autres cas ausquels sont sujets ceux qui prêtent de l'argent à la grosse avanture, conformement à l'Ordonnance du mois d'Août mil six cens quatre-vingt-un sur la totalité du corps & quille d à commencer lesdits risques du pour ledit voyage, & ainsi tant en allant, séjournant que retournant dans ledit Port de l'Orient, & séjourné vingt-quatre heures après quoi ils cesseront. Laquelle somme de lesdits sieurs Directeurs sus-nommez esdits noms ont promis & se sont obligez de rendre & restituer audit sieur créancier en sa maison à Paris ci-devant déclarée, ou au porteur des présentes, sans qu'il soit besoin d'aucun ordre, cession, transport, déclaration, signification, ni aucuns autres actes, trois mois après les vingt-quatre heures du retour audit port de l'Orient, avec les profits maritimes d'icelle somme, à raison de quatre-vingt pour cent, à quoi ils consentent d'être contraints, tant en leurs personnes que biens, comme de Marchand à Marchand, & pour fait de negoce, ont spécialement obligé, affecté & hypothéqué agrès, apparaux, effets & marchandises appartenans à ladite Compagnie des Indes Orientales, tant celles qui peuvent y être chargées présentement, que celles qu'il & généralement tous leurs autres biens, & ceux des autres Directeurs de ladite Compagnie, meubles & immeubles, présens & avenir, une obligation ne dérogeant à l'autre; a été convenu que s'il survient contestation entre lesdites Parties pour l'exécution des présentes, elles seront jugées par des Arbitres dont elles conviendront réciproquement, & lesdits sieurs S T P & H tant pour eux que pour les autres Directeurs de ladite Compagnie des Indes, ont élû domicile irrevocable en cette ville de Paris, au Bureau de ladite Compagnie ruë Paroisse saint auquel ils consentent que tous actes & exploits, qui y seront faits pour raison des présentes, soient de pareille valeur, que s'ils étoient faits en parlant à leurs personnes & vrai domicile, nonobstant changement de demeure. Promettant, &c. obligeant, &c. renonçant, &c. Fait & passé audit Bureau, l'an mil le jour d a midi; Et ont les Parties signé ces présentes, dont il n'est resté minute.

Constitution portant déclaration d'emploi, remboursement & main-levée.

FUt présent le sieur Pierre L Commissaire, Contrôleur, Juré-Mouleur de bois, y demeurant ruë Paroisse saint lequel a par ces présentes créé, constitué, assis & assigné, dès maintenant & à toujours & promis garantir de tous troubles & empêchemens généralement quelconques à Marguerite J veuve du sieur Antoine D vivant aussi Commissaire, Contrôleur, Juré-Mouleur de bois à Paris, y demeurante à ce présente & acceptante, acquereure pour elle, ses hoirs & ayans cause livres de rente annuelle que ledit sieur L s'oblige de lui bailler & payer en sa demeure à Paris, ou au porteur, &c. aux quatre quartiers de l'an accoutumez également, dont le premier de payement échera pour portion de tems, au dernier jour d prochain, & ainsi continuer; à prendre, recevoir & percevoir ladite rente spécialement sur ledit Office de Juré-Mouleur de bois à Paris, dont ledit sieur L est pourvû, & joüissant comme à lui appartenant, duquel il déclare & affirme avoir payé le droit annuel pour la présente année, & promet de continuer à le payer annuellement à l'avenir, & de justifier à ladite veuve D des quittances qu'il en retirera d'année en année jours, après l'ouverture du Bureau, à peine d'être contraint au rachat de ladite rente; & généralement sur tous & uns chacuns ses autres biens, meubles & immeubles, présens & avenir, qu'il en a spécialement chargez, affectez, obligez & hypothéquez à fournir & faire valoir ladite rente bonne, solvable & bien payable, nonobstant toutes choses à ce contraires, & sans qu'une obligation déroge à l'autre. Pour desdites livres de rente, joüir, faire & disposer par ladite veuve D sesdits hoirs & ayans cause, comme de chose leur appartenante: Cette constitution faite moyennant la somme de livres, qui est à raison du denier laquelle somme ledit sieur L confesse avoir reçû de ladite veuve D qui lui a icelle payée, comptée, nombrée & réellement délivrée à la vûë des Notaires soussignez, en especes de louis d'argent & autres monnoyes, le tout bon & ayant cours, dont, &c. quittance, &c. désaisissant, &c. voulant, &c. procureur, &c. le porteur, &c. donnant pouvoir, &c. Rachetables à toujours lesdites livres de rente, en rendant & payant en un seul & actuel payement à ladite veuve D ou sesdits hoirs, ou ayans cause en cette Ville de Paris, ou au porteur, pareille somme de livres, avec les arrérages qui en seront lors dûs & échus, frais, mises, & loyaux coûts, en avertissant jours auparavant. Déclarant ledit sieur Constituant qu'icelle somme de livres, est pour employer au remboursement qu'il veut faire à Marie H femme séparée quant aux biens d'avec le sieur François M de livres de rente, restant à racheter de livres de rente, ci-devant constituée par ledit sieur L à ladite H par Contrat passé pardevant & son Confrere, Notaires à Paris le Promettant ledit sieur L par la quittance qu'il retirera dudit remboursement, déclarer que ladite ſomme de livres ſera procedée des deniers de ladite veuve D ci-deſſus empruntez, afin que pour plus de ſûreté elle demeure ſubrogée au lieu & place, privilege & hypothéque de ladite H par elle acquis par ſondit Contrat de conſtitution ſuſdatté, & de l'emploi fait de ſes deniers au payement de Partie dudit Office de Commiſſaire, Contrôleur, Juré-Mouleur de bois, ſuivant le Contrat paſſé devant & ſon Confrere, Notaires à Paris le & à cet effet de fournir à ladite veuve D une expédition de ladite quittance en forme avec la groſſe dudit Contrat de conſtitution, & un extrait du Contrat de la vente dudit Office dans joursd'hui prochains, à peine, &c. ſans préjudice à ladite veuve D de livres de rente au principal de la ſomme de livres à elle dûë par ledit ſieur L pour partie dudit Office de Mouleur de bois, & pour effectuer ledit rembourſement, à ce faire eſt intervenuë, & fut préſente ladite Marie H femme ſéparée quant aux biens dudit ſieur M & de lui d'abondant autoriſée par Acte paſſé pardevant leſdits Notaires ſouſſignez, ce jourd'hui demeuré annexé à ces préſentes pour y avoir recours, demeurante à Paris ruë laquelle confeſſe avoir reçû dudit ſieur L qui lui a préſentement payé, compté, nombré, & réellement délivré, préſens leſdits Notaires ſouſſignez, en louis d'argent, & monnoye ayant cours la ſuſdite ſomme de livres, ſçavoir livres, pour le rembourſement deſdites livres de rente livres ſols pour les arrérages de ladite rente échus depuis le reſtant dû de tout le paſſé juſqu'à ce jour, de laquelle ſuſdite premiere ſomme de livres ladite H eſt contente, en quitte & décharge ledit ſieur L & tous autres: auquel ſieur L elle a préſentement rendu la groſſe dudit Contrat de conſtitution, ſur laquelle, ſa minute & autres piéces, que beſoin ſera, elle conſent que mention ſommaire ſoit faite du préſent rembourſement par tous Notaires requis, ſans que ſa préſence y ſoit néceſſaire, au moyen de quoi ladite H a par ces mêmes préſentes fait & donné main-levée pure & ſimple audit ſieur L des oppoſitions formées à ſa Requête ſur ſondit Office, conſentant qu'elles demeurent nulles comme non faites, ni avenues, qu'elles ſoient rayées ſur le Regiſtre du Greffe de l'Hôtel de cette Ville, quoi faiſant tous Officiers valablement déchargez; & attendu que ladite ſomme principale de livres provient des deniers de ladite veuve D ladite H à la requiſition dudit ſieur L l'a ſubrogée en ſes hypothéques & privileges, ſans néanmoins aucunes garanties, reſtitutions de deniers, ni recours quelconques; & pour l'exécution des préſentes, ledit ſieur L a élû ſon domicile en ſa demeure ci-devant déclarée: auquel lieu, &c. nonobſtant, &c. promettant, &c. obligeant, &c. renonçant, &c. Fait & paſſé à Paris en l'Etude de Notaire, l'an mil le jour d a midi. Et ont ſigné, excepté ladite veuve D qui a déclaré ne ſçavoir écrire ni ſigner, de ce interpellée ſuivant l'Ordonnance.

Constitution de rente portant Déclaration d'emploi & transport pour le payement des arrérages.

FUrent présent Mes Nicolas M Jean-Baptiste B & Gilles C Conseillers du Roi en sa Cour de Parlement & Grand-Chambre d'icelle, tant en cette qualité, qu'au nom & comme Procureurs fondez du pouvoir & délibération de *tels & tels*, tous pareillement Conseillers du Roi en sa Cour de Parlement & Grand'Chambre d'icelle; Mes Chrétien F Charles N Seigneur de & Etienne E Avocats Généraux de ladite Cour, ledit pouvoir & délibération conjointement fait & arrêté avec & en la présence desdits Seigneurs M B & C passé pardevant & son Confrere, Notaires à Paris, le jour d mil spécial pour l'effet qui suit, dont la minute est vers ledit comme il est apparu par une expédition en papier délivrée au sieur Créancier ci-après nommé, sur la minute duquel comme sur la grosse du présent Contrat, il sera fait mention par ledit Notaire, de l'emprunt ci-après déclaré : lesquels Seigneurs M B & C en conformité dudit pouvoir & délibération, & pour plus promptement fournir au Roi la somme de livres, pour la finance & principal des livres effectifs d'augmentation de gages, que la Cour a résolu de lever, & jusqu'à concurrence & à proportion du droit annuel des Offices, dont sont pourvûs lesdits Seigneurs Présidens à Mortier, Conseillers & Avocats Généraux, à prendre dans le million effectif d'augmentations de gages créées par Edit vérifié le ont volontairement reconnu & confessé avoir vendu, créé, constitué, assis & assigné par ces présentes, & promettent esdits noms suivant ledit pouvoir & délibération solidairement l'un pour l'autre, sans division, discution ni fidejussion à quoi ils renoncent, garantir de tous troubles & empêchemens généralement quelconques, fournir & faire valoir en principal & arrérages, frais & loyaux-coûts, à Dame Françoise G veuve de Messire Philippe F Conseiller ordinaire du Roi en tous ses Conseils d'Etat & Privé, & Intendant de Justice, à ce présente, acquéreure pour elle, ses hoirs & ayans cause livres de rente sous la liberté de rachat que lesdits Seigneurs vendeurs, constituans esdits noms s'obligent sous lesdites soliditez bailler & payer à ladite Dame Acquéreure, sesdits hoirs & ayans cause en sa maison à Paris, ou au porteur aux quatre quartiers de l'an ordinaires & accoutumez, dont le premier de payement échera au dernier jour d prochain, outre la portion du courant, & ainsi continuer, &c. à l'avoir & prendre en principal & arrérages, à l'égard dudit Seigneur Premier Président sur les gages de sa Charge, & tous & uns chacuns ses autres biens, meubles & immeubles, présens & à venir, tant qu'il sera revêtu de ladite Charge; & à l'égard de tous les autres Seigneurs Présidens à Mortier, Conseillers & Avocats Généraux ci-devant nommez, spécialement & par privilege sur lesdites livres effectives d'augmentations de gages, qui seront levez en vertu dudit pouvoir & délibération de la Cour, & à partie desquels les deniers de ladite Dame Acquéreure seront employez, & jusqu'à concurrence du même revenu, qu'ils doivent payer pour le droit annuel de leurs Offices, même sur lesdits Offices desdits Seigneurs constituans esdits noms, à l'Edit de création dudit million de livres d'augmentation de gages, & généralement sur tous & chacuns les autres biens, meubles & immeubles, présens & avenir desdits Seigneurs comparans, & de leurs constituans ci-devant nommez, le tout qu'iceux Comparans en ont esdits noms solidairement chargé, obligé & hypothéqué à fournir & faire valoir ladite rente de livres bonne & bien payable, nonobstant, &c. sans que l'une desdites obligations déroge à l'autre, pour en joüir, &c. Cette constitution faite moyennant la somme de livres, que lesdits Seigneurs Constituans esdits noms confessent avoir reçû de ladite Dame Acquéreure qui leur a icelle payée & délivrée comptant présens les Notaires soussignez, en louis d'argent bons & ayant cours, dont, &c. quittance, &c. désaisissant, &c. voulant, &c. Procureur, &c. le porteur, &c. donnant pouvoir, &c. Demeurera ladite rente de livres rachetable à toujours, en rendant & payant par les rachetans en un seul payement & rachat, en avertissant mois auparavant à ladite Dame Acquéreure, sesdits hoirs, & ayans cause pareille somme de livres avec les arrérages lors dus & échus, frais & loyaux-coûts. Déclarant lesdits Seigneurs Constituans esdits noms, que ladite somme de livres est pour employer à payer partie de ladite finance de livres pour le principal desdits livres effectifs d'augmentation de gages, dont sera retiré quittance signée & contrôlée & annexée à ces présentes pour y avoir recours, dans laquelle il sera inseré que le payement sera procedé des deniers de ladite Dame Acquéreure, afin qu'elle ait un privilege spécial & préferable sur lesdites augmentations de gages en principal & arrérages qui seront ainsi levées sur lesdits Offices desdits Seigneurs Constituans esdits noms, conformément & suivant la limitation portée audit Edit, & par concurrence avec les autres parties de deniers, qui ont été & pourroient être prêtés à ladite Grand'Chambre, quoique les Contrats soient de différentes dattes, à peine, &c. & du rachat de ladite rente présentement constituée. Promettant lesdits Seigneurs Constituans esdits noms sous ladite solidité, en vertu dudit pouvoir & délibération de faire obliger au payement, cours & continuation de ladite rente en principal & arrérages, tant qu'elle sera dûë, Messieurs les Officiers qui monteront & entreront dans ladite Cour à la place des décedés à présent pourvûs, & fournir leurs soumissions, & obligations en bonne forme à ladite Dame Acquéreure, sesdits hoirs & ayans cause, à chacune mutation d'Office jours après leur réception, & entrée en ladite Grand'Chambre, aussi à peine, &c. Moyennant laquelle obligation & soumission, lesdits Seigneurs Constituans esdits noms, resignans ou décedez, les Dames leurs veuves, enfans & héritiers, ensemble le prix de leurs Offices, & autres biens, meubles & immeubles ci-dessus affectez, demeureront quittes, libres & déchargez de l'obligation contractée par ces présentes, & leurs Successeurs audit cas de décès ou resignation, faisant pareille soumission & obligation, en sorte qu'il n'y aura que M[rs] les Officiers qui resteront dans ladite Cour d'obligez avec leursdits Offices & biens, au payement, cours & continuation de ladite rente en principal & arrérages, sans aussi que ladite Dame Acquéreure puisse s'opposer au sceau des provisions desdits Offices des resignans ou décedez, ni aux ventes & decrets des biens immeubles desdits Seigneurs Constituans esdits noms, étant réguliérement payée desdits arrérages de ladite rente présentement constituée ; & pour plus facilement s'en acquitter par lesdits Seigneurs Constituans esdits noms, ils ont par ces mêmes présentes cedé & transporté avec toute garantie à ladite Dame veuve F lesdits arrérages de ladite rente sus-constituée pour par elle, les toucher & recevoir des mains dudit Notaire que la Cour a commis pour la recette desdits arrérages desdites augmentations de gages, & en acquitter des mêmes deniers desdits arrérages de six en six mois, ou du sieur Receveur & Payeur des gages de ladite Cour, ainsi que ladite Dame Acquéreure le souhaitera, sans par elle être obligée à faire aucune discution, poursuites ni diligences, ni que cela l'empêche de s'adresser contre & sur les gages ordinaires desdits Offices & autres biens desdits Seigneurs Constituans, à défaut de payement desdits arrérages. Et pour l'effet & exécution des présentes & dépendances, lesdits Seigneurs Constituans esdits noms ont élû & élisent leurs domiciles irrévocables en la maison de Me. G premier Huissier en ladite Cour, scise ruë Paroisse Saint Auquel lieu, &c. nonobstant, &c. promettant, &c. obligeant, &c. lesdits Seigneurs Constituans esdits noms, &c. renonçant, &c. Fait & passé à Paris en la maison de ladite Dame veuve F sus-designée, l'an mil le jour d a midi. Et ont signé.

Constitution par un Couvent à un Particulier, portant hypothéque spéciale & déclaration d'emploi.

FUrent présens Reverends Peres Tous Prêtres Religieux du Couvent établi à assemblez en leur Chapitre au son de la cloche, en la maniere accoutumée ; lesquels tant pour eux que pour leurs Successeurs audit Couvent, ont par ces présentes, vendu, créé, constitué, assis & assigné dès maintenant & à toujours, & promettent garantir de tous troubles & empêchemens généralement quelconques à à ce présent & acceptant acquereur pour lui, ses hoirs & ayans cause livres de rente annuelle que lesdits RR. PP. Religieux, aussi tant pour eux que pour leurs Successeurs, promettent & s'obligent bailler & payer audit sieur Acquereur, sesdits hoirs & ayans causes, en leur demeure à Paris ou au porteur, &c. aux quatre quartiers de l'an accoutumez également, dont le premier écherra pour la portion du courant au dernier Décembre prochain & ainsi continuer, &c. à l'avoir & prendre par privilege, attendu l'emploi ci-après déclaré sur le fonds, proprieté & superficie d'une maison scise à Paris, ruë étant de la succession de défunte Jeanne F & de Pierre M & généralement sur tous les biens meubles & immeubles présens & à venir dudit Couvent des RR. PP. de qu'ils en ont aussi, tant pour eux que pour leurs Successeurs chargez, affectez, obligez & hypothéquez, à garantir, fournir & faire valoir comme dit est, lesdites livres de rente en principal & arrérages, frais & loyaux-coûts, bons & bien payables au desir que dessus, sans aucun déchet ni diminution, nonobstant toutes choses à ce contraires; une obligation ne dérogeant à l'autre, pour en joüir, &c. Cette constitution faite moyennant la somme de livres qui est à raison du denier vingt, laquelle somme lesdits RR. PP. reconnoissent avoir reçuë dudit sieur Acquereur qui leur a icelle baillé & payée réellement comptant à la vûë des Notaires soussignez, en louis d'argent & monnoye, bons & ayant cours, dont quittant, &c. dessaisissant, &c. voulant, Procureur, le porteur, &c. donnant pouvoir. Rachetables à toujours lesdites livres de rente en rendant & payant par lesdits RR. PP. ou leurs Successeurs en une fois & un seul payement, & en avertissant quinze jours auparavant, en especes sonantes & non en billets de la monnoye ni autre nature de billets, pareille somme de livres, avec les arrérages qui en seront lors dûs & échûs, frais, mises & loyaux-coûts, droits de consignations, contrôles & autres, le cas y écheant, nonobstant tous Arrêts & Reglement sur ce intervenus & qui pourroient intervenir, au bénéfice desquels lesdits RR. PP. ont renoncé: déclarant lesdits RR. PP. que ladite somme de livres principal de la présente constitution, est pour payer le prix & l'amortissement de ladite maison dite ruë étant de la succession de ladite veuve M qu'ils vont acquerir de René C curateur créé à sa succession vacante par Sentence des Requêtes du Palais du mil Par le contrat de laquelle acquisition, sera fait délégation au profit des légataires qui restent à payer faits par ladite veuve M par son testament reçû par R & son Confrere, Notaires, le Novembre mil & par son codicile reçû par L & son Confrere Notaires, le audit an, par lesquels lesdits RR. PP. sont légataires particuliers & universels, desquels legs délivrance leur a été faite par autre Sentence des Requêtes du Palais, du & par les quittances que lesdits RR. PP. retireront desdits légataires & des amortissemens, promettent de déclarer & faire mention que les deniers qu'ils payeront seront provenus de la présente constitution, afin que ledit sieur Acquereur demeure subrogé en leurs droits & ait privilege sur ladite maison; ce que lesdits RR. PP. ont dès à présent consenti, autant desquelles quittances d'emploi ce concernant, dudit contrat d'acquisition, desdits testament & codicile & desdites Sentences, ils promettent lui fournir dans à peine de tous dépens, dommages & intérêts, & de rachat de ladite rente présentement constituée: & pour l'exécution des présentes, lesdits RR. PP. élisent leur domicile en leurdit Couvent: Auquel lieu promettant, &c. obligeant, &c. renonçant, &c. Fait & passé à Paris au Chapitre dudit Couvent, l'an le jour de a midi. Et ont signé.

Conſtitution par une Communauté Laïque, en conſéquence de la Procuration imprimée ci-après à la lettre P, *ſous le titre de* Procuration d'une Communauté, à l'effet d'emprunter à conſtitution, &c.

FUrent préſens les ſieurs Michel R demeurant ruë Claude G demeurant ruë Etienne L demeurant ruë Louis Jacques B demeurant ruë & Pierre D demeurant ruë Tous Conſeillers du Roi, Receveurs Généraux & Payeurs des Rentes de l'Hôtel de cette Ville de Paris, tant en leurs noms, que comme fondez de procuration de *tels* & *tels*; tous auſſi Conſeillers du Roi, Receveur Généraux & Payeurs des Rentes de l'Hôtel de Ville de Paris: ladite procuration par eux paſſée, tant pour eux que comme s'étant fait forts du ſieur Antoine P de T leur Confrere, pardevant R & B Notaires au Châtelet de Paris, le mil dont ledit B a la minute: Leſquels eſdits noms ont par ces préſentes volontairement vendu, créé, conſtitué, aſſigné, & promis ſous les obligations ſolidaires & privileges ci-après expliquez, garantir de tous troubles & empêchemens généralement quelconques: A &c. de rente annuelle que leſdits ſieurs Conſtituans eſdits noms s'obligent lui bailler & payer en cette Ville de Paris, en deux termes & payemens égaux de ſix mois chacun, dont les ſix premiers mois écherront pour portion de tems au dernier jour de prochain, & de-là en avant continuer de ſix mois en ſix mois tant que ladite rente ſera dûë, à peine de tous dépens, dommages & intérêts: à l'avoir & prendre ſpécialement & par privilege ſur les huit cens trente-trois livres ſix ſols huit deniers de taxations fixes héréditaires que leſdits ſieurs Payeurs des Rentes ſont obligez de lever aux Parties caſuelles en exécution de l'Edit de Sa Majeſté du mois de Novembre mil ſept cens trois, & Arrêt du Conſeil rendu en conſéquence le jour dudit mois de Décembre audit an, pour chacun des quatre-vingt dix-huit Offices de Payeurs des Rentes, dont ils ſont joüiſſans, comme auſſi ſur leſdits Offices héréditaires deſdits ſieurs Payeurs des Rentes, gages & taxations y attribuez, leſquels Offices, gages & taxations y attribuez, leſdits ſieurs Conſtituans ont obligez & hypothéquez ſolidairement ſans diviſion ni diſcuſſion, renonçant aux bénéfices deſdits droits & de fidejuſſion, pour fournir & faire valoir ladite rente bonne & bien payable, nonobſtant toutes choſes à ce contraires, ſans qu'une obligation déroge à l'autre: & pour plus de ſûreté de ladite affectation ſpéciale & privilégiée, leſdits ſieurs Payeurs des Rentes ne pourront diſpoſer de leurs Offices, qu'à la charge d'entrer par les nouveaux pourvûs dans les mêmes obligations du précedent titulaire, & d'en paſſer les Actes qu'il conviendra, moyennant laquelle obligation & le payement des arrérages deſdites rentes auſdits termes, les créanciers de qui leſdits ſieurs Conſtituans emprunteront en vertu de ladite procuration, ne pourront former aucune oppoſition au Sceau des proviſions deſdits Offices; & les vendeurs deſdits Offices, leurs veuves, enfans & bien tenans, demeureront déchargez des obligations dans leſquelles leſdits Payeurs des Rentes ſeront entrez pour raiſon dudit emprunt fait en conſéquence de ladite procuration, pour par l jouïr, faire & diſpoſer deſdites de rente comme de choſe l appartenant au moyen des préſentes. Cette conſtitution faite moyennant la ſomme de que leſdits ſieurs Conſtituans eſdits noms confeſſent avoir reçû dudit ſieur Acquereur qui la leur a payée, comptée & délivrée préſens les Notaires ſouſſignez, en louis d'or, d'argent & monnoye ayans cours, dont leſdits ſieurs Conſtituans eſdits noms ſont contens; laquelle ſomme eſt demeurée ès mains dudit ſieur ce faiſant ſe ſont deſſaiſis au profit dudit ſieur Acquereur, ſeſdits hoirs & ayans cauſes, de leurſdits Offices & taxations, juſqu'à concurrence de ladite rente, rachetable à toujours, leſdits de rente, en rendant & payant en fois en cette Ville de Paris, pareille ſomme de avec les arrérages qui en ſeront lors dûs & échûs, tous frais & loyaux-coûts jours après en avoir averti par écrit ledit ſieur Acquereur en la maiſon où il demeure ſus déſignée, où il fait à cet effet élection de domicile; promettant leſdits ſieurs Conſtituans eſdits noms ſolidairement d'employer ladite ſomme de au payement de partie de la finance qui ſera fournie auſdites Parties caſuelles pour leſdites nouvelles taxations en conſéquence dudit Edit, dans laquelle finance leſdits ſieurs Payeurs des Rentes fourniront de leurs deniers la ſomme de trois cens vingt-ſix mil ſix cens ſoixante & ſix livres treize ſols quatre deniers, & de déclarer par les quittances qui ſeront expédiées par le ſieur Receveur des revenus caſuels du Roi que leſdits procedent des deniers de la préſente conſtitution, afin que ledit ſieur Acquereur ait (ainſi que leſdits ſieurs Conſtituans eſdits noms le conſentent & accordent) privilege ſur leſdites nouvelles taxations; le tout outre l'obligation ſolidaire & générale de tous leſdits Offices de Payeurs des Rentes, & ſans qu'une obligation déroge à l'autre. A cet effet mettre ès mains dudit ſieur Acquereur dans un an prochain, Copie collationnée de la quittance de finance deſdites nouvelles taxations, qui contiendra ladite Déclaration à l'effet dudit privilege, avec un imprimé dudit Edit, & copie collationnée de ladite procuration. Et ſera fait mention du préſent Contrat ſur la minute de ladite procuration étant en la poſſeſſion dudit B Notaire, qui en mettra ſon certificat ſur la groſſe du préſent Contrat. Quant aux autres biens mobiliers & immobiliers deſdits ſieurs Payeurs de Rentes, préſens & à venir, ils ne ſeront point obligez ni hypothéquez au fourniſſement du principal & payement des arrérages de ladite rente: & ſuivant la ſtipulation portée par ladite procuration les créanciers qui auront prêté en vertu d'icelle, pour l'acquiſition deſdites nouvelles taxations auront un privilege égal ſur leſdites nouvelles taxations, & même hypothéque & obligation ſur tous les Offices de Payeurs des Rentes, de la même maniere que ſi tous leſdits emprunts étoient faits en même inſtant, ſans que leſdits créanciers puiſſent prétendre aucune préference ni anteriorité les uns aux autres; & pour l'exécution des préſentes & dépendances, leſdits ſieurs conſtituans eſdits noms ont élû leur domicile irrévocable en la maiſon dudit ſieur pour y être fait tous exploits. Promettant, &c. obligeant, &c. leſdits ſieurs conſtituans eſdits noms ſolidairement, renonçant, &c. Fait & paſſé à Paris, en l'an mil le jour de a midi. Et ont ſigné.

Constitution de rente par une Communauté Laïque.

FUrent présens Jean A demeurant ruë Michel R ruë Etienne L ruë Louis B ruë & Louis D ruë Tous Conseillers du Roi, Receveurs Généraux & Payeurs des Rentes de l'Hôtel de Ville Paris, tant en leurs noms, que comme Procureurs de *tels* & *tels* fondez de procuration passée pardevant C & son Confrere Notaires, le mil dont ledit C a la Minute : Lesquels esdits noms, ont par ces présentes volontairement vendu, constitué & assigné, & promis sous les obligations solidaires & privileges ci-après expliquez, garantir de tous troubles & empêchemens généralement quelconques, à *tel* de rente annuelle, que lesdits Constituans s'obligent esdits noms, lui bailler & payer en cette Ville de Paris en deux termes & payemens égaux, de six mois chacun, dont les premiers six mois écherront pour portion de tems au dernier & de-là en avant continuer de six mois en six mois entiers, tant que ladite rente sera dûë, à peine de tous dépens, dommages & intérêts : A l'avoir & prendre spécialement, & par privilege sur les quatre-vingt dix mille livres effectifs de taxations héréditaires annuelles, que les soixante & douze Offices de Payeurs des Rentes sont obligez de prendre, suivant le Rôle arrêté au Conseil, le Février mil six cens quatre-vingt seize, en exécution de l'Edit de création de deux cens cinquante mille livres de taxations héréditaires du mois de Janvier mil six cens quatre-vingt seize, registré en la Chambre des Comptes le vingt-sixiéme dudit mois. Plus, sur tous les Offices de Payeurs des Rentes dont lesdits sieurs Constituans & ceux dont ils sont Porteurs de procuration, sont pourvûs. Lesquelles taxations héréditaires & Offices de Payeurs des Rentes, lesdits sieurs Constituans esdits noms, ont affecté, obligé & hypothéqué solidairement, sans division ni discussion, renonçans aux bénéfices desdits droits & de fidejussion, pour fournir & faire valoir ladite rente bonne & bien payable, nonobstant toutes choses au contraire, sans qu'une obligation déroge à l'autre ; & pour plus de sûreté de ladite affectation spéciale & privilegiée, lesdits sieurs Payeurs des Rentes ne pourront disposer de leurs Offices, ni desdites taxations héréditaires, qu'à la charge d'entrer par les nouveaux pourvûs dans les mêmes obligations du précédent Titulaire, & d'en passer les Actes qu'il conviendra ; moyennant laquelle obligation, & le payement des arrérages desdites Rentes ausdits termes, les créanciers (desquels lesdits Constituans emprunteront en vertu de ladite procuration) ne pourront former aucune opposition au Sceau des provisions desdits Offices : Et les vendeurs desdits Offices & taxations, leurs veuves, enfans & bien tenans, demeureront déchargez des obligations dans lesquelles lesdits Payeurs des Rentes seront entrez pour raison de l'emprunt fait en conséquence de ladite procuration ; pour par joüir, faire & disposer desdits de rente, comme appartenant. Cette constitution faite moyennant la somme de que lesdits Constituans esdits noms, confessent avoir reçû de qui la leur a baillée, comptée & délivrée, présens les Notaires soussignez, en louis d'or & d'argent ayant cours, dont lesdits Constituans esdits noms sont contens; laquelle somme est demeurée ès mains dudit D Ce faisant, se sont dessaisis au profit de leursdits Offices & taxations héréditaires, jusqu'à concurrence de ladite rente de rachetable à toujours, en baillant & payant en fois en cette Ville de Paris pareille somme de avec les arrérages qui en seront lors dûs, & tous frais & loyaux-coûts, jours après en avoir averti par écrit le en la maison où il demeure, ci-devant déclarée, où ledit à cet effet fait élection de domicile. Promettent lesdits sieurs Constituans esdits noms solidairement de fournir ladite somme de au payement de partie de celle de sept cens mille livres, qui doit être empruntée au desir de ladite procuration; pour être employée avec autres deniers que lesdits sieurs Payeurs des Rentes fourniront chacun à proportion de leurs Offices, au payement de la somme de neuf cens quatre-vingt-dix mille livres, à quoi reviennent sur le pied du denier onze la somme de quatre-vingt-dix mille livres de taxations héréditaires: Et de déclarer par les quittances qui seront expédiées par le sieur Receveur des Revenus Casuels du Roi, que lesdits procédent des deniers de de la présente Constitution, afin qu' aye (ainsi que lesdits sieurs Constituans le consentent & accordent) privilege sur lesdites taxations héréditaires, à l'exclusion de tous autres, même du Roi, pour les sommes dont lesdits sieurs Payeurs des rentes pourroient être redevables par l'arrêté de leurs Comptes & autrement des années de leurs exercices & maniment, & de celles de leurs Auteurs, ainsi qu'il est expliqué par ledit Edit: Le tout outre l'obligation solidaire & générale de tous les Offices de Payeurs des rentes, & sans qu'une obligation déroge à l'autre: A cet effet mettre ès mains de dans un an, copie collationnée de celle des quittances de finance desdites taxations héréditaires, qui contiendra ladite déclaration à l'effet dudit privilege, avec un Imprimé dudit Edit, & copie collationnée de ladite Procuration; à peine en cas de défaut d'être contraints esdits noms solidairement au rachat de ladite rente. Et sera fait mention du présent Contrat sur la minute de ladite Procuration, dont le Notaire qui a la minute, mettra son Certificat sur la grosse. Quant aux autres biens mobiliaires & immobiliaires desdits sieurs Payeurs des rentes présens & à venir, ils ne seront point obligez ni hypothéquez au fournissement du principal & payement des arrérages de ladite rente. Et pour l'exécution des présentes & dépendances, lesdits Constituans ont élû leur domicile irrévocable en cette Ville de Paris en la maison dudit sieur D susdite ruë pour y être faits tous exploits. Promettans, &c. obligeans, &c. lesdits Constituans esdits noms solidairement lesdites Taxations & Offices. Renonçans, &c. Fait & passé à Paris l'an mil le jour d a midi. Et ont signé.

Constitution de rente affectée & hypothéquée spécialement à certain bien déclaré franc & quitte, avec promesse d'emploi & délégation de loyer, pour faciliter le payement des arrérages de la rente.

FUt présent sieur Pierre D Chirurgien à Paris, y demeurant ruë Saint Paroisse de tant en son nom, que comme Procureur de Damoiselle Claude G son épouse, fondé de sa procuration passée pardevant Notaire à Paris le dont l'original a été annexé à ces présentes, après qu'il a été d'icelle fait mention sur ladite Procuration, ladite mention signée dudit sieur D & des Notaires soussignez, & par laquelle Damoiselle son épouse, il promet & s'oblige faire ratifier cesdites présentes. Ce faisant la faire obliger avec lui solidairement à l'exécution de toutes les clauses, certifications & affirmations y contenuës, & à la garantie du principal & payement des arrérages de la rente ci-après, & en fournir Acte passé sous le Scel Royal dans quinzaine, à peine de tous dépens, dommages & intérêts, & de rachat de la rente ci-après constituée, sans que le défaut de ratification y puisse préjudicier, & pour par ladite Damoiselle faire ladite ratification même en l'absence dudit sieur D il l'autorise irrévocablement, sans qu'il soit besoin d'autre ni plus particuliere autorisation, lequel sieur D a par ces présentes vendu, créé & constitué dès maintenant à toujours, & s'oblige audit nom, & en son propre & privé nom, solidairement, sans division ni discussion, à quoi il renonce, garantir de tous troubles & autres empêchemens généralement quelconques, fournir & faire valoir en principal & arrérages au sieur Jean V Bourgeois de Paris, demeurant à ce présent & acceptant, acquereur pour lui, ses hoirs & ayans cause livres de rente annuelle au denier 20. que ledit Constituant esdits noms solidairement comme dessus, s'oblige de payer audit sieur ses hoirs & ayans cause en leur demeure à Paris, ou au porteur, &c. aux quatre quartiers ordinaires, dont le premier échera pour portion de tems au dernier prochain, & ainsi continuer tant que ladite rente aura cours; à l'avoir & prendre spécialement & par privilege, attendu l'emploi des deniers de la présente constitution, sur une grande maison scise en cette Ville de Paris, ruë que ledit sieur D esdits noms solidairement, affirme avoir fait nouvellement reconstruire à neuf, sur la place où étoit une vieille maison caduque, que ladite Damoiselle son épouse, & lui ont acquise de Damoiselle Marie-Anne G fille majeure, seule héritiere pure & simple de défunts Messire Nicolas G Auditeur des Comptes, & Dame Marie G d son épouse, & encore seule héritiere, Bénéficiaire & Créanciere de Messire Claude-Nicolas G d aussi Auditeur des Comptes, & Donataire de Damoiselle Petronille le S fille majeure, comme il est porté au Contrat de ladite vente passé pardevant le B & V Notaires à Paris, le mil insinué au Greffe des Insinuations laïques le audit an, & ensaisiné par le Receveur de l'Abbaye de Saint le dudit mois de Plus, sur une maison scise en la Paroisse de près F à deux lieuës de M bâtimens, jardin & clos en dépendans. Plus, sur arpens, tant terres que prez & vignes en plusieurs piéces aux environs de la maison ; lesquels biens il affirme pareillement & solidairement leur appartenir, & généralement sur tous & chacuns les autres biens, meubles & immeubles, présens & avenir desdits sieur & Damoiselle D le tout que ledit sieur D affecte & hypothéque à garantir, fournir & faire valoir ladite rente bonne & bien payable à toujours, tant en principal qu'arrérages, sans aucune diminution, nonobstant toutes choses à ce contraires, & sans que l'une des obligations déroge à l'autre, & tous lesquels biens, tant particuliérement, que généralement obligez ledit sieur D esdits noms, solidairement affirme être francs & quittes de toutes dettes & hypothéques généralement quelconques, tant de son chef, que du chef de ladite Damoiselle son épouse, & de leurs auteurs, à la reserve seulement de la somme de livres, qu'ils doivent de reste du prix de l'acquisition qu'ils ont ci-devant faite de ladite maison par ledit Contrat du mil & encore à la reserve de la somme de livres, au plus qu'ils doivent de reste aux Menuisier, Serrurier, Carreleur, Vitrier, Charpentier & au Marchand de bois, qui ont travaillé & fourni ce qui a été nécessaire pour la reconstruction de ladite maison, lesdits sieur & Damoiselle D leur ayant fait differens payemens à compte, & ayant payé en total les autres Ouvriers, qui ont travaillé & fait des fournitures pour ladite reconstruction, & notamment ceux qui ont fait la maçonnerie, par la quittance qu'ils en ont donnée pardevant F & son Confrere, Notaires le mil tous lesquels payemens ont été faits des deniers desdits sieur & Damoiselle D & sans emprunt, & en cas que le contraire se trouvât lesdits sieur & Damoiselle D pourront être contraints au rachat de ladite rente & poursuivis comme stellionataires. Pour de ladite rente présentement constituée, faire & disposer par ledit sieur V ses hoirs & ayans cause en toute propriété, & comme à eux appartenante. Cette constitution faite moyennant la somme de livres, que ledit D esdits noms, reconnoît avoir présentement reçûë dudit sieur V qui la lui a comptée & délivrée à la vûë des Notaires, en espéces ayans cours, dont, &c. quittance, &c. désaisissant, &c. voulant, &c. Procureur, le porteur, &c. donnant pouvoir. Et sera ladite rente rachetable à toujours, en rendant & payant par les Rachetans, au moins quinze jours avant un décrit de monnoye, & après avoir averti par écrit un mois auparavant, ladite somme de livres de principal avec les arrérages, qui en seront lors dûs & échus, frais, mises & loyaux-coûts franchement & quittement, lequel rachat & le payement des arrérages ne pourront être faits qu'en espéces sonantes d'or & d'argent, & non en billets de telle nature qu'ils puissent être, nonobstant tous Edits, Arrêts & Déclarations contraires, ausquels est expressément dérogé & renoncé. Déclarant ledit sieur D audit nom, que ladite somme de livres, est pour employer à faire le parfait payement de tout ce qui est dû de reste aux Ouvriers & Marchands qui ont travaillé, & fait des fournitures pour la construction à neuf de ladite maison, promettant solidairement faire ledit emploi, & en retirer les quittances finales & générales de tous lesdits Ouvriers & Marchands sans exception, & par icelles faire mention que les livres présentement empruntez dudit sieur V auront été employez à leurs payemens, afin que ledit sieur V ait privilege sur ladite maison, & soit subrogé en leur lieu & place, comme le consent ledit sieur D esdits noms, & promet sous ladite solidité le faire consentir, & justifier de toutes lesdites quittances finales, entieres & diffinitives audit sieur V dans trois semaines d'hui prochaines, lesquelles contiendront lesdites déclarations & subrogations, même lui en fournir des expéditions en bonne forme, en sorte qu'il ne subsiste aucunes hypothéques, privileges ou créances sur ladite maison, que pour les livres dudit sieur V outre lesdites livres dûës à ladite Damoiselle G à peine d'être, comme dit est par lesdits sieur & Damoiselle D contraints au rachat de ladite rente, & de tous dépens, dommages & intérêts, & pour plus grande exactitude du payement desdits arrérages ledit sieur D esdits noms consent que ledit sieur V ses hoirs & ayans cause les touchent, si bon leur semble, & tant que ladite rente aura cours des Locataires de ladite maison sur les loyers d'icelle dont il fait audit sieur V tout transport & délégation nécessaire avec garantie, & consent qu'en ce faisant, lesdits Locataires en demeurent valablement déchargez, & promet prendre desdits Locataires pour comptant les quittances desdits arrérages, sans qu'il soit besoin de renouveller ledit consentement ni que ledit sieur V ses hoirs & ayans cause soient tenus d'aucuns événemens, ni de faire aucunes poursuites, dénonciations ou diligences, & sans que ladite délégation puisse empêcher l'effet des présentes directement sur tous les biens desdits sieur & Damoiselle D lesquels si bon semble aux Créanciers de ladite rente, seront tenus & obligez d'en charger successivement les Locataires de ladite maison, & d'en justifier audit sieur V ses hoirs & ayans cause à chaque renouvellement de bail, sous les mêmes peines du rachat de ladite rente, & de tous dépens, dommages & intérêts. Et pour l'exécution des présentes ledit sieur D a élû son domicile à Paris en sa maison, où il est demeurant, devant déclarée, auquel lieu, &c. promettant, &c. obligeant, &c. ledit sieur D solidairement, renonçant, &c. Fait & passé à Paris en l'Etude de D Notaire l'an mil sept le a midi. Et ont signé.

Constitution de rente par des Héritiers au Curateur de partie d'eux, dont le principal auroit été par lui emprunté pour eux, & employé à payer leurs dettes, lequel principal ledit Curateur auroit employé par inadvertance dans la recette d'un Compte qu'il leur auroit rendu.

FUrent présens sieur Antoine L Bourgeois de Paris, y demeurant ruë Paroisse Saint & Mathieu A Peintre à Paris; Catherine L sa femme, qu'il autorise à l'effet des présentes, demeurans ruë Paroisse tant en leurs noms, que comme ledit A Procureur d'Etienne L son beau-frere, suivant sa procuration qu'il lui a passée, tant en son nom que comme Tuteur de Magdelaine & Louise L ses sœurs mineures, pardevant M & B qui en a la minute, Notaires à Paris le dernier, dont ledit A a représenté une expédition, qui lui a été à l'instant renduë, Damoiselle Antoinette, Marie & Marie-Angelique le P filles émancipées d'âge, procédantes sous l'autorité de Mederic C leur oncle & Curateur aux causes (*de telle qualité*) de lui à ce présent, assisté pour l'effet des présentes, demeurans, sçavoir ladite Damoiselle Antoinette le P ruë Paroisse Saint lesdites Damoiselles Marie, & Marie-Angelique le P ruë Saint Paroisse Saint P & ledit sieur C ruë d Paroisse Saint C tous lesquels sieurs & Damoiselles le P susnommez, seront tenus & obligez de ratifier ces présentes, à mesure de leurs majoritez, & s'obligeront solidairement à l'exécution d'icelles. Et encore ledit sieur C en son nom à cause de Damoiselle Caterine-Antoinette L son épouse, ledit sieur L Propriétaire, pour un tiers d'une maison scise à Paris ruë ledit A & sa femme, à cause d'elle & lesdits sieurs & Damoiselles le P comme héritiers de défunts Jean-Etienne le P & de Marie le T sa femme, leurs pere & mere, aussi Propriétaires pour un tiers de ladite maison. Et ledit sieur C Propriétaire pour l'autre tiers de la même maison, à cause de son épouse.

Lesquelles Parties pour prévenir toutes contestations, qui pourroient naître à l'occasion de la somme de que ledit sieur C a payé, sçavoir livres le mil pour les lods & ventes, qui étoient dûës par toutes les Parties de ladite maison, lors de l'ensaisinement dudit Contrat d'acquisition, & livres pour le rachat des bouës & lanternes de la même maison, suivant les quittances qu'il en a aussi retirées des Juillet mil & Janvier mil lesquelles deux sommes lesdites Parties n'ayant point été en état de fournir dans ledit tems, ledit sieur C à leur requisition a emprunté cette somme de de Damoiselle Marie N femme separée du sieur S à laquelle il en a le Avril mil fait son billet pur & simple, portant promesse de lui en passer Contrat de constitution à sa volonté, & cependant de lui en payer l'intérêt au dernier 20. dont toutes lesdites Parties déclarent avoir une parfaite connoissance, ont en expliquant la transaction passée entr'elles pardevant D l'un des Notaires soussignez & son Confrere le du présent mois au sujet du compte à elles rendu par ledit sieur C des loyers qu'il avoit reçûs de ladite maison & des réparations qu'il avoit fait faire en icelle, par laquelle transaction cettedite somme de empruntée par ledit sieur C de ladite Dame P a été augmentée à la recette dudit compte, reconnu que cettedite somme n'a point dû être comprise ni dans la recette, ni dans la dépense; mais que ledit sieur C devoit faire reprise non pas de toute ladite somme entiere, parce qu'un tiers d'icelle demeuroit confondu en sa personne, à cause de son épouse Propriétaire pour un tiers, comme dit est de ladite maison, mais bien de la somme de livres, dont livres doivent être supportées par ledit sieur le C à cause de son tiers en ladite maison, & les autres livres par ledit A & sa femme, & lesdits sieurs

&

& Damoiselles le P aussi à cause de leursdits tiers ; c'est pourquoi lesdites Parties en rectifiant ce qui est dit par ladite transaction à l'occasion de ladite somme, conviennent & demeurent d'accord qu'elle soit distraite de ladite recette, & qu'elle soit reprise par ledit sieur C sur ceux qui en sont tenus. Mais comme lesdites Parties ont fait connoître audit sieur C qu'elles n'étoient point en état de lui faire dès à présent le remboursement des portions, dont elles sont tenuës de ladite somme de il s'est bien voulu contenter de la rente jusqu'au parfait remboursement, ainsi ledit sieur C s'oblige de payer par chacun an audit sieur C à ses hoirs & ayans cause livres de rente rachetables de la somme de livres, à la volonté dudit C & ledit A & sa femme esdits noms, & lesdites Damoiselles le P Comparantes, se sont pareillement obligées, & ont obligé leurs autres frere & sœur solidairement avec elles, sans division ni discussion, à quoi elles ont renoncé, de payer aussi par chacun an audit sieur C & à ses ayans cause livres de rente rachetable de la somme de dont elles sont tenuës pour leur tiers de celledite de livres, à commencer la joüissance desdites rentes de ce jourd'hui, au payement desquelles, & à les fournir, & faire valoir en principal & arrérages la portion dudit sieur C en ladite maison à son égard seulement, & celles desdits A sa femme, sieurs & Damoiselles le P solidairement demeurent par privilege affectées, obligées & hypothéquées, outre l'obligation générale de tous leurs autres biens, présens & à venir, sans qu'une obligation déroge à l'autre. Et au moyen de ce que dessus ledit sieur C est seul débiteur envers ladite Damoiselle P de ladite somme de livres, dont il promet acquitter les autres parties sus-nommées ; ainsi les consentemens qu'elles avoient donné en faveur de ladite Damoiselle P par ladite transaction, passeront en la personne dudit sieur C pour lui faciliter le payement des arrérages desdites deux rentes, sans au surplus déroger à ladite transaction, qu'en ce qui est ci-dessus dit à l'occasion de ladite somme de livres seulement. Car ainsi, &c. Et pour l'exécution des présentes.

Constitution de rente en vertu d'Arrêt du Parlement, qui permet d'emprunter audit titre jusqu'à concurrence d'une certaine somme, qui doit être employée à la réédification d'un bâtiment, emploi du principal de ladite Constitution & subrogation aux privileges & hypothéques de l'Entrepreneur au profit de l'Acquéreur.

FUt présent L A de N Cardinal de la Sainte Eglise, &c. Lequel a dit qu'ayant présenté sa Requête à la Cour, à ce qu'il lui plût ordonner que le petit bâtiment dans la cour de l'Archevêché à la suite, & attenant du grand corps de bâtiment fait & réédifié en vertu de l'Arrêt du Septembre mil seroit vû & visité par tel Expert qu'il plairoit à la Cour nommer d'Office pour en être dressé procès-verbal, & connoître la nécessité qu'il pourroit y avoir de le réédifier, & le prix qu'il en pourroit coûter ; il a été rendu Arrêt le en conformité de ladite Requête, & pour ladite viſite Nicolas D Architecte, Juré-Expert & Bourgeois de Paris, a été nommé en conſéquence de cet Arrêt Meſſire Charles D Conſeiller en la Grande-Chambre du Parlement, Commiſſaire nommé par ledit Arrêt, aſſiſté de M. de la G l'un des Subſtituts de M. le Procureur Général, & de Nicolas D Secretaire de la Cour, accompagnez dudit D ſe ſont tranſportez en l'Hôtel dudit Seigneur Archevêque, le Vendredi de Mai de la préſente année mil & y ont fait & dreſſé leurs procès verbaux, ſuivant leſquels il paroît que le petit bâtiment dont il s'agit, eſt en ſi mauvais état, qu'il ſeroit impoſſible de le ſoutenir, quelques réparations qui y fuſſent faites; en ſorte qu'il eſt d'une néceſſité urgente de le conſtruire & réédifier entiérement, ainſi qu'il reſulte tant du procès-verbal fait par mondit ſieur de L que de celui fait par ledit D qui contient le mémoire des ouvrages à faire pour ladite réédification & le prix que pourront coûter leſdites ouvrages. En conſéquence & ſur une autre Requête préſentée à la Cour par Son Eminence, il a été rendu Arrêt le dernier, ſur les concluſions de M. le Procureur Général, par lequel les procès-verbal & rapport dudit jour ont été entherinez, pour être exécutez ſelon leur forme & teneur; & par le même Arrêt il a été ordonné que les ouvrages mentionnez audit rapport & devis y joint, ſeront faits & iceux baillez au rabais à la maniere accoutumée, pardevant mondit ſieur D Conſeiller Rapporteur, les affiches & publications préalablement faites à cet effet, il a été permis à Son Eminence d'emprunter à conſtitution de rente d'une ou pluſieurs perſonnes, & par tel nombre de Contrats que beſoin ſeroit, la ſomme à laquelle pourroit monter le Marché au rabais deſdits ouvrages, ſans qu'elle pût excéder celle de livres, portée par ledit rapport & devis; pour ſûreté deſquels Créanciers, tous les biens & revenus de l'Archevêché de demeureroient affectez & hypothéquez à leurs créances, à la charge d'employer les deniers dudit emprunt à payer l'Adjudicataire ou Adjudicataires deſdits ouvrages, dont il ſeroit fait mention, pour ſervir d'emploi à ceux qui les auront prêtez, les minutes deſquelles quittances un mois après l'emprunt ſeront annexées aux minutes de chacun deſdits Contrats de conſtitution, & les expéditions d'icelles miſes au Greffe de la Cour dans ſix mois, à la charge par Son Eminence ſuivant ſes offres d'employer au rachat des principaux deſdites conſtitutions de rentes, les deniers procédans des indemnités, qui appartiennent ou appartiendront audit Archevêché, tant contre Sa Majeſté, que pour les acquiſitions de particuliers, qui ſeront faites dans la Cenſive dudit Archevêché. Après cet Arrêt rendu mondit ſieur de L aſſiſté dudit ſieur D Secretaire de la Cour, s'eſt tranſporté dans la grande Salle dudit Archevêché le dudit mois de & le ſuivant, où leſdits ouvrages ont été publiez ſur les affiches apposées & publications faites en exécution dudit Arrêt, il a été par lui procedé à la reception des encheres, qui ont été faites par pluſieurs Ouvriers & Entrepreneurs qui s'y ſont trouvez, & après lecture du rapport & devis fait par ledit D & repétition deſdites encheres à pluſieurs & diverſes fois, il a fait procéder à l'extinction des feux, & ayant fait éteindre le dernier feu, Jacques M Architecte & Entrepreneur des bâtimens à Paris, dont l'enchere n'a point été couverte, & qui a offert de les faire au meilleur marché, est demeuré Adjudicataire desdites ouvrages pour la somme de livres, à la charge d'en passer marché en la forme ordinaire, conformément au devis & rapport dudit de L lequel marché ayant été passé entre Son Eminence & ledit M par Acte reçû par le dudit mois de en suite de l'expédition dudit rapport & devis, ledit M a commencé lesdits ouvrages ausquels on travaille actuellement, & comme il s'est présenté l'Acquereur ci-après nommé, qui a offert de prêter la somme de ci-après déclarée, pour employer au payement desdits ouvrages, Son Eminence a volontairement vendu, créé & constitué, assis & assigné par ces présentes, dès maintenant pour toujours promis, & s'est obligé tant pour lui que pour ses Successeurs Archevêques de garantir de tous troubles & autres empêchemens généralement quelconques, fournir & faire valoir en principal & arrérages à demeurant Paroisse Saint livres de rente annuelle au denier 20. qu'il s'oblige, & que ses Successeurs Archevêques de conformément audit Arrêt du dernier, seront tenus & obligez de bailler & payer à en leur demeure en cette Ville ou au porteur, &c. aux quatre quartiers ordinaires, à commencer de ce jour, dont le premier échera pour portion de tems à & ainsi continuer tant que ladite rente aura cours, à l'avoir & prendre généralement, spécialement & par privilege sur tous & chacuns les fruits & revenus des biens appartenans audit Archevêché, qui y demeureront obligez conformément audit Arrêt, & que Son Eminence oblige à garantir, fournir & faire valoir la rente présentement constituée bonne & bien payable, à toujours, tant en principal, qu'arrérages & sans aucune diminution, nonobstant toutes choses à ce contraires, desquels biens & revenus Son Eminence tant pour lui que pour ses Successeurs Archevêques de se désaisit en faveur d jusqu'à la valeur & concurrence dudit principal & arrérages, voulant, &c. Procureur, &c. donnant pouvoir, &c. Pour de la rente présentement constituée, joüir, faire & disposer par comme de chose à eux appartenant. Cette constitution ainsi faite, moyennant la somme de que Son Eminence reconnoît avoir présentement reçûë de qui l'a en sa présence comptée & délivrée entre les mains de Claude-Aléxandre V Intendant des maisons & affaires de Son Eminence à ce présent, qui a reçû ladite somme en louis d'argent & monnoye ayant cours, à la vûë des Notaires soussignez, pour en faire l'emploi, qui va être présentement fait, dont Son Eminence quitte ledit Et sera ladite rente rachetable à toujours, en rendant & payant en un seul payement, après avoir averti par écrit un mois auparavant, pareille somme de de principal, avec tous arrérages, qui en seront lors dûs & échus, & tous frais, mises & loyaux-coûts, franchement & quittement : lequel rachat & le payement desdits arrérages ne pourront être faits qu'en espéces sonantes d'or & d'argent, & non en billets de monnoye ou autres de quelque nature qu'ils puissent être, nonobstant tous Edits, Arrêts & Déclarations contraires, ausquels est dérogé & renoncé. Promettant Son Eminence tant pour lui, que pour ses Successeurs Archevêques de par les Baux qui seront faits des revenus dudit Archevêché de charger particuliérement les Fermiers de payer par préference à toutes autres dépenses, les arrérages de la rente présentement constituée de quartier en quartier tant qu'elle aura cours, & de fournir successivement de Fermier en Fermier, à mesure de chaque mutation & renouvellement de Bail, un Acte au Créancier de ladite rente, par lequel lesdits Fermiers s'obligeront en leurs noms, nonobstant tous événemens, empêchemens ou saisies, de payer & continuer lesdits arrérages, sauf par lesdits Fermiers à s'en faire tenir compte, ainsi qu'ils aviseront sur le prix de leurs Baux, en sorte que lesdits Fermiers puissent y être contraints directement & en leurs noms, en vertu dudit Acte & des présentes. Promet en outre Son Eminence & oblige ses Successeurs, en vertu dudit Arrêt du d'employer au rachat tant de la rente présentement constituée, que de celles qui seront constituées pour les mêmes causes, jusqu'à concurrence desdites livres, les deniers qui proviendront des indemnités, qui appartiennent ou appartiendront à l'Archevêché de sans pouvoir en faire aucun autre usage, tant qu'aucune desdites rentes subsistera ; & enfin Son Eminence s'oblige de faire recevoir les ouvrages entrepris par ledit M mentionnez au devis dudit de L en la forme & maniere ordinaire, dans le jour de prochain, qui est le tems dans lequel ils doivent être faits & parfaits, suivant le marché dudit jour J dernier, & d'obtenir à ses frais Lettres Patentes, pour confirmer & autoriser tout ce que dessus, lesquelles Lettres Son Eminence fera enregistrer par tout où besoin sera, le tout à peine d'être par Son Eminence contraint en son nom au rachat de la rente présentement constituée, & de tous dépens, dommages & intérêts, & sans qu'aucune des conditions du présent Contrat puisse être reputée comminatoire, sans quoi ledit n'auroit prêté ses deniers, & dès à présent Son Eminence a fait délivrer audit copie de l'Arrêt du dernier, copie du procès-verbal dudit de L expédition du marché en suite, copie de l'Arrêt du dudit mois de & copie des procès-verbaux d'adjudication desdits ouvrages desdits jours le tout déposé par Son Eminence à D Notaire, ledit jour promettant en outre Son Eminence fournir audit dans la fin du mois d prochain au plûtard, autant du procès-verbal de réception, & copie desdites Lettres Patentes dûement enregistrées, & outre lui justifier dans le même tems du dépôt fait au Greffe de la Cour, conformément à l'Arrêt du dernier, des expéditions des Actes justificatifs de l'emploi des deniers dudit emprunt, à peine d'être contraint au rachat de ladite rente, & de tous dépens, dommages & intérêts. A ce faire est intervenu ledit Jacques M demeurant à Paris ruë lequel a reconnu avoir reçû de Son Eminence, qui lui a présentement fait payer & délivrer par ledit sieur V à la vûë des mêmes Notaires ladite somme de livres, empruntées dudit ès mêmes espéces que ledit les a fournies, laquelle somme ledit M reçoit à compte desdits livres, & dont il quitte d'autant Son Eminence, sans préjudice du surplus, & à la requisition de Son Eminence, attendu que les deniers proviennent dudit qui les a fournis pour le principal de la constitution portée au présent Contrat, ledit M subroge ledit jusqu'à concurrence en ses droits, actions, privileges & hypothéques, sans toutefois aucune garantie, restitution de deniers, ni recours quelconques, sinon de ses faits & promesses. Et pour l'exécution des présentes, Son Eminence tant pour lui que pour ses Successeurs Archevêques de a élû son domicile irrévocable, & pour toujours audit Palais Archiépiscopal : auquel lieu, &c. promettant, &c. obligeant, &c. comme dessus renonçant, &c. Fait & passé à Paris audit Palais Archiépiscopal, l'an le jour de a midi. Et ont signé.

Constitution sur le Clergé d'un Diocèse, en exécution d'une délibération, avec déclaration & promesse d'emploi.

FUrent présens (*mettre ici les noms, qualités & demeures des Contractans, ès noms qu'ils procéderont*) Lesquels en exécution de la délibération arrêtée le mil dans l'assemblée de Messieurs les Commissaires, Députés & Syndic du Diocèse de dont il a été expédié deux originaux, extraits des Registres du Greffe de ladite Chambre, & lesdits deux originaux déposez, l'un à M. François-Jean D & l'autre à M. Louis D tous deux Notaires audit Châtelet, par laquelle délibération, & pour les causes y contenuës, il a été résolu d'emprunter au nom de Clergé dudit Diocèse de au denier 16. ou autre plus avantageux, la somme de livres par Contrats de constitution de rente, qui seront signez par M deux desdits sieurs Commissaires, & par ledit sieur Syndic, les principaux desquelles constitutions seront mis ès mains du sieur V Commis à la Recette dudit Diocèse, en déduction ou jusqu'à concurrence desdits livres restans à payer de la somme de dont ledit Diocèse s'est trouvé redevable à la Recette générale, pour les causes portées en ladite délibération, confirmée & autorisée par Sa Majesté, par Arrêt de son Conseil d'Etat du & Lettres Patentes expédiées sur icelui le audit an, registrées en Parlement le par lesquelles Sa Majesté a ordonné que les Contrats, quittances & autres Actes concernant lesdites constitutions seront exempts du contrôle ; que celles desdites rentes qui seront constituées au profit des gens de main-morte, joüiront du même privilege d'exemption de tous droits d'amortissemens & de nouvel acquêt, que celles constituées sur les Aydes & Gabelles, & sur le Clergé ; en conséquence Sa Majesté les a déchargé à toujours du payement desdits droits quoique constituées à prix d'argent, & a voulu que ceux desdites gens de main-morte, qui pourront les acquérir, ne puissent être recherchez ni inquiétez à l'avenir, sous prétexte desdits droits, pour raison d'icelle, dérogeant à cet égard en tant que besoin seroit, à sa déclaration du & outre a permis à M & ausdits sieurs Commissaires, Députés & Syndic de faire dès à présent, & pour tel nombre d'années qu'ils jugeront nécessaires, même après la présente guerre finie, un rôle particulier d'imposition, sur tous généralement les Contribuables dudit Diocèse de au secours extraordinaire, au lieu & place de la Capitation, par maniere de rejet des sommes qui se trouveront en pure perte & non valeur de ce qui reste à recouvrer des précédens rôles, copie imprimée desquelles Délibération, Arrêt, & Lettres Patentes a été présentement fournie à la Dame Acquereure ci-après nommée. Ont vendu, créé, constitué, assis & assigné par ces présentes dès maintenant, & à toujours, & promis pour & au nom collectif du Clergé du Diocèse de garantir de tous troubles & empêchemens généralement quelconques, fournir & faire valoir en principal & arrérages à Damoiselle Marie-Marguerite le B veuve de M. de S Conseiller au Parlement de au nom, & comme Tutrice de leurs enfans mineurs absente : Ce acceptant pour ladite Dame audit nom ses hoirs & ayans cause par lesdits Notaires soussignez livres de rente annuelle, que M & lesdits sieurs Commissaires & Syndic Constituans pour & au nom du Clergé dudit Diocèse de promettent & s'obligent de faire bailler, & payer par ledit sieur V & ses Successeurs en la Recette dudit Diocèse de qui seront obligez d'en faire le payement à ladite Dame Acquereure audit nom à Paris, ou au porteur, &c. au Bureau de ladite Recette par chacun an en deux payemens égaux de six en six mois aux derniers jours de Juin & Décembre de chaque année, dont le premier payement pour portion de tems échera le dernier jour de Décembre prochain, & ainsi continuer tant que ladite rente aura cours : à l'avoir & prendre généralement sur tous les biens & revenus présens & à venir du général & de tous, sans exception, les Contribuables dudit Diocèse de au secours extraordinaire, au lieu & place de la Capitation solidairement, sans division ni discussion aux renonciations de droit requises, que M & lesdits sieurs Commissaires & Syndic Constituans, suivant lesdites délibération, Arrêt & Lettres Patentes, ont sous ladite solidité affecté, obligé & hypothéqué, à la garantie, payement, cours & continuation de ladite rente; & à icelle fournir & faire valoir en principal & arrérages, bonne & bien payable, à toujours, nonobstant toutes choses à ce contraires; pour de ladite rente constituée faire joüir & disposer par ladite Dame Acquereure audit nom, sesdits hoirs & ayans cause, comme de chose leur appartenante. Cette constitution faite moyennant la somme de livres, qui est à raison du denier 16. laquelle suivant ladite délibération a été présentement payée par ladite Dame par les mains de D l'un des Notaires soussignez, entre les mains de V Commis à la Recette dudit Diocèse, demeurant à ce présent, qui reconnoît avoir reçû ladite somme en louis d'argent, & monnoye ayans cours, dont M & lesdits sieurs Commissaires & Syndic Constituans, ainsi que le sieur V sont contens, & en quittent ladite Dame au profit de laquelle audit nom & de sesdits hoirs & ayans cause M & lesdits sieurs Commissaires & Syndic Constituans se sont dessaisis de tous lesdits biens & revenus présens & à venir du général & de tous sans exception les Contribuables dudit Diocèse de audit secours extraordinaire, & jusqu'à concurrence de ladite rente constituée en principal & arrérages, frais & loyaux-coûts; voulans qu'ils en soient saisis, & mis en possession, par qui & ainsi qu'il appartiendra : & à cette fin constituent pour Procureur du Clergé dudit Diocèse de le porteur des présentes, auquel ils en donnent pouvoir. Et sera ladite rente rachetable à toujours, en avertissant un mois auparavant, & en rendant & payant à ladite Dame de audit nom, pareille somme de avec les arrérages, qui en seront lors dûs & échus, frais, mises, & loyaux coûts, franchement & quittement : promettant ledit sieur V au desir de ladite déliberation d'employer ladite ſomme de à payer au ſieur de P pareille ſomme de ſur celle de livres, dont le Clergé du Diocèſe de eſt redevable à la Recette générale, ſuivant le compte fait de l'ordre de M & de ladite Chambre par ledit ſieur V avec le ſieur C pour ledit ſieur de P & ce pour arrérages du ſecours extraordinaire au lieu & place de la Capitation, à cauſe des non-valeurs qu'il y a eu ſur les rôles des années précédentes, dont ledit ſieur V retirera quittance & par icelle fera mention que les deniers ſeront provenus du préſent emprunt, autant de laquelle quittance en bonne forme, il fournira à ladite Dame Acquereure audit nom dans un mois prochain; même ledit ſieur V audit nom a promis de faire le payement des arrérages de ladite rente aux termes & en la maniere ci-devant ſtipulez, tant qu'il ſera Commis à la Recette dudit Diocèſe de P laquelle obligation M & leſdits ſieurs Commiſſaires & Syndic Conſtituans, feront réïtérer par ceux qui lui ſuccéderont en ladite Recette & en fourniront à ladite Dame D audit nom acte huitaine après qu'ils ſeront entrez dans ladite Recette, à peine de tous dépens, dommages & intérêts, & de rachat de ladite rente, & ſera de la préſente conſtitution fait mention ſur l'un des deux originaux de ladite délibération, dont le Notaire dépoſitaire d'icelle délivrera ſon Certificat ſur la groſſe des préſentes dans quinzaine au plûtard: Et pour l'exécution deſdites préſentes & dépendances, les Parties éliſent leurs domiciles, ſçavoir, M & leſdits ſieurs Commiſſaires & Syndic Conſtituans, ainſi que ledit ſieur V audit nom, au Bureau de ladite Recette du Diocèſe de & pour ladite Dame en la maiſon dudit D l'un deſdits Notaires ſouſſignez, auſquels lieux, &c. nonobſtant, &c. Promettant, &c. obligeant, &c. M & leſdits ſieurs Commiſſaires Syndic Conſtituans, renonçans. Fait & paſſé à Paris en ladite Chambre Eccléſiaſtique l'an le a midi. Et ont ſigné.

Nota. *Il faut mettre ce qui ſuit, à la marge de cette Conſtitution.*

Ce jourd'hui *tel jour*, j'ai fait mention de l'emprunt porté au préſent Contrat, ſur la délibération y mentionnée, étant en ma poſſeſſion.

Conſtitution de rente par des Héritiers à leur Cohéritier d'une ſomme qu'ils lui empruntent, pour rembourſer une rente aſſignée ſur leur héritage commun; emploi du principal de ladite Conſtitution au rembourſement de ladite rente, & ſubrogation au profit du Prêteur aux droits du Créancier rembourſé.

FUrent préſens, &c. Leſquels ont par ces préſentes, vendu, créé, conſtitué, aſſis & aſſigné dès maintenant, & à toujours, & promettent garantir de tous troubles, dons, doüaires, hypothéques, aliénations, évictions & autres empêchemens généralement quelconques à M. Simon G leur frere germain (*Ici la qualité & la demeure de l'Acquereur, s'il eſt préſent;*

sinon en cas d'absence, on dit) absent; ce acceptant Acquereur pour lui, ses héritiers & ayans causes, par les Notaires soussignez, en tant que faire le peuvent, *tant* de rente annuelle que lesdits promettent & s'obligent solidairement l'un pour l'autre, sans division, discussion ni fidejussion, à quoi ils renoncent bailler & payer audit sieur Acquereur, sesdits heritiers & ayans cause en sa demeure à ou au porteur, &c. en deux payemens égaux de six en six mois, dont le premier avec la portion du tems du courant échera au dernier prochain, &c. & ainsi continuer, à l'avoir & prendre par privilege & préference (attendu l'emploi ci-après déclaré) sur le fonds, propriété & superficie d'une maison seise à étant de la succession de défunts & appartenant ausdits Constituans, & audit sieur G chacun pour comme héritiers desdits (*tels* & *tels*) leurs pere & mere, & généralement sur tous & uns chacuns les biens meubles & immeubles, présens & à venir desdits Constituans qu'ils en ont aussi chargez, affectez, obligez & hypothéquez: à garantir, fournir & faire valoir, comme dit est, lesdits de rente en principal & arrérages, frais, mises & loyaux-coûts, bons & bien payables, sans aucun déchet, ni diminution, nonobstant toutes choses à ce contraires, une obligation ne dérogeant à l'autre, pour en joüir, &c. A l'effet de quoi promettent & s'obligent solidairement, comme dessus, d'entretenir ladite maison de toutes grosses & menues réparations, pour sûreté de ladite rente présentement constituée en principal & arrérages, & afin qu'elle y puisse être aisément prise & perçûë par chacun an ausdits termes, à peine, &c. Cette constitution faite moyennant la somme de qui est à raison du denier 20. laquelle somme lesdits Constituans reconnoissent avoir reçûë comptant dudit sieur G qui leur a icelle payée en louis d'argent & monnoye bons & ayans cours, dont, &c. quittance, &c. désaisissant, &c. voulant, &c. Procureur, le porteur, &c. donnant pouvoir, &c. Rachetables à toujours lesdites livres de rente, en rendant & payant par les Rachetans en un seul & actuel payement, en espéces sonantes & non autrement pareille somme de livres, avec les arrérages qui en seront lors dûs & échus, frais, mises, & loyaux-coûts, nonobstant toutes choses à ce contraires: Déclarant lesdits Constituans que ladite somme de livres, par eux ci-dessus empruntée, est pour employer au remboursement, qui va être présentement fait de pareille rente au denier 20. constituée au profit de par lesdits défunts & sa femme, & hypothéquée sur ladite maison, par Contrat passé devant le de laquelle rente lesdits Constituans, & ledit sieur Acquereur esdits noms en ont passé titre nouvel audit par autre Contrat passé devant & pour effectuer ledit remboursement, à ce faire est intervenu, & fut présent ledit lequel a reconnu & confessé par ces mêmes présentes, avoir reçû comptant desdits Constituans ladite somme de livres, ci-dessus empruntée ès mêmes espéces pour le principal desdits de rente, constituée au profit dudit J par le Contrat primordial ci-dessus datté, ensemble la somme de pour les arrérages dûs & échus du passé jusqu'à ce jour de ladite rente, dont, &c. quittance, &c. Ce faisant ledit a rendu & remis ausdits les grosses en parchemin desdits Contrats de constitution, & titre nouvel ci-dessus dattez comme

acquittez,

acquittez, sur lesquelles grosses leurs minutes ainsi que sur toutes autres piéces que besoin sera, les Parties ont consenti mention sommaire des présentes être faite par tous Notaires requis, sans que leurs présences y soient nécessaires, & à la requisition desdits attendu l'emprunt porté au présent Contrat ledit a subrogé & subroge en son lieu & place, droits, noms, raisons, actions, privileges & hypothéques lesdits sieurs G sans toutefois aucune garantie, restitution de deniers ni recours quelconques, sinon de ses faits & promesses; pour faire valoir laquelle subrogation, lesdits promettent de fournir, & délivrer audit sieur G lesdites grosses dudit Contrat ci-dessus remboursées, & dudit titre nouvel, après sommaire mention faite sur icelles, comme dit est avec la grosse des présentes incessamment, aussi à peine, &c. Et pour l'exécution desdites présentes, lesdits ont élû leur domicile solidaire, irrévocable & pour toujours à auquel lieu, &c. nonobstant, &c. promettant, &c. obligeant, &c. solidairement comme dessus renonçant, &c. Fait & passé a l'an mil le jour de a midi. Et ont signé.

Constitution de rente par Messieurs les Prevôts des Marchands & Echevins de la Ville de Paris, hypothéquée sur les biens de ladite Ville.

FUrent présens Messire Chevalier, Seigneur d & autres Lieux, Prevôt des Marchands, Nobles Hommes *tels* & *tels* Disans que le Roi par Arrêt de son Conseil d'Etat du 18. Octobre 1704. sur lequel ils ont obtenu des Lettres Patentes le 22. Novembre audit an, qu'ils ont fait registrer au Parlement par Arrêt du 16. Décembre suivant, leur a permis d'emprunter jusqu'à la somme de cinq cens mille livres à constitution de rente au denier dix-huit; auquel effet Sa Majesté par ledit Arrêt a dérogé à tous Edits & Déclarations contraires, à la charge par eux d'employer ladite somme aux Réparations à faire aux Maisons & Bâtimens appartenans à ladite Ville, aux Remboursemens des sommes dûës pour maisons & héritages qui ont été pris pour l'élargissement des ruës & former le cours du tour de cette Ville, aux refections & reconstructions du Quai des Augustins & achever celui des Théatins, à faire les réparations des Fontaines, Egoûts & autres Edifices publics, & au payement des anciennes dettes de ladite Ville, autres que celles constituées par contrats. Et aussi par ledit Arrêt leur a permis d'affecter & hypothéquer au payement des arrérages des rentes qui seront constituées, & aux remboursemens des principaux d'icelles, tous les revenus de ladite Ville, & par préference les Droits attribuez aux Inspecteurs des Boucheries, desquels jouira jusqu'au dernier Décembre 1710. pour lequel tems ils lui ont été abandonnez pour son remboursement des sommes par lui avancées à Sa Majesté en l'acquit de la Ville pour la Finance desdits Offices d'Inspecteurs des Boucheries; & que les deniers qui seront nécessaires pour les arrérages des rentes qui seront constituées par ledit seront fournis par chacun an pendant le cours de son Adjudication entre les mains du sieur Receveur de ladite Ville pour être payées aux Créanciers, le tout ainsi qu'il est énoncé audit Arrêt du Conseil dudit jour dix-huit Octobre 1704. l'original duquel avec celui des Lettres Patentes & Arrêt d'Enrégistrement d'icelles sont au Greffe de l'Hôtel de cette Ville, suivant lesquels Arrêts & Lettres & aux fins y contenuës, iceux sieurs Prevôt des Marchands & Echevins audit nom pour eux & leurs successeurs esdites Charges, ont par ces Présentes créé, constitué, assis & assigné dès maintenant à toujours, & promis garantir de tous troubles & empêchemens généralement quelconques, fournir & faire valoir en principal & arrérages à de rente annuelle & perpétuelle sur le pied du denier dix-huit, qu'ils promettent & s'obligent faire bailler & payer à sesdits hoirs & ayans cause à l'avenir à Paris ou au Porteur des Présentes, pour eux par ledit Receveur des Domaines, Dons, Octrois & Fortifications de cette Ville dorénavant par chacun an aux quatre quartiers de l'an accoutumez également, dont le premier payement échera avec la portion restante du courant au dernier Juin prochain, & ainsi continuer à payer tant que ladite rente aura cours sur tous les biens & revenus de ladite Ville & par préference, conformément ausdits Edits, Arrêt du Conseil & Lettres Patentes susdattées, sur les Droits attribuez aux Inspecteurs des Boucheries, le tout que lesdits sieurs Prevôt des Marchands & Echevins en ont chargé, affecté, obligé & hypothéqué à fournir & faire valoir ladite rente présentement constituée en principal & arrérages, bonne & bien payable, comme dit est, nonobstant toutes choses à ce contraires, une obligation ne dérogeant à l'autre; pour d'icelle rente présentement constituée, joüir, faire & disposer par sesdits hoirs & ayans cause à l'avenir en toute proprieté, comme de chose à appartenante; cette constitution faite moyennant la somme de sur le pied du denier dix huit que mesdits sieurs les Prevôt des Marchands & Echevins confessent avoir eu & reçû de qui de leur Ordonnance verbale a présentement baillé, payé, compté, nombré & délivré, présens les Notaires soussignez, en louis d'argent & monnoye, le tout bon, ès mains de M^e. Conseiller du Roi, Receveur des Domaines, Dons, Octrois & Fortifications de l'Hôtel de cette Ville, y demeurant ruë Paroisse Saint à ce comparant, qui l'a prise & touchée à l'effet d'en faire emploi, conformément ausdits Arrêt du Conseil & Lettres Patentes susdattées, & d'icelui emploi fournir Copie de la quittance à incessamment, à peine de tous dépens, dommages & intérêts; jusqu'à concurrence de laquelle dite rente présentement constituée en principal & arrérages, iceux sieurs Prevôt des Marchands & Echevins esdites qualitez se sont dessaisis, demis & dévêtus au profit de ses hoirs & ayans cause à l'avenir, de tous lesdits revenus de ladite Ville, & desdits Droits attribuez aux Inspecteurs des Boucheries, voulans qu'ils en soient saisis & mis en possession par qui & ainsi qu'il appartiendra, constituans à cet effet leur Procureur, le porteur lui en donnant pouvoir & d'en requerir les actes nécessaires, rachetable à toujours; lesdits de rente, quand bon semblera ausdits sieurs Prevôt des Marchands & Echevins & leurs successeurs, en baillant & payant pareille somme de pour ledit principal, avec les arrérages qui en seront dûs & échûs, tous frais & loyaux-coûts. Et pour l'exécution des Présentes & dépendances, iceux sieurs Prevôt des Marchands & Echevins ont élû & élisent leur domicile irrévocable en cette Ville de Paris au Bureau d'icelle; auquel lieu, &c. nonobstant, &c. promettant, &c. obligeant, &c. esdits noms, renonçant, &c. Fait & passé à Paris audit Bureau, en la présence & de l'avis & consentement de M. Me Conseiller Procureur du Roi de ladite Ville, à ce comparant l'an mil sept cens le a midi. Et ont signé.

Des Conventions.

CONVENTION est le consentement volontaire de deux ou de plusieurs personnes sur une même chose.

Les Conventions ont un nom ou une cause, & en ce cas elles obligent civilement & naturellement ceux qui les passent, ou bien elles sont simples, c'est-à-dire, sans nom & sans cause; alors elles n'obligent que naturellement.

Convention pour l'exercice d'une Charge d'Archer.

FUt présent Guillaume Archer-Sergent au Châtelet de Paris, sous la charge de Monsieur le Lieutenant Criminel de Robe-courte; demeurant ruë lequel sous le bon plaisir dudit sieur Lieutenant, a permis & permet par ces présentes à André demeurant ruë à ce présent & acceptant, de faire pour & au lieu dudit Guillaume le service de sadite Charge d'Archer susdit; ce que ledit André promet & s'oblige de faire par ces présentes tant qu'il plaira audit Guillaume, à commencer au premier jour de Janvier prochain: pour cet effet d'obéïr à tout ce que ledit sieur Lieutenant Criminel commandera, en telle sorte que ledit Guillaume n'en reçoive aucune plainte ni reproche. Cette convention ainsi faite moyennant & à raison de la somme de cinquante livres l'année, que ledit Guillaume promet de bailler & payer audit André ou au porteur aux quatre quartiers accoutumez également, dont le premier quartier & jour de payement échera au dernier jour de Mars aussi prochain, & continuer de-là en avant ledit payement de quartier en quartier après ensuivant, tant & si longuement que ledit service durera: Au moyen de quoi ledit Guillaume touchera & recevra à son profit tous les gages attribuez à sondit Office; car ainsi, &c. promettant, &c. obligeant, &c. renonçant, &c.

Convention en forme de procuration pour la direction & œconomie d'une Académie Royale.

FUt présent Cesar Ecuyer de la Grande Ecurie du Roi, tenant son Académie Royale ruë d'une part; & Alexandre demeurant ruë d'autre part: lesquelles parties sont convenuës entr'elles de ce qui ſuit ; c'eſt à ſçavoir que ledit Ceſar a baillé & accordé audit Alexandre ce acceptant pour ſix années prochaines & conſécutives, à compter de ce jourd'hui, la direction, œconomie & entiere conduite de ſa maiſon & affaires, & lui donne par ces préſentes tout pouvoir, puiſſance & procuration générale & ſpéciale, de pour & au nom dudit ſieur Ceſar conſtituant, demander & recevoir ſous ſes quittances & ſous celles de lui Alexandre tous les deniers qui lui ſont & ſeront ci-après dûs pour les penſions & exercices de ſes Ecoliers, & autrement par quelque perſonne & pour quelque cauſe que ce ſoit. Pour cet effet ledit ſieur Ceſar lui fournira ſeſdites quittances à meſure qu'il les lui demandera ; & ſi beſoin eſt, fera ledit Alexandre en tel tems & pour tel prix que bon lui ſemblera, les achats néceſſaires pour la fourniture de ladite maiſon dudit ſieur Ceſar, y employera les deniers de ſa recette : & s'ils ne ſuffiſent, lui ſera loiſible de ſuppléer au défaut, & de faire de ſes deniers propres & particuliers les avances, deſquelles il ſe rembourſera par préference à qui que ce ſoit ſur les premiers qu'il touchera enſuite pour ledit ſieur Ceſar en vertu deſdites préſentes. Et à ces fins icelui Ceſar ne pourra, ſous quelque prétexte que ce ſoit, donner en payement de ce qu'il doit juſqu'à ce jour à perſonne quelconque les promeſſes & billets qui lui ſeront faits pour leſdites penſions & exercices de ſes Ecoliers, ſans le conſentement par écrit dudit Alexandre, parce que lui ſeul a dès à préſent tout le droit dudit Ceſar pour les recevoir & en diſpoſer aux fins ſuſdites ; car autrement il n'auroit accepté ladite œconomie. Pour connoître l'état de laquelle œconomie de tems en tems, ledit ſieur Ceſar ſera tenu d'arrêter les comptes que ledit Alexandre lui préſentera toutefois & quantes qui l'en requerra. Et en conſidération des peines & ſoins qu'icelui Alexandre prendra au fait & exercice de ladite œconomie, ledit ſieur Ceſar lui a pareillement accordé & promis payer par chacune deſdites ſix années la ſomme de deux mille livres pour ſes appointemens : & outre ce de le nourrir & loger avec ſa femme & famille dans ſadite maiſon en un appartement raiſonnable & honnête ſelon ſa condition, ſans qu'il le puiſſe contraindre en quelque ſorte & maniere que ce ſoit avant le ſuſdit tems expiré d'en ſortir, ni de quitter ladite adminiſtration & œconomat, à peine de ſix mille livres qu'il ſera obligé & contraint de payer en pure perte pour lui, ſçavoir moitié audit Alexandre pour ſes dommages & intérêts, & l'autre moitié à l'Hôpital Général de Paris. Et encore à la charge par ledit Ceſar de rembourſer audit Alexandre toutes les avances qu'il aura faites, & de lui payer tous les appointemens qui lui en ſeront dûs, avant qu'il puiſſe être reçû à dire ni propoſer aucune choſe contre ledit Alexandre, qui autrement & ſans cette clauſe expreſſe n'auroit non plus accepté ledit œconomat ; mais ſi ledit Alexandre deſiroit le quitter & s'en retirer avant l'expiration dudit tems, il le pourra faire quand bon lui ſemblera : Ce faiſant, ledit Ceſar ſera tenu de lui payer auſſi tout ce qui lui ſera dû deſdits appointemens & avances ; car ainſi, &c. *Election de domicile de part & d'autre.*

Convention en forme de vente d'une Charge de Lieutenant d'Infanterie.

FUrent présens Lieutenant au Regiment de d'une part, & Ecuyer, assisté de l'avis de *une telle* sa mere & tutrice, d'autre : lesquels ont reconnu avoir accordé ce qui ensuit : c'est à sçavoir que ledit sieur a présentement mis ès mains dudit sieur de sa démission qu'il a passée pardevant les Notaires soussignez, ce jourd'hui dont n'est point resté de minute, de sa Lieutenance audit Regiment, en faveur dudit sieur pour par ledit sieur s'y faire agréer & en obtenir les Lettres nécessaires, & en joüir du moyennant, &c. à quoi ils ont composé pour la récompense dudit sieur de ladite démission ; en déduction de laquelle ledit sieur confesse avoir reçu de ladite mere, qui lui a baillé en l'aquit dudit sieur son fils, & à sa priere en ladite qualité de sa tutrice, en louis d'or la somme de dont, &c. quittant, &c. & le restant montant à ladite Dame s'oblige audit nom, même en son propre & privé nom solidairement, de le bailler & payer audit sieur dans sans intérêts jusqu'à ce tems. De laquelle somme de ladite Dame répond & fait sa dette en son privé nom solidairement avec ledit sieur son fils, sans division ni discussion. Et en cas que ledit sieur soit refusé d'être reçu à ladite Lieutenance, la présente convention demeurera nulle sans dommages & intérêts. Et sera tenu ledit sieur de rendre audit sieur incessamment sadite démission, & ledit sieur à ladite Dame aussi incessamment ladite somme de élisant leurs domiciles, &c.

Convention pour nourriture & logement.

FUt présente Jacqueline veuve de feu demeurante ruë laquelle a promis & promet par ces présentes à Nicolas *de tel état*, demeurant ruë à ce présent & acceptant, de le nourrir avec elle & sa famille honnêtement selon sa condition, & à cette fin de lui fournir chacun jour pour ses alimens de bouche, pain & viande suffisamment, chopine de vin au dîner & autant à souper, feu, chambre garnie & lumiere, à commencer demain *tel jour*. Et aussi de lui fournir tout le linge de table nécessaire & draps du lit, moyennant la somme de six cens cinquante livres par an, que ledit Nicolas sera tenu, promet & s'oblige de bailler & payer par avance à ladite Jacqueline son hôtesse en quatre payemens égaux de trois mois en trois mois, reconnoissant ladite Jacqueline avoir reçû comptant dudit Nicolas la somme de pour le premier quartier de payement de sadite pension & logement, dont, &c. quittant, &c. Le second payement par avance échera d'hui en trois mois prochains, & ainsi continuer à payer ladite pension par avance de trois mois en trois mois après ensuivans tant & si longuement que ladite Jacqueline le nourrira & logera, comme dit est, à condition aussi que ledit Nicolas se rendra en ladite maison de ladite Jacqueline aux heures ordinaires pour prendre ses repas, & sera le soir sa retraite à heure dûë, sans que ledit Nicolas puisse être tenu de payer aucune chose pour les serviteurs & servantes de ladite Jacqueline, ni aussi qu'elle le puisse obliger d'en prendre pour le servir. Et ne durera la présente convention qu'autant de tems que les parties le desireront; c'est pourquoi leur sera loisible respectivement de s'en désister quand bon leur semblera, en avertissant l'un l'autre quinze jours auparavant, moyennant quoi n'y aura aucuns dépens, dommages ni intérêts à prétendre de part ni d'autre, en payant toutefois ce qui se trouvera être lors dû de part ou d'autre pour raison desdites nourritures & logement; car ainsi, &c. promettant, &c. obligeant chacun en droit soi, &c.

Convention en forme d'Alloüée d'Actrice de Théâtre.

PArdevant les Conseillers du Roi, Notaires à Paris soussignez, furent présentes Françoise B veuve de Joanin D elle Directrice de l'Opera, étant de présent en cette Ville logée ruë Paroisse Saint d'une part. Et Charlotte M fille, âgée de ans ou environ, demeurante ruë Paroisse Saint d'autre part. Lesquelles sont convenuës & demeurées d'accord de ce qui ensuit. C'est à sçavoir, que ladite veuve D a par ces présentes retenu à son service pendant le tems & espace de années consécutives, à commencer au du présent mois d ladite M à laquelle durant ledit tems ladite veuve D sera tenuë comme elle promet & s'oblige de faire, apprendre à chanter, danser, lire, écrire & autres exercices nécessaires & convenables pour les représentations de piéces & jeux de Théâtre que ladite veuve D ira faire à l'Isle en Flandre & autres Villes des Pays-bas, où ladite M sera tenuë, comme elle s'oblige de la suivre & accompagner, & lui donner tous ses soins, peines & applications, pour se rendre capable & rendre service à ladite veuve D dans ledit exercice & profession, pendant lequel tems de années ladite veuve D sera tenuë de nourrir, loger & coucher ladite M lui faire blanchir son gros & menu linge, la traiter doucement & raisonnablement comme il appartient, sans aucunement s'absenter par ladite M qui obéira à ladite veuve D en tout ce qu'elle lui commandera de licite & honnête; promettant en outre icelle veuve D de payer par chacun desdits ans à ladite M la somme de livres, pour gages & récompenses de ses services, à peine de tous dépens, dommages & intérêts; car ainsi a été convenu & accordé entre les parties; promettant, &c. obligeant, &c. chacun en droit soi renonçant, &c. Fait & passé à Paris ès Etudes, &c. le Et a ladite veuve D signé; & ladite M a déclaré ne sçavoir écrire ni signer: de ce enquise suivant l'Ordonnance.

Convention au sujet d'une chose trouvée.

FUrent présens Françoise P femme de Marin G Rotisseur à Paris, de lui pour ce présent assistée & autorisée à l'effet des présentes, demeurans ruë Paroisse d'une part. Marie B femme de Jacques S Maître de Danses, de lui pareillement pour ce présent, assistée & autorisée, demeurans chez lesdits G & sa femme d'autre part. Lesquelles femmes G & S ayant trouvé ensemble devant la porte de la boutique dudit G une garniture de tête de femme à dentelle de Malines en piéces, qui consistent en laquelle garniture elles ont fait estimer ensemble par une Maîtresse Lingere, qui l'a évaluée à la somme de livres, & attendu que les Parties ne sçavent à qui elle appartient, n'ayant été reclamée de personne depuis près de mois qu'elles l'ont trouvée, sont convenuës de se faire raison à chacune d'elles par moitié de ladite garniture, & que ne se pouvant partager, elle resteroit à ladite femme G qui reconnoît l'avoir dès à présent en sa possession, & promet solidairement avec sondit mari, & de son consentement, de faire raison ausdits S & sa femme de livres, dont ils leur tiendront compte, & diminuëront d'autant sur les loyers qu'ils leur doivent pour leur moitié en ladite garniture, étant convenu toutefois, qu'au cas que ladite garniture soit reclamée par ceux à qui elle appartient, & que par conséquent lesdits G & sa femme soient obligez de la rendre ou la valeur, suivant ladite estimation, lesdits S & sa femme seront obligez, comme ils promettent aussi solidairement de leur payer & rembourser lesdites livres, qu'ils leur auroient diminuez, comme dit est sur lesdits loyers; car ainsi, &c. promettant, &c. obligeant lesdites Parties solidairement comme dessus, &c. renonçant, &c. Fait & passé à Paris ès Etudes, &c. le mil Et ont signé.

Convention par laquelle deux femmes se chargent de deux enfans orphelins, pour les élever.

FUrent présentes Françoise M veuve de Guillaume L Maître Tailleur d'habits à Paris, y demeurante & Marguerite B veuve de François O Bourgeois de Paris, y demeurante ruë & Paroisse Lesquelles sur ce qui leur a été représenté par Elisabeth C veuve de Vincent T Chirurgien dans les Armées du Roi, demeurante ruë Paroisse à ce présente, que ledit défunt son mari auroit laissé trois enfans de trois lits différens; le premier nommé Marie-Magdelaine T fille dudit défunt T & de Marie-Louise D sa premiere femme, petite-fille de ladite Françoise M la seconde, nommée aussi Marie-Magdelaine T fille dudit défunt & de feue Nicolle S sa seconde femme, & la troisiéme & derniere nommée Catherine T aussi fille dudit défunt, & de ladite C à présent sa veuve; & que tous ses biens consistent au peu de meubles & ustenciles de ménage, qui sont dans l'appartement qu'occupoit ledit défunt, & où ladite veuve est demeurante dite ruë que ladite veuve ne pouvant garder chez elle lesdits trois enfans, n'étant pas en état de les pouvoir faire subsister, elle auroit requis lesdites veuves L & O de prendre chez elles les deux enfans du premier & second lit, & de se charger de leur conduite, logemens, nourritures & entretiens; & qu'à l'égard de ladite Catherine T fille dudit défunt & de ladite défunte C sa veuve, elle la gardera & s'en chargera, & qu'elle payeroit à chacune desdites veuve, la somme de livres du produit desdits meubles demeurez après le décès dudit défunt, qui seroient ensemble livres, serviroient à payer au sieur Z Chef de cuisine de M. à qui ledit défunt la devoit dès ses premier & second mariages, & le surplus desdites livres appartiendroit ausdites veuves L & O lesquels livres, ladite veuve T s'oblige payer à chacune desdites veuves par moitié dans le jour d prochain, & lesdits livres dans aussi prochain, à peine, &c. soit ausdites veuves, comme dit est, ou audit sieur Z Créancier, au moyen de quoi & voulant lesdites veuves L & O montrer l'amitié & charité qu'elles ont pour lesdits deux enfans des premier & second lits leur petite fille & niece, elles se sont volontairement chargées par pure charité, sçavoir ladite veuve L de ladite Marie-Magdelaine T sa petite fille, & ladite veuve O de ladite Marie-Magdelaine T sa niece, pour leur fournir tout ce qu'elles auront besoin, les mettre où bon leur semblera, & disposer desdites filles à leur volonté, sans que pour ce elles puissent demander aucunes choses que ce que dessus déclaré: car ainsi, &c. promettant, &c. obligeant, &c. renonçant, &c. Fait & passé à Paris ès Etudes, &c. le mil a midi. Et ont signé.

Convention en forme de Délibération, au desir d'une Sentence qui ordonne que les Parties nommeront & choisiront entr'elles une personne, à l'effet de faire le recouvrement de certains effets estimez douteux, pour après lequel recouvrement fait, être iceux effets partagez entre lesdites Parties.

AUjourd'hui sont comparus pardevant les Conseillers du Roi, Notaires à Paris soussignez, François L Ecuyer, Premier Huissier du Roi en son Grand Conseil, & Grande Chancellerie de France, demeurant à Paris ruë Paroisse Saint Jean-François L Ecuyer, Valet de Chambre ordinaire du Roi, demeurant susdite ruë & Paroisse, & Damoiselle Louise G fille majeure, usante & joüissante de ses biens & droits, demeurante ruë Paroisse Saint tant en son nom, que comme se faisant & portant fort de Damoiselle Anne G sa sœur, lesdits sieurs L de leur chef héritiers, chacun pour un quart de défunts Messire Jean L Conseiller du Roi, Contrôleur des Consignations du Grand Conseil, & de Damoiselle Anne C jadis sa femme, leur pere & mere, & lesdites Damoiselles

selles G conjointement héritieres pour un autre quart desdits défunts sieur & Damoiselle L leur ayeul & ayeule par représentation de Damoiselle Anne-Marguerite L leur mere ; lesquelles Parties s'étant représenté le partage fait, lesdits sieurs L Comparans, le sieur Henri L leur frere aîné & héritier pour l'autre quart desdits défunts sieur & Damoiselle L ses pere & mere & sieur Jean G pere & Tuteur desdites Damoiselles G des biens des successions desdits défunts sieur & Damoiselle L passé devant le sieur N Commissaire, le & autres jours suivans mil & ayant reconnu après en avoir pris lecture, & particuliérement ladite Damoiselle Marie-Louise G qu'il étoit demeuré en commun par ledit partage plusieurs effets y énoncez, dépendans desdites successions, ayant été considerez comme effets douteux, & notamment les sommes dûës par la succession de défunte Dame Anne J veuve du sieur M Secretaire du Roi, Hilaire D & sa femme, &c. & autres énoncez audit partage & Inventaire faits après le décès desdits défunts sieur & Dame L lesquels effets sont à présent & actuellement en la possession dudit sieur Henri L tant pour lui avoir été mis ès mains par lesdits Inventaire & partage, que ceux depuis à lui délivrez par ledit sieur François L & par le sieur P Procureur en la Cour, ausquels il en a donné sa reconnoissance & recepissé, & s'étant lesdites Parties assemblées en l'Etude de l'un desdits Notaires soussignez, en exécution de la Sentence du Châtelet de Paris contradictoirement renduë entre lesdits sieurs L le du présent mois de dont elles reconnoissent aussi avoir pris communication, portant qu'il seroit déliberé d'une personne entr'elles, pour faire le recouvrement desdits effets, ès mains de laquelle les papiers & piéces concernans lesdits effets douteux seroient mis, ou d'en faire le partage entr'eux, & ayant lesdites Parties consideré qu'elles ne pouvoient à présent faire le partage, attendu que lesdits effets douteux ne sont pas de nature en l'état qu'ils sont, à pouvoir être partagez, ainsi qu'il a été reconnu par ledit premier partage de mil & d'ailleurs, attendu que depuis que ledit sieur Henri L en est en possession, il n'a fait aucune diligence, & en a laissé perir la meilleure partie, même depuis années ou environ que demande lui en a été faite, sur laquelle a été obtenu plusieurs Sentences, & particuliérement la derniere dudit jour présent mois, pourquoi ils se reservent leurs droits & actions en garantie contre ledit sieur Henri L Sont convenus pour satisfaire à la derniere Sentence, de leur part de faire faire le recouvrement desdits effets, pour à quoi parvenir, ils ont nommé & choisi la personne dudit sieur Jean-François L ès mains duquel ils consentent que ledit sieur Henri L délivre toutes les piéces qu'il a concernant lesdits effets à recouvrer ; quoi faisant, il en demeurera valablement déchargé, pour être ledit recouvrement fait pendant le tems de années, après lequel expiré, il sera amiablement convenu entre les Parties ou en Justice ordonné ce qu'il appartiendra ; les frais à faire pour parvenir audit recouvrement, seront faits & avancez par ledit sieur Jean-François L dont il sera remboursé sur les premiers deniers qu'il recevra dudit recouvrement, pour être ce qui proviendra dudit recouvrement partagé entre les Parties chacun pour ce qui leur en revient ès qualités susdites, sans préjudice de leurs droits & actions respectifs à l'encontre dudit sieur Henri L Car ainsi, &c. Promettant, &c. obligeant, &c. renonçant, &c. Fait & passé à Paris en l'Etude de l'un desdits Notaires soussignez, le jour d a midi. Et ont signé.

Convention & Partage entre le veuf d'une défunte & les Héritiers de sa succession, des biens & effets d'icelle contenus en l'Inventaire fait après son décès.

FUrent présens Jean P Maître Menuisier à Paris, y demeurant ruë Paroisse d'une part. Antoine P aussi Maître Menuisier, & Elisabeth R sa femme qu'il autorise à l'effet des présentes, demeurant ruë Paroisse Saint d'autre part. Edme C Huissier Royal, demeurant ordinairement à . & Jeanne-Françoise B sa femme qu'il autorise pareillement à l'effet des présentes, de présent à Paris, logez susdite ruë encore d'autre part. Lesdites Elisabeth R & Jeanne-Françoise B par représentation de défunte Marie R sa niece, au jour de son décès, veuve de Jacques B héritieres chacune pour moitié de défunte Anne Q leur sœur & tante au jour de son décès, femme dudit Jean P & auparavant veuve de Jean L Marchand de Vin à Paris. Lesquelles Parties, pour éviter les contestations qui auroient pû naître entr'elles au sujet des biens & effets contenus dans l'Inventaire fait après le décès de ladite défunte Anne R par & l'un des Notaires soussignez, en datte au commencement du sont demeurées d'accord de ce qui ensuit.

Sçavoir, que ledit Jean P a retenu du consentement des Parties, des meubles inventoriez audit Inventaire jusqu'à la somme de livres pour son préciput stipulé par le Contrat de mariage d'entre ledit Jean P & ladite défunte sa femme, passé devant & Notaires à Paris, le suivant la prisée & sans-cruë; & à l'égard du surplus desdits meubles montans à livres sols deniers, ont été partagez entre les Parties; sçavoir, moitié ausdits Antoine P C & leurs femmes esdites qualitez d'héritiers de ladite défunte Anne R à cause de la Communauté d'entre ledit Jean P & elle stipulée par ledit Contrat de mariage, & à l'égard des billets inventoriez par ledit Inventaire, le premier de la somme de livres fait par le sieur le sous la Cotte Le second, &c. Les Parties sont convenuës, qu'ils seront reçûs par elles à leurs échéances; sçavoir, ledit Jean P la moitié du contenu en iceux, & l'autre moitié par lesdits Antoine P & C comme à eux appartenans, à cause de ladite Communauté, & que le billet de livres sera déposé entre les mains du sieur S ci-après nommé, jusqu'à son échéance, pour être le contenu en icelui reçû par les Parties, conjointement chacun pour leur part & portion, comme il est dit ci-dessus: dont en ce faisant ledit Jean P en demeurera déchargé, & les autres billets resteront jusqu'à leurs échéances, entre les mains dudit Jean P pour être le contenu en iceux reçû aussi conjointement par lui

& lesdits Antoine P & C à mesure de leurs échéances, sans que ledit Jean P puisse les recevoir en l'absence des autres Parties, mais les recevra conjointement avec eux, comme dit est, reconnoissant lesdits Antoine P & C & leurs femmes, que ledit Jean P leur a présentement mis entre les mains la promesse du sieur C & sa femme de livres inventoriée sous la Cotte dudit Inventaire, comme à eux appartenant au moyen de la stipulation de propre portée audit Contrat de mariage, ayant les Parties fait compensation de la moitié de ce qui a été reçû à compte d'icelui pendant ladite Communauté, dont ledit Jean P leur devoit faire indemnité avec la moitié des frais funéraires de ladite défunte, qu'ils lui devoient rembourser, dont ils se quittent & déchargent réciproquement, consentant lesdits Antoine P & C & leurs femmes que ledit Jean P joüisse par usufruit sa vie durant de livres de rente, pour le principal de livres à lui donnez par ladite défunte sa femme par le dit Contrat de mariage, pour en joüir par usufruit, lesquelles livres de rente, il prendra sur les livres de rente, constituez sur les Aydes & Gabelles de France au principal de livres, le mil inventorié sous la Cotte dudit Inventaire, dont le Contrat est entre les mains du sieur E comme il est porté audit Inventaire, pour être ledit usufruit réuni au principal, après le décès dudit Jean P comme il est porté par ledit Contrat; à l'effet de quoi ledit Jean P pourra se faire immatriculer, & recevoir sur ses quittances particulieres des sieurs Payeurs de ladite rente lesdits arrérages de livres de rente, ainsi que lesdits Antoine P & C & leurs femmes le consentent: Ce faisant que lesdits sieurs Payeurs en soient bien & valablement quittes & déchargez, même consentent que pour en faciliter la réception des six mois courans de la totalité de ladite rente, que ledit Jean P la reçoive sur sa quittance particuliere desdits sieurs Payeurs, dont ils seront en ce faisant, pareillement bien déchargez, pour être par ledit Jean P payé ausdits Antoine P & C moitié de ladite demie année courante d'arrérages de rente échuë par avance au premier Juillet dernier, comme à eux appartenante, & étant échuë pendant ladite Communauté; & d'autant que ledit Contrat de rente sur la Ville est entre les mains dudit sieur E comme dit est, a été convenu que lesdits Antoine P & C & leurs femmes le retireront de ses mains à leurs frais, pour ensuite en aider ledit Jean P & être à l'instant & en le délivrant fait mention sur ladite grosse dudit usufruit au profit dudit Jean P par tous Notaires requis, & si bon semble sur sa minute, ainsi qu'ils le consentent, sans que leurs présences y soient nécessaires, même de la somme de livres, qui est dûë à Noël le S fils du premier mari de ladite défunte Anne R & de Jeanne T sa premiere femme, pour le doüaire constitué à ladite défunte Anne R par sondit premier mari, dont elle a joüi sa vie durant, lequel est reversible, & appartient présentement audit Noël le S suivant qu'il est mentionné au Contrat de mariage dudit Jean P & de ladite défunte sa femme, conviennent les Parties qu'en cas que ledit Noël le S prétende recevoir ladite somme de livres en deniers comptans, & ne veüille point se contenter de livres de rente à prendre dans ledit

Contrat de constitution sur la Ville, que lesdits P & C & leurs femmes rapporteront ladite somme de livres avec les intérêts, si aucuns s'en trouvoient dûs, sauf néanmoins leurs défenses en cas d'action de la part dudit le S (pour être payé) & aussi en cas que la prétention dudit sieur E qu'il a expliquée par ledit Inventaire, pût avoir lieu (ce qu'ils n'estiment pas) & qu'il se trouvât lui être dû aucune portion d'arrérages de rente (cela présupposé, & aux protestations que la présente stipulation ne leur pourra nuire ni préjudicier) ils rapporteroient audit cas leurs portions d'arrérages dans ladite rente, dont ledit Jean P pourroit être poursuivi, & dont lesdits Antoine P & C & leurs femmes pourroient être tenus depuis ledit Inventaire, attendu le partage ci-dessus fait de tous les effets de ladite Communauté, à l'effet de quoi lesdits Antoine P & C & leurs femmes, & sieur Pierre S Bourgeois de Paris, y demeurant susdite ruë Paroisse Saint pour ce présent & intervenant, s'est rendu caution & répondant envers ledit Jean P desdits Antoine P & C & leurs femmes, & se sont solidairement l'un pour l'autre chacun d'eux un seul pour le tout, sans division, discussion ni fidejussion, à quoi ils renoncent, obligez d'acquitter, garantir & indemniser ledit Jean P de toutes les susdites actions & prétentions desdits sieurs E & le S tant en principal, intérêts, que dépens : Reconnoissant ledit sieur S que ledit billet de livres, lui a présentement été mis entre les mains, & dont il s'est chargé au désir, & comme il est ci-dessus dit : car ainsi, &c. Et pour l'exécution des présentes, les Parties ont élû leurs domiciles où chacune d'elles sont demeurantes : Ausquels lieux, &c. nonobstant, &c. promettant, &c. obligeant, &c. solidairement comme dessus, &c. renonçant, &c. Fait & passé à Paris ès Etudes, &c. l'an mil sept cens le jour d a midi. Et ont signé.

Convention en forme de Déclaration en interprétation d'un Acte antérieur.

AUjourd'hui sont comparus pardevant les Conseillers du Roi, Notaires au Châtelet de Paris soussignez, sieur Philippe G Maître Peintre à Paris, y demeurant ruë Paroisse Saint d'une part. Et Jean P Menuisier, demeurant Fauxbourg Paroisse d'autre part. Lesquels sont convenus ensemble de ce qui ensuit : C'est à sçavoir qu'encore que par Acte passé pardevant lesdits Notaires soussignez ce jourd'hui, dont il n'y a point de minute, ledit P ait reconnu que toutes les Marchandises achetées & à acheter, employées, & pour employer à faire de la colle pour les Menuisiers & autres Ouvriers, appartiennent entiérement audit G au moyen de ce qu'il fraye actuellement les deniers pour lesdits achats, & que comme privilégié, il les reprendra quand bon lui semblera ; néanmoins les deux tiers de la colle qui sera faite, & les deux tiers du profit & debit d'icelle appartiendront audit P pour ses peines, soins & fabrications d'icelle, & l'autre tiers audit G au moyen de ce qu'il a frayé & fraye actuellement tous les deniers qu'il conviendra pour la façon de ladite colle, & reprendra avant le partage, & sur le tout, quand bon lui semblera, les deniers qu'il a avancez & avancera comme dit est, & se sont soumis & obligez lesdites Parties d'entretenir ces présentes pendant le tems de années, de ce jour, sans pouvoir s'en déporter, à peine de tous dépens, dommages & intérêts. Promettant, &c. obligeant, &c. renonçant, &c. Fait & passé à Paris en l'Etude de L l'un desdits Notaires soussignez, l'an mil sept cens le jour d a midi. Ledit G a signé; & ledit P a déclaré ne sçavoir écrire ni signer, de ce enquis. Ces présentes doubles.

Convention portant Solution d'un Bail à rente, autre Bail à rente & Titre Nouvel.

FUrent présens Magdelaine G veuve de Jean M Cordonnier, demeurant à N étant de présent à Paris, d'une part. Et Me Matthieu L Avocat en Parlement, demeurant ruë Paroisse Saint au nom & comme Procureur de Mre Louis de C Confrere de l'Oratoire de Jesus, fondé de sa procuration passée pardevant & Notaires au Châtelet de Paris, le générale pour les affaires dudit sieur de C & spéciale à l'effet des présentes, ainsi qu'il est apparu aux Notaires soussignez par l'original de ladite Procuration à eux représenté, & demeuré ci-annexé, d'autre part. Lesquels sont convenus de ce qui ensuit. C'est à sçavoir que ladite veuve M ayant déclaré audit sieur L audit nom, qu'à cause de son grand âge & infirmités, & étant demeurée veuve depuis ans ou environ, elle n'est plus en état de façonner les vignes qu'elle tient à rente dudit sieur de C sur le Terroir dudit N en sorte que si elle demeuroit chargée plus long-tems desdites vignes, ledit sieur de C courroit risque de perdre sa rente & les arrérages qui lui sont dûs, ce qu'il pourroit éviter, s'il vouloit bien la décharger de ladite rente à l'avenir, & reprendre lesdits héritages pour les donner à d'autres, en sorte néanmoins qu'il voulût bien préferer les enfans d'elle & dudit M lesquels se chargeroient à l'avenir de ladite rente, même de payer les arrérages échus, & qui peuvent être dûs jusqu'à présent, d'entretenir lesdites vignes, en sorte que ladite rente y puisse être aisément perçûë; à quoi ledit sieur L inclinant pour ledit sieur de C lesdites Parties ont consenti respectivement par ces mêmes présentes la nullité & résolution du Contrat de Bail à rente passé par Dame Diane de B veuve de feu sieur Jean C au profit de Jean L le de quartiers de vignes scis au Terroir de N lieu d tenans lors à d'autre à par haut sur le chemin de & par bas sur celui de lequel Bail à rente Marguerite G veuve dudit Jean L a depuis cedé audit Jean M par Contrat passé pardevant Tabellion audit N le & en conséquence ladite veuve M demeure déchargée à l'avenir des arrérages de la rente de livres, à la charge de laquelle lesdits héritages avoient été baillez, sans préjudice de ceux échus du passé, desquels sera fait compte entre les Parties, comme aussi ladite veuve M demeure déchargée de toutes les actions qui pourroient naître en vertu dudit Contrat, comme seroit l'entretien des héritages & autres de cette nature, & par ces mêmes présentes ledit sieur L audit nom pour satisfaire à la priere de ladite veuve M & ne voulant retenir la proprieté desdits héritages, mais les faire passer aux enfans de ladite veuve M selon son intention, en considération des augmentations qui peuvent avoir été faites sur lesdits héritages, reconnoît & confesse avoir baillé & delaissé à titre de rente annuelle & perpétuelle du tout, dès maintenant & à toujours à Leger M Vigneron, demeurant à & Antoine M aussi Vigneron, demeurant audit N enfans dudit défunt Jean M & de ladite G étant de présent à Paris, à ce présens & acceptans lesdits quartiers de vignes au lieu de tenant à présent d'un côté à d'autre à par haut au chemin de & par bas à celui de le tout ainsi que leursdits pere & mere en ont joüi, étant en la censive des Seigneurs ou Dames dont ils sont tenus & vers eux chargez de tels cens & rentes qu'ils peuvent devoir, pour tout & sans autres charges, dettes, hypothéques ou redevances, pour en joüir par lesdits Preneurs comme de chose à eux appartenante : Ce présent Bail à rente, cession & transport ainsi faits à la charge de payer lesdits cens & droits Seigneuriaux, tant du passé qu'à l'avenir, & outre moyennant le prix & somme de livres de rente, qui est la même pour laquelle lesdits héritages étoient tenus par ledit défunt M ladite rente annuelle, perpétuelle & de Bail d'héritages, que lesdits L & Antoine M ont promis solidairement un seul pour le tout, sans division, discussion ni fidejussion, à quoi ils renoncent, bailler & payer par chacun an, au Jour & Fête de Saint Martin d'hyver audit sieur de C ou au porteur, &c. dont la premiere année échera au jour de Saint Martin prochain de la présente année, & continuer de-là en avant, tant sur lesdits quartiers de vignes ci-dessus déclarez, qui y demeurent spécialement hypothéquez, & qu'ils ont promis maintenir & entretenir en bon état & valeur; en sorte que ladite rente y puisse être valablement prise & perçûë, & généralement sur tous les autres biens, meubles & immeubles desdits Preneurs présens & à venir, qu'ils en ont affecté, obligé & hypothéqué pour fournir & faire valoir ladite rente bonne, solvable & bien payable, sans que les obligations générales & spéciales dérogent l'une à l'autre; & quoique ladite rente soit dite annuelle & perpétuelle, néanmoins elle demeurera rachetable à la volonté desdits Preneurs, en baillant & payant la somme de livres en deux payemens égaux chacun de livres, avec les arrérages qui seront lors dûs & échus, frais & loyaux-coûts; comme aussi lesdits Leger M & Antoine M sous la même solidité se sont obligez de payer audit sieur de C ou autre pour lui, ce acceptant par ledit sieur L les arrérages qui sont dûs & échus de ladite rente, du passé jusqu'au jour de Saint Martin d'hyver dernier, suivant le compte, qui en sera fait à l'amiable entre les Parties; & par ces mêmes présentes lesdits Leger M & Antoine M ont reconnu être détempteurs & propriétaires de autres quartiers de vignes, scis au même lieu que ceux ci-dessus designez & avec les mêmes tenans & aboutissans, lesquels ladite Dame de C avoit aussi donné à rente à Henri L par Contrat passé pardevant Tabellion à le lesquels quartiers de vignes ont été cedez par Geneviéve D veuve Baudille C & Jean C étant aux droits dudit Henri L audit défunt M & sa femme, pour au nom & au profit desdits Leger M & Antoine M ainsi que le porte le Contrat de cession & transport passé pardevant Tabellion audit le sur lesquels quartiers de vignes, lesdits M reconnoissent que ledit sieur de C & ses freres doivent prendre & percevoir par chacun an livres de rente, aussi de Bail d'héritage au Jour & Fête de Saint Martin d'hyver de chacune année : laquelle rente ils s'obligent aussi solidairement sans division, discussion ni fidejussion, à quoi ils renoncent, payer & continuer audit sieur de C ou au porteur, &c. tant qu'elle aura cours, tant sur lesdits quartiers, que sur leurs autres biens, avec l'autre rente de livres, par chacun an ci-dessus spécifiée, qui feront livres par chacun année, qu'ils seront obligez de payer sous ladite solidité, sans préjudice des arrérages desdites deux rentes échus du passé jusqu'au jour de S. Martin d'hyver, qu'ils s'obligent aussi payer, le tout sans aucune novation à l'hypothéque des anciens Contrats desdites rentes : Et attendu que ledit Antoine M est mineur de vingt-deux ans, ledit Leger M a promis & s'est obligé de le faire ratifier, si-tôt qu'il aura atteint l'âge de majorité, sans que le défaut de ratification puisse nuire ni préjudicier au présent Contrat, & à la solidité y portée : Car ainsi, &c. & pour l'exécution des présentes, lesdits M ont élû leur domicile irrévocable en la maison de Me R Procureur au Châtelet, scise ruë Paroisse Saint Auquel lieu, &c. nonobstant, &c. promettant, &c. obligeant, &c. solidairement, &c. renonçant, &c. Fait & passé à Paris en l'Etude de l'un des Notaires soussignez, l'an mil sept cens le jour de a midi. Et ont signé.

Convention d'un Fossoyeur avec des Marguilliers.

FUrent présens les sieurs Noël C Augustin L Louis Q & Jean F Marchands, Bourgeois de Paris, au nom & comme Marguilliers de présent en charge de l'Oeuvre & Fabrique de l'Eglise Paroissiale de Saint à Paris : Lesquels ont reconnu & confessé avoir retenu & retiennent par ces présentes Louis V demeurant Fauxbourg de susdite Paroisse Saint à ce présent & acceptant, pour Fossoyeur de ladite Eglise, à commencer du du présent mois, tant que ledit V vivra, en accomplissant & observant par lui les conditions & charges ci-après, qu'il promet exécuter & accomplir selon & ainsi qu'il ensuit.

Premiérement. Qu'icelui V sera tenu d'avoir un bon & fidele Registre des Mortuaires, qui surviendront des personnes, pour lesquelles sera par lui fait des fosses pour les ensepulturer au Cimetiere de ladite Eglise, pour desdites fosses rendre & tenir compte ausdits sieurs Marguilliers présens & avenir, au profit de ladite Oeuvre & Fabrique de sols pour chacune desdites fosses, tant grandes que petites aux Convois où il y aura Prêtres, & sols pour ceux où il n'y aura que Prêtres, & mettre icelui Registre ès mains desdits sieurs Marguilliers de mois en mois, outre un extrait d'icelui qu'il fournira de quinzaine en quinzaine.

Item. Que pour la gloire de Dieu & utilité des Paroissiens, sera tenu ledit V d'enterrer & inhumer tous les pauvres de ladite Paroisse, & faire les fosses, sans pour ce en prétendre, ni demander aucune chose.

Item. Que s'il avient (ce qu'à Dieu ne plaise) que la maladie contagieuse soit en cours, & que les malades en décedent, sera aussi tenu ledit V d'aller & transporter les corps du lieu où ils seront gissans, si-tôt & incontinent qu'il en sera averti par qui que ce soit, & pour cet effet se faire assister d'hommes nécessaires, en sorte qu'il n'en soit fait aucune plainte.

Item. Sera tenu ledit V de sonner tous les seconds & derniers coups, tant de Vêpres & Matines, qu'Heures Canoniales qui se disent & chantent en ladite Eglise, si-tôt & incontinent que par le Clerc de l'Oeuvre aura été sonné le premier coup, pour laquelle sonnerie desdites Heures Canoniales sera payé audit V ainsi qu'il s'est pratiqué par le passé, la somme de livres par chacun an, qui est livres sols, par chacun quartier.

Item. Sera aussi tenu ledit V de carillonner à toutes les bonnes Fêtes, veilles d'icelles, sonner le Pardon à midi, & le soir par chacun jour de l'année, comme aussi carillonner & sonner les veilles & jours des premiers Dimanches des mois, & quand il y aura Procession le lendemain & autres Fêtes Doubles où il y aura accompagnement d'Orgues, les Vêpres du Saint-Sacrement qui se disent par chacun Dimanche, & chacun Jeudi la Messe du Saint-Sacrement, & autres veilles, jours & Octaves du Saint-Sacrement, carillonner tous les Lundis la Messe du Saint-Esprit conformément à la fondation faite par Madame le C

Item. De porter ou faire porter la Banniere de ladite Eglise aux Processions ordinaires, qui se font suivant la coutume, & à celle qui se feront d'extraordinaire, sans pouvoir pour ce prétendre aucuns salaires.

Item. De fermer tous les jours au soir à sept heures, depuis le premier Novembre jusqu'au premier de Mars, & ouvrir à six heures du matin; & depuis ledit jour premier de Mars, jusqu'audit jour premier Novembre à quatre heures du matin & fermer à neuf heures du soir les portes du Cimetiere de ladite Eglise.

Item. D'écurer ou faire écurer & housser ladite Eglise trois fois l'année, pour les jours & Fêtes de Pâques, Saint Patron de ladite Eglise, & la Toussaint.

Item. De sonner à chacun des Obits fondez par les Bienfaicteurs de ladite Eglise, moyennant sols, par chacun desdits Obits où il y aura sonnerie complette, & sols pour la demie sonnerie, qui lui seront payez par lesdits sieurs Marguilliers, à mesure de ladite sonnerie.

Item. De tinter les Messes basses pour défunte Marie L qui se célébrent tous les Mardis de l'année; tous les Mercredis, celles pour défunte Dame Jeanne L & celles des Vendredis, ainsi qu'il est porté par les fondations desdites Messes.

Item. De sonner & tinter tous les Sermons, qui se diront aux jours de Fêtes & Dimanches, & autres jours pendant l'année, & de carillonner la Fête de Notre-Dame de Pitié.

Item.

Item. De monter tous les jours de l'année, mener & conduire l'Orloge de ladite Eglise.

Item. De sonner les matins les Fêtes des six Apôtres, fondées par le sieur D conformément à la fondation.

A été convenu que si ledit V ne faisoit pas bien son devoir en ladite charge, lesdits sieurs Marguilliers & leurs Successeurs le pourront mettre hors d'icelle, & s'en pourvoir d'un autre; comme aussi ledit V pourra demander la résolution des présentes, quand bon lui semblera, en avertissant lesdits sieurs Marguilliers six mois auparavant. Cette convention faite moyennant la somme de livres par chacun an, outre & pardessus ce qui a été ci-dessus accordé audit V que lesdits sieurs Marguilliers tant pour eux que pour leurs Successeurs, promettent & s'obligent audit nom bailler & payer audit V au fur & à mesure qu'il en aura besoin; comme aussi lesdits sieurs Marguilliers lui ont accordé, une cave, une salle basse & chambre au-dessus, dépendans d'une maison appartenante à ladite Fabrique, scise dans ledit Cimetiere de ladite Eglise, pour son logement. Ensemble la permission de mettre par ledit V autant de chaises dans ladite Eglise, que les autres Portes-Verges d'icelle, comme faisant partie de la présente convention. En considération de laquelle & de ce que dessus accordé audit V il sera tenu de sa part, ainsi qu'il s'y oblige de donner par chacun an à ladite Oeuvre & Fabrique ès mains des sieurs Marguilliers en charge la somme de livres, par chacun an, outre & pardessus ce qu'il doit donner pour lesdites fosses, & ce de quartier en quartier, chacun de livres, à commencer audit jour du présent mois. Car ainsi, &c. promettant, &c. obligeant esdits noms réciproquement renonçant, &c. Fait & passé à Paris en l'Etude de l'un des Notaires soussignez, l'an mil sept cens quarante le jour d a midi, Et ont signé.

Convention portant promesse d'obtenir le Congé d'un soldat.

FUrent présens Pierre B Carreleur à Paris & Marguerite M sa femme, qu'il autorise à l'effet des présentes, demeurans Fauxbourg S. grande ruë Paroisse Saint d'une part. Guillaume M Maître Tourneur en bois, & Magdelaine C sa femme, de lui autorisée à l'effet desdites présentes, demeurans ruë & Paroisse Saint d'autre part. Lesquels sont convenus & demeurez d'accord de ce qui suit. C'est à sçavoir, que lesdits B & sa femme ont promis & se sont obligez solidairement l'un pour l'autre, sans division ni discussion., à quoi ils renoncent envers lesdits M & sa femme, ce acceptant, d'obtenir le congé du nommé Christophe P âgé de ans ou environ, fils de ladite Magdelaine C & de Pierre P Couvreur, son premier mari, engagé avec Monsieur Capitaine au Regiment de & ce de Monsieur Colonel dudit Regiment, ratifié dudit sieur d'hui en semaines prochaines; en sorte que ledit Christophe P n'entre point en la campagne prochaine pour le service de Sa Majesté, & lesdits M & sa femme en cette considération, promettent & s'obligent aussi solidairement comme dessus, de bailler & payer ausdits B & sa femme, en leur demeure à Paris ou au porteur, &c. lors du fournissement du congé dudit P la somme de livres, à peine, &c. & s'il arrivoit qu'avec ledit congé par quelque manque de formalité ou autrement, ledit P ne pût avoir sa liberté, qu'après la campagne prochaine : la présente Convention sera & demeurera de nul effet, sans aucune formalité de Justice observer à ce sujet; car ainsi, &c. Et pour l'exécution des présentes, les Parties ont élû leurs domiciles en leurs demeures ci-devant déclarées, ausquels lieux, &c. nonobstant, &c. promettant, &c. obligeant, &c. chacun en droit soi, solidairement de part & d'autre, renonçans, &c. Fait & passé double à Paris ès Etudes, &c. le mil sept cens quarante a midi. Et ont signé, excepté ladite M qui a déclaré ne le sçavoir, de ce interpellée.

Convention d'une personne qui s'oblige de nourrir & entretenir un enfant jusqu'à l'âge de seize ans, pour le revenu de son bien, envers une autre personne, qui est son Tuteur.

FUt présent sieur Jean L Maître Vannier-Quincaillier à Paris, y demeurant ruë Paroisse Saint lequel pour l'amitié qu'il porte à Denis M son filleul, âgé de sept ans passez, fils de défunts Gabriel M Sous-Entrepreneur du pavé de Paris, & de Marie L sa femme, ses pere & mere, a promis & s'est obligé envers Martin G Paveur à Paris, beau-frere & Tuteur dudit Denis M demeurant à Paris, ruë Paroisse Saint à ce présent, de prendre avec lui en sa maison ledit Denis M son filleul, & de le nourrir & loger, blanchir son gros & menu linge, & lui fournir tous ses entretiens, même l'envoyer aux écoles, & lui donner l'éducation & l'instruction convenable à un enfant de son état, & d'en faire son devoir, tant en santé que maladie, jusqu'à ce que ledit enfant ait atteint l'âge de seize ans accomplis, auquel tems ledit G son Tuteur le fera entrer & engager en quelque profession, le tout pour & moyennant les fruits & revenus appartenans audit enfant pour sa portion héréditaire, consistant en une quatriéme partie ès successions de ses défunts pere & mere, lesquels fruits & revenus ledit G audit nom promet payer audit Jean L tous les quartiers, à compter de ce jour, parce que dès cedit jour, ledit enfant est entré chez lui, & ainsi continuer jusqu'à ce que ledit enfant ait atteint le susdit âge de seize ans accomplis : déclarant ledit Jean L qu'en passant le présent Acte, il sçait bien que les revenus dudit enfant sont fort médiocres, & bien au-dessous de la valeur desdits logemens, nourritures, entretien & éducation, mais qu'il s'en veut bien contenter, pour l'amitié, comme dit est, qu'il porte audit enfant son filleul, auquel il fait remise du surplus desdites fournitures au-delà de ses revenus, sans pouvoir dans la suite en faire aucune demande, ni en former aucune action; & lorque ledit Denis M se retirera de la maison dudit Jean L il remportera tous ses linges & habits qui seront à son usage, & dont il se servira actuellement, sans que ledit Jean L en puissa retenir aucune chose. A ce faire étoit présente Marie C femme dudit Jean L & de lui autorisée pour l'effet des présentes, laquelle a promis & s'est obligée pour & avec sondit mari solidairement à l'exécution de la susdite Convention envers ledit enfant, duquel elle promet aussi faire son devoir pour le même prix & aux susdites conditions : Car ainsi, &c. promettant, &c. obligeant, &c. renonçant, &c. Fait & passé à Paris ès Etudes, &c. le mil sept cens quarante a midi. Et ont signé.

Convention portant remise d'une partie d'une dette active en faveur d'un Particulier qui en a fait la découverte.

FUrent présens Claude B Maître Tailleur d'habits à Paris, y demeurant ruë de G Paroisse Denis D aussi Maître Tailleur d'habits à Paris, demeurant ruë dite Paroisse, & Jeanne B sa femme, Charles D aussi Maître Tailleur d'habits à Paris, demeurant ruë Paroisse & Suzanne B sa femme; & sieur François C Bourgeois de Paris, demeurant Paroisse & Elisabeth B sa femme, lesdites femmes autorisées de leursdits maris à l'effet des présentes, & lesdits Claude, Jeanne, Suzanne & Elisabeth B héritiers chacun pour un quart de Salomon B Tailleur d'habits leur pere, en conséquence de la transaction passée entr'eux pardevant M & Notaires à Paris, le lequel Salomon B étoit seul héritier de Jacques V aussi Maître Tailleur d'habits, au moyen de l'acquisition qu'il avoit faite des droits successifs de Pierre B son frere, qui étoit conjointement héritier avec lui dudit Jacques V leur Cousin d'une part. Et sieur Nicolas Louis R Bourgeois de Paris, y demeurant ruë Paroisse d'autre part. Lesquels sont convenus de ce qui ensuit. C'est à sçavoir, que pour reconnoître les peines & soins que ledit sieur R a pris au sujet de la découverte qu'il a faite de deux parties de rentes sur les anciennes Gabelles de France acquises par ledit V l'une de 200. livres, & l'autre de 120. livres de rente constituées le Juillet 1585. qui ont été supprimées en l'année le remboursement desquelles est offert par Sa Majesté avec plusieurs années d'arrérages qui en sont dûs, & pour engager ledit sieur R à continuer ses soins, pour faire faire la liquidation & remboursement, tant desdits principaux qu'arrérages qui sont dûs, dont ils n'ont eu connoissance que par ledit sieur R ils ont au moyen de ce que dessus par ces présentes abandonné, cedé & transporté audit sieur R sans néanmoins aucune garantie, le quart de ce qui reviendra desdits principaux & arrérages, à la charge par ledit sieur R de faire toutes les avances, frais & déboursez, soit pour lever les piéces qu'il conviendra, ou autrement pour parvenir ausdits remboursemens, lesquels frais seront pris & reçûs par ledit sieur R à son profit, sur les premiers deniers qui en proviendront, outre & sans préjudice dudit quart à lui accordé, à l'effet de quoi lesdits sieurs & Damoiselles héritiers fourniront leurs piéces & quittances nécessaires, pour sur icelles toucher par ledit sieur R lesdits remboursemens des arrérages, & sorts principaux, à condition expresse que ledit sieur R ne pourra délivrer ce qui leur appartiendra à chacun, qu'en présence & du consentement l'un de l'autre, à la déduction toutefois desdits quart & frais, qui auront été faits comme dit est; car ainsi, &c. promettant, &c. obligeant, &c. chacun en droit soi renonçant, &c. Fait & passé à Paris ès Etudes, &c. l'an mil sept cens le Et ont signé, fors lesdits qui ont déclaré ne sçavoir signer, de ce interpellez.

Convention entre deux Particuliers, portant que l'un fournira du bled à l'autre, qui lui donnera la moitié de la récolte qui en proviendra.

FUrent présens François H Marchand, Bourgeois de Paris, y demeurant Paroisse Saint d'une part. Et Charles D Laboureur à J étant de présent à Paris, logé ruë Paroisse d'autre part. Lesquels sont convenus & demeurez d'accord de ce qui suit. C'est à sçavoir, que sur ce qui a été représenté par ledit D audit H que ne se trouvant point en état à présent d'ensemencer les terres qu'il tient à loyer de plusieurs particuliers au terroir dudit J à cause de la disette des grains, il auroit prié ledit sieur H de lui vouloir fournir la quantité de de bled froment, afin d'ensemencer lesdites terres cette présente année, à condition de partager également & par moitié, la recolte qui en proviendra l'année prochaine mil à quoi ledit sieur H auroit bien voulu accorder, & de fait le dernier, auroit fourni & livré audit D ainsi qu'il le reconnoît, ladite quantité de de bled froment bon, sec, net, loyal & marchand, à l'effet d'ensemencer lesdites terres que ledit D tient à loyer, lesquelles sont désignées par un état qu'il en a fait, & qui est demeuré à la requisition des Parties, annexé à ces présentes, après avoir été certifié véritable & paraphé, *ne varietur*, dudit D en présence des Notaires soussignez. Ladite fourniture de grains faite par ledit sieur H audit D à condition, comme dit est d'en partager ensemble également & par moitié le produit à la recolte qui en sera faite l'année prochaine; pourquoi est convenu que lesdits grains que produiront lesdites terres ladite année prochaine, seront coupez & liez en gerbes de pareille grosseur aux frais communs desdits sieurs H & D qui promettent chacun à leur égard de contribuer moitié par moitié au payement des Journaliers, qui travailleront à ladite recolte, pour ensuite ladite moitié de grains non battus livrée & chariée aux frais & dépens dudit D dans le lieu & grange, qui lui sera indiqué par ledit H pourvû toutefois que ce soit dans ledit Village de J & non ailleurs; & outre promet ledit D audit H de lui faire ladite livraison franche, & quitte de tous droits qui pourroient être dûs, à cause desdites terres, comme loyers dûs d'icelles, tailles & autres généralement quelconques, de tous lesquels droits, si aucuns se trouvoient lors dûs, il promet acquitter ledit sieur H qui n'en sera tenu en façon quelconque & pour quelque cause & raison que ce soit & puisse être : car ainsi, &c. promettant, &c. obligeant, &c. *Election de domicile, &c.*

Convention portant consentement par un Débiteur à son Créancier, qu'il se rende Adjudicataire de biens à lui appartenant, pour demeurer par lui quitte envers sondit Créancier de ce qu'il lui doit, à la charge par ledit Créancier de rendre audit Débiteur le surplus du prix de ladite adjudication lors d'icelle.

FUrent présens Damoiselle Marie D veuve de Messire Jacques D Conseiller du Roi demeurante à Paris ruë Paroisse d'une part. Et sieur Antoine F demeurant à Paris ruë Paroisse S. d'autre part. Lesquels sont demeurez d'accord de ce qui ensuit : C'est à sçavoir, que ladite Damoiselle Marie D consent & accorde que ledit F se rende Adjudicataire du Fief, Terre & Seigneurie de scis à ses appartenances & dépendances sur les criées, vente & adjudication par décret, qui s'en sont poursuivies au Châtelet de Paris, & depuis par évocation aux Requêtes du Palais en conséquence de la saisie réelle, qui en a été faite le à la Requête de M. Jacques de C sur ladite Damoiselle Marie D à laquelle ledit Fief appartient, tant de son chef que comme étant aux droits de Nicolas-Claude D son fils, seul héritier par bénéfice d'Inventaire dudit défunt sieur D son pere, par Contrat en forme de transaction passé pardevant D & B Notaires, le mil & au moyen des acquisitions, que ledit feu sieur son mari & elle depuis son décès en ont faites ; & qu'en vertu de ladite adjudication, ledit sieur F ses hoirs & ayans cause joüissent, ordonnent, fassent & disposent dudit Fief, Terre, Seigneurie, ses appartenances & dépendances, même des terres en roture, qui ont été acquises depuis par ledit F comme stipulant pour ladite Damoiselle, sans aucune exception ni reserve, dont entant que besoin est ou seroit, ladite Damoiselle lui fait par ces présentes toute vente, cession & délaissement nécessaires ; comme aussi lui cede & délaisse sans garantie tous les droits Seigneuriaux & arrérages des Censives qui peuvent être dûs de reste de tout le passé jusqu'à présent, sur les terres, héritages relevans dudit Fief, ensemble tous les droits, dettes, hypothéques, noms, raisons, actions, rescindans & rescisoires qu'elle a & peut avoir sur lesdits Fief, Terre & Seigneurie, de quelque maniere & à quelque titre que ce soit, sans se rien reserver, excepter ni retenir, le mettant & subrogeant à cette fin en son lieu & place, droits, hypothéques & privileges, & a ledit sieur F promis & s'est obligé de se rendre adjudicataire dudit Fief, Terre & Seigneurie de ses appartenances & dépendances, pour telle somme qu'il avisera, sans en payer plus ni moins que la somme de à quoi ladite Damoiselle est convenuë avec lui pour le prix dudit Fief, Terre, Seigneurie & autres droits ci-dessus cedez, sur laquelle somme de ladite Damoiselle consent que ledit sieur F retienne par ses mains celle de qu'elle lui doit pour le sort principal de de rente restant à racheter de de rente, vendus & constituez par ladite Damoiselle Marie D au profit dudit sieur F par Contrat passé pardevant Notaires le dont la grosse sera renduë à ladite Damoiselle, après ladite adjudication faite, avec un consentement par ledit sieur F d'en décharger la minute, & jusqu'à ce, que ledit Contrat demeure en sa force, vertu & hypothéque, & quant aux de surplus ledit sieur F promet les payer à ladite Damoiselle aussi-tôt après ladite adjudication faite, laquelle adjudication il promet faire faire incessamment, & au plûtard dans six mois d'hui. A été encore convenu que ladite Damoiselle Marie D ne sera aucunement tenuë ni garante des oppositions, qui ont été & pourroient être ci-après formées au décret à la requête des Vendeurs dudit Fief ou de leurs Auteurs, mais seulement sera garante des oppositions qui y pourroient être formées pour dettes personnelles de ladite Damoiselle ou dudit sieur son fils, desquelles oppositions elle promet fournir main-levée, en sorte que ledit sieur F n'en souffre aucun retardement au décret, à peine de tous dépens, dommages & intérêts; & si par le moyen des oppositions qui pourroient être formées pour dettes personnelles de ladite Damoiselle, ou dudit sieur son fils, il convenoit consigner le prix de ladite adjudication, icelle Damoiselle sera tenuë d'en acquitter ledit sieur F & de tous droits d'icelle consignation, comme réciproquement si le décret devient forcé par le moyen des oppositions des Vendeurs desdits Fief ou de leurs Auteurs, ledit F sera tenu de ladite consignation & droits d'icelle, comme aussi s'oblige ledit F de payer les frais du décret & adjudication, soit qu'il devienne forcé, ou d'en acquitter ladite Damoiselle envers Me. Claude D Procureur au Châtelet, & ledit sieur de P même s'oblige ledit sieur F en faveur du présent traité, & sans diminution du susdit prix, de payer en l'acquit de ladite Damoiselle D à Me. Nicolas D Procureur au Châtelet, tous les frais, salaires & vacations qu'il peut prétendre contr'elle, à cause du décret d'une maison qu'elle a venduë audit sieur F comme ayant occupé pour le nommé C lors principal Locataire de ladite maison, & d'en acquitter & indemniser ladite Damoiselle; laquelle a encore consenti que ledit sieur F joüisse de ce jourd'hui dudit Fief, Terre & Seigneurie, & promet de lui fournir & dé livrer lors de l'adjudication tous les Contrats & titres concernant la proprieté dudit Fief, & ses dépendances pour la poursuite dudit décret, s'il en avoit besoin ou de partie d'iceux, & ce sur ses recepissez, & ledit F a présentement baillé & payé à ladite Damoiselle, qui confesse avoir reçû de lui la somme de pour la chaîne du présent traité, dont, &c. quittant, &c. Reconnoissant ledit F que ladite Damoiselle lui a présentement passé une Procuration pardevant les Notaires soussignez, & dont il est resté minute, à l'effet de poursuivre les Fermiers & Débiteurs dudit Fief, compter avec eux, recevoir, donner quittance: de l'événement de laquelle procuration, il promet acquitter & indemniser ladite Damoiselle, même de lui rendre ce qu'il pourroit recevoir en vertu d'icelle, pour les fermages échus jusqu'à ce jour, & sans que ledit F puiſſe repéter contr'elle aucun rembourſement de frais, ſalaires, vacations, pour lequel il ſe pourvoira contre ceux qui en pourront être tenus, ainſi que pour les dégradations, qui ont été faites dans ledit Fief & Terres en dépendant par Louis & Mathurin B pardevant le Juge des lieux, qui appartiendront auſſi audit ſieur F qui en pourſuivra les reſtitutions, dommages & intérêts, ainſi que bon lui ſemblera : Car ainſi, &c. Et pour l'exécution des préſentes, les Parties ont élû leurs domiciles irrévocables ès maiſons où elles ſont demeurantes devant déclarées, auſquels lieux, &c. nonobſtant, &c. promettant, &c. obligeant, &c. renonçant, &c. Fait & paſſé à Paris en l'Etude de l'un des Notaires ſouſſignez, l'an mil le Et ont ſigné.

Convention en forme de Partage d'une ſomme mobiliaire portant Conſtitution de rente de ladite ſomme.

FUrent préſens le ſieur Jacques L Bourgeois de Paris, Damoiſelle Marguerite M ſon épouſe de lui autoriſée à l'effet des préſentes, demeurans ruë Paroiſſe Saint Le ſieur Michel D Marchand, Bourgeois de Paris, Damoiſelle Agnès M ſon épouſe, qu'il autoriſe pareillement, demeurans ruë Paroiſſe Saint & Barthelemi M Ecuyer ſieur de & Dame Marie-Marguerite B ſon épouſe, qu'il autoriſe de même, demeurans ruë Paroiſſe Saint leſdites Damoiſelles L & D filles de défunt François M Ecuyer, Chevalier de l'Ordre de & de Dame Marie C à préſent ſa veuve. Et ladite Damoiſelle M fille de défunt André B Ecuyer, Commiſſaire & de Marie M ſon épouſe, auſſi fille deſdits S & de M Leſquels ſur ce qui a été obſervé que ledit feu ſieur D ayant remis audit ſieur L entr'autres choſes deux petits cabinets avec quatre ſoucoupes de filagrame, appartenans audit ſieur M pour en procurer la vente la plus avantageuſe qu'il ſe pourroit, & en remettre la valeur audit ſieur D ou au porteur de ſon ordre, auſſi-tôt que ledit ſieur L l'auroit reçû, il en auroit donné ſa reconnoiſſance le mil & en conſéquence auroit fait tout ſon poſſible pour ſe défaire deſdits ouvrages, ſans en avoir jamais pû trouver le prix de livres, du marc péſant, à quoi il avoit été évalué par ladite reconnoiſſance, que s'étant paſſé un tems conſidérable pendant lequel ce fonds eſt reſté infructueux, il auroit cru qu'il n'étoit pas prudent d'attendre davantage, ni pouvoir eſpérer de trouver perſonne, qui fût d'humeur à ſe livrer à une dépenſe ſi inutile, dans un tems auſſi difficile que le tems préſent; en ſorte que le moyen le plus certain pour tirer de cette matiere à peu près ſa valeur, auroit été de la fondre; mais comme il y auroit eu beaucoup à perdre, ſi l'on l'eût porté en l'Hôtel des monnoyes de Sa Majeſté, il ſe ſeroit addreſſé à la veuve du ſieur M Marchand Orphévre, avec laquelle il en auroit traité ſur le pied de le marc, qui a produit la ſomme de livres ſols, à la déduction de livres pour frais, en ſorte qu'il eſt reſté livres ſols, ce que ledit ſieur L a fait de l'agrément deſdits ſieur & Damoiſelle M & D auquel ſieur M ladite ſomme auroit dû être remiſe ſuivant l'ordre dudit ſieur D dudit jour mil pour en compter ainſi que d'autres effets appartenans audit feu ſieur M & à ladite Dame à préſent ſa veuve, ou l'employer en acquiſition de rentes ſur Communautés, ou ſur particuliers ſuivant l'intention dudit feu ſieur M mais ladite Dame M ayant depuis la mort dudit feu ſieur ſon époux écrit une letre à ſes enfans par laquelle elle a déclaré conſentir que les revenus des effets placez en France, fuſſent partagez entr'eux, ſçavoir un tiers à ladite Dame L un autre tiers à ladite Dame D & un autre tiers aux enfans dudit ſieur D ce qu'ils ont déja exécuté par l'Acte qu'ils ont paſſé pardevant D l'un des Notaires ſouſſignez & ſon Confrere, le mil ledit ſieur L s'eſt retiré vers leſdits ſieur & Dame D ſieur & Dame M pour prendre avec eux des meſures ſur l'uſage qui ſera fait de ladite ſomme de livres ſols, pour produire un revenu, qui entre dans le partage des effets placez en France; en conſéquence les Parties ſe ſont miſes en voye, pour trouver un emploi ſolide, & s'étant trouvées embaraſſées dans le choix, & ſur la nature deſdits emplois par la circonſtance des tems, elles ont cru que ladite Dame M trouveroit bon que ce fonds reſtât en leurs mains, puiſqu'ils ſont ſes héritiers naturels, ce qui vaudroit mieux que tous les emplois qu'on pourroit trouver, ſans toutefois par eux prétendre abuſer de la grace qu'elle leur a fait, & ſauf à en uſer autrement, ſi elle deſire, après qu'ils lui en auront donné avis, à l'effet de quoi pour en quelque façon ſe conformer à ſon intention, leſdites Parties ſont convenuës de partager, & elles ont effectivement partagé en trois parties égales ladite ſomme de livres ſols, dont leſdits ſieur & Dame M ont reçû livres ſols, leſdits ſieur & Dame D pareille ſomme, & leſdits ſieur & Dame L ont retenu pareille ſomme, dont ils ſe ſont chacun à leur égard chargez, & chaque mari avec ſon épouſe pour ſon tiers ſolidairement, ſans diviſion ni diſcuſſion, à quoi ils renoncent, & afin que ce fonds ne demeure pas infructueux & qu'il produiſe la même choſe qu'il eût produit, étant placé d'ailleurs chacun d'eux pour ſa part, & chaque mari avec ſon épouſe ſolidairement comme deſſus s'obligent d'en payer la rente au dernier vingt, pour être ladite rente miſe ès mains dudit ſieur M qui en fera la diſtribution, ainſi qu'il ſe pratique à l'égard des autres revenus, à la charge par leſdits ſieur & Dame L ſieur & Dame D & leſdits ſieur & Dame M de rapporter chacun en droit ſoi le tiers dudit principal, pour être employé en acquiſition de rentes ou héritages, en cas que ladite Dame M le deſire, ce qui a été conſenti par N. B demeurant à Paris Tuteur des enfans mineurs dudit ſieur D & Curateur de ceux qui ſont émancipez d'âge, & ayant ledit ſieur M repréſenté la reconnoiſſance qu'il avoit dudit ſieur L il a été ſur icelle fait mention des préſentes, & ladite reconnoiſſance à l'inſtant remiſe audit ſieur M éliſant chacune des Parties leurs domiciles en leurs demeures ci-devant déclarées: auſquels lieux, &c. nonobſtant, &c. promettant, &c. obligeant, &c. chacun en droit ſoi, & chaque mari avec ſon épouſe ſolidairement, renonçant, &c. Fait & paſſé à Paris en l'Etude de Notaire, l'an mil ſept cens le Et ont ſigné.

Convention

Convention d'un Garçon Perruquier.

FUt présent Aléxis Garçon Barbier-Perruquier, demeurant, &c. Lequel s'est obligé envers le sieur Jean Gabriel Barbier-Perruquier, demeurant à ce présent, de faire toutes les perruques que ledit sieur lui donnera à faire à raison de quatre livres pour chacune perruque, & de faire les barbes de la Boutique; & sur le produit desdites barbes, ledit Aléxis en prendra le quart franc & quitte pendant trois années à commencer du jour & fète de Saint Remi prochain, pendant lequel tems ledit Gabriel s'oblige de lui fournir des perruques à faire préalablement à tous autres, & en cas que l'un d'eux veüille se départir du présent marché auparavant l'expiration d'icelui, il sera tenu de payer à l'autre par forme de dommage & intérêt la somme de cent cinquante livres, sans que la présente clause puisse être reputée comminatoire, parce que sans icelle ils n'auroient passé ces présentes; consentant ledit Gabriel qu'au bout desdites trois années, ledit Aléxis se retire pour travailler où bon lui semblera. Car ainsi, &c.

Convention entre deux Marchands, par laquelle l'un d'eux promet à l'autre de lui délaisser les lieux où il demeure avec les ustenciles y étans, aux charges portées par ladite Convention.

FUrent présens sieur Antoine T Marchand Epicier-Droguiste à Paris, y demeurant ruë Paroisse Saint d'une part.

Et sieur Nicolas L aussi Marchand Epicier-Droguiste à Paris, y demeurant ruë Paroisse d'autre part.

Lesquels sont convenus de ce qui ensuit:

C'est à sçavoir que ledit sieur T promet vuider & délaisser la maison où il demeure dite ruë dont il est principal Locataire, suivant le Bail à lui fait par les Damoiselles D & Consorts, au prochain, en faveur dudit sieur L en lui apportant par ledit S. L & non autrement dans ledit jour prochain, un Acte authentique par lequel lesdits Damoiselles & autres Copropriétaires de ladite maison auront déchargez ledit sieur T & la Damoiselle son épouse purement & simplement du Bail qu'ils tiennent d'eux de ladite maison où ils demeurent, & de toutes charges y contenuës soit de réparations, obligatoires ou nécessaires, & encore bien entendu qu'au prorata du terme courant qui doit écheoir au dernier prochain, ils payeront icelui à proportion; & que ledit sieur L payera audit sieur T ainsi qu'il promet & s'oblige dans ledit jour prochain pour toutes les ustenciles servant à ladite profession, & étant ès lieux qui seront abandonnez dans ledit jour comme dit est, desquels ustenciles il est content pour être contenus au mémoire qu'il a pardevers lui, la somme de livres, qui est aussi en considération de ladite cession & par forme de pot-de-vin & reconnoissance, sçavoir livres dans ledit jour prochain,

& les autres livres mois après, dont il lui fournira son billet payable au porteur, qui ne servira avec la présente obligation que d'une même chose, à peine de tous dépens, dommages & intérêts, faute d'inexécution des présentes par l'une des parties, suivant qu'il sera jugé & arbitré par Messieurs les Magistrats, à la jurisdiction desquels ils se soumettent pour la validité & soutient de leurs Conventions, pourquoi de part & d'autre ils élisent leurs domiciles où ils demeurent, ci-devant déclaré; ausquels lieux, &c. nonobstant, &c. promettant, &c. obligeant chacun en droit soi, &c. renonçant, &c. Fait & passé à Paris ès Etudes l'an mil le jour d a midi. Et ont signé.

Convention portant transport.

FUt présente Damoiselle Marguerite D veuve de M. Pierre L vivant, Greffier des Requêtes du Palais, demeurante ordinairement en la Ville de étant de présent à Paris logée ruë Paroisse Saint Laquelle tant pour elle que pour Damoiselle Louise D épouse de Mre Jean T Conseiller du Roi & son Juge en Chef de la Ville de Damoiselles Jeanne & Marie D filles majeures sœurs, héritieres de défunt Mre François D Gouverneur des Pages de la Grande Ecurie du Roi, leur oncle maternel, à cause de défunte Damoiselle Marie M leur mere, qui étoit sœur dudit défunt sieur D desquelles Damoiselles ses sœurs, ladite Damoiselle veuve R est fondée de procurations, sçavoir celle de ladite Damoiselle Louise D passée pardevant Notaire Royal de présens Témoins le Et celle desdites Damoiselles Jeanne & Marie D passée devant Notaire Royal de ladite Ville de présens Témoins le Les originaux desquelles deux procurations spéciales à l'effet y porté dûment contrôlées, scellées & légalisées, après avoir été certifiées véritables par ladite Damoiselle Marguerite D comparante & à sa requisition paraphées des Notaires soussignez, au désir de la présente Convention, sont demeurées ci-jointes pour y avoir recours, & en être délivré les Expéditions nécessaires à qui il appartiendra, & par lesquelles Damoiselles Constituantes, ladite Damoiselle Comparante promet & s'oblige faire agréer & ratifier le présent Acte en tout son contenu, ce faisant les faire obliger conjointement & solidairement avec elle, sous les renonciations de droit requises à l'entiere exécution d'icelui, & de leur ratification fournir Acte au sieur C ci-après nommé, dans trois mois au plûtard, à peine de tous dépens, dommages & intérêts d'une part. Et Me Guillaume-Louis C Avocat au Parlement, demeurant ordinairement en ladite Ville de étant de présent à Paris logé ruë Paroisse Saint d'autre part.

Lesquels sont convenus & demeurez d'accord de ce qui ensuit :

C'est à sçavoir que ladite Damoiselle veuve R tant pour elle que pour lesdites Damoiselles ses sœurs sus-nommées; pour reconnoître ledit sieur C des peines & soins qu'il a pris, prend actuellement & prendra dans la suite pour la poursuite & extinction du procès qui est actuellement pendant aux Requêtes du Palais de cette Ville en la premiere Chambre d'icelles, entre lesdites Damoiselles D sœurs, & les héritiers de très-haut & très-puissant Seigneur Monseigneur Henri D Duc de G Prince de Sénéchal héréditaire de Comte d Pair & Grand Chambelan de France, à ladite Damoiselle esdits noms & qualitez, même en son propre & privé nom cédé & abandonné, sans aucune garantie en façon quelconque audit sieur C ce acceptant par lui la somme de livres, à prendre & percevoir sur les plus clairs & apparens biens, qui pourront revenir & appartenir tant à ladite Damoiselle Comparante qu'ausdites Damoiselles ses sœurs, après la définition dudit procès & les prétentions de ladite Damoiselle Comparante & celles de sesdites sœurs adjugées, & ce par préferance à elles; pourquoi ladite Damoiselle Comparante, tant pour elle que pour lesdites Damoiselles ses sœurs esdites qualitez, fait dès à présent audit sieur C toutes cessions, transports & subrogations nécessaires de leurs droits, sans aucune garantie comme dit est, ni que leurs biens puissent être en aucune façon garants du payement de ladite somme de livres, mais bien leurs droits & actions dans ledit procès qui en répondent, pour par ledit sieur C en disposer à sa volonté comme de chose lui appartenante au moyen des présentes, reconnoissant ladite Damoiselle Comparante que ledit sieur C a déja avancé dans la poursuite dudit procès, la somme de livres, laquelle somme avec celles que ledit sieur C pourra dans la suite débourser & avancer jusqu'à la définition dudit procès, icelle Damoiselle R Comparante esdits noms & qualitez, & en son propre & privé nom, promet & s'oblige payer & faire payer par sesdites sœurs sur les premiers deniers à eux revenans dudit procès avec l'intérêt, à raison de l'Ordonnance, à compter du jour de la délivrance des deniers que ledit sieur C aura faite, le tout soit que ledit procès se termine par Arrêt ou par accommodement; & pour l'exécution des présentes, ladite Damoiselle Comparante esdits noms, a élû son domicile solidaire en la maison du sieur Aulneur de toile à Paris, susdites ruë Auquel lieux, &c. nonobstant, &c. promettant, &c. obligeant sous ladite solidité, renonçant, &c. Fait & passé à Paris ès Etudes, &c. L'an mil le jour d a midi. Et ont signé.

Convention ou Transaction à l'effet de convenir d'arbitre pour terminer une instance.

FUrent présens sieur Louis T ancien Conseiller du Roi, Juge & Garde de la Monnoye de y demeurant ordinairement, étant ce jour à Paris logé ruë Paroisse Saint G d'une part. Et sieur Philibert C aussi ancien Conseiller du Roi, Juge-Garde de la Monnoye de y demeurant ordinairement, étant de présent à Paris logé ruë Paroisse S. Lesquels voulans surseoir à toutes poursuites respectives, à peine de nullité d'icelles sur l'instance pendante entr'eux en la Cour des Monnoyes de Lyon,& pour icelles terminer & assoupir, sont convenus & demeurez d'accords de ce qui ensuit: C'est à sçavoir qu'ils en demeureront au dire & arbitrage de tels

Avocats à Lyon qu'ils voudront chacun choisir & nommer, & pour cet effet leur mettre chacun à leur égard les piéces instructives un mois après l'arrivée de l'un & de l'autre à Lyon, & de faire assembler leursdits Arbitres dans le mois suivant, pour juger & terminer tous leurs differens, & si lesdits Arbitres se trouvoient dans un sentiment contraire & discordans dans leurs avis, lesdits parties leur donnent dès à présent pouvoir comme dèslors, de se choisir un tiers sur-arbitre, sans qu'il soit besoin d'un plus ample pouvoir, ni exprès consentement des parties, lesquelles promettent acquiescer à ce qui sera par eux jugé & arbitré comme à Sentence ou Arrêt de Cour Souveraine, à peine de six cens livres, sçavoir trois cens livres par le refusant à l'acquiesçant, par forme de dommages & intérêts, à cause de la suspension ci-dessus convenuë, & trois cens livres à la maison de l'aumône générale de Lyon, avant que de pouvoir se pourvoir ni contrevenir audit arbitrage, & sans que cette clause puisse être reputée comminatoire, mais de rigueur, & sans laquelle expresse les parties n'auroient consenti ces présentes, leur intention étant de faire en sorte qu'un jugement par eux acquiescé ou transaction faite par les Arbitres & sur-arbitre, puisse terminer tous leurs differens & régler leurs prétentions l'un envers l'autre, ou valider leurs exceptions; & s'il arrivoit que l'une ou l'autre des parties, fussent en demeure de nommer ou faire assembler son Arbitre dans le susdit tems avec celui qui aura été nommé par l'une ou l'autre des parties provoquante; en ce cas le jugement qui sera rendu par l'Arbitre nommé tiendra & sera exécuté comme jugement exécutoire, se reservant au surplus les parties d'ajoûter à leurs demandes les frais qui ont été faits à l'occasion des oppositions respectives qu'ils se sont faites au remboursement de leurs Charges. Car ainsi, &c. pour l'exécution des présentes les parties ont élû leurs domiciles en leurs demeures à Ausquels lieu, &c. promettans, &c. obligeans, &c. renonçans, &c. Fait & passé, &c.

Convention en forme de contre-Lettre & Déclaration.

FUrent présens Nicolas D Marchand de Vin à Paris, & Jeanne D sa femme de lui separée quant aux biens, & néanmoins de sondit mari autorisée pour la validité des présentes, demeurans Paroisse d'une part. Et le sieur Nicolas D Maître Tailleur d'habits à Paris, y demeurant ruë Paroisse d'autre part. Lesquels sont convenus de ce qui ensuit: C'est à sçavoir que ledit D Tailleur, a dit & déclaré qu'encore qu'il ait obtenu Sentence contre ledit Nicolas D son frere, le Fevrier dernier, portant condamnation de la somme de à son profit, & qu'en vertu de ladite Sentence & faute de payement de ladite somme, il ait été procedé sous son nom à l'exécution & vente des biens meubles dudit D Marchand de Vin, comme il paroît par le procès-verbal de ladite vente faite par l'Huissier dudit mois de & que du prix de ladite vente à la déduction des frais, montant ladite vente à il en a donné quittance audit Sergent, au bas de la minute dudit procès-verbal, néanmoins la vérité est que ladite somme de à lui adjugée ne lui appartient point, n'ayant obtenu ladite Sentence de condamnation qu'à la priere & pour faire plaisir audit Nicolas D son frere, qui ne lui devoit & ne lui doit aucune chose de ladite somme de c'est pourquoi il consent que nonobstant ladite vente, lesdits Nicolas D . & sa femme disposent desdits meubles & choses compris en ladite exécution comme bon leur semblera, leur ayant présentement rendu & remis ès mains ladite Sentence, piéces, poursuites, procédures & promesse sur laquelle elle a été obtenuë, & ledit procès-verbal de vente dont lesdits Nicolas D & sa femme, l'en quittent & déchargent, & promettent solidairement l'un pour l'autre sous les renonciations requises, l'acquitter, garantir & indemniser de l'événement desdites poursuites, saisie & contrainte, & de celles qui pourroient avoir été faites & pourroient être faites sous son nom en vertu de ladite Sentence, même de la poursuite faite contr'eux par le sieur M Huissier, à peine, &c. reconnoissant en outre que quoique ledit D Tailleur ait donné quittance audit L Sergent, de la somme de au bas de son procès-verbal de vente; néanmoins la vérité est qu'il n'en a reçû aucune chose, pourquoi en tant que besoin est ou seroit ils le quittent & déchargent, & promettent sous la solidité l'en faire teuir quitte envers & contre tous, à peine, &c. attendu qu'il n'a signé ladite quittance & fait lesdites poursuites qu'à leur priere & pour leur faire plaisir, sans préjudice néanmoins de ce qui est dû d'ailleurs par ledit Nicolas D son frere, pour façon & fournitures d'habits: Car ainsi, &c. promettant, &c. obligeant, &c. renonçant, &c. Fait & passé à Paris ès Etudes, l'an mil le jour d Et ont signé.

Contrelettre d'un Transport.

AUjourd'hui est comparu devant Nous, Notaires de Sa Majesté en son Châtelet de Paris soussignez, sieur Gilles H Marchand, Bourgeois de Paris, y demeurant ruë Paroisse Saint lequel a déclaré qu'encore que le sieur Jacques C Marchand de chevaux à Paris lui ait cedé, quitté & transporté la somme de livres, à prendre sur Louis B suivant son obligation du Janvier mil moyennant pareille somme de livres, que ledit sieur C a reconnu avoir reçû du sieur A plus au long spécifié en l'Acte dudit Transport passé devant R & B Notaires à Paris, le Fevrier mil néanmoins la vérité est qu'il n'a accepté ledit Transport, qu'à sa priere & pour faire plaisir audit sieur C auquel il n'a rien payé du contenu audit Transport, dont en tant que de besoin, il fait toutes retrocessions nécessaires. Fait & passé à Paris en l'Etude, &c. le Septembre mil sept cens & a déclaré ne sçavoir écrire ni signer, de ce enquis suivant l'Ordonnance.

Contrelettre d'une Obligation.

AUjourd'hui est comparu devant les Notaires à Paris soussignez, Me Jean A Avocat en Parlement, demeurant à Paris ruë Paroisse S. lequel reconnoît qu'encore que Toussaint B Conseiller du Roi, Trésorier de France à Paris, lui ait pardevant D & R Notaires à Paris, fait ce jourd'hui une Obligation de la somme de livres, qu'il a dit être pour employer à l'acquisition d'augmentation de gages attribuez à sadite Charge, néanmoins la vérité est qu'il ne prétend rien en ladite Obligation, & qu'il ne l'a acceptée, que pour prêter son nom audit sieur B lequel lui a fourni lesdits livres, qui ont été réellement délivrées par ladite Obligation, dont il n'y a point de minute; c'est pourquoi ledit sieur L consent que ledit sieur B se serve de ladite Obligation, comme bon lui semblera, & en tant que de besoin seroit, il le quitte & décharge du contenu en icelle, à la charge que ledit sieur B l'acquittera de tous événemens à ce sujet, déclarant ledit sieur C que l'original de ladite Obligation est entre les mains dudit sieur B qui se fera fournir les piéces de l'emploi, ainsi que bon lui semblera, &c. Promettant, &c. obligeant, &c. renonçant, &c. Fait & passé à Paris en l'Etude de R Notaire ce a midi, l'an mil Et a signé.

Contrelettre d'une augmentation de dot.

AUjourd'hui sont comparus pardevant les Conseillers du Roi, Notaires à Paris soussignez, Jean H Marchand de vin à Paris, Marie-Geneviéve S à présent sa femme, qu'il autorise, demeurans ruë Paroisse d'une part. Et Antoine S aussi Marchand de vin à Paris, y demeurant Paroisse pere de ladite Geneviéve S d'autre part. Lesquels entant que besoin seroit, en la présence de (*Il faut mettre en cet endroit les mêmes personnes qui ont signé au Contrat de mariage.*) Iceux ayant été présens & signé conjointement avec lesdits Jean H & Antoine S & Marie-Geneviéve S au Contrat de mariage passé entre lesdits H & sa femme pardevant D & C Notaires à Paris, le Fevrier mil voulant rendre témoignage de la vérité, ont par ces présentes déclaré, & reconnu avoir parfaite connoissance qu'encore bien que par ledit Contrat de mariage ledit S pere, en faveur d'icelui, & augmentation de dot de sadite fille, auroit promis payer ausdits (lors) futurs époux la veille de leurs épousailles la somme de livres en deniers comptans, & livres, en meubles, linges & hardes à l'usage de ladite future épouse, & que par quittance étant ensuite dudit Contrat du Mars mil ledit H a reconnu avoir reçû dudit S pere, la somme de livres de la maniere susdite; néanmoins il est très-constant que ledit S pere n'a promis donner, & ledit H n'a reçû dudit S pere, que la somme de moitié en deniers comptans, & l'autre moitié en meubles, linges & hardes, qui est la dot effective de ladite femme H & que ladite somme de portée esdits Contrats de mariage, & quittance n'y ont été employées que pour faire honneur à la dot de ladite femme H C'est pourquoi ledit H ne sera chargé, ni tenu de restituer à sadite femme, ni autre que ce soit, que ladite dot effective de livres, & demeure icelui H déchargé des livres, faisant le surplus desdits livres, de quoi lesdites Parties comparantes ont convenu & consenti, qu'en leur absence il soit fait mention & décharge sur la minute & expédition dudit Contrat de mariage, qui au surplus sortira son effet, dont & de ce que dessus ledit H a requis Acte à lui octroyé, pour lui servir & à qui il appartiendra en tems & lieu, ce que de raison. A Paris en l'Etude de P l'un des Notaires soussignez, l'an mil le jour d a midi. Et ont signé.

Contrelettre d'un Brevet d'apprentissage.

AUjourd'hui sont comparus pardevant les Conseillers du Roi, Notaires au Châtelet de Paris soussignez, Me Claude-Aléxandre V Avocat en la Cour de Parlement, demeurant à Paris ruë Paroisse Saint d'une part. Et sieur Charles J l'un des trois cens Barbiers, Perruquiers, Baigneurs-Etuvistes à Paris, y demeurant ruë Paroisse S. d'autre part. Lesquels ont reconnu & confessé, qu'encore que par Acte passé pardevant & Notaires à Paris, ce jourd'hui ledit sieur V ait mis Jean R nâtif de en apprentissage avec ledit sieur J pour le tems de années, moyennant la somme de livres, & aux autres conditions portées audit Acte; néanmoins la vérité est que lesdites Parties n'ont point entendu & n'entendent point que ledit apprentissage soit exécuté, & qu'il n'a été fait qu'à la priere & pour faire plaisir au sieur Pierre T aussi Maître Barbier, Perruquier à Paris, & pour faciliter l'exécution de l'Alloüé fait de la personne dudit R avec lui, par Acte reçû par ledit & son Confrere, Notaires, le auquel Alloüé n'est aucunement dérogé ni innové, n'ayant ledit apprentissage été fait que pour acquérir audit R le droit d'Apprentif de Paris, & pour en cette qualité se faire enrégistrer à la Communauté desdits Barbiers, Perruquiers, & acquérir la franchise conformément à leurs statuts & reglément; c'est pourquoi ledit sieur J a dispensé ledit R de venir passer chez lui le tems porté audit apprentissage, ni de lui payer les livres, que ledit R a promis lui payer, pour reste de la somme de livres, à quoi ils paroissent être convenus pour ledit apprentissage, pour raison duquel ledit sieur J n'a rien reçû, nonobstant la quittance de livres y portée, promettant ledit sieur J de quittancer ledit Brevet à la fin des années y portées: Ce fait en la présence & du consentement dudit R demeurant chez ledit sieur T ruë Paroisse Saint Promettant, &c. obligeant, &c. renonçant, &c. Fait & passé à Paris en l'Etude le mil sept cens a midi. Et ont signé.

Contrelettre d'une Obligation pour parvenir à un décret volontaire.

AUjourd'hui est comparu pardevant les Conseillers du Roi, Notaires au Châtelet de Paris soussignez, sieur Michel L Bourgeois de Paris, y demeurant ruë Paroisse Saint lequel a déclaré de bonne foi, qu'encore que le sieur Pierre E Marchand à Paris, lui ait ce jourd'hui passé obligation devant & Notaires à Paris de la somme de livres pour prêt d'argent; néanmoins la vérité est que ledit sieur Comparant n'a point prêté ladite somme audit sieur E & qu'il ne lui a fait que prêter son nom, pour lui faire plaisir, à sa priere & requête, & pour parvenir à un décret volontaire, qu'icelui sieur E prétend faire à ses frais & dépens d'une maison qu'il a acquise du sieur M sise en cette Ville, ruë consentant ledit sieur L que ledit sieur E fasse tous les frais pour parvenir audit décret volontaire, & fasse grossoyer ladite Obligation, laquelle ledit sieur E pour ce présent demeurant promet quittancer, quand il en sera requis, sans pour ce prétendre aucune chose, promettant ledit sieur Comparant d'acquitter, garantir & indemniser ledit sieur E de tous événemens qu'il pourroit y avoir pour raison de ladite Obligation, à l'effet de quoi il a élû son domicile en sa demeure susdite; auquel lieu, &c. nonobstant, &c. promettant, &c. obligeant, &c. renonçant, &c. Fait & passé à Paris ès Etudes, le mil Et a signé.

Contrelettre d'un abandonnement d'effets mobiliers par des pere & mere à leur fils, à la charge de les nourrir, loger & entretenir le reste de leur vie.

AUjourd'hui est comparu pardevant Charles J Maître Serrurier à Paris, y demeurant lequel pour rendre témoignage à la vérité, a par ces présentes dit & déclaré de bonne foi, qu'encore que par Acte passé ce jourd'hui sans minute devant & Notaires à Paris, le il paroisse entr'autres choses que Jean J aussi Maître Serrurier à Paris, & Catherine F sa femme, ses pere & mere, attendu leur grand âge lui ont cedé & abandonné les meubles meublans & ustenciles de ménage, avec les marchandises de fer, outils & ustenciles servans audit métier de Serrurier, le tout étant en la boutique qu'ils occupent susdite ruë & Paroisse à la charge par ledit J leur fils, ainsi qu'il s'y est obligé par ledit Acte, de les nourrir, loger, coucher, blanchir & entretenir avec lui, tant en santé que maladie, pendant la vie de l'un & de l'autre, à commencer de cedit jour, & outre de les acquitter envers Madame de la V propriétaire de la maison dont dépend ladite boutique des loyers échus & qui écheront ci-après d'icelle maison, au moyen de quoi, que ledit J le fils, touchera des Locataires de ladite maison les loyers qu'ils doivent & devront ci-après; néanmoins la

vérité

vérité est que ledit J fils, n'a & ne prétend aucune chose audit abandonnement, & qu'il n'a accepté icelui, & prié sesdits pere & mere de lui faire sous les conditions y portées, que par des raisons particulieres; c'est pourquoi il leur fait entant que de besoin toute retrocession & transport, sans garantie dudit Acte qu'il promet leur remettre ès mains toutesfois & quantes, comme nul, à peine, &c, Et en conséquence consent & accorde que sesdits pere & mere fassent, joüissent & disposent tant de leurs meubles, marchandises, outils & ustenciles, que desdits loyers de ladite maison à leur volonté, comme de chose leur appartenante, tout ainsi & de même qu'ils ont accoutumé; ce qui a été accepté par lesdits J & sa femme, pour ce présens, demeurans susdite ruë promettant, &c. obligeant, &c. renonçant, &c. Fait & passé à Paris ès Etudes desdits Notaires soussignez, l'an mil sept cens le jour de Ledit J le fils, a déclaré ne sçavoir écrire ni signer, de ce enquis; & sesdits pere & mere ont signé.

Contrelettre d'un Bail à ferme.

AUjourd'hui est comparu pardevant les Conseillers du Roi, Notaires au Châtelet de Paris soussignez, Jean D Vigneron, demeurant à étant de présent à Paris. Lequel a dit & déclaré qu'encore bien que par le Bail à lui fait par Louis-Joseph V Ecuyer, au nom & comme Procureur substitué de Maître François T Bourgeois de Paris, Procureur fondé de procuration général d'Eminentissime Seigneur Monseigneur Archevêque de de arpens & demi quartier de terre & vignes en piéces au terroir dud & ledit Bail passé pardevant & Notaires à Paris, ce jourd'hui; il paroisse que ledit sieur V ait promis de faire joüir audit nom ledit D desdits arpens & demi quartier de terre pendant les années portées audit Bail; néanmoins la vérité est qu'en passant ledit Bail, ledit D est convenu avec ledit sieur V audit nom, qu'il ne seroit tenu ni obligé de le faire joüir durant lesdits années, si pendant le cours d'icelles le domaine dudit Seigneur Archevêque de étoit évincé ou troublé dans la propriété desdites terres, & qu'à cet effet ledit D fut obligé de quitter ladit joüissance; c'est pourquoi lesdits cas arrivant, ledit D consent la nullité dudit Bail pour le tems qui en restera lors à expirer, sans pouvoir prétendre aucuns dommages & intérêts contre ledit sieur V audit nom, & sans au surplus rien innover ni préjudicier audit Bail; promettant, &c. obligeant, &c. renonçant, &c. Fait & passé à Paris en l'Etude de C l'un des Notaires soussignez, l'an mil sept cens quarante le jour d Et a déclaré ne sçavoir écrire ni signer de ce enquis, suivant l'Ordonnance.

Contrelettre d'un Bail à loyer.

AUjourd'hui est comparu pardevant L lequel a dit & déclaré qu'il n'a & ne prétend rien au Bail à loyer à lui fait par de la maison pour la somme de lequel Bail est pour & au profit de M à la requisition duquel ledit L auroit accepté ledit Bail ; & en tant que besoin seroit, ledit L fait toutes déclarations, transports & subrogations nécessaires audit M lequel joüira de ladite maison tout ainsi & de même que si ledit Bail avoit été passé en son nom, au moyen des présentes ; à l'effet dequoi ledit M s'oblige de payer le prix mentionné audit Bail, & satisfaire aux charges, clauses & conditions y portées ; en sorte que ledit L n'en soit aucunement recherché, poursuivi ni inquieté. Promettant, &c.

Continuation de Bail à loyer pour mettre au pied d'icelui.

ET le est comparu pardevant les Notaires soussignez ledit sieur lequel a renouvellé & continué le Bail à loyer ci-dessus, pour le tems de à commencer au qu'il finit ; & ce aux mêmes charges, clauses & conditions portées par icelui, & moyennant le prix de par an, que ledit preneur y nommé à ce présent, promet & s'oblige bailler & payer audit sieur aux termes portez par ledit Bail ; car ainsi, &c.

Continuation de Bail à ferme.

FUrent présens Vincent demeurant d'une part, & Jeanne veuve de feu Laurent d'autre part. Lesquelles ont volontairement reconnu & confessé avoir fait & accordé entr'eux ce qui suit : C'est à sçavoir que ledit sieur Vincent a par ces présentes continué & continuë à ladite Jeanne ce acceptant le Bail par lui fait audit défunt Laurent & à elle pardevant *tels* Notaires, le *tel* jour de sa ferme & metairie de terres & héritages en dépendans, le tout situé au Terroir & Paroisse de ainsi que le tout est mentionné & déclaré audit Bail, pour en joüir par ladite Jeanne audit titre durant les deux *ou* trois ans qui restent à expirer dudit Bail, à compter du jour de Saint Martin d'hiver prochain, tout ainsi que ledit défunt & elle avoient droit d'en joüir par ledit Bail & aux mêmes charges, clauses & conditions y contenuës, que ladite Jeanne dit bien sçavoir par la lecture qui lui a été présentement faite mot à mot dudit Bail par l'un des Notaires soussignez, l'autre présent, ausquelles elle promet de satisfaire entiérement, & outre moyennant la quantité de trois mines de bled, les deux tiers de froment & l'autre tiers meteil, le tout bon grain, sec, net, loyal & marchand, mesure de Paris, à deux sols près du meilleur, & rendu en ladite Ville ès greniers dudit sieur Vincent & la somme de livres en argent, le tout de ferme &

loyer par chacune desdites années, qui est le même prix porté audit Bail, que ladite Jeanne promet aussi de bailler, payer & fournir audit sieur Vincent en sa maison à Paris ou au porteur, &c. sçavoir ledit bled au jour de S. André & lesdits deniers au jour de Pâques, dont le premier payement & livraison desdits loyers & fermages échera & se fera aux jours de Pâques & de S. André, de l'année prochaine mil & ainsi continuer d'an en an & de terme en terme, le payement desdits loyers & fermages jusqu'à la fin dudit tems, reconnoissant lesdites Parties avoir ce jourd'hui compté ensemble à l'amiable des loyers & fermages, qui sont dûës de ladite ferme & héritages du passé jusques audit jour de S. Martin d'hiver prochain, & par ledit compte toutes déductions faites, même des réparations que ledit défunt a fait faire en ladite métairie, s'est trouvé être dû audit sieur Vincent par ladite Jeanne & ledit défunt son mari, la somme de en argent, & la quantité de deux muids de bled froment & un muid de bled méteil, de la qualité & mesure portée audit Bail; laquelle somme de & bled susdit, ladite Jeanne promet & s'oblige d'abondant par cesdites présentes, de bailler, fournir & payer audit sieur Vincent en sadite maison à Paris ou au porteur, &c. dans le jour de Pâques prochain, sans déroger ni préjudicier aux hypothéques & priviléges dudit Bail, au moyen de quoi tous les fruits qui sont de présent pendans par la racine sur lesdites terres & ferme appartiendront entiérement à ladite Jeanne pour en disposer ainsi que bon lui semblera, car ainsi, &c. promettant, &c. obligeant chacun en droit soi, &c. ladite veuve, corps & biens, renonçant, &c. Fait & passé, &c.

Continuation de société.

FUrent présens *tels* & *tels*, tous propriétaires des droits d'impôts & billets des Bailliages, Contrats d'adjudication que chacun a pardevers soi.

Lesquels ont déclaré que pour leur avantage commun, ils auroient par Contrat passé pardevant pour les raisons y contenuës, convenu de joüir en commun par forme de société, du revenu desdits impôts & billets, d'en faire les baux à ferme, registres, exercice & recette dudit revenu pendant deux années, à finissant prochain, aux charges inserées audit Contrat qui ont été fort exactement entretenuës & exécutées par toutes les parties; & qu'ayant par le tems reconnu ladite société avoir été justement contractée, chacune desdites Parties en ayant beaucoup plus reçu d'utilité qu'elles n'auroient fait, si elles en avoient joüi séparément, il a été résolu pour les causes & considérations portées audit Contrat, de la continuer, comme par ces présentes lesdites Parties la continuent pendant douze années, à commencer à pour finir à aux charges déclarées audit Contrat, duquel il a été fait, entant que besoin seroit lecture ausdites Parties par l'un des Notaires soussignez, promettant l'entretenir & effectuer selon sa teneur. Obligeant, &c. renonçant, &c.

Des Compromis ou Arbitrages.

COmpromis eſt un Acte par lequel deux Parties ne pouvant s'accommoder elles-mêmes, par une prévention pour leurs droits & prétentions, qui eſt aſſez naturelle, s'en remettent à la déciſion de leurs conſeils, auſquels elles donnent pouvoir de regler tous leurs différens par leur avis commun; & où ils ne pourroient convenir, de nommer un tiers non ſuſpect aux Parties, pour les départager ſi beſoin eſt.

Elles doivent y expliquer la peine que ſouffrira celui qui appellera de la Sentence renduë par les Arbitres: c'eſt ordinairement une ſomme qu'il s'oblige de payer avant de pouvoir être reçu à propoſer aucun moyen d'appel.

Cet appel ſe porte toujours aux Parlemens dans le reſſort deſquels les Sentences ont été renduës, & non pas aux Bailliages & Sénéchauſſées: C'eſt encore au Parlement qu'il faut en demander l'homologation. Les Parties évitent du moins par-là un dégré de Juriſdiction, quand elles ne termineroient pas leurs différens par ce moyen.

Le Compromis doit contenir une datte certaine, dans laquelle les Arbitres ſont engagez de rendre leur Sentence: s'ils ne le font point, leur pouvoir ceſſe entiérement, à moins que ce delai ne ſoit prorogé par un nouvel acte. Le plus expédient ſeroit de marquer dans le Compromis même, que ce délai ne commencera de courir, que du jour qu'il aura été accepté par les Arbitres.

Compromis.

FUrent préſent ſieur François C Maître Chirurgien à Paris y demeurant ruë Paroiſſe ſaint tant en ſon nom que ſe faiſant & portant fort du ſieur Silvain B Officier de Monſeigneur le Duc de par lequel il promet & s'oblige de faire agréer & ratifier ces préſentes & ce qui ſera fait en conſéquence, & en fournir l'acte valable au ſieur ci-après nommé dans jours prochains, à peine de tous dépens, dommages & intérêts d'une part. Et Thomas Q Maçon & Entrepreneur de bâtimens à Paris, y demeurant ruë Paroiſſe d'autre part. Leſquels pour terminer les différens qui ſe ſont mus entre les parties au ſujet des prétenduës fractions & mal-façons des murs & autres endroits d'une maiſon appartenante auſdits ſieurs C & B ſciſe à ruë de bâtie par ledit Q

& autres incidens, pour raison dequoi il y a instance pendante entre elles au Bailliage de sont convenus d'en passer par l'avis de leurs Arbitres ci-après nommez; sçavoir de la part desdits sieurs C & B de la personne de sieur Claude T Architecte & Inspecteur des bâtimens du Roi; & de celle dudit Q de la personne du sieur Philippe J Architecte & Maître Maçon à Paris & Entrepreneur des bâtimens du Roi, ausquels & à chacun d'eux icelles parties donnent pouvoir de proceder incessamment à la visite de ladite maison, & de faire leur rapport en leurs ames & conscience des fractions & mal-façons qui se trouveront aux murs & autres lieux d'icelle maison, & en cas que lesdits Arbitres ne puissent s'accorder & soyent de sentimens différens, lesdites Parties leur donnent pouvoir de choisir & nommer telle personne experte en bâtimens qu'ils voudront choisir, pour par lesdits Arbitres seuls ou conjointement avec ledit tiers & sur-arbitre faire leurdit rapport sur les piéces & mémoires qui seront produits en leurs mains dans huit jours, pour huitaine après rendre leur Sentence qui vaudra Jugement Arbitral, auquel lesdites Parties, ledit sieur C audit nom, promettent respectivement d'acquiescer comme si c'étoit Jugement ou Arrêt de Cour Souveraine, à peine de la somme de livres, payable par le contrevenant avant qûe de pouvoir dire, proposer, ni alléguer aucune chose contre lesdits jugement & rapport; sçavoir, moitié à l'acquiesçant, & l'autre moitié à la maison de l'Hôtel-Dieu de Paris; & pour l'exécution des présentes & prononciation de ladite Sentence arbitrale, lesdites Parties ont élû leur domicile, chacun en leur demeure ci-devant déclarez; auxquels lieux, &c. promettans, s'obligeans chacun à son égard, ledit C audit nom, renonçans. Fait & passé à Paris en l'étude de L l'un des Notaires soussignez, l'an mil le jour d a midi. Et ont signé.

Nota. *Quand l'on donne pouvoir aux Arbitres de juger comme Juges de rigueur, il ne faut point mettre dans le Compromis ces mots*, amiables compositeurs, *mais bien que l'on donne pouvoir ausdits sieurs Arbitres de rendre leur Sentence arbitrale sur tous les différends, ordre de droit gardé, ou non gardé.*

Par l'Ordonnance de 1667, Titre 31. art. 2. les Arbitres en jugeant les differens sont tenus de condamner indéfiniment aux dépens celui qui succombera, si ce n'est que par le Compromis il y eût clause expresse, portant pouvoir de les remettre, moderer & liquider.

Compromis avec clause portant peine contre les contrevenans.

Furent présens Michel le Bon, demeurant Paroisse d'une part, & Jean Vincent, demeurant Paroisse de d'autre part: lesquels ont dit avoir plusieurs prétentions l'un à l'encontre de l'autre: sçavoir de la part dudit & de la part dudit sieur

Pour terminer lesdites prétentions, lesdites parties sont par ces présentes convenuës de nommer pour arbitres Maîtres Henri de & Guillaume anciens Avocats au Parlement de Paris, ausquels ils ont donné &

donnent pouvoir de regler & juger toutes leursdites prétentions & autres, & toutes les contestations que lesdites parties peuvent & pourront avoir au sujet d'icelles, & ce dans mois à compter du jour des présentes; & pour cet effet lesdits sieurs arbitres pourront sur les mémoires & piéces qui seront incessamment mises entre leurs mains par lesdits parties, rendre une ou plusieurs Sentences interlocutoires & définitives dans ledit tems de mois; même juger & décider conjointement ou séparement toutes sortes d'incidens préparatoires ou autres qui pourront être formez par l'une ou l'autre desdites parties, même suppléer toutes lettres, soit de rescision, restitution en entier, Requête civile, ou autres telles qu'elles soient, & juger comme si les parties les avoient obtenues: Et en cas que lesdits sieurs arbitres se trouvent de différens avis, les parties leur donnent pouvoir de prendre pour tiers & supernumeraire tel autre Avocat que bon leur semblera, par l'avis duquel ils passeront outre audit jugement arbitral. Lesdits sieurs arbitres rendront leur Sentence arbitrale dans ledit tems de sur ce qui se trouvera mis pardevers eux par l'une desdites parties, sans qu'il soit besoin de faire aucune sommation ni forclusion que la simple signification & communication des Requêtes qui contiendront leurs demandes & prétentions, & des piéces qui seront énoncées, desquelles même lesdites parties pourront prendre communication par les mains desdits sieurs arbitres, ou de celui d'entre eux chez qui elles se trouveront, sans déplacer; promettant lesdites parties d'exécuter lesdites Sentences de quelque nature qu'elles soient, préparatoires, interlocutoires ou définitives, à peine de 1000 liv. payable par la partie ou les parties contrevenantes, sçavoir moitié à l'Hôtel-Dieu de Paris, & l'autre moitié à la partie ou aux parties acquiesçantes, sans que lesd. parties puissent être reçues opposantes ausd. Sentences, ou appellantes d'icelles, que l'opposant ou appellant n'ait actuellement payé ladite somme de mille livres à l'acquiesçant, & audit Hôtel-Dieu comme dessus, & aussi sans que l'appel d'une ou plusieurs Sentences préparatoires ou interlocutoires puissent suspendre ou surseoir en quelque maniere que ce soit l'instruction & jugement des differends des parties. Lesdits sieurs arbitres prononceront sur les dommages & intérêts, & les dépens qui pourront être requis par lesdites parties, les adjugeront ou les compenseront selon qu'ils le jugeront à propos; & pareillement sans que lesdites parties puissent en aucune maniere recuser ou prendre à partie lesdits sieurs arbitres ou l'un d'eux, lesquels nonobstant toutes oppositions, appellations, recusations ou prises à partie, & autres empêchemens tels qu'ils soient, procederont au jugement des contestations & differends desdites parties. Lesquelles parties ont élû leur domicile irrévocable pour l'exécution des présentes & dépendances, & la prononciation du jugement arbitral, sçavoir lesd. en la maison dudit sieur & ledit sieur de ausquels lieux lesdites parties consentent leur être fait la prononciation ou les prononciations de toutes les susdites Sentences, & généralement tous autres actes & exploits de Justice qui concerneront l'exécution d'icelles; & seront lesdites Sentences arbitrales homologuées devant Monsieur le Lieutenant Civil au Châtelet de Paris, & ce sans aucune assignation: Et à cet effet lesdites parties déclarent, sçavoir lesd qu'elles constituent pour leur Procureur M Procureur au Châtelet de Paris, demeurant ruë susdite Paroisse & ledit sieur qu'il constitue pour Procureur M Procureur audit Châtelet de Paris, y demeurant ruë Paroisse de car ainsi promettant, &c. obligeant, &c. renonçant, &c. Fait & passé à Paris.

Décharge en vertu de quittance de remboursement à mettre sur la minute & la grosse du Contrat de constitution remboursé.

LEs cinq cens livres de rente mentionnées au présent Contrat ont été rachetées, & les arrérages qui en étoient dûs, payez & acquittez par ledit *tel* ès mains dudit Thomas, selon que le contient plus au long la quittance passée pardevant *tels Notaires le* tel jour, dont la minute est vers ledit *tel Notaire* ainsi qu'il est apparu aux Notaires soussignez, par une expédition de ladite quittance répresentée par ledit *tel*, & a lui à l'instant renduë, en vertu de laquelle a été faite la présente mention par lesdits Notaires soussignez, ce jourd'hui, &c.

Nota, *Il est nécessaire pour la décharge du Notaire qui fait une telle mention, de faire signer la partie qui la requiert, ou de retenir l'expédition de ladite quittance & la joindre à sa minute, pour y avoir recours afin d'éviter les abus qui en pourroient survenir, si par malheur la minute d'une telle quittance étoit perduë, soustraite ou adhirée comme cela peut arriver, sur tout si elle est passée hors Paris.*

Décharge d'Emploi à mettre au pied du Contrat qui le promet.

ET le jour d mil sept cent est comparu devant les Notaires à Paris, soussignez, ledit sieur François L nommé & qualifié au contrat ci-dessus & des autres parts écrit. Lequel a déchargé M & Marie T sa femme, aussi nommez & qualifiez audit Contrat, à ce présens, de l'emploi de la somme de livres, qu'il leur a prêtée à constitution de rente par ledit Contrat, se contentant ledit sieur L de l'hypotéque générale sur tous les biens desdits M & sa femme, à lui acquis par ledit Contrat, auquel au surplus n'est dérogé ni innové en façon quelconque. Promettant, &c. obligeant, &c. renonçant, &c. Fait & passé à Paris en l'Etude de l'un desdits Notaires soussignez, lesdits jours & an, que dessus. Et ont signé.

Décharge de restitution de dot.

FUrent présens Marie H veuve en dernieres nôces de Gilles D Maître Brodeur à Paris, y demeurante ruë Paroisse saint d'une part. Et Philippe B Compagnon Boutonnier à Paris, y demeurant ruë susdite Paroisse, d'autre part. Lesquels sont convenus & demeurez d'accord de ce qui ensuit. Sçavoir, que ladite veuve D quitte & décharge pleinement & absolument ledit B de toutes actions & prétentions qu'elle pourroit prétendre contre lui, sans aucune reserve, pour raison de la restitution de la dot, par elle donnée à défunte Charlotte D sa fille, en faveur & par le Contrat de mariage d'entr'elle & ledit B attendu que sadite femme est décédée sans enfans, moyennant la somme de livres, à laquelle les parties sont convenues, sur laquelle somme ledit B a présentement payé celle de livres à ladite veuve D ainsi qu'elle le reconnoît & l'en quitte d'autant, & à l'égard des livres restans, ledit B s'oblige de les lui payer d'hui en mois prochains, à peine de tous dépens, dommages & intérêts: & au moyen des présentes ladite veuve D consent que ledit B joüisse, fasse & dispose des biens restez en commun avec lui & sadite défunte femme, de quelque nature qu'ils soient en toute proprieté, & a ledit B élû son domicile en sa demeure ci-devant déclarée: Auquel lieu, &c. nonobstant, &c. promettant, &c. obligeant, &c. renonçant, &c. Fait & passé à Paris en l'Etude de C Notaire, l'an mil sept cens quarante le jour d a midi. Et ont signé.

Décharge particuliere.

FUt présente Dame Françoise P épouse separée quant aux biens de Mre. Richard C Chevalier, Seigneur de demeurante à Paris, ruë Paroisse Saint Laquelle reconnoît n'avoir pas payé, soit à sa décharge, soit à celle de la Dame de C sa sœur, plus que la somme de livres à Antoine P sieur de la B de laquelle Damoiselle Simonne-Françoise N épouse séparée quant aux biens de lui a par Acte passé pardevant les Notaires soussignez, ce jourd'hui tenu compte, & la lui a déduite sur la somme de livres, principal de livres de rente qu'elle lui doit, par Contrat datté audit Acte; en sorte que tels billets ou quittances qui pourroient se trouver, elle renonce à s'en pouvoir servir, comme ne composant toujours que ladite somme de livres. Promettant, &c. obligeant, &c. renonçant, &c. Fait & passé à Paris &c.

Décharge de piéces & procédures à un Procureur.

AUjourd'hui est comparuë pardevant les Conseillers du Roi, Notaires à Paris soussignez, Nicolle R veuve de Simeon B demeurante Laquelle reconnoît, que Me André le R Procureur au y demeurant ruë à ce présent, lui a rendu & délivré généralement toutes les piéces & procédures qu'il avoit en sa possession à elle appartenante, comme ledit sieur le R subrogé à la pratique de feu Me Claude V aussi Procureur au à qui elles avoient été mises tant par défunt M. Simon R Bourgeois de Paris, son pere, qu'autres, qui sont grosse d'Inventaire, partages, Acte de tutelle, avis de parens, Contrat de mariage & plusieurs dossiers concernant plusieurs piéces & instances, qui est tout ce que ledit sieur le R avoit en ses mains, ainsi qu'il l'a déclaré; de toutes lesquelles piéces ladite B est contente, en quitte & décharge ledit sieur le R & tous autres, & de toutes choses généralement quelconques, comme aussi ledit sieur le R quitte & décharge de sa part ladite B de toutes choses généralement quelconques, tant pour frais par lui & ledit défunt sieur B faits, deniers avancez, qu'autrement. Promettant, &c. obligeant, &c. renonçant, &c. Fait & passé à Paris ès Etudes, &c. l'an mil Et ont signé.

Déclaration d'une rente sur la Ville au profit d'un tiers.

FUt présent sieur Alexis T Bourgeois de Paris, y demeurant ruë Paroisse Saint Lequel déclare de bonne foi qu'il n'a & ne prétend rien aux livres de rente, au principal de livres, qui lui viennent d'être constituées par Messieurs les Prevôt des Marchands & Echevins de cette Ville de Paris par Contrat passé devant L & Y Notaires, ce jourd'hui à prendre sur les Aydes & Gabelles de France, & que l'acceptation qu'il en a faite, n'a été que pour faire plaisir & prêter son nom à Gervais M Receveur du Domaine à Melun, des deniers qu'il lui avoit mis ès mains; pourquoi il a fourni au Trésor Royal le principal de ladite rente, le Décembre mil lui en faisant à cet effet toutes déclarations nécessaires, pour par ledit sieur M ses hoirs & ayans-cause, joüir, faire & disposer de ladite rente en principal & arrérages, comme de chose leur appartenante, à l'effet de quoi il pourra retirer la grosse dudit Contrat. Promettant, &c. obligeant, &c. renonçant, &c. Fait & passé à Paris ès Etudes des Notaires soussignez, l'an mil le Et a signé.

Déclaration par le Créancier d'une rente au profit du Débiteur d'icelle.

AUjourd'hui est comparu pardevant les Notaires à Paris soussignez, sieur Gilles L   Bourgeois de Paris, y demeurant ruë   Paroisse S. Lequel a reconnu & déclaré n'avoir & ne prétendre aucune chose aux   livres de rente, au principal de   livres, qui lui ont été constituez par André D   Ecuyer, Seigneur de   & autres lieux, au nom & comme Tuteur de Michel D   Ecuyer son fils, & en conséquence de l'avis des parens dudit mineur homologué par Acte datté, mentionné & annexé à la minute du Contrat de ladite constitution passée pardevant lesdits Notaires soussignez ce jourd'hui; & que lesdits   livres de rente, sont & appartiennent audit sieur D   pere en son nom, qui avoit avant la passation dudit Contrat, fourni & mis ès mains dudit C   ladite somme de   livres, principal de ladite rente, n'ayant ledit sieur L   accepté ledit Contrat, que pour faire plaisir & prêter son nom audit sieur D   Partant il lui fait par ces présentes toutes déclaration, cession & transport nécessaires, sans garantie desdits   livres de rente, ce fait en la présence dudit sieur D   demeurant ordinairement en sa Terre de   étant de présent à Paris, logé ruë   Paroisse   pour ce présent, lequel reconnoît avoir en sa possession la grosse dudit Contrat de constitution, de l'événement duquel il promet acquitter, garantir & indemniser ledit sieur L   par les mêmes voyes qu'il pourroit en être tenu : à peine, &c. Et pour l'exécution des présentes, ledit sieur D   a élû son domicile en la maison où il est logé présentement : Auquel lieu, &c. nonobstant, &c. promettant, &c. obligeant, &c. renonçant. Fait & passé à Paris ès Etudes, &c. l'an mil   le   jour d   Et ont signé.

Déclaration sous condition.

FUt présent André B   Menuisier, demeurant à   proche   de présent à Paris, Lequel a reconnu qu'encore que par l'Acte de convention fait entre lui, Charles C   & Magdelaine L   sa femme, pardevant   & son Confrere Notaires, ce jourd'hui, lesdits C   & sa femme, ayent reconnu avoir reçû de lui trois cens quatre livres dix sols, pour les causes y portées; néanmoins la vérité est que le prix serieux n'est que de deux cens livres, que desdits deux cens livres, il n'en a payé que cent livres : lesquels cent livres lesdits C   & sa femme, elle de lui pour ce présent autorisée, demeurant ruë   Paroisse Saint   promettent & s'obligent de rendre & restituer audit B   faute par eux de le mettre en possession paisible de la maison mentionnée dans ledit Acte de cedit jour dans le tems y porté, dans lequel tems & ledit B   étant en possession paisible de ladite maison, il promet & s'oblige envers lesdits C   & sa femme, de leur payer les cent livres restans au même instant de ladite possession, à peine de tous dépens, dommages & intérêts, élisant les Parties leurs domiciles où elles demeurent : Ausquels lieux, &c. nonobstant, &c. promettant, &c. obligeant, &c. lesdits C & sa femme solidairement renonçant, &c. Fait & passé à Paris ès Etudes, &c. l'an mil sept cens le Et ont signé ces présentes doubles, fors ladite femme C qui a déclaré ne sçavoir écrire ni signer, de ce enquise.

Déclaration en interprétation d'un Acte portant Renonciation à une Succession.

AUjourd'hui sont comparus pardevant les Conseillers du Roi, Notaires au Châtelet de Paris soussignez, Messire Pierre P Chevalier Seigneur de L & Dame Anne-Geneviéve de F son épouse, qu'il autorise à l'effet des présentes, demeurans à Paris ruë Paroisse Saint Lesquels ont dit & déclaré, qu'encore que par Acte d'émancipation du dernier, ils ayent mis hors de leurs puissances paternelle & maternelle, Damoiselle Anne-Geneviéve P leur fille, à l'effet d'appréhender la succession de feu Messire Nicolas de F Chevalier, Seigneur Marquis de R & par cet Acte entendu renoncer à ladite succession, néanmoins en tant que besoin est ou seroit, & pour satisfaire à l'Arrêt du Conseil, qui leur a été signifié à la Requête du sieur ils déclarent qu'ils renoncent d'abondant par ces présentes à ladite succession, pour les causes & raisons qu'ils déduiront en tems & lieu, jurant & affirmant en leurs ames & consciences, n'avoir pris ni appréhendé aucuns biens d'icelle : Et pour faire signifier ces présentes à qui il appartiendra, ils constituent leur Procureur le porteur, &c. auquel ils donnent pouvoir, & d'en requerir Acte. Promettant, &c. obligeant, &c. renonçant, &c. Fait & passé à Paris ès Etudes, &c. l'an mil sept cens le Et ont signé.

Déclaration d'une Obligation au profit d'un tiers.

PArdevant les Conseillers du Roi, Notaires à Paris soussignez, fut présent Me Antoine A Bourgeois de Paris, y demeurant ruë Paroisse Saint Lequel a dit & déclaré que l'Obligation de la somme de livres, qui a été ce jourd'hui passée à son profit par Haute & Puissante Dame, Dame Marguerite-Thérese de B veuve de Haut & Puissant Seigneur, Messire Guillaume de B Marquis de V Très-Haute & Très-Puissante Dame, Dame Magdelaine-Diane de B de V veuve d'E & M. Théopharte D Conseiller du Roi aux Eaux & Forêts de la Table de marbre de comme Procureur de Haut & Puissant Seigneur, Messire Guillaume de B Chevalier Comte de S par procuration demeurée annexée à la minute d'un Contrat de constitution passé devant R & son Confrere Notaires, le & qui devoit être employée avec autres deniers à la consignation du prix en entier de l'adjudication faite à madite Dame Duchesse de E des Terres de C I leurs circonstances & dépendances, par l'Arrêt datté & énoncé en ladite Obligation passée pardevant L l'un des Notaires soussignez & son Confrere aussi Notaire ledit jour, est & appartient à M. Jacques Ennemond T sieur D & Consors intéressez aux consignations, qui lui avoient mis ladite somme ès mains à l'effet de ladite Obligation, en l'acceptation de laquelle il n'a fait que prêter son nom pour leur faire plaisir; c'est pourquoi il fait de ladite Obligation en tout son contenu toutes déclaration, cession & transport nécessaires audit sieur D & Consors, ce acceptant par ledit sieur D pour ce présent comparant, demeurant sans néanmoins de la part dudit sieur A aucune garantie, restitution de deniers, ni recours quelconques, sinon de ses faits & promesses seulement, & à la charge par ledit sieur D & Consors d'acquitter, garantir & indemniser ledit sieur A de tout événement au sujet de ladite Obligation & dépendances : Car ainsi a été convenu entre les Parties, promettant, &c. obligeant, &c. renonçant, &c. Fait & passé à Paris en l'Etude dudit L Notaire, l'an mil le jour d a midi. Et ont signé.

Déclaration par un Particulier, que toutes les Marchandises qu'il a appartiennent à un autre, qui lui a fourni des deniers pour l'achat d'icelles.

JEan P demeurant reconnoît de bonne foi, que toutes les marchandises qui sont en sa maison, qu'il employe actuellement pour faire de la colle forte à l'usage des Menuisiers & d'autres personnes de vacations, sont ainsi que toute sa colle, & appartiennent de même que toutes les marchandises & colles, qu'il fera d'icelles ci-après, à Philippe G Maître Peintre à Paris, pour lui avoir fourni & fournit encore actuellement les deniers pour les achats desdites marchandises; c'est pourquoi quand il plaira audit G il retirera & reprendra toutes lesdites marchandises & colles, comme lui appartenans par privilege à tous autres; attendu que l'achat en est fait de ses propres deniers. Promettant, &c. obligeant, &c. renonçant, &c. Fait & passé à Paris ès Etudes, &c. l'an mil sept cens le Et a signé.

Déclaration d'un Cessionnaire à son Cedant.

AUjourd'hui est comparu pardevant les Notaires à Paris soussignez, Jean-Imbert D Bourgeois de Paris, y demeurant Lequel a déclaré & reconnu qu'encore que par le transport à lui fait par Anne de la B de la somme de livres, à prendre sur le sieur Comte de B suivant son Obligation énoncée audit transport passé devant M & son Confrere Notaires, le mil il paroisse avoir été fait, pour demeurer quitte de pareille somme de livres, qu'elle devoit audit sieur D pour marchandises qu'il lui avoit fournies ; néanmoins la vérité est que ledit sieur de la B ne lui devoit pour lors, & ne lui doit à présent que la somme de livres, tant pour fournitures & façons d'habits que pour argent prêté, c'est pourquoi ledit sieur D s'oblige de tenir compte audit sieur de la B de l'excédant de la somme de livres, lorsqu'il aura touché entiérement le contenu audit transport, & encore à la déduction des frais qu'il a avancé du passé, & qu'il avancera à l'avenir, pour avoir le payement de ladite somme, lesquels frais à telles sommes qu'ils puissent monter, ledit sieur de la B pour ce présent & comparant, logé à Paris ruë Paroisse Saint s'oblige de tenir compte, & de déduire audit sieur D sur ledit excédant ; & ne pourra ledit sieur Comte de B en vertu des présentes payer audit sieur de la B ledit excédent qu'il ne lui apparoisse préalablement la quittance de frais payez audit sieur D Car ainsi, &c. Et pour l'exécution des présentes lesdites Parties ont élû leurs domiciles en leurs demeures ci-devant déclarées : Ausquels lieux, &c. nonobstant, &c. chacun en droit soi renonçant, &c. Fait & passé à Paris ès Etudes, &c. le

---

Déclaration par un mari au profit de sa femme, consentant qu'il lui soit constitué, & qu'elle joüisse d'une rente sa vie durant.

AUjourd'hui est comparu, &c. Lequel ayant fourni au Trésor Royal le une somme de livres, dont lui a été expédié une quittance de finance, pour l'acquisition de livres de rente, sur les Aydes & Gabelles à prendre dans les millions de livres créez par Edit du mois d sur une ampliation de laquelle quittance il doit être expédié un Contrat particulier & separé de la rente héréditaire, qui sera de pareille somme de livres de rente la vie durant de celui à qui la constitution en doit être faite, & qui peut être passé sous tel nom que bon semble audit suivant la permission portée par ledit Edit : a consenti que ledit Contrat de la rente viagere soit par Messieurs les Prevôt des Marchands & Echevins de cette Ville, passé au nom & au profit de Marie femme dudit à laquelle ladite rente viagere appartiendra, & qui en recevra les arrérages, & signera les quittances, même du vivant dudit sieur qui à cet effet l'autorise irrévocablement, & en cas qu'il la prédécede, elle en fera & disposera, comme à elle appartenante, sans être tenuë à aucun remplacement ni récompense, ainsi qu'il est porté par ledit Edit. Dont, &c. Acte, &c. Fait & passé, &c.

Nota. *Ce qui suit se met dans le Contrat.*

Après que ladite Acquereure susnommée a fait apparoir du consentement que ledit sieur son mari a donné en sa faveur, pour la création de la rente ci-après, par Acte passé pardevant les Notaires soussignez, dont l'original a été annexé à ces présentes, avec l'ampliation de ladite quittance de finance signée Garde des Registres du Contrôle général des Finances
A Marie femme dudit de lui autorisée par ledit Acte de consentement, demeurante ruë &c.

Déclaration par un Particulier, comme les deniers qu'il a portez au Trésor Royal, pour faire sous son nom l'acquisition d'une rente sur la Ville, est pour un autre Particulier.

AUjourd'hui est comparu devant les Conseillers du Roi, Notaires, &c. Messire Claude-Augustin T (*de telle qualité*) demeurant à Paris ruë Lequel volontairement a déclaré que les livres, qu'il vient de porter présentement au Tresor Royal de Sa Majesté entre les mains de Monsieur de T Garde d'icelui, pour lui être constitué par Messieurs les Prevôt des Marchands & Echevins de cette Ville livres de rente au denier sur les Aydes & Gabelles de France, sont & appartiennent à Noble homme Thomas T pour les avoir fournis de ses deniers entre les mains dudit sieur T pour faire en son nom l'acquisition de ladite rente, de laquelle il fait par ces présentes toute déclaration requise & nécessaire audit sieur T pour par lui ses hoirs & ayans cause jouir, faire & disposer de ladite rente en principal & arrérages, comme de chose à eux appartenante, promettant ledit sieur T de réïterer la présente déclaration si-tôt la passation dudit Contrat de constitution, ce qui a été accepté par ledit sieur T demeurant à Paris pour ce présent, Promettant, &c. obligeant, &c. renonçant, &c. Fait & passé à Paris en l'Etude de C Notaire, l'an mil &c.

Réïtération de la Déclaration ci-dessus.

AUjourd'hui est comparu devant les Notaires au Châtelet de Paris soussignez le sieur Claude-Augustin T nommé en la déclaration de l'autre part, lequel en la réïterant & confirmant a d'abondant & de nouveau déclaré que les liv. de rente, qui lui ont été ce jourd'hui constituées sur les Aydes & Gabelles par Messieurs les Prevôt des Marchands & Echevins de cette Ville, par Contrat passé pardevant les Notaires soussignez, appartiennent audit sieur Thomas T pour avoir fourni de ses deniers les livres, principal de ladite rente, pour par lui, ses hoirs & ayans cause en jouir, faire & disposer, tant en principal qu'arrérages, comme de chose lui appartenante, lui faisant en tant que besoin est ou seroit toute cession, transport & déclaration nécessaire : Ce qui a été accepté par ledit sieur Thomas T nommé & qualifié en ladite déclaration des autres parts, pour ce présent, qui reconnoît avoir en sa possession la grosse en parchemin dudit Contrat de constitution, dont il décharge ledit sieur T Promettant, &c. obligeant, &c. renonçant, &c. Fait & passé à Paris ès Etudes, &c. l'an mil sept le &c.

Déclaration sous seing-privé par un Particulier, que l'adjudication à lui faite à la Barre de la Cour, comme plus offrant & dernier Enchérisseur, d'une maison & héritages, est pour & au profit d'un autre Particulier.

JE soussigné Simon G déclare que l'adjudication à moi faite sous le nom de Me. Pierre M Procureur au Parlement, porteur de mon pouvoir, à la Barre de la Cour ce jourd'hui Mercredi Août mil du matin levée de l'Audience, comme plus offrant & dernier Encherisseur, après trois publications, en la maniere accoutumée, pardevant Messire Thomas D Chevalier, Conseiller du Roi en sa Cour de Parlement, & Grand'-Chambre d'icelle, Commissaire, Deputé par ladite Cour, en présence de Me. Pierre D Conseiller du Roi, Substitut de M. le Procureur Général & de Me. D Greffier Plumitif de l'Audience de la Grand'Chambre, en vertu des Lettres Patentes du Roi en forme d'Edit du mois de mil registrées au Parlement le suivant, accordées à Messieurs les Gouverneurs & Administrateurs de l'Hôtel-Dieu de dont l'exécution auroit été ordonnée par Arrêt du Fevrier mil d'une maison scise au Village de (*On met en cet endroit les appartenances dépendances, & les tenans & aboutissans; & puis l'on dit*) Le tout moyennant le prix & somme de livres, & aux charges, clauses & conditions portées aux Procès verbaux de criées & affiches desdits héritages: Est, pour & au profit de M à ce présent & acceptant, auquel je n'ai fait en cela que prêter mon nom, lui faisant à cet effet en tant que besoin est ou seroit, toute cession, transport & déclaration nécessaires de ladite adjudication en tout son contenu, circonstances & dépendances, le mettant & subrogeant en mon lieu & place, droits, noms, raisons, actions, privileges & hypotéques résultant de ladite adjudication, comme principal Adjudicataire, sans aucune reserve, n'y prétendant à mon égard choses quelconques; pour par mondit sieur jouir, faire & disposer desdits biens en toute propriété, comme de chose lui appartenante au moyen des présentes, que je promet réïterer pardevant Notaires, si-tôt la délivrance qui me sera faite du décret de ladite adjudication. Fait à Paris le après-midi.

Reconnoissance pardevant Notaires de la Déclaration précédente, & réïtération d'icelle.

AUjourd'hui est comparu devant les Notaires à Paris, soussignez, ledit sieur Simon G dénommé en l'écrit sous signatures privées ci-dessus & de l'autre part, d'une part: & ledit sieur aussi y dénommé, d'autre part. Lesquels ont reconnu avoir par ledit sieur G écrit puis signé chacun de leurs signatures ordinaires & accoutumées ledit écrit ci-dessus & de l'autre part, qu'ils ont dit contenir vérité; & au désir d'icelui ledit sieur G a réitéré la déclaration y portée en faveur dudit sieur ce acceptant; & déclarant en outre ledit sieur G que c'est des propres deniers dudit sieur qu'il a payé, sçavoir, entre les mains de M Receveur de l'Hôtel-Dieu, la somme de livres, prix principal des biens specifiez audit écrit, suivant la quittance qu'il en a retirée; plus les frais de criées, poursuites & procedures concernans le décret de l'adjudication en question à lui délivrée le Plus les droits seigneuriaux, insinuations & autres frais & déboursez qu'il a convenu faire: Ce faisant ledit sieur G a présentement délivré & mis ès mains dudit sieur la grosse en parchemin dudit décret, dûment signé, scellé, insinué & ensaisiné, l'original de ladite quittance de livres & autres piéces & procedures dépendantes de ladite adjudication, dont ledit sieur quitte & décharge ledit sieur G qu'il promet de garentir & indemniser envers & contre tous, de tous évenemens à ce sujet. Promettant, &c. obligeant, &c. renonçant, &c. Fait & passé à Paris en la maison dudit sieur susdéclarée l'an mil &c.

Déclaration & Décharge que l'on met en marge d'un Contrat ou Acte remboursé.

LE contenu au présent Contrat (*ou*) Etat a été payé & acquitté au moyen de la quittance passée devant Nous Notaires à Paris soussignez, ce jourd'hui d mil

---

Déclaration, cession ou transport au sujet de la vente d'une maison.

AUjourd'hui est comparu pardevant les Notaires, &c. Pierre, &c. demeurant ruë lequel a volontairement reconnu & confessé qu'encore bien que Guillaume lui aye pardevant contrat passé par *tels* Notaires *le* tel jour, vendu & promis garantir une maison & ses appartenances, sise à Paris ruë tenant à *tel* & *tel*, moyennant le prix & somme de ving-cinq mille livres payées comptant, en especes déclarées audit contrat, que l'ensaisinement d'icelui aye été fait au désir dudit contrat, il s'en soit rendu adjudicataire. Neanmoins la vérité est que ledit Pierre n'a prétendu & ne prétend aucune chose en ladite maison & lieux en dépendans, mais qu'elle a toujours appartenu & appartient encore de présent à Bertrand qui lui auroit avant la passation dudit contrat de vente, baillé & fourni de ses deniers, tant ladite somme de vingt-cinq mille livres pour parvenir à ladite acquisition, que tous les autres deniers qu'il a convenu débourser pour les lods & vente d'icelle, frais dudit contrat & dudit décret, & de tout ce qui s'en est ensuivi, n'ayant ledit Pierre accepté ladite acquisition, & ne s'étant rendu adjudicataire de ladite maison que pour prêter son nom audit Bertrand: Et partant ledit Pierre usant de bonne foi, a par ces présentes en tant que besoin est ou seroit, fait déclaration, cession & transport de ladite maison au profit dudit Bertrand, demeurant ruë à ce présent & acceptant, & de tous les droits, noms, raisons &

& actions qu'il a & pourroit avoir & prétendre en icelle par le moyen desdits contrat de vente & décret, & autrement en quelque sorte & maniere que ce soit, pour de ladite maison jouir, faire & disposer par ledit Bertrand, ses hoirs & ayans-cause, comme de chose à lui appartenante, & tout ainsi que si ledit contrat de vente & décret d'icelle maison avoient été faits en son nom & profit, sans toutefois aucune garantie, ni recours quelconque, sinon de ses faits & promesses seulement: Et en ce faisant ledit Pierre lui a présentement baillé & délivré les originaux du contrat de vente & dudit décret: ensemble toutes les piéces qui lui ont été délivrées par ledit Guillaume lors dudit contrat de vente, dont ledit Bertrand l'en décharge, promettant, &c. obligeant, &c. renonçant, &c. Fait & passé, &c.

Nota. *Que telles déclarations se font quand un débiteur ne veut acheter l'héritage des deniers de son creancier, qu'au lieu de caution il fait passer le contrat de vente sous le nom dudit créancier, afin qu'il ne le puisse vendre ni engager sans le consentement dudit créancier, & venant à payer tel créancier, ledit créancier lui en fait déclaration comme dessus.*

Déclaration de Maison par les Propriétaires d'icelle, passée au Terrier du Seigneur Censier d'où elle releve.

Nota. *Quand cette Déclaration se passe ensuite d'autres déja faites par d'autres détempteurs, à un même Terrier, elle doit commencer comme il suit.*

ET le jour de mil sont comparus pardevant les Notaires, &c. *Et si elle est par Acte separé, on met.*

Aujourd'hui sont comparus pardevant les Notaires à Paris soussignez: *Mettre en cet endroit les noms, surnoms, qualitez & demeures des Detempteurs, & puis dire après.* Lesquels ont reconnu & confessé être Détempteurs & Propriétaires d'une maison à porte cochere. *Mettre ici les tenant & aboutissans, & ensuite dire:* Appartenante ausdits sieurs reconnoissans, sçavoir moitié, &c. *Mettre ici le détail de la propriété, & puis dire après.* : Etant ladite maison en la Censive de M & chargée vers ledit de deniers Parisis de cens par chacun an, lequel cens portant lods & vente, saisine & amende, quand le cas y échet; lesdits reconnoissans, ont promis bailler & payer par chacun an au jour de à la recette générale dudit Procureur ou au porteur, &c. tant & si long-tems qu'ils seront Détempteurs & Propriétaires de ladite maison, partie ou portion d'icelle, promettant, &c. obligeant, &c. renonçant, &c. Fait & passé à Paris ès Etudes, &c.

* *La Déclaration ci-après donne une idée pour établir une propriété.*

Déclaration en forme de Titre nouvel, & Reconnoissance par un Propriétaire d'une Maison, des cens & rentes que ladite Maison doit aux Dames dont elle releve.

FUt présent Messire François H demeurant Paroisse Saint Lequel a reconnu & confessé être Propriétaire & Détempteur d'une maison à deux corps de logis, seise en cette Ville de Paris, ruë de sur gravois, faisant la premiere encoignure de la ruë de consistante ladite maison par bas, en caves, deux boutiques, l'une dans ladite ruë & l'autre dans le coin de ladite ruë de une salle sur le derriere de chacune desdites boutiques, escalier à vis entre lesdites deux boutiques, pour conduire à étages, dont ladite maison est composée, dont contiennent chacun chambres de plein pied & greniers au-dessus, le tout couvert de tuiles, avec ses autres appartenances & dépendances; tenant la totalité de ladite maison d'un côté par ladite ruë de la à une maison appartenante à d'autre sur ladite ruë à une autre maison appartenante à & pardevant ausdites ruës de & de appartenant audit sieur reconnoissant comme Légataire universel, (*ou*) comme Donataire universel entre vifs de défunt son frere, suivant le Contrat passé pardevant & Notaires à Paris, le insinué le auquel défunt ladite maison & dépendances appartenoient au moyen de l'adjudication qui lui en a été faite par Sentence de décret du Châtelet de Paris, du comme plus offrant & dernier Enchérisseur de ladite maison saisie réellement à la Requête de François H Marchand, Bourgeois de la Ville de sur Jean-François C Curateur créé par Justice à la succession vacante de défunt Clement C Marchand à ladite Sentence de décret ensaisinée en marge par Prieure & Religieuses du Couvent Royal des Filles Ordre de le étant ladite maison & ses dépendances en la Censive des Dames Prieure & Religieuses dudit Couvent Royal des Filles fondée ruë comme Dames directes, Censieres & foncieres de ladite sur gravois, en laquelle Censive elles ont été maintenuës par Arrêt du Conseil d'État du Roi du & chargée vers elles de sols de cens & redevances seigneuriales par chacun an, payables au jour de S. portant lods, vente, saisine & amende quand le cas y échet, lesquels sols de cens & redevances seigneuriales, ledit sieur reconnoissant, promet & s'oblige de bailler, payer & continuer ausdites Dames Religieuses en leurdit Couvent, Procureur ou au porteur, &c. par chacun an audit jour Saint tant & si long-tems qu'il sera Propriétaire & Possesseur de ladite maison, à peine de l'amende, suivant la coutume: Promettant, &c. obligeant, &c.

Déclaration d'une personne qu'elle a changé son nom, pour des raisons particulieres.

AUjourd'hui est comparuë pardevant les Conseillers du Roi, Notaires au Châtelet de Paris soussignez, Damoiselle Judith L fille majeure, usante & joüissante de ses biens & droits, demeurante à Paris ruë Paroisse Saint gissante au lit malade en la chambre de la maison dont est principal Locataire le sieur M Marchand Tapissier, saine toutefois d'esprit, mémoire & entendement, ainsi qu'il est apparu ausdits Notaires soussignez, par ses paroles & maintien. Laquelle a dit & déclaré que pour des causes & raisons particulieres à elle seule connuës, & qu'elle n'a voulu être ici expliquées, elle a depuis ans ou environ changé son nom en celui de Mademoiselle D sous lequel elle a été & est actuellement connuë; que néanmoins son véritable nom est celui de Judith L qu'elle est fille de défunt sieur Jean L Marchand Orphévre en la Ville de & d'Elisabeth T sa femme, ses pere & mere, qu'elle est âgée d'environ ans, étant née au mois de l'année mil que ses seuls & uniques héritiers présomptifs sont Nicolas L Marchand Orphévre-Joyallier à Paris, y demeurant ruë Paroisse Saint son frere, & Damoiselle Marie-Anne L sa niéce, par représentation de défunt sieur Pierre L son pere, aussi frere de ladite Damoiselle Comparante, dont & de tout ce que dessus, elle a requis & demandé Acte ausdits Notaires soussignez, qui lui ont octroyé le présent, pour lui servir & valoir en tems & lieu, & à qui il appartiendra, ce que de raison. A Paris en la demeure de ladite Damoiselle L sus-désignée, l'an mil sept cens le jour d sur les heures d Et a signé.

Déclaration d'un Bail judiciaire.

AUjourd'hui est comparu pardevant les Notaires au Châtelet de Paris soussignez, Nicolas R Bourgeois de Paris, y demeurant ruë Paroisse Saint Lequel a déclaré que l'adjudication qui lui a été faite le dernier en la Jurisdiction d sous le nom de Messire Pierre C Procureur en la Cour, du Bail judiciaire des maisons, héritages & rentes situez en la Paroisse de G saisis réellement sur Louis D pour trois années, si tant dure la Commission à compter du jour de Saint Martin d'hiver dernier, moyennant livres de loyer par an, & aux autres charges, clauses & conditions y portées, est pour & au profit de sieur François-Benoît de V Bourgeois de Paris, auquel il n'a fait que prêter son nom en l'acceptation qu'il a fait dudit Bail judiciaire; c'est pourquoi il consent que ledit sieur de V joüisse desdits biens pendant ledit tems, ainsi qu'il est porté audit Bail judiciaire, dont il lui fait toute déclaration & transport nécessaires, sans garentie; ce qui a été accepté par ledit sieur de V demeurant ruë

Paroisse Saint à ce présent qui reconnoît avoir en ses mains ledit Bail, dont il dit avoir parfaite connoissance, le prix duquel il s'oblige de payer & d'exécuter les autres charges & conditions portées en icelui, & du tout acquitter, garantir & indemniser ledit sieur R Reconnoissant aussi ledit sieur de V que ledit sieur R a passé une procuration pardevant lesdits Notaires soussignez, ce jourd'hui sans minute, le nom du Procureur en blanc, à l'effet de faire la Regie & Exploitation dudit Bail; de l'événement de laquelle & de tout ce qui pourra être fait en conséquence, il promet acquitter, garantir & indemniser ledit sieur R & faire en sorte qu'il ne soit aucunement recherché ni inquieté: à peine, &c. & a ledit sieur de V élû son domicile en sa demeure ci-devant déclarée: Auquel lieu, &c. nonobstant, &c. promettant, &c. obligeant, &c. renonçant, &c. Fait & passé à Paris ès Etudes, le mil sept cens Et ont signé.

Déclaration d'une Obligation au profit d'un tiers.

FUt présent Pacôme, &c. Lequel a volontairement déclaré qu'il n'a & ne prétend rien en la somme de livres, contenuë en l'Obligation faite ce jourd'hui à son profit par Thomas & Marie sa femme pardevant les Notaires soussignez; mais que ladite somme est & appartient entiérement à Henri à ce présent & acceptant, auquel il n'a fait que prêter son nom en l'acceptation de ladite Obligation. La vérité étant que pour parvenir à icelle ledit sieur Henri lui avoit mis ès mains ladite somme de livres en mêmes espéces que celles qui sont déclarées en ladite Obligation, & ainsi ledit sieur Pacôme usant de bonne-foi, consent & accorde que ledit Henri fasse & dispose de ladite somme de livres ainsi que bon lui semblera, comme il pourroit faire si ladite Obligation étoit faite & passée en son nom & à son profit, ausquelles fins il lui en fait par cesdites Présentes toutes cessions, transports & subrogations nécessaires, sans néanmoins aucune garantie, restitution de deniers, ni recours quelconques, & lui a présentement délivré ladite Obligation, dont ledit Henri se contente & en décharge ledit Pacôme même promet de l'acquitter de toutes poursuites, qui pourroient être ci-après faites au sujet d'icelle envers & contre tous à sa premiere demande, & faire en sorte qu'il n'en souffre aucune perte ni dommage, à peine de tous dépens, dommages & intérêts: promettant, &c. obligeant, &c. renonçant, &c. Fait & passé, &c.

Déclaration & reconnoissance par un particulier que les faits que son Procureur a signifié dans ses Ecritures à une partie adverse, sont injurieux & calomnieux.

FUt présent Lequel sur ce qu'il lui a été représenté par Louis M que Pierre P par des Ecritures qu'il a fait signifier audit sieur au procès qu'ils ont ensemble pendant au Parlement, que P se faisoit un moyen de ce que ledit Comparant avoit été trompé & friponné par ledit qu'il lui avoit consommé son bien ; a déclaré & certifié à tous qu'il appartiendra, que lesdits faits sont calomnieux & contraires à la vérité, ledit sieur Comparant connoissant ledit sieur pour un fort honnête homme, duquel il n'a que sujet de se loüer, lui ayant rendu service en toutes les occasions où il a eu besoin de lui, & pour faire pareille déclaration que celle ci dessus a fait & constitué son Procureur général & spécial le porteur des Présentes : Car ainsi, &c.

Déclaration & Remise portant Ratification.

FUt présent Etienne C Vigneron à V y demeurant ordinairement, étant ce jour à Paris. Lequel a dit & déclaré de bonne foi, que quoi que par la quittance à lui donnée le jour de mil par M. Charles G Greffier à la peau du Parlement de Paris, y demeurant Quay des Paroisse Saint à ce présent & acceptant, comme fondé de procuration spéciale de Damoiselle Magdelaine V veuve de défunt M. Louis J vivant Procureur Fiscal au Bailliage dudit V & par icelle quittance reconnu avoir reçû dudit C la somme de livres sols sur l'année du loyer d'une maison, lieux en dépendans & héritages, scituez audit lieu, qu'il tient de ladite Dame veuve D suivant le Bail qui lui en a fait par ledit sieur P audit nom passé pardevant B Tabellion audit Bailliage, le jour de mil qui étoit échû au jour & Fête de lors dernier ; neanmoins la vérité est que dans icelle somme, il y a été compris celle de livres sols, sçavoir livres sols pour les dégradations qui se sont trouvées avoir été faites dans les vignes à lui loüées & énoncées au Bail sus-datté par Nicolas C précédent locataire d'icelles, & livres sols, pour des vîtres & menuës réparations locatives que ledit C avoient pareillement laissé à faire dans ladite maison qu'il tenoit à loyer avec lesdits héritages, suivant les procès-verbaux qui en ont été faits par ledit B Greffier & Tabellion audit V les jour d mil & jour d en suivant, laquelle somme de livres avoit été payée audit sieur P par ledit C Reconnoissant icelui C que ledit sieur P lui a fait ladite remise volontairement & sans y être obligé, de laquelle néanmoins en tems que besoin est il le décharge. Et à l'instant est intervenuë & fut présente Nicolle D femme dudit Etienne C & de lui autorisée. Laquelle après que lecture lui a été présentement faite par l'un des Notaires soussignez, l'autre présent, de l'expédition du Bail qui a été fait par ledit sieur P audit nom audit C son mari de la maison, lieux & héritages y énoncez & ci-devant datté, & de l'Acte ci-dessus qu'elle a dit avoir bien & au long entenduë, les ratifient, confirment & approuvent en tout leur contenu, & s'oblige par ces présentes conjointement & solidairement avec sondit mari, l'un pour l'autre, un d'eux seul pour le tout, sans division ni discussion, à quoi ils renoncent aux prix, charges, clauses & conditions y portées, consent qu'ils sortent leur plein & entier effet contr'elle, comme si elle avoit été préſente à la paſſation d'iceux, ſans préjudice audit ſieur P audit nom, des loyers échûs & à écheoir : car ainſi, &c. Promettant, &c. obligeant leſdits C & ſa femme ſolidairement comme deſſus, &c. Renonçant, &c. Fait & paſſé à Paris en l'Etude de P l'un des Notaires ſouſſignez, l'an mil ſept le jour d a midi. Et ont leſdits C & ſa femme déclarez ne ſçavoir écrire ni ſigner, de ce enquis & interpellez ſuivant l'Ordonnance, & ledit ſieur P a ſigné.

Délibération du Clergé du Diocèſe de Paris, à l'effet d'emprunter à conſtitution de rente pour employer à amortir.

LE Syndic a repréſenté que par la Déliberation de l'Aſſemblée générale du Clergé de France du Juillet dernier, autoriſée par Arrêt du Conſeil d'Etat du Roi du dudit mois, & homologuée par Lettres Patentes du même jour Juillet, regiſtrées au Parlement le dudit mois, & par le Contrat paſſé en conſéquence le dernier Octobre il a été arrêté que pour payer la ſomme de douze millions de livres accordée au Roi par ladite Aſſemblée par ſa Déliberation du Juin précedent par forme de don gratuit, pour ſubvenir aux beſoins de l'Etat, & au payement des dettes qui ont été contractées pendant la guerre, il ſeroit fait un emprunt à conſtitution de rente au denier vingt de pareils douze millions de livres.

Que par ladite Déliberation, & par leſdits Arrêts, Lettres Patentes & Contrat, il eſt dit que pour faire le fonds des arrérages deſdites rentes, même pourvoir au rembourſement des capitaux, afin que le Clergé en puiſſe être acquitté en certain nombre d'années, il ſera fait dans chaque Diocèſe, des départemens d'année en année, pour employer auſdits payemens & rembourſemens.

Que par autre Déliberation de ladite Aſſemblée du dudit mois d'Octobre autoriſée par Arrêt du Conſeil d'Etat du Roi du Novembre ſuivant, & Lettres Patentes du même jour, regiſtrées au Parlement le Décembre ſuivant, il a été arrêté que ſi aucuns Diocèſes déſirent ſe racheter en particulier & amortir leur part & portion de ladite ſomme, ils pourront le faire & emprunter à cet effet les deniers néceſſaires au même denier vingt, ou autre denier plus avantageux, & hypothequer tous les biens compoſans les revenus des Bénéficiers & autres contribuables de chacun deſdits Diocèſes ; à la charge par eux de rembourſer les créanciers qui leur auront prêté dans les termes, en la maniere & à la proportion portez par ladite Déliberation du Juillet dernier.

Que par l'extrait de l'Etat & département de ladite ſomme de douze millions de livres fait & arrêté en ladite Aſſemblée, le Diocèſe de Paris a été cottizé à la ſomme de livres ſols.

Que par autres Etats de diſtractions, contenant les départemens de la ſomme de livres, d'une part. Et de celle de livres, d'autre part, impoſées ſur le Clergé de France en la préſente année Et encore de la ſomme de livres d'une part, & de celle de livres d'autre part, ordonnées être levées en l'année & pendant les années ſuivantes pour faire le fonds du payement des arrérages & du rembourfement des capitaux defdits douze millions, ledit Diocèfe a été impofé ; fçavoir pour la préfente année à la fomme de livres fols d'une part, & à livres fols deniers d'autre : revenant lefdites deux fommes à celle de livres fols deniers. Et pour ladite année & les fuivantes à la fomme de livres fols d'une part, & livres fols d'autre part, faifans lefdites deux fommes celle de livres fols.

Que le Diocèfe ayant amorti toutes les impofitions dont il étoit tenu, tant pour le rachat du fecours Extraordinaire, que pour fa cotte part des huit millions ci-devant accordez au Roi par le Clergé à l'occafion du Dixiéme denier, ledit Syndic eftime que l'adminiftration particuliere du Diocèfe, ayant été très-avantageufe jufques à préfent ; elle feroit encore plus uniforme & plus aifée, fi fon Eminence & Meffieurs de la Chambre jugeoient à propos de rembourfer à la recette générale du Clergé, lefdits livres fols à quoi monte la cotte part de ce Diocèfe defdits & d'emprunter à cet effet les deniers néceffaires, aux mêmes claufes & conditions portées par ladite Déliberation de Noffeigneurs de l'Affemblée générale du Clergé du dernier.

La matiere mife en déliberation, la Chambre a arrêté qu'il fera fait un emprunt à conftitution de rente au nom du Diocèfe au denier ou autre plus avantageux, de ladite fomme de livres fols, laquelle conformement auxdites Déliberations fufdattées, fera portée à mefure dudit emprunt à la recette générale du Clergé pour l'amortiffement defdites impofitions, lefquelles Rentes feront exemptes de la retenuë du dixiéme établi par Déclaration du Roi du conformement auxdites Déliberations & Lettres Patentes ; de laquelle exemption il fera fait mention par les Contrats defdits emprunts, lefquels feront fignez par Son Eminence Monfeigneur le Cardinal de N par deux de Meffieurs les Commiffaires députez de ladite Chambre. Et par le Syndic, & par iceux, ils obligeront à la garentie des principaux des rentes qui feront conftituées, & payement des arrérages d'icelles, tous les biens & revenus Ecclefiaftiques du général, & des particuliers dudit Diocèfe contribuables aufdits l'un pour l'autre folidairement, fans divifion ni difcuffion. Les deniers dudit Emprunt à mefure qu'il fera fait feront mis ès mains de M. Paul B Commis à la recette des Décimes dudit Diocèfe, qui s'en chargera par les Contrats de conftitution, & en portant lefdits deniers à la Caiffe général du Clergé, il en retirera quittance dans la forme prefcrite par ladite Déliberation, dans lefquelles quittances il fera fait mention defdits Emprunts pour la fûreté des préteurs, à chacun defquels fera fourni extrait de ladite quittance contenant la déclaration qui les concernera ; dont ledit fieur de comptera à la Chambre en la maniere ordinaire.

Et pour parvenir à ce que deffus, il fera fait deux expeditions originales en parchemin de la préfente Déliberation, fignées de Son Eminence, & contre-fignées par le Greffier de la Chambre, lefquelles vaudront pour livres fols deniers chacune, & feront dépofées ès mains de Maîtres François-Jean D & Jean-Antoine H Notaires au Châtelet de Paris, fur lefquelles fera par eux, à mefure fait mention defdits emprunts, dont ils donneront leur certificat en la maniere ordinaire.

L'acte de dépôt de ladite Déliberation sera mis au bas desdites Expeditions & signé par deux Notaires ; & lorsque l'Emprunt porté par icelles sera consommé, il sera ensuite mis par le Notaire dépositaire un acte signé de lui & de son Confrere, portant que ladite Déliberation est remplie ; & si par la suite quelqu'un désire recevoir son remboursement, il sera pris à constitution de nouvelles rentes au même denier ou autre plus avantageux, les sommes nécessaires pour faire lesdits remboursemens, avec déclarations & subrogations, & sous les mêmes obligations portées par les Contrats qui seront remboursez. Fait & arrêté en la Chambre tenuë au Palais Archiepiscopal par son Eminence, & nous Commissaires députez, soussignez les jour & an que dessus. Signé L & Syndic & T Greffier, avec paraphes ; & la minute des Présentes demeurée au Greffe de ladite Chambre.

Délibération d'une Communauté portant pouvoir d'emprunter.

AUjourd'hui de mil a midi, sont comparus pardevant les Conseillers du Roi, Notaires, Gardenotes & Gardes scel au Châtelet de Paris soussignez, *tels & tels*, & pour les veuves & heritiers, *tels & tels*, par tous lesquels ils promettent faire ratifier ces présentes incessamment ; lesdits Comparans tous Commissaires Contrôleurs, Jurez-Mouleurs de bois de cette Ville, Fauxbourgs & Banlieuë de Paris, y demeurans, assemblez en leur Bureau scis suivant la convocation faite de ladite Communauté par les soins & diligence desdits sieurs *tels & tels*, Syndics en charge. Lesquels sur ce qui leur a été dit & répresenté par leursdits Syndics, que par Edit du Roi du mois d dernier, verifié en Parlement le jour d'hier, il a plû à Sa Majesté pour les motifs y exprimez, en supprimant les Offices des Commissionnaires-Facteurs établis par Edits des mois de mil & mil d'attribuer à ladite Communauté des Commissaires Contrôleurs, Jurez-Mouleurs de bois de cette Ville, Fauxbourgs & Banlieue de Paris, les droits affectez auxdits Commissionnaires-Facteurs, sur chaque voye de bois neuf sols deniers & sols deniers sur chaque voye de bois flotté, dont lesdits Commissionnaires-Facteurs jouissoient, pour les réunir & en jouir conjointement avec les autres droits de ladite Communauté des Commissaires Contrôleurs, Jurez-Mouleurs de bois, à commencer du jour du présent mois de moyennant la somme de livres, qu'ils auroient offert, & dont lesdits Syndics auroient fait leur soumission de payer ès mains du sieur Garde du Trésor Royal en exercice, pour leur tenir lieu d'augmentation de finance, & pour laquelle les créanciers qui prêteroient leurs deniers auroient un privilege special sur lesdits nouveaux droits, & sur tous les Officiers de ladite Communauté, comme il est porté audit Edit, & que pour fournir avec diligence cette somme de livres, qu'il n'y avoit point de plus prompt & sûr moyen que de l'emprunter à constitution de rente au denier avec l'affectation solidaire & privilegiée, tant desdits nouveaux droits que desdits Offices, dont tous lesdits comparans ou leurs réprésentans sont pourvûs & jouissent, & d'en charger lesdits Syndics en exercice pour en passer & signer tous

tous Contrats & Actes, & donner aux créanciers toutes les sûretez convenables. C'est pour ce sujet que ladite Communauté ayant refléchi à ce qui leur a été ci-dessus proposé, & pour donner des marques de leur obéissance & soumission à l'exécution dudit Edit, a arrêté, déliberé, & a été tout d'une voix d'avis, même donné pouvoir ausdits sieurs Syndics en charge, à ce présens, d'emprunter au nom collectif de ladite Communauté à constitution de rente au denier de telles personnes qui se présenteront, ladite somme de livres, & y affecter & hypothequer par privilege lesdits sols deniers par chaque voye de bois flotté, & sols deniers, sur chaque voye de bois neuf, & tous lesdits Offices de Commissaires Contrôleurs, Jurez-Mouleurs de bois, suivant ledit Edit, & sous telles autres sûretez, clauses, stipulations que lesdits Syndics jugeront à propos, sans néanmoins que les autres biens & possessions, meubles & immeubles, présens & avenir de ladite Communauté desdits Officiers y soient aucunement engagez ni hypothequez, ni qu'après leur resignation volontaire ou décès, ils, ou l'un d'eux demeurent chargez ni tenus du payement, cours & continuation desdites rentes qui seront constituées pour le principal de ladite finance de livres & arrérages, frais & loyaux-coûts, ni qu'il puisse être formé aucunes oppositions aux Sceaux des Provisions de leurs Offices; & en payant les arrérages régulierement desdites rentes, & y faisant obliger & soumettre les Resignataires, & nouveaux Pourvûs au payement desdites rentes en principaux & arrérages, frais & loyaux coûts, au lieu & place des Resignans ou décédez, & délivrant à chaque mutation l'expédition de l'Acte qui en sera passé ausdits créanciers à leur premiere requisition : le tout à la charge que lesdits sieurs Syndics seront tenus solidairement d'employer ladite somme de livres, à l'instant & à mesure de sa reception au payement de ladite finance, en retirer quittance conformément audit Edit, avec déclaration de qui elle sera procédée, afin d'établir & assûrer le privilege spécial sur lesdits nouveaux droits & Offices, au profit & pour la sûreté desdits créanciers par concurrence entr'eux, & sans préference, quoique leurs Contrats soient de differentes dattes, & passez par divers Notaires; & ensuite déposer ès mains de B l'un des Notaires soussignez, qui en gardera minute pour en être fourni & délivré une expédition à chaque créancier & autres qu'il appartiendra : Et pour faciliter le commerce des rentes qui seront constituées, en vertu de la présente déliberation & pouvoir, lesdits sieurs Syndics ou leurs Successeurs auront la faculté de faire de nouveaux emprunts, pour rembourser ceux desdits créanciers, qui le souhaiteront au même denier ou autre denier plus avantageux à ladite Communauté, & en passer les Contrats, & stipuler les décharges & subrogations sur ce requises, sans qu'il soit besoin d'autre ni nouvelle déliberation que la présente, sur laquelle afin que ladite somme de livres ne puisse être surpassée par lesdits emprunts, sera fait mention par ledit B de ceux qui seront faits par les Notaires qui auront reçû les Contrats, dont il donnera & signera son Certificat sur les grosses qui en seront délivrées : Et au surplus sont lesdits comparans d'avis, qu'il soit fait & passé pour raison dudit emprunt, payement & subrogation par lesdits sieurs Syndics tout ce qu'au cas appartiendra, sera requis & nécessaire, & faire élection de domicile pour l'exécution desdits Contrats & Actes audit Bureau sus-déclaré pour y être fait. Promettant, &c. obligeant lesdits nouveaux droits & tous lesdits Offices, renonçant, &c. Fait & passé à Paris audit Bureau de ladite Communauté lesdits jour & an. Et ont signé, fors lesdits *tels & tels* qui ont déclaré ne le sçavoir : de ce interpellez.

Délibération en forme de reddition de Compte à des Créanciers, par l'un d'eux, Directeur de leurs droits.

DU Vendredi Décembre mil sept cens de relevée. En l'Assemblée générale des Créanciers de Jean D *(de telle qualité)* tenue en la maison de C l'un des Notaires soussignez, convoquée par billets, par le sieur Jean C Marchand Bourgeois de Paris, Créancier & Directeur des droits des autres Créanciers dudit D où se sont trouvez *tels & tels : On établit ici les noms, surnoms, qualitez & demeures de ceux qui doivent signer, à l'effet de quoi on laisse un blanc suffisant pour les remplir, & puis l'on dit :* Lesquels sur ce qui leur a été représenté par ledit sieur C qu'en conséquence du Contrat d'abandonnement fait par ledit sieur D à ses Créanciers, il auroit en ladite qualité de Créancier & Directeur des autres Créanciers dudit sieur D touché & reçû les émolumens de la Charge de *(Mettre ici ce que c'est)* qui lui appartenoit, & par lui abandonnée à ses Créanciers ; ensemble partie de ce qui pouvoit être dû par aucuns de ses Débiteurs nommez au Livre Journal dudit D comme il est justifié par le Mémoire que ledit sieur C a fait dresser pour rendre compte ausdits Créanciers de l'état des effets dudit D & la raison pour laquelle le surplus de ses effets ne sont pas rentrez, lequel il a présentement représenté, & qui est demeuré joint à la présente minute pour y avoir recours après avoir été paraphé, *ne varietur*, dudit sieur C en présence desdits Notaires soussignez. Qu'en conséquence dudit Contrat d'abandonnement, & en vertu des Délibérations desdits sieurs Créanciers reçûës par C l'un des Notaires soussignez & son Confrere ; & notamment en vertu de celle du Décembre mil il auroit conjointement avec ledit sieur Y aussi Créancier & Directeur des autres Créanciers dudit D vendu ledit Office de au sieur Aléxandre D par Contrat passé pardevant P & Notaires à Paris, le mil moyennant la somme de livres, sur laquelle ledit Acquereur a retenu par ses mains celle de livres pour les causes portées audit Contrat, & le surplus du prix dudit Office, montant à livres, ledit D auroit promis le payer ausdits sieurs C & Y après la délivrance de ses provisions sans oppositions, & l'homologation dudit Contrat de vente ; sçavoir livres en billets payables au porteur en espéces sonnantes au Octobre mil sept de la Communauté des à Paris, & le surplus en billets de monnoye avec l'intérêt desdites livres jusqu'audit payement, que par quittance du mil sept lesdits sieurs C & Y auroient reçû dudit D la somme de sçavoir livres en billets de livres, chacun de la Communauté des de cette Ville, payables en espéces sonnantes au Octobre mil sept livres en billets de monnoye, & livres en espéces sonnantes, desquels billets de monnoye les intérêts ont couru depuis la réception d'iceux jusqu'au jour qu'ils ont cessé d'avoir cours, suivant la Déclaration du Roi; ce qui compose mois d'intérêts que pour justifier & faire connoître ausdits sieurs Créanciers la Recette faite par ledit sieur C tant des émolumens de ladite Charge de déduction faite du service & autres charges, que dudit D Acquereur de ladite Charge & de partie desdits Débiteurs dudit D il a fait faire un compte de ladite Recette, & de la dépense par lui faites, par lequel il paroît que toute la Recette monte à & la dépense à livres, qu'ainsi la Recette excede la dépense de la somme de livres, qui est entre les mains dudit sieur C en la nature ci après expliquée; sçavoir livres, en billets de monnoye compris les intérêts, qui en étoient dûs jusqu'au premier jour de mil & les livres, qui en ont été reçûs par ledit sieur Y du sieur R de la Ville de qu'ils ont cessé d'avoir cours, suivant la Déclaration du Roi du livres en billets de livres, chacun de la Communauté de payables en espéces sonnantes, qui sont échus, & desquels il n'a pas été possible de recevoir le payement par rapport au tems présent & aux Arrêts de surséance que ladite Communauté a obtenus, non plus que le remboursement d'iceux dudit D nonobstant les poursuites faites contre lui, tant aux Consuls qu'au Parlement, & livres en deniers comptans. Qu'il convient présentement de partager entre lesdits sieurs Créanciers au sol la livre les billets & deniers comptans ci-dessus spécifiez; & pour y parvenir, faire des contributions entr'eux tant des billets de monnoye de ceux desdits que desdits deniers comptans, & pour cet effet qu'il convient porter les billets de monnoye à l'Hôtel de la Monnoye de cette Ville, pour les faire couper en billets de livres, & accepter soit la proposition qui a été faite par la Communauté des de couper leurs billets, & en donner d'autres pour la même valeur, en autant de sommes que l'on souhaitera, ou celle dudit D de reprendre lesdits billets desdits & faire les siens pour la valeur d'iceux, & pour telles sommes que l'on souhaitera, pour la commodité desdits Créanciers.

Et finalement sur ce qui a été représenté par ledit sieur C que ne souhaitant plus se charger du recouvrement qui est à faire du surplus des effets dudit D ce qui lui fait perdre un tems considérable & l'empêche de vaquer à ses propres affaires, même remettre entre les mains de telle personne qu'ils jugeront à propos, tous les papiers & effets dudit D qu'il a en sa possession, & dont il a été chargé par l'Inventaire fait par le Commissaire R des effets dudit D après sa faillite, d'autant plus même que ce qui reste à payer est de très-difficile recouvrement, la plus grande partie des Débiteurs étant insolvables, demeurans en Pays étrangers, aucuns d'eux ayant même justifié qu'ils ne devoient aucune chose audit D quoique le contraire paroisse par son Livre Journal.

Sur quoi lesdits sieurs Créanciers après avoir pris communication du compte de la Recette & dépense faites par ledit sieur C qui en a fait la représentation, & qui pour justification d'icelles est aussi demeuré joint à la présente minute pour y avoir recours, après avoir été certifié véritable par ledit sieur C en présence desdits Notaires soussignez; ont arrêté & alloüé la Recette & dépense faites par ledit sieur C conformément audit compte, & en conséquence sont convenus de partager entr'eux lesdits deniers comptans, billets de monnoye, & ceux desdits au sol la livre, au prorata de leurs créances; & pour y parvenir, ils ont prié ledit sieur C de se donner la peine de porter à l'Hôtel de la Monnoye de cette Ville lesdits billets de Monnoye pour être coupez en billets de livres, suivant la Déclaration du Roi du mois de Novembre dernier, & de voir soit ledit D pour accepter la proposition qu'il a faite de reprendre les billets desdits & faire les siens pour la valeur d'iceux, en autant de sommes qu'il sera nécessaire pour payer lesdits Créanciers, ou bien ladite Communauté des pour leur rendre leurs billets, & en prendre d'autres d'eux pour la même valeur, en autant de sommes qu'il sera nécessaire.

Plus, lesdits sieurs Créanciers ont arrêté qu'en cas que ledit D refuse de tenir la parole qu'il a donnée, & que ladite Communauté de en fasse de même; que lesdits sieurs C & Y se pourvoiront par devers Monsieur D pour faire ordonner l'exécution de la parole qu'ils ont donnée ausdits sieurs Directeurs, & que ledit sieur C remettra entre les mains du sieur dont lesdits sieurs Créanciers conviennent par ces Présentes, tous les effets que ledit sieur C a en sa possession, comme Mémoires, Lettres missives, Billets, Promesses, Sentences, Registres & autres Piéces inventoriées par l'Inventaire fait par ledit sieur Commissaire R dont ledit sieur C a été chargé par icelui, pour que ledit sieur touche & reçoive & fasse le recouvrement, s'il est possible, de ce qui reste à payer par les Débiteurs dudit D lequel sieur lesdits sieurs Créanciers nomment pour cet effet, & pour faire toutes les poursuites & diligences nécessaires qu'il conviendra à ce sujet; & après la distribution & payement faits ausdits Créanciers des sommes pour lesquelles ils seront employez dans les contributions qui seront faites en vertu de la présente délibération, ledit sieur C demeurera entierement quitte & déchargé de la Recette & dépense par lui faites pour lesdits sieurs Créanciers & de toutes choses généralement quelconques, sans aucune exception, distinction ni reserve en quelque sorte & maniere que ce soit ou puisse être, ainsi que ledit sieur Y & entant que besoin est ou seroit, la succession dudit sieur ci-devant Directeur des droits desdits Créanciers. Et pour, si besoin est, faire homologuer la présente Délibération lesdits sieurs Créanciers, ont fait & constitué leur Procureur le porteur des présentes, lui en donnant pouvoir, & d'en requerir Acte. Fait & passé à Paris en présence desdits Notaires soussignez, lesdits jour & an que dessus. Et ont signé.

Délibération en vertu de laquelle est faite la Constitution imprimée ci-devant page 158.

Du mil

LE Syndic a rapporté, que suivant l'ordre de Son Eminence & de la Chambre, le sieur V commis à la Recette du Diocèse & lui, ont compté avec le sieur C le sieur de P Receveur Général du Clergé étant absent. Que par ce compte le Diocèse s'est trouvé redevable à la Recette générale de livres, pour arrérages du secours extraordinaire, au lieu & place de la Capitation, à cause des non-valeurs considérables qu'il y a eu sur les Rôles des années précédentes : & que plusieurs, quelques poursuites & diligences qui ayent été faites contr'eux, n'ont point encore payé leurs impositions, dont il reste à recouvrer plus de livres. Que le sieur de P pressoit pour être payé, & ne vouloit plus faire les avances à l'ordinaire, quoiqu'ils ayent offert, suivant le pouvoir que Son Eminence & la Chambre leur en avoient donné, de continuer à lui payer les intérêts à dix pour cent; qu'ainsi il est nécessaire de pourvoir incessamment audit payement : Sur quoi le Syndic a représenté que le recouvrement des livres dûës au Diocèse ne se pouvant faire si-tôt, il ne voyoit point d'autre moyen que celui d'emprunter, ou sur la Place par Billets payables au porteur, ou par Contrats à constitution de rente; que l'emprunt par Billets seroit très-onéreux, même ruineux pour le Diocèse, en ce qu'outre que les non-valeurs augmentent tous les ans, & que les payemens deviennent plus difficiles de la part des contribuables, à cause de la difficulté des tems, les intérêts exhorbitans desdits Billets, & les droits des Courtiers de Change ne se pouvant prendre que sur le courant de la Recette, ils en altéreroient d'autant le fonds, & feroient que le Diocèse s'endetteroit de plus en plus envers la Recette générale; que de fait, les intérêts que l'on a payez audit sieur de P par le dernier arrêté, à cause des retards, montent à la somme de livres, au lieu que dans les premieres années ils n'alloient qu'à & livres au plus; & grossissant ainsi toujours à proportion, dans peu passeroient livres, & à la fin mettroient le Diocèse hors d'espérance de s'acquitter. Que d'ailleurs arrivant que ceux qui seroient porteurs desdits Billets ne voulussent point les renouveller, l'on seroit alors obligé de faire de semblables nouveaux emprunts, & ainsi d'échéance en échéance, & toujours de plus en plus grandes sommes, parce que le Diocèse se trouveroit de plus en plus redevable; qu'au contraire l'emprunt par Contrats à constitution de rentes seroit bien moins à charge, en ce que les arrérages desdites Constitutions ne seroient pas si forts, & que les capitaux ne seroient point exigibles; que même cet emprunt se faisant, l'on pourra dans la suite sur ce qui se recevra du recouvrement des anciens Rôles, acquitter peu à peu quelques-uns desdits Contrats, & à la fin libérer entierement le Diocèse; que par ces raisons, attendu l'obligation où l'on est d'emprunter, & la nécessité qu'il y a d'accelerer ledit emprunt en le faisant à un denier avantageux, & donnant aux Prêteurs toutes les sûretez requises en pareils cas, il croiroit qu'il conviendroit emprunter, par permission du Roi au nom du Diocèse, la somme de livres, par Contrats à constitution de rentes au denier seize; d'y obliger tous les biens & revenus présens & à venir du général, & de tous, sans exception, les Contribuables du Diocèse audit secours extraordinaire solidairement: pour les sommes qui proviendront desdites Constitutions, être à l'instant portées à la Recette générale, en l'acquit du Diocèse. Que quant à la maniere de regler au surplus ledit emprunt, il lui paroîtroit que l'on ne peut pas en suivre une meilleure que celle qui a été tenuë par les Assemblées générales du Clergé de France, toutes les fois qu'il s'est agi d'emprunter au nom dudit Clergé, laquelle a toujours été autorisée par Arrêts du Conseil, Lettres Patentes & Déclarations de Sa Majesté; qu'il lui sembleroit encore que pour procurer au Diocèse le moyen de rembourser les susdites rentes, il seroit à propos de faire pendant tel nombre d'années qui seroit jugé nécessaire, un Rôle particulier d'imposition sur tous généralement les Contribuables par maniere de rejet, de ce qui se trouvera être en non valeur dans ce qui reste à recouvrer des précédens Rôles; & a requis qu'il en fût déliberé.

Délibération prise, & l'affaire mûrement examinée, il a été arrêté qu'il sera incessamment emprunté au nom du Diocèse, la somme de livres, par Contrats à constitution de rente au denier seize, ou autre qui se pourra trouver moins onéreux; que l'on y obligera tous les biens & revenus présens & à venir du général, & de tous, sans exception, les Contribuables dudit Diocèse audit secours extraordinaire, au lieu & place de la Capitation, solidairement, sans division ni discussion, aux renonciations requises. Que les arrérages desdites Constitutions seront payez de six en six mois dans cette Ville de Paris, au Bureau de la Recette Diocèsaine.

Que les sommes capitales qui seront empruntées seront mises ès mains dudit sieur V Commis à ladite Recette, lors de la passation desdits Contrats, dans lesquels il interviendra à cet effet; pour lesdites sommes être à l'instant par lui portées au Bureau de la Recette générale en l'acquit du Diocèse, en déduction desdites livres, dont & de quoi il sera tenu rendre compte à la Chambre, en recette & dépense en la maniere ordinaire, toutes fois & quantes qu'il en sera par eux requis; un double duquel compte, & les quittances qu'il retirera, seront remises aux Archives du Diocèse; & ne pourra ledit sieur V prétendre aucunes gratifications pour raison desdites sommes qui lui seront mises ès mains, & qu'il portera à la Recette générale, sinon ce que la Chambre jugera à propos de lui arbitrer pour la façon de sondit compte.

Qu'il sera dit dans les Contrats, que les deniers empruntez seront employez au payement de partie des livres; & dans les quittances, que les deniers payez seront provenus desdits emprunts.

Que de la présente Délibération, il sera fait deux expéditions originales en parchemin, signées par Son Eminence, & contre-signées par le sieur W Greffier de la Chambre, de livres chacune, lesquelles seront déposées ès mains de Maître François-Jean D & Louis D Notaires au Châtelet de Paris; & sur icelles sera fait mention des Contrats à mesure qu'ils seront passez avant que les grosses en puissent être délivrées, sur lesquelles grosses le Notaire dépositaire mettra son Certificat de ladite décharge.

Que l'Acte de dépôt de ladite Délibération sera mis au bas desdites Expéditions, & signée par deux Notaires. Et lorsque l'emprunt porté pour chaque expédition sera consommé, il sera mis au bas par le Notaire qui en sera dépositaire, que ladite Délibération est remplie, & sera ladite mention signée par ledit Notaire & son Collegue.

Que pour faciliter le commerce desdites rentes, au cas que dans la suite il se présente des personnes qui ayent besoin des sommes qu'ils auront prêtées, il pourra être pris à constitution de nouvelles rentes au même denier seize, ou autre pareillement moins onéreux au Diocèse, pareilles sommes, pour être employées au rachat desdites rentes, jusqu'à concurrence des capitaux d'icelles, aux mêmes stipulations, clauses, conditions, & obligations ci-dessus : Et sera porté par lesdits nouveaux Contrats, que l'emprunt est fait pour rembourser lesdits Créanciers ; & dans la quittance de remboursement il sera dit, que c'est des mêmes deniers qui auront été empruntez de celui au profit duquel l'on aura passé le nouveau Contrat à l'effet dudit rachat, afin qu'il soit subrogé aux droits & hypothéques de celui qui aura été remboursé.

Que tous les Contrats seront signez par Son Eminence, par deux de Messieurs les Commissaires députez au moins, & par le Syndic.

Et comme lesdites rentes paroissent ne devoir pas être moins privilégiées que les rentes constituées sur le Clergé, lesquelles ont le même privilege que celles sur l'Hôtel de Ville, puisque les fonds qui en proviendront étant destinez pour acquitter ce que le Diocèse doit d'arrérages dudit secours extraordinaire, Sa Majesté les touchera également : Son Eminence a été très-humblement suppliée d'obtenir de Sa Majesté, que les Contrats, Quittances, & autres Actes concernant lesdites Constitutions de rentes, seront exemptes du contrôle, & que ceux des Gens de Main-morte, au profit desquels lesdites rentes seront constituées, & ceux qui les acquereront, soient & demeurent déchargez à toujours, du payement des droits d'Amortissement & de nouvel acquêt, & qu'ils ne puissent être aucunement recherchez ni inquietez à l'avenir à ce sujet pour raison d'icelles, quoique constituées à prix d'argent, & que Sa Majesté veüille bien à cet égard déroger à sa Déclaration du Octobre mil sept

Et encore d'obtenir de Sa Majesté, qu'il soit permis à la Chambre de faire dès à présent, pendant tel nombre d'années qui sera jugé nécessaire, même après la présente guerre finie, un rôle particulier d'imposition sur tous généralement les Contribuables, par maniere de rejet, de ce qui se trouvera être en non-valeur dans ce qui reste à recouvrer des précédens rôles.

Et pour l'exécution de la présente Délibération, Son Eminence a pareillement été très-humblement suppliée d'obtenir de Sa Majesté toutes Permissions, Arrêts & Lettres à ce nécessaires.

Fait & arrêté en l'Assemblée, tenuë au Palais Archiépiscopal, par Son Eminence & par Nous Députez soussignez, les jours & an que dessus.

Ainsi signé en la Minute, L. A. Cardinal de N Archevêque de J. B. de B J. V G. D de B B & le N avec paraphes.

De la présente Délibération a été déposé un Original à Maître François-Jean D & un autre Original à Maître Louis D Notaires à Paris, par Messire Jean le N Prê.re, Docteur de la Maison & Société de Sorbonne, Chanoine de Saint H Official de Paris, Syndic du Clergé du Diocèse, demeurant en sa Maison Canoniale, au Cloître Saint H pour par lesdits D & D garder ladite Délibération au rang de leurs Minutes, & en délivrer Copies, dont Acte. Fait *& passé à Paris, ès Etudes desdits D & D le Avril mil*

Délibération de la Chambre Ecclésiastique d'un Diocèse, à l'effet d'emprunter au denier 20. les deniers nécessaires pour rembourser les rentes dûës par ledit Diocèse au denier 16.

DU Samedi mil Le Syndic a représenté qu'en l'année le Diocèse auroit été obligé d'emprunter de plusieurs particuliers la somme de livres à constitution de rentes au denier 16. pour payer & demeurer quitte de ce qu'il devoit de reste des années précédentes à la Recette générale du Clergé, de sa cotte-part du secours extraordinaire accordé au Roi par l'Assemblée générale du Clergé de France tenuë à Paris en en conséquence de la Délibération de la Chambre du Fevrier confirmée par Arrêt du Conseil d'Etat & Lettres Patentes des Mars & Avril de ladite année, registrées en Parlement le Mai suivant.

Que les tems étant fâcheux pour lors, le Diocèse n'auroit pû faire ledit emprunt qu'en prenant ladite somme à constitution de rentes au denier 16. mais que depuis des particuliers ayant offert de prêter au denier 20. les sommes dont le Diocèse auroit besoin pour rembourser ceux desdits Créanciers qui refuseroient de reduire leurs rentes du denier 16. au denier 20. il auroit reconnu l'avantage qu'il y auroit d'écouter lesdites propositions, en laissant toutefois la liberté & préference ausdits Créanciers de consentir ladite réduction de leurs rentes, ce qui pourroit procurer par la suite à la Chambre des moyens de rembourser ladite somme de livres des deniers dudit Diocèse, en y employant le bénéfice de ladite reduction, & les deniers qui restent à recouvrer sur les rôles dudit secours extraordinaire des années précédentes.

L'affaire mise en délibération, la Chambre a arrêté que conformément à sa délibération dudit jour Fevrier Arrêt du Conseil & Lettres Patentes intervenuës sur icelle, il sera emprunté à constitution de rentes au denier 20. les sommes nécessaires pour rembourser ceux qui desireroient recevoir leur remboursement, si mieux n'aiment les Créanciers reduire leurs rentes du denier 16. au denier 20. le tout jusqu'à concurrence de ladite somme de livres; que pour cet effet il sera passé de nouveaux Contrats au profit de ceux qui prêteront leurs deniers pour faire lesdits remboursemens, à l'instant desquels les deniers seront employez ausdits remboursemens avec les Déclarations nécessaires pour la subrogation aux droits & hypothéques de ceux qui auront été remboursez, le tout conformément ausdits Délibération, Arrêt du Conseil & Lettres Patentes des Fevrier Mars & Avril & pour

y

y parvenir, la présente Délibération sera déposée à Me Louis D. Notaire au Châtelet, sur laquelle sera fait mention des nouveaux emprunts & remboursemens, qui seront faits en conformité d'icelle, dont les Contrats seront passez & signez par M par deux de Messieurs les Commissaires députez de ladite Chambre, & par le Syndic.

Fait & arrêté en l'Assemblée tenuë au Palais par M & par Nous Députez soussignez, cedit jour, &c.

Délibération du Bureau Diocèsain de Paris, à l'effet d'emprunter pour se racheter envers le Clergé général, de sa quotte-part du Don gratuit accordé au Roi à l'occasion du Dixiéme denier & de la Capitation.

Du mil

LE Syndic a représenté que par la Déliberation de l'Assemblée Générale du Clergé de France du Avril autorisée par Arrêt du Conseil du dudit mois, & homologuée par Lettres Patentes du même jour registrées au Parlement le dudit mois : & le contrat passé en conséquence entre le Roi & le Clergé le Juillet il a été arrêté qu'il seroit fait un emprunt à constitution de rente au denier de la somme livres, pour employer au rachat & affranchissement à perpetuité des de livres de subvention ou secours extraordinaire tenant lieu de la Capitation.

Que par autre déliberation du Juillet autorisée par Arrêt du Censeil du dudit mois & homologuée par Lettres Patentes du du même mois, registrées au Parlement le Août suivant; & le contrat passé entre le Roi & le Clergé le dudit mois de il a été arrêté qu'il seroit fait un autre emprunt au nom dudit Clergé à constitution de rente au même denier de la somme de livres pour fournir le don gratuit de pareille somme accordée au Roi par la déliberation de l'Assemblée Génerale du Clergé du Juin à l'occasion du dixiéme denier.

Que par lesdits Déliberations, Arrêts, Lettres Patentes & Contrats, il est dit que pour faire le fonds des arrérages des rentes qui seroient constituées pour lesdits d'une part, & d'autre part; même pourvoir au remboursemeut des principaux, afin que le Clergé en pût être acquitté en certain nombre d'années; il seroit fait dans chaque Diocèse des départemens d'année en année pour employer ausdits payemens & remboursemens; & que si aucuns Diocèses désiroient se racheter en particulier & amortir leur part & portion desdites sommes, ils pourroient le faire, & emprunter à cet effet les deniers nécessaires au même denier ou autre plus avantageux, & hypothequer tous les biens composans les revenus des Bénéfices de chacun desdits Diocèses, sans avoir besoin d'autres Lettres Patentes que de celles qui auroient été données par Sa Majesté au Général du Clergé: à la charge par eux de rembourser les créanciers qui leur auroient prêté dans les termes, en la maniere & à la proportion portez ausdites Déliberations.

Que le Diocèse ayant jusqu'à présent contribué à raison du denier au payement des arrérages desdits emprunts; ledit Syndic estime que l'on se trouveroit considerablement soulagé, si Son Eminence & Messieurs de la Chambre jugeoient à propos de rembourser à la Recette générale du Clergé ce qui reste dû par le Diocèse pour l'entier amortissement de sa part desdites subvention & don gratuit, ainsi que plusieurs autres Diocèses l'ont déja fait, & d'emprunter à cet effet les sommes nécessaires.

Que cet emprunt sera d'autant plus facile qu'il se présente plusieurs particuliers qui offrent de prêter à des conditions avantageuses & à un denier bien plus favorable; & que d'ailleurs par le compte que le Syndic a fait avec le sieur B Commis à la Recette des Décimes du Diocèse, il paroît que des livres deniers à quoi monte le total du rachat des subventions dudit Diocèse, il n'en reste dû & à fournir que la somme de livres ou environ, tant à cause des rachats particuliers qui ont été faits par quelques Bénéficiers, Communautez & autres Ecclesiastiques de ce Diocèse, qu'au moyen des distractions qui sont à faire sur les deniers portez à la Recette générale du Clergé à commencer de l'année pour le payement des impositions annuelles, conformément aux Déliberations, Contrats, Arrêts & Lettres Patentes susdattez, & ainsi qu'il est justifié par le Bordereau dudit compte mis sur le Bureau pour être examiné en la Chambre.

La matiere mise en déliberation, & ledit Bordereau examiné; la Chambre a arrêté qu'il sera fait un emprunt à constitution de rente au nom dudit Diocèse au denier ou autre plus avantageux de la somme de livres, pour avec celle de livres ou environ qui sera fournie des deniers particuliers dudit Diocèse faire la susdite premiere de livres; laquelle conformement aux Déliberations & Contrats susdattez sera portée à mesure dudit emprunt, à la Recette générale du Clergé pour l'amortissement de ce qui reste dû par ledit Diocèse de sa part desdites subventions: & les Contrats desdits emprunts seront signez par Son Eminence Monseigneur le Cardinal de N par deux de Messieurs les Commissaires députez de la Chambre, & par le Syndic; & par iceux ils obligeront à la garantie des principaux des rentes constituées & payement des arrérages d'icelles, tous les biens & revenus Ecclesiastiques du général & des particuliers dudit Diocèse contribuables ausdites subventions l'un pour l'autre solidairement sans division ni discussion.

Les deniers dudit emprunt à mesure qu'il sera fait, seront mis ès mains de Me. Paul B Commis à la Recette des Décimes dudit Diocèse qui s'en chargera par les Contrats de constitution. Et en portant lesdits deniers à la Caisse générale du Clergé, il en retirera quittance dans la forme prescrite par lesdites Déliberations de l'Assemblée général du Clergé des Avril & Juillet dans lesquelles quittances il sera fait mention desdits emprunts pour la sureté des Prêteurs, à chacun desquels sera fourni extrait de ladite quittance contenant la Déclaration qui le concernera, & dont ledit sieur de comptera en la Chambre en la maniere ordinaire.

Et pour parvenir à ce que dessus, il sera fait deux expéditions originales en parchemin de la présente Déliberation, signées de Son Eminence, & contre-fignées par le fieur de Greffier de la Chambre, lefquelles vaudront pour livres chacune, & feront dépofées ès mains de Maîtres François-Jean D & Louis D Notaires au Châtelet de Paris, fur lefquelles fera par eux à mefure fait mention defdits emprunts, dont ils donneront leur certificat en la maniere ordinaire.

L'Acte de dépôt de ladite Déliberation fera mis au bas de chacune defdites expéditions & figné par deux Notaires; & lorfque l'emprunt porté par icelles fera confommé, il fera enfuite mis par le Notaire dépofitaire un Acte figné de lui & de fon Confrere, portant que ladite Déliberation eft remplie.

Et fi par la fuite quelqu'un défire recevoir fon rembourfement, il fera pris à conftitution de nouvelles rentes au même denier ou autre plus avantageux, les fommes néceffaires pour faire lefdits rembourfemens, avec déclarations & fubrogations, & fous les mêmes obligations portées ès Contrats qui feront rembourfez. Fait & arrêté en l'Affemblée tenuë au Palais Archiepifcopal par Son Eminence, & nous Députez fouffigné les jour & an que deffus. Signé L & C Syndic, avec paraphes.

Délégation des loyers d'une maifon aux Ouvriers qui l'ont bâtie.

FUrent préfens Me. Jean-Baptifte F Procureur au Châtelet de Paris, y demeurant ruë Paroiffe Saint au nom, & comme fondé de procuration fpéciale à l'effet des préfentes, de Damoifelle Henriette C veuve de Jean B Bourgeois de Paris, laquelle eft demeurée annexée à ces préfentes: & Damoifelle Marie B fille majeure, ufante & jouiffante de fes biens & droits, demeurante à Paris ruë quartier Lefquels ont déclaré que par leur ordre, & en exécution d'une Sentence renduë au Châtelet de Paris le jour d mil entre ladite veuve B ledit Me. F fondé du pouvoir de ladite Damoifelle B d'une part; & Claude G d'autre, & en conféquence du rapport de vifite, prifée & eftimation des réparations à faire en la maifon ci-après déclarée, faite par A Juré-Expert nommé par les Parties le jour de mil icelles réparations ont été faites en une maifon fcife à Paris, ruë Paroiffe Saint où eft demeurant ledit G Maître Serrurier, fur laquelle ladit veuve B a droit de recevoir par chacun an la fomme de livres fa vie durant, pour le douaire à elle accordé par ledit défunt B fon mari, par leur contrat de mariage paffé devant X & Y Notaires à Paris le jour d mil lefdits livres de douaire au principal de livres, ftipulé propre à ladite veuve B pour laquelle fomme les cinq parts de ladite maifon, lui appartiennent en conféquence d'un Arrêt contradictoire rendu contre les Créanciers dudit défunt Jean B au rapport de Monfieur H Confeiller en la Grand'Chambre du Parlement de Paris, le jour d mil lefquelles réparations faites à ladite maifon montent en totalité à la fomme de livres fols deniers, fçavoir livres fols, pour la maçonnerie faite par Sylvain P Maître Maçon à Paris, y demeurant ruë Paroiffe livres fols deniers, pour les ouvrages de charpenterie faits par Nicolas C Charpentier à Paris, y demeurant ruë Paroisse livres sols, pour les ouvrages de couverture faits par Gilles L Maître Couvreur de maisons à Paris, y demeurant ruë Paroisse de livres sols, pour la menuiserie faite par Robert V Maître Menuisier à Paris, y demeurant ruë Paroisse Saint & celle de livres sols deniers; pour les ouvrages de serrurerie faits par ledit G Maître Serrurier, demeurant susdite ruë en ladite maison : Revenant toutes lesdites sommes ensemble à celle susdite de livres sols, dont lesdits Ouvriers ci-dessus nommez ont chacun fourni leurs Mémoires séparement reglez & arrêtez à l'amiable du consentement des Parties par sieur Jean-Baptiste Q Ingenieur du Roi, dont elles sont respectivement contentes, lesquels Mémoires ont été à la requisition des Parties présentement paraphez doubles par les Notaires soussignez : Lesquels sieur P audit nom, & Damoiselle B pour faciliter le payement de la totalité desdites réparations, ont consenti & consentent par ces présentes que lesdits sieurs Ouvriers ci-dessus nommez, les touchent & reçoivent au prorata de leur dû au sol la livre sur les loyers de ladite maison par les mains dudit G principal Locataire d'icelle, ou par tels autres principaux Locataires d'icelle maison, en cas que ledit G vînt à en sortir, à commencer au terme de prochain qu'échera le premier terme de payement, & ainsi continuer de termes en termes consécutifs, jusqu'à l'entier & parfait payement de ladite somme de livres sols deniers, pendant lequel tems lesdits Ouvriers ci-dessus nommez ne pourront prétendre aucuns interêts : & pour plus grande sûreté envers eux, lesdits sieur F & Damoiselle B promettent & s'obligent de leur fournir une expédition du Bail qui sera passé audit G ou autre particulier incessamment; & outre de rapporter main-levée des saisies & oppositions faites ou à faire sur lesdits loyers, auquel cas, & faute de rapporter lesdites main-levées, ils promettent & s'obligent solidairement de payer la valeur desdits termes à leurs écheances, au lieu & place dudit principal Locataire, jusqu'à ce que & en attendant lesdites main-levées, & encore pour plus grande sûreté & accomplissement des clauses ci-dessus, ledit Me. F s'est rendu caution solidaire pour lesdites Damoiselles C & B ses grand-mere, & tante envers lesdits Ouvriers, dont il fait son propre fait & dette, & ont solidairement comme dessus affecté, obligé & hypothéqué le fond desdits livres de douaire au principal de livres, & les revenus d'icelui pour la sûreté desdites réparations, mettant & subrogeant lesdits sieurs Ouvriers en leur lieu & place, pour raison dudit douaire, sans que la présente subrogation puisse empêcher lesdits Ouvriers de se pourvoir sur tous les autres biens, meubles & immeubles, présens & à venir dudit sieur F Damoiselles C & B faute y auroit de l'entiere exécution de la Délegation desdits loyers & autres conditions ci-dessus, ce qui a été accepté par lesdits sieurs P C J V & G Lesquels pour ce présent ont eu pour agréable la Délegation ci-dessus, & se sont obligez chacun à leur égard à l'entiere exécution des présentes : Pour lesquelles les Parties ont élû leurs domiciles en leurs demeures sus-déclarées : Ausquels lieux, &c. nonobstant, &c. promettant, &c. obligeant, &c. lesdits sieur F audit nom, & Damoiselle Marie B solidairement comme dessus renonçant, &c. Fait & passé à Paris en l'Etude de L l'un des Notaires soussignez, l'an mil le jour d avant & après midi. Et ont signé.

Délégation differente de celle ci-dessus.

FUt présente Damoiselle Louise-Charlotte D fille majeure, demeurante à Paris ruë quartier Paroisse Laquelle a confessé & déclaré que le jour d mil elle a fait trois billets au profit de Charlemagne B Bourgeois de Paris, le premier de la somme de livres, payable à la fin du mois de audit an mil & les deux autres de livres chacun, payables dans les mêmes mois des années mil & mil revenant ensemble à la somme de livres, pareille somme qu'elle a reçûe & reconnoît par ces présentes d'abondant avoir reçûe comptant en especes sonnantes dudit sieur B & d'autant que le premier & second desdits billets de la somme de livres sont échus ausdits mois d desdites années mil & mil ledit sieur B a été sur le point de faire ses poursuites faute de payement, pour prevenir lesquelles & éviter les frais, icelle Damoiselle D a requis ledit sieur B de lui accorder du tems pour le payement de ladite somme de livres, aux offres qu'elle a faites & fait encore par ces présentes de lui déleguer annuellement le revenu d'une rente de Bail d'heritages à elle dûë par Monsieur le Comte D son frere : Ce qui a été accepté par ledit sieur B à ce présent, demeurant à Paris ruë Paroisse auquel ladite Damoiselle D a par ces présentes cedé, transporté & promis garantir, fournir & faire valoir, sans être obligé par ledit sieur Créancier de faire aucune discution ni diligences si bon lui semble, ladite somme de livres en trois payemens égaux de livres sols deniers, chacun à prendre & recevoir annuellement par ledit sieur Créancier, en celle de livres sols deniers de rente de Bail d'heritages à elle dûë par chacun an, par Messire François D son frere, dont le premier payement de livres sols deniers échera & se fera au jour d mil & les autres à pareils jours des années mil & mil auquel tems ladite Damoiselle débitrice promet & s'oblige de payer, & faire payer entierement ladite somme de livres, par mondit sieur son frere, & pour recevoir lesdits sommes cedées, ladite Damoiselle D l'a mis & subrogé en son lieu & place, droits, noms, raisons, actions, privileges & hypotheques pour le payement desdits arrérages, sans que la présente cession puisse empêcher ledit sieur Créancier de faire les poursuites à l'encontre de ladite Damoiselle D ainsi qu'il avisera bon être, si faute y avoit de payement par chacun an desdits livres sols deniers : & à cette fin ladite Damoiselle D lui a présentement mis ès mains copie collationnée de l'extrait du partage d'entr'elle, ledit sieur Comte D son frere, & autres coheritiers, passé pardevant V & M Notaires au

Châtelet de Paris le jour d mil & à la requisition des Parties lesdits billets ont été paraphez par l'un des Notaires soussignez, & pour signifier ces présentes ladite Damoiselle D a constitué son Procureur le porteur des présentes, pour l'exécution desquelles elle a élû son domicile irrevocable en sa demeure ci-devant déclarée : Auquel lieu, &c. nonobstant, &c. promettant, &c. obligeant, &c. renonçant, &c. Fait & passé à Paris en l'Etude de L l'un des Notaires soussignez, l'an mil le jour d a midi. Et ont signé.

Dépôt d'argent.

AUjourd'ui de mil sept cent après-midi, est comparu pardevant les Notaires au Châtelet de Paris, soussignez en l'Etude de l'un d'iceux, sieur Pierre D Bourgeois de Paris, y demeurant ruë Paroisse Saint Lequel a dit & déclaré, qu'étant débiteur de livres sols, contenus en une Lettre de change sur lui tirée par la Dame payable à l'ordre de dattée du dernier, laquelle Lettre il a acceptée pour la payer à son écheance qui est le & comme son argent est prêt pour faire le payement, & que le Porteur de ladite Lettre de change ne se présente point pour la recevoir, à cause de la diminution des especes, qui arrivera le jour de demain, & qu'il ne seroit pas juste que cette diminution tombât sur lui, il a remis & déposé ladite somme de livres sols, ès mains dudit Notaire, en especes au cours de ce jour, qui sont le tout montant ensemble à ladite somme, pour être délivrée du consentement dudit sieur D au Porteur de ladite Lettre de change, qui se présentera pour la recevoir, & ce en mêmes especes; protestant ledit sieur D que le retard dudit payement de ladite Lettre ne lui puisse être imputé, & que la diminution qui arrivera demain sur lesdites especes tombe sur le Porteur de ladite Lettre; dont Acte, &c. Fait & passé à Paris en l'Etude dudit Notaire, lesdits jour & an que dessus : Et a signé.

Dépôt d'un écrit en forme de Testament.

AUjourd'hui est comparu devant les Notaires à Paris soussignez, Messire Jean D Prêtre, Curé de Diocèse de y résidant ordinairement, étant de présent à Paris, logé à l'Enseigne de chez le nommé Aubergiste, ruë Paroisse Lequel a dit & déclaré que le jour d de l'année derniere mil étant lors Prêtre habitué en ladite Paroisse de il auroit administré le Sacrement de Penitence au sieur Nicolas J Greffier à la suite & Sous-Secretaire de Messieurs les Marechaux de France, en une maison scise ruë susdite Paroisse, logé en chambre garnie, chez le sieur Maître Bourrelier où il étoit malade, de laquelle maladie il seroit décédé le dudit mois d Lequel sieur J après la confession de ses péchez audit sieur Comparant, lui auroit dit que désirant ses dettes être acquittées, il le requeroit de vouloir bien écrire ce qu'il devoit, & à qui, afin d'en décharger sa conscience, ne pouvant ledit sieur J écrire facilement à cause de sadite maladie, ce que ledit sieur Comparant auroit fait suivant l'écrit de sa main signé en endroits dudit sieur J & encore écrit de la main dudit sieur J ces mots (*Je veux & entends qu'il soit ajouté foi à l'écriture d'autre part, comme si elle étoit de la mienne propre*) Lequel écrit ledit sieur Comparant a certifié véritable, & dit être l'intention & derniere volonté dudit sieur J & l'a déposé à L l'un desdits Notaires soussignez, pour être attaché à ces présentes, & être mis au rang de ses minutes, & en délivrer les expeditions ou extraits à qui il appartiendra, pour leur servir & valoir en tems & lieu ce que de raison, à lui octroyé, après qu'il a été observé qu'au bas de la page rectò sont écrit ces mots, *Payé à M* Lesquels sont rayez d'une barre : dont, &c. Acte, &c. Fait & passé à Paris en l'Etude dudit L Notaire le mil Et a signé.

Dépôt de Testament Olographe.

AUjourd'hui est comparu pardevant les Conseillers du Roi, Notaires au Châtelet de Paris soussignez, le sieur Louis L Bourgeois de Paris, y demeurant ruë Paroisse Saint Lequel a déposé à l'un desdits Notaires soussignez, l'original en papier du Testament Olographe de défunt le sieur Matthieu C aussi Bourgeois de Paris, qui l'auroit mis ès mains dudit sieur Comparant, comme Exécuteur d'icelui, pour être aussi-tôt le décès dudit sieur C qui est arrivé ce jourd'hui déposé chez un Notaire, ledit Testament commençant par ces mots : Au nom du Pere, du Fils & du Saint-Esprit; Je soussignez Matthieu C & finissant par ceux-ci : Fait à Paris le qui est la datte dudit Testament. Signé enfin Matthieu C Pour être icelui Testament mis au rang des minutes dudit & en être par lui délivré toutes expéditions nécessaires à qui il appartiendra, à l'effet dequoi il est demeuré annexé à ces présentes, pour y avoir recours, après avoir été paraphé par ledit sieur Comparant, & par lesdits Notaires soussignez à sa requisition, dont Acte requis & octroyé. A Paris en l'Etude dudit Notaire le jour d mil sept cent a midi. Et a signé.

Nota. *Quand il y a quelques ratures qui ne sont point approuvées il faut en faire mention dans l'Acte de Dépôt, pour la décharge du Notaire, en ces termes :* Après avoir été observé qu'à la ligne, de la page il y a mots rayez; à la ligne autres mots aussi rayez, & au-dessus mots mis en interligne, *& ainsi des autres* : de toutes lesquelles radiations n'a été faite aucune approbation audit Testament : *Cette observation se met ordinairement devant :* dont, &c. Acte, &c. *ou bien à la fin du paraphé, qui se met sur le Testament, lequel paraphé se met en ces termes :* Paraphé au désir de l'Acte de dépôt reçû par l'un des Notaires soussignez, ce jourd'hui mil sept cent

Il faut faire pareilles observations à toutes les autres pièces que l'on dépose, quand il y a de pareilles ratures non approuvées.

Dépôt d'un Testament olographe different du précédent.

AUjourd'hui est comparu pardevant les Notaires au Châtelet de Paris soussignez, le sieur Thomas B Bourgeois de Paris, y demeurant place Lequel a déposé entre les mains de l'un desdits Notaires soussignez, un paquet de papier cacheté de son cachet ordinaire en deux endroits, sur l'enveloppe duquel il est écrit de sa main ces mots. Ceci est mon Testament & ordonnance de ma derniere volonté, qu'il a signé & paraphé, & a requis ledit de vouloir l'inserer au rang de ses minutes de ce jour & de l'y conserver pour y avoir recours quand bon lui semblera, & après sa mort être délivré à ses héritiers legataires ou auquel appartiendra, les expeditions & extraits nécessaires, dont Acte, &c. Fait & passé, &c. Et a signé.

Désistement d'un Contrat de mariage pour mettre au bas d'icelui.

ET le jour d ensuivant, audit an mil sont comparus pardevant les Notaires soussignez, ledit sieur D nommé au Contrat de mariage ci-dessus, & des autres parts écrit, d'une part. Et ladite Damoiselle veuve B aussi nommée audit Contrat, d'autre part. Lesquels se sont par ces presentes volontairement & reciproquement désisté dudit Contrat de mariage passé entr'eux, consentant qu'il soit & demeure nul en tout son contenu & sans aucun effet, comme s'il n'eut pas été passé, & sans aucuns dépens, dommages ni intérêts prétendre de part ni d'autre : reconnoissant ladite Damoiselle veuve B que ledit sieur D lui a rendu & remis ès mains lesdits livres, en argent comptant, linges & hardes qu'il avoit reconnu avoir reçûs d'elle par ledit Contrat de mariage, dont elle le quitte & décharge, & reciproquement les Parties se quittent de toutes prétentions & autres choses généralement quelconques, jusqu'à ce jour ; consentant en outre que chacune d'elles, se pourvoye par mariage ainsi qu'elle avisera bon être, sans y pouvoir former directement ni indirectement aucun empêchement ; à peine, &c. Car ainsi, &c. promettant, &c. obligeant chacun en droit soi, &c. renonçant, &c. Fait & passé à Paris ès Etudes, &c. lesdits jour & an devant dits. Et ont signé.

Désistement

Déſiſtement reſpectif par un Garçon & une Fille, d'une promeſſe de mariage, lorſqu'il eſt iſſu un enfant de la Fille provenant du fait du Garçon.

FUrent préſens René M Secretaire de demeurant ruë Paroiſſe d'une part. Et Marguerite C fille majeure uſante & joüiſſante de ſes biens & droits, demeurante ruë Paroiſſe Saint d'autre part. Leſquels ſe ſont par ces Préſentes déſiſté des promeſſes verbales qu'ils s'étoient reſpectivement faites de s'épouſer, ſous la foi deſquelles ſeroit iſſu d'eux une fille baptiſée ſur les Fonts baptiſmaux de ladite Paroiſſe S. où elle auroit été nommée Marie-Anne M préſentement âgée de mois ou environ : Ce faiſant conſentent reſpectivement que chacun d'eux ſe pourvoye par mariage avec qui bon lui ſemblera, ſans qu'aucun d'eux y puiſſe former aucun empêchement ; & à l'égard dudit enfant s'en eſt ladite C volontairement chargée, & promet le repréſenter audit M toutes fois & quantes qu'il l'en requerera, à la charge par ledit M comme il s'y oblige de contribuer à la moitié des nourritures & entretiens dudit enfant, même de lui fournir de ſes deniers, lorſqu'il ſera en état d'apprendre métier juſqu'à la ſomme de livres, pour contribuer à ſon avancement ; & où ladite fille mourroit, avant que d'être en état d'être miſe en apprentiſſage, ſera tenu ledit M comme il s'oblige, de payer leſdits livres à ladite C ſa mere, auſſi-tôt le décès de ſadite fille arrivé, pour l'indemniſer des peines & ſoins qu'elle prend après elle ; & ce en ſa demeure à Paris ou au porteur, &c. à peine, &c. lequel payement de livres, ne pourra néanmoins être exigible, que dans ans d'hui prochains : éliſant ledit ſieur M ſon domicile en ſa ſuſdite demeure : Auquel lieu, &c. nonobſtant, &c. promettant, &c. obligeant chacun en droit ſoi, &c. renonçant, &c. Fait & paſſé à Paris en l'Etude, &c. le mil a midi. Et ont ſigné.

Déſiſtement d'Alloüé.

FUrent préſentes Damoiſelle Jeanne C épouſe du ſieur Jean L Officier de M. le Marquis D elle ouvriere en linge, demeurante à Paris aux Ecuries de M ruë Paroiſſe Saint d'une part. Et Françoiſe M ſon Alloüée, demeurante avec elle, d'autre part. Leſquelles ſe ſont volontairement déſiſté dudit Alloüé paſſé pardevant & ſon Confrere Notaires à Paris, le conſentant qu'il ſoit & demeure nul, tant pour le tems qui en reſte à expirer, que pour le reſtant du prix y porté, & pour toutes les autres charges & conditions y contenuës, s'en quittant leſdites Parties réciproquement l'une l'autre : Et attendu que lors de la paſſation dudit Alloüé ladite Damoiſelle L a reçû livres, en déduction des livres, à elle promis par ladite Alloüée, qui depuis le tems qu'elle est obligée avec elle ne lui a fait aucun profit quoiqu'elle ait pris beaucoup de peine à lui montrer à travailler même les nourritures qu'elle lui a fournies, desirant ladite Damoiselle L faire raison à ladite M de ladite somme de livres par elle reçûë, comme dit est, en retenant par elle livres, pour sesdites nourritures & soins qu'elle a pris auprès de ladite Alloüée, qui n'est pas seulement de quoi payer sesdites nourritures; mais voulant bien du surplus faire grace à ladite Alloüée, attendu la priere qu'elle lui en a faite; c'est pourquoi elle lui a présentement & à la vûë des Notaires soussignez, payé, compté & délivré la somme de livres, qui est le surplus desdits livres en louis d'argent & monnoye ayant cours, dont ladite M se contente & l'en quitte, & de toutes choses généralement quelconques du passé jusqu'à ce jour, déclarant ladite M avoir fait sçavoir à Antoinette A sa mere, à présent femme de Me Etienne L Procureur à qu'elle étoit prête de passer ces Présentes avec ladite Damoiselle L & en avoir son consentement, consentant que des présentes, mention soit faite sur la minute dudit Alloüé par tous Notaires requis, sans qu'il soit besoin de leurs présences. Promettant, &c. obligeant, &c. renonçant, &c. Fait & passé à Paris en l'Etude dudit l'un desdits Notaires soussignez, le mil a midi. Et ont signé.

Désistement d'assignation.

FUrent présens Nicolas demeurant d'une part, & Louis d'autre part. Lesquels sont convenus de ce qui suit; sçavoir que ledit Nicolas s'est bien voulu désister par ces présentes de l'assignation qu'il a fait donner pardevant audit Louis pour raison de ensemble donner main-levée de la saisie faite à sa requête de, &c. Ce présent désistement fait moyennant la somme de que ledit Louis promet payer, &c. Fait & passé, &c.

Désistement d'une convention.

FUrent présens Mathieu I & Marie L sa femme qu'il autorise à l'effet qui suit, demeurans d'une part, & François V demeurant d'autre part. Lesquelles Parties se sont par ces présentes désistées de la convention passé entr'eux pardevant Notaires à Paris, le au sujet du recouvrement qui est à faire de ce qui reste dû, tant en principal qu'intérêt de la somme de livres par Sa Majesté, pour le recouvrement qu'elle devoit faire des maisons déclarées en ladite convention, consentans qu'icelle convention soit & demeure nulle & sans aucun effet; & en ce faisant ledit sieur I a présentement remis & délivré audit sieur V l'expédition en papier de ladite convention annullée, & toutes les piéces qui avoient été délivrées audit sieur I par icelle, dont ils se déchargent sans aucun dépens, consentans que dès à présent mention soit faite par tous Notaires sur la minute de la convention pour ne servir avec ces présentes que d'une même chose, dont Acte. Fait & passé, &c.

Désistement d'une demande faite en retrait.

FUt présent Jean, &c. Lequel pour se redimer des differens & contestations qui pourroient arriver entre lui & V sur l'assignation donnée audit V à sa requête au Châtelet par exploit de ensuite d'autre exploit du à ce que ledit V eût à lui quitter & délaisser qu'il a acquis de sa sœur procédant de son propre, par Contrat passé Et n'ayant pas de quoi rembourser audit V le prix de ladite acquisition, s'est par ces présentes volontairement désisté & départi au profit dudit V à ce présent & acceptant de ladite action & droit de retrait, & consent que ledit V demeure propriétaire incommutable desdites choses, & à cette fin que lesdits exploits demeurent nuls, & pour si besoin est passer Sentence de déboutté dudit droit, aux frais toutefois dudit V ledit Jean, &c. a fait & constitué son Procureur le porteur, auquel il donne pouvoir, & a ledit Jean, &c. mis ès mains dudit V lesdits deux exploits sans dépens prétendre de part ni d'autre. Promettant, &c.

Désistement d'apprentissage.

FUt présent Jacques C Maître Chaircuitier à Paris, y demeurant ruë Paroisse Saint d'une part. Jean D Marchand Boucher à Paris, y demeurant ruë Paroisse & André D son fils, Apprentif dudit C avec lequel il demeure d'autre part. Lesquelles Parties se sont volontairement par ces présentes désistées & se désistent respectivement du Brevet d'apprentissage dudit D fils, fait avec ledit C pardevant M & N Notaires à Paris, le veulent, consentent & accordent réciproquement, que ledit Brevet soit & demeure nul comme non fait, & sans dépens, dommages & intérêts, prétendre de part ni d'autre; se quittant lesdits Parties l'une l'autre de toutes choses généralement quelconques pour ce regard du passé jusqu'à ce jour, après toutefois que ledit Apprentif a déclaré avoir renoncé & renonce par ces mêmes Présentes audit métier. Car ainsi, &c.

Désistement d'appel au Parlement d'une Sentence.

FUt présent D Lequel déclare par ces présentes qu'il se désiste & deporte de l'appel par lui interjetté de la Sentence renduë en la Prevôté de entre lui, les R. P. Messire Jacques P les sieur & Dame de la T les Marguilliers de l'Eglise de Saint le nommé M &

autres, le dernier, sur lequel appel lesdits Religieux de ont fait anticiper, ledit Comparant au Parlement, consent que ladite Sentence sorte son plein & entier effet, & qu'elle soit exécutée en son contenu selon sa forme & teneur, & que ledit appel soit & demeure nul, ensemble ledit exploit d'intimation comme non fait ni avenu, & que tous procès demeurent éteins & assoupis, protestant de nullité de tout ce qui pourroit être fait sur ledit exploit d'intimation, & pour l'exécution des Présentes, ledit a élû son domicile en sa demeure Car ainsi, &c. Fait & passé, &c.

Désistement d'un Contrat d'abandonnement d'usufruit.

FUrent présens Magdelaine R veuve de défunt Louis D Distilateur d'Eau-de-vie à étant de présent à Paris, logée chez son fils ci-après nommé, d'une part.

Et Louis D Marchand de Chevaux à Paris, y demeurant ruë Paroisse Saint d'autre part.

Lesquels ont dit que par Acte passé devant Notaires à entr'eux en présence des freres & sœurs dudit D Ladite veuve D avoit cedée & abandonnée audit Louis D fils & Marie H sa femme, l'usufruit des biens qui lui appartiennent aud pour en joüir par eux & le survivant d'eux leur vie durant, à la charge par eux de nourrir, loger & entretenir d'habits, linges & hardes leurdite mere & belle-mere sa vie durant, & que en cas que ladite veuve D ne s'accommodât avec sondit fils & bruë, & qu'elle voulût retourner aud elle rentreroit dans la possession & joüissance de sondit bien, & étant ladite veuve D dans la volonté de retourner aud pour y passer le reste de ses jours suivant la faculté à elle accordée par ledit Acte, ledit D son fils à consenti par ces Présentes, que sadite mere s'en retourne aud pour par elle joüir, faire & disposer de sondit bien, tout ainsi & de même que si ledit abandonnement d'usufruit ne lui eût été fait, consentant qu'icelui abandonnement soit & demeure nul, & duquel ils se désistent réciproquement sans aucuns dépens, dommages & intérêts prétendre de part ni d'autre, & se quittent & déchargent réciproquement de toutes choses, attendu que ledit D n'a reçû aucune chose dudit usufruit à lui abandonné, & qu'il ne prétend aucune chose des nourritures & logemens qu'il a faits à sadite mere, à la reserve toutes fois de la somme de livres, que ledit D a présentement prêté à sadite mere, qui de lui confesse l'avoir reçûë pour faire son voyage, & qu'elle promet lui rendre d'hui dans un an, consentent les Parties que mention des Présentes soit faite par tous Notaires requis sur la minute & expédition du susdit Acte, sans que leur présence y soit nécessaire : Car ainsi promettant, &c. obligeans chacun endroit soi renonçant. Fait & passé à Paris ès Etudes, l'an mil le jour d a midi. Et ont déclarez ne sçavoir écrire ni signer, de ce interpellez.

Désistement de plainte.

AUjourd'hui est comparu devant les Notaires au Châtelet de Paris soussignez, Jean-Nicolas G Marchand demeurant Lequel reconnoît que mal à propos & en présence de plusieurs de ses amis, il a insulté & menacé le sieur J en sa maison, sans aucun sujet ni raison, & qu'il prie ledit sieur de l'excuser & d'oublier tout ce qu'il a dit contre lui, ce qui auroit donné lieu & occasion audit sieur de rendre sa plainte pardevant M. le Commissaire F fait faire information en conséquence, & obtenu décret d'assigné pour être oüi & fait faire plusieurs poursuites, desquelles ensemble desdites plainte, information & décret pour être oüi, ledit auroit prié ledit sieur de vouloir bien se désister, au moyen de quoi ledit sieur demeurant à à la priere dudit & de ses amis, & de la satisfaction & excuse que ledit lui fait par ces Présentes, s'est volontairement désisté desdites plainte, information & décret d'assigné pour être oüi, consentent que le tout soit & demeure nul, & tout ce qui pourroit s'en être ensuivi, lui remettant même les dommages & intérêts qu'il auroit pu prétendre contre lui. Promettant, &c. obligeant, &c. renonçant, &c. Fait & passé, &c.

Désistement d'un Bail à loyer.

FUrent présens Denis Q Marchand Bourgeois de Paris, & Damoiselle Catherine S son épouse qu'il autorise, demeurans ruë Saint Paroisse d'une part.

Et Damoiselle Marie C veuve de Germain B vivant, Officier du Roi demeurante en sa maison ruë Paroisse Sainte d'autre part.

Lesquels Parties se désistent respectivement par ces Présentes du Bail fait par ladite Damoiselle C ausdits Q & sa femme passé devant D & son Confrere Notaires à Paris, le d Juin mil pour années commencées le Juillet de ladite année, consentent qu'il soit & demeure nul & sans effet pour la derniere année qui en reste à expirer, reconnoît ladite C être payée par lesdits R & sa femme des loyers échûs du passé jusqu'au Octobre prochain, auquel jour ils promettent rendre les lieux en bon état de menuës réparations, sans aucuns dépens, dommages & intérêts de part ni d'autre, se quittans lesdites Parties de toutes choses généralement quelconques du passé jusqu'à ce jour. Promettant, &c. obligeant, &c. renonçant, &c. Fait & passé à Paris en l'Etude de R Notaire, le Septembre mil sept cens Et ont signé.

Démiſſion d'un Office ſur la ſurvivance.

AUjourd'hui eſt comparu pardevant les Notaires Antoine pourvû en ſurvivance par le Roi de l'Office de Conſeiller de Sa Majeſté *en telle Juriſdiction*, dont jouiſſoit défunt Maître François ſon pere au jour de ſon décès, lequel s'eſt par ces préſentes volontairement démis & démet ès mains de Sa Majeſté, de Monſeigneur ſon Chancelier, Garde des Sceaux, & autres ayans à ce pouvoir, de ſondit Office de Conſeiller du Roi en ladite Cour de pour en être pourvû la perſonne de & non autres, conſentant que toutes Lettres de proviſion à ce néceſſaires lui en ſoient expédiées & délivrées; pourquoi faire & requerir, ledit comparant a fait & conſtitué ſon Procureur général & ſpécial le porteur des Préſentes, lui en donnant tout pouvoir & généralement, &c. promettant, &c. obligeant, &c. Fait & paſſé, &c.

Démiſſion d'un Office chez le Roi.

AUjourd'hui eſt comparu pardevant les Notaires Jean Chef du Gobelet de la bouche du Roi, lequel s'eſt purement & ſimplement démis & démet par ces préſentes de ſondit état & office de Chef de Gobelet de la bouche du Roi, pour & au nom & profit de Pierre conſentant & accordant ſous le bon plaiſir de Monſeigneur le grand Maître de France, & autres ayant à ce pouvoir, que ledit Pierre ſoit reçu & admis audit état & office; à cette fin, que toutes Lettres de proviſion & autres à ce néceſſaires lui en ſoient expediées & délivrées: pour quoi faire & requerir ledit Jean a conſtitué ſon Procureur général & ſpécial le porteur des préſentes, lui en donnant tout pouvoir, & généralement, &c.

Démiſſion d'une Charge d'Archer.

FUt préſent Bernard lequel s'eſt volontairement par ces préſentes ſous le bon plaiſir de démis & démet de ſondit état & charge d'Archer de ladite Compagnie de pour & au profit de & non d'autre, conſentant que toutes Lettres de proviſion lui en ſoient expediées & délivrées, généralement, &c.

Démiſſion d'un Privilege.

PArdevant les Conſeillers du Roi, Notaires au Châtelet de Paris ſouſſignez fut préſent ſieur Claude D . Marchand Linger vendeur de toille, ouvrages de dentelle, & de fil, Privilegié ſuivant la Cour & Conſeils de Sa

Majeſté, tenant train de Marchandiſe concernant ledit état, comme étant du nombre des huit Officiers Marchands, Privilegiés, Lingers vendeurs de toille, ouvrages de dentelle & de fil, demeurant à Paris ruë Paroiſſe Lequel ſous le bon plaiſir de Monſieur le Grand Prevôt de l'Iſle de France, s'eſt démis & démet de ſon état Privilege de Marchand Linger vendeur de toille, ouvrages de dentelle & de fil, Privilegié du Roi ſuivant la Cour & Conſeils de Sa Majeſté, pour & en faveur toutefois de ſieur Antoine T Marchand Bourgeois de Paris, conſentant que toutes Lettres de proviſion & autres à ce néceſſaires lui en ſoient expédiées & delivrées. Promettant, &c. obligeant, &c. renonçant, &c. Fait & paſſé à Paris ès Etudes le mil ſept cent Et a ſigné.

Démiſſion d'un droit de place de Fripier à la Halle.

PArdevant les Notaires à Paris ſouſſignez, fut préſent Claude V Marchand Fripier à Paris y demeurant Lequel s'eſt par ces préſentes deſſaiſi, démis & departi pour & en faveur de Nicolas M auſſi Marchand Fripier à Paris, du droit qu'il a de placement au pillier de la Tonnellerie que ledit N a droit au moyen de la démiſſion qui lui en a été faite par François T devant & ſon Confrere Notaires, le ſans minute, pour par ledit M vendre ſes marchandiſes les Mercredis & Samedis de chacune Semaine ſeulement, ſans incommoder la voye publique & en obſervant par lui les reglemens de Police, lui abandonnant & délaiſſant ladite place en tant qu'à lui eſt, au moyen dequoi il lui a mis ès mains ainſi qu'il l'a déclaré la nomination qui auroit été faite du nommé à ladite place par le ſieur Commiſſaire Comme auſſi déclare lui avoir délivré la démiſſion à lui faite par ledit T pour par ledit M en vertu deſdites piéces & des préſentes, obtenir du ſieur Commiſſaire du quartier des Halles, pillier de la Tonnellerie une autre nomination en ſa faveur, ſans que pour raiſon des préſentes ledit Comparant puiſſe prétendre aucune choſe contre ledit M promettant, &c. obligeant, &c. renonçant, &c. Fait & paſſé à Paris ès Etudes le mil ſept cent Et a ſigné.

Démiſſion d'un Privilege.

PArdevant les Conſeillers du Roi, Notaires au Châtelet de Paris ſouſſignez fut préſente Aymée B femme de Laurent P l'un des Gardes du Corps de elle Marchande Fripiere Privilegiée ſuivant la Cour, ſuivant les Lettres à elle accordées par Monſieur le Grand Prevôt de l'Hôtel du Roi & Grande Prevôté de France, en datte du regiſtrées au Greffe de la Prevôté de l'Hôtel par Sentence du demeurante à Paris ruë Paroiſſe Saint Laquelle s'eſt par ces préſentes démis de ſondit Privilege de Marchande Fripiere ſuivant la Cour, entre les mains de mondit ſieur le Grand Prevôt de l'Hôtel du Roi & Grande Prevôté de France, pour & en faveur toutefois de consentant que toutes nouvelles Lettres & autres Actes à ce nécessaires lui en soient expediés, signés & scellés, & délivrés, promettant, obligeant, renonçant. Fait & passé à Paris ès Etudes le mil Et a signé.

Démission d'un Office chez le Roi.

AUjourd'hui est comparu pardevant les Notaires soussignez, Joseph lequel s'est purement & simplement démis & démet par ces présentes, de sondit Etat & Office de de la Maison du Roi, pour & au nom & au profit de Jean consentant & accordant, sous le bon plaisir de Monseigneur le grand Maître de France & autres ayant ce pouvoir, que ledit Jean soit reçû & admis audit Etat & Office, & à cette fin que toutes Lettres de provision & autres à ce nécessaires lui en soient expediées & délivrées, pour quoi faire & requerir ledit Joseph a constitué son Procureur général & spécial le porteur des présentes, lui en donnant tout pouvoir & généralement, &c.

Déguerpissement fait par le Preneur d'un héritage à rente fonciere.

AUjourd'hui est comparu pardevant les Notaires soussignez, Nicolas D demeurant à Lequel pour se liberer de la somme de quatre vingt livres de rente dûe pour quatre arpens de terres labourables scis à tenans d'une part à d'autre à par lui remis & pris à rente par Contrat du passé à déclare qu'il déguerpit & abandonne lesdits quatre arpens de terre, consentant que le sieur de la B ancien propriétaire d'iceux, rentre en pleine propriété, & pour faire signifier le présent déguerpissement audit sieur de la B & le réiterer si besoin est en telle Justice & Jurisdiction qu'il conviendra, ledit Nicolas D a fait & constitué son Procureur le porteur des présentes, auquel il donne pouvoir de comparoir devant tous Juges & d'en requerir actes nécessaires, acceptant, &c. Fait & passé, &c.

Déguerpissement fait par un tiers détenteur.

AUjourd'hui est comparu pardevant les Notaires soussignez Lequel pour éviter à contestation, & être déchargé de la rente fonciere prétendue par sur un tel héritage audit consentant que ledit ancien propriétaire rentre en pleine propriété d'icelui; déclarant en outre ledit qu'il fait ledit déguerpissement aux risques, périls & fortunes de tel, son vendeur, qui ne lui a point déclaré ladite rente fonciere; comme aussi sans préjudice audit des impenses & améliorations par lui faites audit héritage; & pour faire signifier la présente déclaration audit & la réiterer en Justice, a fait & constitué son Procureur général & spécial Antoine auquel il a donné pouvoir de pour lui & en son nom faire & requerir

requerir actes nécessaires, même comparoir pardevant Monsieur le Lieutenant Civil, & là dire & déclarer qu'il déguerpit & renonce audit héritage. Fait & passé, &c.

Délaissement ou Abandonnement d'héritage.

Fut présent Charles demeurant Lequel déclare que pour éviter les poursuites contre lui faites en déclaration d'hypotheque par N il a par ces présentes abandonné & renoncé, aux risques, périls & fortune de Louis son garant, une maison & héritage sis à qu'il a acquis dudit Louis par contrat du moyennant la somme de le tout sans préjudice audit Charles de son recours contre ledit Louis pour la restitution du prix porté par ledit contrat de vente, frais, mises, loyaux couts, dommages & intérêts, comme aussi sans préjudice audit Charles des impenses & améliorations par lui faites en ladite maison & héritages déguerpis, & pour faire signifier la présente déclaration audit N & la réiterer en telle Justice & Jurisdiction que besoin sera, a fait & constitué son Procureur le Porteur, auquel il donne pouvoir, &c. Fait & passé, &c.

Délaissement par une seule & unique héritiere de sa sœur décedée; des seuls effets mobiliers de sa succession au mari de la défunte.

Furent présens Damoiselle Anne G veuve en premieres nôces du sieur Antoine S Peintre des Vaisseaux de Sa Majesté à & femme en secondes nôces du sieur Jean R Ecrivain du Roi sur les Vaisseaux, de lui autorisée par la procuration générale qu'il lui a passée pardevant T Notaire audit présent témoins le jour d dernier, copie de laquelle est entre les mains du sieur D ci-après nommé, ladite Damoiselle G seul & unique héritiere de défunte Marie-Gabrielle G sa sœur au jour de son décès femme du sieur Nicolas D Maître Tailleur d'habits à Paris, & demeurante ordinairement audit de présent à Paris logée chez le sieur V aussi Maître Tailleur d'habits à Paris ruë Paroisse Saint d'une part. Et ledit Nicolas D Maître Tailleur d'habits à Paris, y demeurant ruë Paroisse d'autre part.

Lesquels après avoir par ladite Damoiselle Anne G pris communication du contrat de mariage d'entre ledit D & ladite Gabrielle G & de l'état des biens de la succession, veu & examiné les meubles & hardes de leur Communauté, le retour des conventions dudit contrat de mariage & des effets de ladite Communauté, étant de peu de conséquence & très-modique, elle les a volontairement remis audit Nicolas D ce acceptant & l'en tient quitte & valablement déchargé, pour par lui du tout disposer comme lui appartenant, dans laquelle remise ne sont point compris les propres paternels fruits & revenus échus qui consistent en héritages scitués dans le Bourg de qui appartiennent à présent en entier à ladite Damoiselle Anne G tant de son chef que comme unique heritiere de sadite sœur, déclarant ledit D ne rien prétendre aux fruits & revenus échus & à échoir, consentant que les Fermiers & Débiteurs les payent à ladite Damoiselle B comme lui appartenans: car ainsi, &c. promettant, &c. obligeant, &c. renonçant, &c. Fait & passé, &c.

Disposition testamentaire par une veuve en présence de ses enfans, qui en promettent & consentent l'exécution.

FUt présente Jeanne E veuve de Charles le F Marchand Orphevre à Paris, y demeurante ruë Paroisse Laquelle desirant prevenir les differens & contestations qui pourroient survenir après son décès entre ses enfans ci-après nommez, au sujet des avantages par elle faits à Louise-Charlotte le F l'un desdits enfans, veuve d'Elye D Receveur des Gabelles de la Ville de portez par son Contrat de mariage avec sondit défunt mari, elle déclare par ces Présentes, que son intention est qu'après son décès arrivé, tous les biens qui se trouveront lui appartenir & qu'elle délaissera soient (sans avoir égard ausdits avantages par elle faits à l'une de sesdites filles) après son décès partagez également entre sesdits enfans, qui sont ladite Louise-Charlotte le F sus-nommée, demeurante Brigitte L femme de Charles B Marchand Orphevre à Paris, y demeurans ruë Jeanne-Antoinette le F fille majeure, demeurante avec sadite mere, & Pierre-Charles le F Orphevre à Paris, y demeurant à la charge par eux de payer également entr'eux livres sols de rente à Jeanne-Thérese le F l'une de ses filles Religieuse à l'Abbaye d pendant son vivant seulement, ou de lui déleguer pour le payement de ladite pension viagere, à compter du jour du décès de ladite veuve le F pareils livres sols de rente à elle dûë au principal de livres, par les nommez Sébastien G & Honoré D Vignerons à du jour du décès de laquelle Jeanne-Thérese le F Religieuse, ladite rente retournera à sesdits enfans également comme dit est: A ce faire étoient présens lesdits enfans sus-nommez, ladite Catherine le F · de sondit mari aussi à ce présent autorisée pour la validité des Présentes; lesquels déclarent avoir l'intention de leurdite mere, & ces Présentes pour agréables, conformément ausquelles ils se soûmettent après le décès de leurdite mere, de partager lesdits biens qu'elle délaissera également entr'eux, sans avoir égard ni faire tenir compte à ladite Louise-Charlotte le F leur sœur, de ce qu'elle a reçû de sadite mere, lors & par sondit Contrat de mariage, connoissant la charge qu'elle a & l'état de ses affaires, s'obligeant en outre conformément à l'intention de leurdite mere, de payer lesdits livres sols de pension viagere à ladite Jeanne-Thérese le F Religieuse, de la maniere & comme il est ci-devant dit, le tout que lesdits enfans susnommez promettent & s'obligent exécuter & accomplir sous l'obligation & hypothéque de tous leurs biens, meubles & immeubles présens & avenir, qu'ils en ont chacun en droit soi, obligé & hypothéqué : Car ainsi, &c. promettant, &c. obligeant chacun en droit soi, &c. renonçant, &c. Fait & passé à Paris en l'Etude de l'un des Notaires soussignez, le jour d mil a midi. Et ont signé.

Disposition testamentaire sous condition.

FUt présente Nicolle N fille majeure, usante & joüissante de ses droits, nâtive de demeurante en qualité de Servante chez le sieur Jacques Q Maître Peintre à Paris, ruë Laquelle a par ces Présentes déclaré que s'étant trouvée enceinte du fait & œuvre de Jean L Valet chez M. G Marchand demeurant même ruë & Paroisse de & étant prête à faire ses couches, elle se trouve réduite à aller à l'Hôtel-Dieu acoucher, & qu'ayant compté avec ledit sieur son Maître de ce qu'il lui devoit de reste de ses gages, il ne s'est trouvé son débiteur que de la somme de livres, laquelle somme elle prie sondit Maître, au cas que Dieu dispose d'elle dans ses couches, d'en donner livres à sa belle-mere, & d'employer le surplus à faire prier Dieu pour elle, & de distribuer son coffre, habits, linges & hardes à ses deux sœurs également entr'eux. Déclarant en outre n'avoir reçû aucune chose dudit L dont & de laquelle déclaration elle a requis acte pour l'acquit de sa conscience a elle octroyé en l'Etude de L l'un des Notaires soussignez, l'an mil

Dissolution de société.

FUrent présens Jean L & Thomas C Marchands Bourgeois de Paris, demeurant d'une part; Pierre L & François G aussi Marchands Bourgeois de Paris, demeurans d'autre part : Disant lesdits Comparans que par Contrat passé le ils ont contracté société de marchandise de pour le tems de années finies au dernier jour du mois de Janvier dernier passé, aux clauses & conditions portées & contenuës audit traité, au fonds de laquelle société & compagnie, ont lesdits Jean L & Thomas C mis & fourni de leurs deniers la somme de & outre, auroient lesdits Jean L & Thomas C encore mis & fourni la somme de dont ils ont fait prêt à ladite Compagnie, comme il appert par obligation passée, &c. toutes lesquelles sommes, deniers, marchandises & effets de ladite société & compagnie, sont encore entre les mains & puissance desdits Pierre L & François G Et étant ladite société finie, comme dit est, le dernier jour du mois de Janvier dernier; & désirant les Parties en faire la dissolution, compte & partage des effets, dettes actives, & marchandises d'icelle : & considerant lesdits Jean L & Thomas C que lesdits Pierre L & François G avoient une plus ample & assurée connoissance qu'eux, desdites dettes & effets, par le négoce, maniement & disposition, soin & correspondance qu'ils en ont eûë & prise plus particuliérement, &c. ces raisons ont engagé lesdits Jean L & Thomas C à délaisser & quitter ausdits Pierre L & François G le fonds total de ladite société, & sur ce les Parties ont fait le traité & accord qui ensuit: c'est à sçavoir qu'ausdits Pierre L & François G seuls demeureront & appartiendront pour le total, tous les effets, marchandises, dettes, créances & autres droits & profits que lesdits Jean L & Thomas C pouvoient prétendre, & leur appartenoient en ladite société, intérêts de ladite somme de & autres choses généralement quelconques d'icelle société & compagnie d'entr'eux, à quelque somme que le tout puisse monter, & en quelque part qu'ils puissent être, tant dedans que dehors le Royaume, sans en rien réserver ni excepter par lesdits Jean L & Thomas C en tant que besoin est ou seroit, pour les parts & portions que lesdits Jean L & Thomas C pourroient avoir & prétendre ausdits effets, marchandises, dettes & autres droits, profits & intérêts de ladite société, ils en ont fait cession & transport ausdits Pierre L & François G sans toutefois aucune garantie, mais à leurs risques, périls & fortunes; se contentant lesdits Pierre L & François G desdits effets & facultez en l'état qu'ils sont, & de la solvabilité des débiteurs, pour du tout joüir & disposer, &c. & en ce faisant lesdits Jean L & Thomas C ont remis & quitté ausdits Pierre L & François G ladite somme de par eux mise & fournie au fonds de ladite société, même ladite somme de dont ils auroient fait prêt à icelle société, & portée par ladite obligation du consentant que les minutes & grosses dudit traité & obligation soient nulles & déchargées, à la charge & réserve toutefois de l'hypothéque. Cette remise, cession & transport faits moyennant la somme de une fois payée, dont lesdits Jean L & Thomes C se sont contentez, encore que pour lesdits profits de ladite société, il leur en pourroit appartenir davantage, ladite somme de payable solidairement sur tous les biens desdits Pierre L & François G en quatre payemens, sçavoir dans le tout franchement & quittement de toutes dettes de ladite société & compagnie. Et ayant lesdits Pierre L & François G payé entiérement ladite somme de ils seront & demeureront quittes & déchargez à toujours de tout maniement qu'ils ont eu de la susdite société; & en conséquence demeureront nuls tous papiers, missives concernant ladite société: Car ainsi, &c.

Délivrance de legs à un Couvent portant fondation & quittance.

PArdevant les Notaires furent présentes Dame Geneviéve B veuve de Me François de Saint A Bourgeois de Paris, y demeurante & François D demeurant héritiers bénéficiaires chacun pour moitié, & Exécuteurs du testament & ordonnance de derniere volonté, conjointement de défunt Nicolas G leur frere & oncle, reçû par L l'un des Notaires soussignez & son Confrere, le lesquels esdites qualitez ont par ces Présentes fait & font délivrance aux R. P. du (*tel Couvent*) de cette Ville, de livres de rente à eux leguez par ledit défunt sieur par sondit testament, ce acceptant pour eux & leurs Successeurs par haut & puissant Seigneur Messire Jean-Antoine de M Chevalier, Conseiller du Roi en tous ses Conseils, Commandeur des Ordres Président-Amortier en son Parlement, & Syndic Apostolique & Protecteur desdits Religieux, & par tous Religieux dudit Couvent composans les Discretoires d'icelui assemblez en leur Chapitre au son de la cloche en la maniere accoutumée à ce présens, lesquels en conséquence & en conformité de l'intention dudit feu S portée en sondit testament, tant pour eux que pour leurs Successeurs, ont promis de faire dire & célébrer en leur Eglise à perpétuité chacun jour de l'année une Messe basse de *Requiem* à la Chapelle de & ce pour le repos de l'ame du sieur & de celle de feu M & encore promettent lesdits R. P. tant pour eux que pour leurs Successeurs de faire dire & célébrer à perpétuité au grand Autel du chœur de leurdite Eglise tous les ans le Août jour du décès dudit sieur une grande Messe de *Requiem* à Diacre, & Soûdiacre, & pour la célébration desdites Messes de fournir les pain, vin, luminaires & ornemens, & de toutes autres choses nécessaires & accoutumées être fournies pour le service divin, & de laquelle présente fondation, ils feront mention dans leur Martyrologe.

Et voulans lesdites Dame & sieur se libérer & décharger la succession dudit feu S desdites livres de rente, ils ont présentement payé, compté & délivré à la vûë des Notaires soussignez, en billets de la monnoye pour le Trésor Royal ausdits R. P. qui reconnoissent avoir d'eux reçû la somme de livres, pour l'extinction & amortissement desdits livres de rente dont ils sont contens, en quittent lesdits sieur & Dame esdites qualitez la succession dudit feu sieur & tous autres, & consentent en être fait mention sur ledit testament & autres piéces que besoin sera, & pour sûreté & exécution perpétuelle de ladite fondation, ladite somme de livres, de billets, sera portée au Trésor Royal de Sa Majesté, auquel effet ils ont été mis ès mains dudit L Notaire, pour acquérir au profit dudit Couvent livres de rente sur les Aydes & Gabelles au denier & sera porté par la quittance de finance & Contrat qui en seront expediez & passez qu'elle fait le fonds de ladite fondation, & que le remboursement n'en pourra être fait qu'à la charge d'un autre emploi, pour sûreté perpétuelle, comme dit est de l'exécution d'icelle. Promettant, &c. obligeant, &c. renonçant, &c. Fait & passé à l'égard dudit Seigneur Président en son Hôtel ruë & pour ledit sieur & lesdits Religieux en leur Chapitre, & pour ladite Dame en sa maison l'an mil le

Nota. *Lorsque c'est un legs fait à un Couvent éloigné de Paris, les Religieux d'icelui l'envoyent accepter par l'un d'eux, Procureur du Couvent, auquel ils donnent pouvoir, & alors on met ainsi :*

Lesquels esdites qualitez ont par ces Présentes fait & font délivrance aux vénérables Prieur, Chanoines Réguliers & Chapitre de l'Abbaye de N Ordre de Congrégation de France, de livres de rente à eux leguez par ledit défunt ſieur par ſondit teſtament, ce acceptant pour eux par R. P. Prêtre, Chanoine Régulier Profex d'iceux, Ordre & Congrégation, comme Procureur deſdits ſieurs Chanoines, réſidant ordinairement en ladite Abbaye, étant de préſent à Paris, pour ce préſent au nom & comme Procureur deſdits vénérables Prieur, Soûprieur & Chanoines deſdits Ordre & Congrégation, fondé de leur procuration ſpéciale à l'effet des Préſentes, comme il eſt apparû aux Notaires ſouſſignez pat l'Original d'icelle, paſſé pardevant les Notaires du Roi à le contrôlé & ſcellé, demeuré annexé à ces Préſentes, après avoir été certifié véritable dudit ſieur Procureur de lui & à ſa requiſition des Notaires ſouſſignez, paraphé *ne varietur*, pour être tranſcrite à la fin des expéditions qui en ſeront délivrées, lequel eſdits noms en conſéquence & conformité de l'intention dudit feu ſieur portée en ſondit teſtament, dont un extrait concernant le ſuſdits legs a été inſinué au Greffe des Inſinuations par le ſieur au deuxiéme Volume, le Août dernier, comme il eſt apparû auſdits Notaires ſouſſignez, tant pour leſdits ſieurs Prieur & Chanoines que pour leurs Succeſſeurs, a promis de faire dire & célébrer à perpétuité en ladite Egliſe par chacun jour une Meſſe baſſe de *Requiem* au grand Autel du chœur (au lieu de la faire dire en la Chapelle du R comme il eſt ordonné par ledit teſtament, attendu que ce n'eſt point leur uſage de chanter hors du chœur de leurdite Egliſe) & ce par chacun an, le jour du décès dudit ſieur Teſtateur, pour le repos de ſon ame & de celles de Meſſieur & Dame ſes pere & mere, & pour la célébration deſdites Meſſes de fournir pain, vin, luminaire, ornemens, & de toutes autres choſes néceſſaires & accoutumées être fournies pour le ſervice divin, & de laquelle préſente fondation ils feront mention dans leur Martyrologe, (*& ont continué le reſte*) Et voulant leſdits, &c.

Délivrance de legs.

FUrent préſens Dame Geneviéve G veuve du ſieur François D Bourgeois de Paris, y demeurante ruë Paroiſſe Et Nicolas E Ecuyer, Conſeiller Secretaire du Roi Maiſon Couronne de France & de ſes Finances, demeurant ruë ſuſdites Paroiſſe, héritiers, bénéficiers chacun pour moitié, & Exécuteurs du teſtament & ordonnance de derniere volonté conjointement de défunt Nicolas C ſieur D leur frere & oncle, reçû par & ſon Confrere Notaires à Paris, le Leſquels eſdites qualitez ont par ces Préſentes fait & font délivrance à François L Valet de Chambre dudit feu ſieur D des livres de rente viagere à lui leguez par ledit défunt ſieur D par ſondit teſtament, ce faiſant en leurdite qualité d'héritiers bénéficiers dudit ſieur D ont promis & ſe ſont obligez perſonnellement & chacun pour moitié, de bailler & payer audit L demeurant ſuſdite ruë & Paroiſſe Saint à ce préſent & acceptant leſdits livres de rente viagere de ſix mois en ſix mois, dont les premiers ſix mois, à compter du dernier jour du décès dudit ſieur D écheront au prochain, & ainſi continuer la vie durant dudit sieur L au jour du décès duquel ladite rente demeurera éteinte ; & en cas qu'il se retirât en son pays, il ne lui sera payé & ladite rente demeurera réduite à livres de rente viagere, & audit cas ladite Dame D & sieur E s'obligent de payer de la maniere qu'il est ci-dessus dit, les autres livres de rente viagere à Nicolle C femme dudit L comme pareillement en cas qu'elle survive sondit mari, ils s'obligent aussi de lui payer de la même maniere qu'il est dit lesdits livres de rente viagere, qui demeureront dans ce cas éteints à son décès, le tout ainsi qu'il est expliqué & conformément à l'intention dudit sieur D portée en sondit testament, l'extrait duquel concernant ledit legs a été insinué par le sieur ce jourd'hui au Greffe des Insinuations au Volume, ainsi qu'il est apparû aux Notaires soussignez, pour satisfaire à la Déclaration de Sa Majesté ; & pour l'exécution des Présentes, lesdites Dame D & sieur E élisent leurs domiciles ès maisons, où chacun d'eux sont demeurans devant déclarées : Ausquels lieux, &c. nonobstant, &c. promettant, &c. obligeant, &c. chacun en droit soi, &c. renonçant, &c. Fait & passé à Paris en l'Etude de l'un des Notaires soussignez, l'an mil le jour d a midi. Et ont signé.

Des Donations entre vifs.

CE sont des Actes faits entre deux personnes, l'une desquelles transmet à l'autre la propriété d'un immeuble, ou d'une universalité de meubles, pour en joüir dès-à-présent, ou sous la reserve de l'usufruit, pendant le reste de la vie du donateur. L'on a dit universalité de meubles, parce qu'un meuble en particulier peut se donner de la main à la main sans faire de contrat, à cause que, disent nos Coûtumes, *Meuble n'a point de suite par hypothéque.*

Cet acte doit être authentique, c'est-à-dire, passé sous le Scel Royal, qui est seul capable d'établir l'hypothéque, ou en transferer la propriété, ce qu'un acte sous seing privé ne sçauroit faire.

Il faut encore que la donation soit acceptée, parce qu'il plaît souvent au donateur d'y inserer les motifs qui l'on porté à la faire, & les conditions sous lesquelles il l'a faite, ausquelles si le donataire refusoit de se soumettre, il ne la feroit point.

Elle doit contenir un dépoüillement entier de la propriété de la chose donnée, en sorte que dès qu'elle est parfaite, il ne lui est plus loisible de la révoquer, ni d'en disposer en maniere quelconque, au préjudice du donataire.

Comme les termes sont quelquefois équivoques pour signifier une donation entre vifs, ou une donation à cause de mort, l'on a égard, pour se déterminer, à ce qui paroît de l'intention du donateur : S'il a mieux aimé que le donataire possedât la chose donnée que lui-même, l'on regarde la donation comme faite entre vifs ; si au contraire il paroît qu'il a mieux aimé que la chose donnée passât au donataire qu'à son propre héritier, elle se prend pour donation à cause de mort.

Aussi les formalités en sont-elles bien differentes dans nos Coutumes : le pouvoir de donner entre vifs y est bien plus étendu que celui de donner à cause de mort, parce qu'elles ont remarqué que l'on est bien plus disposé à donner une chose dont on n'espere plus joüir que peu de tems, que celle dont on peut encore se promettre une longue joüissance : il faut de puissans motifs pour nous porter à celle-ci, au lieu qu'il n'en faut souvent que de très-legers pour nous déterminer à celle-là. Aussi ont-elles plus ou moins étendu le pouvoir de disposer de ses biens par l'une & par l'autre.

L'on peut, par exemple, les donner tous entre vifs, au lieu que la plûpart ne permettent de disposer à cause de mort, que du tiers, du quart, ou d'une certaine espéce de biens, pour conserver les autres aux héritiers légitimes.

Quelques-unes défendent aux peres & aux meres de rien donner à l'un de leurs enfans plus qu'à l'autre ; d'autres le permettent même par testament. Toutes admettent le pouvoir de faire des substitutions dans les donations entre vifs, mais il y en a qui ne les souffrent pas dans les testamens.

Les donations entre vifs faites à des donataires absens doivent être par eux acceptées dans la suite ; elles le peuvent être même en l'absence du donateur, mais il faut que cette acceptation soit faite du vivant du donateur en présence de personnes publiques & témoins, ou de deux Notaires, & que l'acte de la donation soit rappellé en entier & non par extrait dans celui de l'acceptation, à moins que l'acceptation ne soit mise au pied de la minute du contrat de donation.

Les donations entre vifs ou à cause de mort sont sujettes à la formalité de l'insinuation.

Les donations testamentaires sont révocables jusqu'à l'instant qui précede le décès du testateur ; mais la donation entre vifs est irrévocable, s'il ne survient de la part du donataire une ingratitude

gratitude qui mérite la révocation, ou au donateur des enfans d'un mariage contracté depuis la donation, au préjudice desquels il n'y a nulle apparence qu'il eût voulu donner ses biens à un étranger.

C'est ce qui fut solemnellement décidé en faveur de Maître Charles du Moulin, qui avoit donné tous ses biens à Frederic du Moulin son frere, en se mariant. Mais comme cette belle-sœur en usa mal avec lui, il se maria lui-même. Dès qu'il lui fut né un enfant, il se pourvut contre la donation suivant la Loi *Si unquam cod. de revocand. donat.* les Lettres qu'il avoit obtenuës furent enterinées: il fit cependant lui-même ajoûter cette clause à l'Arrêt, que les biens par lui donnez demeureroient hypothéquez aux conventions matrimoniales & à la restitution de la dot, en cas d'insuffisance des biens de Frederic, comme il est rapporté dans sa vie.

Les donations entre vifs doivent être faites pardevant deux Notaires, ou un Notaire & deux témoins; les testamens peuvent encore être reçûs par le Curé, en présence de deux témoins: ce qui a été très-sagement établi par les Coûtumes, pour obliger ceux qui se trouvent auprès des mourans de rechercher moins la présence du Notaire, que celle du Curé qui peut administrer les Sacremens, disposer le malade à la mort, & recevoir son testament s'il veut en faire un.

Les donations entre vifs sont rarement sujettes à réduction, au lieu que les testamens le sont dans presque toutes les Coûtumes, par la raison qui a déja été touchée.

Le legs fait par testament n'est dû qu'après la mort du testateur: le légataire ne peut le recevoir que des mains de l'exécuteur testamentaire ou de l'héritier: la donation entre vifs peut au contraire s'exécuter dès le moment qu'elle est signée: le donataire est saisi de droit & de fait: si sa possession est suspenduë par la rétention de l'usufruit, en faveur du donateur, il se reconsolide de lui-même à la propriété dès le moment de son décès, sans que le donataire fasse aucun acte de son côté.

Si le donataire ayant des enfans, meurt avant le donateur, la propriété leur est conservée, la donation subsiste à leur profit; au lieu que le légataire mourant avant le testateur, le legs devient caduc & ne passe point à ses enfans.

L'âge pour faire des donations entre vifs, est le même que celui qui est nécessaire pour disposer de ses immeubles, qui est la majorité ; au lieu que pour en faire à cause de mort, il ne faut avoir que celui qui est fixé par les Coûtumes pour tester. L'on a cette faculté dans les pays du droit écrit, dès que l'on a atteint l'âge de puberté, qui est quatorze ans pour les mâles, & douze pour les femelles. Il y a un Arrêt qui a étendu cette faculté à la Coûtume de la Marche qui est voisine du pays du droit écrit, & qui n'a rien décidé là-dessus. Les autres la reculent davantage. Celles qui n'en parlent point sont censées suivre la décision de celle de Paris.

Pour faire une donation entre vifs, il faut joüir d'une parfaite santé, & n'être atteint d'aucune maladie, qui vraisemblablement puisse avoir trait à mort, jusques-là qu'il y a des Coûtumes qui le défendent aux femmes enceintes : au lieu qu'il suffit pour faire un testament, qu'il paroisse que l'on a l'esprit sain, quoique le corps soit bien malade.

L'on pourroit également impugner une donation entre vifs & un testament, s'il paroissoit que le donateur ou le testateur eût alors l'esprit aliéné. Ce fut par-là que feu Madame la Duchesse de Nemours attaqua la donation faite par Monsieur l'Abbé de Longueville : elle fut reçûë à prouver les faits de démence qu'elle avoit articulez.

Il faut qu'il y ait du moins un prétexte honnête sur lequel l'une & l'autre de ces donations soient appuyées : il est défendu de donner ou de léguer, *ob turpem causam.*

Donation entre vifs avec clause de substitution.

FUt présent Messire Antoine, &c. lequel pour obéir aux commandemens de Messire Antoine son pere, à ce présent demeurant a par ces Présentes donné & donne par donation entre-vifs, pure, simple, irrévocable, en la meilleure forme que donation puisse valoir, aux deux enfans mâles de défunt noble homme Antoine la Terre du ses appartenances & dépendances, située en la Paroisse de ainsi qu'elle appartient audit sieur Donateur, & qu'elle lui est avenuë par patrimoine, & par une transaction passée à Paris avec autre Antoine V sans en rien excepter ni retenir, sinon l'usufruit que ledit sieur Donateur se constituë pour l'avoir & retenir à titre de precaire, pendant sa vie seulement, pour desdits biens joüir par lesdits deux Donataires, aux charges & conditions ci-après exprimées. Cette donation faite à la charge dudit usufruit reservé, audit sieur Donateur, & à condition qu'après son décès ledit usufruit appartiendra à Augustin son neveu, auquel il en fait aussi donation entre-vifs comme dessus ; & encore cette donation eſt faite à condition expreſſe que leſdits biens donnez appartiendront aux enfans mâles deſdits deux enfans mâles donataires, s'ils en ont, & à leur défaut aux enfans mâles à naître dudit Auguſtin : s'il n'en avoit point, tous leſdits biens donnez paſſeront aux parens paternels dudit ſieur Comparant, qui porteront le nom de ſelon qu'ils lui ſeront plus proches, & à l'effet de ce que deſſus, ledit ſieur fait par ces Préſentes toutes ſubſtitutions néceſſaires, ſans quoi il n'auroit fait la préſente donation, qui au ſurplus eſt faite, parce que la volonté dudit ſieur Comparant eſt d'ainſi le ſuivre. Tout ce que deſſus accepté pour leſdits Donataires & autres intéreſſez ci-devant nommez par les Notaires ſouſſignez, en tant que beſoin eſt ou ſeroit, & faire le peuvent, & pour faire publier en Jugement & inſinuer ces Préſentes en toutes Cours & Tribunaux que beſoin ſera, & obſerver toutes autres formalités requiſes, ledit ſieur Donateur conſtituë ſon Procureur, & celui des Donataires, le porteur des Préſentes, auquel il donne le pouvoir néceſſaire pour en requerir acte. Promettant, &c.

Donation entre vifs faite à la charge de penſion viagere.

FUt préſent Edmond demeurant à lequel a volontairement donné, cedé, quitté & délaiſſé par donation entre vifs, en la meilleure forme que donation puiſſe valoir, à Euſtache ſon frere, à ce préſent & acceptant, pour lui, ſes hoirs & ayans-cauſe, tous les biens & droits à lui appartenans en la Paroiſſe de Généralité de meubles & immeubles, noms, raiſons & actions, parts & prétentions quelconques à lui appartenantes, tant de ſucceſſion de & de ſes feus pere & mere, que par lui acquis audit lieu & Paroiſſe de de quelque maniere & à quelque titre que ce ſoit, pour en joüir par ledit Euſtache ſes hoirs & ayans-cauſe, en pleine proprieté, pour la pourſuite & recherche deſquels biens & droits, en quoi qu'ils puiſſent conſiſter, il lui a donné & donne par ces Préſentes plein pouvoir, voulant & conſentant que ledit Donataire en prenne, quand bon lui ſemblera, la vraie, réelle & actuelle poſſeſſion, ſans avoir beſoin d'autre procuration que de ces Préſentes, qui ſont faites, paſſées & acceptées à la charge des droits & devoirs féodaux, Seigneuriaux & fonciers, dûs à Monſieur l'Abbé deſquels ledit Donataire a promis d'acquitter & indemniſer à l'avenir ledit ſieur Donateur, & de lui payer d'année en année la ſomme de par forme de penſion viagere, en deux payemens, le premier à commencer au Jour & Fête de Saint Jean-Baptiſte prochain venant, & le ſecond au Jour & Fête de Noël ſuivant, que ledit ſieur Donateur s'eſt réſervé par forme d'uſufruit; laquelle penſion ledit ſieur Donataire s'eſt chargé de payer ou de faire payer annuellement par lui-même, ou par les Fermiers & locataires deſdits biens donnez, aux termes ci-deſſus ſpécifiez, à peine d'y être lui-même contraint par toutes voies de Juſtice dûës & raiſonnables, juſqu'au jour du décès dudit ſieur Donateur, dont il ne ſera payé pour la derniere année, qu'à proportion du tems qu'il aura vêcu, à ſes héritiers, le ſurplus de ladite derniere année & le ſurplus des ſubſéquentes demeurant acquis audit Donataire, aux ſiens & à ceux de ſon côté & ligne, & autres au profit deſquels il pourroit en avoir diſpoſé, comme réuni & conſolidé à la proprieté deſdits biens & droits. Et au payement de ladite ſomme de a ledit ſieur Donataire ſpécialement affecté & hypothéqué non-ſeulement leſdits biens ci-deſſus donnez, même tous ſes autres biens meubles & immeubles, tant de propre que d'acquêt, échûs & à écheoir. Et pour faire inſinuer, &c.

Donation viagere pour l'ingreſſion d'une fille en un Couvent.

FUrent préſens Ambroiſe & Auſtreberte ſon épouſe, leſquels après avoir long-tems examiné le deſſein formé par Geneviéve leur fille de ſe retirer dans un Cloître, pour y employer le reſte de ſes jours à chanter les loüanges du Seigneur, & le choix qu'elle avoit fait à cet effet de l'Abbaye de Diocèſe de Et ne voulant la détourner d'une auſſi pieuſe intention, ſçachant d'ailleurs que la Dame Abbeſſe de ladite Abbaye, en conſidération des pertes & dommages qui y ſont arrivez depuis peu, a obtenu de Sa Majeſté des Lettres Patentes portant permiſſion de recevoir des dots des filles qui s'y préſentent, juſqu'à la concurrence d'une ſomme qui n'eſt pas à beaucoup près remplie : Ne voulant d'ailleurs s'oppoſer au loüable deſſein formé par ladite Geneviéve, ſont convenus avec Dame Eliſabeth-Gabrielle Abbeſſe du Monaſtere de Ordre de Saint qu'elle y ſera reçuë, vêtuë, nourrie & entretenuë tout comme les autres Religieuſes dudit Monaſtere, tant ſaine que malade, moyennant la ſomme de de penſion annuelle & viagere, payable dès le jour de l'ingreſſion de ladite Geneviéve juſqu'à ſon décès, *ou celle de, &c.* payable le jour que ladite Geneviéve prononcera ſes Vœux & fera Profeſſion Religieuſe audit Monaſtere, auquel payement ſe ſont leſdits Ambroiſe & Auſtreberte, dûëment autoriſée par ſondit mari, ſolidairement & hypothéquairement obligez, eux & tous leurs biens meubles & immeubles, préſens & à venir : ce qui a été ainſi accepté par ladite Dame Eliſabeth-Gabrielle Abbeſſe, & par ſon Chapitre & Communauté, qui ont promis recevoir ladite Geneviéve à la vêture & à la Profeſſion, au cas qu'il ne s'y trouve aucun empêchement canonique, moyennant le payement qui leur ſera fait lors de ladite Profeſſion, de ladite ſomme de où les aſſurances qui leur ſeront données du payement de ladite penſion, laquelle ils ont créée & conſtituée généralement ſur tous leurs biens meubles & immeubles, préſens & futurs, & ſpécialement ſur leurs Fief, Terre & Seigneurie de ladite rente portable chaque année en ladite Abbaye de au Jour & Fête de S. Martin, pendant la vie de ladite Geneviéve, auquel payement ils ont obligé comme deſſus tous leurſdits biens meubles & immeubles, une obligation ne dérogeant à l'autre : Et pour requerir où beſoin ſeroit l'inſinuation des Préſentes, leſdites Parties ont conſtitué leur Procureur le porteur d'icelles, &c.

Donation entre vifs à la charge de nourrir le Donateur.

FUrent présens Anselme & Gabrielle sa femme, lesquels ayant consideré leur âge avancé, & autres infirmitez dont leur vieillesse est accompagnée, qui les mettent presque hors d'état de faire valoir leurs biens, étant parfaitement convaincus de l'affection que leur a toujours témoignée Robert leur fils, dont il leur a donné des preuves en toute sorte d'occasions; & voulant lui donner des marques encore plus certaines de leur amitié & affection, pour l'obliger à redoubler encore s'il se peut, celle qu'il a pour eux, dans le tems où ils en auront le plus de besoin, ont fait & font par ces Présentes audit Robert leur fils, à ce présent & acceptant, donation entre vifs, pure, simple & irrévocable, en avancement d'hoirie, de tous leurs biens présens & à venir, meubles ou immeubles, en quelque lieu qu'ils se trouvent situëz, pour en joüir & disposer comme un véritable propriétaire; à la charge & non autrement, de les loger, vêtir, nourrir, & entretenir en gens de leur condition, même leurs domestiques, si aucuns en ont, pendant le reste de leur vie, & de fournir après leur mort les frais de leurs obseques & funérailles; à quoi faire s'est ledit Robert soumis & obligé, & y a affecté & hypothéqué tous & chacuns ses biens meubles & immeubles, & spécialement ceux ci-dessus à lui donnez, de laquelle donation ainsi faite il a très-humblement remercié sesdits pere & mere. Et pour l'insinuation des Présentes par tout ou besoin sera les Parties ont respectivement nommé leur Procureur le porteur d'icelles, auquel elles en donnent pouvoir, &c.

Nota. *Qu'en matiere de donations entre-vifs, la clause du transportant & du désaisissant doit être entiérement couchée dans la minute, & conséquemment dans la grosse, parce que cela transfere la proprieté de la chose donnée au Donataire. Cela est si important, qu'au sujet d'une donation de cette nature passée à Lyon, où le transportant & désaisissant n'étoient que dans la grosse & non pas dans la minute, procès ayant été intenté à Lyon, & l'appel dévolu au Parlement, par Arrêt ladite donation fut cassée & annullée.*

Voyez ci-après l'Arrêt du Conseil du 3. Février 1713.

Donation réciproque entre mari & femme suivant la Coutume de Bourgogne.

FUrent présens sieur François S & Claudine B sa femme, qu'il autorise à l'effet des Présentes, demeurans ordinairement à Dijon en Bourgogne, étant de présent à Paris, ruë Paroisse Saint Lesquels ont dit, qu'encore bien qu'ils soient présentement en cette Ville de Paris, ce n'est que par occasion; & que leur véritable domicile est & a toujours été en ladite Ville de Dijon, dont ils sont originaires, & où ils ont été mariez, & qu'ils ont toujours entendu & entendent encore se conformer aux dispositions de la Coutume de Bourgogne, suivant laquelle ils ont été mariez; & à laquelle ils ont voulu & veulent encore se soûmettre, & que comme les Conjoints peuvent dans ladite Coutume se donner leurs biens, quand ils s'en sont reservé la faculté & la liberté par leur Contrat de mariage; c'est pourquoi ils déclarent par ces Présentes, qu'en conformité de ladite Coutume de Bourgogne, reserve & stipulation portées & inserées dans leur Contrat de mariage; ils font par ces présentes donation entre-vifs mutuelle, égale & réciproque au survivant d'eux deux: Ce acceptant par ledit survivant, de tous & uns chacuns leurs biens, meubles, immeubles, acquêts, conquêts & propres, qui leur appartiennent présentement & qui pourront leur appartenir au jour du décès du premier mourant, de quelque nature qu'ils soient, sans reserve, pour en joüir par ledit survivant en toute proprieté & usufruit du jour du décès dudit premier mourant, se transportant lesdits Parties l'une à l'autre tous droits de proprieté qu'ils ont & peuvent avoir sur lesdits biens donnez, s'en désaisissant au profit l'un de l'autre: Voulant, &c. Procureur le porteur, &c. donnant pouvoir, &c. Et où le droit de ladite proprieté fut contesté (ce que lesdits sieur & Damoiselle S n'estiment pas) ils déclarent, que comme ils n'ont point d'enfans, ils se font du moins don mutuel, égal & réciproque audit survivant d'eux deux ce acceptant par ledit survivant de l'usufruit & joüissance de tous leurs biens, meubles & conquêts immeubles qui leur appartiennent de présent, & qui pourront leur appartenir au jour du décès dudit premier mourant, pour en joüir par ledit survivant, suivant & conformément à la Coutume de Paris, lequel don mutuel d'usufruit n'aura lieu, comme dit est, qu'au cas que le don de la proprieté ne puisse avoir lieu suivant la Coutume de Bourgogne; ces présentes faites pour l'amitié particuliere, que lesdits sieur & Damoiselle S ont dit se porter, & parce que telle est ainsi leur volonté: Et pour faire insinuer ces Présentes au Greffe du Châtelet de Paris, & partout ailleurs où besoin sera, les Parties ont fait & constitué pour leur Procureur le porteur, &c. lui en donnant pouvoir, &c. Car ainsi, &c. promettant, &c. obligeant, &c. renonçant, &c. Fait & passé à Paris ès Etudes, &c. l'an mil sept cens le jour d a midi. Et ont signé.

Donation entre-vifs.

FUt présent Jacques F Bourgeois de Paris, y demeurant Place Lequel pour l'amitié qu'il porte à Louis G son Cousin, lui a par ces Présentes donné par donation entre-vifs, pure, simple & irrévocable, créé, constitué & assigné, ce acceptant par ledit G à ce présent livres de rente & pension viagere que ledit sieur F a promis & s'est obligé par ces Présentes de payer audit sieur G en sa demeure à Paris ou au porteur par chacun an de quartier en quartier, dont le premier échera & se fera au jour de prochain, & le second au de en suivant, & ainsi continuer la vie durant dudit sieur G à l'avoir & prendre généralement sur tous les biens, meubles & immeubles, présens & à venir dudit sieur F qui en sont dès-à-présent chargez, affectez, obligez & hypothéquez, requerir, fournir & faire valoir ladite rente bonne, solvable & bien payable, & ce nonobstant toutes choses à ce contraires, pour joüir, faire & disposer par ledit sieur G sa vie durant desdits livres de rente viagere, comme de chose à lui appartenante au moyen des Présentes; cette donation ainsi faite par les causes susdites, & parce que telle est la volonté dudit sieur F transportant ledit sieur Donateur tous ses biens, meubles & immeubles, présent & avenir, jusqu'à concurrence desdits livres de rente viagere, voulant qu'il en soit saisi, constituant à cette fin son Procureur le porteur des Présentes, lui en donnant tout pouvoir; & pour faire insinuer ces Présentes au Châtelet de Paris & par tout ailleurs que besoin sera, les Parties ont fait & constitué leur Procureur général & spécial, le porteur des Présentes, auquel elles en donnent tout pouvoir: promettant, &c. obligeant, &c. renonçant, &c. Fait & passé à Paris en l'Etude de Notaire, le Septembre mil Et ont signé.

Donation entre-vifs.

FUt présent Michel L Ecuyer, Valet de Chambre du Roi & son Concierge au Château de Versailles, y demeurant ordinairement en son appartement audit Château, étant ce jourd'hui à Paris. Lequel voulant reconnoître les bons & agréables services qui lui ont été rendus par Marie D sa domestique pendant plusieurs années qu'elle a demeurée avec lui & l'en récompenser, a volontairement par ces Présentes donné, cedé, quitté, transporté & délaissé dès maintenant, à toujours par donation entre-vifs & irrévocable en la meilleur forme que faire se peut, même pour plus de sûreté, promet garantir de tous troubles, dettes, hypothéques, dons, doüaires, évictions, substitutions, legs, fideïcommis, usufruit, aliénations, préciput, & tous autres empêchemens généralement quelconques, pour raison de ses faits & promesses seulement, & au surplus sans aucune garantie, ni recours quelconques audit Marin D demeurant avec sondit Maître à Versailles, étant ce jour à Paris, à ce présent & acceptant pour lui ses hoirs & ayans-cause livres de rente au principal & rachetable de la somme de livres, constituée par Nicolas R Maître Cordier audit Versailles, & défunte Marie B jadis sa femme, elle auparavant veuve de défunt Etienne E vivant Carleur audit lieu son mari en premieres nôces, tant en leurs noms que comme Tuteurs conjointement d'Eléonore Jeanne E fille mineure dudit défunt E & de ladite B en conséquence de l'avis des parens de ladite Mineure, homologué par Sentence renduë par Monsieur le Bailli dudit Versailles, le jour d mil portant pouvoir d'emprunter jusqu'à ladite somme de livres, & solidairement ès susdits noms, au profit de défunt le sieur Noël L vivant, Concierge de l'avant-cour dudit Château de Versailles, par Contrat passé pardevant Mathurin A Notaire Royal audit Versailles, en présence de Témoins, le jour dudit mois d audit an mil le principal de laquelle rente auroit été employé à l'effet porté par ledit Contrat de création de ladite rente, suivant les quittances d'emploi qui feront ci-après énoncées, & à cause de quoi ladite rente en principal & arrérages eft dûë,& à prendre par privilege fur une maifon fcife audit Verfailles dans la ruë où eft pour Enfeigne plus au long défignée par ledit Contrat de conftitution préfentement appartenante audit R & aux enfans dudit défunt E & de ladite B icelle rente en principal & arrérages appartenante à préfent audit fieur Michel L Donateur en qualité d'héritier pour moitié dudit défunt Noël L fon oncle, comme lui étant avénuë & échuë entre autres chofes par le partage provifionnel fait des biens & effets de la fucceffion dudit défunt fieur Noël L entre ledit fieur Donateur & Aléxis B Huiffier ordinaire du Roi en la Prevôté de fon Hôtel & grande Prevôté de France, au nom & comme Procureur du fieur Jofeph P Marchand Taneur au Bourg de Pays d & Magdelaine T fon époufe, elle auffi héritiere pour moitié dudit défunt fieur Noël L fon oncle, par repréfentation de défunte Renée L fa mere, fondée leur procuration dattée & énoncée au Contrat dudit partage paffé devant Z Notaire à la fuite de la Cour, en préfence de Témoins, le jour d mil Lequel partage provifionnel a été confirmé par autre fait en définitif entre ledit fieur Donateur & ladite Damoifelle C ès noms y portez pardevant ledit Z préfent témoins, le jour d de l'année derniere mil Pour par ledit Marin D Donataire fefdits hoirs & ayans-caufe, joüir en pleine proprieté defdits livres de rente en principal & arrérages, comme de chofe à eux appartenante au moyen des Préfentes, à commencer ladite joüiffance du jour d prochain de la préfente année mil fe réfervant ledit fieur Donateur les arrérages échus au précédent, & qui écheront jufqu'audit jour d prochain : Cette donation ainfi faite pour les caufes & raifons fufdites (de la preuve defquelles ledit fieur Donateur difpenfe ledit Donataire) & parce que telle eft la volonté dudit fieur Donateur ainfi la faire, tranfportant par lui audit Donataire tous droits de proprieté & autres généralement quelconques qu'il a & peut avoir en ladite rente en principal & arrérages préfentement donnée, s'en défaififfant pour & au profit dudit Donataire fefdits hoirs & ayans-caufe, voulant qu'ils en foient mis en bonne poffeffion, par qui & ainfi qu'il appartiendra, conftituant à cette fin pour fon Procureur général, fpécial & irrévocable le porteur des Préfentes, lui en donnant pouvoir. Ce faifant icelui fieur Donateur a préfentement délivré & mis ès mains dudit Donataire, la groffe en parchemin dudit Contrat de conftitution de ladite rente ci-devant dattée & énoncée, une expédition en papier de ladite Sentence d'homologation dudit Avis de parens auffi fus-datté & énoncé : Et expéditions pareillement en papier de quittances données par differens particuliers Marchands & Ouvriers, qui ont fournis divers matériaux & faits plufieurs ouvrages en ladite maifon devant déclarée, contenantes l'emploi du principal de ladite rente toutes paffées devant ledit A Notaire Royal à Verfailles, les & d audit an mil dont il le fait porteur & defquelles piéces ledit Donataire eft content & en quitte & décharge ledit fieur Donateur, & le remercie de la préfente donation; pour faire infinuer laquelle partout où il appartiendra fuivant l'Ordonnance, les Parties ont fait

&

& constitué leur Procureur général & spécial le porteur d'icelles, auquel elles en donnent pouvoir : promettant, &c. obligeant, &c. renonçant, &c. Fait & passé à Paris en l'Etude de l'un des Notaires soussignez. L'an mil le jour de a midi. Et ont signé.

Donation entre-vifs.

FUt présent le sieur Guillaume D Secretaire de demeurant à Paris, ruë Paroisse Saint Lequel pour l'estime qu'il a pour Damoiselle Jeanne R femme du sieur André A Officier de Monsieur le Marquis Il a par ces Présentes donné par donation entre-vifs, pure, simple, parfaite & irrévocable, en la meilleure forme & maniere que ce soit, & que donation peut avoir lieu, même promet garantir de tous troubles & empêchemens généralement quelconques à ladite Damoiselle Jeanne R demeurante ruë Paroisse Saint à ce présente & acceptante pour elle ses hoirs & ayans-cause, autorisée à cet effet pour la validité desdites Présentes dudit André A son mari, suivant son sous-seing-privé écrit au Camp de le dernier demeuré ci-annexé pour y avoir recours, après avoir été d'elle paraphé & des Notaires soussignez à sa requisition ; c'est à sçavoir livres de rente constituée sur les Aydes & Gabelles au principal de livres, par Contrat passé pardevant & son Confrere Notaires à Paris, le *Item.* La Ferme & Maitairie de scituée dans la Coutume & Pays de en la Paroisse de consistante en Maison, Grange & autres Bâtimens, Prez, Terres, Bois, de la continence d'environ arpens. *Item.* La Terre, Justice & Seigneurie d située dans la Coutume & Pays de Paroisse de relevant en Fief du Grand Hôtel de consistant en une Maison & autres Bâtimens, Prez, Terres, Bois, de la continence d'environ arpens, ainsi que lesdits immeubles se poursuivent & comportent de fonds en comble, sans en rien excepter, réserver, ni retenir par ledit sieur Donateur, auquel ils appartiennent de son propre, tant comme héritier pour moitié de défunt sieur Philbert D Grand-Maître des Eaux & Forêts de & de Dame Perrette L ses pere & mere, que comme seul & unique héritier de défunte Anne D sa sœur, qui étoit héritiere pour l'autre moitié de sesdits pere & mere, étant tous lesdits biens & fonds de terre en la censive des Seigneurs ou Dames de qui ils relevent, & vers eux chargez de tels cens & droits Seigneuriaux qu'ils peuvent devoir, que les Parties n'ont sçu dire ni déclarer de ce enquises, pour tout & sans autres charges, dettes ni hypothéques, francs & quittes desdits cens & droits Seigneuriaux du passé jusqu'à ce jour, pour par ledit Donataire commencer la joüissance desdits biens ; sçavoir de ladite rente sur les Aydes & Gabelles du premier dernier & des autres immeubles de ce jourd'hui, & en joüir par elle sesdits hoirs & ayans-cause en pleine propriété comme de chose leur appartenante, à laquelle ledit Donateur a à cet effet présentement délivré la grosse en parchemin dudit Contrat de constitution sur la Ville, & consent qu'elle retire les Titres des autres immeubles de ceux qui les ont, lesquels en ce faisant en demeureront déchargez; & généralement ledit sieur Donateur donne comme dessus à ladite Donataire, ce acceptante tous ses autres biens, meubles & immeubles quelconques, présens & avenir, & qui se trouveront lui appartenir au jour de son décès sans aucune exception ni reserve, sinon de l'usufruit de sesdits autres biens non-spécifiez en la présente donation, qu'il se constituë tenir à titre de précaire, pour être à son décès réunis & consolidés à la proprieté au profit de ladite Donataire: Cette donation ainsi faite pour la cause susdite, & parce que telle est la volonté & intention dudit sieur Donateur d'ainsi le faire, transportant tous droits de proprieté qu'il a & peut avoir, tant en ladite rente de livres sur la Ville, qu'ausdits héritages sus-designez, s'en dessaisissant pour & au profit de ladite Donataire sesdits hoirs & ayans-cause, voulant qu'ils en soient saisis & mis en bonne possession, & saisine par qui & ainsi qu'il appartiendra, constituant à cette fin pour son Procureur le porteur des Présentes, lui en donnant tout pouvoir & d'en requerir Acte, & pour faire insinuer ces Présentes au Greffe des insinuations dudit Châtelet de Paris, à ceux des lieux où lesdits biens sont situez & partout ailleurs où besoin sera, les Parties font & constituent leur Procureur ledit porteur, auquel ils en donnent pareillement pouvoir: promettant, &c. obligeant, &c. renonçant, &c. Fait & passé à Paris en l'Etude de Notaire, l'an mil sept cens le jour d a midi. Et ont signé.

Donation entre-vifs & réciproque.

PArdevant les Conseillers du Roi Notaires au Châtelet de Paris soussignez, furent présens Jean de M demeurant Et Paul-Emanuel C de R demeurant ruë Lesquels pour l'amitié qui est entr'eux, ils se sont par ces Présentes réciproquement donnés par donation entre-vifs, pure, parfaite & irrévocable & au survivant d'eux, ce acceptant par le survivant la somme de mille livres, a l'avoir & prendre sur les plus clairs & apparens biens du prédécedé, pour par le survivant la recevoir & en disposer comme lui appartenant, se transportant à cet effet réciproquement tous droits de proprieté sur leurs immeubles, jusqu'à concurrence desdits mille livres, & ce faisant ladite donation réciproque, parce que telle est leur volonté; & pour la faire insinuer, ont fait & constituë leur Procureur le porteur d'icelles, & d'en requerir Acte. Promettant, &c. obligeant, &c. renonçant, &c. Fait & passé à Paris en l'Etude de L Notaire, l'an mil sept cens quarante le Et ont signé.

L'On croit avoir déja assez marqué au commencement de ce discours sur les donations, les differences qu'il y a entre les donations entre-vifs, & celles qui sont faites à cause de mort, qui ne different des testamens que de nom, parce qu'elles ne se font qu'au préjudice des héritiers présomptifs du testateur,

& non pas au sien, puisqu'il se réserve le pouvoir de joüir & de disposer des choses données, qu'elles sont également sujettes à révocation & à être restraintes, suivant les dispositions des Coutumes où sont situez les biens donnez. Mais la Loi ayant changée, & les donations à cause de mort étant prohibées, si ce n'est par Contrat de mariage. Voyez la nouvelle Ordonnance concernant les donations du mois de Fevrier 1731. Art. 3. à la fin de ce Livre.

On a supprimé ici les modeles des donations à cause de mort, n'y ayant plus que deux formes de disposer de ses biens, l'une par donation entre-vifs, & l'autre par testament ou codicile. Voyez le même Article.

Nota. *Que les donations entre-vifs demeurent fermes & stables, le donataire n'y pouvant plus rien changer ni ôter quand elles sont acceptées, si ce n'est pour cause d'inofficiosité, d'ingratitude, ou d'avoir attenté contre le donateur, en l'un & en l'autre de ces trois cas le donateur peut révoquer la donation qu'il a faite entre-vifs, quoiqu'accepté ou non.*

Du Don Mutuel.

LE Don mutuel se fait entre conjoints durant le mariage; au lieu que la donation mutuelle se fait entre futurs conjoints par le Contrat de mariage, & avant la célébration d'icelui.

La donation mutuelle s'exécute sans formalitez ni conditions, si ce n'est l'insinuation & l'inventaire qui doit être fait. Le survivant n'est pas obligé de donner caution, à la difference du Don mutuel qui se fait après le mariage contracté entre les conjoints.

Le Don mutuel doit être insinué : il oblige le survivant à donner caution & à faire inventaire : il n'a pas lieu s'il y a des enfans vivans au tems de la donation; & il ne peut être que des meubles & conquêts de la communauté, & non pas des propres.

Don Mutuel.

FUrent présens T & Simonne G sa femme, de lui autorisée à l'effet qui ensuit, demeurant à Paris ruë Paroisse Saint Lesquels suivant qu'il leur est permis par la Coutume de cette Ville, Prevôté & Vicomté de Paris, étant en bonne santé, se sont volontairement fait don mutuel, égal & réciproque l'un d'eux à l'autre, ce acceptant par chacun d'eux, de tous & chacuns les biens meubles & conquêts immeubles qui se trouveront leur appartenir au jour du décès du premier mourant d'eux, pour en joüir par le survivant en usufruit sa vie durant, en cas qu'au jour dudit décès ils n'ayent aucuns enfans vivans, nez ou procréez de leur mariage. Et pour faire insinuer ces Présentes au Greffe des Insinuations du Châtelet de Paris, & par tout où il appartiendra, ont fait & constitué leur Procureur le porteur des Présentes, auquel ils donnent pouvoir de ce faire dans les quatre mois, suivant l'Ordonnance, & d'en retirer tous actes : promettant, &c. obligeant, &c. chacun en droit soi, &c. renonçant, &c. Fait & passé à Paris en l'Etude de B l'un des Notaires, &c. l'an mil

Don mutuel fait par conjoints pendant leur mariage.

FUrent présens Sigismond & Antoinette sa femme qu'il autorise à l'effet des Présentes, demeurant ruë lesquels en considération de la bonne amitié & affection réciproque qui est entr'eux, & pour donner plus de moyen au survivant d'eux de vivre commodement le reste de ses jours, ont lesdits mariez volontairement reconnu & confessé avoir fait don par ces Présentes l'un à l'autre, au survivant d'eux, ce acceptans de part & d'autre, de tous & chacuns les biens meubles & conquêts immeubles qui se trouveront appartenir au premier mourant desdits donateurs, & être communs entr'eux au jour de son décès, en quelques lieux & endroits qu'ils se trouvent dûs, situez & assis, & en quoi qu'ils se puissent consister, monter & valoir, sans en rien excepter ni reserver par ledit premier mourant, pour en joüir par ledit survivant sa vie durant suivant la Coutume, pourvû toutefois qu'au jour du décès dudit premier mourant il n'y ait aucuns enfans vivans de leurdit mariage. Cette donation ainsi faite pour les causes susdites, & parce que telle est leur volonté & intention : Et pour faire insinuer ces Présentes au Greffe des Insinuations du Châtelet de Paris, & par tout ailleurs où il appartiendra, lesdits mariez ont fait & constitué leur Procureur spécial & général le porteur, &c. donnans, &c. pouvoir, &c. promettans, &c. obligeans chacun en droit soi, &c. renonçans, &c. Fait & passé ès Etudes des Notaires, &c.

Election de Marguilliers.

AUjourd'hui, &c. issuë de Vêpres en l'Assemblée de Messieurs les Curé & Marguilliers & Paroissiens de Saint tenu en la Salle du Bureau de l'Œuvre où étoient Monsieur Curé & Marguilliers en Charge & Messieurs les Anciens Marguilliers, Monsieur ayant remontré que son tems étant expiré, il étoit nécessaire de faire élection d'une personne de la Paroisse pour être Marguillier Comptable, au lieu & place dudit sieur dont le tems est aussi expiré, chacun ayant donné sa voix séparément a été nommé & élû le sieur à ce présent & acceptant, pour par lui exercer ladite Charge jusqu'au jour de, &c. & dont a été par les Notaires soussignez, délivré le présent Acte à la requisition desdits sieurs Curé & Marguilliers au Bureau de ladite Œuvre Et ont signé.

Nota. *Qu'il doit être fait mention si celui qui a été élû accepte ou non, & mettre les raisons de son refus, s'il refuse.*

Les élections de Commissaires des Pauvres & autres Charges de Paroisse, de Ville & de Communauté, se font de la même maniere.

Emancipation d'une fille par son pere, en la Coutume de Montpellier.

AUjourd'hui est comparuë pardevant les Conseillers du Roi, Notaires à Paris soussignez, Damoiselle Margueritte B fille majeure du sieur François B Marchand demeurant en la Ville de Montpellier, épouse de M. Jacques B (*de telle qualité*) de lui se disante autorisée à l'effet des Présentes, demeurante audit Montpellier, étant de présent à Paris logée ruë Paroisse Laquelle ayant la présence personnelle dudit sieur B son pere, demeurant audit Montpellier de présent aussi à Paris logé dite ruë & Paroisse pour ce comparant, l'a très-humblement supplié & requis de la vouloir émanciper, & tirer de sa puissance paternelle, aux fins de joüir & exercer par ladite Damoiselle de ses biens, droits & actions, & de tout autrement disposer, ainsi qu'elle avisera bon être; & ce attendu qu'elle a acquis l'âge de majorité, & qu'elle est, comme dit est mariée, & sous la promesse qu'elle fait audit sieur son pere, de lui porter toujours le respect & obéïssance filiale qu'elle lui doit, à quoi inclinant ledit sieur B & voulant donner à ladite Damoiselle sa fille la liberté de joüir & disposer de sesdits biens & l'ôter de dessous sa dépendance, après avoir pris les mains de sadite fille, & les avoir serrées dans les siennes, il lui a accordé, comme il lui accorde par ces Présentes sadite Emancipation: Ce faisant, consent qu'elle joüisse, fasse & dispose de tous sesdits biens & droits, comme bon lui semblera, à la charge de conserver le respect qu'elle lui doit; Dont & de quoi lesdits Comparans ont requis & demandé Acte ausdits Notaires soussignez, qui leur ont octroyé le présent, pour servir & valoir à ladite Damoiselle ce que de raison, ès Etudes, &c. l'an mil

---

Enoncé d'un Contrat de constitution, au bas duquel énoncé on transcrit les Actes qui sont au pied dudit Contrat.

ENsuite de la minute d'un Contrat passé devant L & son Confrere Notaire à Paris, le mil par lequel Messieurs les Doyen & Syndics des Conseillers du Roi, Notaires au Châtelet de Paris, pour & au nom de leur Communauté, ont créé & constitué à Damoiselle Magdelaine B fille majeure livres de rente, moyennant livres, dont elle est demeurée racheiable, portant déclaration qu'elle étoit pour employer avec autres deniers empruntez au payement de la somme de que lesdits Notaires devoient porter au Trésor Royal, au desir de la Déclaration du Roi du dernier, pour le sort principal de livres de rente, qui devoit être constituée au profit de ladite Communauté, sur les Aydes & Gabelles, est l'Acte de réduction de ladite Rente du denier 20. au denier 21. & la quittance de remboursement d'icelle, dont la teneur ensuit.

Extrait d'une Déclaration.

PAr déclaration passée pardevant L qui en a la minute, & son Confrere Notaires à Paris, le mil Appert le sieur Bertrand P Procureur Fiscal de & Jeanne T sa femme, de lui autorisée, s'être obligez solidairement d'acquitter, garantir & indemniser le sieur R tant du prix du transport de Bail, dont il leur a passé ladite Déclaration, que des autres charges, clauses, reserves & conditions d'icelui, à peine d'y être contraints par les mêmes voyes que ledit sieur R pourroit en être tenu.

Ce que dessus Extrait par les Notaires à Paris soussignez, sur la minute originale de ladite Déclaration, étant en la possession de L l'un d'iceux ce jourd'hui mil

---

Extrait d'un legs particulier.

DU testament & ordonnance de derniere volonté de défunt Me Denis M ancien Avocat au Parlement, qui a nommé pour Exécuteur d'icelui la personne de Me F aussi Avocat au Parlement, reçu par L & S Notaires à Paris, le mil dont l'Expédition d'icelui a été visée au Greffe des Insinuations du Châtelet de Paris, le en suivant, a été extrait ce qui suit :

Item. Donne & legue à la Cuisiniere de M. le C dont il n'a pû indiquer le nom, la somme de livres une fois payée.

Ce que dessus pris Extrait & collationné sur ladite Expédition représentée, & à l'instant renduë par les Notaires à Paris soussignez, le mil

Des Exheredations.

PAr la Coûtume générale de France, le mort saisit le vif, son plus prochain héritier habile à lui succéder : rien ne peut le dépoüiller de ce droit que les dispositions faites à son préjudice par celui auquel il s'agit de succéder, pourvû qu'elles ne soient pas opposées aux dispositions des Coûtumes, & qu'elles ne tendent pas à l'exhérédation.

Les loix l'appellent *fulmen paternum*; c'est en effet une espéce de foudre qu'elles mettent entre les mains des peres, pour contenir leurs enfans dans le devoir, par la crainte de se l'attirer, & pour punir leur révolte & leur désobéissance, quand ils ont eu la témerité de s'en écarter; mais elles défendent en même tems aux peres de la prononcer sans un juste sujet, & de faire paroître dans l'acte le moindre mouvement d'aversion, de colere, ou de prévention : l'on ne présume pas volontiers qu'un pere ait pû se porter à cette fâcheuse extrémité, sans des raisons très-pressantes; l'on en a vû quelquefois prononcer pour des sujets assez legers. Un premier mouvement de colere en a porté quelques-uns encore plus loin.

Les causes les plus ordinaires de l'exhérédation sont, lorsque le fils ou la fille ont osé maltraiter leur pere ou leur mere, par voie de fait, ou contracter un mariage inégal sans leur consentement & contre leur gré. Il n'est pas juste qu'un pere ou une mere soient contraints de voir entrer dans leur famille une personne dont ils n'approuvent pas le choix, & de laisser leurs biens à des descendans qu'ils croyent indignes d'eux. Si le fils ou la fille qui s'est marié est mineur, ils peuvent encore par un appel comme d'abus faire déclarer le mariage non valablement contracté.

Si le fils exheredé vient à resipiscence, ils peuvent en se réconciliant avec lui, lever l'exhérédation. Il suffit qu'ils l'admettent à leur table, ou qu'ils le reçoivent dans leur maison, de même qu'une femme qui poursuit sa séparation de corps & de biens d'avec son mari, en seroit déboutée, s'il prouvoit qu'il a mangé ou couché avec elle, depuis l'introduction de la demande.

Exhérédation d'un fils faite par son pere.

FUt présent Barthélemi, &c. lequel très-sensiblement affligé de la mauvaise conduite de Barnabé son fils, qui après lui avoir donné plusieurs autres sujets de mécontentement, que sa tendresse paternelle lui avoit fait oublier, & malgré les remontrances qu'il lui avoit faites de tems en tems sur sa mauvaise conduite, s'est enfin porté à cet excès de déréglement, que de se joindre par un mariage clandestin à Jeanne   fille dont la famille n'est point connuë, ni la conduite sans suspicion ; n'ayant d'ailleurs aucuns biens qui puissent contribuer à l'entretien & à l'établissement des enfans qui peuvent naître d'une conjonction aussi peu légitime, contractée sans le consentement exprès ni tacite dudit Barthélemi, s'est enfin déterminé à se servir, quoiqu'avec le plus sensible regret, de l'autorité que lui donnent toutes les loix divines & humaines, notamment celles du Royaume, & de lancer contre ce malheureux fils, le foudre qu'elles lui ont mis en main, pour ne pas donner aux autres peres un mauvais exemple d'indolence sur un crime qui les blesse tous également. A ces causes, après y avoir long-tems & mûrement réfléchi, il a déclaré & déclare qu'il dèshérite & exhérede ledit Barnabé son indigne fils, & qu'il l'exclud purement & simplement de tout espoir, & participation à sa succession, même les enfans nez & à naître d'un mariage aussi peu légitime, les retranchent de sa famille comme indignes d'en faire partie à l'avenir, & de faire tête dans le partage de sa future succession avec ses légitimes héritiers, en meubles ou immeubles, de laquelle déclaration il a requis acte, &c.

Autre Exhérédation portant substitution.

FUt présent Sulpice, &c. lequel voyant à son grand regret la mauvaise conduite qu'a tenuë jusqu'à présent, & que tient actuellement Gilbert son fils, qui malgré tous les avertissemens qu'il a pû lui donner ou lui faire donner, au lieu de fréquenter des gens de son rang & de sa sorte, sur l'exemple desquels il lui seroit aisé de se former, ne fréquente que des gens débauchez & de mauvaise vie : que dans le dessein de le retirer de cette dissipation, il a ci-devant consenti à son mariage avec Elisabeth, femme dont ledit Sulpice a lieu d'être content, qui lui a déja donné quelques enfans, & qui paroît devoir lui en donner d'autres, desquels il espere tirer un jour plus de satisfaction qu'il n'a fait dudit Gilbert, en attendant qu'il plaise au Seigneur de lui changer le cœur, & de lui inspirer le dessein de tenir à l'avenir une conduite plus réguliere, a déclaré qu'il deshérite & exhérede personnellement ledit Gilbert ; le déclare inhabile & incapable de lui succeder aux biens dont il se trouvera saisi lors de son décès, lesquels il a substitué par ces Présentes à sesdits enfans nez & à naître : Veut & entend qu'ils représentent ledit Gilbert leur pere, dans le partage de sa succession avec ses autres héritiers, sans que ledit Gilbert puisse s'y immiscer directement ni indirectement, comme fils

dudit

dudit Sulpice, ni comme pere & légitime administrateur de fesdits enfans, le regardant dès-à-présent comme un membre mort, & retranché de sa famille, de laquelle déclaration il a requis acte, &c.

Du Contrat d'Echange.

L'Echange est un Contrat par lequel on donne une chose pour une autre. Il se peut faire de trois manieres differentes: car on peut changer un meuble contre un meuble, ce qu'on appelle ordinairement troc; on peut échanger un meuble contre un immeuble, ce qui passe souvent pour vente, lorsque le meuble donné en échange peut être facilement estimé; on peut enfin échanger un immeuble contre un autre immeuble, & c'est proprement ce qu'on entend quand on parle d'un Contrat d'échange.

Ce Contrat parmi nous est parfait par le seul consentement aussi bien que la vente; de sorte que dès le moment que le Contrat est passé, les deux Parties se peuvent mettre mutuellement en possession des choses échangées.

Echange.

FUrent présens Messire Aléxandre & Dame Hélene sa femme, qu'il autorise à l'effet des Présentes, demeurans ruë d'une part. Et Messire Eustache Conseiller du Roi & Dame Radegonde sa femme, qu'il autorise pareillement à l'effet des Présentes, demeurans ruë d'autre part. Lesquelles Parties ont reconnu & confessé avoir fait & accordé entr'elles les échanges, cessions, transports, promesses & garanties réciproques qui ensuivent; c'est à sçavoir que lesdits sieur Aléxandre & Hélene sa femme ont baillé, cedé, quitté, transporté & délaissé audit titre d'échange dès maintenant & à toujours, ont promis & promettent par cesdites Présentes solidairement l'un pour l'autre, chacun d'eux seul pour le tout sans division, discussion ni fidejussion, renonçant ausdits bénéfices, garantir, envers & contre tous de tous troubles, dettes, hypothéques, évictions, aliénations & autres empêchemens généralement quelconques ausdits sieur Eustache & Dame Radegonde sa femme, ce acceptant pour eux, leurs hoirs & ayans-cause à l'avenir, une maison à porte cochere scise ruë consistant en deux corps de logis, l'un sur le devant & l'autre sur le derriere, le tout couvert d'ardoise, une cour au milieu desdits deux corps de logis, puits en icelle cour, les lieux ainsi qu'ils se poursuivent & comportent & étendent de toutes parts & de fond en comble, sans aucunes choses en excepter ni réserver, tenant d'un côté à d'autre à d'un bout parderriere à & pardevant sur ladite ruë aufdits fieur Aléxandre & fa femme appartenans, qu'ils ont fait bâtir & conftruire fur une place contenant quatre toifes & demie de face fur ladite ruë & dix-huit toifes de profondeur, revenant à quatre-vingt-une toife en fuperficie, par eux acquife de Maître Daniel par Contrat paffé pardevant *tels Notaires* le *tel jour*, étant ladite maifon en la cenfive des Seigneurs dont fe meut, & envers eux chargée de tels cens & droits Seigneuriaux qu'elle peut devoir, que lefdits Parties n'ont fçu dire au vrai, de ce interpellées par les Notaires foussignez, pour tous & fans autres charges, dettes ni hypothéques quelconques, franche & quitte néanmoins des arrérages defdits cens & droits Seigneuriaux de tout le paffé jufqu'à ce jour. Et en contre-échange lefdits fieur Euftache & Radegonde fa femme ont auffi baillé, cedé, quitté, tranfporté & délaiffé par cefdites Préfentes audit titre d'échange dès maintenant à toujours, promis & promettent folidairement fans divifion, difcuffion ni fidejuffion, renonçant aufdits bénéfices, garantir de tous troubles, dettes, hypothéques, évictions, aliénations, & autres empêchemens généralement quelconques; fournir & faire valoir les rentes ci-après déclarées, tant en fort principal, cours d'arrérages que rachat, même lefdits arrérages payer & continuer d'année en année, fi faute y avoit de payement d'iceux, après un fimple exploit de commandement fait aux perfonnes ou domiciles des débiteurs d'icelles, à la fin de chacune defdites années, fans autre pourfuite, difcuffion ni diligence faire, fi bon ne femble aufdits fieur Aléxandre & Hélene fa femme ce acceptant pareillement pour eux, leurs hoirs & ayans-caufe livres de rente en deux parties, rachetables au denier vingt de la fomme de livres; l'une de livres, à prendre fur Maître Gilles, & Dame fa femme, demeurans à folidairement pour les caufes portées au Contrat de conftitution qu'ils en ont fait au profit dudit Euftache pardevant *tels* Notaires le *tel jour*; & l'autre de livres, à prendre fur Hugues & Ifabelle fa femme, demeurans folidairement auffi pour les caufes portées au Contrat de conftitution qu'ils en ont fait audit fieur Euftache pardevant *tels* Notaires, le *tel jour*, pour defdites maifon & rentes ainfi préfentement échangées, joüir & difpofer par lefdites Parties chacune d'elles en droit foi, enfemble leurs hoirs & ayans-caufe comme bon leur femblera au moyen des Préfentes, à commencer ladite joüiffance du premier jour d'Octobre prochain en avant: Et à ces fins lefdits fieur Aléxandre & fa femme, ont préfentement baillé & délivré aufdits fieur Euftache & fa femme ledit Contrat d'acquifition de la fufdite place; enfemble le marché qu'ils ont fait avec Chriftophe Maître Maçon à Paris, pardevant *tels* Notaires, le *tel jour*, pour le bâtiment & conftruction de ladite maifon, en fin duquel eft la quittance du payement fait par ledit fieur Aléxandre audit Maçon de tous lefdits ouvrages & bâtimens paffée pardevant lefdits Notaires le *tel jour*. Et à l'égard defdits Euftache & fa femme, ont auffi préfentement baillé & délivré aufdits fieur & Dame Aléxandre les groffes en parchemin defdits deux Contrats de conftitution defdites livres de rente dont ils les font porteurs, & defdites rentes tant en fort principal qu'arrérages, Propriétaires & Poffeffeurs, & les fubrogent à cet égard en leur lieu & place, droits, hypothéques, privileges, préferences, noms, raifons & actions; ces préfens échanges, délaiffemens, cessions & transports ainsi faits, à la charge desdits cens & droits Seigneuriaux pour l'avenir seulement, & outre but à but sans aucune soulte ni retour faire à ce sujet de part ni d'autre, dont lesdites Parties se quittent réciproquement; & encore à la charge que lesdites choses échangées seront & demeureront garantes les unes aux autres ainsi qu'il est accoutumé, & que lesdites Parties seront tenuës aider l'une à l'autre desdits contrats & piéces ci-dessus baillez de part & d'autre, si elles étoient ci-après poursuivies en recours de ladite garantie; & aux conditions & charges susdites, lesdites Parties ont respectivement transporté l'une à l'autre tous & tels autres droits de proprieté, fonds, très-fonds, noms, raisons, actions & autres choses quelconques qu'elles avoient & pourroient avoir, prendre & demander en & sur lesdites choses échangées, désaisissant réciproquement, &c. donnant, &c. pouvoir, &c. Et pour purger les hypothéques qui pourroient être sur ladite maison & lieux, a été accordé qu'il sera loisible ausdits Eustache & sa femme de les faire décreter sur eux à leurs frais, poursuites & diligences en telle Jurisdiction de cette Ville de que bon leur semblera, d'hui en six mois prochains, & s'en rendre adjudicataires pour telle somme qu'ils aviseront, sans néanmoins qu'ils soient tenus d'en fournir autre ni plus grande valeur que les rentes & maisons baillées en échange; & si audit décret il intervient quelques oppositions, saisies ou empêchemens procédans du fait desdits sieur & Dame Aléxandre ou de leurs auteurs, ledit sieur Eustache esdits noms, & en chacun d'iceux solidairement comme dit est, sera tenu les faire lever & cesser trois mois après qu'elles auront été signifiées & dénoncées au domicile ci-après élû par le présent Contrat, à peine de tous dépens, &c. Et s'il convenoit au sujet desdites oppositions, consigner le prix de ladite adjudication en deniers comptans, lesdits Seigneur & Dame Aléxandre seront tenus solidairement, comme dessus, faire icelle à la décharge dudit Eustache l'en acquitter, ensemble des droits de ladite consignation & contrôle d'iceux, même de ceux dûs par lesdits adjudicataires: Et pour l'exécution des Présentes, &c. Fait & passé, &c.

Erection d'une roture en fief.

FUt présent très-haut & puissant Prince Monseigneur Henry, &c. Duc de, &c. Marquis de C Baron de Saint D & autres lieux, étant maintenant en cette Ville de Paris, en son Hôtel ruë Paroisse. & lequel désirant gratifier Cesar Ecuyer sieur de la R demeurant à des bons & fidéles services qu'il lui a rendus près sa personne depuis dix ans, & l'honorer des preuves de son amitié & bienveillance, a volontiers agréé la priere que ledit sieur de la R à ce présent lui a faite d'ériger en un seul fief & noble tenement la Métairie de & héritages en dépendans, ci-après déclarez, situez dans la Jurisdiction dudit Marquisat de C afin de lui donner plus de sujet de remettre en valeur lesdits héritages, notablement déperis, & de faire la dépense nécessaire pour y édifier bâtimens, le tout à la décoration desdits héritages & dudit Marquisat; c'est pourquoi Son Altesse a par ces Présentes créé & érigé en un seul fief & noble tenement qu'il a nommé le fief de tous les susdits héritages, lesquels consistent en ladite Métairie de deux cens arpens de bois taillis & haute futaye, cinq cens arpens de terre labourable, vingt arpens de prez & douze arpens de vigne. Le tout en une seule piéce separée en deux par une *telle* riviere *ou* bras d'eau qui passe au milieu tenans & bornans lesdits héritages d'un côté , &c. *Il faut mettre en cet endroit tous les tenans & aboutissans desdits héritages, & s'il y a plusieurs piéces au lieu d'une, les déclarer piéce à piéce par tenans & aboutissans, puis suivre ainsi*, le tout audit sieur de la R appartenant par *tel & tel moyen, qu'il faut aussi déclarer en cet endroit:* Et outre sadite Altesse a par ces Présentes permis audit sieur de la R ses hoirs & ayans-cause, de faire quand bon leur semblera, bâtir maison sur lesdits héritages à l'endroit qu'ils jugeront le plus commode & utile au choix dudit sieur de la R même de faire clore & fermer de fossez ladite maison & pourpris d'icelle, y faire pont-levis, planchettes, tours, tourelles, & toutes autres choses nécessaires pour la garde & défense de ladite maison : Ensemble un colombier à pied, au dedans ou dehors de ladite maison, & une garenne fermée de muraille. Deplus sadite Altesse a par ces Présentes attribué & concedé audit sieur de la R moyenne & basse Justice sur tous lesdits héritages, & tous droits & prérogatives, & encore de joüir en droit de huez en tout le terroir dudit fief de étangs, prez en dépendans, sans que qui ce soit y puisse faire paître ni prendre aucun usage, sans l'exprès consentement dudit sieur de la R & de ses successeurs & ayans-cause : pour ledit fief de sesdites appartenances & dépendances, tenir & posseder doresnavant par ledit sieur de la R sesdits hoirs & ayans-cause, & en joüir noblement ausdits droits de prérogatives de Noble & Gentilhomme. Et à cette fin sadite Altesse a du tout affranchi, quitté & déchargé à toujours ladite métairie, terres & héritages ci-dessus déclarez, de toutes charges & redevances censuelles & roturieres dont ils étoient ci-devant tenus & chargez envers sadite Altesse à cause de sondit Marquisat de C ou autrement, à la charge & réserve toutefois de la haute Justice audit Marquisat de C & des foi & hommage que ledit sieur de la R sesdits hoirs, successeurs & ayans-cause seront tenus faire & porter à sadite Altesse & à ses successeurs Marquis de C quand le cas y écherra, au désir de la Coûtume du lieu ; & dès-à-présent, pour cette fois seulement, après que ledit sieur de la R s'est mis en devoir de Vassal, & qu'il a fait & porté les foi, hommage & serment de fidélité à sadite Altesse, pour raison dudit fief de & payé les droits à elle dûs à ce sujet ; sadite Altesse l'a reçu & reçoit à ladite foi & hommage, & l'a quitté & déchargé desdits droits, à la charge aussi qu'à chacune mutation les successeurs dudit sieur de la R faisant ladite foi & hommage, seront tenus de faire présent à sadite Altesse & à ses successeurs au Château dudit Marquisat de C d'une épée à garde d'argent doré, de valeur de livres, outre les droits de relief & profits féodaux suivant ladite Coûtume : car ainsi sadite Altesse l'a voulu & accordé : Mandant sadite Altesse par cesdites Présentes au Baillif & autres Officiers dudit Marquisat, présens & à venir, de laisser joüir & user pleinement & paisiblement ledit sieur de la R ses successeurs & ayans-cause, du contenu en cesdites Présentes, ainsi qu'il est accoutumé à l'endroit des autres Vassaux dudit Marquisat, sans permettre ni souffrir qu'il y soit fait aucun empêchement, nonobstant l'ancienne qualité censuelle & roturiere desdits héritages, laquelle sadite Altesse a abolie & amortie, & sur ce imposé silence perpétuel à son Procureur Fiscal & Receveur audit lieu, & à tous autres ses Officiers & Sujets, dont & de tout ce que dessus ledit sieur de la R   a très-humblement remercié sadite Altesse, promis & promet tant pour lui que pour ses successeurs, & ayans-cause d'entretenir & accomplir tout le contenu en icelles présentes selon leur forme & teneur : obligeant, &c. renonçant, &c. Fait & passé, &c.

Nota. *Que tel fief ne peut appartenir par préciput à l'aîné comme seroit un ancien fief par la Coûtume ; mais si l'aîné le veut avoir, il lui demeurera en payant pour cette fois à ses puînez leur part également de la valeur d'icelui, suivant la prisée qui en fera faite du total, parce que telle érection nouvelle n'étant qu'un desir du pere, ne peut faire tort aux puînez qui sans icelle auroient partagé l'héritage également ; mais ensuite ce fief passant de la main dudit aîné en d'autres mains, l'aîné venu de lui ou d'autres, ses successeurs aura & lui appartiendra ledit fief entiérement suivant ladite Coûtume, à raison de ce que par un tel changement de main, un fief est devenu ancien.*

Quand la foi & hommage est faite, il faut bailler l'aveu & dénombrement dans la forme ci-devant marqué, page 125.

Exécution Testamentaire anticipée par le Légataire universel aux Légataires particuliers d'un Testament mutuel en la présence du Testateur survivant, portant liquidation de la part virile des Mineurs dans les biens appartenans audit survivant.

FUt présente Damoiselle Marie B   veuve du sieur Nicolas L   Libraire à Paris, y demeurante ruë   Paroisse Saint   Laquelle a déclaré qu'elle auroit fait son Testament conjointement avec ledit défunt sieur son mari reçû par T   l'un des Notaires soussignez & son Confrere, le   mil   par lequel pour les causes y contenuës ladite veuve L   auroit conjointement avec ledit défunt sieur son mari, fait & institué leur Légataire universel le sieur Théodore L   l'un de leurs enfans, à la charge par lui de payer aux sieurs & Damoiselles ses freres & sœurs enfans de ladite Damoiselle veuve L   & dudit défunt son mari, les sommes y exprimées pour également entr'eux, tant dans sa succession que dans celle dudit défunt, lesquelles dispositions de ladite Damoiselle Comparante, sont devenuës publiques lors du décès de son mari ; & pour avoir d'autant plus la paix entre ses enfans & le bien & avantage de sa famille, elle a jugé à propos de faire dès-à-présent l'exécution anticipée de sondit Testament, à l'effet dequoi elle a fait avertir les sieurs & Damoiselles ses enfans de se trouver présentement en l'Etude dudit T   Notaire.

Et à l'instant sont comparus tous les enfans & gendres de ladite Damoiselle veuve L à l'exception du sieur & de la Damoiselle son épouse; sçavoir, &c.

Tous enfans, gendres & petits enfans de ladite Damoiselle veuve L lesquels après que lecture leur a été faite des intentions de ladite Damoiselle veuve L leur mere, belle-mere & ayeule contenuës dans son Testament ci-devant datté, les ont unanimement acceptées, l'ont très-humblement remerciée, & sont demeurez d'accord avec ladite Damoiselle veuve L d'exécuter sesdites intentions nonobstant l'absence desdits sieur & Damoiselle sauf à eux par la suite à accepter ces présentes pour ce qui les concerne, ou à être procedé contr'eux ainsi qu'il appartiendra, pour faire ordonner contre eux l'exécution dudit Testament, pour raison de quoi ledit sieur Théodore L Légataire universel, est actuellement en instance au Châtelet.

Et ont lesdits Parties pour satisfaire aux intentions de ladite Damoiselle veuve L convenuës & demeurées d'accord de ce qui ensuit :

C'est à sçavoir que ledit sieur Théodore L demeurera dès-à-présent propriétaire & saisi de tous les biens de ladite Damoiselle veuve L conformément à ses intentions portées par son Testament, à la charge de payer ausdits sieurs & Damoiselles ses freres & sœurs, les sommes contenuës audit Testament & à eux leguées par icelui pour leur également entr'eux, lesquelles sommes ils sont convenus de recevoir présentement, & à cet effet ont consenti l'exécution dudit Testament, & fait délivrance tant du legs universel, que des legs particuliers y portez ; & en conséquence ledit sieur Théodore L conformément aux intentions de ladite Damoiselle veuve L sa mere, a présentement payé à *tels* & *tels*, &c. le tout pour la moitié des sommes à eux leguées par ledit Testament, desquelles sommes ci-dessus payées, lesdits sieurs & Damoiselle *tels* & *tels*, remercient ladite Damoiselle leur mere & belle-mere, & l'en quittent & déchargent, ainsi que ledit sieur Théodore L Et à l'égard dudit sieur Nicolas L & de ladite Damoiselle Marie-Magdelaine L enfans mineurs de défunt M. Nicolas-Aléxandre L & de ladite Damoiselle Magdelaine-Hélene T à présent sa veuve, ledit sieur Théodore L a déclaré à ladite Damoiselle L sa mere, que nonobstant les dispositions faites à son profit par ledit Testament, il seroit convenu à leur égard pour faciliter leur établissement & leur en procurer un plus avantageux, de leur donner leur part héréditaire dans la succession dudit défunt sieur L son pere & leur ayeul, ce qu'il a exécuté avec eux par Acte passé devant B l'un des Notaires soussignez & son Confrere ce jourd'hui, sous la réserve seulement faite par ledit sieur Théodore L des droits résultant à son profit dudit Testament, en cas que lesdits sieurs & Damoiselles mineurs ou leurs représentans, voulussent contester la liquidation qui a été faite de leur portion héréditaire, & que les raisons qui l'y ont déterminé le porteroient sous son bon plaisir à leur faire le même avantage par le présent Acte, si ladite Damoiselle veuve L ayeule desdits mineurs trouvoit à propos d'autoriser la présente convention.

Laquelle Damoiselle veuve L a par ces Présentes agréé & approuvé le dessein dudit sieur Théodore L son fils, n'y ayant rien trouvé que de conforme à ses intentions, & dans lesquelles elle n'a pour unique fin que de récompenser les bons & agréables services que ledit sieur Théodore L son fils, lui a rendus & audit défunt sieur son mari, & de faire le bien de sa famille. Pourquoi ladite Damoiselle Marie B veuve L a présentement requis les Notaires soussignez, de procéder à la liquidation de la part virile desdits mineurs dans les biens a elle présentement appartenans, à quoi a été procedé, ainsi qu'il suit :

Premiérement, &c. *suivre comme à la liquidation, voy. lettre L au mot* Liquidation *jusques & compris l'Article*, lesquelles sommes prélevées, &c. *Et continuer ainsi.*

Partant les biens appartenans à présent à ladite Damoiselle veuve L consistent premiérement dans la somme stipulée, propre à son profit par son Contrat de mariage, montant à ci

Plus dans le préciput stipulé à son profit par ledit Contrat de mariage fixé à ci

Plus sa part dans la communauté, ladite part montant à la somme de ci

Ausquelles sommes il convient ajouter la moitié des sommes données aux sieurs & Damoiselles ses enfans en faveur de leur mariage ou en avancement d'hoirie, l'autre moitié devant se rapporter sur la succession dudit défunt sieur L sçavoir livres donnez à défunt *tant* à & *tant* à toutes lesquelles sommes à rapporter montent à celle de laquelle jointe à celle ci-dessus, en quoi consistent les biens appartenans à ladite Damoiselle veuve L produisent celle de ci

Laquelle somme divisée en portions égales ; c'est pour chacun des enfans de ladite Damoiselle veuve L pour sa part virile ci

Sur laquelle somme il convient déduire celle de dûë par défunt Me Nicolas Aléxandre L Procureur au Châtelet, pere desdits sieurs & Damoiselles mineurs, partant reste pour leur parfournir leur portion virile, la somme de ci

Laquelle somme de ledit sieur Théodore L a présentement payé en louis d'or, d'argent & monnoye, bonne & ayans-cours, comptez, nombrez & réellement délivrez à la vûë desdits Notaires soussignez, à ladite Dame veuve Nicolas-Aléxandre L audit nom de Tutrice des sieurs & Damoiselles L mineurs, sçavoir pour le legs à eux fait & pour le supplément de leur portion virile, desquelles sommes ladite Damoiselle veuve L audit nom, remercie ladite Damoiselle Marie B veuve L leur ayeule & ledit sieur Théodore L se réservant ledit sieur Théodore L ses droits résultans à son profit du Testament desdits sieur & Damoiselle ses pere & mere, en cas que lesdits Mineurs, l'un d'eux ou leurs représentans, vinssent à contester l'exécution dudit Testament ou de la présente liquidation, laquelle est faite en conséquence de l'avis des parens & amis desdits Mineurs L homologué par Sentence du Châtelet de Paris du du présent mois, & suivant le projet du présent Acte paraphé par Monsieur le Lieutenant Civil, en conséquence & suivant ladite Sentence lequel projet est demeuré annexé à ces Présentes : Car ainsi, &c. promettant, &c. obligeant, &c. renonçant, &c. Fait & passé à Paris ès demeures des Parties, l'an mil sept cens le jour d Et ont signé.

Des Actes qui concernent les fiefs, la foi & hommage, le retrait lignager & féodal.

TOus les immeubles qui ſont en d'autres mains qu'en celles des Eccléſiaſtiques ou des Communautés, ſont tenus en fief ou en roture : quelques Coutumes en reconnoiſſent qui ſont tenus en franc-aleu : les autres diſent poſitivement nulle Terre ſans Seigneur.

Le fief eſt un héritage autrefois poſſedé par un grand Seigneur qui l'a donné à un Gentilhomme, pour le poſſeder, lui & ſes deſcendans, ſous la preſtation de certains droits honorifiques & utiles, auſquels le Vaſſal eſt obligé dans les cas & en la maniere preſcrite par la Coutume.

L'on a dit à un Gentilhomme, parce que les Roturiers ne doivent pas en poſſeder, & que les Rois impoſent de vingt en vingt ans une certaine ſomme ſur ceux qui en joüiſſent pour les diſpenſer de cette regle, qui étoit autrefois générale dans toute la France, & qui s'obſerve encore à la rigueur dans les Coutumes où les fiefs ſont de danger, c'eſt-à-dire, qu'ils ſont ſujets à confiſcation, ſi étant tombez entre les mains d'un Roturier, il n'a pas ſoin de s'en défaire dans l'année.

Le poſſeſſeur du fief n'en a à proprement parler que le domaine utile ; le domaine direct demeure toujours pardevers le Seigneur dominant.

L'on a impoſé au nouveau Vaſſal la néceſſité de reconnoître ſon Seigneur dès qu'il eſt entré en poſſeſſion du fief, & d'aller lui en faire la foi & hommage en ſon Hôtel, avec toutes les cérémonies preſcrites par la Coutume du lieu où le fief dominant eſt ſitué : c'eſt par celle-là que doivent ſe regler les arriere-fiefs qui en ſont mouvans.

Il y a des Coutumes qui exigent des Vaſſaux une nouvelle foi & hommage toutes les fois qu'il arrive un changement, ſoit de la part du Seigneur, ſoit de la part du Vaſſal, dans le fief ou dans l'arriere fief.

Il y en a qui n'exigent du nouveau Vaſſal que la bouche & les mains, ſans qu'il ait à payer au Seigneur aucun droit ni redevance : d'autres, outre la foi & hommage, donnent au Seigneur

Seigneur la joüissance de l'arriere-fief pendant une année, & de tous les fruits & profits qui en dépendent, soit naturels, soit casuels, droit qu'elles appellent *rachat*, lorsque l'arriere-fief est venu au Vassal à titre de succession directe ou collatérale.

Si le Vassal a acheté le fief, il en est dû au Seigneur la cinquiéme partie du prix, & la cinquiéme d'un autre cinquiéme, c'est-à-dire, six de vingt-cinq : S'il s'agit d'une roture, ce droit est appellé *lods & ventes :* il est plus ou moins fort selon la difference des Coutumes ; quelques-unes en font même une entre les differentes qualités des biens : les uns en payent plus que les autres.

Si le nouveau Vassal est en demeure de faire la foi & hommage, & de payer les droits dûs au Seigneur, il peut faire saisir féodalement l'arriere-fief, & en faire les fruits siens, jusqu'à ce que le Vassal ait satisfait à ces devoirs. Coutume de Paris art. 1. à laquelle toutes les autres sont conformes.

Si le Vassal se trouve mineur, son Tuteur est obligé d'aller faire la même cérémonie, & de demander au Seigneur souffrance pour son mineur, jusqu'à ce qu'il soit parvenu à l'âge de majorité : elle vaut foi tant qu'elle dure, disent nos Coutumes.

C'est pour en faire ressouvenir le propriétaire, qu'il est obligé de lui rendre certains devoirs, plus ou moins grands, suivant qu'ils sont marquez par les Coutumes à chaque mutation de Vassal, soit par succession, soit par achat. Au premier cas, le Seigneur dominant est quelquefois en droit de prendre le relief ou rachat, c'est-à-dire, la joüissance d'une année : au second cas, le Vassal acquéreur est obligé de lui payer les lods & ventes, tels qu'ils sont reglez par la Coutume où ils sont situez.

Les rotures sont des héritages originairement concedez à des Roturiers, sur lesquels le Seigneur concedant ne s'est réservé que des prestations utiles, qui se payent chaque année, & des lods & ventes, en cas d'achat. Le Roi n'y prend rien que la taille & les autres impositions ordinaires & extraordinaires : les Gentilshommes peuvent les posseder comme les Roturiers.

Quelques-unes de nos Coutumes admettent encore des *francs-aleus*, c'est-à-dire, des héritages qui ne relevent de personne ; au lieu que les Allemans comprennent sous le terme d'*allodialia*, tout ce qui n'est point fief, soit meuble, soit roture. Il y en a qui ne laissent pas de composer une Seigneurie, laquelle quoiqu'elle ne reconnoisse pas de Seigneur dominant, a pourtant des sujets & des droits semblables à ceux des Seigneurs. C'est ce qu'on appelle Franc-aleu noble, pour le distinguer du Franc-aleu roturier qui n'a non plus de sujets qu'il reconnoît de supérieur.

Les droits honorifiques des fiefs, outre le patronage qui leur est souvent annexé, consistent en l'obligation où se trouvent les Vassaux d'aller leur prêter la foi & hommage du fief qui leur est acquis par succession ou par Contrat, au lieu même du fief dominant en propre personne, s'il ne plaît au Seigneur de les en dispenser & de la recevoir par Procureur, & en un autre lieu. Chaque Coutume a reglé les cérémonies que l'on doit observer en cette occasion, dont il n'est pas permis au Vassal de se dispenser; dans une Coutume qui veut que le Seigneur baise le Vassal à la jouë, une Vassale belle & délicate ayant refusé ce baiser, elle y fut condamnée par Arrêt rapporté par Mareschal, dans son Traité des Droits honorifiques.

Ces Coutumes ont été établies pour apprendre aux Vassaux le respect qu'ils doivent avoir pour leur Seigneur dominant, & au Seigneur même la protection qu'il est obligé de leur donner en certaines occasions. La félonie du Vassal envers le Seigneur, le simple désaveu emporte confiscation du fief; l'outrage fait au Vassal est quelquefois puni par la perte de tous les droits qu'il pouvoit lui devoir pendant sa vie. Du tems que les Seigneurs des grands Fiefs étoient obligez de fournir des troupes au Roi, & de les commander pour le service de Sa Majesté, le principal devoir des Vassaux étoit de les accompagner à la guerre avec chacun un certain nombre de soldats qu'ils levoient à leurs dépens; mais depuis la réunion des grands Fiefs à la Couronne, il n'est plus permis qu'au Roi de lever des troupes, ou à ceux à qui il en a fait expédier des Commissions.

Foi & hommage.

AUjourd'hui en la compagnie & assisté des Notaires, &c. Louis Ecuyer sieur des L demeurant à s'est transporté au Château Seigneurial de P Paroisse de appartenant à & à la principale porte & entrée dudit Château, où étant, ayant ledit sieur des L frappé à la porte, est à l'instant survenu Jacques serviteur dudit sieur de P auquel serviteur ayant ledit sieur des L demandé si ledit sieur de P son Maître étoit en son Château, ou autres personnes pour lui, ayant charge de recevoir les Vassaux à foi & hommage, ledit serviteur lui a dit que ledit sieur son Maître y étoit, & qu'il l'alloit avertir; ce qu'ayant été fait, ledit sieur de P seroit aussi-tôt comparu, & ledit sieur des L s'étant incontinent mis en devoir de Vassal, sans épée, ni éperons, tête nuë & un genoüil en terre, a dit audit sieur de P qu'il lui faisoit & portoit la foi & hommage qu'il est tenu de lui faire & porter à cause de sa Terre & Seigneurie des L relevant en plein fief, foi & hommage dudit sieur de P lequel fief des L appartient audit sieur Louis au moyen de l'acquisition qu'il en a faite de par Contrat passé pardevant *tels* Notaires le tel jour *(ou bien dire à quel autre titre il lui appartient)* requerant ledit sieur de P qu'il lui plaise le recevoir à ladite foi & hommage, à laquelle ledit sieur de P a reçu & reçoit ledit sieur Louis à la charge de bailler son aveu & dénombrement suivant & dans le tems de la Coutume: Reconnoissant ledit sieur de P avoir été payé & satisfait par ledit Louis des droits qu'il lui devoit à cause de ladite acquisition de ladite Terre des L dont il le quitte & tous autres. Ce fut ainsi fait & passé à la principale porte & entrée dudit Château de P l'an, &c.

Quand l'acte de foi & hommage se fait en la présence du Seigneur féodal, il faut le faire signer tant par le Seigneur féodal que par le Vassal. Si le fief étoit alors saisi, pour les droits féodaux, le Seigneur féodal en doit donner main-levée, laquelle on met dans ledit acte de foi & hommage avant ces mots: Ce fut fait & passé, &c. *en cette forme.*

Ce faisant, ledit Seigneur de P s'est par ces Présentes désisté & departi de la saisie féodale qui a été faite à sa requête sur ledit fief des L par exploit de Pierre Sergent, le *tel* jour, de laquelle ledit sieur de P en fait & donne pleine & entiere main-levée pure & simple audit sieur Louis Ce fut ainsi fait, &c.

Si l'acquisition du fief pour lequel est faite la foi & hommage, fait partie de plus grande acquisition, il faut offrir au Seigneur féodal de lui payer les droits à lui dûs selon la liquidation & estimation qui en sera faite sur le pied total de sadite acquisition, ainsi qu'il appartiendra.

Foi & hommage faits hors le lieu Seigneurial.

Quelquefois les Seigneurs féodaux dispensent les Vassaux d'aller au lieu Seigneurial, & les reçoivent à ladite foi & hommage en autre lieu où ils se trouvent, & en ce cas l'acte se fait de cette maniere.

AUjourd'hui en la compagnie & assisté, &c. *comme dessus*, ledit sieur s'est adressé à la personne dudit sieur de P trouvé *en tel lieu*, auquel après s'être ledit Louis mis en devoir de Vassal, suivant la Coutume des lieux, il a fait & porté les foi & hommage qu'il est tenu faire & porter audit sieur de P à cause du fief des L relevant en plein fief, foi & hommage dudit sieur de P à cause de sa Terre, fief & Seigneurie dudit P lequel fief des L lui appartient, au moyen de l'acquisition qu'il en a faite de à laquelle foi & hommage ledit ſieur de P l'a reçu & reçoit ; le diſpenſant pour cette fois ſeulement d'aller audit lieu Seigneurial & ſans tirer à conſéquence : duquel ſieur des L ledit Seigneur de P reconnoît avoir été payé & ſatisfait des droits & profits de fief à lui dûs à cauſe de ladite acquiſition, dont il le quitte & décharge, à condition de lui bailler ſon aveu & dénombrement dans le tems de la Coûtume. Ce fut ainſi fait & paſſé, &c.

Foi & hommage faits en l'abſence du Seigneur féodal.

Quelquefois il y a des Seigneurs féodaux, qui, pour vexer leurs Vaſſaux, évitent tant qu'ils peuvent de ſe trouver, ni autre pour eux au lieu Seigneurial, pour recevoir leurs foi & hommage, tellement que pour y remédier il ſuffit au Vaſſal, après avoir frappé trois fois à la porte & principale entrée du Château, de mettre en l'acte ce qui ſuit :

AUjourd'hui, &c. *comme ci-deſſus*, auquel lieu étant ledit ſieur des L a frappé par trois diverſes fois à la porte & principale entrée du Château, & a appellé à haute & intelligible voix Monſieur de P & dit : Monſieur de P je vous fais & porte la foi & hommage que je ſuis tenu de vous faire & porter à cauſe de mon fief des L ſes appartenances & dépendances, relevant en plein fief, foi & hommage de votre Terre & Seigneurie de P lequel fief des L m'appartient au moyen de l'acquiſition que j'en ai faite de Meſſire Hugues par Contrat paſſé pardevant *tel* Notaire le *tel* jour, vous déclarant que je vous offre payer les droits Seigneuriaux & féodaux que je vous en dois, vous requerant me recevoir à ladite foi, hommage, à la charge de vous offrir mon aveu & dénombrement ſuivant la Coutume de au-dedans de laquelle ledit fief des L eſt ſitué & aſſis ; dont & de tout ce que deſſus, ledit ſieur des L a requis acte auſdits Notaires ſouſſignez, qui lui ont octroyé le préſent pour lui ſervir & valoir ce que de raiſon. Fait comme dit eſt à la principale porte & entrée dudit Château de P l'an mil ſept cens, &c.

Foi & hommage avec main-levée de la ſaiſie féodale.

AUjourd'hui en la compagnie & avec les Notaires Gardenotes, &c. Louis Ecuyer, ſieur des L demeurant s'eſt tranſporté pardevers Meſſire Jean Chevalier, Seigneur & Baron de P trouvé en ſon Hôtel à Paris, ruë où étant après que ledit ſieur des L a fait apparoir audit Seigneur Baron de P de la foi & hommage qu'il lui a fait & porté en ſon Château Seigneurial dudit P par acte reçu par *tels* Notaires le *tel* jour, au ſujet de ſon fief des L mouvant & relevant en plein fief, foi & hommage de ladite Seigneurie de P Et en conſéquence, après auſſi que ledit ſieur des L s'eſt derechef mis en devoir de Vaſſal, ſans épée ni éperons, tête nuë & un genoüil en terre en la préſence dudit Seigneur,

Baron de P auroit réitéré, fait & porté audit Seigneur Baron de P lesdites foi, hommage & serment de fidélité à droit de rachat, quint denier, cheval de service, & à tous autres droits & redevances dont il lui est tenu suivant la Coutume des lieux pour raison dudit Fief, Terre & Seigneurie des L à lui appartenant au moyen de l'acquisition qu'il en a faite de Messire Hugues par Contrat passé pardevant *tels* Notaires le *tel* jour, qu'il a montré & communiqué audit Seigneur Baron de P lequel Fief, Terre & Seigneurie des L est mouvant & relevant en plein fief, foi & hommage, ainsi que dit est, dudit Seigneur de P à cause de sadite Baronnie & Seigneurie de P requerant qu'il lui plaise de le recevoir à la foi & hommage, & le dispenser de retourner sur les lieux, offrant de lui payer tous les droits qui lui sont dûs à cause de ce, suivant la Coutume, avec les frais de la saisie faite auparavant les susdites offres, & de lui bailler l'aveu & dénombrement dans le tems de ladite Coutume : lequel sieur de P a reçu & reçoit ledit sieur Louis à ladite foi & hommage pour raison de ladite Terre, Fief & Seigneurie des L & l'a dispensé de la faire sur les lieux, pour cette fois seulement, sans tirer à conséquence pour l'avenir, à la charge d'en bailler l'aveu & dénombrement dans le tems de la Coutume : Reconnoissant ledit Seigneur de P que ledit sieur des L l'a payé & satisfait de tous les droits & profits de fief qu'il lui devoit au sujet de ladite acquisition, & lui a remboursé livres pour les frais de la saisie féodale faite audit fief des L dont ledit Seigneur de P se contente & en quitte du tout ledit sieur des L & tous autres. Ce faisant icelui Seigneur de P s'est désisté & désiste de ladite saisie féodale qu'il consent être & demeurer nulle, de laquelle il en fait & donne pleine & entiere main-levée audit sieur des L dont & de tout ce que dessus ledit sieur des L a requis acte ausdits Notaires, qui lui ont octroyé le présent pour lui servir & valoir ce que de raison. Ce fut ainsi fait & passé à Paris, &c.

Les Mineurs peuvent faire la foi & hommage par leurs Tuteurs & Curateurs, à moins que le Seigneur ne leur donne délai & souffrance jusqu'à leur majorité féodale ; & la demande en souffrance se fait par le Tuteur & Curateur, & non par le Vassal mineur.

Voyez ci-après Souffrance.

Faculté de rachat hors le Contrat d'acquisition.

FUrent présens, Richard B Ouvrier en la Monnoye du Roi à Paris, & du titre & serment de France, demeurant étant ce jour à Paris, & François S étant aussi de présent à Paris, lesquels ont dit que par Contrat passé pardevant Greffier & Tabellion, en la Prévôté de M résidant à B présens témoins le insinué ledit jour, ledit B & Reine-Thérese F sa femme qu'il a autorisée, auroient solidairement baillé à titre de rente fonciere de Bail d'héritage non rachetable audit S & Françoise F sa femme qu'il a pareillement autorisée, une portion de maison sise (*mettre les situations*) faisant partie de celle appartenante en commun, tant audit B & sa femme, qu'à Denis C & Marie-Françoise sa femme, pour les causes portées audit Contrat ; fait en présence & du consentement desdits C & sa femme, moyennant livres de rente annuelle & perpétuelle fonciere de Bail d'héritage non rachetable, premiere & privilegiée après le cens ordinaire payé ; laquelle rente lesdits S & sa femme, se sont obligez solidairement de payer ausdits B & sa femme, par chacun an, aux termes portez audit Contrat ; & comme par icelui, il a été stipulé, ainsi qu'il est ci-devant expliqué, que ladite rente sera non rachetable à toujours ; ce qui empêcheroit lesdits S & sa femme, ou leurs ayans-cause de se libérer de ladite rente par le rachat d'icelle, toutes fois & quantes qu'il aviseroit, icelui S tant pour lui que pour sa femme, dont il se fait & porte fort, auroit requis ledit B de lui accorder par ces Présentes ladite faculté, de racheter ladite rente de livres ; laquelle requisition ledit B a eu pour agréable, & en conséquence, a par ces Présentes consenti & accordé audit S & à ses ayans-cause, ladite faculté de rachat de ladite rente toutesfois & quantes, en rendant & payant audit B ou à sesdits ayans-cause, en un ou plusieurs payemens égaux, la somme de pour le remboursement du sort principal de ladite rente, avec les arrérages qui en seront lors dûs, tous frais & loyaux-coûts, franche & quitte de tous droits quelconques, & sans au surplus déroger ni préjudicier en aucune façon aux autres clauses, conventions & stipulations dudit Contrat susdatté, qui demeure en sa même force & vertu : Car ainsi, &c. promettant, &c. obligeant, &c. renonçant, &c. Fait & passé à Paris ès Etudes l'an mil le &c.

Fins d'Actes.

Fin d'une Grosse d'obligation, quand elle a été rapportée pour Minute, & que les Notaires qui l'ont passée sont encore Notaires.

Après avoir mis le stile, on dit : Et ont signé : ainsi signé A B avec C & D Notaires au Brevet original des Présentes rapporté pour minute audit D l'un des Notaires soussignez par ledit sieur A créancier y nommé, à l'effet de lui délivrer la présente Grosse, suivant l'Acte d'apport étant au pied d'icelui passé pardevant lesdits Notaires soussignez ce jourd'hui jour d mil Le tout demeuré audit D Notaire.

Fin d'une Copie de Piéce annexée à la Minute de l'Acte d'Apport d'icelle ; lorsqu'on ne transcrit point ledit rapport.

Après avoir mis au bas du certifié ou paraphé, ainsi signé tel *&* tel, *avec L & G Notaires avec paraphes : on finit en ces termes :* En l'Original des Présentes déposé pour Minute audit G l'un des Notaires soussignez par ledit sieur *tel* de lui, & dudit *tel* Bourgeois de Paris, certifié véritable, suivant ledit Acte d'Apport de cedit jour mil

Des Fondations.

LA Fondation est une donation d'une somme, d'une maison, ou d'un héritage, ou une concession d'une rente, qui se fait à une Eglise, à la charge de quelque priere annuelle, selon l'intention du Fondateur. On la comprend quelquefois dans son testament, & quelquefois on la fait par un acte séparé : mais quand elle est faite par donation, elle est sujette à insinuation, à peine de nullité.

Fondation d'un Couvent de Religieux.

FUt présent noble & scientifique personne Messire Dominique Prêtre, Chanoine & Official de l'Eglise Cathédrale de étant maintenant en cette Ville de Paris, logé sain de corps & d'esprit, & comme tel vacant à ses affaires, ainsi qu'il est apparu aux Notaires soussignez, pour être venu en l'Etude de l'un d'eux, faire & passer ce qui en suit : Lequel considérant la briéveté de cette vie temporelle, reconnoissant aussi qu'il n'y a rien de plus juste & raisonnable que de rendre à Dieu les biens & facultez qu'il a plû à sa divine Majesté lui départir en ce monde, & qu'il ne le peut mieux faire qu'en les remettant ès mains de ceux qui se soumettent à son service, pour être employez, voüez & dédiez à son honneur ; il auroit dès long-tems conçû une sincere intention & bienveillance envers les Religieux de l'Ordre de Saint D appellez J établis dans la Ville de lieu de sa naissance ; aux prieres desquels désirant être continué à toujours, & aussi de faire prier Dieu pour les ames de ses défunts pere & mere & de ses ayeux paternels & maternels, joint la bonne vie & mœurs desdits Religieux & autres œuvres pieuses qu'il reconnoît en eux, qui sont autant de saintes inspirations & de fruits divins qu'il en reçoit journellement pour son édification ; & encore pour certaines causes & considérations, & particulier motif qu'il n'entend déclarer à personne, venant de son propre mouvement, sans aucune force, induction ou contrainte ; a volontairement reconnu & confessé avoir donné & aumôné irrévocablement à toujours, par donation entre-vifs & en la meilleure forme que faire se peut, & qu'il desire être pour la validité des Présentes ausdits Religieux de l'Ordre Saint D & particuliérement à ceux de la Province de Frere, &c. Provincial & Chef dudit Ordre en ladite Province, à ce présent & acceptant pour eux & leurs successeurs : Un clos assis au Bourg de au Diocèse de en ladite Province de contenant *tant* d'arpens ou environ, tant bois que jardinages.

Item, la maison joignante ledit clos, consistante en un corps de logis que ledit sieur Donateur a fait bâtir & construire de neuf à ses dépens, appliqué (*à telle & telle chose*) lesdits clos & maison tenans d'un côté à aboutissans à pour en tel lieu & endroit dudit clos, qu'il semblera plus utile & commode aufdits Religieux, bâtir & édifier un Couvent de leur Ordre avec fes dépendances & commodité d'icelui, réfider & faire le fervice divin & exercice de leur Religion ordinaire & accoutumée en leurs autres Couvents parfaits, au nombre de treize Religieux, y compris le Correcteur. Pour la fondation, donation & entretenement duquel Couvent ledit fieur Donateur a encore donné & donne en la forme fufdite aufdits Religieux, ce acceptans comme deffus par ledit Provincial la métairie de la B confiftant en un manoir au-deffous dudit clos, avec foixante arpens de terre labourable en plufieurs piéces en dépendantes, ainfi qu'elles fe pourfuivent & comportent, fcituées ès environs & proche ladite métairie, & généralement tout ce qui eft des apparcenances & dépendances d'icelle métairie de la B en quelque forte & maniere que ce foit, fans aucune chofe en excepter ni referver, tout ainfi qu'en joüit à préfent, &c. en vertu du bail à ferme que ledit fieur Donateur lui en a fait pardevant *tels* Notaires, le *tel* jour.

Item. livres de rente rachetable au denier vingt, à prendre fur les particuliers ci-après nommez; fçavoir livres de rente fur Maître Antoine & *une telle* fa femme, qui en font folidairement débiteurs audit fieur Donateur, pour les caufes portées au Contrat de conftitution, de ce fait & paffé pardevant *tels Notaires* le *tel jour*, de livres de rente fur *un tel* (*& ainfi déclarer le refte defdites rentes en cet endroit*) tout ce que deffus donné appartenant audit fieur Donateur; fçavoir lefdites rentes de fon acquifition fuivant lefdits Contrats de conftitution d'icelles: Et lefdits héritages tant de fon propre que d'acquêt, ainfi qu'il fe juftifie par les titres d'iceux, dont il fera délivrance en fin des préfentes audit Provincial pour lefdits Religieux, étant tous lefdits héritages en la Cenfive du Seigneur dudit lieu de & envers lui chargez des Cens & Droits Seigneuriaux que peuvent devoir, que lefdits Parties èfdits noms n'ont fçû dire ni déclarer au vrai, de ce enquifes par lefdits Notaires, pour toutes & fans autres charges, dettes ni hypothéques quelconques, francs & quittes néanmoins des arrérages defdits Cens & Droits Seigneuriaux de tout le paffé jufqu'à ce jour. Pour de toutes lefdites chofes ci-deffus données joüir par lefdits RR. PP. J de cedit jour en tout droit de proprieté, fruits & revenus; & en faire comme de chofe à eux appartenante au moyen des préfentes. Partant ledit fieur Donateur s'eft dès-à-préfent défaifi & dévêtu defdits héritages & rentes, pour & au profit defdits Religieux donataires, & confent qu'ils en foient & demeurent faifis & mis en bonne poffeffion & faifine, par qui & ainfi qu'il appartiendra en vertu defdites préfentes: Et pour ce faire, requerir & confentir, a fait & conftitué fon Procureur le porteur des préfentes, auquel il en a donné & donne pouvoir de ce faire, & tout ce qu'au cas appartiendra, fera requis & néceffaire: Et outre par ces mêmes préfentes ledit fieur Donateur pour commencer à bâtir ledit Couvent, a accordé aufdits Religieux la fomme de livres, qu'il a préfentement baillée & payée préfens les Notaires foufignez, en louis d'or & autre bonne monnoye ayans-cours audit Provincial; dont il s'eft contenté & en a quitté & quitte ledit fieur Donateur & tous autres, & promet audit nom de Provincial & Chef dudit Ordre, d'employer lefdits livres aufdits bâtimens & édifices dudit Couvent, & dudit emploi fournir autant de de quittances qu'il retirera des Entrepreneurs d'icelui dans un an prochain audit sieur Donateur. Et cependant en attendant la construction dudit Couvent, & qu'il y ait logement suffisant pour lesdits Religieux, ledit Provincial pourra envoyer audit Couvent dudit Bourg de quatre de ses Religieux pour y célébrer le service divin à leur commodité, lesquels Religieux seront nourris & entretenus des revenus, fruits & arrérages desdites rentes & terre ci-dessus données : Et le surplus dudit revenu & arrérages après lesdites nourritures & entretenemens desdits quatre Religieux prises, sera converti & employé par lesdits Religieux au bâtiment & édifice dudit Couvent, auquel Frere audit nom de Provincial susdit, ledit sieur Donateur a aussi présentement baillé & délivré les grosses originales en parchemin desdits Contrats de constitution desdites rentes avec le susdit bail à ferme : plus, &c. (*tel & tel acte, il faut les déclarer & énoncer en cet endroit par dates, & les noms des Notaires qui les ont reçus*) concernans la proprieté desdits héritages ci-dessus donnez, dont ledit Révérend Pere Provincial audit nom, se contente pareillement & en décharge ledit sieur Donateur, auquel il promet en aider s'il en a besoin, pour toucher & recevoir les arrérages desdites rentes & terres & de ladite ferme du passé jusqu'à ce jour : en faveur de laquelle donation & fondation, ledit Provincial pour le corps desdits Religieux, a promis & promet aussi audit sieur Donateur de dire & faire dire, chanter & célébrer le jour de son décès un Service des Trépassez complet, pour le repos de son ame & de ses pere & mere, ayeux & ayeules & amis trépassez, & de continuer ledit Service par chacun an à perpétuité à pareil jour de son décès : Et outre seront tenus lesdits Religieux, bailler & délivrer audit sieur Fondateur & au sieur Henri son frere, une chambre audit Couvent toutes fois & quantes & pour tel tems qu'il leur plaira y aller demeurer. Et outre a été stipulé que si aucunes desdites rentes étoient ci-après rachetées, que les deniers en provenans seront employez au plutôt en autres rentes ou héritages, pour & au profit dudit Couvent : Et pour faire insinuer cesdites présentes au Greffe des Insinuations du Châtelet de Paris, & par tout ailleurs où besoin sera, lesdites Parties èsdits noms, ont fait & constitué leur Procureur spécial & irrévocable le porteur d'icelles, auquel elles en ont donné & donnent tout pouvoir, & de faire à ce sujet tout ce qui sera nécessaire : promettant, &c. obligeant, &c. chacun en droit soi, &c. ledit Pere Provincial, &c. audit nom, &c. renonçant de part & d'autre, &c. Fait & passé, &c.

Nota. *Le Roi par sa Déclaration du mois de Juin 1671. vérifiée au Parlement de Paris le 26. du même mois de Juin, a voulu & ordonné, qu'il ne soit fait à l'avenir aucun Etablissement de Religieux & Congrégations dans les Monasteres non réformez, ni être faits en iceux Monasteres aucunes unions des Ordres desdits Religieux & Congrégations, sans l'expresse permission & Lettres de Sa Majesté, à peine de nullité.*

Fondation d'une Messe basse en une Paroisse, acceptée par le Curé & les Marguilliers d'icelle.

FUrent présens tous Marguilliers de l'Oeuvre & Fabrique de la Paroisse de assistez de Curé d'icelle Paroisse, d'une part; & Maître d'autre part. Disant ledit sieur *tel* qu'il désiroit fonder en icelle Paroisse une Messe basse de *Requiem*, pour le repos de l'ame de défunt sieur de son pere, tous les Lundis de chacune semaine à perpétuité, & de faire mettre sur sa sépulture une tombe, & qu'il fut mis & apposé une épitaphe à un pilier le plus proche de ladite sépulture, dans laquelle il seroit fait mention de ladite fondation: & que pour tout il désiroit donner à ladite Oeuvre & Fabrique une somme de livres une fois payée, & de payer les frais nécessaires pour lesdites tombe & épitaphe, & les mettre en place; ce qu'il auroit communiqué ausdits sieurs Curé & Marguilliers, lesquels en ayant conferé ensemble, sont convenus & demeurez d'accord de ce qui ensuit: C'est à sçavoir que moyennant la somme de livres que ledit sieur a présentement baillée & payée comptant en louis d'argent, &c. ès mains dudit sieur Marguillier Comptable, qui dudit sieur confesse l'avoir reçuë, dont, &c. quittance, &c. en conséquence de quoi lesdits sieurs Marguilliers, tant pour eux que pour leurs successeurs èsdites Charges, promettent & s'obligent de faire dire & célébrer en ladite Eglise & Paroisse de une Messe basse de *Requiem*, tous les Lundis de chacune semaine, à commencer de Lundi prochain à perpétuité, & de fournir de rétribution, pain, vin, luminaire, ornemens & autres choses nécessaires; & permettent audit sieur de faire mettre & poser lesdites tombe & épitaphe, ainsi qu'il est ci-devant dit, à ses frais & diligence. Et outre sera fait mention de la présente fondation sur le Martyrologe de ladite Eglise; car ainsi, &c.

Fondation d'un Salut.

FUt présente très-haute, très-illustre, très-excellente & très-puissante Princesse Anne, par la grace de Dieu, Reine de France & de Navarre, mere du Roi, d'une part. Et RR. MM. *telles* & *telles* toutes Religieuses Professes du grand Couvent des C du Fauxbourg S. J à ce présentes & acceptantes pour l'Hospice dépendant dudit grand Couvent, ci-après déclaré, d'autre part. Disant madite Dame Reine que suivant ses pieuses & dévotes intentions, elle auroit résolu de fonder un Salut du très-auguste & très-adorable Sacrement de l'Autel, en reconnoissance & pour remercier Dieu des graces & bénédictions particulieres que Sa Majesté a reçuës du Ciel pendant sa Régence, de la paix & du repos qu'il a plû à sa Divine Majesté & bonté de donner à ce Royaume, après tant d'années de guerres civiles & étrangeres, du mariage du Roi son fils, & de la Reine sa niéce, & de l'heureuse naissance de Monseigneur le Dauphin; & afin qu'il plût à Dieu de continuer à l'avenir les mêmes graces &

bénédictions sur les Familles Royales, & de les maintenir en la bonne union en laquelle elles sont à présent : pour être icelui Salut dit & chanté tous les Dimanches de l'année à perpétuité, en la maniere ci-après déclarée. Et qu'à cet effet Sadite Majesté auroit choisi l'Eglise de l'Hospice que les Dames Religieuses ont en la ruë du B   de quoi les ayant madite Dame Reine fait avertir, & qu'en considération & pour l'entretenement & frais de ladite fondation, Sa Majesté vouloit faire don audit premier Monastere de   livres de rente par chacun an aussi à perpétuité, à prendre sur le Domaine de Calais, qui lui a été délaissé par le Roi pour partie de son doüaire & de ses deniers dotaux, payable par les Fermiers présens & à venir dudit Domaine en cette Ville de Paris, entre les mains & sous les quittances desdites Religieuses & leurs Successeures. Ce que Sa Majesté se chargeroit de faire consentir & agréer par le Roi par Lettres Patentes qui seroient vérifiées & registrées en la Chambre des Comptes.

Lesdites RR. auroient témoigné à madite Dame Reine leur reconnoissance de l'honneur qu'elle leur faisoit par ce choix, & qu'elles acceptoient avec joye ladite fondation : de sorte que n'étant plus question que de la rédiger par écrit, Sa Majesté & lesdites Religieuses ont fait & passé le présent Contrat en la forme qui ensuit.

C'est à sçavoir que lesdites Révérendes Meres se sont par ces Présentes chargées & obligées, tant pour elles que pour leurs Successeures audit premier Monastere de France, établies audit Fauxbourg Saint J   de dire & chanter au Chœur en l'Eglise de leur Hospice de ladite ruë du B   le Salut du très-auguste Saint-Sacrement de l'Autel, de fondation Royale, conformément aux intentions de Sa Majesté, ci-devant exprimées, tous les Dimanches de l'année à perpétuité, sçavoir depuis le jour de Pâques, jusqu'au premier Dimanche du mois d'Octobre de chacune année, à six heures du soir, & depuis ledit premier Dimanche d'Octobre, jusqu'au jour de Pâques, à quatre heures du soir ; à commencer le premier Dimanche prochain, auquel Salut le Saint-Sacrement sera exposé en public, & sera chanté les Litanies du Saint-Sacrement, ou du Saint Nom de Jesus, au choix desdites Dames Religieuses, le *Pange lingua*, & une Antienne de l'Incarnation, une Oraison du très-saint-Sacrement, une Oraison de la Sainte Vierge, une Oraison pour le Roi, une autre Oraison pour les Familles Royales, & de fournir par lesdites Révérendes Meres, de Prêtres, Ornemens convenables & autres frais & choses nécessaires.

En considération de laquelle fondation, & pour l'entretenement & frais susdits d'icelle, madite Dame Reine fait par ces présentes donation audit premier Monastere de ladite somme de   livres par chacun an à perpétuité, à prendre & assignée sur ledit Domaine de Calais ; laquelle somme sera payée par les Fermiers présens & à venir d'icelui en cette Ville de Paris, entre les mains & sous les quittances desdites Révérendes Meres, en deux payemens égaux, dont le premier écherra au quinziéme jour de Novembre prochain, qui est le jour auquel est payable la premiere demi-année de la Ferme dudit Domaine de Calais, de la présente année, suivant le bail fait d'icelui au Conseil de madite Dame Reine, & après continuer de six mois en six mois consécutivement comme dit est, sans que ledit payement puisse être reculé & retardé, & ladite somme divertie ou diminuée sous quelque prétexte que ce soit, attendu le juste & pieux motif pour lequel elle est accordée; à cette fin ladite somme sera employée en la dépense des états des charges assignées sur ledit Domaine, qui s'expédiera par chacun an aux Chapitres des fiefs & aumônes, & ledit assigné, consenti & agréé par le Roi par Lettres Patentes qui seront vérifiées & registrées incessamment en ladite Chambre des Comptes, à la diligence & frais de madite Dame Reine; car ainsi, &c. promettant, &c.

Fondation d'un Service annuel.

FUrent présens Messire C Prêtre, Docteur en Théologie, Curé de l'Eglise Paroissiale de Saint J à Paris, y demeurant en sa maison Curiale de ladite Eglise au cloître d'icelle, au nom & comme exécuteur du testament & ordonnance de derniere volonté de défunt Messire C vivant, Prêtre, Docteur en Théologie & Curé de ladite Eglise, reçu par l'un des Notaires soussignez, le jour de d'une part; & tous Marguilliers de l'Oeuvre & Fabrique de ladite Eglise de Saint J d'autre part: Lesquelles parties ont dit, sçavoir ledit sieur Curé audit nom, que ledit défunt sieur C auroit entr'autres legs pieux ordonné par sondit testament être dit & célébré à perpétuité en ladite Eglise un *Obiit* par chacun an à pareil jour que celui de son décès, semblable à ceux qui se disent en ladite Eglise pour les feus sieurs Pourquoi il auroit donné & légué à l'Oeuvre & Fabrique d'icelle Eglise la somme de une fois payée, requerant lesdits sieurs Marguilliers d'accepter ladite somme de & de se charger pour eux & leurs Successeurs de ladite fondation; & par lesdits sieurs Marguilliers ont dit qu'ils ne se pouvoient charger d'icelle fondation pour ladite somme de & qu'elle seroit à charge à ladite Fabrique: joint qu'il avoit été payé pour les fondations desdits sieurs dès il y a long-tems cinq cens sols, & que depuis ce tems toutes choses étoient encheries & les charges de la Fabrique augmentées: Que néanmoins ils offroient de se charger de ladite fondation moyennant pareille somme de en considération de la mémoire & des services dudit défunt sieur C Sur quoi lesdits sieurs Marguilliers ayant mûrement conferé & communiqué aux anciens Marguilliers & principaux Paroissiens de ladite Eglise, ont fait & accordé ce qui ensuit: C'est à sçavoir que ledit sieur Curé audit nom a présentement baillé, payé, compté, nombré, & délivré ausdits sieurs Marguilliers ès mains dudit sieur de présent en charge de recette, présens les Notaires soussignez, en louis d'argent & monnoye ayant cours, ladite somme de sçavoir provenant dudit legs, & de ses deniers, dont lesdits sieurs Marguilliers se sont tenus contens & ont quitté & quittent ledit sieur C audit nom, la succession dudit défunt sieur Curé, son légataire universel & tous autres; moyennant quoi iceux sieurs Marguilliers audit nom, tant pour eux que pour leurs Successeurs èsdites charges, promettent & s'obligent de faire dire & célébrer dors-en-avant par chacun an à perpétuité, le jour de de chacune année, qui est pareil jour qu'est décedé ledit feu sieur Curé, heure de le susdit *Obiit*, ou Service au Maître-Autel de ladite Eglise, y faire assister, outre le Célébrant, Diacre & Soûdiacre, treize Prêtres & les deux Enfans de Chœur de ladite Eglise, fournir les Ornemens & poële de ladite Eglise à la représentation sur la fosse dudit défunt, quatre cierges sur ledit Maître-Autel, quatre à la représentation avec la Croix & Benitier; la veille duquel jour ils feront dire Vigiles à neuf Leçons, & Laudes, & le jour les trois hautes Messes accoutumées, & avant l'Introït de la derniere d'icelle, faire chanter *Vexilla*, & après l'*Agnus Dei* de la derniere Messe, faire chanter le *Domine non secundùm*, & en fin d'icelle dite derniere, se transporter sur la tombe dudit défunt, & y faire dire le *Libera* & Oraisons accoutumées, & faire sonner la plus grosse cloche de ladite Eglise pendant lesdites Vigiles & Service. Pourquoi lesdits sieurs Marguilliers présent & à venir, seront tenus de payer, délivrer, distribuer par chacun an, sçavoir liv. à Monsieur le Curé, qui assistera, tant pour son droit d'assistance, que pour les trois Messes & tous autres droits livres à Monsieur son Vicaire, huit Chapelains, le Chefcier, le Porte-Croix, Administrateur, & deux Clercs, chacun sols, & pareille somme aux Diacres, Soûdiacre, & à chacun des deux Enfans de Chœur sols, au Fossoyeur pour mettre la susdite représentation sols, aux Sonneurs pour toute sonnerie sols, & pour le cierge d'Offrande, pain & vin sols, & pour le Clerc de l'Oeuvre qui avertira les plus proches parens dudit défunt demeurans en ladite Paroisse, le jour que se fera la célébration dudit Service; & généralement fournir & payer toutes autres choses nécessaires, suivant & conformément aux Fondations, & pareils *Obiit* faits pour les feus sieurs à commencer à célébrer ledit Service le & ainsi continuer d'année en année à pareil jour & heure, à toujours, sans aucune discontinuation ni interruption, pour quelque cause que ce soit: à quoi faire lesdits sieurs Marguilliers audit nom, tant pour eux que pour leurs Successeurs èsdites charges, ont obligé & obligent tous & chacuns les biens meubles & immeubles, fruits & revenus de ladite Fabrique; car ainsi promettant, &c. obligeant, &c. lesd. Marguilliers ausdits noms renonçans, &c. Fait & passé à Paris au Bureau de la Fabrique l'an le a midi. Et ont signé.

Fondation de Prieres.

FUrent présens les sieurs Louis L Jean F François & Jacques G Marguilliers en Charge de l'Oeuvre & Fabrique de Saint de Paris, d'une part. Et Jeanne T veuve d'Etienne O Maître Vitrier à Paris, y demeurante ruë susdite Paroisse Saint d'autre part.

Disant les Parties, sçavoir ladite veuve O que pour la gloire de Dieu, le salut de son ame & de celle de sondit défunt mari & de l'édification du prochain, elle a eu dessein de fonder comme de fait elle fonde par ces présentes en ladite Paroisse de Saint deux Services complets par année, composez chacun de trois Messes hautes, dont la derniere sera de *Requiem*, avec Diacre & Soûdiacre, deux Prêtres en Chappes, & la sonnerie à l'ordinaire.

Et pour cet effet de donner à ladite Fabrique la somme de livres une fois payée, à la charge que ladite Oeuvre & Fabrique fourniroit tous les frais, & que lesdits Services seroient dits & célébrez les des mois de duquel dessein s'étant ouverte ausdits sieurs Marguilliers, & ayant été par eux ladite proposition agréée, a été fait & convenu ce qui suit : C'est à sçavoir que ladite veuve O a présentement baillé & payé ausdits sieurs Marguilliers ladite somme de livres, laquelle ils confessent avoir reçûë d'elle en présence des Notaires soussignez, en louis d'or, d'argent ou monnoye, le tout bon & ayant cours, dont ils sont contens & l'en quitte & décharge; moyennant quoi lesdits sieurs Marguilliers, tant pour eux que pour leurs Successeurs èsdites Charges, ont promis & se sont obligez de faire dire & célébrer en ladite Paroisse Saint par chacune année à perpétuité, lesdits deux Services composez de trois grandes Messes chacun, dont la derniere sera de *Requiem* avec Diacre & Soûdiacre, & deux Prêtres en chappes avec les autres Ecclésiastiques à l'ordinaire. Lesdits jours des mois de & de dont la premiere commencera le jour de demain, & ainsi continuer à perpétuité : & outre de fournir aux dépens de ladite Oeuvre, pain, vin, luminaire, ornemens, & faire la distribution aux pauvres Prêtres; en sorte que l'intention de ladite veuve O soit suivie; laquelle fondation lesdits sieurs Marguilliers s'obligent de faire inscrire dans le Martyrologe de ladite Eglise pour en perpétuer la mémoire, & de faire l'emploi de ladite somme de livres en acquisition d'héritages ou rentes au profit de ladite Oeuvre, & par ladite acquisition faire déclaration d'où seront provenus lesdits deniers, à l'effet duquel emploi ladite somme de livres a été touchée par ledit sieur Louis L seul comme caution, & faisant la recette & dépense de ladite Oeuvre, qui justifiera dudit emploi à ladite veuve O à la premiere commodité qui s'en trouvera; Car ainsi, &c. promettant, &c. obligeant chacun en droit soi, &c. renonçant, &c. Fait & passé à Paris, &c.

Indemnité d'un cautionnement fait envers les Commissaires aux Saisis réelles.

AUjourd'hui est comparu pardevant les Conseillers du Roi, Notaires au Châtelet de Paris soussignez, sieur François-Benoît de V Bourgeois de Paris, y demeurant ruë Paroisse Saint ayant droit par déclaration du sieur Nicolas R aussi Bourgeois de Paris, du Bail judiciaire ci-après énoncé; lequel a reconnu qu'à sa priere & requisition & pour lui faire plaisir, le sieur Pierre B pareillement Bourgeois de Paris, s'est par Acte passé devant lesdits Notaires soussignez, sans Minute, ce jourd'hui rendu & constitué caution dudit sieur de V envers Messieurs Commissaires aux Saisies réelles, tant du payement du prix que de l'exécution des charges & conditions du Bail judiciaire des biens, maisons, héritages & rentes situez & dûës en la Paroisse de G saisis réellement sur Louis D adjugez audit B sous le nom de Me Pierre C Procureur au Parlement, en la Jurisdiction D pour trois ans, si tant dure la Commission, à compter du jour de Saint Martin d'hiver dernier; c'est pourquoi ledit sieur Comparant promet & s'oblige d'acquitter, garantir & indemniser ledit sieur B de l'événement dudit cautionnement & de toutes choses à ce sujet, & faire ensorte qu'il ne soit jamais inquieté ni recherché à cet égard, à peine de tous dépens, dommages & intérêts, & d'y être contraint par les mêmes voyes que ledit sieur B en pourroit être tenu. Elisant à cet effet ledit sieur Comparant, son domicile en sa demeure sus-designée: auquel lieu nonobstant, &c. promettant, obligeant, renonçant. Fait & passé à Paris ès Etudes le mil sept cens Et a signé.

Indemnité à une Caution par les Débiteurs.

PArdevant les Conseillers du Roi, Notaires au Châtelet de Paris soussignez, furent présens Etienne C Maître Tailleur d'habits à Paris, & Jeanne le S à présent sa femme, auparavant veuve de vivant aussi Maître Tailleur d'habits de cette Ville de Paris, ladite le S autorisée dudit C son mari; à l'effet des présentes, demeurans à Paris, ruë Paroisse Saint lesquels ont reconnu & déclaré que ce n'est qu'à leur requête, priere, & pour leur faire plaisir seulement, qu'Etienne V Bourgeois de Paris, s'est les & du présent mois par le procès-verbal des mêmes jours, fait pardevant le sieur Lieutenant Général Civil, & Criminel de la Prévôté de l'Hôtel du Roi & grande Prévôté de France, & acte de soumission fait en conséquence au Greffe de ladite Prévôté de l'Hôtel ledit jour Juin, & en exécution des Sentences du même Juge du dernier, intervenuës entre ledit C le sieur Baron de K les sieurs H B & autres, rendu & constitué caution & principal débiteur pour ledit C tant envers ledit ſieur Baron de K que leſdits ſieurs H de la ſomme de livres ſols en principal intérêts & dépens. Partant, promettent & s'obligent leſdits C & ſa femme, ſolidairement l'un pour l'autre, un ſeul pour le tout, ſans diviſion, diſcuſſion ni fidejuſſion, garantir & indemniſer envers & contre tous ledit ſieur V tant en principal, intérêts, que frais & dépens dudit cautionnement; & faire en ſorte que pour raiſon de ce il ne ſouffre aucune perte ni dommage, ne lui en ſoit fait aucune pourſuite ni demande, & n'en ſoit recherché ni inquieté en quelque ſorte & maniere que ce ſoit, à peine de tous dépens, dommages & intérêts: à quoi leſdits C & ſa femme ſolidairement comme deſſus, ont obligé, affecté & hypothéqué tous & chacuns leurs biens, meubles & immeubles préſens & avenir, même ont conſenti à l'exécution des Préſentes, être pourſuivis & contraints par les mêmes voyes que ledit ſieur V pourroit être contraint, n'ayant icelui ſieur V comme dit eſt, fait ledit cautionnement qu'à leur priere, & pour leur faire plaiſir, éliſans leur domicile ſolidaire & irrévocable en leur ſuſdite demeure: auquel lieu, &c. nonobſtant, &c. promettant, &c. obligeant, &c. ſolidairement comme deſſus, renonçant, &c. Fait & paſſé à Paris ès Etudes l'an mil le jour d a midi, Et ont ſigné.

Indemnité du droit du Dixiéme Denier du revenu d'une Ferme par le Propriétaire d'icelle à ſon Fermier.

PArdevant les Conſeillers du Roi, Notaires au Châtelet de Paris ſouſſignez, fut préſent le ſieur Jean F demeurant Paroiſſe lequel en conſidération du Bail qu'il a paſſé ce jourd'hui devant les Notaires ſouſſignez, au profit du ſieur R des droits par doublement ſur les Boucheries de la Ville de N pour ans mois commencez au premier dernier, moyennant la ſomme de livres & Ferme par chacun an. A par ces préſentes, promis garantir & indemniſer ledit ſieur R même payer en ſon lieu & place, le droit de Dixiéme Denier, du prix de ladite Ferme des droits ſur les Boucheries de N en cas qu'il lui fut demandé par Sa Majeſté, pendant le cours de ſon Bail, ſuivant la Déclaration du Roi du 7. Octobre dernier 1710. ſe réſervant ledit ſieur F audit nom ſon recours, pour ledit droit de Dixiéme Denier du prix de ladite Ferme, contre ledit ſieur Propriétaire deſdits droits ſur les Boucheries de la Généralité de Paris; cette indemnité ne pouvant préjudicier audit ſieur F audit nom, ne l'ayant accordée audit ſieur R que parce que ledit ſieur R n'auroit pas pris ladite Ferme autrement.

A la charge que ces Préſentes reſteront en dépôt ès mains de C . l'un deſdits Notaires ſouſſignez, ſans en délivrer d'expédition aux Parties, que dans le cas que ledit ſieur R devra s'en ſervir à l'encontre dudit ſieur F audit nom, pour ſe diſpenſer de payer ledit droit de Dixiéme denier, ſuppoſé qu'il lui fût demandé ſur le prix de ſa ferme deſdits droits ſur les Boucheries de N & non autrement: Car ainſi a été convenu entre les Parties, qui pour l'exécution des Préſentes ont élû leurs domiciles, &c.

Indemnité d'une rente.

FUrent présens Me Jean-Baptiste G Greffier de l'Audiance du Grand Conseil, & Damoiselle Margueritte P son épouse, de lui pour ce présent autorisée, demeurans à Paris dans la Maison dudit Grand Conseil, sise ruë Saint H Paroisse Saint G Lesquels ont reconnu & confessé qu'à leur priere & requête; & pour leur faire plaisir Dame Anne de V veuve de Georges B Ecuyer, Conseiller Secretaire du Roi, Maison Couronne de France & de ses Finances, a fait prêt à Messire Louis L Conseiller du Roi, Soûdoyen en son Grand Conseil de la somme de livres, pour laquelle il lui a constitué livres de rente par Contrat passé pardevant les Notaires soussignez ce jourd'hui, pour employer le principal à lever aux revenus casuels du Roi livres sols deniers d'augmentations de gages pour être reçû à payer le droit annuel de sa Charge, au moyen de quoi & attendu que ledit sieur G est redevable envers ledit sieur L de pareille somme de livres pour épices & droits de sa Charge, qu'il n'a pû lui fournir présentement pour employer à lever lesdites augmentations de gages, lesdits sieur & Dame G ont promis & promettent solidairement l'un pour l'autre, sans division, discution ni fidejussion, à quoi ils renoncent d'acquitter, garantir & indemniser ledit sieur L du payement, cours & continuation de ladite rente de livres, tant en principal qu'arrérages, frais & loyaux-coûts, lui faire apparoître en fin de chacun quartier des quittances de payement desdits arrérages, au lieu desdites intérêts de la somme dûë audit sieur L suivant la demande qu'elle en a faite audit sieur G par exploit du du présent mois, même lui apporter quittance de rachat ou décharge du principal dans un an prochain, & faire en sorte que pour raison dudit Contrat ledit sieur L n'en soit recherché ni inquieté, à peine de lui rendre & payer comme ils s'obligent, tout ce qu'il en auroit déboursé & payé, avec tous dépens, dommages & intérêt; à quoi faire ils obligent solidairement tous & chacuns leurs biens meubles & immeubles, présens & à venir, sans déroger par ledit sieur L aux droits, actions, préferences & hypothéques par lui acquis sur ledit sieur G pour raison de son dû, ni aux contraintes qu'il pourroit exercer pour raison de ce, & aux poursuites qu'il pourra faire & continuer ainsi que bon lui semblera; & ont élû leur domicile irrévocable en leur demeure ci-devant déclarée: auquel lieu, nonobstant, promettant, obligeant solidairement comme dessus, renonçant, &c. Fait & passé à Paris ès Etudes, l'an mil le jour d Et ont signé ces Présentes délivrées audit sieur L du consentement des Parties.

Intitulé de l'Expédition de la Déclaration imprimée ci-devant page 153.

DAns le Cahier des Déclarations passées à par les Détempteurs & Propriétaires des maisons & héritages qui en relevent devant L & son Confrere Notaires au Châtelet de Paris, est comprise celle dont la teneur ensuit.

Et le mil est comparu &c.

Intitulé d'une Quittance de Ville, donnée par une veuve ès noms.

JEanne P veuve de Nicolas C Maître Doreur à Paris, tant en son nom, à cause de la Communauté de biens qui a été entr'elle, & ledit défunt son mari, & en conséquence du consentement à elle donné par André H Françoise C sa femme, Nicolas L Marie C sa femme, lesdites Françoise & Marie C sœurs, filles dudit défunt C & de ladite P sa veuve, seules enfans & uniques héritieres dudit défunt C leur pere, a reconnu avoir reçû de la somme de &c.

Intitulé d'une Quittance de Rente viagere constituée sur les Aydes & Gabelles.

SIeur Leon P Bourgeois de Paris, y demeurant ruë ayant droit de joüir de la rente ci-après sur la tête & vie de Charlotte P sa fille, à présent Pensionnaire au Couvent des Dames Religieuses de Ladite Charlotte P actuellement vivante, suivant qu'il est justifié par un Acte d'attestation desdites Dames Religieuses dudit Couvent, passé pardevant les Notaires au Duché de le Juin dernier, l'original duquel dûment contrôlé, légalisé & certifié véritable par ledit sieur P lui a été à l'instant rendu. A audit nom reconnu avoir reçû de la somme de

Intitulé de l'Expédition d'une Délibération de Créanciers, tirée d'un Registre.

DU Registre des Délibérations des sieurs & Dames Créanciers de Claude D Marchand M^e^ à Paris, & de Marie M sa femme, étant en la possession de C l'un des Notaires soussignez, Successeur de M. Antoine B ci-devant Notaire, commencé le Avril en a été extrait ce qui suit,

Intitulé d'une quittance d'arrérage de rente viagere sur les Aydes & Gabelles de France.

SIeur Léonard S Bourgeois de Paris, ayant droit de joüir de la rente ci-après sur la tête & vie de Jean S son fils présent, que les Notaires soussignez certifient vivant pour s'être présenté devant eux à l'effet de la présente quittance, demeurant ensemble ruë a icelui sieur S pere audit nom, reconnu & confessé avoir reçû de la somme de, &c.

Intitulé de quittance d'arrérages de rente viagere, donnée par un particulier comme Procureur de celui qui a droit d'en joüir sur la tête & vie d'un autre.

SIeur François L Marchand Bourgeois de Paris, y demeurant ruë au nom & comme Procureur de Damoiselle Pâques le B veuve d'Antoine G demeurante à qui a droit de joüir de la rente ci-après sur la tête & vie d'Angélique G fille dudit défunt & d'elle, laquelle est actuellement vivante, suivant qu'il est justifié par la légalisation de la procuration de ladite Damoiselle le B adressante audit sieur L l'original de laquelle sur papier non-timbré passé pardevant D Notaire Royal de la résidence de présens témoins le icelle dûment légalisée par les Mayeur & Echevins de ladite Ville de le même jour a été rendu audit sieur L après avoir été par lui certifié véritable, & à sa requisition paraphé des Notaires soussignez, audit nom confesse avoir reçu de la somme de, &c.

DES INVENTAIRES.

INventaire, est une description des biens d'un défunt, délaissez après sa mort, laquelle se fait solemnellement & par des Officiers de Justice, pour maintenir les droits de tous ceux qui peuvent y avoir intérêt comme des créanciers, des héritiers & légataires, &c.

Il est important pour les héritiers ou pour le survivant des Conjoints de faire Inventaire dans les régles, le plus diligemment qu'il est possible, 1°. pour justifier de leur bonne foi, 2°. pour faire finir la communauté s'il y en a eu entre le défunt & le survivant, 3°. pour examiner l'état d'une succession, l'accepter ou y renoncer ainsi que l'on juge à propos.

Pour la confection de l'Inventaire, il faut qu'il soit fait par personnes publiques, & ayant droit de le faire, & signé à la fin de chaque vacation par les Parties comparantes, par le Sergent ou Huissier qui a fait la prisée des meubles, & par les Notaires qui l'ont passé & datté.

Pour la perfection de l'Inventaire, il faut qu'il soit clos en Justice dans les trois mois du jour qu'il a été fait & parfait; cette clôture se fait au Greffe, & contient une affirmation des pere ou mere que l'Inventaire est fidéle, & qu'il n'a rien détourné; & le Greffier de la Jurisdiction met au bas de l'Inventaire sur la minute du Notaire, ou sur l'expédition qu'on lui présente: *tenu pour clos le jour*

Il faut qu'un Inventaire soit fait avec un légitime Contradicteur, c'est-à-dire, avec le Tuteur ou Curateur des Mineurs, ou leur subrogé Tuteur, si le survivant gere leur Tutelle.

Déclaration pour équipoler Inventaire.

AUjourd'hui est comparuë pardevant les Conseillers du Roi, Notaires au Châtelet de Paris soussignez, Dame Marie-Anne B veuve de Messire François D Chevalier, Marquis de & autres lieux, d'avec lequel elle étoit séparée de biens par Sentence contradictoirement renduë audit Châtelet le demeurante ruë Paroisse Laquelle a déclaré qu'au jour du décès dudit sieur Marquis d son époux, arrivé en cette Ville le en la maison du sieur C oncle de ladite Dame, scise ruë il n'a laissé aucuns meubles & effets mobiliers, sinon quelque peu de linge & un habit complet de drap noir, perruque, chapeau, bas & souliers, qu'elle a donnez tant à ses domestiques, qu'employez à faire prier Dieu pour lui; & quant aux meubles, tapisserie, vaisselle d'argent, linges & autres meubles meublans dudit défunt, & qui dépendoient de sa Communauté avec ladite Dame, ils lui ont été adjugez en exécution de ladite Sentence de séparation, par le procès-verbal de vente d'iceux, fait par Christophe R Huissier-Priseur audit Châtelet du A l'égard des titres & papiers concernant ses biens immeubles, ladite Dame Comparante a appris qu'ils sont ès mains de affirmant par serment par elle fait & prêté ès mains de l'un desdits Notaires soussignez, n'avoir aucuns autres meubles que ceux portez audit procès-verbal, & que le contenu ci-dessus est véritable, protestant que lorsqu'elle pourra retirer lesdits titres & papiers, & recouvrer quelques effets, si aucuns se trouvent de ladite succession, d'en faire les déclarations & descriptions telles qui seront nécessaires, sans préjudice de ses créances, pour raison de ses dot, doüaire & autres conventions matrimoniales, deüil, frais de maladie & funéraires dudit défunt par elle payez de ses deniers, dont & de ce que dessus ladite Dame Marquise D a requis & demandé Acte ausdits Notaires soussignez, qui lui ont octroyé le présent, pour lui servir & valoir ce que de raison en l'Etude dudit l'un d'iceux le mil a midi, Et a signé.

Intitulé d'Inventaire, quand il y a eu un scellé & qu'il y a un Substitut.

L'An mil le jour d huit heures du matin, à la Requête d'Esther P fille majeure, usante & joüissante de ses biens & droits, demeurante Donataire universelle de défunte Margueritte B au jour de son décès, veuve de Pierre P vivant, faiseur de Battoirs, en la présence de Nicolas L aussi Faiseur de Battoirs à Paris, y demeurant ruë Paroisse habile à se dire & porter héritier de ladite défunte, & en présence de Maître Pierre J Avocat en Parlement & premier Substitut de Monsieur le Procureur du Roi audit Châtelet de Paris, pour l'absence d'Etienne P frere desdits susnommez, aussi habile à se dire & porter héritier de ladite défunte, pour la conservation des droits des Parties, & de qui il appartiendra, par les Conseillers du Roi, Notaires Gardenotes & Gardes-scel au Châtelet de Paris soussignez: A été fait Inventaire & description de tous & chacuns les biens meubles & effets demeurez après le décès de ladite défunte P trouvez & étant dans dépendans de la maison, où elle est décedée, faisant face à représentez par ladite Esther P & Louis R Garçon, Faiseur de Battoirs, demeurant en ladite maison, comme Gardien des scellez apposez sur lesdits biens; après serment par chacun d'eux fait ès mains desdits Notaires soussignez, qu'ils n'en ont rien caché ni détourné, sous les peines de droit en tel cas introduites, à eux expliquées & données à entendre par l'un desdits Notaires en présence de l'autre: lesdits biens meubles prisez & estimez par Daniël D Huissier-Priseur audit Châtelet, ayant été au préalable les scellez, levez & ôtez par Messire Michel M Conseiller du Roi, Commissaire Enquêteur & Examinateur audit Châtelet, lequel les avoit apposez, & ce en vertu de l'Ordonnance de Monsieur le Lieutenant Civil du étant au bas de la Requête à lui présentée, demeurée annexée à son procès-verbal, le tout aux protestations faites respectivement par les Parties énoncées audit procès-verbal dudit sieur Commissaire: Ladite Esther P a déclaré ne sçavoir écrire ni signer, de ce interpellée; & les autres ont signé.

Extrait d'Intitulé d'Inventaire pour mettre en tête de la Procuration d'un défunt à son Cohéritier, &c. pour justifier dudit Inventaire, & à la Requête de qui il a été fait. Cette Procuration est imprimée ci-après au rang des Procurations, *page*

L'Inventaire des biens & effets de la succession de défunt Nicolas G sieur D a été fait par L l'un des Notaires soussignez & son Confrere, en datte au commencement du à la Requête de Dame Geneviéve

G veuve du sieur François S Bourgeois de Paris, & de François M Ecuyer, Conseiller, Secretaire du Roi, Maison Couronne de France & de ses Finances, au nom & comme conjointement Exécuteurs du Testament & Ordonnance de derniere volonté dudit sieur D leur frere & oncle, & en qualité d'habiles à se dire & porter héritiers chacun pour moitié dudit défunt sieur D comme il est plus au long mentionné audit Inventaire, dont ledit L a la minute.

Extrait d'une clôture de vacation d'un Inventaire fait après le décès d'un défunt, à la Requête des Héritiers de sa succession, pour justifier que les Parties ont consenti la vente des effets; & que sur le produit d'icelle, l'Huissier paye au principal Locataire de la maison, où étoient les meubles & effets, la somme à laquelle ils sont convenus à l'amiable.

PAr la clôture de la Vacation du mil à midi sonné, en l'Inventaire fait après le décès de défunt Jacques L Ecuyer sieur D en datte au commencement du par C l'un des Notaires soussignez, & son Confrere, à la Requête de Messire François L Prevôt de l'Eglise Collégiale de & de Dame Marie-Anne L veuve de Messire Jacques D Ecuyer, Seigneur D & autres lieux, frere & sœur dudit défunt.

Appert lesdites Parties avoir consenti que le sieur R Huissier-Priseur, qui a prisé les meubles mentionnez audit Inventaire en fasse la vente, & que sur le prix d'icelle, il paye au sieur Gabriel L Marchand Fruitier, principal Locataire de la maison où il demeure livres, dont il est convenu avec les Parties par accommodement, tant pour le loyer des lieux qu'il a prêté pour serrer les meubles dudit défunt, que pour l'appartement qu'il lui avoit loüé pour entrer audit jour ayant toutes les Parties consenti que ledit L dispose dès-à-présent desdits lieux, & aussi pour l'embarras qu'il a eu dans le cours dudit Inventaire, & celui de la vente qui se fera comme dit est, & l'ont les mêmes Parties déchargé à pur & à plein de tous lesdits meubles & de toutes choses généralement quelconques.

Ce que dessus, pris, extrait & collationné par les Conseillers du Roi, Notaires à Paris soussignez, sur la minute dudit inventaire étant en la possession dudit C l'un d'iceux, le

Etat & Mémoire en forme d'Inventaire sous seings-privez à l'amiable des biens meubles & autres effets de la succession d'un défunt par sa veuve & héritiers.

NOus soussignez Catherine P veuve du sieur Rolland Q vivant Bourgeois de Paris, habile à me porter commune en biens avec lui, sauf à y renoncer ci-après, si je le juge à propos, d'une part. Et nous Jacques & François Q enfans dudit défunt Rolland Q & de ladite Catherine P à présent sa veuve, habiles à nous dire & porter héritiers chacun pour moitié de notredit pere, sauf ci-après à renoncer à sa succession, si nous le jugeons à propos par conseil, d'autre part. Ce jourd'hui jour d mil sommes convenus ensemble de ce qui ensuit.

C'est à sçavoir, que moi veuve Q ayant témoigné à mesdits enfans que pour satisfaire à la Coutume & dissoudre la Communauté de biens, qui a été entre mondit défunt mari & moi; mon dessein étoit de faire faire en Justice par les Notaires & Huissier du Châtelet en la maniere accoutumée, un Inventaire des biens qui étoient communs entre mondit défunt mari & moi, & le faire clore dans le tems porté par ladite Coutume; mesdits enfans m'ont remontré, qu'étant majeurs, n'y ayant pas eu de scellé après le décès de mondit mari, ses meubles n'ayant pas été exécutez, & ne paroissant aucun Créancier de leurdit pere, il étoit très-inutile de faire faire un Inventaire en Justice, qui ne produiroit que de grands frais, lesquels consommeroient une bonne partie du peu de biens délaissé par leurdit défunt pere, & qu'il suffiroit de faire entre nous à l'amiable sous nos seings privez un Etat & Mémoire de la consistance desdits biens & effets, & la prisée d'iceux à l'amiable, & qu'ils consentoient qu'au moyen de ce ladite Communauté demeurera dissoluë; ce que moi veuve Q ai bien voulu accorder à mesdits enfans, sans préjudice néanmoins à moi de me pourvoir pour la repétition, tant de mes droits à moi acquis par mon Contrat de mariage, qu'autrement, contre qui & ainsi que j'aviserai bon être; & en conséquence desquels nos consentemens réciproques, nousdites veuve & enfans dudit sieur Q avons procedé à la prisée & estimation à l'amiable desdits meubles & effets à leur juste valeur & sans cruë, ainsi qu'il ensuit.

Premiérement, dans *tel endroit*, *telle chose*, prisée, *tant*, ci

Item. *Telle chose, &c. Et ainsi continuer jusqu'à la fin, qu'il faut signer triple.*

Formules de differens Inventaires.

Inventaire des biens d'un défunt à la Requête de ses héritiers & Exécuteurs Testamentaires.

L'An mil le jour d huit heures du matin, à la Requête de Damoiselle Geneviéve G veuve du sieur François D Bourgeois de Paris, y demeurante ruë Paroisse & de Luc B Ecuyer, Conseiller, Secretaire du Roi, Maison Couronne de France & de ſes Finances, demeurant à Paris ruë ſuſdite Paroiſſe, au nom & comme exécuteur conjointement du teſtament & ordonnance de derniere volonté de Nicolas G ſieur de leurs frere & oncle, reçû par L l'un des Notaires ſouſſignez & ſon Confrere, le jour d dernier, viſé au Greffe des Inſinuations Laïques du Châtelet de Paris, ſuivant l'Ordonnance, le du préſent mois, & en qualité d'habiles à ſe dire & porter héritiers chacun pour moitié dudit défunt ſieur de Pour la conſervation de ſes biens & droits & de qui il appartiendra, a été par les Conſeillers du Roi, Notaires Gardenottes & Gardes-ſcel audit Châtelet de Paris ſouſſignez, fait fidéle inventaire & deſcription des biens, meubles, meublans, titres, papiers & enſeignemens, étant de la ſucceſſion dudit défunt ſieur de & par lui délaiſſez ès lieux qu'il occupoit dans la maiſon où eſt demeurante actuellement ladite Damoiſelle ſa ſœur, & où il ſeroit décedé le jour dudit mois d repréſentez & mis en évidence par Jean M dit Picard, Laquais & Domeſtique dudit défunt ſieur de qui a fait ſerment ès mains deſdits Notaires ſouſſignez, de les bien & fidélement répréſenter ſans aucuns receler, ni détourner ſous les peines de droit en tel cas introduites, & qui lui ont été données à entendre par leſdits Notaires: leſdits biens, meubles, &c. priſez & eſtimez par Jacques C Huiſſier-Priſeur, Commiſſaire audit Châtelet, qui a ſerment en Juſtice a promis faire ladite priſée en ſa conſcience, eu égard au cours du tems préſent aux ſommes de deniers & ainſi qu'il enſuit; & ont ſigné.

Dans la Cave.

Premiérement priſé la ſomme de ci

Dans une Chambre au étage, ayant vûë ſur

Item. priſé comme tel quel ci

Dans un Cabinet attenant ladite Chambre.

Item. - - - -

Dans la Garde-robbe auſſi à côté.

Item. - - - -

Item. - - - -

Dans une Armoire étant dans ladite Garde-robbe.

Item. - - - -

Dans la Cour ſous la Remiſe.

Item. - - - -

Dans l'Ecurie.

Item. - - - -

Premiere Vacation du matin.

Ce fait après avoir vacqué juſqu'à midi ſonné, tout le contenu priſé en la préſente vacation, eſt demeuré en la garde & poſſeſſion deſdites Dame D & ſieur B & l'aſſignation a été priſe pour la continuation du préſent Inventaire, à ce jourd'hui deux heures de relevé. Et ont ſigné.

Intitulé de la ſeconde Vacation après-midi.

Dudit jour deux heures de relevée èſdites Requêtes & Préſence a été par leſdits Notaires continué le préſent Inventaire, ainſi qu'il enſuit.

Papiers.

Papiers.

Item. piéces, la premiere eſt du jour d mil ſous leurs ſignatures privées. La ſeconde eſt reconnuë pardevant Notaire, le jour d mil en marge de laquelle eſt V La troiſiéme du eſt paſſé pardevant & Notaires à Paris, le jour d mil Et la & derniere eſt leſdites piéces inventoriées l'une comme l'autre ſous la cotte. - - - - un.

Item. piéces avec leſquelles s'en ſont trouvées pluſieurs autres, qui ſont le tout au nombre de piéces cottées & paraphées par premiere & derniere, & inventoriées ſur leſdites premiere & derniere, pour le tout. - - - - deux.

Derniere Vacation.

Ce fait ne s'étant plus rien trouvé à inventorier, leſdits titres & papiers ſont pareillement reſtez en la garde & poſſeſſion deſdites Dame D & ſieur B pour les repréſenter toutes fois & quantes, s'il eſt néceſſaire. Et ont ſigné.

Adition audit Inventaire, lorſque par inadvertance les héritiers ont oublié de faire inventorier quelques effets de la ſucceſſion, qui ſont venus depuis à leur connoiſſance.

Et le jour d huit heures du matin, ſur le Requiſitoire de ladite Damoiſelle D & ſieur B èſdits noms & qualités. Leſdits Notaires ſe ſont tranſportez en la maiſon d'icelle Dame D où eſt décedé ledit défunt ſieur de où étant ils auroient déclarez avoir trouvez dans le coffre fort dudit défunt pluſieurs papiers & titres qui ſont encore de ladite ſucceſſion qu'ils déſirent faire inventorier par adition au préſent Inventaire, à quoi a été procedé ainſi qu'il enſuit.

Item. Ladite Dame D pour l'arrangement & connoître nettement les biens immeubles de ladite ſucceſſion, a repréſenté une tranſaction qu'elle a tirée de ſes papiers particuliers, paſſée entre inventoriée trois.

Item. inventorié quatre.

Clôture de la premiere Vacation d'adition.

Ce fait après avoir vacqué juſqu'à midi ſonné les titres & papiers ci-deſſus inventoriés, ſont demeurez en la garde & poſſeſſion deſdites Dame D & ſieur B & l'aſſignation priſe pour achever l'inventorié deſdits papiers à prochain du préſent mois & an; & ont ſigné.

Même ſtile pour le commencement de la derniere Vacation, & fin d'icelle que ci-deſſus.

Inventaire à la Requête d'une Veuve en son nom & comme Tutrice des enfans Mineurs de défunt son mari & elle, en présence du subrogé Tuteur desdits Mineurs.

L'An mil le jour d huit heures du matin, à la Requête de Marie-Thérese G veuve de défunt Jean P Marchand de cheveux à Paris, y demeurante ruë Paroisse tant en son nom, à cause de la communauté de biens qui a été entre ledit défunt & elle, sauf à l'accepter où y renoncer comme elle avisera par conseil, qu'au nom & comme Tutrice de Jean-Nicolas âgé de ans, Antoine âgé de ans, Marie âgée de ans & demi, & Louise P âgée de ans, le tout ou environ, enfans mineurs dudit défunt & d'elle, habiles à se dire & porter héritiers, chacun pour un quart dudit défunt Jean P leur pere, en la présence de Christophe L Marchand Bourgeois de Paris, y demeurant & susdite Paroisse, subrogé Tuteur desdits Mineurs, lesdits Tutrice & subrogé Tuteur élûs èsdites charges, par l'avis des parens & amis desdits Mineurs, homologué par Sentence du Châtelet de Paris, du jour d dernier, étant au Registre de l'aîné, Greffier; lesquelles charges ils ont acceptez le même jour par acte étant au bas, à la conservation des droits des Parties & de qui il appartiendra, a été par les Conseillers du Roi, Notaires Gardenottes & Gardes-scel au Châtelet de Paris soussignez, fait bon & fidéle Inventaire & description des biens meubles, meublans, ustanciles d'Hôtel & de ménage, habits, linges, hardes, titres, papiers, enseignemens, marchandises, & autres effets qui étoient communs entre ledit défunt Jean P & ladite Marie-Thérese G sa femme, a présent sa Veuve, trouvez après son décès arrivé le du présent mois, étant ès lieux ci-après désignez, représentez & mis en évidence par ladite Veuve, & par la nommée D sa servante, qui ont promis de n'en cacher ni détourner aucuns, sous les peines de droit à elles donnez à entendre, après serment par elles fait ès mains desdits Notaires, lesdits meubles & choses sujettes à prisée, prisées & estimées par Guillaume C Huissier-Priseur, Commissaire, qui a serment en Justice, a promis faire ladite prisée en sa conscience, eu égard au cours du tems présent, aux sommes de deniers, le tout comme il ensuit; & ont signé.

Dans la Cave.

Premierement. prisé la somme de livres, ci

Dans la Cuisine par bas.

Item. prisé le tout ensemble la somme de ci

L'énoncé de la Vaisselle d'étain se fait ainsi.

Item, en pots, plats, assiettes & autres ustanciles d'étain sonnant la quantité de livres pesant, prisez la livre à raison de sols, ladite quantité revenant audit prix à la somme de livres, ci

Item, en autres ustanciles d'étain commun, la quantité de livres pesant, prisez la livre a raison de sols, ladite quantité revenant audit prix à la somme de livres, ci

Dans une petite Gallerie servant de passage à ladite Cuisine.

Item. - - - - -

Dans une Salle par bas ayant vûë sur la Cour.

Item. - - - - -

Dans une Chambre au premier étage, ayant vûë sur ladite Cour & sur

Item. - - - - -

Ensuivent les habits qui étoient à l'usage dudit Défunt.

Item. - - - - -

Clôture de la premiere Vacation.

Ce fait après avoir vacqué jusqu'à midi sonné, tout le contenu inventorié en la présente Vacation, est du consentement dudit subrogé Tuteur, laissé en la garde & possession de ladite veuve P qui s'en est chargée comme dépositaire de biens de Justice, & l'assignation prise pour la continuation du présent Inventaire, à ce jourd'hui deux heures de relevée ; & ont signé.

Intitulé de la seconde Vacation.

Dudit jour audit an, mil deux heures de relevé, a été èsdites Requêtes, & présence des Parties continué le présent Inventaire, ainsi qu'il ensuit.

Ensuivent les habits à l'usage de ladite Veuve.

Item. - - - - -

Ensuit le linge.

Item. - - - - -

Déclaration intermédiaire, faisant mention qu'attendu la petite quantité & peu de valeur du linge de la Veuve, n'en a été fait aucune prisée.

N'a été fait aucune prisée des chemises de ladite Veuve, ne s'en étant trouvé qu'une demie douzaine très-usée qu'elle a retenuë.

Bijoux.

Item. - - - - -

Vaisselle d'argent.

Enoncé de la vaisselle d'argent.

Item. le tout d'argent poinçon de Paris, pesant ensemble marcs onces gros prisé le marc à sa juste valeur & sans cruë la somme de livres, ladite quantité revenant audit prix à la somme de ci

Nota. *Lorsqu'il s'y trouve des marchandises faisant partie des effets de la succession, lesquelles ne peuvent être prisées par l'Huissier, on mande deux Marchands de la même marchandise qui en font la prisée sans cruë avec ledit Huissier, en prêtant serment au préalable par les Marchands ès mains des Notaires, & l'intitulé d'icelle prisée se fait comme ci-endroit.*

Ensuivent les marchandises de cheveux aussi prisées par ledit Huissier, de l'avis des sieurs Jean R & Romain F Marchands de cheveux, demeurans Paroisse, qui ont fait serment ès mains desdits Notaires, de donner leursdits avis en leur conscience & sans cruë, selon & ainsi qu'il ensuit.

Item. livres de cheveux de couleur prisez la livre livres, ladite quantité revenant audit prix à la somme de livres, ci

Item. Toutes lesdites marchandises de cheveux montant en totalité à la somme de livres, ci

Et ont lesdits sieurs R F & C signé leur prisée en cet endroit.

Papiers.

Premiérement inventorié un.

Item. - - - -

Et ainsi continuer comme au modéle précédent.

Nota. *Quand il se trouve des Billets sur le Roi, après les avoir spécifiez on finit l'article en ces termes :*

Lesdits Billets comme espéces, n'ont point été paraphés partant tiré pour Mémoire.

Déclaration & protestation réciproque par la Veuve & le subrogé Tuteur.

Après lequel inventorié ladite Dame P a déclaré qu'elle a connoissance que partie desdites dettes mentionnées ès piéces ci-dessus inventoriées, sont dûës par gens insolvables, pourquoi elle proteste de n'en être point tenuë, défense au contraire par ledit sieur L subrogé Tuteur; & ont signé.

Plus, déclare ladite veuve P qu'il est dû par la communauté d'entre ledit Défunt & elle. - - - -

Plus, - - - -

Et a ladite Veuve signé en cet endroit.

Et par ledit sieur L subrogé Tuteur pour l'intérêt desdifs Mineurs a été protesté que la déclaration ci-dessus ne pourra leur nuire ni préjudicier; & a signé.

Clôture de la derniere Vacation.

Ce fait ne s'étant plus rien trouvé a inventorier tout le contenu au présent Inventaire, est du consentement dudit sieur subrogé Tuteur, demeuré en la garde & possession de ladite Dame veuve P qui s'en est chargée comme dépositaire de biens de Justice pour les représenter quand & à qui il appartiendra; & ont signé.

Nota. *Tel inventaire est fait pour dissoudre la communauté de biens qui étoit entre le défunt & sa veuve; & à cet effet ledit Inventaire doit être clos en Justice dans les trois mois du jour du décès, autrement ladite communauté continuë avec les enfans héritiers du défunt, & la veuve a quarante jours après pour délibérer si elle acceptera la communauté, ou y renoncera, de même que l'héritier pour prendre la succession ou y renoncer.* Voyez tout le septiéme titre de l'Ordonnance de 1667. & aussi les 237. & 241. art. de la Coûtume de Paris.

La veuve doit faire faire bon & loyal inventaire avant que de faire sa renonciation selon ledit article 237. de ladite Coûtume, & si elle avoit soustrait ou recellé des biens de la communauté, elle doit être privée de la part qui lui appartient ausdits biens par elle soustraits; ainsi jugé encore que ladite Coûtume n'en dispose point.

Après le trépas de l'un des conjoints, les biens de leur communauté se partagent par moitié entre le survivant & les héritiers du défunt, selon le 229. article de ladite Coûtume, & sera observé que sur la part du défunt se prennent les frais funéraires, dons & legs testamentaires par lui faits, de sorte que le survivant n'en paye rien sur sa part: Et cela est ainsi gardé par l'usage commun, tant du Châtelet que de la Cour, parce que ce ne sont point charges de communauté, mais dettes qui ne commencent & qui n'ont leur date que du moment du décès du défunt. Voyez les 296. & 298. art. de la Coûtume de Paris.

Nota. *Quand il arrive des contestations entre les parties en procédant à l'Inventaire, elles sont écrites par le Commissaire dans son procès-verbal de la levée dudit scellé, & quelquefois ces contestations se trouvant de conséquence, si le Commissaire ne les regle, il les renvoye pardevant Monsieur le Lieutenant Civil. C'est pourquoi les Notaires n'écrivent rien de ces contestations dans leurs inventaires; mais en finissant la vacation, ils font mention audit Inventaire (* que sur les contestations survenuës entre les parties en procédant audit Inventaire, ledit Commissaire les a renvoyées par-devant ledit sieur Lieutenant Civil) *à cause de quoi ni le Commissaire, ni les Notaires, ne font point mention dans l'inventaire ni dans le procès-verbal de la remise pour la continuation dudit inventaire, parce qu'il faut attendre que ledit sieur Lieutenant Civil ait reglé lesdites contestations; cela fait lesdites parties prennent jour, ou font donner des assignations aux intéressez à certain jour & heure pour continuer l'inventaire; & pour y procéder, les Notaires commencent ladite continuation à l'ordinaire.*

Inventaire à la Requête d'un seul & unique héritier d'un Défunt.

L'An mil le Lundi jour d huit heures du matin, à la Requête de Margueritte D fille majeure joüissante de ses droits, demeurante à Paris Cloître & Paroisse Saint habile à se dire & porter seule & unique héritiere de défunt Maître Jean D ancien Officier de la Monnoye son pere, & créanciere de sa succession, à la conservation des droits de qui il appartiendra, a été par les Conseillers du Roi, Notaires au Châtelet de Paris soussignez, fait inventaire & description des habits, linges & hardes qui servoient & étoient à l'usage dudit défunt sieur D qui sont les seuls meubles & effets de sa succession trouvez, & étant en l'appartement qu'occupe actuellement ladite D au étage de la maison où elle est comme dit est demeurante, & où elle logeoit & nourrissoit sondit pere du bien & revenu d'elle, montrés & enseignés ausdits Notaires par ladite D pour être mis & redigez au présent Inventaire, après serment par elle fait ès mains desdits Notaires de le tout représenter, sans en cacher aucuns, sous les peines de droit introduites à elle données à entendre par lesdits Notaires, lesdits habits, linges & hardes, prisez & estimez par Etienne B Huissier-Priseur audit Châtelet, qui a promis faire ladite prisée en sa conscience, comme il ensuit; & ont signé.

Dans ladite Chambre.

Premiérement. - - - -

Item. - - - -

Lorsque l'Inventaire se finit ou la premiere Vacation, & que l'héritier a la Requête de qui il est fait renonce à la succession du défunt, on finit aux termes ci-après.

Le présent Inventaire entiérement achevé, le contenu en icelui est demeuré en la possession de ladite D qui s'en est chargée & charge par ces présentes, pour les représenter quand & à qui il appartiendra. Et icelle D estimant la succession dudit défunt son pere, plus onéreuse que profitable, a renoncé par ces présentes à icelle, affirmant n'avoir pris ni appréhendé aucuns biens d'icelle, & contre laquelle succession elle se réserve de se pourvoir pour le payement des sommes qui lui sont dûës en principaux, intérêts & frais qu'elle déduira plus amplement en tems & lieu, & a ladite D signé & ledit B a pareillement signé la prisée ci-dessus.

Inventaire des biens & effets de la succession d'un défunt à la Requête de sa Veuve, tant en son nom que comme Tutrice de leurs enfans mineurs en la présence du subrogé Tuteur, & lorsqu'il y a un scellé apposé sur lesdits biens par un Commissaire.

L'An mil le jour d huit heures du matin, à la Requête de Damoiselle Françoise F veuve du sieur Antoine T Marchand Epicier, Bourgeois de Paris, y demeurante ruë Paroisse tant en son nom, à cause de la communauté de biens qui a été entre ledit défunt & elle, que comme Tutrice de Marie T âgée de ans ou environ, fille unique dudit Défunt & d'elle, & habile à se dire & porter seule & unique héritiere dudit défunt sieur son pere, & en la présence de sieur Claude P Bourgeois de Paris, oncle à la mode de Bretagne de ladite Mineure, demeurant ruë au Marais du Temple, Paroisse Saint au nom & comme subrogé Tuteur d'icelle mineure, ladite Veuve & lui élûs esdites charges, par l'avis des parens & amis d'icelle mineure, homologué par Sentence du Châtelet de Paris, renduë par M. le Lieutenant Civil, le du présent mois, étant au Registre de Greffier de la Chambre Civile; lesquelles charges, ils ont accepté par Acte ensuite desdits jour & an, pour la conservation des biens & droits des parties & de qui il appartiendra, va être par les Conseillers du Roi, Notaires Gardenotes & Gardes-scel au Châtelet de Paris soussignez, fait fidéle inventaire & description des biens meubles, meublans, ustanciles d'Hôtel & de ménage, marchandises, habits, linges & hardes, argent monnoyé & non monnoyé, titres, papiers, enseignemens & autres choses qui étoient communs entre ledit défunt sieur Antoine T & ladite Damoiselle Françoise F sa veuve, trouvez & étant ès lieux qu'ils occupoient en une maison dite ruë où ledit Défunt est décédé le du présent mois, représenté & mis en évidence par ladite Veuve, par Gilles G garçon de boutique & par Marie C servante, après serment par chacun d'eux séparément fait ès mains desdits Notaires de tous lesdits biens, marchandises & effets, entiérement montrer & déclarer sans aucuns resceller sous les peines de droit, en tel cas introduites qui leur ont été données à entendre par lesdits Notaires, lesdits biens, meubles, prisez & estimez par Pierre M Huissier-Commissaire-Priseur au Châtelet, qui a serment en Justice fera ladite prisée en sa conscience, eû égard au cours du tems présent, aux sommes de deniers, selon & ainsi qu'il ensuit, après que les scellez aposez sur lesdits biens, marchandises & effets, par Maître L Conseiller du Roi, Commissaire-Enquêteur & Examinateur audit Châtelet, ont été par lui reconnus sains & entiers, levez & ôtez de la permission de M. le Lieutenant Civil, étant au bas de la Requête à lui présentée à cet effet, & demeurée annexée à la minute du procès-verbal dudit sieur Commissaire; & ont signé.

Dans la Cave.

Premiérement, prisé la somme de ci

Dans la Cuisine.

Item. - - - -

Dans une petite Salle à côté du Magazin.

Item. - - - -

Dans une petite Chambre au premier étage ayant vûë sur la Cour.

Item. - - - -

Dans la Grand-Chambre attenant ayant vûë sur la premiere Cour.

Item. - - - -

Clôture de la premiere Vacation du matin.

Ce fait après avoir vacqué jusqu'à midi sonné, ce que dessus prisé, est du consentement dudit subrogé Tuteur, demeuré en la garde & possession de ladite Damoiselle veuve T qui s'en est èsdits noms chargée pour les représenter, quand, à qui & ainsi qu'il appartiendra, & l'assignation continuée à cedit jour deux heures de relevée; & ont signé.

Intitulé de la seconde Vacation après midi.

Dudit jour d mil deux heures de relevée, a été par lesdits Notaires èsdites Requête & présence, continué le présent Inventaire comme il ensuit.

Dans une Chambre en aîle sur la deuxiéme cour au troisiéme étage.

Item. - - - -

Dans une autre Chambre au quatriéme étage.

Item. - - - -

Dans le Magazin les scellés préalablement levez & ôtez.

Item. - - - -

Intitulé de la prisée sans cruë des Marchandises faites par l'Huissier & Gens à ce connoissans, dont les Parties sont convenus comme au modele ci-devant.

Ensuivent les marchandises aussi prisées par ledit M Huissier-Priseur, de l'avis des sieurs Jean A & Louis R Marchands Epiciers-Droguistes, demeurans sçavoir ledit sieur A rue Paroisse & ledit sieur R rue susdite Paroisse, dont lesdits Tutrice & subrogé Tuteur sont de part & d'autre convenus à cet effet, lesquels sieurs A & R pour ce présent ont fait serment ès mains desdits Notaires, de donner leursdits avis en leur conscience à juste valeur & sans crue; & ont signé.

Dans ledit Magazin.

Item. - - - -

Clôture d'une Vacation suivante.

Ce fait après avoir vacqué jusqu'à six heures sonnées, lesdites marchandises & autres choses sus-prisées, sont du consentement dudit sieur subrogé Tuteur demeurées en la garde & possession de ladite veuve T èsdits noms, qui s'en est chargée pour les représenter pareillement, à qui & ainsi qu'il appartiendra, & l'assignation continuée à demain huit heures du matin; & ont signé.

Intitulé d'une autre Vacation.

Du lendemain Mardi huit heures du matin desdits mois de & an mil a été èsdites Requêtes & présence par lesdits Notaires, continué le présent Inventaire comme il ensuit.

Suivent les marchandises trouvées dans une petite chambre appellée le Cabinet ayant vûe sur la seconde cour, les scellez dudit sieur Commissaire préalablement levés suivant qu'il est porté en son procès-verbal.

Item. - - - -

Clôture de ladite Vacation.

Ce fait après avoir vacqué jusqu'à midi sonné, lesdites marchandises prisées en la présente Vacation, sont pareillement du consentement dudit sieur subrogé Tuteur, demeurées en la garde & possession de ladite Damoiselle veuve T qui s'en est chargée pour les représenter quand & à qui il appartiendra, & l'assignation continuée à ce jourd'hui deux heures de relevée, & ont signé.

Intitulé d'une Vacation intermédiaire, lorsque l'on ne la commence pas au jour pris à la clôture de la précédente, attendu l'assignation contraire convenue entre les Parties verbalement.

Du Mercredi d audit an mil huit heures du matin, suivant l'assignation convenue entre les Parties, au lieu de celle remise au jour d'hier deux heures de relevée, a été en continuant par lesdits Notaires, la confection du présent Inventaire, procédé à la Requête & en présence desdites Parties, ainsi qu'il ensuit & fait la prisée des marchandises restantes, de l'avis comme dit est des sieurs A & R Marchands Epiciers-Droguistes, ci-dessus nommez conjointement avec ledit M Huissier-Priseur. Le tout à juste valeur & sans crue.

Item. Et ont lesdits sieurs A & R signé en cet endroit.

Dans le passage commun servant de Boutique par bas.

Item. - - - -

Ensuit le linge.

Item. - - - -

Ensuivent

Ensuivent les habits.

Item. - - - -

Ensuit la Vaisselle d'argent.

Item. - - - -

Clôture de ladite Vacation.

Ce fait après qu'il a été vacqué jusqu'à midi sonné, toutes les choses inventoriées en la présente Vacation ont été du consentement dudit sieur P audit nom de subrogé Tuteur, laissées en la garde & possession de ladite Damoiselle veuve T qui s'en est volontairement chargée comme dépositaire de biens de Justice, & l'assignation continuée à ce jourd'hui deux heures de relevées, & ont signé.

Intitulé de la Vacation suivante.

Dudit jour deux heures de relevée, a été par lesdits Notaires èsdites Requête & Présence, continué le présent Inventaire comme il ensuit.

Ensuivent les papiers qui ne se sont point trouvez sous les scellez, & que ladite Damoiselle veuve T a représentez, après déclaration par elle faite, qu'elle les a retirés de ceux à qui ledit défunt les avoient mis.

Premiérement. inventorié. un.

Suivent aussi les autres papiers trouvez sous les scellez dudit sieur Commissaire.

Item. Un billet signé, femme de Michel M au profit de la Damoiselle T de la somme de livres, en datte du jour d mil inventorié. deux.

Déclaration & protestation par la Veuve contre l'inventorié dudit Billet, attendu qu'il n'appartient pas à la succession & qu'elle n'en est que dépositaire.

Après l'inventorié du présent Billet, ladite Damoiselle veuve Antoine T a déclaré qu'il n'appartenoit point à la communauté d'entre ledit défunt & elle; mais bien à la Demoiselle sa sœur Angelique, veuve du feu sieur T pere, qui fait négoce de pierreries, suivant qu'il est porté en la cause dudit Billet, & lequel elle lui a donné à garder; pourquoi elle proteste que ledit Inventaire ne pourra lui nuire ni préjudicier, & a signé en cet endroit.

Item. inventorié. trois.

Déclarant ladite veuve T qu'au jour du décès dudit défunt son mari, elle avoit la valeur de livres, qui ont été consommées dans le ménage jusqu'à ce jour, n'ayant pendant le cours du scellé pû vendre de marchandises attendu icelui scellé.

Autres déclarations & protestations par la Veuve.

Dettes passives.

Déclare aussi ladite Veuve qu'il est dû par sa communauté. - -

Plus, - - - -

Autre déclaration par la Veuve des effets de peu de valeur étant en un autre endroit, ne méritant être inventoriez.

Déclarant que dans la maison de il y a les meubles meublans qui suivent, sçavoir attendu leur peu de valeur, qu'ils n'ont point mérité le transport des Officiers, & a ladite Veuve signé en cet endroit.

Clôture de la derniere des Vacations.

Ce fait ne s'étant plus rien trouvé, tout le contenu au présent Inventaire est, du consentement dudit sieur subrogé Tuteur, demeuré en la garde & possession de ladite Damoiselle veuve T qui s'en est chargée pour le représenter, quand, à qui & ainsi qu'il appartiendra; & ont signé.

Inventaire fait à la Requête d'un homme veuf & de son fils.

L'An mil le jour d huit heures du matin, à la Requête du sieur Jean B Maître Barbier-Perruquier, Baigneur-Etuviste à Paris, demeurant ruë Paroisse Saint en son nom, à cause de la communauté de biens qui a été entre lui & défunte Marguerite L sa femme, comme aussi à la Requête de S. Germain-Valentin B aussi Maître Barbier-Perruquier à Paris, y demeurant ruë Paroisse fils dudit sieur Jean B & de ladite défunte Marguerite L & habile à se dire & porter seul & unique héritier de ladite défunte sa mere pour la conservation des biens, droits des Parties & de qui il appartiendra, sera par les Conseillers du Roi, Notaires Gardenotes & Gardes-scel au Châtelet de Paris soussignez, fait fidéle Inventaire & description des biens, meubles, meublans, ustanciles d'hôtel & de ménage, habits, linges, hardes, titres, papiers, enseignemens, & autres choses étant de la communauté de biens qui a été entre ledit sieur Jean B & ladite défunte Marguerite L sa femme, trouvées & étant ès lieux qu'ils occupoient, dépendans d'une maison dont ledit sieur B pere, est principal Locataire, scize dite ruë & où ladite défunte seroit décedée, le jour d mil représentés & mis en évidence par ledit sieur B pere, par Michel D & Henri C Garçons de Boutique, la nommée Claude V veuve de Jean P Ouvriere de Boutique, & par Anne T Servante domestique dudit sieur B pere, après serment pris par chacun d'eux séparément, fait ès mains desdits Notaires, de tous lesdits biens & effets représenter & entiérement indiquer & déclarer, sans aucuns receler, sous les peines de droit en tel cas requises, qui leur ont été à chacun d'eux donnés à entendre, lesdits biens, meubles & marchandises prisées & estimées par Etienne E Huissier-Commissaire-Priseur au Châtelet de Paris, qui a serment en Justice, fera ladite prisée en son ame & conscience, eû égard au cours du tems présent, aux sommes de deniers, & ainsi qu'il ensuit, & ont signé.

Dans une salle par bas servant de Cuisine.

Premiérement. Prisé ensemble avec la somme de livres, ci

Item. - - - -

Dans la Boutique à côté.

Item. - - - -

Dans une Chambre ensuite de ladite Boutique.

Item. - - - -

Dans une Chambre au premier étage ayant vûë sur la ruë.

Item. - - - -

Dans une petite Chambre à côté ayant vûë sur

Item. - - - -

Dans une Chambre au second étage ayant vûë sur ladite ruë

Item. - - - - -

Dans une autre Chambre audit second étage ayant vûë sur les ruës

Item. - - - -

Dans un petit Cabinet à côté de ladite Chambre.

Item. - - - -

Dans la Chambre où couche la Servante au cinquiéme étage.

Item. - - - -

Ensuit le linge.

Item. - - - -

Lorsqu'on ne fait point la prisée du linge à l'usage du Veuf, attendu que le fils le consent ou en fait mention comme ci-endroit.

A l'égard du linge attaché à la personne du sieur B pere, du consentement dudit sieur son fils, n'en a été fait aucune prisée, pour lui demeurer sans en tenir aucun compte, étant d'ailleurs consideré de petite conséquence comme très-usé.

Ensuivent les habits à l'usage de ladite défunte.

Item. A l'égard de deux habits à l'usage dudit sieur B pere, l'un de draps gris & l'autre noir, n'en a été fait aucune prisée, & lui ont été laissés pour son usage du consentement dudit sieur son fils.

Vaisselle d'argent.

Item. *Telle & telle chose, & continuer comme à la formule précédente.*

Lorsqu'il se trouve des marchandises faisant partie des effets de la succession, les Parties étant de même profession, elles en font ordinairement elles-mêmes la prisée sans cruë avec l'héritier, sans mander d'autres gens à ce connoissans, comme il est dit ci-devant; ce qui se fait principalement lorsqu'il y a peu de marchandises, & l'intitulé d'icelle prisée se fait simplement au terme ci-après.

Ensuivent les marchandises de cheveux, prisées à leur juste valeur & sans cruë, de convention expresse entre les Parties, comme étant de même profession.

Item. - - - -

Et a ledit E Huissier, signé en cet endroit la prisée.

Papiers.

Premiérement, l'expédition en parchemin du Contrat de mariage d'entre ledit sieur Jean B & de ladite défunte Marguerite L sa femme, passé pardevant & Notaires à Paris, le jour d mil par lequel il a été stipulé qu'ils, &c. comme le contient plus au long ledit Contrat de mariage inventorié. un.

Item. *& ainsi continuer comme aux modeles ci-dessus.*

Déclare ledit sieur B pere, qu'il est dû par ladite communauté; sçavoir, au sieur *& ainsi continuer comme dit est ci-dessus.*

Déclarations & protestations par le fils contre son pere, lorsqu'il craint que son pere n'ait diverti & détourné quelques effets dépendans de la succession en question, laquelle protestation se met ordinairement à la fin de l'Inventaire, comme il suit.

Après quoi ledit sieur B fils, a déclaré que l'intitulé au présent Inventaire, description de meubles & effets contenus & prisez en icelui, ainsi que toutes & telles déclarations, protestations, & requisitions faites par ledit sieur son pere, ne pourront nuire ni préjudicier à ses droits, actions & repétitions, & à se pourvoir contre ledit sieur son pere, tant pour raison des dettes actives qui étoient dûës à ladite communauté & depuis le décès de sadite mere, des marchandises de perruques & autres faites audit jour, & depuis qui ont été reçûs par ledit sieur son pere, & par lui divertis; ensemble des profits & gains du loyer des chambres garnies, depuis ledit décès jusqu'à la clôture du présent Inventaire; & à ces fins proteste ledit sieur B fils, de tout ce qu'il y a, peut & doit protester contre ledit sieur son pere; & a signé.

Protestation contraire à celle ci-dessus par le pere contre son fils, en soutenant l'Inventaire serieux.

Et par ledit sieur B pere, a été dit que le présent Inventaire est serieux, qu'il ne connoit pas d'autres effets; que s'il en recouvre, il les fera ajouter par addition au présent Inventaire, afin de démouvoir entiérement ledit sieur son fils de toutes suspicions (qu'il ne doit pas avoir) pourquoi proteste de nullité de son dire ci-dessus; & a signé.

Clôture de la fin de l'Inventaire, se finissant par une seule Vacation qui est quelquefois double, lorsque pour accélérer & finir dans le jour, on procéde à l'Inventaire depuis le matin jusqu'au soir, sans clore de vacation à midi.

Ce fait ne s'étant plus rien trouvé à priser, ni inventorier tout le contenu au présent Inventaire, est du consentement dudit sieur B fils, demeuré en la garde & possession dudit sieur son pere, qui s'en est chargé comme dépositaire, & promis lui représenter quand, à qui & ainsi qu'il appartiendra; & ont signé.

Adition audit Inventaire, lorsque le pere Veuf a recouvré quelques papiers nécessaires à inventorier pour son intérêt particulier, & oublié encore à déclarer dans l'Inventaire quelques dettes passives; ce qui se peut faire en l'absence de son fils, même après la clôture en Justice dudit Inventaire, principalement quand ledit Veuf vient faire la déclaration & rapport desdites piéces peu de tems après l'Inventaire & clôture d'icelui.

Et le jour dudit mois d mil de relevée, est comparu pardevant les Notaires soussignez, ledit sieur Jean B pere, lequel a dit qu'ayant ce matin parcouru plusieurs autres papiers qu'il croyoit en général inutiles, il y auroit trouvé les deux piéces qui suivent, dont il a été conseillé d'en requérir l'inventorié par adition au présent Inventaire, à quoi a été procedé ainsi qu'il ensuit.

Item. Une quittance signé B fils du jour d mil par laquelle il reconnoît avoir reçû dudit sieur son pere & de ladite Dame sa mere, la somme de livres, en argent, meubles & immeubles, laquelle quittance ledit sieur B pere, a requis être annexée au présent Inventaire pour y avoir recours, après qu'il l'a paraphé & à sa requisition les Notaires soussignez, & a été inventoriée.

Item. Le brevet d'une obligation de livres, faite par ledit sieur B fils audit son pere, pardevant & Notaires à Paris, le jour d mil inventorié.

Et a en outre ledit sieur B pere, déclaré qu'il a obmis de déclarer par ledit Inventaire, comme il est dû encore par ladite communauté à ladite veuve P Ouvriere de Boutique livres, pour ses gages restans du passé jusqu'à ce jour.

Clôture & fin de l'adition.

Ce fait, il a remporté ledit Brevet de ladite obligation dont il s'est chargé, comme par la clôture dudit Inventaire; & a signé.

Inventaire fait par un Notaire du Châtelet hors Paris en présence de Témoins, à la Requête d'un Veuf en son nom, à cause de la communauté de biens qui a été entre lui & défunte sa femme, & comme Tuteur de leurs enfans mineurs en la présence d'une personne, fondée de procuration du subrogé Tuteur, à l'effet d'assister pour lui audit Inventaire.

L'An mil le jour de huit heures du matin, à la Requête de François-Simon M Ecuyer, Valet de Garderobbe du Roi, demeurant en cette Ville de Versailles, ruë en son nom, à cause de la communauté de biens qui a été entre lui & défunte Dame Catherine L sa femme, & encore au nom & comme Tuteur de Damoiselle Marie-Louise M fille mineure de lui & de ladite défunte, & en la présence de Jean D Officier du Roi, demeurant en cette Ville de Versailles, ruë au nom & comme Procureur de Maître Louis B Procureur en la Cour, en qualité de subrogé Tuteur de ladite Damoiselle Marie-Louise M mineure fondé de sa procuration spéciale, à l'effet d'assister au présent Inventaire passé pardevant J & N Notaires soussignez, le jour d dernier, dont l'original scellé est demeuré ci-annexé pour y avoir recours; ledit sieur M pere & ledit sieur B élûs ésdites charges de Tuteur & de subrogé Tuteur, par l'avis des parens & amis d'icelle mineure homologué par Sentence du Châtelet de Paris, du jour d aussi dernier, lesquelles charges ont été acceptées par Actes, & ensuite par ledit sieur B le jour dudit mois de & par ledit sieur M le jour d ensuivant, ladite Damoiselle mineure habile à se dire & porter héritiere unique de ladite défunte Dame Catherine L sa mere. Pour la conservation des biens & droits des parties & de qui il appartiendra, sera par nous Robert François N Conseiller du Roi, Notaire au Châtelet de Paris, ès présence de Guillaume S Sellier en cettedite Ville, demeurant ruë & de Gilles P Marchand de cheveux, demeurant aussi en cettedite Ville & même ruë, Témoins à ce requis, fait fidéle Inventaire & description des biens, meubles meublans, ustanciles d'hôtel & de ménage, habits, linge & hardes, titres, papiers, enseignemens, argent monnoyé & non monnoyé & autres choses, étant de la communauté qui a été entre ledit sieur François Simon M & ladite défunte Dame Catherine L sa femme, lors du décès d'elle, arrivé le jour d dernier, ès lieux qu'ils occupoient, dépendans d'une maison scize en cette Ville de Versailles, ruë près Monseigneur le Chancelier & trouvez ès lieux, présentement occupez par ledit sieur M pere, en la même Ville, ruë & par lui représentez & mis en évidence par Marie G Servante, & Jacques P Laquais, après serment par chacun d'eux séparément fait de tout lesdits biens & effets, entiérement montrer & déclarer sans aucun receler, sous les peines de droit en tel cas introduites, qui leur ont été données à entendre; lesdits biens, meubles & ustanciles, prisez & estimez par Jacques R Huissier-Commissaire-Priseur au Châtelet de Paris, qui a serment en Justice, fera ladite prisée en sa conscience eû égard au cours du tems présent, aux sommes de deniers, ainsi qu'il ensuit.

Dans la Cave.

Premiérement. prisé ci

Dans la Cuisine.

Item. *Et ainsi continuer d'article en article & de lieux en lieux, comme aux formules des autres parts.*

Clôture de la premiere Vacation.

Ce fait après avoir vacqué jusqu'à midi sonné, ce que dessus inventorié & prisé, est demeuré du consentement dudit sieur D audit nom, en la garde & possession dudit sieur M pere, qui s'en est chargé pour le représenter, quand & à qui il appartiendra, comme dépositaire de biens de Justice, & l'assignation prise pour la continuation du présent Inventaire à cedit jour deux heures de relevée, & ont signé.

Intitulé de la seconde Vacation.

Dudit jour d mil deux heures de relevée, a été par ledit N Notaire, ès présences desdits Témoins, & èsdites Requêtes & présence, continué le présent Inventaire comme il ensuit.

Dans *tel endroit.*

Item. *Et ainsi continuer comme dit est ci-devant.*

Ensuivent les habits à l'usage de ladite Défunte.

Item. - - - -

Ensuite le linge à l'usage de ladite Défunte.

Item. - - - -

Clôture de la seconde Vacation.

Ce fait après avoir vacqué jusqu'à huit heures sonnées, ce que dessus inventorié & prisé, est pareillement, du consentement dudit sieur D audit nom, demeuré en la garde & possession dudit sieur M pere, qui s'en est chargé & promis les représenter comme dépositaire, quand, à qui & ainsi qu'il appartiendra, & l'assignation prise pour la continuation du présent Inventaire, à demain huit heures du matin; & ont signé.

Intitulé de la derniere Vacation.

Du lendemain M jour d mil huit heures du matin, a été par N Notaire, présence desdits Témoins, èsdites Requêtes & présence, continué le présent Inventaire comme il ensuit.

Item. - - - -

Ensuivent les habits à l'usage dudit sieur M pere.

Item. - - - -

Ensuit la vaisselle d'argent.

Item. *Il faut en cet endroit énoncer la vaisselle d'argent, comme il est marque aux modéles ci-devant.*

Déclaration intermédiaire par le Veuf, qu'il y a des effets ailleurs qu'à l'endroit où l'on fait l'Inventaire.

Déclarant ledit sieur M pere, qu'à la garderobbe du Roi, il y a jettons d'argent qui lui appartienent qui servent au jeu, & a signé en cet endroit.

Item. - - - -

Autre par ledit Veuf, qui fait mention que certains Bijoux ne doivent être inventoriez, ayant été donnés par lui & la défunte à leur fille.

Déclarant aussi ledit sieur M qu'à l'égard de deux boucles d'or qui se sont aussi trouvées dans ledit petit coffre où sont enchassées à chacune un diament brillant, il n'en doit être fait aucune prisée, attendu que lui & ladite défunte son épouse les ont donnés à ladite Damoiselle leur fille mineure pour son usage; & a signé.

Item. s'est trouvé livres, en petites piéces de sols, ci

Et a ledit sieur R Huissier, signé en cet endroit.

Papiers:

Premiérement. inventorié. un.

Autre par ledit Veuf, qu'il a acquis certains héritages, dont il n'est propriétaire que pour une partie, & qu'il ne peut quant à présent en représenter le titre, pour être entre les mains d'un autre copropriétaire.

Déclarant ledit sieur M qu'il a été acquis sous son nom de la veuve P une maison & Jardin scis à moyennant la somme de livres, dont a été payé livres, & pour le surplus en a été constitué rente, qu'il n'est pourtant propriétaire que d'un quart de ladite acquisition, au moyen des déclarations qu'il a passées d'une moitié & d'un quart aux personnes y dénommées, ne pouvant présentement représenter le titre pour être inventorié, étant entre les mains d'un desdits copropriétaires; & a signé.

Item. inventoriées.

Dettes actives.

Déclare ledit sieur M qu'il est dû à sa communauté, sçavoir

Par la somme de ci

Plus, par la somme de pour telle chose, ci

Dettes passives.

Déclare pareillement ledit sieur M qu'il est dû par sadite communauté; premiérement au sieur la rente de ci

Plus, au sieur la somme de livres, pour ci

Et a ledit sieur M signé en cet endroit.

Clôture de la derniere des Vacations, portant simples protestations réciproques.

Ce fait, après avoir vacqué jusqu'à six heures sonnées, & ne s'étant plus rien trouvé à inventorier, ni priser, tout le contenu au présent Inventaire est du consentement dudit sieur D audit nom resté en la garde & possession dudit sieur M qui s'en est chargé pour le représenter comme dépositaire, quand, à qui & ainsi qu'il appartiendra; & ont lesdits Parties, Témoins & nousdit Notaire signé, aux protestations faites par ledit sieur M de n'être point tenu des dettes actives, défenses contraires par ledit sieur D audit nom, & sans par lui aprouver les passives.

Lorsque ledit Veuf ne peut aller lui-même au Châtelet faire voir ledit Inventaire; on met ensuite d'icelui un Acte par lequel il donne pouvoir à un Procureur ou autres personnes à cet effet, & ledit Acte se dresse aux termes de la formule ci-endroit.

Et à l'instant ledit sieur M pere, ne pouvant aller à Paris à cause du service, a constitué son Procureur Maître Gabriël-François P Procureur au Châtelet, auquel il donne pouvoir de requerir & faire clore en Justice, pour & en son nom l'inventaire des biens de sa communauté avec ladite Dame Catherine L ci-dessus & des autres parts, observer à ce sujet les formalités, faire le serment, & généralement. Fait & passé en sadite demeure à Versailles, présence desdits sieurs Guillaume S & Gilles P Témoins lesdits jour d mil à ladite heure; & ont signé.

Lorsqu'il n'y a point d'héritiers apparens où autres parties intéressées à un Inventaire; on l'intitule comme ci-après.

L'an mil le jour d huit heures du matin, à la Requête de M. le Procureur du Roi au Châtelet de Paris, poursuite & diligence de Maître Nicolas C Substitut, de mondit sieur le Procureur du Roi, demeurant ruë Paroisse Saint à ce présent, pour l'absence des présomptifs héritiers de défunt le sieur Jean T & à la conservation de leurs biens & droits & de qui il appartiendra, a été par les Conseillers du Roi, Notaires, &c.

Inventaire fait à la Requête du Domaine du Roi, des meubles & effets d'un défunt Etranger.

L'An mil le jour d huit heures du matin, à la Requête de Messire Mc Louis L Conseiller du Roi, & son Procureur au Bureau des Finances, & Chambre du Domaine à Paris, y demeurant Place d Paroisse Saint à ce présent; en conséquence de la Sentence renduë en ladite Chambre du Domaine le des présens mois & an, qui adjuge à Sa Majesté par droit d'aubaine, bâtardise & deshérence, ou autrement, tous les biens, meubles & immeubles de quelque nature qu'ils soient, qui ont appartenus à défunt Jacques B Italien de Nation, & en la présence de Messire François C Conseiller du Roi, Trésorier de France & Général de de ses Finances au Bureau des Finances de la Généralité de Paris, Commissaire en cette partie, aussi à ce présent demeurant à la conservation des droits du Roi, & de qui il appartiendra, a été par les Conseillers du Roi, Notaires, &c.

Nota. *Que par Arrêt du Conseil d'Etat du Roi, du premier Novembre 1703. Sa Majesté fait défenses à tous Notaires & Commissaires de procéder à la levée des scellez, & à pareils Inventaires que celui dont l'intitulé est ci-dessus par Extrait, qu'en présence des Receveurs Généraux des Domaines, lesquels nommeront les Huissiers à leur choix, & lesquels Huissiers remettront les deniers des ventes ausdits Receveurs des Domaines, qui payeront les frais & dettes privilégiées, & non les Huissiers ausquels le Roi le défend par ledit Arrêt, & rend lesdits Receveurs garants desdits Huissiers qu'ils nommeront, & lesdits Huissiers contraignables comme pour deniers Royaux, &c.*

Inventaire des meubles & effets d'un Défunt, à la Requête de ses Héritiers.

L'An mil le jour d deux heures de relevée, à la Requête de Messire François L Prevôt de l'Eglise Collégiale de C y demeurant ordinairement, étant de présent à Paris logé à l'Hôtel de M sur les aîles du Pont Paroisse Saint & de Dame Marie-Anne L veuve de Messire Jacques D Ecuyer, Seigneur de & autres lieux demeurante ordinairement en sa Terre de étant de présent à Paris logée ruë Paroisse Saint assistée de Maître G Procureur au Châtelet son Procureur, ledit sieur L & ladite Dame D frere & sœur, habiles à se dire & porter héritiers chacun pour moitié de défunt Jacques L Ecuyer, sieur leur frere. Pour la conservation de leurs biens & droits & de qui il appartiendra, a été par les Conseillers du Roi, Notaires au Châtelet de Paris soussignez, fait fidele Inventaire & description des biens meubles, meublans, ustanciles d'hôtel & de ménage, habits, linges & hardes, titres, papiers, enseignemens & autres choses étant de la succession dudit défunt sieur D & par lui délaissé par son décès arrivé en la maison de la Dame sa sœur, à ladite Terre de le du présent mois, trouvez & étant ès lieux qu'il occupoit en la maison dont est principal locataire Gabriel N Marchand Fruitier, ruë attenant le Cloître de Paroisse Saint lesdits biens, meubles, prisez & estimez par Louis R Commissaire, Huissier-Priseur audit Châtelet, qui a serment en justice, fera ladite prisée en sa conscience eû égard au cours du tems présent, aux sommes de deniers, ainsi qu'il ensuit; & ont signé.

Lorsqu'il s'y trouve quelques coffres ou armoires fermées & dont on n'a pas les clefs, après en avoir fait faire ouverture par un Serrurier, on procéde à cet égard sur ce qui se trouve dans lesdits coffres ou armoires, comme ci-après. Ce qui employe ordinairement la premiere Vacation.

Lesdits Parties ayant desirées faire perquisition dans les coffres, & à cet effet ayant envoyé querir un Serrurier pour les ouvrir (les clefs étant restées à ladite Terre de dans un coffre étant chez ladite Dame fermant à clef, laquelle clef est entre les mains dudit sieur L Prevôt) lequel Serrurier ayant levé les serrures, sur un grand coffre de bahu carré, une petite cassette couverte de cuir rouge & d'une autre petite cassette couverte de velour cramoisy; lesdites Parties ayant parcouru quantité de papiers qui s'y sont trouvez, dont elles ont mis à part le rebus & ce qu'elles estiment nécessaires à leurs intérêts pour être inventoriés au présent Inventaire, elles les ont en général remis dans ledit grand coffre de bahu sur lequel elles ont fait remettre la serrure & y ont fait faire une clef, qu'elles ont laissée de leur mutuel consentement entre les mains d'un ami commun; à quoi faire a été procedé ès présences desdits Notaires, depuis ladite heure des deux jusqu'à celle de six sonnées, & l'assignation prise pour aller en avant pour la confection du présent Inventaire à demain Vendredi huit heures du matin; & ont signé en cet endroit.

Intitulé de la seconde Vacation.

Du lendemain Vendredi dudit mois de & an mil huit heures du matin, a été par lesdits Notaires èsdites Requête & présence, ladite Dame D assistée dudit Maître G son Procureur, continué le présent Inventaire ainsi qu'il ensuit.

Dans une chambre sur le derriere de ladite maison au premiere étage.

Premiérement. - - - - -

Item. - - - -

Clôture de la seconde Vacation faisant mention que la clef de l'endroit où sont serrez les meubles est demeurée ès mains d'un ami commun des Parties pour leur sûreté.

Ce fait après avoir vacqué jusqu'à midi sonné, tous les meubles ci-dessus inventoriés ont été mis dans une salle par bas de ladite maison, & la clef mise par lesdites Parties entre les mains de leur amis commun, pour leur sûreté & intérêts réciproques, & l'assignation pour la continuation du présent Inventaire prise à cedit jour deux heures de relevée; & ont signé.

Intitulé d'une Vacation lorsque l'on ne la commence pas au jour pris par la clôture de la derniere, attendu l'assignation contraire convenuë entre les Parties verbalement.

Du jour d mil huit heures du matin (auquel jour & heure la présente Vacation a été verbalement prise & remise) a été par lesdits Notaires èsdites Requête & présence ladite Dame D assistée dudit Maître G son Procureur, continué le présent Inventaire ainsi qu'il ensuit.

Dans l'une des Armoires.

Item. - - - -

Clôture libellée de ladite Vacation lorsque les Parties consentent que les meubles inventoriés aux précédentes Vacations, soient vendus par l'Huissier, qui sur le prix en provenant, payera les Vacations des Officiers qui ont assisté à l'Inventaire.

& en outre que lesdits Parties déchargent le principal Locataire desdits meubles, étant dans la maison qu'occupoit ou devoit occuper le défunt.

Ce fait après avoir vacqué jusqu'à midi sonné, tant à inventorier & priser les meubles contenus en la présente Vacation, qu'à parcourir le général de quantité de papiers de famille & autres, que lesdites Parties ont estimés de rebus & qu'ils ont remis dans des grands coffres qui les renfermoient, où ils ont fait mettre par un Serrurier deux cadenats, dont chacun d'eux ont une clef pour convenir entr'eux à qui par la suite elles seront remises; à l'égard des papiers mis à part, estimez nécessaires à inventorier, les parties les ont mis dans une petite cassette fermée & la clef mise entre les mains de leur ami commun; & pour ce qui regarde tous lesdits meubles, ils ont été remis dans la salle ou magazin dont est ci-dessus parlé en la précédente Vacation, & la clef mise entre les mains dudit sieur R Huissier, pour en faire la vente dans demain, en vertu de l'Ordonnance de M. le Lieutenant Civil; & sur le prix qui en proviendra, les Parties consentent qu'il paye le contenu des Vacations & grosse du présent Inventaire, les Vacations dudit Maître C Procureur de ladite Dame D qu'il a employé & qu'il employera, & qu'il paye audit sieur Gabriël N Marchand Fruitier, principal locataire de la maison où il demeure à ce présent livres, & dont il est convenu entre lesdites Parties par accommodement, tant pour le loyer des lieux qu'il a prêté pour serrer les meubles dudit défunt, que pour l'appartement qu'il lui avoit loüé pour entrer à ce jourd'hui, & dont les Parties consentent qu'il dispose dès-à-présent, & aussi pour l'embarras qu'il a eû dans le cours du présent Inventaire, & celui de la vente qui se fera comme dit est; & l'ont les mêmes Parties déchargé à pur & à plein de tous lesdits meubles & de toutes choses quelconques, & l'assignation prise pour la continuation du présent Inventaire à cedit jour deux heures de relevée; & ont signé en cet endroit.

Intitulé de la Vacation suivante.

Dudit jour d audit an mil deux heures de relevée, a été par lesdits Notaires soussignez èsdites Requêtes & présence, ladite Dame D assistée dudit Maître G son Procureur, continué le présent Inventaire ainsi qu'il ensuit.

Dans ladite petite Cassette.

Item. - - - -

Papiers.

Item. Une promesse dudit sieur L Prevôt de de la somme de livres au profit dudit feu sieur son frere, dattée du jour d mil inventoriée

Déclaration & protestations réciproques par les Héritiers pour leurs intérêts particuliers.

Après lequel inventorié ledit sieur Prevôt de a déclaré qu'il ne pourra lui préjudicier, dont il soutient être déchargé par les allégations qu'il déduira en tems & lieu; & a signé en cet endroit.

Et par ladite Dame sa sœur ses protestations contraires, & a pareillement signée en cet endroit.

Quand il s'y trouve quantité de papiers concernant une même affaire, ou à la décharge de la succession on les inventorie ensemble comme ci-après.

Item. Piéces qui sont & autres à la décharge de ladite succession qui n'ont été inventoriés plus au long, pour éviter à prolixité seulement, ont été cottées & paraphées par premiere & derniere, par E l'un desdits Notaires soussignez, & inventoriées sur lesdits premieres, & pour le tout.

Clôture de la derniere Vacation, lorsque les Parties laissent les papiers en la possession d'un des Notaires, à l'effet de procéder au partage du contenu en l'Inventaire.

Ce fait ne s'étant plus rien trouvé à inventorier lesdits papiers inventoriez, lesdits Parties ont estimé de les laisser, comme de fait elles les ont laissées en la garde & possession dudit E Notaire, pour servir & aller en avant au partage qu'elles desirent passer incessamment des effets qui leur sont échûs par le décès dudit sieur leur frere, & en outre aviser à leurs intérêts particuliers & réciproques, ainsi que de raison, pour quoi ils se réservent leurs droits particuliers & respectifs, & défenses contraires aussi particulieres & respectives; & ont signé.

Acte équipolent inventaire, quand la personne décedée ne laisse aucun bien à inventorier.

AUjourd'hui Lundi Mai à la requisition de les Notaires à Paris soussignez se sont transportez en une chambre sur le devant au troisiéme étage d'une maison seise à Paris ruë Paroisse S. dont le sieur est propriétaire, où étant arrivez, sont comparus pardevant lesdits Notaires (*au moins deux des plus proches Voisins.*)

Lesquels ont certifié & attesté pour vérité à tous qu'il appartiendra, qu'ils ont parfaitement connu le sieur Bourgeois de Paris, qu'il est décedé en la chambre où nous sommes, (*ou dans tel lieu*) le & qu'il n'a laissé aucuns meubles, ni effets mobiliers quelconques; qu'ils n'ont point de connoissance qu'il ait des immeubles; certifient de plus que ses plus proches & seuls & uniques héritiers, sont (*tel & tel*) dont & de quoi ledit Comparant a requis Acte aux Notaires soussignez, qui lui a octroyé le présent procés-verbal de carance, pour servir & valoir à qui il appartiendra ce que de raison. Fait & passé, &c.

Nota. *Cet Acte peut être fait dans l'Etude dans la forme des autres Actes de notoriété, sans faire mention du transport des Notaires dans la chambre du Decedé.*

Procès-verbal de description des biens d'une personne interdite, à la Requête de son Curateur.

AUjourd'hui jour du mois d heures d est comparu pardevant les Conseillers du Roi, Notaires au Châtelet de Paris soussignez, en l'Etude de Maître D l'un d'eux, S. Antoine B Bourgeois de Paris, y demeurant ruë Paroisse au nom & comme Curateur à la personne & biens de Dame Françoise R veuve du sieur Officier Mesureur de Grains à Paris, nommé & élû à ladite Charge de l'avis des parens & amis de ladite Veuve homologué par Sentence du Châtelet de Paris, du Laquelle Charge, il a acceptée par Acte du ensuite de ladite Sentence, le tout étant au Registre de Maître Greffier de la Chambre Civile, ladite Sentence insinuée le par T portant interdiction de ladite Damoiselle Veuve & que ledit sieur B en sadite qualité de Curateur seroit tenu de faire procéder par ledit Maître D Notaire, en présence de son Confrere, à l'état & description des biens & effets, titres, papiers & deniers comptans appartenans à ladite Veuve interdite, étant en l'appartement qu'elle occupoit au étage d'une maison scise en cette Ville, ruë appartenante à Lequel sieur B audit nom, en conséquence de ladite Sentence & de l'Ordonnance de M. le Lieutenant Civil, étant au pied du procès-verbal fait pardevant lui en son Hôtel le A requis ledit Maître D Notaire, de se transporter avec ledit sieur B aux fins ci-dessus dans ledit appartement de ladite Veuve ci-dessus designé, duquel appartement elle a été transferée le du présent mois, en la Maison des Dames Religieuses Hospitalieres de pour y demeurer en qualité de Pensionnaire, de l'Ordonnance du même Magistrat ci-dessus énoncée.

Satisfaisant auquel requisitoire, & étant arrivé en ladite maison ruë ledit sieur B auroit fait ouverture dudit appartement avec les clefs d'icelui; & étant entré dans icelui, il a été par les Notaires soussignez, à la Requête dudit sieur B en sadite qualité de Curateur aux personne & biens de ladite Veuve interdite, procedé audit état & description de ses biens & effets, titres, papiers & deniers comptans trouvez dans ledit appartement représentez par ledit sieur B après serment par lui fait ès mains desdits Notaires soussignez de n'en avoir détourné, ni fait détourner aucuns sous les peines de droit qu'il a dit sçavoir; & a signé.

Premiérement dans la Cuisine.

Item, *telle & telle chose, & de suite composer la description sans aucune prisée.*

Après avoir vacqué à ce que dessus jusqu'à midi sonné, tout le contenu en la présente Vacation, est resté dans ledit appartement dont les portes ont été fermées par ledit sieur B & les clefs d'icelui restées en sa possession pour le tout représenter quand il appartiendra; & la Vacation pour la continuation du présent état, a été remise à ce jourd'hui deux heures de relevée; & a signé.

Dudit jour audit an mil sept cens deux heures de relevée, il a été par les Notaires soussignez ès même Requête & présence que dessus procedé à la continuation dudit état & description, selon & ainsi qu'il suit.

Dans une Chambre, &c.

Item, &c. *comme ci-devant.*

Vaisselle d'argent.

Item, *comme à un Inventaire ordinaire à l'exception qu'il ne faut pas tirer la valeur.*

Argent comptant.

Item, &c. *désignant les espéces de chaque nature, leur valeur & le montant de chaque article.*

Papiers.

Item, *extraire les titres & papiers comme il est d'usage dans un Inventaire; sinon qu'à la fin de chaque article il faut dire*, ladite piéce décrite sous la cotte premiere, lesdits piéces décrites sous la cotte deux, &c.

Après quoi l'on met les déclarations actives & passives, comme à un Inventaire ordinaire, & l'on finit ainsi.

Ce fait, après avoir vacqué jusqu'à sonnées, & qu'il ne s'est plus rien trouvé à comprendre au présent procès-verbal de description, tout le contenu en icelui en meubles meublans, ustenciles de ménage, linges, hardes, vaisselle d'argent, deniers comptans, titres, papiers & autres effets, est resté en la garde & possession dudit sieur B qui s'en est chargé conformément à ladite Sentence d'interdiction, pour le représenter toutes fois & quantes, & à qui il appartiendra; & a signé, sous la reserve qu'il fait de tous les droits de ladite Veuve contre qui il appartiendra.

Remarque touchant l'Expédition en grosse des Inventaires de biens, meubles & effets de la succession d'un Défunt, faits par les Notaires du Châtelet de Paris.

PRemiérement est à remarquer que les Inventaires faits par les Notaires du Châtelet de Paris, se rollent & grossoient sur du moyen papier timbré à dix sols la feüille; il faut que la marge soit de trois doigts, les lignes de 15 syllabes (c'est-à-dire celles qui tiennent le large du papier à commencer depuis la marge jusqu'au bout, car celles qui s'écrivent entre deux marges n'ont point de regles que la discrétion,) & les pages de 22. lignes, suivant l'Ordonnance.

Plus, que l'intitulé se commence dans la Grosse comme la Minute par *l'an mil, &c.* S'écrit à commencer les lignes depuis la marge jusqu'au bout comme ceci est écrit.

Qu'à la fin après avoir mis, & ont signé, on met ces mots (*en la Minute du présent intitulé d'Inventaire demeurée en la garde & possession de L l'un desdits Notaires soussignez;*) & en cet endroit on laisse de la place pour la signature des Notaires.

Ensuite de quoi on commence les Articles de la prisée des meubles que l'ont écrit entre deux marges comme ceci, & on tire les sommes d'iceux en chiffre romain au bout de la ligne en la deuxiéme marge, par exemple *prisé trente sols*, ci xxx. sols.

Les clôtures des Vacations s'écrivent tout du long comme l'Intitulé; & après avoir mis, & ont signé, on met *en cet endroit de la minute des Présentes.*

L'Intitulé des Vacations s'écrit aussi tout du long à l'exception que pour distinguer, on l'écrit éloigné d'un doigt de la premiere marge comme ceci, ce qui s'observe de même dans les indications, lorsque l'on met, *dans un tel endroit* ou *ensuivent telles choses.*

Ensuite duquel intitulé de Vacation, on continuë à écrire les articles entres deux marge, comme il est dit ci-devant; & lorsque l'on écrit ceux qui spécifient les papiers que l'on a inventorié, on en tire les cottes au bout de la ligne en la seconde marge, par exemple, *lesdits piéces inventoriées l'une comme l'autre.* - - un.

ou - - - - - - deux.

Suivant ainsi en augmentant par chacun Article.

Plus les déclarations, dires & protestations que font les parties, s'écrivent éloignées d'un doigt de la premiere marge jusqu'au bout de la ligne comme ceci, lorsqu'elles sont intermédiaires; & lorsqu'elles se suivent, on les distingue en écrivant l'une comme dit est éloignée d'un doigt de la premiere marge, & l'autre tout contre la marge & le long de la ligne comme ces deux lignes ci.

Plus, lorsque l'on n'a pas fait clore en Justice la grosse avec la minute de l'Inventaire ensemble, & que l'on a seulement fait clore la minute, on met en la marge de la premiere page de la grosse la même chose qui est sur la minute, c'est-à-dire, *tenu pour clos le jour d mil signé T avec paraphe;* & le Notaire qui a en sa possession la minute, & qui signe en premier, paraphe ce Nota lui seul; & à la fin de la derniere Vacation, après avoir mis, *& ont signé.* (Pour rappeller cette clôture, on met) *En la minute des présentes, en marge au commencement & à la fin de laquelle est écrit tenu pour clos le jour d mil sept cens signé T avec paraphe, icelle minute demeurée audit L l'un desdits Notaires soussignez.* Et à côté on met le sceau que le Notaire en premier paraphe, comme aux autres Expéditions; & au-dessus on met ces lettres *B. C.* pour signifier que l'Inventaire est sujet à la bourse commune, lesquelles lettres le Notaire en second paraphe seul, si ce n'est lorsque l'Inventaire est fait en campagne par un Notaire du Châtelet de Paris, seul en présence de deux Témoins; auquel cas, dans la grosse ont met à la fin de l'intitulé, *la minute du présent intitulé d'Inventaire demeurée en la garde & possession dudit L Notaire soussigné.* Et à la fin de ladite Vacation, *la minute des présentes, en marge au commencement & à la fin de laquelle est écrit tenu pour clos le jour d mil sept cens signé T avec paraphe, icelle minute demeurée en la garde & possession dudit L Notaire soussigné,* lequel Notaire signe seul & paraphe non-seulement le sceau, mais encore lesdits lettres B. C.

Plus, lorsque les Parties (après l'Inventaire fini, même après la clôture d'icelui) ont oublié à faire inventorier quelques choses, ou qu'elles ont recouvré quelques effets dépendans de la succession dont il s'agit, & qu'elles desirent qu'ils soient inventoriez par adition, l'intitulé d'icelle se fait suivant la formule des additions d'Inventaire ci-devant, & s'écrit le long de la ligne comme un intitulé d'Inventaire; & à l'égard des articles qui s'en ensuivent, même chose s'observe qu'à l'Inventaire même, attendu que ce n'en est qu'une suite.

Plus est à remarquer que les Notaires ne signent qu'à la fin de l'intitulé de l'Inventaire (comme il est dit ci-devant); & à la fin de la derniere Vacation d'icelui; & lorsqu'il y a une ou plusieurs additions ensuite les unes des autres, lesdits Notaires signent non-seulement à la fin de l'Inventaire, mais encore à la fin de chaque addition qui doivent être chacune scellée & marquée des lettres B. C. comme la fin de l'Inventaire; ou bien quand il n'y a point d'addition, & que l'Inventaire a été fait en Campagne, les Parties à la Requête de qui il est fait, ne pouvant aller elles-mêmes au Châtelet le faire clore; elles constituent à cet effet un Procureur ou autre personne, ce qui se fait par un mot d'acte au pied de l'Inventaire, & en ce cas les Notaires signent la fin de l'Inventaire, & encore au pied de cet Acte qui doit être aussi scellé sans y mettre les lettres B. C. suffisant de les avoir mises à la fin de l'Inventaire.

Tout ceci ne s'observe à l'égard des signatures des Notaires que dans les Grosses; car dans les Minutes les Notaires signent non-seulement dans l'Intitulé, la fin de l'Inventaire, & celles des Additions & Pouvoirs, mais encore la fin de chaque Vacation.

Licitation d'une Maison entre des Héritiers.

FUrent présens Claude L Jardinier, demeurant à étant ce jour à Paris, Gabriël L aussi Jardinier demeurant audit étant aussi ce jour à Paris, Pierre S Cocher de Monsieur C Conseiller au Parlement, Geneviéve L sa femme, de lui autorisée à l'effet des Présentes, demeurant à Paris ruë Paroisse Saint & Marie L fille majeure usante & joüissante de ses biens & droits, demeurante audit lieu de étant ce jourd'hui à Paris, lesdits L freres & sœurs, enfans & héritiers chacun pour un quart de défunts Claude L Vigneron audit & Anne F sa femme, leur pere & mere.

Lesquelles Parties ont dit que de tous les biens immeubles de la succession dudit défunt Claude L leur pere, il ne reste plus à partager entr'eux qu'une Maison scituée audit au-dessous du Cimetiere, divisée en deux corps de logis, appliquez à caves, chambres, grenier, cour, pressoir, jardin derriere, enclos de murs, le tout contenant un arpent six perches de terre ou environ, tenant d'une part à d'autre à d'un bout sur la ruelle & d'autre sur la ruë dudit Cimetiere, couvert de thuiles; lesquels deux corps

de

de logis, cour & jardin, lesdits héritiers n'ont pû partager commodement entr'eux, vû la nature & qualité desdits biens, qui ne se peuvent diviser en differentes portions; & comme lesdits biens sont chargez de cinq parties de rentes ci-après déclarées, ils n'ont pû trouver des acquéreurs, quoiqu'ils ayent fait publier au Prône de la Paroisse dudit que lesdits biens étoient à vendre; & s'étant écoulé plusieurs années sans que les arrérages de quelques-unes desdites parties de rentes ayent été payez, il s'en trouve aujourd'hui une somme considérable dûë, laquelle jointe aux principaux desdites rentes, & les deniers qu'il conviendra débourser pour les réparations à faire ausdits corps de logis; tout cela a empêché les acquéreurs de se présenter; ensorte que lesdits héritiers auroient résolu de faire une Licitation à l'amiable entr'eux desdits biens, puisqu'ils ne peuvent les partager, ils se seroient transportez à plusieurs fois esdits corps de logis, cour & jardin, avec personnes à ce connoissantes, de l'avis desquelles ils ont chacun porté leurs encheres en la forme & maniere qui ensuit, après avoir fait état desdits dettes en principaux ou accessoires, consistant premiérement en livres sols deniers de rente au principal de livres constituez par lesdits défunts Claude L & Anne F sa femme, au profit de Denis L par Contrat passé pardevant P Tabellion audit présens témoins le ladite rente appartenante aujourd'hui aux Enfans mineurs de Claude L Marchand de Vin à Paris, fils aîné dudit Denis L desquels mineurs, Jeanne H leur mere, & Jean G son mari en secondes nôces, sont Tuteurs, conjointement, ci livres sols deniers.

Plus la somme de livres sols deniers, pour années d'arrérages de ladite rente échuë le jour d dernier, ci livres sols deniers.

Plus livres sols de rente au principal de livres constituez aussi par lesdits Claude L & Anne F sa femme, au profit de Michel B par Contrat passé pardevant ledit P le appartenant présentement à Jean L Marchand de Vin à Paris, comme héritier dudit Denis L son pere, auquel elle avoit été transportée par lesdits B & sa femme, par Contrat passé pardevant Tabellion à le ci

Plus, &c. Total desdites dettes, la somme de livres sols deniers, ci

Et après avoir ainsi établi la nature & qualité des dettes & charges qui sont à prendre sur lesdits biens, a été passé à la réception des encheres desdits biens, pour parvenir à l'Adjudication par Licitation d'iceux en la maison de l'un des Notaires soussignez, ainsi qu'il ensuit.

1. Sçavoir, par ledit Claude L à la somme de livres.
2. Par ledit Gabriel L à livres.
3. Par lesdits sieur & sa femme à livres.
4. Par Marie L à livres.

Plus continuant lesdites Encheres.

1. Ledit Claude L auroit porté ledit prix à livres.
2. Ledit Gabriel L à livres.

3. Lesdits sieur & sa femme à livres.
4. Et ladite Marie L à livres.

Et pour trois fois continuer lesdites Encheres.

1. Ledit Claude L auroit porté ledit prix jusqu'à la somme de livres, & a requis l'adjudication.

Et parce qu'outre & par dessus ledit Claude L personne n'a voulu encherir, après avoir attendu les délais suffisans ; ladite maison ci-dessus déclarée, divisée en deux corps de logis, bâtiment & dépendances, cour, pressoir, jardin enclos de murs scituez à sera & demeurera par forme de Licitation ou de partage & à tel autre titre que ce puisse être audit Claude L pour par lui ses hoirs & ayans-cause, joüir, faire & disposer du tout, tant en fonds que fruits du en avant, & ce pour & moyennant ladite somme de livres, qui est la valeur de son enchere, comme plus offrant & dernier Encherisseur ; en déduction de laquelle somme de livres, ledit Claude L s'est chargé & se charge par ces Présentes des dettes ci-dessus déclarées, montant tant en principaux qu'accessoires à la somme de livres sols deniers, & en ce faisant, promet & s'oblige de payer lesdites rentes de livres sols deniers par année ausdits &c. livres audit &c. faisant lesdites parties de rentes ensemble livres deniers de rente par année envers lesdits & ainsi continuer d'année en année, le payement des arrérages desdites rentes & tant d'iceux que de leurs principaux, acquitter sesdits cohéritiers ; comme aussi il se charge & promet de payer ausdits & sa femme, ladite somme de livres sols deniers, pour arrérages échûs de leur rente, plus celle de audit Jean L pour même cause, & enfin celle de livres, à tous lesdits héritiers Denis L dans le terme, & comme le porte ladite transaction du ensorte que sesdits cohéritiers n'en soient dans la suite poursuivis, inquiétez ni recherchez, à peine de tous dépens, dommages & intérêts. Faisant le payement desquelles sommes & le remboursement desdites rentes, ledit Claude L se fera subroger, si bon lui semble, comme sesdits cohéritiers le consentent, aux droits, privileges & hypothéques desdits Créanciers, pour sa plus grande sûreté de la présente acquisition ; & à l'égard du surplus du prix de ladite adjudication, montant à la somme de livres sols deniers, qui étant divisée entre lesdits cohéritiers, revient à livres sols deniers, pour chacun d'eux ; le quart afferant audit Claude L demeure confus en sa personne, & pour les trois autres quarts afferans à chacun desdits cohéritiers, icelui Claude L s'oblige de les payer à chacun d'eux dans un an d'huy prochain, & sans intérêts, dont chacun desdits cohéritiers le décharge : ausquels payemens desdits trois quarts & continuation desdites rentes, garantie de leurs principaux & payement des autres sommes mentionnées ci-dessus, lesdits biens aussi ci-dessus adjugez & licitez, demeurent par privilege primitif, obligez & hypothéquez, y obligeant & hypothéquant en outre ledit Claude L ses autres biens, meubles & immeubles, présens & avenir, une obligation ne dérogeant à l'autre ; transportant par lesdits Gabriel L André & Claude L tous droits de proprieté, dessaisissant, &c. voulant, &c.

Procureur, &c. le porteur, &c. donnant, &c. pouvoir, &c. Reconnoiſſant ledit Claude L avoir pardevers lui les Titres de proprieté deſdits biens, dont il eſt content; & en conſéquence des Préſentes, toutes les difficultez qui auroient pû naître entre leſdits héritiers, au ſujet du partage deſdits biens, ſont finis, & ne ſubſiſtent plus : car ainſi a été convenu & accordé entre les Parties, qui pour l'exécution des préſentes, ont élû leurs domiciles ès maiſons où elles demeurent, ci-devant déclarées : auſquels lieux, &c. nonobſtant, &c. promettant, &c. obligeant chacun en droit ſoi, renonçant, &c. Fait & paſſé à Paris, en la maiſon dudit Notaire, l'an mil le jour d a midi. Et ont ſigné.

Liquidation de portions héréditaires de mineurs dans la ſucceſſion de leur ayeul paternel, faite par leur mere & leur oncle en exécution d'une Sentence qui homologue l'avis des parens deſdits mineurs.

FUrent préſens ſieur Thomas L Libraire à Paris, y demeurant ruë Paroiſſe Saint Légataire univerſel du ſieur Nicolas L ſon pere, ſuivant ſon Teſtament reçu par B l'un des Notaires ſouſſignez & ſon Confrere, le duquel legs univerſel il a obtenu délivrance par Sentence renduë au Châtelet le préſent mois, d'une part.

Et Damoiſelle Magdelaine H veuve de Maître Nicolas L Procureur au Châtelet au nom & comme Tutrice de ſes enfans mineurs, & dudit défunt ſon mari demeurante ruë Paroiſſe Saint d'autre part.

Lequel ſieur Thomas L oncle deſdits mineurs, a déclaré que pour faciliter auſdits mineurs leur établiſſement, & pour leur en procurer un meilleur, il veut bien nonobſtant le ſuſdit Teſtament dudit ſieur ſon pere, & la Sentence de délivrance, leur donner leur part entiere dans la ſucceſſion dudit ſieur L leur ayeul paternel, ce qui a été accepté par ladite Damoiſelle veuve L audit nom pour leſdits mineurs, pour leſquels elle a remercié ledit ſieur Thomas L leur oncle, & en conſéquence a été préſentement procedé à la Liquidation de ladite portion héréditaire deſdits mineurs, ainſi qu'il enſuit.

Premiérement a été procedé au dépoüillement de l'Inventaire, qui a été fait après le décès dudit ſieur Nicolas L par ledit B & ſon Confrere Notaires, le & autres jours ſuivans de l'année mil ſuivant lequel Inventaire il s'eſt trouvé en meubles meublans, ſuivant l'eſtimation qui en a été faite, la ſomme de ci

Surquoi il convient déduire le préciput de ladite Damoiſelle veuve L qu'elle a droit de prendre en meubles ſuivant ladite eſtimation & ſans cruë, aux termes de ſon Contrat de mariage, par lequel ledit préciput eſt fixé à la ſomme de ci

Partant reſte en meubles meublans la ſomme de ci

A quoi il convient ajoûter la cruë de ce reſtant montant à la ſomme de ci

Plus a été trouvé en Livres tant reliez qu'en blanc, ſuivant l'eſtimation qui en a été faite par ledit Inventaire par & Marchands Libraires à Paris, la ſomme de ci

Plus s'eſt trouvé dans la ſucceſſion dudit défunt ſieur L la proprieté d'une Boutique ſciſe à occupée par & préſentement par ledit ſieur Thomas L ladite Boutique eſtimée ſuivant la finance qui paroît en avoir été payée au Roi la ſomme de ci

Plus a été trouvé en argenterie marcs onces, laquelle à raiſon de le marc revient à la ſomme de ci

Plus a été trouvé, &c.

Plus & en deniers comptans la ſomme de ci

Toutes leſquelles ſommes compoſent la maſſe des biens trouvez lors du décès dudit défunt ſieur Nicolas L à l'exception du préciput de ladite Damoiſelle ſa Veuve, dont a été ci-deſſus faite diſtraction ſur les meubles, & montent enſemble à celle de ci

Sur laquelle il convient d'abord de faire la repriſe des deniers ſtipulez propres à Damoiſelle veuve de leſquels montent à la ſomme de le ſurplus de ſa dot étant confus dans la communauté, ci

Plus la ſomme de ſçavoir pour la moitié de celle apportée par ledit défunt ſieur Nicolas L laquelle moitié eſt ſtipulée propre par ſon Contrat de mariage de pour le principal d'une rente ſur la Ville à lui échuë par la ſucceſſion de laquelle rente a été rembourſée par le Roi, ci

Leſquelles ſommes prélevées ſur celle ſuſdite de reſte celle de laquelle eſt à partager également entre ladite Damoiſelle veuve L & la ſucceſſion dudit défunt ſon mari, ce qui fait pour chacun livres, ci

Partant la ſucceſſion dudit défunt ſieur L conſiſte premiérement dans la ſomme ſtipulée propre à ſon profit par ſon Contrat de mariage montant à ci

Plus dans le remploi qui lui eſt dû de la ſomme de pour le principal d'une rente ſur la Ville échuë comme dit eſt audit Défunt par ſa ſucceſſion, laquelle rente a été rembourſée par le Roi, ci

Plus ſa part dans la communauté, ladite part montant à ci

Auſquelles ſommes il convient ajoûter la moitié des ſommes données auſdits ſieur & Damoiſelle enfans dudit Défunt ſieur L en faveur de leur mariage ou en avancement d'hoire, l'autre moitié étant cenſée donnée par ladite Veuve ſçavoir donnez à défunt ledit ſieur Nicolas L &c. Et à

Toutes leſquelles ſommes à rapporter montent à celle de laquelle jointe à celle ci-deſſus de en quoi conſiſtent les biens trouvez au jour du décès dudit ſieur L forment celle de ci

Laquelle derniere ſomme de diviſée en c'eſt à chacun enfant dudit défunt L pour ſa portion héréditaire la ſomme de ci

Sur laquelle ſomme de afferante auſdits mineurs, il convient déduire celle de reçûë par ledit défunt leur pere, partant reſte pour leur parfournir leur portion héréditaire la ſomme de ci

Laquelle dite somme de ledit sieur Thomas L a présentement payée comptant en louis d'or, d'argent & monnoye, le tout bon & ayans-cours, comptez, nombrez & réellement délivrez présens lesdits Notaires soussignez, à ladite Damoiselle Magdelaine H veuve L audit nom de Tutrice desdits mineurs, sçavoir pour le legs à eux fait & pour le supplément de leur portion héréditaire, lesquelles sommes ladite veuve L audit nom reconnoît avoir reçûës dudit sieur Thomas L dont elle le quitte & remercie; se réservant néanmoins ledit sieur Thomas L les droits résultans à son profit du Testament desdits sieur & Damoiselle ses pere & mere, en cas que lesdits mineurs ou l'un d'eux réüssissent à contester l'exécution dudit Testament, ou la présente Liquidation qui est faite en conséquence de l'avis des parens & amis desdits mineurs, homologuée par Sentence du Châtelet de Paris du du présent mois, & suivant le projet des présentes paraphé par M. le Lieutenant Civil audit Châtelet; en conséquence & suivant ledit Avis de parens, la grosse de laquelle Sentence, ainsi que ledit projet, sont demeurez annexez à ces présentes: car ainsi, &c. promettant, &c. obligeant, &c. Fait & passé à Paris, en l'Etude dudit l'un desdits Notaires soussignez, l'an mil le Et ont signé.

Main-levée d'une saisie Arrêt.

AUjourd'hui est comparu devant les Conseillers du Roi, Notaires en son Châtelet de Paris soussignez, Etienne B Bourgeois de Paris, y demeurant Place Paroisse Saint lequel a fait & donné main-levée pure & simple à Christophe L aussi Bourgeois de Paris, de la saisie faite à sa Requête ès mains de Guillaume C Maître Chandelier à Paris, par Exploit de M L Sergent à Verge audit Châtelet de Paris, en datte du Juillet mil consentant ledit B que ladite saisie soit & demeure nulle comme non faite & arrivée, & que ledit Débiteur vuide ses mains en celles dudit L ou autres, quoi faisant il soit déchargé comme ledit B l'en décharge par ces Présentes, promettant, &c. obligeant, &c. renonçant, &c. Fait & passé à Paris ès Etudes, l'an mil le Octobre. Et a signé.

Main-levée d'une Opposition en sous-ordre.

AUjourd'hui est comparu pardevant les Conseillers du Roi Notaires Gardesnotes & Gardes-scels en son Châtelet de Paris soussignez, François B Bourgeois de Paris, y demeurant ruë G Paroisse Saint N Curateur à la succession vacante de Damoiselle Catherine D au jour de son décès veuve de Guillaume F Ecuyer sieur de B Garde de la Manche, par Sentence du Châtelet de Paris, du jour d mil Qui après la représentation à lui faite par Messire Philippes François de G

V Chevalier Seigneur de d'une Quittance de livres en datte du du présent mois & an, signée en fin Paul-Benoît de B pour tous les arrérages de livres de rente par chacun an, à la représentation de laquelle Quittance ledit sieur V s'étoit obligé par Acte du jour d dernier passé pardevant C & son Collégue Notaires à Paris, & pour la représentation de laquelle il avoit le jour d'hier formé son Opposition en sous-ordre sur ledit sieur V aux scellez apposez sur les effets délaissez par Monsieur Q son oncle, & dont il est présomptif héritier, a donné pleine & entiere main-levée de ladite Opposition & toutes autres, si aucunes avoient été faites à sa Requête, consent qu'elles demeurent nulles comme non faites ni avenuës, & reconnoît qu'on lui a payé la somme de livres sols pour les frais qu'il a été obligé de faire, tant à cause de la grosse du Contrat qu'il a été obligé de lever, que commandement & opposition; & en outre consent que la Quittance sus-dattée à lui représentée, soit mise & demeure ès mains de Maître François Q Procureur au Châtelet, pour la sûreté commune des Parties & pour y avoir recours en cas de besoin; dequoi ledit sieur Comparant a requis Acte à lui octroyé par les Notaires soussignez, ès Etudes d'iceux, l'an mil le jour d a midi. Et a signé.

Main-levée d'une saisie Arrêt en forme de Consentement.

AUjourd'hui est comparuë pardevant les Notaires à Paris soussignez, Damoiselle Françoise C fille majeure usante & joüissante de ses biens & droits, demeurante à Paris ruë Paroisse Saint Donataire & ayant les droits de Dame Marie C veuve de Maître Philippes G vivant Notaire à Paris, & encore Créanciere de feu Maître Claude C Ecuyer sieur de B Conseiller au Présidial de & de Dame Claude L son épouse, & encore de Dame Catherine T veuve de Jean L à laquelle créance sont affectez & hypothéquez plusieurs héritages qui ont été vendus à Monsieur le Marquis de C Capitaine des Cens-Suisses du Régiment du Roi, & dont le prix est encore en ses mains; laquelle consent que nonobstant la saisie Arrêt faite ès mains dudit sieur Marquis de C sur ladite Dame Claude Q par Exploit du Juillet mil ledit sieur D paye en déduction du prix de son acquisition à ladite Dame Claude le la somme de livres, lequel en sera d'autant quitte & déchargé, ladite saisie tenante en ses mains pour le surplus, ainsi que ladite Comparante se réserve, & sans y préjudicier non plus qu'à ses droits & actions. Ce fait en la présence & du consentement en tant que besoin est de Damoiselle Catherine C sœur de ladite Demoiselle Comparante, & aussi fille majeure demeurante ruë Paroisse Saint N qui ont ensemble requis Acte de tout ce que dessus à elles octroyé par les Notaires soussignez à Paris ès Etudes d'iceux, l'an mil sept cens jour d a midi. Et ont signé.

Main-levée d'une Opposition faite au Bureau des hypothéques sur l'obtention des provisions d'Officier de France.

AUjourd'hui, &c. sieur Philibert C ancien Conseiller du Roi, Juge Garde de la Monnoye de y demeurant ordinairement, étant de présent à Paris logé ruë Lequel a fait & donné pleine & entiere main-levée, pure, simple & irrévocable au sieur Louis T aussi ancien Conseiller du Roi, Juge & Garde de la Monnoye de de l'Opposition faite & formée à sa Requête le Septembre dernier, entre les mains de Maître R Conservateur des hypothéques sur les Charges des Officiers de France, consentant qu'elle soit & demeure nulle, comme non faite ni avenuë, & qu'elle soit rayée sur tous Registres où elle se trouveroit registrée, & que ledit sieur R expédie toutes provisions au nom dudit sieur T sur lesdites Charges d'Officiers de France, quoi faisant il en sera & demeurera déchargé, ainsi que ledit sieur C l'en décharge par ces Présentes, & a remis audit sieur T l'Original de la signification dudit Acte d'opposition. Promettant, &c. obligeant, &c. renonçant, &c. Fait & passé à Paris, &c.

Main-levée d'une saisie réelle.

AUjourd'hui sont comparus pardevant les Notaires du Roi à Paris soussignez, &c. Elizabeth P tant en son nom à cause de la communauté d'entr'elle & de défunt Jean F que comme Tutrice des enfans Mineurs dudit Défunt & d'elle, héritiers de leur pere & M. Maître Pierre N au nom & comme ayant épousé Dame Catherine-Thérese F aussi héritiere en partie dudit défunt sieur F son pere; lesquels èsdits noms & qualitez ont fait & donné main-levée, pleine & entiere de la saisie réelle & établissement de Commissaire faite à la Requête dudit défunt F de l'état & Office de dont est pourvû Maître Hilaire C & de deux cinquiéme d'une maison scise ruë d par Exploit du mil consentans que ladite saisie réelle soit & demeure nulle, & qu'elle soit rayée de tous Registres où elle se trouveroit avoir été registrée; quoi faisant & par le Commissaire Général des saisies réelles, il en sera valablement déchargé comme lesdits sieur & Dame Comparans les en déchargent à leur égard, sans préjudice de leurs dûs, droits & actions en principal & arrérages, frais & dépens; à quoi la présente main-levée ne donnera aucune atteinte, ne l'ayant donné, que parce que les Créanciers privilégiez sur lesdits Offices & deux cinquiémes de maison, en absorbent le fonds préférablement à eux. Dont, &c. Acte. Fait & passé ès Etudes, &c. le jour de mil Et ont signé.

Nota. *Qu'une pareille main-levée quand il y a subrogation, ne se fait gueres que sous le nom d'un tiers, lequel en conséquence peut la demander en Justice, où elle ne lui est ordinairement pas refusée, qu'il n'y ait quelque soupçon de fraude & de collusion avec la partie saisie, au préjudice des créanciers opposans, chacun desquels a intérêt de faire avancer le décret, & peut demander la resubrogation, au cas que le premier subrogé demeure dans l'inaction.*

Main-levée de Saisie & Arrêt, de meubles & de deniers.

AUjourd'hui est comparu pardevant, &c. Bonaventure lequel a par ces présentes fait & donné pleine & entiere main-levée pure & simple à Laurent des Saisies & Arrêts faits à sa Requête sur les biens meubles dudit Laurent & sur les deniers qui lui sont dûs par Etienne par exploit de Guillaume Huissier au Châtelet, en datte du *tel jour*. Consent & accorde que lesd. Saisies & Arrêts soient & demeurent nulles & comme non faites, que lesdits meubles & deniers soient rendus & payez audit Laurent; quoi faisant, que les Gardiens & débiteurs d'iceux en soient & demeurent quittes & déchargez, comme par ces Présentes ledit Bonaventure comparant les en quitte & décharge à son égard. Promettant, &c.

Main-levée pure & simple au sujet de deniers saisis.

AUjourd'hui est comparu pardevant les Notaires soussignez, &c. demeurant lequel consent & accorde que ledit *tel* vuide ses mains desdits deniers saisis en celles dudit Laurent; quoi faisant, qu'il en soit & demeure déchargé, & de fait ledit Bonaventure l'en décharge pour son regard par ces Présentes, &c.

Main-levée générale.

AUjourd'hui, &c. Sebastien lequel a fait & donné pleine & entiere main-levée à Christophe de toutes & chacunes les Saisies & Arrêts faits à la Requête dudit Sebastien, entre les mains de ses débiteurs, locataires & autres personnes que ce soit, même des exécutions de ses meubles; consentant & accordant ledit Sebastien que lesdits saisies, arrêts & exécutions soient & demeurent nulles & de nul effet, comme non faites ni avenuës; & que lesdits débiteurs, locataires & gardiens, payent & vuident leurs mains, & rendent audit Christophe tout ce qu'ils peuvent devoir & avoir appartenant audit Christophe, quoi faisant ils en seront & demeureront valablement déchargez, comme par ces Présentes il les décharge à son égard. Promettant, &c.

Main-levée

Main-levée de loyers avec reserve, portant quittance de frais.

AUjourd'hui est comparu devant les Notaires soussignez, Barthelemi lequel a fait & donné main-levée pure & simple à Thomas des saisies & arrêts qu'il a fait faire entre les mains de ses locataires & débiteurs; consent & accorde qu'elles demeurent nulles & sans effet, & que lesdits locataires & débiteurs payent & vuident leurs mains en celles du sieur M ou autre qu'il appartiendra; quoi faisant qu'ils en soient & demeurent bien & valablement déchargez, comme par ces présentes ledit sieur Comparant les en quitte & décharge à son égard, sans préjudice de ses dûs, droits, actions & hypothéques, dans lesquels il demeure bien & valablement conservé, sans novation, reconnoissant avoir été payé de ses frais. Promettant, &c.

Main-levée d'une saisie réelle.

AUjourd'hui est comparu devant les Notaires soussignez, René lequel a par ces présentes fait & donné pleine & entiere main levée, pure & simple à Louis de la saisie réelle & établissement de Commissaire faite à sa Requête *d'un tel* héritage scis en *tel lieu*, audit Louis appartenant, faute de payement de *telle* somme, comme le contient l'exploit de ladite saisie réelle fait par *tel* Huissier le *tel* jour : Consent & accorde que ladite saisie soit & demeure nulle comme non faite, que les Commissaires établis à ladite saisie réelle & autres qu'il appartiendra, rendent compte audit Louis de tout ce qu'ils ont reçu, fait & geré en vertu de leur commission au sujet de ladite saisie réelle : payent audit Louis tout ce qui se trouvera lui être dû de reliquat dudit compte; quoi faisant, qu'ils en soient & demeurent déchargez, comme par ces présentes ledit Comparant pour son regard les en quitte & décharge par cesdites présentes : & que ladite saisie réelle soit rayée de tous Registres où elle peut être registrée; promettant, &c. obligeant, &c. renonçant, &c. Fait & passé, &c.

Nota. *Quand le Créancier baille ladite main-levée sans être payé de son dû, il est bon de mettre dans le corps d'icelle main-levée*, sans préjudice de son dû, frais & dépens qu'il se reserve pour s'en faire payer par son débiteur.

Quand on apporte main-levée d'une saisie réelle, il faut un Certificat du Commissaire qu'elle n'a point été registrée; & au cas qu'elle l'ait été, un Certificat qu'il n'y a point d'Opposans.

DES CONTRATS DE MARIAGE.

LEs Contrats de Mariage sont les Actes les plus considérables que l'on puisse faire parmi nous : les François leur ont donné toute la faveur que les Romains donnoient aux

Testamens : ils ont crû même qu'il valoit mieux songer à la conservation des familles qu'à satisfaire aux volontés des mourans, souvent suggerées, ou mal expliquées : ils les ont rendus susceptibles de toutes sortes de clauses inserées à l'avantage des mariés, des donations entre-vifs ou à cause de mort, des substitutions, des institutions d'héritiers, de dérogation aux Coûtumes dans lesquelles se font les mariages, &c.

Toutes ces raisons engagent les parties qui contractent de faire une grande attention sur les clauses qui y sont contenuës, parce qu'il ne leur sera plus libre d'y déroger en la moindre chose, ni de se faire dans la suite l'un à l'autre aucun avantage dans les Coûtumes qui le défendent. C'est une loi qu'ils s'imposent à eux-mêmes & à tous leurs descendans.

Remarques & Observations au sujet des Contrats de Mariage.

LA premiere chose que l'on doit y considérer, c'est la qualité des parties, c'est-à-dire, si elles traitent de leur propre autorité ou de celle d'autrui ; car les personnes mineures de vingt-cinq ans ne peuvent valablement contracter mariage, sans l'autorité de leur pere ou de leur tuteur.

La seconde est de sçavoir sous quelle Coûtume les parties veulent que les conventions de leur mariage soient reglées, parce que dans la plûpart les mariez sont communs en leurs biens meubles, & acquisitions immeubles faites durant leur mariage.

En quelques autres les femmes n'ont point de communauté de biens avec leurs maris, comme en Normandie, & en tous les lieux qui sont gouvernez selon les Loix Romaines, comme la Gascogne, le Languedoc, le Lionnois, & autres pays de droit écrit ; & lorsque l'on veut y contracter cette communauté de biens, l'on conçoit l'article en ces termes, *les futurs époux seront uns & communs en tous biens meubles, & conquêts immeubles,* & le reste comme il est stipulé dans les Contrats de mariage ci-après.

Quand cette communauté est contractée, selon la Coûtume de Paris, elle emporte aussi communauté des dettes mobiliaires dûës auparavant le mariage, par les futurs époux, & lorsque l'on n'en veut pas être tenu l'un pour l'autre, l'on ajoûte à cette premiere clauſe celle-ci, *ne ſeront néanmoins leſdits futurs époux tenus des dettes l'un de l'autre, faites avant leurs épouſailles, &c.*

L'on parle enſuite des biens de l'un & de l'autre des futurs époux. Quant à ceux du mari, s'ils conſiſtent en héritages, rentes ou Offices, leſquels il n'entend point entrer en communauté, il eſt inutile d'en parler, parce que réguliérement toutes ces choſes lui demeureront propres; mais s'il en veut mettre quelque choſe en communauté, ce qui ne ſe fait pas d'ordinaire, il faut en faire mention.

S'il y a des meubles ou autres choſes mobiliaires, comme deniers comptans, ou promeſſes & obligations, & que l'on veüille que cela entre en communauté, il n'eſt pas beſoin d'en parler, parce que leſdits effets mobiliaires y entrent; mais ſi le futur époux ſe les veut reſerver propres, il en faut parler néceſſairement en ces termes: *Tous les biens meubles, deniers comptans, dettes actives & autres choſes mobiliaires appartenantes audit futur époux, lui ſeront & demeureront propres, ainſi que ſes immeubles, & aux ſiens de ſon côté & ligne: & à cet effet ſera fait inventaire deſdits biens & choſes mobiliaires en la préſence de ladite future épouſe, ou de celui qui ſtipulera pour elle, ſi aucun y a, auparavant ledit futur mariage.*

Ces mots (*de côté & ligne*) ſont conſidérables, parce que s'ils n'étoient point couchez dans tel contrat, & qu'il n'y eût qu'au futur époux & aux ſiens, ce mot de *ſiens* ſe borne aux enfans du mariage; en ſorte que ſi le pere décedoit laiſſant enfans, & que tous leſdits enfans mouruſſent avant leur mere, ladite mere comme héritiere des meubles de ſes enfans ſuivant la Coûtume de Paris, art. 311. & 315. ſuccéderoit à ces meubles & choſes mobiliaires, quoique ſtipulés propres à leur pere, & qui leur ſeroient échûs par ſon décès, leſquels après le décès deſdits enfans, ſeroient réputez meubles, nonobſtant la ſtipulation de propre, parce que ladite ſtipulation n'étant qu'une fiction, pour faire changer les choſes de nature, elle ne s'étend point au-delà des perſonnes pour leſquelles elle eſt faites; mais ces mots (*de côté & ligne*) comprenant tous les parens paternels des enfans, operent une excluſion perpétuelle de la mere: ſi ce n'étoit que les enfans mouruſſent ſans aucuns parens paternels, auquel cas elle leur ſuccéderoit entiérement à l'excluſion du fiſc. La même choſe a lieu à l'égard du pere pour les biens mobiliers ſtipulez propres à la mere, & depuis échûs aux enfans, le pere les ſurvivant. De cela, il y a Arrêt prononcé en robbes rouges par Monſeigneur le Préſident de Harlay, à la prononciation de Noël 1580. portant que l'appropriation ſtipulée ne ſera tranſmiſſible, & n'aura lieu à l'égard des parens ou héritiers collatéraux de la femme.

Après que l'on a parlé des biens du futur époux, l'on parle de ceux de ſa future épouſe : ſi elle eſt maîtreſſe de ſes actions, on lui fait déclarer par le Contrat en quoi ils conſiſtent, avec promeſſe de les apporter à ſon futur époux, dans la veille de leurs épouſailles, ſoit deniers comptans, meubles, papiers : Si au contraire elle eſt ſous la puiſſance de ſon pere, ou d'un tuteur, ne voulant exprimer quels ſont les biens de la fille, l'on met que le futur époux la prendra avec ſes biens & droits qui lui ſont échûs par le décès de ſes pere & mere, ou autrement, deſquels à cet effet lui ſera rendu compte quand il en ſera requis ; & quand ledit futur époux n'en eſt pas bien informé, l'on fait dire en quoi ceſdits biens & droits conſiſtent.

Quelquefois, & particuliérement quand le pere ou la mere, étant en veuvage, marie ſa fille, & qu'elle ne veut pas s'engager à une reddition de compte, ſi le futur époux deſire être certain de ce que la fille doit avoir en mariage, le pere ou la mere promet une ſomme, ou autre choſe préciſe, que l'on dit être pour le droit ſucceſſif mobilier & immobilier, fruits & revenus d'iceux, avenus & échûs à la future épouſe par le décès de ſes pere ou mere, ſi tant ſe montent, ſinon le ſurplus en avancement d'hoirie, venant par ladite future épouſe à la ſucceſſion de ſeſdits pere & mere ſurvivans.

Cette clauſe n'empêche pas la future épouſe de pouvoir demander compte, quand bon lui ſemble, après ſon mariage ; mais comme ordinairement on lui donne plus que ſon bien, l'on ſe garantit de la peine de rendre ce compte par la clauſe qui enſuit, *ſans que leſdits futurs époux puiſſent demander aucun compte ni partage de la ſucceſſion échûe à la future épouſe, qu'en rendant, ou rapportant au préalable audit pere la ſomme, ou ce qui lui a été fourni pour ſa dot.*

Pour diſtinguer après le décès du ſurvivant, ce qui a été donné par ce moyen, ſur ladite ſucceſſion, il faut qu'il ait été rendu compte de ce qui exiſtoit lors du décès du premier mourant.

Quand les pere & mere marient leurs enfans, ce qu'ils leur

donnent en mariage est réputé donné sur leurs futures successions; ensorte qu'après le décès du premier mourant, il en faut rapporter la moitié, ou moins prendre; & l'autre moitié ne se rapporte qu'après le décès du dernier mourant, avec les fruits, intérêts au denier 20. de chacune moitié du jour du décès, selon l'article 309. de la Coûtume de Paris.

Quelquefois, mais rarement, on stipule que toute la somme s'imputera sur la premiere succession à écheoir, auquel cas il faut égaler tous les autres enfans à ce qui a été donné en mariage, auparavant que la mariée y puisse rien prétendre.

De plus, il est à observer que si en la succession à laquelle se doit faire le rapport, il ne se trouvoit pas assez de bien pour égaler audit rapport les autres enfans, du moins jusqu'à la concurrence de leur légitime, celui qui a été avantagé est obligé de parfaire ladite légitime sur ce qu'il a eu, suivant l'article 307. de la Coûtume de Paris, quand même il n'auroit eu que de l'argent comptant. Ce qui est une explication dudit article 307. laquelle légitime est la moitié de telle part & portion que lesdits enfans eussent eu chacun, si celui de la succession duquel il est question, n'eût point disposé par donation, ou autrement, sur le tout déduit les dettes & les frais funéraires, suivant l'article 298. de la même Coûtume.

On parle ensuite de ce qui entrera en la communauté du bien de la fille, dont ordinairement & par un long usage, on y met le tiers, ou la moitié de ses deniers dotaux; l'on stipule que le surplus lui demeurera propre, aux siens & à ceux de son côté & ligne, ainsi qu'il a été dit ci-dessus à l'égard dudit futur époux. Souvent l'on oblige le futur époux d'employer les deniers ainsi stipulez propres, en acquisition d'héritages ou rentes, ce qui néanmoins ne sert pas plus que ces mots (*de côté & ligne*) pour exclure les pere ou mere survivans de la somme stipulée propre.

Mais cette obligation d'emploi fait que l'héritage ou la rente acquise incontinent après le mariage, est propre à la femme, quand le mari a déclaré dans le contrat, qu'il fait ladite acquisition des deniers du mariage de sa femme.

Comme un mari pourroit abuser de ce mot de rente, & feindre avoir employé les deniers en rentes sur le Roi, lesquels cependant lui coûteroient beaucoup moins, ce qui tourneroit au préjudice de la femme & de ses héritiers, qui seroient obligez de prendre ladite rente pour ce qui paroîtroit en avoir été payé: il est nécessaire quand l'on met cette clause, pour empêcher le divertissement des deniers en autre chose, de mettre que ledit emploi sera fait en acquisition d'héritages, ou rentes sur particuliers.

Quand tout le mariage d'une fille, ou la plus grande partie consiste en héritages, ou rentes, & que l'ordinaire est d'en mettre au moins le tiers en communauté, il est nécessaire de spécifier que telle portion desdits héritages ou rentes demeurera ameublie au profit de la communauté, jusqu'à la concurrence de ce que l'on convient devoir entrer en icelle communauté; & quand la fille est mineure, il faut ajoûter que tel ameublissement sera homologué en Justice.

L'on met cette clause d'homologation, parce que sans cette solemnité, l'héritage ou rente de la mineure ne peut être valablement ameubli, ledit ameublissement étant une espéce d'aliénation, de laquelle le mari, étant le maître de tous les biens de la communauté, en peut user & disposer comme bon lui semble, sans le consentement de sa femme, selon l'article 225. de ladite Coûtume de Paris.

Après l'on parle *du doüaire*, qui peut être de deux sortes, coutumier ou prefix. *Le doüaire coutumier* est l'usufruit de la moitié des héritages que le mari tient & possede au jour du mariage, & de ceux qui lui sont échûs depuis & pendant le mariage en ligne directe, article 248. En d'autres Coûtumes, il est du tiers ou d'autre portion desdits héritages du mari, & qui lui échéent en ligne directe durant son mariage, selon que la Coûtume de la situation desdits héritages définit ladite portion, lequel doüaire coutumier ne se prend point sur d'autres biens; en sorte que celui qui se seroit marié sans faire de Contrat de mariage, & qui n'auroit point de biens de cette qualité, sa femme n'auroit point de doüaire.

Ce doüaire coutumier en la Coûtume de Paris, est le propre héritage des enfans issus du mariage, en sorte qu'à leur préjudice les pere & mere ne le peuvent engager, suivant l'art. 249. de ladite Coûtume: si bien qu'un homme qui a doüé dudit doüaire coutumier, difficilement peut-il trouver quelqu'un qui veüille acheter lesdits héritages, parce qu'il pourroit arriver que le pere faisant mal ses affaires, ses enfans en renonçant à sa succession, pourroient rentrer dans cette moitié d'héritages propres de leur pere, quoique vendus, sans être obligez de payer aucunes dettes contractées depuis le mariage, suivant l'art. 250. de ladite Coûtume.

Que si la mere avoit parlé au contrat de vente, ce pourroit être comme renonçant simplement à son doüaire & autres hypothéques, qu'elle pourroit avoir pour ses conventions sur lesdits héritages, & cela à l'égard dudit doüaire n'opéreroit autre chose, sinon qu'elle, devenant veuve, ne pourroit durant sa vie inquiéter l'acquéreur pour la joüissance d'icelui, mais cela n'empêcheroit pas l'action des enfans pour la propriété, après le décès de leur mere.

Cette action passe bien plus avant; car si l'acquéreur avoit amelioré l'héritage, il seroit néanmoins tenu de rendre la moitié sujette au doüaire, sans remboursement des améliorations.

Il est à observer que les décrets ne purgent point les droits du doüaire, si les doüaires ne sont ouverts lors des décrets, c'est-à-dire, que le pere soit décedé, & que la prescription ne court point non plus contre les enfans auparavant le décret & leur majorité.

Lorsqu'une femme s'est obligée solidairement avec son mari à la garantie des dettes, en ce cas si les enfans propriétaires du doüaire sont héritiers de leur mere, ils peuvent bien demander lesdits héritages pour leur doüaire; mais en cette qualité d'héritiers de leur mere, ils sont tenus des dépens, dommages & intérêts de l'acquéreur, qui souvent monteroient plus que la valeur dudit héritage; & s'ils ne sont point héritiers de leur mere, ils ne sont tenus à rien, quoiqu'ils prennent le doüaire.

L'autre sorte *de doüaire* est appellée *prefix*, parce qu'il est limité à une rente, ou à une somme de deniers, laquelle rente ou somme n'est pas moins propre aux enfans nez du mariage, que le doüaire coutumier; mais il n'empêche pas que le pere ne dispose de ses biens, pourvû qu'il laisse la valeur du doüaire entre les mains de l'acquéreur ou d'une autre personne, pour le garder jusqu'à ce que le doüaire ait lieu; & en attendant, en payer le profit au pere, parce que le doüaire n'appartient à autre personne avant son décès: quand on connoît le pere solvable, on n'exige pas de lui de garder ou de déposer en main tierce ledit doüaire, parce qu'il est à prendre sur tous ses biens, & que les enfans y ont hypothéque du jour du Contrat de mariage de leur mere.

Ce doüaire prefix est sujet à retour par la Coûtume de Paris, articles 263. & 264. c'est-à-dire, que la mere n'en est qu'usufruitiere, & qu'elle en joüira sa vie durant en viduité, à sa caution juratoire : si elle se remarie, elle est tenue de donner caution pour la délivrance qui lui en seroit faite, aux fins dudit retour, si ce n'est qu'il soit stipulé par le Contrat de mariage qu'il ne seroit sujet à retour : cette proprieté de doüaire ne peut appartenir à la veuve, qu'au cas que lors du décès de son mari il n'y eût point d'enfans vivans de leur mariage, auquel cas qu'il n'y eût point d'enfans, le doüaire prefix demeureroit & appartiendroit aux héritiers de la femme : Quand il n'est point ainsi stipulé & que le doüaire est d'une somme pour une fois payer, ou d'une rente rachetable à la veuve par les héritiets du mari, les siens sont obligez de la rendre après son décès, s'il n'y a clause au contraire par son Contrat de mariage, ou par l'acte du rachat.

Après cela on passe *au préciput*, qui est une somme donnée au survivant, en meubles de la communauté, tels qu'il veut choisir; & l'on stipule ordinairement qu'ils seront pris sur la prisée de l'inventaire & sans cruë, ou bien une somme de deniers comptans, au choix du survivant.

On appelle *préciput* les armes & les chevaux du mari, s'il est homme d'épée; ou ses Livres, s'il est homme de Robbe; & les bagues & joyaux de la femme : cependant au lieu de cela le survivant peut prendre tels meubles qu'il veut choisir de la communauté. On dit ordinairement qu'il n'importe pas de quelle somme on fasse le préciput, puisqu'il est réciproque ; mais l'on s'abuse, parce que si le mari survit & que la communauté ne le puisse pas fournir, il le perd, ne le pouvant pas prendre sur les propres de la femme : au contraire, si elle survit, & que la communauté ne soit pas bonne, en y renonçant, les propres de son mari lui en répondent comme de ses autres conventions.

Après l'on parle du *remploi des propres*, qui seroient alienez durant la communauté, & des rentes qui seroient rachetées, lequel remploi selon ladite Coûtume de Paris, article 232. doit être fait sur les biens de la communauté avant que de la partager; mais on ajoûte aux Contrats de mariage, & on l'a ainsi jugé par Arrêt, quoiqu'il ne soit pas stipulé, que si les biens de la communauté ne suffisent pour le remplacement des propres

de

de la femme, que ce qui s'en manquera sera pris sur les propres de son mari : ce qui ne se dit point en sa faveur sur les biens de la femme, parce qu'il en pourroit mal user, & qu'étant maître de la communauté, c'est à lui à la faire bonne, autrement ses propres répondent à la femme, ou à ses enfans & héritiers, de ses conventions.

Il est à remarquer que l'action du remploi des propres, qui durant le mariage sont avenus & depuis alienez, est mobiliaire : ensorte, que si l'un des conjoints décede ayant des enfans, & que lesdits enfans prédécedent le survivant de ses pere ou mere, avant que ledit remploi soit fait, le survivant succede à l'action du remploi, laquelle étant mobiliaire, demeure confuse en sa personne, & les héritiers collatéraux ne lui en peuvent demander aucune chose, si au Contrat de Mariage il n'est expressément dit, comme il se pratique, que l'action dudit remploi sortira même nature de propre du côté & ligne, & comme si ledit remploi avoit été fait, lesquels mots ne sont pas absolument nécessaires à l'égard des choses stipulées propres par le Contrat de mariage, parce qu'en cette stipulation on employe ces mots (*de côté & ligne.*)

Ensuite l'on parle de *la renonciation à la communauté*, en disant qu'il sera permis à la future épouse de renoncer à la communauté, & de prendre tout ce qu'elle aura apporté à son futur époux, & qui pendant ledit mariage lui sera avenu par succession, donation ou autrement, avec ses doüaire & préciput, sans être tenuë d'aucunes dettes de la communauté, encore qu'elle y fut obligée ou condamnée.

Cette clause ne seroit pas absolument nécessaire pour ladite faculté de renoncer à la communauté; car la Coûtume de Paris, art. 237. & la plûpart des autres Coûtumes de France, donnent cette faculté, mais c'est en perdant & abandonnant la communauté, & ce qui est entré en icelle, outre tout ce qui est échû de meubles & de choses mobiliaires à la femme durant le mariage, par quelque titre que ce soit, qui entrent en communauté, s'il n'y a clause par le Contrat, comme quelquefois on y met ces mots (*tout ce qui écherra à ladite future épouse durant ledit mariage, par succession, donation ou autrement, demeurera propre à elle, aux siens & à ceux de son côté & ligne*) & au moyen de cette renonciation stipulée par le Contrat, la future épouse reprend tout, encore que cette clause n'y soit point employée.

Cette décharge de la femme des dettes de la communauté, quand elle y a parlé, ne la décharge pas envers les créanciers ausquels elle est obligée, mais elle a son hypothéque sur les biens de son mari, pour en être indemnisée du jour de son Contrat de mariage; ce qu'autrefois on a disputé, ayant été soutenu contre une veuve qu'elle n'avoit hypothéque pour cela que du jour des obligations qu'elle avoit passées, il fut jugé en sa faveur par Arrêt donné en l'Audience de la Grand'Chambre du 17. Mars 1608. pour la femme de Baignet Marchand Joyaillier, qu'elle viendroit en ordre d'hypothéque sur les biens, tant pour le remplacement desdits deniers dotaux, que de ses propres alienez du jour de son Contrat. Autre Arrêt pour la veuve Coignet, laquelle prit le bien de son mari, qui se montoit à plus de cent mille écus, pour payer de nouveaux créanciers ausquels elle étoit obligée, à l'exclusion d'un grand nombre d'autres créanciers beaucoup plus anciens, postérieurs à son Contrat de mariage.

Pour éviter de tomber en pareille contestation, on met de nouveau dans les Contrats de mariage, qu'on aura hypothéque pour l'indemnité desdites dettes sur les biens du mari du jour dudit Contrat.

On y met aussi ordinairement, si la femme prédécede le mari, que les enfans du mariage auront la même faculté de renoncer & reprendre, sans laquelle stipulation ils ne pourroient reprendre les choses mobiliaires entrées en ladite communauté; car encore qu'il fussent héritiers de leur mere, & par conséquent de tous ses droits & actions, ils n'hériteroient pas de cette faculté qui est purement personnelle.

Quelquefois on la stipule en faveur des autres héritiers de la future épouse, en laissant au mari sur les choses mobiliaires sujettes à reprise, une certaine somme pour ses frais de nôces qu'on arbitre, & qu'il lui est permis de retenir.

Quelquefois entre Marchands ou gens d'affaires, le futur époux ne voulant pas, s'il survit sa future épouse, que ses héritiers viennent à partager sa communauté, pour en découvrir le fonds, & en faire inventaire, on stipule qu'il sera permis au futur époux survivant la future épouse, sans enfans lors vivans issus de leur mariage, d'admettre en ladite communauté les héritiers de ladite future épouse, ou de les en exclure; auquel cas d'exclusion il sera tenu de leur rendre tout ce qu'icelle future époufe lui aura apporté, ou lui fera avenu & échû durant ledit mariage par fucceffion, donation ou autrement; mais parce que cette claufe donne faculté au mari de s'approprier tous les biens de la communauté, & que fi la communauté n'eft pas bonne il y admet les héritiers, ce qui ne feroit pas raifonnable; on s'oblige fouvent outre ladite reftitution, audit cas d'exclufion, de donner encore aux héritiers une certaine fomme; & quelquefois on dit une fomme pour chacune année que ce mariage aura duré.

Il fe met encore plufieurs autres claufes dans les Contrats de mariage, qui ne font pas fi ordinaires que celles ci-deffus, comme fi l'on doute que le futur époux foit engagé en quelques dettes, & qu'il aye fon pere ou fa mere vivant, on veut que lefdits pere & mere le certifient, & rendent franc & quitte de toutes dettes & hypothéques, jufqu'au jour de fes époufailles. De forte que fi après le mariage on demande audit futur époux quelques dettes, on a recours pour les faire payer contre lefdits pere & mere.

Quelquefois on ne fe contente pas de cette certification; mais l'on défire que lefdits pere ou mere fe rendent cautions des conventions matrimoniales & du doüaire; mais comme cette obligation va à l'infini, en ce qu'elle contient d'acquitter la femme de toutes les dettes qu'elle peut contracter avec fon mari, les pere & mere font bien de ne point paffer cela. Ce qu'ils font ordinairement eft de n'obliger à l'effet d'icelle que la part & portion dont leur fils pourroit amender de leur fucceffion: cela opere que fi le fils meurt devant fon pere & fa mere, quoiqu'alors il n'aye rien dans leur bien, néanmoins la femme du fils a droit d'hypothéque fur lefdits biens, après le décès defdits pere & mere, jufqu'à la concurrence de la part qui en feroit échûë à fon mari, s'il avoit furvêcu lefdits pere & mere; & cela ne les empêche pas de difpofer de leurs biens, par toutes fortes de voies, fors celle du teftament, comme s'ils ne s'étoient point obligez pour leur fils.

Il y a des Coûtumes, comme celle de Normandie, èfquelles quand une fille a été mariée par fes pere & mere, elle ne peut plus rien demander en leurs fucceffions, fi elle n'y eft refervée expreffément par ledit Contrat de mariage; & quand le pere ou la mere décedent fans l'avoir mariée, & qu'elle a des freres, elle n'a autre droit que de leur demander mariage avenant; &

pourvû qu'ils ne la déparagent point, c'eſt-à-dire, qu'ils ne la marient point hors de ſa condition, ils la peuvent marier pour un chapeau de roſes.

Dans le Pays qui ſe gouverne ſelon le droit écrit, c'eſt-à-dire, ſelon les Loix Romaines, l'on ne conſidere ordinairement dans la famille qu'un enfant mâle que les pere & mere choiſiſſent tel qu'il leur plaît,. pour le faire héritier des biens de la maiſon, de ſorte que quand l'on marie les filles (*cela même ſe pratique en beaucoup d'autres lieux parmi les Grands*) on les fait renoncer aux ſucceſſions futures de leur pere & mere; & ſouvent l'on y ajoûte la même choſe aux ſucceſſions collaterales de ſes freres & ſœurs: & cette renonciation eſt valable, encore qu'elle ſoit faite par une fille mineure; cela eſt fondé ſur ce qu'elle a une choſe certaine, qui eſt ſa dot, pour une choſe incertaine, qui eſt l'événement de ſa ſucceſſion. Cette renonciation ſe fait quelquefois en faveur de l'un des freres, qui en ce cas en profite ſeul, ſinon elle ſert d'accroiſſement à tous les héritiers ou légataires.

Quand un pere ou une mere marient une fille en la Coûtume de Paris, ils peuvent ſtipuler que le ſurvivant d'eux joüira par uſufruit ſa vie durant, de tous les biens de leur communauté, pourvû que le ſurvivant ne ſe remarie, & cela n'eſt point réputé un avantage entre leſdits pere & mere, leſquels pour ſe conſerver cette joüiſſance plus abſoluë, doivent ajoûter que l'on ne leur pourra demander inventaire, compte, ni partage; mais un gendre bien aviſé doit faire mettre, Pourvû que les autres enfans faſſent de même.

Quand il ſe marie un Seigneur qui a pluſieurs Terres, & qu'il doit, & que la fille qu'il épouſe lui apporte des deniers comptans, l'on doit mettre au Contrat que cet argent ſera employé à l'acquit des dettes du futur époux; & que la future épouſe demeurera ſubrogée jusqu'à la concurrence d'iceux, aux hypothéques deſdits créanciers, pour la sûreté de la repriſe de ſes deniers dotaux.

Ces deniers dotaux ſont tellement privilégiez en la Coûtume de Normandie, qu'une femme ne les peut engager, même de l'autorité de ſon mari; de ſorte que ceux qui prêtent de l'argent & qui croyent l'aſſurer ſur l'obligation de la femme, doivent prendre garde ſi elle n'eſt point mariée dans la Coûtume de Normandie.

Entre les Grands, l'on a coûtume outre le doüaire préfix dont il eſt ci-deſſus parlé, d'y ajoûter l'habitation de la veuve dans une des maiſons du futur époux ; enſemble des jardins & préclôtures en dépendantes, pour en joüir durant ſa viduité.

Il y a des Coûtumes èſquelles une femme après le décès de ſon mari, joüit de tous les biens de ſondit mari, juſqu'à ce que ſes héritiers l'ayent entiérement payée de ſes deniers dotaux & des autres choſes qu'elle a à prendre ſur leſdits biens.

Au Pays de droit écrit dont il eſt ci-deſſus parlé, il n'y a point de communauté de biens ni de doüaire pour la femme ; mais au lieu de cela, le mari donne à ſa femme une certaine ſomme qu'on appelle augment de dot, à prendre ſur tous ſes biens.

En Normandie on ne ſtipule point de préciput réciproque, ni d'ameubliſſement d'aucune partie des biens de la femme, n'y ayant point auſſi de communauté : & pour récompenſer le mari des avantages qu'il fait à ſa femme, on ſtipule que s'il la ſurvit, il prendra ſur tous ſes biens une certaine ſomme qu'on appelle *dot mobile.*

Quelquefois en Pays où la Coûtume de Paris eſt introduite, on ſtipule qu'il n'y aura point de communauté entre les conjoints, & que la future épouſe demeurera autoriſée pour la pourſuite de ſes biens, droits & actions.

Quand les perſonnes qui contractent mariage ſont maîtreſſes de leurs actions, & qu'elles ont une forte paſſion l'une pour l'autre, elles font ſouvent une donation de tous leurs biens au ſurvivant, pourvû que la diſſolution du mariage arrive ſans enfans ; & cette donation ſe fait en deux façons, ou pour joüir par le ſurvivant en toute proprieté pour lui, ſes hoirs & ayans-cauſe, des biens du prédécedé, ou pour en joüir ſeulement en uſufruit ſa vie durant, auquel dernier cas il eſt obligé de faire inventaire : mais il n'eſt pas tenu de donner caution aux héritiers du prédécedé, pour l'aſſurance du retour deſdits biens, comme l'on eſt obligé de la donner pour joüir de cette donation mutuelle d'uſufruit, lorſque le Contrat de donation n'a été fait qu'après le mariage, ſelon le 280. article de la Coûtume de Paris. Il y a encore cette différence entre le don mutuel fait par Contrat de mariage, & celui fait depuis ; car celui-là peut comprendre telle nature de biens que l'on y veut mettre, & celui-ci ne ſe peut faire que de l'uſufruit des meubles & conquêts, pour la reſtitution deſquels après l'uſufruit fini par ſon décès, ſes biens sont hypothéquez du jour de la passation dudit don mutuel, au profit des héritiers du prédécedé : jugé par Arrêt du 9. Décembre 1602. entre les Chanoines du Saint-Sepulcre, demandeurs contre Marie le Grand, veuve de Robert Moussaye, défenderesse. Semblable Arrêt de l'Audience du Jeudi 11. Décembre 1625. Corbin & Descommel plaidans.

Les Contrats de mariage qui contiennent lesdites donations ou autres, telles qu'elles soient, fors d'une somme qui se paye comptant, doivent être insinuées dans quatre mois, selon l'Ordonnance du Roi ; (*Voyez ci-après l'Ordonnance du mois de Février 1731.*) mais ce mot de quatre mois n'est considérable qu'à l'égard du mari : encore que l'insinuation fût faite après son décès du vivant de la femme, elle est toujours bonne ; mais à l'égard de la femme, il a été jugé que les quatre mois ne commencent à courir que du jour du décès du mari ; la raison en est, que comme le mari est le maître des actions de sa femme, il peut l'empêcher d'agir à l'effet de cette insinuation de son vivant.

Les donations faites aux Eglises & aux Communautés Ecclésiastiques, & les legs testamentaires pour fondations, doivent être insinuées, fulminées, publiées & homologuées en Cour d'Eglise, pardevant les Officiaux de la situation des choses données, & registrées aux Archevêchés & Evêchés dans les six mois, suivant l'Ordonnance d'Henri II. de l'an 1553. autrement elles sont nulles & sujettes à révocation : tellement que la simple insinuation n'y est pas suffisante. Jugé par Arrêt du 21. Décembre 1598. prononcé en robbes rouges par Monsieur le Président de Harlay.

Entre Nobles il arrive souvent qu'un pere mariant son fils aîné, l'on veut quelquefois s'assurer qu'il ne fera point à son préjudice des avantages aux cadets : & pour ce sujet l'on met que le pere reconnoît le futur époux pour son fils aîné, & principal héritier. Cette déclaration exclut le pere de la liberté de diminuer ce dont son fils aîné doit amender de lui.

Quelquefois les futurs époux voulant user de prévoyance, en ce que l'un d'eux demeurant veuf, & passant en secondes nôces, pourroit diminuer l'affection qu'il auroit pour les enfans du premier lit ; l'on fait mettre dans le Contrat, que lesdits futurs époux, ou l'un d'eux, donnent aux enfans dudit mariage (*c'est-à-dire le premier mariage*) une partie certaine de leur bien, ou quelque terre ou maison que l'on désigne, de telle sorte que cela ne leur peut pas être ôté. Voyez ci-après la Déclaration du Roi du 21. Avril 1692.

Contrat de Mariage fait par les pere & mere des futurs Epoux.

FUrent présens sieur Thomas Libraire à Paris, demeurant ruë Saint Jacques, Paroisse Saint S fils de feu Pierre aussi Libraire à Paris, & de Marie sa femme, à présent sa veuve, demeurante avec sondit fils, de l'agrément de sadite mere, & de son consentement pour lui & en son nom d'une part; & le sieur Nicolas aussi Libraire à Paris, & Damoiselle Marie sa femme, qu'il autorise à l'effet des Présentes, demeurans à Paris ruë de la C Paroisse Saint G stipulans en cette partie pour Damoiselle Marie-Magdeleine leur fille, à ce présente & de son consentement aussi pour elle & en son nom demeurante avec lesdits sieur & Damoiselle ses pere & mere, d'autre part. Lesquelles parties en la présence & de l'avis de leurs parens & amis; sçavoir de la part dudit futur époux & sadite mere *de tels*, & de la part de ladite future épouse *de tels*, ont volontairement reconnu & confessé avoir fait entr'elles les accords & conventions qui suivent pour raison du futur mariage desdits sieur Thomas & Damoiselle Marie-Magdeleine qu'ils promettent respectivement sous l'autorité de leursdits pere & mere faire célébrer & solemniser ensemble en face de notre Mere sainte Eglise le plutôt que faire se pourra, & qu'il sera avisé & déliberé entr'eux, & leursdits parens & amis.

Clause portant communauté.

C'est à sçavoir que lesdits sieur & Damoiselle futurs époux seront uns & communs en tous biens, meubles & conquêts immeubles suivant la Coûtume de Paris, au désir de laquelle leur future communauté sera reglée & gouvernée, encore que ci-après ils fissent leur demeure ou des acquisitions en Pays & Coûtumes contraires, ausquels ils ont expressément dérogé & renoncé par ces Présentes.

Clause concernant les dettes des futurs conjoints, créées avant le mariage.

Ne seront néanmoins lesdits futurs époux tenus d'aucunes dettes faites & créées avant leur mariage; mais si aucunes ont été faites, elles seront payées & acquittées par celui ou celle qui les aura faites & créées sur son bien particulier, sans que l'autre ni ses biens en soient tenus.

Clause contenant ce qui est apporté en dot à la future épouse.

En faveur duquel futur mariage lesdits sieur Nicolas & Damoiselle Marie sa femme promettent & s'obligent solidairement l'un pour l'autre, chacun d'eux, un seul pour le tout, sans division ni discussion, à quoi ils renoncent, bailler & donner aufdits fieur & Damoifelle futurs époux pour la dot de la Damoifelle leur fille, la veille de leurs époufailles, la fomme de en deniers comptans, & ce en avancement d'hoirie des fucceffions futures defdits fieur & Damoifelle pere & mere de ladite future époufe; de laquelle fomme de moitié entrera en ladite future communauté, & l'autre moitié fera & demeurera propre à ladite Damoifelle future époufe, & aux fiens de fon côté & ligne, avec tout ce qui pendant ledit mariage lui aviendra & écherra par fucceffions, donations, legs ou autrement, tant en meubles qu'immeubles.

Comme auffi des biens, meubles, marchandifes, & autres effets appartenans audit fieur futur époux, montans à la fomme de déduction faite de ce qu'il doit, entrera en communauté pareille fomme de & le furplus avec ce qui lui fera avenu & échû pendant ledit mariage par fucceffions, donations, legs ou autrement, foit meubles ou immeubles, fera & demeurera propre audit fieur futur époux & aux fiens de fon côté & ligne.

Claufe portant conftitution de doüaire.

Ledit fieur futur époux a doüé & doüe ladite Damoifelle future époufe de la fomme de de doüaire préfix une fois payée, dont elle aura délivrance fi-tôt qu'il aura lieu, fuivant la Coûtume de Paris.

Claufe concernant le préciput.

Le furvivant defdits fieur & Damoifelle futurs époux, aura & prendra par préciput tels des biens meubles de la communauté qu'il voudra choifir fuivant la prifée de l'inventaire qui en fera faite & fans cruë, jufqu'à concurrence de la fomme de ou ladite fomme en deniers comptans, au choix dudit furvivant réciproquement.

Sera permis à ladite Damoifelle future époufe furvivante, & aux enfans qui naîtront dudit mariage, de renoncer à ladite communauté, & en cas de renonciation reprendre franchement & quittement tout ce que ladite Damoifelle future époufe aura apporté audit mariage, avec ce qui lui fera avenu & échû par fucceffions, donations, legs ou autrement, tant en meubles qu'immeubles, même fi c'eft ladite Damoifelle future époufe qui fera ladite renonciation, elle reprendra fon doüaire & préciput tels que deffus, fans être par elle ni fefdits enfans tenus d'aucunes dettes & hypothéques de ladite communauté, encore qu'elle s'y fut obligée ou y eût été condamnée, dont elle & fefdits enfans feront acquittez & indemnifez par les héritiers & fur les biens dudit fieur futur époux, pour raifon dequoi ainfi que pour toutes les autres conventions du préfent contrat, il y aura hypothéque formée fur les propres & autres biens dudit fieur futur époux, de ce jourd'hui.

Pareille faculté de renoncer à ladite communauté avec femblables reprifes a été accordée aufdits fieur & Damoifelle pere & mere de ladite Damoifelle future époufe, en laiffant néanmoins audit fieur futur époux la fomme de pour fes frais de nôces & charges de mariage.

Si

Si pendant ledit futur mariage il est vendu, racheté ou aliené aucuns biens, héritages ou rentes propres à l'un ou à l'autre desdits futurs époux, remploi sera fait des deniers en provenant en acquisitions d'autres héritages ou rentes qui tiendront pareille nature de propre à celui ou celle desdits futurs époux à qui auront appartenu lesdits propres alienez; & si au jour de la dissolution dudit mariage lesdits remplois ne se trouvoient faits, les deniers s'en reprendront sur les effets de ladite communauté, si elle est suffisante, sinon ce qui s'en défaudra à l'égard de ladite future épouse, sera repris sur les propres & autres biens dudit futur époux.

Clause de donation à la future épouse.

Et pour la bonne amitié que ledit sieur futur époux a dit avoir pour ladite Damoiselle sa future épouse, il lui a par ces présentes fait donation entre-vifs pure, simple & irrévocable, en la meilleure forme que donation puisse valoir, & sans espérance de la pouvoir révoquer ci-après, pour quelque cause que ce soit, ce acceptant ladite Damoiselle future épouse, autorisée comme dessus desdits sieur & Damoiselle ses pere & mere, de la somme de à prendre sur tous les biens meubles & immeubles que délaissera ledit sieur futur époux, en cas qu'il décede avant ladite Damoiselle future épouse, & que lors dudit décès il n'y ait aucuns enfans vivans dudit mariage; & s'il y a des enfans, & qu'ils viennent à décéder avant l'âge de majorité, la présente donation reprendra sa force & vertu.

Clause de donation au futur époux.

Et aussi pour donner par ladite Damoiselle future épouse des marques de l'amitié qu'elle porte audit sieur futur époux, elle lui a fait, du consentement de sesdits pere & mere & sous leur autorité, donation entre-vifs pure, simple & irrévocable de pareille somme de à prendre sur les plus clairs & apparens biens qu'elle délaissera au jour de son décès, ce qui a été accepté par ledit sieur futur époux; laquelle présente donation est au surplus faite aux mêmes clauses & conditions que celle ci-dessus faite par ledit sieur futur époux à ladite Damoiselle future épouse.

Et pour faire insinuer ces Présentes au Châtelet de Paris & par tout ailleurs où besoin sera, lesdites parties ont fait & constitué leur Procureur le porteur, auquel ils en donnent pouvoir; car ainsi le tout a été convenu, stipulé & accordé entre les parties: promettant, obligeant chacun en droit soi, lesdits sieur & Damoiselle pere & mere de ladite Damoiselle future épouse solidairement comme dessus. Renonçant, &c. Fait & passé à Paris en la maison & demeure desdits sieur & Damoiselle pere & mere de ladite Damoiselle future épouse, l'an mil sept cens le jour d a midi. Et ont signé.

Contrats de Mariage entre deux perſonnes majeures & uſantes de leurs droits.

FUrent préſens Chriſtophe *de tel état*, demeurant fils de défunts *tel*, & *telle* ſa femme, pour lui & en ſon nom d'une part; & Françoiſe majeure, uſante & joüiſſante de ſes biens & droits, demeurante fille de défunts *tel* & *telle* ſa femme, auſſi pour elle & en ſon nom, d'autre part. Leſquelles parties volontairement en la préſence, & aſſiſtées de leurs parens, & amis nommez ci-après; ſçavoir de la part dudit Chriſtophe de *tels* & *tels*, & de la part de ladite Françoiſe de *tels* & *tels*, ont reconnu & confeſſé avoir fait & accordé enſemble le traité de mariage & conventions ſuivantes; c'eſt à ſçavoir que leſdits Chriſtophe & Françoiſe ont promis & promettent réciproquement de ſe prendre l'un l'autre par nom & loi de mariage, & icelui faire célébrer & ſolemniſer en face & ſous la licence de notre Mere ſainte Egliſe le plutôt que faire ſe pourra & déliberé ſera entre eux, leurſdits parens & amis, aux biens & droits à chacun d'eux appartenans, qu'ils ont promis d'apporter & mettre enſemble, la veille de leurs épouſailles, pour être, comme en effet leſdits futurs époux ſeront, uns & communs en tous biens, meubles & conquêts immeubles qu'ils auront & feront enſemble conſtant leur futur mariage, ſuivant & au deſir de la Coûtume de cette Ville, Prévôté & Vicomté de Paris, ſous laquelle leurdite communauté ſera reglée, régie & gouvernée, quand bien leſdits futurs époux feroient leur demeure & acquiſitions en Pays de Coûtume & diſpoſitions contraires, auſquels leſdits futurs époux ont expreſſément dérogé & renoncé pour ce regard. Ne ſeront néanmoins leſdits futurs époux tenus des dettes ni hypothéques l'un de l'autre, faites & créées avant leurs épouſailles, dont, ſi aucunes y a, ſeront payées ſur les biens de celui ou celle qui en ſera débiteur : leſquels biens & droits à ladite future épouſe de préſent appartenans, elle a déclaré conſiſter en la ſomme de livres; ſçavoir livres en deniers comptans, provenus la plus grande partie de la vente qu'elle a ci-devant faite de quelques héritages qui lui ſont échûs par le décès de ſes défunts pere & mere, & le reſte de ſon travail, gain & épargne, & livres en meubles meublans, uſtenciles de ménage, tapiſſerie, habits, linge & hardes à ſon uſage, le tout revenant enſemble à la ſomme de livres, de laquelle le tiers (*ou moitié, ou bien les deux tiers*,) entrera en ladite future communauté, & le ſurplus ſortira nature de propre à ladite future épouſe & aux ſiens de ſon côté & ligne; en faveur duquel mariage ledit futur époux a doüé & doüe ſa future épouſe de la ſomme de livres, de doüaire préfix à une fois payer, à prendre ſur tous & chacuns les biens, meubles & immeubles, préſens & avenir dudit futur époux, qu'il en a dès-à-préſent chargez, affectez, obligez & hypothéquez à garantir, fournir & faire valoir ledit doüaire, ou bien du doüaire coutumier à ſon choix, duquel doüaire, tel que choiſi ſera par ladite future épouſe, elle aura délivrance du jour du décès dudit futur époux, ſans qu'elle ſoit tenuë de le demander en Juſtice; & ſi elle fait choix du préfix, il lui demeurera propre, sans être sujet à retour. Le survivant desdits futurs époux aura & prendra pour son préciput & hors part des biens de leurdite communauté, tels qu'il voudra choisir suivant la prisée de l'inventaire qui en sera faite & sans cruë, jusqu'à la somme de livres, ou ladite somme en deniers comptans, au choix dudit survivant : Sera loisible à ladite future épouse, survivante sondit futur époux, de prendre & accepter ladite communauté, ou y renoncer, & y renonçant, de prendre & emporter tout ce que ladite future épouse aura apporté à sondit futur époux, & tout ce que durant ledit mariage lui sera avenu & échû par successions, donations, legs ou autrement, tant en meubles qu'immeubles, avec ses doüaire & préciput, tels que dessus, le tout franchement & quittement, sans être tenuë d'aucunes charges, dettes ni hypothéques de ladite communauté, encore qu'elle y eût parlé, s'y fut obligée, ou y eut été condamnée, dont elle sera acquittée & indemnisée sur les biens dudit futur époux ou par ses héritiers : pour laquelle reprise & indemnité, elle aura son hypothéque de ce jourd'hui sur tous les biens meubles & immeubles, présens & à venir dudit futur époux, en faveur duquel futur mariage & pour la bonne amitié, réciproque qui est entre lesdits futurs époux ; iceux futurs époux ont par ces mêmes présentes fait & font don l'un à l'autre, & au survivant d'eux deux, par donation pure, simple & irrévocable faite entre-vifs, en la meilleure forme que faire se peut & doit, ce acceptans par lesdits futurs époux respectivement, de tous & chacuns les biens, meubles & immeubles, qui se trouveront appartenir, tant de propres que d'acquêts au premier mourant d'iceux futurs époux au jour de son décès, sans en rien excepter ni reserver par ledit premier mourant, pour en joüir, user & disposer en toute proprieté par ledit survivant, & ses ayans-cause, ainsi que bon leur semblera, & comme de chose audit survivant appartenante, au moyen des présentes, pourvû toutefois qu'audit jour du décès dudit premier mourant, il n'y ait aucuns enfans vivans procréez de leurdit mariage : & où il y en auroit, & que lesdits enfans prédécedent ledit survivant, sans enfans issus d'eux en légitime mariage ou avant que d'avoir atteint l'âge de vingt-cinq ans accomplis ; lesdits futurs époux veulent & entendent qu'en ce cas ladite donation subsiste & ait lieu au profit dudit survivant. Et pour faire insinuer le présent Contrat au Châtelet de Paris, & par tout ailleurs où besoin sera, lesdites parties ont fait & constitué leur Procureur général & spécial le porteur d'icelui, lui en donnant pouvoir : car ainsi, &c. promettant, obligeant chacun en droit soi, &c. renonçant, &c. Fait & passé, &c.

Ameublissement.

LA future épouse, de l'avis & consentement de sesdits parens & amis, a par ces présentes, ameubli sur tous ses biens, meubles & immeubles au profit de sondit futur époux, jusqu'à la somme de dont il pourra disposer sans son consentement, ainsi que bon lui semblera, comme d'un effet mobilier de la communauté ; & à ces fins lesdites parties veulent, consentent & accordent que ledit ameublissement soit homologué en Justice au Châtelet de Paris le plutôt que faire se pourra ; pour quoi faire, requerir, & consentir être ainsi fait, elles ont constitué leurs Procureurs Maîtres *tel* & *tel*, & le porteur des présentes, leur en donnant tout pouvoir.

Quand on marie une fille avec ses biens & droits.

LAdite *telle*, mere de ladite Marie a promis & promet bailler & donner par loi & nom de mariage à icelle Marie sa fille, de sondit consentement, audit Jacques qui de sa part a promis & promet de la prendre pour sa femme & légitime épouse, avec ses biens & droits à elle appartenans, tels qu'ils lui sont avenus par le décès dudit défunt son pere, & ledit mariage faire célébrer & solemniser en face de notre Mere sainte Eglise, dans le plus bref tems que faire se pourra, & déliberé sera entr'eux, leursdits parens & amis, pour être, comme en effet lesdits futurs époux seront, uns & communs, &c.

Clause de communauté pour des personnes domiciliées en pays de droit écrit.

SEront lesdits futurs époux uns & communs en biens meubles & conquêts immeubles, quoique lesdits futurs époux ayent leur domicile ordinaire dans pays de droit écrit, auquel il n'y a aucune communauté entre les conjoints par mariage, & quoiqu'ils ayent dessein d'y retourner, ou soit qu'ils aillent demeurer dans un autre lieu, où il n'y auroit point aussi de communauté de biens entre personnes mariées ; consentant ledit sieur futur époux de recevoir ladite future épouse au droit de communauté, tant de meubles que de conquêts immeubles, pour participer elle & ses héritiers audit droit de communauté, suivant l'usage de la Ville de Paris ; de même que si lesdits futurs époux étoient domiciliez dans ladite Ville, & avoient dessein d'y établir leur domicile actuel & ordinaire ; & pour cet effet lesdits futurs époux ont dérogé & dérogent par ces présentes, en tant que besoin seroit, à toutes autres Coûtumes & Usages particuliers des lieux où ils ont leur domicile & où ils pourroient l'établir pendant leur mariage.

Clause de communauté pour des personnes domiciliées en Normandie.

EN faveur duquel futur mariage a été accordé entre les parties, que lesdits futurs époux seront uns & communs en tous biens, meubles & conquêts immeubles qui seront faits durant & constant leur futur mariage, en quelques lieux & Coûtumes qu'ils soient situez, suivant l'Usage de la Ville, Prevôté & Vicomté de Paris. Et pour sûreté de ce que dessus, ledit sieur futur époux a promis & promet de ne faire aucunes acquisitions, sinon dans les lieux où par la Coûtume la future épouse auroit droit de communauté. Et néanmoins en cas que ledit futur époux fit des acquisitions pendant le mariage dans des Coûtumes qui défendroient ladite communauté, & qui empêcheroient ladite future épouse de prétendre part dans ladite communauté; en ce cas ledit futur époux & ses héritiers seroient tenus fournir & payer à ladite future épouse ou à ses héritiers, la moitié de la juste valeur & estimation desdites acquisitions, telle qu'elle sera lors de la dissolution dudit futur mariage, ou la moitié du prix desdites acquisitions porté par les Contrats, au choix & option de ladite future épouse, ses héritiers & ayans-cause. Et pour cet effet lesdits futurs époux ont dérogé & dérogent à la Coûtume de Normandie, où ils ont leur domicile ordinaire & actuel, où ils prétendent retourner; & en tant que besoin seroit, ont dérogé & dérogent par ces présentes à toutes Coûtumes à ce contraires, où ils pourroient établir leur domicile pendant leur mariage, se soûmettant, &c.

Nota. *Les Contrats portant communauté de biens, ne peuvent point être faits dans la Coûtume de Normandie. Il faut pour le stipuler que les parties se transportent dans un lieu qui admette la communauté de biens, & il vaut mieux venir à Paris passer de tels Contrats, parce que le sceau du Châtelet de cette Ville est attributif de Jurisdiction, & que pareilles clauses sont favorables au Châtelet & au Parlement de Paris, & qu'elles ne sont pas reçuës de même au Parlement de Normandie qui juge toujours contre les clauses de communauté.*

Contrat de Mariage fait en présence du Roi, les pere & mere mariant leurs fils & leurs filles.

FUrent présens très-haut & très-puissant Prince Monseigneur Henri Duc de Pair de France, Marquis de Comte de & autres lieux; & très-haute & très-puissante Princesse Madame son épouse qu'il autorise à l'effet des présentes, demeurans en leur Hôtel ruë au nom & comme stipulans pour très-haut & très-excellent Prince Monseigneur Charles Duc de leur fils aîné à ce présent, & de son consentement pour lui & en son nom, d'une part. Et très-haut & très-puissant Prince Monseigneur Auguste Prince de Duc de Pair de France, Marquis de & autres lieux, Conseiller du Roi en tous ses Conseils, Gouverneur & Lieutenant général pour Sa Majesté en la Province de & commandant pour Sa Majesté ses Armées en ladite Province. Et très-haute & très-excellente Princesse Madame Louise-Henriette son épouse, qu'il autorise pareillement à l'effet des présentes, étant aussi maintenant en cettedite Ville de Paris, en leur Hôtel ruë stipulant semblablement en cette partie, pour très-haute & très-excellente Princesse Mademoiselle Anne-Marie leur fille à ce présente, & de son consentement aussi pour elle & en son nom, d'autre part. Lesquelles parties volontairement, en la présence & de l'agrément de très-haut, très-Chrétien, très-excellent, très-puissant & très-magnifique Prince Louis, par la grace de Dieu, Roi de France & de Navarre; de très-haut, très-puissant, très-excellent Prince Louis,

Dauphin de France; de très-haut, très-puissant Prince Philippes d'Orléans, petit-Fils de France, Duc d'Orléans, Valois & Chartres. (*Il faut mettre les Princes de la Maison Royale s'ils doivent y signer; après les Princes & les personnes d'un certain rang, on met ce qui suit:*) Et encore en la présence & du consentement de leurs parens & amis ci-après nommez: sçavoir tous parens & amis desdits Seigneurs & Damoiselles futurs époux, ont reconnu & confessé avoir fait & accordé ensemble le traité de mariage & conventions suivantes.

C'est à sçavoir que lesdits Seigneur & Dame Prince & Princesse de ont promis & promettent de donner ladite Damoiselle Anne-Marie leur fille, de sondit consentement, par nom & loi de mariage audit Seigneur Duc de qui aussi du consentement desdits Seigneur & Dame ses pere & mere, a promis & promet de la prendre pour sa femme & légitime épouse en face de notre Mere sainte Eglise, le plutôt qu'il pourra, pour être, comme en effet lesdits Seigneur & Damoiselle futurs époux, uns & communs en tous biens, meubles & conquêts immeubles, suivant la Coûtume de Paris, sous laquelle leurdite communauté sera reglée & gouvernée, nonobstant que lors de la dissolution dudit futur mariage, ils fussent demeurans & leursdits biens situez sous Coûtumes & dispositions contraires, ausquelles lesdites parties ont expressement dérogé & renoncé pour ce regard.

Ne sera néanmoins ladite Damoiselle future épouse tenuë des dettes ni hypothéques dudit Seigneur Duc son futur époux, faites avant leur mariage, mais si aucunes se trouvent, seront entiérement acquittées sur les biens propres & particuliers dudit Seigneur futur époux, sans que ceux de ladite Damoiselle future épouse, ni ceux de leurdite communauté en soient tenus.

En faveur duquel futur mariage lesdits Seigneur & Dame pere & mere dudit Seigneur futur époux, ont par ces présentes confirmé audit Seigneur futur époux, ce acceptant, la donation qu'ils lui ont ci-devant faite dudit Duché & Pairie de avec ses appartenances & dépendances, pour en joüir & disposer par lui, ses hoirs & ayans-cause à toujours, conformément au Contrat de ladite donation, passée par-devant *tels* Notaires, le *tel* jour, insinuée par tout où besoin a été: Et outre lui font don, & promettent solidairement, sans division, discussion, ni fidejussion, renonçant ausdits bénéfices, lui bailler, fournir & payer, dans la veille du jour de ses épousailles, la somme de livres, laquelle entrera entiérement en ladite future communauté, dont il y en aura livres en deniers comptans, & livres en meubles, tapisserie, linge, vaisselle d'argent, carrosse, & chevaux de cette valeur: & encore ont certifié & certifient icelui Seigneur futur époux leur fils, franc & quitte de toutes dettes & hypothéques, jusques audit jour des épousailles; & s'il s'en trouve, promettent aussi solidairement comme dessus, de les acquitter de leurs propres deniers: Davantage s'obligent solidairement avec tous leurs biens présens & à venir, au doüaire & conventions matrimoniales ci-après stipulées & accordées à ladite Damoiselle future épouse, à laquelle & à ses hoirs & ayans-cause, ils en répondent, & en font leur propre fait & dette solidairement comme dessus, pour ledit Seigneur futur époux leur fils, qu'ils reconnoiſſent être leur fils aîné & principal héritier, comme tel, promettent pareillement de lui conſerver leurs ſucceſſions.

Auſſi en la même conſidération dudit futur mariage, leſdits Seigneur & Dame pere & mere de ladite Damoiſelle future épouſe, donnent & conſtituent en dot, par ceſdites préſentes, à icelle Damoiſelle future épouſe leur fille, la ſomme de livres, qu'ils promettent ſolidairement, ſans diviſion, diſcuſſion ni fidejuſſion, renonçant auſdits bénéfices, bailler, fournir & payer comme il ſera ci-après dit, auſdits Seigneur & Damoiſelle futurs époux, ſçavoir la veille du jour de leurs épouſailles livres qui entreront pareillement en ladite communauté, dont il y en aura livres en deniers comptans, & livres en pierreries, bagues & joyaux de cette valeur; livres en la ceſſion, tranſport & délaiſſement que leſdits Seigneur & Dame, pere & mere de ladite Damoiſelle future épouſe leur feront ladite veille de leurs épouſailles, avec toutes les garanties néceſſaires du Marquiſat de ſcis à du Comté de ſcis à & de la Baronie de ſciſe à enſemble de toutes leurs appartenances & dépendances, ſans aucune reſerve, ainſi que le tout appartient auſdits Seigneur & Dame pere & mere de ladite Damoiſelle future épouſe, pour demeurer propre à elle, aux ſiens & à ceux de ſon côté & ligne, & en joüir par leſdits futurs époux, leurs hoirs & ayans-cauſe, dudit jour de leurs épouſailles, en avant, & à toujours; & livres auſſi en deniers comptans ſi-tôt que ledit Seigneur futur époux ou leſdits Seigneur & Dame ſes pere & mere auront trouvé occaſion de les employer utilement en acquiſition de Terre noble, dans le reſſort du Parlement de Paris, leſquelles demeureront auſſi propres à ladite Damoiſelle future épouſe, aux ſiens & à ceux de ſon côté & ligne: Toutefois leſdites acquiſitions ne pourront être faites que par l'avis deſdits Seigneur & Dame pere & mere de ladite Damoiſelle future épouſe, leſquels, juſqu'au jour du payement deſdites livres, ſeront tenus, & promettent ſolidairement comme deſſus, d'en payer l'intérêt au denier vingt, de ſix mois en ſix mois, auſdits Seigneur & Damoiſelle futurs époux, à compter dudit jour des épouſailles. A meſure deſquels payemens ledit intérêt diminuera à proportion d'iceux, moyennant laquelle ſomme de livres, ladite Damoiſelle future épouſe, de l'autorité dudit Seigneur Duc ſon futur époux, a par ces préſentes renoncé en faveur de Meſſeigneurs les Princes ſes freres, & de leurs enfans & deſcendans ſeulement, à tous les autres droits & prétentions généralement quelconques, que de préſent ou à l'avenir elle pourroit prétendre, demander & eſpérer, en quelque ſorte & maniere que ce ſoit, ès biens & ſucceſſions futures deſdits Seigneur & Dame ſes pere & mere: Et promettent leſdits futurs époux ſolidairement de ratifier ladite renonciation auſſi tôt que ladite Damoiſelle future épouſe aura atteint l'âge de 25. ans accomplis: Auſquelles fins ledit Seigneur futur époux l'a auſſi dès-à-préſent autoriſée par ceſdites préſentes, ſans qu'il ſoit beſoin d'autre autoriſation, ſous cette condition & reſerve que fait ladite Damoiſelle future épouſe, que ſi tous ſeſdits freres viennent à prédéceder ſeſdits pere & mere ſans deſcendans mâles, lors vivans, nez en loyal mariage, elle pourra, ſi bon lui ſemble, revenir auſdites successions paternelles & maternelles, en y rapportant ladite somme de livres, ou ce qui lui en aura été lors payé ou fourni, ausquels rapports elle pourra comprendre & employer les choses qui se trouveront en nature, pour le même prix qu'elles lui auront été baillées & fournies en payement de la dot.

Et à l'égard desdits biens & droits dudit Seigneur futur époux ci-dessus stipulez, & à lui, comme dit est, donnez par lesdits Seigneur & Dame ses pere & mere, ils demeureront entiérement propres à icelui Seigneur futur époux, aux siens & à ceux de son côté & ligne, à la reserve toutefois de ladite somme de livres qui entrera en ladite future communauté, au desir de ladite stipulation.

Et d'autant que lesdits futurs époux ont l'honneur d'être parens du Roi notredit Seigneur, Sa Majesté leur a fait don, en faveur de leurdit futur mariage, de la somme de livres en deniers comptans, que Sadite Majesté veut leur être payée par le Garde de son Trésor Royal, en vertu de l'ordonnance de comptant qu'elle leur en fera expédier & délivrer auparavant leursdites épousailles.

Ledit Seigneur Duc futur époux a doüé & doüe ladite Damoiselle sa future épouse de livres de rente en doüaire préfix, ou du doüaire coûtumier à son choix, à l'avoir & prendre aussi-tôt que le doüaire aura lieu, généralement sur tous & chacuns ses biens, meubles & immeubles, présens & à venir, avec son habitation au Château dudit Duché de & la joüissance de l'enclos, pourpris, jardin, garenne, & préclôtures d'icelui Château, lequel sera meublé, une fois seulement, aux dépens des héritiers dudit Seigneur futur époux, de meubles, tapisseries, linges, & autres choses nécessaires, selon la qualité des futurs époux, sans diminution dudit doüaire, duquel, tel que choisi sera par ladite Damoiselle future épouse, elle demeurera saisie du jour du décès dudit Seigneur futur époux, sans qu'elle soit tenuë de le demander en Justice, dérogeant aussi pour ce regard lesdites parties à toutes Coûtumes contraires.

Le survivant desdits futurs époux aura & prendra pour son préciput, & hors part des biens de leurdite communauté; sçavoir ledit Seigneur futur époux ses habits, linge, armes & chevaux; & ladite Damoiselle future épouse ses habits, bagues, joyaux, linge, carrosse, chevaux, & autres meubles de ladite communauté, tels que ledit survivant voudra choisir, suivant la prisée de l'inventaire qui en sera faite & sans cruë, jusqu'à la somme de livres, ou ladite somme en deniers comptans, au choix dudit survivant.

Si constant ledit futur mariage il étoit vendu, aliené, ou racheté aucuns héritages, ou rentes, propres à l'un ou à l'autre desdits futurs époux, les deniers en provenans seront incontinent remployez en rachat d'autres héritages ou rentes, pour sortir pareille nature de propre, au profit de celui ou de celle d'où ils procédoient: Et si lors de la dissolution dudit futur mariage, ledit remploi n'étoit fait, les deniers seront repris sur la masse de ladite communauté, si elle se trouve suffisante; sinon ce qui s'en défaudra, à l'égard de ladite Damoiselle future épouse, sera repris sur les propres dudit Seigneur futur époux.

Sera

Sera loisible à ladite Damoiselle future épouse, & aux enfans qui naîtront dudit futur mariage, de renoncer à ladite communauté; ce faisant, de reprendre & emporter ladite somme de livres ci-dessus ameublie, avec le surplus de sadite dot, & tout ce qui durant ledit futur mariage lui sera avenu & échû par successions, donations, legs, ou autrement : Et outre ce, ladite Damoiselle future épouse aura encore sesdits doüaire, habitation & préciput, tels que dessus, le tout franchement & quittement, sans être par elle ni sesdits enfans, tenus d'aucune charge, dettes ni hypothéques de ladite communauté, encore que ladite Damoiselle future épouse y eût parlé, s'y fût obligée, ou y eût été condamnée, dont elle & sesdits enfans seront acquittez sur les biens dudit Seigneur futur époux, ou par ses héritiers.

Comme aussi avenant le prédecès de ladite Damoiselle future épouse sans enfans lors vivans dudit futur mariage, ses héritiers auront la même faculté & option de renoncer à ladite communauté, & en ce cas de reprendre franchement & quittement, comme dessus, tout ce que ladite Damoiselle future épouse aura apporté audit mariage, & tout ce que durant icelui lui sera avenu & échû, ainsi que dit est, par successions, donations, legs ou autrement, à la reserve de la somme de livres qui demeurera audit Seigneur futur époux, pour aucunement le dédommager des frais & charge dudit futur mariage : Pour toutes lesquelles reprises & indemnitez ladite Damoiselle future épouse, sesdits enfans & héritiers auront leur hypothéque de ce jourd'hui sur tous les biens présens & à venir dudit Seigneur futur époux, qu'ils ont d'abondant aussi solidairement comme dessus, affectez, obligez & hypothéquez à cet effet, envers ladite Damoiselle future épouse, sesdits enfans & héritiers.

Et pour faire insinuer cesdites présentes au Greffe des insinuations du Châtelet de Paris, & par tout ailleurs où besoin sera, suivant l'Ordonnance, lesdites parties ont fait & constitué leur Procureur général & spécial le porteur d'icelles, auquel elles en ont donné & donne tout pouvoir.

Car ainsi le tout a été traité, stipulé, convenu & accordé entre lesdites parties en faisant & passant ces présentes, nonobstant toutes Coûtumes & Loix à ce contraires, ausquelles lesdites parties ont expressément dérogé & renoncé par cesdites présentes; promettant & obligeant chacun en droit soi, &c. lesdits Seigneur & Dame pere & mere desdits futurs époux solidairement, comme dit est, &c. renonçant, &c. Fait & passé, &c.

Contrat de Mariage en pays de droit écrit.

FUrent présens & constituez en leur personne Pierre le G & avec lui de son autorité & permission, Jean le G son fils, d'une part; & Charles L & avec lui de son autorité & permission Damoiselle Magdeleine L sa fille, d'autre part : Lesquelles parties, de l'avis & consentement de leurs parens & amis, font entr'elles pour eux & les leurs, les promesses, constitutions, donations en cas de survie, & autres pactions & conventions qui suivent : c'est à sçavoir que lesdits sieurs Jean le G &

Damoiſelle Magdeleine L ont promis & promettent ſe prendre en foi & loi de mariage en face de notre Mere ſainte Egliſe.

En faveur duquel mariage ledit ſieur Pierre le G conſtitué en ſa perſonne pere dudit ſieur futur époux, a donné & donne audit ſieur ſon fils par donation entre-vifs irrévocable, & à cauſe de nôces, à perpétuité, pour préciput & avantages, ce acceptant la maiſon conſiſtant, &c. pour joüir par ledit ſieur futur époux de la préſente donation à lui faite, & en pouvoir diſpoſer à l'avenir à ſa volonté, comme de choſe à lui appartenante; ledit ſieur le G pere, a déclaré & déclare qu'il l'a émancipé & émancipe.

Et de la part de ladite Damoiſelle future épouſe, en faveur dudit futur mariage, ledit ſieur L pere, & conſtitué tel en ſa perſonne, a volontairement conſtitué & conſtituë en dot audit ſieur futur époux, au profit toutefois de ladite Damoiſelle future épouſe ſa fille, la ſomme de qu'il promet payer le jour de la bénédiction nuptiale: laquelle ſomme dèſlors du payement, & pour aſſurance de la reſtitution qui s'en devra faire, le cas d'icelle arrivant, ledit ſieur futur époux, du conſentement de ſeſdits parens, a aſſigné & aſſigne ſur ladite maiſon à lui donnée par ledit ſieur ſon pere; & moyennant le payement de laquelle ſomme, ladite Damoiſelle future épouſe, de l'autorité & conſentement dudit ſieur futur époux, renoncera & renonce dès-à-préſent comme pour lors aux ſucceſſions échuës & à écheoir deſdits ſieur & Dame ſes pere & mere, ſans prétendre aucun droit de légitime, ſupplément d'icelle, & autres généralement quelconques, & ce au profit & pour l'avantage de ſes freres & de leurs enfans & deſcendans, & de chacun d'eux, pour telle part & portion qu'il plaira audit ſieur le G de diſpoſer de leurs biens entre les autres enfans; & à la charge que ledit ſieur futur époux s'obligera en ſon nom de garantir & faire valoir, en cas que ladite Damoiſelle future épouſe, pendant le préſent mariage, ou les enfans d'icelui, vouluſſent après ſon décès reclamer contre ladite renonciation; & s'il arrivoit que leſdits enfans mâles vinſſent à déceder ſans hoirs avant ledit ſieur le G pere, ſera loiſible à ladite Damoiſelle future épouſe de prendre & accepter ſi bon lui ſemble, la ſucceſſion de ſeſdits pere & mere, le tout ſans préjudice à ladite Damoiſelle future épouſe des droits ſucceſſifs qui lui pourroient écheoir de ſes ayeux & autres aſcendans, après le décès de ſeſdits pere & mere: ledit ſieur futur époux a donné & promis de donner le jour de la bénédiction nuptiale à ladite Damoiſelle future épouſe, en bagues & joyaux juſqu'à la ſomme de livres, pour en diſpoſer par elle à ſa volonté.

Au cas que ledit ſieur futur époux vienne à déceder avant ladite Damoiſelle future épouſe, il lui donne pour gain de ſurvie, ſa vie durant & par chacun an, la ſomme de livres. Et au cas que ladite Damoiſelle future épouſe prédécede ledit ſieur futur époux, elle lui donne en proprieté la ſomme de livres à prendre ſur les deniers qui compoſent ſa dot; & ne ſera ledit ſieur futur audit cas de ſurvie de ſa part tenu de reſtituer le ſurplus de la dot, que trois ans après la diſſolution de la communauté, ſans être obligé d'en payer l'intérêt; car ainſi le tout a été accordé, convenu & arrêté entre leſdites parties, qui ont promis le tenir & entretenir ſelon ſa forme & teneur, à peine de tous dépens, dommages & intérêts, & ſans leſquelles clauſes le futur mariage ne prendroit sa perfection. Et pour la validité des présentes, lesdites parties consentent qu'elles soient insinuées & enregistrées où besoin sera, constituant à cet effet, &c. Fait & passé, &c.

Contrat de Mariage en secondes nôces, y ayant enfans du premier lit.

FUrent présens Etienne demeurant ruë fils de défunts *tel* & *telle* sa femme, ses pere & mere, pour lui & en son nom, d'une part; & Catherine veuve de feu Guillaume demeurante ruë aussi pour elle & en son nom, d'autre part: Lesquelles parties volontairement en la présence & du consentement de leurs parens & amis ci-après nommez; sçavoir de la part dudit Etienne de *tels* & *tels*, & de la part de ladite Catherine *tels* & *tels* ont reconnu & confessé avoir fait & accordé ensemble de bonne foi, le traité de mariage & conventions suivantes; c'est à sçavoir que lesdits Etienne & Catherine ont promis & promettent se prendre l'un l'autre par nom & loi de mariage en face de notre Mere sainte Eglise, le plutôt que faire se pourra, aux biens & droits à chacun d'eux appartenans, qu'ils ont promis d'apporter & mettre ensemble dans la veille de leurs épousailles: pour être, comme en effet lesdits futurs époux seront, uns & communs en tous biens meubles & conquêts immeubles, suivant la Coûtume de Paris, sans être tenus des dettes l'un de l'autre, faites & créées avant leurs épousailles, dont si aucunes y a, seront payées & acquittées sur les biens & droits de présent appartenans ausdits futurs époux, en la présence de l'un & de l'autre, avant leursdites épousailles; même sera fait inventaire de ceux délaissez à ladite future épouse & ses enfans par ledit feu Guillaume son mari, & icelui clos en Justice avec partie capable pour dissoudre la communauté qui a été entre lui & elle: & à ce sujet ladite future épouse se fera élire tutrice en Justice à sesdits enfans, & leur fera nommer un subrogé tuteur pour défendre leurs intérêts en la confection dudit inventaire, & en tous leurs autres droits & actions, desquels biens & droits qui se trouveront appartenir par ledit inventaire à chacun desdits futurs époux, il en entrera moitié de part & d'autre en ladite future communauté, & l'autre moitié demeurera propre à iceux futurs époux, & chacun d'eux à son égard aux siens & à ceux de son côté & ligne. Ledit futur époux a doüé & doüe sa future épouse de la somme de de doüaire préfix une fois payé, à l'avoir & prendre sur tous les biens meubles & immeubles, présens & à venir dudit futur époux, qu'il a dès-à-présent chargez, affectez, obligez & hypothéquez, à garantir, fournir & faire valoir ledit doüaire; duquel ladite future épouse aura délivrance aussi-tôt que le doüaire aura lieu, sans qu'elle soit tenuë de le demander en Justice, & en joüira suivant ladite Coûtume. Le survivant desdits futurs époux aura & prendra pour son préciput des biens de ladite communauté, tels qu'il voudra choisir, suivant la prisée de l'inventaire qui en sera faite & sans cruë, jusqu'à la somme de ou ladite somme en deniers comptans, au choix dudit survivant: Sera loisible à ladite future épouse d'accepter ladite communauté ou d'y renoncer, & y renonçant, de reprendre & emporter tout ce qu'elle aura apporté audit mariage, & tout ce que durant icelui lui sera avenu & échû par successions, donations, legs ou autrement, avec ses doüaire & préciput ci-dessus, le tout franchement & quittement, sans être tenuë d'aucunes charges, dettes ni hypothéques de ladite communauté, encore qu'elle y eût parlé, s'y fut obligée, ou y eût été condamnée, dont elle sera acquittée sur les biens dudit futur époux, par ses héritiers : Seront *tels & tels enfans* de ladite future épouse & dudit défunt son mari, nourris, entretenus, élevez & instruits en la Religion Catholique, Apostolique & Romaine, envoyez aux Ecoles, & leur sera fait apprendre métier, le tout aux dépens de ladite future communauté, sans diminution du fonds de leurs biens, jusqu'à ce que chacun d'eux ait atteint l'âge de dix-huit ans, si tant ladite communauté dure, moyennant quoi ils ne pourront prétendre aucuns revenus de leursdits biens, gages, ni salaires de leurs services, parce que tous lesdits revenus, gages & services entreront en ladite future communauté ; car ainsi, &c.

Clause de donation en faveur de mariage, ainsi qu'il est permis par l'Edit des secondes nôces, qui est ci-après.

En faveur duquel futur mariage, & pour la bonne amitié & affection particuliere que ladite future épouse porte à sondit futur époux, elle a fait & fait par ces présentes, donation pure & simple entre-vifs & irrévocable audit futur époux, ce acceptant pour lui, ses hoirs & ayans-cause, de pareille part & portion de tous ses biens meubles, acquêts immeubles & propres, présens & à venir, que l'un de ses enfans moins prenant aura & prendra en sa succession, après son décès, ainsi qu'il est permis par l'Edit des secondes nôces, pour en joüir & disposer en pleine proprieté par ledit futur époux, ses hoirs & ayans-cause, comme de chose à lui appartenante au moyen de la présente donation qui sera insinuée, &c.

Nota. *Que le mari qui a des enfans, & qui convole en secondes ou autres nôces, peut faire de semblables donations à celle qu'il épouse après la premiere.*

Mais il faut remarquer que ces sortes de donations ne s'étendent que sur les propres que le donateur possedoit lors de son premier mariage, & ainsi des autres, & des acquêts qu'il fait durant son veuvage, après la clôture des inventaires qui ont dissolu ses communautés, & non sur les biens desdites communautés, d'autant que les pere & mere ne peuvent disposer de tels biens tombez en communauté, au préjudice de leurs enfans, en contractant de subséquens mariages, c'est ainsi que le décide le 279. art. de ladite Coûtume de Paris.

Voyez ci-après l'Edit de 1560. & l'Acte de Notoriété du 1. Mars 1698.

Differentes clauses de Mariage.

Dot d'une Veuve qui convole en secondes nôces.

LEs biens de ladite future épouse consistant en la moitié à elle appartenant dans les biens de la communauté d'entre ledit défunt & elle, dont elle a fait faire inventaire à sa Requête, en présence de, &c. par *tel & tel* Notaires à Paris, le Et outre en ses reprises, dot, doüaire & conventions matrimoniales.

Pareille dot plus libellée que la précédente.

Les biens de la future épouse consistent entr'autres choses en la somme de qu'elle a droit de prendre par préférence sur la masse des biens de ladite communauté, qui a été entr'elle & ledit défunt son mari suivant son Contrat de Mariage, inventorié sous la cotte de l'inventaire fait desdits biens par V &c. sçavoir livres pour les deux tiers de celle de par elle apportée en mariage audit défunt, & qui lui ont été stipulez propres par ledit Contrat, & livres pour son préciput. Plus en la moitié du surplus du contenu audit inventaire.

Plus, en la joüissance sa vie durant de l'autre tiers comme donataire mutuelle dudit défunt & conformément à l'Acte de délivrance en forme de transaction passé entr'elle & Pardevant Et outre en la joüissance de son doüaire préfix de la somme de suivant sondit Contrat de Mariage avec ledit défunt, dont les intérêts, au moyen de ladite joüissance dudit don mutuel, seront repris sur le fond dudit don mutuel après l'expiration d'icelui, duquel inventaire fait après le décès du défunt, & des biens, meubles, effets & papiers y contenus, ladite future épouse promet faire délivrance audit futur époux la veille de leur épousailles ou la valeur en argent comptant de ce qui s'en manquera, &c.

Dot à imputer sur une succession échuë, & le surplus, si surplus y a, sur une à venir, au moyen de laquelle dot les futurs époux laisseront joüir le pere ou la mere qui dotte des biens du prédécedé sa vie durant.

En faveur dudit mariage ledit L pere, promet & s'oblige de bailler & payer ausdits futurs époux pour la dot de sadite fille la veille de leurs épousailles la somme de en deniers comptans, qui est tant pour les droits successifs mobiliers & immobiliers, fruits, & revenus d'iceux qui peuvent appartenir à ladite future épouse de la succession de sadite mere, dont elle est fille unique, que le surplus s'il y en a, en avancement d'hoirie de la succession future de son pere, moyennant laquelle dot lesdits futurs époux ni leurs enfans ne pourront demander aucun compte ni partage audit pere des biens de sadite femme, dont ils le laisseront joüir sa vie durant.

Consistance d'une dot qu'une future épouse promet d'apporter à son futur époux la veille de leur mariage.

Ladite future épouse promet apporter en mariage à son futur époux la valeur de la somme de sçavoir en deniers comptans, & en meubles, linges & hardes à l'usage de ladite future épouse qui seront estimés à l'amiable entre les parties provenant, sçavoir de ladite future épouse tant de ses biens, qu'épargnes livres à elle promis par ledit sieur son & par ladite Le tout qu'elle promet fournir & délivrer audit futur époux la veille de leurs épousailles.

Renonciation par les futurs époux & leur enfans à demander aucun compte au survivant de leur pere & mere demeurant en viduité.

Moyennant laquelle dot lesdits futurs époux ni leurs enfans, arrivant le décès de l'un desdits sieur & Dame leur pere & mere, ne pourront demander aucun compte ni partage des biens du prédécedé, mais l'en laisseront joüir sa vie durant, à la charge par ledit survivant de demeurer en viduité & de faire observer le semblable par ses autres enfans.

Ce qui entre en communauté de la dot, ce qui en est stipulé propre à la future épouse, aux siens de son côté & ligne & à ses Collatéraux.

Desquels livres livres entreront en communauté, & les livres faisant le surplus èsquels seront compris lesdites sommes à elle promises par sesdits freres, avec ce qui adviendra & échera à ladite future épouse pendant ledit mariage, soit de successions, donations, legs, & autrement en meubles & immeubles, demeureront propres à ladite future épouse & aux siens de son côté & ligne, & vaudra ladite stipulation de propre, nature d'emploi, l'action pour la reprise desquels sera de même nature & immobiliaire jusqu'à ce qu'ils ayent passez à ses Collatéraux, & lors pris par distinction par sesdits freres & sœurs aînés, les sommes qu'ils auront chacun à leur égard données, comme faisant partie desdits propres ci-dessus stipulez.

Doüaire préfix.

Ledit futur époux a doüé & doüe ladite future épouse de la somme de livres de doüaire préfix, pour en joüir en cas d'enfans suivant la Coûtume, & s'il ne s'en trouvoit demeurera réduit à une fois payé & sans retour.

Clause abregée du remploi des propres.

Pour le remploi des propres si aucuns sont aliénez de part & d'autre, il en sera usé conformément à la Coûtume de Paris.

Faculté aux pere & mere & héritiers collatéraux de renoncer à la communauté, aussi bien que la future épouse & ses enfans.

Pareille faculté sera accordée aux pere & mere, & à leur défaut aux héritiers collatéraux de renoncer à ladite communauté, quoi faisant de faire pareilles reprises, que lesdits enfans, en laissant néanmoins audit futur époux la somme de pour ses frais de nôces & charges de mariage.

Faculté aux freres & sœurs de la future épouse décédans sans enfans, de faire pareilles reprises que ladite future & lesdits enfans.

La même faculté d'accepter ou renoncer à ladite communauté accordée aux freres & sœurs de ladite future épouse décédant sans enfans, & de faire pareilles reprises qu'auroient pû faire lesdits enfans sous semblable indemnité, & en outre par distinction par lesdits freres & sœurs aînés, comme devant est dit, en laissant sur le tout audit futur époux pour l'indemniser des charges audit mariage.

Exclusion des héritiers directs & collatéraux de la future épouse prédécedante sans enfans, en faveur du futur époux.

Arrivant que ladite future épouse prédécede son futur époux sans qu'il y ait aucuns enfans vivans dudit mariage, sera permis audit futur époux d'exclure les héritiers, tant directs que collatéraux de ladite future épouse, d'icelle communauté, auquel cas il ne rendra de ladite somme de que celle de stipulée propre, & ce non compris ce qui pourroit lui écheoir d'immobilier, pour faire le payement desquels liv. ledit futur époux aura trois ans de terme sans intérêts.

Exclusion des collatéraux aux propres de la future épouse prédécedante ses pere & mere sans enfans, en faveur de sesdits pere & mere.

Auquel propre stipulé succéderont les pere & mere de ladite future épouse, à l'exclusion des collatéraux, au cas qu'elle prédécede sesdits pere & mere sans laisser enfans dudit future mariage.

Nota. *Quand c'est le survivant des pere & mere qui marie, & que la dot est à imputer sur la succession échûë, & le surplus, &c. dans la renonciation qu'on accorde au pere ou à la mere, on ne peut stipuler la reprise que de ce qui est amenblì pour entrer en communauté, & de ce qui se trouvera avoir été donné par ledit survivant, en avancement d'hoirie sur sa succession future; parce que, ce qui est avenu à la future par ledit décès lui est propre, & appartient après sa mort à ses freres & sœurs.*

Joüiſſance par le ſurvivant en uſufruits des biens de la communauté à ſa caution juratoire, quoiqu'il y ait enfans.

A été convenu que le ſurvivant deſdits futurs époux joüira par uſufruit des biens de ladite communauté, meubles & conquêts immeubles pendant ſa vie, ſoit qu'il y ait des enfans dudit mariage, ou du premier mariage dudit futur époux ou non, ſans qu'il ſoit tenu de bailler caution que ſa juratoire pour la reſtitution de la moitié de la proprieté deſdits biens appartenans aux héritiers du premier mourant d'eux, à condition ſeulement d'en faire faire inventaire.

Déclaration par le futur époux veuf, qu'il a fait faire inventaire après le décès de ſa femme, & qu'il eſt en regle avec ſes préſomptifs héritiers.

Déclarant ledit futur époux qu'après le décès de feuë jadis ſa femme, décedée ſans enfans, il a fait faire inventaire des biens qui étoient de leur communauté à la Requête & préſence de ſes préſomptifs héritiers par A & L Notaires à Paris, le dernier, depuis lequel inventaire leſdits préſomptifs héritiers, après avoir pris communication dudit inventaire & du Teſtament fait par ladite Défunte, ſe ſont abſtenus de ſa ſucceſſion, ont fait délivrance des legs particuliers y portez, enſemble du legs univerſel fait par ledit Teſtament en faveur de F qui a fait ceſſion dudit legs univerſel audit futur époux, par Acte paſſé devant ledit L & ſon Confrere Notaires, le Novembre auſſi dernier.

Donation entre-viſs & réciproque entre futurs époux, ſçavoir par le futur ſuivant l'Edit des ſecondes nôces, & par la future l'univerſalité de ſes biens, à la reſerve d'une ſomme dont elle ſe reſerve de diſpoſer en faveur de qui bon lui ſemblera.

Et pour ſe donner par leſdits ſieur & Damoiſelle futurs époux des marques réciproques de leur amitié, ils ſe ſont par ces préſentes fait donation entre-vifs & irrévocable, ſçavoir ledit ſieur futur époux à ladite Damoiſelle future épouſe, ce acceptant de tout ce dont il lui eſt permis de diſpoſer ſuivant l'Edit des ſecondes nôces; & ladite Damoiſelle future épouſe audit ſieur futur époux, ce acceptant pareillement de tous ſes biens meubles & acquêts immeubles, en quoi qu'ils puiſſent conſiſter, à la réſerve de la ſomme de dont ladite Demoiſelle future épouſe ſe reſerve de diſpoſer ainſi qu'elle aviſera, à condition que ſi elle prédécedoit ledit ſieur futur époux ſans enfans de leur mariage & ſans avoir diſpoſé de la ſomme de icelle ſomme de demeurera compriſe en ladite donation univerſelle, pour de ce que deſſus donné, joüir & diſpoſer par le ſurvivant en toute proprieté du jour du décès du premier mourant, pourvû qu'il n'y ait point d'enfans vivans dudit mariage, & s'il y en avoit & qu'ils vinſſent à prédéceder ledit ſurvivant en minorité ou avant que d'avoir été pourvûs par mariage, ladite donation reprendra ſa force & vertu, toujours ſous ladite réſerve de livres, au

cas

cas que ladite Demoiselle future épouse en aye disposé, qui sera payée par ledit sieur futur époux à ceux ou à celle s, en faveur de qui ladite disposition en sera faite, si aucune y a.

Donation viagere par un futur époux veuf à sa future épouse, suivant l'Edit des secondes nôces.

Et désirant le futur époux donner des marques à ladite future épouse de l'estime particuliere qu'il a pour elle, il lui a volontairement par ces Présentes fait donation entre-vifs & irrévocable, ce acceptant par elle, de la joüissance sa vie durant de la part & portion, que l'un de ses enfans de son premier mariage pourra amander & recueillir dans les biens de sa succession, pour après le décès de ladite future épouse être ladite joüissance réunie à la proprieté de ladite portion qui appartiendra aux enfans dudit futur époux, & à ceux qui pourront naître dudit futur mariage.

Voyez ci-après l'Edit de 1560. & l'Acte de Notoriété du 1. Mars 1698.

Donation entre-vifs par une future épouse à son futur époux d'une somme une fois payée & de l'usufruit de ses autres biens.

En reconnoissance desquels don & avantage fait par ledit futur époux à ladite future épouse, elle a de sa part fait don entre-vifs & irrévocable audit futur époux & aux siens, ce acceptant par ledit futur époux, de la somme de livres à prendre sur les biens qui se trouveront lui appartenir lors de son décès, & joüira ledit futur époux sa vie durant du surplus desdits biens à sa caution juratoire, pourvû qu'au jour du décès de ladite future épouse il n'y ait aucun enfant vivant de leur mariage; car ainsi, &c.

Clause de non-communauté de biens par Contrat de Mariage.

A été expressement convenu & stipulé qu'il n'y aura aucune communauté de biens entre lesdits sieur & Demoiselle futurs, & qu'ils joüiront à part & divis de ceux qui leur appartiennent & appartiendront ci-après, pourquoi ils ont dérogé & renoncé à la Coûtume de cette Ville de Paris, à l'effet de laquelle joüissance par ladite future épouse, même pour veiller à la conservation de ses droits, recevoir ses revenus, faire Baux, ester en jugement, ledit sieur futur époux autorise irrévocablement ladite future épouse.

Les futurs époux tenus de payer leurs dettes séparément.

Et en conséquence lesdits sieur & Damoiselle futurs époux payeront séparément leurs dettes, sans que l'autre ni ses biens en soient tenus.

Distinction des biens de la future épouse d'avec ceux du futur époux.

Pour distinguer les biens de ladite Damoiselle future épouse d'avec ceux dudit sieur futur époux, il a été fait présentement par lesdits sieur & Damoiselle futurs époux, un état des meubles, linges, habits & hardes de ladite future épouse, représenté par lesdits sieur & Damoiselle futurs époux, & qui à leur requisition est demeuré annexé à ces Présentes, après qu'ils l'ont paraphé en présence des Notaires soussignez.

Plus, il appartient à ladite Damoiselle future épouse la somme de en deniers comptans, laquelle somme de ainsi que lesdits meubles, habits, linge & hardes contenus audit état, ledit sieur futur époux reconnoit que ladite Damoiselle future épouse lui a présentement fourni, apporté & délivré, dont & du tout il se charge envers elle.

Paraphe de l'état des biens de la future épouse.

Le présent état contenant feüillets, celui-ci compris a été signé & paraphé par suivant, & au désir de leur Contrat de Mariage passé devant ce jourd'hui

Nota. *Dans une donation par Contrat de mariage de veufs ayant enfans, d'une pareille part & portion que l'un de ses enfans venant à la succession pourra amander pour en joüir en propriété.*

On peut stipuler que quoiqu'il y ait des enfans du mariage, que le survivant joüira de l'usufruit & joüissance sa vie durant d'une pareille part & portion des biens du prédécedé, que l'un des enfans pourra amander venant à ladite succession dont les futurs époux se font donation, &c.

Doüaire de rente viagere.

Ledit sieur futur époux a doüé ladite Damoiselle future épouse de livres de rente sa vie durant, pour en joüir par elle sans être tenuë d'en faire demande en justice & à sa caution juratoire.

Préciput réciproque du survivant.

Le survivant desdits futurs époux prendra par forme de préciput sur les biens du premier mourant, la somme de en meubles, suivant la prisée de l'inventaire & sans cruë, ou en deniers comptans au choix dudit survivant.

Articles de Mariage avec communauté de biens.

LEs futurs époux seront uns & communs en tous biens, meubles & conquêts immeubles, suivant la Coûtume de la Ville, Prevôté & Vicomté de Paris, dérogeans à toutes Coûtumes contraires.

Ne seront les futurs époux tenus des dettes l'un de l'autre, faites & créées devant leur Mariage; mais si aucunes y a, elles seront payées & acquittées par celui du côté duquel elles procéderont.

En faveur duquel futur mariage, les pere & mere de la future épouse promettront solidairement de donner & bailler ausdits futurs époux la veille & avant leurs épousailles pour dot de ladite future épouse, en avancement d'hoire desdites successions desdits pere & mere, la somme de liv. en deniers comptans, & outre de loger & nourrir avec eux iceux futurs époux pendant années consécutives, lesquels logemens & nourritures ne pourront être comptées ni imputées sur ladite dot étant données par grace ausdits futurs époux, qui n'en seront tenus à aucune restitution ni compte que ce soit.

De laquelle somme de livres moitié entrera en communauté, & l'autre moitié avec ce qui aviendra d'immeubles & sommes mobiliaires de deniers à ladite future épouse par succession, donation ou autrement pendant ledit mariage, lui demeureront propres & aux siens de son côté & ligne, dont l'action demeura immobiliaire, auquel propre les pere & mere de ladite future épouse, où le survivant d'eux succéderont n'y ayant point d'enfans, à l'exclusion des collatéraux.

La future épouse sera doüée par son futur époux de la somme de livres de doüaire préfix une fois payée, lequel doüaire sera propre aux enfans, & à faute d'enfans sujet à retour, dont elle joüira suivant la Coûtume de Paris, à l'avoir & prendre par elle si-tôt qu'il aura lieu, sur tous les biens meubles & immeubles, présens & avenir dudit futur époux qui en demeureront chargez, pour fournir & faire valoir ledit doüaire, ensemble les autres conventions de la future épouse.

Le survivant desdits futurs époux aura & prendra par préciput des biens meubles de ladite communauté tels qu'ils voudra choisir, selon la prisée d'inventaire & sans cruë, jusqu'à la somme de livres, ou ladite somme en deniers comptans à son choix.

Si pendant ledit mariage il est vendu, aliéné, ou racheté quelques héritages ou rentes appartenans en propre à l'un ou l'autre desdits futurs époux, les deniers qui en proviendront seront remployés en autres héritages ou rentes, pour sortir même nature de propre à icelui & aux siens du côté duquel ils auront procedé, & en cas qu'au jour de la dissolution de ladite communauté ledit remploi ne se trouvoit fait, il se reprendra sur les biens d'icelle communauté, & s'ils ne suffisent à l'égard de ladite future épouse & des siens de son côté & ligne, il se fera sur les propres & autres biens dudit futur époux, & en seront aussi les deniers propres & de pareille nature que lesdits biens aliénez ou rentes rachetées, & l'action dudit remploi en restera immobiliaire.

Ladite future épouse & les enfans qui naîtront dudit futur mariage, pourront prendre & accepter ladite communauté ou y renoncer, & y renonçant, prendre tout ce qu'elle aura apportée audit mariage, & lui sera avenu & échû durant icelui, tant en sommes mobiliaires de deniers, qu'immeubles, par succession, donation ou autrement, comme aussi ses doüaire & préciput susdit, le tout franchement & quittement, sans être chargée d'aucunes dettes & hypothéques de ladite communauté, encore qu'icelle future épouse s'y fût obligée ou y eût été condamnée, dont ils seront acquittez & indemnisez sur les biens dudit futur époux.

Le survivant des pere & mere de ladite future épouse joüira en usufruit sa vie durant des biens du prédécedé, sans que lesdits futurs époux ni leurs enfans lui en puissent demander aucun inventaire, compte ni partage, pourvû que ledit survivant ne convolle en autre mariage.

Les biens & effets du futur époux contenus en un état & mémoire qu'il a fait, qui sera signé de lui, de la future épouse, de ses pere & mere, & des Notaires qui recevront le Contrat, demeureront propres audit futur époux, & aux siens de son côté & ligne, ainsi que l'emploi qu'il en fera, à la réserve de la somme de livres, qui entrera en ladite communauté s'il survit ladite future épouse; mais arrivant qu'il la prédécede sans enfans dudit mariage, en ce cas & non autrement, il entrera en ladite communauté la moitié desdits biens & effets contenus audit état & mémoire, lequel demeurera en la possession dudit futur époux.

Contrat de Mariage sans communauté.

FUrent présens le sieur Jean P intéressé dans les affaires du Roi, veuf, demeurant ruë Paroisse pour lui & en son nom, d'une part. Et Damoiselle Charlotte L majeure, joüissante de ses droits, fille de défunt le sieur Noël L Fermier des droits de Et de Damoiselle Nicolle B à présent sa veuve, demeurante susdite ruë Paroisse Saint ayant le consentement de ladite Damoiselle sa mere, ainsi qu'elle a dit, aussi pour elle & en son nom, d'autre part.

Lesquels en la présence, de l'avis & consentement de leurs parens & amis ci-après nommez; sçavoir de la part dudit sieur P de & de la part de ladite Damoiselle L de ont volontairement reconnu & confessé avoir fait entr'eux le traité de mariage qui ensuit.

C'est à sçavoir que ledit sieur P & Damoiselle Charlotte L ont promis se prendre l'un l'autre par nom & loi de mariage en face de notre Mere sainte Eglise, dans le plus bref tems que faire se pourra, & qu'avisé sera entre eux & leursdits parens & amis.

Par lequel traité de mariage lesdits futurs époux sont convenus qu'il n'y aura aucune communauté de biens meubles ni immeubles entr'eux, dérogeant pour cet effet à la Coûtume de Paris, au moyen de quoi ne seront tenus des dettes & hypothéques l'un de l'autre faites & à faire, lesquelles seront payées & acquittées par celui qui les aura contractées & contractera & sur son bien, sans que celui de l'autre en puisse être aucunement tenu; partant, joüiront à part & divisément des biens à chacun d'eux appartenans, & de ceux qu'ils pourront ci-après avoir & acquérir; & pour connoître dès-à-présent ceux qui appartiennent maintenant à ladite Damoiselle future épouse, en a été fait un Mémoire qui est demeuré annexé à ces Présentes pour y avoir recours, après avoir été paraphé desdits futurs époux en présence des Notaires soussignez; & quant aux acquisitions d'immeubles & achats de meubles qui pourront être faits pendant ledit mariage, ils demeureront & appartiendront à celui ou celle sous le nom de qui les Contrats & Quittances seront faits & passez, sans que l'autre y puisse participer ; & pour avoir par ladite Damoiselle future épouse la pleine & entiere disposition de ses biens & affaires, diriger ses droits & actions mobiliaires, ledit sieur futur époux l'a autorisée & autorise irrévocablement, sans qu'il soit besoin d'aucune autorisation en Justice, ni autre à l'avenir.

Ledit sieur futur époux a doüé & doüe ladite future épouse de la somme de livres de doüaire préfix une fois payer, l'avoir & prendre si-tôt qu'il aura lieu, sur tous les biens meubles & immeubles, présens & avenir dudit sieur futur époux, qu'il y a obligé, & sans qu'elle soit tenuë d'en faire aucune demande en Justice, pour en joüir par elle suivant la Coûtume.

Le survivant desdits futurs époux prendra par forme de préciput sur les biens du prédécedé la somme de livres.

Car ainsi les Parties sont convenuës & demeurent d'accord ; promettant, &c. obligeant, &c. renonçant, &c. Fait & passé à Paris ès Etudes, &c. l'an mil sept cens le jour d' a midi. Et ont signé.

DES MARCHEZ.

IL se fait ordinairement de deux sortes de Marchez, les uns sont assez peu considérables pour ne pas mériter d'être redigez par écrit : les autres le sont assez pour demander que les conventions en soient reglées par un Acte authentique, qui puisse servir à celle des Parties qui auroit lieu de se plaindre de l'inexécution. C'est proprement le Contrat que les Romains appelloient *do ut facias* : l'une s'oblige de faire telle ou telle chose, de bâtir une maison, &c. l'autre s'oblige de donner une somme payable de telle ou de telle maniere.

Le Contrat produit une action de la part de l'Ouvrier qui entreprend, pour être payé du prix convenu ; & une autre action de la part de celui qui fait faire l'ouvrage à ce qu'il soit bien & dûëment fait, & dans le tems porté par le Contrat : il seroit même bien fondé à demander des dommages & intérêts proportionnez à ce qu'il peut souffrir par le défaut ou le retardement de l'entrepreneur.

Marché de Maçonnerie.

FUt présent Claude B Bourgeois de Paris, y demeurant au nom & comme Procureur de Pierre P Maçon, demeurant Cloître & Paroisse par procuration spéciale à l'effet qui suit, passé pardevant G Notaire, à R présens témoins le Août dernier, dont l'original dûment scellé & contrôlé, est annexé à ces Présentes pour y avoir recours, après avoir été certifié véritable & paraphé par ledit sieur B & à sa requisition des Notaires soussignez. Lequel audit nom a fait marché, promis & s'est obligé par ces Présentes envers Luc T Maître Maçon à Paris, y demeurant ruë Paroisse Saint à ce présent & acceptant, de faire faire par ledit P tous les ouvrages de maçonnerie, charpenterie, couverture & autres, qu'il convient faire en une maison appartenante audit sieur T scise audit Village de R pour le rétablissement d'un corps de logis de ladite maison, le tout mentionnez au devis desdits ouvrages demeuré aussi annexé à ces Présentes, après avoir été paraphé par les Parties & des Notaires soussignez; de tous lesquels ouvrages ledit P a eû entiere connoissance, ainsi que sondit Procureur l'a déclaré; & promet ledit B audit nom, d'y faire travailler incessamment, sans discontinuation, & le tout faire rendre, fait & parfait, bien & dûment comme il appartient, au dire d'Ouvriers & gens Experts à ce connoissans, en conformité dudit devis dans mois d'hui prochains, à peine de tous dépens, dommages & intérêts, à l'effet de la perfection desquels ouvrages ledit P sera tenu, ainsi que sondit Procureur l'y oblige de fournir le nombre & peines d'Ouvriers suffisans, & tels matériaux & autres choses à ce nécessaires, même fournira à ses frais & dépens le procès-verbal de visite & réception desdits ouvrages, & autant des Présentes. Ce marché ainsi fait moyennant la somme de livres, que ledit sieur T promet & s'oblige bailler & payer audit P sçavoir les quarts au fur & à mesure que les ouvrages avanceront, & quarts si-tôt & après que lesdits ouvrages auront été faits & reçûs par un Expert-Juré, dont les Parties conviendront; & pour l'exécution des Présentes, ledit B pour ledit P a élû domicile en sa demeure ci-devant déclarée: auquel lieu, &c. nonobstant, &c. promettant, &c. obligeant, &c. renonçant, &c. Fait & passé à Paris ès Etudes, &c. le Septembre mil sept cens Et ont signé.

Marché pour fourniture de foin en forme de Quittance.

FUt présent Antoine B Laboureur à Saint D y demeurant ordinairement, étant présentement en cette Ville logé chez Claude D Aubergiste, ruë Paroisse de Lequel a reconnu & confessé avoir eû & reçû comptant de Messire François G Intendant en la Généralité de Paris, y demeurant ruë Paroisse Saint absent, ce acceptant par le sieur H son Agent, qui a audit B présentement baillé & réellement délivré, présens les Notaires soussignez, en louis d'or, d'argent & autre monnoye, le tout bon & ayant-cours, la somme de livres sur-étant moins de la somme de livres, à laquelle les Parties sont demeurées d'accord pour la vente & livraison de milliers de bottes de sain-foin, que ledit B a promis & promet fournir & livrer en la maison dudit sieur G ci-dessus déclarée, au fur & à mesure qu'il en aura besoin pour la nourriture de ses chevaux, lequel sain-foin sera bon, loyal & marchand, chacune botte liée à trois liens de la pesanteur de livres chacune. Et à l'égard du restant de ladite somme montant à liv. ledit sieur B a promis, promet pour & au nom dudit Seigneur G bailler & payer ladite somme restante audit B ou au porteur, quand ledit sain-foin lui sera livré, comme dit est entiérement: Car ainsi, &c. promettant, obligeant chacun en droit soi, renonçant, &c. Fait & passé à Paris en l'Etude de P l'un des Notaires soussignez. L'an mil le jour d a midi. Et ont signé.

Marché pour fourniture de chandelles.

PArdevant les Conseillers du Roi Notaires à Paris soussignez, fut présent Guillaume M Marchand Chandelier à Paris, y demeurant ruë Saint Paroisse Saint Lequel a promis & s'est obligé envers M. *tels & tels, mettre les noms, surnoms, qualités & demeures*, tous Directeurs du Quartier de Et Maître Louis R Conseiller du Roi, Commissaire ancien préposé audit Quartier, de fournir & livrer pendant années, à compter du Octobre dernier qu'a commencé l'illumination de la Ville, la quantité des chandelles qu'il conviendra mettre dans toutes les lanternes dudit Quartier, lesquelles chandelles seront des quatre à la livre & des huit suivant les tems qui lui seront marquez, de bon suif, loyal & marchand, de la qualité requise suivant les Réglemens de Police, lesquelles chandelles ledit M s'oblige de livrer & faire porter au magazin dudit Quartier pour y être conservées, vûës & visitées quand il appartiendra par les Jurés dudit metier de Chandellier, ou autres personnes qu'il plaira à M. le Lieutenant Général de Police ou audit sieur Commissaire de commettre, & ce en la présence dudit sieur Commissaire, le prix de laquelle fourniture de chandelles lesdits sieurs Directeurs & Commissaire s'obligent èsdits noms de faire payer audit M par le Receveur dudit Quartier, sur le pied & suivant le prix qui sera porté par les Réglemens de Police, sur les mandemens qui en seront donnez à cet effet audit M Car ainsi, &c. promettant, &c. obligeant, &c. chacun en droit soi, &c. renonçant, &c. Fait & passé à Paris, &c.

Marché de maçonnerie.

FUt présent Léonord G Maître Maçon à Paris, y demeurant ruë Paroisse Saint Lequel a par ces Présentes reconnu & confessé avoir fait marché, promis & promet à Louis P Maître Menuisier au Village de V étant ce jour à Paris, à ce présent, de faire toutes les grosses & menuës réparations nécessaires, & comme il appartient, au dire d'Ouvriers & gens à ce connoissans, en une maison scise audit V ruë appartenante audit sieur P composée d'une cuisine par bas, chambre & grenier au dessus, une étable à vache & toit à porc, le tout se joignant; &

pour cet effet, fournir par ledit Entrepreneur toute la pierre de taille, moilon, chaux, plâtre, sable & autres matériaux nécessaires pour lesdites réparations, même de fournir les clouds, lattes & tuilles pour la couverture de ladite maison, avec des vitres aux fenêtres & une porte à la chambre d'icelle avec ses ferrures; & à cette fin ledit Entrepreneur sera tenu de mettre & payer nombre d'Ouvriers suffisans pour parachever lesdites grosses & menuës réparations, lesquelles ont été commencées par ledit Entrepreneur & ses Ouvriers dès le du présent mois: Ce marché fait aux conditions ci-dessus, & outre moyennant le prix & somme de livres, que ledit sieur P sera tenu, ainsi qu'il promet par ces mêmes Présentes, de bailler & payer audit sieur T Entrepreneur, en sa maison à Paris ou au porteur des Présentes, incontinent que lesdites grosses & menuës réparations (ci-dessus spécifiées) seront faites & parachevées & que la place sera nette, à peine de tous dépens, dommages & intérêts: car ainsi, &c. promettant, &c. obligeant chacun en droit soi, &c. renonçant, &c. Fait & passé à Paris en l'Etude de P l'un des Notaires soussignez, l'an mil sept le jour d a midi. Et ont signé.

Marché pour ouvrage de Charpenterie.

Il faut faire en tête dudit marché le devis des ouvrages de Charpenterie convenables pour la construction d'une maison.

FUt présent Michel Maître Charpentier, demeurant à lequel a confessé avoir fait marché, promis & promet à Maître Aléxandre à ce présent & acceptant, de faire & parfaire bien & dûëment comme il appartient au dire d'Ouvriers & gens à ce connoissans, tous & chacuns les ouvrages de Charpenterie nécessaires pour la construction d'une grange, qui sera assise & construite sur *tel lieu*, laquelle grange sera composée de *tant* de toises de long, *tant* de large, & *tant* de haut: Et pour cet effet ledit sieur Aléxandre fournira tout le bois qu'il conviendra, & autres choses nécessaires pour le bâtiment de ladite grange, sans que ledit Michel soit tenu de fournir autre chose que les outils & la peine des Ouvriers, à commencer de travailler ausdits ouvrages prochain, & iceux continuer avec nombre d'Ouvriers suffisans, sans discontinuer, jusqu'à la perfection d'iceux, lesquels ledit Entrepreneur promet de rendre faits & parfaits, comme dit est, dans le tout suivant le devis ci-devant écrit, signé desdites Parties; ce marché fait moyennant & à raison de *tant* pour chacune toise desdits ouvrages. Surquoi ledit Entrepreneur a confessé avoir reçu comptant dudit sieur Aléxandre la somme de dont, &c. quittant, &c. & le surplus de ce à quoi monteront lesdits ouvrages, ledit sieur Aléxandre promet de bailler & payer audit Entrepreneur à mesure qu'il avancera iceux, & le dernier payement si-tôt que lesdits ouvrages seront faits & parachevez comme dit est; car ainsi, &c.

Marché

Marché pour façons & entretiens de vignes.

FUt préſent Germain Vigneron, demeurant à étant ce jourd'hui en cette Ville de Paris, lequel a confeſſé avoir fait marché, promis & promet à Jacques à ce préſent & acceptant, de labourer, provigner, fumer, cultiver, tailler, échalaſſer, lier, biner, & faire toutes les autres façons néceſſaires en tems & ſaiſons convenables, en trois arpens de vignes en une piéce audit Jacques appartenant, aſſiſe au terroir de & icelle vigne entretenir bien & dûëment comme s'ils étoient ſes propres vignes, durant *tant* d'années, pourquoi faire ledit Jacques lui fournira le fumier & échalas néceſſaires, que ledit Germain ſera tenu d'aller prendre en la maiſon dudit Jacques, ſciſe audit lieu de Ce marché fait moyennant & à raiſon de *tant* par chacun arpent deſdites vignes que ledit Jacques promet de bailler & payer audit Entrepreneur, au fur & à meſure qu'il fera leſdites façons; car ainſi, &c.

Marché de voiture de bois.

FUt préſent Louis Voiturier par terre, demeurant à lequel a promis & promet par ces Préſentes à Claude demeurant à à ce préſent & acceptant, de mener, conduire & voiturer depuis *tel lieu* juſqu'à *tel lieu*, &c. la quantité de cent cinquante cordes de bois audit Claude appartenant, & qui ſont à préſent ſur ledit lieu de & commencer de faire ladite voiture par ledit Entrepreneur Lundi prochain avec ſes trois chevaux & harnois, & continuer ſans diſcontinuation, juſqu'à ce que ledit bois ſoit arrivé & voituré audit lieu de Ce marché fait moyennant & à raiſon de *tant* par corde dudit bois, que ledit Claude promet bailler & payer audit Entrepreneur, au fur & à meſure qu'il fera ladite voiture dudit bois, & le dernier payement incontinent que tout ledit bois ſera arrivé audit lieu de ; car ainſi, &c.

Marché de peaux de Veaux, Moutons & Brebis.

FUt préſent François Marchand Boucher à Paris, demeurant lequel a reconnu & confeſſé avoir vendu, & promet fournir & livrer à Antoine Megiſſier, demeurant à à ce préſent & acceptant, toutes les peaux de veaux, moutons, brebis & agneaux qui proviendront de ſon abatis durant la préſente année mil à commencer du jour de Pâques prochain, finiſſant au jour de Carême prenant enſuivant, leſquelles peaux ledit Antoine ſera tenu d'aller prendre & faire enlever en l'échaudoir, ou abatis dudit François à Paris, par chacune ſemaine, pour raiſon de laquelle livraiſon ſera faite une taille, dont ledit François aura la ſouche, & ledit Antoine l'échantillon, de laquelle taille la croix vaudra dix, la demie cinq,

& la hoche une peau. Seront tenuës lesdites Parties de compter sur ladite taille de mois en mois ; ce marché fait à raison de *tant* pour chacun cent desdites peaux l'une portant l'autre, à compter cent quatre pour cent, & vingt-six pour quarteron, lequel prix ledit Antoine promet & s'oblige de bailler & payer audit François en sa maison à Paris, de six mois en six mois ; car ainsi, &c.

Nota. *Qu'à l'égard des marchez de peaux de bœuf & de vache, l'on met :* ce marché fait moyennant & à raison de *tant* pour chacun cent pesant desdites peaux, *& le reste comme ci-dessus.*

Marché & société pour ouvrages de maçonnerie.

FUrent présens Jean Maître Maçon, demeurant d'une part ; & Marin aussi Maître Maçon, demeurant à d'autre part. Lesquels sont demeurez d'accord de ce qui ensuit : C'est à sçavoir que ledit Jean a associé & associe avec lui ledit Marin ce acceptant, en tous les ouvrages de maçonnerie qu'il a entrepris de faire pour Maître François en *tel lieu*, mentionnez au marché qu'il en a fait avec ledit sieur François pardevant *tels* Notaires, le *tel jour*, dont lecture a été présentement faite mot à mot, par l'un des Notaires soussignez, l'autre présent, audit Marin qui a dit l'avoir bien entendu, & sçavoir tout le contenu audit marché. Et encore ledit Jean associe avec lui ledit Marin ce acceptant comme dessus, en tous les autres ouvrages de maçonnerie qu'il pourra ci-après entreprendre de faire pour ledit François & pour quelques autres personnes que ce soit, sans aucune reserve. Ce marché & association ainsi faits, à la charge que lesdites Parties seront tenuës, & promettent l'une à l'autre de contribuer chacune pour moitié à tout ce qu'il conviendra faire, payer & débourser pour accomplir, tant le susdit marché déja fait avec ledit sieur François que tous les autres marchez qui seront faits & entrepris ci-après par ledit Jean pour ouvrage de maçonnerie durant trois ans prochains de ce jourd'hui, lesquels ouvrages icelles parties s'obligent réciproquement, comme dit est, de faire, faire faire & parfaire dans le tems, & ainsi que le tout est stipulé par le susdit marché, & qu'il le sera par les autres marchez qui seront faits, ainsi que dit est, & faire en sorte qu'ils n'encourent l'un pour l'autre aucuns dépens, dommages ni intérêts, dont lesdites Parties promettent respectivement s'acquitter l'une l'autre ; & les deniers provenans desdits ouvrages seront de même reçûs par chacune desdites Parties indifféremment, dont elles compteront ensemble, & porteront également la perte, s'il y en a, ce que Dieu ne veüille ; comme aussi s'il y a du profit, sera partagé entr'elles moitié par moitié : ne pourra ledit Marin transporter sa part de ladite société à qui que ce soit, sans le consentement par écrit dudit Jean, &c. car ainsi, &c.

Marché pour la vuidange d'une fosse à privé.

FUt présent Philbert Maître Vuidangeur à Paris, y demeurant lequel a confessé avoir fait marché, promis & promet à Sebastien à ce présent & acceptant, de vuider & nettoyer bien & dûëment jusqu'à vif fond ou vives eaux la fosse & chausse à privé de la maison où est l'enseigne de l'Image Saint Christophe, scise à Paris ruë appartenant audit sieur Sebastien & commencer de travailler à ladite vuidange demain au soir, & continuer avec nombre d'Ouvriers & tonneaux suffisans sans discontinuer, jusqu'à ce que ladite fosse & chausse à privé soit entiérement vuidée & nettoyée, faire emporter les matieres fécales aux champs, & rendre place nette. Et pour cet effet ledit Entrepreneur fera ouvrir & fermer à ses dépens ladite fosse. Ce marché fait moyennant la somme de sur laquelle ledit Entrepreneur confesse avoir reçû dudit sieur Sebastien qui lui a baillé & payé présens les Notaires soussignez, en écus d'argent & autre monnoye, le tout bon, &c. la somme de dont quittant, &c. & le restant, ledit sieur Sebastien sera tenu, promet & s'oblige de le payer audit Entrepreneur ou au porteur, &c. après que ladite vuidange sera entiérement faite, les matieres emportées aux champs, & l'ouverture de ladite fosse bien & dûëment refermée, & scellée comme dit est; car ainsi, &c.

Nota. *Quelquefois pour dégorger une fosse, l'on ne fait tirer que partie de la matiere, & l'on fait le marché à raison de tant par muid de ladite vuidange, ou de toise d'icelle, & le reste du marché suit comme dessus.*

Marché pour vente de bois.

FUt présent Honoré Marchand de Bois, demeurant à lequel a reconnu & confessé avoir vendu, & promet fournir & livrer à ses dépens sur le port de à Paris, dans trois mois prochains, à Hilaire aussi Marchand de Bois, demeurant à Paris ruë à ce présent & acceptant, la quantité de mille cordes de bois de chêne & chêneaux, le tout bon, loyal & marchand, la corde de huit pieds de large, & quatre de haut, bâton sur mesure, franc & quitte de tous droits de peages, passages, moyennant le prix & somme de *tant* pour chacune corde dudit bois, lequel sera cordé & visité si-tôt qu'il sera arrivé à Paris audit port, en la présence dudit acheteur, sur lequel prix ledit Honoré confesse avoir reçu comptant dudit Hilaire qui lui a payé, compté, nombré & délivré, présens les Notaires soussignez, en écus d'argent & autre monnoye, le tout bon & ayant-cours, la somme de dont, &c. quittant, &c. & le surplus dudit prix, ledit acheteur promet de le donner & payer audit vendeur en cette Ville de Paris, si-tôt que tout ledit bois sera arrivé audit port à Paris, cordé & reçu comme dit est. Et à cette fin sera tenu ledit vendeur de faire avertir ledit acheteur de se trouver sur ledit port incontinent que ledit bois y sera arrivé ; car ainsi, &c. *Election de domicile, &c.*

Quand le compte & la visite du bois se fait sur le lieu de la coupe, il faudra ajoûter :

ET le surplus dudit prix ledit acheteur sera tenu & promet de le payer audit vendeur, si-tôt qu'il lui aura livré ladite marchandise de bois audit port de à Paris, laquelle marchandise ledit acheteur sera tenu de visiter, & d'en compter la quantité de cordes sur le lieu de la coupe dudit bois, même de le voir charger dans les bateaux, & pour la garde dudit bois y mettre des personnes aux dépens dudit acheteur, jusqu'à ce qu'il soit livré audit port. Que si par ledit compte qui sera fait de la vente dudit bois en détail, le nombre desdites cordes ne s'y trouve, ledit acheteur n'en pourra rien repéter contre ledit vendeur ; mais bien contre ceux qu'icelui acheteur aura commis pour y prendre garde, tant dedans que dehors lesdits bateaux. *Election de domicile, & le reste comme ci-dessus.*

Marché d'un Rotisseur pour faire la fourniture d'une maison.

FUt présent Barthelemi Maître Rotisseur à Paris, demeurant ruë lequel a reconnu & confessé avoir fait marché, promis & promet à très-haut, très-puissant & très-excellent Prince Monseigneur Henri à ce présent & acceptant, de lui fournir & livrer durant deux ans prochains, à commencer au premier jour de Janvier prochain, tant pour sa bouche que pour sa maison & suite de son Hôtel à Paris, & à la campagne, aux armées où son Altesse sera employée pour le service du Roi dedans & dehors le Royaume, toutes & chacunes les viandes, gibier, volailles, & autres sortes de volailles nécessaires, telles qu'elles sont contenuës & mentionnées au mémoire ci-devant écrit en feüillets de papier, le présent compris pour & moyennant les prix portez par ledit mémoire, que son Altesse a promis & promet de payer ou faire payer par son Trésorier audit Barthelemi ou au porteur, &c. de mois en mois sur les extraits de ladite fourniture ; laquelle sera écrite sur le Livre dudit Barthelemi par le Maître-d'Hôtel ou Contrôleur de la maison de sadite Altesse à mesure de ladite livraison, sans que durant ledit tems les Parties puissent demander ni prétendre plus haut ni moindre prix que celui arrêté par ledit mémoire. Pour faire lesquelles fournitures pendant que son Altesse sera à la campagne & aux armées, comme dit est, ledit Barthelemi sera tenu de suivre sadite Altesse en tout lieu, & de mener avec lui un ou deux hommes pour lui aider en son emploi, lesquels seront nourris avec ledit Barthelemi aux dépens de sadite Altesse comme ses autres Officiers du commun : Et leur sera encore fourni aux dépens de sadite Altesse les chevaux nécessaires pour les porter, & pour porter lesdites viandes, gibier & volailles si besoin est, avec des convertures de charge aux livrées & armes de sadite Altesse, sans que de tout le tems que ledit Barthelemi sera à la suite de sadite Altesse, il puisse prétendre pour lui ni pour ses serviteurs aucuns gages ni appointemens de sadite Altesse. Et si ledit Barthelemi étoit défaillant de faire ladite fourniture par chacun jour, en tout lieu comme dit est, sadite Altesse la pourra faire prendre ailleurs par ses Officiers pour le compte & aux frais dudit Barthelemi Car ainsi, &c.

Nota. *Les marchez pour le pain & le vin se font de la même maniere : ainsi il est inutile d'en rapporter des formules.*

Marché pour fourniture de quatre colonnes de marbre pour le Val-de-Grace à Paris.

FUrent présens Jean L & Jerôme D Marbriers à Paris, demeurans ruë Paroisse lesquels ont par ces Présentes fait marché & promis l'un pour l'autre, chacun d'eux seul & pour le tout, sans division ni discussion, renonçant aux bénéfices desdits droits, à la Reine mere du Roi, ce acceptant pour Sa Majesté Messire Jacques T Chevalier Baron de B Conseiller ordinaire du Roi en tous ses Conseils, Président en la Chambre des Comptes, Surintendant des Finances, Domaines & Affaires, & Intendant des Bâtimens de madite Dame Reine, demeurant ruë à ce présent.

De fournir & livrer aux frais & risques desdits L & D déchargé à terre en cette Ville de Paris au port des Tuilleries, pour être employé au principal Autel de l'Eglise que madite Dame Reine a fait construire en l'Abbaye Royale Notre-Dame du Val-de-Grace, scise au Fauxbourg S. Jacques de cette Ville.

Quatre colonnes torses de dix-sept pieds de haut chacune, & de deux pieds dix pouces de diametre, de trois morceaux chacune colonne, de marbre noir & blanc des carrieres de Barbanson, le plus vif & le plus beau qu'il se pourra trouver, conforme aux échantillons que lesdits L & D en fourniront, & qui seront arrêtez ; lesquelles quatre colonnes lesdits L & D rendront ébauchées en leurs torses, suivant les modéles qui leur seront donnez par les sieurs le M & le D Architectes des Bâtimens de Sa Majesté, à un pouce près de leurs nœuds, audit port des Tuilleries, déchargées à terre à leurs frais & risques, comme dit est, sçavoir deux dans & les deux autres dans à peine de tous dépens, dommages & intérêts. Ce marché fait à ladite condition, moyennant la somme de livres pour chacune desdites colonnes, que lesdits L & D fourniront voituré par terre, au moins jusqu'au pont Aners, & dudit lieu jusqu'au port des Tuilleries, ou par terre ou par eau, comme ils aviseront pour le mieux, revenant pour les quatre à livres, en ce compris la gratification que ledit Seigneur Président T leur a accordée pour les exciter à bien servir Sa Majesté, & satisfaire exactement & ponctuellement à ce présent marché, sur le prix duquel ledit Seigneur Président T a promis audit nom de faire payer comptant par avance ausdits L & D par le sieur

Tréforier Général des Maifon & Finances de madite Dame Reine liv. & le furplus au fur & à mefure qu'ils fourniront & livreront lefdites colonnes audit port des Tuilleries. A ce faire étoit préfent Hubert M auffi Marbrier à Paris, demeurant aux Tuilleries; lequel du confentement defdits L & D eft entré au préfent Marché, & s'oblige folidairement avec eux à l'exécution d'icelui; promettant, &c. obligeant chacun en droit foi, &c. lefdits le G D & M folidairement ledit Seigneur Préfident T audit nom, même iceux le G D & M corps & biens, comme pour les affaires de Sa Majefté, renonçant, &c. Fait & paffé à Paris en l'Hôtel dudit Seigneur Préfident T l'an mil le Février. Et ont figné.

Marché de maçonnerie au rabais.

DEvis des ouvrages de maçonnerie à faire pour la reconftruction à neuf, de boutiques & appartemens au-deffus, fur une place fcife en cette Ville fur le Quai appartenante à M. F pour un fixiéme, & à Damoifelle Anne-Michelle F fa fille, pour cinq fixiémes, le tout fuivant les plans & élévations ci-joints, & de la qualité des matériaux ci-après déclarez.

PREMIEREMENT.

Sera fait, &c.

Plus, fera pareillement fait, &c.

CONSTRUCTION.

Seront faits, &c.

Plus, fera fait, &c.

Tous lefquels ouvrages énoncez au préfent Devis, feront faits & parfaits, fuivant l'art, fujets à vifite & reception en fin d'iceux; par Experts & gens à ce connoiffans, fuivant & conformément aux plans & élévations qui en ont été faits, fignez & paraphez des Parties pour être joints au préfent Devis & Marché.

AUJOURD'HUI mil heures de relevée, eft comparu pardevant les Confeillers du Roi, Notaires au Châtelet de Paris fouffignez, en l'Etude de L l'un d'iceux, Philippes F Confeiller demeurant à Paris propriétaire pour un fixiéme, d'une place mentionnée au devis ci-deffus & des autres parts, en fon nom, en ladite qualité, & encore au nom & comme Tuteur *ad hoc* de Damoifelle Anne-Michelle F fa fille, propriétaire des cinq autres fixiémes, élû en ladite qualité par l'avis de fes parens & amis, homologué par Sentence du Châtelet de Paris, du jour dernier, étant au Regiftre de T Greffier, lequel èfdits noms, a dit, qu'il a fait afficher au Bureau de la Maçonnerie, en plufieurs endroits de cette Ville, le marché au rabais qu'il convient faire des ouvrages de maçonnerie, pour la reconstruction à neuf de boutiques & appartemens au-dessus, scise en cette Ville sur le Quai de suivant les plans & élévations qui en ont été faits, à ce que tous Entrepreneurs de Bâtimens, soient reçûs en ladite Etude, pour mettre au rabais lesdits ouvrages, & au moins prenant à faire marché d'iceux, conformément au devis qui est en tête des Présentes, & aux autres charges & conditions, qui seront expliquées par ledit marché; & a signé.

Est aussi comparu Jacques J Entrepreneur de Bâtimens, demeurant à Paris, ruë Paroisse Lequel après avoir pris communication dudit devis, plans & élévation, a dit qu'il offroit d'entreprendre les ouvrages y contenus, à raison, sçavoir, *tant* pour *telle chose*, *tant* pour *telle autre* & a signé.

Et de même à toutes les autres Comparutions que l'on met ensuite les unes des autres. Ensuite de la derniere d'icelles, on met : Et après avoir par ledit sieur F attendu en ladite Etude, depuis ladite heure de jusqu'à celle de sonnées, sans qu'il se soit présenté autres Entrepreneurs, ni autres qui fassent les conditions meilleures que ledit sieur Pierre B ledit sieur F lui a èsdits noms fait l'adjudication desdits ouvrages, pour le prix qu'il les a portez au rabais, en conséquence, ledit sieur B s'est obligé de faire faire tous lesdits ouvrages, conformément ausdits devis, plans & élévation d'iceux, qui sont demeurez ci-annexez, pour y avoir recours, après avoir été desdits sieurs F & B paraphez, *ne varietur;* & à leur requisition des Notaires soussignez; & à cet effet, promet ledit sieur B de fournir de tous matériaux nécessaires de la qualité portée audit devis, peines d'Ouvriers, équipages, échafaudages, & généralement toutes choses quelconques, pour la perfection d'iceux ouvrages, à commencer à y travailler dès demain, avec nombre d'Ouvriers suffisans, pour que ladite maison soit en état d'être loüée pour le terme de prochain, en rendant place nette de tous immondices & gravois; à peine, &c. & de supporter la diminution du prix des loyers, pourvû toutefois que le retardement provienne de son fait. Tous lesquels ouvrages seront toisez aux Us & Coûtumes de Paris; & dès-à-présent ledit sieur F en déduction du prix d'iceux, a présentement payé audit sieur B en louis d'argent & monnoye, bons & ayans-cours, la somme de livres, dont Quittance. Et en déduction du surplus, promet & s'oblige ledit sieur F èsdits noms & solidairement, de payer audit sieur B en sa demeure à Paris, ou au porteur; sçavoir livres à la Saint prochain, livres, au premier aussi prochain, & livres, lorsque ledit bâtiment sera fait & parfait; & le restant de ce à quoi se trouveront monter lesdits ouvrages après le toisé & reception qui en sera fait à l'amiable par Experts; & que lesdits ouvrages seront reçûs en Justice; ledit sieur B le prendra sur les loyers de ladite maison, & pour l'exécution des Présentes, lesdits sieurs F èsdits noms, & B élisent leurs domiciles où ils demeurent, devant déclarez: ausquels lieux, &c. nonobstant, &c. promettant, &c. obligeant, &c. Fait & passé, &c. l'an mil Et ont signé.

Mention sur une Piéce.

LEs livres mentionnées en l'obligation ci en droit, ont été payées & acquittées par le sieur audit sieur pour & en l'acquit desdits sieur & Damoiselle débiteurs, suivant la Quittance de payement passée devant L & son Confrere Notaires, le Juillet mil portant subrogation de droits, en faveur dudit sieur par ledit sieur & pouvoir de faire la présente mention, laquelle a été faite ce jourd'hui mil

Mention de payement à mettre au pied d'un compte d'exécution testamentaire.

IL paroît par le Certificat donné par le R. P. F Prêtre de le mil étant ensuite d'une Quittance sous signature privée du précédent, donnée par Révérende Dame Marie-Agnès D Supérieure du Monastere de de la somme de livres, pour partie de la dot de Sœur Marie en faveur de sa Profession audit Monastere, qu'il est entré en ladite somme celle de livres, que M. B Payeur des rentes a fait remettre audit R. P. F pour servir à la dot de ladite Damoiselle C & par autre Quittance du mil donnée par Révérende Dame, Sœur Marie-Armande D Prieure du Prieuré de Notre-Dame de Ordre de Saint Benoît à lès Paris; il paroît que ledit sieur B Payeur des rentes a payé à ladite Dame en qualité d'Exécutrice testamentaire de M. Charles la somme de liv. en considération de la Profession de Damoiselle Elisabeth Françoise de C lesdites deux Quittances contrôlées à Paris par déposées par ledit sieur B à C l'un des Notaires soussignez, par Acte de ce jourd'hui mil en vertu duquel & desdites Quittances, les Notaires soussignez ont fait la présente mention, autant de laquelle a été mise sur la minute du présent compte d'exécution testamentaire étant en la possession dudit C Notaire.

Mention d'une Quittance de rachat portant subrogation de droits en faveur d'un tiers, pour mettre en marge de la minute & grosse d'un titre nouvel.

LA rente énoncée au présent titre nouvel a été remboursée, & les arrérages qui en étoient dûs payez par Jean B entre les mains du sieur Claude D des deniers déclarez en la Quittance dudit remboursement passée devant les Notaires soussignez, ce jourd'hui mil dont C l'un d'eux a la minute portant pouvoir de faire la présente mention & subrogation des droits, priviléges & hypothéques du sieur B en faveur de & de

Mention

Mention d'un rembourſement pour mettre en marge de la minute & groſſe d'un Bail à rente.

LEs de rente de Bail d'héritages ci-en droit mentionnée, ont été remboursées par leſdits A & ſa femme, auſdites Dames Religieuſes; & les arrérages qui en étoient dûs, du paſſé juſqu'au jour de Saint Martin d'hyver dernier payez; & à l'égard de ceux échus depuis juſqu'à ce jour, ledit A a promis les payer de la maniere expliquée en la Quittance paſſée devant les Notaires ſouſſignez, ce jourd'hui mil portant pouvoir de faire la préſente Mention.

Mention de Décharge ſur Procuration.

EN vertu de la préſente Procuration Mathurin a emprunté par Obligation *ou* Contrat de conſtitution la ſomme de livres du ſieur *tel*, comme le contient plus au long ledit Contrat *ou* Obligation paſſée pardevant les Notaires ſouſſignez, ce jourd'hui, &c. portant pouvoir de faire la préſente Mention.

Nomination en conſéquence d'une fondation.

FUt préſente Dame Catherine de R veuve de Meſſire Jacques de L Baron de S & autres lieux, Conſeiller du Roi en ſes Conſeils, Secretaire du Cabinet de Sa Majeſté, demeurante à Paris ruë en la Maiſon & Communauté des Filles de Laquelle a dit que par Contrat paſſé pardevant & ſon Confrere Notaires à Paris, le elle a fondé en ladite Communauté le nombre de quatre places, pour être remplies par quatre Damoiſelles qui ſeroient nommées, ſçavoir deux par les parens dudit Seigneur de S ſon époux, & les deux autres par ceux de ladite Dame, pour être leſdites Damoiſelles inſtruites, nourries & entretenuës en ladite Communauté, de la maniere & ainſi qu'il eſt porté par ledit Contrat, & aux charges, clauſes & conditions y contenuës; & déſirant dès-à-préſent ladite Dame de S exécuter ladite fondation quant à ce point, elle a par ces Préſentes en conſéquence dudit Contrat, nommé à ladite Communauté Damoiſelle Marie S fille de & de Dame ſa femme, Damoiſelle Marie-Paulle de L fille de & de ſa femme, & Damoiſelle Hélene C fille de & de ſa femme, pour remplir par leſdites Damoiſelles pendant leur vie, trois deſdites quatre places; & après le décès de ladite Dame de S leſdites Damoiſelles reſteront en ladite Communauté pour remplir les mêmes trois places faiſant partie des quatre mentionnées audit Contrat, sans que les parens dudit défunt Seigneur de S & de ladite Dame sa Veuve, puissent changer ni remplir lesdites trois places ausquelles lesdites Damoiselles sont présentement nommées, qu'après leurs décès, sous prétexte des clauses & conditions énoncées audit Contrat, se reservant ladite Dame de S la faculté de nommer encore une autre Damoiselle pour remplir ladite quatriéme place, quand suivant, & ainsi qu'elle le jugera à propos : ce fait en la présence de Dames Marguerite de G Supérieure, Anne de C Premiere Assistante, Marguerite D seconde Assistante, Marie C Dépositaire, & Marguerite du C Conseillere de ladite Communauté de tant pour elles que pour les autres Dames qui composent ladit Communauté, & encore en la présence & du consentement de Messire François D Prêtre, Docteur de Sorbonne, Doyen de l'Eglise Royale & Collégiale de Supérieur de ladite Communauté, pour ce comparans; lesquels ont eu pour agréable & ont approuvé la nomination ci-dessus faite par ladite Dame de S Promettant, &c. obligeant, &c. renonçant, &c. Fait & passé à Paris en la Grand'Salle de ladite Communauté des Filles de l'an mil le a midi. Et ont signé.

Nomination à un Office vacant par mort.

FUrent présens Damoiselle Héleine veuve de feu Maître Louis vivant Procureur Tiers-Referendaire en la Cour de Parlement à Paris, Cour des Aydes, Bailliage & autres Jurisdictions de l'enclos du Palais, demeurante ruë au nom & comme Tutrice des enfans mineurs dudit défunt & d'elle, & Maître Etienne tant en son nom que comme subrogé Tuteur desdits mineurs, François majeur & joüissant de ses biens & droits, demeurant avec ledit sieur Etienne son frere aîné du premier lit dudit défunt leur pere, icelui sieur Etienne avec ledit François & lesdits Mineurs héritiers dudit Défunt; lesquels comparans èsdits noms & qualitez ont par ces Présentes nommé & nomment au Roi notre Sire, Monseigneur son Chancelier, & autres ayans à ce pouvoir, la personne de Christophe ancien Clerc au Palais, pour être pourvû dudit Office de Procureur Tiers-Referendaire héréditaire en ladite Cour de Parlement, Cour des Aydes, & autres Jurisdictions de l'enclos du Palais, dont ledit défunt Louis étoit pourvû & joüissant lors de son décès : & pour consentir au nom desdits Comparans èsdits noms & qualitez, que toutes Lettres de provision lui en soient expédiées, scellées & délivrées en bonne forme, iceux Comparans ont fait & constitué leur Procureur général & spécial le porteur desdites Présentes, auquel ils en ont èsdits noms & qualitez donné & donnent tout pouvoir, & de faire à ce sujet tout ce qui sera nécessaire, & généralement, &c.

Autre nomination à un Office.

FUt présent Antoine légataire de feu Monsieur Maître Etienne son pere, vivant Conseiller du Roi en sa Cour de Parlement de entre autres choses dudit Office de Conseiller de Sa Majesté en ladite Cour de Parlement, lequel en conséquence dudit legs, & du décès ensuite arrivé dudit sieur son pere, ayant payé dans les six mois de l'Ordonnance le droit de résignation aux Parties casuelles, pour se faire recevoir audit Office : & maintenant ledit sieur Antoine ne désirant plus de s'y faire pourvoir, il a par ces Présentes nommé & présenté au Roi & à Monseigneur le Chancelier Garde des Sceaux de France, la personne de François pour être pourvû & reçû audit Office de Conseiller du Roi en ladite Cour de Parlement de consentant que toutes Lettres de provision à ce nécessaires lui en soient expédiées, scellées & délivrées, & généralement, &c. promettant, &c. obligeant, &c. renonçant, &c. Fait & passé à Paris ès Etudes, &c.

DES OBLIGATIONS EN GENERAL.

IL faut observer que les Obligations, de quelque nature qu'elles soient, sont des Contrats qui se font entre deux ou plusieurs personnes; que ceux qui s'obligent sont appellez Débiteurs, & ceux qui prêtent sont qualifiez Créanciers, lesquels sont quelquefois présens pour accepter lesdits Obligations, même pour compter en la présence des Notaires, pour lesquels les Obligations sont faites; ce que l'on appelle Obligation faite pour argent prêté réellement devant Notaires.

Quand les Créanciers sont absens, il ne doit point être fait mention dans l'Obligation d'aucune réalité d'espéce, si ce n'est que quelqu'un pour le Créancier accepte telle Obligation, & compte les deniers au Débiteur en la présence des Notaires, autrement il se trouveroit contradiction dans l'Acte.

Il faut aussi observer en toutes Obligations la cause, le terme, l'élection du domicile du Débiteur, le lieu de la passation, & particuliérement la datte; car si le Notaire l'avoit obmis, telle Obligation n'emporteroit point d'hypothéque, & causeroit un notable préjudice au Créancier; & le Notaire qui auroit fait une pareille faute, doit être condamné en son nom au payement de la dette, après que le Créancier aura justifié que le Débiteur eſt devenu inſolvable ; la raiſon eſt que le Notaire demeure tacitement garant de ſa faute, ſans laquelle le créancier auroit pû être utilement colloqué & payé ſur les biens décretez ſur ſon Débiteur.

Il eſt encore à obſerver que les Notaires n'ont plus le pouvoir de paſſer aucune Obligation ou autre convention portant contrainte par corps contre les ſujets du Roi, à l'exception des baux de terres & héritages ſituez à la campagne, pour leſquels les propriétaires peuvent ſtipuler la contrainte par corps. Voyez les VI. & VII. Articles du 30e. Titre de l'Ordonnance de 1667.

Définition de l'Obligation pour prêt.

LE *prêt* eſt une Obligation par laquelle on prête quelque ſomme de deniers, ou quelque autre choſe qui conſiſte en genre, dont on transfere la propriété en la perſonne de celui qui emprunte pour s'en ſervir & en diſpoſer à ſa volonté, à la charge d'en rendre une pareille ſomme ou une pareille quantité, de même qualité & de même valeur dans un certain tems.

Nota. *Si la ſomme empruntée eſt deſtinée au payement d'un autre créancier, ou à quelque autre emploi au profit du débiteur, il eſt néceſſaire d'en faire mention dans l'Obligation, & d'y ſtipuler la ſubrogation du créancier, aux droits & hypothéques de celui, ou de ceux qui reçoivent ſes deniers. S'ils ſont préſens, il faut leur faire déclarer qu'ils ont été payez des deniers du prêteur, qu'ils lui ont remis les titres de leur créance, & qu'ils le ſubrogent en leur lieu & place ; & s'ils ne ſont pas préſens, le débiteur pourra déclarer l'emploi qu'il prétend faire des deniers empruntez, & ſe ſoumettre de rapporter dans certain délai les piéces juſtificatives de cet emploi, & de les mettre entre les mains du créancier, aux fins & pour le ſoutient de ladite ſubrogation.*

Quand le créancier a perdu ou égaré la premiere groſſe de ſon Obligation, il préſente ſa Requête au Juge pour en avoir une ſeconde, ſur laquelle le Juge met ſon Ordonnance en cette forme, Permis groſſoyer pour ſeconde fois, partie préſente ou dûëment appellée, *& ſigne.*

En vertu de cette Ordonnance, on fait donner aſſignation à la Partie en ſon domicile élû par ladite Obligation, de comparoir tel jour & heure, &c. pardevant tel Notaire, &c. (qui eſt celui qui a le brevet rapporté ou la minute de ladite Obligation en ſon Etude) pour voir délivrer une ſeconde groſſe de ladite Obligation audit créancier ; mais l'Obligation ou le Contrat n'emporte hypothéque que du jour de l'expédition de cette ſeconde groſſe, principalement dans l'étendu du Parlement de Paris. Après cela le créancier apporte ou envoye ladite Requête, Ordonnance

& Exploit audit Notaire qui expédie ladite seconde grosse de l'Obligation, & l'en témoin *d'icelle doit être en cette sorte.*

En témoin de ce, nous à la relation desdits Notaires, avons fait mettre le scel de ladite Jurisdiction à cesdites Présentes, qui ont été grossoyées & mises en cette forme pour seconde fois par lesdits Notaires, en vertu de l'Ordonnance de Monsieur le Lieutenant Civil, mise sur la Requête à lui présentée à cet effet, & de l'Exploit étant ensuite de ladite Ordonnance, le tout transcrit en fin desdites Présentes, & attaché au brevet *ou* à la minute d'icelles, qui furent faites & passées à &c.

Nota. *Il faut transcrire à la fin de ladite seconde grosse la Requête, Ordonnance & Exploit, & ensuite lesdits Notaires signent ladite grosse; mais auparavant que de la délivrer, il est nécessaire pour la décharge desdits Notaires de mettre sur ledit brevet ou minute, & sur la seconde grosse l'Acte du délivré d'icelle, ainsi qu'il ensuit.*

Aujourd'hui *telle* heure de relevée est comparu pardevant les Notaires soussignez, *ou* Notaire soussigné, en l'Etude de *tel*, l'un d'iceux, ledit Pierre créancier nommé en l'Obligation ci-dessus écrite, lequel après avoir attendu en ladite Etude depuis ladite heure de jusqu'à *telle* heure sonnée & passée, a requis lesdits Notaires, *ou* ledit Notaire, de lui délivrer présentement la seconde grosse de ladite Obligation, suivant & conformément à l'Ordonnance de M. le Lieutenant Civil *d'un tel jour*, ci-attaché (*à la grosse l'on met ci-dessus, transcrite*) attendu que ledit Jacques son débiteur ni autres pour lui, ne sont venus ni comparus à l'assignation qui lui a été donnée en vertu de ladite Ordonnance, à comparoir audit lieu & heure de de relevée de cedit jour, par Exploit de *tel* Huissier, écrit ensuite de ladite Ordonnance, pardevant lesdits Notaires, & qu'il n'a formé aucun empêchement à l'expédition & délivrance de ladite seconde grosse; ce qui a été octroyé audit créancier, & en ce faisant lui a été à l'instant délivrée ladite seconde grosse par lesdits Notaires soussignez, l'an le & a ledit créancier signé.

Quand l'un desdits deux Notaires qui ont ensemble reçu un Contrat ou Obligation est décedé, est absent, ou n'est plus Notaire, & que l'on en veut avoir la grosse, l'on met l'en témoin *comme il ensuit.*

En témoin de ce, après que par l'inspection du brevet (*ou* minute) des Présentes, est apparu à Maître Claude Avocat en Parlement, & Gardescel de ladite Prevôté, les choses susdites être véritables, & ainsi avoir été faites & passées pardevant lesdits Notaires, *ou* ledit Notaire, nous avons fait mettre le scel d'icelle Justice à cesdites Présentes, qui ont été grossoyées & mises en cette forme par ledit *tel*, Notaire, de lui seul signées ce jourd'hui; &c. d'autant qu'à cedit jour ledit *tel* n'étoit plus Notaire, (*ou* étoit décedé *ou* absent) ce fut ainsi fait & passé comme dessus est dit, &c. *Sur cette formule & stile l'on peut grossoyer tous Contrats.*

Au surplus voyez ci-après les formules de stiles pour grossoyer.

Nota. *Que le Notaire qui reçoit des Obligations pour cause de prêt, quand il y seroit même intervenu une caution, est obligé d'en remettre l'original au créancier, parce que la seule remise de cet original sert de quittance au débiteur, quoiqu'elle emporte hypothéque sur ses biens pendant qu'elle est entre celles du créancier. Il n'en demeure pas de minute entre les mains du Notaire, à moins que le Créancier ne le souhaite.*

Nota. *Que ces mots* (*Us & Coûtume* dans une Obligation pour vente d'un cheval) *rend celui qui vend le cheval garant durant huit jours de la maladie qu'il pourroit avoir pendant ledit tems, suivant l'usage des Marchez de Paris, ou autres lieux, comme si ledit cheval est morveux, poussif, ou courbatu; & en ce cas le Vendeur seroit obligé de reprendre le cheval, & d'en restituer le prix qu'il en auroit touché. Et quand l'on vend le cheval tel qu'il est & que ces mots* (tel qu'il est) *sont mis dans l'Obligation, on n'a point de recours contre le Vendeur pour ce regard.*

Compte & Obligation pour appréciation de grains.

FUrent présens Guillaume demeurant d'une part.

Et Jacques d'autre part.

Lesquels ont par ces Présentes compté ensemble de tous les fermages échûs du passé jusqu'au jour de & dûs par ledit Jacques audit Guillaume pour le tems qu'il tient à ferme dudit Guillaume *telle chose* suivant le Bail passé entr'eux devant le par lequel compte toutes déduction & compensation faites, ledit Jacques s'est trouvé débiteur envers ledite Guillaume de la somme de à laquelle entre les Parties ont été apprécié tous les grains que ledit Jacques s'étoit obligé de fournir & livrer suivant & ainsi qu'il est porté audit Bail ci-dessus datté, pour le payement de laquelle somme de ledit Guillaume a accordé audit Jacques & à sa requisition, le tems de six mois à l'échéance desquels ledit Jacques promet & s'oblige de payer audit Guillaume en sa demeure à Paris, ou au Porteur se réservant ledit Guillaume à défaut de l'exécution de cesdites Présentes, ses hypothéques, priviléges, droits & actions résultantes de sondit Bail, auquel n'est aucunement dérogé, ni innové en façon quelconque, ainsi qu'à la contrainte par corps portée par icelui, pour quoi ledit sieur Guillaume fait toutes réserves nécessaires; & pour l'exécution des Présentes ledit Débiteur a élû son domicile, &c.

Obligation pour dépense de bouche & logement.

FUt présent André demeurant à de présent à Paris, *ou autre lieu*, logé, &c. lequel a confessé devoir à Louis à ce présent & acceptant la somme de pour reste de toutes les nourritures & logemens que ledit Créancier lui a fournis en sa maison à Paris, *ou autre lieu*, de tout le passé jusqu'à ce jour, & de compte verbalement fait entr'eux cedit jour, laquelle somme le Débiteur promet & s'oblige de payer audit Créancier en sa maison à Paris, *ou autre lieu*, ou au porteur, &c. dans *tel tems*, *&c.* à l'effet de quoi il affecte, oblige & hypothéque tous ses biens, présens & avenir. *Election de domicile, &c.* promettant, obligeant, renonçant. Fait & passé, &c.

Obligation pour une consignation en forme de contre-lettre.

FUt présent Lequel a reconnu que quoique par Quittance passée devant & son Confrere Notaires à Paris, le M Receveur des Consignations de telle Cour *ou* Jurisdiction, a reconnu avoir reçu de lui la somme de livres, pour le prix de l'adjudication à lui faite par Sentence de d'une maison scise à Paris, ruë appartenances & dépendances, sur *tel* à la Requête de Nicolas néanmoins la vérité est que ledit Aléxandre ne lui a payé & consigné que la somme de livres, & que ledit Receveur des Consignations ne lui a donné ladite Quittance de livres qu'à sa requisition & pour lui faire plaisir. C'est pourquoi il promet & s'oblige de payer ladite somme de livres restante de celle de livres audit sieur Receveur des Consignations, en sa demeure à Paris ou au Porteur d'hui, en six mois au plûtard & plutôt, si la délivrance de ladite somme principale de livres, est ordonnée être faite à qui il appartiendra, au payement de laquelle dite somme de livres, ledit Débiteur a affecté, obligé & hypothéqué spécialement, & par privilége ladite maison ci-dessus désignée, circonstances & dépendances, & généralement tous ses biens, présens & à venir, sans qu'une Obligation déroge à l'autre. Car ainsi, & *pour l'exécution*, *&c.*

Obligation pour remise de dépens.

FUrent présent Barthelemi d'une part; & Michel d'autre part, Lesquels sont convenus & demeurez d'accord de ce qui ensuit. C'est à sçavoir que ledit Barthelemi à la requisition dudit Michel lui a par ces Présentes fait remise de la somme de livres sur celle de liv. à laquelle ont été taxés les frais & dépens, par Exécutoire de Nosseigneurs du Parlement de Paris du ausquels dépens ledit Michel auroit été condamné par Arrêt de nosdits Seigneurs du Parlement, du & a accordé en outre audit Michel pour le payement de ladite somme de liv. jusqu'au Juillet prochain, auquel jour ledit Michel promet & s'oblige de payer ladite somme de livres audit sieur Barthelemi en sa demeure à Paris, ou au porteur des Présentes, & à défaut de payement dans ledit jour, consent ledit Michel que ces Présentes soient & demeurent nulles, & d'être d'échu de la remise de livres à lui présentement faite par cesdites Présentes par ledit sieur Barthelemi sans que cette clause puisse être reputée comminatoire, mais de rigueur, & sans laquelle il reconnoît que ledit sieur Barthelemi n'eut passé ces Présentes; à l'effet de quoi ledit sieur Barthelemi demeure toujours conservé en tous ses droits, actions, priviléges & hypothéques résultantes desdits Exécutoire & Arrêt susdattés, qui demeurent en leur force & vertu sans novation, pourquoi ledit sieur Barthelemi fait toutes reserves nécessaires.

Obligation pour vente de marchandise.

FUrent présens Robert & Nicolle sa femme, qu'il autorise à l'effet des Présentes, demeurants à Paris Lesquels ont reconnu devoir bien & légitimement, solidairement l'un pour l'autre, un d'eux seul pour le tout, sans division, discussion, ni fidejussion, à quoi ils renoncent à, &c. à ce présent & acceptant la somme de livres, à laquelle les Parties sont convenus pour setiers d'avoine, bonne, loyale & marchande, que ledit Créancier leur a fourni & livré, dont ils sont contents; partant, promettent & s'obligent solidairement, comme dessus, payer ladite somme de livres audit Créancier, en sa demeure à Paris, ou au porteur, d'hui en six mois, à peine de tous dépens, dommages & intérêts, au payement de laquelle somme de livres, lesdits Débiteurs, solidairement comme dessus, affectent, obligent & hypothéquent tous leurs biens, présens & à venir, &c.

Au cas que le Débiteur donne des gages pour la sûreté du Créancier, l'on ajoûte ce qui suit.

ET pour plus grande sûreté dudit payement, ledit Débiteur a présentement baillé par forme de nantissement audit Créancier, ainsi qu'il le reconnoît, un service de vaisselle d'argent blanc, au poinçon de Paris, *ou* autre lieu, consistant *(en telles & telles piéces qu'il faut spécifier en cet endroit, même mettre le poids, & puis dire)* audit sieur Débiteur appartenant, ainsi qu'il a dit & affirmé pardevant lesdits Notaires, *ou* ledit Notaire, lesquels nantissemens ledit sieur Créancier promet de remettre ès mains dud. sieur Débiteur, incontinent qu'il lui aura payé ladite somme de & à défaut dudit payement, au terme susdit, ledit sieur Débiteur consent & accorde que ledit sieur Créancier fasse vendre lesdits nantissemens après un simple Exploit de commandement fait à sa personne ou domicile ci-après élû, pour des deniers en provenant être payé sur & tant moins ou jusqu'à la concurrence de son dû, intérêts, frais & dépens. *Election de domicile, &c.* Promettant, obligeant, renonçant, &c. Fait & passé, &c.

Nota. *Que par le treiziéme Article du 33. Titre de l'Ordonnance de 1667. les bagues, joyaux & vaisselle d'argent, de valeur de 300 liv. ou plus, ne peuvent être vendus qu'après trois expositions à trois jours de Marchez differens, si ce n'est que le saisissant & le saisi en conviennent par écrit; mais par la Déclaration du 14. Décembre 1689. la vaisselle d'argent doit être porté à l'Hôtel de la Monnoye.*

Obligation

Obligation portant transport & cautionnement.

Fut présent Ambroise Lequel à la requisition d'Etienne & Catherine sa femme, leur a par ces Présentes accordé terme & délai de six mois, à compter de ce jour, pour le payement de la somme de à laquelle suivant l'Exécutoire de dépens de Nosseigneurs du Parlement, du ont été taxés les frais & dépens ausquels ledit Etienne & sa femme ont été condamnés solidairement par Arrêt de nosdits Seigneurs du Parlement, du ausquels Arrêt & Exécutoire n'est aucunement dérogé ni innové par ledit Ambroise pourquoi il fait toutes reserves & protestations nécessaires, à l'échéance desquels six mois lesdits Etienne & Catherine sa femme, elle de lui autorisée à l'effet des Présentes, demeurans promettent & s'obligent solidairement l'un pour l'autre, sous les renonciations de droit requises, de payer ladite somme audit Créancier en sa demeure à Paris, ou au porteur des Présentes, à peine, &c. au payement de laquelle somme de ils affectent, obligent & hypothéquent, sous ladite solidité, tous leurs biens, présens & avenir; & pour faciliter le payement de ladite somme de audit Créancier, lesdits sieur Etienne & sa femme, elle de lui autorisée comme dessus, ont par ces Présentes cedé & transporté, & promettent solidairement comme dessus, garantir, fournir & faire valoir, même payer, faute y auroit de payement sans être tenu de faire aucune poursuite, discussion ni déligence, si bon ne semble audit sieur Créancier ce acceptant, sans toutefois que la présente acceptation puisse empêcher directement ni indirectement l'exécution de l'Obligation ci-dessus, pareille somme de à lui dûë, & contenuë en une promesse à lui faite par le contrôlée le au payement de laquelle somme ledit a été condamné & par corps, par Sentence du Consulat de cette Ville du pour par ledit Créancier recevoir ladite somme de contenuë en ladite promesse, & autrement en faire & disposer comme bon lui semblera & de chose à lui appartenante, au moyen des Présentes; à l'effet de quoi lesdits Etienne & sa femme, solidairement comme dessus, & avec toutes garanties, ont mis & subrogé ledit sieur Créancier en leur lieu & place, droits, actions, privilèges & hypothéques, & lui ont remis, ainsi qu'il le reconnoît, l'original de ladite promesse, ensemble la grosse de ladite Sentence, l'Exploit de demande; & pour mettre la contrainte par corps prononcée par ladite Sentence contre ledit ledit sieur & Damoiselle Etienne si besoin est, ont fait & constitué leur Procureur général & spécial ledit Créancier, auquel ils en donnent tout pouvoir, & pour généralement faire tout ce qu'il conviendra & toutes les poursuites nécessaires pour avoir payement de ladite somme, si ledit sieur Créancier juge à propos d'en faire, sans néanmoins qu'on puisse lui imputer aucune négligence, en cas que ledit devienne insolvable.

A ce faire étoit présent & est intervenu *tel* demeurant lequel s'est rendu & constitué caution & répondant solidairement dudit Etienne & sa femme, envers ledit Créancier de ladite somme de Ce faisant, s'oblige conjointement & solidairement avec eux, lui seul pour le tout, sous les renonciations de droit requises & accoûtumées au payement de ladite somme de dans le tems & de la maniere qu'il est ci-dessus dit, & en outre à la garantie de pareille somme, contenuë en ladite promesse ci-dessus transportée & énoncée, dont du tout il fait son propre fait, dette & affaire, en son propre & privé nom, y affecte, oblige & hypothéque, sous ladite solidité, solidairement comme dessus, tous ses biens, présens & à venir. *Election de domicile, &c.*

Obligation & Engagement pour aller aux Indes.

AUjourd'hui sont comparus pardevant les Notaires, Gardenotes du Roi au Châtelet de Paris, soussignez M Potier de terre, demeurant ruë de Paroisse Saint & V aussi Potier de terre, demeurant à Lesquels se sont obligez & obligent envers la Compagnie des Indes Occidentales, ce acceptant par Noble homme Pierre & Messire Robert Directeurs généraux de ladite Compagnie, à ce présens demeurans de servir ladite Compagnie en tout ce qui leur sera commandé de leurdit métier dans l'Isle de pendant le tems de consécutifs, moyennant quoi lesdits sieurs Directeurs promettent pour ladite Compagnie de les passer en ladite Isle, & les nourrir & les loger pendant lesdites années, & outre de leur payer pour leurs appointemens chacun la somme de par chacune d'icelles: Et en cas que lesdits M & V ne pussent s'accommoder à l'air ou aux vivres du pays, il leur sera loisible de quitter en fin de la premiere année; car ainsi promettant, &c. obligeant, &c. chacun en droit soi, &c. lesdits M & V corps & biens, &c. renonçant, &c. Fait & passé, &c.

Obligation en forme de contre-lettre, portant promesse de payer plus grande somme que celle portée à un Bail.

AUjourd'hui est comparu, &c. L demeurant à Lequel a reconnu que quoique par Bail à lui passé par Messire Guillaume & par Messire Hugues pour ans, du prochain, de la Ferme de aux reserves, charges, clauses, & conditions y contenuës, le prix soit de la somme de liv. pour chacune desdites années; néanmoins la vérité est que le prix est de liv. pour chacune année; ce qui a été ainsi fait pour des considérations particulieres; c'est pourquoi ledit L promet & s'oblige de payer audit ladite somme de liv. au-dessus du prix porté audit Bail, ci-dessus datté aux quatre termes de l'an accoûtumés, dont le premier se fera à *tel* jour, le second à *tel* jour, & ainsi continuer jusqu'à la fin dudit

Bail : auquel payement ledit ſieur L consent d'y être contraint en vertu des contraintes deſdits Seigneurs, comme pour les deniers & affaires de Sa Majeſté. Et a ledit L élû ſon domicile irrévocable, &c. Promettant, &c.

Obligation en forme de tranſaction, portant élargiſſement.

FUrent préſens Paul Marchand Bourgeois de Paris, demeurant de préſent ès priſons de venu entre les deux guichets d'icelles, comme lieu de liberté, pour paſſer ces Préſentes ; & Magdelaine ſa femme, de lui autoriſée à l'effet des Préſentes, demeurante Leſquels ont reconnu devoir ſolidairement, ſans diviſion, fidejuſſion, ni diſcuſſion, à quoi ils renoncent, à Maître Antoine Bourgeois de Paris, demeurant ruë à ce préſent & acceptant, les ſommes de livres d'une part ; & livres d'autre part, pour reſte de ce que leſdits Paul & ſa femme doivent audit ſieur Créancier par pluſieurs marchez & obligations de marchandiſes de bois que ledit Paul eſt tenu & obligé de fournir & livrer audit ſieur Créancier, pour laquelle ſomme il a été empriſonné èſdites priſons, en vertu des Sentences des Juges-Conſuls de intervenuës ſur leſdits marchez & obligations, les *tel* & *tel* jours, leſquels Débiteurs ont promis ſolidairement comme deſſus, de bailler & payer leſdites ſommes de liv. d'une part, & liv. d'autre part, audit ſieur Créancier en ſa maiſon à Paris, ou au porteur à ſa volonté ; & outre leſdits Paul & ſa femme, promettent ſolidairement comme deſſus, de bailler & payer audit Créancier à ſa volonté & premiere demande, ce que ledit Paul ſe trouvera lui devoir de reſte de la ſomme de livres, que ledit Créancier lui a ci-devant fournie & prêtée pour faire façonner & arriver à Paris les bois qu'Antoine a vendus audit ſieur Créancier, provenans du ſieur de auſquels bois ledit Paul avoit été établi Commiſſaire ſur la ſaiſie qui en a été faite à la Requête dudit ſieur Créancier. Pour liquider lequel reſte de ladite ſomme de livres, ledit Paul promet rendre compte à l'amiable audit ſieur Créancier par un bref état pardevant deux Marchands, dont les Parties conviendront auſſi amiablement enſemble dans quinzaine : au dire & arrêté duquel compte par leſdits Marchands, leſdites Parties ſe ſoumettent, ſans qu'elles puiſſent, ni qu'il ſoit beſoin d'obſerver, ni faire aucune formalité de Juſtice, pour raiſon dudit compte, parce que leſdites Parties s'en rapportent dès-à-préſent à ce qui ſera reglé & arrêté par leſdits deux Marchands, qui ſeront ainſi par elles nommez & convenus pour ce ſujet, auſquels payemens, entretenemens, & entier accompliſſement de tout le contenu en ceſdites préſentes, leſdits Paul & ſa femme ont ſpécialement affecté, obligé & hypothéqué une maiſon ſciſe au Bourg de avec *tant* d'arpens de terre labourable en dépendans en pluſieurs piéces (*il les faut déclarer en cet endroit, ou bien faire une déclaration ſéparée ; & en ce cas dire*) leſquels maiſon & héritages ſont à plein déſignez & ſpécifiez par tenans & aboutiſſans en la déclaration qu'ils en ont faite hors ces Préſentes, laquelle ils ont en leurs consciences affirmée véritable pardevant les Notaires soussignez, & ont icelle déclaration mise ès mains dudit sieur Créancier, après avoir été signée & paraphée *ne varietur*, par toutes lesdites Parties & Notaires soussignez, laquelle maison & héritages, lesdits Paul & sa femme ont aussi affirmé leur appartenir à juste titre, & n'être chargez d'aucunes dettes, ni hypothéques qu'envers ledit sieur Créancier, & de livres une fois payées envers Joseph par obligation, & aussi de livres une fois payées envers la Paroisse de pour un reste de compte, & généralement tous & chacuns leurs autres biens, meubles & immeubles, présens & à venir, sans que lesdites obligations spéciale & générale dérogent l'une à l'autre, ni aussi par cesdites Présentes déroger aux priviléges & hypothéques précédens, que ledit sieur Créancier a sur les biens desdits Débiteurs en vertu desdits Marchez & Sentences, qu'il se réserve de faire exécuter avec ces Présentes, quand bon lui semblera : & attendu ce que dessus, ledit sieur Créancier a consenti, par acte séparé, l'élargissement de la personne dudit Paul hors desdites prisons, & en a déchargé & décharge d'abondant par cesdites Présentes les Geolier & Garde d'icelles prisons ; & pour l'exécution des Présentes, & ont les Parties élû leur domicile, &c. Promettant, &c. obligeant solidairement comme dessus, renonçant, &c. Fait & passé à entre lesdits deux guichets, le jour d. mil a midi. Et ont signé.

Obligation pour batterie & excès.

FUt présent Isidore Lequel a confessé devoir, & promis payer à Ursin la somme de livres, à laquelle ledit Créancier lui a volontairement remis & quitté par ces Présentes tout l'intérêt civil, réparation, dépens, dommages & intérêts, & autres choses généralement quelconques qu'il pouvoit prétendre, & demander contre lui au sujet des excès & voyes de fait qu'il prétendoit avoir été commis en sa personne par ledit Débiteur & ses complices, le *tel* jour, à *telle* heure, en *tel* endroit, pour raison de quoi il y a instance pardevant *tel* Juge contre ledit Débiteur & ses complices, sur laquelle ledit Créancier a obtenu décret de prise de corps contr'eux ; ensemble deux Sentences de provision, l'une de livres, & l'autre de livres, laquelle instance, ensemble lesdits Décrets & Sentences de provision, & tout ce qui s'en est ensuivi jusqu'à maintenant, ledit Créancier consent & accorde être & demeurer le tout nul & sans effet, à l'égard dudit Débiteur seulement, au moyen des Présentes, lesquelles ne pourront en façon quelconque nuire ni préjudicier audit Créancier pour la continuation de ses poursuites, qu'il se reserve de faire en la susdite instance contre lesdits complices, promettant ledit Débiteur de payer ladite somme de livres audit Créancier en sa maison à ou au porteur, &c. d'hui en un mois prochain ; à peine de tous dépens, dommages & intérêts, & d'être déchu de la présente remise & décharge, si bon semble audit Créancier, lequel en ce cas se reserve de faire exécuter lesdits Décret & Sentences de provision selon leur forme & teneur, & de continuer ladite procédure criminelle contre ledit Débiteur, ainsi que contre sesdits complices; à quoi faire lesdites Présentes ne lui pourront nuire ni préjudicier, & pour l'exécution desdites présentes, & leurs dépendances, ledit Débiteur a élû son domicile irrévocable en cette Ville de en la maison de auquel lieu, &c. nonobstant, &c. promettant, &c. renonçant, &c. Fait & passé, &c.

Nota. *Que comme il n'est plus permis aux Notaires d'obliger par corps les Sujets du Roi, que pour les loyers des héritages de la campagne, il est à propos dans les Contrats & Actes obligatoires, procedans du fait de marchandise, ou de procédures criminelles, d'en reserver le privilege & l'exécution des Sentences, afin de les faire mettre à exécution selon leur forme & teneur, faute de payement.*

Sera aussi observé 1°. Que l'Ordonnance du mois d'Août 1670. concernant les matieres criminelles, article 19. du titre 10. porte, qu'il ne sera décerné prise de corps contre les domiciliez, si ce n'est pour crime qui doive être puni de peine afflictive ou infâmante.

2°. Que les prisonniers détenus pour dettes, seront élargis sur le consentement des Parties qui les auront fait arrêter ou recommander, passé pardevant Notaires, sans qu'il soit besoin d'obtenir aucun Jugement. Voyez le 13e article du 11e titre de ladite Ordonnance.

3°. Que l'on ne peut recommander un prisonnier qu'en vertu d'un titre, qui porte contrainte par corps, parce que la recommandation fait le même effet que l'emprisonnement, & charge de même le Geolier de la personne du prisonnier.

Obligation pure & simple.

FUt présent sieur Louis C Marchand, Bourgeois de Paris, y demeurant ruë Paroisse Saint Lequel a reconnu devoir bien & légitimement à Maître Jacques Q Procureur en Parlement, demeurant ruë Paroisse à ce présent & acceptant la somme de liv. pour prêt de pareille somme fait audit C par ledit Q pour employer en marchandise & affaires particulieres dudit C dont quittant & promet rendre & payer ladite somme de livres audit Créancier, en sa demeure à Paris ou au porteur, à la volonté & premiere requisition dudit sieur Q à peine, &c. au payement de laquelle somme de liv. ledit Débiteur affecte, oblige & hypothéque tous ses biens, présens & à venir. Et pour l'exécution des Présentes, a élû son domicile en sa maison susdésignée : auquel lieu, &c. nonobstant, &c. promettant, &c. obligeant, &c. renonçant, &c. Fait & passé à Paris, en l'Etude de R l'un des Notaires soussignez, le Octobre, l'an mil sept cens a midi. Et ont signé.

Pour la vente d'un Cheval, voyez la Note page 326.

Obligation pour la vente d'un cheval.

FUt présent Claude Maître Maréchal à Paris, y demeurant ruë Paroisse Lequel reconnoît devoir à Etienne Marchand de Chevaux à Paris, y demeurant ruë à ce présent & acceptant la somme de livres, à laquelle ils sont convenus pour le prix de la vente & délivrance d'un cheval entier (*il faut mettre en cet endroit de quel poil est ledit cheval*) ayant crain, queuë & oreilles garni de sa bride & licol, que ledit Débiteur reconnoît avoir en sa possession & par lui accepté aux (*Us*) & Coûtume de Paris, ainsi que le reconnoît ledit sieur Débiteur, qui promet payer ladite somme liv. audit Créancier en sa demeure à Paris ou au porteur des Présentes, dans *tel tems* d'hui prochain, à peine, &c. au payement de laquelle somme de liv. il affecte, &c. Et pour l'exécution des Présentes, les Parties ont élû leur domicile en leur maison susdéclarée : auquel lieu, &c. nonobstant, &c. promettant, &c. obligeant, &c. renonçant, &c. Fait & passé à Paris ès Etudes des Notaires soussignez, le Octobre mil sept cens a midi. Et a ledit Créancier déclaré ne sçavoir écrire ni signer, de ce interpellé; & ledit Débiteur a signé.

Obligation portant cautionnement.

FUt présent sieur Jean le R Bourgeois de Paris, y demeurant ruë Paroisse Saint Lequel reconnoît devoir à sieur François le B Marchand de Chevaux à Paris, ruë susdite Paroisse à ce présent & acceptant la somme de livres, qu'il lui a présentement comptée, nombrée & réellement délivrée à la vûë des Notaires soussignez, en louis d'or, d'argent & autres monnoyes, bons & ayans-cours, pour employer en achapts de marchandises & à ses affaires particulieres, dont quittant laquelle somme de livres, ledit le R s'oblige de rendre & payer audit sieur Créancier en sa demeure à Paris ou au porteur, en deux payemens égaux de six mois en six mois prochain, dont le premier se fera d'hui en six mois, & le second six mois après, & faute y auroit du premier payement à son échéance, consent ledit sieur le R d'y être contraint pour le tout sans que cette clause puisse être reputée comminatoire, à ce faire est intervenu François le M Bourgeois de Paris, y demeurant ruë Paroisse lequel s'est volontairement constitué caution pour ledit le R envers ledit le B ce faisant s'oblige conjointement & solidairement avec ledit le R lui seul pour le tout, sans division, discussion, ni fidejussion, à quoi il renonce, de payer ladite somme de livres dans les termes & de la maniere susdite audit le B dont il en a fait son fait & dette en son propre nom particulier; & pour l'exécution, &c. Promettant, &c. obligeant, &c. renonçant, &c. Fait & passé, &c.

Obligation portant promesse de faire ratifier, hypothéque spécial & Déclaration d'emploi.

FUt présent Messire Jacques D Conseiller du Roi en ses Conseils, Maître des Requêtes Ordinaire de son Hôtel, demeurant à Paris en son Hôtel, ruë Paroisse Saint tant en son nom que se faisant, & portant fort de Dame Marie-Anne de G son épouse, par laquelle il promet faire ratifier ces Présentes. Ce faisant la faire obliger solidairement avec lui, elle seule pour le tout, sous les renonciations de droit requises au payement de la somme ci-après, & en fournir acte valable au sieur B ci-après nommé dans mois de ce jour, à peine, &c. pour faire laquelle ratification par ladite Dame D tant en présence qu'en absence dudit sieur son mari, il l'a dès-à-présent irrévocalablement autorisée par ces Présentes. Lequel èsdits noms a reconnu devoir bien & légitimement à Messire Charles B Chevalier, Marquis dudit lieu, demeurant à Paris ruë Paroisse Saint à ce présent & acceptant, la somme de livres, pour prêt de pareille somme que ledit sieur B lui a fait en louis d'or, louis d'argent & monnoye, le tout bons & ayans-cours, pour employer à l'effet ci-après déclaré, de laquelle somme de liv. ledit sieur D est content & en quitte ledit sieur B partant, promet & s'oblige èsdits noms & en chacun d'iceux, solidairement lui seul pour le tout, sans division, discussion ni fidejussion à quoi il renonce, rendre & payer ladite somme de livres audit sieur B en sa demeure à Paris ou au porteur, &c. dans mois de ce jour, à peine, &c. au payement de laquelle somme de livres, ledit sieur D èsdits noms, & sous ladite solidité a spécialement & par privilége, attendu l'emploi ci-après, obligé, affecté & hypothéqué une maison scise ruë Paroisse Saint tenante d'un bout au sieur le & d'autre au sieur R pardevant sur ladite ruë & par-derriere aux héritiers & à eux appartenante, au moyen de l'acquisition qu'ils en ont faite de Michel C Bourgeois de Paris, par Contrat passé pardevant R & son Confrere Notaires à Paris, le Janvier mil & généralement sur tous ses autres biens, meubles & immeubles, présens & à venir, sans qu'une obligation déroge à l'autre; déclarant ledit sieur D èsdits noms, que ladite somme par lui ci-dessus empruntée est pour employer avec celle de livres de ses deniers, au payement de celle de livres qu'il doit audit sieur C avec ladite Dame son épouse, de reste de celle de faisant le prix principal de ladite maison, promettant faire pareille déclaration dans la Quittance qu'il retirera dudit sieur C & faire subroger ledit sieur B aux droits, priviléges & hypothéques que ledit sieur C a sur ladite maison; & pour l'exécution des présentes & dépendances, ledit sieur D a élû son domicile irrévocable en sondit Hôtel susdéclaré: auquel lieu, &c. promettant, &c. obligeant, &c. renonçant, &c. Fait & passé à Paris en l'Hôtel de mondit sieur ci-devant déclaré. L'an mil sept cens le Et a signé.

Obligation portant main-levée.

FUt présente Dame Héleine L veuve de Théophraste Conseiller du Roi aux demeurante Laquelle a reconnuë que ledit Défunt son mari lors de l'Acte passé devant Notaire à Paris, le portant par lui transport, tant en son nom, comme héritier pour moitié de que comme étant aux droits de Thomas Bourgeois de Paris, héritier pour l'autre moitié audit Défunt, au profit de Damoiselle G fille majeure de livres de rente, faisant partie de livres aussi de rente constituée sur les Aydes & Gabelles, par Contrat passé devant Notaire à Paris, le pour demeurer quitte par ledit Défunt son mari, èsdits noms & qualités envers ladite Damoiselle G de liv. aussi de rente en deux parties à elle constituée par ledit Défunt Le tout détaillé & mentionné au transport ci-dessus datté, icelui son mari, étoit èsdits noms & qualitez resté Débiteur envers ladite Damoiselle G de livres, pour deux années d'arrérages de ladite rente à elle dûë par ladite succession; laquelle somme de livres ladite Dame Veuve pour éviter toutes contestations, nées & à naître, promet & s'oblige de payer à ladite Damoiselle G demeurante à ce présente & acceptante, sans néanmoins que ces Présentes puissent nuire ni préjudicier, aux privilége & hypothéque résultans de ses titres de créance, pourquoi elle fait toutes reserves & protestations nécessaires, en la demeure de ladite Damoiselle à Paris, ou au porteur, en deux termes & payemens égaux, de six mois en six mois, dont le premier se fera au à compter de & le second six mois après, à peine, &c. consentant ladite Dame Veuve d'être contrainte pour le tout à défaut du premier payement, sans que cette peine puisse être reputée comminatoire, mais de rigueur, & sans laquelle elle reconnoît que ladite Damoiselle n'eût donné la main-levée ci-après, à l'effet dequoi ladite Dame veuve affecte, oblige & hypothéque spécialement tous les revenus de la succession dudit sieur son mari, au nom & comme son Usufruitiere, par Contrat de mariage passé devant le insinué le dont délivrance lui a été faite par & généralement sur tous ses biens présens & à venir, sans qu'une obligation déroge à l'autre; & pour par ladite Dame Veuve avoir son recours & repétition sur les héritiers dudit son mari, ladite Damoiselle G promet & s'oblige, lors des payemens ci-dessus, de la subroger en ses droits, actions, priviléges & hypothéques, sans néanmoins aucune garantie, restitution de deniers, ni recours quelconque jusqu'à concurrence dudit payement seulement, se reservant néanmoins ladite Damoiselle G à défaut de l'exécution des présentes, ses droits & actions contre ladite héritiere dudit pourquoi elle réitere les reserves & protestations ci-dessus, laquelle dite Damoiselle G a fait & donné pleine & entiere main-levée de toutes les saisies, Arrêts, Oppositions faites & formées à sa Requête entre les mains des Débiteurs de ladite Damoiselle Veuve & dudit Défunt consentant que le tout soit & demeure nulle, qu'il qu'il soit rayé de leur Registre, & que tous Débiteurs & autres payent & vuident leurs mains en celles de qui il appartiendra, quoi faisant ils en seront bien & valablement déchargé; comme par cesdites Présentes ladite G les en quittent & déchargent à son égard; & pour l'exécution des Présentes, &c.

Obligation portant délégation & promesse d'emploi de la somme empruntée.

PArdevant les Notaires au Châtelet de Paris soussignez, furent présens Daniel M sieur de L demeurant ruë Paroisse S. le sieur Etienne C demeurant ruë le sieur Pierre N & sieur Jean-Baptiste P demeurant ruë intéressés dans les affaires de Sa Majesté, tant pour eux que pour G sieur de la C tous intéressez avec M. de L ci-après nommé dans le traité de B depuis R jusqu'à M tant en montant qu'en descendant sur la riviere de Loire dont ils se sont rendus adjudicataires. Lesquels ont reconnu que René M de L aussi intéressé dans les affaires de Sa Majesté & dans ledit Traité de droit de demeurant à Paris ruë susdite Paroisse Saint pour ce présent, leur a ce jourd'hui prêté en louis d'argent & monnoye, le tout bon & ayant-cours, la somme de livres, pour employer à l'effet ci-après déclaré dont ils sont contens; laquelle somme de liv. ils promettent conjointement & solidairement l'un pour l'autre, un d'eux seul pour le tout, sans division, discussion, ni fidejussion, à quoi ils renoncent de payer audit sieur Créancier en sa demeure à Paris, ou au porteur, d'hui au payement de laquelle somme de liv. lesdits Débiteurs, sous ladite solidité, ont affecté, obligé & hypothéqué tous leurs biens présens & à venir, & pour faciliter le payement de ladite somme de liv. lesdits Débiteurs consentent que ledit sieur Créancier la touche des Soûfermiers du doublement dudit droit de B depuis R jusqu'à M & ce à commencer du premier mil de quartier en quartier jusqu'au parfait payement de ladite somme de liv. desquels soûfermages lesdits sieurs Débiteurs èsdits noms, font par ces Présentes jusqu'à dûë concurrence, toute cession & transport, avec garantie, audit sieur de L auquel effet ils l'ont subrogé en leur lieu & place, droits & actions pour recevoir ladite somme de liv. ci-dessus déléguée, ou autrement en faire & disposer à sa volonté; & en faisant pour lesdits Soûfermiers dudit droit de doublement le payement de ladite somme de liv. audit Créancier, ils en seront & demeureront bien & valablement déchargés, comme par ces présentes ils les en déchargent à leur égard. Lesquels sieurs Débiteurs promettent & s'obligent en outre de fournir, & aider ledit sieur Créancier d'une grosse dudit sous-bail de ladite Ferme, pour poursuivre si bon lui semble lesdits Soûfermiers, sur son simple récépissé, sans néanmoins que la présente délégation puisse empêcher l'exécution de ladite Obligation ci-dessus, ni qu'on puisse imputer aucune negligence au défaut de payement de ladite ſomme ; en cas d'inſolvabilité. Déclarans leſdits ſieurs Débiteurs que ladite ſomme de liv. à eux ci-deſſus fournie, eſt pour employer au payement de pareille ſomme qu'ils promettent faire dans ce jour au Traitant général du doublement dudit droit, pour le troiſiéme payement qu'ils ſont tenus de lui faire à cauſe de ladite Ferme ; & par la Quittance qu'ils retireront, déclarer que le payement y contenu provient du préſent emprunt, afin que ledit Créancier ſoit ſubrogé au lieu & place, droits, actions, privilèges & hypothéques dudit Traitant, copie de laquelle Quittance contenant ladite ſubrogation & délégation, leſdits Débiteurs promettent & s'obligent de fournir audit ſieur Créancier en ſa demeure à Paris ou au porteur, d'hui en à peine, &c. Et pour l'exécution des Préſentes, leſdits ſieurs Débiteurs ont élû leur domicile ſolidaire en la maiſon dudit ſieur ci-devant déclarée : auquel lieu, &c. nonobſtant, &c. promettant, &c. obligeant, &c. ſolidairement comme deſſus, renonçant, &c. Fait & paſſé à Paris ès demeures des Parties ci-deſſus déclarées. L'an mil ſept cens le jour d a midi. Et ont ſigné.

Obligation portant cautionnement & tranſport.

PArdevant les Conſeillers du Roi, Notaires à Paris ſouſſignez, fut préſent René D demeurant ordinairement en la Ville de de préſent à Paris logé ruë Paroiſſe Saint lequel confeſſe devoir par ces Préſentes, bien & légitimement à la ſomme de liv. pour prêt de pareille ſomme fait par ledit audit pour employer à ſes affaires, ainſi qu'il le reconnoît & dont il eſt content, partant, promet & s'oblige rendre & payer ladite ſomme de liv. audit en ſa demeure à Paris ou au porteur, &c. dans un mois d'hui prochain, à peine, &c. A quoi il oblige tous ſes biens, préſens & à venir ; à ce faire étoit préſente & eſt intervenuë Damoiſelle Marie G fille majeure uſante & joüiſſante de ſes biens & droits, demeurante laquelle s'eſt par ces Préſentes renduë caution & répondante pour ledit ſieur Débiteur envers ledit de ladite ſomme de liv. Ce faiſant s'eſt ſolidairement avec ledit ſieur Débiteur, elle ſeule pour le tout, ſans diviſion ni diſcuſſion, à quoi elle renonce, obligé & oblige envers ledit au payement de ladite ſomme de liv. dans le terme ci-devant déclaré, dont & de quoi elle fait ſon propre fait & dette, ſous l'obligation & hypothéque de tous ſes biens, préſens & à venir, qu'elle en a pour ce obligez & hypothéquez ; & pour faciliter le payement de ladite ſomme, ladite Damoiſelle G a par ces Préſentes cedé & tranſporté avec toute garantie, même promet payer, faute y auroit de payement, pareille ſomme de livres à prendre en celle de livres contenuë en l'Obligation faite à ſon profit par Dame Françoiſe de la T D veuve de Meſſire René de la T D Marquis de la C devant B & L Notaires à Paris, le mil le brevet original de laquelle Obligation ladite Damoiſelle G a préſentement mis ès mains dudit ſieur Créancier, ainſi qu'il le reconnoît, & le met & ſubroge juſqu'à ladite concurrence en tous ses droits, privilèges & hypothéques pour recevoir ladite somme de livres sur le contenu de ladite Obligation & en disposer à sa volonté, sans néanmoins que cela empêche l'exécution de la présente Obligation, après le payement de laquelle délégation, ledit Créancier promet & s'oblige de remettre le brevet original de ladite Obligation à ladite Damoiselle, pour par elle disposer du surplus comme bon lui semblera; & pour l'exécution des Présentes, lesdits Débiteur & Caution élisent leur domicile solidaire & irrévocable en leurs susdites demeures: ausquels lieux, &c. nonobstant, &c. promettant, &c. obligeant, &c. solidairement comme dessus, renonçant, &c. Fait & passé à Paris ès Etudes, &c. l'an mil le a midi. Et ont signé.

Obligation par la caution d'un preneur à bail, de payer une somme en l'acquit d'une succession, à une Créanciere d'icelle pendant le cours dudit bail & en déduction du prix d'icelui.

AUjourd'hui est comparu pardevant les Notaires à Paris soussignez, Maître Jacques L Avocat en Parlement, Caution du sieur T. D envers M. le Duc D pour raison du bail qu'il a fait audit sieur D du Comté de N moyennant par chacune des années y portées, qui ont commencées au premier mil passé pardevant L & son Confrere Notaires, le desdits mois & an, demeurant ledit sieur le S ruë Paroisse S. Lequel en conséquence des clauses portées au Contrat de constitution ci-après mentionné, & Sentence des Requêtes du Palais, du mil renduë contradictoirement entre ledit Seigneur Duc D & M. le Marquis de N s'est en ladite qualité, & tant que ledit bail subsistera soumis & obligé par ces présentes, de payer en déduction du prix d'icelui en l'acquit de la succession de feu Monseigneur l'Evêque Duc de L à Madame la Marquise de N en son Hôtel à Paris ou au porteur, &c. les arrérages de la rente de livres, qu'ont constitué Monseigneur le Duc D lors Marquis de C feue Madame son épouse, & ledit défunt Seigneur Evêque Duc de L à feu M. R pere de ladite Dame Marquise de N par Contrat du Avril mil Desquels arrérages tant que ledit bail subsistera, ledit sieur L fait son propre fait & dette, & sans que ladite Dame Marquise D soit tenuë de faire aucunes poursuites, discussion, ni diligence contre ledit D Pourquoi il a élû domicile pour l'exécution des Présentes où il demeure devant déclaré: auquel lieu, &c. nonobstant, &c. promettant, &c. obligeant, &c. renonçant, &c. Fait & passé à Paris ès Etudes, &c. L'an mil le jour de a midi. Et a signé.

Obligation par un Collecteur des Tailles au profit d'un autre Collecteur, caution d'un absent.

PArdevant les Conseillers du Roi, Notaires à Paris soussignez, fut présent Claude T demeurant à étant ce jour à Paris, l'un des Collecteurs des Tailles de la Paroisse dudit Lequel s'est par ces Présentes obligé & oblige envers Nicolas L Vigneron, demeurant audit étant aussi ce jourd'hui à Paris ; à ce présent Caution de Jean M aussi Vigneron & Collecteur de ladite Paroisse, de lui payer & rembourser la moitié de la somme à laquelle se trouveront monter les frais qui ont été faits contre ledit le H à la Requête de M. Claude-François B Receveur des Tailles de l'Election de pour la représentation de la personne dudit M Collecteur absent, à quelque somme que lesdits frais se trouveront monter, à compter du jour de la premiere assignation qui a été donnée audit L & suivant l'arrêté qui en sera fait à l'amiable, lequel payement & remboursement de ladite moitié, ledit L ne pourra demander audit T qu'après avoir par ledit L discuté les biens, meubles & immeubles dudit M & de Catherine B sa femme, & sur laquelle moitié sera fait déduction de la moitié de ce que ledit L pourra recevoir par ladite discussion, auquel payement de ce qui se trouvera être ou arrêté dû desdits frais, pour ladite moitié seulement après ladite discussion, ledit T oblige tous ses biens, présens & à venir : car ainsi, &c. & pour l'exécution des Présentes, ledit T élit domicile en sa demeure audit H auquel lieu, &c. promettant, &c. obligeant, &c. renonçant, &c. Fait & passé à Paris ès Etudes, &c. L'an mil le jour d Et ont signé.

Obligation portant délégation.

FUt présent Messire François D demeurant à Paris, ruë Paroisse Saint Lequel a reconnu devoir légitimement à M. Pierre R demeurant ruë Saint Paroisse Saint à ce présent & acceptant la somme de livres, pour prêt d'argent par lui fait audit Seigneur D en louis d'argent & monnoye, bons & ayans cours, qu'il lui a comptez, nombrez & délivrez à la vûë des Notaires soussignez, pour employer à ses affaires, dont il est content, promet & s'oblige de lui rendre & payer ladite somme de liv. en sa demeure à Paris, ou au porteur, &c. à sa volonté & premiere demande, à peine, &c. & pour lui en faciliter le payement, ledit Seigneur D lui a délegué pareille somme de liv. à recevoir de qui il appartiendra sur celle de livres, faisant partie du prix de l'Hôtel de par ledit sieur D vendu à M dont il fait audit sieur R jusqu'à cette concurrence toute cession

& transport nécessaires avec garantie ; même aussi pour plus grande sûreté, ledit Seigneur D cede & transporte avec même garantie audit sieur R ce acceptant pareille somme de liv. aussi à recevoir de qui il appartiendra pour sa pension de la présente année à lui accordée en sa qualité de Secretaire du Cabinet de Sa Majesté, de laquelle il lui a fourni son blanc-seing sur parchemin, & sans que lesdits transports puissent empêcher l'exécution de ladite Obligation, une voye n'empêchant l'autre, & si elle est par ledit Seigneur D acquittée, il lui sera fait toutes retrocessions & remise du blanc-seing de sadite pension, & en faisant par les Débiteurs payeurs desdites délégations ci-dessus, les payemens des sommes y contenuës; ils en seront & demeureront bien & valablement déchargés, comme par ces Présentes ils les en déchargent à son égard ; & a élû son domicile pour l'exécution des Présentes où il demeure : auquel lieu, &c. promettant, &c. obligeant, &c. renonçant. Fait & passé à Paris en l'Hôtel dudit Seigneur D l'an mil le a midi. Et ont signé.

Remarques.

SUr ces formulaires d'Obligations, l'on peut aisément faire toutes sortes d'Obligations, de quelque nature qu'elles soient.

Mais il faut observer en toutes Obligations & Contrats obligatoires, l'élection de domicile, afin d'y poursuivre les débiteurs & l'exécution desdits Contrats, pour avoir payement du principal & intérêts, lesquels intérêts ne sont dûs que du jour de la demande qui en est faite en Justice au domicile dudit débiteur, par un exploit qui porte assignation devant le Juge ordinaire dudit débiteur : cela fait, ledit intérêt a cours du jour dudit exploit, pourvû qu'il soit suivi d'une condamnation prononcée par ledit Juge.

Il n'est pas cependant nécessaire de presser la Sentence pour l'adjudication desdits intérêts, puisqu'il suffit qu'elle soit renduë dans les trois ans du jour dudit exploit, parce que l'assignation dure trois ans, & auparavant l'expiration desdits trois ans, il n'y a point de péremption.

Cette assignation se doit donner pardevant le Juge du domicile du créancier, si le créancier n'a ses causes commises ailleurs; auquel cas il peut choisir pardevant quel Juge il fera donner ladite assignation, qui sont Messieurs des Requêtes de l'Hôtel du Roi ou du Palais.

Si le débiteur a ses causes commises, & est assigné au Châtelet ou autre Juge ordinaire, il peut en vertu de son Committimus faire renvoyer l'assignation ausdites Requêtes à son choix.

Et si au lieu d'Obligation la somme étoit adjugée par Sentence, l'assignation pour les intérêts doit être donnée pardevant le Juge qui a rendu ladite Sentence, sauf toujours le privilege du Committimus pour l'une ou l'autre des parties.

Pour sçavoir qui sont ceux qui ont droit de Committimus du grand & petit Sceau, voyez le quatriéme titre de l'Ordonnance du mois d'Août 1669. car il ne traite que de cela & des gardes gardiennes.

C'est une maxime que cessant le privilege de Committimus, l'on est obligé en l'exécution des Obligations & autres Actes passez sous le scel du Prevôt de Paris, de plaider pardevant lui, parce que ledit scel est attributif de Jurisdiction, ainsi que ceux d'Orléans & de Montpellier, qui seuls ont ce privilege, cessant lequel on ne peut poursuivre le débiteur que pardevant le Juge de sa demeure ordinaire.

En conséquence de cette attribution de Jurisdiction les héritiers de celùi qui a contracté pardevant les Notaires du Châtelet de Paris, quoiqu'ils soient demeurans ailleurs, sont cependant obligez d'y répondre, lorsqu'ils y sont assignez, pour voir déclarer exécutoire sur eux les Actes & Obligations passés par ledit défunt.

Pour les dépens adjugez, montant à deux cens livres, & au-dessus, & pour la restitution des fruits, & pour les dommages & intérêt au-dessus de deux cens livres, le créancier fera signifier le Jugement à la personne ou au domicile du débiteur, avec commandement de payer, & déclaration qu'il y sera contraint par corps après les quatre mois.

Ladite contrainte par corps après les quatre mois a lieu aussi contre les Tuteurs & Curateurs, pour les sommes par eux dûës de leur administration, lorsqu'il y a Sentence, Jugement ou Arrêt diffinitif, & que la somme est liquide & certaine.

La contrainte par corps peut être décernée par le Juge en cas de réintégrande pour délaisser un héritage, pour stellionnat, pour dépôt nécessaire, consignation faite par Ordonnance du Juge, ou entre les mains des personnes publiques, représentation de biens par les Sequestres, Commissaires, Gardiens, Lettres de Change, quand il y a remise de place en place, & dettes entre Marchands pour la marchandise dont ils se mêlent,

& entre gens qui sont dans les affaires du Roi. Voyez les 2. 3. 4. 5. 10. & 11. articles du 34. titre de ladite Ordonnance de mil six cens soixante-sept.

L'élection de domicile sert encore maintenant pour signifier aux débiteurs les saisies de leurs biens meubles, & les poursuites des décrets des immeubles, même pour avoir la délivrance des deniers provenus de la vente des meubles exécutez, & pour y parvenir, il convient de donner des assignations pardevant le Juge requis, & aussi lorsque le débiteur s'est opposé à quelques-unes des choses susdites, il le faut faire assigner pour en dire les causes, & s'en voir débouter.

Quand on exécute les meubles d'un débiteur, en vertu d'Obligation, Sentence ou Arrêt; s'il s'oppose, on lui donne assignation comme il est dit, elle ne surseoit pas l'exécution, mais empêche seulement qu'au bout de la huitaine on les puisse vendre, si auparavant on ne l'en a fait débouter.

Que si après l'en avoir fait débouter, il survient un tiers opposant, l'on doit encore surseoir le transport & la vente des meubles, jusqu'à ce que le tiers opposant soit débouté de son opposition par Sentence ou Arrêt.

Après cela un autre peut encore s'opposer & faire surseoir, si par la Sentence ou Arrêt précédent il n'est dit, comme il se pratique d'ordinaire, que les meubles seront vendus nonobstant oppositions quelconques, faites ou à faire, encore fait-on difficulté de passer outre.

Ces tiers opposans, avant que de faire leurs oppositions, doivent prendre garde s'ils y seront bien ou mal fondez; car s'ils succombent, l'article 10. du titre 27. de ladite Ordonnance de 1667. veut qu'ils soient condamnez en 150. livres d'amende, pour les oppositions faites aux exécutions des Arrêts, & en 75. livres d'amende pour celles faites aux exécutions des Sentences.

Par toutes lesquelles Sentences & Arrêts, le débiteur est toujours condamné aux dépens, lesquels il faut faire taxer avec lui, entre les Procureurs, & lever l'exécutoire, qui contient la somme précise desdits dépens, pour lesquels s'ils montent à 200. livres & au-dessus, le débiteur y sera contraint par corps après les quatre mois, au desir du 2. article du 34. titre de ladite Ordonnance de 1667.

Enfin en fait d'Obligation, le Notaire doit sçavoir que des

Obligations pures & simples, ne faisant pas mention d'autre chose, c'est-à-dire, qui intéressent le créancier & le débiteur seuls, la minute ou brevet d'icelle doit être par lui délivrée au créancier, si-tôt qu'elles sont signées des Notaires, si le créancier la demande, & on ne la lui peut refuser.

Mais si l'Obligation est un Contrat auquel le débiteur aussi-bien que le créancier ait intérêt à sa conservation pour le bénéfice ou utilité qui lui en doit venir; en ce cas le Notaire gardera la minute, & en délivrera des expéditions à l'une & à l'autre des Parties.

Il doit aussi quand on lui rapporte des brevets d'Obligation pour les grossoyer, prendre garde s'il y a des écrits ès marges ou au dos d'iceux, & s'il y a des reçus, en faire mention au bas de la grosse en ces termes: *Et au dos du brevet des présentes est écrit ce qui suit*, Reçu, *&c.*

Il est bon aussi, quand il passe Obligation, par laquelle les débiteurs affectent & hypothéquent leurs biens meubles & immeubles, spécialement tel & tel héritage, de faire déclaration desdits héritages par consistance, tenans & aboutissans d'iceux, & ensuite dire, *sans que les obligations spéciale & générale dérogent l'une à l'autre.*

Il ne doit délivrer la grosse en forme exécutoire de l'Obligation ou Contrat obligatoire, qu'au créancier; mais il en peut délivrer au débiteur plusieurs Expéditions, extraits ou brevets.

Des Oppositions.

Il se fait quantité d'Actes qui doivent être précédez de publication, à peine de nullité, pour avertir ceux qui ont intérêt de les empêcher de faire paroître les raisons qu'ils ont de s'y opposer. Il est aisé de sçavoir à qui on doit s'adresser pour former des oppositions & pour les faire décider.

Les principales sont celles qui se font à la célébration des mariages, qui doivent être faites entre les mains du Curé qui en a publié les annonces ou bans; il ne peut aller plus avant dès qu'elles lui ont été signifiées, que les contractans ne les ayent fait lever par le Juge auquel il appartient d'en connoître, qui est pour l'ordinaire l'Official.

Elles peuvent être formées par le pere ou le tuteur de l'une des

des Parties qui veulent se marier, ou par une autre personne qui prétendroit avoir contracté auparavant avec elle, ou qu'elle a déja pris des engagemens qui l'en empêchent. Un parent charitable peut faire en cette occasion la fonction de pere ou de tuteur.

Celles qui se forment à l'engagement d'un jeune homme qui prétend entrer dans les Ordres sacrez, ce qu'il ne peut faire sans trois publications précédentes, afin d'avertir ceux qui y sont intéressez, comme une fille avec laquelle il auroit eu des engagemens pour le mariage; & des créanciers, s'il en a, parce qu'il va être élevé à un état dans lequel il sera de plus difficile convention. Il n'est pas même permis aux Moines de recevoir ces gens-là à profession.

L'on peut encore s'opposer à la vente des biens saisis réellement, après les criées qui en ont été faites, & former quatre Oppositions differentes. La premiere, à fin d'annuler, soit par la partie saisie qui prétend que l'on a mal observé les formalitez prescrites par les Ordonnances & par la Coûtume des lieux: celle-ci doit se proposer lors de la certification des criées, soit par quelque autre personne intéressée qui prétend que la saisie réelle a été faite *pro non debito*, ou *super non Domino.*

La seconde, est l'Opposition à fin de distraire une partie des biens saisis, qu'un tiers prétend ne pas appartenir à la partie saisie, ou n'être pas sujet à l'hypothéque du poursuivant. Ces deux dernieres Oppositions doivent être formées avant le congé d'adjuger, par lequel il doit y être fait droit, de même que sur l'Opposition à fin de charge, faute de quoi elles sont converties en Oppositions à fin de collocation ou d'hypothéque, c'est-à-dire, que l'on vend tous les héritages compris dans la saisie réelle, exemts de toutes sortes de charges, mais l'on fait dans la Sentence d'ordre une estimation des biens dont la distraction avoit été demandée, & de la charge dont on avoit demandé la conservation, à une somme certaine, pour laquelle l'Opposant est colloqué préférablement à tous les autres créanciers.

Les Oppositions à fin de collocation, ou d'hypothéque, doivent être formées dans les vingt-quatre heures de la prononciation de l'adjudication par décret, si elles ne l'ont pas été auparavant, parce qu'il n'y a que le Sceau qui puisse les purger, & qu'il est défendu par l'Edit des Criées de l'apposer auparavant,

Opposition à un mariage.

AUjourd'hui est comparu devant, &c. Basile lequel a déclaré qu'ayant appris par le bruit public le prétendu mariage proposé entre son fils ; *ou* son pupille avec Magdeleine, dont les bans ont été publiez en la Paroisse de il ne peut & ne veut consentir qu'il soit passé outre audit mariage, & qu'il s'y oppose pour les causes & moyens qu'il déduira quand il sera assigné pardevant un Juge compétent. Proteste au surplus de se pourvoir comme il verra être à faire par les voyes qu'il avisera, pour faire déclarer ledit prétendu mariage non valablement contracté, & de faire intimer le Curé ou Prêtre qui aura entrepris de le célébrer au préjudice de la présente Opposition : & à ce que Messire Symphorien Prêtre Curé de ladite Paroisse n'en ignore, lui sera la présente opposition dûëment signifiée, dont il a requis acte.

Autre Opposition.

AUjourd'hui est comparu devant, &c. Radegonde fille majeure usante & joüissante de ses droits, laquelle a déclaré que se trouvant à la Messe de Paroisse du Village de le Dimanche du présent mois, elle a été surprise d'y entendre publier les bans du prétendu mariage de Sebastien avec Christine qu'il ne peut & ne doit contracter au préjudice des promesses par lui ci-devant faites à ladite Radegonde *ou* de la parenté qui est entre lui & ladite Christine du second au troisiéme dégré, *ou* de ce que ladite Christine est déja mariée avec Innocent C'est pourquoi elle s'oppose formellement audit mariage prétendu, à ce que ledit sieur Curé n'ait à passer outre à la célébration, ni donner aucun congé à autre Prêtre de le faire ; protestant de nullité de tout ce qui pourra être fait au préjudice de la présente Opposition, dont elle a requis acte.

Opposition à une vente de meubles.

AUjourd'hui est comparu pardevant les Notaires, &c. Isaac demeurant ruë lequel a dit & déclaré qu'il s'est opposé & s'oppose par ces Présentes à la vente & délivrance que l'on pourroit faire des biens meubles saisis sur Noël à la Requête de Joseph par Exploit de Nicolas Huissier, en datte du *tel jour*, pour les causes & moyens qu'il déduira en tems & lieu, dont il a requis acte ausdits Notaires qui lui ont octroyé le présent pour lui servir ce que de raison, & pour faire signifier cesdites présentes à qui il appartiendra procédant à ladite vente ou autrement, ledit Isaac a fait & constitué son Procureur général & spécial le porteur d'icelles, auquel il en a donné & donne tout pouvoir, & de faire à ce sujet tout ce qui sera nécessaire. *Election de domicile, &c.* Ce fut ainsi fait & passé, &c.

Acte par lequel celui sous le nom duquel un autre veut placer sur sa tête une rente viagere, oblige sa succession à la continuer pendant la vie de celui qui en a fourni les deniers, au cas qu'il survive celui sur la tête duquel il la doit placer.

FUt présent Etienne P Bourgeois de Paris, demeurant Lequel reconnoît que pour lui faire plaisir, le sieur Pierre M demeurant à ce présent a bien voulu acquérir la rente viagere de liv. au principal de livres, qui doit être constituée au profit dudit M sur la tête dudit sieur P suivant la Quittance de M Garde du Trésor Royal de ce jourd'hui, pour en joüir par ledit sieur P après le décès dudit sieur M au cas qu'il le survive, ladite rente viagere faisant partie de celles créées par Edit du mois de assignées sur les C'est pourquoi ledit sieur P promet & oblige sa succession en cas qu'il prédécede ledit sieur M de lui payer ce acceptant sa vie durant seulement, à compter du décès dudit sieur P ladite rente viagere de la même maniere que le Roi la lui auroit payée, s'il l'avoit placée sur sa propre tête; à quoi il a obligé tous ses biens meubles & immeubles, présens & avenir; & pour l'exécution des présentes, ledit sieur P a élû son domicile en sa demeure, &c.

Des Partages.

PArtage est une division à faire entre deux ou plusieurs personnes, de quelques choses qu'elles ont en commun. Le partage se fait ordinairement entre héritiers pour raison des biens à eux échûs par quelque succession. Comme chaque Coûtume a ses usages & ses regles qui se suivent exactement, le Notaire qui fait un acte de partage doit s'en instruire, afin de ne rien faire contre le droit des Parties qui contractent devant lui.

Voyez ci-après l'Edit de Mai 1567. & l'Acte de Notoriété du 12. Mai 1699.

Partage fait entre la veuve & les enfans d'un défunt.

FUrent présens Jacqueline veuve de feu Guillaume vivant demeurant ruë en son nom, à cause de la communauté de biens qui a été entre ledit défunt son mari & elle, & créanciere de sa succession, d'une part. Louis & Jacques seuls héritiers chacun pour moitié dudit défunt leur pere, demeurans ruë d'autre part : Disant les Parties èsdits noms; sçavoir, ladite veuve, que pour témoigner à sesdits enfans, non-seulement l'amour & affection maternelle qu'elle a toujours euë pour eux, mais encore le désir qu'elle a de leur donner le repos autant qu'il lui est possible, elle auroit crû être obligée par le décès dudit defunt leur pere arrivé le *tel jour*, de travailler comme elle a fait jusqu'à présent à la conservation du peu de biens qu'icelui défunt leur pere a laissez, que pour leur en donner la connoissance entiere, elle auroit trouvé bon qu'il en fût fait inventaire en leur présence, & qu'à cette fin lesdits Louis & Jacques qui étoient lors mineurs, fussent émancipez; ce qui auroit été fait en la maniere accoûtumée, & en conséquence à leur Requête procedé par *tels* Notaires à la confection dudit inventaire le *tel jour*, & autres jours suivans, qui fut clos audit Châtelet par acte reçu par *tel* Greffier le *tel jour*, & aussi à la vente des meubles, vaisselle d'argent, habits, linges & autres choses contenuës audit inventaire, comme le contient le procès-verbal de ladite vente faite par Pierre Huissier-Priseur au Châtelet, datté du *tel jour*, qui se trouve monter à la somme de livres sols deniers, y compris le contenu en *tels & tels* articles dudit procès-verbal, dont ladite veuve avoit auparavant disposé, & s'en est chargée par icelui pour la prisée qui en a été faite audit inventaire, & aussi le contenu en *tels* & *tels* articles dudit procès-verbal qu'elle auroit pris & retenu sur & tant moins de son préciput : & néanmoins ladite veuve pour tenir l'ordre nécessaire au partage que sesdits enfans lui ont demandé des biens de ladite communauté d'entre elle & ledit défunt leur pere, par leur Contrat de mariage, passé pardevant *tels* Notaires le *tel jour*, elle y rapporte toute ladite somme de livres sols deniers, ci liv. sols den.

Outre lesquels meubles & effets, ladite veuve a déclaré qu'auparavant la confection dudit inventaire, elle auroit en la présence & du consentement desdits enfans fait ouvrir le cabinet dudit défunt leur pere, dans lequel ils auroient trouvé livres en deniers comptans appartenans à ladite communauté, ci livres.

Comme aussi ladite veuve a déclaré que depuis le décès dudit défunt jusques au jour qu'elle s'est séparée de sesdits enfans, qui fut le *tel jour*, elle a reçu des locataires des maisons de ladite communauté la somme de livres, dont elle leur a donné un mémoire des noms & des sommes payées par chacun desdits locataires en son particulier, ci livres.

Revenant toutes lesdites sommes ensemble à celle de liv. sols deniers.

Mais avant que de procéder audit partage, il est préalable de tenir compte à ladite veuve par sesdits enfans des sommes qu'elle a payées à la décharge de ladite communauté en procédant à la confection dudit inventaire, & depuis la clôture d'icelui.

Sçavoir livres que ladite veuve a payées desdits deniers comptans trouvez audit cabinet pour la nourriture d'elle & de sesdits enfans depuis le décès dudit défunt jusqu'à la clôture dudit inventaire, y compris quelque dépense qui a été faite lors de la confection pour les Officiers qui ont travaillé audit inventaire, levée du scellé & vente desdits meubles, pour ce, ci liv.

Plus livres payées à *tel* pour *telle autre chose*, ci liv.

Plus livres payées à *tel* pour *telle autre chose*, ci liv.

Plus livres payées pour les frais dudit inventaire & Procès-verbal de ladite vente, ci livres.

Plus livres que ladite veuve doit prendre sur les effets de ladite Communauté, à cause des propres stipulez pour elle, & à son profit par sondit contrat de mariage, ci livres.

Plus livres pour son préciput, ci liv.

De tous lesquels payemens & reprises desdits propres & préciput, dont le tout se monte à livres, lesdits Louis & Jacques sont demeurez d'accords, après qu'ils ont dit le tout bien sçavoir, & l'avoir communiqué à leur conseil; ce faisant ont consenti que sur ladite somme de livres sols deniers, à laquelle se sont trouvez monter les effets mobiliers de ladite communauté ci-dessus exprimez, soit déduit & rabatu comme ils font par ces Présentes ladite somme de liv.

Au moyen de laquelle déduction ne reste plus ès mains de ladite Dame veuve leur mere de ladite somme de liv. sols den. que liv. s. den. à partager entre elle & sesdits enfans.

En conséquence de laquelle déduction s'est trouvé que ladite somme de liv. s. den. restant desdites liv. s. den. il en appartient à ladite veuve pour son partage la moitié entiere, & l'autre moitié à sesdits enfans, montant chacune moitié à liv. s. den.

Sur laquelle moitié afferante ausdits Louis & Jacques, ladite veuve leur mere doit encore prendre liv. pour les frais funeraires & enterrement dudit défunt, qu'elle a payés, ci livres.

Plus liv. pour son deuil, ci liv.

Et encore outre ce, son douaire dont sera ci-après parlé, & partant déduction aussi faite desdites deux sommes de livres, d'une part, & de livres, d'autre, ne reste plus à payer ausdits enfans de la part & portion à eux afferante en ladite somme de liv. s. den. ci-dessus mentionnée, que la somme de liv. s. den. laquelle somme de liv. s. den. lesdits Louis & Jacques ont confessé avoir reçue comptant de ladite veuve leur mere, qui leur a icelle baillée, payée, comptée, nombrée, & réellement délivrée, présens les Notaires soussignez, en louis d'or, écus d'argent, & autre bonne monnoie ayant cours, dont ils se sont contentez, & en ont quitté & quittent ladite veuve leur mere & tous autres; comme aussi ladite veuve au moyen desdites déductions, a pareillement quitté & déchargé sesdits enfans desdits frais funeraires & enterrement, & de ceux de sondit deuil, ensemble dudit préciput & de toutes les sommes qu'elle a payées comme dit est, à la décharge de ladite communauté, sans préjudice à elle de sondit douaire, qui lui sera payé, ainsi qu'il sera dit ci-après.

Et à l'égard des immeubles de ladite communauté, lesdites parties désirant aussi en jouir chacun à part & separement, pour parvenir au partage d'iceux, elles ont fait priser & estimer par gens à ce connoissans les maisons de Paris : & après avoir pris conseil sur ladite prisée auroient fait faire deux lots les plus justes & égaux qu'il a été possible, dont elles sont demeurées d'accord, après en avoir communiqué à leurs conseils, desquels lots la teneur ensuit.

Premier lot.

Le premier lot aura & lui appartiendra dès maintenant à toujours pour la somme livres, en une maison sise ruë aux charges des cens & droits Seigneuriaux accoutumez envers l'Archevêché de les titres de la proprieté de laquelle maison sont inventoriez audit inventaire sous la cotte 2.. ci livres.

Item livres de rente rachetable de livres, à prendre sur *un tel* & sa femme, par contrat de constitution aussi inventorié audit inventaire sous la cotte 4. ci livres.

Item livres à prendre sur lesdits *tel & telle* pour une demi-année d'arrérages de ladite rente, échéante au dernier jour de ce mois, ci liv.

Somme totale de ce premier lot liv. partant trop fort de liv. pourquoi le présent lot fera soulte de livres au second lot.

Second & dernier lot.

Le second lot aura & lui appartiendra aussi dès maintenant à toujours pour la somme de livres, en la maison où ladite veuve est demeurante en ladite rue, &c. dont les titres sont inventoriez audit inventaire sous la cotte 3, à la charge des cens & droits Seigneuriaux accoûtumez envers l'Hôtel de Ville de Paris, ci livres.

Item, livres de rente rachetables au denier de la somme de livres, à prendre sur le sieur Marquis de & ses coobligez, suivant leur contrat de constitution inventorié audit inventaire sous la cotte 5. ci l.

Item, la somme de livres, dont le premier lot fait soulte au présent lot, ci livres.

Somme totale de ce second & dernier lot livres.

Desquels lots ainsi faits lesdites parties se contentent pareillement, comme étant bien justement & également faits : Et voulant iceux être tirez au sort, auroient appellé Etienne jeune garçon à elles inconnu, passant dans la rue audevant de la maison où ladite veuve est demeurante, dans le chapeau duquel icelles parties ayant mis deux billets de papier d'égale grandeur, & roulez l'un comme l'autre, dans l'un desquels étoit écrit premier lot, & en l'autre second lot, ledit Etienne après les avoir long-tems brouillez & remuez dans sondit chapeau, du consentement desdites parties, auroit tiré l'un d'iceux qu'il auroit baillé à ladite veuve, & pour l'autre ausdits Louis & Jacques ses enfans. Et par l'ouverture desdits deux billets s'est trouvé que le premier desdits deux lots est avenu & échû ausdits Louis & Jacques, & le second lot à ladite veuve leur mere.

Duquel jet & sort lesdites parties se sont aussi contentées, ont chacune d'elles en droit soi, accepté lesdits lots, aux charges, clauses & conditions y contenues, pour en jouir & disposer aussi chacune d'elles en droit soi comme bon leur semblera au moyen des présentes, à commencer ladite jouissance du jour de prochain en avant & à toujours: Et à l'égard des loyers desdits maisons & arrérages de ladite rente de liv. dûs de reste du passé jusques au jour du présent mois de seront reçus en commun par icelles parties, & partagez entr'elles par moitié; le tout à la charge aussi que lesdites choses ainsi partagées seront & demeureront garantes l'une à l'autre, ainsi qu'il est accoutumé entre copartageans. Reconnoissant lesdites parties chacune en droit soi, avoir en leurs mains les titres & piéces justificatives de la propriété des choses qui leur sont avenues par le présent partage, dont elles se quittent respectivement, & promettent s'en aider l'une l'autre en cas de recours de ladite garantie; & aux charges & conditions susdites, lesdites parties ont cedé & transporté tous droits de proprieté, noms, raisons & actions qu'elles pourroient avoir & prétendre sur lesdits choses échangées, dont elles se sont réciproquement dessaisies, démises & dévêtues l'une au profit de l'autre, voulant, &c. Procureur, &c. le porteur, &c. donnant pouvoir, &c. sans préjudice à ladite veuve de livres de rente & pension viagere que ledit défunt son mari lui a accordée pour son douaire préfix par sondit contrat de mariage, à prendre sur tous ses biens: lequel douaire lesdits Louis & Jacques ont promis & se sont obligés par cesdites présentes solidairement sans division, discussion, ni fidejussion, renonçant ausdits bénéfices, de bailler & payer par chacun an à ladite veuve leur mere en sa maison à Paris, ou au porteur sa vie durant, aux quatre quartiers accoûtumez également, dont le premier d'iceux échera au dernier jour du présent mois de & continuer de-là en avant ausdits quatre quartiers par chacun an durant la vie de ladite veuve leur mere, à prendre spécialement sur ladite maison & sur ladite rente à eux échues par ledit premier lot du présent partage, & généralement sur tous & chacuns les autres biens meubles & immeubles présens & avenir desdits Louis & Jacques qui en sont & demeurent aussi dès-à-présent chargez, affectez, obligez & hypothéquez à cet effet, sans que lesdits obligations spéciale & générale dérogent l'une à l'autre, & sans par ladite veuve pour cet égard déroger, innover ni préjudicier à son hypothéque & privilege du jour & date de sondit contrat de mariage.

Subdivision.

En conséquence duquel présent partage, désirant aussi lesdits Louis & Jacques, jouir séparement de la part & portion qu'à chacun d'eux appartient audit premier lot, ils sont demeurez d'accord de ce qui suit.

C'est à sçavoir qu'audit Louis demeurera & appartiendra dès maintenant & à toujours en pleine propriété par droit de subdivision & partage, ladite maison estimée livres par ledit partage, pour la somme de livres, ci livres.

Et audit Jacques lui demeurera & appartiendra aussi dès maintenant & à toujours en pleine proprieté pour son droit de ladite subdivision & partage, ladite rente de livres rachetable de livres, avec ladite demi-année d'arrérages dûe d'icelle contenue audit premier lot, ci livres.

Outre ce ledit Louis fera soulte audit Jacques son frere, de la somme de livres, jusques au payement d'icelle, lui en payera l'interêt à raison du denier vingt par chacun an de quartier en quartier, dont le premier quartier de payement échera au jour de prochain, montant ledit intérêt par chacun an à livres sols, ci liv.

Au moyen dequoi, attendu que le lot dudit Jacques est plus fort de livres que celui dudit Louis, & que ledit premier lot entre eux ci-dessus subdivisé, fait soulte de pareille somme de livres au second lot échu à ladite veuve leur mere par le susdit partage, ledit Jacques sera tenu & promet de payer lesdites livres, tant à sa décharge, qu'à celle dudit Louis son frere à ladite veuve leur mere, & de l'en aquitter & indemniser envers & contre tous, ce faisant ils demeureront égaux en ce partage & subdivision.

Pour desdites choses ainsi subdivisées & partagées, jouir à divis & disposer par lesdits Louis & Jacques chacun à son égard, ensemble leurs hoirs & ayans cause, ainsi que bon leur semblera au moyen des présentes de ce jourd'hui en avant & à toujours, à la charge de la susdite garentie dudit second lot; même de payer chacun d'eux par moitié à ladite veuve leur mere, le susdit douaire ainsi que dit est; ensemble la soulte dudit second lot, & encore d'être & demeurer garans l'un à l'autre de l'effet de la présente subdivision: reconnoissant avoir chacun d'eux en leur possession les titres concernant les choses qui leur appartiennent par icelle, dont ils se déchargent pareillement l'un l'autre, transportant en ce faisant aux charges & conditions susdites, tous droits de propriété, &c. désaisissant, &c. voulant Procureur, &c. le porteur, &c. donnant, &c. pouvoir, car ainsi, &c. Et pour l'exécution des présentes & leurs dépendances, lesdites parties ont élû leurs domiciles irrévocables en cettedite Ville de Paris, ès maisons où chacune d'elles sont demeurantes sus-déclarées, ausquels lieux, &c. nonobstant, &c. promettant, &c. obligeant, &c. chacun en droit soi, &c. lesdits Louis & Jacques solidairement comme dessus; &c. renonçant, &c. Fait & passé, &c.

Partage succint.

FUrent présens Louis P Maître Patissier à Paris, & Marie-Anne B sa femme, qu'il autorise à l'effet des présentes, demeurans ruë Paroisse Saint d'une part. Et René M Maître Fondeur à Paris, y demeurant ruë susdite Paroisse saint au nom & comme Tuteur de Sebastien âgé de ans, Marie âgée de ans, & de Louis M âgé ans le tout ou environ, ses enfans mineurs, & de défunte Catherine Jacques B sa femme, élû à ladite charge de l'avis des parens & amis desdits mineurs, homologué par Sentence du Châtelet du dernier étant au Registre de Greffier de la Chambre Civile, laquelle charge il a accepté par Acte du dudit mois, étant ensuite de ladite Sentence laquelle a nommé ledit sieur P subrogé Tuteur desdits mineurs, qui a accepté pareillement cette charge le même jour dernier

ladite

ladite Marie-Anne B de son chef, & lesdits mineurs par représentation de ladite défunte Catherine Jacques B leur mere héritiers chacun pour moitié de défunts Sebastien B Maître Boulanger à Paris, & de Marie M sa femme, pere & mere de ladite Marie-Anne B ayeuls desdits mineurs, d'autre part. Lesquels ont dit qu'après le décès de ladite Marie M arrivé après celui dudit Sebastien B son mari, ils ont fait faire à leur Requête, Inventaire des effets demeurez après leur decès par & son Confrere, Notaires soussignez ce jourd'hui, qui consistent en quelques meubles & ustentiles de ménage. Lesquels lesdits P & sa femme & le dit M audit nom reconnoissent avoir partagé entr'eux également & par moitié à l'instant de la confection dudit Inventaire, dont ils sont contens: au moyen dequoi ils se trouvent égalez l'un à l'autre dans les biens desdites successions. Promettant, &c. obligeant, &c. ledit M audit nom, renonçant, &c. Fait & passé à Paris en l'Etude dudit Notaire, l'an mil sept le après midi. Et ont signé.

Partage entre des Héritiers & Donataires de deux maisons à eux appartenantes esdites qualitez.

FUrent présens Jacques B demeurant Paroisse saint Richard B demeurant Paroisse saint Claude B demeurant Paroisse saint & Magdelaine B femme de Laurent P Laboureur à de lui pour ce présent autorisée à l'effet des Présentes, étant tous ce jour à Paris, héritiers chacun pour un quart de Claude B leur pere, & encore, comme Donataire de Marie le B leur mere, veuve dudit Claude B par Acte portant abandonnement & partage passé pardevant R & V Notaires à Paris le mil par lequel ladite veuve B leur mere leur auroit abandonné tous ses biens sans aucune reserve, à la charge d'une pension sa vie durant, lors duquel acte lesdits héritiers B auroient partagé entr'eux les terres situées audit A énoncées audit Acte d'abandonnement; & à l'égard des deux maisons situées audit l'une ruë de & l'autre ruë du ils en auroient joüi en commun depuis ledit jour & désirant lesdites Parties partager lesdites deux maisons, & joüir à part & divis des portions qui leur écheront, a été présentement fait quatre lots du consentement desdites Parties en la maniere suivante.

Premier Lot.

Le premier lot aura & lui appartiendra dès maintenant & à toujours, c'est à sçavoir, une salle basse tenant à la porte chartiere d'un côté, & de l'autre à la maison des héritiers de Jacques le B le pignon commun, d'un côté sur la ruë de & d'autre à la cour commune, la chambre étant au dessus de ladite grande porte ci-dessus; ladite salle & le grenier au-dessus couvert de thuiles, le pignon depuis ladite chambre commun avec le second lot. Plus une grange tenante ausdits héritiers de Jacques le B & aux peres de L couverte de thuiles, une écurie & grenier au-dessus aussi couverte de thuiles, tenans ausdits héritiers d'un côté & d'autre au second lot. Plus cinq perches de jardin à prendre sur la largeur du grand jardin tenant à ledit premier lot estimé entre les Parties, la somme de livres, ci oo livres.

Second Lot.

Le second lot aura & lui appartiendra dès maintenant & à toujours; c'est à sçavoir, une salle basse d'un côté tenant à ladite grande porte chartiere, & d'autre au jardin, d'un bout par haut sur la ruë de & d'autre au troisiéme lot ci-après énoncé. Plus la chambre & le grenier au-dessus couvert de thuiles, la goute lui servant au troisiéme lot de pignon commun avec le présent lot, la cave dessous ladite salle. Plus une écurie tenant à celle dudit premier lot, d'un côté & d'autre à celle du troisiéme lot, & le grenier au-dessus couvert de thuiles. Plus cinq perches de jardin à prendre dans ledit grand jardin du côté de la ruë de estimé entre les Parties la somme de liv. ci liv.

Troisiéme Lot.

Le troisiéme lot aura & lui appartiendra dès maintenant & à toujours; c'est à sçavoir, un Hangard tenant d'un côté à la salle du second lot, d'autre au fournil. Plus la chambre & grenier au-dessus couvert de thuiles, le fournil tenant audit Hangard & le grenier au-dessus de l'écurie tenant d'un côté & d'autre ausdits peres de L & cinq perches de jardin à prendre dans le grand jardin tenant ausdits héritiers de Jacques le B estimé entre les Parties la somme de ci oo liv.

Quatriéme lot.

Le quatriéme & dernier lot aura & lui appartiendra dès maintenant & à toujours; c'est à sçavoir, un bas de maison, sis ruë du M tenant d'un côté à Jacques B d'autre ausdits peres de L la cave de dessous la chambre & le grenier dessus couvert de thuiles, un grenier au-dessus d'une chambre dudit Jacques B couvert de thuiles, une écurie tenant d'un côté ausdits peres de L & d'autre à Jacques B leur oncle, un grenier au-dessus couvert de chaume. Plus une place à bâtir tenant des deux côtez audit B Plus une étable à vaches, tenant aussi d'un côté audit Jacques B & d'autre à la cour commune, & cinq perches de jardin, tenant d'un côté à & d'autre à d'un bout audit B & d'autre à estimé entre les Parties, la somme de livres, ci oo livres.

Et attendu qu'il est dû livres de rente au principal de livres, à prendre sur lesdites deux maisons, en deux parties, sçavoir l'une de livres de rente au principal de livres, dûë aux héritiers de feu M & l'autre de livres de rente au principal de livres dûë aux héritiers de

A été convenu entre les Parties que ledit deuxiéme lot est plus fort que le troisiéme lot, de il sera tenu de payer & continuer lesdits de rente au jour qu'elle est payable aux héritiers dudit feu sieur à commencer de ce jourd'hui, & à l'égard desdits premier & quatriéme lots plus fort que le troisiéme lot de livres, chacun composant livres, ils seront tenus & chargez de payer & continuer lesdits livres de rente au principal de aux héritiers dudit sieur à commencer de ce jourd'hui, & desdites rentes en acquitter ledit troisiéme lot. De la composition desquels lots ci-dessus, lesdits Co-partageans ont dit être contens pour être de pareille valeur, & les plus égaux qu'il a été possible : Ce fait, a été taillé quatre petits morceaux de papier de même maniere, sur l'un desquels a été écrit premier lot ; sur un autre, deuxiéme lot ; sur un autre, troisiéme lot ; & sur un autre, quatriéme lot, & ensuite roulez & mis dans le chapeau d'un jeune garçon passant par la ruë au-devant de l'Etude de C l'un des Notaires soussignez, qui a dit se nommer non connu ausdits Partageans, lequel après les avoir remuez & brouillez plusieurs fois dans sondit chapeau, en auroit donné un audit Richard B dans lequel il se seroit trouvé écrit troisiéme lot, ensuite en avoir donné un autre audit Jacques B dans lequel se seroit trouvé écrit après l'ouverture d'icelui, premier lot ; & après en avoir donné un autre audit Claude B où se seroit trouvé écrit après l'ouverture d'icelui, second lot ; & auroit donné l'autre ausdits P & sa femme, dans lequel se seroit trouvé écrit après l'ouverture d'icelui, quatriéme & dernier lot ; desquels jets à sort lesdits Partageans se seroient contentez, au moyen de quoi le premier lot appartiendra audit Jacques B le deuxiéme lot appartiendra audit Claude B le troisiéme lot appartiendra audit Richard B & le quatriéme appartiendra à ladite Madeleine B femme P pour par chacun d'eux jouir, faire & disposer desdites portions de maisons compris en son lot, en pleine proprieté à sa volonté, comme de chose à lui appartenante, au moyen des Présentes, à compter de ce jourd'hui, se transportans lesdites Parties, l'une d'elles à l'autre tous droits de proprieté, qu'ils ont & peuvent avoir sur lesdites portions de maisons, se dessaisissant, &c. voulant, &c. Procureur, le porteur, &c. donnant pouvoir. Seront lesdits lots garands les uns des autres, comme il est accoutumé entre Co-partageans, demeureront lesdits Partageans chargez des cens & droits Seigneuriaux, dont lesdites maisons sont tenuës chacun à leur égard, & payeront aussi en commun les arrérages desdites deux parties de rentes ci-dessus énoncées échus du passé jusqu'au dit jour. A été convenu qu'il sera fait un escalier dans la cour attenant la salle dudit premier lot, de dix pieds & demi de long ou environ sur six de large, sans pouvoir demander aucune autre chose par lesdites Parties, & à l'égard du puits & de la cour resteront entre lesdits Partageans en commun, car ainsi a été convenu & accordé entre les Parties : élisans lesdits susnommez leurs domiciles en leurs demeures audit prometans, &c. obligeans, &c. chacun en droit soi renonçans, &c. Fait & passé à Paris en l'Etude de C l'an mil sept cens quarante le

Partage de deux parties de rentes viageres entre deux Héritiers sur la tête desquels leurs pere & mere les avoient constituées.

AUjourd'hui sont comparus devant les Conseillers du Roi, Notaires au Châtelet de Paris soussignez, sieur François-Justin H Marchand Bourgeois de Paris y demeurant ruë Paroisse S Maître André François L Avocat au Parlement & Commissaire au Châtelet de cette Ville, & Damoiselle Généviéve H son épouse qu'il autorise à l'effet des Présentes demeurant à Paris ruë & Paroisse ledit sieur H & ladite Dame L frere & sœur seuls, & uniques héritiers chacun pour moitié de sieur François H Marchand Bourgeois de Paris & Damoiselle Géneviéve F son épouse depuis décédée, sa veuve, leur pere & mere.

Lesquels ont dit que par le décès de leur pere & mere, ils sont propriétaires de deux parties de rente viagere à prendre sur les Aydes & Gabelles de France, constituées par deux contrats passés le même jour devant D qui en a les minutes & son Confrere le la premiere de livres de rente reduite depuis à livres, au profit de ladite Damoiselle Généviéve H leur fille & la seconde de livres aussi de rente depuis réduite à liv. sols au profit dudit sieur François-Justin H desquelles deux parties de rente lesdits sieur & Damoiselle H pere & mere se sont reservés la jouissance leurs vies durant; & voulant lesdits Parties comparantes joüir divisément des deux parties de rente susdites, elles sont convenuës que ledit sieur H jouira seul de la rente viagere constituée sur sa tête & à son profit & que lesdits sieur & Damoiselle L jouirons pareillement de ladite rente viagere constituée sur la tête & au profit de ladite Damoiselle L pourquoi lesdites Parties se sont faites à cet égard l'un & l'autre tous abandons & délaissemens nécessaires pour commencer la jouissance divisée & separée desdites deux parties de rente viagere du de la présente année.

A été convenu que lesdites parties de rente demeureront aux risques, périls & fortune de celui ou celle, au profit & sur la tête desquels elles se trouvent constituées; & au cas de prédécès de l'une desdites Parties, les héritiers du prédécédé des deux ne pourront demander aucune indemnité à la survivante desdites Parties, laquelle jouira en totalité de sa rente & en toute proprieté, suivant qu'il en a été convenu entre les Parties, qui pour l'exécution desdites Présentes ont élûës leurs domiciles en leurs demeures susdites, auxquels lieux nonobstant, &c. promettant, &c. obligeant, &c. renonçant, &c. Fait & passé à Paris en l'Etude de l'an mil le avant midi. Et ont signé.

Pour mettre au bas d'un Extrait d'Acte ou Contrat.

CE que-dessus extrait collationné sur en par nous Conseillers du Roi, Notaires à Paris soussignez : Ce fait rendu le jour d mil

Paraphe, Ne varietur.

PAraphé (*ne varietur*) au désir de l'acte de dépôt passé devant nous Conseillers du Roi, Notaires, Gardenotes & Gardes-scels au Châtelet de Paris soussignez ; ce jourd'hui d mil

Prisée & Estimation par Experts.

AUjourd'hui sont comparus pardevant les Conseillers du Roi, Notaires au Châtelet de Paris soussignez *tels* & *tels*, Tous Marchands Joüailliers, Bijoutiers à Paris, y demeurans ; sçavoir, ledit *tel*, ruë Paroisse Saint & lesdits Lesquels ont dit & déclaré, qu'après avoir vû & examiné un collier de perles fines, *dire combien il y a de perles*, qui leur a été représenté par le sieur Louis C demeurant ruë Paroisse Saint à ce présent & comparant, qu'il a dit avoir acheté d'Abraham V demeurant à Mantoüe, la somme de louis d'or neufs, avoir prisé & estimé ledit collier, la somme de livres, qui est tout ce qu'il peut valoir, laquelle prisée & estimation, ils déclarent faire en leurs ames & conscience, dont & dequoi ils ont requis & demandé acte ausdits Notaires soussignez, pour servir & valoir audit sieur C qui a par ces mêmes présentes protesté (attendu ladite prisée & estimation) de renvoyer ledit collier audit V en ladite Ville de Mantoüe, pour être par lui repris & rendre lesdits louis d'or neufs audit sieur C en conformité de la promesse faite par ledit V devant Monsieur D Brigadier des Armées du Roi, Commandant en ladite Ville de Mantoüe, le dernier ; de reprendre ledit collier, & rendre lesdits louis d'or neufs audit sieur C en cas que ledit collier ne se trouvât valoir ladite somme par l'estimation qui en seroit faite par gens à ce connoissans, & ce dans l'espace de mois, à compter du jour dudit Billet, & de se pourvoir à l'encontre dudit V par les voyes, selon & ainsi qu'il avisera bon être, dont & de quoi il a aussi requis & demandé acte ausdits Notaires soussignez, qui lui ont octroyé le présent, en l'Etude de L l'un d'iceux, l'an mil sept cens le jour de Et ont signé.

DES PROCURATIONS.

LA Procuration eſt un Acte, par lequel celui qui n'eſt pas en état d'agir par ſoi-même, ſoit à cauſe de la diſtance des lieux, ſoit par quelqu'autre raiſon, donne pouvoir à un autre d'agir pour lui, & de faire tout ce qu'il feroit s'il s'y trouvoit en perſonne. Elle eſt ſuſceptible de toutes ſortes de conditions, & de reſtrictions, que le Procureur conſtitué n'eſt pas en droit d'excéder.

Elle finit toujours par la mort du conſtituant, quand le Procureur auroit commencé d'agir, pourvû que cette mort ſoit bien averée.

Le mari eſt toujours cenſé le Procureur de ſa femme, pour agir dans les affaires qui la concernent, ſans autre procuration de ſa part, à moins qu'ils ne ſoient ſeparez : la femme peut agir pour ſon mari, mais il faut qu'elle en ait une Procuration générale pour toutes ſes affaires, ou ſpéciale pour celle dont il s'agit.

La procuration peut être revoquée toutesfois & quantes, mais il faut que la révocation ſoit ſignifiée, & elle ſubſiſte tant qu'elle n'eſt pas révoquée ; ainſi quand on dit qu'une Procuration eſt revoquée de plein droit après un an, c'eſt une erreur.

Procuration générale d'un Marchand à ſon facteur, Commiſſionnaire, ou Agent.

FUt préſent le ſieur François Marchand de demeurant Lequel a fait & conſtitué pour ſon Procureur général & ſpécial Antoine ſon Facteur & Agent, demeurant à ce préſent & acceptant, lui donnant pouvoir de pour & au nom dudit ſieur Conſtituant ſe tranſporter ès Villes de Lion, Grenoble, Marſeille, Montpellier, Toulouſe, Bordeaux, & en toutes les autres Villes & lieux des Provinces de Lyonnois, Dauphiné, Provence, Languedoc & Guyenne, où ledit ſieur Conſtituant a de préſent, & pourra avoir affaire à cauſe de ſon trafic & commerce, ſuivant les inſtructions & mémoires tant verbales que par écrit, que ledit ſieur François lui en a données & lui pourra envoyer ci-après : Ce faiſant, en tous leſdits lieux, Foires & Marchez où ledit Antoine ſe trouvera geret & négocier bien & dûëment, comme il appartient, les biens, marchandiſes & droits dudit ſieur François vendre & débiter leſdites marchandiſes en gros ou en détail, soit à crédit ou argent comptant & autrement, selon & ainsi que ledit Antoine avisera pour le mieux, recevoir les deniers qui proviendront desdites ventes; ensemble toutes & chacunes les sommes de deniers qui sont & seront dûës audit sieur Constituant èsdites Provinces & ailleurs, par promesses, cedules, obligations, Lettres de change, Sentences, Arrêts & autrement, en quelque sorte & maniere que ce soit; convertir les deniers qu'il touchera en Lettres de change, pour les faire tenir audit sieur François en sa maison à Paris, ou bien en achat d'autres marchandises, dont il en pourra faire ou faire faire ladite vente ès Foires & Marchez desdites Villes & lieux, tenir bon & fidéle registre de compte desdits achats, ventes & envois desdites Lettres de change; ensemble bon & fidéle bilan de tout ce qu'il négociera èsdites Foires & Marchez, tant en marchandises que Lettres de change; payer & acquitter les Lettres de change & autres dettes actives qui lui seront ordonnées par ledit sieur François selon les avis qu'il lui en envoyera par écrit, si besoin est, & selon que la nécessité des affaires dudit sieur François le requerra. Pourra ledit Antoine tirer sur lui à Paris telles Lettres de change qu'il jugera nécessaires, lesquelles ledit sieur François promet d'accepter & d'acquitter au tems d'icelles, conformément aux avis que ledit Antoine sera aussi tenu de lui en donner par écrit, pour éviter à surprise & à falsification des Lettres que l'on pourroit lui contrefaire. Pourra aussi ledit Antoine commettre jusqu'à deux ou trois personnes, pour lui aider seulement à la garde & conservation desdites marchandises èsdites Foires & en ses magazins, à la charge qu'il demeurera garant de la fidélité de sesdits Commis envers ledit sieur François comme aussi ledit sieur Antoine demeurera garant de tout ce qu'il recevra, en vertu des Présentes, de quoi il donnera les quittances & décharges nécessaires, au lieu dudit sieur Constituant. Pourra ledit sieur Antoine en cas de refus de payement par les débiteurs dudit sieur François les y faire contraindre par les voyes dûës & raisonnables, à ce sujet faire contr'eux telles sommations, protestations desdites Lettres de change, instances, & autres actes de Justice qu'il conviendra, même plaider pardevant tous Juges, opposer & appeller de tous torts & griefs, l'appel relever & poursuivre, ou y renoncer, substituer un ou plusieurs Procureurs au fait de plaidoirie seulement, les revoquer si bon lui semble, & en substituer d'autres en leur lieu, faire exécuter toutes les Sentences, Obligations & Arrêts selon leur forme & teneur, même faire emprisonner les débiteurs s'ils s'y trouvent condamnez, exécuter & vendre leurs biens, meubles & immeubles en la maniere accoûtumée, si ledit Antoine le juge à propos; consentir & donner toutes main-levées desdits emprisonnemens, saisies & exécutions desdits biens, meubles & immeubles desdits Débiteurs: Et encore ledit sieur François donne pouvoir à Antoine de traiter & composer desdites dettes ou de partie d'icelles, par voie d'arbitres ou autrement, ou bien en faire cessions & transports, & donner termes, le tout ainsi que ledit Antoine le jugera pour le mieux; acquiescer à toutes Sentences arbitrales, ou en appeller: Et sur le tout faire & passer tous contrats d'accords, transactions, cessions, transports, compromis, acquiescemens, quittances, main-levées, décharges,

& autres actes qui seront nécessaires ; & à l'entretenement de tous lesdits contrats & actes, y obliger ledit sieur Constituant & tous ses biens, meubles & immeubles, présens & à venir, tant & si avant que le cas le requerra, élire domicile en tous lieux & endroits que bon semblera audit Antoine pour l'exécution de tout ce qui sera fait, en vertu desdites Présentes, & généralement en tout ce que dessus, circonstances & dépendances faire pour ledit sieur François tout ainsi & comme il pourroit faire, s'il y étoit présent en personne, encore que le cas requît mandement plus spécial que ces Présentes. Promettant ledit sieur Constituant agréer & ratifier, si besoin est, toutefois & quantes tout ce que par ledit Antoine sera fait, en vertu desdites Présentes, sous l'obligation & hypothéque de tous & chacuns ses biens, meubles & immeubles, présens & à venir, qu'il a pour ce soumis & soumet à Justice ; à peine de, &c. En témoin de ce, nous, à la relation desdits Notaires, avons fait mettre le scel d'icelle Justice à cesdites Présentes, qui ont été faites & passées à &c.

Nota. *Que pour la sûreté dudit sieur Constituant, il est nécessaire que son Facteur lui donne une assurance de son maniement, & qu'il regle ses appointemens ; ce qui se fait, comme il ensuit.*

AUjourd'hui est comparu pardevant les Notaires soussignez, Antoine Facteur & Agent du sieur François Marchand Lequel a reconnu & confessé que ledit sieur François à ce présent & acceptant, lui a présentement mis ès mains la grosse en parchemin, signée & scellée d'une Procuration générale, que ledit sieur François lui a ce jourd'hui passée pardevant lesdits Notaires soussignez, pour se transporter ès Villes de Lion, Grenoble, Marseille, Montpellier, Toulouse, Bordeaux, & en toutes les autres Villes & lieux des Provinces mentionnées en ladite Procuration, pour en vertu d'icelle, en tous lesdits lieux, Foires & Marchez y établis, où ledit Comparant se trouvera gerer pour lui, négocier, vendre & débiter les marchandises, y exercer les autres droits & effets dudit sieur François selon que le tout est plus au long porté en ladite Procuration. Ce que ledit Antoine promet & s'oblige de faire au mieux & plus diligemment & fidélement qu'il lui sera possible, & avec toute l'assiduité requise & nécessaire : Et à ces fins de partir de cette Ville de Paris dès demain, pour se rendre incessamment en ladite Ville de Lion & autres lieux, selon les occurrences, & que les affaires dudit sieur François le requerront, sans en rien négliger, dont il sera tenu, & promet pareillement de rendre bon & fidele compte, & de tout ce qu'il en fera audit sieur François icelui Antoine sera tenu, si-tôt qu'il aura fini toutes les affaires de François dans tous les lieux où il aura été obligé de se transporter, de s'en revenir en cette Ville de Paris, & de s'y rendre incessamment, & le plutôt que faire se pourra, avec toutes les marchandises & effets qui lui resteront pour lors, afin de les remettre ès mains dudit sieur François avec ledit compte & les piéces justificatives d'icelui ; à peine de tous dépens, dommages & intérêts. Dans lequel compte ledit sieur François promet de passer & alloüer les nourritures & appointemens dudit

dudit Antoine à raison de qu'il lui accorde par ces Présentes pour chacun jour durant le tems de son emploi, à compter dudit jour de demain, qu'il partira de cettedite Ville de Paris, jusqu'au jour de son retour audit Paris & non plus : en ce compris les nourritures & appointemens de ceux qu'il voudra commettre & avoir à son service, au desir de ladite Procuration ; de laquelle somme de par jour, comme dit est, ledit Antoine se payera par ses mains sur les deniers de son maniement. Cela fait, s'il y a du reliquat en deniers par l'arrêté & clôture dudit compte, sera ledit reliquat à l'instant payé par celui qui en sera débiteur à l'autre des Parties : car ainsi, &c. promettans, &c. obligeans chacun en droit soi, &c. renonçans, &c. Fait & passé, &c.

Procuration générale.

FUt présent Charles B Bourgeois de Paris, demeurant ruë Paroisse Saint Lequel a par ces Présentes fait & constitué son Procureur, &c. auquel il donne pouvoir & puissance, de pour lui & en son nom agir en toutes les affaires qu'il a & aura ci-après, avec toutes & telles personnes que ce soient, régir, gouverner & administrer ses droits, actions & prétentions en la forme & maniere, & ainsi qu'il avisera à propos, recevoir de toutes personnes qu'il appartiendra, toutes & chacunes les sommes de deniers qui sont ou seront dûës audit Constituant, tant par promesses, obligations, transports, remises, compositions, lettres de change, condamnations & autrement, en quelque sorte & maniere que ce soit, & à quelque somme que le tout se puisse monter ; du reçû, bailler quittances & décharges valables, rendre les piéces, ou consentir être renduës ; & au défaut de payement, faire toutes sommations, protestations & diligences nécessaires ; & comparoir pardevant tous Juges à toutes assignations, tant en demandant que défendant, faire toutes affirmations en tels cas requises & accoûtumées, poursuivre les instances pendantes & indécises, tant en la Cour de Parlement, au Châtelet, & pardevant les sieurs Juges & Consuls, qu'ailleurs, contre B fils dudit sieur Constituant, Marie sa femme, & Pierre son pere, & autres qu'il appartiendra, même contre tous & chacuns les Créanciers dudit sieur Constituant, dire, requerir, soutenir & défendre, former oppositions, déduire les moyens, donner contredits, former incidens, faire soumissions, demander & donner main-levée diffinitivement, ou par provision, prêter consentement, consentir élargissement, traiter, composer & transiger de tous procès, actions, prétentions, dettes & effets, & autres droits quelsconques, à telles sommes, remises, charges, clauses & conditions que ledit Procureur conviendra, se soumettre à arbitres & amiables compositeurs, recevoir ce qui en proviendra, demander ou donner délais, présenter & signer toutes Requêtes & écritures ; & si besoin est, sans que pour aucune cause que ce soit, ledit Procureur constitué soit en aucun cas prévû & non prévû garant d'aucune chose ; plaider, &c. opposer, &c.

appeller, &c. élire domicile, ſubſtituer, &c. & généralement, &c. promettant, &c. obligeant, &c. Fait & paſſé, &c.

Procuration générale faite par une femme à ſon mari.

FUt préſente Damoiſelle épouſe de Nicolas demeurante dudit ſieur ſon mari, à ce préſent autoriſé à l'effet des Préſentes; laquelle a fait & conſtitué ſon Procureur général & ſpécial ledit ſieur ſon mari, auquel elle a donné pouvoir de pour elle & en ſon nom, ſe préſenter pardevant tous Juges, Notaires & autres perſonnes qu'il appartiendra, faire toutes pourſuites pour la conſervation de ſes droits, actions & biens, faire partage d'iceux; & s'il y échet, les vendre, aliéner & engager à telles perſonnes & à telles ſommes, charges, clauſes & conditions que ledit Procureur aviſera; en recevoir le prix, & en donner toutes quittances & décharges valables; recevoir toutes & chacunes les ſommes qui lui ſont & pourront être dûës ci-après, ſoit pour loyers, fermages, arrérages de rentes, Billets, Promeſſes, Obligations, retour de partage, ou autrement; du reçu en donner toutes quittances, tranſiger & accorder des ſommes qui ſont & pourront être dûës, avec telles perſonnes & aux conditions qu'il jugera être à propos; & en cas de refus de payement, faire toutes pourſuites, contraintes & diligences néceſſaires; même ſi beſoin eſt, plaider, oppoſer, appeller, élire domicile, ſubſtituer, arrêter, donner main-levée, conſtituer Procureur, les révoquer, en conſtituer d'autres; & généralement, &c.

Nota. *Quand une femme paſſe Procuration à ſon mari, il faut qu'il y ſoit préſent pour l'autoriſer, & y mettre ces mots:* dudit ſon mari, pour ce préſent, autoriſée à l'effet des Préſentes.

De même quand le mari paſſe Procuration à ſa femme, il faut qu'il l'autoriſe pareillement, autrement la Procuration eſt défectueuſe; & l'on ne peut valablement contracter avec elle, ſi elle n'eſt autoriſée de ſon mari par ſa Procuration, à l'effet d'agir en conſéquence.

Que ſi le mari a beſoin d'une Procuration de ſa femme qui eſt éloignée de lui, il faut qu'il faſſe dreſſer la formule de la Procuration, & qu'il paſſe un Acte au bas de ladite formule pardevant Notaires en cette façon.

Fut préſent Jacques lequel a dit & déclaré qu'il autoriſe par ces Préſentes Marie ſa femme, pour paſſer la Procuration dont la formule eſt ci-devant écrite. Fait & paſſé, &c.

Procuration générale pour recevoir des deniers en ce Royaume, & pays étranger, avec pouvoir de ſubſtituer.

FUrent préſens Jean & Pierre Marchands en compagnie, Bourgeois de Paris, demeurans ruë leſquels ont fait & conſtitué leur Procureur général & ſpécial François lui donnant pouvoir de pour & en leurs noms demander & recevoir toutes & chacunes les ſommes de deniers qui leur ſont & pourront être ci-après dûës par quelques perſonnes que ce ſoient en ce Royaume & en Pays étranger, tant par Obligations, promeſſes, Billets, Lettres de change, envois de marchandiſes, tranſports, Sentences, qu'autrement, le tout ſuivant les piéces, extraits & mémoires dont ledit Procureur ſera porteur, & en donner toutes quittances & décharges néceſſaires. A refus de payement y faire contraindre les débiteurs & tous autres qu'il appartiendra par les voies de droit & de Juſtice; obtenir telles condamnations que beſoin ſera, & en vertu d'icelles faire empriſonner les débiteurs, ſaiſir & exécuter leurs biens, meubles & immeubles, les faire vendre & décreter en la maniere accoûtumée, & faire les autres pourſuites juſqu'à parfait payement, & que leſdits ſieurs Conſtituans ſoient payez de leur dû. Ce fait, ou en donnant par leſdits débiteurs des aſſurances ſuffiſantes auſdits Conſtituans pour le payement de leur principal, intérêts, frais & dépens, change & rechange au choix dudit Procureur; conſentir que les priſonniers ſoient élargis de priſon & mis en liberté, même leur donner main-levée, ſi beſoin eſt, deſdites Saiſies réelles & exécutions, & en tout ce qui ſera de beſoin, pour l'effet & exécution de cette Procuration, plaider, &c. oppoſer, &c. appeller, &c. renoncer, &c. affirmer, &c. élire domicile, &c. ſubſtituer, un ou pluſieurs Procureurs en ſon lieu & place, & leur donner tel, pareil & ſemblable pouvoir que celui ci-deſſus: les révoquer ſi bon lui ſemble, & en ſubſtituer d'autres, ceſdites Préſentes demeurantes toujours en leur entier: même lui donnent pouvoir leſdits ſieurs Conſtituans de tranſiger & compoſer, ainſi qu'il aviſera avec leſdits débiteurs de ce qui eſt & ſera par eux dû auſdits ſieurs Conſtituans, leur accorder délai, ſi beſoin eſt; faire telles ceſſions & tranſports qu'il aviſera, recevoir auſſi tout ce qui en proviendra & en donner quittance, & ſur le tout faire & paſſer tous contrats, accords, compoſitions, quittances, décharges, main-levées, élargiſſemens & autres actes néceſſaires, & généralement, &c. promettans leſdits ſieurs Conſtituans agréer & ratifier tout ce que par leurdit Procureur, ſes ſubſtituez, & chacun d'eux ſera fait en vertu deſdites Préſentes, à peine de tous dépens, dommages & intérêts, ſous l'Obligation, &c. Fait & paſſé, &c.

Procuration portant pouvoir de passer Sentence de condamnation d'intérêts.

PArdevant les Notaires Gardenotes du Roi au Châtelet de Paris, soussignez, fut présent Maître Antoine Secretaire du Roi, demeurant ruë Paroisse lequel a fait & constitué son Procureur M. Louis auquel il donne pouvoir de pour lui & en son nom passer Sentence de condamnation d'intérêts de la somme de au profit de Maître Pierre Bourgeois de Paris, auquel il doit ladite somme par Obligation passée pardevant & Notaires au Châtelet de Paris, le jour d à la charge toutefois que l'exécution de ladite Sentence sera sursise pendant le tems de ans prochains, après lesquels finis il pourra être contraint au payement de ladite somme & intérêts qui en seront dûs, si bon semble audit sieur Pierre & généralement, &c. promettant, &c. obligeant, &c. Fait & passé à Paris, l'an &c.

Procuration pour acquerir une rente, & pour le prix en constituer une autre au profit du vendeur.

FUrent présens J. B Ecuyer de Lieutenant de la Vennerie du Roi, & Dame M. B son épouse, de lui dûëment autorisée à l'effet des Présentes, demeurant en cette Ville de ruë de Paroisse Lesquels ont fait & constitué leur Procureur général & spécial Maître J. M. sieur de leur beau-frere, Avocat au Parlement & aux Conseils du Roi, auquel ils ont donné charge & pouvoir de pour eux & en leurs noms passer Contrat pardevant Notaires au Châtelet de Paris, avec Maître A. B Avocat au Parlement, portant vente, cession & transport à leur profit de livres de rente par chacun an, montant en principal à livres, constituée au profit dudit sieur B par M. P. G & Damoiselle Louise P sa femme, par Contrat passé pardevant D & B Notaires au Châtelet de Paris, le Janvier à laquelle rente Maître Ch. G leur frere, Prêtre, Chanoine de B se seroit solidairement obligé avec eux par autre Contrat passé pardevant D & G Notaires au Châtelet le Mars ensemble de tous les arrérages de ladite rente, frais, mises, loyaux coûts, voyages, séjours, qui peuvent être dûs audit sieur B par lesdits G & P jusqu'à ce jour, avec clause de subrogation au profit des sieur & Dame constituans de tous ses droits & hypothéques, noms, raisons & actions pour raison de ladite rente, arrérages & frais, le tout sous la garantie de ses faits & promesses seulement, & sans aucune autre garantie; à la charge par les sieur & Dame constituans de déduire sur iceux toutes les quittances qui ont été données tant par ledit sieur B qu'autres pour lui, & ce qu'il peut avoir touché suivant ses reçûs; en ce faisant retirer par ledit

Procureur constitué les Contrats de constitution de ladite rente devant dattez, avec toutes piéces, poursuites & procédures faites par ledit sieur B contre lesdits G. P & leurs débiteurs, tant au Châtelet de Paris qu'au Parlement, Cour des Aydes & ailleurs, lui en donner bonne & valable décharge : Et au moyen de ladite vente, cession & transport, donnent pouvoir lesdits sieur & Dame de constituant audit sieur M. leur Procureur constitué, de pour eux & en leurs noms vendre, créer & constituer solidairement par le même Contrat au profit dudit sieur B livres de rente montant en principal à livres, à laquelle somme a été convenu & accordé entre eux, pour la vente, cession & transport de ladite rente, en principal, arrérages & frais qui en sont dûs, ci-dessus vendus & cedez, à prendre sur lesdits G & P rachetable à toujours icelle rente en rendant & payant par le rachetant ou rachetans pareille somme de livres en un seul payement, en avertissant trois mois auparavant, avec tous les arrérages, frais & loyaux-coûts qui seront dûs & échûs lors dudit rachat & remboursement, à quoi lesdits sieur & Dame constituans s'obligent dès à présent comme pour lors solidairement, un seul & pour le tout, sans division ni discussion ; ensemble tous les biens meubles & immeubles, présens & à venir, &c. Et par hypothéque & privilege spécial, ladite rente qui sera venduë à leur profit à prendre sur lesdits G & P que ledit sieur B vendeur se pourra réserver pour plus grande sûreté de la rente qui leur sera créée, sans que la générale Obligation déroge à la spéciale ni la spéciale, à la générale; même ledit sieur B s'oblige de faire ratifier d'abondant ladite Dame son épouse, lorsqu'elle aura atteint l'âge de majorité, à l'effet de quoi il l'a dès-à-présent autorisée; payables lesdites livres de rente par chacun an aux quatre quartiers ordinaires & accoûtumez, audit sieur B en la Ville de Paris, le tout sous l'Obligation comme dit est, de tous les biens qu'ils ont affectez, obligez & hypothéquez, à fournir & faire valoir ladite rente en principal & arrérages, bonne, solvable & bien payable, frais & loyaux-coûts ; faire par ledit sieur Procureur constitué pour les sieur & Dame constituans, élection de domicile en la maison en laquelle il est demeurant en la Ville de Paris, pour l'exécution du Contrat qui sera par lui pour eux passé, circonstances & dépendances, avec obligation de leur faire ratifier icelui quinzaine après la passation, pour l'avoir agréable, à quoi dès-à-présent ils s'obligent & aux autres clauses qu'il trouvera à propos de mettre, de quoi ils lui donnent pouvoir, quoique non ici exprimées ; promettant, &c. obligeant, &c. Fait & passé à en la maison des sieur & Dame constituans, devant déclarée, a midi, l'an mil le Juin ès présences de & ont les Parties & Témoins signé avec le Notaire soussigné,

---

Procuration pour recevoir le reste d'une Lettre de Change.

FUt présent Jean lequel a fait & constitué son Procureur général & spécial Jacques lui donnant pouvoir de recevoir du sieur Antoine ou autres qu'il appartiendra, la somme de pistoles, restantes à payer de celle de pistoles, & un tiers de pistoles d'Espagne, contenuë en une Lettre de change datté à Paris du Juin tirée par le sieur Nicolas sur le sieur N Marchand à qui auroit laissé protester icelle, laquelle est payable au sieur Ambroise ou ordre, qui l'auroit passé au sieur Jean-Baptiste de ladite Ville pour valeur reçuë dudit sieur Constituant, qui déclara avoir reçu sur & tant moins d'icelle la somme de par les mains de du reçu en donner les quittances & décharges nécessaires, à refus de payement y faire contraindre ledit sieur Antoine par toutes voyes de droit & de Justice, plaider, &c. opposer, &c. appeller, &c. renoncer, &c. affirmer, & élire domicile, &c. substituer, &c. & généralement, &c. promettant, &c. obligeant, &c. Fait & passé, &c.

Procuration d'un particulier à celui qui lui a cedé une dette, à l'effet de la recevoir en vertu de ladite Procuration.

FUt présent Antoine lequel a fait & constitué son Procureur général & spécial Jacques lui donnant pouvoir de pour & au nom dudit Constituant, en vertu du transport que ledit Procureur lui a ce jourd'hui fait pardevant les Notaires soussignez, dont ledit Procureur sera porteur, demander & recevoir d'Henri ci-devant Marchand, Bourgeois de Paris, à présent demeurant en la Ville de R ou autres qu'il appartiendra, la somme de livres de principal, intérêts d'icelle, frais & dépens qui sont & seront dûs lors dudit payement, & en quoi ledit Henri a été condamné par Sentence de Messieurs les Juge Consuls de Paris, du jour d'Août dernier, & autres intervenuës en conséquence, le tout à cause de pareille somme de livres contenuë en un billet dudit Henri fait au profit dudit Procureur, & qu'il a cedé audit Constituant par le susdit transport, duquel Billet & Sentences ledit Procureur sera aussi porteur : de ce que ledit Procureur recevra donner toutes quittances & décharges nécessaires; à refus de payement faire exécuter lesdites Sentences selon leur forme & teneur, & faire à ce sujet toutes les poursuites & contraintes requises & nécessaires, plaider, &c. opposer, &c. appeller, &c. affirmer, &c. élire domicile, &c. substituer, &c. & généralement, &c.

Procuration pour recevoir le contenu d'une Lettre de change, dont le Constituant a reçu la valeur, & en demeure garant.

FUt présent Pierre lequel a fait & constitué par ces Présentes son Procureur général & spécial la personne de François lui donnant pouvoir de demander & recevoir des sieurs Maximilien & compagnie, Marchands à ou autres qu'il appartiendra, la somme de livres contenuë en une Lettre de change tirée par le sieur Barthelemi le Juin dernier, payable au prochain payement des Rois audit sieur Constituant, ou à son ordre, pour valeur reçuë du sieur Isaac du reçu se tenir par ledit Procureur content, & en donner les quittances & décharges nécessaires. A refus de payement faire protester ladite Lettre de change, & toutes les autres poursuites & diligences requises : plaider, &c. opposer, &c. appeller, &c. affirmer, &c. élire domicile, substituer, &c. & généralement, &c. Cette Procuration ainsi faite pour valeur que ledit Constituant a reçuë de ladite Lettre de change des sieurs Baltazar & Christophe Marchands en compagnie à Paris, dont il se contente & les en quitte, au moyen de quoi il demeure envers eux garant & responsable de l'événement de ladite Lettre de change, promettant, &c. obligeant, &c. Fait & passé, &c.

Nota. *Qu'au refus de payement, il faut faire assigner lesdits débiteurs & tous autres qu'il appartiendra, pour s'y voir condamner & contraindre, & faire à ce sujet tous exploits & autres actes nécessaires.*

Procuration pour faire rendre compte de marchandises.

FUt présent Nicolas lequel a fait & constitué son Procureur général & spécial Gabriël auquel il donne pouvoir de pour lui & en son nom, faire rendre compte au sieur Aléxandre Marchand de la Ville d'A & à tous autres qu'il appartiendra, de toutes & chacunes les marchandises que ledit sieur Constituant lui a envoyées, tant pour vente, compte à moitié, que pour le compte particulier dudit sieur Constituant. Ensemble des Lettres de change que ledit sieur Aléxandre a tirées sur ledit sieur Constituant, & qu'il a acquittées, comme le tout est plus au long déclaré au Mémoire que ledit sieur Constituant en a fait & certifié véritable, dont ledit Procureur sera porteur. S'il se trouve aucune desdites marchandises en nature, ledit Procureur les fera saisir & arrêter, revendiquer & tirer des mains de ceux qui les ont en leur possession, & les mettra en d'autres pour la sûreté dudit sieur Constituant, oüir, examiner, débattre, clorre & arrêter ledit compte, former les débats, donner les soûtenemens qu'il jugera à propos contre les articles d'icelui, s'en départir s'il trouve à propos, recevoir tous les deniers & autres choses qui se trouveront dûës & appartenir audit sieur Constituant par ladite clôture dudit compte, & en donner les quittances & décharges nécessaires : Et au cas que ledit sieur Aléxandre fasse refus de rendre ledit compte & en payer le reliquat, l'y faire contraindre par Justice ; & à cet effet, plaider, appeller, élire domicile, substituer, &c. Fait & passé, &c.

Procuration d'une Veuve pour recevoir les dettes de son mari.

FUt présente Margueritte veuve de Julien demeurante tant en son nom qu'à cause de la communauté de biens qui a été entre ledit défunt son mari & elle, laquelle a fait & constitué son Procureur général & spécial François lui donnant pouvoir de pour elle, & en son nom & qualités susdites, demander & recevoir de tous les débiteurs dudit défunt ou autres qu'il appartiendra, toutes & chacunes les sommes de deniers & autres choses par eux dûes à la succession & communauté dudit défunt son mari & d'elle, pour quelque cause que ce soit; à refus de payement y faire contraindre lesdits débiteurs & tous autres que besoin sera, par les voyes de droit & de Justice: plaider, &c. opposer, &c. appeller, &c. affirmer, &c. élire domicile, &c. substituer, &c. même faire saisir & vendre par toutes voyes de Justice les biens, meubles & immeubles desdits débiteurs: le tout pour la sureté des deniers dotaux & conventions matrimoniales que ledit défendeur a accordées à ladite constituante par leur contrat de mariage; de tout ce que ledit Procureur recevra, en donner les quittances, décharges, mainlevées & autres actes que besoin sera; & generalement, &c. à la charge de lui en rendre ensuite bon & fidéle compte, & de lui en payer le reliquat, que la constituante pourra lui demander toutesfois & quantes, &c.

Procuration pour racheter une rente.

FUt present Jerôme lequel a constitué son Procureur general & special la personne de Mathieu lui donnant pouvoir de pour & au nom dudit constituant racheter ès mains de Louis ou autres qu'il appartiendra, ayant droit ou pouvoir de lui, cent livres de rente, que ledit sieur constituant lui doit par contrat passé pardevant *tel* Notaire, le *tel* jour, lui payer les arrerages qui se trouveront dûs lors dudit rachat, ensemble tous les frais, mises & loyaux coûts qui en seront aussi dûs; dudit payement & rachat, retirer quittance & décharge valable avec la grosse dud. contrat de création & autres pieces concernant ladite rente que ledit Louis a pardevers lui; faire faire mention dudit rachat, à la marge de la minute originale dudit contrat, & faire à ce sujet tout ce qui sera nécessaire, élire domicile, & generalement, &c.

Autre Procuration pour recevoir ledit rachat.

FUt présent Barthelemy lequel a fait & constitué pour son Procureur general & special Pierre lui donnant pouvoir de pour & au nom dudit sieur constituant recevoir de Barthelemy tous les arrerages échûs & à écheoir de cent livres de rente, que ledit Barthelemy lui doit par contrat

d'un

d'un tel jour passé par pardevant *tels* Notaires, ensemble le rachat & sort principal de ladite rente, s'il est offert avec les frais, mises, & loyaux coûts, & en donner les quittances, décharges & subrogations qu'il appartiendra, sans garantie que des faits & promesses dudit constituant, rendre la grosse dudit contrat & toutes les autres pieces dont ledit Procureur sera porteur concernant lad. rente, & consentir que sur icelles & leurs minuttes soient mises les décharges de ladite rente; au refus de payement desdits arrerages, faire les poursuites, contraintes & diligences nécessaires, plaider, &c. opposer, &c. appeller, &c. élire domicile, &c. substituer, &c. & generalement, &c.

Procuration pour accepter ou refuser une succession, faire inventaire & partage.

FUt présent André demeurant habile à se dire & porter héritier par bénéfice d'inventaire, ou autrement de défunt Philippe son oncle paternel, vivant lequel audit nom a fait & constitué son Procureur general & spécial Me François lui donnant pouvoir de pour & au nom dudit sieur constituant en la qualité susdite, conjointement & avec les autres présomptifs heritiers dudit défunt, faire faire inventaire & description en la maniere accoutumée, de tous & chacun les biens & effets délaissez par ledit défunt son oncle, & qui se trouveront tant en la maison où il est decedé en cette ville de Paris, qu'en ses maisons de la campagne, sur lesquels biens & effets étant en ladite maison de Paris, scellé a été mis & apposé par le Commissaire convenir de Notaires pour la confection dudit inventaire, & d'huissier pour la prisée & vente des biens, meubles, ustensiles d'hôtel, habits, linges & hardes de ladite succession, consentir, si besoin est, la clôture dudit inventaire, & laisser tous lesdits effets entre les mains de telle personne que ledit Procureur jugera à propos, laquelle s'en chargera par ledit inventaire, pour les représenter toutesfois & quantes, faire faire la vente desdits meubles & hardes, en la maniere accoutumée, le tout sous telles protestations que ledit Procureur avisera être nécessaires. Ce fait & après qu'icelui Procureur aura eu entiere connoissance de tous les biens & effets de ladite succession & des dettes passives d'icelle, s'il y en a, accepter ou répudier pour ledit sieur constituant, ladite succession, l'acceptant faire proceder aussi au partage de tous lesdits biens & effets dudit défunt avec ses autres cohéritiers. Et pour y parvenir, convenir & nommer ensemble d'Experts pour faire la prisée & estimation des immeubles & en dresser les lots, faire jetter au sort lesdits lots, ainsi qu'il est accoutumé; accepter celui qui écherra audit constituant, aux charges, clauses & conditions qui y seront contenues: Ce faisant demander & recevoir de tous ceux qu'il appartiendra, tous & chacuns les deniers qui se trouveront lui être dûs, au desir du lot, à refus de payement y faire contraindre les debiteurs & autres qu'il appartiendra par les voies de droit & de Justice. Et si lesdits présomptifs cohéritiers dudit constituant étoient négligens ou refusans de faire proceder audit inventaire, vente & partage, faire contr'eux telles sommations & protestations que besoin sera à ce sujet; même en ce cas faire

faire à sa requête & diligence par autorité de Justice ledit inventaire & partage, ensemble la vente desdits meubles & hardes, & aussi faire rendre compte à Noel de l'admiration & maniement qu'il a eu des biens d'icelui défunt pendant le tems qu'il a été son Curateur; ouir, examiner, clore & arrêter ledit compte, fournir aux articles d'icelui tels débats & soûtenemens qu'il jugera raisonnables, & s'en départir s'il trouve à propos, recevoir aussi le reliquat qui se trouvera dû, & aux fins susdites; si besoin est, plaider, &c. opposer, &c. appeller, &c. affirmer, &c. élire domicile, &c. substituer, &c. Et encore ledit constituant donne pouvoir à sondit Procureur de vendre, ceder, quitter, transporter, échanger & autrement aliener tout ce qu'il peut prétendre & lui pourra écheoir par ledit partage des biens de ladite succession, à telles clauses, conditions, & contre tels autres biens & effets qu'il avisera; recevoir pareillement lesdits prix de tout ce que ledit Procureur recevra en vertu desdites présentes, en donner les quittances & décharges nécessaires; Et sur tout le contenu ci-dessus, circonstances & dépendances, faire & passer tous contrats de vente, cessions, transports, partages, échanges, compromis, sommations, protestations, inventaires, quittances, décharges, transactions, & autres actes qui seront nécessaires, que ledit constituant veut être autant valables, que s'il les avoit faits & signez; & pour l'accomplissement & exécution d'iceux, élire domicile en tels lieux & endroits que ledit Procureur jugera à propos, & generalement, &c. promettant ledit constituant avoir agréable, & ratifier, si besoin est, toutesfois & quantes tout ce que par sondit Procureur sera fait en vertu des présentes, sous l'obligation, &c.

Procuration par substitution pour faire la régie, recette & gouvernement des droits d'Aydes.

FUt présent François au nom & comme Procureur de Maître Claude Fermier general des Aydes de France, & droits y joints, suivant le bail qui lui en a été fait au Conseil d'Etat du Roi le *tel* jour, en la jouissance duquel bail ledit Claude a été maintenu & conservé pour le tems qui en reste à expirer, moyennant l'augmentation du prix d'icelui, par Arrêt dudit Conseil du dernier, qui permet de resoudre, ou entretenir les sous-baux qu'il a ci-devant faits, & encore ledit Claude continué en la jouissance de son dit bail pour trois ans, par resultat dudit Conseil dudit jour (*c'est le même jour dudit Arrêt*) lequel audit nom & en vertu de la Procuration dudit Claude passée par devant *tel* Notaire, le *tel* jour, a par ces presentes fait, constitué & substitué le Procureur general & special dudit sieur Claude la personne de Bertrand lui donnant pouvoir de pour ledit Claude regir, gouverner & administrer les Fermes d'Aydes & droits y joints, non alienez des lieux ci-après déclarez; qui sont la Ferme des droits d'Aydes de la Ville & Election de à la reserve de tout ce qui en est aliené & hors la main du Roi. *Item*, la Ferme de la permission de tenir Hôtellerie, Tavernes, Cabarets, & vendre vin en gros par toutes les Villes, Bourgs, Villages & lieux de ladite Election de à la réserve desdites aliénations, consistant ledit droit en six livres par an, pour chacun Tavernier, Cabaretier, & generalement pour la regie desdites Fermes faire tout ce qui sera nécessaire, demander & recevoir de toutes sortes de personnes exemptes & non exemptes, privilegiées & non privilegiées les droits desdites Fermes d'Aydes de ladite Ville & Election de à commencer du premier jour de Janvier prochain, tels qu'ils doivent être perçus en ladite Election, & tout ainsi que pourroit faire ledit Claude en vertu de sondit bail general & desdits Arrêts & Resultat ci-dessus datez. A cette fin établir par ledit Procureur, tous Bureaux & Gardes nécessaires en tels lieux & endroits qu'il jugera à propos, commettre audit recouvrement & recette telles personnes que bon lui semblera, les revoquer quand il avisera bon être, & en leur lieu en établir d'autres, faire rendre compte ausdits Commis de leur recette & maniement, voir, ouir, examiner, clore & arrêter leursdits comptes, recevoir les reliquats d'iceux; de tout ce que ledit Procureur recevra donner les quittances, décharges & autres actes nécessaires, payer les charges locales & autres choses qui sont & peuvent être assignées & dûes sur lesdites Fermes, en tirer toutes les quittances & décharges nécessaires, sous-affermer lesdites Aydes & droits de ladite Election par Paroisse ou autrement, à telles personnes & pour tels tems, prix, charges, clauses, conditions & réserves que ledit Procureur avisera bon être, recevoir le prix desdites sous-Fermes, même les avances qui seront faites en conséquence; sur ce faire tels sous-baux, quittances & décharges que besoin sera; au refus de payement, soit desdits reliquats de comptes, soit desdits droits ou du prix des sous-Fermes & avances : faire toutes poursuites, contraintes, saisies, exécutions, emprisonnemens & autres diligences nécessaires, comme pour les propres deniers & affaires du Roy, plaider & la personne dudit sieur constituant representer en Jugemens & dehors, opposer en tous cas & à toutes fins, appeller de tous torts & Griefs, l'appel relever & poursuivre ou y renoncer si besoin est, élire domicile, faire telles affirmations qu'il appartiendra par raison, bailler main-levée de toutes saisies, exécutions & élargissemens des prisonniers, quand ledit Procureur le jugera à propos, composer & accorder de tous procès & différends qui pouroient survenir au sujet desdits Fermes, des Aydes & droits de ladite Election de avec telles personnes & à telles charges, clauses & conditions qu'il avisera, substituer à tout le pouvoir ci-dessus ou à partie d'icelui, un ou plusieurs Procureurs, les revoquer si bon lui semble & en substituer d'autres, & généralement faire par ledit Procureur pour ladite régie, gouvernement & administration desdites Aydes & droits y joints de ladite Election de circonstances & dépendances d'icelles comme feroit & pourroit faire ledit sieur constituant, s'il étoit présent, encore que le cas requît plus spécial mandement que ces presentes. Promettant, &c. obligeant, &c. Fait & passé, &c.

Procuration pour prendre possession d'un héritage adjugé par Décret.

FUt présent François lequel a fait & constitué son Procureur general & special Etienne lui donnant pouvoir de pour & au nom dudit sieur constituant, prendre possession en la maniere accoutumée de toutes les maisons, terres & héritages audit sieur constituant, adjugez à la Barre de la Cour de Parlement de le tout saisi réellement & decreté sur Jacques au sujet de ladite prise de possession faire tout ce qui sera nécessaire, & en cas d'oppositions ou empêchemens faire assigner tous ceux qu'il appartiendra pardevant Nosseigneurs de ladite Cour de Parlement, pour en dire les causes, plaider, &c. opposer, &c. appeller, &c. élire domicile, &c. substituer, &c. bailler à ferme, loüer à prix d'argent lesdites maisons & héritages à telles personnes & pour tels tems, charges, clauses & conditions que ledit Procureur avisera. Recevoir tout ce qui en proviendra, même les pots de vin qui seront donnez en faveur desdits baux; faire faire les réparations nécessaires èsdites maisons & héritages, à ces fins convenir de prix avec les ouvriers & passer avec eux tous marchez dont il sera besoin, après toutesfois que lesdites maisons & héritages auront été visitez, & que lesdites réparations seront permises par Justice, à cause du retrait qui pourroit arriver desdites maisons & héritages; & sur le tout faire & passer tous contrats, marchez, quittances, décharges, & autres actes à ce nécessaires, & generalement, &c.

Procuration pour faire foi & hommage.

FUt présent Nicolas Ecuyer sieur & proprietaire du fief de demeurant à lequel a fait & constitué son Procureur general & special lui donnant pouvoir de pour & au nom dudit sieur constituant, se transporter pardevers Monseigneur le Duc d'Orleans & de Chartres fils de France & au dedans de la Grand'Salle du Palais Royal dudit Chartres, lieu accoutumé de porter à son Altesse Royale les foi-hommages que ses vassaux dudit Duché de Chartres lui doivent. Et là après que ledit Procureur pour ledit sieur constituant se sera mis en devoir de vassal, supplier sadite Altesse Royale de vouloir recevoir la foi & hommage & serment de fidélité, que ledit Procureur pour ledit sieur constituant lui fera & portera en vertu des présentes à cause dudit fief & censives, de relevant dudit Duché de Chartres, & qui appartiennent audit sieur constituant, au moyen de l'acquisition qu'il en a faite de par contrat passé par devant *tel* Notaire le *tel* jour (*ou bien dire par quel autre moyen ce fief lui appartient*) payer à sadite Altesse Royale tous les droits qui lui sont dûs à ce sujet, & offrir de lui bailler dans le tems de la Coûtume l'aveu & dénombrement dudit fief & de ses dépendances, conformément aux anciens aveux & dénombremens, iceux préalablement communiquer; ce faisant requerir mainlevée de la saisie féodale que sadite Altesse Royale ou ses Officiers ont fait faire sur les fruits & revenus dudit fief, élire domicile, &c. & generalement, &c.

Autre au même sujet par un Gardien noble.

FUt présent Benjamin Ecuyer sieur de Beaulieu, demeurant à au nom & comme ayant la garde-noble des enfans mineurs de lui & de feu Damoiselle Jeanne sa femme, lequel audit nom a fait & constitué son Procureur général & spécial lui donnant pouvoir de se transporter pardevers le sieur de la Riviere, duquel à cause de son fief de la Riviere situé en *tel lieu*, releve la Terre & Seigneurie de la Paille, & là & par tout ailleurs où il appartiendra, faire & porter audit sieur de la Riviere la foi & hommage & serment de fidélité qu'icelui sieur constituant audit nom lui est tenu faire & porter à cause de ladite Terre & Seigneurie de la Paille, ausdits mineurs appartenante par le décès de ladite Damoiselle leur mere, faire les soûmissions accoutumées, & toutes les offres nécessaires; même de payer les droits Seigneuriaux & féodaux si aucun en sont dûs, & de bailler l'aveu & dénombrement de ladite Terre & Seigneurie de la Paille, au désir de la Coûtume dudit lieu; ce faisant, requerir main-levée des saisies qui pourroient avoir été faites à cause de ce, & de tout requerir & lever les actes nécessaires, élire domicile, &c. & généralement, &c.

Procuration pour recevoir les deniers d'un retrait.

FUt présent André demeurant à lequel a fait & constitué pour son Procureur général & spécial Paul, lui donnant pouvoir de pour & au nom dudit sieur constituant recevoir de celui qui voudra faire le retrait des héritages qu'il a acquis de Noel par contrat passé pardevant *tels* Notaires le *tel* jour, tant le prix principal porté par ledit contrat, que les frais & loyaux-coûts qui s'en trouveront dûs, donner quittances, & en ce faisant délaisser lesdits héritages ausdits retrayans: sur ce faire & passer tous actes nécessaires, & généralement, &c.

Procuration pour un apprentissage.

FUt présent Ambroise demeurant à lequel a fait & constitué pour son Procureur général & spécial la personne de Crepin lui donnant pouvoir de pour & au nom dudit constituant, mettre en apprentissage pour tel tems, prix, charges, clauses & conditions, & avec telles personnes que ledit Procureur avisera d'*un tel métier*, Nicolas son fils, âgé de treize ans ou environ, le certifier fidele, obliger ledit constituant au payement du prix dudit apprentissage, aux termes qui seront stipulez, & de reparer tout le tort, perte ou dommage que ledit apprentif pourroit faire à son Maître durant le tems dudit apprentiſſage : ſur ce faire, conſentir & paſſer tel brevet que beſoin ſera, élire domicile, & généralement, &c.

Procuration pour le marché d'un bâtiment.

FUt préſent Hyacinthe demeurant à lequel a fait & conſtitué pour ſon Procureur général & ſpécial la perſonne de lui donnant pouvoir de pour & au nom dudit conſtituant faire marché avec telles perſonnes, & pour tel prix, charges, clauſes & conditions qu'il aviſera, pour la conſtruction & bâtiment d'une maiſon, que ledit conſtituant déſire faire bâtir ſur une place à lui appartenante, contenant *tant* de toiſes, ſiſe à Paris rue obliger ledit conſtituant au payement du prix dudit marché, & à entretenir les charges, clauſes & conditions d'icelui, tant & ſi avant que le cas le requerra, élire domicile, & généralement, &c.

Procuration pour payer le droit annuel.

FUt préſent Auguſtin demeurant à lequel a fait & conſtitué pour ſon Procureur général & ſpécial Martial lui donnant pouvoir de pour & au nom dudit ſieur conſtituant, payer ès mains de Monſieur le Tréſorier des Parties Caſuelles ou de ſes Procureurs & Commis, au Bureau qui ſera ouvert le *tel jour* (*ou* qui eſt préſentement ouvert) en *tel* lieu, le droit annuel que ledit conſtituant à cauſe de ſondit Office de Conſeiller, doit à Sa Majeſté pour l'année prochaine dudit payement retirer quittance, faire controller icelle, ſigner l'ampliation, & généralement, &c.

Procuration pour recevoir la montre d'un Gendarme & comparoir à la montre.

FUt préſent Jacques Ecuyer Sieur de l'un des Gendarmes de la Garde du Roi, demeurant à lequel a fait & conſtitué ſon Procureur général & ſpécial Louis lui donnant pouvoir de pour & au nom dudit conſtituant, comparoir à la montre qui ſe fera de ladite Compagnie pour le quartier de Juillet, Août & Septembre de la préſente année Ce fait recevoir de Maître Conſeiller du Roi, Tréſorier & Payeur de la Gendarmerie de France & de ladite Compagnie, la ſomme de pour ſes états & appointemens dudit quartier, & en donner quittance au dos de la préſente, même ſigner les rolles de ladite montre, prêter le ſerment de fidélité à Sa Majeſté ès mains des Commiſſaires & Controlleurs qui ſeront à ce départis, & généralement, &c.

Autre Procuration pour recevoir la montre d'un Chevauleger.

FUt présent Augustin, demeurant à lequel a fait & constitué pour son Procureur général & spécial Martial lui donnant pouvoir de pour & au nom dudit sieur constituant, comparoir, & sa personne representer pardevant les Commissaires & Controlleurs des Guerres où ils seront, & là, faire serment de bien & fidélement servir le Roi en ladite charge, en tel lieu qu'il lui plaira commander ; si besoin est, signer les rolles des montres qui seront faites de ladite Compagnie, recevoir les deniers qui lui seront dûs & ordonnez pour ses appointemens à cause de sadite Charge, donner les quittances nécessaires, & généralement, &c.

Procuration pour recevoir la paye des chevaux employez au service du Roi.

FUt présent Eloy demeurant à lequel a fait & constitué son Procureur général & spécial Georges lui donnant pouvoir de pour & au nom dudit sieur constituant, recevoir de Messieurs les Trésoriers de l'Artillerie de France la paye de trente chevaux audit constituant appartenans, & qui ont été mis à l'attirail du canon pour le service du Roi, à raison de 40. sols par jour chacun cheval, iceux chevaux vendre ou troquer, recevoir le prix, & sur le tout faire & donner les quittances & décharges nécessaires, & généralement, &c.

Procuration pour donner une indemnité.

FUt présent Martel demeurant à lequel a fait & constitué son Procureur général & spécial Germain lui donnant pouvoir de pour & au nom dudit constituant faire & consentir au profit de Pierre, telle indemnité que besoin sera, au sujet de la rente de livres, tant en principal qu'arrerages, frais, mises & loyaux coûts, à laquelle ledit Pierre s'est solidairement obligé avec ledit constituant envers, moyennant la somme de livres qu'il ont reçûës de lui pour le principal de ladite rente, sous la faculté de rachat stipulée au contrat de la constitution d'icelle, ce jourd'hui passé pardevant les Notaires soussignez d'autant que la vérité est que ladite somme de est entierement tournée au profit dudit sieur constituant, pour employer à ses affaires particulieres, sans que ledit Pierre en ait rien profité ni touché aucune chose, parce qu'il n'est entré en ladite constitution qu'à la priere dud. sieur constituant, & pour lui faciliter sous son nom ledit prêt ; & de passer tous actes nécessaires, même obliger ledit sieur constituant de rapporter quittance ou décharge valable de ladite rente audit Pierre dans le tems qui sera convenu entre eux, élire domicile, & généralement, &c.

Procuration pour consentir qu'un Contrat soit déclaré exécutoire contre l'héritier d'un défunt.

FUt présent Louis demeurant à lequel a fait & constitué son Procureur général & spécial Charles lui donnant pouvoir de comparoir à l'assignation qui lui a été donnée pardevant Nosseigneurs des Requêtes du Palais le *tel* jour, par exploit de *tel* Huissier, à la requête de Bertrand & là & par tout ailleurs ou besoin sera, consentir, pour & au nom dudit constituant, que le contrat de constitution de livres de rente rachetable de livres, fait au profit dudit Bertrand par défunt Maître Etienne pardevant *tels* Notaires le *tel* jour, soit déclaré exécutoire contre icelui constituant, comme héritier dudit défunt Etienne son pere, tout ainsi qu'il l'étoit contre ledit défunt; & en ce faisant, offrir de passer titre nouvel & reconnoissance de ladite rente, & de payer les arrerages qui en sont & seront dûs audit sieur Bertrand, à ce sujet, consentir à telles Sentences & condamnations que besoin sera au profit dudit sieur Bertrand pour & au nom dudit sieur constituant, & encore pour & au nom d'icelui constituant, passer aussi condamnation au profit dudit Bertrand de la somme de livres, contenue & mentionnée en la promesse & écrit signé de la main dudit constituant, qui est en la possession d'icelui Bertrand : Et à cet effet requerir terme & délai de six mois pour le payement de ladite dette, aux offres que fait ledit sieur constituant de lui donner bonne & suffisante caution d'icelle & au surplus de ladite cause & instance faire tout ce que besoin sera, élire domicile, & généralement, &c.

Procuration pour assister à la taxe de dépens adjugez par Arrêt.

FUt présent Louis lequel a fait & constitué son Procureur général & spécial Maître François Procureur en Parlement, pour plaider, &c. opposer, &c. appeller, &c. renoncer, affirmer, &c. élire domicile, substituer, & spécialement pour & au nom dudit sieur constituant, comparoir en l'Etude du Procureur tiers, au jour & heure qui sera cotté par la sommation qui sera faite audit constituant de s'y trouver, à la requête d'Antoine pour voir arrêter les dépens contenus en la déclaration qui en a été faite, & adjugez audit Antoine par Arrêt de la Cour du Parlement le *tel* jour contre ledit constituant, & en ladite taxe faire telles offres que ledit Procureur avisera, signer icelle déclaration, ou appeller de ladite taxe, croiser les articles qu'il jugera à propos, même transigner & composer ainsi qu'il avisera : Et sur le tout faire par ledit Procureur ce qui sera nécessaire, élire domicile, & généralement, &c.

Nota.

Nota. *Que le Procureur qui a occupé dans l'Instance n'a pas besoin de cette Procuration, & qu'il est au contraire obligé d'assister à la taxe des dépens, à moins qu'elle ne soit donnée pour en transiger.*

Autre Procuration pour assister à la taxe d'autres dépens adjugez par Sentence du Châtelet.

PAr devant, &c. fut présent Michel demeurant à lequel a fait & constitué son Procureur général & spécial Gabriel lui donnant pouvoir de plaider, &c. opposer, &c. appeller, &c. renoncer, &c. affirmer, &c. élire domicile, &c. substituer, &c. Et spécialement de pour & au nom dudit sieur constituant, comparoir pardevant les sieurs Conseillers, Commissaires dudit Châtelet, ou autre personne qu'il appartiendra, pour assister à la taxe & liquidation des frais, dépens, salaires, & mises obtenus par Nicolas contre ledit constituant, par Sentence rendue audit Châtelet le *tel* jour, iceux dépens croiser & débattre, même en transigner & composer, s'il trouve à propos, ou en appeller, élire domicile, & généralement, &c.

Procuration pour former opposition à un Décret.

FUt présent Athanase lequel a constitué son Procureur général, spécial & irrévocable Maître D Procureur au Bailliage de auquel il a donné & donne par ces Présentes pouvoir de pour lui & en son nom former opposition à la vente & adjudication par Décret des biens d'Anselme réellement saisis à la requête de Denis comme lesdits biens appartenans audit Athanase & non audit Anselme *ou* pour requérir distraction être faite au profit dudit Athanase du tiers *ou autre partie* desdits biens saisis, laquelle n'a jamais appartenu audite Anselme *ou* pour la conservation de la rente annuelle de livres à lui dûë sur lesdits Biens, comme fonciere & non rachetable *ou* pour être ledit Athanase colloqué en son rang & ordre de son hypothéque par préférence à tous autres créanciers postérieurs & non privilégiés pour la somme de livres à lui dûe par obligation du ensemble pour les intérêts & frais, tant des condamnations par lui ci-devant obtenues contre ledit Anselme, que de la présente opposition, les piéces justificatives de laquelle il a présentement remises audit D *ou* qu'il promet de lui fournir en tems & lieu, pour être produites au Congé d'adjuger, ou à la Sentence d'ordre qui interviendra, Promettant, &c.

Procuration pour emprunter deniers par obligation, ou constitution.

PArdevant fut présent Ambroise demeurant à lequel a fait & constitué son Procureur général & spécial la personne de Martin lui donnant pouvoir de pour & au nom dudit sieur Constituant, prendre & emprunter de telles personnes qu'il trouvera, soit par obligation, constitution de rente ou autrement, jusqu'à la somme de livres de principal pour employer aux affaires particulieres dudit sieur Constituant, telles qu'elles seront déclarées par sondit Procureur, & s'obliger au payement des deniers, qui seront pris par obligation aux termes qui seront convenus, garantie du sort principal, payement & continuation des arrérages des rentes qui seront constituées en vertu des Présentes, & à icelles fournir & faire valoir, obliger tous & chacuns les biens, meubles & immeubles, présens & à venir dudit sieur Constituant, spécialement *tels* & *tels* héritages (*il les faut déclarer en cet endroit*) audit sieur Constituant appartenans de son propre, lesquels seront déclarez par ledit Procureur être francs & quittes, ainsi que le déclare & affirme ledit Constituant par ces Présentes, à la reserve de la somme de livres une fois payée, qu'il doit à *tel* particulier, par Contrat de constitution passé pardevant *tels* Notaires, le *tel* jour, sans que lesdites Obligations spéciale & générale dérogent l'une à l'autre. Sur ce faire, passer tous Contrats de constitution de rentes, Obligations & autres actes nécessaires, que ledit Constituant promet de ratifier si besoin est, toutesfois & quantes, avec puissance de substituer & élire domicile, & généralement, &c.

Nota. *Que le Notaire qui en vertu de ladite Procuration passe Contrat de constitution ou obligation, doit décharger ladite Procuration, s'il en est requis, de la somme contenuë en son Contrat pour sûreté du créancier, & ladite décharge se doit faire aussi sur la minute de ladite Obligation.*

Procuration pour accepter une donation qui ne l'a pas été sur le champ par le donataire.

FUt présent Jean lequel après avoir pris connoissance de la donation faite à son profit par Guillaume le pardevant Notaire, a déclaré qu'il accepte purement & simplement ladite donation, & les clauses & conditions qu'il a plû audit donateur d'y inserer, à l'exécution desquelles il soumet & hypothéque dès-à-présent tous ses biens, meubles & immeubles, présens & à venir; à l'effet desquelles acceptation & soumission ci-dessus, il constituë son Procureur général, spécial & irrévocable Me Cyprien & lui donne ausdites fins, tout pouvoir & procuration, même de faire insinuer ladite donation par tout où besoin sera; promettant, &c. obligeant, &c. Fait & passé, &c.

Procuration pour regir un bail judiciaire.

PArdevant, &c. fut présent Nicolas B Bourgeois de Paris, y demeurant ruë Paroisse Saint Fermier judiciaire des maisons, heritages & rentes situés & dûs en la Paroisse de G saisis réellement sur Louis D suivant l'adjudication qui lui a été faite du Bail desdits biens, en la jurisdiction d le dernier, sous le nom de M. Pierre C Procureur en la Cour, pour trois années, si tant dure la commission, à compter du jour de S. Martin d'hyver dernier, lequel a fait & constitué pour son Procureur général & special auquel il donne pouvoir de pour lui & en son nom en ladite qualité, faire la regie, exploitation, recette & perception desdits biens, maisons, héritages & rentes pendant lesdites trois années, à compter dudit jour saint Martin d'hyver dernier, & en conséquence recevoir les fruits & revenus desdits biens, les faire valoir & entretenir durant ledit tems, faire les recoltes nécessaires, recevoir les droits de lods & ventes, dixmes & autres, qui sont & seront dûs, les arrérages échus & à écheoir des cens & rentes dépendans desdits biens, faire les coupes des bois dans les tems qu'il conviendra, laisser le nombre des Ballivaux nécessaires, vendre lesdites coupes, en recevoir le prix, faire faire la fauche des prez, donner à ferme & à loyer le tout ou partie desdits biens à telle personne & pour les prix, charges, clauses & conditions qu'il avisera, en recevoir les fermages & loyers, faire faire les menuës réparations nécessaires ausdites maisons & ce qui en dépend, payer les façons de vignes, les labours, semences, ouvriers, retirer quittances desdits payemens, même de tout ce qu'il recevra, donner quittance, & généralement, promettant, obligeant, &c. Fait & passé à Paris ès Etudes le mil sept cent Et a signé.

Procuration pour resigner un Office.

FUt présent Maître Pierre Conseiller du Roi en sa Cour de Parlement de Paris, demeurant ruë lequel a fait & constitué son Procureur général & spécial lui donnant pouvoir de pour & au nom dudit sieur Constituant, résigner & remettre ès mains du Roi notre Sire, de Monseigneur son Chancelier, Garde des Sceaux & autres ayans à ce pouvoir, sondit Etat & Office de Conseiller du Roi en ladite Cour de Parlement, dont ledit sieur Constituant est pourvû & jouissant à lui appartenant; supplier Sa Majesté d'admettre ladite résignation au nom & profit de François & non d'autre, & lui en faire expedier & délivrer toutes lettres de provision à ce nécessaires, & généralement, &c.

Nota. *Les Procurations* ad resignandum, *ne se font plus sur parchemin, mais seulement sur papier.*

Procuration pour exercer une Charge de Messager juré.

PArdevant les Notaires au Châtelet de Paris soussignez, fut présent Pierre P Messager, Juré en l'Université de Paris, y demeurant ruë Paroisse lequel a fait & constitué son Procureur général & spécial le sieur Louis M auquel il donne pouvoir de pour lui & en son nom, représenter sa personne par tout ou besoin sera pour faire l'exercice & fonction de sadite charge de Messager Juré de ladite Université, tout ainsi & de même que si ledit Constituant étoit présent en personne, & en cas de trouble ou empêchement audit exercice, poursuivre & faire assigner tous ceux qu'il appartiendra pardevant M. le Prevôt de Paris, ou M. son Lieutenant Civil au Châtelet en vertu de ses lettres de garde-gardienne & paréatis, & si besoin est, plaider, &c. opposer, &c. appeller, &c. élire domicile, &c. substituer, &c. & généralement, &c. promettant, &c. obligeant, &c. Fait & passé à Paris ès Etudes, &c. le mil Et a signé.

Procuration d'un parent absent pour nommer un Tuteur.

PArdevant fut présent Jean H *de telle qualité*, demeurant lequel a déclaré que sur l'assignation à lui donnée pardevant à la Requête de pour nommer un Tuteur & Curateur aux enfans mineurs de défunt Pierre à laquelle assignation ne pouvant comparoître en personne, il a constitué son Procureur général, spécial & irrévocable auquel il a donné & donne par ces Présentes plein pouvoir & mandement spécial d'assister en son lieu & place à l'assemblée de leurs parens indiquée par ledit Exploit, pardevant mondit sieur le Bailly, ou son Lieutenant Général, & à la nomination qui sera faite de l'un d'entr'eux pour Tuteur ou Curateur ausdits Mineurs, conferer avec eux sur le choix de l'un des sujets qui seront proposez à cet effet, & concourir à celui qui lui paroîtra le plus capable de cette charge, par son suffrage & sa nomination, ou du moins avec la plus grande & la plus saine partie d'entr'eux; prêter à cet effet le serment au cas requis & accoûtumé, en l'ame dudit sieur Constituant, donner audit Tuteur nommé tous les avis, dont seront convenus lesdits parens, tant sur l'acceptation, que sur la répudiation de la succession dudit Pierre leur pere, leur éducation & l'administration de leurs biens, tant meubles qu'immeubles, comme feroit ledit Constituant lui-même, s'il y étoit présent, & généralement, &c.

Procuration d'un Tuteur pour renoncer par ses Mineurs à la succession de leur pere, ou autre.

FUt présent Louis Tuteur décerné par Justice aux enfans mineurs de Pierre lequel, pour répondre à l'assignation à lui donnée en cette qualité à la Requête de Jacques prétendu créancier de la succession dudit Pierre, après avoir pris l'avis des parens desdits mineurs, comme il appert par le procès verbal fait pardevant Monsieur le Bailly de le a fait & constitué son Procureur général & spécial M Procureur au Bailliage de auquel il a donné pouvoir & puissance de comparoir pardevant le sieur Bailli dudit Bailliage de & là dire & déclarer conformément audit avis, que lesdits mineurs s'abstiennent de la succession dudit Pierre leur pere, sans préjudice néanmoins des droits, noms, raisons & actions qui peuvent leur competer & appartenir sur ladite succession du chef de feue Jeanne leur mere, ou autrement, qu'ils se reservent en leur entier, avec la priorité ou privilége de leurs hypotheques, ausquelles il n'est nullement déroge par la présente répudiation, ou autrement en quelque maniere que ce soit, requerir acte de ladite abstention, le faire insinuer, & généralement, &c. Promettant, &c.

Procuration d'un Tuteur pour affirmer son compte.

FUt présent Louis ci-devant tuteur des enfans mineurs de Pierre lequel, pour satisfaire à la Sentence renduë par M. le Bailly de le par laquelle il a été condamné de rendre ausdits mineurs à présent majeurs, ou dûement émancipez, le compte qui leur est dû de la gestion & administration de ladite tutelle ou curatelle, a constitué son Procureur général, spécial & irrévocable M Procureur audit Bailliage de auquel il a donné & donne par ces présentes pouvoir de comparoir pardevant ledit sieur Bailly, & là présenter ledit compte avec toutes ses piéces justificatives paraphées par premiere & derniere, de sa propre main, & affirmer en l'ame dudit constituant, que ledit compte contient vérité en tous ses chapitres tant de recette & reprise, que de dépense, & que ledit constituant n'a recelé ni détourné aucuns des effets desdits mineurs, qui soit venu à sa connoissance, fournir de soutenemens aux débats qui lui seront signifiez, produire de nouvelles piéces justificatives de la dépense dudit compte, s'il y échet, en poursuivre le Jugement & appurement, & la liquidation du reliquat, si aucun se trouve lui être dû, & généralement faire tout ce qu'il sera nécessaire pour parvenir à la décharge pleine & entiere dudit constituant, &c.

Procuration pour encherir à un décret.

FUt présent Claude demeurant à lequel a fait & constitué son Procureur général & spécial Nicolas lui donnant pouvoir de pour & en son nom, encherir & mettre à prix une maison sise en *tel lieu* où demeure saisie réellement, & mise en criée sur *tel*, à la requête de *tel*, à la charge des frais des criées, du cens, & de payer & constituer la rente de liv. rachetable de liv. duë à *tel* sur ladite maison, & ce jusques à la somme de & au-dessous, y compris ladite rente qui sera continuée, signer l'enchere, élire domicile, & généralement, &c.

Procuration pour s'opposer à des criées.

FUt présent Blaise demeurant à lequel a fait & constitué son Procureur général & spécial la personne de Julien lui donnant pouvoir de plaider, &c. opposer, &c. appeller, &c. renoncer, &c. affirmer, &c. élire domicile, & spécialement de pour & au nom dudit constituant, s'opposer aux criées encommencées & poursuivies en *tel* lieu des biens & héritages qui appartiennent à *tel*, pour sur les deniers provenans de l'adjudication desdits biens, être ledit constituant utilement colloqué & mis en ordre, pour être payé de la somme de liv. de principal, intérêts d'icelle, frais & dépens que ledit *tel* lui doit, suivant son obligation, Sentence & piéces, dont ledit Procureur sera porteur, élire domicile, & généralement, &c.

Procuration pour former une inscription de faux contre un Testament.

FUt présent Mathieu demeurant à lequel a fait & constitué son Procureur général & spécial Jean auquel il a donné pouvoir de pour & au nom dudit constituant s'inscrire en faux contre le prétendu testament de défunt Antoine & à ce sujet former son inscription au Greffe, consigner l'amende, & administrer tels moyens de faux qu'il faudra, & au cas qu'ils soient déclarez pertinens & admissibles, demander d'être admis à en faire preuve, tant par comparaison d'écritures, qu'autrement, dûement, faire juger ladite inscription, & faire à cet effet toutes poursuites requises & nécessaires, élire domicile, &c. & généralement, &c.

Nota. *Que de toutes procurations pour agir en inscription de faux, le Notaire en doit garder la minute pour en éviter la perte, & assurer le Procureur de sa partie qui a voulu faire ladite inscription en faux, afin qu'elle réponde de son action au cas qu'elle en fut déboutée & condamnée en quelques dépens, dommages & intérêts, comme chicaneur & téméraire plaideur. Il y a des débiteurs si mauvais payeurs, qui pour chagriner un légitime créancier, & lui faire perdre son dû, s'ils pouvoient, se servent insolemment de cette voye d'inscription en faux, contre leurs propres écritures & signatures ; aujourd'hui l'on convertit le plus souvent les moyens de faux en moyens de nullité, quand la piéce inscrite de faux paroît de peu de conséquence ; autrement les Juges sevissent contre l'accusé, jusqu'à le condamner aux Galeres, même quelquefois à la mort. Il y en a un titre dans l'Ordonnance criminelle de 1670. L'on en a vû des exemples.*

Procuration pour demander renvoi devant son Juge naturel.

FUt présent Charles demeurant à lequel a fait & constitué son Procureur général & spécial André lui donnant pouvoir de pour & au nom dudit constituant comparoir pardevant le Bailly de à l'assignation qui lui a été donnée à la Requête de & là dire & remontrer pardevant ledit Bailly, ou tels autres Juges qu'il appartiendra, même affirmer comme il a présentement fait pardevant lesdits Notaires soussignez, qu'icelui constituant est sujet & justiciable en premiere instance d'*un tel Juge*, devant lequel ledit Procureur requerra ladite instance avec les Parties être renvoyées, & si besoin est plaider, &c. opposer, &c. & en cas de déni de renvoi sur ledit déclinatoire en appeller, comme aussi de tous torts & griefs, élire domicile, &c. & généralement, &c.

Procuration d'un Seigneur à son Procureur Fiscal.

FUt présent Claude Ecuyer sieur de demeurant lequel a fait & constitué son Procureur général & spécial André Procureur Fiscal en ladite Terre & Seigneurie du V auquel & en ladite qualité, ledit sieur Constituant a donné & donne pouvoir de poursuivre & défendre par tout où besoin sera les biens & droits dudit sieur Constituant, en ce qui regarde sadite Terre du V & à cet effet faire convenir & appeller pardevant le Bailli dudit lieu, & tous autres Juges & personnes qu'il appartiendra, tant les sujets dudit sieur Constituant, qu'autres qui lui seront redevables, pour quelque cause que ce soit, pour les faire reconnoître & payer ce qu'ils devront légitimement à ladite Seigneurie, & ses appartenances. Comparoir pour ledit sieur du V aux jours & heures de plaidoirie, pour y garder & défendre les droits dudit sieur du V même aux assises qui se tiendront, tant dedans, que dehors ledit lieu du V y faire garder & observer la Police & les Ordonnances Royaux, comme tous Seigneurs doivent faire, & ne souffrir qu'il y soit commis aucun abus ni malversation, à peine d'en répondre par ledit Procureur en son propre & privé nom, faute d'en avoir fait la plainte en la Justice dudit lieu, & fait les requisitions nécessaires & accoûtumées, pour de tout ce que dessus joüir aux prérogatives & droits y appartenans, tant & si longuement qu'il plaira audit sieur du V & non plus, se réservant ledit sieur Constituant la faculté de révoquer la présente Procuration quand bon lui semblera ; ce que ledit André pour ce présent a consenti, accordé & accepté ladite Procuration à cette charge & condition : Et encore promet audit cas de révocation de rendre audit sieur du V icelle présente Procuration. Outre a ledit sieur du V constituant, donné pouvoir audit André de faire informer & se rendre partie pour la réparation & connoissance des délits, crimes & autres actes illicites qui se pourroient commettre en ladite Terre du V & lieux en dépendans, & poursuivre lesdites Instances criminellement, tant & si avant que le cas le requerra, & aux choses d'importance & qui concerneront les biens & affaires dudit sieur du V lui en donner avis selon l'occurrence des cas, pour sur ce sçavoir sa volonté ; au surplus ledit André aura pouvoir de revendiquer en toutes Instances les sujets & justiciables dudit sieur Constituant qui y auront été appellez en premiere Instance, & de faire ce qu'il appartiendra pour ce sujet, & pour raison de tout ce que dessus, si besoin est, plaider, &c. opposer, &c. appeller, &c. renoncer, &c. affirmer, élire domicile, &c. substituer un ou plusieurs Procureurs, & généralement, &c.

Procuration pour vendre une maison.

FUrent présens Louis & Margueritte sa femme, qu'il a autorisée à l'effet des Présentes, demeurans Lesquels ont fait & constitué leur Procureur général & spécial Nicolas lui donnant pouvoir de pour & au nom desdits Constituans, vendre, céder, transporter & aliéner à telles personnes & à telles charges, clauses & conditions que ledit Procureur avisera, moyennant le prix & somme de livres, payables aux termes & ainsi qu'il sera convenu entre ledit Procureur & l'acquéreur, une maison ausdits Constituans appartenante de leur conquêt (*il la faut entiérement désigner & déclarer en cet endroit*) & autres ses appartenances & dépendances, le tout couvert de tuiles, les lieux ainsi qu'ils se poursuivent, comportent & étendent de toutes parts, & de fond en comble, sans aucune chose en excepter, retenir, ni reserver. Déclarer que ladite maison est en la Censive de & chargée envers lui de six deniers de cens, payable à *tel* jour par chacun an, en *tel* lieu qu'il est dû, ledit Cens portant lods & ventes, saisines & amendes quand le cas y échet, pour toutes & sans autres charges, dettes ni hypothéques quelsconques ; franc & quitte des arrérages desdits Cens & Droits Seigneuriaux, de tout le passé jusqu'au jour que le Contrat de ladite vente sera passé, même stipuler par icelui que l'acquéreur fera faire si bon lui semble, à ses frais & diligences, le décret de ladite maison & lieux dans le tems qui sera convenu entre lui & ledit Procureur, & lors de la passation dudit Contrat de vente, faire délivrance à l'acquéreur, ou bien promettre par icelui Contrat, de lui délivrer dans le tems qui sera aussi convenu entr'eux, tous les titres concernans la joüissance & propriété de ladite maison, même faire intervenir & comprendre audit Contrat Dame Jeanne veuve Etienne qui s'obligera solidairement avec lesdits Constituans à la garantie de ladite maison

envers

envers l'acquereur, & à toutes les charges, clauſes & conditions dudit Contrat : Et encore déchargera ladite maiſon & lieux de tous les droits, demandes & prétentions qu'elle pourroit avoir & prétendre ſur icelle maiſon pour ſes droits & conventions matrimoniales, portées par le Contrat de mariage d'entre ledit défunt & elle ; enſemble toutes autres dettes & hypothéques quelsconques qu'elle pourroit prétendre, en quelque ſorte & maniere que ce ſoit ; ſur ce faire & paſſer tous Contrats de vente & autres actes néceſſaires à l'entretenement d'iceux, garantie de ladite vente & entier accompliſſement deſdites charges, clauſes & conditions qui y ſeront ſtipulées, & obliger leſdits Conſtituans, & tous leurs biens, meubles & immeubles, préſens & à venir ſolidairement aux renonciations accoûtumées, tant & ſi avant que le cas le requerra, élire domicile, & généralement, &c.

Procuration pour aſſiſter à un Contrat de mariage.

FUt préſent Gabriel demeurant lequel a fait & conſtitué ſa procuratrice générale & ſpéciale Margueritte ſa femme, qu'il autoriſe à l'effet des Préſentes, lui donnant pouvoir de pour & en leurs noms aſſiſter au Contrat de mariage qui ſera fait entre Philippes d'une part, & Nicole leur fille d'autre part, donner leur conſentement à la célébration d'icelui, même par ledit Contrat conſtituer en dot à ladite Nicole la ſomme de livres, & au payement d'icelle au terme qui ſera accordé ; obliger ledit Conſtituant avec ladite procuratrice ſa femme, & tous leurs biens, préſens & à venii ſolidairement, aux renonciations requiſes, tant & ſi avant que le cas le requerra, élire domicile, & généralement, &c.

Nota. *Dans les Procurations générales & autres importantes, le Notaire en garde minute le plus ſouvent, & non des autres qui ſont ſimples & ſingulieres.*

Il ſe faut garder d'y mettre le mot de renonçant, *parce qu'on les peut revoquer quand le Conſtituant le veut.*

Le mot ſubſtituer, &c. *s'entend ſeulement au fait de plaidoirie, s'il n'y eſt dit* en tout le pouvoir ſuſdit ou partie.

Quand une femme paſſe Procuration à ſon mari, il faut qu'il y ſoit préſent pour l'autoriſer, & y mettre ces mots, dudit *tel* ſon mari, pour ce comparant, autoriſée à l'effet des Préſentes.

Auſſi ſi le mari paſſe Procuration à ſa femme, il faut qu'il l'autoriſe pareillement, autrement la Procuration eſt défectueuſe, & l'on ne peut valablement contracter avec elle, ſi elle n'eſt autoriſée de ſon mari par ſa procuration.

Que ſi le mari avoit beſoin d'une Procuration de ſa femme qui fut éloignée de lui, il faut qu'il faſſe dreſſer le modele de ladite Procuration, & qu'il paſſe un Acte au bas dudit modele pardevant Notaire, comme il ſuit.

Antoine a dit & déclaré qu'il autoriſe par ces Préſentes Jeanne ſa femme, pour paſſer la Procuration, dont le modele eſt cidevant écrit. Fait & paſſé, &c.

Procuration pour l'entérinement de Lettres d'Emancipation & pour l'élection de Curateurs honoraires & honéraires d'un Mineur.

FUrent préfens, *un*, *deux*, *trois*, *quatre*, *cinq*, *fix & fept.*

Tous parens paternels & maternels de Meffire Maximilien D Chevalier Seigneur de B & autres lieux, fils mineur de feu Meffire Maximilien D Chevalier Seigneur de B & autres lieux, & Dame Anne C fon époufe. Lefquels ont fait & conftitué pour leur Procureur général & fpécial Maître Robert G Procureur au châtelet de Paris, auquel ils ont donné & donnent pouvoir, de comparoir pour eux devant M. le Lieutenant Civil en l'Affemblée des parens dudit fieur mineur convoquée pour donner leurs avis fur l'enterinement des Lettres d'émancipation qu'il a obtenues le dernier, & fur la nomination d'un Curateur à fes caufes & actions; & là dire que lefdits fieurs conftituans connoiffans l'importance de l'Emancipation demandée, ledit fieur mineur ayant à livres de rente, étant très-jeune, n'ayant que ans mois, ils font d'avis de l'entérinement defdites Lettres, aux conditions qui fuivent, qu'ils croyent très-juftes, très-utiles & très-néceffaires à l'éducation dudit fieur mineur, & à la confervation de fes biens & droits.

Premiérement, pour ce qui concerne la perfonne dudit fieur mineur, font d'avis qu'il foit mis à l'Académie pour y faire & apprendre fes exercices, qu'il ait un Gouverneur, un Valet de chambre & un Laquais.

Plus, qu'il foit élû deux Curateurs honoraires, nommant à cet effet Meffire François-Louis D fon oncle paternel, & coufin germain maternel, & Meffire Philippe H fon oncle, à la mode de Bretagne paternel & maternel.

Plus, qu'il lui foit élû un Curateur onéraire, nommant à cet effet Maître J Avocat au Parlement, à ladite Curatelle, aux appointemens de livres par an, conformément à l'Acte de tutelle; que ledit Curateur honoraire fera rendre compte à Monfieur l'Abbé B des fommes qu'il a reçues des effets de la fucceffion de feu Meffire R comme fon Exécuteur teftamentaire, & que le reliquat foit employé à acquitter les dettes du fieur R fi aucunes y a, & le furplus à payer les dettes dudit fieur mineur comme héritier des fieur & Dame fes pere & mere.

Plus, que le fieur T rendra compte de la tutelle onéraire qu'il a adminiftrée, n'en ayant point rendu ni donné d'Etat depuis ans qu'il eft Tuteur, à l'effet feulement duquel compte les Curateurs honoraires demeureront Tuteurs.

Plus, que le reliquat dudit compte, fera auffi employé à payer les dettes dudit fieur mineur.

Plus que ledit fieur Emancipé ni fon Curateur onéraire ne pourront intenter aucune inftance, ni procès, en demandant ou défendant, pour quelques caufes & occafions que ce foient, que par l'avis de Monfieur l'Abbé P

Conſeiller en la Grand'Chambre, qui eſt de la Famille, n'étant pas juſte de nommer Meſſire M auſſi Conſeiller en la Grand'Chambre, qui n'eſt point ni parent ni ami, & eſt couſin germain de Monſieur l'Abbé B qui doit un compte audit mineur de l'exécution teſtamentaire de Monſieur R

Plus, que ledit ſieur J demeurera Tuteur oneraire, à l'effet de recevoir les rembourſemens des rentes dues audit ſieur mineur, s'il en eſt offert; & neanmoins ne pourra recevoir leſdits rembourſemens, qu'en la préſence des ſieurs Curateurs honoraires, pour être les remplois faits par avis de parens en la maniere accoutumée.

Plus, que ledit ſieur J ſera auſſi Tuteur onéraire dudit ſieur mineur, à l'effet des liquidations & partages des biens de la ſucceſſion dudit ſieur R duquel ledit ſieur mineur eſt légataire univerſel, qui ſont à faire avec M héritier des propres dudit ſieur R auſquels partages & liquidations les Curateurs honoraires dudit mineur pourront aſſiſter pour la conſervation de ſes droits, ſans frais.

Que ſur les revenus dudit ſieur mineur, il ſoit pris livres, pour les penſions, nourritures & logemens dudit mineur, appointemens de ſon Gouverneur & gages de ſes domeſtiques, qui ſeront réglés par les Curateurs honoraires, & ſera le Gouverneur choiſi par M. le Marechal de s'il a agreable de s'en donner la peine, ſinon par les Curateurs honoraires, n'étant pas juſte d'en laiſſer le choix audit ſieur mineur, attendu la foibleſſe de ſon âge, & l'importance de lui donner bonne éducation.

Que ce qui excede des revenus dudit mineur au par-deſſus des livres ci-deſſus, ſera à l'inſtant qu'il aura été reçû, mis ès mains d'un Notaire pour en être fait emploi, & que le Curateur oneraire rendra compte de ce qu'il aura reçû de ſix mois en ſix mois par bref état aux Curateurs honoraires.

Plus que les titres & papiers de la ſucceſſion de feu Monſieur R qui ſont en la poſſeſſion de M. l'Abbé B qui en eſt chargé par le *finitò* de l'inventaire, ſeront déposés ès mains de Notaire, qui s'en chargera, & ce pour la ſûreté deſdits titres & papiers, conſentir l'homologation du préſent avis, faire le ſerment en tel cas requis, & généralement faire pour raiſon de tout ce que deſſus, ce qu'il conviendra; promettant, &c. obligeant, &c. Fait & paſſé à Paris, &c.

Procuration au ſujet de l'Exploitation d'une Terre & Seigneurie.

FUt préſent Mathieu R Bourgeois de Paris, & Receveur Général de la Terre & Seigneurie de Saint C ſes appartenances & dépendances, ſuivant le tranſport de Bail qui lui en a été fait pour années, qui commenceront à avoir cours au premier Janvier mil demeurant à Paris, ruë Paroiſſe ſaint Lequel en ladite qualité a fait & conſtitué pour ſon Procureur général & ſpécial le ſieur Bertrand P

Procureur Fiſcal dudit Saint C   auquel il donne pouvoir & puiſſance de pour lui & en ſon nom, & èſdites qualités faire la régie & exploitation de ladite Terre & Seigneurie de Saint C   ſes appartenances & dépendances ; Ce faiſant recevoir toutes & chacunes les ſommes de deniers qui ſont & pourront être dues ci-après audit ſieur R   pendant tout le cours dudit tranſport de Bail, ſoit pour arrerages de rentes, loyers de maiſons, Baux à fermes ou emphiteotiques, droits de battelages, de voiries, garennes, greves, droits de places, marchez, de rivieres, cens, lods & ventes & les caſuels, à cauſe des acquiſitions qui pourront être faites dans l'étendue de ladite Seigneurie de Saint C   & généralement tous autres droits, qui ſe perçoivent par le Fermier de ladite Seigneurie, & qu'il peut avoir droit de demander.

Plus faire faire le terrier des maiſons & héritages relevant de ladite Seigneurie, ou le continuer s'il eſt commencé, faire tous Baux à loyers, ou à ferme de partie des héritages ou droits dépendans de ladite Seigneurie à telles perſonnes, ou pour tels tems, prix, charges, clauſes, reſerves & conditions que ledit ſieur ſon Procureur aviſera, en recevoir pareillement les loyers ou fermages, faire faire toutes les groſſes & menues réparations, qui ſeront néceſſaires à faire, tant aux bâtimens dépendans de ladite Seigneurie, qu'aux édifices, en paſſer marché, promettre de payer le prix dans les tems qui ſeront convenus, faire labourer, fumer, cultiver & enſemencer toutes les terres dépendantes de ladite Seigneurie, & ce par ſolles & ſaiſons convenables, ſans les deſſoler ni deſſaiſonner, faire échalaſſer les vignes de ladite Seigneurie, faire faire la fauche des prez, & enſuite en faire faire la récolte dans les tems ordinaires & accoutumés, percevoir la dixme tant des bleds, ſeigles, froment ou vins, qu'autrement, ſi aucunes ſont dûes, faire, exercer & adminiſtrer bien & dûment la Juſtice dudit ſieur C   par les Officiers d'icelle tant en civil que criminel, conduire même & ramener les priſonniers criminels appellans, faire exécuter les Sentences & Arrêts ; faire faire les procès aux délinquans, ſuivre les apaux des condamnés, & faire enſorte qu'en fin du ſuſdit tranſport de Bail, icelle Juſtice ſoit nette & acquittée de tous abus ainſi que deſdits apaux, dépens, dommages & intérêts ; pourſuivre tous procès en tous Tribunaux & Juſtices, même toutes inſtances, qui pourroient ci-après être faites audit ſieur R   juſqu'à Sentences ou Arrêts diffinitifs, ou bien en tranſiger, remettre & compoſer à telles ſommes & ſous telles conditions que ledit ſieur Procureur jugera bon être, les recevoir pareillement, en donner quittances ainſi que de tout ce que ledit ſieur Procureur pourra recevoir, & au refus de payement par aucuns des Débiteurs de ladite Terre & Seigneurie de Saint C   ou autres ſes redevables, faire toutes les pourſuites, contraintes & diligences néceſſaires ; plaider, &c. oppoſer, &c. appeller, &c. élire domicile, ſuſtituer en tout ou partie du préſent pouvoir un ou pluſieurs Procureurs, les revoquer, en conſtituer d'autres en leur lieu & place, mettre toutes les Sentences ou Arrêts que ledit ſieur Procureur obtiendra à leur entiere exécution, par ventes de meubles deſdits Débiteurs, ou par ſaiſies réelles de leurs immeubles, en pourſuivre les ventes ou adjudications, commettre pour cet effet un Commiſſaire ou Gardien auſdites ſaiſies réelles, & ensuite s'en mettre en possession, faire annuller leurs Baux au cas qu'ils en tiennent dudit sieur Constituant, les poursuivre pareillement par emprisonnement de leurs personnes, & généralement passer au sujet que dessus tous compromis, transactions & autres actes nécessaires, prêter & donner tels consentemens, élargissemens, quittances & main-levées requises, ledit sieur Constituant passant ledit pouvoir audit sieur Procureur, sans borner ni limiter en façon quelconque icelui ; & vaudra la présente Procuration, nonobstant toutes surannations, & sans être sujette à révocation pendant tout le tems desdites années, promettant en outre ledit sieur R avoir le tout pour agréable, & le ratifier lorsqu'il en sera requis, à peine, &c. obligeant, &c. Fait & passé à Paris, l'an mil sept cens, &c.

Procuration à l'effet de faire la regie & recette d'un droit affermé.

PArdevant les Conseillers du Roi, Notaires au Châtelet de Paris, soussignés, Fut présent Jean Nicolas G Bourgeois de Paris, y demeurant ruë Paroisse saint Fermier des droits qui se perçoivent en vertu de l'Edit du mois de sur les Bœufs, Vaches, Veaux, Moutons, Brebis & Chevres, dans la Généralité de Paris, à l'exception de la Ville, suivant le Bail qui lui en a été fait pour huit années, qui ont commencé au premier d'Octobre dernier, par le sieur Pierre L Adjudicataire desdits droits, par Arrêt du Conseil du 22. Avril dernier, passé devant les Notaires soussignez, ce jourd'hui. Lequel a fait & constitué son Procureur général & spécial sieur Jean F intéressé aux affaires du Roy, auquel il donne pouvoir de pour lui & en son nom, faire la régie, recette & direction de ladite Ferme ; & à cet effet, établir des Commis nécessaires dans les Villes, Bourgs & endroits de ladite Généralité que ledit sieur Procureur jugera à propos pour faire la Recette desdits droits, comme aussi pour faire les visites nécessaires chez les Bouchers & autres, pour connoître s'il ne tuent point en fraude : & s'il en découvrent aucuns, en dresser des Procès verbaux & poursuivre les contrevenans pardevant les Juges, qui en doivent connoître ; faire compter lesdits Commis de leurs recettes & manimens, clore & arrêter leurs Comptes, en recevoir les reliquats, en donner quittances, affermer le tout ou partie desdits droits, à telle personnes, moyennant les prix, charges, clauses & conditions, & pour les tems que ledit Procureur avisera, lequel tems ne pourra exceder lesdites années, faire tous abonnemens desdits droits, que ledit Procureur trouvera à propos du prix d'iceux, & desdits fermages, en donner quittances, à défaut ou refus de payement par lesdits Fermiers, commis & abonnez ; les poursuivre, & les y faire contraindre par les voyes, & comme il est accoutumé pour les deniers & affaires du Roy, décerner toutes contraintes, faire toutes saisies, Arrêts, Exécutions & emprisonnemens nécessaires ; & consentir toutes main-levées & élargissemens, traiter & transigner sur les Contraventions, si aucunes arrivent ; & faire à ce sujet tous accommodemens néceſſaires, plaider, &c. oppoſer, &c. appeller, &c. élire domicile, ſubſtituer un ou pluſieurs Procureurs, en tout ou en partie du préſent pouvoir, les révoquer & conſtituer d'autres en leur lieu & place ; ces préſentes demeurant toujours valables : & généralement faire pour l'entiere regie de ladite Ferme, tout ce que beſoin ſera : Promettant, &c. obligeant, &c. Fait & paſſé à Paris ès Etudes, &c. l'an mil le jour de & a ſigné.

Procuration d'une Communauté, à l'effet d'emprunter à conſtitution ou obligation au nom de ladite Communauté.

PArdevant les Notaires à Paris, ſouſſignez, furent préſens Nobles hommes Jean A demeurant ruë, Michel R demeurant ruë Tous Conſeillers du Roy, Receveurs généraux & Payeurs des Rentes de l'Hôtel de cette Ville de Paris, aſſemblez au Couvent des Religieux Bénédictins ruë de Paradis, Leſquels ont dit que le Roy par ſon Edit du mois de Novembre dernier, enregiſtré où beſoin a été, auroit attribué auſdits Sieurs Payeurs les deux tiers d'un denier pour livre de Taxations de leur maniement, avec l'option de les lever fixes ou caſuelles ; & depuis par Arrêt du Conſeil dudit du préſent mois, ordonné qu'en payant par leſdits Sieurs Payeurs, la ſomme de livre pour chacun Office, ils jouiroient ſur le pied du denier douze de livres ſols deniers de Taxations fixes & héréditaires ; ce qui monte pour leſdits quatre-vingt-dix-huit Offices à la ſomme de livres, & que le plus commode moyen qu'il y avoit pour fournir promptement ladite ſomme, étoit de payer de leurs deniers celle de livres ſols deniers, & de faire emprunt ſolidaire du ſurplus montant à livres ſols deniers, & pour y parvenir, ont fait & conſtitué leurs Procureurs leſdits Sieurs R G L B & D auſquels ils donnent pouvoir de pour eux & en leurs noms emprunter à conſtitution de Rente ou par Obligation, ladite ſomme de livres ſols deniers la recevoir de ceux qui en feront le prêt & l'employer avec leſdits livres ſols deniers, qu'ils fourniront de leurs deniers chacun à proportion de leurs Offices, au payement de ladite ſomme de livres ; de faire déclaration dudit emprunt par les Quittances du payement, pour attribuer aux Prêteurs privilege ſur leſdites Taxations, dont ſera expédié des quittances particulieres pour chacun office, & à la garantie des Rentes qui ſeront conſtituées & reſtitution des ſommes qui ſeront empruntées par obligation, y obliger ſpécialement & par privilege le principal & revenu deſdites Taxations héréditaires, à l'excluſion de tous autres Créanciers, même du Roy, pour les ſommes dont ils pourront être redevables par l'arrêté de leurs comptes & autrement, des années de leurs exercices & maniement, & de celles de leurs auteurs, conformément audit Edit : Plus leſdits Offices de Payeurs des Rentes dont ils ſont jouiſſans, le tout solidairement sans division ni discussion, renonçans aux bénéfices desdits droits & de fidejussion, sans que les autres biens desdits sieurs Payeurs des rentes puissent être aucunement tenus ni obligés ausdits emprunts; & à mesure de la passation des Contrats & Obligations, il en sera fait mention sur la minute des Présentes, & stipulé par les Contrats & Obligations les clauses & conditions qui seront trouvées raisonnables; & fournir aux Prêteurs les Piéces nécessaires, pour l'établissement de leurs priviléges. Lesdits sieurs Payeurs des rentes ne pourront vendre leurs Offices, qu'à la charge par ceux en faveur desquels ils en disposeront d'entrer dans l'obligation contractée par ces Présentes, & pour tout ce qui sera fait en conséquence. Et moyennant l'obligation des nouveaux Pourvûs, ceux à la place desquels ils seront entrés, leurs Veuves, Enfans & Héritiers demeureront déchargés de toutes obligations au sujet desdits Emprunts; & lesdits Créanciers ne pourront former aucune opposition sur lesdits Offices de Payeurs des rentes au Sceau des Provisions qui en seront obtenuës, à moins qu'il ne leur fût dû plus d'une année d'arrerages, parce que les Ventes ne pourront être faites qu'à la charge d'entrer par le nouveau Titulaire dans lesdites dettes; élire domicile pour l'exécution des Contrats & Actes qui seront passés. Pourront même lesdits sieurs Procureurs constitués pour la facilité des Créanciers qui désireroient leur remboursement, emprunter de nouveau d'autres Particuliers pour rembourser lesdits Créanciers, avec les déclarations & subrogations nécessaires, & faire à ce sujet tout ce que besoin sera, que lesdits sieurs Constituans promettent entretenir, sans qu'il soit besoin d'autres pouvoir ni ratification. Et quoique les emprunts soient faits en différens tems, tous les Créanciers auront sur lesdites Taxations un égal privilége, & sur lesdits Offices même hypotéque & obligation solidaire de la même maniere que si tous les Emprunts étoient faits dans un même instant, & sans qu'ils puissent prétendre aucune préference ni antériorité les uns aux autres : Et par ces mêmes Présentes ledit Sieur D a été nommé pour être Dépositaire tant de ladite somme de livres sols deniers, que des livres sols deniers, qui seront empruntés, en vertu de la présente Procuration, pour être lesdites sommes employées par ledit sieur D ce acceptant, aux fins portées par ladite Procuration : Et généralement promettant, &c. obligeant, &c. Fait & passé à Paris audit Convent des Bénédictins, où ils s'étoient assemblés à cet effet le jour de après midi : Et ont signé.

Procuration en forme de Délibération, portant pouvoir d'emprunter.

FUrent présens Maîtres François B & Charles A Conseillers du Roy, & Présidens en la troisiéme Chambre des Enquêtes du Parlement, Messires *tels & tels*, Tous Conseillers distribués en ladite troisiéme Chambre des Enquêtes; assemblés pour faire & passer ce qui ensuit. Lesquels pour plus facilement fournir au Roy la somme de livres, pour laquelle la

Cour a trouvé à propos de prendre & lever aux revenus casuels de Sa Majesté livres d'augmentations de gages, effectifs par chacun an, faisant partie d'un million de livres aussi effectifs d'augmentations de gages créés par Edit de Sa Majesté, verifié le du present mois de ont résolu & arrêté, même donné plein pouvoir & puissance à mesdits sieurs conjointement, l'un d'eux, en l'absence ou séparement des autres, d'emprunter au nom de tous lesdits sieurs Comparans & constituans, de telles personnes qui se présenteront jusqu'à ladite somme de livres, & en constituer rente au denier sous l'affectation, privilege & préference desdits d'augmentations de Gages des Offices desdits sieurs Comparans, conformément audit Edit de Création d'un million d'augmentations de Gages, jusqu'à la concurrence du droit annuel de leurs Offices; ensemble sous l'affectation & obligation générale de tous & chacuns leurs autres bien meubles & immeubles présens & avenir, solidairement l'un pour l'autre, sans division, discussion ni fidejussion, à quoi ils renoncent, lesquels obligations & affectations subsisteront contre lesdits sieurs Constituans, tant qu'ils demeureront revêtus desdits Offices, ou qu'ils demeureront dans ladite Chambre, aux promesses que lesdits sieurs Procureurs, ou l'un d'eux, fera employer les sommes qui seront empruntées au payement de ladite Finance de livres, principal desdits livres d'augmentations de gages, dont sera fait mention dans les quittances qui en seront expédiées; à l'effet d'operer ledit privilege & préférence. Promettront aussi lesdits sieurs Procureurs audit nom, de faire obliger au payement, cours & continuation des rentes qui seront constituées en principaux & arrerages, frais & loyaux coûts, Messieurs les Présidens & Conseillers, qui entreront à la place de ceux à présens pourvûs, quinze jours après leurs distributions en ladite chambre; moyennant laquelle obligation & soumission qui sera fournie en bonne forme aux Créanciers, lesdits sieurs Comparans, leurs veuves, enfans, héritiers, offices, biens meubles & immeubles, demeureront quittes, libres & déchargez desdites obligations qui auront été contractées pour eux, en vertu des Présentes, & leurs successions, au cas de décès ou resignations, ou qu'ils passent en une autre Chambre; sans aussi que lesdits Créanciers puissent former aucunes oppositions au Sceau des provisions desdits offices, ventes & decrets des immeubles desdits sieurs Comparans, étant ponctuellement payés de leursdits arrerages; Pour plus grande sûreté de l'acquit & payement desquels arrerages, lesdits sieurs Procureurs, feront transport, cession & délégation ausdits Créanciers desdits arrérages, d'augmentations de Gages, si bon leur semble, pour être par eux touchez par & sur les quittances d'iceux Créanciers des Payeurs desdits Créanciers ou de M. le Trésorier de la Chambre; donner & accorder ausdits Créanciers, telles autres sûretés & assurances; stipuler toutes clauses & conditions que lesdits sieurs Procureurs jugeront à propos, passer & signer les Contrats & Actes nécessaires, élire domicile en la maison du Greffier de ladite Chambre, & généralement faire tout ce qui sera besoin; de même que feroient lesdits sieurs Comparans en personne, ayant dès à présent le tout agréable, sans

qu'il

qu'il soit besoin d'aucune autre approbation ni ratification de l'Emprunt. De laquelle somme de livres ou de partie d'icelle, sera fait mention sur la présente Délibération & Procuration, à mesure de la passation des Contrats sur les Grosses de chacun d'iceux, pour la dépense, frais & gratifications desquels & de tout ce qui regardera le présent pouvoir, lesdits sieurs Procureurs regleront & arrêteront ce qu'ils jugeront raisonnable : Promettant, &c. obligeant solidairement comme dessus, &c. Fait & passé en la troisiéme Chambre des Enquêtes du Parlement, l'an mil le jour d a midi : Et ont signé.

Procuration pour recevoir les arrérages d'une Rente sur la Ville.

FUt présent Sieur Claude le R Bourgeois de Paris, y demeurant ruë saint Paroisse saint . Lequel a fait & constitué son Procureur général & spécial, Maître Paul le N aussi Bourgeois de Paris, auquel il donne pouvoir de pour lui & en son nom, recevoir de Messieurs les Receveurs & Payeurs des Rentes de cette Ville, ou d'autres qu'il appartiendra, les arrerages échûs & qui écheront à l'avenir de livres de Rentes à lui constituez sur les Aydes & Gabelles le Décembre mil du reçû en donner quittances & décharges valables, & au refus de payement, faire par ledit sieur Procureur tout ce qu'il jugera à propos & nécessaire à ce sujet ; & généralement promettant, &c. obligeant, &c. Fait & passé à Paris en l'Etude de R Notaire, le mil sept cent Et a signé.

Procuration d'un Héritier d'un défunt à son Cohéritier, à l'effet de faire le Recouvrement des dettes actives de la succession dudit Défunt : à mettre au pied de l'Extrait d'Intitulé d'Inventaire, imprimé ci-devant page 237.

PArdevant les Conseillers du Roy, Notaires à Paris soussignez, fut présente Dame Geneviéve G veuve de M. François S Bourgeois de Paris, y demeurante ruë Paroisse saint heritiere bénéficiaire pour moitié de défunt Nicolas G Sieur de son pere ; laquelle a fait & constitué son Procureur général & spécial François M Ecuyer Conseiller, Secretaire du Roy, Maison, Couronne de France & & de ses Finances, aussi héritier bénéficiaire pour l'autre moitié dudit défunt sieur d auquel elle donne pouvoir de pour eux èsdits noms, recevoir toutes les sommes de deniers qui seront & se trouveront dûës à la succession dudit feu sieur d à cause des Fermes & affaires extraordinaires dans lesquelles il a été interessé, soit pour remboursement d'avances, intérêts, droit de présence ou bénéfices, faire compter les Caissiers desdits Fermes & affaires extraordinaires, & arrêter les Comptes de Société ; émarger à cet effet tous Etats de répartitions, & donner les quittances & décharges valables, comme aussi renouveller ou continuer les Baux des Maisons de ladite succession, & en recevoir les loyers: dont & du tout ledit sieur Procureur comptera à ladite Dame S & s'il est besoin, faire toutes saisies, arrêts & exécutions, en donner main-levées, s'il le juge à propos, plaider, &c. opposer, &c. appeller, &c. élire domicile, &c. substituer, &c. & généralement, &c. Promettant, &c. obligeant, &c. Fait & passé à Paris en la maison de ladite Dame Constituante sus-désignée, l'an mil le jour d Et a signé.

Procuration par un Fermier à un particulier, à l'effet de faire valoir & exploiter sa Ferme.

PArdevant les Conseillers du Roy Notaires au Châtelet de Paris soussignés fut présent Gilles G Bourgeois de Paris, y demeurant ruë Paroisse Saint Fermier de la moitié par indivis de toutes les Dixmes tant grosses que menues & vertes, comme Bled, Avoine, Sain-foin, Orges, Sarazin, Chanvre & autres grains, Vins & menues Dixmes, appartenantes aux Dames Religieuses du Couvent Royal des Filles Ordre de fondé à Paris, & à recevoir, & percevoir ès terroirs de H & C Saint D son annexe, suivant le Bail qui lui en a été fait par lesdites Dames Filles d pardevant lesdits Notaires soussignez ce jourd'hui, pour années consécutives, qui commenceront à Noël prochain, lequel a fait & constitué pour son Procureur général & spécial Rollin N laboureur & vigneron demeurant audit H auquel il donne pouvoir de pour lui & en son nom recevoir, percevoir & faire la cueillette en la maniere accoutumée de ladite moitié par indivis desdites Dixmes, de la nature ci-dessus exprimée, qu'elles sont dûës ausdites Dames Religieuses dans lesdits terroirs de H & C Saint D pendant lesdites années, à commencer ladite perception audit jour de prochain & en cas de refus de payer lesdites Dixmes par ceux qui en sont & seront tenus, les contraindre par toutes voyes dûës & raisonnables, & faire à ce sujet toutes les poursuites, contraintes & diligences nécessaires, si besoin est plaider, opposer, appeller, élire domicile, substituer, faire toutes saisies, arrêts, exécutions, donner & accorder main-levées, si le cas y échet, prêter tous consentemens, & généralement faire pour raison de l'exploitation dudit Bail & cueillette desdites dixmes tout ce qu'il appartiendra : promettant, &c. obligeant, &c. Fait & passé à Paris en l'étude de C Notaire l'an mil le &c.

Procuration simple pour occuper dans une affaire.

FUt présente Damoiselle Margueritte D fille majeure demeurante Cul-de-sac de la ruë Paroisse Saint Laquelle a donné pouvoir à Maître V Procureur au Châtelet de Paris, de pour elle & en son nom occuper dans toutes les affaires qu'elle a contre le nommé B audit Châtelet, & de faire tout ce qu'il appartiendra à ce sujet : promettant, &c. obligeant, &c. Fait & passé à Paris en l'Etude, le d'Octobre mil sept cens Et a signé.

Procuration d'Avis de Parens.

FUrent présens haut & puissant Seigneur Messire Joseph-François de B Chevalier Baron de & autres lieux, beau-frere à cause d'haute & puissante Dame Gabrielle-Charlotte B de S son épouse, demeurans ruë Paroisse Saint Illustrissime & Revérendissime Seigneur Monseigneur Jacques F B de S Evêque, Conseiller du Roi en ses Conseils, demeurant ruë Paroisse haut & puissant Seigneur Messire B Comte de S demeurant ruë de susdite Paroisse de Saint oncles paternels; haut & puissant Seigneur Messire Chevalier Comte de B Seigneur de S & autres lieux, Conseiller du Roi en son Conseil d'Etat; Haut & puissant Seigneur Messire de H Chevalier Comte de B & autres lieux, Conseiller d'Etat ordinaire, demeurant à l'Hôtel de Paroisse de Haut & puissant Seigneur Messire Antoine B du R Maréchal des Camps & Armées du Roi, Gouverneur du Q demeurant ruë Paroisse Saint & Haut & puissant Seigneur Messire Noël B Chevalier Seigneur de V demeurant ruë susdite Paroisse Saint cousins, tous de haut & puissant Seigneur Messire Felix-François B Marquis de S fils de haut & puissant Seigneur Messire Leger B Chevalier Marquis de P & de S Gouverneur du Lieutenant Général des Armées du Roi, &c. Lesquels sur ce qui leur a été représenté par ledit Seigneur Marquis de P & de S Gouverneur du qu'il auroit acquis pour ledit Seigneur son fils mineur, de Monsieur le Maréchal de C la Charge de Colonel du Régiment d'Infanterie de C par Traité passé devant H & L Notaires, le Mars mil moyennant la somme de livres, dont a été lors payé comptant livres des deniers de Monsieur l'Evêque de oncle dudit Seigneur mineur, & quant aux livres restans, ils auroient été stipulez payables au Avril mil avec les intérêts, qu'en déduction d'iceux il a été payé en l'acquit dudit Seigneur Maréchal de C à Messire Joseph de la Procureur en la Cour par ledit Seigneur Marquis de P des deniers de Messire Nicolas A Conseiller du Roi en ses Conseils, Président en l'Election de Paris, la somme de livres, par Quittance passée devant V & ledit L Notaires, le Août mil & par autre Quittance reçûë par ledit Q & son Confrere Notaires, le du présent mois; ledit Seigneur Maréchal de C auroit reçû dudit Seigneur Marquis de P aussi des deniers dudit sieur A la somme de liv. pour le restant desdits livres & intérêts; en sorte qu'il s'agit aujourd'hui de rembourser lesdits Seigneur Evêque de & sieur A desdites sommes, & de trouver à cet effet deniers suffisans. Surquoi ledit Seigneur Marquis de P demande l'avis desdits Seigneurs Comparans, lesquels ayans déliberez entr'eux, & trouvant cela tout à fait avantageux audit Seigneur Marquis de S fils, ils ont approuvé l'achapt fait pour lui de ladite Charge de Colonel & ledit Traité qui en a été passé, & en conséquence sont d'avis que ledit Seigneur Marquis de P ayant la Garde-noble & Tuteur dudit Seigneur son fils, rembourse ausdits Seigneur Evêque de & sieur A les sommes qu'ils ont payées de leurs deniers, comme il est ci-dessus marqué, soit des deniers dudit Seigneur de S fils mineur, soit de ceux dudit Seigneur Marquis de P ou bien que ledit Seigneur de P emprunte tous les deniers qu'il conviendra à cet effet, soit par obligation ou à constitution, si c'est par Obligation qu'il oblige ledit Mineur à rendre la somme dans le tems convenu, & si c'est à constitution à payer la rente, & la fournir & faire valoir en principal & arrérages, qu'à la restitution de ce qui sera emprunté & payement de la rente, il oblige & hypothéque tous les biens, meubles & immeubles, présens & à venir dudit Seigneur Mineur, que dans les Quittances, Obligations & Contrats qui seront passez, il soit fait les déclarations nécessaires & élection de domicile où il appartiendra, & pour requerir l'homologation des Présentes pardevant Monsieur le Lieutenant Civil au Châtelet de Paris, lesdits Seigneurs Constituans ont fait & constitué Maître Claude T l'aîné, Procureur audit Châtelet, auquel ils en donnent pouvoir, & de faire le serment en tel cas requis & généralement, &c. promettant, &c. obligeant, &c. Fait & passé à Paris ès demeures desdits Seigneurs Constituans, le de Novembre mil sept Et ont signé.

Procuration pour recevoir & poursuivre.

FUt présent Bernard F Bourgeois de Paris, y demeurant Paroisse Sainte Lequel a fait & constitué son Procureur général & spécial Maître Gilles le B Procureur en Parlement, auquel il donne pouvoir, de pour lui & en son nom recevoir du sieur Louis T Comte de V la somme de livres contenuë en sa promesse du Avril mil pour les causes y portées, du reçû en donner quittances & décharges valables, & à refus de payement obtenir Sentence, la mettre à exécution; faire saisie simple & réelle ou exécution, vente de meubles jusqu'au parfait payement, donner main-levées, plaider, &c. opposer, &c. appeller, &c. élire domicile, & généralement, &c. promettant, &c. obligeant, &c. Fait &

passé à Paris ès Etudes des Notaires soussignez, le Novembre mil Et a signé.

Procuration pour recevoir & négocier du reçu.

FUt présent Messire Aléxandre Q Conseiller Secretaire du Roi, Maison Couronne de France & de ses Finances, demeurant ruë Paroisse Saint Lequel a fait & constitué sa procuratrice générale & spéciale Damoiselle Louise Q sa niéce, fille majeure, à laquelle il donne pouvoir de pour lui & en son nom toucher & recevoir de qui il appartiendra, tous les arrérages échûs & qui écheront à l'avenir à lui dûs & appartenans, tant sur l'Hôtel de Ville de Paris que sur particuliers, & toutes les autres sommes mobiliaires qui lui sont & pourront être dûes par promesses, billets & autres causes quelconques, & même les livres par mois qu'est obligé de lui payer la Damoiselle sa fille par avance pour sa subsistance, alimens, vêtemens & médicamens, ainsi qu'il est convenu & ordonné, & de ce qui sera reçû en négocier en vertu des Présentes par ladite procuratrice, qui en rendra compte audit sieur Constituant & non à d'autres, pour quelque cause que ce soit & puisse être, ce fait en la présence de Messire Guillaume le G Conseiller du Roi, &c. demeurant ruë Paroisse Saint pour ce présent conseil requis par ledit sieur L dans les affaires d'entre lui & de ladite Damoiselle sa fille seulement, &c. Promettant, &c. obligeant, &c. Fait & passé à Paris en l'Etude de R le Novembre mil Et ont signé.

Procuration pour agir en affaire.

FUt présent Maître Etienne B Commissionnaire à O . étant de présent à Paris logé sur le Pont Paroisse en la maison de Monsieur N Maître Barbier-Perruquier-Baigneur à Paris, lequel a fait & constitué son Procureur général & spécial Cyprien J Bourgeois de Paris, auquel il donne pouvoir de pour lui & en son nom poursuivre & demander le payement de la somme de livres, restant de plus grande partie dûë audit Constituant par le sieur R Marchand de Vin à Paris, ruë Paroisse Saint pour marchandises de vin qu'il lui a vendu & fourni, & pour raison de laquelle somme il y a Instance pendante aux Consuls de cette Ville de Paris, poursuivre ladite Instance jusqu'à Sentence diffinitive, la mettre à exécution, & au sujet d'icelle plaider, &c. opposer, &c. appeller, &c. élire domicile, faire toutes saisies & arrêts, & au cas de payement en donner main-levée & toutes quittances & décharges valables, & généralement faire à ce sujet tout ce qu'il conviendra : promettant, &c. obligeant, &c. Fait & passé à Paris ès Etudes le Novembre a midi. Et a signé.

Procuration d'une femme pour son mari à une autre personne, à l'effet de se rendre caution de sondit mari.

FUt présente Damoiselle Catherine L   femme du sieur Moyse F   Marchand Maître Tailleur d'habits à Paris, y demeurant Carrefour de L   Paroisse Saint   de lui pour ce présent autorisée à l'effet des Présentes. Laquelle a fait & constitué son Procureur général & spécial le sieur Jean-Baptiste D   Bourgeois de Paris, auquel elle donne pouvoir de pour elle & en son nom, comparoir au Greffe de la Jurisdiction Consulaire de cette Ville, à l'effet de se rendre & constituer caution dudit sieur son mari, & s'obliger solidairement avec lui au payement de la somme de   livres, en quoi il a été condamné envers le sieur le R   par Sentence renduë en ladite Jurisdiction, le   d   dernier, faire les sommissions en tel cas requises & accoutumées, en requerir Acte, & généralement, &c. Promettant, &c. obligeant, &c. Fait & passé à Paris en la demeure desdits sieur & Damoiselle Comparans ci-devant déclarée, l'an mil   le   jour d   Et ont signé.

Procuration pour agir en affaires.

FUt présent le sieur André C   Banquier Bourgeois de Paris, y demeurant ruë Saint   Paroisse Saint   Créancier de la succession de défunt Messire Jacques-François Seigneur de   Chevalier Marquis de L   d'une somme de   livres restant de celle de   livres, portée par son Obligation passée pardevant R   & D   Notaires au Châtelet le   d   mil   au payement de laquelle somme de   livres, Monsieur le Marquis de L   frere dudit Défunt & son héritier, qui est aussi décedé depuis, s'est aussi obligé par son écrit, étant au dos de ladite Obligation du   d   mil   & encore créancier de la somme de   livres portée par le billet particulier dudit sieur Marquis de L   dernier, décedé du   d   mil   Lequel sieur C   a fait & constitué pour son Procureur général & spécial Maître   auquel il donne pouvoir de pour lui & en son nom, agir & faire toutes poursuites, saisies, oppositions, pour sûreté de ses droits & conservation de sadite dette, en donner main-levée s'il le juge à propos, constituer tous Procureurs, les changer si bon lui semble & en mettre d'autres en leur place, & si besoin est, plaider, appeller, opposer, élire domicile, donner quittances, & généralement faire comme si ledit sieur C   y étoit présent en personne; promettant, &c. obligeant, &c. Fait & passé à Paris en la maison dudit sieur Constituant, le   d   mil   Et a signé.

Procuration par le ſubrogé Tuteur d'une Mineure, à l'effet d'aſſiſter & être préſent à l'inventaire des biens & effets mobiliers d'une ſucceſſion pour l'intérêt de ladite Mineure.

PArdevant les Notaires, &c. fut préſent Maître Louis B Procureur en la Cour, demeurant ſubrogé Tuteur de Damoiſelle Marie-Louiſe M fille mineure de François-Simon M & de défunte Dame Catherine L ſes pere & mere, qui eſt habile à ſe dire & porter ſa ſeule & unique héritiere, à laquelle ledit ſieur ſon pere a été auſſi élû Tuteur par l'avis de ſes parens & amis homologué, par Sentence du Châtelet de Paris du jour leſquelles charges ils ont acceptez par acte en ſuite des le tout étant au Regiſtre de C Greffier, lequel étant obligé de partir pour la campagne, a en ladite qualité de ſubrogé Tuteur fait & conſtitué ſon Procureur Jean D demeurant auquel il donne pouvoir & puiſſance de pour lui & en ſon nom ſoutenir l'intérêt d'icelle mineure, être préſent à l'inventaire qui ſe doit faire à la Requête dudit ſieur ſon pere, des biens, meubles, meublans, uſtenciles d'hôtel & de menage, habits, linge & hardes, argent monnoyé & non monnoyé, titres, papiers, enſeignemens & autres effets, étans de la communauté qui a été entre ledit ſieur François-Simon M & ladite Catherine L ſon épouſe, & qui ſe ſont trouvez au jour de ſon décès en la maiſon où elle eſt décedée en la Ville de dont il fera ſerment de les fidélement repréſenter en la maniere accoutumée; nommer & convenir des Officiers pour y proceder & faire la confection dudit inventaire, faire toutes requiſitions, proteſtations, prêter tous conſentemens, même que les choſes inventoriées demeurent en la garde & poſſeſſion dudit ſieur M pere, pour par lui les repréſenter toutesfois & quantes comme dépoſitaire, & généralement, &c. Promettant, &c. obligeant, &c. Fait & paſſé à Paris ès Etudes, &c. l'an mil le jour de Et a ſigné.

Procuration à l'effet d'affirmer une créance véritable devant un Juge, ſur un Arrêt d'ordre & diſtribution de deniers.

PArdevant les Conſeillers du Roi Notaires, &c. fut préſente haute & puiſſante Dame Margueritte-Thérеſe de veuve de haut & puiſſant Seigneur Meſſire Nicolas de B (*mettre la demeure*) Laquelle a fait & conſtitué ſon Procureur général & ſpécial Maître Pierre B Procureur au Parlement, auquel elle donne pouvoir de comparoir pour elle & ſa perſonne repréſenter devant tels Juges qu'il appartiendra, & notamment devant M Conſeiller au Parlement en la deuxiéme Chambre des Enquêtes, & en exécution de l'Arrêt de ladite Cour du Mai mil ſur l'ordre & diſtribution du prix des Terres de vendus ſur Michel G &

Damoiselle Françoise D sa femme, à la Requête de René jurer & affirmer pour & en l'ame de ladite Dame Constituante, que la somme de livres sols deniers, faisant moitié de celle de livres sols deniers, pour laquelle ledit sieur a été colloqué par ledit Arrêt, comme ayant droit par transport du sieur B & cedée à ladite Dame Constituante par acte du passé pardevant Notaire par Messire Claude H Chanoine à A seul & unique héritier sous bénéfice d'inventaire dudit sieur René H lui est bien & légitimement dûë, & qu'elle n'a point connoissance que ladite somme ait été payée, requerir acte de ladite affirmation, même reprendre pour & au nom de ladite Dame Constituante, la poursuite de l'exécution dudit Arrêt d'ordre au lieu dudit défunt sieur René A comme ayant ladite Dame Constituante droit de lui par transport, & généralement faire à ce sujet tout ce qu'il conviendra, & pour recevoir ladite somme de liv. sols den. des sieurs Receveurs des Consignations du Parlement, & leur en donner Quittance en la forme & de la maniere qu'il sera convenu, avec soumission de la rapporter s'il étoit ainsi ordonné, par les mêmes voyes qu'ils y pourroient être contraints; ladite Dame a fait & constitué son Procureur général & spécial Maître auquel elle en donne tout pouvoir, & généralement, &c. Promettant, &c. obligeant, &c. Fait & passé, &c.

Procuration par les héritiers d'une succession à l'effet de recueillir les biens d'icelle.

PArdevant les Conseillers du Roi Notaires, &c. furent présens Jeanne C veuve de Thomas J Jardinier, demeurant à M étant de présent en cette Ville, Pierre le F Aubergiste à Paris, y demeurant ruë & Catherine T sa femme, qu'il autorise pour l'effet des Présentes. Lesquels ont fait & constitué leur Procureur général & spécial la personne de Thomas R Fruitier à Paris, y demeurant ruë tant en son nom à cause de Françoise T sa femme, que comme Tuteur de Charles D fils de feu Charles D & de Marie T ses pere & mere, lesdits T surnommez héritiers chacun pour un quart de Jacqueline M leur mere, au jour de son décès veuve de Etienne G Garde de M. le Maréchal de L & en premieres nôces de Nicolas T Menuisier, demeurant à B sur auquel Thomas R ils ont donné pouvoir & puissance de pour & en leurs noms, recüeillir la succession de ladite Jacqueline M leur mere, faire faire inventaire si fait n'a été des effets d'icelle, procéder audit inventaire, y prendre telle qualité que ledit Procureur jugera à propos, exercer les reprises de ladite Défunte contre les successions de sondit défunt mari leur pere, ou du tout transiger & composer à telles sommes, clauses & conditions que ledit Procureur jugera à propos, recevoir toutes les sommes de deniers qu'il conviendra, en donner Quittances valables, faire rendre compte à tous débiteurs, & généralement faire pour raison de ce & dépendances tout ce qu'il appartiendra, plaider, &c.

oppofer, &c. appeller, &c. élire domicile, fubftituer, &c. Promettant, &c obligeant, &c. Fait & paffé à Paris ès Etudes, &c. l'an mil le jour de Et ont figné.

Procuration à l'effet de compter avec les Fermiers d'une Terre.

PArdevant les Confeillers du Roy Notaires à Paris fouffignez fut préfent Meffire Claude Louis D de D Abbé Commendataire de N. D. de demeurant à Paris ruë & Paroiffe Saint au nom & comme tuteur des enfans mineurs de défunt Meffire Nicolas-François D Chevalier, Seigneur Comte de & Dame Marie-Agnès T fa femme, leur pere & mere, lequel audit nom a fait & conftitué fon Procureur général & fpécial auquel il donne pouvoir & puiffance de pour lui & en fondit nom compter avec le Fermier de la Terre de appartenante audit mineur, de tous les fermages de ladite Terre échûs de tout le paffé jufqu'à ce jour, recevoir ce qui s'en trouvera par lui dû, en donner toutes quittances & décharges valables, & à refus de payement faire toutes pourfuites, contraintes & diligences néceffaires; faire toutes les réparations que befoin fera aux bâtimens de ladite Terre, pour cet effet faire tous marchés avec tous ouvriers à tel prix, charges, claufes & conditions que ledit fieur Procureur avifera, plaider, &c. oppofer, &c. appeller, élire domicile, &c. fubftituer, &c. & généralement, &c. promettant, &c. obligeant, &c. Fait & paffé à Paris ès études, &c. l'an mil &c.

Procuration pour affirmer fur un Exploit de Saifie-Arrêt.

PArdevant les Notaires à Paris fouffignez, fut préfent Louis de G tant pour lui que pour *tels* & *tels*, lequel a fait & conftitué leur Procureur général & fpécial Maître Nicolas H Procureur au Châtelet de Paris, auquel il donne pouvoir par ces préfentes de comparoir pour eux pardevant Monfieur le Lieutenant Civil fur l'affignation qui leur a été donnée par l'exploit de faifie faite entre leurs mains le Avril dernier à la Requête de Damoifelle Barbe Catherine D de Saint H & de Silvain G fur la fucceffion dudit défunt fieur de L & affirmer en leurs ames & confciences, comme il a fait èfdits noms ès mains des Notaires fouffignez, qu'ils ne doivent aucune chofe à la fucceffion dudit défunt fieur de L & ne devoient rien au jour de ladite faifie, & en conféquence requerir être déchargés de la faifie avec dépens, & généralement, &c. promettant, &c. obligeant, &c. Fait & paffé, &c.

Procuration à l'effet de passer titre nouvel.

PArdevant les Notaires à Paris soussignez, fut présent Jean-Baptiste Joseph B Ecuyer Seigneur de B Conseiller du Roi, Receveur général des Finances de la généralité de Légataire universel de feu Simon B Ecuyer Seigneur de son pere, & en cette qualité Seigneur de la B demeurant à Paris rue Paroisse Saint lequel en ladite qualité de Seigneur de la B a fait & constitué son Procureur général & spécial auquel ledit sieur constituant donne pouvoir de pour lui audit nom passer & signer titre nouvel & reconnoissance devant Notaires, en bonne & dûë forme, au profit du sieur T de livres de rente qu'il a droit de prendre & percevoir par chacun an sur ladite Terre & Seigneurie de la B ès noms qu'il procede. En conséquence obliger ledit sieur constituant audit nom au payement, cours & continuation d'icelle rente, aux termes & de la maniere portée aux titres justifians la propriété de ladite rente audit sieur T aux hypotheques desquels ne sera dérogé ni innové, & sans préjudice des arrerages de ladite rente, si aucuns lui sont présentement dus & échus, & généralement, &c. promettant, &c. obligeant, &c. Fait, &c.

Procuration à l'effet de présenter Requête dans une Instance d'appointé à mettre, & de poursuivre sur icelle Requête.

PArdevant les Conseillers du Roy Notaires à Paris soussignés furent présens Barthelemi & Marguerite L sa femme, de lui autorisée à l'effet des présentes demeurant Paroisse Saint Pierre D & Denise L sa femme, aussi de lui autorisée à l'effet des Présentes, demeurans ruë Paroisse Saint lesdits L par représentation d'Elisabeth R leur mere, héritieres chacune pour moitié dans un tiers de Jacques R & Dame R leurs Ayeul & Ayeule, lesquels ont fait & constitué pour leur Procureur général & spécial la personne de M Procureur au Parlement, auquel ils donnent pouvoir de pour eux & en leurs noms présenter Requête dans l'Instance d'appointé à mettre, qu'ils ont pendante aux Requêtes du Palais, au rapport de M N Conseiller, à l'encontre de Michel C Bourgeois de Paris, & Jeanne Eléonore B sa femme, soutenir lesdits & sa femme non recevables & malfondés dans le chef de demande à fin d'enterinement du partage fait entre les Parties, demander qu'ils soient condamnés de fournir & délivrer aux Constituans l'expédition du lot de partage à eux échu, avec les pieces justificatives de la propriété des immeubles qui y sont compris, offrir pour lesdits Constituans de rembourser audit C & sa femme le tiers des frais dudit partage, & ceux faits en exécution de la Sentence de demander que faute par Jean-Baptiste B pere & beau-pere desdits C & sa femme d'avoir fait les affirmations ordonnées par la Sentence arbitrale du mil ils soient déboutés de leur demande à fin de payement de la somme de livres & interêts, interjetter Appel de ladite Sentence arbitrale au chef qui adjuge les intérêts à du mil jour du transport, en conséquence demander qu'attendu que dans ladite Sentence il n'est énoncé aucune demande d'intérêts, lesdits C & sa femme soient condamnés de rapporter ladite demande d'intérêts, ensemble la Sentence adjudicative d'iceux, sinon que lesdits Constituans seront déchargés de la somme de livres sols pour lesdits intérêts, en conséquence que la susdite somme de livres sols sera réduite à la somme de livres, offrir en outre pour lesdits Constituans de payer ladite somme de livres avec les intérêts, même d'abandonner ausdits C & sa femme le lot échû ausdits Constituans, avec tous les bâtimens, améliorations & augmentations qu'ils y ont fait faire, sur le pied de l'estimation qui en sera faite par Experts, à la charge par lesdits C & sa femme de leur payer & rembourser en deniers comptans le surplus de l'estimation, après être payés, mettre en fait que ledit Jean-Baptiste B s'est emparé des meubles & effets mobiliers appartenans à Jacques R & ladite de C & demander d'en faire preuve, & enfin faire par le Procureur constitué tout ce qu'il jugera à propos, plaider, &c. opposer, &c. appeller, &c. élire domicile, substituer, & généralement promettant, &c obligeant, &c. Fait & passé à Paris ès études, &c. l'an mil sept cens

---

Procuration par une Veuve comme Tutrice de son fils Mineur, & par un autre son fils Majeur, Légataires particuliers de leur Ayeul paternel, à l'effet de consentir l'exécution testamentaire de leurdit Ayeul, recevoir les legs de l'Exécutrice d'icelui, & à refus de payement faire les poursuites nécessaires.

PArdevant les Conseillers du Roi Notaires à Paris soussignez furent présens Barbe M veuve en premieres noces de François de V Bourgeois de Paris, y demeurante ruë Paroisse Saint au nom & comme tutrice d'Antoine D mineur, fils dudit deffunt & d'elle Legataire particulier de défunt Marin D son ayeul paternel vivant Laboureur à C en Picardie, & François-Benoît D Bourgeois de Paris y demeurant ruë Paroisse Saint aussi Légataire particulier dudit défunt Marin D son ayeul, conjointement avec ledit Antoine D son frere, pour la somme de livres, ce qui est à chacun livres, à eux léguées par ledit défunt leur ayeul, suivant son testament reçu par Messire Charles G Curé dudit lieu de C le sans néanmoins que les qualités de Legataires particuliers leur puissent nuire ni préjudicier, lesquels ont fait & constitué leur Procureur général & spécial Monsieur Jacques D auquel ils donnent pouvoir & puissance de pour eux èsdits noms & qualités, consentir l'exécution dudit Testament; toucher & recevoir de Louise D femme d'Antoine de C demeurante audit C Légataire universelle dudit défunt Marin D son pere & son Exécuteur Testamentaire, ladite somme de livres avec les intérêts à compter du jour du décès dudit Marin D jusqu'au jour du payement de ladite somme de du reçu que sera ledit sieur Procureur de la somme principale & intérêts en donner toutes quittances & décharges valables, & à défaut ou refus de payement faire toutes poursuites, contraintes & diligences, tant contre ladite C que contre les autres Cohéritiers ou Légataires en ladite succession, jusqu'à Sentence ou Jugemens diffinitifs, les mettre ou faire mettre à exécution par voye de saisies, arrêts, exécution de meubles, des fruits pendans par les racines, établir Gardiens & Commissaires aux choses saisies, faire déclarer lesdites saisies bonnes & valables, ordonner que lesdites choses saisies seront vendues, en conséquence que les deniers en provenans seront baillés & délivrés audit sieur Procureur sur & tant moins ou jusqu'à concurrence desdits livres, intérêts, frais & dépens & mises d'exécution, & sur le tout plaider, &c opposer, &c. appeller, &c. élire domicile, substituer un ou plusieurs Procureurs en tout ou partie du présent pouvoir, les révoquer, en constituer d'autres en leur lieu & place, ces Présentes demeurantes toujours valables, prêter tous consentemens, donner main-levées, si le cas y échet, même si ledit Procureur le juge à propos, pour éviter à procès & contestation, composer, transiger à l'amiable desdits intérêts seulement, en faire remise soit du tout ou de partie ainsi qu'il avisera, & généralement faire au sujet de tout ce que dessus circonstances & dépendances tout ce qu'au cas appartiendra, promettant, &c. obligeant, &c. Fait & passé à Paris ès Etudes, &c. l'an mil le ladite veuve D a déclaré ne sçavoir signer, de ce interpellée suivant l'Ordonnance, & ledit D fils a signé

Procuration générale par un mari à sa femme.

PArdevant les Conseillers du Roi Notaires Gardenotes & Gardes-Scels au Châtelet de Paris soussignez fut présent sieur Philippe L Bourgeois de Paris y demeurant ruë Paroisse Lequel a fait & constitué sa Procuratrice générale & spéciale la personne de Damoiselle Jeanne de C son epouse, qu'il autorise à l'effet des Présentes, & pour tout ce qu'elle fera en conséquence, à laquelle il a donné pouvoir & puissance de pour eux & en leurs noms, regir, gouverner, & administrer tous leurs biens & affaires, bailler à ferme, loyer & prix d'argent leurs Maisons, Fermes, Terres & Héritages à eux appartenans situés tant à Paris qu'à la Campagne en divers endroits, à telles personnes, pour tel tems, prix, charges, clauses & conditions que ladite Damoiselle Procuratrice avisera ; même vendre, céder & transporter avec garantie simple ou sans garantie, & aliéner toutes leursdites Maisons, Fermes, Terres & héritages & autres leurs biens, tant meubles qu'immeubles, de quelque nature & qualité qu'ils puissent être, ou telles parties d'iceux qu'elle voudra aussi, à telles personnes, pour tels prix, charges, clauses & conditions qu'elle trouvera le plus à propos, emprunter toutes & chacunes les sommes de deniers dont ladite Damoiselle Procuratrice aura besoin, soit par obligations, billets, promesses, à constitution de rente ou autrement, demander & recevoir tous loyers des maisons, fermages, rentes d'héritages, intérêts, les uns échus & à écheoir, & généralement toutes les sommes de deniers qui leur sont & seront dues par billets, promesses, obligations ou autrement, sans en excepter aucuns, même tous sorts principaux & fonds qui leur peuvent appartenir, donne en outre ledit sieur Constituant pouvoir à ladite Damoiselle son épouse de traiter, transigner, composer & accorder par transaction, voye d'arbitres ou autrement de tous procès & différends mûs & à mouvoir, en demandant ou deffendant, ainsi que bon lui semblera, ou bien poursuivre lesdits procès jusqu'à Sentences & Arrêts diffinitifs, en telles Jurisdictions qu'ils puissent être, même faire toutes cessions, transports de leurs droits avec ou sans garantie, ainsi qu'elle avisera, accorder, & donner termes & délais, recevoir aussi tout ce qui en proviendra, faire rendre compte à tous comptables, Fermiers, & autres leurs Débiteurs, de toutes les sommes qu'ils leur peuvent devoir & devront ci-après, à quelques sommes que le tout se puisse monter ; débattre, allouer, clore & arrêter lesdits comptes, en recevoir les reliquats : De tout ce que ladite Damoiselle Procuratrice recevra en donner par elle bonnes quittances & décharges valables & à refus de payement de tout ce qui peut, & pourra être ci-après dû audit sieur Constituant & à ladite Damoiselle son épouse par leurs Fermiers, Locataires & autres leurs débiteurs, poursuivre leursdits débiteurs & redevables par toutes voyes dûës & raisonnables, & faire à l'encontre d'eux toutes poursuites, contraintes & diligences nécessaires, saisir, arrêter, donner mainlevées, déposseder les Locataires de leursdits maisons, & Fermiers de leurs héritages & en leurs places en mettre d'autres, renouveller les baux de tous lesdits biens à mesure qu'ils finiront, accepter ou recueillir purement & simplement ou par bénéfice d'inventaire toutes successions & legs qui pourront leur écheoir, faire partage des biens desdits successions ou renoncer à icelles, accepter les lots qui leurs échéront ou renoncer à iceux, ainsi que bon semblera à ladite Damoiselle Procuratrice, accepter toutes donations, gratifications & recompenses qui leur pourroient être faites, par quelques personnes que ce soient & à telles charges, clauses & conditions que ce puisse être, faire insinuer icelles en toutes Jurisdictions qu'il sera nécessaire, & faire généralement pour l'accomplissement desdites donations, gratifications, & recompenses, tout ce qui sera de besoin & nécessaire. Passer à l'effet de la présente Procuration tous Contrats de ventes, cessions, transports, transactions, donations, baux à ferme, & loyers, quittances, décharges & autres actes que besoin sera pardevant tous Notaires & autres personnes publiques, & à la garantie des choses qui seront par ladite Damoiselle

Procuratrice vendûës & alienées, payemens, cours & continuation des arrerages de rentes qui seront par elle constituées & aux sorts principaux d'icelles, y obliger ledit sieur constituant son époux avec elle solidairement, sous les renonciations requises & ordinaires, & pour raison de tout ce que dessus & de l'accomplissement en entier de la présente Procuration, faire tout ce que ladite Procuratrice jugera à propos, plaider &c. opposer, &c. appeller, faire toutes saisies tant simples que réelles, & sur icelles pousuivre jusqu'à entiere satisfaction, donner main-levées, écrire, produire, tant en demandant que défendant, élire domicile, substituer un ou plusieurs Procureurs tant au fait de plaidoyrie qu'en tout ou partie du présent pouvoir, les révoquer, en constituer d'autres en leur lieu & place, & ce tant & si souvent que ladite Procuratrice le jugera à propos, avec pareil pouvoir aux substitués de substituer, & généralement, &c. promettant ledit sieur Constituant avoir tout ce que par ladite Damoiselle son épouse sera fait & geré, pour agréable, & le ratifier toutes fois & quantes qu'il sera besoin, sans cependant que le défaut de ratification puisse empêcher l'effet & l'exécution de ce qui sera fait par ladite Damoiselle Procuratrice en vertu de la présente Procuration, qui ne sera point sujette à surannation, mais toujours en sa force & vertu, nonobstant tous laps de tems, obligeant, &c. Fait & passé à Paris en l'étude de l'un des Notaires soussignez l'an mil sept cens le jour d Et a signé.

Procuration générale d'un Bénéficier.

PArdevant les Conseillers du Roi Notaires au Châtelet de Paris soussignez fut présent illustrissime & révérendissime Seigneur Messire Jean-Baptiste D Evêque de Abbé des Abbayes de étant de présent à Paris logé dans la maison Presbiterale de la Paroisse S. lequel a fait & constitué pour son Procureur général & spécial, la personne du sieur Jean François M Bourgeois de Paris, auquel ledit Seigneur Evêque donne pouvoir & puissance de pour lui & en son nom régir & administrer ses biens & affaires, recevoir de qui il appartiendra toutes & chacunes les sommes de deniers qui lui sont & seront ci-après dûës, tant en principaux qu'accessoires, par qui & pour quelque cause que ce soit, & spécialement les arrerages des rentes à lui appartenantes & de celles dont il a droit de jouir & recevoir sous ses quittances, tant à cause de son susdit Evêché & desdits Abbayes, que de celle de unie audit Evêché, & autrement sur particuliers, sur le Clergé général, sur les Diocèses particuliers & sur les Aydes, Gabelles & cinq grosses Fermes de France, plus la Pension de livres par chacun an accordée audit Seigneur Evêque par Nosseigneurs du Clergé de France, & généralement tous les autres biens, rentes & revenus dudit Seigneur Evêque, tant présens qu'avenir, & de quelque nature qu'ils soyent, même les remboursemens des principaux des rentes, s'ils sont offerts, des reçus donner quittances & décharges valables, consentir toutes mentions & subrogations requises & nécessaires, faire tous remplois que ledit Procureur jugera à propos, avec les Déclarations qu'il appartiendra, comme aussi recevoir ce qui pourra écheoir ou être donné & accordé audit Seigneur constituant, soit par successions, donations, legs ou autrement, en donner pareillement quittances & décharges valables, & au refus de payement par lesdits débiteurs, les poursuivre par les voyes de droit, saisir, arrêter, donner main-levées, recueillir & accepter toutes successions, donations & legs qui pourront arriver, & être faits audit Seigneur Evêque, faire faire tous oppositions de scellé, en requerir main-levées, assister aux inventaires, prisées & ventes de meubles, en recevoir le prix ou partie, en donner les quittances & décharges valables, nommer & convenir d'Officiers, faire faire les partages des biens desdites successions, & si besoin est nommer & convenir pareillement d'Experts pour en faire l'estimation, former les lots, les jetter au sort, accepter celui ou ceux qui échéront audit Seigneur Evêque, recevoir ou promettre de payer la soulte, même la payer, en donner ou retirer quittances, se charger de toutes piéces, donner décharges de celles qui seront retirées par ledit sieur Procureur, faire tous baux à loyers par l'avis conjointement avec le sieur de G Vicaire général dudit Seigneur Evêque, à telles personnes & pour tels tems, prix, charges, clauses & conditions que ledit sieur Procureur avisera, examiner, clore & arrêter tous comptes, ou les débattre & contester, en recevoir les reliquats, en donner aussi quittances & décharges valables, ainsi que des piéces justificatives, faire faire toutes saisies réelles, poursuivre les criées, ventes & adjudications, en donner main-levées, plaider en toutes Instances, tant en demandant que deffendant, les poursuivre jusqu'à Jugemens diffinitifs, plaider, &c. opposer, &c. appeller, &c. élire domicile, &c. substituer en tout ou partie des présentes un ou plusieurs Procureurs, les revoquer, en substituer d'autres en leur lieu & place, transigner, composer & accorder de tous procès ou convenir d'arbitres, & ce tant aux charges, peines, clauses & conditions que ledit sieur Procureur souhaitera, aussi par l'avis & conjointement avec ledit sieur de P & généralement faire ce qu'il trouvera bon, sans que la présente Procuration soit sujette à surannation, voulant ledit Seigneur Evêque qu'elle soit toujours en sa force & vertu, promettant avoir le tout pour agréable, sans qu'il soit besoin d'aucune ratification, obligeant, &c. Fait & passé à Paris, en la susdite Maison Presbiterale de Saint l'an mil sept cens le & a signé.

Procuration générale d'un mari à sa femme.

PArdevant les Conseillers du Roi Notaires au Châtelet de Paris soussignez, fut présent sieur Louis L Bourgeois de Paris, y demeurant ruë Paroisse Saint Lequel a fait & constitué sa Procuratrice générale & spéciale, Damoiselle Catherine J son épouse qu'il autorise à l'effet des présentes & pour tout ce qu'elle fera en conséquence, à laquelle il donne pouvoir de pour eux & en leurs noms, prendre le soin & la conduite de leurs affaires, régir & gouverner tous leurs biens, recevoir toutes & chacunes les sommes de deniers qui leur sont & pourront être ci-après dûës, tant par promesses, obligations, fermages, loyers de maisons, arrerages de rentes sur la Ville & sur particuliers, gages, appointemens, Lettres de change, condamnations, adjudications ou autrement, à quelque titre que ce puisse être, même recevoir les sorts principaux desdites rentes, s'ils sont offerts; de tout ce qui sera reçû donner quittances & décharges valables, & au refus de payemens par les Débiteurs faire à l'encontre d'eux toutes les poursuites & diligences suffisantes, même toutes saisies, arrêts, exécutions & ventes de biens, meubles, comme aussi toutes saisies réelles des immeubles, dont elle poursuivra les ventes par décrets jusqu'à adjudication de fonds, poursuivre tous les procès & différends qu'ils ont de présent & pourront avoir ci-après, ou bien en intenter d'autres, les mener & conduire jusqu'à Jugemens diffinitifs, & à l'obtention d'iceux, fournir & alleguer tous moyens, constituer tous Procureurs, les révoquer & établir d'autres, & sur tout ce que dessus, plaider, &c. opposer, &c. appeller, &c. élire domicile, &c. substituer, &c. transigner desdits procès mûs & à mouvoir, ou bien d'iceux compromettre ès mains de personnes intelligentes sur tous les chefs desdits procès ou partie d'iceux, le tout moyennant tels prix, charges, clauses & conditions que ladite Damoiselle Procuratrice avisera pour le mieux; renouveller lesdits compromis, les proroger, acquiescer à toutes Sentences arbitrales, ou s'en porter pour Appellante, ainsi que de tous Jugemens, relever lesdits Appels & fournir de moyens d'iceux jusqu'à Jugemens diffinitifs : Plus, entretenir tous leurs biens, payer ou promettre de payer les ouvriers, ceder & transporter leurs biens meubles & effets qui leur appartiennent en cas de besoin, sinon emprunter par obligation ou à constitution de rente telles sommes de deniers dont ladite Damoiselle Procuratrice se trouvera avoir de besoin, passer Contrats & obligations devant Notaires, & à tout ce qu'elle fera obliger ledit sieur Constituant solidairement avec elle, sous les renonciations ordinaires & tous leurs biens présens & à venir, tant & si longuement que le cas le requerra, faire toutes remises & compositions, former toutes oppositions, passer tous baux à loyer, s'en désister, en renouveller d'autres, donner main-levées des saisies simples & réelles, faire faire tous emprisonnemens, consentir les élargissemens, élire domicile, & généralement faire & agir en ladite régie ainsi que bon semblera à ladite Damoiselle Procuratrice, promettant, &c. obligeant, &c. Fait & passé à Paris en l'étude &c. le mil sept cens Et a signé.

Sur les modeles & formules des Procurations ci-dessus, l'on peut facilement en faire de toutes sortes.

DES

Des Protestations.

PRoteſtation, eſt une Déclaration que l'on fait par quelque Acte contre la fraude, l'oppreſſion & la violence de quelqu'un, ou contre la nullité d'une action, d'un Jugement, d'une procédure, portant qu'on a deſſein de ſe pourvoir en tems & lieu. Les Proteſtations ſe font quelquefois pardevant Notaires, par un Acte par lequel on proteſte de nullité de quelqu'autre Acte que l'on a déja paſſé, ou qu'on eſt ſur le point de paſſer. Mais les Proteſtations ſecretes qui ſe font chez les Notaires, ne ſervent que de conjectures & on n'y a pas beaucoup d'égard, ſi elles ne ſont appuyées de preuves qui juſtifient du contenu aux Proteſtations.

Proteſtation contre & avant la paſſation d'une Obligation.

AUjourd'hui eſt comparu pardevant les Notaires, &c. Louis demeurant à lequel a dit & déclaré, que pour éviter aux frais & conſommation de ſon bien, il eſt forcé & contraint de paſſer avec Jeanne ſa femme, une Obligation de livres, au profit de Maître Louis & de ſuppoſer ladite Obligation pour argent prêté; quoique la vérité ſoit que ledit Louis ne leur fournira aucuns deniers; mais ſeulement ſera faite pour demeurer quitte par ladite Jeanne de quelques deniers que ledit Louis lui a prêtez par Obligation: pourquoi & pour avoir main-levée de la ſaiſie réelle que ledit Louis a fait faire de icelui comparant avec ladite Jeanne ſa femme, ſont contraints comme dit eſt, de faire la ſuſdite Obligation au profit dudit Louis c'eſt pourquoi ledit Comparant, tant pour lui que pour ſadite femme, a par ces Préſentes proteſté & proteſte que ladite Obligation qui ſera par eux ainſi faite au profit dudit Louis ne leur pourra nuire ni préjudicier, & de ſe pourvoir contre icelle par les voyes de droit; même de s'en faire relever & reſtituer en tems & lieu, comme ayant ledit Louis ſurpris ladite Jeanne pour lui faire faire leſdites obligations & promeſſes, au ſujet deſquelles ils ſont forcez, ainſi que dit eſt, de faire la ſuſdite Obligation au profit dudit Louis & en outre proteſte de tout ce qu'il peut & doit èſdits noms proteſter en cette partie, dont & de tout ce que deſſus ledit Comparant a requis acte auſdits Notaires, qui lui ont octroyé le préſent pour lui ſervir & valoir èſdits noms, ce que de raiſon. Ce fut ainſi fait & paſſé, &c.

Protestation d'un Religieux contre ses vœux.

FUt présent Joseph de Saint à présent Novice en l'Abbaye de Saint lequel considérant que le tems de faire ses vœux approche, & qu'il y sera sans doute forcé par sa famille, pour profiter induëment des biens temporels qu'il a plû à Dieu de lui départir, quoiqu'il ne se sentît nullement appellé à cette vocation, & qu'il n'ait demeuré dans ladite Abbaye depuis le jour de son ingression & vêture, ausquelles il a été en quelque maniere forcé par sesdits parens, en sorte qu'il ne lui a pas été loisible d'y résister, a déclaré & déclare qu'il proteste solemnellement contre lesdits vœux faits & à faire, & que son cœur n'aura aucune part au sens des paroles que sa bouche prononcera dans cette terrible action : Protestation dont il a requis acte, pour s'en servir en tems & lieu à se faire restituer contre lesdits vœux, dès que la violence qui y donnera lieu aura cessée, & qu'il se trouvera en liberté de le faire avec sûreté, dont il lui a été octroyé acte pour lui servir & valoir en tems & lieu ce que de raison.

Il y auroit très-peu de changemens à faire à cet Acte, quand la Profession se trouveroit déja faite. Il peut être fait par un jeune homme, ou par une jeune fille, qui se trouveroit dans le cas. Il donnera lieu à la restitution contre les vœux, si l'on reclame dans les cinq ans, autrement non.

Protestation pour n'être point tenu de la diminution d'Especes envers une personne à qui on a accepté une Lettre de change.

AUjourd'hui est comparu pardevant les Notaires à Paris soussignez, en l'Etude de l'un d'iceux, François-Louis B Marchand Epicier à Paris, y demeurant Cloître & Paroisse Saint tant pour lui que pour Charles D son Associé : Lequel a dit, qu'ayant été tiré une Lettre de change sur eux, par le sieur Michel C Marchand à Orléans, le dernier, payable à Usances, de la somme de liv. suivant l'acceptation qu'ils ont faite de ladite Lettre ; & attendu que le tems auquel elle doit être payée, est plus qu'expiré, & que personne ne se présente pour en recevoir le contenu ; ce qui a obligé lesdits B & son Associé, de tenir toujours la valeur de ladite Lettre de change en argent, comme ils l'ont actuellement ; ainsi qu'il est apparu ausdits Notaires soussignez, par l'exhibition réelle présentement faite par ledit sieur Comparant de pareille somme de livres, en écus de livres, au cours de ce jour ; & pour se disculper & garantir de la tare & diminution, qui doit arriver demain sur lesdites Especes, suivant la Déclaration du Roi du dernier, il a par ces Présentes protesté, qu'il ne sera aucunement tenu de la susdite diminution, qui doit être supportée par le Porteur de ladite Lettre de change : ce

fait ledit Comparant, a remporté ladite somme ci-dessus exhibée, dont & du tout il a requis Acte ausdits Notaires soussignez, qui lui ont octroyé le présent pour lui servir & valoir ce que de raison. Fait & passé à Paris en ladite Etude de Notaire, le & dernier jour d mil
Et a signé.

Protestation contre une Quittance & un Billet.

AUjourd'hui est comparu pardevant les Conseillers du Roi, Notaires au Châtelet de Paris soussignez, Noël B Marchand Forain, de présent à Paris, logé ruë & Paroisse Saint , à l'enseigne de
Lequel a dit & déclaré qu'il sort présentement des Prisons du grand Châtelet de cette Ville, où il avoit été arrêté à la Requête de Louis S Marchand de Tabac; demeurant au coin de la ruë en vertu d'une Sentence surprise par défaut par ledit S contre ledit B aux Consuls de Paris, pour raison du compte qui étoit à faire entr'eux des marchandises que ledit B lui avoit fournies, desquelles il prétend être quitte au moyen dudit compte; que cependant ledit S n'ayant voulu consentir son élargissement hors desdites prisons, qu'en lui payant non-seulement la somme de livres, qu'il lui a payée ce jourd'hui par Quittance passée devant & son Confrere Notaires, a exigé encore de lui un Billet payable au Porteur de la somme de livres, qu'il lui a fait écrire ce jourd'hui & datter du sans qu'il ait mis de qui il en a reçû la valeur; c'est pourquoi & attendu que ledit Comparant n'a fait ledit Billet payable au Porteur, & payé ladite somme portée en ladite Quittance, que pour parvenir à sa liberté & à sa sortie hors desdites prisons, où sa détention lui faisoit perdre toutes ses affaires, & lui causoit un tort très-considérable; attendu qu'il ne croit pas devoir aucune chose audit S a par ces Présentes protesté de nullité de ladite Quittance & dudit billet; & de se pourvoir, pour s'en faire relever & décharger par les voyes, selon & ainsi qu'il avisera bon être, protestant en outre de tout ce qui est à protester en cette partie: promettant, &c. obligeant, &c. renonçant, &c. Fait & passé à Paris ès Etudes l'an mil le Et a signé.

Protestation contre un Arrêt avant la Passation d'un Acte subséquent.

AUjourd'hui est comparu pardevant les Notaires au Châtelet de Paris soussignez, Damoiselle Marie de L fille majeure, usante & joüissante de ses biens & droits, demeurante à Paris ruë & Paroisse
Laquelle a dit & déclarée qu'elle a ci-devant fait des offres verbales à Dame Margueritte O épouse & procuratrice de Guillaume-François M sieur D & de Jacques B sieur du H de lui payer en deniers comptans, la somme de livres sols deniers, à laquelle ont été reglez à l'amiable les dépens ausquels ledit sieur du H a été

condamné par Arrêt du Conseil du dernier, tant envers lesdits sieur & Dame D qu'envers le sieur E Procureur du Roi au Bailliage de & que comme ladite Damoiselle comparante entend se reserver par la Quittance qu'elle en espere retirer ce jourd'hui pour ledit sieur du H de se pourvoir contre ledit Arrêt par les voyes de droit, même de repéter lesdits dépens, contre lesdits sieur & Dame D & dans la crainte qu'elle a que ladite Damoiselle D ne voulût souffrir ladite reserve dans ladite Quittance, laquelle n'auroit été passée sans icelle, étant dans le dessein de revenir contre ledit Arrêt, en vertu duquel elle fera ledit payement, a par ces Présentes protesté qu'au cas qu'elle ne fît ladite reserve, qu'elle entend se pourvoir contre ledit Arrêt, par les voyes & comme bon lui semblera, & comme si ladite reserve étoit énoncée par ladite Quittance, dont acte octroyé à ladite Damoiselle comparante, & qu'elle promet réitérer après la passation de ladite Quittance, & ce en l'Etude de l'un desdits Notaires soussignez, l'an mil le a midi. Et a signé.

Réitération de ladite Protestation, après la passation dudit Acte.

ET le lendemain desdits mois & an, est comparue devant lesdits Notaires soussignez, ladite Damoiselle de L nommée de l'autre part. Laquelle a déclaré avoir fait ledit payement de la somme de livres sols deniers à ladite Dame D èsdits noms, par Quittance passée pardevant & son Confrere, Notaires à Paris, le jour d'hier après midi, dans laquelle Quittance ladite Damoiselle Comparante n'a pû inserer la reserve mentionnée en l'Acte de l'autre part : ce qui ne l'a pas empêché de faire ledit payement, pour éviter les frais de taxe & autres frais qui auroient été faits pour raison de ce ; c'est pourquoi elle réitere ladite Protestation de se pourvoir contre le susdit Arrêt par les voyes, & comme ledit sieur du H avisera bon être, sans laquelle reserve ledit payement n'auroit été fait : dont Acte octroyé, à Paris en l'Etude dudit Notaire, les jour & an devant dits. Et ont signé.

Protestation d'une femme non commune en biens d'avec son mari, contre quelque Ecrit qu'il lui auroit forcé de signer.

AUjourd'hui est comparue, &c. Damoiselle Catherine J épouse séparée quant aux biens du sieur Joseph A intéressé dans les affaires du Roi, à présent prisonnier ès prisons du grand Châtelet de cette Ville, elle demeurante ruë Paroisse Saint Laquelle a dit que ledit sieur son époux l'ayant envoyé querir ce jourd'hui sur les heures d elle se seroit transportée à ladite heure èsdites prisons du grand Châtelet, où étant ledit sieur son époux l'auroit conduit & fait entrer entre les deux guichets desdites prisons, & là par menaces l'auroit contrainte à signer deux écrits separez, dont elle n'est point mémorative, n'en sçachant point la teneur ; &

comme elle a lieu de craindre que ce ne ſoit quelques Actes ou Contrats obligatoires, qui entraîneroient la perte de ſes biens, où dans cette occaſion un mari ne fait guere d'attention; elle a été conſeillée de proteſter, comme elle proteſte de nullité par ces Préſentes contre toutes obligations, tranſports, conſtitutions, ventes ou autres écrits qui ſe pourroient trouver ſignez de ſondit mari & d'elle, ce jourd'hui comme forcez: Pourquoi elle proteſte auſſi de ſe pourvoir en Juſtice pour en obtenir ſa décharge, & en outre proteſte de tout ce qu'elle peut & doit proteſter en ce rencontre: Dont & de tout ce que deſſus ladite Dame a requis le préſent Acte, à elle octroyé par leſdits Notaires ſouſſignez, pour lui ſervir & valoir en tems & lieu, ce que de raiſon; en l'Etude de L l'un d'iceux, l'an mil le jour de ſur les heures. Et a ſigné.

Proteſtation contre & avant l'arrêté d'un Compte.

AUjourd'hui eſt comparu pardevant les Conſeillers du Roi, Notaires Gardenotes au Châtelet de Paris ſouſſignez, Etienne V Marchand de Bois, demeurant ordinairement à étant de préſent en cette Ville priſonnier ès priſons du grand Châtelet, mis entre les deux guichets d'icelle, comme lieu de liberté, pour faire & paſſer ces Préſentes. Lequel a dit que le ſieur Etienne S Marchand de Bois à l'auroit fait arrêter priſonnier dès le du préſent mois, pour le payement d'une prétenduë ſomme de pour laquelle il auroit obtenu Sentence contre lui, & depuis l'auroit obligé de paſſer un Acte de reconnoiſſance de ladite ſomme, auquel il a fait intervenir & obliger ſa femme, ſur laquelle ſomme il a fait pluſieurs payemens, dont ledit S ne lui veut point tenir compte, ſe prévalant injuſtement de ſa détention, pour exiger de lui ce qu'il ne lui doit point; en ſorte que pour parvenir à ſa liberté, il eſt obligé de reconnoître un compte à lui préſenté par ledit S en la maniere qu'il ſouhaite de lui, parce qu'autrement ledit S ne veut point lui donner d'élargiſſement; c'eſt pourquoi il proteſte de nullité contre l'arrêté dudit compte, & qu'il ne pourra lui faire aucun tort, perte ni dommages, ſe reſervant à ſe pourvoir contre, & d'en expliquer ſes raiſons toutes fois & quantes: dont & de quoi il a requis acte auſdits Notaires, qui lui ont octroyé le préſent entre les deux guichets deſdites priſons, l'an mil ſept cens le a midi. Et a ſigné.

Réitération de ladite Proteſtation après l'arrêté du compte y mentionné.

ET le mil a midi, eſt comparu pardevant leſdits Notaires en l'Etude de L l'un d'iceux, ledit ſieur Etienne V à préſent logé ruë à l'Hôtel d Paroiſſe Saint Lequel a dit, que le jour d'hier après midi sur les heures, il fut obligé d'acquiescer à un compte, dont il est fait mention par les Protestations ci-dessus, en la maniere qu'il lui a été présenté, quoiqu'il eût proposé les diminutions qui lui devoient être faites, & qu'il justifiera en tems & lieu, parce qu'autrement ledit sieur S refusoit toujours de consentir à son élargissement, si vrai qu'il ne fait aucune mention par l'arrêté dudit compte qu'il ait été fait dans les prisons, quoiqu'il y fût encore actuellement; c'est pourquoi il réïtere ladite Protestation de l'autre part, & proteste encore de nouveau, que l'arrêté dudit compte ne lui pourra nuire ni préjudicier de la part dudit S & de repeter contre lui toutes pertes, dépens, dommages & intérêts pour raison dudit emprisonnement, dont & de quoi il a requis Acte aufdits Notaires, qui lui ont octroyé le présent en l'Etude dudit L les jour & an que dessus. Et a signé.

Protestation contre une Déclaration de dépens d'un Décret taxez.

AUjourd'hui mil heures du matin, est comparuë pardevant les Conseillers du Roi, Notaires au Châtelet de Paris soussignez, en l'Etude de l'un d'iceux, Damoiselle Marie C fille majeure demeurante chez Madame la Marquise de Laquelle a déclaré qu'en qualité de créanciere des nommez D elle avoit été obligée de faire saisir réellement leurs immeubles, & avoit chargé de la poursuite de cette affaire le sieur H Procureur au Présidial de par l'entremise du sieur H son fils, Avocat en la Cour, qui avoit recherché avec empressement cette occasion, à ce qu'il disoit, pour lui rendre service, & tâcher de la faire colloquer sur le prix de la vente desdits biens, attendu qu'elle étoit derniere créanciere; & qu'à cet effet il lui demanda un pouvoir qu'elle lui a donné par écrit pour encherir lesdits biens jusqu'à la somme de livres, & qu'au lieu par ledit H fils, de tenir sa promesse & menager les frais du Décret, vû le peu de valeur desdits biens; il les avoit tellement multipliez, ou plutôt son pere qui les avoit fait taxer avant l'adjudication des biens à la somme de livres, & ensuite fait faire ladite adjudication à livres seulement, sans qu'il en ait voulu jusqu'à présent faire la déclaration au profit de ladite Damoiselle C suivant le pouvoir qu'il en avoit, à moins qu'il n'eût fait payer entiérement lesdits frais; ce qui paroissant tout-à-fait contre l'ordre, ladite Damoiselle C a lieu de craindre quelque infidélité de la part dudit H pere, qui a dessein de se rendre maître de ses biens, en faisant sa déclaration d'iceux sous un nom supposé, ainsi que plusieurs personnes lui en ont donné avis & que lui-même s'en est vanté; c'est pourquoi ladite Damoiselle C suivant l'avis & conseil qui lui a été donné de payer lesdits frais, & de faire ses protestations pardevant lesdits Notaires qu'elle n'approuve point ladite taxe qui est exhorbitante, & qu'elle proteste de se pourvoir contre icelle par les voyes qu'elle avisera bon être, pour la faire reduire suivant les reglemens de la Cour; desquelles déclarations & & protestations ladite Damoiselle C a requis Acte ausdits Notaires soussignez, qui lui ont octroyé le présent pour lui servir & valoir en tems & lieu ce que de raison. Fait & passé à Paris ès Etudes l'an mil ledit jour & heure. Et a signé.

Des Protêts de Lettres de Change.

PRotêt est un Acte qui se fait à la Requête du porteur d'une Lettre de Change, lorsque celui sur qui elle est tirée, fait difficulté de l'accepter, pour avoir ensuite son recours sur le Tireur, par lequel Protêt il proteste du change & rechange, & de tous ses dépens, dommages, intérêts, ausquels le Tireur ne peut manquer d'être condamné.

Il y a deux sortes de Protêt, l'un faute d'acceptation, & l'autre faute de payement.

A l'échéance des Lettres, quand elles ont été acceptées, ou qu'elles sont tirées à jour nommé; à une ou deux Usances, ou en payement, ou à vûë.

Les Protêts faute d'accepter, doivent être faits dans le même tems que l'on présente la Lettre & que celui sur qui elle est tirée refuse de l'accepter, soit pour le tems, ou pour les sommes portées par les Lettres, ou défauts de Lettres d'avis & de provision.

Les Protêts faute de payer toutes sortes de Lettres de Change tirées à jour nommé, ou à usance, doivent être faits dans les dix jours de faveur, à compter du lendemain de l'échéance des Lettres.

Protêt de Lettre de Change faute d'accepter.

Nota. *Il faut transcrire la Lettre de Change en tête de l'Original du Protêt & de la Copie, suivant l'Ordonnance de 1673. tit. 5. art. 9.*

AUjourd'hui en la Compagnie & avec les Notaires, &c. demeurant à ruë Paroisse de s'est transporté au domicile dudit ruë Paroisse de parlant à ledit sieur lui a montré & présenté la Lettre de Change, dont copie est ci-dessus transcrite; ce faisant ledit a sommé & interpellé ledit parlant comme dit est d'accepter présentement pour payer à son échéance ladite Lettre de Change, ce qu'il a refusé faire; pour lequel refus ledit lui a déclaré qu'il renvoyera ladite Lettre de Change sur les lieux, prendra pareille somme de y contenuë, à change & rechange de place en place, aux risques, périls, fortunes, dépens, dommages & intérêts de qui il appartiendra, & protesté de tout ce qu'en pareil cas appartient; & a ledit requis acte de tout ce que dessus ausdits Notaires, &c.

Si la Partie fait réponse, la recevoir & lui faire signer, prendre sa réponse pour refus, & suivre son Protêt.

Autre Protêt faute de payement.

Transcrire la Lettre de Change en tête de l'Original du Protêt & de la copie; & les ordres comme ci devant.

AUjourd'hui, *comme ci-devant*, ce faisant ledit a par ces Présentes sommé & interpellé ledit parlant comme dessus, de lui donner & payer présentement la somme de contenuë en ladite Lettre; aux offres de lui remettre icelle en faisant ledit payement bien & dûëment quittancée: lequel de payer ladite somme de a été refusant; pour lequel refus ledit lui a déclaré qu'il renvoyera ladite Lettre de Change sur les lieux, prendra de l'argent de place en place, payera le change & rechange, le tout aux risques, périls, fortunes, dépens, dommages & intérêts dudit & des endosseurs de ladite Lettre de Change, & protesté contr'eux de tout ce qu'en pareil cas appartient. *Et le reste comme au précédent.*

Nota. *Quand le protêt est fait & dénoncé le porteur de la Lettre de Change peut prendre argent de place en place, à change & rechange fournissant une Lettre de Change payable en la même Ville, d'où celle protestée est tirée, & comprendre la somme principale de ladite Lettre, les frais du protêt, du voyage, s'il y en a, la provision, le courtage, & le prix du nouveau change. Edit du Commerce, titre 6.*

Exemple. *La Lettre est de 2000. liv. tirée de Lyon payable à Paris. Les frais du protêt sont d'ordinaire quand le Notaire ou l'Huissier ne se transporte point hors de Paris de 30. sols: la provision à $\frac{1}{3}$ pour cent, 6. livres 16. sols 4. deniers: le courtage $\frac{1}{8}$ pour cent, 2. liv. 10. sols; & si le prix du nouveau change est communément à un demi pour cent, pour les payemens les plus prochains 30. liv. 2. sols 11. den. font ensemble 2040. liv. suivant ledit Edit sus-datté.*

Nota. *Quand une Lettre de Change est payable à 1. 2. ou autres usances, les usances sont de 30. jours chacune, encore que les mois ayent plus ou moins de 30. jours. Ordonnance de 1673. Titre des Lettres & Billets de Change, Art. 5.*

Promesse

Promesse de faire & passer Licitation à l'amiable.

FUrent présens Eustache, Robert & Godefroy L freres héritiers, chacun pour un tiers de défunt Guillaume L &c. Lesquels après avoir procedé au partage de sa succession le plus également qu'il leur a été possible, n'ont trouvé pour tous immeubles que le fief de scitué à dont le partage seroit fort difficile; parce qu'il consiste en un corps de maison, jardin, prez, terres, bois, &c. dont la joüissance leur deviendroit infructueuse s'il étoit partagé : pour à quoi obvier & entretenir entr'eux la paix qu'elle pourroit troubler, ils sont convenus de se trouver ensemble le jour d prochain, en l'Etude de Notaire à Paris, pour procéder pardevant lui à la Licitation dudit fief; & ont promis d'en passer vente au profit de celui d'entr'eux qui sera le plus haut & dernier Enchérisseur, même d'y admettre des Etrangers pour en faire augmenter le prix, à l'effet de quoi il sera posé des Affiches à la porte de l'Eglise Paroissiale de & de l'Auditoire dudit lieu, pour y inviter des Enchérisseurs; & après l'adjudication qui en sera faite en être le prix partagé entre les Parties sans aucune fraude : car ainsi, &c.

Promesse de vendre une Charge.

FUrent présens Damoiselle Antoinette B veuve de deffunt sieur Charles D Juré mesureur de grains à Paris, y demeurante ruë Paroisse d'une part; & sieur François L Bourgeois de Paris y demeurant ruë Paroisse Saint d'autre part.

Lesquels sont convenus & demeurés d'accord, de ce qui suit.

C'est à sçavoir, que ladite Damoiselle veuve de a promis & s'est obligée de vendre audit sieur P & pour cet effet en passer Contrat pardevant L l'un des Notaires soussignez, incessamment & le plûtôt que faire se pourra, la charge de Juré mesureur de grains à Paris, dont étoit pourvû & jouissant ledit défunt sieur D son mari, & que depuis ladite veuve avoit vendue à défunt François C Maitre tailleur d'habits à Paris, & dans laquelle charge elle est rentrée en possession comme Créanciere sur icelle charge de livres & des intérêts de ladite somme échûs & à écheoir, moyennant le prix & somme de livres francs & quittes de toutes dettes & charges généralement quelconques, ensorte que ledit sieur P en soit paisible possesseur & jouissant, lequel se fera recevoir à ses frais & dépens en ladite charge, sans être sur icelle inquiété ni recherché du fait de ladite veuve D en façon quelconque, pourquoi ledit sieur P a présentement baillé & payé sur icelle & en déduction du prix principal à ladite veuve D qui de lui confesse avoir reçû la somme de livres, autres livres qu'il promet payer le jour de la passation du Contrat de vente de ladite charge livres au du mois de prochain livres au du mois de mil le tout en espéces sonnantes & non autrement, de convention expresse, & sur les livres dûs à ladite Damoiselle D par les héritiers dudit défunt C étant dû présentement livres d'intérêts, ledit sieur P s'obligera par le Contrat de les payer à ladite Damoiselle veuve D au mois de mil à la décharge de la succession & héritiers dudit Défunt C dont il demeurera quitte d'autant envers ladite succession & héritiers de la somme de livres dont ils sont Créanciers sur ladite charge, & par lequel Contrat ils seront délégués pour ladite somme de livres, après toutesfois le consentement exprès du sieur C tuteur des enfans mineurs dudit défunt C & à l'égard des livres restans de ladite somme de livres ledit sieur P s'obligera en faire rente de livres à ladite Damoiselle veuve D payable de quartier en quartier, à commencer du jour de la passation dudit contrat, jusqu'au rembourſement de ladite somme principale, qui se fera en espéces sonantes, comme il est ci-dessus dit, & s'il arrivoit que l'une ou l'autre des parties vînt à se dédire de la passation de la vente de ladite charge, le refusant, si c'est du fait dudit sieur P ladite somme de livres par lui ci-dessus payée restera ès mains de ladite Damoiselle veuve D sans qu'il lui en puisse demander aucune chose, & si c'est du fait de ladite Damoiselle veuve D elle rendra audit sieur P ladite somme de livres par lui à elle ce jourd'hui payée, & en outre lui payera la somme de livres aussi en espéces sonantes, ainsi qu'elle le promet & s'oblige par ces présentes, le tout par forme de dédit; car ainsi, &c. promettant, &c. obligeant, &c. chacun en droit soi, &c. renonçans, &c. Fait & passé à Paris en la demeure de ladite Damoiselle veuve D ci-devant désignée, l'an mil le a midi. Et ont signé.

Prorogation de Compromis, à mettre au pied d'icelui.

ET le jour audit an sont comparus pardevant les Notaires soussignez ledit Michel le B d'une part, & ledit Jean d'autre, lesquelles parties considérant que le tems du compromis ci dessus est expiré, ils ont jugé à propos de le proroger & continuer, comme ils font d'un commun accord, pour huit jours, à commencer du jour de l'échéance, réïterant l'election de domicile y portée. Promettant, &c.

DES QUITTANCES.

LA Quittance eſt un Acte conſenti pardevant Notaires ou ſous ſeing-privé par un Créancier au profit de ſon Débiteur, par lequel il le déclare quitte de ſa dette.

Elle peut être générale, ſi les Parties ont compté enſemble de toutes les affaires qu'elles avoient entr'elles, ou particuliere pour une ſeule affaire, auquel cas le Créancier ne doit pas y omettre la clauſe, ſans préjudice d'autres dûs, droits, noms, raiſons & actions, pour empêcher le Débiteur de s'en prévaloir pour d'autres dettes que celle qu'il a payée.

La remiſe du titre original de la créance, s'il n'a pas trait à d'autres choſes, eſt la meilleure Quittance que l'on puiſſe donner.

Voyez ci-après l'Arrêt du Parlement du 31. Août 1676.

Quittance d'arrérages de rente ſur particulier.

EN préſence des Notaires &c. Euſtache a reconnu avoir reçu de Fabius la ſomme de pour un quartier échû le dernier jour de Juin dernier, à cauſe de de rente que ledit *tel* lui doit par chacun an par Contrat paſſé pardevant G Notaire, le dont il ſe tient content & en quitte ledit Fabius, & tous autres. Fait & paſſé, &c.

Quittance pour un legs teſtamentaire.

EN préſence des Notaires &c. Bonaventure demeurant confeſſe avoir reçu de Marchand au nom & comme exécuteur du teſtament & ordonnance de derniere volonté de Louis Bourgeois de reçu par Notaire, le la ſomme de à lui donnée & leguée par ſondit teſtament ; de laquelle ſomme il quitte ledit la ſucceſſion dudit défunt & tous autres. Promettant, &c. obligeant, &c.

Quittance d'une somme adjugée par une Sentence.

EN présence des Notaires &c. Noel confesse avoir reçu de la somme de en quoi il a été condamné vers lui par Sentence du pour & ainsi que le contient ladite Sentence, dont, &c. quittance, &c.

Quittance générale du prix d'une ferme.

EN présence des Notaires, &c. Jean a reconnu avoir été entierement payé & satisfait par Louis de la somme de pour six années qui ont commencé au jour de & finies à pareil jour de l'année de la Ferme, Terre & Seigneurie de que ledit Louis avoit prise dudit Jean pour lesdites six années, à raison de par an, suivant le bail fait au Conseil le jour de de laquelledite somme de qui a été payée à plusieurs & diverses fois, ledit Jean s'est tenu & tient content & en quitte ledit Louis & tous autres: Et ne serviront les quittances particulieres dudit sieur Jean, même une quittance générale par lui donnée audit Louis en datte du au bas d'une expédition en parchemin dudit bail, & la présente que d'un seul & même acquit, promettant, &c. obligeant, &c. renonçant, &c. Fait, &c.

Quittance pour le reste du prix de la vente d'un Office.

EN la présence des Notaires, &c. Maître Bonaventure confesse avoir reçu de Marc à ce présent, qu'il lui a payé, compté & délivré, présens lesdits Notaires soussignez, en louis d'or & d'argent, & autre monnoie, le tout bon & ayant cours, la somme de pour reste & parfait payement du prix de la vente qui lui a été faite de sondit Office de par contrat passé pardevant Notaires audit Châtelet le jour de de laquelle somme de ledit Bonaventure se contente & en quitte ledit Marc & tous autres, ensemble des intérêts qui lui étoient dûs d'icelle somme de depuis le jour de jusqu'à ce jour, moyennant lequel payement consent & accorde que sur la minutte & grosse dudit contrat il soit fait mention sommaire du contenu ci-dessus en vertu des Présentes, sans que sa présence y soit nécessaire, le tout qui ne servira ensemble que d'un seul & même acquit, Promettant, &c. obligeant, renonçant, &c.

Quittance d'une somme de deniers donnée par le pere à son fils, en avancement d'hoirie sur sa succession future.

FUt présent Jean P Marchand à Paris, y demeurant en la maison du sieur G son beau-frere rue Paroisse lequel a reconnu & confessé avoir eu & reçu d'André P aussi Marchand Bourgeois de Paris, & Françoise T sa femme, ses pere & mere la somme de pour employer aux frais du voyage & établissement qu'il va faire en l'Isle de Cayenne, suivant les concessions qu'il en a obtenues de Messieurs de la Compagnie des Indes Occidentales, & en exécution de la société qu'il a faite avec le sieur O de laquelle somme de ledit Jean P se contente, en quitte & décharge sesdits pere & mere, & promet en tenir compte venant par lui à leurs successions futures, Promettant, &c. obligeant, &c. renonçant. Fait & passé &c.

Quittance de droits d'indemnité, portant déclaration de part & d'autre.

EN la présence des Notaires Gardenotes du Roi au Châtelet de Paris, soussignez, Illustrissime & Reverendissime Seigneur Hardouin de Perefixe, Archevêque de Paris, Conseiller du Roi en ses Conseils, Chancelier & Commandeur de ses Ordres, demeurant en son Palais Archiépiscopal au cloître de l'Eglise de Paris, a confessé avoir eu & reçu de tous Maîtres, Gouverneurs & Administrateurs de l'Hôtel-Dieu & de l'Hôpital des Incurables de cette Ville de Paris par les mains de Maître C Receveur dudit Hôpital des Incurables aussi à ce présent, qui lui a, de l'Ordonnance desdits sieurs Gouverneurs & Administrateurs, payé, compté, nombré & délivré, présens les Notaires soussignez, en & monnoie ayant cours, la somme de livres à quoi monte le droit d'indemnité dû audit Archevêché, à cause de l'acquisition faite au profit dudit Hôpital, d'une maison sise à Paris ruë des vendue par par Contrat passé pardevant Notaires audit Châtelet de Paris le jour de De laquelle somme de livres mondit Seigneur Archevêque se contente, en a quitté & quitte lesdits sieurs Gouverneurs & Administrateurs, ledit Hôpital & tous autres : Et a mondit Seigneur Archevêque promis employer ladite somme de livres par lui présentement reçue, au payement de partie de la somme de livres pour laquelle il doit acquérir de Messire Victor M Conseiller-Aumonier du Roi de la Reine mere de Sa Majesté, Abbé de Saint-Estienne de P cinquante arpens ou environ de terre situés au terroir d'Ivry, pour être unis à la Ferme Seigneuriale de Millepas dépendante dudit Archevêché, dont il promet passer contrat, & par icelui ou quittance particuliere qui en sera retirée, déclarer que ladite somme de livres fera partie dudit payement, & en fournir copie collationnée par Notaires aufdits fieurs Gouverneurs & Adminiftrateurs dudit Hôpital, dans pour tenir lieu de l'employ dudit droit d'indemnité, fans préjudice à mondit Seigneur Archevêque de de cens que doit ladite maifon, ledit cens portant lods, vente, faifine & amende quand le cas y échet, que ledit Hôpital fera tenu de payer & continuer audit Seigneur Archevêque, fon Receveur, ou au porteur desPréfentes, tant & fi longuement qu'il fera propriétaire de ladite maifon, partie ou portion d'icelle, au jour qu'il eft payable; déclarant lefdits fieurs Adminiftrateurs que ladite fomme de livres provient & fait partie de livres que Marguerite & Louife B fœurs, filles majeures, ont donné audit Hôpital, à la charge de leur payer livres de rente viagere par contrat paffé pardevant L & L Notaires audit Châtelet de Paris le trentiéme jour d'Octobre de la préfente année mil au défir duquel ils font la préfente Déclaration, promettant, &c. obligeant, &c. renonçant, &c. Fait & paffé à Paris, fçavoir à l'égard dudit Seigneur Archevêque, audit Palais Archiépifcopal; & à l'égard defdits fieurs Gouverneurs, au Bureau dudit Hôtel-Dieu au Parvis Notre-Dame, l'an mil le jour de a midi. Et ont figné.

Quittance portant conftitution de penfion viagere à fonds perdu.

FUt préfent Meffire Louis G Confeiller & Préfident au Grenier à fel de y demeurant, étant de prefent à Paris logé rue Paroiffe Saint en la maifon ou pend pour enfeigne tant en fon nom que comme Procureur de Damoifelle C fa femme, fondé de fa Procuration fpéciale à l'effet qui enfuit, paffée pardevant Nicolas Notaire Royal audit le lequel fieur G èfdits noms a reconnu & confeffé avoir eu & reçu de Pierre, Sieur de C Confeiller demeurant ruë Paroiffe Saint à ce prefent qui lui a compté, nombré & délivré, préfens les Notaires fouffignez, en louis d'or & d'argent, & monnoie, &c. la fomme de livres dont il fe contente & promet èfdits noms folidairement un feul pour le tout, fans divifion ni difcution, renonçant aux bénéfices defdits droits, de bailler & payer audit fieur de C ce acceptant, fa vie durant, en fa maifon à Paris, franchement & quittement livres de rente viagere qui eft à raifon du denier vingt-deux par chacun an aux quatre quartiers accoutumés également, dont le premier quartier de payement échera le dernier jour de prochain & ainfi continuer d'année en année, de quartier en quartier, pendant la vie dudit fieur de C après la mort duquel ledit fieur G Préfident fera tenu, promet, s'oblige èfdits noms folidairement comme deffus, de payer & continuer lefdits par chacun an aufdits quatre quartiers, par forme de penfion alimentaire, à Claude J petit neveu dudit fieur de C auffi la vie durant dudit J fans que ladite penfion puiffe être faifie par aucuns créanciers dudit J comme lui étant donnée pour fondit aliment, au payement & continuation desquels livres par an auſdits quatre quartiers, tant audit ſieur de C qu'audit J leur vie durant, ledit ſieur G Préſident èſdits noms, a obligé, affecté & hypothequé tous & chacuns les biens, meubles & immeubles, préſens & à venir, de lui & de ladite Damoiſelle ſa femme, ſans qu'il puiſſe y avoir aucun retardement ni diminution pour quelque cauſe & occaſion que ce puiſſe être, parce qu'autrement & ſans cette condition expreſſe, ledit ſieur de C n'auroit fourni ladite ſomme; & après le décès dudit J ledit ſieur G ladite Damoiſelle ſa femme, leurs biens, hoirs & ayans cauſe, ſeront & demeureront quittes & déchargez du payement & continuation deſdites livres de rente le fonds & ſort principal de laquelle qui eſt ladite ſomme de livres ce acceptant par ledit ſieur G èſdits noms, ledit ſieur de C en fait dès-à-preſent & par ces Préſentes don & délaiſſement irrévocable, aux charges, clauſes & conditions ſuſdites, tranſportant tous droits de propriété, deſſaiſiſſant, &c. voulant, &c. Procureur, &c. le Porteur, &c. donnant pouvoir, &c. & pour faire inſinuer ces Préſentes au Greffe des Inſinuations du Châtelet de Paris & partout ailleurs où il appartiendra, leſdites Parties ont fait & conſtitué leur Procureur le porteur des Preſentes, auquel ils donnent pouvoir de ce faire & d'en requerir Acte: Et pour l'exécution des Preſentes ledit ſieur G èſdits noms, a élu ſon domicile irrevocable dans cette Ville de Paris en la maiſon de auquel lieu, nonobſtant, &c. promettant, &c. obligeant, &c. ledit ſieur G èſdits noms ſolidairement, &c. renonçant comme deſſus, &c. Fait & paſſé, &c.

Quittance donnée au Garde du Tréſor Royal, d'une ſomme contenuë en une Ordonnance.

EN préſence des Notaires, &c. Chriſtophe confeſſe avoir reçu de Conſeiller du Roi en ſes Conſeils, Garde de ſon Tréſor Royal, la ſomme de ordonné par Sa Majeſté être payée audit Chriſtophe pour *telle choſe*; de laquelle ſomme de ledit Chriſtophe ſe tient content, en quitte ſa Majeſté, ledit ſieur & tous autres. Fait, &c.

Autre Quittance au même effet par un particulier comme Procureur.

EN préſence &c. Pierre au nom & comme Procureur de Louis de fondé de ſa Procuration ſpéciale paſſée pardevant le controllée & ſcellée, l'original de laquelle paraphé dudit ſieur Pierre, & à ſa réquiſition des Notaires ſouſſignez, ſera fourni au ſieur Garde du Treſor Royal ci-après nommé; a ledit ſieur Pierre audit nom confeſſé avoir reçu de Conſeiller du Roi en ſes Conſeils, Garde de ſon Tréſor Royal, qui lui a payé comptant en l'acquit de ſa Majeſté, la ſomme de livres ordonné par le Roi être payée audit B pour de laquelle somme de livres ledit sieur Pierre audit nom se tient content, en quitte sa Majesté, ledit sieur & tous autres. Fait & passé, &c.

Quittance pour les Gages des Gardes du Corps du Roi.

EN présence des Notaires, &c. Jean Ecuyer Sieur de l'un des Gardes du Corps de Sa Majesté sous la charge de Monsieur Capitaine desdits Gardes, a confessé avoir reçu comptant de noble homme Pierre Conseiller du Roi, Trésorier & Payeur des gages desdits Gardes, la somme de a lui ordonné à cause de sadite charge, pour ses gages ordinaires, droit de guet, & entretenement de Hoqueton durant le quartier d'Avril, Mai & Juin de la présente année de laquelle somme ledit sieur se contente & en quitte ledit sieur Tresorier & tous autres, promettant, &c. obligeant, &c. renonçant, &c. Fait & passé, &c.

Autre Quittance quand l'un desdits Gardes a servi au lieu & place d'un autre Garde.

EN présence des Notaires &c. Jean Ecuyer, Sieur de l'un des Gardes du Corps de Sa Majesté, sous la charge de Monsieur Capitaine desdits Gardes du Corps, a confessé avoir reçu comptant de noble homme Conseiller du Roy, Trésorier & Payeur des Gages desdits Gardes, la somme de à lui ordonnée à cause de sadite Charge, pour avoir servi près & autour de la personne de Sa Majesté durant les six premieres *ou* dernieres semaines du quartier d'Avril, Mai & Juin de la présente année au lieu & place d'Antoine Ecuyer sieur de aussi l'un desdits Gardes, dont & de laquelle somme de ledit sieur Jean se contente & en quitte ledit sieur Trésorier & tous autres : promettant, &c. obligeant, &c. renonçant, &c. Fait & passé, &c.

Nota. *La même chose s'observe aux quittances pour les gages des Gardes du Corps & autres Officiers de la Reine & des Fils de France.*

Quittance d'appointemens d'un Officier d'armée.

PArdevant, &c. fut présent (*ici il faut mettre le nom & les qualités de l'Officier*) lequel confesse avoir reçu comptant en cette Ville de Paris (*ou en tel autre lieu*) de noble homme Conseiller du Roi, & Trésorier général de la somme de à lui ordonnée pour son état & appoin-

tement

tement durant les mois de Mars & Avril de la présente année à raison de pour chacun Soldat, & de pour chacun par mois, èsquels susdits mois, montre & revue auroit été faite de ladite Compagnie, le tout suivant & ainsi qu'il est déclaré par l'Ordonnance de Sa Majesté, portant ladite somme de pour les causes susdites, en date du 25 jour de Mai audit an, signé Louis; *& plus bas* de laquelle somme de ledit *tel* se tient content, & en a quitté & quitte ledit sieur Trésorier général & tous autres, promettant, &c. obligeant, &c. renonçant, &c. Fait & passé, &c.

Quittance des Gages d'un Archer.

EN présence des Notaires, &c. François Archer de la Connétablie & Maréchaussée de France, demeurant a confessé avoir reçu comptant de Maître Etienne Conseiller du Roi, Trésorier & Payeur de ladite Compagnie la somme de à lui ordonnée pour ses gages ordinaires à cause de sadite Charge d'Archer durant le quartier d'Avril, Mai & Juin de la présente année de laquelle somme de ledit François se contente & en quitte ledit sieur Payeur susdit & tous autres, promettant, &c. obligeant, &c. renonçant, &c. Fait & passé, &c.

Quittance pour grains appréciez.

FUt présent Jacques, demeurant lequel a confessé avoir reçu comptant de Pierre à ce présent la somme de à quoi lesdites parties ont entre elles apprécié tous & chacuns les grains, tant bled, froment, meteil, avoine, qu'orge, que ledit Pierre peut devoir audit Jacques à cause de la Ferme & terres labourables sises au terroi de qu'il tient à loyer dudit Jacques suivant le compte verbalement fait entre eux ce jourd'hui, de tout le passé jusqu'au jour de Pâques dernier, dont, &c. quittant, &c. Fait & passé, &c.

Quittance de payement d'ouvrages de Maçonnerie.

LOuis V Maître Maçon à Paris, y demeurant ruë des Paroisse Saint confesse avoir reçu de Maître Nicolas G Bourgeois de Paris la somme de livres pour ouvrages de Maçonnerie faits & fournis par ledit V en une maison sise ruë saint appartenante audit sieur G dont quittance : Fait & passé à Paris en l'Etude de le Novembre mil sept cent Et a signé.

Nota. *Que la Coutume de Paris ne dit rien contre les Maîtres Maçons pour la garantie de leurs bâtimens, & il n'y a que le seul usage, qui est tourné en coutume, qui les oblige à la garantie de dix ans à Paris.*

Pour être subrogé au lieu & place des Maçons & autres Entrepreneurs d'ouvrages & bâtimens dans leurs quittances, il convient mettre ce qui suit.

DEclarant ledit sieur Guillaume que ladite somme de par lui ci-dessus payée, a été par lui & *telle* sa femme, empruntée de Maître Jean Bourgeois de Paris, auquel ils en ont solidairement constitué *tant* de rente, par contrat passé pardevant *tels* Notaires le des présens mois & an, au désir duquel il fait la présente déclaration. Et en conséquence sur son requisitoire, ledit Pierre a par cesdites Présentes mis & subrogé ledit Jean en son lieu & place, droits, hypotheques, privileges, préférence, noms, raisons & actions qu'il avoit en vertu du susdit marché & toisé desdits ouvrages sur ladite maison dudit sieur Guillaume & ses autres biens, jusqu'à la concurrence desdites livres, sans toutefois aucune garantie, restitution de deniers ni recours quelconque, en quelque sorte & maniere que ce soit, sinon de ses faits & promesses seulement, promettant, &c. obligeant, &c. Fait & passé, &c.

Quittance à compte de Charpenterie.

EN présence des Notaires, &c. Antoine S Maître Charpentier à y demeurant a confessé avoir eu & reçu de Nicolas la somme de livres sur & tant moins des ouvrages de Charpenterie par lui faits & à faire, & qu'il est obligé de faire faire & fournir pour ledit Nicolas en une maison qu'il fait bâtir & construire de neuf en cette ville de rue suivant le marché de ce fait entre eux, dont, &c. quittant, &c. Fait & passé, &c.

Nota. *Que les quittances pour les autres artisans qui travaillent aux maisons, comme sont Menuisiers, Serruriers, Vitriers, Plombiers, Paveurs & autres, se doivent faire, même les générales, conformément aux projets ou formulaires de celles des Maçons & Charpentiers ci-dessus, à la reserve que l'on ne doit pas mettre la garantie des ouvrages, comme l'on fait à celles des Maçons, qui seuls demeurent garants de leurs bâtimens, ainsi qu'il est usité à Paris, laquelle garantie usitée dure dix ans entiers, comme il est ci-devant dit.*

Quittance portant compte & obligation.

FUrent présens Jean Marchand demeurant à d'une part, Antoine de *tel état*, demeurant à d'autre part; lesquelles parties ont reconnu & confessé avoir ce jourd'hui compté ensemble & à l'amiable, tant de ce que ledit Jean pouvoit devoir audit Antoine jusqu'à ce jour, à cause des payemens à lui faits, & à autres personnes en son acquit, suivant les quittances que ledit Jean lui en a présentement rapportées, à valoir sur le prix des marchandises (*ou autres choses*) que ledit Antoine lui a ci-devant fournies & prêtées sur ses billets, cedules, obligations & autres écrits (*ou bien pour raison de telles autres choses que l'on voudra énoncer en cet endroit*) par lequel compte, toutes déductions faites, ledit Jean s'est trouvé redevable envers ledit Antoine de la somme de laquelle somme ledit Jean promet & s'oblige de bailler & payer audit sieur Antoine ce acceptant en sa maison, à ou au porteur &c. d'hui en six mois prochains venans; & au moyen du présent compte, lesdites parties se sont rendues présentement l'une à l'autre les susdites quittances, cedules, promesses, obligations & papiers qu'elles avoient l'une de l'autre, comme nuls & sans effet pour leur regard, & s'en déchargent reciproquement, & consentent que s'il s'en trouve d'autres, qu'ils soient & demeurent nuls & sans effet, promettant de ne s'en aider ni servir à l'avenir directement ni indirectement l'un à l'encontre de l'autre, en quelque sorte & maniere que ce soit, comme étans compris au susdit compte, ces Présentes demeurantes néanmoins en leur force & vertu jusqu'à l'actuel payement de ladite somme de livres; car ainsi le tout a été accordé, &c. *Election de domicile*, &c. promettant, &c. obligeant chacun en droit soi, &c. renonçant, &c. Fait & passé, &c.

Quittance & accord entre un garçon & une fille pour raison de la copulation charnelle qu'ils ont eu ensemble.

FUrent présens Jean demeurant d'une part, & Marie demeurante fille de Claude demeurant de lui pour ce présent assistée d'autre part; lesquelles parties sont convenues & demeurées d'accord de ce qui en suit : c'est à sçavoir que ladite Marie du consentement de sondit pere, a par ces Presentes quitté & déchargé ledit Jean de toutes choses généralement quelconques qu'elle avoit droit de prétendre contre lui, pour raison de la compagnie charnelle qu'il auroit eu avec elle, dont elle est enceinte de six mois ou environ; & ce moyennant la somme de que ladite Marie confesse avoir reçu dudit Jean dont, &c. quittant, &c. & à laquelle somme de elle s'est bien voulu restraindre pour toutes choses généralement quelconques, qu'elle pouvoit prétendre à l'encontre dudit Jean pour raison de ce que dessus, & outre, à condition qu'icelui Jean sera tenu, ainsi qu'il s'y oblige, de prendre soin de ladite Marie pendant le tems de sa grossesse, lors du terme de laquelle il sera tenu de payer les frais de ses couches, & ne lui laisser manquer de rien en icelles, même de se charger de l'enfant qui en proviendra, comme de fait il s'en charge dès à présent, pour le faire baptiser sur les fonts de la Paroisse de

& le faire nourrir, élever & instruire en la Religion Catholique, Apostolique & Romaine, comme aussi lui faire apprendre un métier, & faire comme un bon pere de famille est tenu & obligé de faire pour ses enfans légitimes, & le representer toutesfois & quantes qu'il en sera requis par ledit & sa fille; sans laquelle somme de ci-devant donnée, charges, clauses & conditions ci-devant énoncées, le présent n'auroit été passé. Et pour l'exécution duquel ledit Jean élit son domicile, &c.

Quittance & accord pour injures & batteries.

FUrent présens Jean demeurant d'une part; & Pierre demeurant d'autre part : lesquels volontairement se sont quittez & déchargez reciproquement par ces Présentes de tout l'intérêt civil, réparation, dépens, dommages & intérêts, & autres chose généralement quelconques qu'ils eussent pu avoir, & pourroient prétendre & demander l'un contre l'autre pour raison des excès & voyes de fait par eux commis le *tel jour*, environ les huit heures de relevée, en *tel endroit*, dont ils auroient fait leurs plaintes, & informations respectives, sur lesquelles auroit été décreté : consentent & accordent que lesdites plaintes, informations, decrets & autres procedures faites en conséquence jusqu'à maintenant soient & demeurent nulles & sans effet, promettant respectivement de ne s'en aider ni prévaloir directement ni indirectement l'un contre l'autre : Cette quittance & décharge faite après que lesdites parties se sont tenues & reconnues l'une l'autre pour gens de bien & d'honneur, sans aucun blâme ni scandale, se prient l'un l'autre de s'excuser, à la charge que chacune d'elle payera son Procureur & son Chirurgien, sans aucun autre dépens, dommages ni intérêts de part ni d'autre; car ainsi, &c. promettant, &c. obligeant chacun en droit soi, &c. renonçant, &c. Fait & passé, &c.

Quittance portant transport à un débiteur contre son coobligé.

FUt présent Jean demeurant au nom & comme ayant droit par transport de François par acte passé pardevant *tels* Notaires le *tel* jour, lequel a volontairement reconnu & confessé avoir eu & reçu comptant de Pierre à ce present & acceptant, qui lui a payé, compté, nombré, & réellement délivré, présens les Notaires soussignés la somme de livres; sçavoir livres de principal, en quoi ledit Pierre est solidairement obligé avec Jacques envers ledit François pour les causes portées en leur obligation passée pardevant *tels* Notaires le & livres pour tous & chacuns les intérêts de ladite somme principale, frais & dépens adjugez audit François contre lesdits Pierre & Jacques par Sentence rendue en *telle Justice*, le *tel jour*, revenant lesdites deux sommes ensemble à la susdite premiere de livres, de laquelle somme ledit Jean s'est contenté & en a quitté & quitte ledit Pierre & tous autres ; auquel en ce faisant, ledit Jean a présentement remis & délivré lad ite obligation avec lesdites Sentence & Exécutoire susdatez, ensemble le susdit transport, pour en vertu de ces pieces se pourvoir contre ledit Jacques son coobligé & autres qu'il appartiendra, tant pour le recouvrement de la moitié de ladite somme principale, que pour lesdits intérêts, frais & dépens, & autrement en faire & disposer ainsi que bon lui semblera : auquel effet & en tant que besoin seroit, ledit Jean lui en a fait & fait par cesdites Présentes, cession & transport, & le subroge en tous ses droits, lieu & place, noms, raisons, actions & hypotheques, même à la saisie & exécution faite sur les meubles dudit Jacques faute de payement de ladite somme principale, intérêts & dépens, le tout sans aucune garantie, restitution de deniers, ni recours quelconques de la part dudit Jean sinon de sesdits faits & promesses seulement ; auquel Pierre ledit Jean a par cesdites Présentes fait & donné pleine & entiere main-levée pure & simple des saisies & exécutions sur lui faites à sa requête, pour avoir payement de ladite dette : consent & accorde que les Commissaires & Gardiens y établis en soient & demeurent valablement quittes & déchargés ; & de fait ledit Jean en tant qu'à lui est, & pour son regard, les en quitte & décharge par cesdites Présentes, sauf audit Pierre son recours, comme dit est, contre ledit Jacques promettant, &c.

Nota, *En fait de quittances tous les Brevets se délivrent à la Partie, si ce ne sont quittances de conséquence, ou qui portent Contrats.*

Quittance de reddition de compte de Tutelle, pour mettre ensuite d'icelui.

EN présence des Conseillers du Roi Notaires au Châtelet de Paris, soussignez Louis âgé de vingt cinq ans, passés dès le jour d dernier, demeurant d'une part, & le sieur Antoine demeurant d'autre part ; lesquels ont reconnu & confessé avoir fait & accordé entr'eux ce qui en suit : sçavoir que ledit Louis ayant atteint l'âge de majorité, comme il est dit ci-dessus, *ou* étant émancipé par Lettres de bénéfice d'âge par lui obtenues en Chancellerie, le enterinées au le il auroit requis ledit Antoine son tuteur de lui rendre compte à l'amiable, sans frais ni procès, de la gestion, regime, gouvernement, maniement & administration qu'il a eu & dû avoir de sa personne & biens pendant le tems de sa Tutelle, à quoi ledit sieur Antoine desirant satisfaire, il auroit fait dresser ledit compte contenant les trois chapitres ordinaires de recette, reprise & dépense, ainsi qu'il est ci-dessus écrit en feuillets de papier, le présent compris icelui présenté audit Louis qui l'a vu à son loisir durant qu'il a été en sa possession, & l'a avec ledit sieur Antoine vû, examiné & appostillé, & fait les accords & débats étant en chacun article dudit compte, lequel a été présentement paraphé desdites Parties & Notaires soussignez au bas de chaque feuillet, *recto*; par lequel tout vû, précompté, déduit & rabattu, la recette comprise en articles, s'est trouvée monter à la somme de la reprise à celle de & la dépense à celle de au moyen de quoi le rendant s'est trouvé redevable à l'oyant de la somme de livres qu'icelui rendant lui a présentement baillée, payée, comptée, nombrée & réellement délivrée, présens lesdits Notaires soussignés, en louis d'or & autre bonne monnoie ayant cours, dont ledit oyant s'est contenté, & en a quitté & quitte ledit sieur Antoine rendant & tous autres, auquel oyant, en ce faisant, ledit rendant a aussi présentement rendu & délivré tous & chacuns les titres, lettres, papiers & enseignemens inventoriés en l'inventaire fait après le décès de *tel & telle* ses pere & mere, les pieces justificatives dudit compte, au nombre de paraphées & numerotées de la main du Notaire soussigné : Ensemble la grosse dudit inventaire, dont ledit Louis se tient pareillement content, & en a aussi quitté & déchargé, quitte & décharge ledit sieur Antoine & tous autres, promettant, &c. obligeant, &c. renonçant, &c. Fait & passé, &c.

Si le reliquataire ne payoit pas comptant le reliquat, en ce cas il faut mettre ces mots : Laquelle somme de livres, il a promis & s'oblige de bailler & payer audit *tel* ou au porteur, &c. d'hui en *tel tems* prochain venant, avec l'intérêt, à raison de l'Ordonnance, auquel oyant ledit rendant a présentement délivré tous les papiers, *& le reste comme dessus.*

Les tuteurs, protuteurs, curateurs, fermiers judiciaires, sequestres, gardiens & autres qui auront administré le bien d'autrui, sont toujours réputés comptables, encore que le compte soit clos & arrêté, jusqu'à ce qu'ils ayent payé le reliquat si aucun en est dû, & remis toutes les pièces justificatives. Voyez le premier article du 29 Titre de l'Ordonnance de 1667.

Quittance du restant du prix d'un Contrat de vente, pour mettre au pied d'icelui.

ET *le tel jour* est comparu pardevant les Notaires, &c. Timothée lequel a confessé avoir reçu comptant dudit Noël acquereur nommé au contrat ci-dessus, à ce présent, qui lui a baillé, payé, compté, nombré, & réellement délivré, présens lesdits Notaires soussignez, en louis d'or & autre bonne monnoie ayant cours, la somme de livres, que ledit Noël lui devoit de reste de celle de livres, pour laquelle ledit Timothée par le susdit contrat lui a vendu la maison, jardin, & lieux déclarez & mentionnez en icelui, dont & de laquelle somme de livres, ledit sieur Timothée s'est contenté, & en a quitté & quitte ledit sieur Noël & tous autres : ensemble des intérêts qui étoient dû desdites livres, depuis le jour dudit contrat de vente jusqu'à ce jour, au moyen du payement que ledit Noël lui en a aussi fait en pareilles especes que dessus ; Ce faisant ledit Noël reconnoît que ledit Timothée lui a présentement fourni & délivré tous les titres qu'il avoit pardevers lui concernant la propriété de ladite maison, jardin, & lieux qui sont, sçavoir un extrait du partage fait entre lui & ses cohéritiers ès successions de ses feus pere & mere, pardevant *tels Notaires, un tel jour*, faisant mention qu'une portion de ladite maison, jardin & lieux lui est échûe par ledit partage: Plus l'expedition en parchemin du contrat d'acquisition qu'il a faite du surplus de ladite maison & lieux de passé pardevant *tels Notaires* le *tel jour*: plus, *telles & telles piéces, (il les faut spécifier en cet endroit, ou bien faire un état sommaire de tous lesdits titres à part, & dire par la quittance ou décharge desdites piéces, que le vendeur a délivré à l'acquereur tous les titres de la propriété de la chose vendue, suivant le bref état, ou inventaire qui en a été fait, qui est demeuré annexé à la minute de ladite décharge, après qu'il a été signé & paraphé des parties & Notaires,)* dont & de toutes lesquelles piéces ledit Noël s'est contenté; & en a quitté & déchargé ledit Timothée & tous autres, promettant, &c. obligeant, &c.

Quittance de rachat & remboursement d'une rente.

EN la présence des Notaires du Roi à Paris, soussignez, Louis Q Bourgeois de Paris, y demeurant ruë Paroisse Saint a reconnu & confessé avoir eu & reçu de Gilles D demeurant ruë saint Paroisse sainte à ce présent, qui a audit Q baillé & payé en louis d'or & d'argent & autres monnoies ayant cours, à la vûe des Notaires soussignez, la somme de livres, pour le rachat & remboursement de sols de rente créez & constituez originairement par ledit Q audit D par contrat passé devant A & B Notaires, le de mil de laquelle somme de livres, ledit Q est content & en décharge ledit D duquel il reconnoît avoir été payé des arrerages de ladite rente échûs de tout le passé jusqu'à présent, & auquel il a rendu la grosse dudit Contrat, sur laquel grosse de Contrat & minute d'icelui, il consent que des presentes mention soit faite, sans que sa présence y soit nécessaire: Promettant, &c. obligeant, &c. renonçant, &c. Fait & passé à Paris en l'Etude de R l'un desdits Notaires soussignez, le mil sept cens Et ont signé.

Dans une Quittance de rachat. Quand l'un des Constituans a indemnisé de la rente, comme n'ayant fait que prêter son nom à son coobligé, & que lui-même fait le rachat: lors d'icelui dans la quittance après ces mots (dont quittant) *il faut lui reserver son recours contre ledit coobligé en cette forme*, sauf audit *tel* son recours pour son remboursement de ladite rente, tant en son principal qu'arrérages, à poursuivre ainsi qu'il avisera contre ledit *tel* son coobligé, qui en est seul tenu & débiteur, & a promis de l'en acquitter par son indemnité passé pardevant *tels Notaires* le *tel jour*. Et pour cet effet ledit sieur Thomas l'a par ces présentes mis & subrogé en son lieu & place, droits, hypotheques, privileges, noms, raisons & actions, jusques à cette concurrence, sans toutefois lui être tenu d'aucune garantie, restitution de deniers, ni recours quelconque, lui ayant pour toute garantie présentement baillé & délivré la grosse originale en parchemin dudit contrat de constitution, comme acquittée à son égard, & consent que sur icelle & sa minute, quand bon semblera audit *tel*, soit fait sommaire mention des présentes par tous Notaires premiers requis, sans que sa présence soit nécessaire. Ce qui ne servira avec cesdites Présentes que d'une même chose : promettant, &c. obligeant, &c. renonçant, &c. Fait & passé, &c.

Nota. *Les quittances de rachat qui portent subrogation à fin de recours en vertu d'indemnité d'un coobligé, doivent être faites à part & séparement de la minute de la constitution, afin qu'elle demeure toujours entiere jusqu'à ce que le débiteur d'icelle l'aye acquittée à celui duquel il est garant.*

Quittance en conséquence d'un transport.

EN présence des Notaires &c. Louis au nom & comme ayant les droits de François par transport passé pardevant *tels* Notaires un *tel jour*, a confessé avoir reçû comptant de noble homme Maître Etienne Conseiller du Roi, Trésorier général de sa Maison, à ce présent, qui lui a baillé & payé, présens lesdits Notaires soussignez, en louis d'or & autre bonne monnoie ayant cours, la somme de livres, ordonnée audit François à cause de sondit office, &c. pour une année de ses gages échue le dernier jour de Décembre dernier, de laquelle somme de livres ledit Louis s'est contenté, & en a quitté & quitte ledit sieur Etienne Trésorier susdit & tous autres ; Ce faisant lui a présentement délivré le susdit transport avec les quatre Quittances comptables dudit François des susdits gages y mentionnez, qui ne serviront avec la Présente que d'une même chose, promettant, &c.

Quittance en conséquence d'un Contrat de vente pour mettre au pied d'icelui.

ET le jour d est comparu pardevant les Notaires soussignez, ledit T lequel a reconnu & confessé avoir reçu dudit N acquereur, en présence desdits Notaires, en louis d'or & autre monnoie ayant cours, la somme de livres à laquelle ledit héritage a été prisé & estimé par lesdits Michel & Barthelemi Experts nommez dans le susdit contrat, de laquelle somme ledit vendeur s'est tenu pour content, & en a quitté & quitte ledit sieur N lequel a reconnu que la grosse du Contrat d'acquisition du susdit héritage lui a été mise entre les mains par ledit T Fait & passé &c.

Offres portant Quittance, aux fins d'un retrait lignager.

EN la compagnie des Notaires, &c. Barthelemi N dtmeurant ruë Paroisse s'est transporté pardevers & en la maison du sieur François C & de Damoiselle Guillemette O son épouse demeurant ruë susdite Paroisse où étant en parlant à leurs personnes, ledit B leur a presentement & en la présence desdits Notaires soussignez, offert à deniers à découvert, en louis d'or, écus d'argent & autre monnoie, le tout bon & ayant cours, bailler & payer la somme de livres, sçavoir pour le rachat, sort principal & amortissement de livres de rente de bail d'héritage, à la charge de laquelle entre autre chose ledit sieur C & sa femme ont baillé & délaissé tant à titre de vente, que de ladite rente à *tel & telle* sa femme, une maison sise à Paris, rue plus au long déclarée au Contrat qui en a été fait & passé pardevant & son confrere Notaires, le & livres, pour une année d'arrerages de ladite rente échéant ce jourd'hui, les sommant & interpellant de recevoir lesdits deniers offerts pour les causes susdites, lui en donner quittance, si mieux n'aiment ledit C & sa femme décharger dès-à-présent lesdits Eustache & sa femme de ladite rente, tant en principal qu'arrerages, frais, mises & loyaux coûts, & leur en bailler présentement quittance, rendre ledit contrat, & consentir que sa minute & grosse en soient déchargées, aux offres que fait aussi ledit Barthelemi de s'obliger à la garantie du sort principal & payement des arrérages de ladite rente, au lieu & place desdits Eustache & sa femme; pour par ledit Barthelemi leur fournir l'une ou l'autre desdites deux quittances, aux fins de parvenir au retrait qu'il entend faire de la susdite maison, comme lignager dudit François suivant & au désir de la Sentence ce jourd'hui rendue au Châtelet portant adjudication dudit retrait: Autrement & à faute par lesdits François & sa femme d'accepter l'une ou l'autre desdites offres, ledit Barthelemi leur a déclaré & protesté qu'il consignera lesdits deniers offerts, aux risques, perils & fortune, dépens, dommages & intérêts de qui il appartiendra, entre les mains du Receveur des Consignations, & en outre de tout ce qu'il peut & doit protester en cette partie. Lequel François & sa femme ont fait réponse qu'ils étoient prêts & offroient de recevoir lesdits deniers offerts pour les causes susdites, en donner quittance & décharge valables audit Barthelemi en leur faisant par lui apparoir de ladite Sentence & adjudication de ladite maison à son profit, comme leur lignager, & non autrement; faute de quoi ont par ces Présentes protesté & protestent contre ledit François que lesdites offres & sommations ne leur pourront nuire ni préjudicier, ni ausdits Eustache & sa femme. Surquoi après que ledit Barthelemi a montré & exhibé l'original de ladite Sentence signée & scellée, & d'icelle baillé copie collationnée par lesdits Notaires soussignez ausdits François & sa femme, & que par ladite Sentence leur est apparu de la susdite adjudication faite au profit dudit Barthelemi icelui Barthelemi leur a fourni, délivré & payé présens lesdits Notaires soussignez, ès especes que dessus, la susdite somme de livres pour le rachat du sort principal & arrérages qui étoient dûs de ladite rente de bail d'héritage jusqu'à ce jour, dont & de laquelle somme de livres, pour les causes que dessus reçûe, lesdits François & sa femme se sont contentez, & en ont quitté & quittent lesdits Barthelemi Eustache sa femme & tous autres. Ce faisant, ont présentement rendu & mis ès mains dudit Barthelemi la grosse originale dudit Contrat de vente, sur laquelle & sur sa minute, ensemble sur l'autre expédition dudit Contrat, qui est ès mains desdits Eustache & sa femme, lesdits François & sa femme consentent que par tous Notaires premiers requis soit fait sommaire mention du présent rachat, sans que leur présence y soit nécessaire : ce qui ne servira avec lesdites présentes que d'une même chose : promettant, &c. obligeant, &c. renonçant, &c. Fait & passé, &c.

Cette Quittance se peut faire autrement, & en la forme suivante.

L'exposé entiérement comme ci-dessus, & puis suivre ainsi.

Sur quoi ledit François & sa femme ont fait réponse qu'ils acceptent l'obligation dudit Barthelemi & que moyennant icelle ils déchargeront lesdits Eustache & sa femme de ladite rente en principal & arrérages pour l'avenir. Et en conséquence de ce, iceux François & Guillemette sa femme, qu'il autorise, ont par ces Présentes volontairement quitté & déchargé à pur & à plein, dès maintenant à toujours lesdits Eustache & sa femme absens, lesdits Notaires soussignez ce acceptans pour eux, tant du sort principal desdites livres de rente que des arrérages d'iceux échus & à écheoir, frais, mises & loyaux-coûts, & promettent de ne les en rechercher ni inquiéter à l'avenir sous quelque sujet & prétexte que ce soit. Et à ces fins ont présentement baillé & délivré audit Barthelemi la grosse originale qu'ils avoient dudit Contrat de vente & bail à rente de la susdite maison dudit jour, &c. Et consentent que sur icelui, sa minute & autres actes qu'il appartiendra, soit en vertu des présentes fait sommaire mention de la présente Quittance & décharge par tous Notaires premiers requis, sans que leur présence y soit nécessaire; au moyen de quoi ledit Barthelemi s'est par cesdites Présentes chargé desdites livres de rente, tant en principal qu'arrérages, a promis & promet icelle rente garantir, fournir & faire valoir, payer & continuer par chacun an à toujours, aux quatre quartiers accoutumez, sans aucun déchet ni diminution, nonobstant toutes choses à ce contraires, ausdits François & sa femme en leur maison à Paris, & à leurs hoirs & ayans-cause ou au porteur, &c. selon & ainsi que lesdits Eustache & sa femme y sont tenus & obligez par ledit Contrat, tant & sur spécialement la susdite maison de la ruë qui en est & demeure à toujours spécialement & par privilege & préference, chargée, affectée, obligée & hypothéquée au desir dudit Contrat, sans pour ce regard y déroger; comme généralement sur tous & chacuns les autres biens, meubles & immeubles, présens & à venir dudit Barthelemi & de sadite femme, qu'ils en ont aussi chargez, affectez, obligez & hypothéquez à cet effet, sans que lesdites obligations spéciale &

générale dérogent l'une à l'autre : reconnoissant lesdits François & sa femme avoir reçû comptant dudit Barthelemi qui leur a payé, présens lesdits Notaires soussignez, en écus d'argent & autre bonne monnoye ayans-cours, la somme de livres pour trois quartiers d'arrérages qui leur étoient dûs de ladite rente, échéans ce jourd'hui, dont ils se contentent & en quittent ledit Barthelemi & tous autres : promettant, &c. obligeant, &c. renonçant, &c.

Nota. *Cette Quittance sert au retrayant, pour ôter à l'acquéreur le prétexte qu'il auroit de dire que tous ses biens particuliers sont obligez envers son vendeur, à la garantie & payement de la rente qu'il a constituée sur iceux à cause de ladite vente, n'étant pas juste que d'un côté il fut évincé par un retrayant de la chose par lui acquise de bonne foi, & que de l'autre ses biens particuliers fussent encore chargez de ladite rente, à raison de quoi l'acquéreur auroit droit de prétendre d'être & demeurer propriétaire dudit héritage, & de faire décheoir le retrayant dudit retrait, parce que la Coutume veut, non-seulement que le vendeur purge entiérement l'acquéreur, & le rende quitte de tout ce que ses biens pourroient être tenus & obligez, en quelque sorte & maniere que ce soit, par son Contrat d'acquisition de la chose ainsi retirée par droit de retrait lignager ou féodal; mais encore qu'il lui rembourse tout ce qu'il a déboursé du prix de l'acquisition, ensemble tous frais, mises & loyaux-coûts; laquelle Quittance doit être fournie par le retrayant audit acquéreur, & en faire mention dans le Contrat dudit retrait, parce qu'elle doit faire partie des offres du retrayant, &c.*

Quittance du payement d'une dot à mettre au pied de la Minute du Contrat de Mariage.

ET le jour de sont comparus pardevant les Notaires, soussignez, lesdits Etienne & Anne son accordée *ou* sa fiancée (*si elle l'est*) qu'il autorise autant que faire le peut, lesquels ont reconnu & confessé avoir reçu comptant desdits Antoine & Marie sa femme, à ce présens, la somme de livres, en louis d'or & autre bonne monnoye ayant cours, présens lesdits Notaires soussignez, que lesdits Antoine & sa femme ont donné en dot à ladite Anne leur fille, & promis payer ausdits futurs Epoux, comme le porte le Contrat de leur mariage, ci-dessus & des autres parts, dont & de laquelle somme de liv. lesdits futurs Epoux se contentent & en quittent & déchargent lesdits Antoine & sa femme & tous autres : promettant, &c. obligeant, &c. renonçant, &c. Fait & passé, &c.

Quittance de consignation.

EN la présence des Notaires au Châtelet soussignez, Guillaume R Bourgeois de Paris, y demeurant ruë Paroisse Saint reconnoit que des deniers consignez ès mains de Maître Robert S Receveur des Consignations du provenant de la vente des meubles étant de la succession de défunt ledit sieur S lui a présentement baillé & payé la somme de livres dûë audit sieur R par ledit défunt suivant & pour les causes portées en l'Obligation qu'il lui a passée pardevant & Notaires à Paris, le mil & pour laquelle somme ledit sieur R a été utilement colloqué dans l'ordre des Créanciers dudit défunt, de laquelle somme de livres ledit sieur R se contente, en quitte & décharge ledit sieur S la succession dudit défunt & tous autres, même promet & s'oblige de rapporter ladite somme au cas qu'il soit ainsi ordonné; à quoi il consent être contraint par les mêmes voyes que ledit sieur S en pourroît être tenu, auquel sieur S ledit sieur R déclare avoir rendu & délivré le Brevet original de ladite Obligation, comme acquittée, après que mention sommaire a été faite sur icelle par lesdits Notaires soussignez du présent payement, consentant que pareille mention soit faite en son absence sur toute autre piéce que besoin sera par tous Notaires requis, & a élû son domicile, &c.

Quittance du loyer d'un Privilége.

LOuise O veuve de Louis P Maître Chirurgien-Juré, reçu à Saint Côme à Paris, y demeurante ruë & Paroisse confesse avoir reçue de Jacques C aussi Chirurgien à Paris, la somme de livres pour un quartier échû à dernier, d'un Privilege de Chirurgie qu'il tient à loyer de ladite Dame Comparante; dont quittant. Fait & passé à Paris ès Etudes des Notaires soussignez, le Novembre mil sept cens Et a signé.

Quittance de gages & appointemens chez le Roi.

EN la présence des Notaires à Paris soussignez, Louis de Ecuyer, Valet-de-Chambre du Roi, demeurant à a reconnu & confessé avoir reçu de Messire Pierre Conseiller du Roi en ses Conseils, Garde de son Trésor Royal, la somme de liv. à lui ordonnée, pour ses gages & appointemens de l'année prochaine mil à cause du service & fonction qu'il fera auprès de Sa Majesté pendant le quartier de f & de l'année prochaine; dont quittant, promettant, obligeant. Fait & passé à Paris, le mil sept cens Et a signé.

Quittance d'une pension sur le Clergé de France.

MAître Antoine R Bourgeois de Paris, y demeurant Place Paroisse reconnoît avoir reçu de Messire Pierre D Conseiller du Roi en ses Conseils, Receveur général du Clergé de France, la somme de livres pour les mois de l'année derniere mil de la pension de livres à lui accordée par nos Seigneurs du Clergé, en considération de la Foi Catholique, dont quittant, &c. Fait & passé à Paris en l'Etude de R Notaire, le Novembre mil & a déclaré ne sçavoir écrire ni signer de ce interpellé suivant l'Ordonnance.

Quittance de gages & services d'un Domestique.

RObert M sortant du service de Monsieur N Conseiller du Roi demeurant à Paris, ruë Paroisse Saint confesse avoir reçû dudit sieur N la somme de livres, que ledit sieur N lui doit pour années de ses gages qu'il a gagné pendant le tems qu'il a été à son service, à raison de livres par an, dont il en quitte ledit sieur & tous autres. Fait & passé à Paris ès Etudes, &c. le Novembre mil sept cens Et a signé.

Quittance d'augmentations de gages.

EN présence des Notaires du Roi au Châtelet de Paris soussignez, Guillaume T Trésorier de S. A. S. Monseigneur le Prince demeurant en l'Hôtel de sadite A. S. ruë Paroisse Saint a reçû de la somme de livres pour les premiers mois de la présente année, à cause de livres effectifs d'augmentations de gages créés par Edit du mois de mil de laquelle somme de livres ledit sieur T se tient pour content, & en quitte ledit sieur & tous autres. Fait & passé à Paris ès Etudes, &c. le Novembre l'an mil Et a signé.

Quittance du reste d'un apprentissage.

MArguerite de V Marchande-Maîtresse Coûturiere à Paris, y demeurante à l'Hôtel de V ruë Neuve Saint Paroisse Saint reconnoît avoir reçûë du sieur la G la somme de liv. pour le reste & parfait payement de l'apprentissage de sa fille, dont quittant, &c. Fait & passé à Paris en l'Etude de R Notaire, le Novembre l'an mil sept cens Et a signé.

Quittance d'un loyer de maiſon.

LOuis D   Maître Chaircuitier à Paris, y demeurant ruë   Paroiſſe Saint   confeſſe avoir reçû de Jean P   Bourgeois de Paris, la ſomme de   livres   ſols pour une année échûë au jour de   dernier du loyer des lieux que ledit P   tient à loyer dudit D   ſçavoir   de chambres de plein pied, & un petit   dont ledit ſieur D   en quitte ledit ſieur P   & tous autres. Fait & paſſé à Paris ès Etudes, &c. le   jour de Novembre l'an mil ſept cens   Et a ſigné.

Quittance de gages d'un Officier d'une Princeſſe du Sang.

PIerre D   Commis à la Direction générale des Fermes, demeurant ruë   Paroiſſe Saint   au nom & comme Procureur de Denis C   Officier l'un des Cerdaux de Madame la Ducheſſe de B   ſuivant la procuration paſſée devant le R   Notaire à   le   jour d   mil   dûment contrôlée, l'original de laquelle ledit ſieur B   déclare avoir fournie à Maître le F   ſous nommé, après avoir été certifiée véritable dudit ſieur B   a confeſſé avoir reçû de Claude Q   Ecuyer de madite Dame Ducheſſe de B   la ſomme de   livres pour les gages attribués à ladite Charge de l'un des Cerdaux, pendant le quartier d'Avril, Mai & Juin de la préſente année mil   dont quittant, &c. Fait & paſſé à Paris en l'Etude, &c. le   jour de   Novembre mil ſept cens   Et a ſigné.

Quittance du loüage d'un Cheval.

FUt préſente Barbe M   veuve de François de V   Marchand de Chevaux à Paris, y demeurante ruë & Paroiſſe Saint   Laquelle confeſſe avoir reçû de Louis B   la ſomme de   livres, pour avoir par ladite veuve M   loüé un cheval audit B   pendant   jours à raiſon de   par jour, lequel cheval ladite veuve reconnoît que ledit B   lui a rendu en pareil état qu'elle lui a donné, dont elle l'en décharge ainſi que de ladite ſomme de   & de toutes autres choſes généralement quelconques. Fait & paſſé à Paris ès Etudes, &c. ce   l'an mil   & a ladite veuve déclarée ne ſçavoir écrire ni ſigner, de ce interpellée ſuivant l'Ordonnance.

Quittance portant main-levée.

FUt présent Antoine D Bourgeois de Paris, y demeurant rue Paroisse Lequel reconnoît avoir reçû de Maître B aussi Bourgeois de Paris, la somme de livres dûë audit Comparant par Jean le J Maître Chapelier à Paris, de laquelle somme il a passé Obligation audit D pardevant le V & M Notaires à Paris, le jour de mil par laquelle ledit le F a consenti que ledit D reçoive dudit sieur B les deniers qu'il devoit toucher d'icelui sieur B jusqu'à concurrence de ladite somme de livres, de laquelledite somme de livres ledit Comparant est content, en quitte ledit sieur B ledit le J & tous autres, & de toutes choses généralement quelconques; & par ces mêmes Présentes & au moyen dudit payement ledit D a donné & donne pleine & entiere main-levée de toutes les saisies & arrêts faites à sa Requête entre les mains des débiteurs dudit sieur B consent qu'elles ne subsistent plus, que ledit sieur B reçoive tout ce qui lui est dû; ce faisant lesdits débiteurs déchargés : promettant, &c. obligeant, &c. renonçant, &c. Fait & passé à Paris en l'Etude de R Notaire, ce Décembre mil Et a signé.

Quittance du payement d'une dot.

FUrent présent Louis L & Jeanne le R sa fiancée, de lui, autant que faire se peut autorisée, dénommez au Contrat de mariage passé devant L le jeune, & D le jeune, Notaires à Paris, le de Septembre mil Lesquels ont reconnu & confessé avoir reçû de Jean R & Nicolle D sa femme à ce présens, qu'il autorise, la valeur de la somme de livres, tant en argent comptant que meubles que lesdits R & sa femme s'étoient obligez de donner à ladite Jeanne le R leur fille, pour sa dot la veille de leurs épousailles par ledit Contrat; de laquelle somme de livres lesdits L & Jeanne le R sont contens & en quittent lesdits R sa femme & tous autres, & consentent que dudit payement soit fait sommaire mention sur ledit Contrat de mariage par tout Notaire sur ce requis, ce qui ne servira avec les Présentes que d'un même acquit : promettant, &c. obligeant, &c. renonçant, &c. Fait & passé à Paris en l'Etude de R Notaire, le Décembre mil sept cens. Et ont signé.

Quittance d'une Obligation cedée, portant main-levée.

FUt présent Jean D Bourgeois de Paris, y demeurant ruë Paroisse Saint au nom & comme Procureur de Nicolas du B Maître Maréchal à Paris, de lui fondé de sa procuration passée pardevant B & R Notaires à Paris, le Août mil ledit du B ayant les droits cedez de François de B Marchand demeurant en la Ville de R par transport passé devant M & D Notaires Royaux audit R le d'Octobre de ladite année mil Lequel audit nom a confessé avoir reçû de Jean P Maître Cordonnier à Paris, y demeurant ruë Paroisse Saint à ce présent, la somme de livres contenuë en l'Obligation faite par ledit P au profit dudit de B passé devant D & C Notaires à Paris, le Décembre mil & que ledit de B a cedez audit D par le susdit transport, de laquelle somme de livres ledit D audit nom, quitte & décharge ledit P & tous autres; ce faisant lui a rendu le Brevet de ladite Obligation comme acquittée, & l'original dudit transport au bas duquel est la signification & l'original de ladite procuration, & lui a donné main-levée pleine & entiere de toutes les saisies & arrêts faits à la Requête desdits du B & D entre les mains de ses Débiteurs, consentant qu'elles ne subsistent plus, que ledit P reçoive tout ce qui luë est dû; ce faisant lesdits Débiteurs déchargez : promettant, &c. obligeant, &c. renonçant, &c. Fait & passé à Paris en l'Etude, &c. l'an mil sept cens le Décembre. Et a signé.

Quittance de fournitures d'habits.

FUt présent Jean Jacques F Maître Tailleur d'habits à Paris, y demeurant Vieille ruë Paroisse Saint lequel a reconnu & confessé avoir reçû de Monsieur le Marquis de T au nom & comme exécuteur du Testament & ordonnance de derniere volonté de défunt Monsieur D Gouverneur de la Bastille, par les mains de Maître Jean B son Secretaire, demeurant ruë Paroisse à ce présent, qui a audit F baillé & payé en louis d'or, d'argent & autres monnoyes bons & ayans-cours, la somme de livres sols; sçavoir livres pour reste & parfait payement des fournitures & façons d'habits que ledit F a faits & fournis audit défunt sieur D pendant l'année mil suivant le Mémoire que ledit F en a fourni audit défunt sieur D & qui est inventorié sous la cotte de l'Inventaire fait après son décès, dans lequel est compris un Billet de la somme de liv. que ledit défunt sieur D a payé audit F en déduction de ses ouvrages, & pour laquelle somme de liv. ledit F lui a fait sa promesse au lieu de lui en donner Quittance, lequel Billet par ce moyen est demeuré nul, &

présentement

préfentement ne fubfifte plus ; & comme tel ledit fieur B audit nom, promet de le remettre ès mains dudit F en cas qu'il le retrouve, & livres fols auffi pour refte des fournitures & façons d'habits que ledit F a fait audit défunt fieur D pendant l'année mil fuivant le mémoire defdites fournitures inventorié fous ladite cote de l'inventaire fait après le décès dudit défunt fieur D & livres fols pour les fournitures & façons d'habits faites par ledit F depuis le Septembre mil jufques & compris le Fevrier dernier, tant audit defunt fieur D qu'au nommé la P fon domeftique, auffi fuivant le mémoire fourni par ledit F de toutes lefquelles fommes ci-deffus, revenantes enfemble à celle dite premiere de livres fols ledit F eft content, en quitte & décharge ledit Seigneur Marquis de T audit nom, la fucceffion dudit feu fieur D ledit fieur B & tous autres, & de toutes chofes généralement quelconques de tout le paffé jufqu'à ce jour, promettant, &c. obligeant, &c. renonçant, &c. Fait & paffé à Paris, en l'étude de L Notaire, le Décembre mil fept cens & a ledit B figné, & ledit F déclaré ne le fçavoir, de ce enquis fuivant l'Ordonnance.

Quittance du payement d'une dot, que l'on met au pied ou en marge d'un Contrat de Mariage.

LEdit François le R & Nicolle P futurs époux nommez en leur Contrat de mariage ci-en droit, reconnoiffent avoir reçû de ladite L les livres en meubles qu'elle s'étoit obligée de leur donner par ledit Contrat de mariage & le reftant des livres y portées, de laquelle fomme de livres, lefdits le L & fa femme fe tiennent pour contens, en quittent ladite veuve & tous autres. Fait & paffé à Paris ès Etudes, le Décembre mil fept cens Et ont figné.

Quittance d'arrérages de rente annuelle fur particulier.

LOuis S Bourgeois de Paris, y demeurant Paroiffe Saint confeffe avoir reçu de Claude le N Marchand de Draps à Paris, la fomme de livres, pour années d'arrerages de rente, échues le J de la préfente année, à caufe de pareille fomme de livres de rente, qu'il lui doit par chacun an & qui lui ont été conftituées par ledit le N par Contrat paffé pardevant le R & B Notaires à Paris le jour d mil de laquelle fomme de livres ledit S eft content & en quitte ledit le N & tous autres. Fait & paffé à Paris ès Etudes ce Novembre mil fept cent Et a figné.

Quittance de penſemens de chevaux.

FUt préſent François M Maître Maréchal à Paris, y demeurant ruë de B Paroiſſe Saint S lequel confeſſe avoir reçû de S. A. S. Monſeigneur le Duc D par les mains de Monſieur de B ſon Tréſorier, la ſomme de pour les ferures & panſemens faits & fournis par ledit M aux chevaux qui ont été dans les écuries de leurs A. S. Monſeigneur le Duc & Madame la Ducheſſe pendant les mois de & de la préſente année, ſuivant les Certificats de Monſieur D au bas deſquels ſont les mandemens de Monſieur N leſquels Certificats, au nombre de ont été paraphés des Notaires ſouſſignez, à la requiſition dudit M qui a promis les remettre avec la préſente quittance ès mains dudit ſieur de B dont il le quitte & tous autres. Fait & paſſé à Paris ès Etudes, &c. le Décembre mil ſept cens Et a ſigné.

Quittance d'une rente perpétuelle ſur la Ville.

DAme Gabrielle P épouſe & Procuratrice de Meſſire Armand Jules D de M Maréchal de Camps, Inſpecteur de la Cavalerie, fondée de ſa Procuration, paſſée devant le Greffier de la Connétablie & des Camps & Armées du Roi, le Septembre dernier, dépoſée à R Notaire, ce jourd'hui confeſſe avoir reçu de M la ſomme de livres, pour les ſix mois de la préſente année, à cauſe de livres de rente perpétuelle, conſtituée ſur les Aydes & Gabelles, le jour du mois de mil dont, &c. quittant, &c. Fait & paſſé à Paris en l'Etude, le mil ſept cens Et a ſigné.

Nota. *Il n'eſt pas néceſſaire de faire les quittances de rentes perpétuelles ſur les Aydes & Gabelles, ou ſur le Clergé qui ſe payent à l'Hôtel de Ville, pardevant Notaires, quand le rentier ſçait ſigner : cela n'eſt néceſſaire que pour les viageres.*

Quittance d'une rente ſur l'ancien Clergé.

JE ſouſſigné Jacques J Bourgeois de Paris, reconnois avoir reçu de M la ſomme de liv. pour l'année entiere mil à cauſe de pareille ſomme, à quoi ont été ſucceſſivement réduites liv. de rente perpétuelle ſur l'ancien Clergé de France, le dont Quittance. Fait à Paris, &c.

Quittance de rente viagere fur la Ville.

FRançois-Benoît D Bourgeois de Paris, y demeurant ruë Fauxbourg faint Paroiffe que les Notaires fouffignez, certifient vivant, a reconnu avoir reçu de M , la fomme de livres, pour les fix mois de la prefente année, à caufe de livres de rente viagere, à quoi ont été réduites livres auffi de rente viagere, affignée fur par contrat du dont quittance, &c. Fait & paffé à Paris ès Etudes des Notaires fouffignez, ce mil fept cens & a déclaré ne fçavoir écrire ni figner, de ce interpellé fuivant l'Ordonnance.

Quittance de rente viagere fur la Ville, quand il y a eu un remplacement de plufieurs années dans l'Etat du Roi.

EN préfence des Notaires à Paris, fouffignez, Nicolas T Bourgeois de Paris, y demeurant ruë Paroiffe Saint au nom & comme Procureur du fieur René B Marchand à lequel eft vivant, fuivant le Certificat ci joint, a reconnu avoir reçu de M la fomme de livres, fçavoir livres pour les années mil & fuivantes, jufques & compris mil par remplacement dans l'Etat du Roi de mil & livres pour ladite année mil à caufe de pareille fomme de rente viagere, à quoi ont été réduites livres de même rente conftituée fur les Tailles le dont quittance. Fait & paffé à Paris ès Etudes &c. le mil Et a figné.

Quittance de rente fur les Tailles qui fe payent par les Receveurs Généraux des Finances.

JE fouffignez, *un tel* reconnois avoir reçu de M la fomme de livres, dont aux termes de l'Arrêt du Confeil du 19 Novembre 1726. Il eft fait fonds dans l'Etat du Roi de la recette générale des finances de la généralité de Paris, pour l'année mil à caufe de livres de rente au denier cinquante, conftituée fur les Tailles de la Généralité & Election de Paris, par quitttance de Finance du enregiftrée au Controlle générale des Finances, le dont quittance. Fait à Paris le

Quittance de rente sur les Domaines du Roi.

JE soussigné Prêtre Chapelain de reconnois avoir reçu de M la somme de livres attribuée à ladite Chapelle de pour fiefs & aumônes de l'année mil suivant le fond fait dans l'Etat du Roi des Domaines de la Généralité de Paris, arrêté au Conseil pour ladite année au Chapitre du Domaine de dont quittance. Fait à Paris, le

Et au dos on écrit.

Je soussigné, denommé en la quittance de l'autre part, certifie à Nosseigneurs de la Chambre des Comptes, que j'ai acquitté le service Divin dû pour raison de la partie mentionnée en ladite quittance pendant l'année mil en foi de quoi j'ai signé. A Paris le

Nota. *Il y a des rentes sur des Etats & Communautés, dont les quittances sont imprimées & fournies par les Caissiers & Payeurs, ensorte qu'il n'y a qu'à remplir les noms, sommes & dattes.*

Quittance générale de loyer de maison.

MArie P veuve de Robert C Bourgeois de Paris y demeurante ruë du Paroisse Saint reconnoît avoir reçuë de Monsieur G Huissier Priseur au Châtelet de Paris, tous les loyers de l'appartement qu'il occupe en la maison de ladite Dame P scise dite ruë du de tout le passé jusqu'au de J dernier, dont quittance. Fait & passé à Paris en l'Etude, &c. ce Décembre mil Et a signé.

Quittance pour mettre au pied d'un Marché.

ET le jour du mois de audit an mil a midi, est comparu pardevant les Notaires à Paris soussignez, ledit Léonard T Entrepreneur, nommé au marché ci-dessus écrit & des autres parts, lequel a par ces Presentes reconnu & confessé avoir eu & reçu présentement comptant & réellement à la vûe desdits Notaires soussignez, dudit Louis P étant ce jour à Paris, la somme de livres, en Louis d'or & d'argent & autres monnoyes bons & ayant cours, & ce pour le parfait payement de toutes les grosses & menues réparations que ledit Entrepreneur a faites & fait faire en une portion de maison & lieux scis à V audit P appartenans, plus au long spécifiés audit marché, de laquelle somme de livres, ledit sieur T ſe contente, en quitte & décharge ledit ſieur P & tous autres, même promet de le faire tenir quitte & déchargé envers les ouvriers qui ont travaillés auſdits réparations. Fait & paſſé à Paris en l'Etude de P l'un deſdits Notaires ſouſſignez, leſdit jour, mois & an que deſſus : Et ont ſigné.

Quittance du reſtant de l'Apprentiſſage de la page 5. pour mettre au pied d'icelui.

ET le Septembre mil eſt comparu pardevant les Conſeillers du Roi Notaires à Paris ſouſſignez, ledit Rollin S Maître Tapiſſier, nommé au Brevet d'apprentiſſage ci-deſſus: lequel a reconnu & confeſſé avoir reçû dudit ſieur Nicolas O à ce préſent, qu'il lui a payé, compté, nombré & délivré en préſence des Notaires ſouſſignez, en louis d'or & d'argent & monnoye bons & ayans cours, la ſomme de livres, pour le reſtant des livres, portées audit Brevet d'apprentiſſage ci-deſſus, de laquelle ſomme de livres, ledit S ſe contente & en quitte ledit O & tous autres, & de toutes choſes généralement quelconques du paſſé juſqu'à ce jour, reconnoiſſant ledit S avoir été bien & fidélement ſervi dudit O pendant ledit tems de ſon apprentiſſage, dont il eſt content, &c. promettant, &c. obligeant, &c. renonçant, &c. Fait & paſſé ès Etudes, &c. les jour & an ſuſdits. Et ont ſigné.

Quittance d'une part & portion en une ſucceſſion.

EN la préſence des Conſeillers du Roi, Notaires, Gardenottes & Garde-ſcels au Châtelet de Paris, ſouſſignez, Anne fille majeure uſante & jouiſſante de ſes biens & droits, demeurante ruë Saint Paroiſſe Saint a reconnue & confeſſée avoir eue & reçue de Jean L & ſes Cohéritiers en la ſucceſſion de Margueritte P ſa tante, au jour de ſon décès femme de Touſſaint G la ſomme de livres, pour ſa part & portion en ladite ſucceſſion, comme Cohéritiere en icelle pour un onziéme de laquelle, ſomme de livres icelle Anne P ſe contente, en quitte & décharge leſdits L cohéritiers en ladite ſucceſſion & tous autres, ſans préjudice néanmoins d'autres dûs, droits, actions, prétentions qu'icelle Anne peut prétendre en ladite ſucceſſion. Fait & paſſé à Paris ès Etudes, l'an mil ſept cens le jour d & a déclaré ne ſçavoir écrire ni ſigner, de ce interpellée.

Quittance d'un tranſport portant Obligation.

FUt préſent le ſieur Jean Charles L Bourgeois de Paris y demeurant ruë de Paroiſſe Saint lequel pour ſe liberer du tranſport qu'il a fait au profit du ſieur Nicolas D Marchand Bourgeois de Paris, y demeurant ruë & Carrefour de Paroiſſe à ce préſent & acceptant, paſſé devant B & ſon Confrere, Notaires au Châtelet de Paris, le jour de mil dont il n'eſt reſté minute, de la ſomme de livres ſur & tant moins de celle de livres qu'il doit audit ſieur D à prendre ladite ſomme de livres ſur Maître Paul B Procureur audit Châtelet, ainſi qu'il eſt plus au long ſpécifié par ledit tranſport, a préſentement payé, compté, nombré & réellement délivré audit ſieur D ladite ſomme de livres, en louis d'or, d'argent & autres monnoyes, le tout bon & ayant cours, en préſence des Notaires ſouſſignez, laquelle ſomme il a priſe & reçûe dudit ſieur L l'en quitte & tous autres, ſans préjudice du ſurplus, montant à la ſomme de laquelle ledit L a promis & promet payer audit ſieur D en ſa demeure à Paris, ſus déclarée, ou au porteur, &c. dans d'hui prochain, à peine, &c. au payement de laquelle il oblige, affecte & hipotheque, par préférence & privilege ſpéciale, tous & un chacuns ſes biens, meubles & immeubles préſens & avenir, & au moyen du payement ci-deſſus ledit ſieur D a rendu & mis ès mains dudit ſieur L l'original dudit tranſport comme nul, & a ledit ſieur L élû ſon domicile, pour raiſon du reſtant de ſa dette, en ſa demeure ſuſdéſignée, auquel lieu, &c. nonobſtant, &c. promettant, &c. obligeant, &c. renonçant, &c. Fait & paſſé à Paris, en l'étude de F l'un des Notaires ſouſſignez, l'an mil ſept le jour de a midi, &c. Et ont ſigné.

Quittance d'une ſomme adjugée par Exécutoire, avec déclaration d'emprunt de ladite ſomme, à fin de ſubrogation.

EN préſence des Notaires à Paris, ſouſſignez, Barthelemi D demeurant ruë Paroiſſe Saint lequel reconnoît & confeſſe avoir reçu de Dame Marguerite de B veuve de Charles René de M Baron de F tutrice de ſes enfans mineurs & dudit défunt, demeurante ruë de Paroiſſe Saint à ce préſente, qui lui a payé, compté, nombré & réellement délivré à la vûe des Notaires ſouſſignez, en louis d'argent & monnoye, le tout bon & ayant cours, la ſomme de livres ſols, à cauſe de pareille ſomme à lui dûe par Exécutoire du Grand Conſeil du pour depens, en quoi Charles M ſieur de a été condamné par Arrêt du Conseil du en faveur de ladite Dame de F de laquelle somme ledit sieur audit nom, est content & en quitte ladite Dame de F & tous autres, & pour avoir par ladite Dame son recours & répétition de ladite somme contre qui & ainsi qu'elle avisera bon être, déclarant icelle Dame de F que ladite somme par elle suspayée, provient de celle par elle empruntée de Messire Philibert B Président de la Cour des Aides de par acte passé pardevant Notaires à Paris, le dernier, au désir duquel ladite Dame fait la présente déclaration, afin que ledit Seigneur Président soit & demeure subrogé au lieu & place, droit & privilege dudit sieur laquelle subrogation icelui sieur D a faite & consentie en faveur dudit Seigneur premier Président sans néanmoins aucune garantie, restitution de deniers ni recours quelconques, &c. Promettant, &c. obligeant, &c. renonçant, &c. Fait & passé à Paris, en la demeure &c. l'an mil Et ont signé.

Quittance par des pere & mere & légitimes administrateurs des personnes & biens de leurs enfans mineurs ès noms, à un des héritiers de deux successions, tant pour lui que pour sa cohéritiere de la moitié du remboursement d'une somme dûë par lesdites successions.

PArdevant les Conseillers du Roi, Notaires au Châtelet de Paris, soussignez, furent présens Maître Pierre C Avocat au Parlement, & Damoiselle Anne le F sa femme, qu'il autorise à l'effet des Présentes demeurans à Paris ruë de Paroisse Saint lesquels tant en qualité de légitimes administrateurs des personnes & biens de Magdelaine, Antoinette & Marie-Anne C leurs filles mineures, par lesquelles ils promettent faire ratifier ces Presentes, lesdites Magdelaine, Antoinette & Marie-Anne C Légataires chacune pour un quart de Damoiselle Magdelaine B leur grand tante, suivant son Testament du 20 Septembre qu'en leurs propres & privés noms, comme ayant l'usufruit dudit legs, ont reconnu & confessé avoir reçu de Guillaume F Ecuyer Conseiller, Secretaire du Roy, Maison Couronne de France & de ses finances, demeurant à ce présent, tant pour lui que pour Damoiselle Marthe Magdelaine F sa sœur & des deniers dudit sieur F la somme de en louis d'argent & monnoie, le tout bon & ayant cours, pour le remboursement de la moitié qui leur appartient dans le billet de livres, fait par les défunts sieur & Dame F dont ils sont seuls enfans & héritiers au profit de ladite défunte Magdelaine B leur tante, le premier Janvier mil ledit billet portant promesse de passer Contrat de Constitution, & en attendant d'en payer les intérêts, comme aussi lesdits sieur & Damoiselle C ont pareillement confessé avoir reçu dudit sieur F la somme de livres, à quoi montent plusieurs quittances d'arrerages qu'ils lui en ont ci-devant données, tant pour ceux dûs lors du décès de ladite défunte Damoiselle B arrivé le mil que pour ceux échus jusqu'au premier Janvier de la présente année mil lesquelles avec la présente ne serviront que d'un seul & même acquit, & desquelles deux sommes revenantes ensemble à celle de livres, lesdits sieur & Damoiselle C èsdits noms se tiennent pour contens, en quittent & déchargent ledit sieur F & tous autres, consentans qu'il s'en fasse tenir compte par ladite Damoiselle sa sœur, ou son tuteur, pour la part qu'elle en est tenue, & qu'il poursuive si bon lui semble & en leur lieu & place l'Instance pendante à ce sujet audit Châtelet d'entre lesdits sieur & Damoiselle F sieur & Damoiselle C auquel effet ils mettent ledit sieur F & le subrogent pour tout ce qui leur peut appartenir dans ledit billet, de quelque maniere que ce puisse être, ce acceptant, en tous leurs droits, noms, raisons & actions & lui ont présentement remis & délivré l'original dudit billet & de l'exploit d'assignation donnée à leur requête contre lesdits sieur & Damoiselle F & autres piéces & procédures, dont ledit sieur F s'est tenu pour content, en quitte & décharge lesdits sieur & Damoiselle C èsdits noms, & pour l'exécution des Présentes lesdits sieur & Damoiselle C & sieur F ont élu leur domicile ès lieux où ils sont demeurans susdéclarez, ausquels lieux, &c. nonobstant, &c. promettant, &c. obligeant, &c. renonçans, &c. Fait & passé à Paris ès études, l'an mil

---

Quittance par une fille à son pere du payement de la partie de la dot qu'il lui avoit constituée lors du Contrat de mariage d'entr'elle & défunt son mari.

PArdevant les Notaires, &c. fut présente Dame Catherine Heleine D veuve de défunt Maître Thomas de M (*de telle qualité*) demeurante laquelle reconnoît & confesse avoir reçu de Maître Théophraste D (*de telle qualité*) son pere, demeurant à Paris, à ce présent, qui lui a réellement payé, compté, nombré & délivré à la vûe desdits Notaires, en louis d'or, d'argent & monnoye, la somme de livres, sçavoir livres, en louis d'or, d'argent & monnoye bons & ayans cours, & livres en un billet des Gabelles payable au porteur, lesdites deux sommes revenantes ensemble à ladite premiere de livres, faisant partie de la dot constituée à ladite Dame veuve D par ledit sieur D son pere, sans aucun intérêt, par son Contrat de mariage avec ledit défunt sieur de M son époux, passé pardevant C & son Collegue Notaires le mil de laquelle somme de ladite Dame veuve de M se contente, en quitte & décharge ledit sieur son pere & tous autres, consentant que sur les minute & expéditions dudit Contrat de mariage & autres piéces que besoin sera, mention du présent payement soit faite par tous Notaires qui en seront requis, sans que sa présence y soit nécessaire, ce qui ne servira que d'une même chose; promettant, &c. obligeant, &c. Fait & passé, &c.

Quittance

Quittance des Officiers de chez le Roi & Messieurs les Princes & Princesses, à leurs Trésoriers.

EN présence des Notaires au Châtelet de Paris soussignez, François B *de telle qualité*, a confessé avoir reçû de Messire Alexis D la somme de livres, à lui ordonnée pour ses gages, à cause de sadite charge, (*quand ce n'est pas une charge, on met*) à cause de sadite qualité, pendant le quartier de J F & M de l'année Dont, &c. Quittance, &c. Fait & passé à, &c.

Nota. *Si ce sont des Officiers de Messeigneurs les Ducs de Bourgogne & de Berry, il faut mettre* (pour ses gages & nourritures.)

Quand ce sont des Pages ou Valets de pieds, pour leurs chapeaux, souliers & autres choses semblables, on met : Pour leur petite Oye de la seconde *ou* premiere livrée de l'année mil

Il faut que toutes les Quittances à Messieurs les Trésoriers comptables à la Chambre des Comptes soient en parchemin, & celles aux Trésoriers non comptables à la Chambre des Comptes, simplement en papier.

Quittance de Remboursement de la Constitution imprimée ci-devant page 101. portant qu'icelui remboursement est fait de deniers empruntez à cet effet de différentes personnes, en faveur desquelles la personne remboursée a consenti qu'elles soient & demeurent subrogées en son lieu & place, &c.

EN la présence des Notaires, &c. Adrian M Bourgeois de Paris, y demeurant au nom & comme Procureur de Dame Marie-Marguerite le B denommée au Contrat, dont la minute est des autres parts, veuve de Messire par procuration passée devant présens témoins le contrôlée à par d le en laquelle Procuration ladite Dame a stipulé tant en son nom, que comme Tutrice des nobles enfans mineurs dudit défunt Seigneur son mari & d'elle, seuls héritiers dudit Seigneur leur pere; & à la suite d'icelle est un Acte passé pardevant ledit présent témoin le Septembre aussi dernier, contrôlé le par ledit par lequel Messire Alexandre C Chevalier & Damoiselle tous deux majeurs d'ans, suivant la Coutume de & seuls enfans & héritiers dudit feu Seigneur de ont ratifié ladite Procuration & donné pouvoir audit sieur M de consentir que ladite Dame leur mere reçoive le principal & les arrerages de la rente à eux appartenante, suivant ledit Contrat, des autres parts, lesdits procuration & pouvoir legalisez par le sieur le par Acte en suite, portant que les signatures y apposées par les Parties, Notaires & Adjoints sont véritables, & que lesdits sieur & Damoiselle de S ſont majeurs ſuivant la Coutume de & en état de diſpoſer de leurs biens, avec copie collationnée du procès verbal, qui avoit inſtitué ladite Dame Tutrice auſdits ſieur & Damoiſelle ſes enfans, juſtifiant qu'ils ne ſont qu'eux deux, le tout certifié véritable, & dépoſé pour minute à M l'un des Notaires ſouſſignez, par ledit ſieur M ſuivant l'Acte étant au pied de ladite légaliſation de ce jourd'hui. A ledit ſieur M en vertu & en conſéquence deſdites procuration & ratification d'icelle & conſentement qu'il donne par ces préſentes, en conformité dudit pouvoir deſdits ſieur & Damoiſelle frere & ſœur, reconnu & confeſſé avoir reçû de Maître Paul B Commis à la recette des decimes & autres ſubventions du Clergé du Diocèſe de en exécution de la déliberation arrêtée en la Chambre Eccléſiaſtique dudit Diocèſe le à la décharge dudit Diocèſe, demeurant ledit ſieur B au Bureau de ladite Recette à ce préſent & comparant, qui a audit ſieur M audit nom préſentement compté, nombré & délivré en louis d'or & d'argent bons & ayans cours, à la vûe deſdits Notaires ſouſſignez, la ſomme de livres, pour le rachat, ſort principal & amortiſſement des livres de rente conſtituée au profit de ladite Dame de au nom & comme lors Tutrice deſdits ſieur & Damoiſelle ſes enfans par ledit Contrat, des autres parts, dont & de laquelle ſomme de livres qui a été ci-devant employée ſuivant la deſtination portée audit Contrat, ledit ſieur M audit nom ſe tient content & ſatisfait, & en quitte ledit Diocèſe, ledit ſieur D & tous autres, ayant ledit M été payé & ſatisfait de ce qui reſtoit dû des arrerages de ladite rente, dont il a donné ſa quittance particuliere, qui ne ſervira avec le préſent énoncé que d'une ſeule & même choſe, lequel ſieur B a déclaré que ladite ſomme de livres, provient des emprunts que ledit Clergé du Diocèſe de en a fait à conſtitution de rentes au denier 20, en exécution de ladite déliberation du ſçavoir livres d'Antoine par Contrat paſſé devant & ſon Confrere, Notaires à Paris, le livres de Damoiſelle Anne par autre Contrat paſſé devant ledit D l'un deſdits Notaires ſouſſignez, le livres empruntées de l'Oeuvre de par autre Contrat paſſé devant & ſon Confrere, Notaires à Paris, le & livres, faiſant partie de livres empruntées de M par autre Contrat paſſé devant & ſon Confrere, Notaires à Paris, le auſſi dernier, aux fins deſquels Contrats ledit ſieur B fait la préſente déclaration, & à ſa requiſition ledit ſieur M audit nom a mis & ſubrogé leſdits ſieur & Damoiſelle ſuſnommez, & ladite Oeuvre & Fabrique chacun en droit ſoi & juſqu'à concurrence des ſommes par chacun d'eux prêtées, au lieu & place, droits & hypoteques deſdits ſieur & Damoiſelle de S reſultant dudit Contrat de Conſtitution des autres parts, ſans néanmoins aucune garantie, reſtitution de deniers, ni recours quelconques, en quelque ſorte & maniere que ce ſoit; Ce faiſant ledit ſieur M a préſentement fourni & délivré audit ſieur B expédition deſdits procuration & pouvoir, & extrait du procès verbal ſuſmentionnez; & à l'égard de la groſſe originale dudit Contrat, elle eſt demeurée annexée à la présente minute comme piece commune aux personnes subrogées, après mention sommaire faite sur icelle, qu'elle ne subsiste que pour hypoteque & piéce de subrogation ausdites personnes, par les Notaires soussignez : Promettant, &c. obligeant, &c. renonçant, &c. Fait & passé à Paris au Bureau dudit sieur B le mil a midi. Et ont signé.

Quittance d'un Remboursement fait par Sa Majesté à un Particulier d'une rente sur la Ville, constituée par le Contrat ci-devant page 77.

EN présence des Notaires à Paris soussignez, Jean D demeurant rue a reconnu avoir reçû comptant, à la décharge de Sa Majesté, de Messire Jean de T de N Conseiller du Roi en ses Conseils, Garde de son Trésor Royal, la somme de livres, pour le remboursement de de rente constituez sur les Aydes & Gabelles par Messieurs les Prevôt des Marchands & Echevins de cette Ville, à Damoiselle Marie G lors veuve du sieur Claude A par Contrat passé pardevant J & G Notaires à Paris, le mil appartenant audit D au moyen de la vente qui lui en a été faite par Pierre R & ladite Damoiselle G à présent son épouse, suivant le Contrat passé pardevant S & D l'un des Notaires soussignez, le sur lequel ledit sieur D a obtenu en Chancellerie Lettres de ratification scellées sans oppositions, le de laquelle somme de livres, ledit sieur D quitte Sa Majesté & ledit sieur de T de N auquel il a délivré la grosse dudit Contrat de constitution, l'expedition de celui de ladite vente & lesdites Lettres de ratification, après que sur lesdites pieces les Notaires soussignez ont fait mention du présent remboursement, & a consenti qu'il en soit fait mention sur la minute dudit Contrat de constitution & quittance de finance y annexée, & sur toutes autres pieces nécessaires: Promettant, &c. obligeant, &c. renonçant,&c. Fait & passé à Paris ès Etudes, &c. l'an mil le Et a signé ces Présentes, & la minute d'icelles étant en la possession dudit D l'un des Notaires soussignez.

Nota. *On observe toujours de faire signer l'expedition de semblables Quittances par la Partie prenante avec sa minute, & ce pour operer une plus valable décharge du Tresorier à la Chambre des Comptes, qui a prescrit cet usage.*

Quittance d'un Billet perdu.

FUt présente Louise E fille majeure demeurante ruë Paroisse laquelle confesse avoir reçû de Jean M Marchand Bourgeois de Paris la somme de livres contenue en un billet qu'il lui avoit fait pour argent qu'elle lui avoit prêté par icelui en datte du Juillet mil lequel billet elle a déclaré avoir perdu, & adiré, & si elle le retrouve ; elle promet lui rendre comme acquitté au moyen des présentes ; & de laquelledite somme elle quitte & décharge ledit sieur M & de toutes autres choses généralement quelconques. Fait & passé à Paris ès Etudes, &c. l'an mil sept cens le Et a signé.

Quittance du Dépôt porté en l'Acte de Comparution imprimé ci-devant page 58. & main-levée en conséquence.

ET le lendemain desdits mois & an ladite Perine L femme séparée quant aux biens dudit Etienne C a reconnu & confessé avoir reçû dudit Notaire, ès présences de ses Confreres esdites especes, la somme de livres pour les six & septieme termes, échus au dernier, de la somme de livres, dont est question, desquels deux termes elle quitte lesdits C & sa femme, ledit Notaire, dépositaire, & tous autres, sans préjudice du restant dudit principal, intérêts, frais & dépens, & a fait dès-à-présent main-levée de la saisie qu'elle avoit fait faire sur eux, entre les mains du nommé D & de toutes autres saisies, & consent qu'elles demeurent nulles comme non faites, & que leurs Débiteurs les payent, promettant, &c. obligeant, &c. Fait & passé, &c.

Quittance que l'on fait quand on ne veut point faire de Contrat de mariage, par laquelle une fille & son futur époux reconnoissent avoir reçu la valeur d'une somme pour la dot de la fiancée, tant en habits, qu'ustancile de ménage, soit sur la succession de son pere, soit en avancement d'hoirie sur celle future de sa mere.

EN la présence des Notaires au Châtelet de Paris, soussignez, Pierre F Tailleur d'habits à Paris y demeurant rue Paroisse Sainte & Marie M fille majeure usante & jouissante de ses biens & droits, sa fiancée, de lui autorisée autant que faire le peut, ont reconnu & confessé, que Marie D veuve de Claude M Jardinier, demeurante Paroisse mere de ladite fiancée à ce presente, leur a baillé & fourni, & d'elle reconnoissent avoir reçû la valeur de livres, en meubles meublans, linge & ustenciles de ménage, tant pour les droits successifs, mobiliers & immobiliers, en fonds & fruits à venir à ladite Marie M par le décès dudit défunt Claude M son pere, si tant se montent, sinon le surplus, si surplus y a, en avancement d'hoirie sur la succession future de ladite veuve sa mere ; de la délivrance desquels effets ledit F & Marie M se contentent & en quittent & déchargent ladite veuve M & ledit F en quitte ladite Marie M sa fiancée. Fait & passé à Paris ès Etudes, &c. le mil sept cens quarante Et ont signé.

Du Retrait Lignager et Feodal.

Le Retrait lignager est un droit qui est acquis à tous les parens du Vendeur d'un héritage, ou rente fonciere, propre audit Vendeur, de le retirer lorsqu'il a été vendu à un Etranger, en rendant le prix, frais & loyaux-coûts.

Dans la plûpart des Coûtumes, comme dans celle de Paris, il suffit d'être parent au Vendeur du côté & ligne dont lui est venu & échû l'héritage ou rente fonciere : il y en a qu'on appelle *soucheres*, dans lesquelles il faut être descendu de celui qui a le premier mis l'héritage dans la famille.

Cette action ne peut être intentée que dans l'an & jour, mais il faut remarquer que cet an & jour ne court pas du jour du Contrat dans la plus grande partie des Coûtumes, parce qu'ordinairement il est inconnu aux Lignagers; il n'a cours, pour les héritages tenus en censive, que du jour que l'Acquéreur a été ensaisiné, pour les fiefs & droits tenus en fiefs, du jour de l'inféodation; & quant aux francs-aleus, du jour que l'acquisition a été publiée & insinuée en jugement au plus prochain Siége Royal. Depuis l'établissement du Centiéme Denier, l'an ne court, même après l'ensaisinemen, tque du jour que le Contrat est insinué.

Lorsqu'il y a plusieurs retrayans, quelques Coûtumes, comme celle de Paris, l'adjugent au plus diligent; d'autres, comme celle de Poitou, le donnent au plus proche parent : il ne tend qu'à conserver le bien dans les familles : il est par conséquent très-favorable, quoiqu'assujetti aux formalités qui sont prescrites par chaque Coûtume.

Il n'est pas cessible : l'on peut demander le serment au Retrayant, si c'est pour lui-même qu'il l'exerce.

Le Retrait féodal est un droit par lequel un Seigneur peut retraire des mains de l'Acquéreur un fief mouvant de lui qui a été vendu par le Vassal, pourvû que le Retrait se fasse dans quarante jours, à compter, non pas du jour que la vente a été faite, mais du jour qu'elle a été notifiée par le Vassal au Seigneur par copie du Contrat de vente à lui baillée par le Vassal. Ce Retrait est cessible.

Retrait lignager avec déclaration que partie du prix a été empruntée par l'Acquéreur.

AUjourd'hui en la compagnie & présence des Notaires soussignez, &c. Robert demeurant ruë s'est transporté en la maison de Sulpice scise à Paris, ruë où étant parlant audit Sulpice en exécution de la Sentence rendue au Châtelet de Paris ce jourd'hui, ledit Robert a présentement offert bourse & deniers à découvert en espéces de louis d'or, écus d'argent & autre bonne monnoie ayant cours, présens lesdits Notaires, de bailler & rembourser audit Sulpice la somme de livres; sçavoir livres pour le principal de l'acquisition que ledit Sulpice a faite d'Honoré d'une maison où est l'enseigne d'Orphée, scise à Paris, ruë adjugée par la susdite Sentence audit Robert comme lignager dudit défunt Honoré son oncle paternel, auquel ladite maison étoit échûe par le partage fait des biens de la succession du défunt Baltazard son pere, & ayeul dudit Robert livres que ledit Sulpice auroit payées pour les droits de lods & vente de ladite acquisition, & livres pour les frais & loyaux coûts, sauf à repeter ou augmenter s'il y échet, après que la liquidation d'iceux en sera faite. Et outre lui a offert bourse & deniers à découvert comme dessus, en pareilles espéces de louis d'or & écus d'argent, & à parfaire suivant la coûtume, sommant & interpellant ledit Sulpice de recevoir lesdits deniers offerts, lui en bailler quittance & décharge, lui laisser la libre possession & jouissance de ladite Maison comme lignager dudit Honoré au désir de ladite Sentence, & lui délivrer ledit contrat d'acquisition avec les anciens titres de la propriété de ladite maison que ledit Honoré lui a délivré en passant ledit contrat: Autrement & à faute par ledit Sulpice de satisfaire presentement à ladite sommation, ledit Robert proteste d'aller présentement consigner lesdits deniers offerts, aux dépens, risques, perils & fortunes dudit Sulpice ès mains du Receveur des Consignations dudit Châtelet; même de se pourvoir en Justice pour recouvrer contre lui toutes pertes, dépens, dommages & interêts, qu'il pourroit souffrir à cette occasion, & de tout ce qui peut & doit porter en cette partie: Et a ledit Robert élu son domicile irrevocable en sa maison & demeure sus déclarée, pour y recevoir tous actes & exploits de Justice à ce sujet. Lequel Sulpice a requis copie des présentes offres pour en communiquer à son conseil, ce que ledit Robert a pris pour refus, & persisté en sesdites offres, sommations & protestations, & fait emporter ses deniers pour les consigner ès mains de Maître Receveur desdites Consignations du Châtelet de Paris, demeurant ruë & à cette fin a été notifié audit Sulpice qu'il eut à comparoir & se transporter présentement en ladite maison dudit sieur Receveur desdites Consignations sus-déclarée, pour voir faire ladite Consignation, à ce qu'il n'en ignore: dont & de tout ce que dessus, ledit Robert a requis acte aufdits Notaires fouffignez, qui lui ont octroyé le préfent pour lui fervir & valoir ce que de raifon, & d'icelui laiffé copie audit Sulpice ce fut ainfi fait, requis & octroyé à Paris en la maifon & demeure dudit Sulpice l'an mil fept cens quarante le Et a figné.

Et à l'inftant ledit Robert & lefdits Notaires étant fortis de ladite maifon dudit Sulpice icelui Sulpice ayant mandé après eux, & à ce mandement étant enfemble retournez pardevers ledit Sulpice en fadite maifon & demeure, icelui Sulpice leur auroit dit qu'il étoit prêt, & offroit de recevoir préfentement lefdits deniers offerts, & de fatisfaire de fa part à ladite fommation; le tout pour éviter à procès, frais & dépens. En conféquence de quoi ledit Robert a payé, compté, nombré & délivré réellement, préfens lefdits Notaires fouffignez, en louis d'or, écus d'argent & autre bonne monnoye ayant cours, audit Sulpice ladite fomme de livres ci-deffus offerte pour le prix principal dudit retrait lignager, frais, mifes & loyaux coûts, dont & de laquelle fomme de livres, ledit Sulpice s'eft contenté, en a quitté & quitte ledit Robert & tous autres: ce faifant a confenti & accordé, confent & accorde par ces Préfentes que ledit Robert jouiffe & difpofe pleinement & paifiblement de ladite maifon de l'enfeigne d'Orphée comme bon lui femblera, au moyen de la fufdite Sentence & des Préfentes; le tout aux charges, claufes & conditions de fondit contrat de ladite acquifition; l'original duquel portant quittance du payement fait des deniers dudit Sulpice du prix d'icelle acquifition, ès marges duquel eft la faifine faite d'icelui le *tel jour*, fignée *tel*; ledit Sulpice a préfentement donné & délivré audit Robert avec tous les anciens titres de la propriété de ladite maifon, tels que ledit Honoré les lui a délivrez en paffant ledit contrat d'acquifition, & ainfi qu'ils y font énoncez, dont ledit Robert le décharge pareillement, fans préjudice aux parties de parfaire ou réparer le plus ou le moins defdits loyaux coûts, après que la liquidation en fera faite: Declarant ledit Robert qu'en ladite fomme de livres ci-deffus payée, il y en a livres qu'il a empruntées de Maître Etienne Procureur en Parlement, auquel il en a conftitué livres de rente, par contrat paffé pardevant *tels* Notaires *un tel jour*: Au défir duquel, ce requerant ledit Robert ledit Sulpice a par ces mêmes Préfentes mis & fubrogé jufqu'à cette concurrence ledit Etienne en fon lieu & place, droits, privileges, préférence, hypotheques, noms, raifons & actions, fans toutefois être tenu d'aucune garantie, reftitution de deniers ni recours quelconque, en quelque forte & maniere que ce foit. Promettant, &c. obligeant, &c. renonçant, &c. Fait & paffé, &c.

Autre Retrait lignager.

AUjourd'hui en la préfence & compagnie des Notaires au Châtelet de Paris fouffignez, Maître Alexandre lequel pour effectuer le retrait lignager adjugé à Hugues par Sentence rendue au Châtelet de Paris, le *tel jour*, du quart au total de la maiſon de l'Eſpérance, ſciſe à Paris rue par ledit Alexandre acquiſe de François par contrat paſſé pardevant *tels* Notaires le *tel jour* (ou *adjugée par decret*, *&c.*) en lui rembourſant par ledit Hugues le ſort principal de ladite acquiſition, & tous frais & loyaux coûts comme le contient ladite Sentence, a ledit Alexandre volontairement conſenti & accordé ledit retrait lignager; ce faiſant, a quitté & délaiſſé, & par ceſdites préſentes quitte & délaiſſe par forme & faculté de retrait lignager audit Hugues & Marie ſa femme, demeurans rue ledit Hugues à ce préſent & acceptant, tant pour lui que pour ſadite femme, le ſuſdit quart par indivis de ladite maiſon de l'Eſperance ci-deſſus deſignée par tenans & aboutiſſans; & ce aux mêmes charges, clauſes & conditions portées par ledit contrat d'acquiſition (ou *decret*) pour en jouir, faire & diſpoſer par ledit Hugues & ſa femme comme de choſe à eux appartenante. Ce délaiſſement ainſi fait moyennant la ſomme de livres que ledit Hugues a donnée, payée, comptée, nombrée & réellement délivrée, préſens les Notaires ſouſſignez, en louis d'or, écus d'argent, & autre bonne monnoye ayans cours, audit Alexandre ſçavoir livres pour le prix principal de ladite acquiſition, livres pour les droits de lods & vente payez par ledit Alexandre au ſujet d'icelle, & livres à quoi leſdites parties ont amiablement compoſé pour les frais & loyaux coûts que ledit Alexandre pouvoit prétendre & demander auſſi au ſujet de ladite acquiſition juſqu'à ce jour, de laquelle ſomme de livres, ledit Alexandre s'eſt contenté & en a quitté & quitte ledit Hugues & tous autres: Ce faiſant, a préſentement délivré audit Hugues l'original dudit contrat *ou decret* de ladite acquiſition, ſur lequel eſt la ſaiſine que ledit Alexandre en avoit priſe le *tel jour*, ſignée *tel*: Et encore lui a délivré le bail qu'il avoit fait dudit quart de maiſon à *un tel*, paſſé pardevant *tels* Notaires le *tel jour*, deſquelles pieces ledit Hugues ſe contente & en décharge ledit Alexandre & tous autres. Promettant, &c. obligeant, &c. renonçant, &c. Fait & paſſé, &c.

Nota. *Qu'aux offres en matiere de retrait lignager, il faut ponctuellement obſerver les mots de la Coûtume; par exemple dans celle de Paris, article* 140. bourſe, deniers, loyaux coûts & à parfaire, *car ſi ces mots* & à parfaire *n'y étoient pas mis, & que les deniers offerts ne fuſſent pas ſuffiſans pour le payement du prix principal, frais, miſes & loyaux coûts, telles offres ſeroient déclarées nulles, & le retrayant déchu de ſon retrait, nonobſtant la conſignation qu'il auroit faite deſdits deniers. Obſervez auſſi de faire ladite conſignation partie preſente ou duement appellée, & exécutez le tout dans les vingt-quatre heures après l'adjudication dudit retrait que l'acquereur aura mis ſes lettres au Greffe, & affirmé le prix, & que les eſpéces ſoient les mêmes en la conſignation qu'aux offres. Voyez les articles* 129. *&* 137. *de la même Coûtume.*

Retrait

Retrait Féodal.

Aujourd'hui en la présence & en la compagnie des Notaires, &c. Maître Honoré demeurant pour éviter à frais & dépens, ayant été conseillé de satisfaire à la sommation qui lui a été faite à la requête de Messire Laurent Seigneur de la B par exploit de Silvestre Huissier, le *tel jour*, portant assignation pardevant Messieurs des Requêtes du Palais, pour se voir condamner à lui délaisser une *telle* metairie, & *tels* héritages en dépendans, situés en la Paroisse de M mouvans de ladite Seigneurie de la B qu'il a droit de r'avoir & retirer par puissance de fief, & aussi *tels autres* héritages situez en *tels lieux*, en lui remboursant, ainsi que ledit Seigneur de lui a offert par ladite sommation pour éviter contestation sur la ventilation desdits héritages sujets audit retrait feodal, l'entier prix qu'il a payé de l'acquisition qu'il a faite de tous lesdits héritages de Christophe par contrat passé pardevant *tels* Notaires le *tel jour*, ensemble ses frais, mises & loyaux coûts; a ledit sieur Honoré par ces Présentes volontairement quitté, délaissé & transporté dès maintenant à toujours, sans aucune garantie que de ses faits & promesses seulement audit Seigneur de demeurant à ce present & acceptant pour lui, ses hoirs & ayans cause, pour réunir à sadite Seigneurie de la B la susdite métairie de & héritages en dépendans ci-dessus déclarez, situez dans ladite Seigneurie, ensemble tous les autres héritages que ledit sieur Honoré a acquis par le susdit contrat, plus au long mentionnez & déclarez en icelui, sans en rien retenir ni reserver, aux charges contenues audit contrat, pour en jouir, faire & disposer par ledit Seigneur de sesdits hoirs & ayans cause, comme bon lui semblera au moyen des présentes : Ausquelles fins ledit sieur Honoré l'a mis & subrogé par cesdites présentes, sans autre garantie que dessus, en son lieu & place, droits, noms, raisons & actions, & lui a présentement délivré l'original en parchemin dudit contrat d'acquisition susdaté, portant quittance du payement entier du prix desdits héritages : Plus toutes les pieces & anciens titres concernans la propriété d'iceux héritages que ledit Christophe lui avoit délivré par ledit contrat, dont ledit Seigneur de le décharge. Ce délaissement & transport ainsi fait pour les causes & aux charges susdites, & outre moyennant la somme de livres que ledit sieur Honoré a confessé avoir eue & reçû comptant dudit Seigneur de qui lui a icelle somme donnée, payée, comptée, nombrée, & réellement délivrée, présens lesdits Notaires soussignez, en louis d'or, écus d'argent & autre bonne monnoie ayant cours; sçavoir livres pour son remboursement de pareille somme qu'il a payée audit Christophe pour le prix principal de ladite acquisition, dont il lui a donné quittance par ledit contrat d'acquisition, & livres, à quoi les parties ont composé entre elles pour les frais & loyaux coûts de ladite acquisition, de laquelle somme de livres ledit sieur Honoré s'est contenté & en a quitté &

quitte ledit Seigneur de & tous autres. Et à l'égard des intérêts que ledit sieur Honoré pouvoit demander & prétendre depuis le jour dudit contrat d'acquisition, jusques à présent, lesdites parties en ont aussi fait compensation avec les fruits, revenus & loyers que ledit sieur Honoré a touchez & reçûs à cause desdits héritages ci-dessus délaissez jusqu'à maintenant, dont lesdites parties se quittent pareillement l'une l'autre, & moyennant tout ce que dessus sur la susdite assignation, lesdites parties se sont mises hors de cour & de procès, sans dépens ; car ainsi, &c. promettant, &c. obligeant, &c. chacun en droit soi, &c. renonçant, &c. Fait & passé, &c.

Si l'intention du retrayant féodal n'est pas de réunir à son fief lesdits héritages qu'il retire & qui en sont mouvans, il en doit faire mention dans le contrat dudit retrait en ces termes (déclarant ledit Seigneur de qu'il ne veut & n'entend réunir à sondit fief de la B lesdits héritages, au contraire les posseder à toujours comme terres roturieres.

Nota. *Le retrait féodal aussi-bien que le lignager, est très-favorable en faveur des Seigneurs de fief, & des familles pour leur manutention & conservation, encore plus au lignager qu'au Seigneur de fief, d'autant que par la Coutume, articles 22. & 159. ce bénéfice de retirer & retenir appartient par préférence au lignager, lequel peut en cette qualité retirer du Seigneur féodal l'héritage par lui acquis. Mais l'un & l'autre des retrayans ne peuvent retirer les héritages sujets au retrait, quand il y a d'autres héritages vendus avec iceux par un même contrat qui ne contient qu'un seul prix, s'il ne retire le tout selon le 80. article de la Coutume de Mante ; car autrement, celui qui, pour sa commodité, auroit acquis tels héritages, sujets à retrait, se trouveroit obligé d'en garder d'autres à lui inutiles, & souffriroit une perte notable, si l'inutile lui restoit, & l'utile lui étoit ôté, pour le prix d'une ventilation faite en Justice, dont l'estimation seroit sans doute beaucoup au dessous du prix que l'acquereur en auroit payé pour les avoir ; ce qui ne seroit pas raisonnable, étant plus à propos que le retrayant ait le tout, & qu'il en porte la perte, puisque de son propre mouvement il évince l'acquereur : Autre chose est quand le contrat de vente de plusieurs héritages contient la diversité des prix d'iceux ; auquel cas le retrayant peut retirer les uns, & laisser les autres, parce que la pluralité des choses, avec la pluralité des prix, fait la pluralité des ventes, & non la pluralité des contrats ; car un même contrat peut contenir plusieurs ventes.*

La femme, ni ses héritiers ne peuvent pretendre aucune chose en la propriété des choses que son mari a retirées, par puissance de fief, durant leur communauté : Cette Nature de retrait n'est point conquêt, mais seulement acquêt, qui tourne entierement au profit dudit Seigneur de fief, en remboursant par lui, ou ses héritiers à ladite femme ou à ses héritiers, la moitié du prix dudit retrait, appellé vulgairement mi-denier ; *quoi faisant tout ledit héritage ainsi retiré, quoique la valeur en eût triplé, lors de la dissolution de ladite communauté, appartiendra audit mari ou à ses héritiers. Ainsi jugé : La raison en est, que tel retrait est de droit naturel, entierement acquis au fief, & lui est propre ; & que la femme ni ses héritiers n'ont rien à cette propriété.*

Quand l'acquereur d'un héritage n'en paye pas entierement le prix, & qu'il promet de le payer dans certain tems, ou qu'il en constitue rente à son vendeur, le retrayant, pour effectuer son retrait doit s'adresser au vendeur, lui offrir en deniers à découvert, tout ce qui lui est dû de reste dudit prix, tant en principal, qu'arrerages & intérêts, le sommer de recevoir lesdits offres, de lui en donner quittance, ou en décharger l'acquereur, & accepter l'obligation du retrayant à la place de celle dudit acquereur; Voyez ci-devant page 433. la formule de quittance aux fins d'un retrait lignager.

Des Renonciations en général.

IL est ordinairement permis à toutes sortes de personnes de renoncer au droit qui est établi en leur faveur, si ce n'est aux femmes mariées qui ne peuvent le faire valablement, sans l'autorité de leurs maris, & aux mineurs qui ont besoin de l'assistance de leur Tuteur & de l'avis de leurs parens.

Les Renonciations les plus ordinaires sont celles qui se font par les filles que l'on marie, aux successions directes & collatérales à écheoir, en faveur de leurs freres, contre lesquelles elles peuvent être restituées, si elles n'avoient alors ni pere ni mere, & si elles étoient mineures. Au cas contraire, il y a des Coûtumes qui les excluent de toutes ces successions quand elles ont été mariées par leurs peres & meres, ne leur eut-on donné en dot qu'un chapeau de fleurs.

Celles qui se font par des héritiers présomptifs aux successions qui leur sont échûës, tant en ligne directe que collatérale, ou par les femmes, à la communauté qu'elles avoient avec leurs maris, l'Ordonnance de 1667, & la plûpart des Coûtumes donnent aux uns & aux autres trois mois pour faire inventaire, & quarante jours pour délibérer, de peur d'être surpris, & de se trouver chargez des dettes d'une succession ou d'une communauté, qui seroient capables d'absorber tout le bien qu'ils ont d'ailleurs.

Ceux qui ont accepté ou renoncé en minorité, peuvent se faire restituer jusqu'à ce qu'ils ayent atteint 35. ans complets.

Les Actes de Renonciation à une succession ou à la communauté, sont sujets à insinuation.

Les Notaires ne doivent point délivrer aux Parties ces sortes d'Actes sans en garder Minute.

Par Arrêt du Parlement du 14. Février 1701, il est enjoint

aux Notaires qui recevront des Actes d'acceptation ou renonciation à une ſucceſſion ou communauté, d'en garder des Minutes, ſans les laiſſer aux Parties en Brevet, à peine de nullité deſdits Actes.

Lorſqu'un héritier craint qu'une ſucceſſion ne lui ſoit plus onéreuſe que profitable, & qu'après l'avoir acceptée il ne ſoit obligé de payer les dettes dont il n'a pas de connoiſſance, & qui pourroient ſe monter plus haut que la ſucceſſion, alors il obtient des Lettres d'héritier par bénéfice d'inventaire; & n'eſt tenu des dettes que juſqu'à la concurrence de l'inventaire & de ce qu'il a reçu. *Voyez l'Acte de Notoriété de M. le Lieutenant Civil du 24. Juillet 1706.*

Renonciation par un fils tant à la ſucceſſion de ſon pere, qu'aux diſpoſitions teſtamentaires par lui faites à ſon profit.

AUjourd'hui eſt comparu devant les Notaires ſouſſignez, Jean demeurant lequel a par ces Préſentes renoncé & renonce tant à la ſucceſſion de ſon pere, qu'aux diſpoſitions teſtamentaires par lui faites au profit dudit ſieur comparant par ſon teſtament, pour lui être le tout plus onereux que profitable; déclarant icelui ſieur comparant n'avoir pris ni detourné aucuns effets de ladite ſucceſſion, & ne s'être aucunement immiſcé en icelle, ſe tenant à la portion du douaire qui lui appartient, conſtitué par le contrat de feue Marie ſa mere, au jour de ſon decès femme dudit ſieur pour raiſon de laquelle & des droits, actions & hypotheques dudit ſieur comparant, il ſe reſerve & conſerve en tous les droits & privileges qui lui ſont acquis, ſans aucunement y déroger ni innover, & pour faire inſinuer & ſignifier ces préſentes, &c.

Renonciation d'une fille par ſon Contrat de mariage à la ſucceſſion de ſon pere & de ſa mere.

EN faveur duquel mariage leſdits Pierre & Marie pere & mere de la future épouſe, lui ont conſtitué en dot la ſomme de moyennant laquelle elle s'eſt tenue pour bien partagée de leurs futures ſucceſſions, auſquelles elle a renoncé & renonce par ces Préſentes, & à toutes autres directes & collaterales au profit de ſeſdits pere & mere, de ſes freres, & de leurs enfans nez & à naître en loyal mariage, ſauf & reſervée nouvelle & loyale eſchoitte, *c'eſt-à-dire au cas que les freres meurent ſans enfans, auquel cas les ſœurs de la mariée ne ſçauroient ſe prévaloir de la renonciation.* Car ainſi, &c.

Renonciation par une femme à la communauté de feu son mari.

AUjourd'hui est comparue pardevant les Notaires &c. Marie veuve de feu Jacques demeurante laquelle a dit & déclaré avoir renoncé & renonce par ces présentes à la communauté de biens qui a été entre elle & ledit défunt son mari, après qu'elle a affirmé en son ame pardevant lesdits Notaires n'avoir pris ni apprehendé aucune chose de ladite communauté, & ne s'être en façon quelconque immiscée en icelle, sur les biens de laquelle & autres biens dudit défunt, ladite veuve entend prendre & avoir ses conventions matrimoniales, & tout ce qui lui a été accordé par son contrat de mariage fait avec ledit défunt, à quoi elle s'est tenue & se tient par ces Presentes, dont & de tout ce que dessus ladite comparante a requis & demandé acte ausdits Notaires, qui lui ont octroyé le présent pour lui servir & valoir ce que de raison. Fait & passé, &c.

Renonciation à une succession en conséquence de l'autorisation imprimée ci-devant, page 11. & pour mettre au pied d'icelle.

ET à l'instant ladite Marie V en qualité de femme séparée, quant aux biens d'avec ledit sieur C son mari, & en conséquence de l'acte d'autorisation ci-dessus, a déclarée qu'elle renonce à la succession dudit défunt sieur Josse V son pere, pour lui être plus onereuse que profitable, se tenant aux avantages qu'elle en a reçû, en faveur de Mariage, affirmant ne s'être aucunement immiscée en ladite succession, pris ni profité des biens d'icelle, dont acte, &c. & pour faire insinuer ces présentes au Greffe du Châtelet de Paris & partout ailleurs, où besoin sera, ladite Damoiselle D a fait & constitué pour son Procureur le porteur, &c. donnant, &c. pouvoir, &c. Fait & passé à Paris ès Etudes, &c. lesdits jour & an: Et a signé.

Renonciation à l'exécution d'un Testament, par l'Exécuteur nommé par icelui, & acceptation en partie de ladite exécution, par le seul & unique héritier de la personne défunte.

PArdevant les Notaires à Paris soussignez, fut présent M. Nicolas C Prêtre habitué en l'Eglise de lequel a déclaré qu'il ne peut, par ses occupations spirituelles, s'immiscer en l'exécution du Testament & ordonnance de derniere volonté de défunte Damoiselle Elisabeth G D fille majeure, reçû par Maître L & de V Notaires le Juillet mil Pourquoi il y a par ces Présentes renoncé; ce qui a été accepté par Messire Charles D *de telle qualité*.

demeurant ruë Paroiſſe Saint à ce préſent, ſeul & unique héritier de ladite défunte ſa Couſine germaine, & chargé de tous les effets de ſa ſucceſſion, par l'Inventaire qu'il en a fait faire par ledit L & ſon Confrere Notaires, datté au commencement du Mars mil lequel s'eſt chargé de ladite exécution teſtamentaire, en ce qui regarde les Legs pieux, ſans approuver les autres legs, ni le legs univerſel, porté audit Teſtament, contre lequel il ſe reſerve de ſe pourvoir, pour faire réduire leſdites diſpoſitions, parce qu'elle n'a pû diſpoſer que de ſes meubles & acquêts, & du quint de ſes propres, ſuivant la Coûtume, & auſſi ſe reſerve ſes autres droits & actions : Promettant, &c. obligeant, &c. renonçant, &c. Fait & paſſé à Paris en l'Etude de L Notaire, l'an mil le jour de a midi : Et ont ſigné.

Renonciation par un Donataire à partie des biens à lui donnez, & à la ſucceſſion de ſon Donateur.

FUt préſent Jean-Baptiſte Joſeph B Ecuyer de Seigneur de demeurant ruë Paroiſſe Saint lequel a déclaré, que ſuivant la liberté qu'il en a par le droit commun & la faculté que lui en a donné la donation à lui faite par Dame Eleonore de B veuve de Meſſire Eſprit C Chevalier Seigneur de V le inſinuée au Greffe des Inſinuations du Châtelet de Paris, le il s'en tient à tous les biens mobiliers & immobiliers qui appartenoient à ladite Dame de V au tems & lors de ladite donation & dont elle a diſpoſé par icelle à ſon profit, en conſéquence de quoi ledit ſieur de B a déclaré qu'il renonce, par ces Préſentes, au ſurplus des autres biens auſſi compris en ladite donation, qui ſe ſont trouvés appartenir à ladite Dame au jour de ſon décès dans ladite donation, biens à venir, & leſquels biens ledit ſieur de B declare conſiſter dans la ſomme de livres, dont ladite Dame s'eſt par ladite donation réſervée la libre diſpoſition ſur les biens qu'elle poſſedoit pour lors, & dans les arrérages, fruits ou revenus échûs depuis ladite donation, juſqu'au jour du décès de ladite Dame de V déclarant au ſurplus ledit ſieur de B qu'il renonce pareillement, en tant que beſoin ſeroit, à la ſucceſſion de ladite Dame de V ſe tenant, comme dit eſt, au bien qu'elle poſſedoit au jour de ſadite donation, aux proteſtations que fait ledit ſieur Comparant, qu'au moyen deſdites renonciations, il ne pourra être tenu que des dettes dont il s'eſt nommément chargé par ladite donation, & non de celles ſurvenues depuis, du nombre deſquelles ſont les legs, les frais funéraires, les arrérages ou intérêts des ſommes principales, dont ledit ſieur comparant s'eſt chargé, à compter ſurtout depuis le jour de ladite donation, juſqu'au jour de la mort de ladite Dame de V deſquelles déclaration & renonciation ledit ſieur comparant a requis acte, que les Notaires ſouſſignez lui ont octroyé, pour lequel faire ſignifier à qui il appartiendra, & icelui reïtérer en Juſtice, ſi beſoin eſt, ledit ſieur de B a fait & conſtitué ſon

Procureur, le porteur des présentes, lui en donnant pouvoir, & d'en réïterer acte; promettant, &c. obligeant, &c. renonçant, &c. Fait & passé à Paris en l'Etude de l'un des Notaires soussignez, le jour de mil a midi. Et a signé

DES RECONNOISSANCES.

RReconnoissance de promesse ou autre écrit sous seing privé, est un Acte par lequel on demeure d'accord d'une dette contenuë dans une simple cedule, qu'on affirme contenir vérité, & qu'on promet exécuter selon sa forme & teneur. Les promesses & autres écritures sous seing privé, ne peuvent jamais être suivies de contrainte; elles ne produisent qu'une action qui doit être portée pardevant le Juge du domicile du Défendeur: ainsi pour produire une action hypothécaire & une contrainte, il faut les faire reconnoître pardevant le Juge, ou pardevant un Notaire, qui leur imprime le Sceau Royal, ou Seigneurial, après quoi elles valent autant qu'une Obligation; mais il faut au préalables qu'elles soient contrôlées.

Voyez ci-après l'Arrêt du Conseil du 21. Juillet 1693.

Reconnoissance de Promesse, ou autre écrit sous seing privé.

AUjourd'hui est comparu pardevant les Notaires soussignez, Maître Pierre demeurant à lequel a reconnu & confessé avoir écrit & signé de sa main, & signature ordinaire dont il a accoûtumé d'user en ses affaires, la promesse, *ou autre sorte d'écriture ou convention privée* ci-dessus écrite, contrôlée à par le qu'il a dit & affirmé contenir vérité, & promet de l'entretenir & accomplir de point en point selon sa forme & teneur, sans y contrevenir en façon quelconque, directement ni indirectement, à peine de tous dépens, dommages & intérêts; promettant, &c. obligeant, &c. Fait & passé, &c.

Quand les écritures privées portent promesse de payer ou fournir quelque chose; il faut mettre aux actes de reconnoissance d'icelles, l'élection du domicile du débiteur comme aux obligations.

Si le reconnoissant n'avoit pas écrit le corps de la promesse ou convention, en ce cas il faut mettre ce qui en suit:

A reconnu & confessé avoir fait écrire, puis signé de sa main la promesse ci-dessus écrite, *& le reste comme dessus.*

Pareillement quand deux ou plusieurs personnes ont faites un écrit sous seing privé, que l'un d'eux a en écrit le corps, & que tous ensemble le reconnoissent, il faut mettre:

Sont comparus pardevant les Notaires, &c. *tel* & *tel*, lesquels ont reconnu & confessé avoir signé de leurs mains & signatures ordinaires, dont ils ont accoûtume user en leurs affaires, la promesse *ou* convention ci-dessus écrite, contrôlée à par le qu'ils ont dit & affirmé contenir vérité, même ledit *tel*, avoir écrit le corps d'icelle promesse *ou* convention, promettant lesdites parties reciproquement, chacune d'elles en droit soi, l'entretenir, satisfaire & accomplir selon sa forme & teneur, sans y contrevenir en façon quelconque, directement ni indirectement, à peine de tous dommages & intérêts, promettant, &c. obligeant, &c. Fait & passé, &c.

Reconnoissance portant Obligation.

AUjourd'hui est comparue pardevant les Notaires Gardenotes du Roi au Châtelet de Paris, soussignez, Marguerite R veuve de N vivant &c. demeurante ruë Paroisse Saint laquelle a volontairement & de bonne foi reconnue & confessée que dès le par obligation passée pardevant &c. & Notaires audit Châtelet ci-dessus écrite, le sieur M dénommé en ladite obligation, auroit sur son assurance & cautionnement verbal prêté les livres contenues en ladite obligation ausdits R & Michelle du P jadis sa femme, fille de ladite comparante, de laquelle obligation, par le moyen du reçu ci-dessus, ne reste plus que la somme de livres, à cette cause & d'autant que ledit R seroit decedé, & que ladite Michelle du P a convolé en secondes noces avec ledit sieur Louis a présent son mari, lequel non plus que sa femme, ne tient compte de payer ladite somme audit sieur M disant que si l'on les poursuit ils se pourvoiront contre ladite obligation, & demanderont que ladite du P en soit restituée, attendu qu'elle étoit mineure lors de la passation d'icelle, joint que ladite comparante a prié & requis ledit M pour ce présent de n'en faire aucune poursuite contre sadite fille, sous l'assurance ci-après, icelle comparante a consenti & accordé que ledit touche & reçoive ladite somme de sur les plus clairs & apparens biens qui se trouveront appartenir à icelle comparante au jour de son decès, tant en meubles qu'immeubles, qu'elle a à cette fin obligez & hypothequez, & ce préferablement à ce que ses enfans pourroient prétendre en sa succession & à toutes autres dettes; à la charge que ladite somme sera déduite & précomptée sur la part que ladite Michelle du P pourroit prétendre en sa succession, dont ladite comparante fait son propre fait & dette, comme principale débitrice, & y oblige & affecte dès à présent tous & chacuns ses biens, présens & à venir, sans que les obligations générale & spéciale dérogent l'une à l'autre. Promettant, &c. obligeant, &c. renonçant, &c. Fait & passé à Paris en l'Etude de

Reconnoissance

Reconnoissance portant Quittance.

FUt présent C Maître Chapellier, demeurant ruë Paroisse Saint lequel a reconnu & confessé que B Marchand à Paris demeurant ruë Paroisse Saint à ce présent, lui a en la présence & du consentement de C Maître Chapellier à Paris, demeurant rendu & délivré une montre à boîte d'argent qui avoit été donnée audit B par L pour gages de la somme de qu'il lui auroit prêtée sur icelle, & laquelle montre s'est trouvée appartenir audit C auquel ladite montre a été présentement rendue & délivrée par ledit C moyennant le payement qui en a été présentement fait audit B par ledit C de ladite somme de & de sols pour frais faits par ledit B contre ledit L aux Consuls pour avoir payement desdites livres, où il auroit obtenu Sentence par défaut contre lui, dont de tout les Parties se quittent respectivement, sauf audit C son recours contre ledit L ainsi qu'il avisera. Promettant, &c. obligeant chacun en droit soi, &c. renonçant, &c. Fait & passé à Paris, &c.

Reconnoissance & Décharge à un Gardien des choses à lui données en dépôt, & desquelles il s'étoit chargé par la clôture d'une vacation d'inventaire.

PArdevant les Conseillers du Roi, Notaires au Châtelet de Paris soussignez : furent présens haut & puissant Seigneur, Messire Louis, Marquis D Comte de Baron de & autres lieux, Chevalier de l'Ordre de saint Louis, Maréchal des Camps & Armées du Roi, & haute & puissante Dame, Dame Anne Charlotte V son épouse, qu'il autorise à l'effet des Présentes, demeurans en leur Hôtel, ruë Paroisse Saint Lesquels reconnoissent que Louis L Maître d'Hôtel de feu haut & puissant Seigneur, Messire Emmanuel Henri V Marquis de Lieutenant Général au Gouvernement de frere de madite Dame Marquise D pour ce présent, demeurant ruë Paroisse Saint leur a mis entre les mains la Vaisselle d'argent, dont il s'est entre autres choses chargé par la vacation de l'inventaire, fait après le décès dudit feu Seigneur, Marquis D par L & son Confrere Notaires à Paris, datté au commencement du de laquelle Vaisselle d'argent lesdits Seigneurs & Dame D se chargent & en déchargent ledit L & promettent solidairement l'en faire tenir quitte & valablement déchargé envers & contre tous : Promettant, &c. obligeant, &c. solidairement renonçant, &c. Fait & passé à Paris, en leur Hôtel sus-déclaré, l'an mil le Et ont signé.

Reconnoissance de Testament sur l'envelope d'icelui, laquelle Envelope doit être de papier timbré.

AUjourd'hui est comparu pardevant les Notaires au Châtelet de Paris soussignez, Louis L Bourgeois de Paris, y demeurant ruë Paroisse Saint lequel a dit & déclaré qu'en ce paquet cacheté de cachets de ses armes de cire d'Espagne rouge, est son testament olographe, qu'il a dit avoir écrit & signé de sa main sur papier timbré, qu'il veut & entend être exécuté & accompli de point en point selon sa forme & teneur, dont il a requis acte ausdits Notaires, qui lui ont octroyé le présent, pour lui servir & valoir en tems & lieu ce que de raison, promettant, &c. obligeant, &c. renonçant, &c. Fait & passé à Paris en l'Etude de l'un desdits Notaires soussignez, le jour de mil sept cens a midi. Et a signé.

Reconnoissance & Décharge par un Ouvrier qui a été saisi de tous ses outils par les Jurés de sa Communauté, comme ils lui ont été rendus.

EN présence des Conseillers du Roi Notaires au Châtelet de Paris soussignez Jean M Graveur à Paris, & Marthe C sa femme, qu'il autorise à l'effet des Présentes, demeurant ruë Paroisse Saint ont reconnu & confessé que les sieurs Charles M Maître Graveur & ancien de sa Communauté & Jean E aussi Maître Graveur & Juré de sa Communauté, en exécution de la Sentence rendue par Monsieur le Lieutenant Général de Police, le du présent mois, leur ont présentement rendu & mis entre les mains une boëte longue, ficellée & sur les bouts de laquelle ficelle sont apposés le cachet de Monsieur le Commissaire S dans laquelle boëte sont enfermez les outils saisis sur lesdits M & sa femme, & déclarez en détail par le procès verbal dudit sieur Commissaire S le dudit présent mois, ladite boëte représentée par Pierre L Clerc de la Communauté, qui en étoit le gardien, dont & de laquelle boëte desdits outils étant en icelle, lesdits M & sa femme sont contens & en déchargent lesdits sieurs Jurés, ledit gardien & tous autres, ayant payé ausdits Jurés tous les frais & dépens à eux adjugez par ladite Sentence, suivant la quittance qu'ils leurs en ont donnée. Promettant, &c. obligeant, &c. renonçant, &c. Fait & passé à Paris ès Etudes, le jour de mil sept cens Et ont signé.

Reconnoiſſance du Commodat.

FUt préſent Jean F Marchand, demeurant à lequel reconnoît que Nicolas G à ce préſent lui a prêté ce jourd'hui ſon cheval, *faut dire de quel poil & de quelle façon il eſt*, pour aller à lequel il promet lui rendre & reſtituer d'hui en un mois, ſain & entier, & tel qu'il l'a reçu dudit G & à faute de ce promet lui payer l'eſtimation d'icelui, dont ils ſont convenus, à la ſomme de laquelle ſomme ledit F promet payer audit tems, au cas qu'il ſoit arrivé perte dudit cheval par quelque maniere que ce ſoit, ou que ledit cheval ſoit diminué de prix par quelque vice ou défaut qui ſeroit ſurvenu pendant qu'il aura été ès mains dudit F car autrement & ſans cette convention le prêt dudit cheval n'auroit point été fait; & pour l'exécution des Préſentes, &c.

Reconnoiſſance d'un dépôt.

PArdevant, &c. Maître Nicolas de la F Avocat en Parlement demeurant lequel a reconnu que Claude de la F ſon frere Marchand demeurant à ce préſent, lui a mis entre les mains la ſomme de livres pour cauſes de dépôt pour les lui garder, s'obligeant & promettant de les lui rendre ou au porteur des Préſentes, en mêmes eſpéces que celles qu'il lui a données en garde, toutefois & quantes qu'il en ſera requis; & pour l'exécution des Préſentes, &c.

Reconnoiſſance d'un Preneur à bail emphitéotique à ſon Bailleur, des réparations que ledit Bailleur a fait faire au Château baillé audit titre, au déſir dudit bail.

PArdevant les Conſeillers du Roi Notaires à Paris ſouſſignez, fut préſent Antoine W de R demeurant à Paris ruë Paroiſſe Saint lequel a reconnu & confeſſé que pour ſatisfaire au bail amphitéotique qui lui a été fait, le mil par illuſtriſſime & revérendiſſime Seigneur, Monſeigneur Louis A B (*mettre ici les qualités*) par lequel bail entre autres choſes mondit Seigneur *tel* ſeroit convenu de faire rétablir ſeulement à ſes dépens, quant alors une fois finie, la Chapelle dudit Château, enſorte qu'elle fût en ſureté & état convenable pour qu'on y puiſſe dire la Sainte Meſſe, & de faire remettre le colombier auſſi une ſeul fois, pour lors en état de recevoir des Pigeons, avoir mondit Seigneur fait faire bien & duement toutes les réparations qui étoient à faire en ladite Chapelle, & icelle miſe en état convenable d'y célébrer la Sainte Meſſe, comme auſſi avoir fait rétablir ledit colombier, & icelui fait mettre en bon état d'y recevoir des Pigeons, desquelles réparations & rétablissemens ledit sieur de R   est content, en quitte & décharge mondit Seigneur   ses successeurs & tous autres, tant que ledit bail aura cours; Promettant, &c. obligeant, &c. renonçant, &c. Fait & passé à Paris, en la demeure dudit sieur de R   l'an mil   le   jour de   Et a signé.

Ratification d'un Contrat de vente séparé de sa Minute.

FUt présente Antoinette   femme de Jérôme   son mari, demeurant ruë   pour ce présent, d'abondant autorisée en cette partie, laquelle après avoir entendu la lecture qui lui a présentement été faite mot à mot par l'un desdits Notaires soussignez, l'autre présent, d'un contrat passé pardevant *tels Notaires, le tel jour*, contenant la vente faite par ledit Jérôme   tant en son nom, que s'étant fait fort de ladite comparante sa femme, au sieur Guillaume   de trente arpens de terre labourable, en *tant* de piéces, assises au terroir de   la premiere contenant deux arpens au lieu dit   tenant d'un côté à   d'autre côté à   (*il faut déclarer en cette endroit la quantité desdites piéces par tenans & aboutissans, & puis suivre*) aux charges y déclarées & moyennant le prix & somme de   livres, payable aux termes   ainsi qu'il est plus au long porté audit contrat de vente, que ladite Antoinette   a dit bien sçavoir & tout le contenu en icelui, de son bon gré a déclarée, reconnue & confessée avoir ledit contrat de vente & tout ce qu'il contient, agréable, l'a par cesdites Présentes approuvé, ratifié & confirmé, veut, consent & accorde qu'il sorte son plein & entier effet, selon sa forme & teneur, comme ayant été fait selon son désir & intention; ce faisant, à la garantie desdits héritages vendus, ladite Antoinette   s'est par cesdites présentes obligée & oblige avec ledit Jérôme   son mari solidairement, sans division, discussion ni fidéjussion, renonçant ausdits bénéfices envers ledit Guillaume   tout ainsi que sondit mari s'y est obligé par ledit contrat, ce qui a été accepté par ledit Guillaume   pour ce présent, & comparant, promettant, &c. obligeant, &c. solidairement comme dit est, &c. renonçant, &c. Fait & passé, &c.

Nota *Que d'une telle ratification il en doit être gardée minute par le Notaire, & en mettre autant sur la grosse & autres expéditions du contrat de vente.*

Ratification d'une vente de maison avec délégation de payement.

AUjourd'hui est comparu devant les Notaires, &c. Jacques lequel a reconnu avoir pris communication du contrat passé devant Notaires le *tel jour*, par lequel G fondé de la procuration dudit ci-devant mentionnée, a vendu à M une Maison scise à aux charges, clauses & conventions d'icelui ; duquel contrat sur une expédition représentée par ledit G & à lui à l'instant rendue, a été fait lecture par l'un desdits Notaires soussignez, l'autre présent, qu'il a dit bien sçavoir & entendre, & a icelui volontairement agréé & ratifié, consent qu'il sorte son plein & entier effet selon sa forme & teneur : & par ces même Présentes, ledit sieur G a délegué sur le susdit prix de ses créanciers ci-après nommez. Premierement Maître *tel* pour être payé de la somme de pour le rachat & sort principal d'une rente, &c. avec les arrérages qui se trouveront dûs de ladite rente, & qui écheront jusqu'au jour du rachat d'icelle, suivant que le tout est plus au long exprimé par ledit contrat. Plus, &c. tous lesquels susdits payemens, ledit sieur M acquereur de ladite Maison sera tenu de faire en conséquence de la présente délégation, en déduction & sur & tant moins du susdit prix de en faisant lesquels payemens, il en demeurera d'autant quitte & déchargé, ainsi que ledit sieur G l'en quitte & décharge par ces Présentes, audit cas de payement, & promet ledit sieur G l'en faire tenir quitte & déchargé, & faire valoir lesdits payemens envers & contre tous, & faire ensorte qu'il n'en soit inquiété ni recherché, à peine, &c. desquels payemens ledit sieur M sera tenu de rapporter les quittances, ou en fournir les expéditions nécessaires audit sieur G dans *tel tems*. Et pour l'exécution, &c.

Ratification d'une constitution séparée de la minute du contrat.

Nota. *Plusieurs constitutions de rente & autres contrats obligatoires, se font souvent par une personne, tant en son nom, ou au nom & comme Procureur, ou se faisant fort d'un ou plusieurs autres qui sont absens ou demeurans en autre pays, ausquels il promet de faire ratifier dans certain tems ; ce qui se peut faire pardevant le premier Notaire ou Tabellion Royal, lequel retiendra la minute de telle ratification, & en donnera une expédition à la partie, ou bien délivrera l'original d'icelle ratification pour être joint à la minute dudit contrat pour y avoir recours. Ladite ratification se fait en cette forme.*

AUjourd'hui est comparu pardevant les Notaires Gardenotes, &c, Michel demeurant en *un tel lieu*, lequel après lecture à lui présentement faite mot à mot par l'un desdits Notaires, l'autre présent, du contrat de constitution de livres de rente faite au profit de Jeanne par Antoine tant en son nom que s'étant fait fort dudit Michel comparant, passé pardevant *tels Notaires, un tel jour*, moyennant la somme de livres, qu'il auroit reçue de ladite Jeanne en espéces, déclarée audit contrat de constitution, que ledit Michel a dit avoir bien & au long entendu, & sçavoir tout le contenu en icelui, de son bon gré a par ces présentes ratifié & confirmé ledit contrat de continuation, veut, consent & accorde qu'il sorte son plein & entier effet selon sa forme & teneur, & promet l'entretenir, comme ayant été fait selon son désir & intention. Ce faisant à la garantie du sort principal, payement & continuation de ladite rente aux termes dudit contrat, ledit Michel comparant s'est obligé & s'oblige par ces Présentes solidairement avec ledit Antoine sans division ni discussion, renonçant ausdits bénéfices, tant & si avant que le cas le requiert & que ledit Antoine l'a obligé avec tous ses biens, meubles & immeubles, présens & à venir par ledit contrat de constitution, approuvant en outre ledit Michel le payement fait par ladite Jeanne audit Antoine de ladite somme de livres pour le prix de ladite constitution, ainsi qu'il est porté audit Contrat, pour l'exécution duquel & des Présentes ledit Michel a élu son domicile perpétuel & irrévocable en la Maison de auquel lieu, &c. nonobstant, &c. promettant, &c. obligeant, solidairement comme dit est, &c. renonçant, &c. Fait & passé, &c.

Ratification d'un Contrat de vente portant Quittance du restant du prix.

ET le *tel jour* est comparue pardevant les Notaires, &c. ladite Etiennette femme dudit Benjamin nommée au contrat de vente ci-devant écrit, laquelle en la présence dudit Benjamin son mari pour ce comparant, qui l'a d'abondant autorisée, après lecture a elle présentement faite mot à mot par l'un desdits Notaires soussignez, l'autre présent, du susdit contrat de vente, qu'elle a dit avoir bien & au long entendu, de son bon gré, pure franche, & libre volonté, a dit & déclaré qu'elle avoit & a ledit contrat de vente pour agréable, & par ces Présentes l'a ratifié, approuvé, & confirmé, veut, consent & accorde qu'il sorte son plein & entier effet, selon sa forme & teneur : Promet l'entretenir & accomplir, & à la garantie de la maison & héritages vendus par icelui, charges, clauses & conditions y contenues : ladite Etiennette s'est aussi par ces Présentes d'abondant obligée & s'oblige solidairement avec ledit Benjamin son mari, sans division, discussion ni fidejussion, renonçans ausdits bénéfices envers ledit Louis acquereur aussi y dénommé, à ce présent & acceptant ; & en ce faisant, ledit Louis a présentement donné, payé, compté, nombré & réellement délivré, présens lesdits Notaires soussignez, ausdits Benjamin & sa femme, qui ont de lui reçus en louis d'or & autre bonne monnoie ayant cours, la somme de livres qu'il leur devoit de reste du prix de ladite acquisition, dont, &c. quittant, &c. promettant, &c. obligeant lesdits Benjamin & sa femme solidairement comme dessus, &c. renonçant, &c. Fait & passé, &c.

Ratification à mettre au pied de la Délibération, imprimée ci-devant page 160.

ET le dudit mois de audit an, mil sont comparus pardevant les Notaires soussignez, Damoiselles Marie-Françoise, & Catherine-Françoise D filles majeures, tant en leurs noms, que comme Procuratrices conjointement de Gabriel D leur frere, héritiers chacun pour un tiers de défunt Jean D leur pere, ci-devant Mouleur de bois, Marie B veuve de Robert C aussi ci-devant Mouleur de bois, elle propriétaire de l'Office dudit défunt, au moyen du compte qu'elle a rendu à ses enfans, Damoiselle Helene E veuve du sieur Jean R aussi Mouleur de bois, tant en son nom, que comme stipulant pour la succession dudit défunt son mari èsdites qualités, Proprietaire de l'Office de Mouleur de bois, dont est pourvû Jean R son fils, Marie P femme & Procuratrice, autorisée d'Olivier J aussi Mouleur de Bois, suivant sa procuration passée devant G & son Confrere Notaires, le jour d dernier, & Françoise C veuve de Richard V ci-devant Mouleur de bois, Propriétaire dudit Office, au moyen des avantages qu'elle a faits à ses enfans: Lesquels après avoir pris communication, & que lecture leur a été présentement faite par l'un des Notaires soussignés, en présence de l'autre, de la délibération & pouvoir des autres parts écrits, l'ont volontairement ratifiée & consentent qu'elle soit exécutée selon sa forme & teneur: Ce faisant ont obligé & hypotéqué lesdits nouveaux droits & les Offices de ceux qu'ils représentent conjointement avec ceux desdits sieurs Commissaires & Controlleurs Jurez Mouleurs de bois, nommez dans ladite délibération au payement, cours & continuation des rentes, qui sont & seront constituées en vertu d'icelle en principal & arrérages, & ont promis d'obliger ceux au profit de qui ils disposeront desdits Offices à en faire leur soumission aussi-tôt leur reception ausdits Offices, approuvant l'élection de domicile portée en icelle délibération: Fait & passé audit Bureau lesdits jours & an que dessus. Et ont signé.

Ratification & approbation par un Donateur de tout ce que ses Donataires ont pû faire depuis le jour de la Donation jusqu'à celui de la Renonciation qu'ils ont faite à icelle pour la gestion & administration des choses données, ensemble de tous Actes qu'ils auroient pû faire & passer en conséquence, & pour raison de ladite Donation.

FUt presente Dame Magdelaine D veuve de défunt Pierre M Ecuyer Capitaine au Régiment de demeurante ruë Paroisse Saint Laquelle en conséquence de la déclaration & renonciation faite par le sieur Nicolas P Bourgeois de Paris, & Damoiselle Henriette M son épouse, à la donation faite par ladite Dame M à ladite Damoiselle P sa fille, de tout généralement ses biens meubles & immeubles, présens & avenir, à la charge d'une pension viagere de livres par année, icelle donation passée devant L & son Confrere Notaires à Paris, le dûement insinuée, où il a été besoin ; ladite déclaration & renonciation à ladite donation faite par acte sous signatures privées du controllée le lacceptée par ladite Dame veuve M & déposée par ledit sieur P. pour minute audit L Notaire, le audit an ; & en approuvant & ratifiant d'abondant par ces Présentes ledit acte de déclaration & renonciation, a par cesdites Présentes, déclarée qu'elle approuve & ratifie pareillement tout ce que lesdits sieur & Damoiselle P ont pû faire depuis ledit mois de mil jusqu'au tems de la renonciation à icelle donation, concernant & pour la gestion & administration desdites choses données, & notamment la transaction passée devant Notaire Royal a le faite entre lesdits sieurs & Damoiselle P en ladite qualité de donataires, les sieurs & autres : plus le titre nouvel & reconnoissance fait devant & son Confrere Notaires à Paris, le accepté par lesdits sieur & Damoiselle P en leursdites qualités, lors donataires par René B d'une rente de livres au principal de livres : Plus le payement fait ausdits sieur & Damoiselle P par ledit titre nouvel de la somme de livres : Plus la ratification par lesdits sieur & Damoiselle P faite en leursdites qualités de donataires le Plus le Bail fait à M de la ferme dudit & tous autres actes, que lesdits sieur & Damoiselle P auroient pû faire en conséquence de ladite donation, consentant que le tout sorte son plein & entier effet ; & soit exécuté selon sa forme & teneur, reconnoissant que lesdits sieur & Damoiselle P lui ont mis entre les mains les Expéditions de ladite Transaction, Baux, Titre nouvel & autres Actes & Piéces qu'ils avoient en leurs mains, resultant de ladite donation ; déclarant en outre ladite Damoiselle comparante, que lesdits sieur & Damoiselle P lui ont payé plus de livres pour ses pensions & entretiens depuis leur mariage, quoiqu'ils n'ayent reçû que les arrérages de la rente dûe par le sieur

n'ayant

n'ayant pû recevoir aucune autre chose, à cause des saisies faites sur lesdits biens donnez, par les Créanciers de ladite Dame comparante, n'entendant ladite Dame comparante, que ladite renonciation faite par lesdits sieur & Damoiselle P ni le présent acte puisse dispenser iceux, sieur & Damoiselle P ses gendre & fille, de la nourrir & entretenir, ni de l'aider, comme ils ont coutume de faire dans les procès & différends qui lui pourroient survenir pour la défense de ses biens & droits; consentant en outre que du contenu en ces Présentes il en soit fait mention sur la minute & expédition de ladite donation & sur toutes autres Piéces qu'il appartiendra par tous Notaires requis en son absence : Promettant, &c. obligeant, &c. renonçant, &c. Fait & passé à Paris, &c.

Ratification en forme de Titre nouvel de la Transaction passée entre une belle-mere & son gendre, au sujet de la succession de leur fille & femme décedée sans enfans, imprimée ci-après au rang des Transactions.

ET le jour de mil est comparue devant les Notaires à Paris soussignez, Claude M à présent femme dudit P Maître fondeur à Paris, nommé en l'acte ci-dessus & de l'autre part, pour ce présent qu'il autorise, à l'effet des Présentes, demeurans ruë Paroisse Saint Laquelle après avoir pris communication & que lecture lui a été présentement faite par l'un des Notaires soussignez, l'autre present, dudit acte ci-dessus & de l'autre part, qu'elle a dit bien entendre & sçavoir, volontairement s'est obligée & oblige pour & avec sondit mari ; elle seule pour le tout, sans division, discussion, ni fidejussion, à quoi elle renonce envers Marie C femme de Ciprien le B Compagnon Maçon, ladite C seule & unique héritiere de ladite Anne G veuve en premieres nôces de Samson C & en dernieres de Jean A sa mere, de la somme de restant à payer de celle de payable dans les termes & pour les causes énoncées audit acte, en faisant de ladite dette son propre fait & dette, comme principale débitrice, solidairement avec sondit mari ; élisant leur domicile en leur demeure susdite : Auquel lieu, &c. nonobstant, &c. promettant, &c. obligeant, &c. solidairement comme dessus; renonçant, &c. Fait & passé à Paris ès Etudes lesdits jours & an que dessus, ledit P a déclaré ne sçavoir écrire ni signer de ce interpellé, & ladite femme a signé.

Ratification par une femme du Contrat de Constitution, imprimé ce-devant page 93.

Nota. *Quand celui ou celle qui passe une ratification, se trouve éloigné du lieu où s'est passé le Contrat, qui doit être ratifié, on transcrit sur du papier timbré du lieu où se doit faire la ratification copie tout au long dudit Contrat, ensuite de laquelle copie dudit Contrat, on met ladite ratification, qui doit être conçûe en ces termes.*

AUjourd'hui &c. est comparue Damoiselle Epouse du sieur Pierre D de lui spécialement autorisée par Contrat, dont la copie est ci-dessus & des autres parts, pour faire & passer le présent acte, demeurant ladite Damoiselle ordinairement à étant ce jour en cette Ville de laquelle après avoir pris communication du Contrat de Constitution de livres de rente au principal de passé par ledit sieur son époux au sieur Jean V pardevant D & son Confrere Notaires à Paris, dont la copie est ci-dessus transcrite, & de toutes les clauses, conditions, certifications & affirmations y contenues; le tout qu'elle a dit bien sçavoir, a déclaré qu'elle a ledit Contrat pour agréable, le ratifie & approuve, en consent l'exécution en tout son contenu, & selon sa forme & teneur; ce faisant, elle s'oblige d'abondant & solidairement sans division ni discussion, avec ledit sieur D à la garantie du principal payement & continuation des arrérages de ladite rente, à l'emploi promis par icelui, à l'exécution de toutes lesdites conditions y contenues; & elle fait les mêmes certifications & affirmations, que ledit sieur son mari a faites par icelui, sous les mêmes peines que celles y portées; qu'elle a dit bien sçavoir & entendre, faisant élection domicile en la Ville de Paris, en leur maison, ruë saint pour y être faits tous exploits: promettant, &c. obligeant, &c. solidairement avec son mari; renonçant, &c. Fait, &c.

Nota. *Cet acte se passe ordinairement pardevant les Notaires Royaux du lieu, où le Contractant se trouve alors résidant. Il doit être datté, scellé, contrôlé & légalisé.*

Ratification du Brevet d'Apprentissage, ci-devant page 5. pour mettre ensuite d'icelui.

ET ledit jour Décembre mil sept cens sont comparus devant nous Notaires à Paris soussignez, sieurs Louis de la F Nicolas R & Joseph Q tous Maîtres & à présent Jurez de ladite Communauté des à Paris y demeurans, sçavoir lesdits sieurs Louis de la F & Nicolas R ruë & Paroisse Saint & ledit sieur Joseph L ruë de Paroisse

Lesquels après que lecture leur a été faite dudit Brevet d'apprentissage des autres parts, qu'ils ont dit bien entendre & trouvé conforme aux Statuts & Réglemens de leurdite Communauté, l'ont ratifié, confirmé & approuvé, en consentent l'exécution, dont acte, &c. Fait & passé à Paris en l'Etude de R Notaire lesdits jour & an que dessus. Et ont signé.

Remise de la derniere année du Brevet d'Apprentissage étant à la page 3.

FUt présent Claude le T Maître Menuisier à Paris y demeurant ruë Paroisse Saint Lequel en considération des services qu'il espere recevoir de Nicolas B son apprentif, obligé avec lui ce jourd'hui pardevant les Notaires soussignez, pour six années ; volontairement lui a remis & quitté par ces Présentes, les dernieres années des portées par son brevet d'apprentissage, pendant lesquelles il consent qu'il aille travailler où bon lui semblera comme compagnon dudit métier, si mieux n'aime demeurer avec lui en ladite qualité de compagnon, promettant à la fin desdites années lui quittancer sondit Brevet, de même que s'il les avoit passées entierement chez lui : promettant, &c. obligeant, &c. renonçant, &c. Fait & passé à Paris ès Etudes. l'an mil sept cens le Décembre a midi. Et a signé.

Nota. *Les Notaires ne veulent plus passer d'actes de remise d'apprentissage, attendu qu'ils dérogent aux Statuts des Communautés, c'est pourquoi, si les Parties en conviennent, elles les doivent passer sous seing-privé & les exécuter de bonne foi, car en Justice on n'y auroit aucun égard.*

Répondant d'un Domestique.

PArdevant les Conseillers du Roy Notaires à Paris soussignez fut présent Jacques L Maître Cordonnier à Paris, y demeurant ruë Paroisse Saint Lequel a répondu à Monsieur Claude N Conseiller en Parlement, de la fidélité de Louis D âgé de ou environ, natif de fils de Noël D & de défunte Marie-Anne G ses pere & mere ; ce jourd'hui entré au Service dudit sieur N pour le servir en qualité de domestique & laquais; promettant ledit L en cas que ledit D fasse quelque tort, perte ou dommage audit sieur N pendant le tems qu'il sera à son service, de lui rendre & restituer ledit tort incontinent le cas arrivé ; à peine de tous dépens, dommages & intérêts, même le représenter ; & a élû son domicile irrévocable en sadite demeure sus-déclarée : Auquel lieu, &c. nonobstant, &c. promettant, &c. obligeant, &c. renonçant, &c. Fait & passé à Paris ès Etudes, &c. le mil sept cent Et a signé.

Remise de dette payée en l'acquit d'une succession, à une Créanciere d'icelle par un des enfans au profit de sa mere & de son frere.

PArdevant les Conseillers du Roi Notaires à Paris soussignez, fut présent François D Maître Cordonnier à Paris, y demeurant ruë Paroisse Saint Lequel a par ces Présentes volontairement remis & & quitté à Marie S sa Mere, veuve de François D vivant & à Nicolas D son frere, seul héritier par bénéfice d'inventaire dudit défunt François D leur pere, au moyen des renonciations faites à sa succession par lui & sadite mere, la somme de livres qu'il a payé à Dame Geneviéve G veuve de Maître François D Bourgeois de Paris, en l'acquit de la succession dudit François D son pere & de sadite mere, pour acquitter l'obligation de pareille somme faite par ledit défunt D & sa femme au profit de ladite Dame de S devant L & son Confrere Notaires à Paris le ledit payement fait par quittance, dont il n'y a point de minute passée devant L l'un des Notaires soussignez, & son Confrere Notaires, le mil portant subrogation aux droits de ladite Dame veuve de S à celle de livres, leur faisant par ces Présentes don & remise des livres, faisant le surplus, reconnoissant avoir en ses mains ladite quittance portant subrogation, avec ladite obligation y énoncée ci-devant dattée, pour y demeurer en leur entiere force & vertu, jusqu'à ce qu'il soit entiérement payé & remboursé desdits livres, pour raison de quoi il se pourvoira après le décès de sadite mere, & non autrement, par les voyes, & ainsi qu'il avisera bon être : promettant, &c. obligeant, &c. renonçant, &c. Fait & passé à Paris ès Etudes, &c. l'an mil le Et a signé.

Revocation libellée de procuration.

PArdevant les Notaires à Paris, soussignez, fut present Haut & Puissant Seigneur, Messire Claude, Alexandre Chevalier de B demeurant à Paris, ruë C Paroisse Saint lequel a déclaré, comme il déclare par ces Présentes, qu'il auroit sur la fin de l'année derniere mil donné une procuration à habitant de la Paroisse de pour se mettre en possession des Terres du & leurs dépendances, recevoir les dixmes de Bled, Vins, rentes & autres redevances, poursuivre les procès intentés ou à intenter, & généralement faire tout ce qui est contenu dans ladite procuration, ledit (*tel*) s'étant vûe saisi d'un pouvoir si ample, a reçu les revenus desdites Terres, les a jouez, mangez & dissipez, même a vendu les Chevaux des équipages dudit Seigneur, & comme ledit (*tel*) a abusé de la confiance que ledit Seigneur Comparant a eu pour lui, cela l'oblige, pour éviter de plus grandes suites, de révoquer dès à présent, comme il révoque par cesdites Présentes, ladite procuration passée pardevant G & son Confrere Notaires au Châtelet de Paris, & tous autres pouvoirs qu'il pourroit avoir donné audit (*tel*) par ses lettres missives, lui faisant défense à l'avenir de se servir de ladite procuration, ni de s'immiscer pour raison de l'exécution d'icelle en aucune chose, & à tous les sujets de lui payer aucune redevance, & aux Procureurs qui occupent dans les Instances intentées, d'agir sous les pouvoirs dudit (*tel*) ni autres affaires, lesquelles au moyen de la presente révocation demeurent nulles & sans effet, sauf audit Seigneur Comparant à se pourvoir contre ledit (*tel*) pour les choses qu'il a reçû & de ce qu'il a disposé de son Chef, soit par vente ou autrement, directement ou indirectement, se reservant même les voyes de droit, pour agir extrordinairement contre lui & tous ses autres droits, actions, dommages, intérêts & dépens soufferts & a souffrir, voulant que le présent acte soit lû & publié aux Prônes des Paroisses où sont situées lesdites Terres, afin qu'aucuns n'en n'ignorent, & au lieu & place dudit (*tel*) ledit sieur comparant a constitué & constitue pour son Procureur général & spécial, à l'effet des Présentes, & du contenu en la procuration donnée audit (*tel*) le sieur François G Bourgeois du Bourg de D auquel il donne pouvoir de pour lui & en son nom, faire au surplus, rendre compte audit (*tel*) de ce qu'il a géré en vertu de la procuration qu'il lui avoit donnée, ci-dessus révoquée à son égard : Promettant, &c. obligeant, &c. renonçant, &c. Fait & passé à Paris ès Etudes, &c. l'an mil le jour d. Et a signé.

Réduction de plusieurs parties de rentes sur le Clergé d'un Diocèse.

AUjourd'hui est comparu pardevant les Notaires à Paris, soussignez, Dominique A demeurant à Paris ruë lequel pour éviter le remboursement que Messieurs du Clergé du Diocèse de vouloient lui faire de livres de rente au principal, au denier 22 de livres que mesdits sieurs du Clergé dudit Diocèse lui ont constitué par cinq Contrats passés pardevant R & son Confrere Notaires, le même jour premier Juillet mil dont trois de livres chacun au principal de livres, & les deux autres chacun de livres au principal de livres & les deux autres &c. a volontairement réduit lesdits livres de rente dudit deniers 22. au denier 25, pour n'avoir plus cours à l'avenir, à compter du premier du présent mois de Janvier, que pour livres de rente au même principal de livres, & sans, par ledit sieur Comparant, déroger, ni innover à ses droits, actions, priviléges & hypothéques résultans desdits Contrats, sur les grosses en parchemin, desquelles par lui répresentées & à lui à l'instant rendues ensemble sur les minuttes d'icelles, mention des Presentes a été faite par B l'un desdits Notaires soussignez, comme subrogé aux office & pratique dudit Maître R ci-devant Notaire, consentant ledit sieur Comparant pareille mention être faite en son absence sur toutes pièces que besoin sera : Promettant, &c. obligeant, &c. renonçant, &c. Fait & passé à Paris en l'Etude de Notaire, l'an mil le jour de a midi. Et a signé.

Réduction de rente du denier dix-huit au denier vingt.

FUt présent Maître Etienne demeurant ruë lequel pour éviter le rachat que Maître Pierre lui vouloit faire de livres de rente que ledit sieur Pierre lui doit, & autres particuliers solidairement obligez avec lui à prendre sur tous leurs biens, sous la faculté de rachat de la somme de livres, pour les causes portées au contrat de création de ladite rente, passé pardevant *tels* Notaires le *tel jour*, ledit sieur Etienne a par ces Présentes volontairement réduit ladite rente du denier dix-huit, sous lequel elle est créée, au denier vingt ; au moyen de quoi lesdits livres de rente n'auront plus cours de ce jourd'hui en avant que pour livres par chacun an, à toujours rachetables de ladite somme de livres au désir dudit contrat de création d'icelle rente ; ce qui a été accepté par ledit Pierre demeurant pour ce présent & comparant, qui promet tant pour lui que pour ses coobligez à ladite rente, sans division, discussion ni fidéjussion, renonçant ausdits bénéfices, de bailler & payer lesdits livres de rente par chacun an audit sieur Etienne en sa maison à Paris & à sesdits hoirs & ayans cause, ou au porteur, &c. aux quatre quartiers accoûtumez également ; le premier d'iceux échéant pour portion de tems au dernier jour de Décembre prochain venant, & continuer de-là en avant à toujours le payement de ladite rente, sur tous & chacuns les biens meubles & immeubles présens & à avenir dudit sieur Pierre & de sesdits coobligés, tant spécialement déclarez que généralement obligez à ladite rente par ledit contrat, qui en sont & demeurent à toujours chargez, affectez, obligez & hipothequez, sans déroger, innover, ni préjudicier à ses hipotheques, du jour & date d'icelui contrat de constitution, & aussi sans préjudice des arrérages précedens qui sont dûs desdites livres de rente jusqu'à ce jour ; & pour l'exécution des Présentes, *Election de domicile*, &c.

Quand l'on veut que la rente subsiste sur le même pied de sa création, il faut fournir le suplément du principal, & par ce moyen l'on met dans l'acte ce qui suit après le mot au denier vingt.

Et afin que ladite rente soit & demeure toujours entiere pour lesdits livres par chacun an, ledit sieur Etienne a présentement baillé & payé audit sieur Pierre à ce présent & acceptant, qui a de lui reçu, présens lesdits Notaires soussignez, en louis d'or & autre bonne monnoie ayant cours, la somme de livres dont, &c. quittant, &c. au moyen dequoi ladite rente aura toujours cours pour lesdites livres par chacun an, & sera rachetable en un seul payement pour la somme de livres, & jusqu'au rachat ledit sieur Pierre tant pour lui que pour ſes coobligez, auſquels il promet de faire ratifier ces Préſentes, & d'abondant ſolidairement obliger avec lui à l'entretenement & entier accompliſſement d'icelle, & en fournir acte en bonne forme audit ſieur Etienne dans quinze jours prochains, a promis & promet èſdits noms ſolidairement ſans diviſion, diſcuſſion, ni fidejuſſion, renonçans auſdits bénéfices, de bailler & payer leſdits livres de rente par chacun an audit ſieur Etienne en ſa maiſon à Paris, & à ſeſdits hoirs & ayans cauſe, ou au porteur, *le reſte comme deſſus.*

Rétroceſſion d'une rente.

FUt préſent Emmanuel demeurant lequel a reconnu & confeſſé avoir retrocédé, quitté, tranſporté & délaiſſé par ces Préſentes, dès maintenant, à toujours, ſans aucune garantie, reſtitution de deniers ni recours quelconque, ſinon de ſes faits & promeſſes ſeulement, à Genevieve, veuve de feu Pierre demeurante ruë tant en ſon nom que comme tutrice des enfans mineurs dudit défunt & d'elle, à ce préſente & acceptante pour elle & ſes mineurs, leurs hoirs & ayans cauſe livres de rente annuelle & perpétuelle par ladite veuve èſdits noms, cédée & tranſportée à défunt André par contrat paſſé pardevant *tels* Notaires le *tel jour*, & par ledit André depuis cédée audit Emmanuel par autre contrat paſſé pardevant *tel* Notaire, le *tel jour* : Et outre lui cede & tranſporte comme deſſus la ſomme de livres pour ſix mois d'arrérages de ladite rente, qui échéeront le dernier jour du préſent mois, le tout à prendre ſur Philippe & Renée ſa femme, débiteurs de ladite rente, au moyen du contrat de conſtitution qu'ils en ont ci-devant fait ſolidairement & paſſé pardevant *tels* Notaires le *tel jour*, au profit dudit feu Pierre la groſſe originale duquel contrat de conſtitution avec leſdits deux contrats de tranſport de ladite rente, ledit Emmanuel a préſentement rendu à ladite Genevieve èſdits noms, dont il l'en fait porteur & de ladite rente, tant en principal qu'arrérages, vraie propriétaire, la met & ſubroge èſdits noms en ſon lieu & place, droits, noms, raiſons, actions & hypotheques, ſans autre garantie que deſſus, pour en jouir, &c. Cette retroceſſion, ceſſion & tranſport ainſi faits, moyennant la ſomme de livres; ſçavoir livres pour le ſort principal de ladite rente de livres, & livres pour leſdits arrérages d'icelui ci-deſſus cédez, le tout que ledit Emmanuel a confeſſé avoir reçû comptant de ladite Genevieve èſdits noms, qui lui a ladite ſomme de livres préſentement baillée, payée, comptée, nombrée & délivrée réellement, préſens leſdits Notaires ſouſſignez, en louis d'or & autre bonne monnoie ayans cours, dont, &c. quittant, &c. tranſportant, &c. déſiſtant, &c. voulant, &c. Procureur, &c. le porteur, &c. donnant, &c. pouvoir, &c. promettant, &c. obligeant, &c. renonçant, &c. Fait & paſſé, &c.

Rétroceſſion d'une ſomme contenuë en une Promeſſe cedée par transport.

FUt preſent ſieur Jean A Valet de Garderobbe du Roi, demeurant à Paris ruë Paroiſſe Saint lequel a par ces Préſentes retrocédé & retrocede ſans aucune garantie, reſtitution de deniers, ni recours quelconques, ſinon de ſes faits & promeſſes ſeulement, à Haut & Puiſſant Seigneur, Meſſire Jean de M Chevalier Marquis dudit lieu, Colonel de Cavalerie, demeurant à Paris en ſon Hôtel ruë Paroiſſe Saint à ce préſent & acceptant la ſomme de livres de principal que ledit Seigneur de M lui avoit cédée ſur Monſieur de V & contenue en ſa promeſſe du ſuivant le tranſport qu'il lui en avoit fait devant les Notaires ſouſſignez, le dernier, enſemble les intérêts de ladite ſomme, frais & dépens faits par ledit ſieur A pour en avoir payement : conſentant que du tout ledit M faſſe & diſpoſe comme bon lui ſemblera, le remettant dans les mêmes droits & actions qu'il avoit avant ladite ceſſion, & lui a rendu & délivré ladite promeſſe & ledit tranſport : Cette retroceſſion ainſi faite, moyennant le payement qui a été fait audit ſieur A par ledit Seigneur de M en un tranſport qu'il lui a ce jourd'hui fait pardevant leſdits Notaires ſouſſignez, dont il n'y point de minute, à prendre ſur Thomas M ſon Fermier, de la ſomme de livres, pour les cauſes y contenues, dont ledit ſieur A eſt content : promettant, &c. obligeant, &c. renonçant, &c. Fait & paſſé à Paris en l'Etude de l'un deſdits Notaires ſouſſignez, l'an mil ſept cens le jour de a midi. Et ont ſigné.

Réitération d'un tranſport de droits ſucceſſifs.

FUrent preſens Michel A Maître Cordonnier à Paris & Edmée E ſa femme qu'il autoriſe, demeurans ruë & Paroiſſe Saint Jean R auſſi Maître Cordonnier à Paris, & Françoiſe E ſa femme, qu'il autoriſe pareillement, demeurans ruë Paroiſſe leſdits Edmée & Françoiſe E couſines germaines, leſquelles étoient héritieres chacune pour un de défunt ſieur Nicolas B vivant Juré Mouleur de Bois, Bourgeois de Paris : Leſquels A & R & leurs femmes èſdites qualités, ont reconnu, que ci-devant, & il y a environ ans qu'après avoir pris communication de l'inventaire qui avoit été fait après le decès dudit ſieur Nicolas B & connu par icelui les dettes paſſives de ſadite ſucceſſion & les legs dudit ſieur B qu'ils doivent acquitter, ſuivant ſon teſtament reçu par & Notaires à Paris le & que de tous les biens reſtans comme d'acquêts & conquêts, Magdelaine C veuve dudit ſieur B ayant

ayant droits de jouir en usufruit sa vie durant, en vertu de son don mutuel, ils ont chacun d'eux ensemble ou séparément cédé, quitté & transporté solidairement avec garantie chacun pour leur à ladite veuve B leursdits droits successifs en la succession dudit feu sieur son mari, & que pour iceux elle leur a payé, sçavoir audit A & sa femme livres, & ausdits R & sa femme livres; c'est pourquoi usant de bonne foi, sur ce que ladite veuve B leur a déclaré qu'elle avoit égaré les expéditions des titres qui en furent passés, & qu'il se trouve qu'ils n'ont tous aucune Mémoire des Notaires qui les ont reçus, ils déclarent par ces Présentes, & en tant que besoin est ou seroit, qu'ils font nouvel cession & transport avec garantie, solidairement chacun pour leur des droits successifs, mobiliers & immobiliers, fruits & revenus d'iceux, qui leur appartenoient dans la succession dudit défunt sieur B au profit de ladite Magdelaine C sa veuve, demeurante ruë Paroisse Saint à ce présente & acceptante, aussi d'abondant pour elle, ses hoirs & ayans cause, pour par eux en jouir en pleine propriété comme ayant été acquis & appartenans à ladite veuve B au moyen du payement qu'elle leur a fait pour iceux droits successifs comme dit est, c'est à sçavoir ausdits A & sa femme de livres & ausdits R & sa femme de livres desquelles sommes chacun d'eux la quitte aussi d'abondant par ces Présentes, à la charge par ladite veuve B de les acquitter, comme elle y est obligée, de toutes les dettes & charges de ladite succession, lui transportant tous droits de propriété, désaisissant, &c. voulant, &c. Procureur, &c. le porteur, &c. donnant, &c. pouvoir, &c. élisant domicile où ils demeurent, ausquels lieux, &c. nonobstant, &c. promettant, &c. obligeant chacun en droit soi, &c. renonçant, &c. Et ne vaudra le présent titre avec tous autres qui ont été passé aux fins que dessus, que d'une seule acquisition. Fait & passé à Paris en l'Etude de Notaire l'an mil sept cens le a midi. Et ont signé fors lesdits A & R qui ont déclaré ne sçavoir écrire ni signer, de ce enquis.

Réunion d'usufruit à la propriété d'une rente ci-devant donné entrevifs.

FUt présente Anne R fille majeure jouissante de ses droits, demeurante ruë Paroisse Saint laquelle a dès-à-présent réuni l'usufruit à la propriété des livres de rente dont elle a fait donation entre-vifs au Couvent des Religieux de par Contrat passé pardevant de C & son Confrere Notaires le mil insinué le mil lequel usufruit elle s'étoit réservée sa vie durant, dont elle se désiste par ces Présentes, voulant & entendant que lesdits R P & leurs successeurs jouissent dès-à-présent des arrérages de ladite rente, comme ils étoient en droit de faire après son décès, consentant qu'il en soit fait mention sur ladite donation & autres piéces: promettant, &c. obligeant,

&c. renonçant, &c. Fait & passé à Paris &c. & a déclaré ne sçavoir écrire ni signer, de ce interpellée suivant l'Ordonnance, *ou bien quand la Partie sçait signer on met*, Et a signé.

DES SUBSTITUTIONS.

LA Substitution est une institution d'héritier faite au second ou autre dégré. *Voyez au sujet de l'Enrégistrement des Substitutions, les Déclarations du Roi des 17. Novembre 1690. & 18. Janvier 1712. ci-après.*

Substitution.

AUjourd'hui est comparu pardevant les Conseillers du Roi, Notaires, Gardenotes & Gardes-scel au Châtelet de Paris, soussignez, Marie C veuve du sieur Louis L vivant, Marchand Panacher à Paris, y demeurante ruë Paroisse Saint laquelle pour bonnes & justes considérations, qu'elle n'a voulu ici exprimer, a substitué & sustitue par ces Présentes aux enfans nez & à naître en légitime mariage de Jean-Baptiste M son neveu, Maître Sellier-Carossier à Paris, la part & portion héréditaire, mobiliaire & immobiliaire, qui par son décès lui appartiendra dans les biens de sa succession, sans qu'il la puisse obliger, vendre ni hipothequer, pour quelque cause que ce soit, lui en réservant la jouissance par usufruit sa vie durant seulement, pour aider à sa subsistance, lequel usufruit attendu cette destination ne pourra être saisi ni arrêté par ses créanciers, & si le contraire arrivoit, ladite Comparante donne & délaisse dès-à-present ledit usufruit à sesdits enfans, pour lui fournir jusqu'à concurrence ses alimens: & pour faire publier & insinuer ces Présentes où il appartiendra, ladite Comparante a constitué pour son Procureur le porteur, &c. donnant pouvoir, &c. dont acte, &c. Fait & passé à Paris ès Etudes, &c. l'an mil le jour d Et a signée.

Substitution.

FUrent présens sieur Nicolas D Géographe du Roi, & Damoiselle Anne H sa femme, qu'il autorise à l'effet des Présentes, demeurans à Paris sur le Quai d Paroisse Saint lesquels pour bonnes & justes considérations, qu'ils n'ont pas jugé à propos d'expliquer ici, ont substitué & substituent par ces Présentes, tous & chacuns les biens immeubles qui aviendront & échéront par leurs décès à Damoiselle Magdelaine

D leur fille, épouse du sieur Remi R Marchand Libraire, Imprimeur à Paris, aux enfans nez & qui naîtront d'elle en loyal Mariage, sans qu'elle ni sondit mari les puissent vendre, engager, aliéner, charger ni hipothequer, en reservant seulement l'usufruit & revenu à ladite Damoiselle R sa vie durant pour sa subsistance, entretien & logement & de sesdits enfans, lequel usufruit, attendu cette destination, ne pourra être saisi ni arrêté par aucuns de ses Créanciers ni de sondit mari, pour quelque cause & sous quelque pretexte que ce soit, & arrivant que ledit usufruit fut saisi, lesdits comparans donnent & délaissent le même usufruit ausdits enfans ce acceptant pour eux par les Notaires soussignez, autant que faire le peuvent, en fournissant par lesdits enfans jusqu'à dûe concurrence ce qu'il conviendra pour sadite subsistance, entretien & logement, pour être en ce cas ledit usufruit réuni à la propriété desdits biens, à l'effet de quoi veulent & entendent lesdits sieur & Damoiselle D que sur le mobilier de leurs successions (les dettes & charges d'icelles préalablement acquittées) la part & portion qui aviendra à ladite Damoiselle Margueritte D soit convertie & employée en immobilier dans les six mois du jour du décès du dernier mourant desdits sieur & Damoiselle comparans, & pour faire publier, enregistrer & insinuer la présente substitution au Greffe du Châtelet de Paris & par tout ailleurs que besoin sera, lesdits sieur & Damoiselle D font & constituent pour leur Procureur le porteur des Présentes, auquel ils en donnent tout pouvoir & d'en requerir acte, promettant, &c. obligeant, &c. renonçant, &c. Fait & passé à Paris en la demeure desdits sieur & Damoiselle D susdéclarée, l'an mil sept cens le a midi. Et ont signé.

Clause de Substitution par Testament.

POur ce qui concerne le Duché de & du surplus de tous les autres biens meubles & immeubles, Terres, Seigneuries & possessions quelconques appartenantes audit Seigneur testateur, icelui Seigneur testateur a déclaré qu'après son présent testament accompli, le tout doit être & appartenir à très-haut, très-excellent & puissant Prince Monseigneur Cesar son cousin germain paternel, comme plus proche & habile à lui succeder; mais pour des raisons audit Seigneur testateur particulieres qu'il n'a voulu déclarer, icelui Seigneur testateur veut & entend que ledit Seigneur Cesar se contente de l'usufruit & jouissance desdits biens sa vie durant seulement, sans qu'il puisse vendre, engager, toucher ni aliéner aucune chose du fonds en quelque sorte & maniere que ce soit. Et quant au fond & propriété de tous lesdits biens, tant meubles qu'immeubles, de quelque nature, qualité & conditions qu'ils soient, appartenans audit Seigneur testateur, icelui Seigneur testateur les donne, légue & laisse à l'aîné des enfans mâles nez en loyal mariage dudit Seigneur César & à défaut de l'aîné & de ses descendans mâles aussi en loyal mariage, au puîné dudit Seigneur Cesar & de ses descendans, toujours en loyal mariage, & à leur défaut aux autres enfans mâles dudit Seigneur Cesar & ainsi de mâles en mâles & leurs descendans, suivant l'ordre de primogeniture, qui à ce sujet sera & demeurera absolument gardé & observé; & à défaut de mâles, aux femelles qui seront issues de lui en loyal mariage, à partager entre elles également, sans aucun droit d'aînesse ni prérogatives entre elles. Et à cette fin ledit Seigneur testateur a substitué & substitue les uns aux autres, l'ordre de primogeniture toujours gardé & observé aux mâles, comme dit est, & tous ensemble audit Seigneur Cesar & si ledit Seigneur Cesar venoit à décéder sans enfans légitimes, ledit Seigneur testateur veut & entend que tout le fonds de sesdits biens ci-dessus substitué, soit & appartienne entierement de plein droit à très-haut & puissant Prince Monseigneur son cousin issu de germain paternel, auquel ledit Seignenr testateur les substitue encore en toute propriété, & à son défaut à ses enfans qui se trouveront lors issus de lui en loyal mariage, les mâles selon l'ordre de primogeniture toujours gardé & preferé aux femelles, ainsi que dessus est dit, pour en jouir & disposer par lesdits substitués, & chacun d'eux en toute propriété, ausdites conditions, comme bon leur semblera au moyen des Présentes. Et à cette fin pour plus grande validité desdites substitutions, ledit Seigneur testateur veut & accorde qu'elles soient lûes, publiées, insinuées & registrées, tant au Châtelet de Paris l'Audience tenant, qu'en toutes autres Justices & Jurisdictions que besoin sera: pourquoi faire il a constitué son Procureur général & spécial le porteur des Présentes, lui en donnant tout pouvoir.

Et pour exécuter & accomplir ce présent testament, ledit Seigneur testateur a nommé & élu la personne de Messire Antoine auquel il en donne tout pouvoir, le prie d'en prendre la peine, icelui augmenter plutôt que diminuer: Et à cet effet ledit Seigneur testateur s'est désaisi & démis par ces Présentes en ses mains de tous sesdits biens, veut qu'il en soit & demeure saisi, suivant la Coûtume, soumettant l'audition & clôture du compte de ladite exécution testamentaire à la Jurisdiction & contrainte de la Prévôté de Paris. Et pour donner par ledit Seigneur testateur un témoignage singulier de son amitié audit sieur Antoine icelui Seigneur testateur le prie d'accepter de lui six chevaux de carosse des plus beaux de son écurie, à son choix, desquels ledit Seigneur testateur lui fait don & legs, en considération des peines & soins qu'il aura en l'exécution de sondit présent testamen, révoquant ledit Seigneur testateur tous autres testamens, codiciles, donations à cause de mort, & autres actes de derniere volonté qu'il pourroit avoir faits auparavant celui-ci, & tous les autres qu'il pourroit faire ci-après, si ces mots (*hely, hely, lamazabathani*) n'y sont expressément couchez: Voulant que son présent testament, auquel seul il s'arrête, soit exécuté selon sa forme & teneur. Ce fut ainsi fait, dicté & nommé de mot à mot par ledit Seigneur testateur, ausdits Notaires, & par l'un d'iceux, l'autre présent, redigé par écrit, & à l'instant lû & relû * audit Seigneur testateur, qui a dit l'avoir

* *L'Article 289. de la Coûtume de Paris, veut qu'il soit fait mention du mot* relû, *mais l'Art. 23. de l'Ordonnance du mois d'Août 1735. dispense de se servir de ces termes*: dicté, nommé, lû & relû sans suggestion, *ou autre requis par les Coûtumes ou Statuts*. Voyez ci-après ladite Ordonnance.

bien & au long entendu, & être son vrai testament & intention d'ainsi le faire & non autrement, en la premiere chambre où ledit Seigneur est au lit malade, comme dit est, ayant vûe sur le jardin de sondit Hôtel, l'an le &c.

Sustitution qui se fait ensuite d'une Procuration, portant pouvoir au fondé de Procuration de substituer en son lieu.

PArdevant, &c. fut présent sieur Jean S intéressé dans les affaires du Roi, demeurant à Paris ruë Paroisse Saint Lequel en vertu du pouvoir de substituer à lui donné par la Procuration ci-dessus & des autres parts transcrite, a fait & substitué pour son Procureur & dudit sieur G Maître Edme de la auquel il donne pouvoir de faire la direction & régie de la Ferme du doublement des Boucheries de la Généralité de Paris, d'établir à cet effet des Commis pour la perception desdits droits, dans tous les lieux où il en jugera nécessaires, faire les visites chez les Bouchers dans les Villes & lieux de ladite Généralité sujets ausdits droits, pour connoître s'ils ne tuent pas leurs bestiaux en fraude desdits droits, & en cas qu'ils soient trouvés en contravention d'en dresser des procès verbaux pardevant les sieurs Subdélégués de Monsieur l'Intendant, faire remettre les deniers provenans de la Recette desdits droits entre les mains des Commis qu'il établira, ou de ceux qui sont présentement établis par ledit G faire répréſenter aux Commis des Inspecteurs leurs Régistres, conformément à l'Ordonnance de Monsieur l'Intendant du dernier, & en cas de refus de la part desdits Commis les faire assigner devant lesdits sieurs Subdélégués de mondit Sieur l'Intendant pour les y faire contraindre, & à défaut de payement, poursuivre & contraindre lesdits Bouchers par toutes voyes dues & raisonnables, & généralement faire par ledit sieur Procureur substitué tout ce qui sera avantageux à ladite ferme: Promettant, &c. obligeant, &c. Fait & passé, &c.

Des Sociétés entre Marchands & autres.

LE Contrat de Société est un acte par lequel deux ou plusieurs personnes conviennent de mettre en commun tous leurs biens, ou une certaine partie seulement, telle qu'il leur plaît de la regler, pour entreprendre quelque négoce, dont le gain & la perte seront partagés entr'elles également.

Il n'est pas absolument nécessaire que toutes les sommes que chacun d'eux y apporte soient égales: l'industrie de l'une d'entre elles peut suppléer à l'inégalité de sa portion: il se trouve encore par là plus utile à la Société.

Comme cette espéce d'Acte est purement volontaire, elle

est susceptible de toutes sortes de clauses, pourvû qu'elles ne soient ni contre la bonne foi, ni contre les bonnes mœurs : ils peuvent se faire pour toute la vie des Contractans, ou pour un tems, pour une espéce de négoce, ou pour l'autre. Ceux qui doivent en retirer l'utilité doivent s'exposer à porter leur part de la perte ; autrement ce seroit une Société léonine, qui est reprouvée par les Loix.

Les Sociétés les plus ordinaires qui se fassent en France, sont celles qui se font entre les Marchands, les Entrepreneurs des ouvrages publics ou particuliers. Ceux qui se chargent de la levée des deniers qu'il plaît au Roi d'imposer sur son peuple, ou l'entretien de ses armées, parce qu'un homme ni deux ne suffiroient pas à l'exécution d'une pareille entreprise. Celles des Marchands ont leurs regles prescrites par l'Ordonnance de Louis XIV. de 1673.

Société entre Marchands.

FUrent présens Philippe Marchand de Soie, demeurant à Paris, &c. d'une part, & Joseph aussi Marchand de Soie, demeurant à Lion, étant de présent en cette ville, logé lesquels pour l'utilité de leur négoce & l'avancement de leurs affaires, sont convenus de ce qui s'ensuit, sçavoir que ledit Joseph s'est engagé & s'engage par ces Présentes, de faire tenir en cette ville de Paris, & remettre audit Philippe *telle quantité* de soies écrues & non préparées, qu'il pourra en faire employer en toutes sortes de draps de soie, pour le prix qu'elles lui auront coûté en ladite ville de Lion, sur quoi il en sera crû à sa déclaration, dont il sera tenu registre de part & d'autre, avec la datte des envois, receptions & quantité : ledit Philippe s'engage pareillement de faire préparer lesdites soies de toutes les façons convenables & nécessaires, & d'en faire fabriquer des étoffes, dont le débit lui paroîtra le plus prompt & le plus facile, de payer les ouvriers, & de tenir bon & fidéle registre de ses frais, fournitures & avances, & des prix ausquels auront été vendues lesdites étoffes, pour du tout venir à compte entre les parties, à la premiere requisition de l'une ou de l'autre, & sur la représentation qui sera réciproquement faite desdits registres, partager également entre les parties le revenant bon, si aucun y a, après que chacune d'elles aura repris sur le produit de la vente desdites étoffes, les fournitures & avances qu'elle aura faites, dont elle sera crue sur sa simple quittance. Pourront les parties se départir de la présente société, quand bon leur semblera, ou la continuer sous les mêmes conditions, ou autres, telles qu'il leur plaira d'y inserer; & à l'entretenement de ce que dessus ont lesdites parties obligé tous & chacuns leurs biens, meubles & immeubles, & spécialement tous les effets qui composeront ou qui proviendront ci-après de ladite société. Promettant, &c.

Société entre deux Libraires.

FUrent préſens Michel Libraire à Paris, demeurant d'une part, & Nicolas auſſi Libraire à Paris, demeurant d'autre part; leſquels ont reconnu & confeſſé s'être aſſociez par ces Préſentes pour huit années, à compter de ce jourd'hui, au ſujet du commerce de Librairie; & pour contribuer audit commerce de Librairie leſdits Michel & Nicolas ont apporté réciproquement la ſomme de livres qui eſt en tout livres en marchandiſes de Librairie tant reliée qu'en blanc, priſées par eux-mêmes au prix coûtant; de laquelle marchandiſe ainſi apportée, a été fait inventaire de part & d'autre, leſquels ont été ſignez & arrêtez, ſçavoir celui de Michel par ledit Nicolas & celui de Nicolas par ledit Michel & à chacune deſquelles parties eſt demeuré ſon inventaire, à la charge qu'elles les repréſenteront l'une à l'autre toutes fois & quantes qu'elles s'en requereront. Que chacun d'eux ne pourra faire achat de livres, ni entreprendre impreſſion que ce ne ſoit pour la ſociété & non pour autre, ſous noms interpoſés, que le gain ſera partagé également & par moitié: comme auſſi ſi aucune perte arrive (ce que Dieu ne veuille) elle ſera ſupportée par moitié, & qu'en fin des huit années, à commencer du premier du préſent mois de Juillet qui eſt le tems qu'ils ſont convenus que durera la préſente ſociété, les marchandiſes qui ſe trouveront en fin deſdites huit années, de celles portées par leſdits inventaires, ſeront repriſes par eux, ou celui d'eux deux, en l'inventaire duquel elles ſeront énoncées & recollées, & ce pour le même prix porté par icelui: & s'il ſe trouvoit quelques dettes faites par l'un ou l'autre deſdits Aſſociés, avant & pendant ladite ſociété, ils ſeront tenus de les payer chacun ſéparément, & par ceux qui les auront contractées, ſans qu'il puiſſe être touché au fonds de ladite ſociété. Et en cas de conteſtation entre eux, ils promettent d'en paſſer par l'avis des arbitres, qu'un chacun d'eux nommera de ſa part; car ainſi a été convenu, &c. Fait & paſſé, &c.

Société entre deux Marchands de beſtiaux.

FUrent préſens Auguſtin Marchand de beſtiaux, demeurant à & Grégoire auſſi Marchand de Beſtiaux, demeurant à leſquels après avoir conſideré que ce commerce ne peut ſe faire qu'avec de grands frais de voyages, conduite deſdits beſtiaux, & autres, ſont convenus de ce qui enſuit; ſçavoir qu'ils ont fait entre eux & par égale portion, un fonds de la ſomme de dont il a été remis audit Auguſtin celle de pour l'employer en achat de bœufs, vaches, moutons, porcs, &c. dans la Province de où il fait actuellement ſa réſidence, dont il tiendra bon & fidéle regiſtre, dans lequel il pourra employer les frais par lui faits pour aller aux Foires & Marchez, même des avances qu'il aura faites aux conducteurs deſdits beſtiaux, comme pareillement ledit Gregoire sera obligé de tenir un autre registre des ventes qu'il aura faites desdits bestiaux, du prix qu'il en aura reçu, & de celui qui lui restera à recouvrer, dans lequel il pourra pareillement employer les frais de garde, de nourriture, de voyage, &c. Sera aussi tenu ledit Gregoire au cas qu'il se trouve des fonds entre les mains, d'acquitter incessamment toutes les Lettres & Billets de Change qui lui seront remises, signées de la main dudit Augustin pour compter entre lesdites parties du fonds & produit dudit commerce, toutesfois & quantes que l'une en sera requise par l'autre, & en être le produit & la perte également partagés entre elles, & continuer ou rompre ledit commerce, toutesfois & quantes que bon leur semblera. A quoi faire elles ont obligé, &c.

Société entre un Maçon & un Charpentier.

FUrent présens Denis Maitre Maçon, demeurant à & Paul Maître Charpentier, demeurant à lesquels ayant ce jourd'hui fait marché avec Maître Gervais pour la construction d'une maison en la ruë de sont convenus entre eux de ce qui ensuit, sçavoir que ledit Denis travaillera & fera incessamment travailler aux ouvrages de maçonnerie qui y sont necessaires, suivant le devis à eux remis par ledit sieur ensuite de quoi ledit Paul travaillera incessament, & fera travailler au reste de l'ouvrage qui dépend de son art de Charpenterie; chacune des parties tiendra bon & fidéle registre des ouvriers, & des matériaux qu'elle y aura employé, déduction faite de la valeur, voiture & transport desdits matériaux, & salaires d'ouvriers, & de ce que ledit sieur Gervais se trouvera leur avoir avancé. Le surplus de la somme dont ils sont convenus avec lui, sera partagé entre eux, si surplus y a, sinon, & au cas qu'il y ait de la perte, elle sera également supportée par l'une & l'autre des parties, sauf leur recours pour leur indemnité contre ledit sieur Gervais qu'ils poursuivront contre lui s'il y échet, à quoi faire ils se sont obligez eux & leurs biens présens & à venir, une exécution non cessant pour l'autre, &c.

Société pour neuf années, pour faire de l'ardoise.

PArdevant les Notaires Gardenotes & Garde-scel du Roi notre Sire en son Châtelet de Paris, soussignez, furent présens le sieur Jean B Marchand de la Ville d'Angers, & propriétaire de plusieurs carrieres pierrieres d'ardoise situées près ledit Angers, demeurant de présent en cette Ville de Paris, ruë de l'Arbre-sec, Paroisse Saint Germain l'Auxerrois, tant en son nom que comme se faisant & portant fort de Susanne P sa femme, par laquelle il promet faire ratifier ces Présentes, ce faisant la faire obliger avec lui à l'exécution de ce qui aura été par lui promis par cesdites Présentes, & desdites ratification & obligation fournir acte en bonne forme aux ci-

après

après nommez, toutes fois & quantes qu'il en sera requis, à peine de tous dépens, dommages & intérêts; pourquoi faire il autorise sadite femme, d'une part, Maître Pierre B   Bourgeois de Paris, & Marie G   sa femme, Sage-femme Jurée du Châtelet de Paris, de lui autorisée à l'effet qui ensuit, demeurans à Paris ruë Troussevache, Paroisse Saint Jacques de la Boucherie, d'autre part; Maître Raphaël B   aussi Bourgeois de Paris, & Marie le N   sa femme, aussi de lui autorisée à l'effet des Présentes, demeurans rue Saint Thomas du Louvre susdite Paroisse Saint Germain de l'Auxerrois, encore d'autre; & Maître Paul F   pareillement Bourgeois de Paris, y demeurant susdite ruë de l'Arbresec, dite Paroisse Saint Germain de l'Auxerrois, lesquelles se sont volontairement associez & associent par ces Présentes chacun pour un quart pendant le tems de neuf années prochaines & consécutives, à compter de ce jourd'hui, aux gains, profits & pertes, si aucunes arrivent (ce que Dieu ne veuille) en l'exécution de la commission donnée par sa Majesté audit B   par Arrêt de son Conseil d'Etat du   Décembre mil   soit pour les fruits & profits qui se trouveront au controlle des ardoises mentionné audit Arrêt, & pour les ventes & débits qu'ils feront des Lettres de Maîtrises nécessaires pour la fabrication d'icelles, desquelles ils esperent obtenir le don de Sa Majesté en conséquence dudit Arrêt, ou bien du commerce, vente & débit qu'ils pourroient faire tant des ardoises du sieur C   qu'autres, & autrement, en quelque sorte & maniere que ce soit: & généralement se sont lesdits susnommez associés pendant le susdit tems & pour les portions susdites entre toutes les autres affaires qu'ils pourront faire ci-après ensemble, provenans de dons & gratifications de leurs Majestés, Princes, Princesses & autres grands Seigneurs, ou Dames de ce Royaume, sur les avis ou l'un d'eux, qu'ils, ou ceux de leur connoissance en pourront donner sur quelque sujet ou pour quelque occasion que ce soit. Et à l'effet de tout ce que dessus, circonstances & dépendances, lesdits susnommez seront tenus de frayer, fournir & avancer également tous les deniers qui seront nécessaires, lesquelles avances & frais seront repris par chacun d'eux préferablement sur ce qui en proviendra, & le surplus partagé entre les parties chacun, par quart, de six mois en six mois, ou d'année en année; & à cette fin sera tenu bon & fidéle registre par lesdits associés desdits frais & avances, recette & dépense, même des délibérations qu'ils seront tenus faire des affaires qu'ils entreprendront au fur & à mesure d'icelles, lequel registre demeurera en la maison qui sera occupée par lesdits Associés, laquelle sera louée, & les loyers payés à frais communs, où sera aussi un coffre fort à quatre clefs différentes pour mettre leurs deniers comptans, dont chacun en aura une clef; & au surplus chacune des parties se nourrira & entretiendra en son particulier; & se garderont lesdits Associés la bonne foi les uns aux autres, sans qu'ils, ou l'un d'eux se puissent intéresser directement ni indirectement sous leurs noms ou autrement, en aucuns dons, gratifications ni autres affaires qui ne soient communes ausdits associés pendant lesdites neuf années, si ce n'est pour ce qui concerne les Maîtrises de Sages femmes en général, que ledit B   & sa femme se sont réservées en leur particulier, sans que les autres associés y puissent rien prétendre, & où il arriveroit différends entre lesdits associés, ils s'en rapporteront à des amis communs, qu'ils seront tenus de nommer sitôt lesdits différends arrivez, & les associés acquiesceront aux jugemens qui seront par eux rendus comme à Arrêt de Cour Souveraine: Et en cas de décès de l'un ou l'autre desdits associés pendant lesdites neuf années, il sera permis à leurs veuves ou héritiers de continuer ladite société pendant le reste dudit terme, sinon leur sera rendu compte & payé la part & portion du décédé, car ainsi, &c.

Société pour accomplir le Marché ci-devant page 309.

FUrent présens Jacques V   Maître Maçon, demeurant à Paris sur   Paroisse Saint   d'une part, & Pierre F   aussi Maître Maçon à Paris y demeurant ruë   susdite Paroisse Saint   lesquels sont convenus de ce qui en suit; c'est à sçavoir que ledit V   a par ces Présentes associé & associe ledit F   ce acceptant en tous les ouvrages de Maçonnerie qu'il a entrepris de faire pour la construction d'une maison scise ruë   Paroisse Saint   appartenante à Denis B   Bourgeois de Paris, mentionnée au marché que ledit V   en a fait avec ledit B   pardevant L   & son Confrere Notaires à Paris le   Mars dernier, dont lecture a été présentement faite audit F   par l'un des Notaires soussignez, l'autre présent, qu'il a dit bien entendre, pour partager entre eux deux également le profit qe'ils en pourront faire, ou suporter la perte, à la charge par lesdites parties de contribuer chacun à leur égard & par moitié à tous ce qui sera nécessaire pour la perfection desdits ouvrages, ensorte qu'ils soient faits & parfaits au tems porté audit marché, & ne pourra ledit F   transporter sa part de la présente société à qui que ce soit, sans le consentement par écrit dudit V   car ainsi a été convenu entre les parties qui ont eû ces Presentes pour agréables, obligeans, &c. renonçans, &c. Fait & passé à Paris ès Etudes, &c. le   Septembre mil sept cens   & a ledit V   signé, & ledit F   a déclaré ne le sçavoir de ce enquis par les Notaires soussignez.

Sous-bail par un principal Locataire à des particuliers, d'une partie des lieux par lui occupez.

FUt présent   principal Locataire d'une maison scise ruë   y demeurant, suivant le bail à lui fait par   Propriétaire d'icelle, pardevant   le   lequel en la qualité susdite a reconnu avoir sous-loué dès le premier du présent mois, pour cinq années & demie qui restent à expirer de sondit bail, & promet faire jouir à   &   sa femme de lui autorisée, demeurans   à ce présens, preneurs pour eux audit titre, durant ledit tems, les lieux qui ensuivent; sçavoir, &c.

ainsi qu'ils se poursuivent & comportent, & desquels lesdits preneurs sont contens, pour les avoir vûs & visitez, pour en jouir, &c. ce sous-bail fait, moyennant la somme de par chacune desdites cinq années, & à proportion pour lesdits six mois, que lesdits preneurs promettent & s'obligent solidairement, sans division, &c. souffrir les grosses réparations, pendant ledit tems, pourvû qu'elles ne durent que quinze jours au plus. Car ainsi, &c. promettant, &c. obligeant, &c. chacun en droit soi, &c. renonçant, &c. Fait & passé, &c.

Séparation de corps & de biens.

FUrent présens Jean C Compagnon Serrurier, demeurant à Paris ruë Paroisse Saint d'une part. Et Catherine S sa femme, qu'il autorise pour l'effet des Présentes, d'autre part. Lesquels ont dit que depuis ou environ qu'ils sont mariés, les contrariétés de leurs humeurs, n'ont pû compatir ; & ont causé le désordre dans leur mariage, à quoi voulant apporter remede, pour éviter les suites fâcheuses qui pourroient s'ensuivre, jusqu'à ce qu'il plaise à Dieu de les réunir, ils sont convenus de ce qui ensuit.

C'est à sçavoir, que ledit C consent & veut bien se retirer en son particulier & faire ménage à part ; consent aussi que ladite S sa femme, fasse aussi ménage en son perticulier ; promettant de ne l'y point troubler, lui laissant sous sa garde & pour son usage les meubles meublans, qui ensuivent ; sçavoir &c. à l'effet de quoi ils se sont volontairement séparés de corps & de biens ; & pour agir par ladite S librement de ses affaires, soit dans son commerce de Boutonniere ou autrement, emprunter toutes sommes de deniers, dont elle pourroit avoir besoin ; sondit mari l'a par ces Présentes autorisée & autorise irrévocablement ; & pour faire homologuer & insinuer ces présentes, si besoin est, en justice, les Parties ont constitué leur Procureur, le porteur d'icelles, auquel elles en donnent pouvoir, & d'en requerir les actes & jugemens nécessaires : Promettant, &c. obligeant chacun en droit soi, &c. renonçant, &c. Fait & passé à Paris en l'Etude de l'un des Notaires soussignez le mil a midi, ladite S a déclaré ne sçavoir écrire ni signer : Et ledit C a signé.

Souffrance ou Servitude.

FUt present le sieur Benoît D Bourgeois de Paris, y demeurant ruë Paroisse Saint d'une part. Et Damoiselle Magdelaine S veuve du sieur Michel M aussi Bourgeois de Paris, y demeurante ruë Paroisse Saint d'autre part. Lesquels ont dit & déclaré qu'ils sont propriétaires chacun pour son fait & regard de deux Piéces de Terres en marais, joignantes l'une à l'autre, scituées au terroir de contenant chaque piece un arpent & plus, séparée l'une de l'autre par une haye vive, qui regne en toute sa longueur; & voulant ledit D faire plaisir à ladite Damoiselle veuve M il a consenti & consent par ces présentes qu'elle prenne son passage pour sa personne & ses gens pardessus l'héritage dudit sieur C pour aller & venir à la Piece de marais, appartenante à ladite Damoiselle veuve M & à la Maison qui est bâtie dessus, sans qu'elle ni ses gens, soient tenus de lui en payer aucune chose, pour en jouir par ladite veuve M & ses gens par souffrance, purement & simplement, tant que bon semblera audit sieur D à la volonté duquel ladite souffrance aura lieu, sans que ladite Damoiselle veuve M ni ses gens, puissent l'étendre plus avant, de laquelle souffrance elle le remercie; & promettent chacun à leur égard, de contribuer également & par moitié à l'entretien de ladite haye vive, laquelle est mitoyenne entre eux: Promettant, &c. obligeant, &c. renonçant, &c. Fait & passé à Paris en l'Etude de Notaire, l'an mil sept cens le a midi: Et ont signé.

Souffrance pour Mineur.

AUjourd'hui en la Compagnie & assisté des Notaires, &c. Philbert Ecuyer sieur de L demeurant au nom & comme Tuteur honoraire de François âgé de dix-huit ans, &c. Christophe âgé de seize ans, & de Damoiselle Christine âgée de dix ans, s'est adressé à la personne de Messire Benoît Seigneur de T trouvé en son Hôtel à Paris ruë & parlant à lui, ledit sieur de L a déclaré audit sieur T que par le décès de feu Jerôme oncle paternel desdits mineurs leur est avenu le fief de la C ses appartenances & dépendances situé dans la Paroisse dudit lieu de T que ledit fief de la C & ses dépendances est tenu & mouvant en foi & hommage dudit sieur de T mais parce que lesdits mineurs n'ont encore l'âge requis en la coûtume pour lui faire & porter par eux-mêmes les foi & hommage & serment de fidélité qu'ils sont tenus pour raison dudit fief de la C ledit sieur de L a par ces Présentes prié & requis ledit sieur de T d'accorder souffrance ausdits mineurs jusqu'à ce qu'ils ayent atteint l'âge requis par la coûtume, pour lui faire & porter lesdites foi & hommage & serment de fidélité au désir de la Coûtume, & cependant leur donner main-levée de la saisie féodale faite sur ledit fief de la C faute de ladite foi & hommage, offrant de lui payer ses droits, frais & dépens; laquelle souffrance ledit sieur de T a par ces présentes volontairement octroyée ausdits mineurs jusques audit tems & âge, à la charge qu'aussitôt qu'ils seront venus en âge au désir de la Coûtume, ils porteront lesdites foi & hommage & serment de fidélité, & fourniront leur aveu & dénombrement dudit fief de la C audit sieur de T reconnoissant ledit sieur de T avoir reçu dudit sieur de L qui lui a payé comptant pardevant les Notaires soussignez, en louis d'or & autre bonne monnoie, le tout bon & ayant cours, la somme de livres, à laquelle lesdites parties èsdits noms ont composé ensemble tant pour les profits féodaux qui sont dûs audit sieur de T au sujet de ladite mutation dudit fief de la C que pour les fruits qui lui sont acquis en pure perte, frais de ladite saisie féodale, établissement de Commissaires & autres quelconques, dont, &c. quittant, &c. *Ce faisant main-levée comme ci-devant*, *page* 220 dont acte.

Perte de fruit qu'il faut mettre dans les actes de souffrance au lieu de la reconnoissance du payement.

EN ce faisant ledit sieur de T a par ces Présentes fait & donné pleine & entiere main-levée audit sieur de L audit nom, de la saisie féodale faite à sa requête sur ledit fief de la C qu'il consent & accorde être & demeurer nulle & sans effet, même aquitté & déchargé par ces presentes lesdits mineurs de tous les profits du fief qu'ils lui devoient, à cause de ladite mutation dudit fief de la C ensemble des frais de ladite saisie féodale & établissement de Commissaires & autres quelconques : le tout au moyen de ce que ledit sieur de L audit nom a délaissé en pure perte au profit dudit sieur de T les fruits dudit fief de la C & des terres & héritages en dépendans pour la présente année seulement, lesquels il prendra & fera siens, en remboursant les Fermiers de leurs labours & semences, & se servira des granges, greniers & lieux suivant la Coûtume, si mieux il n'aime se contenter du prix de la ferme & moisson dudit fief, suivant le bail qui en a été fait ausdits Fermiers, après que ledit sieur de L a affirmé que ledit bail a été fait de bonne foi & sans fraude.

Aux actes de souffrance des Mineurs, leurs Tuteurs sont tenus de déclarer précisément leurs noms & âges, autrement le Seigneur ne leur accordera pas la souffrance, laquelle peut être demandée au Seigneur dominant par le Mineur sans l'autorité de son Tuteur ; & cela empêchera la saisie & perte de fruits, d'autant que le Seigneur ne la peut refuser au mineur quand il la requiert. Voyez les articles 41. *&* 45. *de la Coûtume de Paris.*

A mesure que les mineurs parviennent à l'âge auquel la Coûtume les rend capables de faire & porter la foi & hommage, qui est pour le regard des mâles vingt ans, & pour les filles quinze ans, ils sont dès-lors tenus de la faire au Seigneur pour leur part & portion, autrement elle peut être saisie par le Seigneur qui en fera les fruits siens, parce qu'à l'égard du mineur devenu majeur, la souffrance a pris fin & ne subsiste que pour les autres qui sont encore mineurs.

La même chose peut être faite par chacun des héritiers majeurs pour sa part, & le Seigneur sera tenu de lui donner main-levée de sa part quoiqu'indivise.

Aussi le Seigneur ne peut être assuré de la foi & fidélité de son vassal, que par son vassal même détenteur de l'héritage féodal ; c'est pourquoi notre Coûtume de Paris article 61. *dit*, que tant que le vassal dort le Seigneur veille, & tant que le Seigneur dort le vassal veille ; *c'est-à-dire qu'il faut que le vassal rende tous ses devoirs à son Seigneur. Voyez l'article 62. de la Coûtume.*

Messieurs les Conseillers de la Cour ne peuvent être contraints d'aller faire la foi & hommage sur le lieu, durant la seance du Parlement ; mais ils ne peuvent pas se dispenser de la faire faire par Procureur, si mieux le Seigneur dominant n'aime donner surseance jusqu'aux vacances, ou autre premiere commodité.

Dans la Procuration qui sera faite à ce sujet, ou au sujet de la maladie, ou pour quelques autres affaires importantes au Roi, il en faut nécessairement faire mention & dire, que cela retient & empêche le constituant de se transporter en personne sur le lieu, pour par lui faire & porter lesdites foi & hommage, requerir le Seigneur ou ses Officiers de les recevoir quoique portées par ledit Procureur pour cette fois & sans tirer à conséquence ; & à cette fin d'admettre & recevoir l'excuse, & l'exoine de la personne dudit sieur constituant, icelle affirmer en son ame véritable. ou bien requerir surséance & délai jusqu'à ce qu'il puisse se transporter sur le lieu du fief dominant pour faire lesdites foi & hommage, à la charge de bailler par ledit sieur constituant l'aveu & dénombrement dans le tems de la Coûtume : requerir main-levée des saisies en payant les frais, & faire au surplus toutes les offres nécessaires, & de tout prendre acte.

Sauf-conduit.

FUrent présens *tels* & *tels*, tous créanciers d'Arnou V   ancien Maître d'Hôtel de   & Controlleur général de la Maison de   lesquels sur ce qui leur a été remontré par ledit sieur V   que les sieurs   aussi du nombre de ses créanciers, pour la somme de   livres, voulant exercer contre lui la contrainte par corps qu'ils ont obtenuë par Sentence de Messieurs les Juges & Consuls des Marchands à Paris ; quoiqu'il ne soit engagé dans cette dette que par   débiteurs de ladite somme de   livres, lui empêche de vaquer à ses affaires & de faire le recouvrement de ce qui lui est dû, ce qui le met hors d'état de les satisfaire, comme il a toujours fait avec honneur ; que s'ils vouloient lui accorder sauf-conduit & liberté de sa personne pour quelque tems, cela lui donneroit le moyen de recouvrer ses dettes & de les satisfaire tous ; surquoi lesdits créanciers comparans, ayant réflechi & reconnu la sincérité de ce qu'expose ledit sieur V   ils lui ont par ces Présentes accordé terme & délai de   pour les payer chacun de ce qu'il leur doit en principaux, intérêts, frais & dépens, pendant lequel tems ils ont chacun suspendu les contraintes, tant par corps qu'autrement qu'ils ont contre lui, pour aller par lui librement à ses affaires, & lui faciliter le recouvrement de ses dettes actives ; & empêcher le dépérissement d'icelles, à la charge par lui de les payer à l'échéance dudit tems, sauf à eux, faute d'y satisfaire, & icelui passé, de remettre leurdite Sentence contre lui à exécution, pourquoi & pour leurs payemens, ils se sont réservés leurs droits, actions & hypotheques résultans de leurs titres & piéces : & pour faire homologuer ces Présentes en la Jurisdiction consulaire & par tout ailleurs où besoin sera contre les créanciers refuſans de les ſigner & conſentir, iceux comparans ont fait & conſtitué pour leur Procureur le porteur d'icelles, auquel ils en donnent pouvoir & d'en obtenir toutes Sentences & Jugemens néceſſaires, promettant, &c. obligeant, &c. renonçant, &c. Fait & paſſé à Paris en l'Etude de L l'un des Notaires ſouſſignez, l'an mil ſept cens le jour d Et ont ſigné.

Premiere Sommation reſpectueuſe par un fils à ſa mere, de conſentir à ſon mariage, portant conſentement par elle audit Mariage.

AUjourd'hui en la préſence & compagnie des Conſeillers du Roi, Notaires au Châtelet de Paris ſouſſignez, le ſieur Nicolas L Maître de Muſique à Paris âgé de vingt-huit ans paſſées, fils de défunt Jean-Baptiſte L Marchand Bourgeois de Paris, & de Damoiſelle Françoiſe P jadis ſa femme, à préſent ſa veuve, demeurante à Paris ruë Paroiſſe Saint s'eſt tranſporté en la maiſon de ladite Damoiſelle ſa mere ſciſe ruë Paroiſſe Saint où étant & parlant à ſa perſonne, en réïterant pluſieurs prieres & ſupplications verbales qu'il lui a ci-devant faites, après s'être mis en tout devoir & reſpect, il l'auroit requis & prié, & en tant que beſoin ſeroit ſommé & interpellé de vouloir bien donner ſon conſentement au mariage qu'il entend & déſire de contracter avec Damoiſelle Margueritte G fille majeure de défunt ſieur Claude G Maître Peintre à Paris, & Damoiſelle Marie B ſa femme, à préſent ſa veuve, ſes pere & mere, laquelle Damoiſelle G eſt une perſonne d'une réputation entiere, & un parti avantageux pour ledit ſieur comparant, à quoi ladite Damoiſelle veuve L a fait réponſe qu'elle conſent que ledit ſieur ſon fils ſe marie avec ladite Damoiſelle G qu'elle n'a pas prétendue l'empêcher, mais qu'elle ne veut point en ſigner le Contrat, ni être preſente à la célébration dudit Mariage, ayant des raiſons pour cela; dont & dequoi ledit ſieur L a demandé acte auſdits Notaires, qui lui ont octroyé le préſent pour lui ſervir & valoir en tems & lieu ce que de raiſon, à Paris en la demeure de ladite Damoiſelle veuve L ſuſdéſignée, l'an mil ſept cens le jour d a midi, ladite Damoiſelle veuve L a refuſé de ſigner ces Préſentes & d'en recevoir copie. Et ledit ſieur L a ſigné.

Sommation faite à un pere par ſa fille pour conſentir à ſon Mariage.

AUjourd'hui en la préſence & compagnie des Notaires ſouſſignez, Genevieve fille majeure agée de vingt cinq ans accomplis le *tel jour*, demeurante s'eſt tranſportée en la maiſon de ſon pere auquel lui étant & parlant à ſa perſonne, ladite Damoiſelle étant en tout devoir & respect, continuant les prieres & supplications verbales qu'elle lui a ci-devant faites, a d'abondant prié & requis ledit sieur son pere de vouloir consentir à son mariage avec qui est un parti convenable & avantageux pour elle, lequel a dit qu'il ne s'oppose point au mariage de ladite Damoiselle sa fille, mais qu'il avoit des raisons particulieres qui l'empêchoit de signer le contrat, qu'au surplus elle pouvoit faire ce qu'il lui plairoit étant majeure de vingt-cinq ans, dont & de ce que dessus ladite Damoiselle a requis acte ausdits Notaires, qui lui ont octroyé le présent, pour lui servir & valoir en tems & lieu, ce que de raison. Fait & passé à Paris, &c.

Nota. *Les Notaires doivent faire mention de la réponse qui a été faite par le le pere ou la mere, dans l'acte qu'ils doivent délivrer à la personne qui les en a requis, quand le pere ou la mere refuse leur consentement au mariage à la premiere sommation, il faut faire deux autres sommations differentes, & en differens jours.*
Voyez ci-après l'Arrêt du Parlement du 27 Août 1692.

STILES POUR METTRE EN GROSSES ET formes exécutoires, les Contrats & Actes qui se passent par les Notaires du Châtelet de Paris.

Stile pour toutes sortes de Contrats & Actes en général.

Au commencement on met ainsi.

A Tous ceux qui ces présentes Lettres verront : (*Ici on met les noms & qualités de Monsieur le Prévôt de Paris*) Prévôt, Juge & Garde de la Ville, Prévôte & Vicomté de Paris (*Et quand le Siege de ladite Prevôté est vacant, on met les noms & qualités de Monsieur le Procureur Général.*) Le Siege vacant : Salut sçavoir faisons, que pardevant Maîtres Jacques D & Nicolas L Conseillers du Roi, Notaires, Gardenotes & Gardes-scel au Châtelet de Paris soussignez, furent présens, &c.

Suivre le reste du Contrat.

A peine, &c. Transportant, &c. Dessaisissant, &c. Voulant Procureur, &c. Le porteur, &c. Donnant, &c. Pouvoir, &c. Pour en joüir, &c.

Et quand dans le corps se trouvent les mots cy à côté.

On met ainsi.

A peine de tous dépens, dommages & intérêts.

Transportant audit acquereur tous droits de propriété qu'il a & peut avoir ausdits héritages susvendus, au profit duquel il s'en est dessaisi, démis & dévêtu, consentant qu'il en soit saisi, & mis en bonne possession & saisine par qui & ainsi qu'il appartiendra, constituant à cette fin pour son Procureur le porteur desdites Présentes, auquel il en donne tout pouvoir.

Quand c'est dans un Bail, à ces mots, pour en jouir, &c. *on met ainsi.*

Pour en jouir audit titre ledit tems durant.

Et à la fin jusqu'à, car ainsi, &c. *que l'on met ainsi.*

Car

Car ainsi le tout a été convenu & accordé entre les Parties qui pour l'exécution des présentes, ont élû leurs domiciles, &c. *Car ainsi, &c.*

Après l'élection de domicile à, ausquels lieux, &c. *On met ainsi*

Ausquels lieux ils veulent, consentent & accordent que tous Actes & Exploits de Justice, qui y seront faits soient aussi valables que s'ils étoient faits & donnez en parlant à leurs propres personnes & vrais domiciles ordinaires. *Ausquels lieux, &c.*

Nonobstant changement de demeures. *Nonobstant, &c.*

Ce Nonobstant, &c. se met non seulement après ausquels lieux, &c. *à la fin d'un Contrat; mais encore quelquefois dans le corps, & alors on met :* Nonobstant toutes choses à ce contraires.

Promirent en outre rendre, payer & rembourser tous frais, mises d'exécution, loyaux-coûts, dépens, dommages & intérêts, qui seroient faits & encourus sur eux, faute de l'entier accomplissement du contenu en ces Présentes. *Promettant, &c.*

Sous l'obligation & hypoteque spéciale, primitive & privilégiée de tous & chacuns leursdits biens, meubles & immeubles, présens & avenir, qu'ils ont pour ce chacun en droit soi, lesdits & solidairement comme dessus soumis à la Justice & Jurisdiction dudit Châtelet de cette Ville, Prévôté & Vicomté de Paris, & partout ailleurs qu'il appartiendra, & où sçûs & trouvez seront. *Obligeant, &c.*

Quand c'est un Bail à ferme d'immeubles situez en campagne, outre ce que dessus, on ajoute.

Même leurs corps à mettre & tenir ès prisons fermées dudit Châtelet, & partout ailleurs où il appartiendra, tant & si longuement qu'il plaira à Justice, attendu qu'il s'agit de fermage de la Campagne.

Et ont renoncé, en ce faisant, à toutes choses à ces présentes Lettres contraires; En témoin de quoi, Nous Prévôt, Juge & Garde susdits, à la relation desdits Notaires soussignez, avons par ledit L l'un d'eux fait sceller cesdites Présentes, qui furent faites & passées à Paris, &c. *Renonçant, &c.*

Quand il y a une autre acte à transcrire, en suite d'une grosse, pour qu'il soit dans la même forme, on met

Plus (*ou*) comme aussi, salut, sçavoir faisons, que pardevant lesdits Notaires soussignez, sont comparus (*ou*) que le jour d mil sept cens ledit Thomas R &c.

Et aux endroits nécessaires observer le stile ci-devant.

Autre Stile que l'on met à la fin d'une premiere grosse de Contrat ou Acte, lorsque le Notaire en premier, qui en a passé & signé la minute, n'est plus Notaire, & que celui qui l'a signé en second, l'est encore.

Après le Stile ordinaire.

EN témoin de quoi nous Prévôt susdit, après que sur la réprésentation qui nous a été faite de la minute des Présentes par Maître Gabriel René M Conseiller du Roi, Notaire, Gardenotes & du scel au Châtelet de Paris, soussigné, comme Successeur dudit Maître D il est apparu à Maître Louis-Adrien G Conseiller du Roi, Garde-scel des Decrets & des Registres des immatricules, *Ita est*, des Officiers dudit Châtelet, ces Présentes être véritables & avoir été grossoyées & mises en cette forme par ledit Maître M Notaire, ce jourd'hui mil & de lui seul signées, avec ledit G attendu qu'à cedit jour & avant icelui ledit Maître D n'étoit plus Notaire : Avons par ledit Maître M Notaire, fait sceller cesdites Présentes, qui furent faites & passées à Paris en l'Etude dudit D Notaire, l'an mil sept cens le jour d a midi. Et ont lesdites Parties signées en la minute desdites Présentes demeurée en la garde & possession dudit M comme subrogé à l'Office & pratique dudit D ci-devant Notaire.

Après quoi ledit Successeur signe au milieu, comme representant la minute, & le Notaire qui l'a signé en second, signe pour lors en premier ladite grosse & la scelle, comme l'ayant fait mettre en cette forme, & ledit Garde des Decrets la signe en second.

Autre Stile, quand c'est un Acte en Brevet, rapporté au Successeur du Notaire, qui l'a passé, pour être grossoyé, & que les deux Notaires qui l'ont signé, sont décédés, ou ne sont plus Notaires.

EN témoin de quoi Nous après que par l'inspection du Brevet original des Présentes, il est apparu à Maître Claude Q Avocat en Parlement, Conseiller du Roi, Garde des Immatricules, *Ita est*, des Officiers dudit Châtelet les choses susdites être véritables, & avoir été ainsi faites & passées pardevant lesdits M & L ci-devant Notaires : Avons par Maître Robert-François B Conseiller du Roi, Notaire, Gardenotes & du scel audit Châtelet fait mettre & apposer le scel de ladite Prévôté & Vicomté de Paris à cesdites Présentes, qui ont été grossoyées & mises en cette forme par ledit Maître B de lui seul & dudit Q signées, ce jourd'hui mil d'autant qu'à cedit jour lesdits Maîtres M & L n'étoient plus Notaires. Ce fut ainsi fait & passé à Paris en l'Etude dudit L Notaire, l'an mil le Et ont signé; ainsi signé A & F avec M & L Notaires avec paraphes, au Brevet original des présentes rapporté audit B Notaire, pour être mis en cette forme par ledit sieur F suivant l'acte d'apport qui en est à la marge du jour d mil étant en conséquence resté en minute audit B Notaire.

Autre Stile quand c'est une seconde Grosse délivrée par le Successeur du Notaire qui a passé l'Acte.

Après avoir mis le stile ordinaire de promettant, obligeant, *ensuite de* renonçant à toutes choses contraires à ces Présentes, *on met*,

En temoin de quoi après que par l'inspection de la minutte originale des Présentes représentée par (*le nom du Notaire qui a la minutte*,) aussi Notaire audit Châtelet subrogé aux office & pratique dudit Maître (*le Notaire qui a reçu l'acte*,) il est apparu à Maître Conseiller du Roi, Garde des decrets & immatricules, *Ita est*, des Officiers du Châtelet de Paris les choses susdites être véritables, & avoir été ainsi faites & passées à Paris ès Etudes *ou* demeures d l'an mil sept cent le & lesdites Parties & Notaires avoir signé ladite minutte. Nous avons par ledit Notaire Garde-scel fait sceller ces Présentes, qui ont été par lui grossoyées & mises en cette forme, &c. Pour seconde fois, ce jourd'hui en vertu de l'Ordonnance de Monsieur le Lieutenant Civil du du present mois, étant au bas de la Requête à lui présentée à cette fin, par & en conséquence de l'assignation donnée en vertu de ladite Ordonnance le à la Requête dudit S a comparoir ce jourd'hui heures du matin *ou* de relevée, en l'Etude dudit Maître Notaire, pour être présent & voir délivrer la présente seconde grosse; & après avoir attendu depuis ladite heure jusqu'à celle de sonnée, & que ledit n'est point comparu ni personne pour lui, ledit Maître Notaire a délivré ces Présentes de lui seul signées & dudit attendu, qu'à cedit jour & avant icelui, lesdits Maîtres & n'étoient plus Notaires, ce fait ladite minutte est demeurée audit Notaire, après que sur icelle il a été fait mention par ledit Maître de la délivrance de la présente grosse.

Ensuite de ce, on transcrit ladite Requête, Ordonnance, sommation & comparution.

Stile qui se met à la fin d'une copie de Piéce annexée à la minute d'un Acte d'Apport, lorsqu'on ne transcrit point ledit Acte d'Apport.

EN l'original des Presentes demeuré annexé à la minute de l'acte d'Apport fait d'icelles par Louis B   y nommé, passé pardevant lesdits Notaires cedit jour, le tout demeuré à L   l'un des Notaires soussignez.

DES TRANSPORTS.

NOus ne sommes pas toujours en état de faire valoir les droits qui nous appartiennent : l'on se trouve même quelquefois contraint de s'en dépoüiller pour se délivrer des embarras qui surviennent ; ainsi l'on peut les négocier & les céder à un autre qui veut bien en accepter la cession aux conditions dont on convient avec lui.

L'on y est même quelquefois contraint par un Créancier qui les fait saisir entre les mains du Débiteur, l'on peut alors en consentir la délivrance, ou lui en faire une cession pour ne pas entrer dans une plus longue contestation.

Tout cedant est naturellement garant, non-seulement que la chose est dûë, mais encore que le débiteur est en état de la payer, à moins que le cessionnaire n'ait accepté la cession à ses risques, périls & fortunes, ce qui doit être bien nettement expliqué dans la cession même. Toujours le cedant est-il obligé de remettre au cessionnaire les titres justificatifs de sa créance, & de faire voir que *debitum subest*, qu'il est véritablement créancier.

Si quelqu'un se trouvoit avoir cedé ou vendu la même chose à deux personnes différentes, il pourroit être poursuivi comme *stellionataire*, par l'un ou par l'autre, & condamné du moins en de gros dommages & intérêts.

Transport d'obligation, Cédulle, ou Sentence.

FUt présent Claude   demeurant à   lequel a reconnu & confessé avoir cédé & transporté par ces Presentes, & promet garantir, fournir & faire valoir à Jacques   à ce présent & acceptant (*ou bien dire absent*) les Notaires soussignez, stipulant & ce acceptant pour lui, en tant que faire le peuvent la somme de livres dues audit Claude par Jean pour les causes portées en son obligation passée pardevant *tels* Notaires le *tel* jour (*ou bien* en la promesse d'*un tel jour, ou* Sentence contre lui rendue au Châtelet de Paris *ou autre Jurisdiction* au profit dudit cédant le *tel jour*) laquelle obligation, Sentence *ou* promesse, ledit cédant a présentement mise ès mains dudit Jacques (*ou bien s'il est absent dire*) que ledit cedant a dit être ès mains dudit Jacques dont il le fait porteur, & la mis & subrogé en son lieu & place, droits, hypotheques, privileges, noms, raisons & actions, pour en faire & disposer comme bon lui semblera au moyen des Présentes. Ce transport ainsi fait moyennant pareille somme de livres que ledit cedant a confessé avoir eue & reçue comptant dudit Jacques presens les Notaires soussignez, en louis d'argent & autre monnoie ayant cours, dont, &c. quittant, & pour l'exécution des Présentes, ledit cedant a élû son domicile, &c.

Si le cessionnaire est absent il faudra dire.

Ce transport fait moyennant pareille somme de livres, que ledit cedant a confessé avoir reçue comptant avant ces présentes dudit Jacques, & en *telles* especes, *& le reste comme ci-dessus.*

Si c'est pour demeurer quitte par le cedant, il faudra mettre.

Ce transport fait pour demeurer par ledit cedant quitte de pareille somme de livres qu'il doit audit Jacques pour *telle chose*, (*s'il y a obligation, promesse, ou Sentence il le faut dire*) qui demeure nulle au moyen des Présentes, élection de domicile, *& le reste comme ci-dessus.*

Si le transport se fait sans garantie, il faut mettre, sans aucune garantie, restitution de deniers ni recours quelconques, sinon de ses faits & promesses seulement.

Transport d'une Obligation.

FUt présent Cyprien D Bourgeois de Paris y demeurant rue Paroisse lequel a cédé, quitté & transporté & promet garentir, fournir & faire valoir, même payer à défaut ou refus de payement par les débiteurs ci-après, sans être tenu par le Cessionnaire faire poursuites, discussion ni diligence, qu'autant que bon lui semblera à sieur Jean A aussi Bourgeois de Paris, à ce présent & acceptant la somme de livres contenues en l'obligation faite au profit dudit sieur cedant par & sa femme, passée devant L & R Notaires à Paris le J mil pour les causes y portées, laquelle obligation il a mis ès mains dudit sieur cessionaire, dont il le fait porteur, & l'a mis & subrogé en tous ses droits, privileges & hypotheques; ce transport fait moyennant pareille somme de livres, que ledit cedant reconnoît avoir reçu dudit sieur acceptant, & qui lui a ladite somme présentement comptée, nombrée & réellement délivrée en louis d'or, d'argent, le tout bon & ayans cours, promettant, &c.

obligeant, &c. renonçant, &c. Fait & passé à Paris ès Etudes, le Décembre mil sept cens Et ont signé.

Transport de Droits successifs.

FUt présente Margueritte P veuve de Pierre T vivant manouvrier à Paris, y demeurante ruë Paroisse Saint laquelle a cédée, quittée & délaissée dès maintenant & à toujours, sans néanmoins aucune garantie, restitution de deniers ni recours quelconques, sinon de ses faits & promesses seulement à Nicolas T Laboureur demeurant en la Paroisse de C en la basse étant de présent à Paris logé susdite ruë & Paroisse Saint à ce présent & acceptant, acquereur pour lui, ses hoirs & ayans causes, tous & telles droits successifs, noms, raisons, & actions, fruits & revenus d'iceux échus & à écheoir, appartenans à ladite veuve P comme héritiere pour un de défunt Julien B vivant laboureur, son pere, & pour pareille portion de Messire Paul B Prêtre son frere, à quelques sommes que le tout se puisse monter & consister, sans aucunes exceptions ni reserves, pour par ledit T en jouir, faire & disposer en toute propriété à sa volonté & comme de chose à lui appartenante, le subrogeant à cette effet en tous ses droits, noms, raisons & actions : Ces cessions & transport ainsi faits à la charge par ledit T d'acquitter ladite veuve P de toutes les dettes & charges desdites successions, pour la part & portion dont elle pourroit être tenue, ensorte qu'elle n'en soit inquiétée en aucune maniere, & outre moyennant la somme de livres francs deniers à ladite veuve P laquelle somme elle reconnoît avoir reçû dudit T en louis d'argent & autres monnoies, le tout bon & ayant cours, dont, &c. quittant, &c. transportant, &c. désaisissant, &c. voulant, &c. Procureur, &c. le porteur, &c. lui en donnant pouvoir, promettant, &c. obligeant, &c. renonçant, &c. Fait & passé à Paris ès Etudes, &c. le Décembre a midi, l'an mil sept cens Et ont signé.

Transport de Bail à loyer.

FUrent présens sieur Jean D Bourgeois de Paris, & Claude Q sa femme, qu'il autorise à l'effet des présentes, demeurans sur le Quai Paroisse Saint lesquels ont cédé & transporté à François L Maître distilateur & Marchand d'eau-de-vie à Paris & Christine G sa femme, aussi de lui autorisée à l'effet des Présentes, à ce présent & acceptant les années & mois, qui du jour de dernier restent à expirer des années portées au bail qui a été fait ausdits D & sa femme par Maître Etienne D Conseiller du Roi Notaire à Paris, des lieux dépendans d'une Maison qui lui appartient seise ruë

où est pour enseigne désignée au bail qui leur auroit été fait, pardevant M & R Notaires à Paris le jour de mil pour par lesdites L & sa femme en jouir audit titre, pendant lesdites années mois, tout de même & ainsi qu'auroient pû faire lesdits D & sa femme, en conséquence dudit bail, ce transport fait à la charge, par lesdits L & sa femme, ainsi qu'ils s'y obligent solidairement l'un pour l'autre, un d'eux seul pour le tout, sans division, discussion, ni fidejussion, à quoi ils renoncent, de payer en leur acquit audit Maître D en sa demeure à Paris, ou au porteur, &c. la somme de livres par chacune desdites années & à proportion pour lesdits mois, & aux quatre termes accoutumés également, le premier desquels échéra au jour de prochain, jusqu'en fin dudit tems, & outre à la charge de satisfaire à toutes les autres charges, clauses & conditions portées audit bail, expédition duquel lesdits sieur & Dame de lui ont fourni & mis ès mains, & faire ensorte que pour raison du tout, lesdits D & sa femme n'en soient chargés ni inquiettés, à quoi ils ont obligé tous leurs biens, meubles & immeubles, spécialement parties de rentes, l'une de livres de rente constituée sur les Aydes & Gabelles, le J mil & l'autre de livres sur les Postes, constituez le dernier, passé devant P & son Confrere Notaires à Paris, ce fait en présence dudit Maître D aussi Notaire, lequel au moyen de ce que dessus, a bien voulu consentir que lesdits D & sa femme, qui ont présenté Requête devant Monsieur le Lieutenant-Civil, afin d'avoir la permission qui leur a été accordée de vendre les meubles qui leur appartiennent, étant dans une partie des lieux de la maison, en fasse faire la vente & touche les deniers qui en proviendront; à condition néanmoins que lesdits D & sa femme demeureront toujours garents & responsables solidairement envers ledit sieur D des loyers de ladite maison, & de l'exécution des autres charges, clauses & conditions dudit bail, sans dérogation ni innovation, & d'abondant y ont obligé tous leurs biens, spécialement livres de rente constitués sur la Ville le Avril mil au profit de Mathurin M dont ils sont légataires universels, promettant, &c. obligeant, &c. renonçant, &c. Fait & passé à Paris en l'Etude de R Notaire, le Décembre l'an mil sept cens

Et ont signé.

Transport d'une somme dûë par un Billet.

FUt présente Charlotte P veuve de Pierre B Bourgeois de Paris, y demeurante ruë Paroisse Saint laquelle a cédée, quittée & transportée & promis garentir, fournir & faire valoir, même payer, ou faute y auroit par les Débiteurs ci-après, & sans être par le cessionnaire tenu de faire poursuites, discussions ni diligences qu'autant que bon lui semblera, à André R Marchand Bourgeois de Paris, y demeurant ruë Paroisse Saint à ce présent & acceptant la somme de livres dûe à ladite cédante, par les nommés Claude C & François S tous deux Bourgeois de Paris, suivant leur billet du jour de mil contrôlé à Paris, le par lequel ils se sont obligés chacun pour leur part & portion, fait au profit de ladite cedante pour les causes y portées, lequel billet elle a mis ès mains dudit sieur acceptant, dont elle le fait porteur & l'a mis & subrogé en ses droits, noms, raisons, actions & privileges, ce transport fait moyennant pareille somme de livres, que ladite cedante reconnoît avoir reçue dudit sieur cessionnaire, & qui lui a ladite somme présentement comptée, nombrée, & délivrée en louis d'argent, le tout bon & ayant cours, dont quittant. Fait & passé à Paris ès Etudes des Notaires soussignez, le jour de Décembre mil sept cens & a ledit sieur R signé & ladite veuve B déclarée ne sçavoir écrire ni signer, de ce enquise.

Transport d'une Quittance de gages & appointemens.

FUt présens Jacques B Ecuyer Huissier ordinaire de la Chambre du Roi, demeurant ordinairement à étant de présent à Paris, logé ruë lequel a par ces Presentes cédé & transporté à Pierre de Bourgeois de Paris, y demeurant grande ruë Paroisse Saint à ce présent & acceptant la somme de livres, à prendre & recevoir du sieur Garde du Trésor Royal en exercice pour ses gages & récompenses de l'année prochaine, à cause du service & fonction qu'il fera auprès de Sa Majesté en ladite qualité d'Huissier de sa Chambre, pendant le quartier de & de ladite année prochaine, pour de ladite somme poursuivre le recouvrement, ou en disposer par ledit sieur D comme bon lui semblera, à l'effet de quoi ledit sieur B a mis ès mains dudit sieur D une quittance signée de lui, à la décharge dudit sieur Garde du Trésor Royal desdits gages & récompense, qui ne servira avec ces présentes que d'une seule & même chose, ce transport fait moyennant pareille somme de livres, que ledit sieur B confesse avoir reçu dudit sieur D en louis d'or, louis d'argent & autres monnoies ayant cours, dont quittant, & pour l'exécution des Présentes ledit sieur a élu son domicile, &c. Fait & passé à Paris en l'Etude de R Notaire, le Septembre mil sept cens Et ont signé.

Transport

Transport d'apprentissage par un Maître à un autre, en présence des Jurez.

Quelquefois les Maîtres & les apprentifs ne pouvant compatir ensemble, le Maître remet le Brevet aux Jurés pour le céder à un autre Maître, ou bien il fait lui-même le transport en la forme suivante.

FUt présent Jacques Maître demeurant ruë lequel en présence & du consentement de Guillaume & Antoine aussi Maîtres, & à présent Jurés en charge de leur Communauté, à ce présens, a reconnu & confessé avoir cédé & transporté à François pareillement Maître demeurant à ce présent & acceptant, les années mois jours qui restent à expirer des portées par le brevet d'apprentissage d'André son apprentif, obligé par ledit brevet passé pardevant *tels* Notaires, *un tel jour*, pour durant ledit tems restant, montrer & enseigner comme ledit François promet faire audit apprentif ledit métier, le nourrir & loger tout ainsi que ledit Jacques y est tenu & obligé par ledit brevet, l'original duquel en parchemin ledit cedant a présentement mis ès mains dudit François auquel en ce faisant appartiendront les livres qui restent à payer dudit apprentissage; & lui en fait ledit Jacques pareillement cession & transport en tant que besoin seroit en faveur des présentes, pour en faire comme bon lui semblera : Auquel effet ledit Jacques le subroge en son lieu & place, droits, hypotheques, privileges, noms, raisons & actions, sans toutefois aucune garantie ni recours quelconque: Et au moyen du présent transport ledit apprentif à ce présent & consentant, a promis, sera tenu & promet audit François à présent son Maître, de satisfaire envers lui à tout ce à quoi il est obligé par ledit brevet, car ainsi.

Quand les apprentifs ne se plaisent pas au métier, il faut faire un désistement comme il est ci-devant page 179.

Transport de dommages & intérêts pour injures & bateries.

FUt présent Jean lequel ne se voyant pas, quant à présent, en état de poursuivre plus avant la plainte par lui ci-devant donnée à Monsieur le Juge de contre Pierre pour raison des excès commis en sa personne par ledit Pierre actuellement détenu prisonnier en la Conciergerie de & autres ses Complices absens & duement coutumacez, reconnoît par ces Présentes avoir fait cession & transport à Jacques à ce présent & acceptant, de tous les droits, noms, raisons & actions, réparations civiles, & dépens, dommages & intérêts, qui peuvent lui compéter & appartenir contre ledit Pierre résultant de ladite accuſation, circonſtances & dépendances, à telle ſomme que le tout puiſſe ſe monter, à l'effet de quoi il a ſubrogé & ſubroge ledit Jacques en ſon lieu & place à tous leſdits droits, noms, raiſons & actions, ſans être néanmoins tenu d'aucune garantie ni reſtitution de deniers pour quelque cauſe que ce ſoit, la préſente ceſſion & tranſport ainſi faits aux riſques, périls & fortune dudit ceſſionnaire, moyennant la ſomme de qu'il a reçu manuellement comptant dudit Jacques en bonne monnoye ayant cours, ſauf l'intérêt de Monſieur le Procureur général pour la vindicte publique, auquel il n'eſt en rien dérogé par ces Préſentes, &c.

Nota. *L'on ſe ſert ordinairement pour pareil tranſport, d'un ami de l'accuſé, qui abandonne la pourſuite, ou s'en déſiſte.*

Tranſport d'une ſomme dûë par une Lettre de Change, lorſque le cedant ne ſçait ſigner pour en paſſer ſon ordre au dos.

Tranſcrire ici tout au long ladite Lettre de Change.

PArdevant fut préſent Marc M Marchand Bourgeois de Paris, y demeurant ruë Paroiſſe Saint lequel comme porteur de la lettre de change, dont copie eſt ci-deſſus tranſcrite, & attendu qu'il ne ſçait ſigner, a déclaré qu'il paſſe ſon ordre de ladite lettre au ſieur Jean A Bourgeois de Paris, pour lui être la ſomme de y portée, payée, ou à ſon ordre, ayant dudit ſieur A touché & reçu comptant ladite ſomme, & a été ladite lettre de change paraphée, *ne varietur*, par leſdits Notaires ſouſſignez, à la requiſition dudit ſieur comparant, qui a élu ſon domicile en ſa demeure ſuſdite, auquel lieu, &c. nonobſtant, &c. promettant, &c. obligeant, &c. renonçant, &c. Fait & paſſé à Paris ès Etudes, le mil & a déclaré ne ſçavoir écrire ni ſigner, de ce enquis.

Tranſport de rente ſur particulier ſans garantie.

FUt préſent Vincent lequel a reconnu & confeſſé avoir vendu, cédé, quitté, tranſporté & délaiſſé par ces Préſentes dès maintenant à toujours, ſans aucune garantie, reſtitution de deniers, ni recours quelconque, en quelque ſorte & maniere que ce ſoit, ſinon de ſes faits & promeſſes ſeulement, à Jacques demeurant à à ce préſent & acceptant, acquereur pour lui, ſes hoirs & ayans cauſe à l'avenir, livres de rente annuelle & perpetuelle, rachetable de la ſomme de livres, avec les arrérages qui en ſont dûs depuis *tel jour* juſqu'à ce jourd'hui, le tout appartenant audit ſieur Vincent comme lui ayant été ladite rente conſtituée par Pierre & Jeanne ſa femme ſolidairement, par contrat paſſé pardevant *tels* Notaires le *tel jour*, à prendre ſur tous leurs biens spécialement & généralement obligez audit contrat de constitution, la grosse duquel en forme exécutoire signée desdits Notaires & scellée, ledit sieur Vincent a présentement délivrée audit Jacques de laquelle il le fait porteur, & de ladite rente, tant en principal qu'arrérages, le met & subroge sans autre garantie que dessus en son lieu & place, droits, hypotheques, privileges, préférences, noms, raisons & actions, pour d'icelle rente, tant en sort principal qu'arrérages, jouir, faire & disposer par ledit Jacques sesdits hoirs & ayans cause, ainsi que bon lui semblera, au moyen des présentes. Cette vente, cession, transport & délaissement ainsi faits, sçavoir pour ledit principal moyennant pareille somme de livres pour laquelle ladite rente est rachetable : & pour lesdits arrérages bon payement & satisfaction d'iceux, ainsi que ledit sieur Vincent a confessé & confesse avoir eu & reçu comptant dudit Jacques présens les Notaires soussignez, en louis d'or, écus d'argent, &c. le tout bon & ayant cours, dont, &c. quittant, &c. transportant, &c. désaisissant, &c. voulant, &c. donnant pouvoir, &c. car ainsi, &c. promettant, &c.

Transport de rente sur le Roi.

FUt présent Antoine demeurant lequel a reconnu & confessé avoir vendu, cédé, quitté, transporté & délaissé par ces présentes dès maintenant à toujours, promis & promet garantir de tous troubles & empêchemens généralement quelconques, fors & excepté du fait du Prince seulement, à Etienne à ce présent & acceptant, acquereur pour lui, ses hoirs & ayans cause à l'avenir, livres de rente annuelle & perpétuelle au principal de livres avec tous les arrérages qui en sont dûs, laquelle rente appartient audit sieur Antoine & lui a été constituée par Messieurs les Prévôt des Marchands & Echevins de cette Ville de Paris, par contrat passé pardevant *tels* Notaires le *tel jour*, à prendre sur les de livres de rente alienez par le Roi à ladite Ville sur les deniers de ses Gabelles par Edit du mois de la grosse duquel contrat en parchemin, ledit sieur Antoine a présentement délivrée audit sieur Etienne de laquelle il le fait porteur, & de ladite rente, tant en principal qu'arrérages, ci-dessus cédée, le met & subroge en tous ses droits, noms, raisons & actions, pour de ladite rente en principal & arrérages, jouir, faire & disposer par ledit sieur Etienne sesdits hoirs & ayans cause, comme de chose à lui appartenante, au moyen des présentes. Cette vente, cession & transport ainsi faits moyennant, pour ledit principal de ladite rente la somme de livres, pour laquelle elle est rachetable, & pour lesdits arrerages bon payement & satisfaction d'iceux, le tout que ledit Antoine confesse avoir reçu comptant dudit Etienne en louis d'or, écus d'argent, &c. le tout bon & ayans cours, dont, &c. quittant, &c. transportant, &c. désaisissant, &c. voulant, &c. donnant, &c. pouvoir, &c. Et pour purger les hypotheques qui pourroient être sur ladite rente, a été accordé entre les parties que ledit Etienne obtiendra sur le présent transport des lettres de ratification en Chancellerie, incessamment & à ses frais & dépens, & si au sceau & expédition d'icelles, il se trouvoit des oppositions sur ledit sieur Antoine il sera tenu, comme il s'y oblige, de les faire rayer & lever à ses frais trois jours au plus tard après la dénonciation qui lui en sera faite en son domicile ci-après elû, à peine, &c. car ainsi, &c. & pour l'exécution des Présentes ledit Antoine a élû son domicile, &c.

Nota. *Quand on acquiert des rentes sur la Ville ou autres immeubles, pour purger avec le Roi s'il est nécessaire, il faut signifier le Contrat d'acquisition à M. le Procureur Général de la Chambre des Comptes, avant l'obtention des Lettres de ratifications en Chancellerie.*

Clause de remeré dans un Transport d'une rente sur la Ville.

A Eté expressement convenu & accordé entre les Parties, qu'il sera permis & loisible audit sieur vendeur, de rentrer pendant l'espace de années, à compter de ce jour, par droit de faculté de remeré que lui accorde ledit sieur acquereur, en la propriété & jouissance de ladite rente, présentement vendue, en lui rendant & remboursant actuellement ladite somme de livres avec le coust des lettres de ratifications qu'il aura, comme dit est, obtenu sur le présent contrat, de son immatricule & autres loyaux coûts, & après ledit tems passé, ledit sieur acquereur demeurera propriétaire incommutable de ladite rente, sans aucune formalité de Justice observer, ni Sentence ou autre Jugement obtenir, & lors dudit retrait par droit de remeré s'il vient à être exercé par ledit sieur vendeur, ledit sieur acquereur lui retrocédera ladite rente, rendra ladite grosse & lettre de ratification, & se partagera les six mois lors ouverts entre les parties à proportion de ce qui en sera dû.

Transport avec garantie portant acceptation par les débiteurs sur lesquels la somme est à prendre.

FUt présent le sieur G. Marchand Bourgeois de Paris, y demeurant ruë & Paroisse lequel a cédé & transporté par ces Présentes, & promet garantir, fournir & faire valoir, même payer la somme ci-après déclarée, faute de payement d'icelle par les débiteurs dans prochain après un simple exploit de demande ou sommation faite à leurs personnes ou domiciles, sans autres poursuites, discussion ni diligence faire, si bon ne semble, à à ce présent & acceptant la somme de livres dûe audit sieur G par les sieurs J

& B Marchands, & qu'ils se seroient obligez de lui payer audit prochain pour le second payement de la somme de contenue en leur obligation solidaire par eux passée au profit dudit G pardevant Notaire, le jour de mil sept pour les causes y contenues, sur laquelle somme ils n'ont payé audit sieur G que livres pour le premier payement qui étoit payable au dernier, ainsi qu'il est mentionné en marge de l'expédition en papier de ladite obligation, laquelle expédition ledit G a présentement délivrée & mise ès mains du sieur acceptant, pour en vertu d'icelle se faire payer par lesdits susnommez de ladite somme cédée, le mettant & subrogeant en ses droits & hypotheques jusqu'à cette concurrence, pour, & après le payement de ladite somme cédée, ladite obligation être rendue audit sieur G pour se faire payer du surplus de son dû y contenu: Ce transport fait moyennant pareille somme de que ledit sieur G confesse avoir eu & reçu dudit sieur acceptant, qui lui a ladite somme baillée, comptée, nombrée & délivrée, présens les Notaires soussignez en & monnoie ayans cours, dont, &c. quittant, &c. à laquelle garantie & promesse de payer lesdites livres dans le susdit tems, ledit sieur G oblige & hypotheque le surplus du contenu en ladite obligation, à lui dû par lesdits J & B montant à & généralement tous & chacuns ses autres biens, meubles & immeubles présens & à venir, sans que ledit sieur G puisse toucher, ni que lesdits J & B puissent payer ledit surplus qu'après avoir payé ladite somme cédée; à ce faire sont intervenus lesdits J & B demeurans ruë lesquels après avoir eu communication & pris lecture du présent transport, ont icelui accepté & & tenu pour signifié: ce faisant se sont obligez solidairement de payer ladite somme de livres cédée audit acceptant dans ledit jour prochain, à peine de tous dépens, dommages & intérêts, sans qu'ils puissent faire ledit payement plutôt, du moins que ce ne soit un mois entier avant les décris qui pourront arriver, comme ayant été ainsi convenu; à quoi ledit sieur G s'oblige pareillement, sans que ladite acceptation & promesse de payer préjudicie à la garantie & promesse de payer dudit G & pour l'exécution des présentes lesdits G J & B ont élû leur domicile irrévocable en cette Ville de Paris: ès maisons où ils sont demeurans sus-déclarées; auquel lieu, nonobstant, &c. promettant, &c. obligeant, &c. chacun à son égard, lesdits J & B solidairement, renonçant, &c. Fait & passé, &c.

Transport d'intérêts civils sans garantie.

PArdevant les Notaires Gardenotes du Roi, au Châtelet de Paris, soussignez, fut présent Etienne de la B Cadet au Régiment des Gardes, dans la Compagnie du sieur C Capitaine audit Régiment, demeurant au fauxbourg Saint G ruë de G Paroisse Saint lequel a volontairement cédé & transporté sans néanmoins aucune garantie, restitution de deniers, ni recours quelconque, en quelque sorte & maniere que ce soit, sinon de ses faits & promesses seulement, à Louis à ce présent & acceptant tous les intérêts civils, réparations, dépens, dommages & intérêts, & autres choses généralement quelconques qu'il pourroit prétendre & demander à l'encontre des nommez du B Tabletier, D Corroyeur, S pere & fils, & six quidans que l'on dit être artisans, Garçons Chapeliers, Tabletiers & Papetiers, pour raison des excès & voies de fait commis en la personne dudit cedant, le jour des présens mois & an en la ruë des vers l'heure de midi, pour raison de quoi ledit cedant auroit fait informer, & sur l'information obtenu décret de prise de corps & Sentence de provision au Châtelet de Paris, de la somme de livres, en date des douze desdits présens mois & an; laquelle somme de livres de provision ledit cédant cede & transporte sans garantie comme dessus audit acceptant, auquel à l'effet du présent transport, il a présentement délivré & mis ès mains ledit decret & Sentence de provision sus-datés, avec l'acte de réception de caution du jour d'hier, le subrogeant du tout en son lieu & place, droits & actions pour en faire & disposer par ledit acceptant, comme de chose à lui appartenante; ce présent transport fait moyennant, sçavoir pour ladite provision pareille somme de livres, & pour lesdits intérêts civils bon payement & satisfaction, le tout que ledit cédant confesse avoir reçu dudit sieur acceptant, dont, &c. quittant, &c. promettant, &c. obligeant, &c. renonçant, &c. Fait & passé ès Etudes des Notaires soussignez, l'an mil le jour de a midi, ledit cédant, a &c.

Transport de rente dûë sur particulier en forme de donation.

FUt présent Jacques demeurant lequel désirant reconnoître les soins particuliers que prend journellement Mathieu son cousin en toutes ses affaires, lui a transporté par ces Présentes avec toute sorte de garantie quelconque, même en cas d'insolvabilité, promet & s'oblige de fournir & faire valoir, même payer le principal & les arrérages, ce acceptant ledit Mathieu pour lui sa vie durant seulement, livres de rente au principal de livres, vendue & constituée au profit dudit sieur Jacques par défunt Nicolas R ainsi qu'il paroît par contrat passé pardevant, &c. laquelle rente est à présent dûë par le nommé Pierre R fils & héritier dudit défunt son pere, lequel auroit en ladite qualité passé titre nouvel de ladite rente, au profit dudit sieur Jacques passé pardevant, &c. pour d'icelle rente en principal & arrérages, jouir par ledit acceptant par usufruit, sa vie durant seulement, à l'effet de quoi ledit sieur Jacques a mis & subrogé ledit acceptant en tous ses droits, actions, privileges & hypotheques, & lui a mis ès mains la susdite grosse originale dudit contrat de constitution & titre nouvel, le tout devant datté. Ce transport de rente ainsi fait pour reconnoître les peines & soins dudit acceptant, & pour autres considérations particulieres dudit sieur cédant, & parce que telle est sa volonté, dessaisissant, &c. transportant, &c. & pour faire, si besoin est, insinuer ces Présentes, &c.

Transport d'une somme à prendre sur les Receveurs des Consignations.

FUt présent lequel a reconnu & confessé avoir cédé & transporté, & promet garantir, fournir & faire valoir à Eustache R demeurant à ce présent & acceptante, la somme de livres à prendre en la somme de livres que ledit cédant doit recevoir de Receveur des Consignations de suivant la Sentence, &c. pour de ladite somme de livres faire & disposer par ledit acceptant, comme de chose lui appartenante ; à l'effet de quoi ledit cédant a promis d'aider ledit acceptant de l'original de ladite Sentence ; ce faisant le met & subroge en tous ses droits, noms, raisons & actions, jusqu'à la concurrence, &c. Ce transport fait moyennant & pour demeurer quitte de pareille somme contenue en une obligation faite, &c. Promettant, &c.

Transport sous seing privé, sans garantie, d'une somme contenuë en une Obligation.

JE soussigné reconnois avoir cédé & transporté, sans toutefois aucune garantie quelconque à Maître Jean la somme de livres, contenue en l'obligation faite à mon profit par Sebastien H tant en son nom, que comme se faisant fort de Marie sa femme, passée pardevant le pour par ledit sieur Jean recevoir ladite somme & en faire & disposer comme de chose à lui appartenante, à l'effet de quoi je le mets & subroge en mes droits & hypotheques, sans garantie comme dit est, lui ayant mis ès mains ladite obligation. Ce transport fait moyennant pareille somme de livres que je reconnois & confesse avoir reçu dudit sieur Jean dont je me contente & le quitte. Fait à Paris le, &c.

Reconnoissance pardevant Notaires du transport ci-dessus, mise au bas d'icelui, qu'il faut transcrire sur papier timbré auparavant, & faire controller.

AUjourd'hui est comparu devant les Notaires soussignez, Christophe le M demeurant lequel a reconnu & confessé avoir écrit & signé le transport ci-dessus transcrit qu'il a dit contenir vérité, & consent qu'il sorte son plein & entier effet, selon sa forme & teneur ; ce que ledit sieur Jean y nommé, à ce présent, demeurant a accepté. Promettant, &c.

Transport des profits de fiefs, & de retrait féodal.

FUt présent Messire Henri Seigneur du Fief & Seigneurie de lequel a cédé & transporté à Maître Nicolas à ce présent & acceptant, les droits de quints, requints & autres profits feodaux qui seront dûs audit Seigneur Henri à cause de la vente & adjudication par decret qui se poursuit au bailliage de de la Terre & Seigneurie du fief du & ses appartenances, sise audit Bailliage, saisie & mise en criées sur les héritiers de défunt Pierre relevant ladite Terre & dépendances d'icelle dudit Seigneur Henry à cause de sadite Terre & Seigneurie de ensemble cede & transporte ledit Seigneur Henri audit Maître Nicolas ce acceptant, le droit de retenue de ladite Terre & Seigneurie de par puissance de fief, pour cette fois seulement, consentant qu'il fasse ledit retrait sous le nom dudit Seigneur Henri lequel à cette fin lui passera sa procuration, sitôt ladite vente, soit par decret ou volontairement, pour desdits droits ci-dessus cédés, qui seront dûs & acquis audit Seigneur Henri jouir & les percevoir par ledit Maître Nicolas à quelque somme qu'ils puissent monter, ainsi que pourroit faire ledit Seigneur Henri qui dés-à-présent comme pour lors, y a subrogé & subroge du tout en son lieu ledit Maître Nicolas même en cas qu'il s'en rende adjudicataire ou acquereur, il en demeurera quitte & déchargé envers ledit Seigneur Henri Cette cession faite moyennant la somme de, &c.

Transport d'un droit de deshérence.

FUt présent Messire Claude Seigneur de la Terre & Seigneurie de lequel a reconnu & confessé avoir vendu, cédé, quitté & délaissé dès maintenant à toujours, sans toutefois aucune garantie, restitution de deniers, ni recours quelconque, sinon de ses faits & promesses seulement, qui sont qu'il n'a cédé les droits ci-après déclarez à qui que ce soit, à Maître Joseph à ce présent & acceptant, acquereur pour lui, ses hoirs & ayant cause, tous & tels droits qu'audit Seigneur vendeur peut competer & appartenir par droit de déhérence, à faute d'hoirs en la Terre de & autres biens étant de la succession de Mathurin Seigneur de ladite Terre de pour raison de quoi il y a procès pendant en la Cour de Parlement, entre ledit Seigneur cédant, d'une part; & ledit sieur acquereur, comme ayant don de sa Majesté du droit qu'il prétendoit en ladite Terre & succession, d'autre part: Et encore entre les sieurs A & D prétendans être héritiers dudit C d'autre part: desquels droits vendus & cédés ci-dessus, ledit sieur acquereur a dit sçavoir la consistance, & s'en tient content, ausquels droits ledit sieur C a subrogé en son lieu & place, sans aucune garantie, comme dit est. Ce transport faite moyennant la somme de, &c.

Transport

Transport de gages d'Officier portant accord.

FUt présent François demeurant lequel a cédé & transporté par ces Présentes, & promet garantir, fournir & faire valoir à Louis Bourgeois de Paris, demeurant ruë à ce présent & acceptant, la somme de livres, que ledit cédant a dit & affirmé lui être bien & légitimement dûe pour une année de ses gages, à cause de sondit Office de, &c. échûe au dernier jour de Décembre dernier, pour recevoir laquelle somme de noble homme Etienne Conseiller du Roi, & Trésorier général de sa Maison, ledit cédant a présentement mis ès mains dudit sieur Louis quatre quittances desdits gages pour ladite année derniere, passées pardevant *tels* Notaires le *tel jour*, desquelles il fait ledit acceptant porteur, & le met & subroge en son lieu & place, droits, noms, raisons & actions, pour en faire ainsi que bon lui semblera. Ce transport fait pour demeurer par ledit cedant quitte envers ledit Louis tant de la somme de livres, en laquelle il est obligé envers lui, par, &c. passée pardevant *tels* Notaires le *tel jour*, que de tous les frais & dépens & mises d'exécution qu'il a faites jusqu'à maintenant pour avoir payement de ladite dette, à laquelle somme de livres, ledit acceptant a par cesdites Présentes volontairement remis & quitté audit cédant ladite somme principale, frais & depens susdits. Et lui a en ce faisant fait & donné pleine & entiere main-levée pure & simple, des saisies & exécutions faites à sa requête sur les biens meubles dudit cédant. Consent & accorde que lesdites saisies & executions soient & demeurent nulles, & que les gardiens & débiteurs desdites choses saisies & exécutées, les rendent & en vuident leurs mains en celles dudit cédant : quoi faisant ils en soient & demeurent bien & valablement quittes & déchargés, comme ledit Louis à son égard & en tant qu'à lui est, les en décharge par cesdites Présentes. Et au surplus la susdite obligation, piéces & procédures demeurent nulles & sans effet du consentement desdites parties au moyen des Présentes; car ainsi, &c. *élection de domicile*, &c.

Transport avec garantie de plusieurs sommes pour demeurer quitte de pareille somme & à compte de plus grande.

PArdevant les Conseillers du Roi Notaires à Paris soussignez, fut présent Messire H Prêtre demeurant étant de présent à Paris, lequel a cédé & transporté & promet garentir, fournir & faire valoir à Charles demeurant à ce présent & acceptant, les sommes qui en suivent, sçavoir livres dues par le sieur L déduction préalablement faite du prix des tabatieres d'argent, une montre & une banderolle garnie de frange d'argent, plus livres sols deniers dues par pour (*telle cause*) plus livres dues par le nommé C pour (*telle cause*) pour desdites sommes montant ensemble à celle de disposer par ledit cessionnaire, comme bon lui semblera, le mettant & subrogeant à cette fin en ses droits & place, ce transport fait moyennant & pour demeurer par ledit sieur cédant quitte envers ledit acceptant de pareille somme, à compte sur plus grande somme qu'il lui doit pour argent qu'il a avancé pour lui en ses affaires. Car ainsi & pour l'exécution des Présentes ledit sieur cédant a élu son domicile à Paris en la maison de auquel lieu, &c. nonobstant, &c. promettant, &c. obligeant, &c. renonçant, &c. Fait & passé à Paris ès Etudes, l'an mil le jour de a midi. Et ont signé.

Transport d'une dette sans garantie.

FUrent présens Messire Louis C Chanoine de l'Eglise de & Pierre Alexis C (*mettre les demeures*), tant en leurs noms que se faisant & portant fort de Nicolas C leur frere (*de telle qualité*) mineur, par lequel ils promettent & s'obligent solidairement, sous les renonciations requises, faire ratifier ces Présentes & le faire obliger conjointement & solidairement avec eux en âge de majorité & en fournir acte valable quinze jours après icelle, à peine, &c. lesquels èsdits noms & en qualité d'héritiers chacun pour un tiers du sieur Jean C Officier de la Maison du Roi, & de Damoiselle Louise L sa femme, leur pere & mere, ont par ces Présentes cédés & transportés, sans toutefois aucune garantie, restitution de deniers ni recours quelconque à Martin M Bourgeois de Paris, y demeurant ruë de Paroisse Saint à ce présent & acceptant livres de principal, faisant la cinquiéme partie de livres adjugez ausdits sieur défunts & Damoiselle C à l'encontre de Gabriel M & Magdelaine M sa femme, auparavant veuve de Dominique G par Sentence rendue au Châtelet de Paris le mil ensemble les intérêts & frais adjugez par ladite Sentence, ladite somme de adjugée à Nicolas L duquel ladite Damoiselle C est héritiere pour un cinquiéme; à l'encontre desdits M & sa femme, pour six années de fermages des dixmes du Prieuré de suivant le bail qui en a été fait & passé pardevant Tabellion à la Baronnie de le mil par Jean L & Nicolas L fermiers desdites dixmes, au profit desdits défunts Dominique G & ladite Magdelaine M moyennant le prix & somme livres pour chacun an, pour par ledit acceptant les recevoir, & en faire & disposer comme de chose à lui appartenante, le mettant & subrogeant èsdits noms en leur lieu, place, droits, noms, raisons, actions & hypotheques, ce faisant, lui ont délivré & mis ès mains les grosses desdits bail & Sentence susdatez, ensemble les piéces & procedures faites en conséquence, ce présent transport ainsi fait, pour ledit principal, moyennant pareille somme de livres, & pour lesdits intérêts & frais, bon payement & satisfaction, le tout que lesdits sieurs cédans confessent avoir reçu dudit acceptant, dont quittant, &c. & pour l'exécution des Présentes, lesdits sieurs cédans ont élu leurs domiciles irrévocables à Paris, en la maison de M Procureur en Parlement, scise ruë de la auquel lieu, &c. nonobstant, &c. promettant, &c. obligeant, &c. renonçant, &c. Fait & passé à Paris ès Etudes, &c. l'an mil le Et ont signé.

Transport sans garantie des parts & portions fondées en la propriété d'une rente appartenante aux cedans, par représentation de leur mere & ayeule.

FUrent presens Haut & Puissant Seigneur Messire Louis de B demeurant à Paris, ruë Paroisse Saint Haut & Puissant Seigneure Messire Louis Armand de B Chevalier Comte de demeurant ruë Paroisse Saint Messire Louis de B Enseigne des Vaisseaux du Roi son frere, & Juste-Joseph-François D Duc de à cause de Marie Renée de R son épouse, demeurant ruë Paroisse Saint lesquels ont cédé, quitté & transporté sans garantie, que de leurs faits & promesses, à Haute & Puissante Dame, Dame Marguerite Thérése de B veuve de Haut & Puissant Seigneur Messire Nicolas de B Chevalier Marquis de V demeurante en son Hôtel ruë Paroisse Saint à ce présente & acceptante, acquereure pour elle, ses hoirs & ayans cause, toutes & telles parts & portions dont lesdits Seigneurs sont fondés en la propriété de la rente de livres au prineipal de constituée à Maître Nicolas L par Haut & Puissant Prince Monseigneur François de L Marquis de H Messire Jacques de H Chevalier Seigneur de B & Dame Oudette de V son épouse solidairement, par Contrat passé pardevant C & H Notaires, le mil laquelle rente a appartenu à Haute & Puissante Dame, Dame Marie C pour partie de la somme à laquelle a été liquidée ses actions, ainsi qu'il est porté en la transaction passée pardevant Notaires, le mil & lesquelles portions en ladite rente cedée, appartiennent ausdits sieurs cedans par réprésentation de ladite D leur mere & ayeule, lesquels ont pareillement cédés à ladite D les arrérages de leurs parts & portions en ladite rente, à quelques sommes qu'ils puissent monter du passé jusqu'à jour, pour en jouir. Ce transport fait pour les principaux & dites portions de rentes cédez moyennant la somme de que lesdits Seigneurs cédans reconnoissent avoir reçue de ladite Dame Marquise de dont quittant, & l'ont partagez entr'eux à proportion de leurs intérêts, & pour lesdits arrérages bon payement & satisfaction que lesdits Seigneurs cédans reconnoissent pareillement avoir reçu de ladite Dame Marquise de dont ils la quittent pareillement, transportans, désaisissans, voulant Procureur, le porteur, donnant pouvoir, &c. & ont pour exécution des Présentes élû leur domicile, &c.

Sur les modéles ci-dessus, l'on peut aisément faire toutes sortes de transports.

Les Notaires retiennent les minutes des transports qu'ils passent, excepté ceux qui sont pour sommes modiques, ou de peu de conséquence.

Si quelqu'un avoit fait transport d'une portion à lui appartenante dans une succession commune, ou de droits litigieux, ou autres non liquidez, pour un prix bien au-dessous de la valeur de sa portion, ou desdits droits, ses cohéritiers, ou ceux contre qui ces droits seroient à exercer, pourroient revenir contre un pareil transport, en rendant & payant pareille somme que le cessionnaire en auroit déboursé.

En transport de dette avec promesse de fournir & faire valoir, la discussion n'est pas requise entre Marchands.

Pareillement entre Marchands la garantie n'est pas nécessaire en transport de dette pure & simple, il suffit que la somme soit dûë.

L'explication des mots *désaisissant*, &c. *voulant*, &c. *Procureur*, &c. *le porteur*, *donnant*, &c. *pouvoir*, &c. *promettant*, &c. *obligeant*, &c. *renonçant*, &c. se trouve *aux formules de stiles pour mettre en forme exécutoire*, ci-devant page 496.

Quand l'on transporte une chose mobiliaire, qui est ordinairement une somme dûë par Obligation, Promesse, Sentence, ou Arrêt; c'est une maxime générale que quand on ne promet point garantie, le cedant demeure toujours seulement garant de ses faits & promesses; & cette espéce de garantie est sous-entenduë; ce qui s'entend que la chose est dûë à celui qui la cede, qu'elle n'est point saisie pour ses dettes, & qu'il ne l'a point transportée à d'autre.

Lorsque l'on veut promettre une garantie, elle se peut mettre en trois façons.

La premiere, c'est celle des faits & promesses du cedant ci-dessus expliquée.

La deuxiéme & la commune, est celle sous ces mots, *garantir, fournir & faire valoir*, laquelle garantie oblige le cedant à rendre la somme qu'il a transportée avec les intérêts, frais &

dépens faits pour en avoir payement, après que le cessionnaire a rendu insolvable le débiteur par la vente de ses meubles, & le décret de ses immeubles, tant héritages que rentes; ce qui s'appelle vulgairement, *aprés discussion faite*, & qu'il rapporte la preuve que s'étant opposé aux décrets, il n'a pû venir utilement en ordre; je dis utilement, car l'on met en ordre tous les créanciers pour lesquels il se trouve du fonds pour les payer sur le prix de l'adjudication, après que le Receveur des Consignations aura pris ses droits de consignation.

Après lesdits droits de consignation, l'on prend sur le prix de l'adjudication les frais extraordinaires des criées qui sont faits par le poursuivant, & dont il est remboursé avant aucun créancier, selon la taxe qui en est faite entre son Procureur, celui du saisi, qui les doit, & le plus ancien Procureur des créanciers opposans.

Ces frais extraordinaires des criées sont la plûpart composez de chicanes & fuites que fait le saisi pour empêcher la vente de son bien, comme s'il appelle du congé de criées, ou du congé d'adjuger, & qu'il faille obtenir des Arrêts, & aussi des contestations qui se font entre quelques particuliers, entre toutes lesquelles poursuites & chicanes, le poursuivant est toujours partie pour les faire finir, tant pour son intérêt particulier que pour celui de tous les autres créanciers, qui se reposent sur sa diligence; car ce seroit trop de peine si tous les Procureurs des créanciers opposans, qui sont quelquefois en grand nombre, étoient obligez de défendre aux oppositions qui sont formées, on consommeroit par cette multiplicité de procédures une partie saisie en frais.

Les frais extraordinaires ne comprennent pas la dépense ordinaire d'un décret, sçavoir la saisie réelle, le procès-verbal de criées, la certification d'icelles, les affiches, le congé d'adjuger, l'expédition, la signature & le sceau du décret, & autres frais qu'on appelle ordinairement *frais ordinaires des criées*, d'autant que c'est l'adjudicataire qui en est tenu, & que l'adjudication se fait à cette charge, outre le prix.

Après les droits de consignation & les frais extraordinaires payez, l'on distribue le surplus du prix aux créanciers opposans, selon la priorité de leurs privileges & hypothéques; parce qu'il y a quelquefois des créanciers privilégiez dont on ne considere pas l'ancienneté de l'hypothéque, mais le privilege de leur dette, comme si un homme avoit vendu l'héritage décreté, & que le prix lui en fut dû, ou qu'il eût prêté de l'argent pour payer l'héritage, & qu'il fût fait mention dudit prêt dans la quittance du payement de l'héritage quand il a été acquis, sans quoi il n'y auroit point de privilége, quoique par l'obligation ou contrat de l'emprunt il y eut déclaration que ce fût pour ledit héritage.

Il y a encore d'autres privilégiez, comme les Mâçons, & les autres ouvriers, qui ont fait des bâtimens, ou ceux qui ont prêté de l'argent pour les payer, pourvû que dans les quittances desdits ouvriers, il soit fait mention dudit emprunt, sans quoi il n'y auroit point pareillement de privilege; mais il faut observer que ces sortes de quittances ne portent point de privileges si elles ne sont données par les Maîtres de la vacation pour l'ouvrage pour lequel elles sont faites.

Toute cette distribution du prix doit être auparavant reglée par une Sentence, qui se donne entre tous les créanciers opposans, par le Juge du décret, sur le vû de leurs piéces; ce que l'on appelle *Sentence d'ordre;* les arrérages & intérêts sur le saisi courent jusqu'au jour de cette Sentence: & comme quelquefois il y a appel de cette Sentence par quelque créancier qui prétend que l'on en a mis un autre devant lui en ordre, l'exécution de ladite Sentence est sursise à l'égard desdits deux créanciers & de tous les autres suivans, & elle s'exécute seulement pour les autres créanciers qui sont mis en ordre avant: mais à l'occasion duquel appel il faut faire dire par la Sentence qu'en cas d'appel le créancier de la collocation duquel il y aura appel, recevra & touchera sa collocation *par provision en baillant caution*, auquel cas il fournit une caution de rapporter, s'il perd sa cause par Arrêt, laquelle caution il faut faire recevoir avec le créancier appellant, c'est-à-dire, faire faire par la caution une soumission au Greffe; tout cela se doit faire avec le créancier appellant, à peine de nullité.

Que si l'appellant débat la solvabilité de la caution, il faut que celui qui la produit, fasse preuve des biens de la caution, par la production de ses titres & contrats, si ce n'est que la caution soit assez connuë pour la faire recevoir à l'Audiance.

Est à noter que si le cessionnaire avoit manqué à s'opposer au décret de quelque bien sur lequel il eût pu venir utilement en ordre, il ne pourroit plus avoir de recours contre le cedant.

Que si ledit cessionnaire soutient que le débiteur est insolvable, c'est au cedant à s'informer s'il ne reste point de bien du débiteur, qui n'ait point été vendu, & en ce cas de l'indiquer au cessionnaire; ce qui se fait en se défendant en Justice de la poursuite en recours de garantie; & souvent on condamne ledit cedant à mettre ès mains du cessionnaire deniers suffisans pour faire vendre le bien indiqué.

La troisiéme est quand on cede une somme à prendre sur un débiteur qui a beaucoup de terres & de biens immeubles, dont la discussion seroit fort longue, & même se pourroit faire en divers lieux que le cessionnaire ne connoîtroit pas; en ce cas il faut ajoûter à ces mots *de garantir, fournir & faire valoir, même payer la somme ci-après déclarée, ou les arrérages de la rente en question, de quartier en quartier, après un simple commandement fait à la personne ou domicile du débiteur, sans que le cessionnaire soit obligé de veiller ni de s'opposer à la discussion des biens du débiteur.* Ce qu'étant ainsi mis dans le contrat du transport, c'est au cedant à veiller lui même à ladite discussion.

Cette promesse de payer *après un simple commandement*, se doit mettre autrement au transport d'une promesse faite sous signature privée qu'en celui d'une Obligation, Sentence ou Arrêt; car en celui-là il faut mettre, *même payer la somme ci-après déclarée, à faute de payement d'icelle par le débiteur, après une simple sommation faite à sa personne ou domicile*; & en celui-ci, *après un simple commandement.* La raison de cette différence est que l'on peut faire un commandement de payer en vertu d'une Obligation, d'une Sentence & d'un Arrêt, & non en vertu d'une Promesse sous signature privée, pour laquelle on ne peut faire qu'une simple sommation au débiteur pour la payer; & pour parvenir au commandement, il faut obtenir auparavant Sentence de condamnation, & quelquefois un Arrêt: ce qui engage le cessionnaire à une longue poursuite, de laquelle il ne se charge point quand il ne s'oblige qu'à faire faire une simple sommation au débiteur de payer.

DES TRANSACTIONS.

LA Transaction est une convention qui se fait entre deux ou plusieurs personnes, touchant la décision d'un procès ou d'un différend, dont l'événement soit douteux & incertain, en donnant, promettant ou retenant quelque chose par l'une des parties, sans quoi ce ne seroit pas une transaction, mais un acte par lequel le Demandeur renonceroit libéralement aux droits qu'il pourroit prétendre à l'encontre du Défendeur. Cet acte est tellement favorable, qu'il arrive rarement que personne se fasse restituer contre, à moins qu'il n'y fût intervenu du dol & de la fraude de la part de l'une des Parties, encore n'y est-on plus recevable après dix ans.

Transaction sur plusieurs différends & compensation de diverses sommes de deniers.

FUrent présens Pierre Perrine sa femme, qu'il autorise à l'effet des Présentes, demeurant rue ladite Perrine fille & héritiere de défunt *tel* & *telle* ses pere & mere d'une part, & Geneviéve veuve en dernieres noces dudit défunt *tel*, demeurante ruë d'autre part. Disant lesdites parties, èsdits noms, qu'ayant plusieurs différends & affaires à vuider & terminer ; ensemble diverses demandes, & prétentions respectives, l'une contre l'autre, tant pour raison de la succession desdits défunts pere & mere de ladite Perrine qu'autres choses, (*il les faut spécifier*) concernant lesdites demandes & prétentions, & leurs dépendances, dont chacune desdites parties auroit fait & dressé un bref état & mémoire, par l'un desquels étoit demandé ; sçavoir par lesdits Pierre & Perrine sa femme èsdits noms, à ladite veuve qu'elle leur payât la somme de (*il faut mettre toutes les prétentions contenues audit mémoire, & après le dernier article dire*) & outre que ladite Geneviéve leur payât ou rendît *telle chose*. Et de la part de ladite Geneviéve étoit demandé ausdits Pierre & sa femme ausdits noms la somme de dont ils lui étoient redevables comme héritiers susdits pour *telle* & *telle* chose, (*il faut les dire tout au long*,) sur toutes lesquels prétentions & autres généralement quelconques desdites parties, après qu'elles ont pris l'avis & conseil de *tel* & *tel* leurs Procureurs, ausquels pour cet effet elles auroient communiqué & fait voir & considérer à loisir en leur présence, tant les inventaires faits après le décés de ladite défunte, le décès desdits défunts pere & mere de ladite Perrine les contrats de mariage d'icelui défunt avec ladite défunte, & de ladite Geneviéve sa seconde femme, à présens sa veuve, ledit don

don mutuel d'icelui défunt & de ladite veuve, & l'acte de reception de caution pour la jouissance dudit don mutuel, que tous les contrats, quittances & autres piéces inventoriées ausdits inventaires, & autres concernans lesdites demandes & prétentions. Et après avoir par lesdites parties & leursdits conseils exactement examiné & calculé lesdits deux inventaires, quittances, mémoires, & chacun article d'iceux; ont pour éviter aux frais d'un compte, & à tous procès & differends, frais & longueurs de procédures, composé, transigné & accordé sur le tout ainsi qu'il ensuit: c'est à sçavoir qu'après que ledit calcul & compte sommaire a été ainsi respectivement fait amiablement entre lesdites parties, s'est trouvé être dû par ladite Geneviéve ausdits Pierre & Perrine sa femme èsdits noms, la somme de livres, & par lesdits Pierre & sa femme à ladite Geneviéve èsdites qualités, & pour les deniers par elle avancés, la somme de livres. Et partant appert qu'après toutes déductions & compensations faites entre lesdites parties sur leurdit dû ci-dessus, que ladite Geneviéve doit ausdits Pierre & Perrine sa femme la somme de livres: laquelle somme de livres lesdits Pierre & sa femme confessent avoir reçûë présentement de ladite Geneviéve en louis d'or & autre bonne monnoie ayant cours, dont, &c. quittant, &c. Et à l'égard des livres de douaire accordé par ledit défunt à ladite Geneviéve par leurdit contrat de mariage, elle en quitte pareillement lesdits Pierre & sa femme; d'autant qu'elle en est payée & satisfaite, parce qu'ils sont entrez au susdit compte & compensation. Et au moyen de tout ce que dessus lesdites parties èsdits noms se sont quittées, se quittent & déchargent réciproquement de toutes choses généralement quelconques, qu'elles se pourroient demander l'une à l'autre, en quelque sorte & maniere que ce soit, de tout le passé jusqu'à ce jour, consentant & accordant icelles parties que chacune d'elle jouisse pleinement & paisiblement par indivis des immeubles desdits défunts *tel* & *telle*, & de ce qui leur est échû chacun à son égard, & en dispose, soit par échange, vente ou autrement ainsi que bon leur semblera. En ce faisant se sont lesdites parties mises & se mettent respectivement hors de cour & de procès, déclarant être contentes & satisfaites l'une de l'autre, & se sont réciproquement rendus tous leurs titres & papiers ci-dessus concernans leurs acquits & décharges des choses y mentionnées, dont pareillement elles se quittent l'une l'autre; sur lesquelles piéces, leurs minutes & autres actes qu'il appartiendra, lesdites parties consentent en tant que besoin seroit, que par tous Notaires premiers requis, soit fait mention sommaire desdites compensations & quittances réciproques en vertu des Présentes, sans que leur présence y soit nécessaire: ce qui ne servira avec cesdites Présentes que d'une même chose. Et quant aux mémoires desdites demandes & prétentions, ont été par chacune desdits parties, en ce qui les concernoit, présentement déchirez & lacerez comme nuls & sans effet, pour n'avoir servi ausdites parties que pour parvenir à la présente transaction, promettant, &c. obligeant chacun en droit soi, &c. lesdits Pierre & Perrine sa femme solidairement, sans division, discussion, ni fidejussion, renonçant ausdits bénéfices. Fait & passé, &c.

Transaction au sujet du rétablissement d'un mur mitoyen.

FUrent présens Claude L & Damoiselle Marie du F sa femme, qu'il autorise pour l'effet des Présentes, & Thomas B & Damoiselle Catherine L son épouse, qu'il autorise aussi pour l'effet des Présentes, tous demeurans à ruë Paroisse de lesquels parties désirant de suivre l'avis de leurs amis & conseils qui les engagent à sortir à l'amiable de tous les différends qu'ils ont les uns contre les autres au sujets des maisons que lesdites parties susnommées ont chacune en particulier en la susdite ruë où ils sont demeurans, & désirant conserver le respect qu'ils ont pour leurs amis, & l'amitié qu'ils ont entr'eux ; & afin qu'elle soit stable à toujours, ont transigné & accordé ainsi qu'il en suit : c'est à sçavoir que lesdits sieur B & sa femme demeureront garans pendant un an seulement, à compter du jour de la réfection du mur mitoyen entr'eux, & ledit L & sa femme. A été aussi convenu que lesdits L & sa femme seront tenus payer au nommé Mathieu M ce que chacun d'eux peut lui devoir pour les ouvrages qu'il a faits pour chacun d'eux, & y fera, & pour l'exécution des Présentes les parties ont élû leurs domiciles en leurs demeures ausquels lieux nonobstant, &c. Fait & passé, &c.

Transaction au sujet de prétendus dégats faits en un héritage.

FUrent présens T d'une part, & N demeurant d'autre part, lesquels pour éviter les actions & demandes faites par ledit T pour raison de quelques prétendus dégats faits par ledit N & autres, en une partie d'héritages appartenant scise sont lesdits parties demeurées d'accord de ce qui suit : sçavoir que ledit héritage demeure & appartient audit N suivant la prisée & estimation qui en sera faite; ensemble des dégradations qui y pouvoient avoir été faites tant par ledit N qu'autres ; & à cet effet ledit T a nommé de sa part Michel & ledit N a nommé aussi de sa part, Barthelemi lesquels feront à leur conscience ladite prisée & estimation, pour être par icelui N payé comptant d'hui dans un mois audit T la somme qui sera par eux arbitrée & évaluée d'hui en trois jours, pour la valeur du fond dudit héritage, au moyen duquel payement ledit N demeurera subrogé au lieu & place dudit T pour disposer par lui, ses hoirs & ayans cause dudit héritage ; & aussitôt que ledit payement sera fait, ledit T mettra ès mains dudit N le contrat d'acquisition qu'il a faite dudit héritage, consistant en sans préjudice audit N de l'action qu'il prétend exercer pour raison desdites dégradations faites par autres que par lui, & sans préjudice pareillement audit T des frais par lui faits contre ledit N & autres pour parvenir à ce que dessus, & faute par ledit N de faire le susdit payement dans ledit mois, lesdites parties sont demeurées d'accord que le présent contrat demeurera nul & résolu, avec dépens, dommages & intérêts de la part dudit N car ainsi, &c.

Transaction portant constitution.

FUrent présens Jean Bourgeois de Paris, demeurant ruë d'une part, Guillaume *de tel état*, & Laurent d'autre part; disant les parties que pour avoir par ledit Jean payement de la somme de livres de principal, en quoi Barthelemi & Alexandre ses tuteurs à présent défunts, sont demeurez vers lui redevables pour le reliquat du compte qu'ils lui ont rendu de sa tutelle & administration de ses biens durant sa minorité pardevant Monsieur le Lieutenant Civil, le *tel jour*, ainsi que le contient plus au long l'arrêté dudit compte & jugement dudit sieur Lieutenant Civil, étant ensuite d'icelui compte; ledit Jean après le décès desdits Barthelemi & Alexandre auroit fait assigner lesdits Gullaume & Laurent héritiers desdits Barthelemi & Alexandre & les auroit poursuivis pardevant ledit sieur Lieutenant Civil, afin de voir déclarer ledit jugement contre eux exécutoire en ladite qualité pour ladite somme de livres, ainsi qu'il étoit contre lesdits défunts leur pere: En laquelle instance tant auroit été procedé, que par Sentence dudit sieur Lieutenant Civil du *tel jour*, la susdite Sentence & Jugement portant condamnation du payement dudit reliquat de compte, ont été déclarés exécutoires contre les héritiers desdits Guillaume & Laurent En vertu de laquelle Sentence ont été faites plusieurs saisies sur les biens meubles & immeubles desdits héritiers, avec établissement de Commissaire aux fins de parvenir à un décret, si bien que les criées & les proclamations desdits biens saisis ayant été parachevées & certifiées, & la Sentence de congé d'adjuger renduë audit Châtelet le *tel jour*, lesdits héritiers pour en retarder l'exécution, publication & appositition des affiches, s'y seroient opposez; sur laquelle opposition seroit intervenue autre Sentence le *tel jour*, par laquelle lesdits héritiers auroient été déboutez de leur opposition, & ordonné qu'il seroit passé outre à la vente & adjudication par decret desdits biens saisis & mis en criées, comme le contient plus au long ladite Sentence. De laquelle lesdits héritiers ayant appellé & relevé leur appel en la Cour du Parlement, & le procès distribué à Monsieur *tel*, Conseiller en icelle & prêt à juger, lesdites parties pour éviter à plus grands frais, & se mettre en repos, ont par l'avis de leurs amis & conseils, transigé, composé & accordé sur le tout, ainsi qu'il ensuit: C'est à sçavoir qu'icelles parties se sont désistées & départies, se désistent & départent par ces présentes respectivement desdits procès, differends & poursuites dudit decret, même lesdits héritiers du susdit appel, auquel ils ont renoncé & renoncent, consentent & accordent à cette fin que toutes les pieces & procedures faites de part & d'autre, tant audit Châtelet de Paris qu'en ladite Cour de Parlement, soient & demeurent nulles & sans effet, comme chose non avenue, & ce moyennant la somme de livres, à laquelle lesdites parties ont convenu & composé amiablement pour toutes & chacunes les demandes & prétentions que ledit Jean pourroit avoir, prétendre & demander contre lesdits héritiers pour raison du reliquat de compte, tant en principal, qu'accessoire, & généralement en quelque sorte & maniere que ce soit ou puisse être. Pour laquelle somme de livres lesdits *tel & tel* héritiers susdits, ont par ces présentes reconnu & confessé avoir vendu, créé, constitué, assis & assigné dès maintenant à toujours, & promettent èsdits qualités, même en leurs propres & privés noms, & en chacun d'iceux noms & qualités solidairement, sans division, discussion, ni fidejussion, renonçans ausdits bénéfices, garantir de tous troubles & empêchemens généralement quelconques audit Jean ce acceptant & acquereur pour lui, ses hoirs & ayans cause livres de rente annuelle & perpetuelle, à les avoir & prendre par ledit acquereur en sa maison à & à sesdits hoirs & ayans cause ou au porteur, &c. lesdits vendeurs constituans seront tenus, promettent & s'obligent solidairement comme dessus de les bailler & payer par chacun an aux quatre quartiers accoûtumés également. Le premier d'iceux pour portion de tems échéant au dernier jour de Décembre prochain venant, & continuer, &c. en & specialement sur une maison scise à Paris ruë où est pour enseigne l'image S.

Item, une autre maison & quinze arpens de terre labourable en dépendans, le tout situé au Village & terroir de lesdites deux maisons & héritages appartenans audit Guillaume

Item, sur une maison où est l'enseigne de appartenante audit Laurent située en cette Ville de Paris, ruë lesquelles maisons & héritages lesdits vendeurs constituans ont déclaré & affirmé être francs & quittes de toutes dettes & hypotheques quelconques, fors des cens & droits Seigneuriaux accoûtumés, & de livres de rente rachetable de livres envers Nicolas & généralement sur tous & chacuns leurs autres biens meubles & immeubles présens & à venir, que lesdits vendeurs constituans ont dès-à-présent chargés, affectés, obligés & hypothequés avec les susdits à garantir, fournir & faire valoir ladite rente de livres bonne, solvable & bien payable par chacun an ausdits quatre quartiers à toujours, sans aucune diminution, nonobstant toutes choses à ce contraires; sans que lesdites obligations spéciale & générale dérogent l'une à l'autre, & aussi sans par ledit acquereur innover ni préjudicier à ses anciennes hypotheques & privileges de ladite dette, qu'il se reserve, & pour lesquels seulement la susdite Sentence du *tel jour*, rendue contre lesdits défunts, subsistera jusques au rachat de ladite rente, présentement constituée : pour d'icelle rente jouir, faire & disposer par ledit acquereur, sesdits hoirs & ayans cause comme bon leur semblera au moyen des présentes. Et à ces fins lesdits vendeurs constituans èsdits noms & qualités, se sont par cesdites présentes désaisis, démis & dévêtus de leursdites biens & héritages jusques à la valeur & concurrence de ladite rente au profit dudit acquereur, voulans, consentans & accordans qu'il en soit & demeure saisi,

&c. constituans leur Procureur, &c. le porteur, &c. donnant pouvoir, &c. rachetable à toujours ladite rente, en rendant & payant par le rachetant en un seul payement audit acquereur ou à sesdits hoirs & ayant cause pareille somme de livres, avec les arrerages qui en seront lors dûs, échûs & entrez pour portion de tems, frais, mises & loyaux coûts. Et au moyen de ce que dessus ledit Jean a par cesdites présentes, fait & donné pleine & entiere main-levée pure & simple ausdits Guillaume & Laurent des saisies réelles, établissement de Commissaire faites à sa requête sur leurs immeubles, & saisies mobiliaires aussi faites sur leurs meubles. Consent & accorde pareillement que toutes lesdites saisies demeurent nulles, que les Commissaires, débiteurs & gardiens desdits biens saisis en vuident leurs mains en celles desdits Guillaume & Laurent chacun à leur égard, quoi faisant, qu'ils en soient & demeurent quittes & déchargés, comme par ces présentes ledit Jean pour son regard les en quitte & décharge. A ce faire sont intervenus Florent & Martin demeurans rue lesquels se sont volontairement & solidairement rendus & constitués cautions desdits Guillaume & Laurent envers ledit acquereur ce acceptant : auquel & à sesdits hoirs & ayant cause, ils promettent & s'obligent de payer lesdites livres de rente au lieu & termes susdits, tant & si longuement que ladite rente sera dûe, de laquelle tant en principal qu'arrerages, frais & loyaux coûts, ils répondent, s'obligent & font leur propre fait & dettes en leurs propres & privés noms pour ledit Guillaume & Laurent solidairement l'un pour l'autre, chacun d'eux seul pour le tout, sans division, discussion, ni fidejussion, renonçant ausdits bénéfices ; duquel cautionnement & obligation solidaire, lesdits sieurs Guillaume & Laurent promettent aussi solidairement comme dessus, acquitter & indemniser lesdites cautions, tant en principal que dépens, dommages & intérêts qu'ils en pourroient souffrir, & ce à leur premiere demande, & par les mêmes voies & contraintes qu'ils pourroient être tenus & contraints, sans aussi que ladite promesse d'indemnité puisse nuire ni préjudicier audit acquereur : car ainsi le tout a été accordé entre les parties en faisant & passant ces présentes, pour l'exécution desquelles & leurs dépendances, lesdits vendeurs constituans & leurs cautions ont élû leurs domiciles irrévocables & perpetuels en cette Ville de Paris en leurs maisons sus-déclarées, ausquels lieux, &c. nonobstant, &c. promettant, chacun en droit soi, &c. lesdits vendeurs constituans & leurs cautions solidairement comme dit est, renonçant &c. Fait & passé &c.

Transaction sur Procès.

FUrent présens Jacques B Vigneron au Village de V y demeurant ordinairement, étant ce jourd'hui à Paris, d'une part. Pierre V aussi Vigneron audit lieu, y demeurant ordinairement ; & Jean P Fontainier de Monseigneur l'Archevêque de Paris, en sa maison seise à C y demeurant ordinairement, étant tout deux ce jour à Paris, icelui P au nom & comme pere & tuteur des enfans mineurs de lui & de défunte Jeanne V jadis sa femme, lesdits mineurs héritiers par répresentation de leurdite mere, qui l'étoit en partie (aussi bien que ledit Pierre V) des biens des successions de défunt Pierre V vivant Vigneron audit V & Marie L sa femme leur pere & mere & ayeuls desdits mineurs, d'autre part.

Lesquels èsdits noms, pour vuider & terminer l'instance qui a été commencée au Bailliage dudit lieu de V à la Requête desdits V & P èsdits noms & qualités, sur le fondement d'une Requête présentée contre ledit B le jour d dernier, tendante à ce qu'il fût condamné (ainsi qu'il étoit obligé par un transport d'héritage qu'il lui avoit été fait par ledit feu Pierre V pere passé pardevant D Tabellion audit Bailliage le jour d mil) d'acquitter garantir & indemniser lesdits V & P des poursuites qui leur étoient faites à la Requête des Seigneur & Dame dudit lieu, pour raison des arrerages qui leur étoient dûs & échûs depuis ledit transport, jusques au jour saint Martin d'hyver dernier, de la rente de livres sols par chacun an, qu'ils étoient chargés de payer en l'acquit dudit feu Pierre V & de faire cesser icelles, lesquelles lui auroient été dénoncées, & en outre payer les jouissances qu'ils avoient faites de de Vignes qui n'avoit été compris dans ledit transport, suivant l'estimation qui en seroit faite par experts & gens à ce connoissans, dont les parties seroient tenuës de convenir ensemble, à remettre en Vignes ladite moitié de que ledit B avoit arraché, aux dommages & intérêts desdits V P à qui faute de payement desdits arrerages, il leur seroit permis de rentrer dans la totalité desdites héritages, iceux aussi préalablement vûs & visités, aux fins de laquelle Requête ledit B auroit été assigné par exploit de C Sergent au Bailliage dudit V le jour dudit mois de dernier, sur laquelle assignation Sentence seroit intervenuë le jour d ensuivant, adjudicatives des conclusions de ladite Requête au profit desdits V P laquelle auroit été signifiée audit B le dudit mois avec défense de se transporter sur lesdits héritages ; pour l'exécution de laquelle & convenir d'Experts pour la visite, prisée & estimation desdits héritages, ensemble des dommages intérêts qui en pourroient resulter lesdits V P èsdits noms auroient par exploit dudit C du dudit mois de dernier fait assigner ledit B pardevant Monsieur le Bailli dudit V sur lequel Sentence seroit intervenuë le jour d ensuivant, qui condamne entre autres choses ledit B à payer ès mains desdits V & P èsdits noms en deniers ou quittances valables la somme de livres pour années d'arrerages de ladite rente de livres sols, qui sont échus depuis le transport desdits héritages, qui lui a été fait jusques au jour saint Martin d'hyver dernier, laquelle lui auroit été signifiée par R Huissier à Verge au Châtelet de Paris, ausquelles Sentences

& à tout ce qui s'en feroit enfuivi ledit B fe feroit oppofé par acte portant affignation, fignifié aufdits P & V le jour d dernier, par ledit C & par autre Sentence rendue audit Bailliage fur ladite affignation le jour d prefent mois & an, ledit B auroit été débouté de fon oppofition, & ordonné que les précedentes Sentences feroient exécutées felon leur forme & teneur. Ont icelles parties de toutes lefdites conteftations & inftances transigé de la maniere & ainfi qu'il enfuit: C'eft à fçavoir qu'au moyen de la repréfentation qui a été faite par ledit B de deux quittances à lui données fous fignature privée par Monfieur D Receveur général de ladite Terre & Seigneurie de V montantes à la fomme de livres à lui payée en l'acquit defdits V & P èsdits noms, fur les arrerages des d'années de jouiffance que ledit B a faite à raifon de livres fols, par chacun an, échûe du paffé comme dit eft jufqu'au jour faint Martin d'hyver dernier, dattées des jour d mil & jour d mil lefquelles ont été certifiées véritables par ledit B & à fa réquifition paraphées des Notaires foussignez, & icelle mifes ès mains dudit V il fe trouve que ledit B n'eft plus redevable envers ladite Seigneurie de V que de la fomme de livres, pour lefdites années de jouiffance qu'il a fait de ladite moitié de qui n'étoit comprife dans ledit transport & qui font échûës audit jour faint Martin d'hyver dernier, les parties font convenuës enfemble à la fomme de livres, laquelle avec lefdites livres font enfemble la fomme de livres, laquelle ledit B a promis & s'eft obligé conjointement & folidairement avec Marie S fa femme, à ce préfente, qu'il a pour cet effet autorifée, bailler & payer aufdits V & P èsdits noms dans le jour d prochain venant, en un feul payement effectif, à peine &c. Au moyen de quoi & par ces préfentes lefdits V & P èsdits noms ont confirmés, approuvés & ratifiés en fon contenu le tranfport fufdatté, & confenti qu'il forte fon plein & entier effet, aux mêmes charges, claufes & conditions y portées; & confentent que ledit B jouiffe de ladite moitié de de Vignes qui avoit été obmife audit tranfport, & qui fait partie des héritages fujets à ladite rente de livres fols, à la charge par lui de la replanter inceffamment, & l'entretenir à l'avenir en bon état & valeur; auffi bien que les autres héritages, en forte que ladite rente y puiffe être aifement prife & perçûë, & continuer icelle en l'acquit defdits V & conforts à ladite Seigneurie de V & leur apporter d'année en années copies collationnées des quittances de ladite Seigneurie ou du Receveur d'icelle, & de laquelle rente il s'oblige en outre paffer titre nouvel & reconnoiffance à ladite Seigneurie, le tout auffi à peine &c. Et par claufe expreffe a été convenu entre lefdites parties, que fi pendant années confecutives ledit B étoit en demeure de payer ladite rente de livres fols, & lefdites deux fommes ci-devant de livres d'une part, & livres d'autre, quinzaine après leur échéance ci-deffus accordée, il fera permis aufdits V &

Consorts, de rentrer de plein droit en la jouissance & possession desdits héritages, suivant & ainsi qu'il est porté par les Sentences desdits jours d & d derniers. Et en consequence de tout ce que dessus ladite instance & toutes les pieces & procedures qui sont intervenuës sur icelles, sont & demeurent nulles, comme non faites ni avenuës, & néanmoins sont demeurées ès mains desdits V & Consorts, aussi bien que lesdites deux quittances susdattées, les frais de laquelle instance montant ensemble à la somme de livres sols, seront payez par ledit B ausdits V & Consorts dans ainsi qu'il s'y oblige; & au surplus lesdites parties se sont quittées & quittent respectivement l'une & l'autre, de tout le passé jusqu'à ce jour, aux réserves ci-dessus; car ainsi promettant & obligeant lesdits B & sa femme solidairement comme dessus & renonçant &c. Fait & passé à Paris, en l'Etude de P l'un des Notaires soussignez, l'an mil le jour d a midi, & ont signé, fors ladite femme B qui a declarée ne le sçavoir de ce enquise.

Transaction sur differends, & Procès survenus à l'occasion d'un Bâtiment.

FUrent présens Maître Jean-Baptiste D Avocat en Parlement, demeurant à Paris ruë Paroisse Saint Proprietaire d'une maison scise dite ruë en laquelle il est demeurant, d'une part.

Et sieur Thomas R Sculpteur ordinaire du Roi, demeurant dans l'Enclos du Louvre, Paroisse saint Germain l'Auxerrois, aussi Proprietaire d'une autre maison scise susdit ruë joignant celle dudit sieur D d'autre part.

Lesquelles parties pour terminer le procès qui est entr'elles aux Requêtes du Palais, sur les défenses faites par ledit sieur D audit sieur R de ne rien innover ni exhausser d'un petit bâtiment qui fait le travers de la cour dudit sieur D au-dessus duquel il tire son principal jour, pretendant ledit sieur D que ledit bâtiment ne peut être élevé étant une destination de pere de famille & de toute ancienneté, & que même il y a une servitude d'une goutiere sur la muraille de ladite maison, qui conduit les eaux dans la cour dudit sieur D qui ne peut être pour autre raison, que pour empêcher que l'on ne puisse exhausser ledit bâtiment, qui obscurciroit sa maison entierement; pretendant au contraire ledit sieur R qu'aux termes de la Coûtume, il a droit de lever ladite muraille, tant que bon lui semblera, & qu'il n'y a aucune destination de pere de famille, ni acte contraire à l'exhaussement; qu'il est en droit de faire faire, & qu'il paroît par un ancien solin, qui a été autrefois plus élevé que la cour, est raisonnablement large, pour lui donner du jour, pourquoi ledit sieur R soutenoit ledit D mal fondé en sa pretention, faute de rapporter & justifier titres valables pour empêcher l'exhaussement dudit bâtiment; sur laquelle contestation est intervenuë

Sentence

Sentence de Monsieur le Lieutenant Civil, portant qu'il se transporteroit avec des Experts, pour en faire la visite, sur lesquelles contestations, les parties étoient sur le point de tomber en differends considérables, & faire de grands frais, pour lesquels éviter, ils sont convenues & demeurez d'accords que ledit sieur R pourra faire son comble en mansarde selon le dessein du sieur A Architecte, qui a été paraphé *ne varietur*, par le sieur B Conseiller Rapporteur, & à l'instant remis entre les mains dudit sieur R pour être exécuté selon sa forme & teneur, sans aucune innovation, pendant l'espace de années, à compter de ce jourd'hui, après lequel terme passé il sera permis audit sieur R ses hoirs & ayant cause, d'élever ou changer ledit bâtiment, sans entendre donner par ledit sieur R aucun titre de servitude audit sieur D & en consequence des présentes, les parties de l'avis & entremise de Messieurs A & B, Conseillers au Châtelet, sont convenuës amiablement à la somme de livres, pour tous les dommages & intérêts prétendus & demandez par ledit sieur R contre ledit sieur D tant pour la jouissance & dedommagement d'une Chambre, qui doit être faite & construite lambrisée au lieu de quarrée, retardement de ses bâtimens, ruines de matériaux par l'injure du tems, depuis l'instance intentée, que pour toutes autres choses généralement quelconques jusqu'à ce jour, laquelle somme de livres ledit sieur R confesse avoir reçûe dudit sieur D en la présence des Notaires soussignez, en louis d'or, d'argent & monnoye, le tout bon & ayant cours, dont il se tient content & l'en quitte, demeurant entre lesdits parties les frais & dépens par elles faits, aussi du passé jusqu'à présent, tant au Châtelet qu'aux Requêtes du Palais, compensez, & dont elles se quittent aussi respectivement, car ainsi a été accordé entre les parties; pour l'effet & l'exécution des présentes & dépendances ont élû & élisent leurs domiciles irrevocables, sçavoir ledit sieur D en sa demeure ci-devant déclarée, & ledit sieur R en la maison de Maître P Procureur au Parlement scise ruë Paroisse saint ausquels lieux, nonobstant, promettant, obligeant chacun en droit soi, &c. renonçant &c. Fait & passé à Paris en l'Etude de B l'un des Notaires soussignez l'an mil le jour d a midi, & ont signé.

Transaction sur Procès.

FUrent présens Maître Antoine H Chevalier Conseiller du Roi en sa Cour de Parlement, demeurant à Paris Paroisse au nom & comme ayant charge & pouvoir de Damoiselle Louise-Antoinette H fille majeure jouissante de ses biens & droits, à laquelle il promet faire ratifier ces présentes & en fournir acte en bonne forme dans six semaines, en la maison du sieur ci-après nommé, en la Ville de en Poitou, à peine de tous dépens dommages & intérêts, d'une part.

Et Maître Jean V Procureur au Siége Royal dudit y demeurant ordinairement, étant de présent à Paris logé ruë en la maison ou pend pour enseigne tant en son nom que comme Procureur de Maître Jacques V Praticien audit son fils, héritier de défunte Suzanne B sa mere, qui étoit aussi héritiere de Margueritte B sa sœur, fondé de sa procuration passée pardevant & Notaires Royaux audit le annexée à la minutte de l'acte de comparution portant quittance passée entre les parties pardevant & Notaires à Paris le d'autre part.

Lesquelles parties ont présentement fait le calcul de toutes les sommes principales, & interêts adjugez ausdits V pere & fils, par Arrêt de la Cour du pour en être payez par privilege & préferance à tous les autres Créanciers de Messire H Chevalier Comte de sur le prix de la Terre de sont convenuës que lesdites sommes en principaux & intérêts montent à la somme de livres sols deniers, iceux intérêts comptez jusqu'au premier Septembre mil qu'il a été reçû livres par Maître Jean B Procureur au Parlement, ainsi qu'il sera dit ci-après, qu'ils ont payez les principaux, après que déduction a été faite de livres, principal porté en la quittance du comme compris dans les livres, de dépens portez en l'exécutoire du & les livres sols deniers d'intérêts, plus livres, de principal sur les livres de dépens portés en l'Arrêt du attendu que le sieur D a reçû sur les livres livres, en l'acquit desdits sieurs V portez par leur quittance du qui a été présentement remise ès mains dudit sieur V pere, dont ladite Damoiselle H qui en étoit chargée envers le Commissaire établi aux Saisies réelles demeure déchargée; ensorte qu'il n'en falloit ordonner le payement ausdits V que de livres, au lieu qu'il est ordonné de livres, ce qui produit l'erreur desdits livres de principal à distraire, & livres pour les intérêts, de sorte que lesdits V sont de cette part Creanciers de la somme de livres, plus les dépens desquels par l'Arrêt du il est dit que lesdits V en seront payez par privilege à tous Créanciers sur ladite Terre de & ceux èsquels par le même Arrêt ladite Damoiselle H est condamnée, à condition d'en être par elle remboursée en frais extraordinaires de criées, iceux dépens contenus en la déclaration signifiée le & taxés en présence du Procureur de ladite Damoiselle H poursuivante, & celui de la partie saisie, & de Maître plus ancien Procureur des Créanciers opposans, après que l'appel d'aucuns articles desdits dépens a été jugé & décidé par Maître Procureur de Communauté, auquel ledit appel auroit été renvoyé par l'Arrêt du & par icelui calcul, lesdits dépens se trouvent monter à la somme de livres, & les dépens adjugez ausdits V contre ladite Damoiselle H qui doit pareillement les prendre en frais extraordinaires de criées, ont été calculés sur la déclaration d'iceux, signifiés le & taxés, présens les Procureurs poursuivans, partie saisie ; & plus ancien Procureur des Créanciers opposans, & se sont trouvés monter à la somme de livres, tellement que la créance desdits V pere & fils monte à la somme de livres, sur laquelle ils conviennent que Maître leur Procureur en Parlement a touché & reçû par les mains du Commissaire aux Saisies réelles, sur le prix des baux judiciaires la somme de livres, en vertu des Arrêts des Plus que les sieur & Damoiselle M leurs Créanciers colloquez en sous-ordre sur eux par la Sentence d'ordre des biens dudit feu sieur Comte de du ont reçû la somme de livres, qui restoit ès mains dudit Commissaire aux Saisies réelles, pour le reliquat du compte de sa commission, & que Maître Procureur en la Cour, au nom & comme Procureur fondé de procuration de Damoiselle Jeanne T femme procédante sous l'autorité de Maître Charles B sieur de Avocat du Roi au siége Présidial dudit a reçû sur la collocation desdits V en exécution dudit Arrêt du la somme de livres, lesdits payemens montans à livres, deduits sur ladite somme de livres, à quoi monte la créance desdits V il leur reste dû la somme de livres, sur laquelle somme ledit sieur H de ses deniers, sauf à répeter contre ladite Dame H a presentement & à la vuë des Notaires soussignez, payé, compté, nombré & délivré réellement en louis d'argent & monnoye bons & ayant cours audit V pere èsdits noms la somme de livres, dont ledit V pere èsdits noms en a d'autant déchargé ladite Damoiselle H ès mains de laquelle il reste la somme de livres, que ledit V a dit devoir de reste de toutes choses à ladite Damoiselle H & laquelle somme lui sera payée par ladite Damoiselle H en l'acquit & décharge desdits V pere & fils, aussi à peine de tous dépens, dommages & intérêts, en sorte qu'il ne restera plus dû ausdits V pere & fils, pour toutes choses généralement quelconques, que la somme de livres, pour de laquelle demeurer quitte ledit sieur H audit nom a consenti & accordé que lesdits V pere & fils, la prennent & reçoivent sur les revenus de ladite Terre de qui sont de livres par an, sur les fermages qui en peuvent être échus, sinon sur la demie année qui écherra au mois de prochain, à l'effet dequoi ledit sieur H audit nom, & en tant que besoin est ou seroit, fait toute cession & transport ausdits V pere & fils, qui demeureront subrogés aux droits de ladite Damoiselle H pour se faire payer de ladite somme de livres, sur lesdits fermages dûs par Fermier & Receveur de ladite Terre de laquelle somme de livres sera reçuë par ledit T fils dudit ainsi que l'a consenti & consent ledit V pere, en sorte qu'après ledit payement qui sera fait audit V fils, icelui sieur & ladite Damoiselle H en demeureront bien & valablement quittes & déchargés, & à cet effet le Bail de ladite ferme sera mis ès mains desdits V lorsqu'ils le requereront, & un mois après l'échéance dudit terme ledit sieur V payera lesdits livres, ausdits V pere & fils, aussi à peine, &c. Et ont été toutes les quittances exécutoires de dépens mentionnées audit Arrêt du la grosse de l'Arrêt dudit jour & lesdites deux déclarations de dépens mises ès mains dudit sieur H audit nom, après avoir été paraphées par premiere & derniere, de la main dudit V au nombre de pieces non-compris lesdits deux déclarations qui n'ont été paraphées, & sur les premiere & derniere desquelles pieces, ledit V a signé son nom, & ont été aussi les mémoires de tiers ensemble, celui de Maître ancien Procureur, mis ès mains dudit sieur H dont lesdits V pere & fils, demeurent quittes & déchargés, & lesquelles pieces ont été à l'instant par ledit sieur H mises ès mains de Maître Procureur en la Cour, demeurant à Paris ruë & Paroisse Saint à ce présent, qui confesse avoir reçû lesdites pieces pour satisfaire aux Obligations, Déclarations, Subrogations & Promesses consenties, tant par le Contrat de constitution de livres de rente fait au profit dudit sieur B . le que par les quittances du audit an, & autres Actes, même reconnoît ledit sieur que les autres pieces mises ès mains dudit sieur H par les autres quittances de payement qu'il a fait des deniers procedans de parties du principal desdits livres de rentes aux autres Créanciers colloquez par ladite Sentence d'ordre, lui ont aussi été mises ès mains, dont ledit sieur H & ladite Damoiselle H demeurent déchargés, & a promis ledit d'aider lesdits V des pieces ci-dessus mises en ses mains toutesfois & quantes qu'ils en auront besoin, & ont en outre lesdits V reservés leurs hypotheques & privileges, sur ladite Terre de jusqu'au parfait payement desdites sommes ci-dessus, en vertu desdits Arrêts, lesquels à cette fin demeurent en leur force & vertu jusqu'au parfait payement : à ce faire a été présent sieur Maurice M Maître Chirurgien audit logé à Paris avec ledit V son beau-pere, lequel a eu ces présentes pour agréable, & déclaré ne lui appartenir aucune chose ès sommes adjugées audit V pere & fils, au moyen de la rénonciation que lui & Anne B leur mere & belle-mere ont faite, sans préjudice néanmoins de leurs droits, actions & prétentions contre lesdits V pere & fils, & par eux leurs défenses au contraire ; & pour l'exécution des présentes, ledit sieur H a élû son domicile irrevocable en sa demeure, ci-devant déclarée, auquel lieu, nonobstant, &c. promettant, &c. obligeant, &c. ledit sieur H & ledit V pere, èsdits noms, comme dessus, rénonçant, &c. Fait & passé à Paris, ès Etudes, &c. l'an mil le jour d a midi, & ont signé.

Transaction au sujet des contestations qui pourroient survenir entre des Héritiers & Créanciers d'une succession, pour raison des réparations à faire aux Bâtimens dépendans de ladite succession.

FUrent présens très-haut & très-puissant Seigneur Monseigneur François-Annibal Duc d Pair de France, Chevalier des Ordres du Roi, Marquis de C & de Vicomte de S Seigneur de & autres Terres, Gouverneur & Lieutenant Général pour le Roi au Gouvernement de & Gouverneur particulier des Ville & Château de Ville & Citadelle de L & pays L & des Villes de & demeurant à Paris en son Hôtel ruë Paroisse Saint au nom & comme héritier par bénéfice d'inventaire, de feu Illustrissime & Reverendissime Seigneur Jean D Evêque & Duc de L son frere, d'une part.

Illustrissime & Reverendissime Seigneur Monseigneur Louis D nommé Evêque Duc de L demeurant à Paris en son Hôtel Paroisse Saint d'autre part.

Et Messire M Conseiller du Roi, Trésorier Général des Finances de demeurant ruë Paroisse Maître Henri D Avocat en la Cour, demeurant ruë Paroisse & sieur Jean E Bourgeois de Paris, y demeurant proche Paroisse Sainte tous trois Créanciers, & Directeurs des autres Créanciers dudit défunt Seigneur Evêque, Duc de L encore d'autre part.

Disant les parties qu'elles étoient sur le point d'entrer dans de grands procès & différends, au sujet des réparations qui sont à faire dans les bâtimens du Palais Episcopal de L Château d & Fermes en dépendantes, suivant le Procès verbal & rapport de visite, qui en a été fait par Philippe B & Jean M Experts Jurés le dernier & autres jours suivans, à la Requête du sieur Econôme Sequestre, en présence du Procureur dudit Seigneur Duc D audit nom, qui prétendoit aussi bien que lesdits sieurs Directeurs desdits Créanciers dudit feu Seigneur Evêque Duc de L audit nom, se faire décharger d'une partie desdites réparations, comme les unes étant de vetusté, les autres inutiles & d'autres des augmentations qui n'étoient point à la charge de la succession dudit feu Seigneur Evêque Duc de L voulant prévenir iceux procès & différends, & pourvoir ausdites réparations, même à celles qui sont à faire en la grande maison près dépendante aussi dudit Evêché, & non mentionnées audit Procès verbal de visite, mais en celui du sont volontairement convenus & demeurés d'accords de ce qui ensuit.

C'est à sçavoir, que moyennant la somme de livres, qui sera payée par mondit Seigneur Duc D & sieurs Directeurs des Créanciers dudit défunt Seigneur Evêque èsdits noms, ainsi qu'ils promettent & s'obligent audit Seigneur D nommé Evêque dudit L des deniers de la succession dudit feu Seigneur Evêque, qui seront imputés, ainsi qu'il sera convenu, entre ledit Seigneur Duc D & lesdits sieurs Directeurs; & ce de ce jourd'hui en jours prochains, à peine de tous dépens, dommages & intérêts, icelui Seigneur D a promis & sera tenu faire faire en l'acquit & décharge de ladite succession, toutes & chacunes les réparations mentionnées audit Procès verbal de visite, ensemble celles à faire en ladite grande maison, en ce qu'il pourra y en avoir de nécessaire, & dont ladite succession peut être tenuë, même de faire recevoir lesdites réparations en justice, en la maniere accoutumée, après qu'elles auront été bien & duëment faites dans mois d'hui prochain, en sorte que ledit Seigneur Duc D ni lesdits Créanciers dudit défunt Seigneur Evêque, n'en puissent être inquiettés, ni recherchés, par qui & pour quelque cause que ce soit & puisse être, directement ni indirectement, aussi à peine de tous dépens, dommages & intérêts, & de restitution de ladite somme, qui sera touchée & reçûe par ledit Seigneur D & pour plus grande sureté de l'exécution & accomplissement entier des présentes, ledit Seigneur D a promis d'y faire obliger solidairement avec lui, sous les rénonciations de droit requises, Messire Jacques C Seigneur de Conseiller du Roi en sa Cour des Monnoyes à Paris, dans ladite d'hui, & d'en fournir acte en bonne forme, au bas des présentes, en lui fournissant ladite somme de livres, à peine de nullité & de résolution des présentes, car ainsi le tout a été convenu & accordé entre lesdites parties, qui pour l'exécution desdites présentes, ont élû & élisent leurs domiciles irrevocables, sçavoir ledit Seigneur Duc D & ledit Seigneur D en leurs Hôtels devant déclarés; & lesdits sieurs Directeurs audit nom, en la maison de Maître Procureur en la Cour & de ladite Direction, scise ruë Paroisse ausquels lieux, &c. nonobstant, &c. promettant, &c. obligeant, &c. chacun en droit soi, &c. renonçant, &c. Fait & passé à Paris, ès Hôtels & demeures desdits parties, ci-devant déclarés, l'an mil sept cens le jour d a midi, & ont signé.

Transaction au sujet d'un Bail à loyer.

FUrent présens Claude-François C Bourgeois de Paris, y demeurant ruë Paroisse Saint au nom & comme Tuteur de Jeanne C fille mineure de lui, & de défunte Anne J sa femme, Pierre P l'un des deux cent Maîtres Barbiers Perruquiers à Paris, y demeurant ruë susdite Paroisse Saint à cause de Françoise J sa femme, & Elizabeth J fille mineure émancipée d'âge, procedante sous l'autorité de François J son Curateur aux causes, demeurante ruë Paroisse Saint tous èsdits noms Propriétaires de la maison ci-après déclarée, au moyen de l'adjudication qui en a été faite le mil d'une part.

Claude D Maître Pâticier à Paris, & Françoise H sa

femme, qu'il autorise pour l'effet des présentes, demeurans ruë Paroisse Saint d'autre part.

Lesquels pour terminer & décider à l'amiable le procès qui étoit entr'eux, pour raison de l'abandonnement fait par lesdits D & sa femme, d'une boutique, salle, chambre & cave, dépendans d'une maison scise dite ruë où pend pour enseigne dont lesdits sus-nommés, conjointement avec leurs autres co-propriétaires pour lors de ladite maison, leur auroit fait bail devant & son Confrere Notaires, le mil & pour raison de quoi, lesdits Propriétaires sus-nommés auroient fait plusieurs poursuites criminelles à l'encontre desdits D & sa femme, même fait proceder par voye de saisie, exécution & vente, de quelques gros meubles de boutique, qu'ils auroient laissés & abandonnés en ladite maison, suivant le Procès verbal de T Huissier priseur au Châtelet du dernier; & afin de nourrir paix & amitié entre lesdites parties, sont convenus & demeurés d'accord de ce qui ensuit. C'est à sçavoir que toutes les parties se sont désistées & se désistent par ces présentes, dudit bail sus-datté, pour le tems qui en reste à expirer, à compter du jour de Pâques prochain, qu'elles consentent être & demeurer nul comme non fait, au moyen de quoi pourront lesdits propriétaires, louer lesdits lieux, pour ledit tems, & en disposer à leur volonté, approuvant ledit D & sa femme, la jouissance que lesdits propriétaires ont donné desdits lieux, avant l'échéance dudit jour de Pâques prochain, attendu l'abandonnement & délaissement qu'ils en ont fait avant icelui, consentant que lesdits propriétaires touchent & reçoivent de la Damoiselle C à laquelle ils avoient sous-loué une Chambre desdits lieux, dépendante de ladite maison, les loyers qu'elle devra audit jour de Pâques prochain, sur le pied de livres par an, desquels ils leur en font, en tant que besoin, tout transport nécessaire, sans garantie, affirmant lesdits D & sa femme, n'avoir reçû ledit terme, qui échera audit jour, de ladite Damoiselle C le tout outre & moyennant la somme de livres sols, à laquelle les parties sont convenues, & moyennant laquelle lesdits propriétaires ont remis, quitté & déchargé, ausdits D & sa femme, tous les loyers qu'ils pourroient devoir desdits lieux, autres droits & prétentions qu'ils avoient entr'eux à ce sujet, laquelle somme de livres, leur a été présentement baillée & réellement délivrée à la vuë des Notaires soussignez par lesdits D & sa femme, en louis d'or, d'argent & monnoye, bons & ayant cours, entre les mains de Damoiselle Jeanne M Veuve du sieur Etienne J Juré Mouleur de bois, demeurante en ladite maison, laquelle pour ce présente, & du consentement desdits sieurs propriétaires sus-nommés, reconnoît avoir reçûe icelle, dont elle se charge pour leur en tenir compte, & de laquelle lesdits propriétaires quittent & déchargent lesdits D & sa femme, qui reconnoissent que les deniers provenus de la vente faite par lesdits T desdits gros meubles laissés èsdits lieux, ont été employés à payer les frais de Justice, plaintes & autres menuës réparations qu'ils étoient tenus de faire èsdits lieux, dans laquelle vente est comprise une soupente étant actuellement dans ladite boutique, au moyen de quoi toutes leſdites parties ſe quittent & déchargent reſpectivement de toutes choſes généralement quelconques, étant leſdits propriétaires contens deſdits lieux, en l'état qu'ils ſont, au moyen de quoi toutes les pourſuites & procedures faites pour raiſon de ce demeurent nulles, comme non-faites, conſentans que des préſentes il ſoit fait mention ſur la minute dudit bail, par tous Notaires ſur ce requis, en leur abſence, promettans, &c. obligeans, &c renonçans, &c. Fait & paſſé à Paris, en l'Etude de l'un deſdits Notaires ſouſſignés, l'an mil ſept cens le jour d a midi, & ont ſigné.

Tranſaction entre des Héritiers & Créanciers.

FUrent préſens très-haut & très-puiſſant Seigneur Monſeigneur François-Annibal Duc D Pair de France, &c. demeurant en ſon Hôtel à Paris, ruë Paroiſſe Saint au nom & comme ſeul & unique héritier par bénéfice d'inventaire, d'Illuſtriſſime & Reverendiſſime Seigneur Monſeigneur Jean D ſon frere, Evêque Duc de L Pair de France, & encore comme Tuteur honoraire de Meſſire Paul D fils mineur dudit Seigneur Duc D & de très-haute & très-puiſſante Dame Madame Magdelaine-Dianne de B ſon épouſe, d'une part, *tels* & *tels*, tous Créanciers dudit feu Seigneur Evêque Duc de L d'autre part.

Diſant les parties que pour terminer & aſſoupir tous procès & differends étant entre elles, tant au ſujet de la contribution prétendue par ledit Seigneur Duc D comme créancier de ladite ſucceſſion dudit feu Seigneur Evêque, Duc de L à cauſe de la donation de livres, portée par le Contrat de mariage dudit Seigneur Duc D & de ladite Dame de B ſon épouſe, de laquelle donation ledit Seigneur Duc D eſt uſufruitier, que des conteſtations qu'ils ont au ſujet de la ſucceſſion dudit feu Seigneur Evêque, Duc de L pour raiſon des meubles laiſſés après ſon décès, contenus aux inventaires qui ont été faits, tant en cette Ville de Paris, que dans le Palais Epiſcopal de L Château de & autres généralement quelconques, pour quelque raiſon que ce ſoit, & en telles Juriſdictions que ce puiſſe être, ſont convenus & demeurés d'accord de ce qui enſuit.

C'eſt à ſçavoir que ledit Seigneur Duc D èſdits noms, pour contribuer autant qu'il lui eſt poſſible à ce que les véritables & légitimes Créanciers dudit feu Seigneur Evêque Duc de L tant hypotequaires que chirographaires, ſoyent payés des ſommes qui leur ſont duës, a conſenti & conſent par ces préſentes, que les deniers provenans de la vente faite & à faire, de tous les meubles laiſſés comme dit eſt, après le décès dudit feu Seigneur Evêque Duc de L à la réſerve des Portraits de famille, qui appartiennent audit Seigneur Duc D ſoient diſtribués par contribution entre tous leſdits Créanciers au ſol la livre, ſuivant les titres de leurs créances. Leſquels ils ſeront tenus à cet effet de rapporter en bonne forme, après toutesfois & non autrement, que ſur la totalité des

des deniers provenans de la vente desdits meubles; ledit Seigneur Duc D en qualité de Tuteur honoraire dudit Seigneur son fils, aura pris & touché la somme de livres, à laquelle pour le bien & avantage desdits Créanciers, il reduit ce qui lui reviendroit en ladite contribution comme Créancier de ladite succession à cause de la donation desdits livres, portée par ledit Contrat de mariage, laquelle somme de livres, ledit Seigneur Duc D touchera en déduction desdits livres, appartenant audit Seigneur son fils.

Pour assurer le fond de laquelle somme de livres audit mineur, ledit Seigneur Duc D consent dès-à-présent, qu'elle soit payée au plus ancien Créancier de ladite succession, aux droits du quel ledit Seigneur Duc D demeurera subrogé tant en ladite qualité de Tuteur honoraire dudit Seigneur son fils, que d'usufruitier de ladite donation, ainsi que dit est; & comme les deniers procedans de la vente desdits meubles, ne sont pas suffisans à beaucoup près pour payer toutes les dettes dudit feu Seigneur Evêque Duc de L ledit Seigneur Duc D pour marquer d'autant plus le désir sincere qu'il a qu'elles soient toutes acquittées, il a dès-à-présent cedé & transporté ausdits Créanciers ce acceptant pour le tems de années, seulement à compter du premier dernier, tout le revenu du Domaine du Comté de N dont jouissoit ledit feu Seigneur Evêque Duc de L au moyen du partage fait entre lui Seigneur Duc D & ledit feu Seigneur Evêque, consistant en plusieurs Fermes & Terres, affermées à divers particuliers, suivant les Baux qui leur en ont été faits par l'Intendant dudit défunt Seigneur Evêque; montant ensemble à la somme de livres, pour ce qui est actuellement affermé.

Plus la coupe de arpens de bois ou environ, estimée par chacun an, la somme de livres.

Plus le droit de quint à prendre sur tous les bois étant en grurie, estimé à livres.

Plus les cens en deniers à livres.
Plus les Chapons & Poulets à livres.
Le bornage livres.
Le surcens des livres.
Le Jeu de paume livres.
Les rentes sur le bois de livres.
Le surcens sur les Vignes livres.
Les droits féodaux livres.

Toutes lesdites sommes revenantes ensemble par chacun an à celle de livres, pour jouir desdits revenus par lesdits Sieurs & Dames Créanciers pendant lesdits années, sur chacune desquelles il sera neanmoins déduit & préalablement pris la somme de livres pour être employée, sçavoir livres aux réparations des batimens dudit Comté de N & livres aux payemens des Officiers, Concierges & Gardes dudit Comté de N laquelle somme de livres sera remise par lesdits Créanciers par chacune desdites années entre les mains dudit Seigneur Duc D ou suivant ses ordres, lequel

Seigneur Duc D leur en rapportera des quittances à la fin de chacun desdites années ou à celui qui sera par lesdits sieurs Créanciers préposé à la recette desdits revenus ; & à l'égard du surplus dudit revenu par chacune desdites années, il sera distribué entre lesdits Créanciers ainsi qu'il ensuit : sçavoir à chacun de ceux qui ont des Contrats de constitution l'année d'arrerages de leurs rentes, & aux autres qui ont des obligations & Sentences, l'année des intérêts de leurs sommes principales ; aussi par chacune desdites années, & ce qui se trouvera rester desdits revenus par chacun an, après lesdits arrerages & intérêts payés, sera distribué par contribution ausdits Créanciers chirographaires, & qui ont des Obligations, Sentences & Arrêts; tout ce que dessus accepté comme dit est par lesdits Créanciers comparans, sans pouvoir faire aucune poursuite pendant lesdits années, sinon celle qui conviendra pour la liquidation de leur dû, & sans par eux déroger à leurs titres & piéces, pour en vertu d'iceux en fin desdites années expirées se pourvoir sur les biens de ladite succession dudit Seigneur Evêque, pour ce qui leur pourra être dû, ainsi qu'ils aviseront bon être, & sous condition qu'ils ne seront point garands des évaluations ci-dessus, & qu'ils ne tiendront compte audit Seigneur Duc D èsdits noms, que ce de qu'ils auront effectivement reçû : pareillement ledit Seigneur Duc D ne demeurera point garand desdites estimations, & à l'égard des choses non-affermées, elles le seront par ledit Seigneur Duc D du consentement desdits Créanciers, & sans que le présent consentement puisse préjudicier aux intérêts échûs & à échoir du principal de ladite donation, que ledit Seigneur Duc D ne pourra neanmoins répeter sur lesdites années, cédées, & au moyen des présentes, tous procès & différends généralement quelconques, qui pourroient être entre lesdites parties èsdits noms sont & demeurent nuls, éteints & assoupis, sans aucuns dépens, dommages & intérêts prétendre de part & d'autre,& pour l'exécution des présentes & dépendances, lesdites parties élisent leurs domiciles irrévocables, sçavoir ledit Seigneur Duc D èsdits noms, en son Hôtel devant déclaré, & lesdits sieurs & Dames Créanciers en la maison de Maître leur Procureur en la Cour, scise ruë Paroisse Saint ausquels lieux, &c. nonobstant, &c. prometrant, &c. obligeant chacun en droit soi, &c. renoncant, &c. Fait & passé à Paris, sçavoir à l'égard dudit Seigneur Duc D en son Hôtel devant dit, & pour lesdits Créanciers en la maison dudit l'un d'eux, scise ruë Paroisse où ils s'assemblent pour déliberer de leurs affaires, l'an mil le jour d a midi, & ont signé.

Transaction entre une belle-mere & son gendre, au sujet de la succession de leur fille & femme décedée sans enfans.

FUrent présens Anne C veuve en premieres nôces de Samson G Couvreur de maisons, & en dernieres de Jean O de même profession, & demeurante ruë Paroisse Saint seule héritiere de défunte Marie O sa fille, & dudit défunt O son second mari, au jour de son décès, femme de Pierre P d'une part; & ledit Pierre P demeurant susdite ruë & Paroisse Saint d'autre. Lesquels voulant regler à l'amiable les prétentions de ladite C en la succession de ladite Marie O sa fille décedée sans enfans, le Avril dernier, sont volontairement convenus, de ce qui suit, après avoir pris sur ce l'avis de leurs conseils & amis; c'est à sçavoir, que moyennant la somme de livres, que ledit P a promis, & s'est obligé de payer à ladite C en sa demeure à Paris, ou au porteur, en seize payemens égaux, de six mois en six mois, dont le premier se fera dans six mois de ce jour, & ainsi continuer jusqu'au parfait payement de ladite somme, icelle G a remis & quitté tout ce qu'elle pouvoit prétendre & demander audit P tant pour restitution de la dot par elle fournie de ses propres deniers depuis le décès dudit O son mari à ladite Marie O par son Contrat de mariage avec ledit P passé pardevant A & son Confrere Notaires à Paris, le jour de mil droit de Communauté & autrement, en quelque maniere que ce soit ou puisse être, sans distinction ni reserve; à la reserve néanmoins que fait par ces présentes ladite C de tous ses droits, actions, qui lui sont acquis sans novation, jusques au parfait payement de ladite somme de livres; & pour l'exécution des présentes, les parties ont élû leurs domiciles en leurs demeures, devant déclarées, ausquels lieux, &c. nonobstant, &c. promettant, &c. obligeant, &c. chacun en droit soi renonçant, &c. Fait & passé à Paris en l'Etude l'an mil le jour d a midi, & ont déclaré ne sçavoir écrire ni signer, de ce interpellez suivant l'Ordonnance.

Transaction sur un compte rendu & débattu.

Observation préliminaire sur cette Transaction.

IL n'est jamais permis à un comptable de transiger sur un compte, qu'il n'ait été présenté, affirmé & débattu par celui à qui il doit être rendu; sans cela tous les traitez faits entre l'un & l'autre, sont nuls de plein droit: celui à qui il étoit dû n'a pas même besoin de lettres de rescision pour revenir contre ce traité, non plus que contre tous les autres, dans lesquels il se trouve une nullité radicale & essentielle.

Il faut donc que celui qui doit un compte le présente & le mette au Greffe avec toutes les piéces justificatives de chaque article, après qu'il l'aura affirmé par serment pardevant le Juge. Il doit être composé des trois chapitres de recette, de reprise & de dépense: l'oyant peut y fournir tels débats & consentemens qu'il juge à propos, & le rendant de soutenemens, si bon lui semble. Les parties peuvent ensuite transiger & regler chaque article de ces trois chapitres, elles-mêmes, ou par avis de conseil : l'exposé de chaque article doit être suivi de sa décision. L'on fait un calcul des trois chapitres ; l'on accolle la dépense à la reprise, lesquelles, si elles se trouvent exceder, ou être moindres que la recette, forment le reliquat au profit du rendant ou de l'oyant.

FUrent présent Louis ci-devant tuteur d'Etienne fils de Pierre à présent majeur, *ou dûement émancipé par Lettres par lui obtenues en Chancellerie le* d'une part, & ledit Etienne d'autre part ; lesquels voulant prévenir & terminer à l'amiable tous les différends mûs & à mouvoir entre eux au sujet des différens articles employez au compte rendu par ledit Louis audit nom, audit Etienne présenté & affirmé véritable suivant l'Ordonnance par ledit Louis le de l'avis & conseil de parens & amis dudit Etienne après avoir meurement examiné par ledit Etienne toutes les parties employées dans les trois chapitres de recette, de reprise & de dépense dudit compte qui lui a été communiqué, avec les pieces justificatives de chacune d'icelles, sont lesdits Etienne & Louis convenus de ce qui ensuit, sçavoir que le premier article de la recette dudit compte demeurera alloué à la somme de pour le prix de la vente des meubles énoncés en l'inventaire fait après les décès dudit Pierre suivant les procès verbaux rapportés sur ledit article. Le second pour celle de trouvée en argent comptant parmi les effets de ladite succession. Le troisiéme pour celle de à quoi monte le prix des baux des immeubles de la même succession, faits pardevant le sieur Bailli de avec l'intérêt du prix tant desdits meubles & argent monnoyé, à compter dès les six mois après l'acte de création de tutelle, & desdits baux, à compter d'année en année, liquidé à Le quatriéme pour celle de reçue par ledit rendant de Maître débiteur de ladite succession, & l'intérêt, à compter dès le jour de la quittance qui en a été donnée par ledit rendant.

Le premier article de la reprise rayé faute de s'être le rendant opposé en tems & lieu à l'adjudication par decret des biens de Georges débiteur de ladite somme. Le second alloué pour celle de en principal & intérêts. Le troisiéme pour celle de comme dessus : le quatriéme moderé à celle de

Le premier article du chapitre de dépense alloué pour la somme de pour les frais de la tutelle & de l'inventaire, avec l'intérêt dès le jour du payement. Le second moderé à celle de &c. Le troisiéme rayé &c.

Calcul fait de la recette, reprise & dépense dudit compte, la recette s'est trouvée monter à la somme de la reprise à celle de & la dépense à celle de partant la reprise & la dépense doivent à la recette celle de que ledit Louis s'est obligé de payer audit Etienne dans le jour & fête de prochain, à peine d'y être contraint par toutes voyes de Justice, dûës & raisonnables, sous l'hypotheque de tous ses biens meubles & immeubles, moyennant quoi il demeurera quitte & déchargé tant de la tutelle dudit Etienne que de toute autre reddition de compte, au moyen de quoi, se sont lesdits parties mises hors de cour, sans dépens, dommages ni intérêts.

Nota. *Que le tuteur doit compter de l'intérêt du prix des meubles vendus, & de l'argent comptant s'il en a trouvé, dès les premiers six mois après sa décharge, & des autres choses qu'il a touchées, à mesure des payemens qui lui ont été faits, l'on lui accorde ces 6. mois pour placer les deniers de ses mineurs, il peut de même tirer en ligne de compte les intérêts de la reprise, sur tous les articles qui porteront intérêts de leur nature, dès le jour de sa nomination & des autres, à compter du jour qu'il y aura fait condamner les débiteurs. L'on doit aussi lui passer en dépense, tous les frais qu'il justifie avoir déboursés, & les payemens qu'il a faits, à compter du jour du déboursement ou du payement, quand même ils se trouveroient faits avant les six mois ci-dessus marqués.*

Traité au sujet d'un Remboursement de Finance & acquisition d'Offices en commun.

FUrent présens Charles A sieur D demeurant à Paris ruë Paroisse Propriétaire & pourvû de deux Offices de Contrôleurs de l'Econôme sequestre, l'une du Diocèse de & l'autre de créés par l'Edit du mois d'Octobre mil sept cens trois, au moyen des Finances qu'il en a payées aux Parties Casuelles, dont les quittances lui en ont été expédiées le dernier, & sur icelles obtenu les provisions en Chancellerie le aussi dernier : Lequel en vertu de la faculté à lui accordée en ladite qualité de Propriétaire desdits deux Offices par ledit Edit de création d'iceux, de rembourser si bon lui semble les Propriétaires desdits Offices d'Econômes sequestres desdits Diocèses de & de créés par autre Edit du mois de Décembre, mil six cens quatre-vingt-onze, faute par eux d'avoir levé & réuni à leursdits Offices ceux de Controlleurs de l'Econôme sequestre desdits Diocèses, dont ledit sieur D est, comme dit est, pourvû dans le tems & de la maniere portées audit Edit de création susdatté, ce qui a été confirmé par la Déclaration de Sa Majesté du six Mai mil sept cens quatre, & en consequence de joüir des gages, droits, fruits, profits, revenus, émolumens ausdits Offices appartenans, le tout en conformité de ladite Déclaration du Roi ; & désirant joüir dudit bénéfice, il s'est addressé pour y parvenir au sieur Gaspard C Bourgeois de Paris, y demeurant ruë Paroisse Saint à ce présent, à qui il auroit proposé de lui fournir deniers suffisans, pour rembourser lesdits Offices, & les acquerir en commun & par moitié entr'eux, desquels ledit sieur D seroit néanmoins Titulaire, & recevroit ledit sieur C les gages en entier attribués ausdits Offices, à quoi qu'ils se puissent monter, sur & en déduction des intérêts des sommes qu'il fourniroit pour faire lesdits remboursemens ; & que si lesdits gages ne suffisoient pour fournir lesdits intérêts sur le pied du denier vingt, ce qui s'en défaudroit seroit pris par ledit sieur C annuellement & par préférence sur les deniers que produiront les taxations des droits casuels, attribués ausdits Offices ; après quoi il seroit par ledit sieur D prelevé livres par années, aussi sur lesdites taxations & droits casuels, pour en quelque façon l'indemniser des peines & soins qu'il prendra dans l'exercice desdits Offices, & ensuite partageront par moitié entr'eux le surplus desdites taxations & droits casuels que produira l'exercice desdits Offices, tant qu'ils seront Propriétaires d'iceux ; ce qu'ayant été entendu par ledit sieur C qui désirant faciliter lesdits remboursemens & acquisition desdits Offices, a par ces présentes volontairement fourni & délivré audit sieur D en louis d'or d'argent, & monnoye bons & ayant cours, réellement comptant à la vûë des Notaires soussignez, la somme de livres, ainsi qu'icelui sieur D le reconnoît & l'en quitte & décharge, & promet employer icelle somme aux payemens qu'il conviendra faire, tant pour les remboursemens & acquisitions desdits Offices d'Econômes sequestres desdits Diocèses de & de à ceux qui s'en trouveront pourvûs, que des autres payemens qu'il conviendra faire jusqu'à sa reception à iceux, soit pour confirmation d'hérédité, remboursement de frais de receptions, présent de sommes considérables à faire à gens qu'on ne peut nommer, pour faciliter & parvenir ausdits remboursemens & receptions ausdits Offices, qu'autrement, sans que ledit sieur D soit tenu de justifier de l'emploi entier desdits livres, ni de rendre aucun compte d'icelle somme audit sieur C dans lesquelles quittances qu'icelui sieur D retirera des payemens qu'il fera aux Titulaires desdits Offices, du remboursement d'iceux, s'oblige néanmoins de déclarer que les deniers seront provenus, & feront partie de ceux à lui présentement fournis par ledit sieur C pour son privilege & entiere exécution des présentes, les originaux desquelles quittances qui contiendront lesdites déclarations & subrogations, avec les provisions que ledit sieur D obtiendra desdits Offices, & autres piéces ce concernant, il promet mettre ès mains dudit sieur C qui s'en chargera incontinent après lesdites provisions obtenuës pour sûreté de ladite somme présentement fournie, & au plûtard dans à peine de restitution desdits livres, au moyen duquel présent payement ledit sieur C demeurera, comme le consent ledit sieur D Propriétaire incommutable de la moitié desdits Offices, lesquels ledit sieur D ne pourra vendre ni disposer, sans son exprès consentement & présence, pour sur le prix desdits Offices (en cas de vente) être d'abord ledit sieur C remboursé desdits livres présentement par lui payés audit sieur D ou de livres seulement, si avant ce tems ledit sieur D lui avoit remboursé la moitié desdits livres, ce qu'il pourra faire quand bon lui semblera, & à l'égard des autres livres ne pourront être remboursées par ledit sieur D audit sieur C sans le vouloir & consentement exprès dudit sieur C & après, le surplus desdites ventes, si aucun y a, partagé entre lesdits sieurs D & C également & par moitié, jusqu'à laquelle vente recevra ledit sieur C les gages attribués ausdits Offices, tant comme Propriétaire de la moitié d'iceux, qu'à cause de l'avance par lui faite pour ledit sieur D de l'autre moitié, & ce sur les quittances d'icelui sieur D qu'il s'oblige lui fournir aux échéances, ou lui en payer la valeur en sa demeure à Paris ou au porteur, comme aussi lui payer par préférence, comme dit est, des deniers provenans desdites taxations & casuels, comme ledit sieur D s'y oblige par ces présentes, l'excedant de ce qui s'en défaudroit après lesdits gages reçûs jusqu'à concurrence de livres par année, que lui doit produire l'intérêt desdits livres par lui ci-dessus payés, & ce annuellement dans les tems & lors du payement desdits gages, & au cas que ledit sieur D remboursât ledit sieur C de la moitié desdits livres, du jour dudit remboursement, lesdits livres d'intérêts desdits livres leur appartiendront en commun & par moitié, & quant au surplus desdites taxations & casuels que produiront lesdits Offices, sera partagé également & par moitié entr'eux, lesdits livres par année dudit sieur D préalablement pris, comme il est ci-devant dit, les frais de regie & autres déduits & également supportés, pour à quoi parvenir sera par ledit sieur D tenu un Registre de ce qu'il recevra, dont les feuillets seront cottés & paraphés par ledit sieur C & en cas de décès, de l'un desdits sieurs D & C le présent Traité sera exécuté entre leurs enfans & héritiers, & aura le survivant par préférence à tous autres pour l'acquisition de la moitié du décedé, & à l'exécution de tout le contenu en ces présentes, pour raison de quoi ont les parties obligé & hypothequé tous leurs biens, meubles & immeubles, présens & avenir, & ont élû leurs domiciles en leurs susdites demeures: Ausquels lieux, &c. nonobstant, &c. promettant, &c. obligeant chacun en droit soi, &c. renonçant, &c. Fait & passé à Paris en l'Etude de L l'un desdits Notaires soussignez, l'an mil le jour d a midi. Et ont signé.

Tiercement.

AUjourd'hui est comparu devant les Notaires soussignez sieur Jean à l'effet d'encherir & tiercer, sur les dernieres encheres faites en consequence des publications & appositions d'affiches, ci-devant faites pour la vente de la Terre, Fief & Seigneurie de sur quoi il a requis les Notaires soussignez, de lui faire lecture de la déliberation du jour d'hier, portant la derniére enchere faite par A de la somme de livres, dont l'adjudication lui en avoit été faite en ladite Assemblée, définitivement, aux charges & conditions portées en ladite déliberation; de laquelle ledit comparant a dit avoir connoissance, & en conséquence a sur la derniere enchere ci-dessus encheri ladite Terre & Seigneurie de à la somme de livres, aux mêmes charges & conditions portées par ladite adjudication définitive, de laquelle & du tiercement ci-dessus, il a requis & demandé le présent Acte, afin d'être signifié dans les vingt-quatre heures, à Meſſieurs les Directeurs ou autres qu'il appartiendra, ce qui lui a été octroyé. A Paris ce &c.

Du Titre nouvel.

Le titre nouvel eſt un Acte par lequel celui qui nouvellement doit une rente conſtituée par un autre, s'oblige à la payer, parce que celui qui la devoit auparavant étant décedé, ou bien ayant vendu quelque héritage obligé à ladite rente, le créancier d'icelle n'a point d'action parée contre l'héritier du défunt acquéreur dudit héritage, s'il ne le fait condamner, ou qu'il ait ledit Titre nouvel.

Quand ce nouveau débiteur le devient comme héritier pur & ſimple de l'ancien, il oblige par ce titre nouvel, non-ſeulement les biens du défunt, mais encore les ſiens propres; & quand il n'eſt qu'héritier bénéficiaire, il n'oblige que les biens de la ſucceſſion.

Ce titre nouvel ne change pas l'ancienne hypothéque ſur les biens des précedens débiteurs; mais le créancier n'a hypothéque ſur ceux du nouveau débiteur que du jour dudit Titre nouvel, ou de la Sentence qui le condamne à le paſſer.

Mais quand le nouveau débiteur le devient par l'acquiſition qu'il a faite d'un héritage obligé à la rente, il n'eſt pas tenu d'y obliger ſes autres biens; mais ſeulement de payer & continuer la rente tant & ſi longuement qu'il ſera détenteur & propriétaire dudit héritage, partie ou portion d'icelui; ceci arrive ordinairement aux rentes foncieres & Seigneuriales.

Il faut néanmoins excepter de cette regle les rentes de bail d'héritage, lorſque ledit héritage a été vendu, non-ſeulement à la charge de la rente, mais encore d'acquitter le preneur originaire dudit héritage des autres charges du bail à rente, entre leſquelles eſt ordinairement l'obligation des autres biens dudit preneur, à fournir & faire valoir: ladite clauſe eſt ſi eſſentielle & néceſſaire, que ſans icelle, comme il eſt expreſſement porté par les 100. & 109. *art. de la Coûtume de Paris*, le preneur ſe pourroit liberer de la rente en rendant ledit héritage en bon état, ou avec quelque nouvel amandement ou amélioration; c'eſt pourquoi le nouvel acquéreur eſt tenu ſur tous ſes biens du payement de ladite rente, & d'acquitter toutes les charges dudit bail.

Il

Il eſt à obſerver que d'une rente conſtituée à prix d'argent, on ne peut, ſelon l'Ordonnance, demander plus de cinq années d'arrérages, s'il n'y a des commandemens ou pourſuites faites en Juſtice à ce ſujet, leſquelles il faut renouveller de cinq en cinq ans pour interrompre la preſcription; mais des autres rentes l'on peut demander vingt-neuf années, parce que les arrérages ne s'en preſcrivent que par trente ans, qui eſt le tems par lequel ſe preſcrivent les actions mobiliaires, promeſſes & obligations.

Si pluſieurs héritiers doivent une même rente, ils ſont tenus & obligez d'en paſſer titre nouvel chacun pour telle part & portion qu'il eſt héritier, & hypothéquairement pour le tout; & quand l'un deſdits héritiers rachete la rente, il a ſon recours contre ſes cohéritiers pour leur part.

Ç'a été une difficulté de ſçavoir quand pluſieurs perſonnes ſe ſont obligées ſolidairement à une rente ou à une ſomme pour une fois, & que l'un d'eux la paye entiérement, s'il a recours contre les autres débiteurs ſolidairement ſa part déduite, ou s'ils n'en ſont tenus que pour leurs parts & portions. Jugé qu'il ne les peut pourſuivre que chacun pour ſa part & portion, ſi ce n'eſt qu'il ait expreſſément pris ceſſion des droits & actions du créancier originaire; auquel cas il peut pourſuivre les autres ſolidairement, contribuant lui-même pour la même raiſon, à la part de ceux qui ſont inſolvables.

Titre nouvel d'une rente.

FUt préſent Anne M Ecuyer Seigneur de demeurant ruë Paroiſſe Saint fils aîné de défunt M Meſſire Pierre M Ecuyer de Sa lequel a reconnu & confeſſé que par Contrat paſſé pardevant O & ſon Confrere Notaires, le mil ledit défunt ſieur M ſon pere & Dame Michelle D Veuve de ſieur Jean P Pourvoyeur ordinaire de la Maiſon du Roi, dont il eſt Légataire univerſel, ont volontairement & ſolidairement avec lui créé & conſtitué à feue Damoiſelle Geneviéve le S Veuve de noble homme René N & à Jacques Z ci-devant Secretaire du Roi, cinq cens livres de rente, deſquels cinq cens livres de rente en a été racheté quatre cens livres de rente, par quittance paſſée pardevant ledit O & ſon Confrere Notaires, le mil par laquelle il paroît qu'il reſtoit dû livres d'arrérages échues de ladite rente, au jour d'icelle quittance, ainſi il ne reſte plus deſdits cinq cens livres de rente que cent livres, qui appartiennent à présent ; sçavoir livres de rente à Maître Simon de L comme lui ayant entr'autres choses été données par le partage fait des biens de ladite feue Damoiselle N sa belle-mere, pour les causes portées en icelui, passé pardevant L l'un des Notaires soussignez & son Confrere aussi Notaire, le mil & les autres livres de rente à Damoiselle Marie Geneviéve Z fille majeure, comme lui ayant été cedée & transportée par Baltazard Z son frere, par Acte passé pardevant C & son Confrere Notaires, le mil auquel sieur Baltazard Z ils étoient échus par le partage fait des biens dudit défunt Jacques Z son pere, pardevant ledit C & son Collegue Notaires, le même jour & qu'il est dû à chacun desdits sieur D & Damoiselle Z la somme de livres pour années mois à compter depuis le mil jusqu'au & encore à chacun d'eux livres, qui est chacun moitié desdites livres qui restoient dûs d'arrérages précedans, comme il paroît par la quittance susdattée, lesdits arrérages à eux dûs comme il paroît par ledit partage susdatté : à ces causes promet & s'oblige ledit sieur D de payer, & dorénavant continuer ausdits sieur D & Damoiselle Z & à chacun d'eux lesdites livres de rente faisant ensemble lesdites livres de rente restante desdits cinq cens livres, & ce en leurs demeures à Paris ou au porteur, &c. par chacun an, aux quatre quartiers accoutumés également, le premier desquels écherra pour portion de tems au dernier à compter dudit jour mil & ainsi continuer, &c. comme aussi s'obligent de leur bailler & payer à chacun d'eux en leurs demeures à Paris ou au porteur, à leur volonté & premiere requête, la somme de livres, faisant ensemble livres à eux dûs pour lesdits arrérages échus, comme il est ci-dessus dit, & ce sous l'obligation & hypotheque des biens obligés par ledit Contrat de création, & de tous & chacuns ses autres biens, meubles & immeubles présens & avenir, qu'il en a aussi obligés & hypothequés, une obligation ne derogeant à l'autre, à l'hypotheque duquel Contrat n'est à cet effet dérogé ni innové, ce qui a été accepté par lesdits sieur D & Damoiselle Z pour ce présens & comparans demeurans, sçavoir ledit sieur D ruë Paroisse Saint & ladite Damoiselle Z ruë Paroisse Saint sans par eux déroger à leursdits droits & actions, hypotheque & solidité, & sauf par eux à tenir compte sur lesdits arrérages de ceux qui pourroient se trouver avoir été reçus, ce qui se justifiera par quittances, si aucunes ledit sieur D rapporte, car ainsi & pour l'exécution des présentes & dépendances ledit sieur D a élû son domicile en sa susdite demeure, auquel lieu, &c. nonobstant, &c. promettant, &c. obligeant, &c. renonçant, &c. Fait & passé à Paris ès Etudes, &c. l'an mil le jour d a midi. Et ont signé.

Titre nouvel d'une rente de Bail d'héritage.

FUt présent Claude G Vigneron au Village de V y demeurant ordinairement, étant ce jourd'hui à Paris; lequel a reconnu & confessé qu'il est détempteur, propriétaire & joüissant de quartiers de Vignes en piéces, scis au terroir d au lieu de la premiere piéce contenant tenant d'une part à d'autre à d'un bout par haut à d'autre par bas à (*& ainsi des autres, & puis on dit*) lesdites piéces ainsi qu'elles se poursuivent & comportent, étant en la censive de Messieurs les vénérables Réligieux de l'Abbaye Saint Seigneurs de & V chargées vers eux de deniers de cens pour arpent, & de sols de composition aussi pour arpent, & encore chargées envers les Dames de de deniers de redevances aussi pour arpent, pour tout, & sans autres charges ni hypotheques quelconques, & que sur lesdits héritages, il reconnoît & sçait de vrai que Nicolas D Jardinier, & Denise G sa femme, comme étant aux droits de Jeanne L veuve Cǒme G vivant Vigneron, absens, les Notaires soussignez, stipulans & acceptans pour eux, autant que faire le peuvent, ont droit de prendre, reçevoir & percevoir par chacun an, au jour & fête de saint la somme de livres, de rente annuelle & perpétuelle de bail des héritages ci-devant déclarés, & de nouvelle charge premiere & privilegiée après ledit cens, à la charge de laquelle rente icelui reconnoissant auroit pris de ladite veuve G lesdits héritages par contrat de bail à rente, passé pardevant M Greffier Tabellion audit V présens témoins, le premier d mil partant ledit reconnoissant comme possesseur des susdits quartiers de Vignes, ainsi qu'il est plus au long spécifié par le contrat susdatté, & encore en son nom a promis & promet de bailler & payer lesdits livres de rente ausdits D & sa femme en leur maison scise audit B Paroisse d ou au porteur, &c. par chacun an audit jour de saint dont la premiere année de payement échéra au jour de saint de l'année prochaine mil & ainsi continuer d'année en année audit jour & an, sur lesdits héritages qui sont & demeurent toujours par privilege & préférence chargez, affectez, & hypothequez, à garantir, fournir & faire valoir ladite rente (par chacun an comme dit est) bonne, solvable & bien payable à toujours, & généralement sur tous & chacuns les autres biens meubles & immeubles, présens & à venir dudit reconnoissant, qu'il en a aussi chargez, obligez, affectez, & hypothequez, tant & si longuement qu'il sera détempteur desdits héritages, & sans que les obligations générale & spéciale ci-dessus stipulées, dérogent l'une à l'autre, & sans préjudice des arrérages de ladite rente si, aucuns sont dus, & pour l'exécution des présentes ledit comparánt a élû son domicile en sa demeure sus designée, auquel lieu, &c. nonobstant, &c. promettant, &c. obligeant, &c. renonçant, &c. Fait & passé à Paris en l'Etude de P l'un des Notaires souſſignez, l'an mil le jour d a midi, & a ſigné.

Titre nouvel d'un Bail à rente.

FUt préſente Marie J fille majeure, uſante & jouiſſante de ſes biens & droits, demeurante à R étant de préſent à Paris, pour l'effet ci-après, au nom & comme héritiere en partie de défunts Touſſaint F & Marie B ſes pere & mere; laquelle audit nom a reconnuë & confeſſée qu'elle eſt détemptrice, propriétaire, poſſeſſeure & jouiſſante d'un eſpace & demi de maiſon mannable couverte de chaume, appliquée en une cuiſine par bas, petite antichambre & grenier au-deſſus, ledit eſpace & demi de fond en comble aſſis audit R au grand carrefour dudit lieu, appartenante ci-devant à Germain H en laquelle cuiſine il y a un four, ledit eſpace & demi tenant d'une part à Jean D à cauſe de ſa femme, faiſant goutte & égout, tour d'échelle & droit de vûë, d'autre part faiſant goutte & égout ſur la cour commune dudit lieu, d'un bout faiſant pignon audit D qui eſt commun & mitoyen, & d'autre bout faiſant auſſi pignon ſur ladite grande ruë & carrefour dudit R.

Item d'une étable contenant un eſpace ou environ, joignant ladite maiſon auſſi couverte de chaume, tenant d'une part à ladite grande ruë, faiſant goutte & égout, d'autre part ſur ladite cour commune, d'un bout à la goutte de ladite maiſon, & d'autre bout aux hoirs d'Etienne M à cauſe d'un autre eſpace d'étable qui leur appartient; le pignon d'entre deux auſſi commun & mitoyen.

Item d'un petit toit à porc & apanti couvert de thuilles, joignant tant à ladite maiſon qu'étable ci-deſſus, ainſi qu'il ſe comporte.

Item du droit de Communauté en la cour dudit lieu, & paſſage par la grande porte & principale entrée dudit lieu.

Item d'un quartier & demi de Terre ſciſe au terroir dudit R au lieu dit G tenant d'une part à Meſſieurs de Sainte d'autre part aux héritiers Guillaume M d'un bout à Monſieur de M & d'autre bout à la voye d ladite maiſon & lieux ci-deſſus par leſdits défunts Touſſaint F & Marie B ſa femme, pere & mere de ladite reconnoiſſante, pris à rente, avec une grande planche de Jardin, ci-devant dépendante d'icelle maiſon, de défunt Jean G vivant Tailleur d'habits, moyennant entr'autres choſes livres de rente par an, rachetable de la ſomme de livres, comme porte le contrat de ladite priſe à rente en datte du jour d mil paſſé ſous le ſcel & pardevant le Tabellion de la Prevôté de V ladite grande planche de Jardin baillée en contre échange dudit quartier & demi de Terre ci-deſſus par leſdits défunts F & ſa femme, ainſi que ladite reconnoiſſante a dit: Et que ſur ladite maiſon, lieu & demi quartier de Terre ci-devant déclarés, ladite reconnoiſſante ſçait que Dame Marie A Veuve de défunt ſieur D Ecuyer Seigneur de S vivant Capitaine aux Gardes-Suisses de Sa Majesté, demeurante à A & les enfans & héritiers dudit défunt sieur D comme icelui sieur D & ladite Dame Marie A jadis sa femme, ayant droit par transport de Claude G & Marie L sa femme, passé sous le scel de ladite Prevôté de V le d mil ledit Claude G fils & seul héritier dudit défunt Jean G ont droit de prendre, recevoir & percevoir par chacun an le jour & fête de la somme de livres de rente, faisant partie desdites livres, & partant icelle reconnoissante audit nom, promet & s'oblige payer & continuer lesdites livres de rente à ladite Dame veuve & héritiere dudit sieur D ou au porteur des présentes pour eux, par chacun an ledit jour & fête de dont la premiere année de payement commencera à échéoir audit jour de l'année prochain mil & de là en avant continuer le payement d'icelle rente, tant en & sur ladite maison, lieu & quartier & demi de Terre sus-déclarés, qui en sont & demeurent toujours spécialement & par préference, chargez, obligez & hypothequez à garantir, fournir & faire valoir ladite rente de livres, bonne, solvable & bien payable par chacun an, comme dit est, à toujours, & généralement sur tous & chacun les autres biens, meubles & immeubles présens & avenir de ladite reconnoissante, qu'elle en a aussi par ces présentes, chargez, affectez, obligez & hypothequez, pour payer & continuer ladite rente, sans que lesdites obligations générale & spéciale dérogent l'une à l'autre, ni rien innover ni préjudicier aux hypotheques, d'icelui contrat de bail à rente, promettant, &c. obligeant, &c. renonçant, &c. Fait & passé à Paris en l'Etude de P l'un des Notaires soussignez, l'an mil le jour d a midi, & a signé.

Titre nouvel passé par le Procureur de plusieurs héritiers.

FUt présent Maître Guillaume demeurant au nom & comme Procureur de Jacques, Louis, Nicolas, Catherine & Jeanne enfans & seuls héritiers de défunt Claude fondé de procuration passée pardevant *tels* Notaires le *tel jour*, spéciale pour l'effet qui ensuit, ainsi qu'il a fait apparoir aux Notaires soussignez, par l'original de ladite procuration ci-attachée. Lequel audit nom a reconnu & confessé que lesdit *tels & tels*, comme héritiers susdits, sont à présent débiteurs envers Georges héritiers de Louis de livres de rente, rachetable de la somme de livres, que ledit feu Claude auroit vendus & constitués audit Louis par contrat passé pardevant *tels* Notaires le *tel jour*, à prendre spécialement sur la maison de l'image & jardin derriere, situés à Paris rue étant de la succession dudit défunt, & généralement sur tous les autres biens d'icelui défunt. De laquelle maison & autres biens délaissés par ledit défunt, les sus-nommés, comme héritiers susdits, sont à présent détempteurs & propriétaires: & en conséquence ledit Guillaume audit nom, promet & s'oblige par ces présentes envers ledit sieur George absent, les Notaires soussignez stipulans & ce acceptans pour lui, en tant que faire le peuvent, de lui bailler, payer & continuer lesdits livres de rente par chacun an ausdits quatre quartiers à Paris accoûtumés également, dont le premier quartier échéra au dernier jour de Décembre prochain venant, & delà en avant continuer le payement de ladite rente de quartier en quartier après en suivant, tant & si longuement qu'elle sera dûe, à prendre spécialement comme dit est, sur la susdite maison de l'image & généralement sur tous & chacun les autres biens meubles & immeubles de ladite succession dudit sieur Claude affectés & obligés par ledit contrat de constitution : Et encore sur tous & chacun les autres biens meubles & immeubles présens & à venir desdits héritiers dudit feu Claude que ledit Guillaume en vertu de sadite procuration, a aussi dès à présent chargez, affectez, obligez, & hypothequez par cesdites présentes, à garantir, fournir & faire valoir ladite rente, bonne, solvable & bien payable par chacun an ausdits quatre quartiers à toujours, sans aucune diminution, nonobstant toutes choses à ce contraires, & sans que lesdites obligations spéciale & générale dérogent l'une à l'autre : Et aussi sans déroger, innover, ni préjudicier audit contrat de constitution de ladite rente, ni à ses hypotheques du jour & date d'icelui, & pour l'exécution des présentes, &c. *Election de domicile*, &c.

DES TESTAMENS.

LE Testament est un Acte fait par un particulier, où il explique ce qu'il veut être fait de ses biens après sa mort. Il peut le faire lui seul en écrivant tout son Testament de sa propre main, & le signant de son seing ordinaire, ou pardevant deux Notaires, ou un Notaire & deux Témoins, ou pardevant le Curé de la Paroisse où il se trouve, dans les Pays de Coûtume qui le permet. L'on appelle le premier olographe.

L'on a déja dit que cet acte peut être revoqué par le Testateur jusqu'à son dernier soupir, soit par un acte revocatoire, soit par un Testament postérieur.

La loi des douze tables chez les Romains donnoit à tout le monde une liberté indéfinie de disposer de ses biens par testament. *Pater familias uti super re suâ, tutelave rei suæ legasset, ita jus esto* : ils en remarquerent bientôt l'injustice, parce qu'elle alloit à ruiner les familles : ils la restraignirent, en ne laissant la liberté de tester qu'aux puberes, en prescrivant un grand nombre de formalitez nécessaires pour tester, en défendant de le faire au profit de certaines personnes, & en reservant la *Falcidie*, & la *Trebellianique* aux héritiers.

Nos Coûtumes paroissent être d'abord entrées dans cet esprit : elles ont fixé, quoique diversement, l'âge de tester, les personnes en faveur de qui l'on pouvoit le faire, la portion de ses biens dont il est permis de disposer, & les formules qu'elles veulent que l'on observe dans les Testamens, sans quoi ils ne peuvent subsister : lorsqu'il s'y trouve des dispositions qui excedent ce qu'il est permis de leguer, le Testament n'est pas nul pour cela : l'on se contente de le réduire sur le pied de la Coûtume; mais le défaut des formalitez requises rend le Testament nul, & ne peut être suppléé en maniere quelconque. La question a été ainsi décidée par divers Arrêts. L'on doit y suivre la Coûtume du lieu où il est passé, & non pas celle du domicile du Testateur, ou de la situation de ses biens, pour les formalitez seulement: les dispositions se reglent par celles dont on vient de parler.

Le Testament doit être écrit en son entier en caracteres ordinaires, sans aucun chiffre, à cause de la facilité qu'il y a à s'y tromper & à les altérer : il doit être signé du Notaire & des Témoins, avant que le Testateur ait rendu l'ame : s'il étoit prouvé qu'il ne l'a été qu'après, il seroit déclaré nul. Il doit contenir une datte certaine, suivant l'Ordonnance de Blois, art. 168.

Chaque Coûtume a ses dispositions particulieres pour la forme des Testamens, que l'on est obligé de suivre à peine de nullité, à moins qu'il n'y ait été derogé suivant l'Ordonnance du mois d'Août 1735. ci-après au Recueil des Piéces.

La Coûtume de Paris, par exemple, veut art. 289. qu'il soit exprimé *qu'il a été dicté & nommé par le Testateur, & qu'il lui a été lû & relû.* L'omission seule de l'un de ces termes, étoit capable de faire déclarer un Testament nul : ils ne pouvoient être suppléés par des termes équipolens ; mais la nécessité de se servir précisément de ces termes a été temperée par l'article 23. de l'Ordonnance de 1735. qui veut qu'une mention expresse de la lecture soit suffisante.

Dans les Pays qui se régissent par le droit écrit, les Testamens doivent être faits dans les Villes en présence de sept Témoins mâles & puberes : dans les petits lieux il suffit qu'il y en ait cinq qui ayent été appellez. Leur principale formalité est l'institution d'un héritier qui ne doit jamais y manquer ; au lieu que dans les Pays de Coûtume, elle n'est pas nécessaire pour la validité du Testament.

Nul Notaire, soit Royal, soit subalterne, ne peut recevoir de Testament hors de son ressort ; jusques-là que le Notaire subalterne ne sçauroit en recevoir que de ceux qui y sont domiciliez. L'on fait même attention à la forme qu'a choisi le Testateur, dans laquelle s'il s'est trompé, son Testament devient nul, quand il se trouveroit fait dans une autre forme à laquelle il ne manqueroit rien, tant les Testamens sont peu favorables en France, où l'on s'est toujours plus attaché à conserver les biens dans les familles, qu'à contenter les fantaisies souvent peu raisonnables des mourans.

Comme le droit de Tabellionage est domanial, & qu'il appartient au Seigneur qui peut le vendre & le donner à ferme à qui il lui plaît de commettre pour l'exercer dans sa Jutisdiction, dès que le Commis a fait le serment devant le Juge, il peut recevoir des Testamens tout de même qu'un Notaire, quoique la Coûtume du lieu n'en parle point.

Il n'y a plus de difficulté à l'égard des Notaires qui prennent le nom d'Apostoliques, qu'ils ne puissent recevoir des Testamens, depuis que par un Edit de Louis XIV. du mois de Décembre 1691. ils ont été érigez en Notaires Royaux. Sa Majesté, en leur donnant des provisions, a pû les habiliter à passer toutes sortes d'actes pour des personnes & pour des affaires purement séculieres. L'on en voit encore où nos Notaires se qualifioient *autoritate Apostolicâ & Imperiali Notarius*, faits au quatorziéme siécle, tant ceux à qui nos Rois faisoient l'honneur de confier leur autorité, avoient soin de la conserver. C'est de-là qu'est venu l'établissement des Notaires Apostoliques. Les Impériaux n'ont pas aussi long-tems subsisté parmi nous, parce que l'Empereur y a eu peu de partisans, & que l'on a fait enfin attention à un usage aussi contraire à l'autorité du Roi.

Ceux qui font des Testamens olographes, après les avoir écrits & signez de leurs mains & paraphez au bas de chaque page, ont soin de les couvrir d'une enveloppe bien cachetée, & de les déposer entre les mains d'un de leurs amis, d'un Notaire, ou autre personne publique, & d'en faire un acte de dépôt pour en empêcher la suppression, qui est toujours à craindre quand ces actes tombent entre les mains des héritiers.

Cette forme de Testament est reçuë dans toutes nos Coûtumes ; même dans la plûpart des Pays de droit écrit : elle est même moins soupçonnée de suggestion, parce ces Testamens se se font d'ordinaire en pleine santé & dans le serieux de la réfléxion. Leurs dispositions sont à la vérité réductibles aux termes des Coûtumes ; mais ils ne sont point astraints aux formalitez des autres Testamens.

Il est permis à toutes sortes de personnes, saines ou malades, de tester, pourvû qu'elles ayent l'âge requis par les Coûtumes. Si celle où l'on se trouve ne la regle point, l'on s'en remet à la plus voisine.

Ceux qui sont en démence, ou qui ont fait profession d'une Regle reçuë dans l'Eglise, & par l'émission des trois vœux en sont exclus, à moins qu'ils n'ayent réclamé, & qu'ils n'ayent été restituez contre leur Profession ; ceux qui sont morts civilement par condamnation en sont aussi exclus.

Les Testamens qui se font en Pays coûtumier, n'ont pas besoin d'institution d'héritier pour être valables ; aussi ne sont-ce que des codiciles qui ne contiennent que des legs, ou universels dans les Coûtumes qui le permettent, ou particuliers dans toutes les autres. Les légataires ne sont pas saisis de droit de leurs legs ; ils doivent les prendre par les mains de l'héritier : ils peuvent être chargez de les remettre à d'autres par un *fideicommis*, soit en tout, soit en partie.

L'on peut léguer à toutes sortes de personnes, pourvû qu'elles ne soient pas prohibées, même à des Communautez établies par des Lettres Patentes, sans lesquelles elles ne sont pas capables de legs, comme il a été jugé en faveur des Filles de l'Adoration perpétuelle du Saint-Sacrement de la ruë Cassette, ausquelles l'Arrêt rendu sur les Conclusions de Monsieur l'Avocat Général Talon, n'adjugea un legs considérable qui leur avoit été fait par Monsieur Foulé Doyen de la Cathédrale d'Orléans, qu'à la charge d'obtenir des Lettres Patentes dans trois mois.

Les legs faits aux Médecins & aux Chirurgiens peuvent souffrir de la difficulté, quand ils contiennent des sommes si considérables qu'elles excedent les services que le Testateur pourroit en avoir reçus par rapport à son état.

Il n'est permis de léguer, ni au Curé, Vicaire, ou Notaire, qui reçoit le testament, ni aux Témoins qui y assistent, ni aux Etrangers, quoique les deux premiers puissent recevoir un legs fait au profit de leur Eglise, ni aux Tuteurs ou Curateurs, s'ils n'ont rendu leurs comptes, non plus qu'à leurs enfans, ni aux

Pedagogues, ou Adminiſtrateurs, ni à ceux qui reçoivent l'habit dans un Couvent, ou Monaſtere où ils ſont reçus, ni aux bâtards inceſtueux, ou adulterins, ou enfans de Prêtres, ni à leur enfans quoique légitimes, ſi ce n'eſt par forme d'alimens, ou d'une ſomme modique; ni enfin à ceux qui ſont morts civilement, ou condamnez aux galeres perpétuelles, ou au banniſſement perpétuel hors du Royaume.

A l'égard des perſonnes mariées, le droit écrit, & quelques-unes de nos Coûtumes leur permettent de ſe faire l'une à l'autre des donations par Teſtament, pendant que celle de Paris, & quelques autres le défendent: mais les Arrêts ont jugé que le mari pouvoit leguer au frere de ſa femme, & la femme au frere de ſon mari, même qu'un mari avoit pû teſter en faveur de la mere de ſa femme, quoique cette femme eût depuis recueïlli la ſucceſſion de cette mere.

Quelques Coûtumes comme celle de Paris, défendent de rien léguer à ſon héritier : elles regardent cette qualité comme incompatible avec celle de légataire; d'autres le permettent, & n'admettent point cette incompatibilité.

Elles ſont encore fort differentes pour la quantité & la qualité des biens dont elles permettent de diſpoſer. L'on ne peut ſe diſpenſer de les ſuivre à la rigueur: ſi le Teſtateur a légué quelque choſe qu'il ne lui étoit pas permis de léguer, ou qu'il ait excedé le pouvoir qui lui étoit donné par la Coûtume, le Juge ſçaura bien le reſtraindre *ad legitimum modum.*

Les codiciles ſont bien moins en uſage dans les Pays de Coûtume, où les Teſtamens ne ſont que de véritables codiciles, que dans le pays de droit écrit où ils ne déſirent pas tant de formalitez que les Teſtamens. C'eſt un acte par lequel le Teſtateur explique, ou change en tout ou en partie ſes diſpoſitions, par la ſeule raiſon qu'il a changé de volonté : il a ſoin de le joindre, ou de le faire joindre au Teſtament, afin que ſes héritiers ſoient pleinement informez de ſa volonté après ſa mort.

Lorſqu'en Pays de droit écrit l'on craint qu'il ne manque quelque formalité au Teſtament, l'on a ſoin d'y inſerer la clauſe codicillaire: *Veut & entend ledit Teſtateur, que ſi ſon préſent Teſtament ne peut valoir comme Teſtament, pour quelque défaut de ſolemnité, ou autrement, que la préſente diſpoſition vaille comme codicile.* Cette clauſe ne ſe ſupplée point; au cas qu'il s'y en trouve, il eſt déclaré nul.

Un Testament solemnel ne se révoque en ce Pays-là que par un autre solemnel, & dans le Pays coûtumier, par un autre Testament fait en bonne forme, quand le premier n'y seroit pas rappellé : il suffit que le second contienne des dispositions contraires: si le dernier est biffé, laceré, ou déclaré nul, le premier reprend sa force.

L'on peut en certains cas exhereder par un Testament, ses héritiers présomptifs, s'ils l'ont merité : l'on est obligé d'en dire les causes en des termes où il ne paroisse ni ressentiment, ni animosité contre l'exheredé. C'est par-là que fut cassé celui de M. le Camus, Lieutenant Civil à Paris.

La clause dérogatoire paroît bien inutile, pouvant être suggerée par celui qui s'est emparé de l'esprit du Testateur, & ne lui avoir été inspirée que pour mieux s'assurer l'effet de la suggestion contre celle de quelque autre qui pouvoit en faire autant : le défaut de mémoire de cette clause dans l'esprit du Testateur, n'est pas une bonne marque de sa solidité : & maintenant telle clause seroit d'autant plus inutile, que l'usage en a été absolument proscrit & abrogé par l'art. 76. de l'Ordonnance du mois d'Août 1735. ci-après au Recuëil des Piéces.

Testament fait par un grand Seigneur.

PArdevant les Notaires fut présent très-haut, très-excellent très-puissant Prince Monseigneur Jean Duc de étant maintenant en cette Ville de Paris en son Hôtel rue gisant au lit malade de la mousquetade qu'il a reçue (*en tel endroit de son corps*) combattant pour le service du Roi en *telle bataille*, sain toutefois d'esprit, mémoire & entendement, ayant bon & ferme propos, ainsi qu'il est apparu ausdits Notaires par l'inspection de sa personne, paroles, gestes, maintien & autres actions extérieures, accompagnées de raisons & bon jugement : lequel considérant que toute la nature humaine est sujette à la mort ; qu'en ce monde il n'y a rien de plus incertain que l'heure d'icelle, ne voulant en être prévenu avant que d'avoir pourvû au salut de son ame, & disposé de ses affaires temporelles: A ces causes mondit Seigneur Duc de a fait, dicté & nommé de mot à mot ausdits Notaires son testament & ordonnance de derniere volonté : Au nom du Pere, du Fils & du saint Esprit, comme il ensuit.

Premierement ledit Seigneur testateur a déclaré qu'il veut vivre & mourir sous l'autorité de notre saint Pere le Pape en la Religion Catholique, Apostolique & Romaine, puis après s'être muni du signe de la Croix, a recommandé & recommande son ame à Dieu le Créateur, le suppliant très-humblement par les mérites infinis de la Mort & Passion de notre Sauveur & Redempteur Jesus-Christ son Fils unique, de lui pardonner ses offenses &

pechés, iceux ensevelir dans son précieux Sang, le secourir & aider en sa présente indisposition & maladie, lui donner la patience de la supporter : Et quand sa sainte volonté sera de l'appeller de ce monde mortel, le vouloir mettre avec les bienheureux dans son Royaume Céleste, invoquant à ces fins les prieres & intercessions de la glorieuse & sacrée Vierge Marie sa digne Me e, de Saint Michel Archange, de Saint Jean l'Apôtre & Evangeliste son Patron, & de tous les Saints & Saintes de Paradis.

Aussi ledit Seigneur testateur prie tous ceux qu'il a offensé de lui pardonner, comme il pardonne de bon cœur à tous ceux qui l'ont offensé.

Veut & entend ledit Seigneur testateur ses dettes être payées, & que les torts qui se trouveront être par lui faits, qu'ils soient entierement réparés & amendés par son exécuteur du présent testament.

Item, veut qu'après son décès son cœur soit mis dans un cœur d'argent du poids de quatre marcs, puis porté dans l'Eglise de   entre les mains des RR. PP.   pour être par eux déposé & placé dans la Chapelle de S. François, que ledit Seigneur testateur a fondée dans ladite Eglise au lieu le plus commode d'icelle qu'il sera avisé entr'eux & sondit exécuteur testamentaire, pour y demeurer à perpétuité, en considération de la dévotion particuliere qu'il a à ladite Eglise, & de la vénération qu'il a pour lesdits Religieux, à cause de la piété & dévotion que de tout tems il a reconnu en eux. Et afin de participer par ledit Seigneur testateur aux prieres qui se font journellement en ladite Eglise, icelui Seigneur testateur donne, légue & laisse audit Couvent la somme de   livres une fois payée, pour être employée par lesdits Religieux au profit d'icelui Couvent par l'avis dudit exécuteur testamentaire en acquisition d'héritages, ou rentes sur particuliers à Paris, dont le revenu sera destiné, tant à l'entretien du luminaire d'une lampe qui demeurera allumée nuit & jour aussi à perpétuité, proche & audevant de l'Autel de ladite Chapelle saint François, à l'honneur & gloire de Dieu, qu'à faire dire, chanter, célebrer à perpétuité par chacune année, à pareil jour que celui de son décès un Service complet pour le repos de l'ame dudit Seigneur testateur, de ses défunts pere & mere, & de ses autres parens & amis trépassés, de quoi sera fait mention dans le Martyrologe de ladite Eglise & Couvent, & passé contrat de fondation entre lesdits Religieux, en la maniere accoutumée, & ledit exécuteur testamentaire le plutôt que faire se pourra : Et sera ladite lampe d'argent blanc ciselé, du poids de douze marcs, & achetée aux dépens de la succession dudit Seigneur testateur; en laquelle Chapelle S. François ledit Seigneur testateur veut aussi être dit un annuel pour le repos de son ame.

Item, ordonne ledit Seigneur testateur que le jour de son décès, si faire se peut, sinon le lendemain, soit dit & célebré dans la chambre où il décedera, soixante Messe basses de *Requiem*, son corps présent, pour le repos de son ame, & qu'à cette fin y soient dressés autant d'Autels qui seront nécessaires en la maniere accoutumée.

Item, veut & ordonne que ledit jour de son décès, ou le lendemain, comme dit est, il soit dit & célebré six-vingt Messes basses de *Requiem* en chacune Eglise de *tels* & *tels Couvens* aussi pour le repos de l'ame dudit Seigneur testateur.

Item, veut & ordonne que six semaines après son décès son corps soit porté dans la Ville de sur un char couvert d'une housse de satin noir, armoiriée des armes de mondit Seigneur testateur, accompagné de quatre Ecclésiastiques, & de cinquante domestiques, y compris le Capitaine de ses Gardes, & deux de ses Aumôniers; que douze Pages & douze Valets de pied portent chacun un flambeau de cire blanche, sans autre pompe ni cérémonie, pour être inhumé dans le tombeau de ses ancêtres en ladite Ville de où ledit Seigneur testateur élit sa sepulture. Et cependant que sondit corps soit déposé dans ladite Chapelle S. François en ladite Eglise de où il sera dressé une Chapelle ardente, en laquelle durant ledit tems seulement, sera dit par chacun jour cinq Messes basses, à l'honneur des cinq plaies de notre Sauveur & Redempteur Jesus-Christ, aussi pour le repos de son ame: Et après que sondit corps aura été porté en ladite Ville de veut ledit Seigneur testateur qu'il y soit inhumé de la même sorte que l'ont été sesdits ancêtres.

Item, veut & ordonne qu'il soit dit un autre annuel pour le repos de son ame dans l'Eglise de sa sepulture.

Item, donne & légue aux pauvres de sa Paroisse à Paris la somme de livres une fois payée; qu'il veut être mise par l'exécuteur de sondit testament entre les mains des Dames de la Charité de ladite Paroisse, sur leur simple quittance, pour être par elles distribuée selon leur prudence, à la nécessité desdits pauvres, sans qu'elles soient tenues d'en rendre compte à qui que ce soit, d'autant que ledit Seigneur testateur s'en confie entierement en elles, & s'assure qu'elles en feront leur devoir.

Item, ledit Seigneur testateur donne & légue à l'Oeuvre & Fabrique de ladite Eglise Saint sa Paroisse livres de rente rachetable de livres, à prendre sur tous ses biens, spécialement sur sondit Hôtel, à commencer d'en jouir & avoir cours du jour de son décès, à la charge que ladite Fabrique sera tenue de faire chanter & célebrer par chacun an à perpétuité, à *tel* & *tel jour*, à chacun d'iceux un *Obiit* à l'intention & pour le repos de l'ame dudit Seigneur testateur: Et en cas de rachat de ladite rente, Messieurs les Marguilliers seront tenus de remployer les deniers en la présence, & par l'avis dudit exécuteur testamentaire, & à son defaut par l'avis de Monsieur le Procureur Général de la Cour de Parlement de Paris, en rachat d'autres rentes sur particuliers, ou d'héritages dans Paris, dont les revenus seront & demeureront à toujours affectés & destinés à la célebration desdits Obits, dont sera aussi passé contrat de fondation entre lesdits sieurs Marguilliers, & ledit exécuteur testamentaire, ou mondit sieur le Procureur Général à son défaut, le plutôt qu'il se pourra: Et afin qu'il en soit mémoire perpétuelle, sera posée *en tel* pilier de ladite Eglise une pierre de marbre noir sur laquelle sera gravé en lettres d'or aux dépens de la succession dudit Seigneur testateur un sommaire de ladite fondation: & d'icelle sera fait mention en substance dans le Martyrologe de ladite Eglise.

Item, ledit Seigneur testateur donne, légue & laisse au sieur Capitaine de ses Gardes, la somme de livres, au sieur son Lieutenant, la somme de livres, & au sieur son Guidon, la somme de livres, le tout une fois payé, en recompense de leurs services. *(S'il y a d'autres legs, on les peut mettre de suite en cet endroit.)*

Item, Ledit Seigneur testateur prie Monsieur l'Archevêque de d'accepter son gros diamant qu'il porte maintenant au doigt, dont il lui fait présent, don & legs pour la bonne amitié qu'il lui porte, le supplie de se souvenir de lui en ses prieres, & particulierement au saint Sacrifice de la sainte Messe; & pour exécuter le présent Testament, &c. *comme à la fin du suivant.*

Testament.

FUt présent sieur Charles B Chef d'Office de feu S. A. S. Monseigneur le Prince, & S. A. S. Madame la Princesse demeurant en l'Hôtel de C ruë Paroisse étant au lit malade de corps en sa chambre au étage sur les Ecuries, mais sain d'esprit & d'entendement, ainsi qu'il est apparu aux Notaires soussignez, par ses gestes & entretien : lequel considérant la certitude de la mort, & l'incertitude de l'heure d'icelle, ne désirant en être prevenû (*ab intestat*) tandis que sens & raison sont en lui, a fait son Testament, qu'il a dicté & nommé ausdits Notaires soussignez, ainsi qu'il ensuit.

Premierement, recommande son ame à Dieu, le priant par le merite infini de la mort & passion de notre Sauveur & Redempteur Jesus-Christ son fils, lui pardonner ses péchés, implorant à cette fin les prieres & intercessions de la très-Sainte Vierge mere de Dieu, de tous les Saints & Saintes de Paradis : Veut ses dettes être payées préferablement à toutes choses.

Item, donne & légue aux pauvres honteux de ladite Paroisse saint la somme de livres une fois payée, qu'il veut être distribuée par l'exécuteur de son présent Testament, ci-après nommé.

Veut qu'il soit dit un annuel de Messes pour le repos de son ame, en *telle* Eglise que ledit exécuteur Testamentaire trouvera à propos, pour lequel annuel il veut qu'il soit payé la somme de livres.

Item, donne & légue par maniere de préciput en sa succession à Mathurin & Richard D ses neveux, tout le linge de table & les ustenciles qui lui appartiennent concernant son office.

Item, donne & légue encore par préciput audit Richard D la moitié d'environ la somme de livres, contenue en un extrait de fourniture de Panneterie & Fruiterie de LL. AA. SS. du mois de dernier.

Item, donne & légue à Thomas L son petit neveu, les maison terres & autres héritages qui lui appartiennent au lieu de à l'exception seulement d'un demi arpent desdites terres, lequel il légue à l'Eglise dudit lieu, à la charge de prier Dieu pour lui, ledit demi arpent au choix des Marguilliers de ladite Eglise.

Item, donne & légue son tour de lit vert, le bois de lit, les deux Matelas, le lit de plumes & traversin, la couverture de laine blanche, & celle de toille peinte servant à sondit lit, à la Dame B garde malade.

Item, donne & légue à Monsieur D son Confesseur pistolles d'or une fois payé, déclare qu'il doit entr'autres choses la dorure d'une épée d'argent au sieur V Orfévre.

A un Oisellier livres sols, pour un Oiseau qu'il lui à vendu; & quant au surplus de tous ses biens de quelques qualités qu'ils soient, ils les donne & légue: sçavoir, moitié à Margueritte B sa sœur, veuve de Jean C un quart ausdits Mathurin & Richard D ses autres neveux, & pour exécuter le présent Testament, ledit testateur a nommé & élû la personne du sieur Nicolas de V premier Valet de Chambre de Monseigneur le Prince, qu'il prie d'en prendre la peine, & d'agréer une bague de livres, dont il lui fait don & legs, se désaississant à cet effet entre ses mains de ses susdits biens, revoquant tous autres Testamens & Codiciles qui pourroient avoir été faits avant le présent, auquel seul il s'arrête comme étant sa derniere volonté; ce fut ainsi fait, dicté & nommé par ledit testateur ausdits Notaires & à lui, par l'un d'iceux, l'autre présent, lû & relû, qu'il a dit bien entendre & y a perseveré en ladite chambre où il est malade de corps, mais sain d'esprit, mémoire & entendement, ainsi qu'il est apparu ausdits Notaires soussignez, l'an mil le jour d a midi, & a signé.

Legs universel.

ET à l'égard du résidu de tous les autres biens meubles & immeubles qui se trouveront appartenir audit testateur au jour de son décès, tant de son acquêt que conquêt, & quint des propres, en quelques lieux qu'ils soient & se trouvent dûs, situez & assis, sans en rien réserver ni excepter, ledit testateur les donne, légue & laisse par ces présentes à Guillaume son bon ami, pour la bonne affection & amitié qu'il lui porte, afin qu'il se souvienne dudit sieur testateur en ses prieres, pour de tous lesdits biens jouir & disposer en toute proprieté par ledit Guillaume ses hoirs & ayans cause, ainsi que bon leur semblera, au moyen du présent legs universel, & pour exécuter, &c.

Codicile.

AUjourd'hui date des présentes, au mandement de *tel* les Notaires Gardenotes du Roi notre Sire en son Châtelet de Paris, soussignez, s'étant transportez pardevers ledit *tel* en sa maison ruë où étant, ayant trouvé icelui lequel a fait représenter son testament *d'un tel jour*, en *tel état*, & reçu par *tels* Notaires, duquel il auroit requis lesdits Notaires, soussignez, lui en faire présentement lecture. Et après que ladite lecture lui en a été faite mot à mot par l'un desdits Notaires soussignez, l'autre présent, que ledit a dit avoir bien entendu & sçavoir tout le contenu en sondit testament, ledit testateur a par forme de codicile dicté & nommé ausdits Notaires soussignez, ce qui ensuit : C'est à sçavoir que ledit sieur testateur a déclaré qu'il revoquoit & revoque par ces présentes le legs qu'il a fait par sondit testament de la somme de *tant*, au profit de Jeanne lequel legs ils veut être & demeurer nul & sans effet.

Item, donne, légue & laisse à *telle chose*.

Et quant au surplus de sondit testament, ledit testateur veut qu'il soit exécuté, & sorte son plein & entier effet avec ces présentes, selon leur forme & teneur. Ce fut fait, dicté & nommé, &c.

Nota. *Comme les testamens sont des actes qui depouillent souvent les véritables héritiers d'un défunt de sa succession, & qu'il se trouve par ce moyen odieux dans sa famille, la Coûtume de Paris à prescrit l'étendue de ces sortes de dispositions par les articles 292. 296. & 298. & aussi la forme de les faire par les articles 289. 290. & 291. par qui & pour qui elles peuvent être faites par ledit article 292. en quel âge, article 293. Et néanmoins tout cela n'empêche pas que pour chagriner un légataire universel, il n'y ait quelquefois des héritiers qui fomentent des procès pour les faire casser, & bien souvent se servent de la voie d'inscription en faux, ne se souciant point de risquer, (ainsi que font en autres cas plusieurs accusez de mauvaise foi) l'amende ordonnée par le 17. article du neuviéme titre de l'Ordonnance du mois d'Août 1670.*

Testament olographe.

JE soussignez Thomas me trouvant à présent graces à Dieu en bonne santé, quant à l'esprit, quoiqu'attaqué de quelques indispositions, considérant la fragilité des choses humaines, & que Dieu mon Créateur & mon Sauveur, qui m'a fait naître quand il lui a plû, me rappellera à lui au moment qu'il lui plaira, sans qu'il me soit possible de le prévoir, ne voulant pas être surpris sans avoir disposé du peu de biens qu'il a plû à la Divine Providence de me donner, ai fait mon présent testament, que j'ai entierement écrit, & signé de ma propre main, sans induction ni suggestion d'aucune personne, mais de ma pure & franche volonté, ainsi qu'il suit.

Je supplie très-humblement sa divine misericorde de vouloir me pardonner mes péchés, par les mérites & l'effusion du Sang de Jesus-Christ son fils unique, par l'intercession de la glorieuse Vierge, & de tous les Saints, tant morts que vivans, dans la communion desquels il m'a fait la grace d'être reçu par le saint Baptême, & d'y perseverer jusqu'à présent : J'espere qu'il me fera aussi celle d'y mourir en véritable enfant de la sainte Eglise Catholique, Apostolique & Romaine.

Je rend mon corps à la terre dont il a été formé, dans l'esperance qu'il ressuscitera un jour : cependant je le laisse à la disposition de mes héritiers, ou de ceux qui se trouveront auprès de moi lors mon décès. Je veux être enterré dans le Cimetiere du lieu où je décederai, persuadé que les Eglises n'ont pas été bâties dans ce dessein, avec le moins d'appareil que faire se pourra.

Je donne & légue à l'Hôtel-Dieu de la somme de & à mes domestiques chacun celle de qui leur sera payée par mon exécuteur testamentaire aussi-tôt après mon décès. Je prie très-humblement Monsieur de vouloir bien se charger de cette exécution, & d'accepter un tableau de que je le prie de garder pour se souvenir de moi.

En foi de quoi j'ai écrit & signé de ma main le présent testament, & l'ai paraphé au bas de chaque page, après l'avoir exactement lû & relû, & l'ai ensuite couvert d'une enveloppe & cacheté de mon cachet, pour n'être ouvert qu'après mon décès, en présence de tous mes héritiers. Fait le, &c.

Testament fait en pays de droit écrit.

FUt présent Anulphe lequel se voyant atteint d'une maladie qui peut devenir mortelle, sain toutefois d'esprit & d'entendement, pour n'être pas prévenu de la mort, dont le moment est toujours incertain, avant d'avoir disposé des biens qu'il a plû à Dieu lui départir, & prévenir tout sujet de querelles & de procès, a fait prier & requerir le Notaire & les témoins ci-après nommés, de venir dans sa maison pour y recevoir & être présens à la rédaction de son testament, & ordonnance de derniere volonté, qu'il a déclarée être telle qu'il s'ensuit.

Premierement, après avoir invoqué le saint Nom de Dieu, & imploré le secours de la sainte Vierge & des Saints, tant morts que vivans, il a déclaré qu'il avoit vêcu jusqu'à présent dans la Communion de la sainte Eglise Catholique, Apostolique & Romaine, & qu'il prioit Dieu de lui faire la grace d'y mourir en bon Chrétien, & d'avoir part aux mérites du Sang que Jesus-Christ a répandu sur la Croix pour nos péchés.

Il a élu sa sepulture dans les tombeaux de ses ancêtres qui sont dans l'Eglise Paroissiale de & dans la Chapelle anciennement acquise à sa maison, se remettant du soin de ses funérailles à son héritier & à son exécuteur, ci-après nommés.

Donne & légue ledit testateur, & par droit d'institution & de legs il délaisse à Perrette sa fille, épouse de outre la constitution dotale à elle faite par leur contrat de mariage, la somme de payable par sondit héritier universel ci-après nommé, dans pour tous les droits, noms, raisons & actions, parts & portions, succession, légitime & autres quelconques qu'elle pourroit avoir droit de prétendre en sa succession, l'instituant son hérétiere particuliere en la somme de

Item, donne & légue ledit testateur, & par droit d'institution & de legs, délaisse à Laurent son second fils, tous & chacuns les biens, domaines & héritages à lui appartenans au Village de aussi pour tous les droits qu'il pourroit prétendre en sa succession, le faisant en ce son héritier particulier.

Quant au résidu de tous & chacuns ses biens meubles, immeubles, droits, noms, raisons & actions, présens & avenir, que ledit testateur n'a donné, ni légué, ne donnera ni léguera ci-après, ledit testateur a fait, nommé, créé & institué, veut & nomme de sa propre bouche son héritier universel Auguste son fils aîné, & les siens, à la charge de payer ses dettes, & exécuter le présent testament sans figure de procès; & au cas que ledit Auguste son héritier vienne à décéder sans enfans procréés de lui en loyal mariage, lui a ledit testateur substitué & substitue ledit Laurent son second fils; & au cas qu'il décéderoit aussi sans enfans légitimes, il lui substitue en tous sesdits biens ladite Perrette sa fille, & les siens, sans que les susnommés puissent faire distraction d'aucune quarte. A ledit testateur déclaré telle être sa plus expresse & derniere volonté, pour laquelle accomplir, il a cassé, révoqué & annullé tous autres testamens, codiciles, donations à cause de mort, & toutes autres dispositions de derniere volonté, qu'il pourroit avoir ci-devant faits. Veut & ordonne que le présent acte vaille pour testament nuncupatif & ordonnance de sa derniere volonté, s'il ne peut valoir en cette maniere, qu'il vaille par forme de codicile, donation à cause de mort, & toute autre meilleure forme que testament puisse & doive valoir, & subsister de droit : prie & requert ledit testateur les témoins ci-après nommés, de vouloir porter bon & fidel témoignage de la vérité de son présent testament nuncupatif & ordonnance de derniere volonté, & moi Notaire Royal susdit & soussigné, d'en faire un, ou plusieurs instrumens pour les délivrer à qui il appartiendra. Fait & passé à le présens Me. Eustache *& tels & tels* tous habitans de ladite Ville de témoins, qui, avec le testateur, ont tous signé suivant l'Ordonnance.

Du Contrat de vente.

Le Contrat de vente est un acte fait par un particulier propriétaire d'un héritage, par lequel il en transfere la propriété à un autre, moyennant le prix dont ils sont convenus, dans lequel doivent être expliquez la chose & le prix, avec promesse de garantir, fournir & faire valoir de la part du vendeur.

Le prix se paye au vendeur, s'il n'est délegué à ses créanciers par le contrat, ou s'il n'est depuis saisi à leur requête entre les mains de l'acquereur. S'il veut bien prendre ses sûretez, & prevenir toutes sortes d'actions hypothécaires, il doit stipuler par le Contrat que le prix de la vente demeurera entre ses mains jusqu'après le décret volontaire qu'il s'oblige de faire faire incessamment à ses frais, auquel seront appellez tous les créanciers du vendeur qu'il est obligé d'indiquer.

L'on peut acquerir en France toutes sortes d'immeubles,

même les mineurs qui n'ont pas même besoin de tuteur. L'acquereur majeur ne peut être restitué contre le Contrat qui a été parfaitement libre de sa part : le vendeur peut l'être, parce qu'il peut ne l'avoir pas été entiérement, & qu'il y a été forcé par le mauvais état de ses affaires.

Quoique les biens Ecclésiastiques soient inaliénables, suivant nos loix, il n'est pas cependant impossible de les faire rentrer dans le commerce, soit par échange, après dûë information *super commodo & incommodo*, même par achat, pourvû que le prix soit employé en achat de quelque autre héritage d'égale valeur, & plus commode au titulaire du bénéfice, ce qui paroît par l'information.

Vente de maison à la charge du décret.

FUt présent Timothée demeurant lequel a par ces présentes reconnu & confessé avoir vendu, cedé, quitté, transporté & delaissé par ces présentes dès maintenant à toujours, promis & promet garantir de tous troubles & empêchemens généralement quelconques, à Noel demeurant à ce présent & acceptant, acquereur pour lui, ses hoirs & ayans cause à l'avenir, une maison couverte de tuile, assise à consistant en *tant* de chambres, bassecourt devant, & jardin derriere clos de murailles, contenant le tout ensemble deux arpens, ainsi que ladite maison, jardin, & lieux se comportent & étendent de toutes parts & de fond en comble, sans aucune chose en excepter ni reserver par ledit vendeur, tenant la totalité de la maison, jardin & lieux d'un côté à (*il faut mettre tous les tenans & aboutissans en cet endroit*) audit sieur vendeur appartenant, tant de son propre que d'acquisition, (*il faut énoncer la propriété*) étant icelle maison & lieux en la Censive de *tel Seigneur*, & envers lui chargée de tels cens & redevances, que peut devoir, que lesdites parties quant à présent n'ont sçu dire ni déclarer, de ce interpellées par les Notaires soussignez, pour toutes & sans autres charges, dettes, redevances ni hypotheques quelconques, ainsi que ledit vendeur a dit & affirmé, franche & quitte néanmoins des arrerages desdits cens & droits Seigneuriaux de tout le passé jusques à ce jour, pour de ladite maison, jardin, & lieux presentement vendus, jouir, faire & disposer par ledit sieur acquereur, sesdits hoirs & ayans cause comme de chose à lui appartenante au moyen des présentes, à commencer ladite jouissance de cedit jour en avant & à toujours. Cette vente ainsi faite à la charge desdits cens & droits Seigneuriaux seulement, & outre moyennant le prix & somme de livres, francs deniers audit vendeur, sur laquelle ledit vendeur confesse avoir eu & reçu présentement comptant dudit sieur acquereur qui lui a payé, compté, nombré & réellement délivré, présens les Notaires soussignez, en louis d'or, écus d'argent & autre bonne monnoye ayant cours, la somme de livres, dont quittant & les livres restant dudit prix, ledit acquereur promet & s'oblige de les payer audit sieur vendeur en sa maison à Paris ou au porteur, &c. si-tôt & incontinent que le decret ci-après stipulé, lui aura été délivré, signé, & scellé, sans aucune opposition subsistante de la part dudit sieur vendeur ou de ses auteurs, & jusques audit payement ledit acquereur lui en payera l'intérêt au denier vingt, à compter de ce jourd'hui; à tous lesquels payemens ladite maison, jardin & lieux sont & demeurent specialement & par privilege & préference dès-à-présent chargés, affectés, obligés & hypothequés avec tous & chacuns les autres biens, meubles & immeubles, présens & à venir dudit acquereur, sans que lesdits obligations spéciale & générale dérogent l'une à l'autre. Et ausdites charges & conditions susdites, ledit vendeur a en outre transporté tous & tels autres droits de proprieté, fonds, très-fonds, noms, raisons, actions, saisines, possessions & autres choses généralement quelconques qu'il pourroit avoir, demander & prétendre sur ladite maison, jardin & lieux présentement vendus, dont il s'est par cesdites présentes désaisi, demi & devêtu pour & au profit dudit acquereur, voulant qu'il en soit & demeure saisi, & mis en bonne possession & saisine par qui & ainsi qu'il appartiendra en vertu desdites présentes, constituant à cette fin son Procureur le porteur d'icelles, lui en donnant tout pouvoir, auquel acquereur ledit vendeur promet de fournir & délivrer tous les titres de la proprieté de ladite maison, jardin & lieux lors du payement desdits livres restant dudit prix. Et cependant pour purger les hypotheques qui pourroient être sur icelle maison, jardin & lieux présentement vendus, a été accordé que ledit acquereur les fera decreter sur lui à ses frais & dépens, poursuites & diligences d'hui en six mois prochains, en telle Jurisdiction de cette Ville de Paris que bon lui semblera: Et icelle maison, jardin & lieux encherir & faire encherir à tel & si haut prix, qu'il en soit & demeure adjudicataire, sans que lesdites parties puissent prétendre de part ni d'autre, pour raison de ce, plus grand ni moindre prix que celui ci-dessus. Et si audit decret intervenoit des oppositions & empêchemens, soit à fin de distraire, conserver, ou autrement, procedant du fait dudit sieur vendeur ou de ses auteurs, icelui sieur vendeur sera tenu & promet de les faire cesser, lever & ôter à ses dépens huit jours au plutard après qu'elles lui auront été signifiées & faites à sçavoir à son domicile ci-après élû, & faire en sorte que ladite adjudication par decret ne soit retardée, à peine de tous dépens, dommages & intérêts. Que si à cause desdites oppositions & empêchemens il convenoit consigner, ledit sieur acquereur ne sera tenu de consigner que lesdites livres qui restent en ses mains dudit prix, & ledit sieur vendeur sera tenu & promet aussi de consigner aussi-tôt le surplus si besoin est, à la décharge dudit sieur acquereur, même de l'acquitter & indemniser à sa premiere demande de tous les frais extraordinaire de criées dudit decret, avec lequel ces présentes ne serviront ensemble que d'un seul & même titre de ladite acquisition. A ce faire est intervenue & fut présente Thérese femme dudit sieur vendeur, qu'il autorise à l'effet des présentes, laquelle a volontairement déclaré &

déclare qu'elle approuve par ces présentes, ratifie & confirme, & a pour agréable la présente vente de ladite maison, jardin & lieux, qu'elle veut, consent & accorde sortir son plein & entier effet : Et en ce faisant ladite Thérese a renoncé & renonce à toutes demandes & prétentions qu'elle a & pourroit avoir & prétendre ci-après sur icelle maison, jardin & lieux, tant pour ses dot, douaire & conventions matrimoniales à elles accordées par le contrat de mariage d'entre ledit sieur Timothée & elle, qu'autres droits & hypotheques généralement quelconques, en quelque sorte & maniere que ce soit ou puisse être, dont & du tout elle a par cesdites présentes quitté & déchargé dès à-présent entierement ladite maison, jardin & lieux, & promet de n'en rechercher ni inquiéter directement ou indirectement à présent ni à l'avenir ledit sieur acquereur ni sesdits hoirs & ayans cause, mais au contraire les laisser jouir pleinement & paisiblement à toujours, desdits choses ci-dessus venduës comme appartenantes audit sieur acquereur, au moyen de la présente acquisition, car ainsi, &c. & pour l'exécution des présentes. *Election de domicile, &c.*

Nota. *Quand l'acquereur acheve de payer le reste du prix, il faut mettre la quittance sur la minute, & sur la grosse du contrat, soit au bas, soit en marge.*

Intitulé de vente en vertu de procuration.

FUt présent Charles demeurant au nom & comme Procureur de Timothée fondé de sa procuration passée pardevant *tels* Notaires *un tel jour*, spéciale à l'effet des présentes, ainsi qu'il a fait apparoir de ladite procuration ci-attachée, après qu'elle a été paraphée par ledit Charles l'acquereur ci-après nommé, & à sa réquisition des Notaires soussignez ; par lequel sieur Timothée ledit Charles a promis & promet de faire ratifier ces présentes, & à l'entretenement d'icelles & garantie de la maison & lieux ci-après vendus, le faire d'abondant obliger, & de ladite ratification en fournir acte en bonne forme à l'acquereur ci-après nommé d'hui en un mois prochain, à peine de tous dépens, dommages & intérêts en son propre & privé nom, sans néanmoins que le défaut de ladite ratification puisse empêcher l'exécution desdites présentes. Lequel audit nom a reconnu & confessé avoir vendu, cedé, quitté, transporté & délaissé par cesdites présentes dès maintenant & à toujours, & promet audit nom en vertu de ladite procuration, garantir, de tous troubles, dettes, hypotheques, évictions, aliénations, douaires, substitutions, & autres empêchemens généralement quelconques à Noel à ce présent & acceptant acquereur pour lui, ses hoirs & ayans cause une maison, &c. *& le reste comme au précédent contrat.*

Vente d'une maison par un homme, tant en son nom que comme Procureur de sa femme.

FUt présent Benjamin Bourgeois de Paris demeurant ruë tant en son nom que comme Procureur d'Etiennette sa femme, fondé de sa procuration passée pardevant *tels* Notaires *le tel jour* ci-attachée, & par laquelle femme ledit Benjamin promet de faire ratifier ces présentes, & à l'entretenement d'icelle & garantie de la présente vente, la faire d'abondant solidairement obliger avec lui aux renonciations ci-après, & de ladite ratification & obligation en fournir acte en bonne forme au sieur acquereur ci-après nommé dans quinze jours prochains, à peine de tous dépens, dommages & intérêts en son nom, cesdites présentes néanmoins tenantes; aux fins de laquelle ratification ledit sieur Benjamin a dès-à-présent autorisé & autorise par cesdites présentes ladite Etiennette sa femme. Lequel èsdits noms & en vertu de ladite procuration a reconnu & confessé avoir vendu, cedé, quitté, transporté & délaissé par cesdites présentes dès maintenant à toujours, promis & promet en chacun d'iceux solidairement sans division, ni discussion, renonçant ausdits bénéfices, garantir de troubles, dons, douaires, dettes, hypotheques, évictions, aliénations & autres empêchemens généralement quelconques à Louis demeurant à ce présent & acceptant, acquereur pour lui, ses hoirs & ayans cause à l'avenir, une maison scise à consistant en un corps de logis appliqué à porte cochere, cuisine, salle basse, deux chambres attenant, deux autres chambres hautes avec leurs garderobes à côté de chacune d'icelle, & grenier au-dessus, caves au-dessous dudit corps de logis, une cour derriere, puits en icelle, une écurie à loger douze chevaux, & un jardin derriere ladite cour clos de murailles, contenant un arpent planté d'arbres fruitiers; ladite maison, jardin & lieux, ainsi qu'il se poursuivent, comportent & étendent de toutes parts & de fond en comble, tenant d'une part à d'autre part à d'un bout par derriere à & pardevant sur ladite grande rue. Item deux arpens de vigne en une piece scise au terroir dudit lieu de tenant (*il faut mettre les tenans & aboutissans, déclarer aussi au long les autres héritages que l'on vend, & puis dire,*) sans aucune chose en excepter, retenir ni reserver, audit vendeur èsdits noms appartenant, *par tel & tel moyen*, étant lesdites maison & héritages en la Censive du Seigneur dudit lieu de & envers lui chargés de cinq sols de cens payable chacun an au jour S. Martin d'hiver, pour toutes & sans autres charges, dettes ni hypotheques quelconques, francs & quittes néanmoins des arrerages desdits cens & droits Seigneuriaux de tout le passé jusques à ce jour, pour de ladite maison & héritages ci-dessus vendus, jouir, faire & disposer par ledit acquereur, sesdits hoirs & ayant cause, comme de chose à lui appartenante au moyen des présentes, à commencer ladite jouissance du premier jour de Janvier prochain venant en avant & à toujours. Cette présente vente, cession, transport & délaissement ainsi faits, à la charge desdits cens & droits Seigneuriaux seulement, & outre moyennant le prix & somme de livres, francs deniers audit vendeur èsdits noms. Sur laquelle icelui vendeur èsdits noms, a confessé avoir reçû comptant dudit acquereur, qui lui a baillé, payé, compté, nombré & réellement délivré devant les Notaires soussignez, en louis d'or & autre bonne monnoye ayant cours, la somme de livres, dont, &c. quittant, &c. & les livres restant ledit acquereur promet & s'oblige de les bailler & payer sans aucun interêt audit vendeur ou au porteur, &c. lorsqu'il lui fournira ladite ratification au susdit tems, auquel payement ladite maison & héritages ci-dessus vendus, sont & demeureront spécialement par privilege & préference affectés, obligés & hypothequés avec tous & chacuns les autres biens, meubles & immeubles présens & à venir dudit acquereur, sans que lesdites obligations spéciale & générale dérogent l'une à l'autre, & aux charges & conditions susdites: ledit vendeur èsdits noms a en outre transporté tous & tels autres droits de proprieté, &c. désaisissant, &c. voulant, &c. Procureur, &c. le porteur, &c. donnant, &c. pouvoir, &c. auquel acquereur ledit vendeur a présentement baillé & délivré les titres de ladite maison & desdits héritages, *il les faut spécifier l'un après l'autre, date par date*, dont il quitte & décharge ledit vendeur èsdits noms, & promet de lui en aider s'il le poursuivoit ci-après en recours de ladite garantie, car ainsi, &c. *Election de domicile*, &c.

Vente de Terres.

FUt présent Messire M Conseiller Abbé de demeurant à Paris, ruë Paroisse Saint lequel a reconnu & confessé avoir vendu, cedé, quitté, transporté & délaissé par ces présentes du tout dès maintenant à toujours, & promet garantir de tous troubles, dons, douaires, dettes, hypotheques, évictions, substitutions, & autres empêchemens généralement quelconques, à Illustrissime & Reverendissime Seigneur Monseigneur Hardouin de P Archevêque de Conseiller du Roi en ses Conseils, Chancelier & Commandeur de ses Ordres, demeurant en son Palais Archiépiscopal au Cloître de l'Eglise de à ce présent & acceptant, acquereur pour ledit Archevêché & successeurs Archevêques.

Les Terres ci-après déclarées au nombre de arpens & demi, perches situées au terroir en plusieurs pieces, lesquelles se trouvent jointes ou aux environs de celles de la Ferme Seigneuriale de M dépendant dudit Archevêché, pour y être unies & en rendre par ce moyen le revenu plus considerable.

La premiere desdites pieces contenant six arpens, située à audit terroir, lieu dit le tenant d'une part à d'autre à aboutissant d'un bout à & d'autre bout à

Item, &c.

Lesdites pieces ainsi qu'elles se poursuivent & comportent sans aucune chose en excepter, retenir, ni reserver ; & néanmoins ledit sieur vendeur sera tenu de n'en garantir que jusques à la quantité de arpens ou environ.

Lesdites Terres appartenantes audit sieur vendeur, tant au moyen du délaissement qui lui en a été fait entre autres choses par feu Messire M son pere, vivant, &c. Seigneur de B pour ses droits successifs de défunte Dame Geneviéve sa mere, & de ses freres & sœurs décédez, ainsi qu'il appert par le contrat dudit délaissement, passé pardevant Notaires au Châtelet de Paris, le

Qu'en consequence du contrat d'échange fait entre ledit sieur vendeur, & M^e^. Claude de partie desdites terres délaissées, en contr'échange d'autres à lui délaissées par ledit sieur Claude déclarées audit échange passé pardevant Notaires, le

Etant lesdites Terres en la Censive des Seigneurs dont elles sont mouvantes en partie dans celle de ladite Seigneurie de M & chargées envers lesdits Seigneurs de tels cens qu'elles peuvent devoir, que les parties n'ont sçu dire ni déclarer, de ce enquises par les Notaires soussignez, pour satisfaire à l'Ordonnance, sans autres charges, dettes, ni hypotheques quelconques, franches & quittes des arrerages desdits Cens de tout le passé jusques à ce jour.

Pour desdites Terres jouir, faire & disposer par mondit Seigneur Archevêque & ses successeurs comme des autres biens & revenus temporels dudit Archevêché, à commencer ladite jouissance du

Cette vente faite à la charge desdits Cens pour l'avenir. Et outre moyennant le prix & somme de que ledit sieur vendeur confesse avoir eue & reçue de mondit Seigneur Archevêque, lequel lui a fait compter, nombrer & délivrer ladite somme, présens les Notaires soussignez, en louis d'or & d'argent, & monnoye ayant cours. Et de laquelledite somme de ledit sieur M vendeur s'est tenu content, en a quitté & quitte ledit Seigneur Archevêque & tous autres, auquel il a cedé & transferé tous les droits de proprieté, noms, raisons & actions qu'il avoit èsdites terres vendues, dont il s'est désaisi au profit dudit Seigneur Archevêque, voulant qu'il en soit saisi & mis en possession par qui il appartiendra : Et à cette fin constitue son Procureur le porteur des présentes, auquel il en donne pouvoir ; ce faisant ledit sieur M a délivré audit Seigneur Archevêque un extrait présentement fait par les Notaires soussignez dudit contrat de délaissement à lui fait par ledit sieur son pere, concernant lesdites Terres, devant daté, ledit contrat d'échange dudit jour, &c. un autre contrat d'échange fait entre ledit sieur M pere, & ledit sieur Claude passé pardevant Notaires le l'expedition en papier du bail fait desdites Terres par ledit sieur Abbé M à Michel passé pardevant Notaires, le moyennant livres de ferme par arpent par an, & aux conditions y contenues, lequel bail est présentement fini, avec le mesurage desdites Terres vendues, fait par Pierre Arpenteur, résidant à le denier, signé en fin, &c. par lequel est fait mention qu'il s'est trouvé desdites Terres ladite quantité de de terres, tout compris ; desquelles pieces ledit Seigneur Archevêque s'est tenu content, & en a

dechargé

déchargé ledit sieur M sans que ledit bail & mesurage puissent obliger ledit sieur vendeur de fournir & livrer plus grand nombre desdites Terres que lesdits arpens ou environ qu'il a promis garantir audit Seigneur Archevêque & ses successeurs, comme il est dit.

A ce faire est intervenu Messire M Seigneur de Conseiller du Roi en son Grand-Conseil, demeurant avec ledit sieur Abbé M son frere, scise rue Paroisse Saint lequel a consenti & approuvé la présente vente, & en tant que besoin est ou seroit, s'est obligé solidairement avec ledit sieur son frere, à la garantie desdits arpens de terre ou environ par lui ci-dessus vendus audit Seigneur Archevêque, tout ainsi que ledit sieur son frere s'y est obligé par le présent contrat, dont il fait son propre fait & dette, en son propre & privé nom, sans division, ni discussion, à quoi il renonce, comme principal vendeur : Et a mondit Seigneur Archevêque déclaré que ladite somme de par lui présentement payée pour le prix de la présente acquisition provient, sçavoir, &c. qu'il a reçu de haut & puissant Seigneur Messire Jean-Jacques de M Chevalier Comte d Seigneur de & de Conseiller du Roi en ses Conseils, Maître des Requêtes ordinaire de son Hôtel, pour le prix de la Seigneurie dudit M acquise d'Illustrissime & Reverendissime Seigneur Jean-François de G Archevêque de par haut & puissant Seigneur Messire Jean-Antoine de M son pere, par contrat passé pardevant Notaires au Châtelet de Paris le laquelle Seigneurie ledit Seigneur Président de M auroit délaissé audit sieur Comte d son fils, à la charge de payer ladite somme lorsqu'il auroit été trouvé occasion de l'emploi en autres fonds au profit dudit Archevêché : livres que mondit Seigneur Archevêque a pareillement reçues de Messire de F Seigneur de R Conseiller du Roi au Parlement de Normandie, qu'il lui a payé par forme de supplement d'aliénation du fief de R dixmes & dépendances, en exécution du contrat de transaction passé entr'eux pardevant & B l'un des Notaires soussignez, le livres reçues par mondit Seigneur Archevêque de Messieurs les Gouverneurs & Administrateurs de l'Hôpital des Incurables, pour le droit d'indemnité dû audit Archevêché à cause de l'acquisition faite au profit dudit Hôpital d'une maison scise à Paris ruë vendue par Louis par contrat passé pardevant Notaires au Châtelet de Paris, le ainsi que du reçu desdites sommes, appert par les quittances que mondit Seigneur en a donnés ausdits Seigneurs Comte d de R & Administrateurs dudit Hôpital ; celle dudit sieur de R pardevant le & les autres pardevant les Pour satisfaire ausquelles quittances mondit Seigneur fait la présente déclaration, afin que lesdites Terres ainsi acquises par le présent contrat, tiennent lieu de l'emploi de fonds audit Archevêché, en échange des choses susdites, & qu'elles soient obligées & hypothequées par privilege & preference à la garantie desdites aliénations & sureté de l'emploi desdits prix, supplement & droit d'indemnité, comme mondit Seigneur le consent suivant & au désir desdits contrats d'alienation, transaction & quittances susdattées ; car ainsi, &c. Et pour l'exécution des présentes ledit sieur Abbé M   vendeur, & le sieur son frere, ont élû leur domicile solidaire & irrevocable en cette Ville de Paris, en la maison où ils sont ensemble demeurans susdéclarée, auquel lieu nonobstant, &c. promettant, &c. obligeant, &c. solidairement comme dit est, renonçant, &c. Fait & passé à Paris audit Palais Archiépiscopal, &c.

Vente d'un fief & des rotures qui en dépendent.

FUt présent Balthazard   Ecuyer Seigneur de   & autres lieux; demeurant à Paris ruë   lequel a reconnu & confessé avoir vendu, cedé, quitté, transporté & délaissé dès maintenant à toujours, promis & promet par ces présentes garantir de tous troubles, dettes, hypotheques, douaires, substitutions, évictions, alienations, & autres empêchemens généralement quelconques, à Messire Gabriel   Chevalier Seigneur Baron de B   & autres lieux, demeurant ruë   à ce présent & acceptant, acquereur pour lui, ses hoirs & ayans cause, le Fief, Terre & Seigneurie de   situé dans la Paroisse de Saint   avec toutes ses appartenances & dépendances, tant en fief que roture, ainsi que le tout sera ci-après déclaré, consistant en un Château & maison Seigneuriale, Justice haute, moyenne & basse, cens, rentes, tant en grains, volailles, qu'en argent, droit de chasse & de riviere & étangs, ladite Maison Seigneuriale appliquée à plusieurs logemens, cour basse, cour haute, colombier à pied, le tout fermé de fortes & haute murailles, flanquée de tours & tourelles, pont-levis, entouré de profonds fossez à eaux vives, peuplez de poissons.

Item, le grand jardin étant au devant de l'entrée dudit Château, aussi fermé de murailles, contenant environ   arpens, dans lequel sont plantés plusieurs arbres fruitiers, parterres, allées, palissades, hayes hautes, fontaines jalissantes, & un vivier de   arpens aussi peuplé de poissons, ledit jardin separé du Chateau par un grand chemin qui est entre deux d'environ cent pas de large.

Item, une garenne de   arpens, derriere ledit jardin, peuplée de lapins, un bois de haute futaye de   arpens à l'un des côtés de ladite garenne, & de l'autre côté un bois taillis de   arpens;   arpens de terres labourables en plusieurs piéces, un piéce de pré appellée le grand pré, contenant   arpens, le tout en fief, situé au dedans de ladite Paroisse de S.   & relevant en arriere fief de ladite Baronie de

Item,   arpens de terres labourables en roture en plusieurs piéces, &   arpens de pré en une piéce aussi en roture, pareillement situés dans ladite Paroisse S.   étant en la Censive dudit fief de   & généralement tout ce qui est & dépend dudit fief de   tant en fief que roture audit sieur vendeur appartenant, sans aucune chose en excepter ni réserver, & ainsi que le tout est avenu & échu à icelui sieur vendeur par le décès de feu Messire Isaac   son pere, vivant Chevalier Seigneur dudit lieu de   & autres lieux, par le partage fait entre lui & ses cohéritiers de la succession dudit défunt pardevant *tels* Notaires le *tel jour*, franc & quitte de toutes dettes & hypotheques quelconques jusques à ce jour : ayant ledit sieur vendeur présentement délivré audit sieur acquereur l'extrait ce jourd'hui fait par les Notaires soussignez sur l'original dudit partage, concernant le susdit Fief, Terre & Seigneurie de des choses ci-dessus vendues, avec tous les autres titres, anciens aveux, dénombremens & déclarations de ladite Terre & Seigneurie de & ses dépendances, tant en fief que roture qu'il avoit pardevers lui, selon que le tout est énoncé au bref état qui en a été fait separé des présentes, signé desdites parties & à leur requisition paraphé des Notaires soussignez, dont ledit acquereur se contente & promet d'en aider audit sieur vendeur sous son recepissé, s'il le poursuivoit ci-après en recours de ladite garantie : pour dudit Fief, Terre & Seigneurie de ses appartenances & dépendances, tant en fief que roture, sans aucune reserve comme dit est, jouir & disposer par ledit sieur acquereur, sesdits hoirs & ayant cause, comme bon lui semblera, au moyen des présentes, à commencer ladite jouissance du jour S. Martin d'hiver prochain, jusques auquel jour ledit sieur vendeur s'est reservé les loyers & les fermages de ladite Terre & Seigneurie de & choses ci-dessus vendues, & à la charge d'entretenir par ledit sieur acquereur le bail que ledit sieur vendeur en a fait à Roland pardevant *tels* Notaires *un tel jour*, durant les trois années restantes à expirer d'icelui, dudit jour S. Martin d'hiver prochain. Cette vente, cession, transport & délaissement ainsi faits à ladite charge dudit bail seulement, & outre moyennant le prix & somme de livres que ledit sieur acquereur a promis & s'oblige de bailler & payer audit sieur vendeur en sa maison à Paris, ou au porteur, sçavoir livres dans ledit jour S. Martin d'hiver prochain ; autres livres dans le jour de Pâques ensuivant, & les autres livres restantes dans le jour de S. Martin d'hiver aussi ensuivant, avec l'intérêt de toute ladite somme de livres à raison de l'Ordonnance, à compter dudit jour S. Martin d'hiver prochain seulement en avant jusqu'au parfait & entier payement desdites livres, sans que ledit sieur vendeur puisse prétendre ni demander aucuns intérêts dudit prix de ce jourd'hui jusqu'au jour S. Martin d'hiver prochain, à mesure desquels payemens ledit intérêt diminuera à proportion d'iceux : Auquel payement dudit principal & intérêts, ledit Fief, Terre & Seigneurie de & autres choses ci-dessus vendues, sont & demeurent spécialement & par préférence & privilege chargés, affectés, obligés & hypothequés, avec tous & chacuns les autres biens meubles & immeubles présens & à venir dudit sieur acquereur, sans que lesdites obligations speciale & générale dérogent l'une à l'autre. Et aux conditions susdites, ledit sieur vendeur a en outre transporté tous droits de propriété, fonds, très-fonds, noms, raisons, actions, saisines & possessions qu'il a & pourroit avoir, prétendre & demander en & sur toutes les choses ci-dessus vendues, dont il s'est desaisi, démis & devêtu par cesdites présentes, pour & au profit dudit sieur acquereur & de sesdits hoirs & ayant cause, voulant, consentant & accordant qu'il en soit & demeure saisi, vêtu, mis & reçu en bonne & suffisante possession & saisine, par qui & ainsi qu'il appartiendra, en vertu desdites présentes en la maniere accoûtumée. Déclarant ledit sieur acquereur qu'il veut & entend que ledit Fief, Terre & Seigneurie de   & choses par lui ci-dessus acquises tant en fief que roture, soient & demeurent separées à toujours de sadite Baronie de B   comme si ladite acquisition n'étoit point par lui faite, & ainsi proteste ledit sieur acquereur d'en jouir & d'en disposer par lui, ses hoirs & ayans cause, comme de son acquêt séparement, sans le confondre l'un avec l'autre. Ce faisant que ledit fief de   soit mouvant & releve en arriere-fief de ladite Baronie de B   Et aussi que lesdites rotures soient & demeurent en roture à toujours, & ainsi sujettes à partage entre cohéritiers également sans aucun droit d'aînesse & prérogative, tout de même qu'elles l'étoient auparavant ladite acquisition, le tout nonobstant icelle acquisition, laquelle pour ce regard ne pourra nuire ni préjudicier à l'intention, volonté & protestation ci-dessus dudit sieur acquereur. Lequel pour purger les hypotheques qui pourroient être sur ladite Terre, Fief & Seigneurie de   & choses ci-dessus vendues, pourra & lui sera loisible de les faire decreter à ses frais, dépens, poursuites & diligence en telle Jurisdiction, &c. (*suivre le reste de la clause des decrets comme aux autres acquisitions des maisons & héritages*) *Election de domicile de part & d'autre des parties*, promettant, &c. obligeant, &c. chacun en droit soi, &c. renonçant, &c. Fait & passé, &c.

Clause en conséquence d'un doüaire constitué sur la chose venduë.

DE laquelle somme de   ledit acquereur a retenu entre ses mains celle de   pour sureté du douaire préfix constitué par ledit sieur vendeur, pour & au profit de Damoiselle   sa femme par leur contrat de mariage en date du   d'une rente de   en faisant & payant par ledit acquereur audit vendeur les intérêts de ladite somme à raison du denier   ce qu'il a promis faire aux quatre quartiers de l'année. Et pour la sureté desdits arrérages & du principal, sera & demeurera ladite maison spécialement affectée & hypothequée, &c.

Clause de garantie.

ET en outre promet ledit vendeur garantir l'acquereur de tous troubles & empêchemens, même de prendre le fait & cause dudit sieur acquereur, aussi-tôt qu'il lui aura dénoncé les troubles à lui faits, & ce à peine de tous dépens, dommages & intérêts; & pour raison de laquelle garantie ledit sieur vendeur a obligé, affecté & hypothequé tous & chacuns ses biens tant présens qu'à venir, &c.

Clause, qu'en cas d'éviction, le Vendeur ne sera tenu que de rendre à l'acquéreur le prix payé sans dommages & intérêts.

ET où ledit acquereur seroit évincé de ladite maison vendue, en ce cas ledit vendeur ne sera tenu d'aucuns dépens, dommages & intérêts, & sera quitte & déchargé du présent contrat, promesses & dépendances d'icelui, en rendant par lui lors de ladite éviction avenue ladite somme de qu'il a présentement reçue pour le prix de ladite vente; laquelle en ce cas demeurera nulle & resolue.

Vente d'une Isle.

FUrent présens D sieur d demeurant à étant de présent à Paris logé ruë où est pour enseigne au nom & comme Procureur de D Ecuyer sieur de la F & de C tuteur honoraire & principal des nobles enfans mineurs de défunt Messire D vivant Chevalier Seigneur du P proprietaire, Sénéchal & Gouverneur pour le Roi de l'Isle de la Martinique située en l'Amérique, & de Dame B son épouse, fondé de sa procuration spéciale à l'effet qui ensuit, passée pardevant Tabellion Royal en la Vicomté de & son Ajoint le dernier, demeurée attachée à ces présentes, après avoir été certifiée véritable & paraphée *ne varietur* dudit sieur d en présence des Notaires soussignez, ledit sieur de la F audit nom ayant pouvoir des parens paternels & maternels desdits mineurs, par leur avis homologué par Sentences du Châtelet de Paris des & derniers, aussi attachées à ces présentes pour y avoir recours si besoin est, d'une part: & Messire B Conseiller du Roi, &c. & Messire Directeurs généraux de la Compagnie des Indes Occidentales, d'autre part: lesquelles parties èsdits noms ont volontairement reconnu & confessé avoir fait & accordé entr'elles ce qui en suit: C'est à sçavoir que ledit sieur d audit nom a vendu, cedé, quitté & transporté, vend, cede, quitte & transporte par ces présentes, du tout à toujours à ladite Compagnie des Indes Occidentales établie par Edit du Roi du mois de de l'année ce acceptante pour elle par lesdits sieurs Directeurs sus-nommez, la Seigneurie, fonds & propriété de ladite Isle de la Martinique, forts, canons, armes, munitions, maisons, meubles meublans, habitations, Sucreries, ustensiles servans ausdites Sucreries, Negres, bestiaux, Indigoteries & autres choses appartenantes ausdits sieurs mineurs, droits Seigneuriaux consistans en Capitation sur les habitans dans ladite Isle, & généralement tous leurs droits réels, rescindans & rescisoires, sans aucune chose reserver, ainsi que le tout se consiste & comporte présentement, que lesdits sieurs Directeurs èsdits noms ont dit bien sçavoir & connoître pour être ladite Compagnie en possession de ladite Isle en exécution des Arrêts du Conseil d'Etat du Roi.

des à la reserve seulement des dettes qui peuvent être dûes ausdits sieurs mineurs dans ladite Isle, desquelles ladite Compagnie promet de faciliter le payement autant qu'il sera à son pouvoir : pour par icelle Compagnie disposer desdites choses vendues comme bon lui semblera, la subrogeant sans aucune garantie, sinon des empêchemens qui pourroient provenir de leur chef & faits, en tous les droits, noms, raisons & actions desdits sieurs mineurs, pour le regard de ladite Isle de la Martinique : Comme aussi pour le regard de l'Isle de Saint-Alouzie de présent possedée par les Anglois, aussi appartenante ausdits mineurs. Cette vente, cession & transport ainsi faits moyennant la somme de francs deniers audit sieur vendeur audit nom sur laquelle somme en a été présentement payé la somme de par Maître Nicolas le M Caissier de ladite Compagnie, pour ce présent demeurant en especes de, &c. & lesquels comptés & délivrés ont été mis ès mains de Messire D pour employer en acquisition au profit desdits mineurs : Et quant au surplus lesdits sieurs Directeurs promettent & s'obligent pour & au nom de ladite Compagnie de le bailler & payer ausdits sieurs mineurs ou au porteur dans prochains sans aucun intérêt, pour être les deniers remplacés en fonds de terre par avis desdits sieurs parens, sans que ladite Compagnie puisse demander aucune autre garantie pour le remplacement desdits deniers, ni retarder le payement d'iceux pour quelque cause que ce puisse être, si-tôt que par avis desdits sieurs parens le prix desdites terres aura été arrêté avec les vendeurs d'icelles : Et outre à la charge que lesdits sieurs mineurs jouiront de la moitié qui leur devoit revenir des droits de Capitation & de la totalité des droits des poids jusqu'au premier jour de Juillet, laquelle moitié revenant au profit desdits sieurs mineurs sera prisée pour le regard desdits droits de Capitation, sur ce qui en est ou sera payé pendant la présente année, préférablement à l'autre moitié qui reviendra au profit de ladite Compagnie : Comme aussi jouiront lesdits sieurs mineurs de tout le profit, revenu & aménagemens desdites habitations, maisons, Sucreries, Indigoteries, Negres, bestiaux & autres meubles, dans lesquelles habitations ils pourront faire couper, lever & aprofiter tous les petuns & cannes de sucres, maniocq, patates & autres marchandises, vivres & denrées qui sont ou seront en existence & maturité jusqu'au premier jour de Novembre prochain, & se servir pour la confection desdites marchandises du travail des Negres, bestiaux & autres choses à ce nécessaires, sans être néanmoins tenus ni responsables de la mortalité, pertes, fuites, & de tous autres accidens qui pourroient arriver en les nourrissans & entretenans comme il faut, lesquelles marchandises & effets appartenans ausdits sieurs mineurs, ladite Compagnie promet leur embarquer dans les premiers Vaisseaux qui partiront de ladite Isle de la Martinique sans délai, & si-tôt que les Agens ou Commis en seront requis, en acquittant le fret ordinaire & autres charges & conditions usitées dans les cargaisons desdits Vaisseaux : Sera tenue ladite Compagnie de tenir & entrenir toutes les concessions des terres, & pareillement de faire décharger & indemniser lesdits sieurs mineurs de toutes les clauses & conditions ausquelles ils sont obligés par le contrat d'acquisition desdites Isles envers la premiere Compagnie de l'Amérique, & en ce faisant lesdits sieurs Directeurs audit nom, se sont désistés & départis de l'effet & exécution desdits Arrêts du Conseil que ladite Compagnie a obtenue contre lesdits sieurs du P pour raison desdites Isles, lesquels pour leur regard demeureront nuls & de nul effet ; car ainsi a été accordé entre lesdites parties par ces présentes : pour l'exécution desquelles lesdits sieurs Directeurs audit nom ont obligé solidairement tous les biens & effets de ladite Compagnie présens & à venir, & spécialement & par privilege spécial & primitif, lesdites Isles de la Martinique & Saint-Alouzie & choses vendues, sans que les obligations spéciale & privilegiée dérogent l'une à l'autre, & sans que pour le regard desdits mineurs ni dudit sieur d audit nom ladite Compagnie puisse prétendre aucune garantie que ce puisse être, sinon des empêchemens provenans de leur fait & chef, comme il est dit, & à condition que le présent contrat sera homologué au Parlement de Paris avec Monsieur le Procureur Général dudit Parlement, & lesdits mineurs, aux frais de ladite Compagnie, auquel effet lesdites parties ont constitué leur Procureur le porteur auquel ils donnent pouvoir de faire tout ce qui sera nécessaire. Et pour l'exécution des présentes & dépendances lesdites parties èsdits noms ont élû leurs domiciles irrévocables en cette Ville de Paris, sçavoir ledit sieur d audit nom en la maison de & lesdits sieurs Directeurs audit nom pour ladite Compagnie, en la maison de ausquels lieux, &c. nonobstant, &c. promettant, &c. obligeant chacun en droit soi èsdits noms, renonçant de part & d'autre, même lesdits sieurs Directeurs audit nom pour ladite Compagnie, à tous Lettres d'Etat & autres à ce contraires, dont elle ne se pourra servir ni prévaloir pour quelque cause que soit à l'égard dudit sieur de P Fait & passé à Paris en présence de Messire D Conseiller ordinaire du Roi en tous ses Conseils d'Etat & Privé, après que lesdites parties ont eu plusieurs conférences avec lui sur ces présentes, au Bureau de la Direction générale de ladite Compagnie, l'an

---

Vente d'une portion de maison & lieux en dépendans.

FUrent présens Silvestre M Vigneron, & Marie-Julienne G sa femme, qu'il autorise, demeurant à V ce jour étant à Paris, héritiers à cause de ladite G par bénéfice d'inventaire des biens de la succession de défunte Perette B au jour de son décès, femme de défunt Gilles G vivant Vigneron, d'une part : Et Louis P Maître Menuisier audit lieu de V étant ce jour en cette Ville, héritiers bénéficiaires de ladite Perette B d'autre part.

Lesquels M & sa femme èsdits noms, pour d'autant se liberer envers ledit P de la garantie par lui à eux demandée, par l'exploit qui leur a fait donner au Châtelet de Paris, par Q Huissier à Verge audit Châtelet, le du présent mois, pour eux voir condamner èsdites qualités, à l'acquitter, garantir & indemniser des condamnations intervenuës contre lui au chef de la condamnation d'acquitter Pierre P son frere des arrérages de livres de rente qui sont dûës à Messire Nicolas A premier Président en l'élection de Paris, suivant & ainsi qu'il est porté par la Sentence rendue audit Châtelet le jour d dernier ; & par-là exécuter l'Acte qui a été passé entr'eux pardevant les Notaires soussignez le du présent mois : Ont par ces présentes reconnus & confessés solidairement l'un pour l'autre, sans division ni discussion, à quoi ils renoncent, avoir vendus, cédés, quittés, transportés & délaissés, du tout dès maintenant à toujours, promis & promettent solidairement comme dit est garantir envers & contre tous, de tous troubles & empêchemens, généralement quelconques, audit Louis P audit nom à ce présent & acceptant ; c'est à sçavoir, une portion de maison & lieux situés audit V en la ruë d consistante en une cuisine par bas, chambre & grenier au-dessus, une étable à Vaches & toit à Porc étant dans la cour, le tout se joignant, la quatriéme partie de la cour étant audevant desdits bâtimens, & la quatriéme partie d'un jardin étant derriere, tenant la totalité d'un côté audit sieur A d'autre à Gervais C pardevant à ladite cour, d'autre côté audit acquereur, & par derriere à ladite portion de maison, lieux, cour & jardin, ainsi qu'ils se poursuivent & comportent, & sans en rien reserver ni retenir en la censive de Messieurs & Madame J Seigneurs & Dame dudit lieu de V & chargés vers eux, de tels cens, droits & devoirs Seigneuriaux qu'ils peuvent être tenus, que lesdites parties n'ont pû quant à présent dire ni déclarer de ce enquises, franc & quitte néanmoins des arrérages d'iceux du passé jusqu'à ce jour, pour tout & sans autres charges, dettes ni redevances quelconques, pour des lieux ci-dessus désignés, jouir, faire & disposer par ledit acquereur audit nom, en tous fruits, profits, revenus & émolumens quelconques, & comme de chose à lui appartenante au moyen des présentes, à en commencer la jouissance au jour & fête de prochain, ces présentes vente, cession, transport & délaissement ainsi faites à la charge desdits cens, droit & devoirs Seigneuriaux à l'avenir, & outre moyennant la somme de livres, à laquelle ladite portion de maison & lieux, sus-vendus ont été prisés & estimés par le procès verbal du du présent mois, fait par Pierre H & Germain B Maçons en plâtre, Experts nommés & convenus par l'acte dudit jour du présent mois, sçavoir ledit H desdits vendeurs, & ledit B de la part dudit acquereur, de laquelle somme ledit acquereur promet & s'oblige par cesdites présentes envers lesdits vendeurs èsdits noms, les acquitter, garantir & indemniser envers ledit sieur A sur & en déduction du principal & arrérages de ladite rente de livres, qui lui est dûë comme dit est par lesdits vendeurs èsdits noms, solidairement avec les autres héritiers de défunt Pierre B & Antoinette de sa femme, & lui en fournir acquit & décharge, toutesfois & quantes que requis en sera, à peine de tous dépens, dommages & intérêts, car ainsi promettant, &c. obligeant, &c. lesdits vendeurs solidairement comme dit est, renonçant, fait & passé à Paris en l'Etude de P l'un des Notaires soussignés, l'an mil le jour d a midi. Et ont signé, fors ladite femme M

qui

qui a déclaré ne sçavoir écrire ni signer, de ce interpellée suivant l'Ordonnance.

Vente des deux tiers d'une maison.

FUrent présens Damoiselle Louise L Epouse autorisée par justice à la poursuite de ses droits, au refus de Jacques R son mari Officier de Madame la Duchesse de B de lui à ce présent, néanmoins autorisée d'abondant pour la validité des présentes, demeurant à V place & Barthelemi L Marchand demeurant ordinairement à C & en ce jour logé ensemble en cette Ville ruë Paroisse lesdits Damoiselle Louise & sieur Barthelemi L frere & sœur, enfans & héritiers chacun pour un tiers de défunt sieur Benoît L leur pere; lesquels ont par ces présentes, vendu, cédé, quitté & délaissé, dès maintenant & à toujours, promettant chacun à leur égard garantir de tous troubles & empêchemens, pour raison de leurs faits & promesses seulement au sieur René L Marchand audit C leur frere aîné étant aussi cedit jour à Paris chez les vendeurs à ce présent, acquereur pour lui, ses hoirs & ayant cause, les deux tiers du total d'une maison scise audit lieu de C ruë où pend pour enseigne avec toutes ses dépendances tant en roture que fief ainsi que le tout se poursuit & comporte de fond en comble, sans aucune reserve, que ledit acquereur a dit bien sçavoir & connoître pour y être demeurant depuis long-tems; & de plus ample déclaration de quoi, par tenant & aboutissant, il a dit n'être besoin, appartenant lesdits deux tiers ausdits vendeurs, & l'autre tiers audit acquereur aussi en qualité d'héritier pour pareille portion dudit défunt sieur L & comme étant ladite maison demeurée en commun & par indivis entr'eux & non-comprise dans le partage fait des autres biens & effets de ladite succession, étant la totalité de ladite maison en la censive des Seigneurs ou Dames dont elle se meut, & vers eux chargés de tels cens, droits & devoirs qu'elle peut devoir que les parties n'ont pû dire ni déclarer de ce enquises, & encore de la rente ci-après déclarée pour tout & sans autres charges, dettes ni hypotheques quelconques, pour desdits deux tiers de maison, jouir par ledit sieur acquereur sesdits hoirs & ayant cause, comme de chose lui appartenante, à commencer la jouissance du jour que la rente ci-après commencera d'avoir cours: Cette vente & délaissement ainsi faits à la charge desdits cens, & droits Seigneuriaux pour ce qui en est dû & échû du passé & qui échéra à l'avenir, & outre à condition de par ledit sieur acquereur, ainsi qu'il promet & s'oblige, de bailler & payer audit sieur Jacques R la somme de livres de rente chacun an, au principal, & rachetable de la somme de livres, dans les termes, suivant & conformement au contrat d'acquisition que ledit sieur R a fait de ladite rente de Gilles G sieur D & Damoiselle Geneviéve J son épouse, qu'ils avoient à prendre & percevoir sur ladite maison & lieux, présentement vendus & délaissés, & ainsi qu'il est porté par icelui contrat & autres titres concernant ladite rente étant ès mains dudit sieur R qui n'ont été plus au long dattés & énoncés, faute de representation d'iceux, dont la premiere année de payement commencera de courir du jour que la jouissance a été accordée audit sieur R par lesdits sieur D & sa femme, & faire ensorte par ledit sieur acquéreur que lesdits vendeurs n'en soient aucunement recherchez, poursuivis ni inquietez par qui que ce soit, à peine de tous dépens, dommages & intérêts, & sous ces conditions lesdits vendeurs ont transportez tous & tels droits de proprieté qu'ils ont èsdits deux tiers de ladite maison & lieux, désaisissant, voulant Procureur, le porteur, donnant pouvoir, & ce faisant ledit acquéreur a promis & s'est obligé de fournir audit sieur R une grosse en forme exécutoire des présentes, aussi à peine, &c. & pour faire insinuer ces présentes où il appartiendra, les Parties ont fait & constitué pour leur Procureur général, spécial & irrévocable le porteur d'icelles, auquel elles en donnent pouvoir; & pour l'exécution desdites présentes, ledit sieur acquéreur a élû son domicile irrévocable audit C ruë où il est demeurant; auquel lieu, &c. nonobstant, &c. promettant, &c. obligeant, &c. renonçant, &c. Fait & passé à Paris en l'Etude du Notaire soussigné, l'an mil sept cens le jour d a midi. Et ont signé.

Vente d'un Métier à faire bas.

FUt présent Jean G Marchand-Ouvrier en bas & autres ouvrages faits au métier, demeurant Cour de Paroisse Saint lequel a reconnu & confessé avoir vendu & promet garantir de toutes revendications à Michel R Compagnon de ladite profession, demeurant chez ledit sieur G à ce présent & acceptant, acheteur pour lui, un métier propre à faire bas, garni de toutes ses ustenciles & piéces que ledit G lui a ce jourd'hui livré & mis ès mains, dont ledit acheteur est content, pour par lui en joüir, faire & disposer comme de chose lui appartenante: cette vente faite moyennant la somme de livres, que ledit R promet payer audit G en façons d'ouvrages de bas bien conditionnez, que ledit G sera tenu de lui donner à faire, & à cet effet lui délivrer & fournir les laines nécessaires; desquelles laines le prix en sera & demeurera fixé à raison de livres sols la livre l'une portant l'autre, & seront lesdits bas procedans de l'emploi desdites laines cousus & bien conditionnez sans foullé; ce faisant ledit R s'employera de tout son pouvoir à fabriquer lesdits bas sur ledit métier qu'il sera tenu d'entretenir en bon état, & de les apporter toutes les semaines de l'année, à compter de la semaine prochaine audit sieur G en sa maison bien conditionnez, comme dit est, lors dequoi sera diminué audit R sols par chacune semaine, & le prix desdites laines sur ledit pied de livres sols, & le surplus dudit prix d'ouvrages sera diminué audit R par ledit G & continuer lesdits ouvrages, livraisons & travaux jusqu'au parfait acquit desdits livres, pour sûreté dequoi ledit métier sus-vendu demeure par privilege obligé,

& outre ledit R y affecte, & oblige généralement tous ses autres biens meubles & immeubles, présens & avenir, une obligation ne dérogeant à l'autre, à ce faire sont intervenus & comparus Simon C Maître & Marchand Tailleur d'habits à Paris, y demeurant ruë & Marie N veuve de demeurante lesquels se sont volontairement rendus & constituez cautions envers ledit sieur G dudit R pour raison dudit métier sus-vendu; ce faisant se sont obligez avec ledit R solidairement l'un pour l'autre, chacun d'eux un seul pour le tout sans division, discussion ni fidejussion, à quoi ils renoncent de rendre, & remettre ès mains dudit G ledit métier à sa volonté, en cas de défaut de payement dudit prix de livres, ou de ce qui en restera lors payable en ouvrages comme dit est, en l'état auquel ledit métier se trouvera alors, dont & de quoi lesdits C & veuve font leur propre fait, dette & affaire, solidairement comme dessus, & pour l'effet & exécution des présentes & dépendances, lesdites Parties ont élû & élisent leurs domiciles irrévocables ès maisons où elles sont demeurantes; ausquels lieux, &c. nonobstant, &c. obligeans chacun en droit soi, ledit R & ses Cautions solidairement comme dessus, &c. renonçant, &c. Fait & passé à Paris ès Etudes, &c. L'an mil le jour d Et ont signé.

Vente de meubles meublans.

PArdevant, &c. fut présente Damoiselle Geneviéve le B fille majeure usante & joüissante de ses biens & droits, demeurante ruë laquelle a par ces présentes venduë & promis garentir de toutes revendications généralement quelconques à Jean A Ecuyer, demeurant à absent, ce acceptant par Damoiselle Louise-Magdelaine A fille majeure sa sœur, demeurante ruë Paroisse Saint se disant avoir charge & pouvoir dudit sieur son pere, les meubles meublans qui ensuivent; c'est à sçavoir (*telle & telle chose*) le tout appartenant à ladite Damoiselle le B & lesquels meubles sus-vendus ont été déplacez de l'appartement de ladite Damoiselle vendresse & transportez en celui de ladite Damoiselle acceptante audit nom, qui reconnoît les avoir en sa possession, dont elle est contente, cette vente faite moyennant le prix & somme de liv. que ladite Damoiselle le B reconnoît avoir reçû dudit sieur A & de ses deniers par les mains de ladite Damoiselle sa sœur, dont, &c. quittant, &c. Fait & passé à Paris ès Etudes, &c. le jour de mil Et ont signé.

Vente de Contrats de constitution de rentes assignées sur les Aydes & Gabelles, & cinq grosses Fermes de France.

FUt présent, &c. lequel a reconnu avoir vendu, cedé & transporté par ces présentes dès maintenant & à toujours, & promet garentir de tous troubles & empêchemens généralement quelconques, excepté des faits du Roi, à haut & puissant Seigneur Messire Philbert Comte de G héritier universel institué de défunte Dame Charlotte-Catherine de G sa sœur, au jour de son décès veuve de Messire Henri-Just-Mette de C suivant son Testament olographe du mil reconnu par Acte du passé pardevant B Notaire à & Codicile du mil aussi reconnu par Acte du desdits mois reçû par B & de C Notaires à Paris, le tout déposé audit de C le demeurant à Paris, ruë Paroisse Saint à ce présent & acceptant, aux charges de substitutions portées ausdits Testament & Codicile, & en la présence & du consentement tant de haute & puissante Dame Elisabeth D son épouse, de lui separée quant aux biens, & qu'il a néanmoins autorisée à l'effet des présentes, ladite Dame étant aux droits dudit Seigneur son époux & de Dame Claude-Charlotte de G leur fille, épouse séparée de biens & d'habitation de Milord Henri S Légataire particuliere de ladite Dame de S. C de la somme de livres par sondit Testament suivant le Contrat de mariage desdits Seigneur & Dame de passé pardevant M & L Notaires à Paris, le Avril mil & les Actes passez pardevant B le jeune & ses Collegues Notaires, les que de M^e. Etienne-Riviere demeurant ruë Paroisse S. au nom & comme Tuteur à la substitution élû de l'avis de Messieurs les parens & amis de la famille de G homologuée par Sentence du Châtelet du demeurée & annexée à la minute de la quittance, dont sera ci-après parlé, pour ce Comparant livres de rente au denier rachetables de la somme de livres en cinq parties de livres de rente chacune appartenantes audit sieur Vendeur & à lui constituées par Messieurs les Prevôt des Marchands & Echevins de cette Ville de Paris, par cinq Contrats passez pardevant V & B Notaires, un même jour Mars mil à prendre dans les millions de rente alienez sur les Aydes & Gabelles par Edit du mois de mil & payables en l'Hôtel de cette Ville, subrogeant ledit sieur Vendeur, ledit Seigneur acquéreur en ses droits & actions, & lui a présentement délivré les grosses desdits Contrats de constitutions, pour par lui joüir, faire & disposer desdites rentes, comme il a droit de faire en ladite qualité ou ladite son épouse èsdits noms, ainsi qu'il sera ci-après stipulé, à commencer ladite joüissance du premier Janvier mil & à cet effet prendre Lettres de ratification du présent Contrat en Chancellerie, pour en purger les hypothéques, & si ausdites Lettres il intervient des oppositions, ledit sieur Vendeur promet en apporter main-levée audit Seigneur acquéreur & en faire décharger lesdites

Lettres, à la premiere dénonciation qui lui en sera faite en son domicile ci-après élû, à peine de tous dépens, dommages & intérêts, & de restitution du prix de la présente vente, laquelle est faite moyennant pareille somme de livres que ledit sieur Vendeur a confessé avoir reçû dudit Seigneur acquéreur & de ladite Dame son épouse, qui lui ont baillé, payé, compté & délivré ladite somme en louis d'or, d'argent, bons & ayans cours, présens les Notaires soussignez, dont il s'est tenu content & les en quittent; ce faisant il a transporté audit Seigneur acquéreur tous droits de propriété qu'il avoit en & sur lesdites rentes s'en désaisissant à son profit, & consent qu'il en soit saisi & mis en possession, ainsi qu'il appartiendra par la teneur des présentes; déclarant lesdits Seigneur & Dame de G sieur R èsdits noms, que ladite somme de ci-dessus payée pour le prix de la présente vente, est la même qui a été reçuë par lesdits sieur & Dame de G en présence dudit sieur D de Messire Charles-Emanuel de la V & Dame Marie-Anne M de Saint C son épouse, héritiere sous bénéfice d'inventaire de défunt Messire Jean-Armand M de Saint C son pere, pour pareille somme qu'ils devoient à la succession de ladite Dame Charlotte-Catherine de G pour les causes portées en la quittance dudit remboursement passée devant ledit L & P Notaires, au desir de laquelle pour la sûreté dudit payement, & pour satisfaire audit nom de Procureur & à la Sentence du Châtelet du dudit mois de aussi annexée à ladite quittance, est fait le présent emploi afin que lesdites rentes acquises par ledit sieur de G par le présent Contrat, tiennent même nature que faisoit lesdits livres, en la succession de ladite Dame Charlotte-Catherine de G & demeurent affectez au payement des legs particuliers portez en sondit Testament & autres charges de sadite succession, & substituée au profit de ceux nommez audit Testament, & dans les rangs & dégrez y portez, le cas échéant, conformement audit avis de parens & Sentence sus-dattez; desquels mil livres de rente présentement acquis par ledit sieur D il consent que les arrérages soient perçûs par ladite Dame son épouse, & qu'elle soit immatriculée en la joüissance d'iceux par les sieurs Payeurs desdites rentes, comme à elle appartenant, au moyen des subrogations & transports de droits faits à son profit par ledit Contrat de mariage desdits sieur & Dame de & par lesdits Actes des mil & Mai mil à l'effet de laquelle joüissance ledit sieur Comte de G a présentement remis ès mains de ladite Dame son épouse, les grosses desdits Contrats de constitutions de rentes, consentant en outre ledit sieur Comte de G que ladite Dame son épouse puisse exercer sur la propriété desdites rentes, les droits à elle acquis, comme elle avoit droit de faire sur ladite somme de mille livres, ci-dessus employée en l'acquisition desdites rentes, aussi en vertu dudit Contrat de mariage & Actes susdattez, ce que ledit sieur R audit nom, a protesté ne pouvoir préjudicier aux appellez à ladite substitution, & par ladite Dame Comtesse de G ses défenses au contraire; & pour l'exécution des présentes, ledit sieur Vendeur a élû son domicile irrévocable à Paris, en sa maison ci-devant déclarée: auquel lieu, &c.

nonobstant, &c. promettant, &c. obligeant, &c. renonçant, &c. Fait & passé en la maison desdits Seigneur & Dame de G l'an mil le jour de a midi. Et ont signé.

Vente de trois parties de rentes constituées sur les Aydes & Gabelles.

FUrent présens Jean-Baptiste-Nicolas N sieur des E & Damoiselle Marie-Hypolite-Jeanne L son epouse, qu'il autorise pour l'effet des présentes, demeurant ruë Paroisse Saint lesquels ont vendu, cedé, quitté & transporté, & promettent solidairement l'un pour l'autre chacun deux un seul & pour le tout, sans division, discussion ni fidejussion, à quoi ils renoncent, garentir de tous troubles, dons, doüaires, évictions, substitutions, & autres empêchemens généralement quelconques, fors des faits du Prince, à à ce présent & acceptant acquéreur, pour lui, ses hoirs & ayans cause, les trois parties de rentes constituées sur les Aydes & Gabelles ci-après expliquées.

La premiere de livres de rente au principal de la somme de livres à prendre en livres de rente constituées à Damoiselle Catherine de V fille majeure, faisant partie des de livres de rente créez par Edit du mois de Février mil ledit Contrat passé pardevant R & A Notaires à Paris, le de ladite année mil

La seconde de la somme de livres de rente au principal de la somme de livres, faisant moitié de livres de rente constituez sur les Aydes & Gabelles, au profit de par Contrat passé pardevant R & A Notaires à Paris, le faisant partie de de livres de rente créée par Edit du mois de Mai mil

Et la troisiéme de livres aussi de rente au principal de livres, constituez aussi sur les Aydes & Gabelles, au profit de ladite Damoiselle par Contrat passé pardevant C & A Notaires à Paris, le mil ladite rente faisant partie des de livres de créez par ledit Edit de mil Lesdites trois parties de rentes appartenantes ausdits sieur & Damoiselle M à cause d'elle, comme lui étant entre autres choses échûës par le second lot du partage fait entr'elle, Damoiselle Marie-Geneviéve L épouse non-commune en biens du sieur Louis de L Bourgeois de Paris, de lui autorisée; & sieur Martin M Bourgeois de Paris & Damoiselle Marie-Anne le C son épouse aussi autorisée, des biens des successions de défunt Maître François le C Avocat en la Cour, beau-pere & pere de Damoiselle Magdelaine de V leur grande tante paternelle, décédée fille majeure, & desquels ils étoient héritiers chacun pour un tiers, ledit partage passé devant D & V Notaires audit Châtelet de Paris, le portant masse des biens desdites deux successions, & ausquels sieur le C & Damoiselle Magdelaine V lesdites rentes appartenoient de la maniere ci-après expliquée.

Sçavoir ladite premiere partie de rente de livres audit défunt sieur le C comme seul héritier de Damoiselle sa mere, à qui elle étoit échuë par le partage des biens de Damoiselle Elisabeth D sa tante, passé devant A & T Notaires à Paris, le mil à laquelle Damoiselle Elisabeth de V ladite Damoiselle Catherine de V avoit fait déclaration de ladite rente par Acte passé devant G & A Notaires à Paris, le mil

La seconde desdites parties de rente de livres à ladite Damoiselle Magdelaine de V comme héritiere pour un tiers de ladite Damoiselle Elisabeth de V & comme lui étant entr'autres coses échuë par le premier lot du partage des biens de sa succession ci-devant datté.

Et la troisiéme de livres à ladite Damoiselle Magdelaine de V pour avoir été rapportée à sa succession par ladite Damoiselle Marie-Hipolyte-Jeanne le C femme dudit sieur M à laquelle elle avoit été donnée en faveur de leur mariage, par Contrat passé devant

Pour desdits trois parties de rentes en principaux & arrérages, joüir, faire & disposer par L acquéreur, ses hoirs & ayans cause comme ils aviseront, à commencer la joüissance du premier Janvier dernier; cette vente faite moyennant la somme de livres, que lesdits sieur & Damoiselle Vendeurs reconnoissent & confessent avoir reçûë dudit sieur acquéreur, qui a ladite somme baillée, comptée, nombrée & réellement délivrée à la vûë des Notaires soussignez, en louis d'argent & monnoye bons & ayans cours, dont, &c. quittant, &c. transportant, &c. désaisissant, &c. voulant, &c. Procureur, &c. le porteur, &c. donnant, &c. pouvoir, &c. & au moyen des présentes, ont lesdits sieur & Damoiselle Vendeurs présentement délivrez audit sieur acquéreur, extrait dudit partage susdatté, ensemble la grosse en parchemin dudit Contrat de constitution desdites livres de rente, dont lesdites livres de rente sont partie, & l'expédition de la déclaration passée par ladite Damoiselle Catherine de V susdattée, copie collationnée dudit Contrat de constitution de livres aussi susdatté, dont lesdites livres susmentionnez & cedez sont moitié, & la grosse dudit Contrat de constitution desdites livres de rente aussi susdatté & énoncé, dont ils le font porteur & le subroge en tous leurs droits, noms, raisons, actions & hypothéques, & pour purger les hypothéques qui pourroient se trouver sur lesdites trois parties de rentes sus-vendues, a été convenu que ledit sieur acquéreur, pourra quand bon lui semblera & à ses frais & dépens, obtenir en Chancellerie Lettres de ratification & approbation du présent Contrat, & que si au sceau & délivrance desdites Lettres il intervenoit quelques oppositions procedant du fait desdits Vendeurs ou de leurs auteurs, seront tenus iceux vendeurs, comme ils s'obligent, d'en apporter main-levée audit acquéreur, aussi-tôt la dénonciation qui en sera faite ausdits sieur & Damoiselle Vendeurs, au domicile qu'ils éliront ci-après; & de faire en sorte que le payement des arrérages de ladite rente ne soit retardé ni l'immatricule dudit sieur acquéreur retardée, à peine, &c. élisans le sieur de S & Damoiselle Vendeurs domicile en leur susdite demeure; auquel lieu, &c. promettant, &c. obligeant, &c. lesdits Vendeurs solidairement comme dessus, renonçant, &c. Fait & passé à Paris l'an mil le jour de Et ont signé.

Nota. *Ces deux précédents Contrats se nomment aussi* Transports de rentes, *voyez ci-devant aux Transports.*

Vente d'immeubles par un débiteur à son créancier subrogé aux droits d'un autre pour s'acquitter envers ledit créancier.

FUt présente Dame Catherine D veuve en premieres nôces de Messire Jean C Capitaine dans le Regiment de Champagne, d'avec lui, quand il vivoit, separée quant aux biens, & en secondes de Messire Aléxandre de P Capitaine de Vaisseaux du Roi, demeurante à Paris ruë Paroisse S. laquelle a vendue, cedée & délaissée par ces présentes, & promis garentir de tous troubles & empêchemens généralement quelconques à Maître François V Avocat en Parlement, demeurant ruë Paroisse S. à ce présent & acceptant, acquéreur pour lui ses hoirs & ayans cause, deux maisons tenantes l'une l'autre, scises en cette Ville de Paris, en ladite ruë des faisant face sur ladite ruë, la premiere consistante en deux corps d'Hôtel, l'un en face & l'autre sur l'aîle du côté gauche en entrant, porte cochere, cour & jardin derriere, & la seconde en un autre corps de logis, petit jardin & appartenances, tenant ladite premiere maison d'un côté au sieur D Bourgeois de Paris, d'autre à aboutissant d'un bout parderriere & pardevant sur ladite ruë, la seconde d'un côté à aboutissant parderriere au jardin de ladite premiere maison où elle fait enclave, en laquelle grande maison sont à présent demeurant (*tels & tels*) & en la seconde (*tels & tels*)

Lesdites deux maisons acquises par ladite Dame C moyennant livres de rente de bail d'héritage, rachetables de la somme de livres, par Contrat passé pardevant D & B Notaires à le mil de Maître Etienne B auquel lesdites deux maisons auroient été baillées & délaissées à la charge de ladite rente par Messire B Conseiller au Parlement par Contrat passé pardevant R & ledit B le mil laquelle Dame C suivant & aux termes de son Contrat d'acquisition, & pour satisfaire à la Sentence du Châtelet du Octobre mil auroit consigné ès mains de Monsieur S Receveur des Consignations, suivant sa quittance du Décembre mil Pour & en l'acquit dudit sieur B la somme de livres, faisant avec celle de payée par ladite Dame C pour les arrérages qui étoient lors dûs de ladite rente, & de laquelle elle auroit été déchargée par ladite Sentence ci-dessus dattée, des livres pour le sort principal desdites livres de rente de bail d'héritage, ainsi qu'il est plus au long énoncé par la quittance dudit sieur S portant déclaration que dans ladite somme de livres, est entré celle de empruntée par ladite Dame C de de Maître Antoine A Bourgeois de Paris, par Obligation du même jour Décembre mil passée devant G & ledit B Notaires, à fin de privilége & hypothéque spécial sur lesdites deux maisons, qui sont en la censive du Prieuré de Saint & chargées du cens seulement, pour toutes & sans autres charges, dettes, hypothéques, ni redevances quelconques, autres que lesdits livres ci-dessus de principal, intérêts qui en sont dûs, frais & dépens; pour desdites deux maisons ci-dessus venduës, joüir, faire & disposer par ledit sieur acquéreur, sesdits hoirs & ayans causes, comme de chose à lui appartenante, à commencer la joüissance du premier Janvier prochain. Cette vente faite à la charge dudit cens, & outre moyennant & pour demeurer quitte par ladite Dame C envers ledit sieur V de la somme de livres, dont il la quitte & décharge par ces présentes, à cause de pareille somme cedée & transportée audit sieur V par Acte passé pardevant G & C l'un des Notaires soussignez, le Octobre dernier mil signifié le dudit mois, par Jean-Baptiste-Joseph B Ecuyer Seigneur de B Légataire universel de défunt Simon B Ecuyer Seigneur de B son pere, qui avoit droit par, déclaration passée pardevant J & ledit B Notaires, le Mars mil de Claude C lequel par autre Acte passé pardevant D & ledit G Notaires le même jour, auroit été subrogé aux droits dudit A Sçavoir liv. de principal contenus en l'Obligation passée par ladite Dame C au profit dudit sieur A pardevant lesdits G & B Notaires, ledit jour Décembre mil qui a été employée comme il est ci-dessus déclaré dans le payement & consignation fait audit sieur S par sa quittance du même jour en l'acquit dudit sieur B suivant le Contrat d'acquisition faite par ladite Dame desdites deux maisons, & l'exécution de ladite Sentence du Châtelet dudit jour Octobre mil & livres pour années échûës le Décembre mil des intérêts desdites livres de principal, comptez depuis le Décembre mil jour de la demande qui en a été faite, adjugez par Sentence du Châtelet du Décembre mil à l'égard des frais & dépens cedez par ledit Transport audit sieur V il en fait par ces présentes remise gratuite à ladite Dame C se reservant néanmoins ledit sieur V pour sûreté de la garentie de la présente vente, tous les droits, actions, privilege & hypothéques qui lui sont acquis sur lesdites deux maisons, en conséquence dudit transport & des piéces dattées & énoncées par icelui, pour les exercer quand & ainsi qu'il avisera bon être, en cas d'éviction en la joüissance desdites deux maisons, à l'effet de quoi les titres & piéces de sa créance lui sont restez entre les mains, transportant par ladite Dame C audit sieur V tous droits de propriété qu'elle a & peut avoir sur lesdites deux maisons, s'en désaisissant à son profit; voulant Procureur, le porteur, donnant pouvoir. Ce faisant, a présentement délivré audit sieur V expédition en parchemin dudit Contrat de bail à rente fait par ledit sieur B audit B desdites deux maisons, le décret que ledit sieur B en a fait faire sur lui au Châtelet de Paris, le mil avec l'expédition en parchemin du Contrat de vente faite par ledit sieur B à ladite Dame C desdites deux maisons: car ainsi, &c. & pour l'exécution des présentes, ladite Dame C a élû son domicile en sa demeure ci-devant déclarée, auquel lieu, &c. nonobstant, &c. promettant, &c. obligeant, &c. chacun en droit soi, &c. renonçant, &c. Fait & passé à Paris, &c.

Vente d'un Privilége de Marchand Linger suivant la Cour.

FUt présent sieur Claude D Marchand Linger vendeur de Toille, ouvrage de dentelle de fil, privilegié suivant la Cour & Conseils de Sa Majesté, tenant train de marchandises concernant ledit état, comme étant du nombre des huit Marchands privilegiés Lingers vendeurs de toille & ouvrages de dentelles de fil, demeurant à Paris ruë Paroisse lequel a par ces présentes vendu & vend au sieur Antoine T Marchand Bourgeois de Paris, y demeurant à ce présent & acceptant, acquereur pour lui, ledit privilege, état & office de Marchand Linger vendeur de toille & ouvrages de dentelles, de fil, privilegié suivant la Cour & Conseils de Sa Majesté, dont ledit sieur vendeur est pourvû & joüissant, au lieu & place de Damoiselle Anne T Epouse non-commune en biens de pour par ledit sieur acquereur se faire pourvoir & recevoir audit Office à ses frais & diligences, en consequence de la démission d'icelui que ledit sieur vendeur lui a présentement délivrée en original passé devant les Notaires soussignez ce jourd'hui, & dont n'est point resté de minute avec l'original de la vente dudit Office, faite audit sieur vendeur par ladite Damoiselle T passé devant & son Confrere Notaires à Paris, le sans minute, pour dudit Office de Marchand Linger vendeur de toille & ouvrages de dentelles de fil, privilegié suivant la Cour & Conseils de Sa Majesté, tenant train & Marchandise concernant ledit état, comme étant du nombre des huit privilegiés Marchands Lingers vendeurs de toille ouvrages de dentelles de fil, joüir par ledit sieur acquereur, ainsi & de même qu'en a joui ou dû joüir ledit sieur D & si au sceau expédition & délivrance des provisions que ledit sieur acquereur obtiendra, il se trouve des oppositions procedant du fait dudit sieur vendeur ou de ses auteurs, icelui vendeur promet en apporter main-levée en forme audit sieur acquereur, incontinent après qu'elles lui auront été dénoncées en son domicile ci-après élû, à peine, &c. Cette vente faite moyennant la somme de livres, que le sieur vendeur reconnoît & confesse avoir reçû dudit sieur T qui lui a ladite somme payée, dont quittant, &c. promettant, &c. obligeant, &c. renonçant, &c. Et pour l'exécution des présentes ledit sieur D a élû son domicile en sa demeure susdite, auquel lieu, &c. nonobstant, &c. Fait & passé à Paris ès Etudes, &c. l'an mil sept cens le jour d a midi. Et ont signé.

Vente d'un fond de Boutique.

FUrent présent Nicolas T Maître Serrurier à Paris, & Geneviéve F sa femme, qu'il autorise à l'effet des présentes, demeurant ruë Paroisse lesquels ont par ces présentes vendu, & promettent solidairement garantir de toutes revendications à Philippe M aussi Maître Serrurier à Paris, y demeurant ruë Paroisse à ce présent & acceptant, le fond de leur boutique, consistant en marchandise & outils de leur métier, dont les parties ont fait entr'elles un état qu'elles ont representées & qui est à leur requisition demeuré annexé à ces présentes, après avoir été paraphé desdits parties, en présence des Notaires soussignez, toutes lesquelles marchandises & outils sont actuellement dans la boutique & arriereboutique dependante de la maison ou lesdits T & sa femme son demeurans, & en la possession dudit M ainsi qu'il le reconnoit; ledit T & sa femme lui ayant présentement délivré & mis ès mains la clef de ladite boutique, dont & du tout il est content, ledit T & sa femme lui en faisant dès-à-présent toute tradition nécessaire, pour par ledit M faire & disposer desdites marchandises & outils à sa volonté, comme de chose lui appartenante au moyen des présentes : Cette vente faite moyennant la somme de livres, en deduction de laquelle ledit T & sa femme reconnoissent & confessent avoir reçû dudit M en louis d'or, d'argent & monnoye bons & ayant cours celle de livres, dont, &c. quittant, &c. & quant aux livres restans, ledit M promet & s'oblige les payer ausdits T & sa femme en leur demeure à Paris ou au porteur, &c. dans de ce jour, jusqu'auquel payement ils se reservent leur privilege sur lesdites marchandises & outils sus-vendus, renonçant lesdits T & sa femme a tenir boutique de Serrurier & de travailler ni faire travailler dudit métier directement ni indirectement, à peine, &c. & promettent audit M de le mener & présenter chez les personnes & pratiques pour lesquelles ils ont travaillé jusqu'à présent, & de lui procurer lesdites pratiques autant qu'il sera en leur pouvoir. Et pour l'exécution des présentes & dependances les parties ont élû leurs domiciles en la maison desdits T & sa femme & où ledit M va demeurer, auquel lieu, &c. nonobstant, &c. promettant, &c. obligeant, &c. chacun en droit soi, &c. ledit T & sa femme solidairement comme dessus, &c. renonçant, &c. Fait & passé à Paris en l'Etude de Notaire le mil a midi. Et ont signé.

Vente de fruits de Vignes.

FUt présente Damoiselle Margueritte D veuve de Messire Pierre C Conseiller du Roi en son Parlement, & sa donataire universelle, demeurante à Paris ruë Paroisse S laquelle a vendue à sieur Claude L Bourgeois de Paris y demeurant ruë Paroisse Saint à ce présent & acceptant, la recolte, vendange & depoüille de fruits de la présente année, de arpens de vignes, appartenante à ladite Dame audit nom, en plusieurs piéces, scises au terroir de près Paris, dont ledit acceptant déclare avoir bonne connoissance, pour par lui faire lesdites vendanges, recolte & dépoüille, & en joüir ainsi qu'il jugera à propos; même ladite Dame, consent & s'oblige de lui laisser joüir & servir des eaux, baignoires, & autres vaisseaux servant à faire le Vin, du pressoir, étant dans la maison dudit sieur C plus de la jouissance de ses Scelliers pour le resserrer jusques à ce qu'il en ait disposé, & fait l'enlevement: Ces présentes faites moyennant la somme de que ledit sieur C s'oblige de payer à ladite Dame veuve C en sa demeure à Paris, ou au porteur, à sa volonté & premiere requisition, à peine, &c. & pour l'exécution des présentes, ledit sieur C a élû son domicile à Paris, en sa demeure sus-déclarée, auquel lieu, &c. nonobstant, &c. promettant, &c. obligeant, chacun en droit soi, &c. renonçant, &c. Fait & passé à Paris en l'Etude de P Notaire, l'an mil le jour d a midi: Et ont signé.

Vente de Droits sur une Terre.

FUt présent sieur Jacques L Medecin à Londres en Angleterre, y demeurant ordinairement, étant de présent logé à Paris, ruë de Paroisse Lequel a volontairement vendu, cedé, quitté, transporté & délaissé, sans aucune garantie que de ses faits & promesses seulement, qui sont qu'il n'a disposé en aucune maniere de ce qui sera ci-après déclaré, à Jacques B Marchand à pays du Maine, étant ce jour à Paris, logé ruë Paroisse Saint à ce présent, & acceptant, tous & tels droits quelconques qu'il peut avoir, & prétendre sur la Terre de circonstances & dépendances, en quoi qu'ils puissent monter sans reserve, pour ce qui lui peut appartenir dans le prix d'icelle, dûs par celui qui l'a acquis ou d'autres ses débiteurs, pour quelque que ce soit sans reserve, faire déguerpir si bon lui semble l'acquereur de ladite Terre située audit pays d Paroisse d à lui appartenant de son propre, pour par ledit B se mettre en possession de ladite Terre, pour la part qui appartient audit sieur L faire restituer toutes sommes pour raison des appartenances & dépendances de ladite Terre, en faire le Recouvrement, & du tout jouir, faire & disposer comme de chose lui appartenante ; à commencer la jouissance pour tout ce qui est dû du passé, & qui écherra à l'avenir, de ce jourd'hui : Ces présentes faites à la charge par ledit B d'acquitter ledit C de toutes les charges & dettes quelconques, dont il pourroit être tenu pour sa part ; & outre moyennant la somme de qu'il confesse avoir reçuë dudit B dont quittant, &c. transportant, dessaisissant, &c. voulant, &c. Procureur, &c. le Porteur, &c. donnant pouvoir, &c. & pour l'exécution des présentes ledit sieur C a élû son domicile en cette Ville, en l'Etude de Me. Gilles V Procureur au Châtelet, scise ruë & Paroisse auquel lieu, &c. nonobstant, &c. promettant, &c, obligeant chacun en droit soi, &c. renonçant, &c. Fait & passé à Paris ès Etudes, &c. le jour de mil a midi : Et ont signé.

Vente & Marché d'une Coupe de Bois taillis.

FUt présent Messire Charles-Etienne F Abbé Commandataire de l'Abbaye Royale de Notre-Dame de demeurant à Paris, ruë Paroisse Saint Lequel a vendu, & vend par ces présentes, à Jean J . Marchand de Bois, demeurant à de présent à Paris, logé . à ce présent & acceptant, la coupe & superficie des Bois taillis, dépendans de ladite Abbaye de dont l'exploitation est à faire en la présente année ; pour par ledit J faire, couper & abattre lesdits Bois taillis, à la coignée & à fleur de terre, suivant l'Ordonnance, sans les écuiser, éclater, ni autrement endommager en quelque sorte & maniere que ce soit, pour être ladite coupe desdits Bois taillis, faite & parfaite au plutard au jour d prochain mil & la vuidange faite aux termes de l'Ordonnance, & outre à la charge par ledit J de laisser sur chacun arpent desdits Bois taillis Balliveaux, de l'âge du taillis, qui demeureront reservés avec tous les autres Balliveaux, anciens & modernes, qui sont & demeureront aussi reservés & non compris en la présente Vente, faite en outre, moyennant le prix & somme de par chacun arpent, à raison de 22. pieds perches, & 100. perches pour arpent, s'oblige ledit J de payer la somme de au jour de prochain, & le surplus du prix du présent marché, en payemens égaux en cette ville de Paris, en la maison dudit sieur Abbé, dont le premier se fera au jour de de l'année prochaine mil & le dernier au jour de saint de la même année. Est convenu qu'après l'exploitation & vuidange desdits Bois, il sera fait un arpentage aux frais dudit J ainsi que des Balliveaux qui se trouveront dans lesdits Bois, sur lequel arpentage, il sera fait seulement diminution & deduction des grandes routes & grands chemins, si aucuns se trouvent ; à l'exécution duquel marché la coupe desdits Bois demeurera spécialement affectée & hypothequée, & outre ledit J affecte, oblige, & hypotheque tous ses biens meubles & immeubles présens & à venir, une obligation ne dérogeant à l'autre. Au cas que pour ladite coupe, ledit J soit imposé à la taille, ledit sieur Abbé de s'oblige d'acquitter & indemniser ledit J de ce à quoi il sera imposé pour raison de ladite coupe seulement; & ont lesdites Parties élû leurs domiciles irrévocables ès maisons où elles sont à Paris, demeurantes & logées, ausquels lieux, &c. nonobstant, &c. promettant, &c. obligeant, &c. renonçant, &c. Fait & passé à Paris en l'an mil le jour d a midi: Et ont signé.

Vente de meubles, par une femme à son mari séparez de biens, pour demeurer quitte envers lui du principal & arrérages d'une rente qu'elle lui devoit, & ce en forme de Transaction entr'eux.

FUrent présens Claude M Ecuyer, sieur de & Dame Elisabeth d son Epouse, de lui séparée quant aux biens, autorisée par Justice, & néanmoins dudit sieur son époux autorisée à l'effet de présentes; ladite Dame auparavant veuve de Messire Nicolas L Chevalier, Seigneur de demeurant ensemble même maison, ruë Paroisse Saint Lesquels voulant prevenir les difficultés & contestations qui pourroient naître après leurs décès entre leurs héritiers ou ayans cause, tant au sujet de la séparation de biens ordonnée entr'eux par Sentence du Châtelet de Paris, du mil qu'à l'occasion de la rente de livres, constituée par ladite Dame M au profit dudit sieur son époux, avant leur mariage, au principal de livres, par contrat passé devant D & son Confrere Notaires à Paris, le mil pour emploier ladite somme de livres, aux réparations qui étoient lors à faire en ladite maison qu'ils occupent actuellement, ainsi qu'il paroît par ledit contrat, sont volontairement convenus par forme de Transaction, de ce qui suit:

Sçavoir, que ladite Dame M a par ces présentes retrocedé, vendu, délaissé & promis garantir de toutes revendications généralement quelconques audit sieur M son époux, ce acceptant, tous & uns chacuns les meubles mentionnés au procès verbal de vente d'iceux ci-après datté, lesquels meubles avoient été ci-devant saisis sur ledit sieur M à la Requête de ladite Dame son épouse, pour sûreté & conservation de la somme de livres, qui étoit dûë à ladite Dame, par ledit sieur son époux, par l'exploit d'Antoine M Huissier-Priseur audit Châtelet, du mil sur laquelle saisie seroit intervenuë ladite Sentence du mil portant que lesdits meubles, seroient vendus à la diligence de ladite Dame M que les deniers en provenans, lui seroient délivrés jusqu'à concurrence desdites livres; Au moyen dequoi, ledit sieur M en demeureroit quitte, bien & valablement déchargé; en exécution de laquelle Sentence, lesquels meubles auroient été publiés, vendus & adjugés à ladite Dame M comme plus offrante & derniere encherisseuse par ledit M Huissier, suivant son procès verbal de Vente du & jours ſuivans de ladite année pour la ſomme de livres ſols, ſur laquelle ladite Dame, ayant prélevée les livres, à elle dûs par ledit ſieur ſon époux, pour les cauſes énoncées en ladite Sentence; elle lui auroit rendu la ſomme de livres ſols: Sçavoir celle de livres, pour le prix des Chevaux & Caroſſes à elle adjugez par ledit procès verbal, leſquels elle auroit rendus & remis audit ſieur ſon époux au même prix, & le ſurplus en deniers comptans; & en conſéquence, ledit ſieur M en vertu de ladite Sentence, ſeroit demeuré quitte envers ladite Dame ſon épouſe deſdits livres, & ladite Dame de ſa part, ſeroit demeurée Proprietaire de tous leſdits meubles mentionnés audit procès verbal, à l'exception deſdits Chevaux & Caroſſes, tous leſquels meubles elle a, comme dit eſt, vendus & retrocedés par ces préſentes audit ſieur ſon époux, après avoir fait entr'eux le recollement d'iceux ſur ledit procès verbal de vente; & qu'ils ſe ſont trouver exiſter ainſi qu'ils ſont déſignez par icelui, ſauf l'uſage qui en a été fait juſqu'à préſent: deſquels meubles, ledit ſieur M eſt content, & reconnoît les avoir en ſa poſſeſſion:

Cette vente faite, moyennant la ſomme de livres, pour le payement de laquelle ſomme, enſemble pour les cauſes ci-après énoncées, icelui ſieur M quitte & décharge ladite Dame ſon épouſe, de ladite ſomme de livres, faiſant le principal des livres de rente à lui conſtitués par ladite Dame avant leur mariage, par ledit contrat du mil conſentant que ladite rente demeure éteinte & amortie, à compter de ce jourd'hui; au moyen de quoi ledit ſieur M a dit, qu'il lui reſte dû par ladite Dame ſon épouſe, la ſomme de livres, ſur ledit Capital; enſemble tous les arrerages de ladite rente, depuis ledit jour mil qu'eſt intervenuë ladite Sentence, portant ſéparation de biens juſqu'à ce jour, n'en ayant été payés aucuns pendant tout ce tems par ladite Dame M Leſquels arrerages pour années mois jours, échus ce jourd'hui, montent à la ſomme de livres ſols deniers; & jointes auſdites livres ci-deſſus, font la ſomme de livres ſols deniers; Et par ladite Dame M a été répondu, qu'elle ne doit que années deſdits arrerages; & que ledit ſieur ſon époux, ne peut lui en demander davantage, leſquelles années, ne montent qu'à la ſomme de livres; laquelle jointe aux livres, par elle dûs pour le reſtant du capital de ladite rente, feroit ſeulement la ſomme de livres, ſurquoi pour le bien de la paix & par conſideration pour ladite Dame ſon épouſe, ledit ſieur M a volontairement reduit & moderé les livres ſols deniers, par lui ci-deſſus prétendus en principal & arrerages, à la ſomme de livres, pour le payement de laquelle il a requis ladite Dame ſon épouſe, & Meſſire J le M (*de telle qualité*) demeurant ruë Paroiſſe Saint à ce préſent & intervenant au cas du prédecès de ladite Dame M de conſentir qu'il joüit pendant une année ſeulement de la totalité de ladite Maiſon que leſdits ſieur & Dame M occupent actuellement, dans laquelle année ne seront compris les trois mois courans, dans lesquels ladite Dame viendroit à décéder , dont ledit sieur M jouiroit pareillement sans payer aucuns loyer, ou au cas du prédecès dudit sieur M que ladite Dame son épouse tint compte aux héritiers, ou ayant cause dudit sieur son époux, sur le préciput stipulé en sa faveur par leur contrat de mariage, de ladite somme de livres ; ce que ladite Dame M & ledit sieur le M son fils unique & seul héritier, & dudit feu Messire Nicolas le M ont volontairement accordé & consenti tant pour la jouissance de ladite maison, au cas du prédecès de ladite Dame M qu'à l'égard de son préciput, au cas qu'elle survive ledit sieur son époux ; ensorte qu'au moyen des présentes, tous lesdits meubles demeurent acquis en toute propriété audit sieur M ladite rente éteinte & remboursée, & les parties respectivement quittes ; même ledit sieur M du loyer de ladite maison pour le tems échû depuis ladite Sentence, portant séparation de biens jusqu'à ce jour, & ladite Dame M de sa pension & nourritures & de celles de ses domestiques aussi, jusqu'à ce jour ; pour raison desquels loyers & pensions, les quittances & décharges, que lesdits sieur & Dame M pourroient s'être respectivement données jusqu'à présent, ne serviront avec cet énoncé que d'une seule & même chose ; consentant ledit sieur M que sur la minute & grosse dudit contrat de livres de rente, il soit fait mention du rachat & amortissement d'icelle, par tous Notaires requis en son absence ; car ainsi les parties sont convenuës & demeurées d'accord ; & pour l'exécution des présentes, ont élû leurs domiciles en leurs maisons, ci-devant déclarées, ausquels lieux, &c. nonobstant, &c. promettant, &c. obligeant, &c. chacun en droit soi, renonçant, &c. Fait & passé à Paris, en la demeure desdits sieur & Dame M ci-devant déclarée, l'an mil le jour d a midi : Et ont signé.

De la Vente des Offices.

COmme les Offices sont differens, aussi en sont les traitez : les grands Offices de la Maison du Roi & de la Reine, & les Gouvernemens s'appellent Charges, & les autres on les surnomme ordinairement Offices ou Etats, excepté les Commensaux, c'est-à-dire, mangeans à une même table, & ce sont eux avec les Commensaux des Enfans de France & du Premier Prince du Sang, dont les Etats sont portez à la Cour des Aydes, qui ont droit de *Committimus* au grand Sceau, ainsi que les Princes du Sang, les Princes reconnus en France, les Ducs, Pairs & autres Officiers de la Couronne, les Chevaliers & Officiers de l'Ordre du Saint-Esprit, & les deux plus anciens Chevaliers de l'Ordre de S. Michel, les Conseillers du Conseil du du Roi servant actuellement, & les autres Officiers & Ambassadeurs de Sa Majesté, & les Officiers de Justice dénommez au 13. art. du 4. titre de l'Ordonnance de 1669. L'article 14. & les suivans du même titre traitent aussi de ceux qui ont droit de *Committimus* du petit Sceau, & gardes gardiennes.

Des grandes Charges & Gouvernemens l'on prend provision du Roi, duquel il faut être agréé, & ces provisions s'expédient au grand Sceau.

Des autres Etats & Offices Commensaux, on ne prend point de provision du grand Sceau, mais seulement des Lettres de Cachet, qu'on appelle ordinairement retenues, qui sont expédiées par le Secretaire d'Etat qui a la charge de la Maison du Roi, ou par les Secretaires des Commandemens de la Reine, & par celui du Prince du Sang, chacun à son égard.

Lesdits Offices ne tombent point en commerce que par le consentement des chefs, comme ceux que l'on appelle des sept Offices chez le Roi, à sçavoir le Gobelelat, Bouche, l'Echansonnerie, le Commun, la Fruiterie, la Panneterie & la Fourriere dépendans de Monsieur le Grand-Maître, auquel appartiennent lesdits Offices lorsqu'ils vaquent, mais il n'a pas voulu se mêler du Gobelet ni de la Bouche ausquels le Roi seul nomme.

Ceux de la Chambre, du grand Chambelan; ceux de l'Ecurie, du grand Ecuyer; ceux de l'Artillerie, du grand Maître d'icelle; ceux de la Fauconnerie, du grand Fauconnier; ceux de la grande Venerie, du grand Veneur.

Ceux des Gardes, des Capitaines chacun à sa Compagnie, & ainsi de quelques autres, & ces Offices vacans leur appartiennent particuliérement.

Tous lesdits Offices ne sont point susceptibles d'hypothéques pour pouvoir être décretez, ainsi l'on ne craint point qu'il y ait des oppositions au Sceau qui empêchent les provisions.

Les traitez qui s'en font sont de deux façons, ou l'on est agréé, ou non.

Si l'on est agréé, on se contente souvent de prendre la démission de celui qui vend, & l'on paye à l'heure même, ou l'on s'oblige de payer dans certain tems sans mettre de condition dans le traité qui en suspende l'effet jusqu'après sa réception.

Si l'on n'est pas agréé, l'on stipule qu'on promet de fournir la démission dans un tems limité, ordinairement à huitaine ou quinzaine, selon la distance des lieux où se trouve alors celui qui doit être agréé, afin que s'il l'est dans ledit tems, il se puisse faire ensuite pourvoir à ses frais & diligence, & l'acheteur promet payer en recevant ladite démission, ou en d'autres termes : & s'il n'est point agréé, le compromis (car c'est en ce cas que le traité prend ce nom) demeure nul sans dommages ni intérêts.

Quelquefois en passant ledit compromis, l'on donne ladite démission, à la charge que si l'on n'est pas agréé dans certain tems on la rendra, & que ledit compromis sera aussi nul ; mais parce qu'en vertu de ladite démission l'on pourroit se faire pourvoir, celui qui la donne, s'assure de l'argent, soit par caution ou par consignation d'icelui entre les mains du Notaire, ou d'autre, pour le recevoir si l'acheteur est agréé, ou être rendu s'il ne l'est pas.

A tous ces contrats & compromis qui ont un effet suspendu, l'on met une peine que celui qui y contreviendra, payera à l'autre ; car c'est une maxime que quelque promesse qu'un homme fasse de donner sa démission, & celui qui la prend d'en payer le prix convenu, si l'un ou l'autre est défaillant d'exécuter de sa part la convention, il en doit payer la peine, autrement les traitez seroient inutiles, si l'on avoit la liberté de s'en dédire quand on voudroit.

Vente d'Office de Lieutenant à un Grenier à sel.

FUt présent M^e^. Yves demeurant à porteur des Lettres de provision, quittances de Finance & Marc d'or, ci-après déclarées, (le nom de l'Officier en blanc,) lequel a par ces présentes vendu & vend, sans aucune garantie que de ses faits & promesses seulement, à M^e^. François à ce présent & acceptant l'état & Office de Conseiller du Roi & Lieutenant au Grenier à Sel de aux gages de livres par an, & d'un sol pour chaque minot de Sel qui se vendra & distribuera audit Grenier à Sel, tant en exercice que hors d'exercice dudit Office : Ensemble aux honneurs & autres droits, fruits, profits, prééminences, autorités, privileges, franchises, libertés & fonctions audit Office de Conseiller du Roi, Lieutenant audit Grenier à Sel, attribués & appartenans par l'Edit de création d'icelui du mois de Juillet 1623. lequel Edit avec lesdites Lettres de provision dudit Office, données à Paris le jour de signées sur le repli, par le Roi, L & scellées du grand Sceau de cire verte, en lacs de ſoye rouge & verte, qui ont été préſentement remplies du nom dudit ſieur François & la copie en parchemin deſdites quittances de finance & Marc-d'or, ſignée par collation dudit L cellé de la finance dattée du montant à livres, & l'autre en date du de la ſomme de livres pour le Marc-d'or dudit Office, controllées l'une comme l'autre au Controlle général des Finances, le ledit Controlle ſigné le tout attaché enſemble ſous le contreſcel deſdites Lettres de proviſion, ledit ſieur Yves a à l'inſtant & en la préſence des Notaires ſouſſigné, a délivré ès mains dudit ſieur François dont il s'eſt contenté & en a quitté & déchargé ledit vendeur & tous autres. Auquel Office ledit ſieur François ſera tenu de ſe faire recevoir dans un mois d'hui prochain, à ſes frais & diligences par tout où beſoin ſera, & ſi à ladite reception intervenoit quelque empêchement ou oppoſition, procedans du fait dudit ſieur vendeur ou de ſes auteurs, icelui vendeur ſera tenu & promet de les faire lever, ôter & ceſſer à ſes frais & diligences, ſi-tôt qu'elles lui auront été ſignifiées, à perſonne ou à ſon domicile ci-après élû, & faire en ſorte que ladite reception ne ſoit retardée, à peine de tous dépens, dommages & intérêts; pour dudit Office, gages & droits ſuſdits, jouir par ledit ſieur acquereur, même héréditairement par ſes héritiers dudit droit d'un ſol pour minot de ſel qui ſera vendu, comme dit eſt, audit Grenier, & choſes octroyées, & attribuées audit Office, à commencer de ce jourd'hui, le tout ſuivant & conformément audit Edit, & Lettres de proviſion ſuſdattées. Et à l'égard de ce qui eſt dû & échû des gages & droits du ſuſdit Office depuis le premier jour de Janvier dernier juſqu'à cedit jour, ledit ſieur Yves les a volontairement remis audit acquereur, & lui en fait ceſſion & tranſport en faveur du préſent traité, ſans garantie ni reſtitution de deniers quelconques, pour en recevoir par ledit acquereur le payement de qui & ainſi qu'il appartiendra, & de tout ce que deſſus vendu & cedé, faire & diſpoſer par ledit acquereur comme de choſe à lui appartenante au moyen des préſentes. Cette vente, ceſſion & tranſport faits aux conditions ſuſdites, & outre moyennant pareille ſomme de livres, à laquelle ſe monte la finance dudit Office; laquelle ſomme de livres, ledit ſieur acquereur a préſentement payée, comptée, nombrée, & réellement délivrée, préſens les Notaires ſouſſignez, en louis d'or & autre bonne monnoye ayant cours, audit ſieur Yves, dont il s'eſt contenté & en a quitté ledit acquereur & tous autres: Et pour ce qui eſt de ladite ſomme de livres, pour ledit droit de Marc-d'or & frais de l'expédition deſdites Lettres de proviſion d'icelui Office, ledit ſieur Yves les a auſſi remis & quittés audit acquereur, dont il le décharge pareillement en faveur dudit préſent traité, car ainſi, &c. & pour l'exécution des préſentes. *Election de domicile*, &c.

Vente d'Office de Commissaire aux Saisies Réelles.

FUt présent Maître Laurent Conseiller du Roi, Commissaire, Receveur & Controlleur général ancien des Saisies Réelles du Siege Présidial, & autres Jurisdictions de la Ville de y demeurant, étant maintenant en cette Ville de Paris, logé ruë de lequel a volontairement reconnu & confessé avoir vendu & vend par ces présentes à Maître Florimond à ce présent & acceptant acquereur, lesdits états & Offices de Conseiller du Roi, Commissaire, Receveur & Controlleur général ancien des Saisies Réelles dudit Siege Présidial & autres Jurisdictions de ladite Ville de avec les gages de attribuez audit Office de Commissaire, & tous les droits, fruits, profits, revenus & émolumens ausdits deux Offices de Commissaire, Receveur & Controlleur ancien desdites Saisies Réelles, pareillement attribués & appartenans, sans aucune chose en excepter, reserver ni retenir par ledit vendeur, le tout à icelui vendeur appartenant, francs & quittes de toutes taxes qui peuvent avoir été & pourroient être faites sur lesdites Offices, gages & droits jusqu'au premier jour de Janvier prochain, tant pour restitution de droits que pour la jouissance d'iceux Offices, & autrement en quelque sorte & maniere que ce soit, quand bien il s'en trouveroit qui n'auroient pas encore été signifiées ni venues à la connoissance dudit sieur vendeur. Dont, si aucuns y a, icelui sieur vendeur sera tenu & promet d'en faire décharger ledit sieur acquereur, & de l'en acquitter envers & contre tous à sa premiere demande, tant en principal qu'accessoire, & faire en sorte qu'il n'en souffre aucune perte ni dommage, même de supporter par ledit sieur vendeur l'entiere perte du prix desdits Offices gages & droits, si la suppression d'iceux ou de partie s'en trouvoit faite auparavant ledit jour premier Janvier prochain; soit que ladite suppression fût venue ou non à sa connoissance: Et, à cette fin de rembourser audit sieur acquereur tout ce qui se trouvera lui avoir été payé par icelui sieur acquereur sur ledit prix audit jour premier Janvier prochain, ou bien lui faire diminution, & tenir compte sur le restant dudit prix à proportion de la valeur desdites suppressions, s'il y en a, le tout au dire de gens à ce connoissans, dont lesdites parties conviendront amiablement, pour être reglées sans forme ni figure de procès. Auquel sieur acquereur ledit sieur vendeur a présentement délivré sa procuration *ad resignandum*, desdits Offices, remplie de son nom, ce jourd'hui passée sans minute pardevant lesdits Notaires soussignez; plus les Lettres de provision desdits deux Offices expédiées au nom dudit sieur vendeur, données à Versailles le premier jour de Mars signées & scellées, sous le contre scel desquelles sont attachées plusieurs pieces, (*il les faut déclarer piéce à piéce*) plus la quittance du droit annuel payé par ledit sieur vendeur pour jouir de la dispense des quarante jours desdits Offices durant la présente année, en datte d'*un tel jour*, signée, &c. controllée, &c. pour en vertu de toutes lesdites piéces, se faire ledit sieur Florimond pourvoir & recevoir ou faire pourvoir & recevoir qui bon lui ſemblera auſdits deux Offices à ſes frais & diligences dans les trois mois prochains. Et ſi à l'expedition & Sceau des proviſions deſdits Offices préſentement vendus, il y avoit ou intervenoit aucunes oppoſitions ou empêchemens procedans du fait dudit ſieur vendeur ou de ſes auteurs, icelui ſieur vendeur ſera tenu & promet auſſi de les faire ceſſer, lever & ôter dans huitaine, après qu'elles lui auront été ſignifiées & faites à ſçavoir à ſon domicile ci après élû, & faire en ſorte que leſdites expeditions ne ſoient retardées, à peine de tous dépens, dommages & intérêts. Pour deſdits Offices, gages & droits préſentement vendus ſans aucune réſerve, comme dit eſt, jouir, faire & diſpoſer par ledit ſieur Florimond acquereur, ainſi que bon lui ſemblera au moyen des préſentes, & tout ainſi que ledit ſieur vendeur en a ci-devant joui, & qu'il en jouit encore à préſent, à commencer ladite jouiſſance dudit jour premier Janvier prochain en avant. Aux fins de laquelle jouiſſance & exercice deſdits Offices ledit ſieur vendeur promet de fournir & délivrer pareillement audit ſieur acquereur dans le dernier jour de Décembre auſſi prochain, les baux judiciaires des maiſons, terres & héritages ſaiſies réellement dans le reſſort dudit Siege Préſidial de & des autres Juriſdictions dudit lieu : Enſemble tous les Regiſtres deſdites Saiſies Réelles & autres piéces dont il aura beſoin pour recevoir les revenus deſdits baux ès années de ſon exercice deſdits Offices; même d'acquitter & décharger ledit ſieur acquereur, ſes hoirs & ayans cauſe, des deniers de ladite recette, qui a été & ſera faite par ledit ſieur vendeur ou ſes Commis, juſqu'audit jour premier Janvier prochain, envers & contre tous qu'il appartiendra, en cas qu'il en fut ci-après recherché à cauſe deſdits Offices, auſſi à peine de tous dépens, dommages & intérêts. Cette vente faite moyennant le prix & ſomme de livres à laquelle leſdites parties ont compoſé enſemble pour le prix principal deſdits deux Offices, gages & droits ſuſdits vendus, & livres en faveur, & pour le pot de vin de ladite vente, ſur laquelle ſomme de livres principale ledit ſieur Florimond acquereur a préſentement payé audit ſieur vendeur, qui de lui a reçu, préſens les Notaires ſouſſignez, en louis d'or & autre bonne monnoye ayant cours la ſomme de livres, avec les livres de pot de vin, revenant leſdites deux ſommes enſemble à celle de livres, de laquelle ledit ſieur vendeur s'eſt contenté, & en a quitté & quitte ledit ſieur acquereur & tous autres. Et ſur le ſurplus dudit prix ledit ſieur vendeur conſent & accorde par ces préſentes, ſans qu'il ſoit beſoin d'autre conſentement ni de ſa préſence, que ledit acquereur paye en ſon acquit & décharge la ſomme de livres, que ledit vendeur doit à Chriſtophe Ecuyer, Conſeiller-Secretaire du Roi, Maiſon, Couronne de France & de ſes Finances, pour le ſort principal de livres de rente que ledit ſieur vendeur lui a conſtituées par contrat paſſé pardevant *tels* Notaires le *tel jour*, avec les arrerages qui en ſeront dûs lors dudit rachat, que ledit ſieur acquereur promet de faire & d'en rapporter quittance ou décharge valable audit ſieur vendeur dans ledit jour premier Janvier prochain. Faiſant lequel payement & rachat, ledit ſieur vendeur conſent auſſi que ledit ſieur acquereur prenne telles ceſſions & ſubrogations que bon lui semblera pour la plus grande sureté de la présente acquisition : Et le restant dudit prix qui se trouvera en ses mains après ledit rachat fait, icelui acquereur promet de le payer audit sieur vendeur en *tel lieu* ou au porteur, &c. dans deux ans prochains, à compter dudit jour premier Janvier prochain avec l'intérêt dudit restant, à raison de l'Ordonnance, à commencer dudit jour premier Janvier prochain jusqu'à l'actuel payement dudit restant. A tous lesquels payemens lesdits Offices, gages & droits présentement vendus, sont & demeurent par préference & privilege spécial dès-à-présent chargés, affectés, obligés & hypothequés, avec tous & chacuns les autres biens, meubles & immeubles présens & à venir dudit acquereur, sans que lesdits obligations spéciale & générale dérogent l'une à l'autre : Et outre, pour plus grande sureté audit sieur vendeur de tout ce que dessus, ledit sieur acquereur sera tenu & promet de payer annuellement le droit annuel desdits deux Offices, tant & si longuement qu'il aura cours, & que ledit acquereur sera débiteur de tout ou partie dudit prix, & des quittances qu'il en retirera, fournir copie collationnée audit sieur vendeur par chacun an, huit jour au plûtard après le Bureau ouvert, à peine de tous dépens, dommages & intérêts; car ainsi, &c. *Election de domicile*, &c.

Vente d'un Office de Coureur de Vins de la Reine.

FUt présent Guillaume O   Coureur de Vins de la Reine, demeurant à   lequel a vendu par ces présentes à Sigismond   à ce présent & acceptant ladite Charge de Coureur de Vins de la Reine, dont ledit O   est pourvû & jouissant, à laquelle Charge ledit   se fera pourvoir & recevoir le plutôt que se pourra, aux frais communs desdites parties; à ces fins ledit O   lui a présentement délivré sa démission de ladite Charge passée sans minute pardevant les Notaires soussignez, ce jourd'hui remplie du nom dudit   & promet de lui délivrer dans ce jour les Lettres de provision d'icelle Charge remplies du nom dudit   avec l'Arrêt de la Cour des Aides & autres pieces y attachées, portant exemption des Tailles pour les Titulaires & possesseurs dudit Office : Et si à la reception dudit   en ladite Charge il y avoit quelque opposition ou empêchement procedant dudit O   ou de ses auteurs, icelui O   sera tenu & promet de les faire cesser, lever & ôter si-tôt qu'elles lui auront été dénoncées en son domicile ci-après élû, à peine de tous dépens, dommages & intérêts, pour de ladite Charge jouir & disposer par ledit   ensemble des franchises, libertés, gages, droits, fruits, profits, revenus & émolumens y attribués & appartenans, tout ainsi que ledit O   en a joui ou dû jouir jusqu'à maintenant, & ainsi que jouissent ou doivent jouir les titulaires de pareils Offices. Cette vente faite moyennant la somme de   livres, sur laquelle ledit O   a confessé avoir reçu comptant dudit   qui lui a payé, compté, nombré, & réellement délivré, présens lesdits Notaires soussignez, en louis d'or & autre bonne monnoye ayant cours, la somme de livres, dont, &c. quittant, &c. & les autres livres restant, ledit promet de les payer audit O en cettedite Ville de Paris en son domicile ou au porteur, si-tôt qu'il sera reçû à ladite Charge : & jusqu'au jour de ladite reception, lesdits gages & droits d'icelle Charge appartiendront en commun ausdites parties, & seront partagés entr'elles également par moitié, à compter de ce jourd'hui : & du jour de ladite reception dudit en icelle Charge, en avant tous lesdits gages & droits appartiendront entierement audit sans que ledit O y puisse rien prétendre ; à condition aussi que s'il y avoit faute de payement desdites livres, restans dès l'instant de ladite reception ledit sera tenu & promet d'en payer l'intérêt audit O à raison de l'Ordonnance, jusqu'à l'actuel & parfait payement desdites livres ; à compter du jour de ladite reception ; car ainsi, &c. & pour l'exécution des présentes & dépendances, lesdites parties ont élû leurs domiciles irrévocables en cettedite Ville de Paris ; sçavoir ledit O en la maison de & ledit en celle de ausquels lieux, &c. nonobstant, &c. promettant, &c. obligeant chacun en droit soi, &c. renonçant, &c. Fait & passé, &c.

Vente de l'un des six Offices de Commissaire & Contrôleur des bois à brûler & flotez qui arrivent à Paris.

FUt présent Antoine D lequel a vendu & vend par ces présentes à Eustache le C à ce présent & acceptant, l'un de six Offices de Commissaires & Controlleurs des bois à brûler & bois flottés qui arrivent en cette Ville & Fauxbourgs de Paris en batteaux, trains & autrement, créé par Edit du mois d'Octobre 1646. audit sieur D appartenant, au moyen de l'acquisition qu'il en a fait de Nicolas B dernier titulaire d'icelui, par contrat passé pardevant *tels* Notaires le *tel jour*, l'expédition duquel contrat avec la procuration *ad resignandum*, que ledit B a fait dudit Office pardevant *tels* Notaires le *tel jour*, (le nom du resignataire en blanc) & qui a été présentement remplie du nom dudit le C les Lettres de provision d'icelui Office expédiées au nom dudit D données à Paris le *tel jour*, signées sur le repli, par le Roi, & scellées du grand Sceau de cire jaune, les quittances de finance & Marc-d'or dudit Office, & autres pieces attachées sous le contrescel desdites Lettres, l'acte de reception & installation dudit D audit Office pardevant Messieurs les Prevôt des Marchands & Echevins de Paris le *tel jour*, la quittance du droit annuel dudit Office payé pour la présente année, dattée du signée, B & le contrat de la vente que ledit D avoit auparavant fait dudit Office audit B pardevant *tels* Notaires le *tel jour* ; icelui D a présentement mis ès mains dudit le C pour en vertu desdites piéces se faire par ledit le C pourvoir & recevoir audit Office à ses frais & diligences le plutôt qu'il pourra : Et si à l'expédition & Sceau desdites provisions & receptions dudit le C audit

Office, intervenoit quelque opposition ou empêchement procedant du fait dudit D ou de ses auteurs, icelui D sera tenu & promet de les faire cesser, lever & ôter si-tôt qu'elles lui auront été signifiées & faites à sçavoir en son domicile ci-après élû, & faire en sorte que ladite reception ne soit retardée, à peine de tous dépens, dommages & intérêts : pour dudit Office, ensemble des droits, fruits, profits, revenus & émolumens y attribués & appartenans, jouir & disposer de ce jourd'hui en avant par ledit le C ses hoirs & ayans cause, comme bon lui semblera, au moyen des présentes. Cette vente ainsi faite moyenant la somme de que ledit D confesse avoir reçue comptant dudit le C qui lui a icelle somme, payé, compté, nombré & réellement délivré, présens les Notaires soussignez, en louis d'or & autre bonne monnoye, dont, &c. quittant, &c. *Election de domicile.* Fait & passé, &c.

Nota. *Quand l'acquereur ne paye que partie du prix, l'on met au contrat ce qui suit.*

Sur laquelle somme de livres, ledit D confesse avoir reçu dudit le C qui lui a payé, compté, nombré & réellement délivré, présens lesdites Notaires soussignez, en *telles & telles especes* & autre bonne monnoie ayant cours la somme de dont quittant, &c. & le surplus dudit prix montant à ledit le C promet & s'oblige de les payer audit D en sa maison à Paris, à *tels & tels termes*, avec l'intérêt à raison de l'Ordonnance, de ce jourd'hui en avant jusqu'à l'actuel payement, à mesure desquels payemens ledit intérêt diminuera à proportion d'iceux. A tous lesquels payemens, tant en principal qu'intérêts, le susdit Office présentement vendu est & demeure spécialement & par privilege & préference, affecté, obligé & hypothequé avec tous & chacuns les autres biens meubles & immeubles présens & à venir dudit le C sans que lesdites obligations dérogent l'une à l'autre. Et pour plus grande sureté audit D de son payement & conservation dudit Office, ledit le C sera tenu & promet de payer le droit annuel d'icelui par chacun an, tant & si longuement qu'il aura cours, & de fournir par chacune année huit jours après le Bureau ouvert, copie de la quittance qu'il en retirera audit D à peine d'être contraint au payement du restant dudit prix, si bon semble, au sieur D nonobstant les susdits termes, ausquels pour ce regard ledit le C a expressement dérogé & renoncé ; car ainsi, &c. *Election de domicile*, &c.

Nota. *Que les Offices qui prennent des provisions du Roi au grand Sceau, soit qu'ils soient casuels ou héréditaires, sont susceptibles d'hypotheques ; c'est pourquoi le vendeur a raison de reserver son privilege & préference au contrat de la vente pour le reste du prix, & d'obliger l'acquereur de payer le droit annuel, si l'Office est casuel, & de lui fournir copie de la quittance par chacun an, huit jours après le Bureau ouvert, afin que l'Office soit conservé, & lui payé de son dû sur le revenu d'icelui, s'il venoit à vaquer par le décès du nouveau pourvû, parce qu'à faute de payement dudit droit annuel, l'Office venant à vacquer, tomberoit aux parties casuelles du Roi ou de ceux de qui ils dépendent en pure perte pour les héritiers & créanciers dudit pourvû.*

Si

Si le pourvû n'avoit pas soin de payer le droit annuel, (ce qui arrive quelquefois par de mauvais menagers qui n'en tiennent aucun compte, soit parce qu'ils se trouvent surchargés de dettes ou autrement,) un créancier peut payer ce droit de ses deniers dans les premiers quinze jours de l'ouverture du Bureau, sommation préalablement faite au titulaire, de ce faire : & le Trésorier ou Commis à la recepte du droit, voyant ladite sommation, ne peut refuser ledit payement ni sa quittance audit créancier, & par ce moyen l'Office est conservé ; & ainsi sur le prix de la vente dudit Office le remboursement dudit droit annuel sera pris par préference à tous créanciers, quelque privilege qu'ils ayent.

Vente de l'Office de premier Huissier d'une Chancellerie.

FUt présent Jean premier Huissier & Garde-porte de la Chancellerie de où l'on scelle, & encore Huissier exploitant en ladite Chancellerie, & Concierge de la maison du Controlle d'icelui, y demeurant dans la cour du Palais, lequel a vendu & vend par ces présentes à Bertrand demeurant à ce présent & acceptant ledit Office de premier Huissier Garde-porte de la Chambre de ladite Chancellerie où l'on scelle, duquel ledit Jean est pourvû & jouissant, à lui appartenant, & a présentement mis ès mains dudit Bertrand sa procuration *ad resignandum* dudit Office, ce jourd'hui passée pardevant les Notaires soussignez sans minutte, remplie du nom dudit Bertrand avec les Lettres de provisions qui ont été expédiées dudit Office au nom dudit Jean & la survivance d'icelui, & autres pieces qu'il avoit, concernant ledit Office, pour en vertu de toutes lesdites pieces, se faire par ledit Bertrand pourvoir dudit Office, & en obtenir provisions de Messieurs les Audienciers & Controlleurs en ladite Chancellerie de à ses frais & dépens, poursuites & diligences, le plutôt que faire se pourra, & dudit Office jouir par ledit Bertrand aux honneurs, droits, fruits, profits, revenus & émolumens y attribués & appartenans, ainsi que ledit vendeur & ses prédecesseurs en ont ci-devant joui ou dû jouir, même de droits de convocation d'assemblée de Messieurs les Secretaires du Roi du College ancien, & autrement du tout faire & disposer par ledit Bertrand de ce jourd'hui en avant, comme de chose à lui appartenante au moyen des présentes. Et si ausdites provision & reception dudit acquereur audit Office intervenoient des oppositions ou empêchemens procedans du fait dudit vendeur ou de ses auteurs, ledit vendeur sera tenu & promet de les faire cesser & ôter (*suivre le reste comme au contrat précedent.*)

Quelquefois au payement il y a déclaration que les deniers ont été empruntez, à fin de subrogation, & cela se met ensuite & dans la même vente.

Vente d'un Office des vingt-cinq Marchands de Vin privilégiez suivant la Cour.

FUt présent Guillaume lequel a vendu à à ce présent & acceptant ledit état & Office de l'un des vingt cinq Marchands de Vin privilégiez suivant la Cour & Conseil du Roi, dont ledit Guillaume est pourvû & jouissant en vertu des Lettres de provision qui lui en ont été expédiées par Monsieur le grand Prevôt de France le *tel jour*, signées de S & plus bas par mondit Seigneur B & scellées en placard de cire rouge des armes dudit sieur grand Prevôt. Lesquelles Lettres ledit Guillaume a présentement délivrées avec sa démission dudit Office audit acquereur, ladite demission passée sans minute pardevant les Notaires soussignez ce jourd'hui, remplie du nom dudit acquereur, pour en vertu desdites pieces se faire par ledit acquereur pourvoir & recevoir à ses frais & diligence audit Office, & en jouir aux honneurs, franchises, privileges & droits y attribués & concedés, ainsi que ledit Guillaume en a joui ou dû jouir jusqu'à présent. Et si à l'obtention desdites provisions & reception dudit acquereur audit Office il intervenoit quelques oppositions ou empêchemens procedant du fait dudit vendeur, icelui vendeur sera tenu & promet de les faire cesser, lever & ôter si-tôt qu'elles lui auront été signifiées & faites à sçavoir à son domicile ci-après élû, & faire en sorte que lesdites provisions & reception dudit acquereur audit Office ne soient retardées. Cette vente faite moyennant la somme de livres pour le prix principal, & livres en faveur & pour le pot de vin de ladite vente, revenant lesdites deux sommes ensemble à livres, sur laquelle ledit vendeur a confessé avoir reçû comptant dudit acquereur, qui lui a payé, compté, nombré, & réellement délivré, présens lesdits Notaires soussignez, en louis d'or & autres bonne monnoye ayant cours, la somme de livres, dont, &c. quittant, &c. & les surplus montant à livres, ledit acquereur l'a aussi présentement payé, compté, nombré & réellement délivré en pareille espece que dessus, du consentement dudit vendeur, sçavoir livres à Christophe J Bourgeois de Paris, demeurant ruë à ce présent, pour le rachat, sort, principal & amortissement de livres de rente que ledit vendeur & défunte Jeanne sa femme lui ont solidairement vendues & constitués par contrat passé pardevant *tels* Notaires le *tel jour*, à lui encore livres pour trois quartiers d'arrérages de ladite rente qui en étoient dûs & restoient à payer de tout le passé jusqu'à ce jour. A François M aussi Bourgeois de Paris, & Nicole T sa femme qu'il autorise, demeurant rue aussi à ce présent, la somme de livres pour le rachat & amortissement de livres de rente constituées par ledit vendeur seul à Noel T Bourgeois de Paris, par contrat passé pardevant *tels* Notaires le *tel jour*, laquelle rente avec les arrérages qui en étoient dûs, ledit T auroit entr'autres choses cedée & transportée audit M & sa femme, en payement de partie de la dot par lui promise, à ladite Nicole T sa fille en faveur de son mariage avec ledit M ainsi que le contient plus au long le contrat dudit mariage, & la quittance du payement de ladite dot passés pardevant *tels* Notaires les *tel* & *tel jours*. Encore ausdits M & sa femme livres pour deux années d'arrerages desdites livres de rente restant aussi à payer jusqu'à ce jour. Et à Mathurin M Graveur en taille-douce, demeurant ruë pour ce présent, livres que ledit vendeur lui devoit pour les causes contenues en son obligation passée pardevant *tels* Notaires le *tel jour*, revenant lesdites sommes ainsi payées ausdits créanciers dudit vendeur à la susdite somme de livres, de laquelle lesdits J M & sa femme, & ledit M chacun à leur égard & pour ce que chacun d'eux en a touché & reçû ainsi que dit est, ils se sont contentés, & tant eux que ledit Guillaume vendeur en ont quitté & quittent ledit acquereur & tous autres; au moyen de quoi icelui vendeur & la succession de ladite défunte sa femme demeurent aussi quittes en principal & arrerages envers lesdits créanciers, lesquels l'en ont pareillement quitté & déchargé; ce faisant, lesdits créanciers ont présentement donné & rendu audit Guillaume les grosses originales desdits deux contrats de constitution, avec le brevet original de ladite obligation, le tout comme acquitté, avec un extrait tant dudit contrat de mariage que de ladite quittance, portant transport desdites livres de rente : sur toutes lesquelles piéces, leurs minutes & autres actes qu'il appartiendra, lesdites parties consentent & accordent être faite sommaire mention desdits payemens par tous Notaires premiers requis en vertu desdites présentes, sans que leur présence y soit nécessaire; ce qui ne servira avec cesdites présentes que d'une même chose, promettant, &c.

Vente d'une Charge de grand Exempt des Gardes du Roi.

FUt présent Etienne l'un des quatre premiers grands Exempts des Gardes du Corps du Roi de la Compagnie de Monsieur étant de présent en cette ville de lequel sous le bon plaisir de Sa Majesté & dudit sieur a par ces présentes vendu à Joachim Ecuyer sieur de demeurant à ce present & acceptant, ladite Charge de l'un des quatre premiers grands Exempts des Gardes de Sadite Majesté de la Compagnie dudit sieur en laquelle Charge lesdites parties poursuivront respectivement l'agrément en faveur dudit sieur Joachim . Et outre ce ledit Etienne y fera à ses dépens pourvoir & recevoir ledit Joachim dans le premier jour de prochain, & lui mettra ès mains les Lettres de provision & l'acte de prestation de serment dudit Joachim sur icelles, avec le bâton d'Exempt dans ledit tems : pour ladite Charge exercer par ledit Joachim & en jouir & disposer comme bon lui semblera, & tout ainsi que ledit Etienne en a joui ou dû jouir, & que les autres pourvûs de pareilles Charges en jouissent, à commencer d'entrer en exercice d'icelle Charge audit premier jour de prochain. Cette vente faite moyennant la somme de que ledit Joachim a promis, & s'oblige de payer sans aucun intérêt audit Etienne ou au porteur, &c. si-tôt qu'il lui aura fourni & délivré lesdites provision & acte de reception & installation dudit Joachim audit Office franchement & quittement de tous frais & droits quelconques : & à ces fins pour plus grande sûreté audit Etienne dudit payement, ledit Joachim a de son consentement & en sa présence présentement déposé & mis ès mains de l'un des Notaires soussignez, ladite somme de en louis d'or & autre bonne monnoye, pour icelle somme garder jusqu'audit premier jour de prochain, ou au plus jusqu'au sixiéme jour dudit mois ; & ledit tems passé, faute par ledit Etienne d'avoir fourni lesdites lettres de provision & acte de reception audit Joachim dans ledit tems ; icelui Etienne consent dès-à-présent, sans qu'il soit besoin de sa présence ni d'autre consentement quelconque, que ladite somme de soit rendue par ledit Notaire, audit Joachim auquel pour ses dommages & intérêts, ledit Etienne sera tenu & promet en ce cas de lui donner & payer dans ledit jour sixiéme prochain la somme de moyennant quoi, & non autrement ledit Etienne pourra & lui sera loisible de disposer de ladite Charge comme bon lui semblera, & tout ainsi qu'il auroit pû faire avant ces présentes : pour l'exécution desquelles & leurs dépendances, ledit Etienne a élû son domicile irrévocable en cettedite Ville de Paris, en la maison de auquel lieu, &c. nonobstant, promettant, obligeant, &c. renonçant, &c. Fait & passé, &c.

Vente d'une Lieutenance dans la Compagnie du Lieutenant Criminel de Robe-courte au Châtelet de Paris.

FUt présent Louis Ecuyer sieur de Conseiller du Roi, Lieutenant dans la Compagnie de Monsieur de Lieutenant Criminel de Robe-courte au Châtelet, Ville, Prévôté & Vicomté de Paris, demeurant ruë lequel a vendu par ces présentes à Jacques Ecuyer sieur de à ce présent & acceptant ladite Charge de Conseiller du Roi, & Lieutenant dans ladite Compagnie dudit sieur de dont est pourvû ledit sieur Louis à l'effet dequoi il promet de metter ès mains dudit sieur Jacques dans quinze jours prochains les provisions du Roi pour ladite Charge de Lieutenant dans ladite Compagnie, expédiées au nom & en faveur dudit sieur Jacques dans lesquelles seront employés tous les privileges, droits, émolumens & prérogatives attribués à ladite Charge par l'Edit de sa création, dont il y aura un exemplaire attaché sous le contrescel à ses frais & dépens : comme aussi ledit sieur Louis s'oblige de faire agréer & recevoir ledit sieur Jacques en ladite Charge par ledit sieur de & de faire tous les frais desdites provisions & de ladite reception seulement. Et à l'égard des autres frais qu'il conviendra faire après ladite reception, ils seront faits par ledit acquereur seul : Et si à sa reception en ladite Charge au Châtelet il intervenoit quelque empêchement procedant du fait dudit sieur Louis ou de ses auteurs, il s'oblige aussi de les faire cesser, lever & ôter incessamment, & faire en sorte que ladite reception ne soit retardée, à peine de tous dépens, dommages & intérêts : pour de ladite Charge, gages, droits, fruits, profits, revenus, émolumens & autres chose généralement quelconques y attribués & appartenant, sans aucune reserve, jouir & disposer par ledit sieur Jacques comme de choses à lui appartenantes au moyen des présentes, & tout ainsi que ledit sieur Louis en a joui ou dû jouir jusqu'à maintenant ; à commencer de recevoir lesdits gages & émolumens de ce jourd'hui en avant, sans que d'iceux gages & émolumens, ledit sieur Louis soit tenu d'aucune garantie. Cette vente faite moyennant la somme de sur laquelle ledit acquereur promet de payer audit sieur vendeur, en lui délivrant lesdites provisions signées & scellées en bonne forme, sans aucunes oppositions subsistantes, celle de & le restant dudit prix ledit sieur acquereur promet aussi de le payer audit sieur vendeur en sa maison à Paris, ou au porteur &c. dans *tant d'années* prochaines, sans que durant icelles il y puisse être contraint par qui que ce soit, en payant par lui l'intérêt dudit restant de six mois en six mois seulement à raison du denier vingt, à compter de ce jourd'hui jusqu'à l'actuel payement dudit restant : Et néanmoins si ledit sieur acquereur vouloit anticiper ledit payement dudit principal, il le pourra faire quand bon lui semblera, à plusieurs & diverses fois, pourvû que chacun d'iceux ne soit moindre de livres, à mesure desquels payemens ledit intérêt diminuera à proportion d'iceux ; à tous lesquels payemens dudit principal & intérêts, ladite Charge est & demeure spécialement & par privilege & préference affectée, obligée & hypothequée avec tous & chacuns les autres biens meubles & immeubles présens & à venir dudit acquereur, sans que lesdites obligations spéciale & générale dérogent l'une à l'autre. Et d'autant que par Arrêt du Conseil du est ordonné que le fonds des gages seroit porté au Tresor Royal jusqu'à nouvel ordre, & qu'ainsi il y a lieu d'esperer que lesdits gages seront rétablis ; a été accordé entre lesdites parties, qu'audit cas de rétablissement desdits gages dans lesdites *tant d'années*, que ledit sieur acquereur sera tenu, promet & s'oblige de donner & payer audit sieur vendeur par forme de supplément dudit prix la sommede au pardessus le susdit prix de comme aussi si dans ledit tems de ladite Charge étoit supprimée, ledit sieur acquereur sera & demeurera entierement quitte & déchargé : comme de fait ledit vendeur en ce cas, & non autrement, le quitte & décharge entierement dès-à-présent de de tout ce qu'il lui devra lors dudit principal ; & encore promet de lui rendre & restituer tout ce qu'il se trouvera avoir touché & reçû sur ledit principal, moyennant quoi ledit sieur vendeur touchera & recevra à son profit toute la finance qui sera ordonnée pour le remboursement de ladite Charge. Et quant aux intérêts qui auront été reçûs par ledit vendeur dudit restant dudit prix, & de ceux que ledit acquereur pourroit prétendre de ce qu'il se trouvera lui avoir payé dudit principal, ils demeureront audit sieur vendeur en compensation des jouissances que ledit sieur acquereur aura eues de la Charge, & après lesdites années expirées, ledit sieur vendeur demeurera déchargé de ladite garantie de ladite suppression, & ledit acquereur du susdit supplément en cas de rétablissement desdits gages ; Et ainſi faiſant ledit ſieur acquereur payera entierement ce qu'il devra lors de reſte dudit prix ci-deſſus convenu pour raiſon de ladite Charge ſur le pied deſdites conventions, tant en principal, qu'intérêts ci-deſſus ſtipulez. De plus en conſidération du préſent traité, ledit ſieur vendeur promet de s'employer de tout ſon pouvoir à obtenir en faveur dudit ſieur acquereur un Arrêt de la Cour de Parlement, ſemblable à celui qui a été obtenu par *un tel*, auſſi Lieutenant dans ladite Compagnie, concernant ſa reception audit Châtelet ; car ainſi, &c. & pour l'exécution des préſentes, leſdites parties ont élû leur domicile, &c.

Vente d'Office de Procureur au Châtelet, &c.

FUrent préſent L   leſquels èſdits noms ont reconnu avoir vendu & vendent par ces préſentes à G   ancien Clerc au Châtelet, demeurant   à ce préſent & acceptant l'Office de Procureur audit Châtelet de Paris & Juriſdiction des Auditeurs, dont le défunt ſieur L   étoit pourvû & jouiſſant au jour de ſon décès, & appartenant aux vendeurs ſuſnommés, plus toutes & chacunes les piéces & inſtances, pourſuites & procedures, compoſant la Pratique du défunt, & qui ſont tant en ſon Etude que produites devant Meſſieurs les Rapporteurs, ou ès mains des Greffiers & autres Officiers qui pourroient les avoir en communication, ſans aucune reſerve, &c. Comme auſſi à la charge que ledit G   ne pourra prétendre aucune choſe des ſommes dûes par les particuliers qui ſeront débiteurs dudit défunt ſieur L   ſoit par promeſſes, Sentences ou autrement : Reconnoiſſant ledit G   avoir été mis en poſſeſſion de toute la Pratique dudit défunt à lui préſentement vendue, qui ſe trouve actuellement en ſon Etude, dont les clefs lui ont été miſes ès mains ; enſemble les Regiſtres de recettes & produits, dont & du tout il ſe contente. Cette vente faite à la charge de par ledit G   d'acquitter tous les frais, charges dûes & impoſées ou à impoſer ſur la Communauté des Procureurs, à cauſe de l'Office pour taxes & ſommes qu'il conviendroit payer, ſans aucune reſerve en faire, & d'en faire ſa ſoumiſſion avant ſa reception audit Office, en ſorte que leſdits vendeurs n'en ſoient inquiétés ni recherchés, & outre moyennant la ſomme de   ſçavoir celle de   pour le prix dudit Office, & celle de   pour le prix de ladite Pratique ; car ainſi a été convenu entre leſdites parties : Et pour l'exécution des préſentes & dépendances, ont élû domicile, &c.

Vente d'Office de Commiſſaire des Guerres.

FUt préſent ſieur Leon   Conſeiller du Roi, Commiſſaire ordinaire des Guerres, ordonné à la conduite & police du Regiment du ſieur Baron de   demeurant à   lequel a reconnu & confeſſé avoir vendu & vend par ces préſentes, & promet garantir de tous troubles

& empêchemens généralement quelconques, fors du fait du Prince, à Gabriel à ce présent & acceptant l'Etat & Office de Conseiller du Roi & Commissaire ordinaire des Guerres susdit, aux gages de par an, taxations, appointemens & droits y attribuez pour la conduite dudit Régiment. Duquel Office ledit sieur vendeur promet de faire expédier les Provisions, tant dudit Office que pour ladite conduite, aux gages de & taxations portées par l'Edit de création en titre d'Office desdits Commissaires au nom & profit dudit sieur acheteur dans un mois prochain, & plutôt, si faire se peut : Et pour cet effet payer suivant ledit Edit, tant la taxe faite pour la conduite dudit Régiment de que la finance qui doit être payée pour l'augmentation de de gages : Et pour jouir du bénéfice du droit annuel à quelque somme qu'il se puisse monter, & de tout ce que dessus fournir les quittances de finance & provisions audit sieur acquereur dans le susdit tems, avec les anciennes provisions que ledit sieur vendeur a en sa possession, pour par ledit sieur acquereur jouir dudit Office & Commission ; ensemble desdits gages & droits y attribués, à commencer du premier jour d dernier sur les quittances dudit sieur vendeur jusqu'au jour & datte des provisions qui seront expédiées dudit Office, au nom dudit sieur acquereur, & outre a été accordé entre les parties, que ledit sieur acquereur jouira aussi desdites taxations & droits, excepté des appointemens de livres, que ledit sieur vendeur a déja touché pour la conduite des mois de montre qui restent à faire de l'année derniere, soit qu'il y serve ou autre pour lui : Cette vente faite moyennant le prix & somme de livres, que ledit sieur acquereur promet & s'oblige de payer audit sieur vendeur ou au porteur, &c. dans mois d'hui prochain, en lui fournissant par ledit sieur vendeur lesdits provisions & quittances en la forme ci-dessus expliquée, à peine de payer par le contrevenant à l'acquiesçant la somme de livres, avec tous dépens, dommages & intérêts, car ainsi, &c. *Election de domicile*, &c.

Vente de l'Etat & Office d'Avocat ès Conseils du Roi.

FUrent présens Maître Jean-Jacques C Avocat au Parlement & ès Conseils du Roi, tant en son propre & privé nom, que comme Tuteur de Marie-Claude, & Pierre C ses freres & sœurs, enfans mineurs de défunts Christophe C vivant aussi Avocat ès Conseils du Roi, & de Damoiselle Anne G sa femme, leur pere & mere : Messire Guillaume C Prêtre, Docteur en Théologie, Maître Christophe C Avocat en la Cour de Parlement, & Damoiselle Agnès C fille majeure usante & jouissante de ses biens & droits, tous héritiers par bénéfice d'Inventaire dudit défunt sieur C leur pere, & purs & simples de ladite Damoiselle Anne G leur mere, demeurans ensemble en cette Ville de Paris, ruë Paroisse Saint ausquels Marie-Claude, & Pierre C mineurs, lesdits sieur & Damoiselle C Comparans, promettent & s'obligent en leurs propres & privés noms, solidairement faire ratifier, & avoir pour agréables le contenu en ces présentes, à l'entretien & accompliſſement d'icelles les faire obliger auſſi ſolidairement avec eux, ſous les renonciations requiſes envers le ſieur acquereur ci-après nommé, & lui en fournir acte en bonne forme, à meſure que chacun deſdits mineurs aura atteint l'âge de majorité, à peine de tous dépens, dommages & intérêts : Leſquels ſieur & Damoiſelle C Comparans èſdits noms & en chacun d'iceux, ſolidairement l'un pour l'autre un d'eux ſeul pour le tout, ſans diviſion, diſcuſſion ni fidejuſſion, à quoi il renoncent : Ont reconnu & confeſſé avoir vendu, cedé, quitté, tranſporté & délaiſſé à Maître François D Avocat en la Cour de Parlement à Paris, y demeurant ruë Paroiſſe Saint à ce préſent& acceptant, acquereur pour lui l'Etat & Office d'Avocat ès Conſeils d'Etat Privé de Sa Majeſté, duquel ledit défunt ſieur C étoit pourvû & jouiſſant, & auquel eſt à préſent nommé ledit ſieur Chriſtophe C à l'effet de laquelle préſente vente, ledit ſieur C a préſentement délivré audit ſieur D acquereur, ſa procuration *ad reſignandum* dudit Office remplie du nom dudit ſieur D comme auſſi leſdits ſieur & Damoiſelle vendeurs èſdits noms lui ont délivré les anciennes Proviſions dudit Office au nom dudit défunt ſieur C en datte du jour d mil ſignées ſur le replis par le Roi H & ſcellées ſur double queuë du grand Sceau de cire jaune : L'Acte en parchemin, de preſtation de ſerment fait par ledit défunt ſieur C d'Avocat par Matricule au Conſeil d'Etat du Roi ès mains de Monſeigneur D Evêque & Comte de L Garde des Sceaux de France, en datte du jour d mil Signé P Copie imprimée d'un Edit du Roi, en datte du mois d mil portant révocatation d'Immatricule d'Avocats audit Conſeil & création de Offices d'Avocats au Conſeil d'Etat & Privé du Roi. Autre Copie imprimée d'un Arrêt rendu audit Conſeil en datte du jour d mil portant que ledit Edit ſeroit exécuté ſelon ſa forme & teneur : Autre Copie de la quittance de Finance dudit Office de la ſomme de livres, en datte du dudit mois d mil Signé L au-deſſous de laquelle eſt une quittance de la ſomme de livres, pour le droit de marc-d'or dudit Office, en datte du jour d mil ſignée en fin dudit L & quittances du droit annuel dudit Office, payé tant par ledit défunt ſieur C pere, que par ledit ſieur ſon fils, la derniere deſquelles eſt pour la préſente année mil pour en vertu deſdites piéces ſe faire par ledit ſieur acquereur recevoir & inſtaler audit Office, le plutôt que faire ſe pourra à ſes frais & dépens, & jouir par lui des honneurs, autorités, prérogatives, privileges, exemptions & autres droits attribués audit Office, tout ainſi qu'en a joui ou dû jouir ledit défunt ſieur C & en cas qu'en l'obtention des Proviſions dudit Office au nom dudit ſieur acquereur & en ſa reception en icelui il arrive quelques oppoſitions ou empêchemens non procedans de ſon fait, iceux ſieurs & Damoiſelle vendeurs èſdits noms, ſeront tenus ſolidairement comme deſſus, les faire lever & ceſſer, & en fournir les mains-levées pures & ſimples audit ſieur acquereur, incont inent après qu'il les leur aura faitdenoncer au domicile

micile par eux ci-après élû, aussi à peine de tous dépens, dommages & intérêts : Ces présentes vente, cession, transport & délaissement ainsi faits, moyennant le prix & somme de livres, sur laquelle ledit sieur acquereur sera tenu, ainsi qu'il promet & s'oblige, payer ausdits sieurs & Damoiselle vendeurs èsdits noms, en leur maison à Paris ou au porteur, &c. la somme de livres, & ce aussi-tôt qu'il aura été pourvû & reçû audit Office sans aucunes oppositions, & pour le surplus montant à livres ledit sieur acquereur leur a par Acte separé des présentes cedé & transporté livres de rente au denier montant en principal à la somme de livres, créé & constituée audit sieur acquereur par Messire Jean-Baptiste M Conseiller du Roi en ses Conseils & en sa Cour de Parlement de Paris, Seigneur de B par Contrat passé pardevant L & C Notaires, le jour d mil ensemble la somme de livres, pour les arrérages de ladite rente dûs & échus depuis le jour & datte du Contrat de constitution de ladite rente jusqu'à ce jourd'hui, qui ne servira avec la présente vente que d'une seule & même chose, dont lesdits sieurs & Damoiselle vendeurs se contentent, l'ont quitté & déchargé : & pour l'exécution des présentes & dépendances, les parties ont élû leurs domiciles irrévocables en cettedite Ville de Paris ; sçavoir, lesdits sieurs & Damoiselle vendeurs èsdits noms en la maison où ils sont demeurans ci-devant déclarée, & ledit sieur acquereur en la maison de Maître Jean M Procureur en ladite Cour de Parlêment, scise ruë Paroisse susdite de Saint Ausquels lieux, &c. nonobstant, &c. promettant, &c. obligeant chacun en droit soi, &c. renonçant, &c. Fait & passé à Paris en l'Etude de P l'un des Notaires soussignez, le jour d mil a midi. Et ont signé.

Union à l'effet d'interjetter Appel d'une Sentence.

FUrent présens (*tels & tels, &c.*) Tous Créanciers de Maître Claude Alexandre C Legataire universel pour un tiers de feu Messire Pierre D Grand Audiancier de France, son ayeul maternel : lesquels se sont joints pour interjetter Appel de la Sentence renduë à la premiere Chambre des Requêtes du Palais le mil intervenue sur le compte de Tutelle, présenté par Dame Claude M veuve dudit feu sieur D entr'elle, ledit sieur C & feu Messire Marc-Antoine Comte D Appellant de ladite Sentence, Intimer sur ledit Appel, ladite Dame Claude M Maître Denis B cy-devant Notaire au Châtelet de Paris, & de tout ce qui s'en est ensuivi, même intervenir dans l'inscription de faux, pendante au rapport de Messire R Conseiller à la premier Chambre des Requêtes du Palais, & adherer aux conclusions prises, tant par ledit feu sieur Comte D que par la Dame sa veuve, tous lesquels Créanciers unis contribueront pour chacun leur part & portion aux frais, dépens & avances qu'il conviendra faire, à l'exception dudit sieur G qui ne fournira aucune chose pour lesdits frais & avances, dont lesdits Créanciers Comparans l'ont dispensé, à la charge par lui de donner ses soins & peines pour la poursuite desdits procès, & à la charge par lui de prendre pour Procureur Maître Procureur au Parlement, qui est Procureur de ladite Dame veuve du sieur Comte D & en cas qu'aucuns desdits Créanciers ne voulût se joindre & signer le présent Contrat, ils demeureront déchus de tous leurs droits & créances, même des sommes & deniers qui pourront provenir desdits procès, & sans que la présente Union puisse préjudicier au privilege que pourroient avoir aucuns desdits Créanciers: Car ainsi, &c. Fait & passé à Paris ès Etudes, &c. l'an mil le jour d a midi. Et ont lesdits sieurs Comparans signé.

Union en forme de société.

AUjourd'hui sont comparus pardevant nous Notaires à Paris soussignez *tels* & *tels* lesquels pour parvenir à la conservation de leurs droits & soutenir leur état & qualité de dont l'exercice se fait librement audit fauxbourg. Ils se sont joints & unis ensemble, pour soutenir la fonction de & à cette fin, conviennent d'agir tous par un même esprit pour la défense de leurs droits & se servir d'un même Procureur au cas de plaidoirie, & débourser par portion égale tous les frais & faux-frais quil conviendra faire & debourser pour le soutient de leur métier, sauf à supporter aussi par portion égale les sommes qu'il conviendra payer, en cas qu'ils ne puissent pas parvenir à leurs fins, & vaudra le présent acte, tant que lesdits comparans demeureront dans ledit metier de sans être reçus maîtres, & sans que cela passe plus avant, dont acte. Fait & passé à Paris en l'Etude de R Notaire, l'an mil sept cens le Fevrier a midi. Et ont signé.

PAPIER TERRIER.

PApier terrier, est une description de tous les héritages, tant féodaux que roturiers, qui sont dans la mouvance féodale d'un Seigneur, ou dans sa censive, & de tous les droits, dîmes, terrages, Coutumes, corvées, rentes foncieres, Seigneuriales, ou non Seigneuriales, & autres semblables; de tous les vassaux & arriere-vassaux, & sujets censiers, & tenanciers à d'autres droits.

Ainsi le papier terrier est le papier du Seigneur, auquel sont contenues les reconnoissances de ses cens, rentes, & autres droits Seigneuriaux, soit féodaux, censuels, fonciers ou autres.

Les déclarations des vassaux & censitaires portées par les terriers, font titre contr'eux en faveur du Seigneur.

Il est appellé papier terrier, parce que c'est une déclaration par le menu & en détail, de ce que chaque vassal ou sujet censier, ou autre tenancier tient dépendant ou relevant de la terre dont le Seigneur a fait son papier terrier.

Il n'y a que le Roi qui ait droit d'accorder des Commissions générales, pour proceder à la confection d'un papier terrier ; les Baillifs Royaux, & les Juges des Seigneurs Haut-Justiciers, n'en peuvent accorder que de particulieres. Si les Seigneurs étoient obligés d'obtenir des Juges des Commissions particulieres pour chaque article contre chaque censitaire, il leur en coûteroit de grosses sommes pour la confection de leurs terriers.

Pour éviter cette dépense, ils obtiennent des Lettres de papier terrier en Chancellerie, portant commission générale pour faire appeller pardevant le Notaire à ce commis, tous les débiteurs des redevances prétendues par les Seigneurs, afin de les connoître & en passer Déclaration en forme autentique.

Ces Lettres sont toujours adressées à des Juges Royaux, parce que les Lettres de Chancellerie ne s'adressent point à d'autres Juges, & les Juges Royaux ne commettent point d'autres Notaires que des Notaires Royaux.

Lorsque les Terres & Seigneuries pour lesquelles les terriers se font, ne relevent point en premiere instance d'un Juge Royal, alors pour ne point fatiguer les vassaux, l'on peut par une clause spéciale, que l'on insere dans les Lettres, donner pouvoir au Juge de l'adresse du terrier, de déléguer celui de la Seigneurie, pour regler les contestations des vassaux. Cela est d'autant plus juste, que s'agissant de droits fonciers, les Juges des Seigneurs sont très-compétens d'en connoître.

Par les Lettres de la grande Chancellerie que l'on obtient pour proceder à la confection d'un nouveau papier terrier, le Roi ordonne qu'après un commandement fait par le Prevôt, ou autre Juge Royal à la requête de l'impétrant, cri public, son de trompe, & affiches, &c. à tous vassaux, tenanciers, censiers, & autres redevables, &c. ils ayent à venir porter les foi & hommage, payer les droits, &c. bailler aveus & dénombrement par le menu, tenans & aboutissans nouveaux referez aux anciens, par déclaration signée d'eux, & de tel Notaire, &c.

Ces Lettres contiennent toujours le pouvoir de compulſer les aveus & dénombrement. Mais lorſque ces anciens titres & terriers ſont perdus, ou qu'on les croit égarez, on étend à la fin des Lettres, la clauſe du compulſoire en ces termes.

« Et pour la vérification & éclairciſſement des droits de l'ex» poſant, & exécution des Préſentes; Mandons à notre premier » Huiſſier ou Sergent ſur ce requis, faire exprès commande» ment de par Nous, à tous Notaires, Tabellions, Greffiers, » & autres perſonnes publiques, qui ont aucuns contrats de » ventes, tranſports, échanges, donations & papiers terriers » des choſes ſuſdites, qu'ils ayent à les montrer & exhiber par» devant Nous, pour être compulſés, & d'iceux baillée copie » collationnée aux originaux, parties préſentes, ou dûëment » appellées, &c. »

Après que ces Lettres ont été enterinées par le Juge auquel elles ſont adreſſées, l'impétrant fait faire les proclamations par un cri public, s'il eſt Haut-Juſticier, aux marchez s'il y en a, ou à l'iſſuë des Meſſes de Paroiſſe, & fait appoſer les affiches: enſuite, il fait proceder par le Notaire ou Tabellion commis, à la confection de papier terrier, & chacun des vaſſaux ou cenſiers eſt obligé de venir faire ſa déclaration, & la faire écrire dans le papier terrier, ſur les titres de ſon acquiſition, aveus & dénombremens qu'il peut avoir.

Enfin, lorſque le papier terrier eſt achevé, il faut le faire clore par le Juge qui a enteriné les Lettres, qui rend une Sentence en forme, portant clôture de Terrier.

Le tout doit être fait & parachevé dans l'an; les Lettres de terrier étant ſurannées, il faut obtenir d'autres Lettres en Chancellerie pour parachever l'exécution d'un terrier ſuranné.

Il eſt ici d'uſage que les Cenſitaires qui paſſent déclarations & reconnoiſſances aux Seigneurs, des cens & droits Seigneuriaux, lors des renouvellemens de leurs terriers, doivent donner une groſſe de leurs déclarations, & payer les frais des déclarations au Notaire nommé par la Sentence, qui enterine les Lettres de renouvellement de terrier, à raiſon de cinq ſols pour le premier article, & deux ſols ſix deniers pour chacun des autres articles de la déclaration.

C'eſt ce que porte un acte de notoriété donné par M. le Lieutenant Civil, le 5. Mars 1689. qui eſt rapporté ci-après au Recuëil.

Il y a une Déclaration du 19. Avril 1691. regiſtrée le 17. Mai ſuivant, qui porte que les Juges qui procéderont à l'exécution des Lettres de terrier, accordées aux Communautés & particuliers, pour rentrer dans les biens & devoirs qu'ils prétendent leur être dûs à cauſe de leurs fiefs & Seigneuries, prononceront ſur les demandes deſdites Communautés & particuliers, ainſi qu'ils verront être à faire en leurs conſciences, nonobſtant & ſans s'arrêter à ce que par leſdites Lettres les impétrans ſont relevés de la preſcription autoriſée par la Coutume des lieux; ce qui ne pourra nuire ni préjudicier aux vaſſaux, &c.

Il nous reſte deux obſervations à faire au ſujet des papiers terriers. La premiere eſt, qu'un terrier pour être en bonne forme, doit avoir cent ans, & en rappeller un autre. Il y a cependant des cas où une ſeule reconnoiſſance eſt ſuffiſante, c'eſt quand elle a été ſuivie d'une preſtation, ou quand elle a été inſérée dans un terrier qui a eu ſon exécution contre les autres cenſitaires.

La deuxiéme obſervation eſt, que le préambule des terriers qui contient des droits & devoirs qui ne ſont pas conformes aux déclarations particulieres des cenſitaires, n'eſt point obligatoire. Il faut cependant diſtinguer : ou ce préambule ſe fait en préſence de tous les cenſitaires, & de leur conſentement, ou il ſe fait en leur abſence. Au premier cas, il pourroit être valable & obligatoire; mais il faudroit que tous les cenſitaires y fuſſent dénommés & aſſemblés à cet effet, & que le Notaire leur eût fait entendre la teneur du préambule, & les conditions qu'il porte; mais bien loin de cela, on voit que les reconnoiſſances contenuës dans un terrier ſont faites non-ſeulement à divers jours, mais auſſi à divers mois; d'où on ne peut pas dire qu'ils ayent été tous aſſemblés pour faire une obligation conjointe. Il faut donc ſe perſuader que c'eſt un acte ſolitaire qui n'oblige perſonne, puiſqu'aucun ne s'y oblige; de même que le dénombrement que le vaſſal donne ne fait pas foi, & n'oblige pas le Seigneur, s'il ne l'a accepté & approuvé.

Auſſi à préſent les nouveaux terriers qui ſe dreſſent, ne contiennent aucun préambule, puiſqu'on eſt perſuadé qu'ils ne ſervent de rien, & que chaque reconnoiſſance eſt un Contrat particulier qui ne peut être renfermé dans une préface générale.

Il faut dire de même, que les reconnoiſſances générales ne ſont valables que lorſque les droits concernent également tous les possesseurs des héritages, comme les droits de banalité des moulins, fours, pressoirs, & autres semblables, pour lors il suffit que les reconnoissances soient passées par la plus grande partie des habitans, pour obliger tous les particuliers, & même les forains qui possedent des héritages dans l'étenduë de la terre; mais hors ces cas, les reconnoissances générales ne sont point obligatoires; à plus forte raison les préambules des terriers ne doivent point être obligatoires, puisqu'ils sont faits par les Notaires seuls, & en l'absence des censitaires. Arrêt du Parlement de Grenoble, du 21. Juillet 1653. rapporté par Basset dans son Recuëil d'Arrêts, Liv. 3. tit. 7. chap. 1.

Papier Terrier.

L'An le du mois de à la requisition de Nicolas de & de Dame Marie son Epouse, qu'il autorise à l'effet des présentes, demeurans ruë Charles Conseiller du Roi, Notaire au Châtelet de Paris soussigné, s'est transporté au Château de scis en la Paroisse de ou étant lesdits Seigneur & Dame Seigneurs, propriétaires & jouissans par indivis des Terres, Fiefs & Seigneuries de lui ont présentement mis ès mains les Lettres patentes par eux obtenus en Chancellerie le signées par le Roi, N & scellées du grand Sceau de cire jaune, & la commission obtenue audit Châtelet pour l'exécution d'icelles, le par lesquelles il est ordonné à tous les détenteurs d'héritages & redevables des droits desdits Fiefs, passer reconnoissance & titre nouvel d'iceux ausdits Seigneur & Dame de pardevant ledit Charles nommé par ladite commission, pour recevoir lesdites reconnoissances, & passer titre nouvel, foi, hommage, aveux & denombremens, tant en fief que roture, & ont lesdits Seigneurs & Dame de requis ledit Charles de proceder à l'exécution desdites Lettres & Commission; & à cet effet de recevoir lesdites reconnoissances & déclarations des vassaux, tenanciers & redevables d'héritages relevans desdits fiefs de & de ceux qui doivent droits ou rentes à icelle dite Terre, & après avoir par ledit Charles annexé lesdites Lettres & Commissions à ces présentes, il a, à la requisition desdits Seigneur & Dame de procedé ausdites déclarations & reconnoissances ainsi qu'il en suit, en présence des témoins ci-après nommés, après que lesdits Seigneur & Dame de ont déclaré avoir fait publier aux Prônes des Paroisses de lesdites Lettres & Commission, à ce que lesdits tenanciers & redevables eussent à y satisfaire sous les peines y portées, & ont signé.

Titre nouvel & Reconnoiſſance, ou Déclaration de Cens, à un particulier qui le paſſe au Château de ſon Seigneur, pardevant le Notaire commis à cet effet.

ET le audit Château de pardevant nous Charles Conſeiller du Roi, Notaires à Paris ſouſſigné, commis pour faire le Papier Terrier de *telle* Terre en la préſence des témoins ci-après nommés, eſt comparu Joſeph demeurant lequel a reconnu être détenteur & propriétaire de trois quartiers de terre en une ſeule piéce, ſciſe au lieu dit tenant d'un côté à d'autre à leſdits trois quartiers de terre à lui appartenans, comme les ayant pris à rente de *tel & telle* ſa femme, par contrat paſſé pardevant le à la charge d'un ſol de cens pour chaque arpent, & moyennant de rente fonciere rachetable de auſquels & ſa femme leſdits trois quartiers appartiennent tant du propre d'elle que de leurs acquets, leſquels, trois quartiers de terres en la Cenſive de ladite Seigneurie de & chargés entr'elles d'un ſol tournois par arpent, portant lods & ventes ſaiſine, défaut & amende, quand le cas y échet, payable au Château de au jour de ſaint Remi de chacune année, avec faculté auſdits Seigneur & Dame de de reprendre ledit héritage à toutes mutations, au prix qu'il ſera vendu, au lieu deſdits cens : lequel cens ledit promet & s'oblige de payer par chacun an audit jour ſaint Remi audit Château tant qu'il ſera détenteur & propriétaire deſdits héritages, ſans préjudice auſdits Seigneur & Dame de des arrérages qui leur ſont dûs dudit cens & droits Seigneuriaux & autres droits, dûs & actions, tant à l'encontre dudit M reconnoiſſant, que de ceux qui ont poſſedé leſdits héritages avant lui, déclarant ledit M qu'il ne poſſede aucune autre héritage, relevant de la Cenſive deſdits Seigneur & Dame de promettant, &c. obligeant, &c. renonçant, &c. Fait & paſſé audit Chateau de en préſence de témoins qui ont ſigné avec ledit M

Après que la minute du Terrier eſt entierement finie, l'on commence l'expédition par l'Acte de tranſport ſur les lieux, comme il eſt ci-devant.

L'an mil le du mois de mil ſept cent à la requiſition.

Enſuite l'on tranſcrit les Lettres Patentes & commiſſion.

Louis par la grace de Dieu, Roi de France & de Navarre : à tous ceux qui ces préſentes Lettres verront, M. H. ſalut. Sçavoir faiſons, que vû les Lettres du Roi, &c.

Déclaration de Cens.

AUjourd'hui est comparu pardevant les Notaires à Paris soussignés, Pierre demeurant lequel a déclaré & reconnu être propriétaire d'une maison scise ruë où étoit autrefois pour enseigne & à présent la à lui appartenante, comme lui étant échuë par le partage fait entre ledit sieur Pierre & ses cohéritiers en la succession de défunte Dame au jour de son décès veuve de Maître D ses pere & mere ; ledit partage passé pardevant Notaires le laquelle maison est chargée envers Messieurs les Prieur, Religieux & Couvent de de quinze sols parisis de cens portant lods & vente, saisines & amende, quand le cas y échet, payable par chacun an au jour & fête de saint Remi, à ces causes, ledit sieur Pierre promet & s'oblige de payer & dorenavant continuer lesdits quinze sols parisis de cens audit jour de saint Remi, de chacune année ausdits sieurs Prieur, Religieux & Couvent, leur Procureur, Receveur, ou au porteur, &c. dont la premiere année écherra au jour de saint Remi prochain, & ainsi continuer d'année en année, tant qu'il sera propriétaire de ladite maison, promettant, &c.

Reconnoissance de Droits Censuels, & autres Droits Seigneuriaux.

AUjourd'hui est comparu pardevant les Notaires Nicolas demeurant lequel a reconnu & déclaré être propriétaire d'une maison & des héritages ci-après désignés, situés au terroir de au moyen de l'acquisition qu'il en a faite, &c. lesdites maison & héritages étant en la Censive & relevans du Seigneur de en la Paroisse de chargées envers lui des cens ci-après, portant lods & vente, défauts, saisines & amendes, quand le cas y échet.

Premierement, une maison, consistante, &c. scise, &c. chargée de six deniers de cens.

Item, quatre arpens de terre labourable en une piéce, scise tenant d'un côté à d'un autre côté tirant vers chargée de six deniers de cens par chaque arpent.

Item, &c.

A ces causes ledit Nicolas promet & s'oblige de payer & dorenavant continuer audit Seigneur de le lendemain du jour & fête de Noel de chacune année, lesdits cens au Bureau de sa recette, tant qu'il sera propriétaire & possesseur desdits héritages, ou de partie ou portion d'iceux, promettant, &c. obligeant, &c. renonçant, &c. Fait & passé, &c.

Nota. *Il faut observer que quand on met plusieurs reconnoissances ensuite les unes des autres, après que la premiere est finie, on commence les autres par ce mot :* Et le est comparu, &c.

EDITS,

EDITS,

DECLARATIONS DU ROI,

ARRESTS DU CONSEIL

ET DU PARLEMENT,

Avec les Actes de Notorieté qui concernent les fonctions des Notaires en Matieres Laïques.

Arrêt concernant les Obligations.

PAR Arrêt d'Audiance du 13 Décembre 1618, rendu entre Tanneguy de Chambrai, Appellant & Demandeur en Lettres, & Jean d'Aufrenel sieur Dupont, Intimé & Défendeur.

Il a été jugé qu'une Cédule ou promesse faite avec cette clause, *à payer la somme y contenuë, Prêtre, mort, ou marié*, étoit nulle; & défenses furent faites à toutes personnes, de plus faire telles Promesses ou Obligations.

Le Prêtre, Centurie 4. Chap. 19. Arrêt de Réglement de 1618.

Me. Charles du Moulin dans son Traité des Usures, Question 100, tient que toutes sortes de Contrats aléatoires, & autres de même nature, sont nuls & réprouvés.

Arrêt concernant les Contrats de Constitution & Obligations.

PAr Arrêt du Parlement du Lundi 6 Mars 1620, la Cour a fait un Reglement général, M. le Premier President de Verdun séant, en la Cause de Charles Pellerin & Dame Marie le Vaillant, Dame de la Grange Trianon, sur un Appel du Prevôt de Paris, plaidans Desnoyers & Tillers, par lequel Arrêt, conformément aux Conclusions de M. l'Avocat Général Tallon, *défenses furent faites aux Notaires de plus inserer dans les Contrats & Obligations conçus pour prêts, les déclarations de Majorité & Extraits Baptistaires, sur peine de nullité, & d'en répondre en leurs propres & privés noms;* & l'Arrêt porte qu'il sera signifié aux Syndics des Notaires, à la diligence du Substitut de M. le Procureur Général.

Edit du Roi, du 23. Mars 1672. portant que les Offices de Notaires, Procureurs, Huissiers, Sergens & Archers seront héreditaires.

Verifié en la Chambre des Comptes le 11 Avril 1672.

LOUIS, par la grace de Dieu, Roi de France & de Navarre: A tous ceux qui ces présentes Lettres verront, Salut. Les fonctions des Charges de Notaires, Gardenotes & Tabellions, & des Procureurs, Huissiers & Sergens de notre Royaume, régardans le repos des familles & la fureté publique, les uns étans les dépositaires du secret desdites familles, & les autres ayans entre leurs mains la conduite de leurs affaires les plus importantes; Nous avons crû être obligé de veiller que ces Charges fussent remplies de personnes de probité & capacité suffisante pour s'en bien acquitter; c'est ce qui Nous auroit porté à faire expédier notre Edit du mois d'Avril 1664, pour retrancher un nombre surnumeraire qui s'étoit introduit en l'exercice desdites Charges, sans choix & sans expérience, Nous n'aurions pas seulement supprimé les inutiles qui étoient à charge au public, & prêtoient leur ministere pour quantité d'abus & de malversations qui se commettoient tous les jours, mais encore reglé leur qualité & résidence, & ayant reconnu que ce remede ne faisoit pas tous le bon effet que Nous en avions esperé, & même que les sommes que lesdits Notaires, Procureurs, Huissiers & Sergens étoient obligés de payer, tant pour le droit annuel, que pour les droits de résignations, Marc-d'or, & autres frais pour l'expédition de leurs provisions aux mutations, les incommodoient beaucoup; pour leur donner moyen de s'attacher avec le plus d'assiduité à notre service & à celui du public, Nous avons resolu de confirmer l'hérédité desdits Offices des Notaires, Tabellions, & la rétablir aux Procureurs, que nous leur avions ôtée par notre Edit de l'année 1664, & leur donner la faculté d'en pouvoir disposer par contrats volontaires, & jugé nécessaires d'obliger les Huissiers, Sergens & Archers de notre Royaume, de prendre des provisions en notre grande Chancellerie, pour les autoriser dans l'exercice d'un emploi si important, & empêcher qu'aucuns les exerce sur de simples matricules, Commissions des Juges ou autrement. A ces causes, de l'avis de notre Conseil, & de notre certaine science, pleine puissance, & autorité Royale, Nous avons par ces présentes signées de notre main, dit, statué & ordonné, disons, statuons, & ordonnons, voulons & nous plaît, que tous les Notaires, Procureurs, Huissiers & Sergens réservés en conséquence de notre Edit du mois d'Avril 1664, demeurent conservés en la fonction & exercice de leurs Offices, sans qu'ils puissent y être troublés par quelques personnes que ce soit; & qu'à l'avenir tous les Offices de Notaires, Gardenotes & Tabellions Royaux, & les Procureurs de nos Cours & Justices, soient & demeurent héreditaires, pour en jouir par les pourvûs d'iceux, eux, leurs successeurs & ayans cause, héreditairement, à toujours & perpetuellement, en faire & disposer par contrats de ventes volontaires ainsi que de leurs propres, sans que lesdits Offices puissent être déclarés à l'avenir Domaniaux, ni sujets à aucune revente, pour quelque cause que ce soit, à la charge par les nouveaux acquereurs de prendre des Lettres de confirmation en la grande Chancellerie sur lesdits contrats de ventes volontaires, & avant que de pouvoir exercer lesdits Offices, à peine de pure perte d'iceux. Voulons que le Sceau desdites Lettres de confirmation purge les hypotheques, tout ainsi que si c'étoient des provisions: Pour tous les droits duquel Sceau il sera payé seulement la somme de vingt livres aux Officiers de notre Chancellerie, pour être partagés comme une demie chartre, & dix livres au Secretaire qui dressera lesdites Lettres & en sollicitera l'expédition. Et à l'égard des Audienciers, Huissiers, Sergens, Archers & autres ayans pouvoir d'exploiter dans toutes les Cours & Justices Royales de notre Royaume, Nous avons reduit & moderé les frais du Sceau des provisions de leurs Offices; sçavoir pour les Huissiers Audienciers des Cours superieures, Présidiaux, principaux Bailliages, Senéchaussées, Elections, Greniers à Sel, & Amirautés qui resident dans les Villes où lesdits Siéges sont établis, à quatre livres, & pour les autres à vingt livres, qui seront aussi partagés sur le pied d'une chartre ou d'une demie chartre, & dix livres au Secretaire pour chacune desdites Lettres. Faisons très-expresses défenses aux Officiers de notre Chancellerie d'en exiger davantage, à peine de restitution du quatruple; & joüiront les pourvûs desdits Offices de Notaires Gardenotes, Tabellions, Procureurs, Audienciers, Huissiers, Sergens, Archers & autres, des graces ci-dessus, en payant les sommes ausquelles ils seront moderément taxés en notre Conseil sur les quittances du Trésorier de nos revenus casuels, & les deux sols pour livre d'icelles, dans un mois après la publication des présentes en notre grande Chancellerie, & aux Siéges & Justices Royales de leurs résidences; & à faute par eux d'y satisfaire dans ledit tems, & icelui passé, permettons, aux Officiers de pareille nature, qui n'ont été reservés en conséquence dudit Edit de 1664, d'entrer au lieu & place des réfusans ou délayans, en payant par eux lesdites sommes, & deux sols pour livre; quoi faisant Nous les avons maintenus & conservés, maintenons & conservons dans lesdits Offices, pour lesquelles il leur sera expedié des Lettres de confirmation ou de provision, sur les quittances du Trésorier de nos revenus casuels, sans que ceux qui n'auront payé, & qui seront dépossedés, puissent les inquiéter en quelque sorte & maniere que ce soit, en la joüissance, possession, exercice & fonctions desdits Offices, à peine de cinq cens livres d'amende contre chacun contrevenant, & de tous dépens, dommages & intérêts, & où il ne se trouvera nombre suffisant de supprimés pour remplir les places de ceux qui pourroient être réfusans ou délayans de payer, Nous voulons que leurs Offices soient vendus pardevant les Commissaires départis en chacune Généralité, ou Juges des lieux qui seront à ce commis, au plus offrant & dernier encherisseur, où toutes personnes seront reçûës à encherir, & sur le prix d'iceux, lesdites sommes seront préalablement prises, & le surplus payé ainsi qu'il sera par Nous ordonné. Et comme il s'est trouvé plusieurs lieux où il n'a pas été réservé nombre suffisant desdits Offices pour le service & la commodité de nos Sujets, Nous voulons que sur les avis desdits Commissaires départis, & des Juges des lieux, il en soit établi la quantité nécessaire, & iceux vendus à notre profit, & le prix payé sur les quittances du Trésorier desdits Revenus casuels. Défendons très-expressément à tous nos Juges & Officiers de toutes nos Cours & Justices, de recevoir ni admettre aucuns Notaires, Tabellions, Procureurs, Huissiers, Sergens & autres, pour faire la fonction d'aucuns Offices, de quelque nature & qualité qu'ils soient, ni le souffrir sous quelque prétexte que ce soit, que sur nos Lettres de provisions ou confirmations, & qu'il ne leur en soit apparu bien & duëment scellées de notre grand Sceau, & signées de l'un de nos amés & féaux Conseiller & Secretaire, à peine de pure perte des Offices desdites Juges, & à toutes personnes d'exercer lesdites Charges sans provisions ou Lettres de confirmations, à peine de faux & de six cens livres tournois d'amende, un tiers à notre profit, un tiers au dénonciateur, & l'autre tiers à l'Hôpital Général de Paris, sans qu'il en puisse être fait aucune remise ou moderation. Si donnons en Mandement à nos amés & féaux Conseillers les gens tenans notre Chambre des Comptes à Paris, que ces présentes ils ayent à faire lire, publier & Registrer, entretenir, garder & observer inviolablement de point en point selon leur forme & teneur, nonobstant tous Edits, Arrêts, Réglemens & autres choses à ce contraires, ausquelles Nous avons dérogé & dérogeons par ces présentes : Car tel est notre plaisir. En témoin de quoi Nous avons fait mettre notre Scel à ces présentes. Donné à Versailles, le vingt-troisiéme jour de Mars l'an de grace mil six cens soixante-douze; & de notre Regne le vingt-neuviéme. Signé, LOUIS : Et plus bas, par le Roi, *Colbert.*

Régistrées en la Chambre des Comptes, ce requerant le Procureur Général du Roi, pour avoir lieu & être exécutées selon leur forme & teneur, les Bureaux assemblés, le onziéme jour d'Avril mil six cens soixante-douze. Signé, *Richer.*

Arrêt de la Cour de Parlement, du 31. Août 1676. portant défenses aux Notaires de recevoir des Particuliers des Déclarations & Subrogations d'emprunts, sinon par les quittances des rachats.

Extrait des Registres de Parlement.

ENtre Dame Geneviéve Sauger, Epouse de Messire Nicolas Arnoul, Conseiller du Roi en ses Conseils, Intendant Général de la Marine, de lui séparée quant aux biens, Dame de Vaucresson, appellante d'une Sentence d'Ordre du treize Août 1672, d'une part; Et Messire Nicolas Jassault Conſeiller du Roi, Maître de Requêtes ordinaire de ſon Hôtel, & Oudard de Gaumond, Conſeiller Secretaire du Roi, Directeurs des Créanciers de Meſſire Raoul Croiſet, Intimés d'autre: Et entre leſdits Jaſſault & de Gaumont èſdits noms, Appellans d'une Sentence du Châtelet de Paris du 27 Février 1666, d'une part, & ladite Sauger Intimée d'autre, & ladite Sauger Appellante en adherant à ſes premieres appellations de ladite Sentence d'Ordre du 13 Août 1672, en ce que par icelle l'on a colloqué ledit de Gaumont comme créancier privilegié, d'une part, & ledit de Gaumond Intimé d'autre; Et entre ladite Sauger Demandereſſe en Requête du 30 Janvier 1675, d'une part, & leſdits Directeurs Défendeurs d'autre: Veu par la Cour ladite Sentence d'Ordre dont eſt appel, dudit jour 13 Août 1672, rendue par leſdits Directeurs des Créanciers dudit Raoul Croiſet & Dame Louiſe-Arnoul ſa Veuve, par laquelle entr'autres choſes auroit été ordonné, que ſur la maiſon & héritages de Ruel, ladite Sauger ſeroit payée par préférence, comme ſubrogée aux droits, privileges & hypotheques de Damoiſelle Magdelaine Bonnet, qui étoit ſubrogée en ceux de Damoiſelle Marie Croiſet, Veuve Gilles Houdin, ci-devant propriétaire de ladite maiſon & héritages de Ruel de la ſomme de ſix mille trois cens livres, pour ſept années d'arrérages échuës le vingt-deux Juillet 1672, & ceux depuis échûs de neuf cens livres de rente, faiſant parties de mille livres de rente conſtituée à ſon profit par ladite Louiſe Arnoul, Veuve Croiſet, tant en ſon nom, que comme Tutrice de ſes enfans, par contrat du 22 Juillet 1665, & ſur ce qui reſteroit du prix de la Terre, & Seigneurie de Vaucreſſon, maiſon & héritages de Ruel, & maiſon de Paris, qu'elle ſeroit payée par ordre d'hypotheque du 22 Juillet 1665, de la ſomme de 7000 livres pour ſept années d'arrérages échûs le 22 Juillet 1672, & de ceux depuis échûs de mille livres de rente conſtituée à ſon profit par ladite Dame Louiſe Arnoul, tant en ſon nom, que comme Tutrice de ſes enfans, par contrat du 22 Juillet 1665, & de vingt mille livres pour le principal de ladite rente; ſeroit encore ladite Dame Geneviéve Sauger dudit jour 22 Juillet 1665 payée de 700 livres, pour 7 années d'arrérages échûs le 22 Juillet 1672, & de ceux depuis échûs de cens livres de rente, faiſant partie de mille livres de rente conſtituée à ſon profit par ladite Arnoul èſdits noms, par contrat dudit jour 22 Juillet 1665, ayant été ladite Sauger ci-devant colloqué pour le ſurplus deſdits arrérages de mille livres de rente & pour le ſort principal, comme ſubrogée aux droits & privileges de ladite Magdelaine Bonnet èſdits noms; & que ſur la maiſon ſciſe à Paris rue du Four, ledit de Gaumont étant aux droits & hypotheques de Damoiſelle Marie Croiſet, Veuve Maître Gilles Houdin, qui étoit privilegié, ſur les biens de Damoiſelle Magdelaine de la Vergne ſa mere, ſeroit payée par préférence de la ſomme de cinq cens quatre vingt-quinze livres dix ſols, pour deux années échuës le neuf Novembre 1675, & de ceux depuis échûs de deux cens quatre vingt-dix-ſept livres quinze ſols, faiſant partie de trois cens livres de rente conſtituée par ladite Arnoul au profit dudit Gaumont, par contrat du neuf Novembre mil ſix cens ſoixante-ſept. Arrêt d'appointé au Conſeil du vingt-huit Mai mil ſix cens ſoixante-quatorze. Cauſe d'appel de ladite Sauger. Requête deſdits Directeurs employée pour reponſe. Autre Requête de ladite Sauger employée pour addition de cause d'appel. Productions des Parties. Contredits de ladite Sauger. Ladite Sentence du Châtelet de Paris dudit jour vingt-sept Février mil six cens soixante-six, dont est appel, par laquelle ladite Sauger auroit été subrogée par Justice aux droits, privileges & hypotheques des nommés Sauvat & Picault, & sans dépens. Requête desdits Directeurs du vingt-trois Janvier mil six cens soixante-quinze, employée pour contredits contre la production faite par ladite Sauger sur l'appel de ladite Sentence d'Ordre, à ce qu'ils fussent reçûs appellans de ladite Sentence de subrogation du Châtelet, leur donner Acte, de ce que pour causes d'appel, écritures & productions, ils employent le contenu en ladite Requête, sur laquelle auroit été mis reçû appellant, fourniroient de reponses, & les parties appointées suivant l'Ordonnance, & acte de l'emploi. Requête de ladite Sauger employée pour reponses, écritures & production. Requête de ladite Sauger du 25 Mai mil six cens soixante-quinze, à ce qu'elle fût reçûë appellante de ladite Sentence d'Ordre dudit jour 13 Août 1672, en ce que par icelle ledit de Gaumont auroit été colloqué comme créancier privilegié, émandant, ordonner que sa collocation seroit reformée, & ne seroit colloqué qu'au rang des créanciers hypothequaires du neuf Novembre mil six cens soixante-sept; & au surplus lui adjuger ses autres conclusions, & lui donner acte, de ce que pour causes d'appel, écritures & productions, elle employoit ce qu'elle auroit écrit & produit, & le contenu en ladite Requête, sur laquelle Requête auroit été mis reçû appellant, fourniroient les Intimés de reponses, les parties appointées suivant l'Ordonnance, & acte de l'emploi. Requête dudit de Gaumont employée pour réponses & production dudit de Gaumont sur ledit appel. Requête de ladite Sauger dudit jour trente Janvier mil six cens soixante-quinze, à ce qu'elle fût reçûë opposante à l'exécution de l'Arrêt d'omologation de ladite Sentence d'Ordre du vingt-six Aout mil six cens soixante-douze; faisant droit sur ladite opposition, lui adjuger les Conclusions par elle prises, & lui donner acte de ce que pour moyen d'opposition, écritures & production, elle employoit ce qu'elle avoit écrit & produit à ladite Requête. Arrêt d'appointé en droit & joint, contenant acte de l'emploi du sept Mai mil six cens soixante-quinze. Requête desdits Directeurs employée pour reponses, écritures & production. Production nouvelle dudit de Gaumont, par Requête du vingt-neuf Juillet mil six cens soixante-seize. Sommation de fournir de contredits contre icelle; tout joint & consideré : Ladite Cour, faisant droit sur le tout, sans s'arrêter à l'opposition de ladite Sauger, dont elle est déboutée, en tant que touche l'appel interjetté par lesdits Jassault & de Gaumont. A mis & met l'appellation & ce dont a été appellé au néant, émandant sur les appellations de ladite Sauger, met lesdites appellations au néant, ordonne que ce dont a été appellé sortira effet; *fait défenses aux Notaires de recevoir des particuliers des Déclarations & Subrogations d'emprunts de deniers, sinon par les actes qui contiendront les acquits & rachats des dettes qui en seront faits, à peine de nullité*, condamne ladite Sauger en une amende ordinaire de douze livres, & aux dépens. Fait en Parlement le trente-un Aoû̂t mil six cens soixante-seize. Signé *Jacques*.

Arrêt de la Cour de Parlement, du 5 Septembre 1680, portant défenses aux Notaires, à peine d'interdiction, de passer à l'avenir aucuns Actes, par lesquels les hommes & les femmes déclarent qu'ils se prennent pour maris & femmes.

Extrait des Registres de Parlement.

ENtre Damoiselle Elisabeth Parisot, jouissante de ses droits, appellante de la permission d'informer : Information, Décret d'assigné, pour être ouie, décerné par le Lieutenant Criminel du nouveau Châtelet, le 4 Septembre 1676, conversion, & de tout ce qui s'en est ensuivi, d'une part ; & Messire Etienne Lautin, Conseiller du Roi, Maître en sa Chambre des Comptes de Bourgogne, intimé, d'autre ; & entre Philippes Lautin, Ecuyer, fils, demandeur en Requête du 8 Février 1680, à fin d'intervention, d'une autrepart, & entre M^e. Pierre-Alexandre Jarrosson, Avocat en la Cour, curateur de ladite prétenduë Geneviéve Lautin, fille d'Elisabeth Parisot, demandeur en Requête d'intervention du 23 Juillet 1680, d'une autre part ; & ledit Messire Etienne Lautin, Maître des Comptes, Philippes Lautin, & ladite Elisabeth Parisot, défendeurs d'autre. Vû par la Cour l'information faite par le Commissaire Diévre, à la Requête de Messire Etienne Lautin, Conseiller du Roi, Maître ordinaire en sa Chambre des Comptes de Bourgogne, & de Catherine Maltête son épouse, contre les nommées Elisabeth Parisot & Fleuriot, pour raison du rapt & séduction par elle commis en la personne de leur fils, les 29 & 30 Juillet 1676, & autres jours suivans, au bas de laquelle information est un Décret d'assigné, pour être ouie, decerné contre ladite Parisot, le 14 Septembre audit an 1676, par le Lieutenant Criminel du Châtelet. Arrêt de la Cour du 30 Juin 1677, obtenu sur requête par ladite Elisabeth Parisot, par lequel elle auroit été reçûë appellante de la permission d'informer. Information & Décret contre elle decerné, avec défenses de passer outre, & de mettre ledit Décret à exécution, ladite requête dudit Philippes Lautin, fils, du 8 Février 1680, à ce qu'il plût à la Cour le recevoir partie intervenante en la cause d'appel pendante en la Cour, entre ladite Parisot & ledit sieur Lautin pere ; & y faisant droit, lui donner acte de ce qu'il adhere aux plaintes, demandes & conclusions de ses pere & mere contre ladite Parisot ; ce faisant en mettant les appellations par elle interjettées au néant, renvoyer les parties & contestations au Châtelet, pour être le procès fait & parfait à ladite Parisot, jusques à Sentence diffinitive inclusivement, sauf l'appel. Arrêt du 5 Juillet dernier, par lequel la cause étant au rolle de la Tournelle Criminelle, sur l'appel auroit appointé les parties au Conseil, & sur l'intervention en droit & joint. Requête de ladite Parisot du 29 Juillet dernier, par elle employée pour causes & moyens d'appel, & de nullité contre la plainte & informations contre elle faites à la requête dudit Lautin pere ; & en conséquence, la renvoyer quitte & absous de la calomnieuse accusation contre elle intentée, enjoindre audit Lautin fils, qui seroit débouté de son intervention, de traiter ladite Parisot, comme sa femme & légitime épouse; & au cas que la Cour fît quelque difficulté dans la confirmation dudit mariage, condamner lesdits Lautin pere & fils solidairement en la somme de trente mille livres, à laquelle elle se restraignoit, pour ses dommages & intérêts, & en outre en tous les dépens du procès aussi solidairement, dont acte auroit été octroyé, icelle signifiée ledit jour vingt-neuf Juillet. Requête dudit Etienne Lautin du premier Août par lui employée pour réponses ausdites causes & moyens d'appel, & en conséquence en procedant au jugement de l'appel, faire défenses à ladite Parisot de prendre la qualité de femme dudit Lautin fils, & pour l'avoir prise la condamner en telle amende qu'il plairoit à la Cour, & aux dommages, intérêts & dépens, dont acte auroit été donné. Production desdits Lautin & de ladite Parisot. Requête dudit Etienne Lautin pere par lui employée pour contredits, contre la production de ladite Parisot, dont acte auroit été octroyé, icelle signifiée le 5 dudit mois Août, dernier. Autre requête dudit Philippe Lautin fils du même jour 5 Août, aussi employée pour contredits contre la production de ladite Parisot. Requête de ladite Parisot du 19. dudit mois d'Août par elle employée pour contredits contre la production dudit sieur Lautin. Requête d'icelui Lautin par lui employée pour réponses & salvations à la requête de contredits de ladite Parisot, dont acte auroit été octroyé, icelle signifiée le 20 dudit mois d'Août. Requête dudit Philippe Lautin du 16 dudit mois de Juillet par lui employée pour production sur son intervention, & en conséquence faire défenses à ladite Parisot de prendre la qualité de sa femme, la condamner en ses dommages, intérêts & dépens, sur laquelle est l'Ordonnance de la Cour, portant ait acte, & sur le surplus en jugeant. Sommation à ladite Parisot de produire sur ladite intervention, même fournir de contredits, & sur la demande portée par ladite requête du 16, ladite requête présentée par ledit Pierre-Alexandre Jarrosson le 23 Juillet dernier, à ce qu'il fût reçu partie intervenante en ladite Instance, lui donner acte de ce que pour moyen d'intervention il employoit le contenu en sa requête, & en conséquence faisant droit sur d'icelle, ordonner qu'il auroit communication de l'instance pour y déduire ses moyens, & prendre telles conclusions qu'il aviseroit bon être. Arrêt du 31 dudit mois de Juillet, par lequel ledit Jarrosson auroit été reçû partie intervenante au procès, & acte de l'emploi par lui fait. Requête dudit Etienne Lautin du 5 Août dernier, par lui employée pour écritures & productions sur l'intervention dudit Jarrosson, dont acte auroit été octroyé. Requête dudit Jarrosson du 12 dudit mois d'Août, par lui employée pour moyens d'intervention, & en conséquence faisant droit sur icelle, il plût à la Cour maintenir Geneviéve Lautin mineure dans son état de fille légitime desdits Lautin & Parisot, & en cas que sondit état pût reçevoir quelque atteinte, ordonner des choses nécessaires pour le soutien de la vie de ladite mineure, même pour ses pensions depuis le jour de sa naissance, qui sont prêts de huit années, proportionnément aux biens, à la fortune, & à la naissance de ses pere & mere, & en cas d'Instance de la part dudit Lautin fils le condamner aux dépens,

lui

lui donner acte de ce que pour écritures & production sur ladite demande, il employoit le contenu en sa Requête, les piéces y attachées, & la production de la Demoiselle Parisot, sur laquelle Requête est l'Ordonnance de la Cour, portant ait acte, & que les défendeurs fourniroient de reponses, & produiroient dans trois jours, & joints. Requête desdits Lautin pere & fils du 13 dudit mois d'Août par eux employée pour défenses, écritures & production sur la demande portée par ladite Requête du 12, dont acte auroit été octroyé. Autre Requête dudit Philippes Lautin du 27 dudit mois d'Août, à ce qui plût à la Cour faire défenses à ladite Parisot de prendre la qualité de sa femme, & qu'elle seroit rayée des actes où elle l'a employée, lui donner acte de ce que pour production sur ladite demande il employoit le contenu en sa Requête & ce qu'il a dit & produit, sur laquelle Requête est l'Ordonnance de la Cour, portant ait acte, & que la défendresse fourniroit de défenses, & produiroit dans trois jours. Requête de ladite Parisot du 30 dudit mois d'Août par elle employée pour défenses, écritures & production sur la demande dudit Lautin, lui donner acte de ce qu'elle adhere aux Conclusions de ladite Damoiselle Lautin sa fille, & où la Cour feroit difficulté de confirmer son état de fille légitime d'elle & dudit Lautin, ordonner qu'elle seroit mise en ses mains pour la conduire, & lui donner l'éducation, sur laquelle Requête auroit été mis & ait acte, & au surplus en jugeant. Requête dudit Jarrosson du 30 dudit mois d'Août par lui employée pour défenses, écritures & production contre les demandes portées aux Requêtes des 27 & 30 dudit mois, & lui donner acte de ce que, où la Cour feroit difficulté de confirmer son état de fille légitime dudit Lautin & de ladite Parisot, il consentoit que ladite mineure fût mise ès mains de ladite Parisot, dont acte auroit été octroyé, icelle Requête signifiée ledit jour 31 Août. Production nouvelle dudit Lautin, Maître des Comptes suivant sa Requête du 17 dudit mois d'Août. Requête de ladite Parisot du 26 dudit mois d'Août, par elle employée pour contredits contre ladite production nouvelle. Acte passé pardevant Loyer & Lange, Notaires au Châtelet de Paris, le 3 Mars 1672, par ledit Philippes Lautin, & ladite Elisabeth Parisot, par lequel appert qu'il se seroit transporté en la maison du sieur Benjamin, Official & grand Vicaire de l'Archevêque de Paris, auquel lesdits Lautin & Parisot auroient dit qu'ils étoient dans le dessein & volonté de se prendre par nom & loi de mariage, l'auroient prié & requis de celebrer & solemniser icelui mariage, lequel auroit fait reponse qu'il ne pouvoit faire ladite célébration, par les raisons qu'il avoit ci-devant dites ausdits Lautin & Parisot, ce qu'ils auroient pris pour refus, & auroient requis acte dudit refus, & de ce qu'ils auroient déclaré audit sieur grand Vicaire, qu'ils se prenoient par nom & loi de mariage, ce qui leur auroit été octroyé par lesdits Notaires, en la maison dudit sieur grand Vicaire. Conclusions du Procureur Général du Roi : Oui le rapport de Maître Philippes Genoud, Conseiller. Tout consideré, dit a été que ladite Cour faisant droit sur le tout, sans s'arrêter à l'intervention dudit Jarrosson audit nom de curateur de ladite Geneviéve Lautin, a mis & met l'appellation, & ce dont a été appellé au néant, émendant évoquer le principal ; & y faisant droit, a mis sur l'extraordinaire les parties hors de Cour & de procès, condamne ledit

Philippe Lautin fils, prendre ladite Geneviéve Lautin, dont ladite Parisot est accouchée, icelle faire nourrir, entretenir & élever en la crainte de Dieu, Religion Catholique, Apostolique & Romaine, dont il sera tenu rapporter certificat au Substitut du Procureur Général du Roi en la Justice ordinaire des lieux, de trois mois en trois mois; & pourra ladite Parisot, sa mere, la voir & visiter, quand bon lui semblera, condamne en outre ledit Lautin fils en cinq cent livres de dommages & intérêts vers ladite Parisot, & aux dépens faits à son égard, du jour de son intervention; & ayant égard à la demande dudit Lautin fils du 27 Août dernier, fait défenses à ladite Parisot de se dire & prendre la qualité de femme d'icelui Lautin fils, dépens composés à l'égard dudit Lautin pere, & Jarrosson audit nom; faisant droit sur les conclusions du Procureur Général du Roi, fait défenses à tous Notaires, à peine d'interdiction, de passer à l'avenir aucuns Actes par lesquels les hommes & les femmes declarent qu'ils se prennent pour maris & femmes sur les refus qui leur seront faits par les Archevêques & Evêques, leurs grands Vicaires ou Curés, de leur conferer le Sacrement de Mariage, à la charge par lesdits Prélats, leurs Grands Vicaires & Curés, de donner des Actes par écrit, qui contiendront les causes de leur refus, lorsqu'ils en seront requis, & sera le présent Arrêt signifié aux Syndics de la Communauté des Notaires de cette Ville de Paris, à la Requête du Procureur Général du Roi. Fait en Parlement le cinquiéme Septembre mil six cens quatre-vingt. Signé, *Dongois.* Collationné.

Prononcé d'un Arrêt du Parlement de Paris rendu le 4. Septembre 1685. contre un Notaire de Noyon, contenant les formalités que doivent observer les Notaires dans la passation des Actes.

LA Cour a mis l'appellation & ce dont a été appellé au néant, émendant enjoint à l'Appellant d'être plus circonspect dans les fonctions de sa Charge; lui enjoint & à tous les autres Notaires du Bailliage de Noyon, de se conformer au Style de Notaires des Paris, & de s'en servir en tout ce qui ne sera point contraire à la coûtume des lieux.

Enjoint à l'appellant d'écrire les minutes des Actes qu'il recevra d'une écriture aisée à lire, & de mettre les noms propres & les sommes en plus gros caractere que le reste de l'Acte: lui fait défense d'user d'aucunes abréviations, surtout à l'égard des sommes & des noms propres.

Ordonne qu'il sera tenu de laisser trois doigts de marges dans toutes les pages de ses minutes, pour y ajouter commodement les apostilles qu'il conviendra y mettre: lui fait défenses de faire aucunes apostilles dans les minutes: comme aussi de raturer, soit des lignes entieres, ou des mots que la radiation ou apostilles ne soient approuvées à la marge, & l'approbation signée & paraphée dans l'instant, des parties, témoins & du Notaire; le tout à peine de nullité des actes, des dommages & intérêts, & de cent livres d'amende.

Ordonne que les ratures seront faites par une barre & trait de plume simple, passant sur les mots, afin de pouvoir compter & distinguer facilement la quantité des mots rayés, à peine d'amende arbitraire.

Lui fait défenses d'ajouter quoi que ce soit à la fin des actes qui seront par lui passés, si ce n'est à l'instant de la passation, & qu'en le faisant dans le même instant approuver & parapher par les parties & témoins, & par lui Notaire; & à condition que ce qui sera ajouté n'entrera point dans la signature des parties, des témoins & Notaires, à peine de nullité des actes, dommages & intérêts des parties, & de cent livres d'amende.

Lui fait défenses sur les mêmes peines de laisser en blanc dans quelque acte que ce soit les noms des parties & des témoins, & de passer aucuns actes que les témoins ne soient présens, sur les mêmes peines, comme aussi de signer aucuns actes qui ne soient auparavant signés des parties & des témoins, lui enjoint de faire signer tant les parties que les témoins à l'instant de la passation des actes, ou d'expliquer si les parties ne sçavent point signer, ou s'ils sçavent signer, nommer la cause pour laquelle ils n'auront pû signer.

Lui enjoint d'inserer dans tous les actes, les dattes des années du jour & du mois, & s'ils ont été passés devant ou après midi.

Si les parties ne sçavent signer, & qu'ils fassent des marques, il en sera fait mention par le Notaires en présence des témoins instrumentaires, lorsque l'une des parties ne sçaura ou ne pourra signer.

Entre ceux qui seront appellés pour être présens dans l'acte; il y en aura au moins un qui sçache signer, & qui signe actuellement, à peine de nullité, dommages & intérêts des parties, & de cent livres d'amende; lui fait défense de faire signer aucun acte aux parties & aux témoins sans leur en avoir fait lecture, à peine de cent livres d'amende; lui fait défense sous les mêmes peines d'employer ses enfans ou domestiques pour témoins dans les actes qu'il recevra, & de délivrer aucun grosse ni expédition des actes sans en faire mention sur la minute, à peine de cent livres d'amende, & de repondre des dommages & intérêts des parties.

Lui enjointe d'employer dans tous les actes la demeure des parties contractantes, & d'écrire les minutes des actes qu'il recevra tout de suite dans les Registres sans laisser aucun blanc.

Ordonne, &c. que le présent Arrêt sera lû & publié au Bailliage de Noyon, l'audience tenante. Donné à Paris en Parlement le 4. jour de Septembre 1685.

Arrêt du Conseil d'Etat du Roi, du 10 Mai 1689, rendu en faveur des Notaires Royaux, Gardenottes & Tabellions établis dans les Bourgs & Villages pour les fonctions de leurs Charges.

Extrait des Registres du Conseil d'Etat.

ENtre Antoine Odemps Notaire Royal, Tabellion Gardenote héréditaire au Bailliage de Vermandois, residant en la Paroisse de Lassigny, demandeur en Requête inserée en l'Arrêt du Conseil du 14. Septembre 1688, d'une part: Et la Communauté des Notaires de Noyon, défendeurs d'autre, sans que les qualités puissent nuire ni préjudicier aux parties: Vû au Conseil du Roi ledit Arrêt du 14 Septembre dernier, rendu sur la Requête dudit Odemps, tendante à ce qu'il plût à Sa Majesté le recevoir opposant à l'exécution de l'Arrêt du Conseil du 20 Septembre 1687, rendu sur la Requête desdits Notaires de Noyon, & à tout ce qui s'en est ensuivi; faisant droit sur son opposition, sans s'arrêter audit Arrêt, ordonner que ceux du Parlement de Paris, des 16 Février & 4 Septembre 1685 seroient exécutés selon leur forme & teneur, faire main-levée audit Odemps de la saisie de ses meubles, faite par Exploits des 11 & 21 Août 1688, & en conséquence les gardiens déchargés; & en cas que lesdits meubles ayent été vendus, ordonner que la valeur lui en seroit renduë, au dire d'Experts, avec tous dépens, dommages & intérêts, par lequel auroit été ordonné qu'aux fins de ladite Requête lesdits Notaires seroient assignés au Conseil au mois, pour être fait droit aux parties ainsi qu'il appartiendroit, & cependant les Arrêts du Parlement de Paris, du 16 Février & 4 Septembre 1685 exécutés selon leur forme & teneur; & en conséquence main-levée faite audit Odemps des meubles sur lui saisis, à la délivrance tous gardiens & dépositaires contraints, quoi faisant déchargés: Commission obtenuë sur ledit Arrêt ledit jour. Exploit de signification & assignation donnée en conséquence au Conseil le 9 Octobre audit an. Requête sur laquelle par ordonnance du Conseil du 15 Décembre 1688, le sieur de Montfort Maître des Requêtes auroit été commis, l'appointement de Reglement signé en l'instance le 18 dudit mois de Décembre, & Procès verbal de signature dudit jour. Requête de subrogatur du sieur Larcher, Maître des Requêtes au lieu dudit sieur de Montfort du 28 Janvier 1689. Inventaires sommaires de communications des piéces respectivement faites par les parties des 12 Janvier & 1 Mars audit an. L'Arrêt du Conseil d'Etat dudit jour 20 Septembre 1687, rendu sur la Requête de ladite Communauté des Notaires de Noyon, par lequel auroit été ordonné que les Arrêts du Conseil des 21 Mars 1682, 2 Octobre 1672 & 8 Juillet 1684, seroient exécutés selon leur forme & teneur, avec défenses aux nommés des Vaux, Taratte & audit Odemps d'y contrevenir, à peine de 150 liv. d'amende pour chacune contravention, que sa Majesté auroit déclaré dèslors encourue. Copie de Lettres des provisions obtenuës en la grande Chancellerie de France le 11 Octobre 1674, par Louis Fagart, au profit dudit Odemps du 25 Novembre 1673. Quittance du Marc-d'or du 26. Octobre 1677. Lettres de provisions obtenuës en Chancellerie le 24. Décembre 1677. par ledit Odemps dudit Office. Sentence de reception dudit Odemps audit Office, renduë au Bailliage de Noyon le 19 Mars 1678. Copie d'Arrêt du Conseil d'Etat du 20 Octobre 1683, rendu sur la Requête desdits Notaires de Noyon, tendante à ce que l'Arrêt du Conseil du 21 Mars 1682, rendu au profit des Notaires de Soissons fût déclaré commun avec les Greffiers des Arbitrages de Noyon : Ce faisant qu'ils seroient tenus de porter leurs minutes au Tabellionage de Noyon, & que défenses fussent faites audit Odemps de délivrer aucun Contrat en grosse ou par brevet, lorsqu'ils excederoient trente livres, ou qu'il s'agiroit de rente, Surcens, Baux à loyer, Transactions & Contrats de mariage, ni de recevoir aucun Contrat hors du lieu de Lassigny, & pour les biens qui y sont situés, par lequel ledit Arrêt du Conseil du 21 Mars 1682 est déclaré commun au profit desdits Notaires, ce faisant les Greffiers des Arbitrages tenus de porter au Tabellion établi en ladite Ville les minutes des Contrats par eux passés depuis qu'ils sont en charge, & qu'ils recevroient à l'avenir, & d'en payer les droits de Tabellionage pour le passé, être les minutes de ceux qui seroient reçûs à l'avenir grossoyées pour le Tabellion, à la reserve des compromis & Sentences arbitrales & autres Actes qui seroient passés en qualité de Greffiers des Arbitrages, & sur le surplus de la Requête, que les parties se pourvoiroient pardevant les Juges qui en doivent connoître. Copie de Requête présentée par lesdits Notaires au Lieutenant Civil de Noyon le 26 Avril 1684, au bas de laquelle est l'ordonnance d'assigner, cependant les minutes dudit Odemps, portées au Greffe pour en prendre par les Notaires communication, & en cas de refus ledit Odemps contraint par corps. Arrêt contradictoire du Parlement de Paris du 16 Février 1685, rendu entre ledit Odemps appellant de l'Ordonnance dudit Lieutenant Civil de Noyon, & ajournement personnel du 27 Mai 1684, d'une part, ladite Communauté des Notaires & le Substitut du Procureur général audit Noyon, par lequel sur l'appel de ladite Ordonnance, saisie & enlevement de minutes, l'appellation & ce auroient été mis au néant ; émandant lesdits Notaires déboutés de leur demande, & ordonné que ledit Odemps continueroit les fonctions de la Charge de Notaire Royal & Tabellion de Vermandois, residant à Lassigny : défenses ausdits Notaires de l'y troubler, & condamnés aux dépens ; & à l'égard de l'appel de l'ajournement personnel, Acte au Procureur général de la prise de fait & cause pour son Substitut, & avant fait droit les minutes saisies apportées au Greffe. Autre Arrêt contradictoire dudit Parlement entre ledit Odemps & le Procureur général de sa Majesté du 4 Septembre 1685, portant Reglement pour les Notaires Royaux du Bailliage de Noyon, & la forme des actes, & ordonne que les minutes saisies seroient renduës audit Odemps. Copie de l'Arrêt du Conseil du 8 Juillet 1684, rendu sur les Requêtes respectives de Charles les Vaux & Etienne de Neuville, Greffiers des Conventions & Notaires Royaux audit Noyon & la Communauté desdits Notaires. Acte d'opposition dudit Odemps des 26 Janvier & 13 Août 1688, à l'exécution dudit Arrêt du Conseil du 20 Septembre 1687. Saisie de meubles dudit Odemps, à la requête desdits Notaires & du Fermier du Domaine en vertu dudit Arrêt du 20 Septembre 1687. Saisie de meubles dudit Odemps, à la requête desdits Notaires & du Fermier du Domaine en vertu dudit Arrêt pour amende des contraventions. Autre opposition contenant protestation de nullité du 20 dudit mois d'Août. Inventaire de production servant de Reglement & d'avertissement dudit Odemps. Copie imprimée de déclaration du 1 Mars 1645, pour la vente & revente des Offices de Notaires Royaux avec l'union du Tabellionage, Gardenotes & Contrôles, registrée au Parlement le 15 Janvier 1646. Contrat de vente faite le 29 Avril 1647, par les Commissaires députés, au profit de Jean de Targuy de l'un des Offices des Notaires Royaux, Tabellions, Gardenotes & leurs Contrôles audit Noyon, moyennant la somme de 100 livres. Copie d'un Arrêt du grand Conseil du 20 Mars 1652, rendu au profit du sieur Thiedot, contre lesdits Notaires de Noyon. Traité du 26 Juillet 1655 entre ledit Thiedot propriétaire des Greffes, Tabellionages dudit Noyon, & lesdits Notaires, portant cession & transport au profit desdits Notaires de la propriété de l'Office de Tabellion audit Noyon, moyennant 6500 livres. Deux sommations des 16 & 20 Août 1687, à la requête desdits Notaires aux nommés de Vaux, Tarate & audit Odemps de porter en leur Bureau du Tabellionage les minutes des Contrats par eux reçûs, & qu'ils recevroient pour être par lesdits Notaires Tabellionés & délivrés aux parties. Copie d'acte signifié le 14 Août 1688, à la requête dudit Taratte contenant reponse. Certificat signé Donfrere, propriétaire de l'Office de Tabellion du ressort du Bailliage de saint Quentin du 3 Février dernier. Autre certificat du 13 dudit mois, signé Pezé, Tabellion au Bailliage de Perrone. Copie d'Arrêt du Conseil du 21 Mars 1682. Copie des provisions obtenuës le 14 Avril 1687, par André Ribault de l'Office de Notaire Royal, Tabellion, Gardenote héréditaire audit Noyon. Avertissement servant d'Inventaire de production desdits Notaires de Noyon, contenant leurs conclusions, à ce que ledit Odemps fût débouté de sa requête inserée audit Arrêt du 14 Septembre 1688, ce faisant conformément aux Arrêts du Conseil du 2 Octobre 1683, 8 Juillet 1684, & 20 Septembre 1688. Ordonne que ledit Odemps seroit tenu d'apporter au Bureau des Déports desdits Notaires les minutes de tous les Actes qu'il a reçûs & qu'il recevra ci-après, pour en être par eux délivré des grosses & expéditions, payer les droits de ceux qu'il a expédiés, suivant la liquidation qui en seroit faite sur les minutes par telles personnes qu'il plairoit au Conseil de nommer à cet effet, avec defenses audit Odemps d'instrumenter hors l'étenduë du lieu de sa résidence, à peine de faux, 1000 livres d'amende, & de tous dépens, dommages & intérêts, & le condamner en tous les dépens. Requête dudit Odemps du 10 Mars 1689, employée pour contredits contre la production desdits Notaires. Requête desdits Notaires du 16 dudit mois, aussi employée pour contredits contre la production dudit Odemps. Salvations dudit Odemps, signifiées le 28 dudit mois. Copie de l'Arrêt du Conseil du 2 Avril dernier, rendu sur la requête desdits Notaires de Noyon, tendante à ce qu'il plût à sa Majesté ordonner que les lettres surprises au grand Sceau le 24 Décembre 1677, par ledit Odemps en forme de provisions d'un prétendu Office de Notaire Royal, Gardenotes, Tabellion héréditaire au Bailliage de Vermandois, résidant à Lassigny, seroient par lui rapportées pour être supprimées, & en conséquence se voir faire défenses de s'en aider & servir, à peine de faux & nullité, 1500 liv. d'amende, dépens, dommages & intérêts, condamner ledit Odemps à la restitution des émolumens & droits qu'il avoit perçûs en qualité de Tabellion, suivant la liquidation qui en seroit faite sur les minutes par lui Tabellionnées, par telles personnes qu'il plairoit à sa Majesté nommer à cet effet, & en tous les dépens, par lequel Arrêt ladite requête auroit été jointe à l'instance, pour en jugeant y avoir tel égard que de raison. Ladite copie d'Arrêt, signifiée à l'Avocat dudit Odemps le 28 dudit mois d'Avril. Requête dudit Odemps employée pour reponse à ladite requête inserrée audit Arrêt, contenant ses conclusions, à ce que lesdits Notaires fussent débouttés de leur demande en rapport desdites provisions, & condamnés aux dépens. Ordonnance du Conseil au bas de la requête du 30 dudit mois d'Avril, portant acte de l'emploi, & au surplus en jugeant. Signification d'icelle à l'Avocat desdits Notaires dudit jour, & tout ce que par les parties a été mis & produit. Oui le rapport dudit sieur Larcher, Conseiller du Roi en ses Conseils, Maître des Requêtes ordinaire de son Hôtel, Commissaire à ce deputé, après en avoir communiqué aux sieurs Commissaires du Conseil aussi à ce deputés. Tout consideré. Le Roi en son Conseil, faisant droit sur l'instance, sans s'arrêter à la requête desdits Notaires de Noyon du 2 Avril dernier, a reçû ledit Odemps opposant à l'exécution de l'Arrêt du Conseil du 20 Septembre 1687, faisant droit sur l'opposition : Ordonne sa Majesté que les Arrêts du Parlement de Paris des 16 Février & 4 Septembre 1685, seront exécutés : condamne lesdits Notaires de Noyon aux dépens. Fait au Conseil d'Etat du Roi, tenu à Versailles le 10 jour de Mai 1689. Collationné & signé *Coquille*, avec paraphe.

Le premier de Juin 1689. signifié & baillé copie à Maître Fremin Avocat de partie adverse, parlant à son Clerc, en son domicile à Paris, par nous Huissier, signé *Sallé*, avec paraphe.

Collationné aux Originaux par Nous Conseiller Secretaire du Roi, & de ses Finances.

Déclaration du Roi, du 17 Novembre 1690, concernant le tems de l'enregistrement des Substitutions & Donations.

LOUIS par la grace de Dieu Roi de France & de Navarre : A tous ceux qui ces présentes verront, Salut. Les inconveniens que produisoit l'exécution des Articles LVII. & LVIII. de l'Ordonnance de Moulins, concernant le tems de la publication des Substitutions & de l'insinuation des Donations, ayant donné lieu à nos Cours de rendre plusieurs Arrêts contraires aux termes desdits Articles, Nous avons bien voulu faire examiner les raisons qui leur ont servi de fondement. Et comme nous avons connu par le rapport qui nous en a été fait, que la plus grande partie des Substitutions & des Donations ne pourroient être exécutées, si l'on n'y apportoit le temperament que nos Cours ont suivi, Nous avons bien voulu assurer par notre autorité une Jurisprudence, laquelle étant contraire à une Ordonnance, ne peut être solidement établi que par une Déclaration qui y déroge. A ces Causes, de l'avis de notre Conseil, & de notre certaine science, pleine puissance & autorité Royale, Nous avons dit, déclaré, statué & ordonné, & par ces présentes signées de notre main, disons, déclarons, statuons & ordonnons, voulons & nous plaît : Que les Substitutions pourront être publiées & registrées en tous tems, & lorsque la publication & l'enregistrement auront été faits dans les six mois du jour auquel les Substitutions auront été faites, lesdites Substitutions auront leur effet du jour de leur date, tant contre les créanciers que contre les tiers acquereurs des biens qui y sont compris : & si elles sont seulement publiées & enregistrées après les six mois, elles n'auront effet contre lesdits créanciers & tiers acquereurs que du jour desdites publications & enregistremens. Les Donations pourront être insinuées pendant la vie des Donateurs, encore qu'il y ait plus de quatre mois qu'elles ayent été faites, & sans qu'il soit besoin d'aucun consentement du Donateur, ni de jugement qui l'ait ordonné ; & lorsqu'elles ne seront insinuées qu'après les quatre mois, elles n'auront effet contre les acquereurs des biens donnés & contre les créanciers des Donateurs que du jour qu'elles auront été insinuées. Si donnons en mandement à nos amés & féaux Conseillers les Gens tenans notre Cour de Parlement à Paris, que ces Présentes ils fassent lire, publier & registrer, & le contenu en icelles garder & observer selon leur forme & teneur, sans y contrevenir, ni souffrir qu'il y soit contrevenu en quelque sorte & maniere que ce soit, nonobstant ce qui est porté par lesdits Articles LVII. & LVIII. de l'Ordonnance de Moulins, ausquels pour ce regard seulement, Nous avons dérogé & dérogeons par ces présentes ; Car tel est notre plaisir. En témoin de quoi, Nous avons fait mettre notre Scel à cesdites présentes. Donné à Versailles le 17 jour de Novembre, l'an de grace 1690, & de notre Regne le 48. Signé, LOUIS. *Et sur le repli*, Par le Roi, *Phelypeaux.* Et scellées du grand Sceau de cire jaune.

Registrées,

Regiſtrées, ouï & ce requerant le Procurant Général du Roi, pour être exécutées ſelon leur forme & teneur, & copies collationnées envoyées dans les Siéges, Bailliages & Senechauſſées du Reſſort, pour y être pareillement lûës, publiées & enregiſtrées. Enjoint aux Subſtituts du Procureur Général du Roi d'y tenir la la main, & d'en certifier la Cour dans le mois, ſuivant l'Arrêt de ce jour. A Paris en Parlement le 25 Novembre 1690. Signé, *Du Tillet.*

Déclaration du Roi, donnée à Verſailles le 21 jour d'Avril 1692. Concernant les Contrats de Mariage reçûs par les Secretaires d'Etat.

Verifié en Parlement le 30 Avril 1692.

LOUIS, par la grace de Dieu, Roi de France & de Navarre : A tous ceux qui ces préſentes Lettres verront ; Salut. Quoique par pluſieurs Ordonnances & Déclarations des Rois nos prédeceſſeurs, la faculté de recevoir des Contrats ait été attribuée aux Notaires & aux Tabellions, privativement à nos autres Officiers ; cependant nos amés & féaux Conſeillers Secretaires d'Etat & de nos Commandemens & Finances ſe ſont toujours conſervés dans la poſſeſſion de recevoir les Contrats de Mariage des Princes & Princeſſes, paſſés en préſence des Rois nos prédeceſſeurs & de Nous ; & juſqu'à préſent perſonne n'a pû raiſonnablement douter que des Contrats de Mariage ainſi paſſés n'euſſent reçû la forme la plus authentique, qu'ils ne duſſent avoir une entiere exécution, & qu'ils ne produiſiſſent les mêmes effets que s'ils avoient été paſſés devant Notaires : Cependant, comme Nous avons été informés que ſous prétexte que cette Juriſprudence n'a été fixée par aucun Edit ni Déclaration, les Notaires s'efforcent de jetter des ſcrupules ſur la forme deſdits Contrats, & prétendroient introduire la néceſſité d'en dépoſer chez eux une double expédition reconnuë devant eux par les Parties ; ce qui Nous a paru une entrepriſe contraire au reſpect & à la foi qui ſont dûs à des Actes qui portent un caractere auſſi authentique ; & nous avons jugé important pour les conſéquences, de reformer un tel abus, & en même tems d'établir à cet égard un Droit certain & public. A ces cauſes, de notre & certaine ſcience, pleine puiſſance & autorité Royale, Nous avons par ces préſentes ſignées de notre main, dit & déclaré, diſons & déclarons, voulons & nous plaît, que les Contrats de Mariage paſſés en notre préſence, & reçûs par nos amés & féaux Conſeillers & Secretaires d'Etat & de nos Commandemens & Finances ſoient exécutés ; qu'ils portent hypotheque du jour de leur datte, & qu'ils ayent en toutes choſes la même force & vertu que s'ils avoient été reçûs par des Notaires : voulons que la minute en demeure entre les mains de celui de noſdits Secretaires d'Etat qui les aura reçûs, qui pourra en délivrer des expéditions : Et néanmoins pour la commodité des parties, Voulons qu'il en ſoit dépoſé une copie par lui ſignée par collation, chez un Notaire, qui en pourra délivrer des expéditions, comme s'il en avoit reçû la minute. Si donnons en mandement à nos amés & féaux Conseillers, les Gens tenans notre Cour de Parlement à Paris, que ces présentes ils ayent à faire registrer, & icelles exécuter selon leur forme & teneur; car tel est notre plaisir: en témoin de quoi Nous avons fait mettre notre scel à cesdites présentes. Donné à Versailles le 21 Avril l'an de grace 1692, & de notre regne le 49. *Signé*, LOUIS. Et sur le repli, par le Roi, *Phelypeaux*. Et scellées du grand Sceau de cire jaune.

Registrées, oui & ce requerant le Procureur Général du Roi, pour être exécutées selon leur forme & teneur, & copies collationnées envoyées dans les Siéges, Bailliages & Senechaussées du ressort, pour y être lûës, publiées & enregistrées: enjoint aux Substituts du Procureur Général d'y tenir la main, & d'en certifier la Cour dans un mois. A Paris en Parlement le 30 Avril 1692. Signé, *du Tillet.*

Arrêt de la Cour de Parlement, du 27 Août 1692, qui ordonne que les Fils & Filles, même les Veuves, qui voudront faire sommer leurs Peres & Meres, aux termes de l'Ordonnance, de consentir à leurs Mariages, seront tenus d'en demander permission aux Juges Royaux des lieux des domiciles de leurs Peres & Meres.

Extrait des Registres de Parlement.

CE jour les Gens du Roi sont entrés, & Me. Chrétien-François de Lamoignon, Avocat dudit Seigneur Roi, portant la parole, ont dit à la Cour; Qu'en examinant les causes qui ont été plaidées pendant ce Parlement, concernant la validité des Mariages, ils ont reconnu qu'on rapporte souvent des sommations faites aux Peres & aux Meres, de consentir aux Mariages de leurs enfans, dont la foi est très-suspecte, quoique l'importance de ces actes soit très-grande: Que cela vient de ce que ces actes ne sont le plus souvent attestés que par un Sergent: Qu'ils ont crû qu'en attendant qu'il ait plû au Roi de faire les Reglemens que ses Sujets désirent; pour empêcher des Mariages qui troublent & deshonorent les familles, la Cour ne desapprouveroit pas qu'ils la suppliassent d'ordonner, que les fils & filles, même les veuves, qui voudront faire sommer leurs peres & meres, de consentir aux Mariages qu'ils souhaiteront de contracter, seront tenus à l'avenir d'en demander la permission au Juge Royal du domicile des peres & meres, qui leur sera accordée sur requête; & que les sommations seront faites dans cette ville de Paris par deux Notaires, & par tout ailleurs par deux Notaires Royaux, ou un Notaire Royal en présence de deux témoins domiciliés, à peine de nullité; & que l'Arrêt qui interviendroit seroit lû & publié dans tous les Siéges du ressort, à la diligence des Substituts du Procureur Général du Roi : que la Cour estimeroit peut-être la formalité de demander la permission aux Juges surabondante, & pouvoir causer du retardement ; mais qu'ils esperoient que lors qu'elle auroit fait reflexion sur l'importance de ces sommations, & le peu de faveur que méritent ceux qui veulent contracter avec précipitation des Mariages sans le consentement de leurs peres & meres, elle ne jugera pas ces formalités inutiles. Les Gens du Roi retirés, la matiere mise en déliberation : La Cour faisant droit sur le requisitoire du Procureur Général du Roi, à ordonné & ordonne, qu'en attendant qu'il ait plû au Roi d'y pourvoir, les fils & filles, même les veuves, qui voudront faire sommer leurs peres & meres aux termes de l'Ordonnance, de consentir à leurs Mariages, seront tenus à l'avenir d'en demander permission aux Juges Royaux des lieux des domiciles des peres & meres, qui seront tenus de la leur accorder sur requête ; & que les sommations seront faites en cette ville de Paris par deux Notaires, & par tout ailleurs par deux Notaires Royaux, ou un Notaire Royal & deux témoins domiciliés, qui signeront avec le Notaire, le tout à peine de nullité. Ordonne que le présent Arrêt sera envoyé dans tous les Siéges du ressort, pour y être lû, publié & enregistré. Enjoint aux Substituts du Procureur Général du Roi, d'y tenir la main, & d'en certifier la Cour dans un mois. Fait en Parlement le 27 Août 1692. Signé *Dongois.*

Arrêt du Conseil d'Etat du Roi, du 9 Juin 1693, portant que les Notaires & Tabellions feront contrôler les Actes & Contrats qu'ils passeront, aux Bureaux de leurs résidences, & s'il n'y en a point, aux plus prochains, sans qu'ils les puissent faire contrôler hors du ressort des Elections ou Jurisdictions Royales, à peine de nullité & de deux cens livres d'amende ; & que les Contrats & Actes qui seront passés dans les lieux où le contrôle n'est pas établi, ne pourront servir dans le Royaume, s'ils ne sont contrôlés.

Extrait des Registres du Conseil d'Etat.

SUr la requête présentée au Roi en son Conseil par Maître Augustin Bonnel Fermier des droits ordonnés être payés pour le Contrôle des Contrats & Actes des Notaires, Greffiers, & Tabellions, suivant l'Edit de Sa Majesté du mois de Mars 1693. Contenant, que pour satisfaire aux intentions de Sa Majesté, & suivant les ordres du Conseil, le Suppliant avoit composé ses Registres de telle maniere que le secret, ni les affaires du public ne pouvoient être decouvertes ni divulguées, parce qu'il n'y a dans les Registres que le seul nom d'Acte, sans qu'il soit designé de quelle qualité ils sont, & sans parler des sommes ni des conditions ; cependant que la plûpart des Notaires, Tabellions, & autres qui font des Contrats & Actes, cherchant par toutes voyes les moyens de fatiguer le Suppliant, entreprennent d'aller passer des Contrats & Actes hors de leur ressort dans les Villes & Jurisdictions où lesdits Contrôles ne sont pas établis, & que la plûpart des autres Notaires & Tabellions affectent de faire contrôler les Actes & Contrats par eux reçûs, dans des Bureaux éloignés, même le plus souvent hors des Bailliages, Elections ou Généralités de leurs résidences, ce qui étoit non-seulement préjudiciable au Suppliant, en ce qu'ils éludoient par ces manieres le payement des droits du Contrôle, & troubloient la regie & administration de ladite Ferme, & que les Commissions & Procurations délivrées par le Suppliant à ses Commis, étant limitées par Généralités, il n'étoit pas en leur pouvoir de contrôler les Actes passés dans d'autres que dans celle où ils sont établis : que le public en souffroit aussi, parce que lesdits Notaires ou Tabellions allans porter les Actes & Contrats par eux reçûs dans des Bureaux éloignés, ils en ôtoient la connoissance aux parties, & se faisoient payer des frais beaucoup plus grands que s'ils avoient fait contrôler sur les lieux : A quoi le Suppliant requeroit qu'il plût à Sa Majesté pourvoir. Vû ledit Edit, l'Arrêt du Conseil du 31 Mars 1693, portant que ledit Edit seroit exécuté à la diligence du Suppliant : plusieurs lettres & avis des Commissaires départis par Sa Majesté dans les Provinces & Généralités sur le fait ci-dessus : Et oui le rapport du sieur Phelypeaux de Pontchartrain, Conseiller Ordinaire au Conseil Royal, Contrôleur Général des Finances. Le Roi en son Conseil, a ordonné & ordonne que tous les Actes & Contrats qui seront reçûs & passés par lesdits Notaires ou Tabellions, seront contrôlés à leurs diligences, dans les tems, & conformément audit Edit, ès Bureaux établis par le Suppliant dans les lieux de leurs demeures, & s'il n'y en a point, dans ceux des lieux les plus prochains, sans qu'en aucun cas lesdits Actes, Contrats ou autres Expéditions puissent être contrôlés, sçavoir dans les Pays d'élection, hors de l'étenduë d'icelles; & ès autres Pays où il n'y en a point, dans les Vigueries, Châtellenies, Prevôtés, ou Barres Royales de la residence desdits Notaires ou Tabellions, à peine de nullité desdits Actes, & de deux cens livres d'amende. Ordonne en outre Sa Majesté que les Actes, Contrats, ou autres Expéditions, qui seront reçûs ès Villes & lieux où lesdits Contrôles des Actes ne seront pas établis, ne pourront être reçûs, faire foi en Justice, établir aucune fonction, privilege ni hypotheque dans l'étenduë du Royaume, Terres & Seigneuries de l'obéissance de Sa Majesté, s'ils ont été passés depuis le premier Mai 1693, qu'ils n'ayent été contrôlés dans les plus prochains Bureaux, conformément audit Edit. Enjoint Sa Majesté aux Commissaires par elle départis dans les Provinces & Généralités, & à tous autres ses Officiers & Juges qu'il appartiendra, d'y tenir la main. Et sera le présent Arrêt exécuté nonobstant opposition, appellation, ou empêchement quelconques, & sans préjudice d'icelle. Fait au Conseil d'Etat du Roi, tenu à Paris le 9 Juin 1693. Signé *Du Jardin.*

Collationné à l'Original par Nous Conseiller-Secretaire du Roi, Maison, Couronne de France & de ses Finances.

Arrêt du Conseil d'Etat, du 21 Juillet 1693, portant Reglement pour les fonctions des Notaires, & pour les reconnoissances des Actes sous seing privé.

Extrait des Registres du Conseil d'Etat.

LE Roi s'étant fait représenter en son Conseil son Edit du mois de Mars dernier, concernant l'établissement du Contrôle des Actes & Contrats des Notaires, Tabellions, & autres ayans pouvoir d'en passer, ensemble le Tarif des droits dudit Contrôle arrêté au Conseil le 17 dudit mois de Mars 1693. Et Sa Majesté étant informée, que pour faciliter le commerce & les affaires du public, les Registres dudit Contrôle ont été par son ordre reduits & reformés, de maniere que lesdits Registres ne peuvent donner aucune connoissance des affaires des particuliers, & qu'ils assûrent seulement la validité des Contrats & Actes, qui ne peuvent plus recevoir d'atteinte. Et Sa Majesté ayant ci-devant fait examiner plusieurs questions qui avoient été proposées touchant l'exécution dudit Edit, Elle auroit donné des ordres sur icelles aux sieurs Intendans & Commissaires départis dans les Provinces & Généralités de son Royaume; de sorte que si lesdits Notaires & Tabellions faisoient simplement leurs fonctions, cet établissement se trouveroit sans difficulté. Mais il a été représenté à Sa Majesté, que plusieurs Notaires & Tabellions se servent de divers moyens pour se dispenser de faire contrôler les Actes qui se passent entre les particuliers, les uns persuadant aux parties de faire les actes sous signature privée, lesdits Notaires les dressent & les écrivent, les font signer par les parties, & souvant les signent eux-mêmes comme témoins, & non comme Notaires, & par ce moyen abusant de la facilité desdites parties, & sous prétexte de les exempter du payement du droit de Contrôle, il arrive que comme on ne peut donner croyance à de tels Actes qui n'acquierent aucun hypotheque ni privilege, lesdites parties sont privées des sûretés & des avantages attribués aux Actes publics, quand ils sont passés dans la forme ordinaire. D'autres étant Notaires & Greffiers, font reconnoître desdits Actes sous seing privé pardevant les Juges, & en se faisant remettre les minutes desdits Actes en conséquence de reconnoissances ou condamnations qu'ils font rendre, en délivrent aux parties les expéditions. Il y en a même qui reçoivent & passent des Actes qu'ils délivrent aux parties sans les faire contrôler; & quoique l'usage soit dans plusieurs Provinces, notamment en Languedoc, Provence, Lionnois, Touraine, Normandie, & autre lieux, de tenir par les Notaires & Tabellions, des Registres où il est fait mention sommaire des Actes qu'ils passent, ils n'y enregistrent point à présent lesdits Actes afin d'en ôter la connoissance. Quelques autres en recevant les reconnoissances des Actes sous seing privé, prétendent qu'il n'est dû que cinq sols pour le droit de Contrôle, comme d'un Acte simple, quoiqu'ils délivrent les expéditions des actes entiers,

& que les droits en soient dûs suivant la qualité desdits Actes. Et que la contravention a été poussée si loin, qu'un Curé de la Paroisse de Chuppy en Picardie, & Antoine Bloquier Lieutenant du même lieu, ont reçû & passé comme des Notaires auroient dû faire, procuration d'un particulier donnant pouvoir à un autre d'acquerir pour lui des maisons situées en la Ville d'Abbeville, & qui sont autant de contraventions qui anéantiroient les droits de la Ferme, s'il n'y étoit pourvû. Sa Majesté s'étant aussi fait représenter son Edit du mois de Mai 1686 rendu au sujet des droits & fonctions des Notaires créés en Normandie par autre Edit du mois de Juillet 1677, par lequel les abus des reconnoissances qui se faisoient des Actes sous seing privé pardevant les Juges, ont été reprimés; & désirant que ce qui a été ordonné à cet égard soit exécuté par tout le Royaume. Oui le rapport du sieur Phelypeaux de Pontchartrain, Conseiller ordinaire au Conseil Royal, Contrôleur Général des Finances: Le Roi en son Conseil, a ordonné & ordonne, que son Edit du mois de Mars dernier, & le Tarif arrêté le dix Avril suivant en exécution dudit Edit, seront exécutés selon leur forme & teneur; & en conséquence, fait sa Majesté défense à tous Notaires & Tabellions d'écrire ou signer aucuns Actes & Contrats en qualité de témoins, lorsque lesdits Actes seront passés sous seing privé par les parties, à peine de 200 liv. d'amende pour chacune contravention, laquelle demeurera encouruë en vertu du présent Arrêt. Ordonne sa Majesté, conformément à son Edit du mois de Mai 1686 concernant les fonctions des Notaires de Normandie, que les reconnoissances volontaires des Contrats, Obligations, Cessions, Transports, Echanges, Constitutions de rentes, Lots, Partages, Contrats de mariage, & de tous autres Actes sous signature privée, ne seront faites que pardevant Notaires; & à l'égard des reconnoissances forcées qui seront poursuivies en Justice, fait sa Majesté très-expresses inhibitions & défenses à tous Juges pardevant lesquels les parties seront assignées pour la reconnoissance desdits Actes, d'en ordonner le dépôt à leurs Greffes, aux Greffiers, Clercs, Commis desdits Greffes, de les recevoir & garder pour minute, ni d'en délivrer des grosses & & expéditions, & à tous Huissiers & Sergens de les mettre à exécution, à peine contre chacun desdits Juges, Greffiers & Huissiers, de 200 liv. d'amende pour chacune contravention, & de nullité des grosses & expéditions desdits Actes, même des Sentences qui en ordonneront le dépôt pour minutes ausdits Greffiers. Défend sa Majesté ausdits Juges de colloquer les particuliers dans les ordres de deniers qui seront à distribuer en vertu des grosses qui pouvoient être ci-après délivrées par lesdits Greffiers, à peine de pareille amende. Et en cas que le dépôt des Actes dont la reconnoissance sera poursuivie en Justice, soit jugé nécessaire ou requis par les parties, ou que lesdites parties demandent qu'il leur en soit délivré des expéditions, les Juges seront tenus d'en ordonner le dépôt ès mains d'un des Notaires ou Tabellions du lieu de leur Jurisdiction ou de la demeure des parties, qui leur en délivrera les expeditions dont elles auront besoin; & seront lesdits Actes contrôlés conformément audit Edit du mois de Mars dernier. Enjoint sa Majesté aux Notaires & Tabellions des Provinces de Languedoc,

Provence, Normandie, & Généralité de Lion, Tours, & autres où l'usage étoit avant ledit Edit du mois de Mars dernier, de tenir des Registres sommaires des Contrats & Actes par eux reçûs, de continuer de tenir lesdits Registres, & d'y enregistrer tous les Contrats & Actes qu'ils recevront, & de les faire contrôler & d'en payer les droits de Contrôle, à peine de 200 liv. d'amende pour chacune contravention contre lesdits Notaires & Tabellions. Ordonne sa Majesté que les droits du Contrôle des Actes faits sous signature privée, & qui seront reconnus pardevant Notaires ou Tabellions, seront payés pour ladite reconnoissance, comme s'ils avoient été originairement passés pardevant Notaires ou Tabellions. Fait aussi sa Majesté defenses audit Curé de Huppy, & Bloquier Lieutenant dudit lieu, & à tous autres, de recevoir aucuns des Actes ou Contrats qui doivent être reçûs & passés par les Notaires & Tabellions, à peine de nullité desdits Actes, & de 100 liv. d'amende. Enjoint sa Majesté aux sieurs Intendans & Commissaires départis dans les Provinces & Généralités du Royaume, de tenir la main à l'exécution dudit Edit, & du présent Arrêt, qui sera exécuté nonobstant oppositions, appellations, & autres empêchemens, pour lesquels ne sera differé; & si aucuns interviennent, sa Majesté s'en est reservé la connoissance, & icelle interdite à toutes ses autres Cours & Juges. Fait au Conseil d'Etat du Roi, tenu à Marly le 21 jour de Juillet 1693. Signé, *Ranchin*, & à côté, Collationné.

Collationné à l'Original par Nous Conseiller-Secretaire du Roi, Maison Couronne de France & de ses Finances.

Edit du Roi, donné à Versailles au mois de Novembre 1696, portant création d'Office de Conseillers Garde-Scels.

Registré en Parlement le 12 Décembre 1696.

LOUIS, par la grace de Dieu, Roi de France & de Navarre: A tous présens & à venir, Salut. Comme la Justice qui s'exerce dans les Jurisdictions de notre Royaume, Pays, Terres & Seigneuries de notre obeissance, prend sa force entiere de notre autorité; les Rois nos Prédecesseurs ont crû qu'il étoit nécessaire pour en imprimer une marque autentique aux Sentences, Commissions, Mandemens & autres Actes qui s'y expédient, d'y apposer notre Scel: comme aussi aux Contrats & Actes qui se passent par les Notaires & Tabellions. C'est ce qui est ordonné par plusieurs Ordonnances, & entr'autres par celle de 1319, & par les Edits & Déclarations des mois de Décembre 1557, Juin 1568, Février 1571 & 1595 Mars 1618, Mars 1619, Mai & Août 1620, Mai 1633, Mai & Décembre 1639 & Juin 1640, par aucuns desquels Edits il a été créé des Offices de Gardes de notre Scel en toutes nos Jurisdictions ordinaires & extraordinaires pour sceller les Sentences & Jugemens qui en seroient émanés, & les Contrats & Actes des

Notaires & Tabellions: Lesquels Edits n'ayant été exécutés qu'en partie, les fonctions & droits qui ont été attribués ausdits Officiers, s'exercent & se perçoivent par tant de differentes personnes, & avec tant d'inégalité, que l'avantage qu'on s'étoit proposé de retirer dudit établissement est demeuré sans effet dans plusieurs desdites Jurisdictions. A quoi désirant remedier en établissant l'uniformité dans lesdites fonctions, & dans la perception des droits, & en donnant la garde de notre Scel à des Officiers principaux, Nous avons résolu de supprimer tous les Gardes-Scels des Sentences, Jugemens & autres Actes; ensemble ceux des Contrats & Actes des Notaires & Tabellions dans nos Jurisdictions ordinaires & extraordinaires, soit qu'ils ayent été établis en conséquence des Edits de leur création ou autrement; & de créer en leur place en titre d'Offices formés des Conseillers Gardes-Scels des Sentences & autres Actes de Justice, & des Contrats & Actes des Notaires & Tabellions dans toutes les Jurisdictions Royales de notre Royaume, Pays conquis, Terres & Seigneuries de notre obéissance, & de fixer les droits qu'ils doivent percevoir: Laquelle création, outre l'avantage que le public en retirera, Nous procurera un secours considérable pour subvenir aux besoins pressans de notre Etat. A ces causes, & autres à ce Nous mouvans, & de notre certaine science, pleine puissance & autorité Royale, Nous avons éteint & supprimé, éteignons & supprimons par notre présent Edit les Offices des Gardes-Scels des Sentences, Jugemens & autres Actes de toutes nos Justices & Jurisdictions Royales; ensemble les Offices des Gardes-Scels des Contrats & Actes des Notaires & Tabellions, soit que lesdits Gardes-Scels ayent été établis en conséquence des Edits des mois Juin 1568 & 1571, Mai & Décembre 1639, Juin 1640, & autres; & que lesdits Offices ou les titres & fonctions d'iceux ayent été joints & unis à d'autres Offices rétablis ou réunis à notre Domaine, à l'exception toutefois des Offices de Gardes-Scels créés depuis l'année 1688. Et voulant pourvoir au remboursement des Propriétaires desdits Offices supprimés, Ordonnons que dans trois mois du jour de la publication de notre présent Edit, ceux qui en ont joüi, soit à titre de vente & engagement ou autrement, mettront les titres de leur propriété pardevers les Commissaires de notre Conseil qui seront par Nous à ce députés, pour être procedé à la liquidation de leur finance, & à leur remboursement: Et par ce même présent Edit perpétuel & irrévocable, Nous avons créé & érigé, créons & érigeons en titre d'Office, un notre Conseiller Garde-Scel des Sentences & des Contrats dans toutes nos Justices & Jurisdictions Royales. Sçavoir, un notre Conseiller Garde-Scel de la Prevôté & Vicomté de Paris. Un notre Conseiller Garde-Scel dans chacun des Bailliages & Sénéchaussées où il y a Présidial établi, & dans chacun des autres Bailliages, Sénéchaussées, Vigueries, Prevôtés, Vicomtés, Châtellenies & autres Justices Royales, quoique non exprimées par notre présent Edit; Un notre Conseiller Garde-Scel dans la Jurisdiction de la Connétablie & Maréchaussée de France. Deux nos Conseillers Gardes-Scels de la Prevôté de notre Hôtel, qui serviront alternativement à la suite de notre Cour & à Paris. Un Conseiller Garde-Scel au Bailliage du Palais, Deux nos Conseillers Gardes-Scels dans la Jurisdiction

risdiction de la Mâçonnerie, pour servir alternativement à Paris & à Versailles. Un notre Conseiller Garde-Scel au Bailliage de l'Arsenal. Un notre Conseiller Garde-Scel dans la Jurisdiction des Auditeurs établie en notre Châtelet de Paris. Un notre Conseiller Garde-Scel dans chaque Siége des Tables de Marbre établi près nos Cours. Un notre Conseiller Garde-Scel dans chaque Maîtrise des Eaux & Forêts. Un notre Conseiller Garde-Scel dans chaque Gruerie separée des Maîtrises particulieres des Eaux & Forêts. Un notre Conseiller Garde-Scel dans chacune des Varennes du Louvre & saint Germain, & autre Capitaineries Royales. Un notre Conseiller Garde-Scel dans chacun Siége des Amirautés. Un notre Conseiller Elu Garde-Scel dans chaque Siége des Elections. Un notre Conseiller Grenetier Garde-Scel dans chacun des Greniers à Sel. Un notre Conseiller Juge des Depôts Garde-Scel dans chacune des Jurisdictions des Depôts, Mesurages, envois & entrepôts des Scels, Droits de Quart-boüillon & autres Jurisdictions des Gabelles & de nos Cinq grosses Fermes. Un notre Conseiller Garde-Scel dans chacune des Jurisdictions des Maîtres des Ports & des Juges des Traittes. Un notre Conseiller Garde-Scel dans chaque Hôtel des Villes & lieux où il y a des Prevôts des Marchands & Maires établis ou à établir. Voulons que tous lesdits Conseillers Gardes-Scels créés par le présent Edit, tant en notre Prevôté & Vicomté de Paris, Sénéchaussées & Bailliages unis aux Présidiaux, & en tous les autres Bailliages, Sénéchaussées, Prevôtés, Vicomtés, Vigueries, Châtellenies & autres Jurisdictions Royales exprimés ou non par notre présent Edit, scellent toutes les Sentences provisoires, interlocutoires, diffinitives, défauts, Congés, Adjudications des Baux Judiciaires, Tutelle, Curatelle, Interdictions, Separations, Certifications de Criées, Adjudications par Décret, Redditions & Clôtures de Comptes, Commissions, Décharges de Commissaires, Main-levée, Acquiescemens, Exécutoires de Dépens; & généralement tous les Jugemens, Ordonnances & autres Actes émanés desdites Justices, soit que les Expeditions en soient faites par les Greffiers, ou qu'elles soient seulement signées par les Juges au pied des Requêtes ou des Procès-verbaux, même les Gardes-Scels des Elections & Greniers à Sel, les Contraintes & Rôles des Tailles, de l'Impôt du Sel, & autres impositions, dont le droit du Sel sera remboursé aux Collecteurs; & à cet effet imposé par les Rôles. Toutes lesquelles Sentences, Jugemens, Ordonnances & autres Actes, Nous avons déclaré & déclarons sujets aux petits Scels. Et outre lesdites Sentences, Jugemens & Ordonnances, voulons que nosdits Conseillers Garde-Scels de nos Justices ordinaires scellent à l'exclusion des Gardes-Scels de nos Jurisdictions extraordinaires, tous les Contrats & Actes des Notaires & Tabellions Royaux chacun dans l'étenduë de son ressort; Lesquels Actes Nous avons pareillement déclaré & déclarons sujets aux petits Scels, à l'exception des Quittances; le tout aux droits que Nous leur avons attribué par le Tarif que nous en avons fait arrêter en notre Conseil ci-attaché sous le contre-Scel de notre Chancellerie. Et s'il y a plusieurs Jurisdictions Royales dans le même lieu, l'apposition du Scel des Actes desdits Notaires & Tabellions Royaux appartiendra à notre Conseiller Garde-Scel de notre Jurisdiction ſuperieure. Voulons que nos Juges & Officiers qui voudront appoſer les Scellés dans les Maiſons, ou ſur des effets déposés dans les Greffes, ſoient tenus de ſe ſervir des Gardes-Scels qui ſeront établis dans leurs Juſtices, & en cas d'abſence de ceux qui ſeront commis par noſdits Conſeillers Gardes-Scels. Seront les Sceaux, dont noſdits Conſeillers Gardes-Sels ſe ſerviront, tant pour les Actes Judiciaires, que pour ceux des Notaires, gravés de nos Armes, & autour d'iceux, ſeront empreints le nom de la Juriſdiction & la date de l'année du préſent Edit, & ils ſeront appliqués ſur cire rouge. Défendons à tous Greffiers, Notaires & Tabellions, de délivrer aucunes Sentences, Ordonnances, Contrats, Obligations & autres Actes ſujets au petit Scel qu'ils n'ayent été ſcellés, à peine de nullité & de cent livres d'amende contre chacun des contrevenans, pour chaque contravention. Défendons pareillement aux parties de s'en aider, à tous Procureurs & autres de les produire dans les Procès & Inſtances, & à tous Huiſſiers & Sergens de les ſignifier ni mettre à exécution, ſous pareille peine, & aux Juges d'y avoir égard. Et à l'égard des Ordonnances & autres Actes ſujets au petit Scel, dont il ne ſe délivre point d'expedition par les Greffiers, & qui s'exécutent ſur la ſimple ſignature des Juges, défendons aux parties de s'en ſervir, & à tous Huiſſiers & Sergens de les mettre à exécution qu'ils ne ſoient ſcellés, auſſi ſous les mêmes peines. Laiſſons néanmoins la liberté à nos Juges, Avocats & Procureurs de pouvoir faire exécuter ſans Sceau les Décrets de priſe de corps. Et ſeront toutes les amendes applicables; ſçavoir, les deux tiers au proprietaire deſdits Offices, & en attendant la vente d'iceux, à ceux qui ſeront par nous chargés de l'exécution du préſent Edit, & l'autre tiers au Dénonciateur. Voulons que tous leſdits Conſeillers Gardes-Scels créés par notre préſent Edit dans nos Juſtices & Juriſdictions, joüiſſent de tous les honneurs, privileges, franchiſes, libertés, prérogatives, exemptions, immunités, droits & émolumens, même du Franc-ſallé, dont joüiſſent les autres Conſeillers & Officiers des Juriſdictions & Siéges dans leſquels ils ſeront établis, ſans aucune diminution ni retranchement, & qu'outre les droits & fonctions attribués ci-deſſus à aucuns d'iceux, ils ayent dans toutes nos Juriſdictions & Siéges, où chacun d'eux ſera inſtallé, rang & ſceance du jour de leur reception, ſans néanmoins qu'ils puiſſent préceder les Baillifs, Préſidens, Lieutenans & Aſſeſſeurs, mais ſeulement les Conſeillers & autres Juges qui ſeront reçûs après leſdits Gardes-Scels, & qu'ils ayent auſſi voix & opinions déliberatives à l'Audience & Chambre du Conſeil, tant au Préſidial qu'à l'ordinaire, part aux Epices & à la diſtribution des Procès, & autres droits & émolumens, & généralement déclarons les Offices de nos Conſeillers Gardes-Scels créés par notre préſent Edit de la même nature & qualité que les autres Officiers établis dans nos Juriſdictions, Hôtels de Villes & Communautés où chacun d'eux ſera inſtallé, & qu'ils ſeront caſuels ou héréditaires ſelon la Juriſdiction à laquelle ils ſeront unis & incorporés. Auront auſſi nos Conſeillers Gardes-Scels dans les Hôtels des Villes & Communautés, voix déliberative, rang & ſceance aux Aſſemblées générales & particulieres, même aux Proceſſions & autres Cérémonies; ſçavoir, dans notre bonne Ville de

Paris, avec les Conſeillers de Ville, ſuivant l'ordre de leur reception, & dans les autres Villes & Communautés, avec les Conſeillers Aſſeſſeurs; & où il n'y en a point d'établis, immédiatement après le dernier des Echevins, Jurats ou Capitouls; & joüiront des mêmes exemptions & privileges que les Conſeillers Aſſeſſeurs; & où il n'y en a point d'établis, de ceux dont joüiſſent les Echevins, Jurats ou Capitouls. Voulons que vacation arrivant deſdits Offices de nos Conſeillers Gardes-Scels dans les Siéges des Amirautés dépendans de l'Amiral de France, la nomination lui en appartienne ainſi & de la même maniere que des autres Offices de l'Amirauté, & la proviſion à Nous. Voulons que les Acquereurs deſdits Offices créés par le préſent Edit, ſoient reçûs & inſtallés dans les Siéges & Juriſdictions où ils ſeront établis, en la maniere que les autres Officiers deſdits Siéges. Permettons à tous les Officiers des Juriſdictions dans leſquelles Nous entendons établir noſdits Conſeillers Gardes-Scels, d'acquerir leſdits Offices & de les exercer ſans être tenus de prendre des proviſions de Nous: Voulons qu'ils en joüiſſent ſur les Quittances de finance contrôlées; & néanmoins ſi leſdits Officiers veulent retenir à leur profit les fonctions & droits de Gardes-Scels ſeulement, ils pourront diſpoſer des Offices de Conſeiller préſentement créés, en faveur de qui bon leur ſemblera; & arrivant que l'Officier qui aura retenu les fonctions & droits de Gardes-Scels, & diſpoſé de l'Office de Conſeiller, voulut ſe demettre deſdites fonctions & droits, il ne le pourra faire qu'au profit d'un Conſeiller du Siége. Diſpenſons noſdits Conſeillers Gardes-Scels du droit annuel pour l'année dans laquelle ils ſeront pourvûs, ſans que vacation arrivant de leurs Offices pendant ledit tems, ils puiſſent être déclarés vacans à notre profit. Pourront ceux qui traiteront d'un ou de pluſieurs deſdits Offices dans leſdites Juſtices, commettre à la perception des droits & les faire exercer ſur leurs ſimples Procurations; & les droits du Scel attribués par le préſent Edit & Tarif y attachés, ſeront payés auſdits Commis & Procureurs ſans difficulté; deſquels Commis les Proprietaires demeureront civilement reſponſables. Les Acquereurs deſdits Offices ſeront pourvûs & reçûs ſur les Quittances de finances qui ſeront expédiées par les Tréſoriers de nos revenus caſuels, ſuivant les Rôles qui ſeront arrêtés en notre Conſeil; leſquelles leur ſeront délivrées par celui qui ſera par nous prépoſé, en lui payant les ſommes contenuës auſdits Quittances, enſemble les deux ſols pour livre d'icelles ſur les Quittances dudit prépoſé. Et pour donner moyen à tous noſdits Conſeillers Gardes-Scels créés par le préſent Edit, d'exercer plus honorablement leſdits Offices, Nous leur attribuons trois cens mille livres de gages pour être diſtribués entr'eux, ſuivant les états qui en ſeront arrêtés en notre Conſeil: Deſquels gages ils ſeront payés de deux quartiers effectifs, & en ſera laiſſé fonds par chacun an dans les états de nos finances ou domaines, ſur la même nature de deniers affectés au payement des gages des Officiers de nos Juriſdictions. Voulons que ceux qui prêteront leurs deniers aux Acquereurs deſdits Offices, ayent un privilege ſpécial tant ſur leſdits Offices, que ſur les gages & droits qui y ſont attribués, ſans qu'il ſoit beſoin de faire mention deſdits emprunts dans les Quittances de finance, mais ſeulement dans les Contrats. Et en attendant la vente des Offices créés par le présent Edit, & que les Acquereurs soient pourvûs & reçûs, voulons que les fonctions de Gardes-Scels soient exercées, & les droits & gages reçûs par ceux que nous chargerons de la vente d'iceux, leurs Procureurs ou Commis; & que sur leurs simples Procurations ils soient reçûs & installés par le plus prochain Juge Royal sans aucuns frais. Ordonnons à tous nos Juges, Avocats & Procureurs pour Nous, Commissaires-Enquêteurs & Examinateurs de faire exactement garder & observer le contenu en notre présent Edit. Si donnons en mandement à nos amés & féaux Conseillers les gens tenans notre Cour de Parlement, Chambre des Comptes & Cour des Aides à Paris, que le présent Edit ils ayent à faire registrer, & le contenu en icelui exécuter de point en point selon sa forme & teneur, cessant & faisant cesser tous troubles & empêchemens contraires, nonobstant tous Edits, Déclarations, Ordonnances, Reglemens, Arrêts & autres choses à ce contraires, ausquelles Nous avons dérogé & dérogeons par notredit présent Edit, aux copies duquel collationnées par l'un de nos amés & féaux Conseillers & Secretaires, voulons que foi soit ajoûtée comme à l'Original: Car tel est notre plaisir; & afin que ce soit chose ferme & stable à toujours, Nous y avons fait mettre notre scel. Donné à Versailles au mois de Novembre, l'an de grace 1696; & de notre Regne le 54. Signé, LOUIS; *Visa*, Boucherat. *Et plus bas*, par le Roi, *Phelypeaux*. Et scellé du grand Sceau de cire verte.

Registré, oui & ce requerant le Procureur Général du Roi, pour être exécuté selon sa forme & teneur, & copies collationnées envoyées dans les Siéges, Bailliages & Senechauchées du Ressort, pour y être lûës, publiées, & registrées. Enjoint aux Substituts du Procureur Général du Roi d'y tenir la main, & d'en certifier la Cour dans un mois, suivant l'Arrêt de ce jour. A Paris en Parlement le 12 Décembre 1696. Signé, *Du Tillet.*

Tarif des Droits qui doivent être payés aux Gardes du petit Scel créés par Edit du présent mois, tant pour les Jugemens, Sentences & Actes émanés de tous les Bailliages, Senéchaussées, Prevôtés, Vicomtés, Vigueries, Châtellenies, Elections, Greniers à Sel, Maîtrises des Ports, Jurisdictions des Traittes, Jurisdictions des Dépôts, Envois, Mesurages & entrepôts des Sels, Droit de Quart-boüillon & autres Jurisdictions des Gabelles de France & Fermes de sa Majesté, Tables de Marbre, Maîtrises des Eaux & Forêts, Gruries, Capitaineries des Chasses, Amirautés, Prevôté de l'Hôtel, Jurisdictions de la Maçonnerie, Bailliages & Requêtes du Palais, Bailliage de l'Arsenal, Hôtels des Villes & Communautés & autres Jurisdictions Royales, tant ordinaires qu'extraordinaires, & des Pays conquis, Terres & Seigneuries de l'obéissance de sa Majesté; ensemble des Contrats & Actes passés par les Notaires, Tabellions Royaux, soit en papier ou parchemin, pour être tous lesdits Jugemens, Sentences, Contrats & Actes scellés, à peine de nullité, & de cent livres d'amende. Le tout conformément audit Edit.

SÇAVOIR:

POur chaque Jugement & Sentence diffinitive au-dessous de cent livres, sera payé quinze sols. 15 s.

Pour toutes Sentences excedant cent livres, sera payé dix-huit sols. 18 s.

Pour toutes Sentences provisoires au-dessous de cent livres, sera payé quatre sols. 4 s.

Pour toutes Sentences & Jugemens provisoires excedant cent livres, sera payé six sols. 6 s.

Pour les Ordonnances au pied des Requêtes, sera payé deux sols. 2 s.

Pour tous Mandemens, sera payé cinq sols. 5 s.

Pour tous Exécutoires de dépens au-dessous de cent livres, sera payé quinze sols. 15 s.

Pour Exécutoires excedant cent livres, sera payé seize sols. 16 s.

Pour élargissement des prisonniers, sera payé seize sols. 16 s.

Pour Baux à ferme, à loyers & autres Baux, ventes & adjudications par décret, sera payé dix-huit sols. 18 s.

Pour les Apposition & Reconnoissance de Scellés, sera payé pour chaque vacation trente sols. 30 s.

Pour Partages, sera payé dix-huit sols. 18 s.

Pour Tutelles, sera payé vingt sols. 20 s.

Pour Curatelles, sera payé vingt sols. 20 s.

Pour Interdiction, sera payé seize sols. 16 s.

Pour Separation, sera payé vingt sols. 20 s.

Pour Certification de Criées, sera payé vingt sols. 20 s.

Pour Adjudications faites en Justice, sera payé vingt sols. 20 s.

Pour Reddition & Clôtures des Comptes, sera payé vingt sols. 20 s.

Pour Commission, sera payé seize sols. 16 s.

Pour exécution de Retraits, sera payé seize sols. 16 s.

Pour chacun Rôle des Tailles, Assiettes, levées de deniers, & autres Impositions tant ordinaires qu'extraordinaires au-dessous de cent livres sera payé six sols. 6 s.

Pour ceux depuis cent jusqu'à trois cens livres, sera payé quinze sols. 15 s.

Pour ceux depuis trois cens jusqu'à mille liv. sera payé vingt sols. 20 s.

Pour ceux depuis mille jusqu'à deux mille liv. sera payé trente sols. 30 s.

Pour ceux depuis deux mille livres jusqu'à trois mille livres, sera payé quarante sols. 40 s.

Pour ceux depuis trois mille livres jusqu'à quatre mille livres, sera payé cinquante sols. 50 s.

Pour ceux depuis quatre mille livres jusqu'à dix mille livres & au-dessus, sera payé soixante sols. 60 s.

Et pour les autres Actes, Mandemens & Ordonnances non exprimés dans le présent Tarif, sera payé pour chacun d'iceux cinq sols. 5 s.

Pour les Actes de Foi & hommage vingt sols. 20 s.

Pour les Denombremens trente sols. 30 s.

Pour les Avis de Parens vingt sols. 20 s.

Pour les Contrats & Actes des Notaires, Tabellions & Gardes-notes, sera payé,

SÇAVOIR,

Pour les Contrats de Constitutions de rentes treize sols. 13 s.

Pour les Inventaires treize sols. 13 s.

Pour les Partages treize sols. 13 s.

Pour les Contrats de vente de meubles ou d'immeubles treize sols. 13 s.

Pour les Contrats de Mariage treize sols. 13 s.

Pour les Donations treize sols. 13 s.

Pour les Dons mutuels treize sols. 13 s.

Pour les Echanges treize sols. 13 s.

Pour les Testamens treize sols. 13 s.

Pour les Transports d'immeubles, Rentes, Successions ou Droits treize sols. 13 s.

Pour les Titres nouveaux aux Reconnoissances treize sols. 13 s.

Pour les Baux à rentes ou longues années treize sols. 13 s.

Pour les Transactions portant Cessions d'immeubles ou Constitutions de Rentes treize sols. 13 s.

Pour les Baux à Loyer, à Ferme, Sousbaux, cession de Baux, à moitié ou autrement huit sols. 8 s.

Pour les Contrats de ventes de droits mobiliaires huit sols. 8 s.

Pour les Transactions pures & simples sur Procès, dix sols. 10 s.

Pour la Ratification des Actes ci-dessus cinq sols. 5 s.

Pour les Obligations, Transports & Marchés au-dessus de vingt livres sera payé cinq sols. 5 s.

Pour les Procurations *ad resignandum*, prises de possessions, & toutes autres Procurations six sols. 6 s.

Pour les Ratifications des Actes cinq sols. 5 s.

Pour les Obligations, Transports & Marchés au-dessous de vingt livres quatre sols. 4 s.

Pour les Brevets d'Apprentissage deux sols. 2 s.

Et pour tous les autres Actes non énoncés au présent Tarif, à l'exception des Quittances, sera payé cinq sols. 5 s.

FAIT & arrêté au Conseil Royal des Finances, tenu à Versailles le 27 jour de Novembre 1696. Collationné. Signé, *De Laistre*.

Regiſtré, oui & ce requerant le Procureur Général du Roi, pour être exécuté ſelon ſa forme & teneur, ſuivant l'Arrêt de ce jour. A Paris en Parlement le 12 Décembre 1696. Signé, *Du Tillet.*

Arrêt du Conſeil d'Etat du Roi, du 26 Mars 1697, portant que tous les Contrats des Notaires qui renfermeront pluſieurs Actes differens, le droit de Contrôle en ſera payé à la diligence deſdits Notaires ſur le pied de l'acte qui doit produire le plus fort droit, conformément auſdits Edit, Déclaration, Tarif & Arrêts rendus ſur le fait du Contrôle des Actes des Notaires.

Extrait des Regiſtres du Conſeil d'Etat.

SUr la requête preſentée au Roi en ſon Conſeil par Etienne Chaplet chargé par Sa Majeſté de la vente des Offices de Contrôleurs des Actes des Notaires créés par Edit du mois de Mars 1696; contenant, que Cavé Notaire en la Ville de Rouen ayant paſſé la reconnoiſſance d'un Contrat de Mariage entre Robert Bocquet & Marie Genevray fille unique & héritiere de ſon pere, dans lequel acte ladite Genevray donne à ſon futur époux pour don mobile tous ſes meubles & le tiers de ſes immeubles préſens & à venir; & par renvoi il eſt ajoûté que ledit futur époux déclare prendre ladite Damoiſelle pour ce qui lui peut competer & appartenir, ledit Cavé auroit envoyé ledit acte au Bureau du Contrôle pour l'y faire enregiſtrer, & en payer le droit ſur le pied de ſix livres, ſuivant l'article douze de la Déclaration du mois d'Avril 1694, portant que pour les Contrats de mariages où les parties ſe prendront avec leurs droits, & dans leſquels il n'y aura aucune ſomme déſignée, il ſera payé ſix livres. Mais le Contrôleur ayant examiné ledit acte & fait attention à la contradiction qu'il y a entre ces deux clauſes, en ce que ladite Genevray fille unique & héritiere de ſon pere décedé, uſante & jouiſſante de ſes droits, donnant à ſon mari tous ſes meubles & le tiers de ſes immeubles; il n'eſt pas vrai, ſauf reſpect, que ſon époux l'ait priſe pour ce qui lui peut competer & appartenir tant de ſucceſſion de pere que de mere, ainſi qu'il eſt porté par renvoi audit Contrat, mais qu'il la prend pour Epouſe, avec le don mobile de tous ſes meubles & le tiers de ſes immeubles, ce qui eſt fort différent de prendre une fille avec ſes droits, car prendre une fille avec ſes droits c'eſt la prendre lorſqu'il n'y a rien de certain, mais ici il y a des meubles & des immeubles, dont elle eſt uſante & jouiſſante; enſorte que ledit Contrôleur prenant droit par le ſens naturel de l'acte, l'auroit regardé comme une donation qui ne contient pas la déclaration ni le prix fixe & certain des choſes données; & ſur ce pied il auroit prétendu conformément aux articles deux & trois de la Déclaration du mois d'Avril 1694, & à l'article ſix de la Déclaration du mois de Mars 1696, le droit ſur le pied de quinze livres; ce qui auroit donné lieu à une conteſtation devant le ſieur de la

Bourdonnaye Commissaire départi en la Généralité de Rouen ; où ledit Contrôleur s'étant fondé sur les raisons ci-dessus, ledit Bocquet auroit soûtenu qu'attendu les termes dudit Contrat, portant qu'il prenoit son Epouse pour ce qui pouvoit lui competer & appartenir, il n'étoit dû que six livres conformément à l'article douze de la Déclaration du mois d'Avril 1694, sur quoi ledit sieur de la Bourdonnaye auroit rendu son Ordonnance le 12 Février dernier, portant qu'il sera payé la somme de six livres seulement, jusqu'à ce que par Sa Majesté en ait été autrement ordonné ; il y a plutôt lieu de regarder cette Ordonnance comme un renvoi au Conseil, que comme une decision. Ainsi la chose est à juger, comme s'il n'y avoit point d'Ordonnance renduë ; & le Suppliant represente au Conseil, outre les raisons déja énoncées, qu'il est visible par la copie signée dudit Acte que la déclaration dudit Bocquet de prendre ladite Genevray pour ce qui lui peut competer & appartenir de succession de pere & de mere, a été ajoûtée après coup pour diminuer le droit de Contrôle ; & ce qui en fait la preuve, est que l'énoncé est faux, en ce que le pere de ladite Genevray dont elle est fille unique, étoit décedé lors de la passation dudit Contrat ; ainsi sa succession étoit toute certaine. Et enfin comme il a déja été observé, ce n'est pas prendre une fille pour ce qui lui peut competer & appartenir, lorsqu'elle donne ses meubles & le tiers de ses immeubles ; mais c'est par ces artifices que les Notaires cherchent à ruiner le droit de Contrôle, en quoi ils abusent même de la facilité de leurs parties, puisqu'ils ne sçauroient user de ces subterfuges sans alterer la force des actes & donner lieu à une infinité de procès pour l'avenir, ils ont même depuis peu introduit un usage tout-à-fait extraordinaire, en renfermant plusieurs actes qui devroient être separés en un seul contrat ; & au lieu de payer autant de droits qu'il y a d'actes différens, ils prétendent n'en payer qu'un, & même sur le pied de l'acte qui produit le moindre ; ce qui est tout-à-fait opposé aux Edits, & donne lieu à des contestations continuelles. A ces causes, requeroit ledit Suppliant qu'il plût à Sa Majesté ordonner que ledit Cavé Notaire sera tenu de payer le droit dudit acte sur le pied de quinze livres, & que tous les Notaires seront tenus de payer autant de droits qu'il y aura d'actes différens dans un même Contrat. Vû ladite Requête, copie dudit Contrat, les articles deux & trois de ladite Déclaration de 1694, & six & huit de celle de 1696 ; l'Ordonnance du sieur de la Bourdonnaye du 12 Février dernier. Oui le rapport du sieur Phelypeaux de Pontchartrain Conseiller ordinaire au Conseil Royal, Contrôleur Général des Finances. Le Roi en son Conseil, ayant égard à ladite Requête, a ordonné & ordonne que lesdites Déclarations seront exécutées selon leur forme & teneur ; & en conséquence, que ledit Cavé sera tenu de payer le Contrôle dudit Contrat sur le pied reglé par l'article trois de la Déclaration du mois d'Avril 1694, & le sixiéme de ladite Déclaration du mois de Mars 1696. Ordonne en outre Sa Majesté que pour tous les Contrats qui renfermeront plusieurs actes differens, il sera payé à la diligence desdits Notaires un seul droit, sur le pied de l'acte qui doit produire le plus fort droit. Fait au Conseil d'Etat du Roi, tenu à Versailles le 26 jour de Mars 1697. Collationné, Signé, *Goujon.*

Collationné

Collationné à l'Original par Nous Conseiller Secretaire du Roi, Maison, Couronne de France & de ses Finances.

Extrait d'un Edit de nouvelle création de Notaires.

EDit du mois d'Avril 1697, qui dèsunit & distrait l'Office de Garde-Scel des Contrats & Actes des Notaires, de celui de Garde-Scel des Sentences & Actes Judiciaires pour la Ville & Prévôté de Paris seulement: & par le même Edit a été créé & érigé vingt Notaires au Châtelet de Paris, avec pouvoir d'instrumenter comme les autres Notaires; & en outre de sceller les Actes qui se passeroient par tous les autres Notaires de Paris; sur quoi la Communauté des Notaires de Paris traita des vingt nouvelles charges portant attribution du Sceau; & ainsi elle réunit à tous les Notaires de Paris le Sceau, dont ils ont tous la jouissance pour tous les Actes qu'ils passent.

Déclaration du Roi, donné à Versailles le 18 Juin 1697, portant désunion des Offices de Gardes-Scels des Contrats & Actes des Notaires & Tabellions, de ceux des Sentences & Actes Judiciaires.

Regîstrée en Parlement.

LOUIS par la grace de Dieu Roi de France & de Navarre: A tous ceux qui ces présentes verront, Salut. Nous avons par notre Edit du mois de Novembre dernier supprimé tous les Offices de Gardes des Petits Scels créés jusqu'alors pour sceller les Sentences, Jugemens, & Actes judiciaires de nos Jurisdictions, & les Contrats & Actes reçûs par les Notaires & Tabellions Royaux, établis dans toutes les Villes, Bourgs, & lieux de notre Royaume, Pays, Terres & Seigneuries de notre obéissance: Et au lieu d'iceux, créé d'autres Offices de nos Conseillers Gardes-Scels desdites Sentences, Jugemens, Actes desdites Jurisdictions, & des Contrats & Actes desdits Notaires & Tabellions, aux fonctions portées par notre Edit, & à eux attribués les droits fixés par le Tarif arrêté en notre Conseil en exécution dudit Edit le 27 dudit mois de Novembre; & ordonné que dans les Villes & lieux èsquels il y a plusieurs Siéges & Jurisdictions, le Garde-Scel de la principale Jurisdiction scelleroit les Contrats & Actes des Notaires à l'exclusion de ceux des Justices extraordinaires. Et Nous ayant été représenté que les Rois nos Prédecesseurs ayant par leurs Edits des mois de Juin 1568, Février 1571, Janvier 1573, Janvier 1595, Mars 1619, Juin 1627, créé des Offices pour sceller tant lesdites Sentences & Actes des Jurisdictions, que les Contrats & Actes passés par lesdits Notaires &

Tabellions, il auroit été reconnu qu'il s'y trouvoit de très-grandes difficultés en faisant exercer lesdits Offices de Gardes du petit-Scel des Sentences, Jugemens & Actes judiciaires, conjointement avec celui des Contrats & Actes des Notaires. Par autre Edit du mois de Décembre 1639, ils auroient été désunis de ceux des Contrats & Actes des Notaires & Tabellions, pour y être exercés séparement : En exécution desquels Edits & Déclarations, lesdits Offices avoient été vendus à des particuliers, Communautés des Notaires & autres, qui en auroient joui jusques au jour dudit Edit du mois de Novembre dernier. Et considerant que si lesdits Gardes des petits Sceaux desdits Contrats & Actes des Notaires & Tabellions étoient séparés, comme Nous l'avons déja fait pour notre bonne Ville de Paris, les fonctions seroient beaucoup plus faciles à faire que si elles demeuroient jointes ; d'autant plus que si les particuliers qui étoient propriétaires des anciens se trouvans obligés de se faire pourvoir desdites Offices dans les Siéges & Jurisdictions des lieux des établissemens, pour posseder ceux des Gardes-Scels, la plûpart se trouveroient hors d'état de le pouvoir faire, soit parce qu'ils ne demeureroient pas sur les lieux, ou qu'ils ne seroient pas gradués; & que quand ils le seroient, ils ne pourroient pas exercer lesdits Offices par eux-mêmes, Nous avons resolu d'y pourvoir. A ces causes & autres à ce nous mouvans, de l'avis de notre Conseil, & de notre certaine science, pleine puissance & autorité Royale, Nous avons par ces présentes signées de notre main, dit, statué & ordonné, disons, statuons & ordonnons, voulons & Nous plaît, que lesdits Offices de Gardes-Scels des Contrats & Actes des Notaires & Tabellions Royaux, Gens de Loi & autres, qui ont pouvoir & faculté de Nous ou de nos Prédecesseurs, de passer des Contrats ou Actes dans toutes les Villes, Bourgs & lieux de notre Royaume, Pays, Terres & Seigneuries de notre obéissance, créées par notredit Edit du mois de Novembre dernier, soient pour toujours désunis & separés, comme Nous les désunissons & separons par ces présentes, de ceux des Sentences, Jugemens & Actes des Jurisdictions, pour être par nous pourvû ausdits Offices de Gardes-Scels des Contrats & Actes des Notaires & Tabellions dans chaque Bailliage ou Jurisdiction Royale des personnes Graduées ou non Graduées, ayant les qualités requises, lesquelles y seront reçûës pourvû qu'elles ayent l'âge de vingt-deux ans accomplis : en nous payant la finance desdits Offices sur le pied qu'elle sera moderement fixée par les Rôles qui seront arrêtés en notre Conseil, sur les quittances du Trésorier des revenus casuels, & les deux sols pour livre sur celles de M^e^. Henri Hucherard, que nous avons commis pour faire le recouvrement de la finance desdits Offices de Gardes-Scels, pour être exercés sous leurs noms & qualités dans les Bailliages des lieux où il est accoûtumé de le faire : & jouir desdits Offices & droits, & des gages à eux attribués ; même des amendes qui seront adjugées pour les contraventions, ainsi qu'il est porté par notredit Edit par lesdits pourvûs, ou acquereurs desdits Offices. Ensemble leurs veuves, enfans, héritiers, ou ayant cause, à toujours, héréditairement, en vertu dudit Edit du mois de Novembre dernier. Et des présentes sur les Lettres de provisions & quittances de finance qui leur seront expediées comme tels. Nous les avons déclaré, & déclarons, sans qu'ils puissent être reputés dominaux, ni sujets à vente ni revente. Permettons néanmoins à ceux qui voudront acquerir lesdits Offices de Gardes des petits-scels des Sentences, Jugemens & Actes des Bailliages, Sénéchaussées ou autres Jurisdictions ; & ceux des Contrats & Actes des Notaires & Tabellions du ressort des mêmes Jurisdictions de le faire ; pour en jouir conjointement, même desdits Offices & droits des Contrats & Actes des Notaires héréditairement, tant par les pourvûs, que par leurs enfans, héritiers ou ayans cause ; encore que les autres Offices & droits soient casuels ; & seront audit cas ceux qui acheteront lesdits Offices tant casuels que héréditaires, pourvûs par une seule, & même provision, en payant les sommes fixées pour les droits de Sceau, Marc d'or & autres, par les Arrêts de notre Conseil. Voulons que les particuliers, les Communautés des Notaires qui étoient propriétaires des Offices & droits de Garde-scels des Contrats & Actes des Notaires & Tabellions avant notredit Edit du mois de Novembre dernier, les engagistes de nos Domaines, même les pourvûs, ou propriétaires des Offices de Contrôleurs des Actes des Notaires, & Tabellions qui nous payeront la finance desdites nouveaux Offices par supplement, outre & par-dessus celle qu'ils ont payée pour leurs autres Offices ou engagemens, jouissent, ensemble leurs veuves, enfans, héritiers, ou ayans cause à titre d'hérédité desdits Offices & droits, en vertu des présentes, comme dit est, sur le pied dudit Tarif, sans qu'ils en puissent être dépossedés pour quelque cause & occasion que ce puisse être, sinon en les payant, & remboursant comptant, en un seul payement, tant de leur ancienne finance que de celles qu'ils payeront en exécution des présentes, & sans aussi qu'en ce cas ils soient tenus de prendre aucunes Lettres de provisions. Voulons qu'ils jouissent desdits Offices, & droits en conséquence de notredit Edit, de la présente, & des quittances qui leur seront expédiées. Seront les pourvûs ou acquereurs desdits Offices ou leurs Commis reçûs ; sçavoir, ceux qui seront residens dans les Villes ou Bourgs, èsquels les Bailliages, ou Jurisdictions sont établis, pardevant les Juges Royaux desdits lieux de leur établissement en payant pour tous frais de reception, & enregistrement de quittances de finances & provisions, dans les Bailliages, Sénéchaussées, Siéges Présidiaux quinze livres. Pour les autres Jurisdictions Royales huit livres. Pour les Commis moitié desdites sommes ; & pour l'enregistrement des quittances, moitié. Et à l'égard du Scel des actes des Notaires Royaux qui sont établis dans les lieux èsquels il n'y a point de Jurisdictions Royales, ils seront exercés par les particuliers qui seront Commis sur les procurations des propriétaires des Offices de Gardes-Scels des Bailliages ou Jurisdictions Royales desquels lesdits Notaires sont dependans, ou de celles des engagistes, ou autres particuliers qui les acquereront, pour jouir du droit de Scel des Contrats & Actes passés par lesdits Notaires, sans que pour raison de ce, lesdits propriétaires ni leurs Commis soient tenus de faire faire d'autres enregistremens, que ceux qui auront été faits de leurs titres dans les Greffes desdits Jurisdictions Royales. Voulons que les fonctions desdits Offices soient faites en la forme & maniere portée par notredit Edit, & les droits payés sur le pied dudit Tarif du 27 Novembre dernier, & les contestations, ou contraventions, si aucunes sont faites par les Notaires, Tabellions, Greffiers, Commis, ou autres Juges sommairement, conformément à notredit Edit, & à l'Arrêt de notre Conseil du 2 Avril 1697, sans aucune moderation des amendes & peines portées par ledit Edit. Nous dispensons pour toujours les particuliers qui acquereront lesdits Offices de Gardes-Scels desdits Actes & Contrats des Notaires, dont la finance sera au-dessous de deux mille livres, de prendre des provisions pour le présent ni pour l'avenir. Voulons qu'ils jouissent desdits Offices & droits en vertu de notredit Edit, des présentes & de la quittance de finance qui sera par eux payée. Permettons à un même particulier d'acheter plusieurs desdits Offices, par Bailliages ou Siéges Royaux. Et voulons qu'en ce cas il soit pourvû par une seule & même provision, & qu'il en puisse faire, ou faire faire les fonctions, & en percevoir les droits sur sa simple procuration, par des personnes capables qui seront par lui commises, même de revendre lesdits Offices ou partie d'iceux; & en cas qu'il ne lui ait été expédié qu'une seule quittance de finance pour plusieurs Offices, & qu'audit cas de revente de partie, que sur les Contrats qui seront par lui faits, & les copies de la quittance de finance par lui dûëment certifiées, les provisions soient expédiées aux acquereurs, en payant par eux pour les droits de Sceau & Marc-d'or, les sommes fixées par ledit Arrêt de notre Conseil. Permettons aussi audit Hucherard, ses Procureurs, ou Commis & autres qui pourroient être par Nous préposés pour la vente desdits Offices, d'en faire faire les fonctions, & percevoir les droits en attendant la vente: & seront les Commis reçûs, & mis en possession en vertu de notredit Edit, des présentes, & desdites procurations. Voulons aussi que les propriétaires desdits Offices puissent commettre sur leurs simples procurations les Commis nécessaires pour en faire les fonctions, & percevoir les droits. Nous exemptons les pourvûs propriétaires, ou Commis desdits Offices de faire registrer leurs Lettres de provisions & quittances de finance en autres Jurisdictions qu'en celles de leur ressort; & pour faciliter aux acquereurs le payement desdits Offices & droits, Nous permettons aux particuliers qui les acquerreront d'associer & intéresser avec eux dans la propriété d'iceux, toutes sortes de personnes de quelque qualité qu'elles soient, & d'emprunter en la forme portée par notre Edit, les sommes desquelles ils auront besoin pour payer le tout ou partie desdits Offices & droits, sans que ceux qui auront pris intérêt ou prêté leurs deniers pour faire lesdites acquisitions, ni lesdits acquereurs, puissent être à l'avenir, ni leurs veuves, enfans, héritiers ou ayans cause, taxés, recherchés ni inquiétés pour raison de ce. Voulons au surplus que notredit Edit soit exécuté selon sa forme & teneur. Si donnons en mandement à nos amés & féaux Conseillers les gens tenans notre Cour de Parlement, Chambre des Comptes & Cour des Aydes à Paris, que ces présentes ils ayent à faire lire, publier & enregistrer, & le contenu en icelles exécuter, garder & observer suivant leur forme & teneur, cessant & faisant cesser tous troubles & empêchemens qui pourroient être mis ou donnés, nonobstant tous Edits, Déclarations, Reglemens & autres à ce contraires, ausquelles nous avons dérogé & dérogeons par ces présentes: Car tel est notre plaisir ; En témoin de quoi Nous avons fait mettre notre Scel à cesdites présentes. Donné à Versailles le 18 jour de Juin l'an de grace 1697 ; & de notre regne le 55. Signé LOUIS ; *Et plus bas*, par le Roi, *Phelypeaux*. Et scellée du grand Sceau de cire jaune.

Registrées, oui & ce requerant le Procureur Général du Roi, pour être exécutées selon leur forme & teneur, & copies collationnées envoyées dans les Siéges, Bailliages & Senechaussées du ressort, pour y être lûës, publiées & registrées : enjoint aux Substituts du Procureur Général du Roi d'y tenir la main, & d'en certifier la Cour dans un mois, suivant l'Arrêt de ce jour. A Paris en Parlement le premier Juillet 1697. Signé, *Du Jardin*.

Nota. *Les Notaires des Villes & Provinces qui ont traité des Offices de Gardes-Scels, ont le pouvoir d'apposer eux-mêmes le Sceau aux Actes qu'ils passent, mais dans les lieux où ils n'ont point traité, il faut envoyer sceller l'Acte par celui qui est pourvû de l'Office de Garde-scel, ou qui en jouit par commission, auquel on paye les droits.*

Arrêt du Conseil d'Etat du Roi, du 16 Décembre 1698, portant Reglement pour les droits de Contrôle des Contrats de Mariage & Donations.

Extrait des Registres du Conseil d'Etat.

LE Roi étant informé qu'il survient journellement des contestations entre les Notaires & Tabellions, & les Commis préposés à la perception des droits du Contrôle des Contrats & Actes des Notaires, notamment pour raison du droit de Contrôle des Contrats de Mariage, sous prétexte des dons & avantages faits par lesdits Contrats, lesquels Sa Majesté voulant faire cesser, Elle se seroit fait représenter en son Conseil l'Edit d'établissement desdits droits, du mois de Mars 1693, les Déclaration de Sa Majesté des 20 Avril 1694 & 19 Mars 1696. Autre Edit dudit mois de Mars 1696, les Arrêts du Conseil rendus en exécution desdits Edits les 17 Mars audit an 1696, 26 Mars 1697 & 28 Octobre 1698, les Mémoires présentés au Conseil par les Notaires du Bailliage de Chartres & autres ; les réponses de M^e^. Etienne Chaplet Fermier Général desdits droits de Contrôle : Oui le rapport du sieur Phelypeaux de Pontchartrain, Conseiller ordinaire au Conseil Royal, Contrôleur Général des Finances. Sa Majesté en son Conseil, a ordonné & ordonne, conformément ausdits Edits, Déclarations & Arrêts, que tous les Contrats de mariage de quelque qualité qu'ils soient, les Quittances de dot & décharges données en exécution d'iceux, seront passés pardevant Notaires, à peine de privation des privilèges & hypotheques, conformément & sur les peines portées par l'Article VIII. de ladite Déclaration du 19 Mars 1696, & que les droits de Contrôle desdits Contrats seront payés ; sçavoir, par les Artisans, simples Laboureurs, Manouvriers, & gens sans aveu, titre, qualité, ni Office, qui déclareront par les Contrats de Mariage qu'ils n'ont aucun bien en fond, ni autres effets au-dessus de la valeur de cent livres dix sols seulement ; desquelles déclarations les Notaires seront tenus de faire mention dans lesdits Contrats ; & en cas de fausse déclaration, ceux qui les auront faites seront condamnés & contraints solidairement en deux cens livres d'amende : Ordonne en outre Sa Majesté, que les Contrats de Mariage par lesquels les Contractans se prendront avec leurs droits, sans aucune désignation de sommes, il sera payé six livres pour droit de Contrôle ; & pour ceux dans lesquels il sera stipulé cinq cens livres & au-dessous, dix sols ; ceux depuis cinq cens livres jusqu'à mille livres, vingt sols ; depuis mille livres jusqu'à cinq mille livres quarante sols ; depuis cinq mille livres jusqu'à dix mille livres trois livres, & depuis dix mille livres jusqu'à vingt-sept mille livres il sera payé à raison de vingt sols par mille livres outre lesdits trois livres fixés jusqu'à dix mille livres ; ensorte qu'il sera payé vingt livres pour lesdits vingt-sept mille livres sans qu'il puisse être payé plus grands droits audit Chapler, à quelque somme que ledit Contrat puisse monter, conformément à l'article XII. de la Déclaration dudit jour 20 Avril 1694, & si les biens de l'un des Contractans sont fixés & déclarés, & que ceux de l'autre ne soient pas, Sa Majesté ordonne que ceux qui ne seront pas déclarés seront fixés, & le droit de Contrôle payé sur le même pied de la fixation des biens de l'autre : Ordonne en outre Sa Majesté, que si par aucuns desdits Contrats de Mariage, il est fait des donations par des freres, sœurs, oncles, cousins ou autres personnes que le droit de Contrôle sera payé pour un droit seulement au plus fort, sur le pied des sommes ou biens fixés par lesdits Contrats tant pour dot que donations, sans néanmoins qu'il puisse être pris deux droits, ni que pour les donations qui seront faites par avancement d'hoirie ou autrement par les pere & mere à leurs enfans par lesdits Contrats de Mariage il puisse être pris ni exigé aucuns droits, ni de plus grands que ceux ci-dessus fixés, qui en ce cas ne pourront être pris sur le pied des donations, mais sur celui des Contrats ; & seront au surplus lesdites Déclarations, Tarif & Arrêt exécutés. Enjoint Sa Majesté aux sieurs Commissaires départis dans les Provinces & Généralités, de tenir chacun à leur égard la main à l'exécution du présent Arrêt, lequel sera exécuté nonobstant oppositions, appellations ou empêchemens quelconques, & sans préjudice d'icelle, & dont si aucuns interviennent, Sa Majesté s'en est & à son Conseil réservé la connoissance, & icelle interdite à toutes ses autres Cours & Juges. Fait au Conseil d'Etat du Roi, tenu à Versailles le 16 jour de Décembre 1698. Collationné. Signé, *De Laistre.*

Collationné à l'Original par Nous Conseiller-Secretaire du Roi, Maison Couronne de France & de ses Finances.

Déclaration du Roi, du 10 Novembre 1699, portant décharge & moderation de partie des droits de Petit-Scel des Sentences, Jugemens & autres Actes des Jurisdictions Royales ordinaires, & des Contrats & Actes des Notaires & Tabellions Royaux, qui se levent au profit de sa Majesté en exécution de la Déclaration du 6 Mai 1698, & Reglement général pour la perception desdits droits, à commencer du premier Janvier 1700.

Registré en Parlement le 28 Novembre 1699.

LOUIS, par la grace de Dieu, Roi de France & de Navarre: A tous ceux qui ces présentes lettres verront, Salut. Par notre Edit du mois de Novembre 1696. Nous avons supprimé les anciens Offices de Gardes-Scels, & créé d'autre nouveaux Offices desdits Gardes-Scels dans toutes les Jurisdictions de notre Royaume, & par nos Déclarations des 18 Juin, 3 & 17 Septembre 1697, & 6 Mai 1698, pourvû aux difficultés qui étoient lors survenuës, tant pour les fonctions desdits Offices, que pour la perception des droits à eux attribués pour le Scel des Sentences, Actes judiciaires, Contrats & Actes des Notaires & autres: Cependant nous avons été informé qu'il survient encore journellement de nouvelles difficultés entre les Officiers, Greffiers, Avocats & Procureurs de nosdites Jurisdictions, & nos Fermiers desdits droits du Scel, notamment sur ce que lesdits Officiers prétendent que lesdits droits ne doivent être perçûs que sur les Actes qui sont expressément dénommés dans le Tarif arrêté en notre Conseil en exécution dudit Edit le 27 Novembre 1696, & que les Actes des Présentations, Affirmations des Voyages, ceux de Produits, les Decrets & Ordonnances mis au bas des Requêtes d'instruction, portant reception ou communication de piéces, Actes en jugeant les appointemens de conclusion & en droit ou à mettre, & autres servans à l'instruction des Procedures, devoient être déchargés du payement desdits droits, même les congés & défauts levés aux présentations, qui ne portent aucune condamnation. Que les Maires, Echevins, Magistrats, Capitouls, Consuls, Jurats des Provinces & Pays d'Etats, prétendent aussi que les Rôles des Tailles & autres impositions qu'ils font faire pour subvenir aux payemens des dons gratuits, & autres depenses qu'ils sont obligés de faire, étant faits par les ordres des Etats, ils ne doivent pas être assujettis aux droits dudit Scel; & ceux des autres Provinces & Généralités, qu'il n'y devoit avoir que les Rôles des Tailles & impositions principales, sujet audit droit de Scel: & d'autres que sous pretexte que les Magistrats connoissent dans la plûpart des Villes & lieux des causes & affaires contentieuses d'entre les particuliers, les Fermiers de nosdits droits prétendoient que le droit de Scel des Sentences & Actes qu'ils rendoient entre lesdits Particuliers, devoit leur être payé; quoique les Offices de Conseillers Gardes-Scels desdites Villes & Communautés, & les droits y attribués y ayant été réunis par nosdites Déclarations, & plusieurs autres contestations qui troublent le cours de la Justice, & le repos de nos Sujets; Nous avons résolu d'y pourvoir, en supprimant aucuns desdits droits, & en fixant la maniere & perception de ceux qui doivent être levés. A ces causes & autres à ce nous mouvans, après avoir fait examiner en notre Conseil lesdits Edit, Tarif, Déclaration & Arrêts rendus en conséquence, Nous avons de notre certaine science, pleine puissance & autorité Royale, par ces présentes signées de notre main, dit & déclaré, disons, déclarons, voulons & Nous plaît, qu'à l'avenir, à commencer du premier jour de Janvier prochain, les Actes de présentations, ceux des affirmations de voyages, Actes de produit, les défauts, congés levés aux présentations, qui ne porteront aucune condamnation, les Ordonnances qui seront apposées au bas de Requêtes qui seront présentées, qui ne porteront que de simples Actes d'instruction, comme soit signifié, Actes en jugeant les appointemens de conclusion & en droit ou à mettre, & autres de cette qualité dans les Bailliages, Sénéchaussées, Prevôtés & autres Jurisdictions Royales dont les droits du Scel ont été reservés à notre profit par notre Déclaration dudit jour 6 Mai 1698, & compris dans la Ferme que nous en avons faite, seront & demeureront, comme Nous les avons par ces présentes déchargés pour toujours du payement du droit de Scel, & seront signifiés sans être scellés ni payer aucun droit, comme aussi Nous avons déchargé & déchargeons les Rôles & Cazernets des Tailles & Impositions, tant ordinaires qu'extraordinaires de nos Provinces, & Généralités de Toulouse, Montpellier, Provence, Bourgogne, Flandres & Artois, des droits dudit Scel, à commencer dudit jour premier de Janvier prochain. Voulons que lesdits Rôles & Cazernets soient à l'avenir faits & exécutés en la même maniere qu'ils ont été par le passé, & dans les autres Provinces & Généralités de notre Royaume; Nous avons aussi déchargé dudit droit de Scel les Rôles des Impositions extraordinaires. Voulons que tous les Rôles de Tailles & autres Impositions principales soient scellés avant qu'ils puissent être exécutés, & les droits payés sur le pied fixé par notre Déclaration du 6 Mai 1698, & qu'à cet effet le droit de Scel soit employé dans les Mandemens & dans lesdits Rôles. Voulons que les Maires, Echevins, Consuls, Magistrats & autres Officiers des Villes, Bourgs & lieux des Provinces, & Généralités de notre Royaume qui ont financé, ou qui financeront pour acquerir les Offices de Gardes-Scels, en conséquence de la réunion qui en a été faite ausdits Hôtels de Ville, & lieux en dépendans par notre Déclaration, jouissent de l'exemption dudit droit de Scel, ou le fassent lever à leur profit sur les Jugemens, Sentences, & tous autres Actes qui seront par eux rendus sur le fait de la Police, Octrois, & autres affaires concernant les affaires communes desdites Villes. Voulons néanmoins que les Actes concernant la Police tant èsdits Hôtels de Ville, que dans toutes nos autres Jurisdictions, qui seront rendus à la requête de nos Procureurs sans parties civiles, soient scellés gratis. Et à l'égard des Villes & Communautés èsquelles les Maires, Echevins, ou autres Magistrats ont la Jurisdiction

contentieuse

contentieuse entre les particuliers, Nous voulons que les Jugemens, Sentences, & Actes par eux rendus èsdites Jurisdictions contentieuses soient scellés & les droits payés à notre profit ès mains de notre Fermier, conformément ausdits Edit, Déclarations & Tarif, nonobstant ladite réunion. Voulons néanmoins que les particuliers qui ont acquis des Offices de Gardes-Scels desdits Hôtels de Villes, dont les quittances de finance sont expédiées, jouissent des droits du Scel y attribués sur toutes les Sentences, Jugemens, Actes, & expéditions, tant d'instructions qu'autrement, qui seront rendus par lesdits Maires, Echevins, ou Magistrats, tant pour les affaires communes que pour la Jurisdiction contentieuse, conformément ausdits Déclarations & Tarif. Comme aussi Nous voulons que les pourvûs desdits Offices de nos Conseillers Gardes-Scels, seulement créés & établis dans nos Jurisdictions ordinaires ou extraordinaires depuis l'année 1688, soient & demeurent conservés, comme Nous les conservons, dans leursdits Offices & droits, & qu'ils jouissent aussi de l'augmentation desdits droits attribués par notredit Edit du mois de Novembre 1696, en nous payant les sommes qui ont été ou seront pour ce fixées en notre Conseil, & les deux sols pour livre d'icelles. Et pour faire cesser les difficultés qui sont jusqu'à présent survenuës entre nosdits Fermiers, les Commissaires au Châtelet de Paris, & les Juges des autres Jurisdictions pour raison desdits Scellés, Nous voulons qu'il soit incessamment mis ès mains de chacun desdits Commissaires de notre bonne Ville de Paris un Cachet de nos Armes, contenant leurs noms, pour s'en servir & l'apposer aux Scellés qui seront par eux faits; & que dans nos Sénéchaussées, Bailliages ou Jurisdictions il soit aussi mis & déposé ès mains des Greffiers d'icelles ou des Notaires un Cachet de nos Armes pour servir aux Scellés qui seront faits hors des Villes, pour éviter les frais de voyages. Et à l'égard des Scellés & Inventaires qui seront faits dans lesdites Villes où sont situées lesdites Jurisdictions & autres, lesdits Scellés seront apposés par notre Fermier ou ses Commis, & les droits à eux payés, à peine de nullité & de 100 liv. d'amende pour chacune contravention: & seront lesdits Commissaires du Châtelet, & les Greffiers ou Notaires desdites Jurisdictions, ausquels lesdits Sceaux seront déposés, tenus chacun en droit soi, de recevoir les droits de notredit Fermier, & de les lui remettre sans aucuns frais. Permettons néanmoins ausdits Commissaires d'acquerir lesdits droits, & de les réunir à leur Corps, si bon leur semble, en nous payant la finance à laquelle ils seront fixés, & les deux sols pour livre d'icelle, au préposé à l'exécution des présentes : ce qu'ils seront tenus de faire dans le mois du jour de l'enregistrement des présentes. Après lequel tems passé, Nous permettons à tous Officiers & autres personnes de les acquerir & de les unir à leurs Charges, pour en jouir héréditairement en vertu dudit Edit, des présentes, & des Quittances de Finance & deux sols pour livre, qui seront pour ce expédiées, sans être tenus de prendre aucunes provisions. Nous voulons & ordonnons aussi que nos Edits & Déclarations des mois d'Avril 1664, Mai 1686, & 17 Septembre 1697, concernant la réduction & les fonctions des Notaires & Tabellions des Seigneurs & Jurisdictions subalternes, soient exécutés selon leur forme & teneur. Enjoignons à nos Procureurs Généraux, leurs Substituts, & à notredit Fermier, ses Procureurs & Commis, d'y tenir la main, chacun en droit soi. Et quant aux Sentences, Jugemens, exécutoires de dépens, & généralement tous Actes de Justice, & tous Contrats & Actes passés & reçus par les Notaires & Tabellions Royaux, autres que ceux ci-dessus déchargés, Nous voulons & entendons qu'ils soient scellés; & les droits payés suivant & conformément au Tarif que Nous en avons fait arrêter ce jourd'hui en notre Conseil, dont l'expédition est attachée à ces présentes, le tout à peine de nullité & des amendes portées par notredit Edit & Déclarations. Révoquons à cet effet le Tarif arrêté ledit jour 27 Novembre 1696, pour les droits ci-dessus à Nous réservés seulement. Et à l'égard des droits attribués aux Offices des Gardes-Scels des Tables de Marbre, Elections, Greniers à Sel, Maîtrises des Eaux & Forêts, Traittes foraines, Maîtres des Ports, & autres Jurisdictions extraordinaires, que Nous avons ordonné être vendus à la diligence de Maître Henri Hucherard, en exécution dudit Edit du mois de Novembre 1696, & Déclarations des 17 Septembre 1697 & 6 Mai 1698, ou réunis èsdits Jurisdictions: Nous voulons que lesdits Officiers les perçoivent & en jouissent conformément ausdits Edit, Déclarations & Tarif, à l'exception néanmoins de la Table de Marbre de Paris, aux Officiers de laquelle Nous voulons & entendons que l'Office de Conseiller Garde-Scel d'icelle, & auquel il est pourvû, soit & demeure réuni, comme Nous les réunissons, au Corps desdits Officiers, en remboursant par eux dans la quinzaine la finance, deux sols pour livre, loyaux coûts & frais payés par le pourvû dudit Office & non autrement; & encore à charge que le droit de Scel sera exercé en ladite Jurisdiction de la Table de Marbre à Paris, de même & comme il a été fixé & reglé pour les Requêtes du Palais de ladite Ville. Voulons au surplus que lesdits Edits, Déclarations & Arrêts soient exécutés selon leur forme & teneur. Si donnons en mandement à nos amés & féaux Conseillers les Gens tenans notre Cour de Parlement, Chambre des Comptes, & Cour des Aides à Paris, que ces présentes ils ayent à faire lire, publier & registrer, & le contenu en icelles garder, observer & exécuter selon sa forme & teneur, nonobstant tous Edits, Déclarations, Arrêts & autres choses à ce contraires, ausquels Nous avons dérogé & dérogeons par ces présentes: Car tel est notre plaisir. En témoin de quoi Nous avons fait mettre notre Scel à cesdites Présentes. Donné à Marly le dixiéme jour de Novembre, l'an de grace 1699, & de notre regne le 57. Signé, LOUIS. Et plus bas: par le Roi, *Phelypeaux*. Et scellé.

Registrées, oui & ce requerant le Procureur Général du Roi, pour être exécutées selon leur forme & teneur, & copies collationnées envoyées aux Bailliages & Senechaussées du Ressort, pour y être lûës, publiées & registrées. Enjoint aux Substituts du Procureur Général du Roi d'y tenir la main, & d'en certifier la Cour dans un mois, suivant l'Arrêt de ce jour. A Paris en Parlement le 28 Novembre 1699. Signé, *Du Jardin.*

Tarif des droits que le Roi en son Conseil a ordonné être payés en exécution de l'Edit du mois de Novembre 1696, Déclarations des 3 & 17 Septembre 1697, 6 Mai 1698, & 10 Novembre 1699, rendus en conséquence pour le Scel des Sentences, Jugemens, & Actes émanés des Requêtes du Palais établies près les Cours, Bailliages, Sénéchaussées, Prevôtés, Vigueries, Châtellenies, Justices Consulaires, & autres Jurisdictions Royales; ensemble des Contrats & Actes passés par les Notaires & Tabellions Royaux, soit en papier ou parchemin, pour être tous les Contrats, Sentences ou Actes scellés, conformément ausdits Edits & Déclarations, à peine de nullité, & de cent livres d'amende pour chacune contravention, dans l'étenduë du Royaume, Pays, Terres, & Seigneuries de l'obéissance de Sa Majesté; à l'exception des Sentences renduës au Châtelet de Paris, même par le Juge Auditeur, & des Contrats & Actes passés par les Notaires audit Châtelet de Paris, à l'égard desquelles lesdits droits seront payés suivant le Tarif du 27 Novembre 1696 & Arrêts rendus en conséquence.

PREMIEREMENT.

POur chacune Sentence ou Jugement diffinitif, contradictoire ou par défaut, portant condamnation, liquidation, contrainte ou décharge de somme liquidée, & les Exécutoires de dépens & de dommages ou intérêts, il sera payé; sçavoir,

Pour lesdites Sentences & Jugemens diffinitifs ou Exécutoires de cent livres & au-dessous, dix sols, au lieu de quinze, portés par le Tarif du 27 Novembre 1696, ci 10 s.

Et depuis cent livres jusqu'à cinq cens livres, quinze sols, ci 15 s.

Et depuis cinq cens livres jusqu'à mille livres vingt sols, ci 20 s.

Depuis mille livres & au-dessus, à quelques sommes qu'elles puissent monter, trente sols, ci 30 s.

Pour les Sentences ou actes d'enregistrement, insinuation, nantissement, ensaisinement, appropriement, insinuation, enregistrement, publication & donation, ou ouverture de Testament, & autres de cette qualité, sera payé; sçavoir,

Pour ceux de cent livres & au-dessous, dix sols, ci 10 s.

Depuis cent livres jusqu'à cinq cens livres, quinze sols, ci 15 s.

Depuis cinq cens livres jusqu'à mille livres, vingt sols, ci 20 s.

Et depuis mille livres & au-dessus, trente sols, ci 30 s.

Pour les Sentences ou Jugemens portant condamnation par provision, ou de sommes liquidées, même celles de payement d'aliment ou medicament, il ſera payé moitié des ſommes ordonnées pour les Sentences & Jugemens diffinitifs.

Deuxième Claſſe des Sentences.

Pour les Sentences portant revendication ou renvoi de cauſe, débouté de déclinatoire, converſion d'oppoſition en ſaiſie & arrêt, main-levée des ſaiſies, ou qui convertiront les oppoſitions, à fin de charge, ou de diſtraire; celles qui recevront des appellations, ou qui porteront défenſes d'exécuter les Sentences des Juges inférieurs; celles qui donneront Actes aux Commiſſaires aux Saiſies Réelles de leurs diligences; celles qui contiendront des déclarations, affirmations, ſoumiſſions en exécution d'autres Sentences, ou qui ordonneront l'exécution d'autres Jugemens, Actes ou Sentences; celles qui ordonneront que les ſommes ſaiſies ſeront délivrées, ou main-levée des ſommes conſignées; celles qui ordonneront que les ſommes colloquées ſeront payés; celles qui ordonneront qu'il ſera baillé caution; celles de reception de caution; celles portant commiſſion rogatoire: Sera payé pour le droit de Scel de chacune, vingt ſols, ci 20 ſ.

Troiſiéme Claſſe des Sentences.

Pour les Sentences portant nomination de Tuteur, Curateur, Commiſſaire ſequeſtre; celles qui ordonneront aſſemblée de Parens aux fins de nominations de Tuteur, Curateur, ou pour donner avis pour les affaires des Mineurs, d'Habitans & Communautés; celles portant condamnation de rendre compte par les Tuteurs, Curateurs, Commiſſaires ſequeſtres, & autres Dépoſitaires; celles portant clôture & addition de compte & Inventaire, celles qui ordonneront les partages, interdiction, ſeparation, renonciation, reconnoiſſance en exécution des retraits; celles de bénéfice d'âge ou d'inventaire, & celles d'enregiſtremens de Lettres Royaux: Il ſera payé pour le droit de Scel de chacune d'icelles, vingt ſols, ci 20 ſ.

Quatriéme Claſſe des Sentences.

Pour les Sentences qui ordonneront la vente ou licitation d'immeubles, viſites, procès verbaux de viſite ou eſtimation, & enterinement de rapport; celles qui porteront reception de tiercement des Baux judiciaires ou des encheres ſur leſdits Baux, dix-huit ſols, ci 18 ſ.

Cinquième Claſſe.

Pour les oppoſitions aux criées, cinq ſols, ci 5 ſ.

Pour les Sentences de verification, ou certification de criées, ou congé d'adjuger, trente ſols, ci 30 ſ.

Pour les adjudications faites en Juſtice, ou des biens vendus par décret, licitation volontaire ou forcée, ſera payé pour celles juſqu'à mille livres & au-deſſous trente ſols, ci 30 ſ.

Pour celles depuis mille liv. jusqu'à quatre mille liv. trois liv. ci 3 l.
De celles de quatre mille livres & au-dessus, six livres, ci 6 l.

Sixiéme Classe.

Pour les reconnoissances ou verifications d'Ecritures, Jugemens portant reglement sur débats de Comptes, ceux portant qu'il sera apposé des affiches, ou fait publications, dix sols, ci 10 s.

Pour les Baux judiciaires de quatre cens liv. & au-dessous, vingt sols, ci 20 s.

Pour ceux au-dessus de quatre cens livres, trente sols, ci 30 s.

Septiéme Classe des Sentences.

Pour une Commission d'ajournement personnel, dix sols, ci 10 s.

Pour les Sentences portant conversion de Décrets, ou d'assigné pour être oui en ajournement personnel ou prise de corps; celles qui convertiront les procès criminels en ordinaires, ou il y aura partie civile; celles qui permettront de compulser, informer, interroger, ou qui déclareront que les témoins seront recolés & confrontés; celles d'élargissemens de personnes, quand elles ne sont point détenuës à la requête des Receveurs des Tailles; celles qui ordonneront que les témoins qui seront en demeure ou refusans de déposer, y seront contraints: Il sera payé pour chacun desdits Actes, six sols, ci 6 s.

A l'égard des Actes de présentations, ceux d'affirmations de voyages, ceux de produits, les défauts & congés levés aux Greffes des présentations, qui ne porteront point de condamnations; les appointemens de conclusion, ou d'appointé en droit ou à mettre; les Ordonnances mises au bas des requêtes concernant les instructions des procedures, comme pour donner acte, soit signifié; ou en jugeant, production reçûë, viennent à l'audience, & qui ne porteront aucune permission de saisir, d'appeller parties, compulser, ni autres reglemens & condamnations; ils ont été déchargés du droit de Scel par la Déclaration de Sa Majesté de ce jourd'hui, & n'en sera payé aucuns pour iceux.

Les Rôles des Tailles & Impositions des Provinces & Généralités de Toulouse, Montpellier, Provences, Bourgogne, Flandres, Haynaut & Artois, sont pareillement déchargés du droit de Sceaux; comme aussi les Rôles des Impositions particulieres, sont déchargés du droit de Scel dans toute l'étenduë du Royaume.

Et à l'égard des Rôles des Tailles & Impositions principales, il sera payé conformément à la Déclaration de Sa Majesté du six Mai 1698, sçavoir,

Pour un Rôle au-dessous de quatre cens livres, trente sols, ci 30 s.
Pour un depuis quatre cens liv. jusqu'à mille liv. quarante sols, ci 40 s.
Pour un de mille livres, jusqu'à deux mille livres, trois livres, ci 3 l.
Pour un de deux mille livres jusqu'à trois mille livres, quatre liv. ci 4 l.
Et depuis trois mille livres jusqu'à telle somme qu'ils puissent monter, six livres, ci 6 l.

Pour les Décrets & Ordonnances apposés sur les Requêtes ou Procès-verbaux portant permission d'assigner, saisir, exécuter, surséances & établissement de sequestre, ou autre Acte de cette qualité, il sera payé cinq sols, ci 5 s.

Et s'il portent condamnation provisoire ou définitive, il sera payé comme pour les Sentences.

Pour les Scellés aux Inventaires, il sera payé pour chacune vacation, trente sols, ci 30 s.

Pour le Scel des Actes de foi & hommage, souffrance, ou reception d'aveu & dénombrement, il sera payé pour chacun desdits Actes, sçavoir,

Pour les Fiefs simples, vingt sols, ci 20 s.

Et pour les Châtellenies, Baronnies, ou autres Terres titrées, quarante sols, ci 40 s.

Pour les Commissions ou Mandemens portant que les Sentences seront exécutées, soit qu'ils soient ordonnés par les Juges, ou expédiés aux Greffes, il sera payé seize sols, ci 16 s.

Si les Sentences ou Jugemens sur lesquelles lesdites Commissions ou Mandemens seront expédiées, étoient renduës avant l'établissement du Sceau, ledit droit de seize sols sera payé pour lesdites Commissions & Mandemens : & si lesdites Sentences & Jugemens étoient renduës depuis, il ne sera payé pour lesdites Commissions & Mandemens, attendu que lesdites Sentences auront été scellées; Sa Majesté ne voulant pas qu'il soit reçû plus d'un droit.

Justices Consulaires.

Il sera payé pour le droit du Scel, suivant la Déclaration de Sa Majesté du 3 Septembre 1697, sçavoir,

Pour les Sentences exécutoires au-dessous de cinquante livres, six sols, ci 6 s.

Et pour celles de cinquante livres & au-dessus, dix sols, ci 10 s.

Pour les Sentences provisionnelles ou diffinitives, contradictoires ou par défaut, exécutoires de dépens au-dessus de cent livres, & à quelles sommes qu'elles puissent monter, vingt sols, ci 20 s.

Et pour les autres Procedures de ladite Jurisdiction, Sa Majesté les a dispensé dudit Sceau, ainsi qu'il est porté par ladite Déclaration.

Requêtes du Palais.

Il sera payé pour le droit de Scel des Sentences provisoires ou définitives, Exécutoires de dépens, Jugemens, & autres Actes desdites requêtes, comme dans les autres Jurisdictions Royales, à l'exception des défauts qui seront rabattus, & des procedures concernant les instructions faites èsdits requêtes. Et seront les Lettres patentes du 30 Juillet 1697, concernant le droit de Scel des requêtes de l'Hôtel & du Palais à Paris, exécutées selon leur forme & teneur.

Pour le Scel des Sentences, Jugemens & Actes de la qualité de ceux ci-dessus, qui ont été rendus avant l'Edit du mois de Novembre 1696, dans toutes les Jurisdictions du Royaume, & qui seront délivrées & mises à exécution, il ne sera payé que moitié desdits droits de Scel ci-dessus fixés.

Notaires Royaux.

Pour les Contrats & Actes des Notaires Gardenotes & Tabellions Royaux, sera payé, sçavoir,

Pour Contrats de Constitution de rentes, obligations, partages, ventes d'immeubles ou d'Offices, Contrats de Mariages, donations à vie ou à perpétuité, les Inventaires, partages, resignations, permutations, resillement d'Actes, échanges, transports de meubles ou immeubles, rentes, droits successifs, Titres nouveaux & reconnoissances, Baux à rentes ou à longues années, transactions, cessions, subrogations d'immeubles ou constitutions de rentes par Contrats, Quittances ou autrement, Transports & Marchés, Contrats pignoratifs, gratieux ou à faculté, Testament, Codicilles, Dons mutuels, Actes de prise de possession de Bénéfices ou d'immeubles; Clôtures de Comptes, Compromis, Sentences arbitrales, Reconnoissances des Actes ci-dessus passés, d'abandonnement de biens, & généralement pour tous autres Contrats qui seront reçûs & passés par les Notaires & Tabellions Royaux: Sera payé pour le droit de Scel les sommes qui ensuivent, sçavoir,

Pour les Contrats & Actes dont les principaux ne seront que de cent livres & au-dessous, dix sols, ci 10 s.

De ceux de cent livres jusqu'à cinq cens livres, vingt sols, ci 20 s.

Et de ceux de cinq cens livres, à quelques sommes qu'ils puissent monter, quarante sols, ci 40 s.

Pour les Baux à loyer, Sous-baux à moitié, ou autres, il sera payé pour ceux jusqu'à cent livres & au-dessous, dix sols, ci 10 s.

Pour ceux depuis cent livres jusqu'à cinq cens livres, vingt sols, ci 20 s.

Pour ceux de cinq cens livres & au-dessus, à quelques sommes qu'ils puissent monter, trente sols, ci 30 s.

Pour les retrocessions & subrogations de Baux, il sera payé moitié de ceux ci-dessus.

Pour chacune Procuration, Ratification, pures & simples, même de celles des avis de Parens, pour les Tutelles, Curatelles, & autres cas, six sols, ci 6 s.

Pour les Renonciations, Consentemens purs & simples, Actes d'acquiescement ou de désistement; Actes d'appel ou d'opposition, sommations ou consignations de depôt, Rapport d'Experts, ou autres, six sols, ci 6 s.

Pour Procès verbaux de ventes de Meubles faits par les Notaires, trente sols, ci 30 s.

Obligations pour prêt de Sel, six deniers: Pour chacun des y dénommés, ci 6 d.

Pour les Déclarations fournies aux Papiers Terriers des Domaines du Roi, ou aux Seigneurs particuliers, il sera payé pour le Scel d'une Déclaration qui sera au-dessous de dix Articles, cinq sols, ci 5 s.

Et pour celles au-dessus à tel nombre qu'il puisse être, dix sols, ci 10 f.

Les Obligations & Actes desquels il ne restera point de minuttes, seront scellés sur les Brevets & les Droits payés sans que les Notaires les puissent délivrer autrement, à peine de cent livres d'amende; & à l'égard des autres Contrats ou Actes dont il aura Minutte, les Notaires n'en pourront délivrer les Expéditions, qu'elles n'ayent été scellées, & les droits payés.

Pour le droit de Scel des Contrats & Actes de la qualité de ceux ci-dessus, reçûs par les Notaires ou Tabellions avant l'Edit du mois de Novembre 1696, il ne sera payé que moitié des susdits droits.

FAIT & arrêté au Conseil Royal des Finances, tenu à Marly le 10 jour de Novembre 1699. Collationné. Signé, *De Laistre.*

Collationné aux Originaux par Nous Ecuyer-Conseiller-Secretaire du Roi, Maison, Couronne de France & de ses Finances.

Acte de Notorieté du 15 Janvier 1700, donné par Monsieur le Lieutenant Civil.

I. *Que le Titre 59 du Titre 2 du Code* de jurejurando calumniam dando, *ne s'observe point à Paris.*

II. *Que l'on ne pose point de faits, & qu'on n'y répond point devant le Juge en présence de la Partie.*

III. *Que l'on n'admet jamais la preuve par témoins contre un Contrat public & authentique passé devant Notaires, dont les conventions & conditions s'exécutent ponctuellement.*

IV. *Que les Sentences des premiers Juges fondées sur un pareil titre s'exécutent par provision nonobstant & sans préjudice d'appel.*

V. *Que l'instruction sur l'appel se fait par des causes & moyens d'appel, & par les réponses que les parties y font, &c.*

SUr la Requête judiciairement faite par Maître René de la Moriniere Procureur de Dame Marie Catherine Charlotte de Walevrodt veuve de Messire Emanuel Egon Comte de Furstemberg, Dame de Modaucle & autres lieux; A ce qu'il nous plût lui donner acte de notoriété de l'usage qui se pratique au Châtelet de Paris touchant les Contrats de Location, pour raison de quoi il y a un procès devant les Juges de Liege, lequel devoit être jugé au Châtelet pendant la guerre, d'autant que le Contrat de Location qui a été fait entr'elle & le Sieur Chevalier avoit été passé à Paris sous le Sceau du Châtelet qui est attributif de Jurisdiction par tout le Royaume, lequel privilege ne peut avoir lieu presentement depuis la paix, la Terre étant située au pays de Liege, & le Sieur Chevalier défendeur en la cause étant justiciable des Juges des lieux. La premiere question de sçavoir si les Juges de Liege sont obligés de juger le differend suivant l'usage du Châtelet, ne doit pas être la

matiere

matiere d'un Acte de notoriété, puisqu'il n'y a rien dans cette question qui ne soit de droit public, & qu'elle est universellement décidée par les loix, qu'il faut dans les Contrats de bonne-foi pénétrer l'intention des Parties par l'usage du lieu où ils contractent, parce que par la soumission qu'ils ont faite à la Jurisdiction du lieu où ils contractent ils sont censés avoir contracté & l'acte être rédigé pour être exécuté suivant les usages & la jurisprudence du Siege auquel ils se sont soumis, à moins qu'il ne soit convenu du contraire dans le même Acte, la Loi 19. au Code *De locato* le dit precisément ; la Loi *Exigere dotem. ff.* au Digeste *De judiciis*, qui fait l'exception de la Loi générale pour les dots, la confirme, *exceptio enim firmat regulam.* Cette maxime supposée les propositions sur lesquelles on demande un Acte de notorieté ne doivent pas être difficiles à regler, sçavoir s'il peut y avoir appel d'un jugement des Echevins de Liege. Il est sans difficulté que les Echevins ne sont point Juges superieurs & que l'appel peut être reçû ; mais que les premiers Juges qui sont les Echevins ont pû ordonner que nonobstant & sans préjudice de l'appel leurs Sentences seront par provision exécutées, parce qu'elles seront fondées sur un titre authentique ; & tel est l'usage qui s'observe au Châtelet & en tous les premiers Bailliages du Royaume, lequel usage a pour fondement la disposition des anciennes Ordonnances & notamment l'article 15 du titre XVII. de l'Ordonnance de 1667, ce que nous attestons être veritable par Acte de notoriété.

A l'égard de la question, sçavoir si l'on peut admettre la preuve testimoniale contre & au préjudice de la disposition d'un Acte authentique passé pardevant les Notaires, les loix du Droit Romain sur lesquelles la jurisprudence qui s'observe au Châtelet est fondée, apprennent que les Contrats qui sont volontaires dans leur origine, deviennent necessaires & obligatoires dans l'exécution, & rien ne les peut resoudre qu'un Acte contraire. Il n'est pas permis aux Juges d'admettre la preuve par les témoins, & il ne seroit pas juste de laisser une incertitude éternelle dans la fortune des hommes en abandonnant la verité & la solidité des Actes authentiques à la foi de quelques témoins qui est souvent douteuse & perilleuse, & c'est par cette raison que Sa Majesté par l'Ordonnance de 1667, Titre XX. Article 2, défend qu'il ne soit reçû aucune preuve par témoins contre & outre le contenu aux Actes, ni sur ce qui seroit allegué avoir été dit avant, lors ou depuis les Actes, quand même la demande seroit au dessous de cent livres, jusqu'à laquelle somme la preuve testimoniale est admise lorsqu'il n'y a point eu d'écrit. C'étoit aussi la disposition de l'article 54 de l'Ordonnance de Moulins, à quoi il n'est pas permis de contrevenir.

Dans le fait proposé il est question d'un Contrat de Location qui sont des Contrat *bonæ fidei.* La loi premiere au ff. distingue les Locations faites *cum scriptis & non verbis*, & elle decide (*quod in scriptis conventum finit id tenendum esse*, & si l'on veut consulter la Loi 19 au Code *de locato & conducto*, qui dit que *circa locationes atque conductiones maximè fidei Contractus servanda est*, *si nihil specialiter exprimantur circa consuetudinem regionis.*) Et ces Loix font connoître qu'il n'est par permis aux Juges d'affoiblir par une preuve testimoniale les actes & la volonté des Parties lorsqu'ils ont contracté, & qu'il faut suivre ce qui s'observe dans les lieux où l'on contracte, à moins que l'on y ait dérogé dans l'Acte même, la verité de ces maximes sembleroit décider la question, sçavoir si Madame de Furstemberg devroit prêter le serment de calomnie comme il se pratique à Liege, puisqu'elles font voir par deux raisons essentielles qu'elle n'y est pas obligée.

La premiere, que le Titre 59 du Code *de jurejurando propter calumniam dando*, ne s'observe point dans le Châtelet de Paris; il n'est pas en usage dans les lieux regis par des Coûtumes, d'ailleurs ce serment est très-inutile & ne sert qu'à faire faire des frais aux Parties, & aux Avocats à éloigner le jugement des Procès.

La seconde raison est tirée de la Loi premiere de ce Titre qui ne demandoit le serment que lorsqu'il étoit question d'entendre des témoins faute de preuve par écrit *cum necessitas probationis incumbit*; mais comme par l'Ordonnance de Sa Majesté & l'Usage du Châtelet de Paris, la preuve testimoniale ne doit jamais être reçûe contre un écrit tel qu'est un Contrat de Location. Il est inutile de faire faire le serment *propter calumniam*, & par consequent inutile de poser des articles de jurer avant que de répondre en presence de la Partie, mais il est necessaire seulement d'instruire les moyens d'appel à ces réponses par des Requêtes ou des moyens, lequel appel ne peut suivant les loix empêcher l'exécution de la Sentence du premier Juge fondée sur un titre public & authentique: de sorte que nous certifions suivant ce qui s'observe dans la Jurisdiction du Châtelet, 1°. Que le titre 59 du titre 2 du Code *de jurejurando calumniam dando*, ne s'observe point à Paris, 2°. Que l'on ne pose point de faits, & qu'on n'y répond point devant le Juge en presence de la Partie, 3°. Que l'on n'admet jamais la preuve par témoins contre un Contrat public & authentique passé devant Notaires dont les conventions & conditions s'exécutent ponctuellement. 4°. Que les Sentences des premiers Juges fondées sur un pareil titre s'exécutent par provision, nonobstant & sans préjudice à l'appel. 5°. Que l'instruction sur l'appel se fait par des causes & moyens d'appel; & par les réponses que les Parties y font, qui est une voye plus courte pour la prompte decision des affaires & plus convenable au bien de la Justice: ce que nous attestons veritable par Acte de notoriété. Ce fut fait & donné par Maître *Jean le Camus* Chevalier Conseil du Roi en tous ses Conseils, Maître des Requêtes ordinaire de son Hôtel, Lieutenant Civil de la Ville Prevôté & Vicomté de Paris, le quinziéme jour de Janvier 1700. Signé, *Gaudion*, Greffier.

Acte de Notorieté donné par Monsieur le Lieutenant Civil, le 24 Avril 1703, concernant les promesses de passer Contrat de constitution, si elles portent hypotheque étant reconnuës par un simple Acte pardevant Notaires, dont il n'y a point de minutte.

SUr la Requête faite en Jugement par devant Nous, par Maître Theodore Baudoüin, Procureur au Châtelet de Paris, & de Louis Barthelemy, Conseiller-Secretaire du Roi, demeurant en la Ville de Marseille; contenant, que par un écrit sous seing privé du 25 Juin 1691. Messire Honoré Roux, Prêtre Prevôt de l'Eglise Cathedrale de Senés, s'est reconnu envers lui debiteur de la somme de 8585. l. de laquelle il promit lui passer Contrat de constitution par devant Notaires; & cependant de lui en payer l'interêt au denier 20, suivant l'Ordonnance: & ensuite de cet écrit, & au pied d'icelui, il a été passé Acte pardevant Bouteville & Bellanger, Notaires à Paris, lesdits jour & an; par lequel ledit défunt sieur Roux a reconnu sa signature apposée audit écrit, l'a déclaré & affirmé veritable & en a consenti l'exécution: Et lorsqu'il a été question, après le décès dudit sieur Roux, de se pouvoir contre ses heritiers, & de faire valoir l'hypotéque dudit sieur Barthelemy, pour ladite somme de 8585 liv. & intérêts, sur les biens dudit défunt. Lesdits heritiers qui sont demeurans dans ladit Ville de Marseille, du Ressort du Parlement de Provence, ont refusé d'acquitter cette dette, prétendans que ladite reconnoissance pardevant Notaires, se trouvant être en Brevet original entre les mains dudit sieur Barthelemy, tel Acte en brevet ne porte point d'hypotéque sur les biens dudit défunt sieur Roux; & que pour la pouvoir répéter par ledit sieur Barthelemy, il auroit fallu que dudit Acte il y en eut minute restée chez lesdits Notaires. De maniere, que comme il suffit que les Actes soient signés de deux Notaires pour valoir hypotéque sur les biens de ceux entre lesquels ils sont faits; soit qu'il y en ait minute ou non: en ce cas ledit sieur Barthelemy Nous a presenté sa Requête, aux fins qu'il Nous plût donner Acte de notorieté sur l'exposé ci-dessus, pour servir & valoir au Suppliant, ainqu'il appartiendra par raison.

NOUS, après avoir entendu les anciens Procureurs & Avocats du Siege, communiqué aux Gens du Roi, & conferé avec les Juges: DISONS, que le peu d'application que l'on a à faire la distinction de l'hypotéque que donnent les Contrats, & de ce qui est necessaire pour les rendre exécutoires, fait naître le doute qui est proposé, & a fait naître plusieurs questions qui seront toujours très-faciles à décider, lorsque l'on y voudra bien en remettre la décision à ce qui est établi par les principes les plus communs, qui sont très-certains & autorisés par le Droit & la Jurisprudence, pour établir l'hypotéque, il est necessaire d'avoir un titre authentique signé de la partie, qui s'oblige, ou qui déclare ne sçavoir signer, de ce interpellé, & qu'il soit passé pardevant deux Notaires; c'est le titre le plus authentique pour donner un hypotéque: L'Ordonnance de Moulins, article 53, & la Déclaration du 2 Juillet 1566, en a donné un autre lorsqu'elle a voulu que toutes les condamnations prononcées par Sentences ou Arrêts portassent hypotéque, & la Coûtume de Paris dans l'article 107 en a donné un troisiéme aux creanciers, conformément aux articles 92 & 96 de l'Ordonnance de 1539, quand elle a dit, cedule privée qui porte promesse de payer, emporte hypotéque du jour de la confession ou reconnoissance faite en Jugement ou pardevant deux Notaires, ou que par Jugement elle soit tenuë pour confessée, ou du jour de la dénégation; en cas que par après elle soit verifiée, il seroit difficile de pouvoir comprendre quelle raison l'on pouvoit avoir de ne pas donner l'hypotéque à un Acte qui est revêtu de l'une de ces formes; le dépôt de l'Acte chez le Notaire, n'étant qu'une forme exterieure qui ne change rien à l'Acte; mais il est vrai que pour rendre le titre exécutoire, c'est-à-dire, pour donner le pouvoir & l'autorité aux Sergens & Huissiers de saisir & exécuter les meubles, & saisir réellement les immeubles; il faut qu'il soit expédié en forme, que la minute soit déposée, & que la grosse soit signée & scellée; & c'est apparemment que faute de distinguer ce qui donne l'hypotéque au titre, ou ce qui le rend exécutoire, l'on a fait naître ce doute proposé, & qu'il est très-facile de resoudre, en disant, que tout Acte qui porte hypotéque n'est pas exécutoire, si la minute n'est déposée, & la grosse signée & scellée: mais que pour n'être pas exécutoire, il n'est rien changé ni diminué à l'hypotéque qui a été acquis, ou par Acte passé pardevant Notaires, ou sous signature privée reconnuë pardevant Notaires ou en Justice, ou pour une somme adjugée par Sentence ou Arrêt, puisque le depôt de l'Acte n'ajoûte & ne diminue rien à l'hypotéque, qu'il soit deposé ou non, le depôt ne se faisant que pour avoir une expédition, & le faire signer & sceller lorsqu'on veut le mettre à exécution.

NOUS sommes persuadés que si les Juges qui doivent décider le different, & qui doivent suivre l'usage du Châtelet, puisque la reconnoissance a été faite pardevant deux Notaires de ce Siége, veulent bien examiner la distinction que Nous avons faite, ils se conformeront à l'usage qui se pratique au Châtelet, où un écrit sous signature privée, reconnu pardevant deux Notaires en Brevet, dont la minute n'est pas déposée chez le Notaire, donne l'hypotéque en tous lieux, pour pouvoir être payé & colloqué en ordre du jour de la reconnoissance faite pardevant Notaires, quoiqu'il ne soit pas exécutoire sans être signé & scellé; & ce suivant l'article 107 de la Coûtume qui s'y observe très-regulierement: Ce que Nous attestons par Acte de notoriété; qui fut fait & donné par Messire Jean le Camus, Chevalier, Conseiller du Roi en tous ses Conseils, Maître des Requêtes ordinaire de son Hôtel, Lieutenant Civil de la Ville, Prevôté & Vicomté de Paris, le 24 jour d'Avril 1703. Signé *Gaudion*, avec paraphe.

Acte de Notoriété donné par Monsieur le Lieutenant Civil, le 25 Mai 1703. Comme les Huissiers-Priseurs de Paris sont présens à tous les Inventaires des Meubles qui sont faits par les Notaires, & que les Huissiers-Priseurs estiment tous lesdits Meubles article par article sur la Minute de l'Inventaire.

SUr la Requête faite en Jugement pardevant Nous par Maître Pierre Denoinville, Procureur au Châtelet de Paris, & de François Delanney, Huissier Priseur - Vendeur de Biens - Meubles du Ressort de l'Election de Bayeux; CONTENANT, Qu'encore bien que sondit Office d'Huissier - Priseur soit créé à l'instar des Huissiers Priseurs de cette Ville; cependant Nicolas Lefebvre se disant Commis-Notaire à Igny Vicomté dudit Bayeux, n'a pas laissé jusqu'à present que de faire plusieurs Inventaires de Meubles, sans y appeller le Suppliant ni autre Huissier-Priseur; ce qui est une contravention aux

Edits de création desdites Charges d'Huissiers-Priseurs, pour raison de quoi le Suppliant est en instance actuellement avec ledit Lefebvre au Conseil Privé du Roi : Et comme il a besoin de faire voir en ladite instance l'usage de cette Ville en matiere de Prisées & Ventes de Meubles, il Nous auroit presenté sa Requête, à ce qu'il nous plût lui donner Acte de Notoriété que l'usage du Châtelet de Paris en matiere de Prisées & Estimation de Meubles des Successions appartenantes tant aux Mineurs qu'autres heritiers des personnes décédées, est que tous les Inventaires desdits Meubles sont faits par les Notaires dudit Châtelet, & la Prisée d'iceux par un Huissier-Priseur à l'exclusion de tous autres Huissiers, même de tous Tapissiers & autres personnes qui s'ingeroient de faire lesdites Prisées; que c'est ledit Huissier-Priseur qui prise & estime lesdits Meubles article par article sur la minute de l'Inventaire, laquelle même il signe, & que c'est lui qui reçoit les Encheres & fait seul les Publications & Adjudications desdits Meubles lors de la Vente d'iceux; pour ledit Acte de Notoriété servir & valoir au suppliant & à tous autres qu'il appartiendra ce que de raison.

NOUS après avoir pris l'avis des anciens Avocats & Procureurs, communiqué aux Gens du Roi & conferé avec les Juges du Siege, Disons que quoique les Edits & Declarations de Sa Majesté dussent suffir pour établir la Fonction des Huissiers-Priseurs; neanmoins étant requis de donner un Acte de Notoriété de l'usage qui s'observe au Châtelet,

NOUS attestons & certifions que les Huissiers-Priseurs sont dans la possession dans la Ville, Fauxbourgs & Banlieuë de Paris d'assister aux Inventaires, & de faire la Prisée des Meubles article par article, dont le Notaire fait mention & fait signer la minute à l'Huissier-Priseur, qui de sa part ne fait point d'autre Procès-verbal, à l'exception que lorsqu'il est question de priser des Pierreries, Librairies & autres choses précieuses qui excedent la connoissance de l'Huissier-Priseur, l'on admet par permission du Juge en connoissance de cause, ou du consentement des Parties, des Joailliers, Libraires, Tapissiers; mais toujours assistés de l'Huissier-Priseur qui signe conjointement la minute de l'Inventaire; & ce à l'exclusion de tous autres Huissiers, même ceux du Conseil & Cours Superieures dans la Ville, Fauxbours & Banlieuë de Paris, & par concurrence avec les autres Huissiers hors de la Ville, Fauxbourgs & Banlieuë : Comme aussi qu'ils ont droit de faire les Prisées dans tout le Royaume par suite, lors que les Commissaires ont apposé le Scellé, & que les Notaires du Châtelet font l'Inventaire,

A l'égard des Ventes, les Huissiers-Priseurs sont en possession de faire seuls les Ventes publiques lorsqu'ils en sont requis par les Parties, de donner les Assignations aux Opposans, de recevoir celles qui se font à la Vente, & qu'il leur appartient de crier les Meubles & de les adjuger au plus Offrant & dernier Encherisseur; le tout à l'exclusion de tous autres Huissiers & Sergens dans la Ville, Fauxbourgs & Banlieuë de Paris; ce que Nous attestons être l'usage des Fonctions des Huissiers-Priseurs du Châtelet de Paris. Ce fût fait & donné par Messire *Jean le Camus*, Chevalier, Conseiller du Roi en tous ses Conseils, Maître des Requêtes ordinaire de son Hôtel, Lieutenant Civil de la Ville, Prevôté & Vicomté de Paris, le Vendredi vingt-cinquiéme jour de Mai mil sept cens trois. Signé, *Gaudion*, Greffier.

Arrêt du Conseil d'Etat du Roi, & Lettres Patentes sur icelui, du 12 Juin 1703, qui ordonne que lorsque dans les Contrats de Mariages le bien de l'un des conjoints ne sera évalué, désigné ni estimé, ou que l'une des Parties sera prise avec ses droits, le droit de Contrôle desdits Contrats sera doublé sur le pied du bien qui y sera estimé, à la charge toutefois que ledit droit ne pourra exceder la somme de vingt livres à laquelle monte le plus fort des droits fixés par l'Article XII. ce qui ne pourra toutefois avoir lieu lorsque celui des deux conjoints dont le bien ne sera pas évalué aura déclaré par le Contrat qu'il n'en a aucuns.

Extrait des Registres du Conseil d'Etat.

SUr la Requête présentée au Roi en son Conseil par Etienne Chaplet, Fermier Général des droits de Controlle des Contrats & Actes des Notaires & Tabellions Royaux, Apostoliques & Seigneuriaux, Greffiers, & autres ayans pouvoir de recevoir des Actes dans le Royaume; Contenant qu'encore que les droits de Controlle des Contrats de Mariages ayent été fixés par l'Article XII. de la Declaration de Sa Majesté du 14 Juillet 1699, portant nouveau Tarif & Reglement à proportion des sommes contenuës dans lesdits Contrats; que l'intention de Sa Majesté en fixant lesdits droits sur le pied des differentes sommes mentionnées dans ledit Article, ait été de comprendre dans chacune des sommes les biens des deux conjoints, & qu'en consequence ledit Chaplet soit bien fondé, non-seulement de se faire payer les droits de Controlle des Contrats de Mariages sur le pied du capital des sommes ausquelles montent les biens des deux conjoints; mais aussi de doubler lesdits droits lorsque dans lesdits Contrats de Mariages le bien de l'un des conjoints n'est point évalué; désigné ni estimé, ou que l'une des parties est prise avec ses droits, ainsi qu'il s'est toujours pratiqué: Cependant sous prétexte qu'il n'en est point parlé dans ladite Declaration, les Notaires prétendent que les droits de Controlle des Contrats de Mariages, dans lesquels il n'y a que le bien de l'un des conjoints evalué, ou par lesquels l'une des Parties est prise avec ses droits ne doivent être payés que par rapport au bien declaré, ce qui cause journellement des contestations, quoique cela ait été reglé & disertement expliqué par un Arrêt du Conseil du 28 Octobre 1698, à la disposition duquel ladite Declaration du 14 Juillet 1699 n'a apporté aucun changement. A ces Causes, requeroit le Suppliant qu'il plût à Sa Majesté sur ce lui pourvoir. Vû ladite Requête & la Declaration du 14 Juillet 1699, ledit Arrêt du Conseil du 28 Octobre 1698. Oui le Rapport du Sieur Fleuriau d'Armenonville, Conseiller ordinaire au Conseil Royal, Directeur des Finances: Le Roi en son Conseil ayant égard à ladite Requête a ordonné & ordonne que l'Article XII. de ladite Declaration du 14 Juillet 1699 sera exécutée selon sa forme & teneur, & icelui interpretant en tant que besoin est ou seroit, ordonne que lorsque dans les Contrats de mariage le bien de l'un des conjoints ne sera évalué, désigné ni estimé, ou que l'une des Parties sera prise avec ses droits, le droit de Controlle desdits Contrats sera doublé sur le pied du bien qui y sera estimé, à la charge toutefois que ledit droit ne pourra exceder la somme de vingt livres à laquelle monte le plus fort des droits fixés par ledit Article XII. ce qui ne pourra toutefois avoir lieu lorsque celui des deux conjoints dont le bien ne sera pas évalué aura declaré par le Contrat qu'il n'en a aucuns, auquel cas il ne sera payé qu'un seul droit de Controlle sur le pied de la valeur du bien évalué: & en cas de fausse declaration de la part de l'un des conjoints, ils seront condamnés solidairement en deux cens livres d'amende & en la somme de quarante livres pour le droit de Controlle. Fait Sa Majesté défenses aux Notaires, Tabellions & autres ayans la faculté de passer des Contrats & Actes, de contrevenir au present Arrêt, sous les peines portées par ladite Declaration. Enjoint Sa Majesté aux Sieurs Intendans & Commissaires départis dans les Provinces & Generalités du Royaume de tenir la main à l'exécution du present Arrêt, qui sera exécuté nonobstant oppositions & autres empêchemens quelconques, dont si aucuns interviennent Sa Majesté s'en est réservé & à son Conseil la connoissance, & icelle interdit à tous autres Juges. Fait au Conseil d'Etat du Roi tenu à Versailles le 12 jour de Juin 1703. Collationné. Signé, *Du Jardin.*

LOUIS, par la grace de Dieu, Roi de France & de Navarre, Dauphin de Viennois, Comte de Valentinois, Diois, Provence, Forcalquier & Terres adjacentes: A nos amez & feaux Conseillers les Sieurs Intendans & Commissaires départis pour l'exécution de nos ordres dans les Provinces & Generalités de notre Royaume, Salut. Nous vous mandons & enjoignons de tenir la main chacun en droit soi à l'exécution de l'Arrêt dont l'Extrait est ci-attaché sous le Contrescel de notre Chancellerie, ce jourd'hui donné en notre Conseil d'Etat sur la Requête à Nous presentée en icelui par Etienne Chaplet, Fermier Général de nos droits de Controlle des Contrats & Actes des Notaires & Tabellions Royaux, Apostoliques & Seigneuriaux, Greffiers & autres ayans pouvoir de recevoir des Actes dans notre Royaume. Commandons au premier notre Huissier ou Sergent sur ce requis de signifier ledit Arrêt aux y dénommés & à tous autres qu'il appartiendra, à ce qu'ils n'en ignorent, & de faire en outre pour l'entiere exécution d'icelui à la requête dudit Chaplet tous Commandemens, Sommations, défenses y contenuës sur les peines y portées, & autres Actes & Exploits necessaires, sans autre permission, nonobstant Clameur de Haro, Chartre Normande & Lettres à ce contraires, oppositions & autres empeschemens quelconques, dont si aucuns interviennent, Nous nous en reservons & à notre Conseil la connoissance, & icelle interdisons à tous autres Juges. Voulons qu'aux copies collationnées dudit Arrêt & des Presentes collationnées par l'un de nos amez & feaux Conseillers-Secretaires, foi soit ajoûtée comme aux Originaux: Car tel est notre plaisir. Donné à Versailles le 12 jour de Juin l'an de grace 1703, & de notre Regne le 61. Signé Par le Roi Dauphin, Comte de Provence en son Conseil, *Du Jardin.* Et scellé.

Collationné aux Originaux par Nous Conseiller-Secretaire du Roi, Maison Couronne de France & de ses Finances.

Déclaration du Roi, donnée à Versailles le 19 Juin 1703, portant acceptation des offres faites par la Communauté des Notaires au Châtelet de Paris, d'acquerir 16950 liv. de rentes sur les Aides & Gabelles au denier seize, au moyen de quoi ladite Communauté & chacun des Notaires en particulier, sont dispensés pour toujours de prendre aucuns gages ni augmentations de gages.

LOUIS, par la grace de Dieu, Roi de France & de Navarre : A tous ceux qui ces présentes Lettres verront ; Salut. Nous avons par notre Edit du mois d'Avril dernier, ordonné qu'à l'avenir tous nos Officiers d'ancienne création soit de Justice, Police, Finances ou autres dans l'étenduë de notre Royaume, Païs, Terres & Seigneuries de notre obéïssance, soit qu'ils eussent des Provisions de Nous, soit qu'ils en jouissent en vertu de simples Quittances de finance, Matricules ou autrement, auroient des gages assignés sur les fonds de nos revenus & attachés à leurs Offices, ensorte qu'ils ne puissent en être distraits ni vendus separement, sous quelque pretexte que ce soit, & que ceux qui ont des gages & ausquels il n'a point été attribué d'augmentation de gages depuis l'année 1697, seroient tenus d'en acquerir, à l'effet de quoi Nous avons créé par le même Edit 300000. liv. de gages & augmentations de gages effectifs & héréditaires, qui leur seroient payés sur le pied du denier seize, de la finance qu'ils Nous payeroient, suivant les Rolles qui seroient arrêtés en notre Conseil ; & d'autant que les 113 Notaires du Châtelet de notre bonne Ville de Paris n'ont aucuns gages ni augmentations de gages, nous avions entendu les faire comprendre dans les Rôles qui seroient arrêtés en notre Conseil en vertu de cet Edit ; mais Nous ayant très-humblement suppliés de les dispenser de l'exécution dudit Edit, aux offres d'acquerir 16950. liv. de rentes, à prendre dans les 800000 liv. de rentes que Nous avons créés sur nos Aydes & Gabelles, par notre Edit du mois de Decembre 1702, sur le même pied du denier seize, qui est à raison de 150. liv. de rente pour chacun desdits Notaires, leur étant plus facile de trouver les fonds necessaires pour l'acquisition de ces rentes par des emprunts en Corps de Communauté, que si chacun d'eux étoit obligé d'emprunter en particulier la finance des gages qui leur seroient attribués, en vertu de notredit Edit du mois d'Avril dernier, Nous avons bien voulu accorder cette grace. A ces causes & autres à ce Nous mouvans, Voulant favorablement traiter la Communauté desdits Notaires, & de notre grace spéciale, pleine puissance & autorité Royale, Nous avons par ces Presentes signées de notre main, accepté & acceptons les offres faites par ladite Communauté d'acquerir 16950. liv. de rentes, sur le pied du denier seize, faisant partie des 800000. liv. de rentes, que Nous avons créées par notre Edit du mois de Decembre 1702, en Nous payant ès mains du Garde de no-

tre

tre Tresor Royal la somme de 271200. liv. pour joüir desdites rentes conformément audit Edit, à l'effet de quoi il leur sera delivré des Quittances de finance jusqu'à concurrance de ladite somme, ce faisant Nous avons déchargé & déchargeons ladite Communauté, chacun desdits Notaires en particulier & leurs successeurs, de l'exécution de notre Edit du mois d'Avril dernier, & en conséquence les avons dispensés & dispensons pour toujours de prendre aucuns gages ni augmentations de gages, sans pouvoir y être assujettis à l'avenir en vertu dudit Edit, pour quelque cause & sous quelqu'autre pretexte que ce soit; & pour faciliter ausdits Notaires l'emprunt des deniers pour fournir le fonds desdits 16950 livres de rentes, Nous voulons que ceux qui les prêteront, outre l'hypotéque qu'ils auront sur les Offices desdits Notaires, ayent leur privilege & hypotéque spécial sur les principaux & arrerages desdites rentes, pour être payés sur iceux, par privilege & preferance à tous creanciers, à l'effet de quoi sera fait mention desdits emprunts dans les Quittances de finances qui seront expediées par le Garde notre Tresor Royal. Si donnons en mandement à nos amez & feaux Conseillers, les Gens tenans notre Cour de Parlement & Chambre des Comptes à Paris, que ces Presentes ils ayent à faire lire, publier & registrer, & le contenu en icelles faire joüir, user & disposer pleinement & paisiblement la Communauté desdits Notaires, chacun d'eux en particulier & leurs successeurs, nonobstant tous Edits, Déclarations, Arrêts & autres choses contraires, ausquels & nommément à notredit Edit du mois d'Avril dernier, Nous avons dérogé & dérogeons par ces Presentes, aux copies desquelles collationnées par l'un de nos amez Conseillers-Secretaires, Voulons que foi soit ajoûtée comme à l'Original. Car tel est notre plaisir; en temoin de quoi Nous avons fait mettre notre Scel à cesdites Presentes, donné à Versailles le 19 Juin, l'an de grace 1703; & de notre Regne le 61. Signé, LOUIS; *Et plus bas*, Par le Roi, *Phelipeaux.* Vû au Conseil *Chamillart.* Et scellée du grand Sceau de cire jaune.

Registré, oui & ce requerant le Procureur Général du Roi, pour être exécuté selon leur forme & teneur, suivant l'Arrêt de ce jour. A Paris en Parlement le 12 Juillet 1703. Signé, *Dongois.*

Déclaration du Roi, donnée à Versailles le 19 Juillet 1704, en interprétation de l'Edit du mois de Décembre 1703, portant création en titre d'Office formé héréditaire d'un Office de Conseiller du Roi Greffier des Insinuations Laïques en chacune des Villes & lieux du Royaume, Pays, Terres & Seigneuries de l'obéïssance de Sa Majesté où il y a Siége de Jurisdiction Royale & ordinaire.

Registrée en Parlement.

LOUIS par la grace de Dieu Roi de France & de Navarre : A tous ceux qui ces présentes Lettres verront, Salut. Par notre Edit du mois de Décembre 1703. Nous avons ordonné que tous les Contrats & Actes dont le public a intérêt d'avoir connoissance, seroient insinués au Greffe des Insinuations Laïques, que Nous avons ordonné être établi en chacune des Villes & lieux de notre Royaume, Pays, Terres, & Seigneuries de notre obéissance, où il y a Siége de Jurisdiction Royale & ordinaire; à l'effet de quoi Nous avons créé un Office de notre Conseiller-Greffier desdites Insinuations Laïques en chacune desdites Villes & lieux, & prescrit la forme dans laquelle lesdites Insinuations seront faites, même fixé les droits qui doivent être payés pour lesdites Insinuations, tant par ledit Edit, que par le Tarif que Nous avons fait arrêter en notre Conseil en exécution d'icelui le 22 Décembre 1703. Mais comme les usages & la forme de l'insinuer établis par nos anciennes Ordonnances, n'étoient pas uniformes dans toutes les Provinces; que même la nécessité de donner au public connoissance de tous les Actes où il pourroit avoir intérêt, Nous a obligé d'assujettir à l'Insinuation quantité d'Actes qui n'étoient point insinués avant notredit Edit: Nous avons été informés que ne Nous étant pas suffisamment expliqués sur la forme desdites insinuations, il pourroit naître dans la suite différentes contestations que Nous avons jugé nécessaire de prévenir, en expliquant plus disertement nos intentions sur ce qui peut concerner l'exécution dudit Edit. A ces causes & autres à ce Nous mouvans, de notre certaine science, pleine puissance & autorité Royale, Nous avons par ces présentes signées de notre main, dit & ordonné, disons & ordonnons, voulons & Nous plaît.

I. Que les séparations de corps & d'habitations soient sujettes à insinution, comme celles de biens mentionnées, en l'Art. IV. de notre Edit du mois de Décembre dernier.

II. Voulons pareillement que dans les Pays où le bénéfice d'inventaire a lieu, sans qu'il soit besoin d'impetrer nos Lettres, les héritiers soient tenus de faire insinuer l'Acte d'acceptation ou Jugement qui leur permettra de se dire & porter héritiers bénéficiaires, pour raison de quoi sera payé le même droit d'insinuation, que pour les Lettres de bénéfices d'inventaire.

III. Seront aussi insinués les Actes par lesquels les peres & meres mettront leurs enfans hors de leur puissance, sans que les héritiers bénéficiaires ni les personnes émancipées puissent se mettre en possession, faire des Baux, & disposer des biens & revenus avant ladite insinuation, à peine de trois cens livres d'amende, & de la perte & application à notre profit de tous les fruits perçûs au préjudice de la présente disposition, lesquelles peines ne pourront néanmoins être jugées encouruës contre les mineurs ni contre les Femmes en puissance de Mari, mais seulement contre les Tuteurs ou Curateurs & les Maris, par le fait ou negligence desquels la contravention aura été commise.

IV. Déclarons sujet à insinuation, conformément à l'Art. VIII. de notredit Edit, tous Arrêts, Jugemens, Sentences, portant sauf-conduit ou surséance générale, soit qu'ils soient accordés par Nous ou par les Officiers des Cours ou autres Jurisdictions de notre Royaume.

V. Défendons à tous Huissiers, Sergens & autres sur ce requis, de faire aucuns Actes & Exploits en conséquence qu'après l'insinuation desdits Arrêts, Sentences & Jugemens, à peine de nullité, dommages & intérêts des parties,

& de trois cens livres d'amende contre les contrevenans.

VI. Déclarons pareillement sujettes à insinuation les Lettres de Rehabiliation de Noblesse, pour lesquelles sera payé mêmes droits que pour celles d'annoblissement, comme aussi les Lettres d'érection de Roture en Fief, pour lesquelles sera payé moitié des droits reglés audit Art. VIII. pour les érections de Marquisats, Comtés & autres Fiefs de dignité.

VII. Interpretant l'Art. XVI. de notredit Edit, en ce que le lieu où doit être faite l'insinuation des Actes & Lettres y énoncées, n'est pas suffisamment expliqué, voulons que les Lettres & Actes d'émancipation, celles de bénéfice d'âge & inventaire, soient insinuées au Greffe du lieu du domicile des impetrans; & à l'égard des nominations de Curateurs, elles seront insinuées au Greffe du lieu de la Jurisdiction où les Sentences seront intervenuës.

VIII. Voulons que conformément aux Art. XX. & XXI. de notre Edit du mois de Décembre 1703, toutes Lettres, Contrats, Jugemens, Sentences, Arrêts & autres Actes sujets à l'insinuation, ne puissent avoir aucun effet en Justice, ni autrement, en quelque sorte & maniere que ce soit, qu'après l'insinuation, à peine de nullité des Actes & Procedures faites avant l'insinuation, perte de fruits & revenus échûs jusqu'au jour de l'insinuation, de trois cens livres d'amende contre les parties, & les Procureurs qui auront occupé.

IX. Voulons pareillement qui soit fait mention dans les Jugemens qui interviendront sur les Actes sujets à insinuation, du lieu & de la date de l'insinuation, de même qu'il se pratique à l'égard du Contrôle des Exploits.

X. Enjoignons à tous Greffiers de faire mention de ladite Insinuation dans le vû de leurs Sentences & Jugemens, à peine comme ci-dessus, de trois cens livres d'amende pour chacune contravention, laquelle demeurera encouruë en vertu des présentes, deux mois après la publication d'icelles, sans qu'il soit besoin d'Arrêt ni Jugement qui l'ordonne.

XI. Faisons défenses aux Exécuteurs testamentaires, héritiers ou légataires universels, d'acquerir aucuns Legs que l'insinuation n'en ait été faite, & les droits payés, à peine d'en repondre en leurs propres & privés noms, même d'être contraints au payement du double desdits droits.

XII. Et pour que les particuliers dénommés ès Contrats & Actes, Arrêts, Jugemens & Sentences ne puissent ignorer ceux qui sont sujets à Insinuation, voulons que tous Notaires, Greffiers & autres personnes publiques, soient tenus d'en faire mention dans lesdits Contrats, Actes, Arrêts, Jugemens & Sentences, à peine de repondre en leurs propres & privés noms du droit d'insinuation, & de pareille amende que dessus pour chacune contravention.

XIII. Voulons que conformément à la Déclaration du mois de Mai 1645, les Notaires & Tabellions du ressort de chacun desdits Greffes des insinuations, soient tenus de délivrer de trois en trois mois à Simon Miger chargé de la vente desdits Offices de Greffiers des insinuations, ses Procureurs, Commis & Préposés, ou acquereurs desdits Offices, un état par articles de tous les Actes qu'ils auront passés sujets à insinuation; à l'exception toutefois des Donations & Testamens pour cause de mort, qui ne seront délivrés qu'après le décès des Testateurs ou Donateurs. Et leur sera payé pour chacun Article contenu ausdits états, sçavoir cinq sols aux Notaires de notre bonne Ville de Paris, & deux sols six deniers à ceux des autres Villes & lieux de notre Royaume, non compris le Papier timbré.

XIV. Et afin de donner connoissance ausdits Greffiers de tous les Legs faits par Testament ou Codicile, voulons qu'avant de proceder aux inventaires des biens & effets des Testateurs, leurs Testamens & Codiciles soient portés aux Greffes des insinuations, pour en être tiré telles copies ou Extraits que bon semblera ausdits Greffiers, lesquels y mettront leur vû gratis, dont sera fait mention dans l'intitulé desdits inventaires, sur peine de nullité, & d'être par les Notaires ou autres Officiers chargés de la confection desdits Inventaires, garants & responsables du triple desdits droits d'insinuation, & des dommages & intérêts des Parties.

XV. Faisons défenses à tous Huissiers & Sergens de faire pour l'exécution des Contrats, Actes, Arrêts & Jugemens sujets à insinuation, aucuns Exploits ni Actes, qu'il ne leur soit apparu de l'insinuation, à peine de nullité & de trois cens livres d'amende.

XVI. Et d'autant que les Fermiers de nos Domaines & les Seigneurs particuliers dans leurs Terres n'ont pas moins d'intérêt de connoître quels sont les biens & héritages prétendus en franc-aleu, que ceux qui n'y sont pas, & qu'il est déja survenu plusieurs contestations au sujet du droit d'enregistrement des mutations de biens & héritages, que les Possesseurs pour éviter le payement dudit droit ont soutenu être franc-aleu ; pour faire cesser toutes difficultés sur cela à l'avenir, voulons & entendons que les Contrats de vente, échange, Décret & autres Actes translatifs de propriété des biens en franc-aleu, franc-bourgage ou franche-bourgeoisie, ou qui par les Coûtumes & usages des Pays ne sont sujets à aucun droit aux mutations, soient insinués & enregistrés, à compter du premier Janvier dernier, en la forme & maniere portée en l'Art. XXIV. & suivans de notredit Edit, pour lequel enregistrement sera payé à toutes mutations, même par les nouveaux Possesseurs à titre successif en ligne collaterale, le centiéme denier porté par l'Art. XXIV. de notredit Edit, & moitié seulement dudit droit par les successeurs en ligne directe.

XVII. Pour prévenir pareillement toutes contestations sur l'exécution de l'Art. XXV. de notredit Edit concernant les biens immeubles qui adviennent par succession, voulons & entendons que les nouveaux Possesseurs à titre successif de biens & héritages nobles ou rotures, soient tenus d'en faire leurs déclarations ausdits Greffes dans les six mois du jour de l'ouverture desdites successions, & d'en payer les droits d'enregistrement sur le pied porté par les Articles XXIV. & XXV. de notredit Edit.

XVIII. Voulons que tous nouveaux acquereurs & Possesseurs de biens immeubles à quelque titre que ce soit, soient tenus de faire insinuer & registrer leurs titres de propriété, ou les déclarations qu'ils doivent faire, conformément à l'Article XXV. de notredit Edit, dans les six mois portés par icelui ; & après ledit tems passé, seront contraints au payement du triple desdits droits, conformément à l'Art. XXVI. & demeureront les fruits & revenus desdits biens dûs & échûs après ledit tems de six mois, & qui écherront jusqu'à l'insinuation, acquis à notre profit, & perçûs par les Receveurs Généraux de nos Domaines chacun dans leur Généralité, pour en être par eux compté à notre profit.

XIX. Ne seront les Legataires de biens immeubles tenus de faire insinuer leurs Legs qu'au Greffe des insinuations des lieux où les biens legués seront situés.

XX. Et en interpretant l'Article XXIV. de notre Edit du mois de Décembre 1703, concernant les titres translatifs de propriété des biens immeubles, voulons qu'à toutes mutations desdits biens par Contrats de vente, échange, décrets, donations entre-vifs ou à cause de mort, Legs, Successions collaterales, ou autrement en quelque maniere que ce soit, les nouveaux Possesseurs soient tenus de payer le centiéme denier pour chacun desdits biens, soit qu'ils soient mouvans ou tenus en censive d'un ou différens Seigneurs ; & à l'égard des successions en ligne directe ne sera payé que moitié des droits, conformément à l'Art. XXV. dudit Edit, le tout sous les peines portées par l'Article XXVI. dudit Edit.

XXI. Tous les Actes sujets à insinuation en conséquence de nosdits Edits des mois de Décembre 1703, & Mars 1704, & des présentes, seront insinués & enregistrés ausdits Greffes sans ministere de Juges ni de Procureurs, & sans que les Greffiers en Chef de nos Cours & Siéges Royaux puissent s'y immiscer ni apporter aucun trouble ausdits Greffiers des insinuations, lesquels signeront seuls les Actes des insinuations.

XXII. Permettons audit Miget, chargé de la vente desdits Offices de Greffiers des insinuations, ses Procureurs ou Commis & autres ayans ses droits, & aux pourvûs desdits Offices, de commettre sur leurs simples procurations à l'exercice d'iceux pour la facilité du public dans le ressort du Siége de leur établissement, un ou plusieurs Commis dont ils demeureront civilement responsables, lesquels auront serment en Justice, dérogeant à cet effet à l'Article XIX. de notre Edit du mois de Décembre 1703, sans néanmoins que lesdits Commis établis hors le chef-lieu puissent prétendre jouir d'aucuns privileges.

XXIII. Et pour prévenir les contestations qui pourroient être faites ausdits Greffiers des insinuations au sujet des privileges que Nous leur avons attribués par notredit Edit du mois de Décembre dernier, ordonnons en expliquant notredit Edit que ceux qui seront établis dans les Villes où il y a Bailliages, Sénéchaussées, Présidiaux & autres Siéges ressortissans en nos Cours, jouissent de l'exemption de Tailles, Ustensile, Logemens de gens de guerre, Collecte, Tutelle, Curatelle, nomination à icelles, & de toutes autres charges publiques, ainsi que les autres Officiers desdits Siéges ; & à l'égard de ceux qui seront établis dans les Villes & lieux où il y a des Justices Royales subalternes, ils seront exempts de logemens de gens de guerre, Collecte, Tutelle, Curatelle, nomination à icelles & autres charges publiques.

XXIV. Ne seront lesdits Greffiers augmentés à la Capitation pour raison de l'acquisition desdits Offices, ni sujets au service de la milice non plus que leurs enfans, & ne pourront être taxés sous prétexte de confirmation de l'hérédité, supplement de finance ou autrement, en quelque sorte & maniere que ce puisse être ; dont Nous les avons dispensés & déchargés, dispensons & déchargeons dès-à-présent par ces présentes.

XXV. Seront les gages attribués ausdits Offices payés aux pourvûs d'iceux, & en attendant la vente audit Miger chargé de l'exécution de notredit Edit. Voulons que le payement en soit fait sur ses simples quittances ou des porteurs de ses procurations, lesquelles seront passées & allouées dans la dépense des comptes de ceux qui en auront fait le payement par les Officiers de nos Chambres des Comptes sans difficulté, en rapportant copie collationnée des présentes pour la premiere fois seulement.

Si donnons en mandement à nos amés & féaux Conseillers les gens tenans notre Cour de Parlement, Chambre de nos Comptes & Cour des Aides à Paris, que ces présentes ils ayent à faire lire, publier & enregistrer, & le contenu en icelles garder & exécuter selon leur forme & teneur, nonobstant tous Edits, Déclarations, Arrêts & autres choses à ce contraires, ausquelles Nous avons dérogé & dérogeons par ces présentes ; aux copies desquelles collationnées par l'un de nos amés & féaux Conseiller-Secretaire, voulons que foi soit ajoutée comme à l'Original : Car tel est notre plaisir. En témoin de quoi Nous avons fait mettre notre Scel à cesdites présentes. Donné à Versailles le 19 jour de Juillet 1704, & de notre Regne le 62. Signé, LOUIS, *Et plus bas* : Par le Roi, *Phelypeaux*. Vû au Conseil, *Chamillart*. Et scellé.

Registrées, oui & ce requerant le Procureur Géneral du Roi, pour être exécutées selon leur forme & teneur. A Paris en Parlement le 19 Août 1704. Signé, *Dongois.*

Registré en la Chambre de Comptes, oui & ce requerant le Procureur Géneral du Roi, pour être exécutées selon leur forme & teneur, le Août 1704. Signé, *Richer.*

Registrées en la Cour des Aides, oui & ce requerant le Procureur Géneral du Roi, pour être exécutées selon leur forme & teneur, suivant l'Arrêt de ce jour. A Paris le Août 1704. Signé, *Robert.*

Collationné à l'Original par Nous Conseiller Secretaire du Roi, Maison, Couronne de France & de ses Finances.

Edit du Roi, du mois d'Octobre 1705, qui ordonne que les Notaires & Tabellions, tant Royaux que subalternes, les Greffiers & & autres qui ont droit de passer des Actes seront tenus de faire enregistrer & insinuer dans les Bureaux, dans lesquels ils les feront contrôler, tous les Contrats de ventes, d'échanges, Baux à rentes foncieres, rachetables ou non rachetables, Baux amphiteotiques, ventes à faculté de remeré, anticreses, & autres Actes translatifs de propriété, Arrêts, Jugemens, Sentences & autres Actes sujets à insinuation dans la quinzaine du jour desdits Actes, & en même tems qu'ils les feront contrôler & sceller.

LOUIS, par la grace de Dieu, Roi de France & de Navarre : A tous présens & à venir, Salut. Nous aurions par notre Edit du mois de Décembre 1703, créé des Offices de Greffiers des Insinuations Laïques dans l'étendue de notre Royaume, Pays, Terres & Seigneuries de notre obéïssance, pour insinuer & registrer les Actes sujets à insinuation : Et par notre Déclaration du 19. Juillet 1704, nous aurions expliqué la forme desdites Insinuations, & reglé les difficultés qui s'étoient présentées dans l'exécution dudit Edit : Et par autre notre Edit du mois d'Octobre 1704, nous avons supprimé le titre desdits Offices de Greffiers des Insinuations, & réuni les droits y attribués, à la Ferme générale des Controlles des Actes des Notaires & petits Scels ; de tous lesquels droits nous avons fait un Bail général à Maître Etienne Chaplet pour neuf années consecutives, à commencer la jouissance au premier Janvier dernier, & ordonné que les fonctions desdits Offices de Greffiers des Insinuations seroient faites par les Commis dudit Chaplet, qui en percevroient les droits conjointement avec ceux des Controlles des Notaires & petits Scels ; mais comme nous ne pouvons tirer l'avantage que nous nous étions proposé de l'union desdites Fermes, qu'en chargeant les Notaires, Tabellions, Greffiers & autres particuliers qui passent les Actes sujets à insinuation, de les faire insinuer de même, & ainsi qu'ils sont déja obligés de les faire controller & sceller, & dans les mêmes délais qui ont été fixés pour le Controlle & Sceau desdits Actes, ce qui d'un côté se trouvera beaucoup plus convenable à la commodité de nos sujets, & de l'autre diminuera considérablement les frais de regie de ladite Ferme. A ces Causes, & autres à ce nous mouvans, de notre certaine science, pleine puissance & autorité Royale ; Nous avons par notre présent Edit perpetuel & irrévocable, dit, statué & ordonné, disons, statuons & ordonnons, voulons & nous plaît.

PREMIEREMENT.

Qu'à l'avenir, à commencer du premier Janvier prochain, les Notaires & Tabellions, tant Royaux que subalternes ; les Greffiers des Cours & Jurisdictions Royales & Seigneuriales, & tous autres particuliers qui ont droit de passer des Actes, soient tenus & obligés de faire enregistrer & insinuer dans les Bureaux, dans lesquels ils les feront controller, tous les contrats de ventes, d'échanges, baux à rentes foncieres, rachetables ou non rachetables, baux amphitéotiques, ventes à faculté de remeré, antichreses & autres Actes translatifs de propriété, Arrêts, Jugemens, Sentences & autres sujets à insinuation dans la quinzaine du jour & date desdits Actes, & en même tems qu'ils les feront controller & sceller, leur faisant très-expresses inhibitions & défenses de les délivrer aux parties, qu'après qu'ils auront été insinués & les droits payés, à peine de trois cens livres d'amende pour chacune contravention, laquelle demeurera encouruë en vertu du présent Edit, sans pouvoir être moderée ni sursise par nos Juges à qui la connoissance desdites Insinuations appartient, à peine d'en répondre en leurs propres & privés noms, à la reserve néanmoins des substitutions & donations entre vifs, que nous voulons être insinuées à la diligence des parties, conformément à l'Article III. de notre Edit du mois de Décembre 1703, & à l'Article XI. de notre Déclaration du 19 Juillet 1704, dans les délais & sur les peines y portées.

II. N'entendons pareillement rien innover pour ce qui regarde l'insinuation des contrats de ventes, d'échanges, & autres translatifs de propriété de biens immeubles situés hors l'étendue des Bureaux de la demeure des Notaires, Tabellions & Greffiers, lesquels attendu la distance des lieux seront insinués à la diligence des parties dans les Bureaux où les biens se trouveront situés, dans les trois mois, à compter du jour & date d'iceux, au lieu de six mois portés par nos Edit & Déclaration des mois de Decembre 1703. & 19. Juillet 1704, sous les mêmes peines y portées, sans qu'elles puissent être réputées comminatoires, moderées ni sursises. Seront seulement à cet égard tenus les Notaires, Greffiers & autres qui passeront & expedieront lesdits Actes, Arrêts & Jugemens, d'y faire mention qu'ils sont sujets à l'insinuation, pour que les parties n'en prétendent cause d'ignorance, & fournir des extraits audit Chaplet, ses Procureurs & Commis tous les trois mois, sous les peines portées par ladite Déclaration de 19 Juillet 1704.

III. Voulons que toutes Lettres de répi, d'annoblissement, réhabilitation de noblesse, de benefice d'âge, d'inventaires, d'émancipations, d'amortissement, légitimation, naturalité, érections de Terres en Marquisat, Comté, Baronie, ou autres titres de dignité, concessions de Foires ou Marchés assujettis à l'Insinuation par notredit Edit & Déclaration, soient insinués, & les droits payés avant l'enregistrement & enterinement desdites, sur peine de nullité desdits enregistremens & enterinement des procedures qui auront été faites pour y parvenir, & de trois cens livres d'amende contre les Procureurs qui auront occupé.

IV. Voulons pareillement que les Donataires d'effets mobiliaires par un même Acte ou Légataires de pareils effets, par un même article de testament ou codicile, payent chacun à proportion de la valeur de ce qui leur aura été donné ou légué sur le pied du Tarif attaché sous le contre-scel de notredit Edit du mois de Décembre 1703.

V. Voulons en outre que tous les Actes qui par les Coûtumes & Usages locaux sont sujets à l'Insinuation, soient insinués & registrés ausdits Bureaux, & les droits payés sur le pied de ceux dûs pour les Actes de pareille nature

&

& qualité, quoiqu'ils n'ayent pas été dénommés par nosdits Edit & Déclaration.

VI. Déclarons nuls & de nul effet toutes Lettres, Arrêts, Sentences, Jugemens, Contrats, & Actes qui n'auront pas été insinués dans les tems & en la forme prescrite par notre présent Edit. Faisons défenses à tous nos Juges & autres qu'il appartiendra d'y avoir aucun égard.

VII. Voulons en outre que toutes les peines & amendes qui seront payées pour les contraventions qui pourroient être faites au présent Edit, appartiennent audit Chaplet, comme faisant partie de son Bail; & au surplus que nos Edits des mois de Décembre 1703, & Octobre 1704, ensemble notre Déclaration du 19 Juillet audit an 1704, soient exécutés selon leur forme & teneur, en ce qui ne sera point contraire à notre présent Edit. Si donnons en mandement, &c. Donné à Fontainebleau au mois d'Octobre l'an grace 1705.

Registré en Parlement en Vacations le 24 Octobre 1705.

Arrêt du Conseil d'Etat du Roi, du 27 Avril 1706, qui ordonne que les Actes & Contrats concernans les biens des Bourgeois de la Ville & Fauxbourgs de Paris, seront insinués, partie à la diligence des Notaires, & l'autre partie à la diligence desdits Bourgeois de ladite Ville & Fauxbourgs de Paris.

Extrait des Registres du Conseil d'Etat.

LE Roi ayant par son Edit du mois d'Octobre 1705 ordonné, qu'à commencer au premier Janvier 1706, les Notaires & Tabellions tant Royaux que subalternes seroient tenus & obligés de faire insinuer les Contrats & Actes qu'ils passeroient sujets à l'Insinuation dans les Bureaux où ils les font contrôler dans la quinzaine du jour & date desdits Contrats & Actes avec défenses de les délivrer aux Parties qu'après qu'ils auroient été insinués & les droits payés, à peine de trois cens liv. d'amende pour chacune contravention, à la reserve neanmoins des substitutions & donations entre-vifs qui doivent être insinuées à la diligence des Parties, conformement à l'Article III. de l'Edit du mois de Décembre 1703, & à l'Article XI. de la Declaration du 19 Juillet 1704. Et Sa Majesté étant informée que les Notaires de la Ville de Paris ont prétendu être exceptés de cette regle generale, attendu que les Contrats & Actes qu'ils passent ne sont point sujets au contrôle, & sous ce pretexte ils refusent de faire insinuer les Actes qu'ils passent, & même d'en délivrer des Extraits à Etienne Chaplet Fermier general desdits droits, quoique par Arrêt du Conseil du 10 Mars 1705, il ait été ordonné que lesdits Notaires délivreront les Extraits de leurs Actes tous les trois mois, ce qui est contraire auxdits Edit, Declaration & Arrêts, & causeroit un préjudice considérable audit Chaplet par le manque de connoissance des Contrats & Actes qui se passent. Et voulant pourvoir à la sureté du recouvrement desdits droits d'Insinuation pour ladite Ville de Paris : Oüi le Rapport du Sieur Chamillart, Conseiller ordinaire au Conseil Royal, Contrôleur General des Finances, sa Majesté en son Conseil, a ordonné & ordonne que les Edits des mois de Decembre 1703, Octobre 1705, la Declaration du 19 Juillet 1704, & l'Arrêt du 10 Mars 1705, seront exécutés selon leur forme & teneur ; en conséquence que les Notaires de la Ville de Paris seront tenus de faire insinuer dans la quinzaine tous les Actes qu'ils passeront à l'avenir sujets à l'Insinuation, à compter du jour & datte d'iceux, pour les biens situés dans la Ville & Fauxbourgs de Paris, à l'exception des substitutions & donations entre-vifs qui seront insinuées à la diligence des Parties, conformément à l'Article III. de l'Edit du mois de Decembre 1703, & à l'Article XI. de la Declaration du 19 Juillet 1704, & des Contrats de vente, d'échange & autres Actes translatifs de propriété de biens immeubles situés hors de la Ville & Fauxbourgs de Paris, lesquels seront insinués à la diligence des Parties dans les Bureaux où les biens se trouveront situés, conformément audit Edit. Ordonne en outre Sa Majesté que suivant icelui, les Notaires au Châtelet & les Greffiers de toutes les Cours & Jurisdictions de la Ville de Paris, seront tenus de délivrer de trois en trois mois audit Chaplet, ses Procureurs & Commis, un Etat particulier certifié d'eux, chacun en ce qui les concerne, des Contrats, Sentences, Jugemens & autres Actes sujets à l'Insinuation, à l'exception toutesfois des Donations & Testamens qui ne seront délivrés qu'après le decès des Testateurs ou Donataires, en leur payant par ledit Chaplet pour chacun des Actes contenus ausdits Etats les droits reglés par l'Article XIII. de la Declaration du 19 Juillet 1704, sinon de fournir leur declaration qu'ils n'en ont reçûe aucuns ; le tout sous les peines portées par ladite Declaration, & de cent livres d'amende pour chaque Contrat ou Jugement qu'ils auront recelés : Et sera le présent Arrêt exécuté nonobstant toutes oppositions & autres empêchemens quelconques ; pour lesquels ne sera differé, & dont si aucuns interviennent, Sa Majesté s'en est & à son Conseil réservé la connoissance, & icelle interdit à toutes ses Cours & à tous autres Juges. Fait au Conseil d'Etat du Roi, tenu à Versailles le 27 jour d'Avril 1706. Collationné. Signé, *Du Jardin*.

Collationné à l'Original par Nous Conseiller-Secretaire du Roi, Maison, Couronne de France & de ses Finances.

Edit du Roi, du mois d'Août 1706, Portant que les droits de centiéme denier seront payés à toutes mutations de biens immeubles qui arriveront, soit par ventes, échanges, donations, adjudications par décret ou autres titres translatifs de propriété, soit par succession en ligne collateralle sur le pied entier du prix porté par les contrats ou autres titres ou de la valeur des immeubles.

LOUIS, par la grace de Dieu, Roi de France & de Navarre : A tous présens & à venir, Salut. Par notre Edit du mois de Décembre 1703, nous avons créé des Offices de Greffiers des Insinuations Laïques pour enregistrer tous les Actes énoncés en icelui & les Contrats de vente, échanges, décrets & autre titres translatifs de propriété de biens immeubles, lesquels nous aurions assujettis au payement du centiéme denier jusqu'à dix mille livres, & du deux-centiéme denier pour ceux desdits biens immeubles qui échoiroient par succession en ligne directe; nous avons ensuite supprimé lesdits Offices par notre Edit du mois d'Octobre 1704, & réuni à nos Fermes les droits y attribués, pour être perçûs conjointement avec ceux du Contrôle des Actes des Notaires: Mais comme depuis nous avons été informés que la fixation que nous avons faite du droit de centiéme denier jusqu'à dix mille livres, donnoit lieu tous les jours à des contestation entre le Fermier de nos droits & les redevables, particulierement lorsqu'ils se trouvoit différents corps de Terres & Seigneuries comprises dans les contrats de ventes & autres titres translatifs de propriété qu'il convenoit faire insinuer, & que d'ailleurs les biens immeubles qui arrivent par succession en ligne directe ne paroissent par devoir être assujettis à l'insinuation ni au payement du deux-centiéme denier, rien n'étant plus juste que la succession naturelle des peres aux enfans, que la plûpart des Loix & Coûtumes de notre Royaume ont dispensé du payement d'aucunes sortes de droits, nous avons crû de devoir y remedier, & en rétablissant cette franchise en faveur des successeurs en ligne directe dans les Provinces où ils n'avoient point payé de droit avant notredit Edit du mois de Décembre 1703, faire en même tems cesser toutes les contestations que le payement du centiéme denier a fait naître jusqu'à présent. A ces causes, & autres à ce nous mouvans, de notre certaine science, pleine puissance & autorité Royale, nous avons par notre présent Edit perpétuel & irrévocable, dit, statué & ordonné, disons, statuons & ordonnons, voulons & nous plaît.

PREMIEREMENT.

Qu'à l'avenir & à commencer du premier Octobre prochain les droits de centiéme denier ordonnés être payés par notre Edit du mois de Décembre 1703, soient payés à toutes mutations de biens immeubles qui arriveront, soit par vente, échange, donation, adjudication par décret ou autres titres translatifs de propriété, soit par succession en ligne collaterale sur le pied entier du prix porté par lesdits contrats ou autres titres, ou de la valeur desdits immeubles, suivant l'estimation qui sera faite de gré à gré entre le Fermier de nosdits Droits & les Proprietaires, si faire se peut, sinon sur l'estimation qui en sera faite par Experts qui seront convenus ou nommés d'Office par nos Juges à qui la connoissance en sera ci-après attribuée, dérogeant à cet égard seulement à notre Edit du mois de Décembre 1703, Déclarations, Arrêts & Reglemens rendus en conséquence, lesquels nous voulons au surplus être executés selon leur forme & teneur, & que lesdits Droits de centiéme denier soient payés en entier, sous les peines portées par lesdits Edits, Déclarations, Arrêts & Reglemens, que nous avons à cet effet confirmés & confirmons par notredit Edit.

II. Dispensons & déchargeons du payement des Droits de deux centiéme denier tous les biens immeubles qui écherront ci-après en ligne directe, si ce n'est dans le cas de donations & de legs des pere & mere, ou ayeuls à leurs enfans, lesquels payeront seulement les Droits d'Insinuations desdites donations & legs suivant le Tarif attaché sous le contrescel de notre Edit du mois de Décembre 1703. Faisons défenses à ceux qui seront ci-après Fermiers de nos Droits, d'exiger aucune chose pour raison de ce, à peine de concussion, dérogeant pareillement à cet égard à notre Edit du mois de Décembre 1703, en ce qui n'est point contraire à notre présent Edit.

III. N'entendons néanmoins rien innover à ce qui s'est pratiqué jusqu'à présent à cet égard dans notre Province de Bretagne où les successeurs en ligne directe étoient dans l'usage de payer des Droits aux mutations avant notre Edit du mois Décembre 1703, lesquels seront payés ainsi qu'ils l'ont été jusqu'à présent, & conformément à notre Edit du mois d'Avril 1704, lequel sera exécuté selon sa forme & teneur, dans l'étendue de notredit Province. Si donnons en Mandement, &c. donné à Marly au mois d'Août l'an de grace mil sept cent six. Registré à Paris en Parlement en Vacations le dix-huitiéme Septembre mil sept cens six.

Etat des Actes & Contrats sujets aux droits d'Insinuations de centiéme denier, & des quatre sols pour livre en sus, dont Messieurs les Notaires de Paris sont tenus de fournir des Extraits tous les six mois à la Ferme desdits droits, conformément aux Reglemens du Conseil.

ARTICLE PREMIER.

ABandonnement ou démission par Pere & Mere à leurs Enfans, autre que par Contrat de Mariage, ou à cause de mort.

II. Baux Emphitéotiques.

III. Baux à Rente Fonciere.

IV. Baux au-dessus de neuf années.

V. Baux, ou Vente à vie, d'immeubles.

VI. Cessions & Abandonnemens d'immeubles & de Baux à Rente, à Vie, & autres au-dessus de neuf années, en faveur de toutes personnes.

VII. Contre-Lettres, lorsqu'elles ne sont pas dans les vingt-quatre heures du jour de la datte des Actes translatifs de propriété d'immeubles.

VIII. Contrat de Profession en Religion, ou Dotation de Religieux & Religieuses.

IX. Démission d'immeubles par les Peres & Meres à leurs Enfans, moyennant Pension viagere.

X. Donations entre-vifs, soit par Peres & Meres à leurs Enfans, en avancement d'hoirie, autres que par Contrat de Mariage, soit par les Enfans à leurs Peres & Meres, ou autres Particuliers, par quelques Actes que ce soit.

XI. Donations d'immeubles par Contrats de Mariage en faveur des Futurs par autres que par les Peres & Meres.

XII. Donations de choses mobiliaires de valeur de mille livres, & au dessous, & de celles où la Tradition est réelle, à quelques sommes que les choses mobiliaires puissent monter.

XIII. Echanges & Contre-Echanges causés pour Immeubles.

XIV. Extraits d'Inventaires en ligne Collaterale, lorsqu'il y a des Biens désignés & des Titres de Propriété d'immeubles inventoriés.

XV. Licitations volontaires, soit entre Cohéritiers ou Copropriétaires.

XVI. Rétrocessions, soit de Ventes, Abandonnement d'immeubles & de Baux à Rente Fonciere, Emphitéotiques, à Vie, ou autres, au-dessus de neuf années, lesquelles Rétrocessions on appelle improprement Resilimens volontaires, & qui sont de vrayes Retrocessions.

XVII. Partages en Collatérale & en directe, lorsqu'il y a soulte.

XVIII. Transports de Droits successifs lorsqu'il y aura des Immeubles, & transports de Rentes Foncieres, Transactions lorsqu'elles contiendront abandonnement d'Immeubles rachetables ou non-rachetables.

XIX. Ventes de Maisons, Héritages, & autres Immeubles.

XX. Ventes ou Adjudications volontaires par les Directeurs des Créanciers d'un Débiteur, au profit d'un ou plusieurs des Créanciers, ou d'autres Particuliers.

XXI. Ventes, Cessions, & transports d'Offices, rentes constituées à prix d'argent dues sur les revenus du Roi, le Clergé, les Etats, les Provinces, Villes & Communautés ou par des particuliers, encore que lesdites rentes soient reputées meubles par les Coutumes qui les doivent régir à l'exception des Contrats portant premiere constitution desdits rentes & des quittances de remboursement, lorsqu'ils seront faits sans subrogation d'un nouveau Créancier à titre de constitution de rentes, au lieu & place de celui qui sera remboursé.

XXII. Et généralement tous Actes translatifs & rétrocessifs de Propriété ou d'usufruit de Biens immeubles.

Pour les déductions à faire dans les Comptes, liquidations & partages, observez que

Le premier Dixieme, a commencé du premier Octobre 1710, & a fini le dernier Décembre 1717, & partant a duré 7 ans 3 mois.

Le cinquantieme, a commencé du premier Août 1725, & a fini au dernier Décembre 1727, & partant a duré deux ans cinq mois.

Le second dixiéme a commencé du premier Janvier 1734, & a fini le dernier Décembre 1736, & partant a duré trois ans.

Le troisiéme actuellement subsistant a commencé du premier Octobre 1741.

Les deux sols pour livre y ont été ajoûté à compter du premier Janvier 1747, & dureront jusques & compris le dernier Décembre 1756, c'est-à-dire, 10 ans, quand même le dixiéme de 1741, viendroit être supprimé dans le cours desdites 10 années.

Edit du Roi, donné à Marly au mois d'Août 1706, portant suppression de tous les droits établis pour le Scel des Contrats & Actes des Notaires, & rétablissement des droits de Contrôle des contrats & Actes des Notaires dans l'étendue de la Généralité de Tours, Province de Dauphiné & Ville de Toul, suivant le Tarif arrêté au Conseil le 24 Août 1706, avec le Tarif desdits droits.

LOUIS par la grace de Dieu Roi de France & de Navarre : A tous présens & à venir, Salut. Nous avons par notre Edit du mois de Novembre 1696, créé entr'autres choses des Offices de Garde-Scels des Contrats & Actes des Notaires, ausquels Nous aurions attribué des droits portés par les Tarifs qui en ont été arrêtés en notre Conseil, que Nous avons ensuite réunis à nos Fermes, pour être perçûs avec le Contrôle desdits Contrats & Actes des Notaires. Depuis Nous avons été informés que la perception de ces droits de petits-Scels des Contrats & Actes des Notaires ; bien qu'elle ne soit que d'une mediocre consequence, fatigue extrémement les Parties contractantes, par l'obligation où ils se trouvent de porter leurs Actes dans differens Bureaux pour y être contrôlés & scellés ; c'est pourquoi Nous avons estimé devoir y remedier, & Nous avons crû ne le pouvoir mieux faire qu'en supprimant entierement les droits qui se payent pour le Scel des Contrats & Actes desdits Notaires ; & comme Nous avons aussi été informés que l'affranchissement que Nous avions accordé à nos Provinces & Generalités de Tours & Dauphiné, & à la Ville de Toul desdits droits de Contrôle, porte un préjudice considerable aux Notaires des Provinces voisines par la liberté que les Habitans d'icelles ont d'aller passer leurs Actes dans lesdites Generalités & Provinces de Tours & Dauphiné, & dans ladite Ville de Toul pour éviter le payement desdits droits de Contrôle, & souvent pour ôter à leurs familles la connoissance des dispositions qu'ils font, qui peuvent être contraires aux Loix & Coûtumes desdites Provinces, ce qui d'une part donne souvent occasion à differens procès & contestations ruineuses à nos sujets, & de l'autre fait un tort considerable à la perception des droits de Contrôle desdits Contrats & Actes dans les pays limitrophes de nosdites Généralités de Tours, Province de Dauphine, & Ville de Toul, Nous avons jugé à propos d'y rétablir ledit Contrôle, pour en rendre l'établissement & la perception uniforme dans tout notre Royoume, & de reformer en même tems le Tarif des droits ci-devant reglés pour ledit Contrôle pour le rendre plus intelligible, & lever plusieurs difficultés que l'explication de quelques articles dudit Tarif ont fait naître. A ces causes & autres à ce Nous mouvans, de notre certaine science, pleine puissance & autorité Royale, Nous avons par notre présent Edit perpetuel & irrevocable, éteint & supprimé, éteignons

& supprimons tous les droits qui se sont perçûs jusques à present pour le Scel des Contrats & Actes des Notaires dans toute l'étenduë de notre Royaume, Païs, Terres & Seigneuries de notre obeïssance. Faisons défenses de percevoir lesdits droits, qui ne pouront à l'avenir être rétablis pour quelque cause & sous quelque prétexte que ce puisse être; & du même pouvoir & autorité que dessus, Nous avons rétabli & rétablissons les droits de Contrôle des Contrats & Actes de tous les Notaires & Tabellions Royaux, Notaires Apostoliques & Notaires & Tabellions des Seigneurs dans l'étenduë de nos Generalités de Tours, Province de Dauphiné & Ville de Toul; Voulons qu'ils y soient perçûs à l'avenir, à commencer du premier Octobre prochain, de même que dans toutes les autres Provinces & Généralités de notre Royaume; & afin de faciliter au public & à notre Fermier desdits droits le payement & la perception d'iceux, Nous voulons & entendons qu'ils soient à l'avenir, à commencer du premier Octobre prochain, payés suivant & conformément au nouveau Tarif desdits droits que Nous en avons fait arrêter en notre Conseil, & attaché sous le contre-Scel de notre present Edit, sans qu'aucuns des Notaires & Tabellions Royaux, Notaires Apostoliques, Notaires & Tabellions des Seigneurs, Amands, ou autres qui passent & reçoivent des Actes comme Notaires, puissent se dispenser du Contrôle de leurs Actes dans les tems prescrits par nos precedens Edits & Declarations, & sous les peines y portées, lesquels Nous avons confirmés par notredit Edit. Voulons que l'abonnement du Contrôle des Notaires de la Ville de Lyon, soit & demeure éteint & supprimé, à commencer du premier Octobre prochain, & les Notaires tenus de faire contrôler leurs Contrats & Actes dans les tems & sous les peines portées par les Edits, Declarations, Arrêts & Reglemens, & suivant le nouveau Tarif arrêté en notre Conseil, de même que tous les autres Notaires du Royaume. N'entendons rien changer ni innover par notre present Edit, à nos Edits, Declarations, Arrêts & Reglemens, par lesquels Nous avons ordonné la perception des droits de petit-Scel des Actes judiciaires, que Nous voulons & entendons être executés selon leur forme & teneur, en ce qui ne sera point contraire à la suppression portée par notredit Edit. Si donnons en mandement à nos amés & feaux Conseillers, les Gens tenans notre Cour de Parlement, Chambre des Comptes & Cour des Aydes à Paris, que notre present Edit ils ayent à faire lire, publier & registrer, même en tems de Vacation, & le contenu en icelui suivre, garder & observer selon sa forme & teneur, cessant & faisant cesser tous troubles & empêchemens qui pourroient être mis ou donnés, nonobstant tous Edits, Déclarations, Arrêts, Reglemens & autres choses à ce contraires, ausquels Nous avons dérogé & dérogeons par le present Edit, aux copies duquel collationnées par l'un de nos amés & feaux Conseillers-Secretaires, Voulons que foi soit ajoutée comme à l'Original : Car tel est notre plaisir; & afin que ce soit chose ferme & stable à toujours, Nous y avons fait mettre nostre Scel. Donné à Marly au mois d'Août, l'an de grace 1706, & de notre Regne le 64. Signé, LOUIS, *Et plus bas*, Par le Roi, *Phelipeaux. Visa*, *Phelipeaux.* Veu au Conseil, *Chamillart.* Et scellé du grand Sceau de cire verte, en lacs de soye rouge & verte.

Registrées, oui & ce requerant le Procureur Général du Roi, pour être executées selon leur forme & teneur, & copies collationnées envoyées aux Bailliages & Senechaussées du Ressort, pour y être lûës, publiées & registrées. Enjoint aux Substituts du Procureur Général du Roi d'y tenir la main, & d'en certifier la Cour dans un mois, suivant l'Arrêt de ce jour. A Paris en Parlement en Vacation le 18 Septembre 1706. Signé, Du Tillet.

Nouveau Tarif des droits que le Roi en son Conseil veut & ordonne être payés à l'avenir, à commencer au premier Octobre prochain pour le Contrôle des Contrats & autres Actes qui se passent pardevant Notaires tant Royaux que Seigneuriaux, & autres qui ont droit d'instrumenter comme Notaires en exécution de l'Edit du présent mois.

ARTICLE PREMIER.

ADjudication de biens en direction, où les sommes & valeur des biens sont désignées.

Jusqu'à 100. livres, quinze sols, ci	15 s.
De 100. liv. à 200. liv. une livre dix sols, ci	1 l. 10 s.
De 200. à 400. liv. une livre quinze sols, ci	1 l. 15 s.
De 400. à 500. liv. deux livres, ci	2 l.
De 500. à 1000. liv. trois livres dix sols, ci	3 l. 10 s.
De 1000. à 1500. liv. quatre livres dix sols, ci	4 l. 10 s.
De 1500. à 2000. liv. cinq livres, ci	5 l.
De 2000. à 2500. liv. six livres, ci	6 l.
De 2500. à 3000. liv. sept livres, ci	7 l.
De 3000. à 4000. liv. huit livres, ci	8 l.
De 4000. à 5000. liv. neuf livres, ci	9 l.
De 5000. à 6000. liv. dix livres, ci	10 l.
De 6000. à 7000. liv. onze livres, ci	11 l.
De 7000. à 8000. liv. douze livres, ci	12 l.
De 8000. liv. & au-dessus, dix-sept livres, ci	17 l.

II. Adjudication de biens en direction lorsque le prix ne sera pas désigné ni estimé, dix-sept livres, ci — 17 l.

III. Achat où les sommes seront désignées, les droits seront payés à proportion des sommes & sur le même pied qu'au premier article & suivans ci-après.

IV. Achat où les sommes ne seront pas désignées, dix-sept livres, ci — 17 l.

V. Abandonnement ou cession volontaire de biens au profit de Creanciers, huit livres, ci — 8 l.

VI. Attestations, seize sols ci — 16 s.

VII. Aveu & dénombrement pour raison d'une Terre, Fief ou Seigneurie ayant haute, moyenne & basse Justice, six livres, ci — 6 l.

VIII.

VIII. Ayant droit de basse Justice seulement, trois livres, ci 3 l.

IX. A cause d'un bordage, closerie, Métairie ou autres lieux composés, ayant simple droit de Fief ou seulement tenu à foi & hommage sans Justice, une livre, ci 1 l.

X. A cause d'une ou deux pieces de terres hommagées ou nobles, onze sols ci 11 s.

XI. Acte d'acceptation d'un Benefice ou Dignité Ecclesiastique, cinq livres, ci 5 l.

XII. Acte de Vesture, Noviciat & Profession dans les Monasteres, excepté les Mandians, trois livres dix sols, ci 3 l. 10 s.

XIII. Acte de refus d'ouvrir les portes pour prendre possession en matiere Beneficiale, une livre, ci 1 l.

XIV. Baux d'heritages à rente fonciere & perpetuelle, où les sommes seront désignées, ou les revenus évalués, les droits seront payés à proportion & sur le même pied que ci-dessus Article premier, à raison du capital au denier vingt de ladite rente.

XV. Baux d'heritages à rente fonciere & perpetuelle où les sommes ne seront pas désignées, sera payé dix-sept livres, ci 17 l.

XVI. Baux à loyer ou titre de Ferme & tous autres jusqu'à neuf années seulement, sera payé pour les droits sur le pied d'une année du loyer sans avoir égard aux charges & redevances des biens; sçavoir,

Jusqu'à 50. liv. de Ferme ou loyer, quinze sols, ci 15 s.

De 50. à 100. liv. une livre, ci 1 l.

De 100. à 300. liv une livre quinze sols, ci 1 l. 15 s.

De 300. à 500. liv. trois livres, ci 3 l.

De 500. à 600. liv. trois livres dix sols, ci 3 l. 10 s.

De 600. à 800. liv. quatre livres, ci 4 l.

De 800. à 1000. liv. quatre livres dix sols, ci 4 l. 10 s.

De 1000. à 1500. liv. cinq livres, ci 5 l.

De 1500. à 2000. liv. six livres, ci 6 l.

De 2000. à 3000. liv. sept livres, ci 7 l.

De 3000. à 4000. liv. dix livres, ci 10 l.

De 4000. liv. & au-dessus, douze livres, ci 12 l.

XVII. Les mêmes droits seront payés pour les sous-baux, transports, cessions, rétrocessions & subrogations desdits Baux, quand ce sera par Acte particulier.

XVIII. Baux amphiteotiques, à vie & autres au-dessus de neuf ans, sera payé le double des droits ci-dessus, à proportion du prix annuel desdits Baux.

XIX. Les mêmes droits seront payés pour les sous-baux; transports, cessions, retrocessions & subrogations desdits Baux, quand ce sera par Acte particulier.

XX. Baux à moitié ou par tiers, ou ceux faits moyennant certaines especes, les droits seront payés sur le pied du dernier Bail ou de l'estimation qui en sera faite à l'amiable entre les Parties.

XXI. Baux à chetels de bestiaux à croist ou décroist, les droits seront payés comme ci-dessus, suivant l'estimation qui en sera faite par le Bail ou par Experts dont les Parties conviendront.

XXII. Brevets d'Apprentissage ès Villes où il y a Parlement & autres Cours Superieures, une livre, ci 1 l.

XXIII. Brevets d'Apprentissage pour les autres lieux, onze sols, ci 11 s.

XXIV. Baux des revenus des biens dépendans des Benefices d'Eglises, Commanderies, Hôpitaux, Universités, Colleges, Fabriques, Confreries & autres Gens de Main-morte & Communautés Séculieres & Regulieres, seront passés devant Notaires, & contrôlés, à peine de nullité & de deux cens livres d'amende, & sera payé sur le pied des Baux à loyer ou titre de Ferme, ainsi qu'ils sont ci-dessus reglés.

XXV. Baux ou Adjudications de biens & revenus communs & patrimoniaux & d'Octrois des Villes & Communautés Seculieres & Regulieres, lesquels se font par les Magistrats & autres Officiers des Villes par délibérations, ou qui sont reçûs par les Sécretaires & Greffiers desdites Villes, ou autrement, seront contrôlés dans la quinzaine, & les droits payés sur le même pied qu'à l'Article precedent.

XXVI. Les mêmes droits seront payés pour les sous-baux, transports, cessions, retrocessions & subrogations desdits Baux, quand ce sera par Acte particulier.

XXVII. Constitutions de rente en argent ou en especes, où les sommes seront désignées & évaluées, les droits seront payés sur le pied du capital & à proportion, suivant qu'ils sont reglés par le premier Article du present Tarif.

XXVIII. Constitutions de rente en argent ou en especes, où les sommes ne seront désignées ni évaluées, dix-sept livres, ci 17 l.

XXIX. Cautionnement pur & simple par Acte particulier pour quelque cause que ce soit, excepté les deux cas ci-après, deux livres, ci 2 l.

XXX. Cautionnement pour un domestique, onze sols, ci 11 s.

XXXI. Cautionnement pur & simple par Acte particulier pour des Officiers en titre ou pour des Commis qui ont maniement de deniers, cinq livres, ci 5 l.

XXXII. A l'égard des Cautonnemens qui seront faits par les mêmes Contrats, Obligations & autres Actes, de quelque nature qu'ils puissent être, pour raison desquels ils seront faits, les droits en seront payés comme pour les Contrats.

XXXIII. Constitutions de pensions où les sommes seront désignées, les droits seront payés à proportion.

SÇAVOIR,

Jusqu'à 100. liv. quinze sols, ci	15 s.
De 100. à 200. liv. une liv. dix sols, ci	1 l. 10 s.
De 200. à 300. liv. une livre quinze sols, ci	1 l. 15 s.
De 300. à 400. liv. deux livres, ci	2 l.
De 400. à 500. liv. trois livres dix sols, ci	3 l. 10 s.
De 500. à 1000. liv. quatre livres, ci	4 l.
De 1000. à 1500. liv. cinq livres, ci	5 l.
De 1500. à 2000. liv. six livres, ci	6 l.

De 2000. à 3000. liv. sept livres, ci 7 l.
De 3000. à 4000. liv. huit livres, ci 8 l.
De 4000. à 5000. liv. dix livres, ci 10 l.
De 5000. liv. & au-dessus, vingt-deux livres, ci 22 l.

XXXIV. Constitution de Titre Clerical ou Sacerdotal faite par l'aspirant à l'Etat Ecclesiastique sur ses biens propres. Jusqu'à 50. liv. une livre, ci 1 l.
De 50. à 100. liv. deux livres, ci 2 l.
De 100. liv. & au-dessus les droits seront payés en augmentant à raison de vingt sols par chaque cinquante livres jusqu'à vingt-deux livres que le droit le plus fort demeure fixé, ci 22 l.

XXXV. Certificats, onze sols, ci 11 s.

XXXVI. Collations accordées par les exécuteurs d'Indult du Parlement, celles données par les Chanceliers des Eglises & Universités à ceux qui sont nommés par sa Majesté, & généralement toutes les sommations, oppositions, interpellations que les parties désireront faire pour la conservation de leurs droits aux Patrons, aux Elisans, aux Collateurs & Collatrices du Royaume, Procès-verbaux de Benedictions d'Abbés & d'Abbesses, cessions & donations sous le bon plaisir du Roi, d'Indult des Officiers du Parlement de Paris, cessions & échanges de Patronages d'Eglise, 5 liv. ci 5 l.

XXXVII. Concordats pour raison d'Archevêchés, Evêchés, Abbayes & autres dignités & Bénéfices, sur Procès mûs & à mouvoir pour raison du possessoire desdits Bénéfices, payement, reduction & extinction de pension créée & à créer en Cour de Rome, cinq livres, ci 5 l.

XXXVIII. Commissions d'Archidiacre pour déservir une Cure, une livre dix sols, ci 1 l. 10 s.

XXXIX. Compromis & expédition de Sentence arbitrale entre personnes Eccléssiastiques, & pour raison des droits appartenans à leurs Eglises, deux livres, ci 2 l.

XL. Compromis entre particuliers & pour quelque cause que ce puisse être, deux livres, ci 2 l.

XLI. Comptes & précomptes entre particuliers non de finances ni Marchands, pour quelque cause que ce soit, quatre livres dix sols, ci 4 l. 10 s.

XLII. Contrats de Mariages de 100 liv. & au-dessous, quinze sols, ci 15 s.
De 100 à 200 liv. ne livre dix sols, ci 1 l. 10 s.
De 200 à 300 liv. deux livres, ci 2 l.
De 300 à 500 liv. deux livres quinze sols, ci 2 l. 15 s.
De 500 à 1000 liv. trois livres, ci 3 l.
De 1000 à 1500 liv. trois livres dix sols, ci 3 l. 10 s.
De 1500 à 2000 liv. quatre livres, ci 4 l.
De 2000 à 3000 liv. cinq livres, ci 5 l.
De 3000 à 4000 liv. six livres, ci 6 l.
De 4000 à 5000 liv. sept livres, ci 7 l.
De 5000 à 6000 liv. huit livres, ci 8 l.
De 6000 à 10000 liv. douze livres, ci 12 l.
De 10000 liv. & au-dessus, vingt-deux livres, ci 22 l.

XLIII. Contrats de Mariages entre Artisans, simples Laboureurs, Manœuvriers & gens sans titre, qui déclareront par leurs Contrats n'avoir aucuns biens en fond, ni autres effets au-dessus de la valeur de cent livres, une livre, ci 1 l.

XLIV. Contrats de mariages où il n'y aura aucune somme désignée ni estimation, & où les parties se prendront avec leurs droits, douze livres, ci 12 l.

XLV. Les Contrats de mariages dans lesquels le bien de l'un des conjoints ne sera évalué, designé ni estimé, ou que l'une des Parties se sera prise avec ses droits, le droit de Contrôle desdits Contrats sera doublé sur le pied du bien qui y sera estimé, lequel droit ne pourra exceder vingt-quatre livres, ci 24 l.

XLVI. Déguerpissement, exponse ou abandonnement d'héritages où les sommes seront designées, les droits seront payés à proportion & sur le même pied qu'au premier Article du présent Tarif.

XLVII. Déguerpissement, exponse ou abandonnement d'héritages où les sommes ne seront pas désignées, dix-sept livres, ci 17 l.

XLVIII. Dépôt ou consignation où les sommes seront designées, les droits seront payés à proportion & sur le même pied qu'au premier Article du présent Tarif.

XLIX. Dépôt ou consignation où les sommes ne seront pas designées, dix-sept livres, ci 17 l.

L. Déclaration pure & simple au profit de quelqu'un par Acte particulier, pour quelque cause que ce puisse être, une livre six sols, ci 1 l. 6 s.

LI. A l'égard des déclarations qui seront faites par les mêmes Contrats, Obligations & autres Actes, il sera payé les mêmes droits que pour les Contrats.

LII. Donations entre-vifs par toutes sortes d'Actes de quelque nature & pour quelque cause que ce puisse être, dont les sommes en principal y seront designées ou par estimation, les droits seront payés à proportion & suivant qu'ils sont reglés à l'Article XXXIV. du présent Tarif.

LIII. Donations mutuelles ou autres à titre universel, dont l'estimation & évaluation ne sera faite par les parties, sera payé pour les droits :

Par les personnes de condition Ecclésiastique ou Laïque, notables habitans des Villes, leurs femmes, veuves & enfans, douze livres, ci 12 l.

Par les Artisans des Villes & de la Campagne, Laboureurs & autres femmes & enfans, cinq livres, ci 5 l.

Et par les simples Journaliers, leurs femmes & enfans, une livre dix sols, ci 1 l. 10 s.

LIV. Déclaration pure & simple qui n'a rapport à aucun Contrat, Obligation ou autres, seize sols, ci 16 s.

LV. Desistement, une livre, ci 1 l.

LVI. Dissolution ou resolution de Traités, Sous-traités, Sociétés & Comptes entre gens de Finance, douze livres, ci 12 l.

Entre Marchands, huit livres, ci 8 l.

LVII. Déclaration de choses en censive, lorsqu'il n'y aura que dix articles & au-dessous, dix sols, ci 10 s.

Et pour celles au-dessus de dix articles, une livre, ci 1 l

LVIII. Engagemens ou pignoratifs où les sommes seront designées, les droits sont payés à proportion & sur le même pied qu'ils sont reglés au premier Art. du présent Tarif.

LIX. Engagemens ou pignoratifs où les sommes ne seront pas designées, dix-sept livres, ci 17 l.

LX. Echanges où les sommes seront designées, les droits seront payés à proportion des sommes & sur le pied qu'ils sont reglés par le premier Art. du présent Tarif.

LXI. Echanges où les sommes ne seront pas designées, dix-sept livres, ci 17 l.

LXII. Fondations où les sommes seront designées, les droits seront payés à proportion & sur le pied qu'ils sont reglés par l'Art. XXXIV. du présent Tarif.

LXIII. Foi & hommage, les droits seront payés de même qu'aux aveux & denombremens ci-devant reglés Art. VII. VIII. IX. & X.

LXIV. Inventaires de meubles & papiers faits devant Notaires, Greffiers ou autres, où les effets mobiliers seront estimés, les droits seront payés à proportion des sommes sur le pied qu'ils sont reglés par l'Article premier du présent Tarif.

LXV. Inventaire où les effets ne seront pas estimés, dix-sept livres, ci 17 l.

LXVI. Inventaire où il ne se trouvera que des papiers, de quelque nature qu'ils soient, sera payé,

Pour Gentilshommes, Gens d'affaires, Marchands & Bourgeois, huit livres, ci 8 l.

Pour Artisans, deux livres, ci 2 l.

LXVII. Indemnité pure & simple par acte particulier, pour quelque cause que ce puisse être, les droits en seront payés de vingt-six sols, ci 1 l. 6 s.

LXVIII. A l'égard des indemnités qui seront stipulées par les mêmes Contrats, Obligations & autres Actes, de quelque nature qu'ils puissent être, les droits seront payés comme pour les Contrats.

LXIX. Informations d'âge, de vie & mœurs des personnes nommées aux Archevêchés & Evêchés, cinq livres, ci 5 l.

LXX. Lettres d'intronisation en matiere bénéficiale, une livre dix sols, ci 1 l. 10 s.

LXXI. Marchés où les sommes seront designées, les droits seront payés à proportion & sur le pied qu'ils sont reglés par l'Art. premier du present Tarif.

LXXII. Marchés où les sommes ne seront pas designées, dix-sept livres, ci 17 l.

LXXIII. Marchés pour la Marine & assurance à la grosse avanture ne sera payé que moitié desdits droits.

LXXIV. Obligations où les sommes seront designées, les droits seront pay ésà proportion & sur le pied qu'ils sont reglés par le premier Article du present Tarif.

LXXV. Obligations où les sommes ne seront pas désignées, dix-sept livres, ci 17 l.

LXXVI. Offres suivies de payement & portant quittance par le même Acte, les droits seront payés à proportion & sur le même pied qu'ils sont reglés par l'Article premier du present Tarif.

LXXVII. Obligations pour prêt de Sel dans les Greniers de Sa Majesté, de cinquante livres & au-dessous.

Pour chaque y denommé, un sol, ci 1 s.

De cent livres & au-dessous, deux sols, ci 2 s.

Et pour celles au-dessus, à proportion.

LXXVIII. Opposition aux Inventaires ou autres Adjudications volontaires inserées dans iceux, sera payé autant de onze sols qu'il y aura d'oppositions, ci 11 s.

LXXIX. Opposition à prise de possession en matiere bénéficiale, onze sols, ci 11 s.

LXXX. Pension ou rentes viageres, sera payé,

Jusqu'à 50 liv. une livre, ci 1 l.

De 50 à 100 liv. une livre dix sols, ci 1 l. 10 s.

De 100 liv. & au-dessus les droits se payeront en augmentant à raison d'une livre par chaque 50 liv. jusqu'à vingt-deux livres à quoi le plus fort droit demeure fixé, ci 22 l.

LXXXI. Présentation ou nomination à bénéfice, cinq livres, ci 5 l.

LXXXII. Permutation, cinq livres, ci 5 l.

LXXXIII. Prise de possession de bénéfice, cinq livres, ci 5 l.

LXXXIV. Procuration pour se demettre de quelque bénéfice, dignité sacerdotale, quatre livres, ci 4 l.

LXXXV. Procuration pour prendre possession de quelque bénéfice ou dignité d'Eglise, quatre livres, ci 4 l.

LXXXVI. Présentation de Patron Ecclésiastique ou Laïque, cinq livres, ci 5 l.

LXXXVII. Provisions données pour les Abbés, Abbesses & autres Bénéficiers, cinq livres, ci 5 l.

LXXXVIII. Provisions données & accordées pour les Collateurs Laïques, cinq livres, ci 5 l.

LXXXIX. Procès-verbaux d'élection à une premiere dignité d'Eglise Cathedrale, Collegiale ou Conventuelle, cinq livres, ci 5 l.

XC. Procuration pour resigner, ceder ou retroceder un bénéfice, une livre, ci 1 l.

XCI. Procurations pour consentir création ou extinction de pension, une livre, ci 1 l.

XCII. Publication, issuë de Messe des prises de possession, en cas de refus des Curés, seize sols, ci 16 s.

XCIII. Procuration pour compromettre en matiére Bénéficiale, une livre, ci 1 l.

XCIV. Publications des prises de possession dans les assemblées d'habitans, ou pour notification aux Patrons ou Collateurs ordinaires, onze sols, ci 11 s.

XCV. Procuration pour notifier les noms des Graduës en tems de Carême, onze sols, ci 11 f.

XCVI. Procuration pour requerir Bénéfice, onze sols, ci 11 f.

XCVII. Partages de meubles ou immeubles, lotissement de douaire ou licitation entre copropriétaires, dont la valeur n'excedera pas cinq cens livres, trois livres, ci 3 l.

De 500 à 1000 liv. trois livres dix sols, ci 3 l. 10 f.

De 1000 à 10000 liv. cinq livres, ci 5 l.

De 10000 liv. & au-dessus, huit livres, ci 8 l.

Et si la valeur des biens partagés, lotis & licités, n'est pas connuë & évaluée, les droits seront payés sur le pied de huit livres, ci 8 l.

XCVIII. Partages de meubles & marchandises entre Particuliers, Marchands & autres, lesquels seront prisés & estimés, les droits seront payés à proportion des sommes & suivant qu'ils sont reglés ci-dessus à l'Article XCVII.

XCIX. Pour ceux de cette nature dont la valeur ne sera pas connuë ni évaluée, quatre livres, ci 4 l.

C. Procuration pour resigner un Office de Cour Superieure ou pour Offices de Finance, comme Receveurs Généraux des Finances & Receveurs des Tailles, quatre livres, ci 4 l.

CI. Procuration pour resigner un Office de Presidiaux, principaux Bailliages & Justices ressortissantes nuement ès Cours Superieures, deux livres, ci 2 l.

CII. Procuration pour resigner tous autres Offices de quelque nature qu'ils puissent être, une livre, ci 1 l.

CIII. Procuration qui portera resignation, cession, ou retrocession de Bénéfice, ou qui sera conçûë dans les termes qui pourront dispenser le Procureur fondé de ladite Procuration de passer d'autres Actes pour parvenir par le resignataire à l'obtention des provisions du Bénéfice resigné, permuté ou cedé, cinq livres, ci 5 l.

CIV. Protêts de Lettres de changes ou billets, protestations, empêchemens, notifications ou autres Actes personnels, qui se signifient ou notifient pour les matieres laïques, onze sols, ci 11 f.

CV. Quittances ensuite d'offres & toutes autres Quittances où les sommes seront designées, les droits seront payés à proportion, & suivant qu'ils sont reglés par le premier Article du présent Tarif.

CVI. Quittances où les sommes ne seront point designées, dix-sept livres, ci 17 l.

CVII. Quittances finales d'une somme totale dont les droits du Contrôle pour les sommes payées à compte n'auront pas été acquittées, sera payé pour les droits de la somme totale sur le même pied de l'Article premier.

CVIII. Quittance finale d'une somme totale dont les droits de Contrôle pour les sommes payés à compte auroient été acquittées, sera payé pour les droits de la somme restante à proportion sur le pied qu'ils sont reglés ci-dessus, sans néanmoins que le droit de Contrôle de telle Quittance puisse excéder douze livres, ci 12 l.

CIX. Retrait lignager, féodal & conventionnel où les sommes seront designées, les droits seront payés à proportion & suivant qu'ils sont reglés par l'Article premier du présent Tarif.

CX. Retrait lignager, féodal & conventionnel où les sommes ne seront pas designées, dix-sept livres, ci 17 l.

CXI. Remboursement ou rachat du prix des Contrats ou rentes constituées ou foncieres, soit qu'elles soient pures ou simples, ou qu'elles rapellent & fassent mention de Quittances données par les parties sous leurs signatures privées ou autrement, les droits seront payés comme pour les Contrats de constitution.

CXII. Remboursement de pareille nature où les sommes ne seront pas designées, dix sept livres, ci 17 l.

CXIII. Renonciation à succession, communauté & autres droits, seize sols, ci 16 s.

CXIV. Resillement d'Actes, deux livres dix sols, ci 2 l. 10 s.

CXV. Reconnoissance ou ratification volontaire d'Acte sous signature privée, sera payé suivant la qualité & la conséquence de l'Acte reconnu ou ratifié.

CXVI. Resignation de Bénéfice, cinq livres, ci 5 l.

CXVII. Requisition d'une confirmation en matiere bénéficiale, cinq livres, ci 5 l.

CXVIII. Revocation de Procuration pour resigner, ceder ou retroceder un Bénéfice ou consentir création ou extinction de pension, une livre, ci 1 l.

CXIX. Representation en matiere Bénéficiale, une livre, ci 1 l.

CXX. Requisition de Visa une livre, ci 1 l.

CXXI. Requisition de fulmination de Bulles, une livre, ci 1 l.

CXXII. Requisition d'être admis à prendre l'habit, faire Noviciat & Profession, une livre, ci 1 l.

CXXIII. Requisition pour satisfaire au decret d'une provision de Bénéfice régulier, une livre, ci 1 l.

CXXIV. Repudiation de provisions, une livre, ci 1 l.

CXXV. Retractation de revocation de Procureur en matiere Bénéficiale, onze sols, ci 11 s.

CXXVI. Requisition aux Curés de publier les prises de possession aux Prônes des Messes, onze sols, ci 11 s.

CXXVII. Resignation d'Office de Cour Superieure & de Finances, comme Receveurs Généraux des Finances & des Tailles, quatre liv. ci 4 l.

CXXVIII. Resignation d'Offices des Presidiaux & principaux Bailliages & Justices ressortissantes nuëment ès Cours Superieures, deux livres, ci 2 l.

CXXIX. Resignation de toute autre Office, une livre, ci 1 l.

CXXX. Signification de Lettres d'Indult de joyeux avenement & serment de fidélité, cinq livres, ci 5 l.

CXXXI. Signification extrajudiciaire de Bref & Rescrit Apostolique, Concordats sur Procès mûs & à mouvoir pour raison du possessoire des Bénéfices, payement, reduction & extinction de Pension créé & à créer en Cour de Rome,

Rome, une livre, ci 1 l.

CXXXII. Signification de Procuration pour compromettre, une livre, ci 1 l.

CXXXIII. Signification de retractation de Procuration, une livre, ci 1 l.

CXXXIV. Signification de degré, d'atteſtation de tems, d'études & de nomination de Gradués, une livre, ci 1 l.

CXXXV. Saiſine ou priſe de poſſeſſion d'héritages & immeubles, dont la valeur n'excedera pas cinq cens livres, deux livres dix ſols, ci 2 l. 10 ſ.

De 500 à 1500 liv. trois livres, ci 3 l.

De 1500 à 3000 liv. quatre livres, ci 4 l.

De 3000 à 6000 liv. ſix livres, ci 6 l.

De 6000 liv. & au deſſus, huit livres, ci 8 l.

Et ſi la valeur des biens n'eſt pas connuë & évalué les droits seront payés ſur le pied de huit livres, ci 8 l.

CXXXVI. Sentence arbitrale juſqu'à 500 liv. trois livres, ci 3 l.

De 500 à 2000 liv. quatre livres, ci 4 l

De 2000 livres & au-deſſus, ou qui ne pourra s'eſtimer, cinq livres, ci 5 l.

CXXXVII. Tranſaction, Accord, Attermoyement, Billets, Promeſſes, & autres Actes généralement, ſous ſeings privés, de quelque nature qu'ils ſoient, payeront les droits ſuivant la nature des Actes mentionnés au préſent Tarif, conformément à l'Edit du mois d'Octobre 1705; & où les ſommes ſeront deſignées les droits ſeront payés à proportion & ſur le pied qu'ils ſont reglés par le premier Article du preſent Tarif.

CXXXVIII. Tranſaction, Accord, Attermoyement où les ſommes ne ſeront pas deſignées & autres Actes dans leſquels les choſes qui ont fait la matiere deſdits Actes ne ſeront & ne pourront être eſtimées ni évaluées, quoique par leſdits Actes il y eût des dommages, intérêts, frais ou dépens liquidés à des ſommes certaines ſuivant l'Arrêt du Conſeil, ſera payé dix-ſept livres, ci 17 l.

CXXXIX. Titre nouvel & reconnoiſſance d'hypotheque des Rentes, les droits ſeront payés comme pour les Contrats conſtitutifs ou création deſdits Rentes.

CXL. Teſtamens, Codiciles ou Subſtitutions & autres Actes portans donations qui ne doivent avoir effet qu'après la mort des donateurs, payeront; ſçavoir, pour ceux faits par perſonnes de condition, Eccléſiaſtiques où Laïques, notables Artiſans des Villes, leurs femmes, veuves & enfans, huit livres, ci 8 l.

CXLI. Pour les autres Artiſans des Villes & de la Campagne, Laboureurs & autres, leurs femmes, veuves & enfans, deux livres dix ſols, ci 2 l. 10 ſ.

CXLII. Traités, Sous-Traités, Sociétés & Comptes entre Gens d'affaires, douze livres, ci 12 l.

CXLIII. Entre Marchands, huit livres, ci 8 l.

CXLIV. Ventes, tranſports, ceſſions ou ſubrogations de choſes mobiliaires ou immobiliaires, les droits ſeront payés à proportion des ſommes qui seront designées & sur le même pied qu'ils sont fixés au premier Article du présent Tarif.

CXLV. Ventes, transports, cessions ou subrogations de choses mobiliaires où les sommes ne seront pas designées, dix-sept livres, ci 17 l.

CXLVI. Ventes d'Office ou de gages ou droits incorporés ou non à quelqu'Office, sera payé :

Jusqu'à 100 liv. une livre, ci	1 l.
De 100 liv. à 400 liv. deux livres cinq sols, ci	2 l. 5 f.
De 400 à 600 liv. trois livres, ci	3 l.
De 600 à 800 liv. trois livres dix sols, ci	3 l. 10 f.
De 800 à 1000 liv. quatre livres, ci	4 l.
De 1000 à 2000 liv. quatre livres dix sols, ci	4 l. 10 f.
De 2000 à 3000 liv. six livres dix sols, ci	6 l. 10 f.
De 3000 à 4000 liv. huit livres dix sols, ci	8 l. 10 f.
De 4000 à 5000 liv. dix livres dix sols, ci	10 l. 10 f.
De 5000 à 6000 liv. douze livres dix sols, ci	12 l. 10 f.
De 6000 à 7000 liv. quatorze livres dix sols, ci	14 l. 10 f.
De 7000 à 8000 liv. seize livres dix sols, ci	16 l. 10 f.
De 8000 à 9000 liv. dix-huit livres dix sols, ci	18 l. 10 f.
De 9000 à 10000 liv. vingt livres dix sols, ci	20 l. 10 f.
De 10000 à 11000 liv. vingt-deux livres dix sols, ci	22 l. 10 f.
De 11000 à 12000 liv. vingt-quatre livres dix sols, ci	24 l. 10 f.
De 12000 à 13000 liv. vingt-six livres dix sols, ci	26 l. 10 f.
De 13000 à 14000 liv. vingt-huit livres dix sols, ci	28 l. 10 f.
De 14000 liv. trente livres dix sols, ci	30 l. 10 f.
De 14000 liv. & au-dessus, trente-deux livres, ci	32 l.

Fait & arrêté au Conseil Royal des Finances tenu à Marly le 24 jour d'Août 1706. Collationné. Signé, *Ranchin.*

Edit du Roi, donné à Versailles au mois de Novembre 1706, portant que les Contrats & Actes de tous les Notaires ou Tabellions Royaux seront scellés par les Notaires qui les auront passés, avant qu'ils puissent être mis à exécution.

LOUIS, par la grace de Dieu, Roi de France & de Navarre : A tous présens & à venir, Salut. Par notre Edit du mois de Novembre 1696, Nous avions créé des Offices de Garde-Scels pour sceller tous les Contrats & Actes des Notaires, & percevoir les droits qui leur étoient attribués. Depuis Nous aurions réüni les droits de ces Officiers à nos Fermes, & les aurions fait percevoir à notre profit ; mais Nous avons jugé à propos d'éteindre la perception des droits de Sceau des Contrats & Actes des Notaires, à commencer du premier Octobre dernier par notre Edit du mois d'Août précedent, ensorte que lesdits Actes sont présentement déchargés des droits de Sceau qu'ils payoient avant notredit Edit ; mais comme ils ont besoin d'être revêtus de notre Sceau dans les cas où il convient les mettre à exécution, Nous avons estimé qu'il étoit à propos de pourvoir à la maniere dont lesdits Actes seront scellés ci-après, afin que nos Sujets ne souffrent aucun retardement dans l'exécution desdits Contrats & Actes, ce que Nous avons crû ne pouvoir faire d'une maniere plus convenable qu'en accordant à tous les Notaires & Tabellions Royaux un Sceau pour l'apposer sur les Actes qu'ils delivreront à l'avenir, lorsqu'il sera besoin de les mettre à exécution, & Nous avons estimé qu'il étoit aussi necessaire de pourvoir en même tems au Sceau des Actes passés avant le premier Octobre, afin que le défaut de Sceau n'en puisse retarder l'exécution. A ces causes & autres à ce Nous mouvans, de notre certaine science, pleine puissance & autorité Royale, Nous avons par le present Edit perpetuel & irrevocable, dit, statué & ordonné, disons, statuons & ordonnons, Voulons & Nous plaît, que les Contrats & Actes de tous les Notaires ou Tabellions Royaux, soient à l'avenir scellés par les Notaires qui les auront passés avant qu'ils puissent être mis à exécution, & ce à commencer du premier Octobre de la presente année 1706; à l'effet de quoi Nous avons attribué & attribuons à chacun desdits Notaires & Tabellions Royaux dans toute l'étenduë de notre Royaume, Païs, Terres & Seigneuries de notre obéïssance, la faculté d'avoir un Sceau de nos Armes pour l'apposer sur leurs Contrats & Actes lorsque besoin sera. Voulons que lesdits Contrats & Actes ayent, lorsqu'ils seront revêtus dudit Sceau, pleine & entiere exécution, de même qu'ils l'ont eu ci-devant en vertu du Sceau apposé par nos Fermiers & leurs Commis. Permettons ausdits Notaires & Tabellions de percevoir un sol pour l'apposition dudit Sceau : Voulons que dans les Villes & lieux où Nous avons établi des Syndics des Notaires par notre Edit du mois de Mars 1706, les pourvûs desdits Offices soient depositaires desdits Sceaux pour les apposer sur tous les Actes & Contrats de tous les Notaires & Tabellions Royaux desdites Villes & lieux en même tems qu'ils les signeront en second & avant qu'ils puissent être mis à exécution, & ils prendront à cet effet avec le titre de nos Conseillers-Syndics desdits Notaires celui de Gardes & Depositaires du Sceau des Contrats & Actes desdits Notaires & Tabellions Royaux, & ils percevront à leur profit le sol ci-dessus attribué pour l'apposition dudit Sceau, dont ils feront bourse commune dans les Villes & lieux où ils seront plusieurs établis. Faisons défenses de mettre ou faire mettre à exécution lesdits Contrats & Actes des Notaires & Tabellions Royaux, qu'ils n'ayent été préalablement revêtus du Sceau de nos Armes, à peine de cent livres d'amende pour chacune contravention, payable par chacun des contrevenans, qui appartiendra moitié aux Syndics desdits Notaires, au prejudice desquels la contravention aura été commise, l'autre moitié à l'Hôpital des lieux. Permettons aux Notaires & Tabellions desdites Villes & lieux où les Syndics doivent être établis d'acquerir lesdits Offices de Syndics & les droits y joints, auquel cas ils pourront avoir chacun un Sceau de nos Armes pour sceller leurs Contrats & Actes, & ils percevront lesdits droits de Sceau chacun pour les Contrats & Actes qu'ils auront passez. Ordonnons pareillement que toutes les Expéditions des Contrats & Actes des Notaires & Tabellions Royaux de notre Royaume qui auront été passés auparavant le premier du mois d'Octobre dernier, soient scellés comme ils l'étoient avant notre Edit du mois d'Août precedent, aux Bureaux qui sont établis pour le Sceau des Actes judiciaires dans le Ressort desquels lesdits Contrats & Actes auront été passés, en payant au Fermier de nosdits droits les mêmes & semblables droits que ceux qu'ils payoient avant ledit Edit du mois d'Août. Si donnons en Mandement à nos amés & feaux Conseillers, les Gens tenans notre Cour de Parlement, Chambre des Comptes & Cour des Aydes à Paris, que notre present Edit ils ayent à faire lire, publier & registrer, & le contenu en icelui suivre, garder & observer selon sa forme & teneur, cessant & faisant cesser tous troubles & empêchemens qui pourroient être mis ou donnés, nonobstant tous Edits, Déclarations, Reglemens & autres choses à ce contraires, ausquels Nous avons dérogé & dérogeons par le present Edit, aux copies duquel collationnées par l'un de nos amés & feaux Conseillers-Secretaires, Voulons que foi soit ajoûtée comme à l'Original : car tel est notre plaisir ; & afin que ce soit chose ferme & stable à toujours, Nous y avons fait mettre notre Scel. Donné à Versailles au mois de Novembre, l'an de grace 1706, & de notre Regne le 64. Signé, LOUIS ; *Et plus bas*, Par le Roi, *Phelipeaux. Visa, Phelipeaux.* Veu au Conseil, *Chamillart.* Et scellé du grand Sceau de cire verte, en lacs de soye rouge & verte.

Registrées, oui & ce requerant le Procureur Général du Roi, pour être exécutées selon leur forme & teneur, & copies collationnées envoyées aux Bailliages & Senechaussées du Ressort, pour y être lûës, publiées & registrées. Enjoint aux Substituts du Procureur Général du Roi d'y tenir la main, & d'en certifier la Cour dans un mois, suivant l'Arrêt de ce jour. A Paris en Parlement le 26 Novembre 1706. Signé, *Dongois.*

Acte de Notoriété donné par Monsieur le Lieutenant Civil, le 20 Janvier 1708, de ce qui doit être payé aux Notaires par les Vassaux censitaires, pour chacune Déclaration qu'ils sont tenus de passer aux Seigneurs en exécution de Lettres de Terrier.

SUr la Requête faite en jugement devant Nous par Maître Alexandre Barbey Procureur de Messire Charles Maurice le Tellier Archevêque Duc de Reims, Pair de France, Commandeur des Ordres du Roi, contenant qu'il a obtenu des Lettres pour la confection du Terrier de ses Seigneuries de Rilly, Chaigny & Villiers Allerand, en exécution desquelles il poursuit pardevant le sieur Lieutenant général de Reims les vassaux & censitaires qui sont refusans de passer leurs déclarations & de s'inscrire audit Terrier ; mais plusieurs d'entr'eux prétendent n'être point tenus de payer les frais de leurs déclarations aux Notaires commis pour les recevoir, & même les Officiers des lieux paroissent être dans ce sentiment, ce qui seroit une erreur, puisque les vassaux & censitaires étant obligés de passer leurs déclarations, ils doivent indispensablement le faire à leurs frais, n'étant pas assés de passer lesdites déclarations, s'ils ne les fournissent au Seigneur. Ce qui est même un usage qui s'est toujours observé dans la Jurisdiction du Châtelet, & duquel il importe au Suppliant d'avoir un acte authentique, Nous requerant ledit Barbey vouloir accorder audit Suppliant Acte de Notoriété de l'usage qui s'observe dans la Jurisdiction dudit Châtelet, au sujet du payement qui doit être fait par les vassaux & censitaires du coût des déclarations qu'ils sont tenus de passer aux Seigneurs pardevant le Notaire commis pour les recevoir en exécution des Lettres de Terrier, même de ce qui doit être payé au Notaire pour chacune desdites déclarations.

Nous n'avons qu'à employer pour Acte de Notoriété, les jugemens que nous rendons journellement sur les Lettres de Terrier qui nous sont adressées, par lesquelles nous avons toujours fixé que le Notaire commis pour faire un Terrier, a pour tous droits cinq sols du premier article d'une déclaration, & deux sols six deniers de chacun des autres articles; de maniere que si dans une déclaration il y a vingt articles, ce sera cinquante-deux sols six deniers qui seront dûs au Notaire; au moyen dequoi la minute demeurera au Notaire pour composer le Terrier de toutes les minutes rassemblées, & sera donné au Censitaire une copie de sa déclaration sans en rien payer que les cinq sols & les deux sols six deniers, ce que nous attestons être l'usage qui s'est de tout tems observé. A l'égard des fiefs, comme ils ne doivent pas être compris dans les Terriers, le payement s'en doit faire suivant les actes & le tems en la maniere que l'on a coutume de payer les expéditions & transports, suivant l'usage des lieux. Fait & donné par Messire *Jean le Camus* Chevalier Conseiller du Roi en tous ses Conseils, Maître des Requêtes ordinaire de son Hotel, Lieutenant Civile de la Ville, Prevôté & Vicomté de Paris, le vingtiéme jour de Janvier 1708. Signé, *Gaudion*.

Déclaration du Roi, donnée à Versailles le 20 Mars 1708, qui ordonne la perception des Droits d'Insinuations Laïques, sur le pied du Tarif ci-après.

LOUIS par la grace de Dieu Roi de France & de Navarre: A tous ceux qui ces présentes Lettres verront, Salut. Nous avons ordonné &c. A ces causes & autres à ce Nous mouvans, de notre certaine science, pleine puissance & autorité Royale, Nous avons par ces Presentes signées de notre main, dit, déclaré & ordonné, disons, déclarons & ordonnons, Voulons & Nous plait;

ARTICLE PREMIER.

Qu'à l'avenir à commencer du premier Juillet prochain, les droits d'Insinuations de toutes Donations, Contrats, Arrêts, Sentences, Jugemens & autres Actes soient perçûs en consequence, & suivant le Tarif que Nous avons fait arrêter ce jourd'hui en notre Conseil, & attaché sous le contre-scel des Presentes.

II. N'entendons que les donations faites par les peres & meres, ou ayeuls à leurs enfans par Contrats de mariage, ou à cause de mort soient sujettes à aucuns droits d'Insinuation.

III. A l'égard de toutes les autres donations, soit entre-vifs, ou à cause de mort, même les donations entre-vifs faites par les peres & meres ou ayeuls à leurs enfans (autres que par Contrat de mariage) tant de meubles, que d'immeubles, en usufruit, ou en propriété, celles par forme d'augment ou contre-augment, dons mobils, engagemens, droits de retention, agencemens, gains de nôces & de survie dans les Païs où ils sont en usage, tous dons mutuels, ensemble toutes autres donations de quelque nature qu'elles puissent être, soit qu'elles soient stipulées entre maris & femmes par Contrat de mariage, ou faites par donation à cause de mort ou testament, & soit que lesdits Actes contiennent des institutions contractuelles, substitutions, fondations & dotations en faveur des Eglises, Couvents, Monasteres, Hôpitaux & Communautés, Nous voulons qu'elles soient insinuées & enrégistrées dans les tems, & sous les peines portées par l'Article II. de notre Edit du mois de Décembre 1703, & les droits payés; sçavoir, pour les donations de meubles & effets mobiliers sur le pied reglé par le Tarif arrêté en nôtre Conseil ce jourd'hui, à l'exception seulement des legs & donations qui seront faites en faveur des Eglises, Monasteres & Communautés d'une somme mobiliaire une fois payée, que Nous dispensons dudit droit d'Insinuation, pourvû que ladite somme n'excede pas trois cens livres; Et pour les biens immeubles donnés en propriété par donation entre-vifs, lorsque les biens donnés seront situés dans l'étenduë de la Jurisdiction du domicile du donateur, sera seulement payé le droit de centiéme denier de la valeur desdits biens, & lorsque lesdits biens seront situés dans l'étenduë d'autres Jurisdictions que celles du domicile du donateur, les droits seront payés; sçavoir; au Greffe du domicile du donateur sur le pied porté par ledit Tarif, & au Greffe des autres Jurisdictions dans l'étenduë desquelles lesdits biens seront situés, le droit de centiéme denier chacun pour ce qui les concernera,

IV. Voulons que pour les donations & legs de rentes, pensions viageres & d'usufruit, les droits d'Insinuation soient payés sur le prix reglé par l'Article premier dudit Tarif, suivant l'évaluation qui sera faite du fonds de l'usufruit, à raison du denier dix.

V. Sera payé par chacun substitué, même en directe, trente livres pour droit de substitution, de même que Nous avons ci-devant ordonné pour chacun impetrant de Lettres de Chancellerie, & renonçant à successions & Communautés.

VI. Pour faire cesser les abus qui se glissent dans la constrnction des Contrats de ventes & titres translatifs de propriété par les clauses que les parties & les Notaires y inserent pour se soustraire du payement du droit de centiéme denier, quoique Nous ayons suffisamment expliqué nos intentions par nosdits Edits & Déclarations. Voulons & entendons en interpretant en tant que de besoin l'Article XXIV. de notredit Edit du mois de Décembre 1703 & l'Article XVI. de notre Déclaration du 19 Juillet 1704, que tous Contrats de vente, échanges, licitations entre heritiers, copropriétaires & coassociés, baux à rentes foncieres rachetables & non rachetables, baux emphiteotiques, baux à domaines congeables, ventes à faculté de remeré ou de rachat, anticreses, contrats pignoratifs, engagemens, démissions, abandonnemens, contrats de vente à vie, cessions de fonds avec fruits, transports, subrogations, resolutions volontaires de ventes, Arrêts, Jugemens, Sentences, & généralement tous Actes translatifs & retrocessifs de proprieté de biens immeubles tenus en Fief ou en Censive, soit de Nous ou des Seigneurs particuliers de notre Royaume, ensemble ceux tenus en franc-aleu, franc-bourgage & franches bourgeoisies, rentes foncieres, les Contrats de vente de droits de Justices, & de tous autres droits Seigneuriaux & honorifiques, conjointement ou separément du corps des Domaines ou fonds de terre, soient insinués & les droits de centiéme denier payés dans les tems & sous les peines portées par les Articles XXIV. & XXV. de notredit Edit du mois de Décembre 1703, & les Articles XVII. XVIII. & XX. de notredite Déclaration du 19 Juillet 1704, encore qu'aucuns desdits biens ne fussent pas sujets à lods & ventes & autres droits Seigneuriaux.

VII. N'entendons néanmoins assujettir au droit de centiéme denier les Actes de retrait, soit feodal, lignager ou conventionnel, pourvû qu'ils soient faits à l'égard du rétrait feodal & lignager, dans les tems prescrits par les Coûtumes & usages, & à l'égard du conventionnel dans le délai porté par le Contrat, qui ne pourra exceder neuf années.

VIII. Voulons aussi en interpretant l'Article VII. de notredit Edit du mois de Décembre 1703, en ce qui concerne la cession & abandonnement de biens, qu'il soit exécuté sans y rien innover, pourvû toutefois que l'abandonnement soit fait par le débiteur à ses créanciers de ses biens, pour être vendus en direction, sinon les droits de centiéme denier seront payés comme pour les ventes pures & simples.

IX. En interpretant l'Article II. de notredite Déclaration du 19 Juillet 1704, Voulons que dans les Païs où le benefice d'inventaire a lieu, sans qu'il soit besoin d'impetrer nos Lettres de Chancellerie, les Inventaires soient insinués par extraits, & le droit payé comme pour les Lettres de bénéfice d'inventaire.

X. Et d'autant que nonobstant la disposition de l'Article XXV. de notredit Edit du mois d'Octobre 1703, l'Article XVIII. de notre Déclaration du 19 Juillet 1704, & l'Article premier de l'Edit du mois d'Octobre 1705, par lesquels Nous avons fixé le tems dans lequel Nous entendons que les nouveaux possesseurs de biens immeubles à quelque titre que ce soit soient tenus de faire enregistrer les titres de proprieté desdits biens ou les déclarations qu'ils doivent faire; néanmoins Nous sommes informés que lesdits acquereurs & nouveaux possesseurs de biens immeubles, & les Notaires, Tabellions, Greffiers & autres qui passent ou expedient lesdits titres, mettent en usage toutes sortes de moyens pour se dispenser de payer les droits qu'ils doivent. Voulons que lesdits Notaires & Tabellions, tant Royaux que subalternes, les Greffiers des Cours & Jurisdictions Royales & Seigneuriales, & tous autres qui ont droit de passer des Actes, soient tenus & obligés de faire mention dans lesdits Actes, Contrats & Jugemens, qu'ils sont sujets à l'Insinuation, même de les faire enregistrer & insinuer dans la quinzaine du jour de leur date, en même tems qu'ils les feront contrôler & sceller, sans qu'ils les puissent délivrer aux Parties qu'après qu'ils auront été insinués & les droits payés, à l'exception toutefois des Notaires & Greffiers de notre bonne Ville de Paris, qui seront seulement tenus de faire mention de l'Insinuation dans les Actes & Jugemens qu'ils délivreront, lorsqu'ils y seront sujets; Et lorsque les biens immeubles seront situés hors de l'étenduë des Bureaux de la demeure des Notaires, Tabellions, Greffiers, & autres qui passeront & expedieront lesdits Actes, Arrêts & Jugemens, ils seront seulement tenus d'y faire mention qu'ils sont sujets à l'Insinuation, afin que les Parties n'en prétendent cause d'ignorance, & seront dans ce cas les nouveaux possesseurs desdits biens immeubles, soit que la possession nouvelle leur soit acquise par Contrats de ventes, adjudications, donations testamentaires ou autres titres, soit qu'elles leur soient échûës par succession collaterale, & qu'ils soient heritiers purs & simples ou beneficiers tenus; sçavoir, les nouveaux possesseurs par Contrats ou titres d'acquisition, de les faire insinuer & payer les droits dans les trois mois du jour & date d'iceux. Et à l'égard des nouveaux possesseurs à titre successif, de faire leurs déclarations, & payer les droits dans les six mois du jour de l'ouverture de la succession, le tout sous les peines portées par lesdits Edits & Déclarations contre les parties, & de trois cens livres d'amende contre les Notaires, Tabellions & Greffiers.

XI. Voulons conformément à l'Arrêt de notre Conseil du 20 Décembre 1707, que les Notaires & Greffiers de notre bonne Ville de Paris, & ceux des autres Villes de notre Royaume, soient tenus de faire mention dans les Actes qu'ils feront pour la suite & exécution de ceux sujets à l'Insinuation, de l'Insinuation qui en aura été faite, de la date, du lieu, & du nom du Greffier qui aura insinué, sur peine d'être garants en leurs noms du payement des droits, & de trois cens livres d'amende pour chacune contravention.

XII. Et d'autant que par notre Déclaration du 6 Décembre dernier, Nous avons ordonné que les Actes passés hors l'étenduë de notre Royaume ou dans les Provinces où les Insinuations Laïques ne sont pas établies, ne pourront avoir aucune exécution n'y fonder aucune action en Justice, privilege ou hypoteque entre nos sujets des Provinces où lesdits Insinuations sont établies, s'ils n'étoient insinués dans le cas où l'insinuation est requise dans les Bureaux les plus prochains des lieux où on voudra s'en servir, & que depuis Nous avons été informés que cette disposition pourroit avoir une trop grande étenduë à l'égard des Actes dont l'insinuation est nécessaire à l'état & à la qualité des personnes, voulons que les Actes personnels passés dans les Pays non sujet aux droits d'insinuations, & dont l'Insinuation est nécessaire par rapport à l'état & à la qualité des personnes domiciliées dans lesdits Pays, soient seulement insinués dans les lieux où les insinuations sont établies au Greffe du Siége & Jurisdiction dans le Ressort duquel on en voudra faire usage pour la premiere fois, & qu'après que lesdits Actes auront été une fois insinués, ils puissent avoir leur exécution dans toute l'étenduë de notre Royaume.

XIII. Pour faciliter ausdits Officiers, Greffiers des insinuations créés par notre

notre Edit du mois d'Octobre 1707, & à notre Fermier desdits droits la regie & perceptions d'iceux, voulons que tous les Notaires & Tabellions, tant Royaux que Seigneuriaux, Greffiers, Gens de Loi, Greffiers-Gardes-Conservateurs des Registres des Baptêmes, Mariages & Sepultures, & des gens de mainmorte & autres personnes publiques, soient tenus de donner communication ausdits Officiers & à notre Fermier, ses Procureurs ou Commis, de leurs inventaires, repertoires & liasses, comme aussi de leur délivrer tous les trois mois des extraits contenant les noms, demeures & qualités des Parties, certifiés d'eux, chacun pour ce qui les concerne, des Contrats, Sentences, Jugemens & autres Actes, sujets à l'insinuation (à l'exception toutefois des donations à cause de mort & testamens, qui ne seront délivrés qu'après le decès des testateurs ou donateurs) en leur payant par lesdits Officiers ou le Fermier de nos droits, ses Procureurs & Commis, les droits reglés par l'Article XIII. de notre Déclaration du 19 Juillet 1704, le tout à peine par lesdits Notaires, Greffiers & autres qui auront fait refus de donner communication desdits inventaires, repertoires, & de délivrer lesdits extraits, de deux cens livres d'amende pour chacune contravention, laquelle demeurera encouruë contr'eux sur le simple procès-verbal qui sera dressé par lesdits Officiers ou Commis, pourvû que le Commis se soit fait recevoir, & ait prêté le serment pardevant le sieur Commissaire député pour l'exécution de nos ordres dans la Généralité où il sera établi ou ses Subdelegués, laquelle reception se fera sans frais; au payement de laquelle amende lesdits Notaires & Greffiers seront contraints par les voyes accoutumées, pour nos deniers & affaires, sans qu'il leur en puisse être fait aucune remise ni moderation.

XIV. Et afin que nos Officiers, Greffiers desdites Insinuations créées par notre Edit du mois d'Octobre 1707, ou les Commis qui seront par eux ou par le Fermier de nosdits droits, préposés à l'exercice & recette d'iceux, puissent faire leurs fonctions avec toute l'application & l'exactitude nécessaire : voulons qu'ils ne puissent être imposés à la Taille, s'ils n'y ont été avant qu'ils soient pourvûs desdits Offices ou Commissions, & s'ils y étoient imposés, qu'ils ne puissent en aucune maniere être augmentés, sinon en cas d'augmentation de biens; comme aussi qu'ils joüissent de l'exemption de logemens de gens de guerre, collecte de taille, & autres impositions, tutelle, curatelle, & des mêmes & semblables privileges & exemptions dont joüissent les Commis de nos Fermes générales, sans qu'ils puissent y être troublés par qui & pour quelque cause que ce soit ou puissent être.

XV. N'entendons néanmoins rien innover à ce qui est pratiqué jusqu'à present dans notre Province de Bretagne, où les successeurs en ligne directe étoient dans l'usage de payer des droits aux mutations avant notre Edit du mois de Décembre 1703, lesquels seront payés ainsi qu'ils l'ont été jusqu'à present, conformément à nos Edits des mois de Mars 1704, Août 1706, & notre Déclaration du 2 Août 1707.

XVI. Voulons au surplus que tous nos Edits, Déclarations, Arrêts & Reglemens rendus sur la perception desdits droits soient exécutés selon leur forme & teneur, en ce qu'ils ne sont point contraires à ces présentes. Si donnons en mandement à nos amés & féaux Conseillers, les Gens tenans notre Cour de Parlement, Chambres des Comptes & Cour des Aides à Paris, que ces présentes ils ayent à faire lire, publier & registrer, & le contenu en icelles garder & exécuter selon leur forme & teneur, nonobstant tous Edits, Déclarations, Arrêts & autres choses à ce contraires, ausquels Nous avons dérogé & dérogeons par ces présentes, aux copies desquelles collationnées par l'un de nos amés & féaux Conseillers-Secretaires, voulons que foi soit ajoûtée comme à l'Original; Car tel est notre plaisir: En témoin dequoi, Nous avons fait mettre notre Scel à cesdites présentes. Donnée à Versailles le 20 jour de Mars, l'an de grace 1708: Et de notre Regne le 65. Signé, LOUIS; *Et plus bas*, par le Roi, *Phelypeaux.* Vû au Conseil, *Desmaretz.* Et scellé du grand Sceau de cire jaune.

Registré, oui & ce requerant le Procureur Général du Roi, pour être exécuté selon leur forme & teneur, & copies collationnées envoyées aux Bailliages & Senechauchées du Ressort, pour y être lûës, publiées, & registrées. Enjoint aux Substituts du Procureur Général du Roi d'y tenir la main, & d'en certifier la Cour dans un mois, suivant l'Arrêt de ce jour. A Paris en Parlement le 15 Juin 1708. Signé, *Dongois.*

Registrées en la Cour des Aides, ensemble le Tarif attaché sous le contre-scel d'icelle; oui & ce requerant le Procureur Général du Roi, pour être exécutées selon leur forme & teneur, & ordonné copies collationnées d'icelles, être incessamment envoyées ès Siéges des élections du Ressort de ladite Cour, pour y être lûës, publiées & registrées, l'Audiance tenante: Enjoint aux Substituts dudit Procureur Général d'y tenir la main, & de certifier la Cour de leurs diligences au mois. A Paris, les Chambres assemblées, le 30 *Juillet* 1708. Signé, *Olivier.*

Tarif des droits que le Roi en son Conseil veut & ordonne être payés à l'avenir, à commencer au premier Juillet prochain, en exécution des Edits des mois de Décembre 1703, Octobre 1705, Août 1706, Déclarations des 19 Juillet 1704, & Reglemens & Arrêts rendus en conséquence, & de la Déclaration de ce jour pour l'insinuation & enregistrement des Titres mentionnés dans tous lesdits Edits, Déclarations & Arrêts, non compris les droits de centiéme denier pour les mutations des biens immeubles qui seront payés conformément ausdits Edits & Déclarations.

SÇAVOIR,

POur toutes donations, soit entre-vifs, à cause de mort ou autrement (à l'exception de celles faites en ligne directe, par Contrat de mariage ou à cause de mort seulement) sera payé;

SÇAVOIR,

Pour celles au-dessous de cinquante livres, une livre, ci 1 l.
De cinquante livres à cent livres, deux livres, ci 2 l.
De cent livres à cinq cens livres, trois livres, ci 3 l.
De cinq cens livres à mille livres, six livres, ci 6 l.
De mille livres à deux mille livres, huit livres, ci 8 l.
De deux mille livres à quatre mille livres, dix livres, ci 10 l.
De quatre mille livres jusqu'à six mille livres, vingt livres, ci 20 l.
De six mille livres jusqu'à huit mille livres, vingt-huit livres, ci 28 l.
De huit mille livres jusqu'à dix mille livres, trente-deux livres, ci 32 l.
De dix mille livres jusqu'à douze mille livres, trente-six liv. ci 36 l.
De douze mille livres, jusqu'à quatorze mille livres, quarante liv. ci 40 l.
De quatorze mille livres à seize mille livres, quarante-quatre liv. ci 44 l.
Et de seize mille livres jusqu'à vingt mille livres & au-dessus, à quelque sommes qu'ils puissent monter, cinquante livres, ci 50 l.
Pour les dons mutuels trente livres, ci 30 l.
Et pour les Jugemens qui auront cassé lesdites donations & dons mutuels, moitié des sommes ci-dessus.
Pour chacune Lettre d'annoblissement, rehabilitation de Noblesse, legitimation, naturalité, érection de roture en Fief, érection en Marquisat, Comté, Baronnie, ou autres titres de dignités, concessions de Justice, Foires ou Marchés, cent livres, ci 100 l.
Pour chacune Lettre d'amortissement ou Actes d'indemnité aux Seigneurs des biens de valeur de cinq cens liv. & au-dessous, dix livres, ci 10 l.
Pour ceux de valeur depuis cinq cens livres jusqu'à deux mille livres, vingt livres, ci 20 l.
Pour ceux depuis deux mille livres jusqu'à quatre mille, quarante livres, ci 40 l.
Pour ceux depuis quatre mille livres jusqu'à six mille livres, soixante livres, ci 60 l.
Pour ceux depuis six mille livres jusqu'à dix mille livres, quatre-vingt livres, ci 80 l.
Et pour ceux au-dessus de dix mille livres, cent livres, ci 100 l.
Pour toutes substitutions de biens sera payé par chacun des substitués, trente livres, ci 30 l.
Et pour les Jugemens qui les auront déclarés nulles, quinze livres, ci 15 l.
Pour chacun extrait de legs faits par Testament ou codicile, sera payé par chacun des legataires même droit que ci-dessus pour les donations, chacun pour ce qui concerne leurs legs.
Pour les actes d'exhérédations sera payé cinquante livres, ci 50 l.
Et pour les Jugemens qui les auront déclarés nulles, vingt-cinq livres, ci 25 l.
Pour toutes séparations de biens, de corps & d'habitation, ou exclusion de communauté entre maris & femmes, soit qu'elles soient stipulées par les contrats de mariage ou ordonnés en Justice, vingt-cinq liv. ci 25 l.

Pour les interdictions volontaires de contracter, soit qu'elles soient consenties par Actes ou Jugemens, pour quelque cause que ce soit, celles des prodigues, furieux, ou gens en démence, quinze livres, ci 15 l.

Et pour les Jugemens qui en auront fait main-levée, sept livres dix sols, ci 7 l. 10 s.

Pour chacune renonciation à une succession, sera payé par chacun des renonçans, trois livres, ci 3 l.

Pour chacune renonciation à communauté entre mari & femme, trois livres, ci 3 l.

Pour toutes Lettres de bénéfice d'âge, ou d'inventaire, actes d'émancipations, actes par lesquels les peres & meres mettront leurs enfans hors de leur puissance, dix livres, ci 10 l.

Pour chacun des inventaires faits dans les Pays où le bénéfice d'inventaire a lieu, sans qu'il soit besoin d'impetrer les Lettres de Sa Majesté, sera payé par chacun des héritiers, dix livres, ci 10 l.

Pour chacune Sentence portant nomination de Curateurs, trois livres, ci 3 l.

Pour tous Contrats d'union & de direction de Créanciers, ceux d'attermoyemens ou d'abandonnemens de biens, dix livres, ci 10 l.

Pour chacune Lettre de repi ou Arrêt de surséance, vingt livres, ci 20 l.

Seront lesdits droits payés en chacun des Greffes où les Actes ci-dessus seront insinués, conformément ausdits Edits & Déclarations.

Pour la recherche sur les Registres, sera payé dix sols par année.

Pour chaque extrait desdits enregistremens, dix sols, ci 10 s.

Et pour l'expedition en entier desdits Actes, sera payé par rolle de Grosse même droit qui se paye pour les expéditions en papier au Greffe des Siéges Royaux près lesquels seront établis les Greffiers desdits Insinuations.

Tous lesquels droits seront payés par toutes sortes de personnes exemptes & non exemptes, privilegiées & non privilegiées, sans aucune exception, pour quelque cause & sous quelque prétexte que ce puisse être, nonobstant tous Edits, Déclarations, Arrêts, Reglemens & usages à ce contraires, & en outre les deux sols pour livre de tous lesdits droits que Nous avons attribués aux Officiers créés par nos Edits des mois de Février & Octobre 1707.

Fait & arrêté au Conseil Royal des Finances, tenu à Versailles le 20 jour de Mars 1708. Collationné. Signé, *Goujon*.

Registrées, oui & ce requerant le Procureur Général du Roi, suivant l'Arrêt de ce jour. A Paris en Parlement le 15 *Juin* 1708. Signé, *Dongois.*

Registrées en la Cour des Aides, oui & ce requerant le Procureur Général du Roi, le 30 *Juillet* 1708, Signé, *Olivier.*

Collationné aux Originaux par Nous Conseiller Secretaire du Roi, Maison, Couronne de France & de ses Finances.

Déclaration du Roi, donnée à Versailles le 24 Avril 1708, portant réunion des Offices de Conseillers du Roi Notaires Sindics créés par les Edits des mois de Mars 1706, & Août, 1707 aux Communautés des Notaires des Villes & lieux où ils devoient être établis, avec faculté de les désunir.

LOUIS, par la grace de Dieu, Roi de France & de Navarre: A tous ceux qui ces présentes lettres verront: Salut. Nous avons par notre Edit du mois de Mars 1706 créé & érigé en titre d'Offices formés & héréditaires, deux nos Conseillers Notaires Royaux, & Syndics dans les Villes où il y a au moins huit Notaires, & un dans celles où il y en a au moins quatre; & par autre notre Edit du mois d'Août 1707, Nous avons étendu cette création dans chacune des Justices & Seigneuries, où il y a au moins deux Notaires Royaux, pour faire par tous lesdits Officiers mêmes & semblables fonctions que font les autres Notaires des lieux où ils seront établis, & en outre celles de Syndics des Communautés desdits Notaires Royaux, ainsi qu'on fait ou dû faire ceux qui ont été ci devant choisis pour cette fonction par leurs Communautés, & jouir des droits & Privileges que nous leur avons attribué par notredit Edit, & Nous avons permis aux Communautés desdits Notaires d'acquerir ces Offices en Corps ou en particulier, pour les reunir ou les revendre & en disposer ainsi qu'il aviseront bon être, avec la préference pendant trois mois; en conséquence de laquelle plusieurs Communautés de Notaires ont réünis lesdits Offices à leurs corps, ensemble les droits pour l'apposition du Sceau que Nous avons attribués ausdits Notaires Syndics par notre Edit du mois de Novembre 1706, ce qui auroit engagé les Communautés des Notaires des Villes & lieux de notre Royaume qui n'ont encore pû faire cette reünion de Nous supplier de vouloir leur accorder la même grace qu'à ceux qui en ont fait l'acquisition dans le tems que la préference leur en avoit été accordée, aux offres d'en payer la Finance qui sera réglée par les Rolles qui en seront arrêtés en notre Conseil, ce que Nous aurions estimé devoir accepter, d'autant plus que par ce moyen Nous retablirons dans lesdites Communautés la paix & la tranquillité qui en est depuis long-tems bannie, par les contestations que les Notaires ont continuellement avec les Commis à l'exercice de l'Office de Syndic, & l'Uniformité entre tous les Notaires de notre Royaume: A ces Causes & autres a ce Nous mouvans, de notre certaine Science, pleine puissance & autorité Royale, Nous avons par ces présentes signées de notre main dit, déclaré & ordonné; disons, déclarons, & ordonnons, Voulons & Nous plaît, que les Offices de nos Conseillers, Notaires Royaux Syndics, crées par notre Edit du mois de Mars 1706, les fonctions & droits y attribués tant par ledit Edit que par celui du mois d'Août 1707, soient & demeurent reünis comme Nous les reünissons par ces présentes aux Communautés des Notaires des Villes & lieux de notre Royaume, Pays, Terres & Seigneuries de notre obéissance où il y a au moins deux Notaires Royaux d'établis, pour en être les fonctions par eux faites à l'avenir, ainsi & comme il est porté par nosdits Edits, & joüir par lesdits Notaires des droits & autres facultés attribués ausdits Offices, sans aucune exception, en quelque sorte & maniere que ce puisse être. Pourront lesdits Notaires désunir lesdits Offices de Syndics & Gardes-Scels, ou les vendre si bon leur semble à telle personne & pour tel prix, clause & condition qu'ils jugeront bon être, le tout en payant par lesdits Notaires solidairement la Finance & deux sols pour livre desdits Offices sur le pied porté par les Rôles qui en seront arrêtés en notre Conseil, moitié dans un mois du jour de la signification qui leur sera faite desdits Rôles, & l'autre moitié deux mois après, autrement & à faute dequoi voulons qu'il y soient solidairement contraints ainsi & par les mêmes voyes qu'il est accoutumé pour nos deniers & affaires, leur permettons d'emprunter les sommes nécessaires pour payer la Finance desdits Offices & les deux sols pour livre d'icelles & de les affecter & hypotequer pour sureté desdits emprunts. Ne pourront lesdits Offices & droits être saisis par d'autres créanciers que par ceux qui auront prêté leurs deniers pour en payer la Finance, à l'effet dequoi mention en sera faite dans les quittances qui leur en seront expediées par le Trésorier de nos revenus casuels & dans celles des deux sols pour livre, Ne pourront lesdits Notaires être pour raison de ce sujets à aucunes taxes pour confirmation d'heredité ou supplement de Finance, sous pretexte de ladite réunion, dont nous les avons dès-à-présent dispensés & dispensons, Et ne pourront à cause de ladite réunion être augmentés à la Capitation : Voulons au surplus que notredit Edit du mois de Mars 1709, & celui du mois d'Août dernier soient exécutés selon leur forme & teneur. Si donnons en mandement à nos amés & féaux Conseillers les gens tenans notre Cour de Parlement & Cour des Aydes à Paris, que ces Présentes ils ayent à faire lire, publier & Registrer & le contenu en icelles exécuter, garder & observer suivant leur forme & teneur, cessant & faisant cesser tous troubles & empêchemens qui pouroient être mis ou donnés, nonobstant tous Edits, Déclarations, Arrêts, Réglemens & autres choses à ce contraires, ausquels nous avons dérogé & dérogeons par ces présentes ; aux copies desquelles collationnées par l'un de nos amés & feaux Conseillers Secretaires, Voulons que foi soit ajoûtée comme à l'original. Car tel est notre plaisir ; en témoin dequoi Nous avons fait mettre notre Scel à cesdites présentes. Donnée à Versailles le vingt quatre Avril l'an de grace 1708, & de notre regne le 65. Signé, LOUIS. *Et plus bas* : Par le Roi, *Phelypeaux.* Vû au Conseil, *Desmaretz.* Et Scellé du grand Sceau de cire jaune.

Registré, oui & ce requerant le Procureur Général du Roi, pour être exécuté selon sa forme & teneur, suivant l'Arrêt de ce jour. A Paris en Parlement le 15 Juin 1708. Signé, *Dongois.*

Collationné à l'Original par Nous Conseiller-Secretaire du Roi, Maison, Couronne de France & de ses Finances.

Déclaration du Roi, du 18 Janvier 1712, qui ordonne la publication & l'enregistrement des Substitutions.

LOUIS, par la grace de Dieu, Roi de France & de Navarre: A tous ceux qui ces présentes Lettres verront, Salut. Quoique la nécessité de la publication des substitutions ait été ordonnée expressement par l'Article IV. de l'Edit du mois de Mai 1553, par l'Article LVII. de l'Ordonnance de Moulins du mois de Février 1566, & par une Déclaration donnée en conséquence le 10 Juillet de la même année, & que nous ayons marqué par notre Déclaration du 17 Novembre 1690, la maniere dont nous voulons que ces Ordonnances fussent exécutées, soit pour le tems dans lequel les substitutions doivent être publiées, soit pour les personnes ausquelles le défaut de publication pouvoit être opposé; Nous avons appris neanmoins qu'on ne fait pas de difficulté dans quelques-uns de nos Parlemens de donner aux substitutions tout leur effet contre les créanciers & les tiers-détempteurs, nonobstant qu'elles n'ayent pas été publiées, & que l'Ordonnance de Moulins y ait été registrée, ce qui oblige plusieurs créanciers à se pourvoir en cassation en notre Conseil contre les Arrêts rendus dans ces Compagnies, sur le fondement d'un usage aussi abusif. Nous avons appris en même tems que sous prétexte que l'Ordonnance de Moulins ne marque pas à la diligence de qui les publications doivent être faites, & qu'elle prononce indistinctemnnt la nullité des substitutions qui n'auront pas été publiées, il se forme de fréquentes contestations dans plusieurs de nos Cours, pour sçavoir ceux qui sont chargés de faire publier les substitutions, & si les héritiers, soit *ab intestat*, soit institués, & les donataires & légataires peuvent opposer aux substitués le défaut de publication, ou s'il n'y a que les créanciers & les tiers-detempteurs qui puissent s'en prévaloir. Nous avons aussi été informés, que l'usage qui s'est introduit dans la plûpart des Sieges, de mettre les publications des substitutions sur de simples feuilles volantes, cause de grands inconvéniens, soit par la facilité que l'on trouve par là à les changer, soit parce que ces feuilles peuvent s'égarer aisément, nous avons résolu de remedier à cet abus & de prévenir autant qu'il est en nous toutes contestations sur l'exécution des Edits & Déclarations donnés jusqu'à présent concernant la publication & l'enregistrement desdites substitutions. A ces Causes, & autres à ce nous mouvans, de notre certaine science, pleine puissance & autorité Royale, nous avons par ces Présentes signées de notre main, dit, déclaré & ordonné, disons, déclarons & ordonnons, voulons & nous plaît, que toutes les substitutions faites par actes entre vifs, ou par testament, soient publiées en Jugement, l'Audience tenant, tant en la Justice Royale du domicile de celui qui les aura faites, qu'en celle de la situation des biens substitués, & que lesdites publications & substitutions soient enregistrées en même tems au Greffe desdits Justices Royales, à la diligence des héritiers, soit institués, soit *ab intestat*, donataires ou légataires universels, ou même particuliers, lorsque leurs donations ou leurs legs seront chargés de substitutions ; & en cas de minorité à la diligence de leurs Tuteurs ou Curateurs, qui demeureront responsables du défaut desdits publications & d'enregistrement, à peine de nullité, tant des substitutions qui ont été précedemment faites, que de celles qui seront faites à l'avenir. Voulons que lesdites publications & enregistremens soient faits dans les six mois, à compter du jour des actes ; si les substitutions sont faites par des dispositions entre vifs, & du jour du décès des Testateurs, si elles sont faites par des dispositions à cause de mort, ordonnons que lesdites substitutions & publications soient régistrées dans un Registre destiné à cet effet, qui sera paraphé à chaque page par le principal Juge des Sieges Royaux où les substitutions doivent être publiées. Voulons que les substitutions qui sont faites ou qui le seront à l'avenir, qui n'auront pas été publiées ni enregistrées dans ledit tems de six mois, ne puissent être opposées aux créanciers ni aux tiers-acquereurs, & que celles qui auront été publiées & enregistrées après les six mois, ne puissent leur être opposées que du jour desdites publications & enregistrement : ce que nous voulons avoir lieu à l'égard des mineurs, sans qu'ils puissent prétendre être relevés de ce défaut de publication & d'enregistrement, même en cas d'insolvabilité de leurs Tuteurs. Ne pourra le défaut de publication & d'enregistrement être opposé en aucun cas aux substitués par les héritiers institués ou *ab intestat*, donataires, ou légataires universels ou particuliers, ni par leurs successeurs, à l'égard desquels les substitutions auront leur effet, comme si elles avoient été publiées & enregistrées ; & seront lesdites publications & enregistremens faits sans préjudice de l'insinuation desdites substitutions, ordonnée par notre Edit du mois de Décembre 1703, qui sera exécuté selon sa forme & teneur. N'entendons néanmoins que sur le fondement ou défaut de publication & d'enregistrement, l'on puisse donner atteinte aux substitutions qui ont été ou qui seront faites jusqu'au jour de l'enregistrement des Présentes, dans le ressort des Parlemens & Cours Superieures où l'Ordonnance de Moulins, ni les Edits & Déclarations qui ont ordonné la publication des substitutions, n'ont pas été registrés jusqu'à présent, & où il n'y a aucune autre Loi qui y établisse la nécessité de la publication des substitutions ; Voulons seulement que notre présente Déclaration y soit exécutée pour les substitutions qui y seront faites à l'avenir, du jour qu'elle y aura été régistrée. Si donnons en Mandement, &c. donné à Versailles le 10 jour de Janvier, l'an de grace 1712. Registrée en Parlement le 6 Février 1712.

Arrêt de la Cour de Parlement, du 27 Juin 1716, servant de Reglement pour la sureté & conservation des Piéces & Minuttes des Greffes & Notariats.

LOUIS, par la grace de Dieu, Roi de France & de Navarre : Au premier notre Huissier, autre Huissier ou Sergent sur ce requis ; sçavoir faisons, que vû par notre Cour de Parlement la Requête à elle présentée par Charles

Charles-Philippes d'Albert, Duc de Luynes & de Chevreuse, Pair de France, Prince de Neufchâtel & de Valangin en Suisse, Comte de Dunois, de Montfort, de Tours, de Chaumont, de Noyers, Baron de Lucheux, de Marchenoir, de Fretteval, de Samblançay, de Rochecorbon, de saint Michel sur Loire, Seigneur Châtellain de Coulommiers, des Ecluses, de Craslay, de Baugé, Ayrenne, Houdan, Bonnestable, Prénouvillon, & Brou en Dunois: à ce que pour les causes y contenuës, &c. Vû aussi les piéces attachées à ladite requête, signé Guyot le jeune, pour Roux Procureur absent; conclusions de notre Procureur Général : oui le rapport de Maître Thomas Dreux Conseiller; tout consideré, Notredite Cour ordonne que les procès, informations, procedures, piéces déposées ès Greffes des Justices du Duché-Pairie de Luynes, Baugé, d'Ayrenne, Houdan, Bonnestable, Bauquesne, Bonneüil, la Warde, Germigny, Cloye, Parthay, Pré-Nouvellon, Brou, Chevreuse, Monfort, de Tours, Chaumont, de Noyers, de Lucheux, Marchenoir, Fretteval, de Samblançay, Rochecorbon, saint Michel, Coulommiers, les Ecluses, & de Craslay; comme pareillement les Sentences, Actes, liasses & registres desdits Greffes qui sont entre les mains de personnes qui ont exercé lesdits Greffes, de leurs veuves, enfans & héritiers, ou ayans cause, seront mises entre les mains des Greffiers actuellement en exercice, pour être le profit des expéditions faites aux tems des anciens Greffiers hors d'exercice partagés par moitié entr'eux, & leurs héritiers & ayans cause, & les nouveaux Greffiers actuellement en exercice pendant dix ans seulement; & à l'égard des minutes des contrats, & autres actes reçus par les Notaires desdites Justices à présent décedés, ou qui s'étoient démis de leurs Offices, ou dont les baux sont expirés, & lesquelles minutes passées du tems de leurs exercices sont demeurées entre leurs mains, ou en celles de leurs héritiers ou ayans cause, seront aussi remises entre les mains des Notaires actuellement en charge, & dans l'exercice d'icelles, qui s'en chargeront au bas des répertoires, à la charge que l'émolumens des grosses qui en seront délivrées, demeurera pour les deux tiers à ceux qui en auront retenu les minutes, à leurs héritiers ou ayans cause; & l'autre tiers aux Notaires actuellement en charge, qui expédieront, & qui signeront lesdites grosses; à l'effet de quoi seront faits des inventaires sommaires & séparés sans frais, par les Juges ordinaires des lieux, à la requête & en présence des Substituts de notre Procureur Général & des Procureurs fiscaux desdites Justices, de tous & chacuns les actes & pièces des exercices des charges de Greffiers & de Notaires, qui peuvent être en la possession de personnes non faisant fonction de Greffiers & Notaires à la representation desdits actes & piéces; ceux qui en sont saisis seront contraints par toutes voyes dûës & raisonnables, même par corps, en vertu du présent Arrêt, & sans qu'il en soit besoin d'autres; desquels inventaires sommaires qui seront faits par lesdits Juges, comme dessus est dit, en sera baillé copie à chaque partie interessée pour ce qui le pourra concerner, & à chaque Greffier & Notaire en exercice une autre copie par rapport aux piéces & actes dont on les chargera, demeurant au surplus les minutes des inventaires sommaires aux Greffes desdites Justices pour y avoir recours quand besoin sera : ordonne en outre qu'à l'avenir à chaque changement de Greffiers & de Notaires dans lesdites Justices, la même regle sera suivie & pratiquée, & à quoi les Juges, assistés desdits Substituts de notre Procureur Général & Procureurs fiscaux, demeureront autorisés en exécution du présent Arrêt, sans préjudice toutefois des baux faits, & qui pourront être faits à l'avenir, concernant les charges des Notaires & Greffiers desdites Justices, pour ce qui peut regarder la remise préfinie, pour jouir des émolumens desdites charges par rapport aux Fermiers en exercice desdites charges, & sans qu'esdits cas ils puissent en vertu du reglement ci-dessus, faire proroger les tems de leurs jouissances, qui n'auront lieu que dans les cas où lesdits tems n'auront point été marqués & prescrits par lesdits baux. Si te mandons de mettre le présent Arrêt à exécution; de ce faire te donnons pouvoir. Donné à Paris en Parlement le 27 Juin, l'an de grace 1716, & de notre regne le premier. Collationné par la Chambre. Signé *Guyhou*, avec paraphe. Et scellé le 4 Juillet 1716. Signé, *Billet.*

Collationné à l'Original par Nous Conseiller-Secretaire du Roi, Maison Couronne de France & de ses Finances.

Déclaration du Roi, donnée à Paris le 30 Novembre 1717, portant que les Insinuations qui ont été & seront faites dans les Bureaux établis en conséquence de la Déclaration du 19 Juillet 1704, seront aussi valables que si elles avoient été faites dans les Justices Royales.

LOUIS, par la grace de Dieu, Roi de France & de Navarre: A tous ceux qui ces présentes Lettres verront, Salut. Les Rois nos Prédecesseurs voulant procurer, autant qu'il est possible, la sureté des engagemens, ont ordonné par plusieurs Edits & Déclarations, qu'il y auroit des Registres dans les Justices Royales, pour y insinuer les actes dont le public auroit intérêt d'avoir connoissance: Cette précaution qui ne regardoit d'abord que les donations entre-vifs a été fort étenduë dans la suite, & principalement par l'Edit du mois de Décembre 1703, par lequel plusieurs actes se trouvent assujettis à l'Insinuation, qui n'y étoient pas soumis auparavant, & pour en faciliter l'exécution, il a été permis par l'Article XXII. de la Déclaration du 19 Juillet 1704, à ceux qui auroient acquis les Offices de Greffiers des Insinuations, de commettre à l'exercice d'iceux dans le ressort du siége Présidial de leur établissement, & c'est en conséquence de cette Déclaration qu'il s'est établi sous notre autorité plusieurs Bureaux des Insinuations dans les Justices des Seigneurs particuliers; mais ayant été informé que cet usage nouvellement introduit pourroit causer quelques abus, ausquels il seroit nécessaire de remedier; que d'ailleurs plusieurs de nos Sujets ne connoissant pas assés clairement nos intentions, doutent de la validité des Insinuations qui n'ont pas été faites dans les Justices Royales, & que même par Arrêt de la cinquiéme Chambre des Enquêtes de notre Parlement de Paris, rendu entre Marguerite Nattey & consorts d'une part, & Thomas

Sandrier d'autre, le 22 Avril 1717. Notredite Cour avant faire droit aux parties, a ordonné qu'elles se retireroient pardevers Nous, pour obtenir Lettres de Déclarations de notre volonté, & sçavoir si les insinuations faites des donations dans les Bureaux établis en exécution de l'Article XXII. de ladite Déclaration du 19 Juillet 1704, dans les lieux dépendans des Justices des Seigneurs particuliers, appellés arrondissement, sont aussi valables que si lesdites Insinuations avoient été faites dans les Greffes des Justices Royales, suivant l'Article LVIII. de l'Ordonnance de Moulins, Nous avons jugé à propos d'expliquer notre intention à cet égard, de maniere qu'il n'y ait plus aucun doute, & d'employer en même tems les moyens nécessaires pour maintenir la sureté publique, jusqu'à ce que par l'extinction des droits que la nécessité des tems Nous a obligés d'établir, Nous puissions ramener les choses à l'ancien usage. A ces causes, de l'avis de notre très-cher & très-amé Oncle le Duc d'Orleans, Petit-fils de France, Regent, de notre très-cher & très-amé Cousin le Duc de Bourbon, de notre très-cher & très-amé Cousin le Prince de Conti, Princes de notre Sang, de notre très-cher & très-amé Oncle le Duc du Maine, de notre très-cher & très-amé Oncle le Comte de Toulouse, Princes legitimés, & autres Pairs, Grands & Notables Personnages de notre Royaume, & de notre certaine science, pleine puissance & autorité Royale, Nous avons dit & déclaré, disons & déclarons par ces présentes signées de notre main, voulons & Nous plaît :

ARTICLE PREMIER.

Que toutes les Insinuations qui ont été faites jusqu'à ce jour & celles qui seront faites dans la suite aux Bureaux établis en conséquence de l'Article XXII. de la Déclaration du 19 Juillet 1704, soient aussi valables que si elles avoient été faites dans les Justices Royales.

II. Enjoignons aux Commis qui sont établis pour recevoir les Insinuations dans les Justices des Seigneurs particuliers, d'avoir des Registres paraphés par le Lieutenant Général, ou à son défaut par le premier ou plus ancien Officier du Siége Royal où lesdites Justices ressortissent, & en cas qu'elles ressortissent nuement en nos Cours, par le Lieutenant Général, ou à son défaut par le premier ou plus ancien Officier du Siége Royal, auquel la connoissance des cas Royaux appartient dans l'étenduë desdites Justices, pour lequel paraphe il sera payé trois livres pour chaque registre seulement, le tout à peine de cent livres d'amende contre lesdits Commis pour chaque contravention.

III. Ordonnons en outre que lesdits Registres des Insinuations faites dans lesdits Bureaux particuliers établis dans les Justices des Seigneurs, lesquels sont présentement clos & arrêtés, soient incessamment portés au Greffe du Baillage ou de la Sénéchaussée Royale, où lesdites Justices ressortissent, & si elles ressortissent en nos Cours, au Greffe du Baillage ou de la Sénéchaussée Royale, à laquelle la connoissance des cas Royaux appartient dans l'étenduë desdites Justices, & ce à la diligence des Substituts de nos Procureurs Généraux : à ce faire les Commis desdits Bureaux particuliers & tous autres dépositaires contraints par toutes voyes dûës & raisonnables, même par corps, quoi faisant, ils en seront bien & valablement déchargés, & sera dressé procès-verbal par le Lieutenant Général ou à son défaut par le premier ou plus ancien Officier desdits Baillages ou Sénéchaussées Royales de l'état des Registres, au bas duquel les préposés au Greffes des Insinuations dudit Siége Royal s'en chargeront pour en délivrer des expéditions aux parties qui les requereront.

IV. Voulons pareillement qu'à l'avenir & à commencer au dernier Décembre prochain, les Registres des Insinuations dans lesdits Bureaux particuliers soient clos & arrêtés à la fin de chaque année par les Commis dans lesdits Bureaux, pour être ensuite par eux portés au Greffe de la Justice Royale; & en être dressé procès-verbal, conformément à ce qui est porté dans l'Article ci-dessus. Si donnons en mandement à nos amés & féaux Conseillers les Gens tenans notre Cour de Parlement à Paris, que ces présentes ils ayent à faire lire, publier & registrer, & le contenu en icelles, exécuter selon leur forme & teneur : Car tel est notre plaisir; en témoin de quoi Nous avons fait mettre notre Scel à cesdites présentes. Donné à Paris le 30 jour de Novembre, l'an de grace 1717, & de notre Regne le 3. Signé, LOUIS; *Et plus bas*, par le Roi, LE DUC D'ORLEANS Regent, présent. *Phelipeaux*. Et scellée du grand Sceau de cire jaune.

Registrées, oui & ce requerant le Procureur Général du Roi, pour être exécutées selon leur forme & teneur, & copies collationnées envoyées aux Baillages & Senechaussées du ressort, pour y être lûës, publiées & registrées : enjoint aux Substituts du Procureur Général du Roi d'y tenir la main, & d'en certifier la Cour dans un mois, suivant l'Arrêt de ce jour. A Paris en Parlement le 22 Décembre 1717. Signé, *Gilbert.*

Edit du Roi, donné au mois de Décembre 1717, portant Suppression des Offices de Notaires-Syndics.

Registré en Parlement.

LOUIS par la grace de Dieu, Roi de France & de Navarre : A tous présent & à venir, Salut. Les Offices de Notaires Syndics créés par Edit du mois de Mars 1706, dans toutes les Communautés de Notaires Royaux, étant également à charge à nos peuples, tant par les Droits, dont jouissent les propriétaires de ces Offices sur les Actes & expéditions, que par la faculté qui leur est accordée de signer seuls en second les minutes & les grosses des Actes passés par les Notaires Royaux des lieux de leur établissement; Nous avons crû devoir procurer un nouveau soulagement à nos peuples en supprimant le titre de Syndic, les fonctions particulieres & les Droits qui y sont attachés, & en reduisant les Propriétaires desdits Offices aux seules fonctions de Notaires qui leur ont été attribués par l'Edit de leur création, & qu'ils continueront de faire à l'avenir comme les autres Notaires Royaux des lieux de leur établissement; en permettant toutesfois aux Communautés des Notaires de les rembourser de leur Finances pour se procurer l'extinction totale desdits Offices. La condition des acquereurs & titulaires desdits Offices se trouvera encore plus avantageuse que celle des autres Notaires, puisqu'après avoir joui de droits considérables pour de modiques Finances, ils demeureront conservés dans le titre & dans les Fonctions de Notaires, ou qu'ils recevront le remboursement de ce qu'ils ont payé pour l'acquisition desdits Offices: Le public auquel la nécessité d'appeller les Notaires-Syndics à la passation de tous les Actes, étoit plus à charge que les droits même qui leur étoient attribués, trouvera un double avantage dans la suppression de ces droits, & dans la liberté qui lui sera renduë de choisir les Notaires ausquels il jugera à propos de donner sa confiance; Et les Communautés des Notaires Royaux qui outre la suppression desdits droits profiteront encore du rétablissement des fonctions qui avoient été demembrées de leurs Offices pour être attribuées à ceux des Notaires-Syndics, auront d'ailleurs la faculté de se procurer l'extinction totale du titre & des fonctions de Notaires reservées par le présent Edit aux titulaires desdits Offices, en les remboursant des Finances qu'ils ont payées pour les acquerir. A ces causes & autres à ce Nous mouvans, de l'avis de notre très-cher & très-amé Oncle le Duc d'Orleans petit fils de France Regent, de notre très-cher & très-amé Cousin le Duc de Bourbon, de notre très-cher & très-amé Cousin le Prince de Conty Prince de notre Sang, de notre très-cher & très-amé Oncle le Duc du Maine, de notre très-cher & très-amé Oncle le Comte de Toulouse, Princes legitimés, & autres Pairs de France, grands & notables Personnages de notre Royaume, & de notre certaine science, pleine puissance & autorité Royale.

ARTICLE PREMIER.

Nous avons par le présent Edit éteint & supprimé, éteignons & supprimons à commencer du premier Janvier prochain, le titre de Syndic attribué aux Notaires créés dans toutes les Communautés des Notaires Royaux de notre Royaume, par Edit du mois de Mars 1706. Ensemble les fonctions de Syndics perpetuels, & le droit d'assister & signer en second tous les Actes passés par les Notaires Royaux des Communautés dans lesquelles ils ont été établis.

II. Eteignons & supprimons pareillement, à compter dudit jour premier Janvier prochain, les droits attribués ausdits Offices par ledit Edit du mois de Mars 1706, tant sur les Actes qui se délivrent en brevets que sur les grosses ou expeditions des Contrats & autres Actes. Voulons que la perception desdits droits cesse au premier Janvier prochain, soit qu'ils ayent été acquis par des particuliers, ou réunis aux Corps & Communautés des Notaires ou autres.

III. Au moyen de laquelle suppression, voulons que les Communautés des Notaires Royaux de notre Royaume soient & demeurent rétablies, comme Nous les rétabliſſons, dans le droit d'élire & de nommer leurs Syndics en la même forme & ainſi qu'il en étoit uſé ayant la création deſdits Offices; & qu'à l'égard de l'aſſiſtance & de la ſignature en ſecond des Notaires, il en ſoit pareillement uſé comme avant ledit Edit du mois de Mars 1706.

IV. Ceux deſdits Offices de Notaires-Syndics qui ont été acquis & réunis par les Communautés des Notaires Royaux, n'en pourront être déſunis à l'avenir, quand même la faculté de déſunir leur auroit été accordée, lors de la réunion deſdits Offices, laquelle faculté Nous avons en tant que beſoin revoquée & revoquons.

V. A l'égard de ceux deſdits Offices qui ont été vendus & qui ſont actuellement poſſedés par des particuliers, Nous avons reſervé & reſervons aux titulaires & propriétaires deſdits Offices, les titres, qualités & fonctions de Notaires Royaux qui leur ont été attribués par l'Edit du mois de Mars 1706. Voulons qu'ils exercent à l'avenir leſdits Offices ſous leſdits titre & qualité de Notaires Royaux, concurremment & aux mêmes droits, fonctions, Privileges & prerogatives dont jouiſſent les autres Notaires des Communautés des lieux de leur établiſſement; avec rang dans leſdites Communautés du jour qu'ils ont été reçûs auſd. Offices, ſans pouvoir par eux prétendre d'autre fonctions, droits & ſalaires, que ceux qui ſont attribués aux autres Notaires.

VI. Permettons aux Communautés des Notaires Royaux qui voudront ſe procurer l'extinction totale deſdits Offices de les réunir à leurs corps, en rembourſant aux titulaires & proprietaires les ſommes qu'ils ont payées pour les acquerir, à la charge toutesfois que leſdits Offices ainſi réunis, ne pourront être à l'avenir revendus & déſunis par leſdites Communautés, ſous quelque prétexte que ce ſoit. Si donnons en mandement à nos amés & féaux Conſeillers les gens tenans notre Cour de Parlement à Paris, que le préſent Edit ils ayent à faire lire, publier & regiſtrer, & le contenu en icelui garder & obſerver ſelon ſa forme & teneur. Car tel eſt notre plaiſir. Et afin que ce ſoit choſe ferme & ſtable à toujours, Nous y avons fait mettte notre Scel. Donné à Paris au mois de Décembre, l'an de grace 1717. Et de notre Regne le troiſiéme. *Signé* LOUIS. *Et plus bas*, par le Roi le Duc D'ORLEANS Regent preſent. *Phelipeaux. Viſa Dagueſſeau.* Vû au Conſeil, *Villeroy.* Et ſcellé du grand Sceau de cire verte.

Regiſtrées, oui & ce requerant le Procureur Général du Roi, pour être exécutées ſelon leur forme & teneur, & copies collationnées envoyées aux Bailliages & Senechauſſées du Reſſort, pour y être lûës, publiées & regiſtrées. Enjoint aux Subſtituts du Procureur Général du Roi d'y tenir la main, & d'en certifier la Cour dans un mois, ſuivant l'Arrêt de ce jour. A Paris en Parlement le 31 *Décembre* 1717. Signé, *Gilbert.*

Arrêt du Conseil d'Etat du Roi, du 26 Février 1718, qui régle les droits de Contrôle & d'Insinuation des Testamens, codiciles, donations & autres Actes qui ne doivent avoir effet qu'après la mort, suivant la qualité des testateurs ou donateurs.

Extraït des Registres du Conseil d'Etat.

LE Roi étant informé des difficultés qui se présentent actuellement en la Province de Languedoc, au sujet des droits de Contrôle & d'Insinuation des Testamens, Codiciles, Donations & autres Actes qui ne doivent avoir effet qu'après le décès des Testateurs ou Donateurs dans lesquels tous les biens ne sont pas désignés ou évalués, les Notaires & les Redevables prétendans, par l'interprétation qu'ils donnent aux Articles 169. & 171. du Tarif arrête au Conseil le vingt Mars 1708. pour le Contrôle, qu'ils doivent être admis à faire des déclarations & évaluations des biens des Successions pour regler tant lesdits Droits de Contrôle que ceux d'Insinuation, le Sous-Fermier desdits Droits soutenant au contraire, que conformement à ces mêmes Articles du Tarif du Contrôle, il est toujours dû cinquante livres pou r ceux des personnes dénommées dans l'Article 168, & vingt-cinq livres pour ceux des personnes comprises dans l'Article 170, & par toutes sortes de personnes indistinctement, cinquante livres pour l'Insinuation des Meubles & Effets mobiliers sans préjudice des Droits, des Legs particuliers, des Substitutions, s'il y en a, & du Centiéme Denier des Immeubles, que le Texte dudit Article 169. qui s'explique par ces mots, pour ceux dans lesquels le prix ou valeur des choses données ou leguées, ne seront point désignées; ou qui ne pourront recevoir aucune estimation établit incontestablement son droit, parce qu'il impose la nécessité de faire la désignation des choses, par l'Acte même, & qu'il donne clairement à entendre que la plus grande partie des Testamens, particulierement ceux qui se font dans les Païs de Droit Ecrit, qui contiennent des institutions d'heritiers universels tant au mobilier qu'à l'immobilier, ne peuvent jamais recevoir aucune estimation, qu'en effet les heritiers institués qui sont obligés de faire Contrôler les Testamens dans la quinzaine du jour du décès des Testateurs, ne peuvent pas connoître l'objet des Successions, ni en faire des déclarations justes, que s'ils étoient admis à en faire des estimations vagues, elles seroient toujours frauduleuses, par la facilité qu'ils auroient à divertir ou receler des meubles & effets les plus considerables, tels que l'argent comptant, bijoux, vaisselle d'argent, billets, lettres de change & autres, obligations & autres de differentes natures, & ils se rendroient par ce moyen Arbitres des Droits, sans que le Fermier pût s'y opposer, que cette même question s'étant déja présentée en Normandie & en Provence, elle a été pleinement décidée au Conseil par trois Arrêts, le premier du onze Février 1710. & les deux autres du treize Decembre 1712. qui portent précisément que l'évaluation des biens doit être faite par le Testament même, & qu'elle ne peut l'être par aucuns Actes posterieurs, & qui condamnent les heritiers à payer les plus forts droits de Contrôle & d'Insinuation, nonobstant les Déclarations qu'ils avoient faites de la valeur des Successions à des sommes certaines, sur quoi Sa Majesté ayant fait examiner les differens Memoires qui ont été présentés, tant par le Sindic des Etats & les Notaires de Languedoc, que par le Sous-Fermier des Droits de Contrôle, Petits Sceaux & Insinuations dans l'étenduë de ladite Province, & les Edits, Déclarations, Tarifs, Arrêts, & Reglemens rendus sur la perception des Droits, voulant traiter favorablement les heritiers Testamentaires, faciliter au Sous-Fermier le recouvrement des Droits qui lui sont dûs ou dont le payement a été suspendu à cause des contestations qui ont été jusqu'à présent formées, & prevenir toutes sortes de difficultés à ce sujet pour l'avenir, n'a pas trouvé de moyen plus convenable que de regler ces Droits par rapport à la condition & qualité des Testateurs ou Donateurs, Vû aussi l'avis du Sieur de Basville Conseiller d'Etat Ordinaire Intendant de la Province de Languedoc : Oui le Rapport. Le Roi en son Conseil, de l'avis de Monsieur le Duc d'Orleans Régent, a ordonné & ordonne que pour les Testamens, Codiciles, Donations & autres Actes qui ne doivent avoir effet qu'après le décés des Donateurs ou Testateurs, dans lesquels le prix ou valeur de tous les biens donnés ou legués, ne seront pas désignés ni évalués, les Droits de Contrôle en seront payés suivant les qualités des Donateurs ou Testateurs ; sçavoir,

Pour ceux des personnes constituées en dignités Ecclesiastiques ou Laïques, Gentils-hommes qualifiés ou possedans des Terres de Haute, Moyenne ou Basse-Justice, Présidens, Conseillers, Avocats, Procureurs Généraux & Greffiers en Chef des Parlemens & autres Cours Supérieures, Officiers de Finances, Secretaires du Roi, Trésoriers & autres pourvûs d'emplois considerables, Fermiers, Sous-Fermiers, & Traitans des Droits du Roi, Banquiers & Marchands en gros de toutes les Villes de la Province, premiers Officiers & Bourgeois vivans de leur revenus des Villes où il y a Cours Supérieures, Présidial ou Evêché, leurs Veuves & Enfans de l'un & l'autre sexe, cinquante livres.

Pour ceux des simples Gentils-hommes, des Officiers de Judicature des Présidiaux, Baillages, Sénéchaussées, Vigueries & autres Jurisdictions Royales, premiers Officiers & Bourgeois vivans de leurs revenus, de toutes les autres Villes, Directeurs, Receveurs & principaux Commis des Fermes & Droits du Roi, trente livres.

Pour ceux des Officiers de Judicature, des Duchés, Pairies, & autres Jurisdictions Seigneuriales ressortissantes nuëment aux Parlemens, Avocats, Notaires, Procureurs, Greffiers & autres Officiers & Marchands en détail des Villes où il y a Cours Superieures, Présidial, Baillage, Sénéchaussée & autres Jurisdictions Royales, vingt livres.

Pour ceux des Officiers de Judicature des autres Jurisdictions Seigneuriales, Procureurs, Notaires, Greffiers & autres Officiers des mêmes Jurisdictions, Marchands, Bourgeois des autres Villes, gros Laboureurs & Fermiers tenans Fermes considerables à prix d'argent, dix livres.

Pour ceux des Artisans Manouvriers, Journaliers & autres personnes du commun des Villes, trois livres.

Et

Et pour ceux des simples Manouvriers, Journaliers & autres personnes du commun de la Campagne, trente sols.

A l'égard des Donateurs & Testateurs qui auront differentes qualités, les droits seront payés sur le pied de celle qui devra le plus fort droit.

Veut Sa Majesté, que les Droits d'Insinuations qui seront dûs par les heritiers à cause des Meubles & Effets mobiliers qui ne seront point évalués, soient payés sur le même pied que ce qui est ci-dessus reglé pour le Contrôle; le tout sans préjudice des Droits d'Insinuation des Legs particuliers, & des Substitutions, s'il y en a, & du Centiéme denier des immeubles : Ordonne Sa Majesté que les Notaires, Curés ou autres Dépositaires des Testamens, Codiciles, Donations ou autres Actes dont les Testateurs ou Donateurs sont décédés, qui n'ont pas encore été Contrôlés & Insinués, seront tenus dans un mois du jour de la publication du présent Arrêt de les porter au Bureau du Fermier pour y être Contrôlés & Insinués, & les Droits payés sous les peines & amendes portées par les Réglemens; Enjoint Sa Majesté au Sieur de Basville Conseiller d'Etat Ordinaire, Intendant de la Province de Languedoc de tenir la main à ce que le present Arrêt soit exécuté nonobstant oppositions ou appellations quelconques, & dont si aucunes interviennent; Sa Majesté s'en est & à son Conseil réservé la connoissance, & icelle interdit à toutes ses Cours & autres Juges. Fait au Conseil d'Etat du Roi, Sa Majesté y étant, tenu à Paris le 27 Février 1718. Collationné. Signé, *Phelipeaux.*

LOUIS, par la grace de Dieu, Roi de France & de Navarre : A notre amé & féal Conseiller ordinaire en notre Conseil d'Etat, le Sieur Delamoignon de Basville, Intendant de Justice en notre Province de Languedoc; Salut. Nous vous mandons & ordonnons par ces présentes signées de nous, de tenir la main à l'exécution de l'Arrêt y attaché sous le contre-Scel de notre Chancellerie, ce jourd'hui donné en notre Conseil d'Etat, Nous y étant, par lequel, de l'Avis de notre très-cher & très-amé Oncle le Duc d'Orleans Regent, Nous avons reglés les droits de Contrôle & d'Insinuation par rapport à la condition & qualité des Testateurs ou Donateurs en notre Province de Languedoc, de ce faire vous donnons pouvoir, Commission & Mandement spécial, commandons au premier notre Huissier ou Sergent sur ce requis de faire pour l'entiere exécution dudit Arrêt, & de ce que vous ordonnerez en consequence, tous exploits de significations & autres Actes de Justice que besoin sera, sans pour ce demander autre permission : Car tel est notre plaisir. Donné à Paris le 26 jour de Février 1718. Signé, LOUIS; *Et plus bas*, Par le Roi, le Duc D'ORLEANS Regent présent. Signé, *Phelipeaux*. Et scellé.

Collationné aux Originaux, par Nous Conseiller-Secretaire du Roi, Maison, Couronne de France & de ses Finances.

Déclaration du Roi, du 29 Septembre 1722, concernant le Contrôle des Actes des Notaires, & insinuations Laïques.

LOUIS par la grace de Dieu Roi de France & de Navarre : A tous ceux qui ces présentes Lettres verront, Salut. Il nous a été souvent représenté que les Tarifs du 20 Mars 1708, concernant le Contrôle des Actes & les insinuations Laïques, ont fixé à des sommes trop fortes les droits d'un grand nombre d'Actes, qui sont les plus fréquens dans la société civile, & qui interessent le commerce, la navigation, la culture des Terres, & les personnes du commun : Nous aurions fort désiré de prendre sur nos propres fonds la diminution qui est nécessaire d'accorder sur les droits de tous ces différens Actes ; mais le désir que nous avons d'acquitter réguliérement les dettes de l'Etat, nous obligeant de menager nos revenus, nous n'avons point trouvé d'autre moyen pour diminuer les droits de ces Actes, que de mettre sur les Actes les plus importans une legere augmentation de droits, qui étant proportionnée aux sommes pour lesquels ces actes seront passés, se trouvera aussi proportionnée aux facultés des contractans ; de réunir à notre Ferme les droits de Contrôle, Insinuations Laïques & & petit Scel qui ont été alienés ou abonnés ; de les rétablir dans les lieux où ils ont été supprimés, & d'en rendre la régie & la perception générale & uniforme dans toute l'étenduë de notre Royaume, n'étant pas juste que quelques lieux demeurent affranchis de ces droits ausquels tous les autres sont sujets. Nous pouvons rétablir le Contrôle des Actes des Notaires, avec d'autant plus de raison dans notre bonne Ville de Paris, que ce droit y ayant été créé comme dans les autres Villes & lieux du Royaume, par le feu Roi de glorieuse mémoire notre très-honoré Seigneur & Bisayeul ; les Notaires de ladite Ville n'en furent déchargés, qu'au moyen d'un prêt qu'ils lui firent de la somme de 900000 livres en rentes sur la Ville, dont ils ont reçû regulierement les arrerages, & dont nous leur avons remboursé le capital. Et comme nous avons lieu d'esperer que ces droits étant fixés par les nouveaux Tarifs que nous en avons fait arrêter ce jourd'hui en notre Conseil, avec plus de proportion qu'ils ne l'étoient par les anciens Tarifs, les Parties, les Notaires, Greffiers & autres personnes publiques ne s'exposeront pas à l'avenir aux peines de nullité & d'amende portées par les Edits, Déclarations & Reglemens, Nous voulons bien par grace spéciale, non-seulement les relever de celles qu'ils ont encourues, pourvû que la condamnation n'en ait point encore été prononcée, mais même leur accorder un délai convenable pour faire contrôler, insinuer & sceller les Actes & Jugemens qui ne l'ont pas été, & les valider du jour qu'ils auront été contrôlés, insinués & scellés. A ces causes, & autres à ce nous mouvans, de l'avis de notre très-cher & très-amé oncle le Duc d'Orleans Petit-fils de France Regent, de notre très-cher & très amé oncle le Duc de Chartres premier Prince de notre Sang, de notre très cher & très amé cousin le

Duç de Bourbon, de notre très-cher & très-amé cousin le Comte de Charollois, de notre très-cher & très-amé cousin le Princes de Conti, Princes de notre Sang, de notre très-cher & très-amé oncle le Comte de Toulouse Prince légitimé, & autres grands & notables personnages, de notre Royaume, de notre certaine science, pleine puissance & autorité Royale, nous avons par ces présentes signées de notre main, dit, déclaré & ordonné, disons, déclarons & ordonnons, voulons & nous plaît.

ARTICLE PREMIER.

Que les nouveaux Tarifs que nous avons fait arrêter ce jourd'hui en notre Conseil, attachés sous le contrescel des présentes, concernant les droits de Contrôle des Actes des Notaires sous signature privée, & les droits des insinuations Laïques, ainsi que l'ancien Tarif du 20 Mars 1708, concernant le petit Scel des Sentences & Actes judiciaires, soient exécutés dans toute l'étenduë de notre Royaume, Pays, Terres & Seigneuries de notre obéissance.

II. Revoquons à cet effet la Déclaration du 27 Avril 1694, concernant les Actes passés par nos Conseillers Notaires au Châtelet de notre bonne Ville de Paris, & les autres Edits, Déclarations & Arrêts portant suppression, alienation ou abonnement des droits de Contrôle des Actes, insinuations Laïques & petit Scel, precedemment rendus. Voulons qu'à commencer du premier Novembre prochain, tous les Contrats & Actes qui seront reçûs & passés par nosdits Conseillers-Notaires au Châtelet de Paris, par ceux de notre bonne Ville de Lyon, & par tous les autres Notaires & Tabellions, tant Royaux, Apostoliques, que Seigneuriaux, Greffiers & autres personnes publiques, qui ont droit de passer & recevoir des Actes sujets ausdits droits; ensemble tous les Jugemens & Actes judiciaires sujets au petit Scel, soient contrôlés, insinués & scellés dans les délais prescrits par les précedens Reglemens, & conformement à iceux, & les droits payés sous les peines y portées, sans aucune distinction des lieux où lesdits droits n'ont point été ci-devant perçus, en la même forme & maniere qui se pratique dans les lieux où lesdits droits sont actuellement établis, sauf à rapporter en notre Conseil les titres en vertu desquels les suppressions, aliénations ou abonnemens ont été faits, pour être sur iceux procedé à la liquidation des Finances qui seront par nous remboursées, s'il y échet, ou à l'indemnité des Aliénataires, sur le pied de l'évaluation de leurs anciennes jouissances, laquelle indemnité leur sera annuellement payée par le Fermier desdits droits, outre & par-dessus le prix de son Bail, ainsi que nous l'en chargeons par ces présentes.

III. Permettons par grace spéciale à ceux qui n'ont point fait contrôler, insinuer & sceller dans les délais portés par les Reglemens les Actes & Jugemens, dans les lieux qui y sont sujets, de les faire contrôler, insinuer & sceller dans le tems de trois mois, à compter du jour de la publication des présentes, en payant les droits portés par les Tarifs de ce jour, pour le Contrôle & l'insinuation; & suivant le Tarif du 20 Mars 1708, pour le petit Scel, pour avoir lesdits Actes & Jugemens hypotheque, force & vertu, du jour seulement qu'ils seront contrôles, insinués & scellés. Déchargeons les parties, les Notaires, Greffiers & autres qui sont tombés dans des contraventions à nos précedens Reglemens, des peines & amendes qu'ils ont encourues, pourvû qu'elles n'ayent point été prononcées, à la charge de satisfaire ausdits Reglemens, & de payer lesdits droits dans ledit tems; lesquels droits lesdits Notaires, Greffiers & autres personnes publiques, seront tenus d'avancer, sauf leur recours contre les Parties qui les doivent: après lequel délai & sans espoir d'aucun autre, voulons que la nullité prononcée par nos Edits & Déclarations ait sont entier effet, & que lesdits Notaires & autres demeurent responsables des dommages & intérêts que les Parties pourront souffrir pour la nullité desdits Actes & Jugemens, & que les peines & amendes soient poursuivies & payées sans aucune remise ni moderation.

IV. Faisons très-expresses inhibitions & défenses aux Commis à la perception desdits droits de Contrôle, Insinuation Laïque & petit Scel, de donner communication de leurs Registres, ni d'en délivrer aucuns extraits pour quelque cause & sous quelque prétexte que ce puisse être, qu'en vertu d'Ordonnance de Justice, à peine de mille livres d'amende, de revocation, & d'être privés pour toujours de toutes sortes d'emplois.

V. Voulons au surplus que toutes les Edits, Déclarations & Reglemens ci-devant rendus au sujets de la régie & perception desdits droits de Contrôle, Insinuation Laïque & petit Scel, soient exécutés selon leur forme & teneur, en ce qu'ils ne sont point contraires à ces présentes. Si donnons en Mandement à nos amés & féaux Conseillers les gens tenans notre Cour de Parlement à Paris, que ces présentes ils ayent à faire lire, publier & registrer, même en tems de vacations, & le contenu en icelles garder & observer selon leur forme & teneur, aux copies collationnées desquelles par l'un de nos amés & féaux Conseillers Secretaires, voulons que foi soit ajoûtée comme à l'Original, car tel est notre plaisir. En témoin de quoi nous avons fait mettre notre Scel à cesdites présentes. Donné à Versailles le 29 jour de Septembre, l'an de grace 1722, & de notre Regne le huitiéme. Signé, LOUIS. *Et plus bas*, par le Roi, le Duc D'ORLEANS Regent présent. Signé *Phelypeaux*. Et scellée du grand Sceau de cire jaune.

Registrées, oui, & ce requerant le Procureur Général du Roi, pour être exécutées selon leur forme & teneur, sans approbation des Reglemens énoncés en la présente Déclaration, autres que ceux portés par les Edits, Déclarations & Lettres Patentes enregistrées en la Cour. Et sera le Roi très-humblement supplié de vouloir bien décharger son Peuple de l'Imposition portée par la présente Déclaration, aussi-tôt que l'état de ses affaires pourra le permettre: Et seront copies collationnées envoyées aux Bailliages & Sénéchaussées du Ressort, pour y être lues, publiées & registrées: Enjoint aux Substituts du Procureur Général du Roi, d'y tenir la main, & d'en certifier la Cour dans un mois, à la charge que le présent enregistrement sera réitéré au lendemain de la saint Martin, suivant l'Arrêt de ce jour. A Paris en Parlement en Vacation, le 8 jour d'Octobre 1722. Signé, *Gilbert.*

Tarif des droits que le Roi en son Conseil veut & ordonne être payés à l'avenir, à commencer du premier Novembre prochain, en exécution de l'Edit du mois de Mars 1693, & autres Edits, Déclarations, Arrêts & Reglemens rendus en conséquence, & notamment de la Déclaration de ce jour, pour le Contrôle des Actes & Contrats qui seront passés dans toute l'étenduë du Royaume, Pays, Terres & Seigneuries de l'obéissance de Sa Majesté, par ses Conseillers-Notaires au Châtelet de Paris, & de la Ville de Lyon, & par tous les autres Notaires & Tabellions, tant Royaux, Apostoliques, que Seigneuriaux, Greffiers, Gens de Loi, & autres qui ont droit d'instrumenter, & pour le Contrôle des Actes sous signatures privées.

ARTICLE PREMIER.

ACtes Ecclésiastiques, les droits en seront payés;

SÇAVOIR,

Pour les nominations ou présentations à Bénéfices par Patrons Ecclésiastiques ou Laïques, permutations, demissions, resignations, provisions données par les Abbés, Abbesses, Bénéficiers & autres Collateurs, collations accordées par ceux qui ont droit d'Indult, celles données par les Chancelliers des Eglises & Universités, à ceux qui sont nommés par Sa Majesté, significations de Lettres d'Indult, de joyeux avenement & serment de fidélité, information d'âge, vie & mœurs des personnes nommées aux Archevêchés & Evêchés, Procuration pour prendre possession de Bénéfice ou dignité, celles pour se demettre, celles qui portent résignation ou retrocession, ou qui seront conçues dans des termes qui pourront dispenser les résignataires de passer d'autres Actes pardevant Notaire pour parvenir à l'obtention des provisions, prise de possession, opposition & interpellation que les parties desireront faire pour la conservation de leurs droits aux Patrons, aux élisans, Collateurs & Collatrices, cessions sous le bon plaisir du Roi, d'Indult des Officiers du Parlement de Paris, cessions & échanges des Patronages d'Eglise, procès-verbaux de fulmination de Bulles, ou Visa de signature de Cour de Rome, ceux d'élection à une premiere dignité d'Eglise Cathédrale, Collegiale ou Conventuelle, ceux de bénédictions d'Abbés ou d'Abbesses, requisitions de confirmation, & les concordats au sujet des Archevêchés, Evêchés, Abbayes, dignités, & autres Bénéfices sur procès mûs & à mouvoir, pour raison du possessoire desdits Bénéfices, création, réduction & extinction de pension créée & à créer en Cour de Rome, cinq livres, ci 5 liv.

Les commiſſions d'Archidiacre pour deſſervir une Cure, Compromis & Expéditions des Sentences arbitrales, entre ſeuls Eccléſiaſtiques, pour raiſon des droits appartenans à leurs Egliſes, & les Actes de vêture, Noviciat ou Profeſſion dans les Monaſteres deux livres, ci 2 liv.

Les Actes de Vêture & de Profeſſion dans les Ordres des Mandians ſeront contrôlés gratis.

Et les nominations de Gradués, procurations pour compromettre, requerir, réſigner, ceder ou retroceder un Benefice, celle pour notifier les noms, titres & qualités des Graduez, ou pour conſentir création ou extinction de penſion, revocations deſdites procurations, retractations, ſignifications deſdits Actes & des Brefs, Bulles, ſignatures, reſcrits Apoſtoliques, des concordats & atteſtations de tems d'étude, notifications de degrés & autres repreſentations, requiſitions de Viſa, de fulmination de Bulles, d'admiſſion à prendre l'habit, à faire Noviciat & Profeſſion, celles pour ſatisfaire au decret d'une proviſion de Benefice regulier, & celles faites aux Curés pour publier aux Prônes des Meſſes, les priſes de poſſeſſion, les publications à iſſue de Meſſes des priſes de poſſeſſion, en cas de refus des Curés, actes de refus des Curés, actes de refus d'ouvrir les portes pour prendre poſſeſſion ou autrement, oppoſitions à priſe de poſſeſſion, Lettres d'introniſation, & les répudiations des proviſions, une livre, ci 1 liv.

II. Abandonnement ou ceſſion volontaire de biens par un débiteur à ſes creanciers, cinq livres, ci 5 liv.

III. Acquiſitions de meubles ou immeubles, ſoit par contrats volontaires, adjudications en direction ou autrement.

Au deſſous de cinquante livres, cinq ſols, ci 5 ſ.

De cinquante livres à cent livres, dix ſols, ci 10 ſ.

De cent livres à deux cens liv. une livre, ci 1 l.

De deux cens livres & au deſſus juſqu'à dix mille livres à raiſon de dix ſols pour chaque cent livres.

De dix mille livres, cinquante livres, ci 50 l.

Et au-deſſus de dix mille livres, à quelques ſommes qu'elles puiſſent monter, à raiſon de vingt ſols d'augmentation pour chaque mille livres.

IV. Acquiſitions de meubles ou immeubles, où toutes les ſommes & autres choſes qui en font le prix ne ſeront pas déſignées ni évaluées, ſera payé pour tenir lieu du plus fort droit, deux cens livres, ci 200 l.

V. Atteſtations ou Certificats purs & ſimples, dix ſols, ci 10 ſ.

VI. Aveu & dénombrement d'un Fief ayant haute Juſtice, reçu par les Notaires, Greffiers des Seigneurs ou autres qui en ont le droit, ſix livres, ci 6 l.

Ayant droit de moyenne & baſſe Juſtice, quatre livres dix ſols, ci 4 l. 10 ſ.

Ayant droit de baſſe Juſtice ſeulement trois liv. ci 3 l.

Pour le ſimple fief ſans Juſtice, deux liv. ci 2 l.

A cauſe d'une, deux ou trois pieces de terre hommagées ou nobles, dix ſols, ci 10 ſ.

Les Actes mentionnés au préſent article ne peuvent être fournis ni reçus ſous ſignatures privées, qu'ils n'ayent été préalablement contrôlés.

VII. Actes & contrats d'aſſurance, obligations à la groſſe aventure, & celles pour retour de voyage, qui seront reçus par les Notaires, Censaux, Courtiers, Agens de Change, Greffiers des Amirautés, ceux des Jurisdictions Consulaires, ou autres qui sont en usage de les recevoir, sera payé pour chacun desdits Actes, & par chacun des Assureurs donnans à la grosse, ou prenans à retour de voyage.

SÇAVOIR,

Pour les assurances, sur le pied des sommes données pour la Prime, & pour les obligations à la grosse, ou pour retour de voyage, sur le pied des sommes principales ou valeur des choses données.

Au-dessous de cent livres, cinq sols, ci	5 s.
De cent livres à deux cens livres, dix sols, ci	10 s.
De deux cens livres à quatre cens livres, quinze sols, ci	15 s.
De quatre cens livres à cinq cens livres, une livre, ci	1 l.
De cinq cens livres à mille livres, une livre dix sols, ci	1 l. 10 s.
De mille livres à quinze cens livres, deux livres dix sols, ci	2 l. 10 s.
De quinze cens livres à deux mille livres, trois livres, ci	3 l.
De deux mille livres à deux mille cinq cens livres, quatre livres, ci	4 l.
De deux mille cinq cens livres à trois mille livres, cinq livres, ci	5 l.
De trois mille livres à quatre mille livres, six livres, ci	6 l.
De quatre mille livres à cinq mille livres, sept livres, ci	7 l.
De cinq mille livres à six mille livres, ci	8 l.
De six mille livres à sept mille livres, neuf livres, ci	9 l.
De sept mille livres à huit mille livres, dix livres, ci	10 l.
De huit mille livres & au dessus, à quelques sommes qu'ils puissent monter, quinze livres, ci	15 l.

VIII. Acte d'abandonnement pour fait d'assurance, ou grosse aventure, quatre livres, ci 4 l.

IX. Assurances & obligations à la grosse aventure, ou pour retour de voyage, faites pour le compte de Sa Majesté par les Intendans & Commissaires pour les fournitures concernant la Marine, ne sera payé que la moitié des droits mentionnés à l'article VII. du présent Tarif.

X. Acte de respect, ou requisition faite par des enfans à leurs peres & meres, pour consentir à leurs mariages, sera payé,

SÇAVOIR,

Pour toutes sortes de personnes, à l'exception des Artisans & gens du commun, trois livres, ci 3 l.

Et par les Artisans & gens du commun, une livre, ci 1 l.

XI. Acceptation de communauté de biens ou successions, dont les Actes sont reçûs par les Notaires, Greffiers ou autres, une livre, ci 1 l.

XII. Attermoyement ou accord entre un débiteur & ses créanciers, le droit en sera payé à proportion de toutes les sommes y contenues jointes ensemble sur le pied reglé par les articles III. & IV. du présent Tarif.

XIII Autorisation d'un mari à sa femme pour passer des Actes & Contrats, ou pour ester en Justice: ensemble les Actes contenant déclaration de refus d'autorisation, les droits en seront payés suivant les qualités des personnes, ainsi qu'il est reglé par l'article X. du présent Tarif.

XIV. Baux d'héritages à cens ou à rente fonciere, rachetable ou non rachetable, les droits seront payés sur le pied de l'article III. du présent Tarif, à raison du capital au denier vingt de la redevance, à quoi seront jointes les sommes données pour droits d'Entrées, pots de vin & autres choses faisant augmentation de prix, s'il y en a.

XV. Baux à loyer, ou à titre de ferme, & tous autres, jusqu'à neuf années seulement, sera payé pour les droits sur le pied d'une année du loyer en argent, espece ou autres choses qui seront évaluées.

SÇAVOIR,

Pour ceux au-dessous de cinquante livres, cinq sols, ci	5 s.
De cinquante livres à cent livres, dix sols, ci	10 s.
De cent livres à cent cinquante livres, une livre, ci	1 l.
De cent cinquante livres à deux cens livres, une livre dix sols, ci	1 l. 10 s.
De deux cens livres à deux cens cinquante livres, deux livres, ci	2 l.
De deux cens cinquante livres à trois cens livres, trois livres, ci	3 l.
De trois cens livres à quatre cens livres, quatre livres, ci	4 l.

De quatre cens livres & au-dessus jusqu'à trois mille livres, à raison de vingt sols pour chaque cent livres.

De trois mille livres, trente livres, ci 30 l.

Et au-dessus de trois mille livres, à quelques sommes qu'ils puissent monter, à raison de vingt sols d'augmentation pour chaque mille livres.

XVI. Les même droits seront payés pour les sous-baux, transports, cessions, retrocessions & subrogations desdits baux.

XVII. Baux à moitié ou par tiers, ou ceux faits moyennant certaines especes, les droits seront payés sur le pied de l'article XV. du présent Tarif & suivant l'estimation que les parties seront tenues de faire dans lesdits baux, de la valeur année commune, des choses qui doivent être payées au bailleur, laquelle estimation se fera sans fraude, à peine de deux cens livres d'amende, tant contre le bailleur que le preneur.

XVIII. Baux emphitéotiques à vie & autres au-dessus de neuf années, & ceux à Domaine congeable, sera payé le double des droits reglés par l'Article XV. au présent Tarif, à proportion du prix annuel desdits baux.

XIX. Baux à Chetels de bestiaux, à croît ou decroît, ou de paturage, le droit en sera payé sur le pied du capital du prix des bestiaux, dont l'estimation sera faite dans l'Acte.

SÇAVOIR,

Pour ceux au-dessous de vingt livres, deux sols, ci	2 s.
De vingt livres à cinquante livres, quatre sols, ci	4 s.
De cinquante livres à cent livres, huit sols, ci	8 s.
De cent livres à deux cens livres, dix sols, ci	10 s.
De deux cens livres à trois cens livres, quinze sols, ci	15 s.

De

De trois cens livres à quatre cens livres, une livre, ci 1 l.

De quatre cens livres à six cens livres, une livre dix sols, ci 1 l. 10 s.

De six cens livres à mille livres, deux livres, ci 2 l.

De mille livres à quinze cens livres, trois livres, ci 3 l.

De quinze cens livres à deux mille livres, quatre livres, ci 4 l.

De deux mille livres à trois mille livres, six livres, ci 6 l.

De trois mille livres & au-dessus, à quelques sommes qu'ils puissent monter, dix livres, ci 10 l.

XX. Baux ou adjudications des biens & revenus communs, patrimoniaux, & d'octrois des Villes, Communautés & Paroisses, les droits seront payés à raison d'une année du revenu sur le pied de l'Article XV. du présent Tarif.

XXI. Baux des Boucheries qui seront passés pardevant Notaires, par déliberations des Communautés, ou reçus par les Greffiers ou Secretaires des Villes, Communautés ou Paroisses, soit qu'ils contiennent des prix fixes en faveur desdites Villes, Communautés & Paroisses, ou qu'ils ne contiennent seulement que la fixation du prix de la vente des viandes, les droits seront payés;

SÇAVOIR,

Pour ceux des Villes où il y a Cour Supérieure, Présidial ou Evêché, vingt livres, ci 20 l.

De celles où il y a Bailliage, Sénéchaussée, Elections ou autre Jurisdiction Royale, dix livres, ci 10 l.

Des autres Villes & Bourgs clos, six livres, ci 6 l.

De toutes les autres Communautés & Paroisses, trois livres, ci 3 l.

XXII. Baux ou Traités pour la levée des Tailles & autres impositions, tant ordinaires qu'extraordinaires, le droit en sera payé suivant l'Article XV. du présent Tarif, sur le pied du montant de la remise accordée.

XXIII. Brevets d'apprentissage ès Villes où il y a Parlement ou autre Cour Supérieure, une livre, ci 1 l.

Pour ceux des autres Villes & lieux, dix sols, ci 10 s.

XXIV. Cautionnemens portés par les mêmes Contrats & Actes, pour raison desquels ils seront faits, il n'en sera dû aucun droit; mais lorsqu'ils seront faits par Actes particuliers, le droit en sera payé comme pour les Contrats, Obligations, & Actes, pour raison desquels ils seront faits, conformément au présent Tarif.

Cautionnement pur & simple, par Acte particulier qui n'aura aucun rapport à autres Actes ou Contrats, pour quelque cause que ce soit, excepté les deux cas ci-après, deux livres, ci 2 l.

Cautionnement pur & simple par acte particulier pour des Officiers en titre, Trésoriers ou Receveurs des Chapitres & Communautés, ou pour des Commis qui ont maniement de deniers, cinq livres, ci 5 l.

Cautionnement pour un domestique, cinq sols, ci 5 s.

XXV. Cessions, Transports & Subrogations de choses mobiliaires ou immobiliaires, les droits en seront payés sur le pied reglé par les Articles III. & IV. du présent Tarif.

XXVI. Conſtitution de rentes en argent ou eſpeces, les droits en ſeront payés ſur le pied du capital, ſuivant l'Article III. du préſent Tarif.

XXVII. Conſtitutions de penſion ou rentes viageres pour dotation de Religieux ou Religieuſes, les droits en ſeront payés ſur le pied du capital de la rente au denier dix, ſuivant l'article III. du préſent Tarif.

Lorſque dans les conſtitutions de penſions pour dotations de Religieuſes, il y aura des ſommes payées en argent, le capital de la penſion au denier dix y ſera joint, & le droit payé pour le total.

XXVIII. Conſtitutions de penſions ou rentes viageres à prix d'argent, pour quelque cauſe que ce ſoit, le droit en ſera payé ſur le pied du capital de la rente au denier dix, ſuivant l'article III. du préſent Tarif.

XXIX. Collations de piéces ou extraits, ſera payé cinq ſols, ci 5 ſ.

Lorſque la collation ou extrait ſera de pluſieurs piéces, il ſera payé cinq ſols pour la premiere piéce, & moitié du droit pour chacune des autres.

Les Actes pardevant Notaires, & ceux ſous ſignature privée, ne peuvent être extraits ou collationnés qu'ils n'ayent été préalablement contrôlés.

XXX. Compromis entre toutes perſonnes pour quelque cauſe que ce ſoit, deux livres, ci 2 l.

XXXI. Comptes, précomptes, ſociétés, traités & ſoutraités dans leſquels les ſommes ſeront certaines, les droits ſeront payés ſuivant l'Article III. du préſent Tarif.

Et lorſque les ſommes ne ſeront pas certaines, le droit en ſera payé;

SÇAVOIR,

Entre gens d'affaires, douze livres, ci 12 l.

Entre Marchands, huit livres, ci 8 l.

Entre particuliers pour quelque cauſe que ce ſoit, quatre livres dix ſols, ci 4 l. 10 ſ.

XXXII. Contre-lettres d'un contrat d'acquiſition, conſtitution, obligation, ou autre Acte, le droit ſera payé comme pour le contrat ou acte pour raiſon duquel elles ſeront faites, ſur le pied reglé par le préſent Tarif.

XXXIII. Contrats de mariage dans leſquels les ſommes ou valeur des biens & effets provenant du côté de l'un & de l'autre des conjoints ſeront évaluées, en y joignant les meubles & autres effets conſtitués ou donnés, les droits en ſeront payés ſur le pied de l'Article III. du préſent Tarif.

XXXIV. Contrats de mariage dans leſquels le bien de l'un des conjoints ne ſera évalué, déſigné, ni eſtimé, ou dans leſquels l'une des parties ſera priſe avec ſes droits, le droit de Contrôle dû ſur le pied du bien de l'autre ſera doublé.

XXXV. Contrats de mariage dans leſquels les biens des conjoints ne ſeront déſignés ni eſtimés, ou qui ſe prendront réciproquement avec leurs droits, ſera payé;

SÇAVOIR,

Pour ceux des perſonnes conſtituées en dignité, Gentilshommes qualifiés, ou ceux qui poſſedent des Terres ayant haute, moyenne ou baſſe Juſtice, ſoit Gentilshommes ou Roturiers, Préſidens, Conſeillers, Avocats ou Procureurs Généraux & Greffiers en Chef des Parlemens & autres Cours Supérieures, Officiers de Finance, Secrétaires du Roi, Tréſoriers & autres pourvûs d'Emplois conſidérables, Fermiers, ſous-Fermiers & Traitans des droits du Roi, Banquiers & Marchands en gros de toutes les Villes, premiers Officiers & Bourgeois vivans de leur revenu, des Villes où il y a Cour Supérieure, Préſidial ou Evêché, cinquante livres, ci 50 l.

Pour ceux des ſimples Gentilshommes de toutes les Villes & Paroiſſes, Officiers de Judicature, des Préſidiaux, Bailliages, Sénéchauſſées, Vigueries, Elections & autres Juriſdictions Royales, premiers Officiers & Bourgeois vivans de leur revenu, de toutes les autres Villes que celles mentionnées en l'article précedent, Directeurs, Receveurs & principaux Commis des Fermes & Droits du Roi, trente livres, ci 30 l.

Pour ceux des Officiers de Judicature, des Duchés-Pairies & autres Juriſdictions Seigneuriales, reſſortiſſantes nuement ès Parlemens, Avocats, Notaires, Procureurs, Greffiers & autres Officiers, Médecins, Chirurgiens, Apoticaires, Peintres, Sculpteurs, Orfévres, Marchands en détail, & autres notables artiſans des Villes où il y a Cour Supérieure, Préſidial, Bailliage, Sénéchauſſée, Election & autres Juriſdictions Royales, vingt livres, ci 20 l.

Pour ceux des Officiers de Judicature des autres Juriſdictions Seigneuriales, Procureurs, Notaires, Greffiers & autres Officiers des mêmes Juriſdictions, Médecins, Chirurgiens, Apoticaires, Marchands, Bourgeois des autres Villes, gros Laboureurs & Fermiers, dix livres, ci 10 l.

Pour ceux des artiſans, manœuvriers, journaliers, & autres perſonnes du commun des Villes, trois livres, ci 3 l.

Et pour ceux des ſimples manœuvriers, journaliers, & autres perſonnes du commun de la campagne, une livre dix ſols, ci 1 l. 10 ſ.

XXXVI. Déguerpiſſement, exponſe ou abandonnement d'héritages pour être déchargé de la rente ou redevance dont il eſt chargé, le droit ſera payé ſur le pied du capital de la rente au denier vingt;

SÇAVOIR,

Au-deſſous de cinquante livres, cinq ſols, ci	5 ſ.
De cinquante livres à cent livres, dix ſols, ci	10 ſ.
De cent livres à deux cens livres, quinze ſols, ci	15 ſ.
De deux cens livres à quatre cens livres, une livre, ci	1 l.
De quatre cens livres à ſix cens livres, une livre dix ſols, ci	1 l. 10 ſ.
De ſix cens livres à mille livres, deux livres, ci	2 l.
De mille livres à quinze cens livres, trois livres, ci	3 l.
De quinze cens livres à deux mille livres, quatre livres, ci	4 l.
De deux mille livres à trois mille livres, ſix livres, ci	6 l.

De trois mille livres à quatre mille livres, sept livres, ci 7 l.

De quatre mille livres à cinq mille livres, huit livres, ci 8 l.

De cinq mille livres à six mille livres, dix livres, ci 10 l.

De six mille livres & au-dessus à quelques sommes qu'ils puissent monter, & pour ceux qui ne contiendront point l'évaluation, douze livres, ci 12 l.

XXXVII. Dépôt ou consignation, le droit en sera payé à proportion des sommes ou valeur des choses déposées ou consignées, sur le pied reglé par les Articles III. & IV. du présent Tarif.

XXXVIII. Dépôt d'Actes sous signatures privées, de quelque espece qu'ils soient, dix sols, ci 10 s.

Lesdits Actes sous signatures privées ne peuvent être déposés ou annexés aux minutes des Notaires, Greffiers & autres personnes qui les recevront en dépôt, qu'ils n'ayent été préalablement contrôlés, & les droits payés suivant leur nature, dont mention doit être faite dans les Actes de dépôt.

XXXIX. Déclaration pour le tout ou partie du contenu d'un contrat d'acquisition, constitution, obligation ou autre acte, lorsqu'elle sera renfermée dans le même contrat ou acte, il n'en sera dû aucun droit; mais lorsqu'elle sera faite par un acte particulier, le droit en sera payé comme pour le contrat & acte pour raison duquel elle sera faite, & à proportion de la somme qui sera contenue dans ladite déclaration, sur le pied reglé par le présent Tarif.

XL. Déclaration pure & simple qui n'a rapport à aucun contrat ou acte, celle d'appel de jugement des Juges inférieurs, ou pour quelque autre cause que ce puisse être, seize sols, ci 16 s.

XLI. Déclaration ou reconnoissance au papier terrier des choses tenues en censive,

Pour celles au-dessous de dix articles, cinq sols, ci 5 s.

Et pour celles de dix articles & au-dessus, dix sols, ci 10 s.

XLII. Désistement pur & simple d'une demande, faite, tant en matiere civile que criminelle, ou d'un acte d'appel par la partie qui l'a interjetté ou relevé, sans l'acceptation de l'autre, avant qu'il ait été prononcé aucun jugement, & dans lesquels il n'y aura aucune somme désignée, ni autres dispositions que celles qui conviennent au désistement pur & simple, une livre, ci 1 l.

XLIII. Dissolution ou résolution de traités, sou-traités & société, pour quelque cause que ce soit, dix livres, ci 10 l.

XLIV. Donation entre vifs par toutes sortes d'actes, de quelque nature qu'ils soient, soit par démission, abandonnement, en avancement de droits successifs, ou pour quelque autre cause que ce puisse être, soit de meubles ou immeubles donnés en propriété, les droits en seront payés sur le pied reglé par les Articles III. & IV. du présent Tarif.

XLV. Donations d'usufruits, de pension ou rente viagere, les droits en seront payés sur le pied de l'évaluation qui sera faite du fonds de l'usufruit, pension ou rente, à raison du denier dix, suivant l'Article III. du présent Tarif.

Et pour celles qui ne contiendront point d'évaluation, suivant l'article IV.

XLVI. Dons mutuels entre maris & femmes, les droits feront payés;

SÇAVOIR,

Pour ceux des perſonnes conſtituées en dignité, Gentilshommes qualifiés, ceux qui poſſedent des Terres ayant haute, moyenne ou baſſe Juſtice, Officiers des Cours Supérieures, Greffiers en Chef deſdites Cours, Officiers & Gens du Roi, des Préſidiaux, Bailliages, Sénéchauſſées, Elections & autres Juriſdictions Royales, Secretaires du Roi, Tréſoriers de France, Receveurs généraux des Finances, Receveurs des Tailles, & tous autres Officiers de Finance, Fermiers, ſous-Fermiers & Traitans des droits du Roi, Directeurs, Receveurs & principaux Commis des Fermes, Banquiers & Négocians en gros, quinze livres, ci 15 l.

Pour ceux des ſimples Gentilshommes, Officiers de Judicature, autres que ceux dénommés en la claſſe ci-deſſus, Avocats, Notaires, Procureurs, Greffiers, Huiſſiers, Médecins, Chirurgiens, Apoticaires, Bourgeois, Marchands en détail, & notables artiſans des Villes, dix livres, ci 10 l.

Pour tous autres Artiſans des Villes, Laboureurs, Fermiers & habitans de la campagne, deux livres, ci 2 l.

XLVII. Décharges de papiers données aux Procureurs par leurs parties, qui ne contiendront point d'obligation, ni autre diſpoſition que celles qui conviennent à une ſimple décharge, dix ſols, ci 10 ſ.

XLVIII. Echange, le droit ſera payé à proportion de la valeur de ce qui ſera donné en échange par l'une des deux parties, ſuivant l'évaluation & eſtimation qui ſera faite par les contrats ſans fraude, ſinon à l'amiable ou par Experts ſur le pied des Articles III. & IV. du préſent Tarif.

XLIX. Engagemens, enticreſes, ou pignoratifs, le droit en ſera payé ſur le pied reglé par les Articles III. & IV. du préſent Tarif.

L. Engagemens de matelots, ſoldats & autres pour l'équipage des Navires armés, ſoit pour le négoce ou pour la courſe, le cahier ſera contrôlé dans la quinzaine, à compter du jour de la clôture d'icelui, qui ſera faite au plutard le jour du départ du Bâtiment, & les droits payés à raiſon de cinq ſols par article, ſans néanmoins que le droit puiſſe exceder quinze livres.

LI. Emancipations qui ne contiendront aucune donation, avancement de ſucceſſions ou autre diſpoſition que celle néceſſaire pour tirer les enfans hors de la puiſſance paternelle ſera payé,

SÇAVOIR,

Pour les enfans des perſonnes dénommées en la premiere Claſſe de l'article XLVI. du préſent Tarif, ſix livres, ci 6 l.

Pour ceux dénommés en la ſeconde claſſe, trois livres, ci 3 l.

Pour ceux dénommés en la troiſiéme claſſe, une livre, ci 1 l.

LII. Exhérédations, les mêmes droits ſeront payés que pour les émancipations, ſuivant la qualité des perſonnes dénommées dans les trois claſſes de l'article XLVI. du préſent Tarif.

LIII. Fondations où les sommes en principal seront évaluées, les droits seront payés sur le pied de l'article III. du présent Tarif.

LIV. Foi & hommage, les droits seront payés sur le pied des classes reglées par l'article VI. du présent Tarif.

LV. Indemnité pour raison d'obligations, contrats ou actes, il n'en sera dû aucun droit, lorsqu'elle sera renfermée dans le même contrat, obligation ou acte; mais lorsque ce sera par acte particulier, le droit en sera payé comme pour l'obligation, contrat ou acte sur le pied reglé par le présent Tarif.

Indemnité pure & simple qui n'aura rapport à aucun contrat ou acte pour quelque cause que ce soit, une livre dix sols, ci 1 l. 10 s.

LVI. Inventaires de meubles & papiers faits par les Notaires, Greffiers & autres qui ont droit de les faire, dans lesquels les meubles seront estimés, ainsi que tous les autres effets mobiliers, les droits seront payés conformément à l'article III. du présent Tarif.

Et pour ceux qui ne contiendront point d'estimation ni évaluation, suivant l'article IV.

LVII. Inventaires où il ne se trouvera que des papiers concernans la propriété des immeubles, soit en terres, maisons, héritages, contrats de constitution ou traités d'Offices, sera payé;

Sçavoir,

Pour ceux des personnes constituées en Dignités Ecclésiastiques ou Laïques, Gentilshommes qualifiés, ceux qui possedent des Terres ayant haute, moyenne & basse Justice, Officiers des Cours Supérieures, Greffiers en Chef desdites Cours, Officiers & Gens du Roi des Présidiaux, Bailliages, Sénéchaussées, Elections & autres Jurisdictions Royales, Secretaires du Roi, Trésoriers de France, Receveurs généraux des Finances, Receveurs des Tailles & tous autres Officiers de Finance, Fermiers, sous-Fermiers & Traitans des droits du Roi, Directeurs, Receveurs, & principaux Commis des Fermes, Banquiers & Negocians en gros, douze livres, ci 12 l.

Pour ceux des simples Ecclésiastiques qui ne possedent aucun Benefice, simples Gentilshommes, Officiers de Judicature, autres que ceux dénommés en la classe ci-dessus, Avocats, Notaires, Procureurs, Greffiers, Huissiers, Médecins, Chirurgiens, Apoticaires, Bourgeois, Marchands en détail, & notables Artisans des Villes, six livres, ci 6 l.

Pour tous autres artisans des Villes, Laboureurs, Fermiers & habitans de la campagne, deux livres, ci 2 l.

LVIII. Inventaires qui contiendront des meubles & effets mobiliaires; & des papiers concernant la propriété des immeubles dans un même acte, il n'en sera payé qu'un seul droit sur le pied le plus fort, soit des meubles & effets mobiliaires, ou des papiers, suivant les articles ci-dessus.

LIX. Lotissement de douaire, ou licitation entre copropriétaires, les droits en seront payés sur le pied reglé par les articles III. & IV. du présent Tarif.

LX. Lettres de voiture, sera payé cinq sols pour chaque personne à qui l'envoi sera fait.

LXI. Marchés entre particuliers pour quelque cause que ce soit, les droits en seront payés sur le pied reglé par les articles III. & IV. du présent Tarif.

LXII. Marchés pour la Marine qui seront faits pour le compte de Sa Majesté par les Intendans & Commissaires, ne sera payé que moitié des droits reglés pour les autres marchés, suivant les articles III. & IV. du présent Tarif.

LXIII. Mainlevée ou consentement pur & simple, dix sols, ci 10 s.

LXIV. Obligations où les sommes seront désignées, & celles où elles ne le seront pas, les droits en seront payés sur le pied reglé par les articles III. & IV. du présent Tarif.

LXV. Offres suivies de payement, portant quittance par le même acte, soit qu'elles soient reçues par les Notaires, Greffiers, Huissiers, ou autres personnes publiques, les droits en seront payés sur le pied de l'article III. du présent Tarif.

LXVI. Offres pures & simples qui ne contiendront que refus de recevoir, ou protestation, sans aucune disposition, dix sols, ci 10 s.

LXVII. Oppositions aux inventaires, ventes ou adjudications de meubles faites par les Notaires, Greffiers, ou autres qui en ont la faculté, soit qu'elles soient inserées dans les inventaires & ventes, ou qu'elles soient faites par acte particulier, sera payé outre le droit dû pour lesdits inventaires & ventes, autant de droit de dix sols qu'il y aura d'oppositions.

LXVIII. Oppositions à la célébration des mariages & autres en matiere laïque, pour quelque cause que ce soit, dix sols, ci 10 s.

LXIX. Partages de meubles ou immeubles, entre telles personnes que ce soit, faits pardevant Notaires, Greffiers & autres qui en ont la faculté, les droits seront payés sur le pied de la valeur des biens, suivant les articles III. & IV. du présent Tarif.

LXX. Prise de possession d'héritages & immeubles, en conséquence de contrats volontaires, qui auront été contrôlés, sera payé le quart des droits, sur le pied du prix des contrats, ainsi qu'il est reglé par les articles III. & IV. du présent Tarif.

Prise de possession d'héritages ou immeubles échûs par succession, ou en vertu de Jugemens ou autres actes judiciaires non sujets au Contrôle, les droits en seront payés sur le pied de la valeur des immeubles, suivant & conformément aux articles III. & IV. du présent Tarif.

LXXI. Procès verbaux de nomination de Maire, Echevins, Capitouls, Consuls, Jurats, Procureurs Syndics, & autres Officiers, Receveurs & Administrateurs municipaux des Villes, Communautés & Paroisses, reçus par les Notaires, Greffiers, Secretaires des Hotels de Villes, Communautés & autres, dix sols, ci 10 s.

LXXII. Procès verbaux de rapport d'Experts ceux des Arpentages, mesurages, prisages, vérifications, estimations de réparations & dégradations, & autres de pareille nature, qui seront reçus par les Notaires, Greffiers, Arpenteurs Royaux, Greffiers des Experts, ou de l'Ecritoire, & autres qui en ont la faculté, dix sols, ci 10 s.

LXXIII. Procurations pour résigner un Office de Cour Supérieure, ou pour Office de Finance, comme Receveurs généraux des Finances, Receveurs des Tailles, & autres de pareille nature, quatre livres, ci 4 l.

Pour les Offices de Présidiaux, Bailliages, & autres Justices ressortissantes nuement ès Cours supérieures, deux livres, ci 2 l.

Et pour tous autres Offices de quelque nature qu'ils puissent être, une livre, ci 1 l.

LXXIV. Procurations simples en matieres laïques pour plaider, transiger, consentir, requerir, agir, contracter, payer, recevoir, donner avis de parens, pouvoir de contraindre, & autres, pour quelque cause que ce puisse être, autres que celles ci-dessus exprimées, dix sols, ci 10 s.

LXXV. Quittances pour quelque cause que ce soit, soit qu'elles soient pures & simples, ou qu'elles contiennent d'autres dispositions, le droit en sera payé sur le pied reglé par les articles III. & IV. du présent Tarif.

LXXVI. Quittance pour reste d'une plus grande somme, le droit sera payé pour la quittance finale, comme si elle étoit pour le total, sur le pied ci-dessus, à moins qu'il ne soit justifié que les quittances du surplus auront été passées pardevant Notaires & contrôlées, auquel cas il ne sera payé pour le Contrôle de ladite quittance finale qu'à proportion de la somme y contenue.

LXXVII. Ratifications pures & simples d'actes ou contrats passés pardevant Notaires, qui ne contiendront point d'autres dispositions que celles contenues dans les actes ou contrats ratifiés, dix sols, ci 10 s.

LXXVIII. Reconnoissances ou ratifications d'actes sous signatures privées qui auront préalablement été contrôlées, dont mention sera faite dans les ratifications ou reconnoissances, dix sols, ci 10 s.

LXXIX. Remboursemens du prix des contrats ou rentes constituées ou foncieres, les droits en seront payés sur le pied des articles III. & IV. du présent Tarif.

LXXX. Renonciations ou répudiations de successions, communautés, & autres droits, dix sols, ci 10 s.

LXXXI. Resiliment d'actes, deux livres, ci 2 l.

LXXXII. Retrait lignager, féodal ou conventionnel, les droits seront payés sur le pied des articles III. & IV. du présent Tarif.

LXXXIII. Retrocession des choses portées par toutes sortes d'actes, pour quelque cause & matiere que ce soit, sera payé comme pour les actes retrocedés, sur le pied reglé par le présent Tarif.

LXXXIV. Rôles des Tailles, Fouages, & autres impositions de la Province de Bretagne, les droits seront payés;

SÇAVOIR,

Pour un Rôle au-dessous de quatre cens livres, une livre, ci 1 l.

Pour un de quatre cens livres jusqu'à mille livres, une livre dix sols, ci 1 l. 10 s.

Pour un depuis mille livres jusqu'à deux mille livres, deux livres, ci 2 l.

Pour un depuis deux mille livres jusqu'à trois mille livres, trois livres, ci 3 l.

Et

Et pour un depuis trois mille livres & au dessus, à quelque somme qu'il puisse monter, quatre livres, ci 4 l.

LXXXV. Saisine, investiture, lecture & publication, ou prise de possession d'heritages & immeubles, le droit en sera payé ainsi qu'il est reglé par l'article L X X. du présent Tarif.

L X X X V I. Sentences arbitrales entre personnes Laïques ou Ecclésiastiques, pour interêts particuliers, les droits en seront payés sur le pied reglé par les articles III. & IV. du présent Tarif.

L X X X V I I. Sociétés, traités, sous-traités, & comptes entre Gens d'Affaires, Marchands & autres particuliers, soit pour le Commerce sur terre ou sur mer, armement ou autrement, les droits en seront payés, ainsi qu'il est reglé par l'article X X X I. du présent Tarif.

L X X X V I I I. Sommation, protêts de Lettres de Change ou Billets, protestations, empêchemens, notifications, ou autres actes qui se signifient ou notifient en matieres laïques, pour quelque cause que ce soit, dix sols, ci 10 s.

L X X X I X. Testamens, codiciles, donations à cause de mort, substitutions & autres actes portant donations, qui ne doivent avoir effet qu'après la mort des Testateurs ou Donateurs, soit que l'estimation, désignation ou évaluation des choses soit faite ou non par lesdits actes, les droits en seront payés suivant la qualité des Testateurs ou Donateurs;

SÇAVOIR,

Pour ceux des personnes constituées en Dignités Ecclésiastiques ou Laïques, Gentilshommes qualifiés, ou ceux qui possedent des Terres ayant haute, moyenne ou basse Justice, soit Gentilshommes ou Roturiers, Présidens, Conseillers, Avocats ou Procureurs généraux, & Greffiers en Chef des Parlemens & autres Cours supérieures, Officiers de Finance, Secrétaires du Roi, Trésoriers, & autres pourvûs d'Emplois considérables, Fermiers, sous-Fermiers & Traitans des Droits du Roi, Banquiers & Marchands en gros de toutes les Villes, premiers Officiers & Bourgeois vivans de leurs revenus, des Villes où il y a Cour Supérieure, Présidial ou Evêché, leurs veuves & enfans de l'un & de l'autre sexe, cinquante livres, ci 50 l.

Pour ceux des Chanoines, Curés & autres Ecclésiastiques pourvûs de Benefices, de toutes les Villes & Paroisses, simples Gentilshommes, Officiers de Judicature des Présidiaux, Bailliages, Sénéchaussées, Vigueries, Elections, & autres Jurisdictions Royales, premiers Officiers & Bourgeois vivans de leurs revenus, de toutes les autres Villes que celles mentionnées en l'article précédent, Directeurs, Receveurs & principaux Commis des Fermes & Droits du Roi, trente livres, ci 30 l.

Pour ceux des Officiers de Judicature de Duchés-Pairies & autres Jurisdictions Seigneuriales ressortissantes nuement ès Parlemens, Avocats, Notaires, Procureurs, Greffiers, & autres Officiers, Médecins, Chirurgiens, Apoticaires, Peintres, Sculpteurs, Orfévres, Marchands en détail, & autres notables Artisans des Villes où il y a Cour Supérieure, Présidial, Bailliage,

Sénéchauffée, Election, & autres Jurifdictions Royales, vingt livres, ci 20 l.

Pour ceux des Eccléfiaftiques qui ne font pourvûs d'aucun Benéfice, de toutes les Villes & Paroiffes, Officiers de Judicature des autres Jurifdictions Seigneuriales, Procureurs, Notaires, Greffiers & autres Officiers des mêmes Jurifdictions, Médecins, Chirurgiens, Apoticaires, Marchands, Bourgeois des autres Villes, gros Laboureurs & Fermiers, dix livres, ci 10 l.

Pour ceux des Artifans, Manuœvriers, Journaliers, & autres perfonnes du commun des Villes, trois livres, ci 3 l.

Et pour ceux des fimples Monœuvriers, Journaliers & autres perfonnes du commun de la campagne, une livre dix fols, ci 1. l. 10 f.

X C. Titres Clericaux ou Sacerdotaux par les peres & meres, ou autres, au profit de l'afpirant, portant conftitution de rente, ou donation de fonds, les droits en feront payés fur le pied du capital au denier vingt, fuivant l'article I I I. du préfent Tarif.

Et lorfque le Titres Clericaux contiendront feulement des rentes ou penfions viageres, les droits feront payés fur le pied du capital au denier dix.

X C I. Titre nouvel & reconnoiffance d'hypotheque de rentes conftituées ou foncieres, les droits feront payés comme pour les contrats de conftitution, ou de création de rentes, fur le pied reglé par le préfent Tarif.

X C I I. Tranfactions ou accords en matiere civile, dans lefquels toutes les fommes, enfemble les dommages & interêts feront défignés, les droits en feront payés fuivant l'article I I I. du préfent Tarif.

Et pour celles où les fommes ne feront pas défignées, les droits en feront payés fuivant l'article I V.

Tranfactions ou accords en matiere criminelle pour excès, injures, ou autres cas, dans lefquels il n'y aura aucune fomme défignée, fera payé trois livres, ci 3 l.

X C I I I. Ventes d'Offices, les droits en feront payés à proportion des fommes qui y feront défignées, fuivant l'article I I I. du préfent Tarif.

X C I V. Pour tous les actes qui ne fe trouveront point expreffement compris dans le préfent Tarif, les droits en feront payés fur le pied de ceux aufquels ils auront rapport.

X C V. Et à l'égard de ceux qui ne pourront recevoir d'application, ils feront réputés Acte fimples, & les droits en feront payés fur le pied de dix fols, ci 10 f.

X C V I. Pour les contrats & actes qui renfermeront differentes difpofitions concernant les mêmes parties, il ne fera payé qu'un droit qui fera pris fur le pied de l'article le plus fort de tous ceux du préfent Tarif, auquel lefdits contrats & actes pourront avoir rapport, mais lorfque lefdits actes contiendront differentes difpofitions pour differens faits, & entre differentes parties qui auront des interêts differens, il fera payé autant de droits de Contrôle, fuivant le Tarif, qu'il y aura de differentes parties principales ou intervenantes dans lefdits actes, pour des interêts particuliers, chacun fuivant la nature des difpofitions qui les concerneront.

X C V I I. Tous les actes qui feront faits fous fignatures privées, de quelque nature qu'ils soient, seront contrôlés, & les droits payés par rapport à leur nature sur le pied reglé par le présent Tarif, de même que s'ils étoient passés pardevant Notaires, avant qu'il puisse être fait aucune demande, signification, exploit ni acte en conséquence, ni produits en Justice, pour quelque cause que ce soit, à l'exception seulement des Lettres de Change & Billets à ordre ou au porteur, entre Gens d'Affaires, Marchands & Négocians, & des Billets de Marchands à Marchands, causés pour fourniture de Marchandise de leur Commerce réciproque, & des extraits des Livres entre Marchands pour fourniture des marchandises concernant leur négoce seulement, le tout sous les peines & amendes portées par l'Edit du mois d'Octobre 1705.

XCVIII. & dernier. Tous lesquels droits, ensemble les quatre sols pour livre, pendant le tems que la levée en doit être faite au profit de Sa Majesté, seront payés par toutes sortes de personnes, exemtes & non exemtes, privilegiées & non privilegiées, sans aucune exception, pour quelque cause & sous quelque prétexte que ce soit ou puisse être, nonobstant tous Edits, Déclarations, Arrêts, Reglemens & Usages à ce contraires, sans que les Fermiers desdits Droits, leurs Commis & Préposés puissent faire remise ou modération des Droits en faveur de qui que ce soit, ni à eux-mêmes pour les actes qui les concerneront, à peine de restitution du quadruple, & de deux cens livres d'amende pour chacun acte dont lesdits droits n'auront pas été payés.

Fait & arrêté au Conseil Royal des Finances, tenu à Versailles le vingt-neuviéme jour de Septembre 1722. *Signé*, LOUIS. *Et plus bas* : *Phelypeaux.*

Registré, oui, & ce requerant le Procureur Général du Roi, pour être exécuté selon sa forme & teneur, sans approbation des Reglemens énoncés en ladite Déclaration, autres que ceux portés par les Edits, Déclarations & Lettres Patentes enregistrées en la Cour. Et sera le Roi très-humblement supplié de vouloir bien décharger son peuple de l'imposition portée par ladite Déclaration, aussi-tôt que l'état de ses affaires pourra le permettre : Et seront copies collationnées envoyées aux Bailliages & Sénéchaussées du Ressort, pour y être lûes, publiées & registrées : Enjoint aux Substituts du Procureur Général du Roi d'y tenir la main, & d'en certifier la Cour dans un mois, à la charge que le présent enregistrement sera réiteré au lendemain de la Saint Martin, suivant l'Arrêt de ce jour. A Paris en Parlement en Vacation, le huitiéme jour d'Octobre 1722. Signé, *Gilbert.*

Tarif des droits que le Roi en son Conseil veut & ordonne être payés à l'avenir, à commencer au premier Novembre prochain, en exécution de l'Edit du mois de Décembre 1703, Edits, Déclarations, Arrêts & Reglemens rendus en conséquence, & notamment de la Déclaration de ce jour, pour l'Insinuation & enregistrement des Contrats, Arrêts, Jugemens, Sentences, Lettres & autres Actes mentionnés ausdits Reglemens.

SÇAVOIR,

ARTICLE PREMIER.

POur toutes donations entre vifs, à cause de mort, ou autrement, de meubles ou immeubles, à l'exception de celles faites en ligne directe par contrat de mariage, ou à cause de mort ; & de celles entre vifs, ou à cause de mort, de sommes mobiliaires qui n'excederont pas trois cens livres, en faveur des Eglises, Chapelles, Couvens, Monasteres, Hopitaux & Communautés, pour œuvres pies, sera payé ;

SÇAVOIR,

Pour celles de cinquante livres & au-dessous, dix sols, ci 10 s.

De cinquante livres à cent livres, une livre, ci 1 l.

De cent livres & au-dessus, à raison de vingt sols pour chaque cent livres, sans néanmoins que le droit puisse exceder cinquante livres.

Et pour les donations ou legs qui ne contiendront point d'évaluation ou estimation des choses données, sera payé cinquante livres, ci 50 l.

II. Testamens ou codicilles en faveur de toutes personnes autres que les descendans en ligne directe, dans lesquels le legs universel, ou l'héredité mobiliaire ne seront point évalués, les droits en seront payés suivant la qualité des testateurs ou donateurs, sans préjudice de l'Insinuation des legs particuliers, des substitutions, s'il y en a, & du centiéme denier des immeubles ;

SÇAVOIR,

Pour ceux des personnes constituées en dignités Ecclésiastiques ou Laïques, Gentilshommes qualifiés ou ceux qui possedent des Terres ayant haute, moyenne ou basse Justice, soit Gentilshommes ou Roturiers, Présidens, Conseillers, Avocats ou Procureurs Généraux, & Greffiers en Chef des Parlemens & autres Cours Supérieures, Officiers de Finance, Secretaires du du Roi, Trésoriers & autres pourvûs d'emplois considérables, Fermiers, sous-Fermiers, & Traitans des droits du Roi, Banquiers & Marchands en gros de toutes les Villes, premiers Officiers & Bourgeois vivans de leur revenu, des Villes où il y a Cour Superieure, Présidial ou Evêché, leurs veuves & enfans de l'un ou de l'autre sexe, cinquante livres, ci 50 l.

Pour ceux des Chanoines, Curés & autres Eccléſiaſtiques pourvûs de Bénéfices, de toutes les Villes & Paroiſſes, ſimples Gentilshommes, Officiers de Judicature des Préſidiaux, Bailliages, Sénéchauſſées, Vigueries, Elections & autres Juriſdictions Royales, premiers Officiers & Bourgeois vivans de leurs revenus, de toutes les autres Villes, que celles mentionnées en l'Article précédent, directeurs, Receveurs & principaux Commis des Fermes & droits du Roi, trente livres, ci 30 l.

Pour ceux des Officiers de Judicature des Duchés-Pairies, & autres Juriſdictions Seigneuriales reſſortiſſantes nuement ès Parlemens, Avocats, Notaires, Procureurs, Greffiers & autres Officiers, Médecins, Chirurgiens, Apoticaires, Peintres, Sculpteurs, Orfévres, Marchands en détail, & autres notables Artiſans des Villes où il y a Cour Supérieure, Préſidial, Bailliage, Sénéchauſſée, Election & autres Juriſdictions Royales, vingt livres, ci 20 l.

Pour ceux des Eccléſiaſtiques qui ne ſont pourvûs d'aucun Bénéfice, de toutes les Villes & Paroiſſes, Officiers de Judicature des autres Juriſdictions Seigneuriales, Procureurs, Notaires, Greffiers & autres Officiers des mêmes Juriſdictions, Médecins, Chirurgiens, Apoticaires, Marchands, Bourgeois des autres Villes, gros Laboureurs & Fermiers, dix livres, ci 10 l.

Pour ceux des Artiſans, Manœuvriers, Journaliers & autres perſonnes du commun des autres Villes, trois livres, ci 3 l.

Et pour ceux des ſimples Manœuvriers, Journaliers & autres perſonnes du commun de la campagne, une livre dix ſols, ci 1 l. 10 ſ.

III. Pour chacun des legs faits par teſtamens, codiciles ou donations à cauſe de mort, ſera payé par les héritiers, légataires univerſels, ou exécuteurs teſtamentaires les droits reglés par l'article premier du préſent Tarif, & à proportion des ſommes données à chacun légataire, deſquels droits il leur ſera tenu compte par leſdits légataires, lors du payement de leurs legs, chacun pour ce qui les concernera.

IV. Dons mutuels entre maris & femmes, les droits en ſeront payés ſuivant la qualité du mari;

S ç a v o i r,

Pour ceux des perſonnes conſtituées en dignités, Gentilshommes qualifiés, ceux qui poſſedent des Terres ayant haute, moyenne ou baſſe Juſtice, Officiers des Cours Supérieures, Greffiers en Chefs deſdites Cours, Officiers & gens du Roi, des Préſidiaux, Bailliages, Sénéchauſſées, Elections & autres Juriſdictions Royales, Secretaires du Roi, Tréſoriers de France, Receveurs généraux des Finances, Receveurs des Tailles, & tous autres Officiers de Finance, Fermiers, ſous-Fermiers & Traitans des droits du Roi, Directeurs, Receveurs & principaux Commis des Fermes, Banquiers & Négocians en gros, cinquante livres, ci 50 l.

Pour ceux des ſimples Gentilshommes, Officiers de Judicature, autres que ceux dénommés en la claſſe ci-deſſus, Avocats, Notaires, Procureurs, Greffiers, Huiſſiers, Médecins, Chirurgiens, Apoticaires, Bourgeois, Marchands en détail, & notables Artiſans des Villes, vingt livres, ci 20 l.

Pour tous autres Artiſans des Villes, Laboureurs, Fermiers & habitans de la campagne, cinq livres, ci 5 l.

Les mêmes droits seront payés pour les donations mutuelles & réciproques entre maris & femmes, ou autres particuliers, qui ne contiendront point d'évaluation, suivant la qualité de la personne dénommée dans l'Acte qui produira le plus fort droit.

V. Sustitutions de biens meubles ou immeubles, les droits seront payés par chacun substitué, suivant la qualité des substituans, sans néanmoins qu'il puisse être perçu plus de quatre droits, compris l'institution, en quelque nombre que soient les substitués;

SÇAVOIR,

Pour celles faites par les personnes Ecclésiastiques ou Laïques dénommées dans la premiere classe de l'article II. du présent Tarif, cinquante livres, ci 50 l.

Par celles dénommées dans la deuxiéme, trente livres, ci 30 l.

Par celles dénommées dans la troisiéme, vingt livres, ci 20 l.

Par celles dénommées dans la quatriéme, dix livres, ci 10 l.

Et par celles dénommées dans les cinq & sixiéme, cinq livres, ci 5 l.

VI. Exhérédation, sera payé cinquante livres, ci 50 l.

VII. Séparation de biens, de corps ou d'habitation, ou exclusion de communauté entre maris & femmes, soit qu'elles soient stipulées par contrat de mariage & autres Actes, ou ordonnées en Justice, le droit en sera payé suivant la qualité du mari & sur le pied reglé par l'articles IV. du présent Tarif.

VIII. Pour les interdictions de contrats des prodigues, furieux, gens en démence, ou pour quelque autre cause que ce soit, volontaires ou ordonnées en Justice, quinze livres, ci 15 l.

IX. Et pour les Actes & Jugemens qui auront cassé, annullé ou fait mainlevée des Actes mentionnés aux Articles précédens, il ne sera payé que moitié des Droits.

X. Pour chacune lettre d'annoblissement, réhabilitation de Noblesse, légitimation, naturalité, érection de roture en fief, érections en Duchés, Marquisats, Comtés, Baronies, & autres titres de Dignités, concession de Justices, Foires ou Marchés, sera payé par chacun impétrant, cent livres, ci 100 l.

XI. Pour chacune quittance du droit d'amortissement dû par les gens de main-morte, & pour chacune quittance du droit d'indemnité dû aux Seigneurs;

Pour les biens de valeur de cinq cens livres & au dessous, dix livres, ci 10 l.

De cinq cens livres à deux mille livres, vingt livres, ci 20 l.

De deux mille livres à quatre mille livres, quarante livres, ci 40 l.

De quatre mille livres à six mille livres, soixante livres, ci 60 l.

De six mille livres à dix mille livres, quatre-vingt livres, ci 80 l.

De dix mille livres & au dessus, cent livres, ci 100 l.

Lorsque la quittance d'Amortissement aura été insinuée, & le droit payé, les Lettres d'Amortissement seront insinuées gratis.

XII. Renonciation à successions, le droit sera payé pour chacun des renonçans, suivant la qualité des personnes décédées ;

SÇAVOIR,

Par les personnes dénommées dans la premiere classe de l'article IV. du présent Tarif, en y comprenant les Ecclésiastiques possedans Benefices ou Dignités, six livres, ci 6 l.

Par celles dénommées dans la deuxiéme, en y comprenant les simples Ecclésiastiques, trois livres, ci 3 l.

Et par celles dénommées dans la troisiéme, une livre, ci 1 l.

XIII. Renonciation à communauté entre mari & femme, le droit sera payé suivant la qualité du mari ;

SÇAVOIR,

Par les personnes dénommées dans la premiere classe de l'article IV. du présent Tarif, six livres, ci 6 l.

Par celles dénommées dans la deuxiéme, trois livres, ci 3 l.

Et par celles dénommées dans la troisiéme, une livre, ci 1 l.

XIV. Pour toutes lettres de benefice d'âge, lettres & actes d'émancipation, lettres de benefice d'inventaire, ou pour l'inventaire dans les pays où le benefice d'inventaire a lieu, sans qu'il soit besoin d'obtenir de lettres, actes d'acceptations ou jugemens qui permettront de se porter héritiers beneciaires, sera payé pour chacun des impétrans, émancipés, acceptans, ou héritiers, par rapport à la qualité de la personne de la succession de laquelle il s'agit ;

SÇAVOIR,

Par les personnes dénommées dans la premiere classe de l'article IV. du présent Tarif, en y comprenant les Ecclésiastiques possedans Benefices ou Dignités, quinze livres, ci 15 l.

Par celles dénommées dans la seconde, en y comprenant les simples Ecclésiastiques, six livres, ci 6 l.

Et par celles dénommées dans la troisiéme, trois livres, ci 3 l.

XV. Pour chacune nomination de Curateur aux successions vacantes, à substitutions, aux interdits, aux mineurs & autres, soit par acte judiciaire ou volontaire, pour quelque cause que ce soit, les droits en seront payés pour chaque succession, & pour chacun des interdits, mineurs & autres, compris dans un même Acte ou Sentence, par rapport à la qualité de la personne de la succession de laquelle il s'agit ;

SÇAVOIR,

Par ceux dénommés dans la premiere classe de l'article IV. du présent Tarif, en y comprenant les Ecclésiastiques possedans Benefices ou Dignités, six livres, ci 6 li.

Par ceux dénommés dans la deuxiéme en y comprenant les simples Ecclésiastiques, trois livres, ci 3 l.

Et par ceux dénommées dans la troisiéme, une livre, ci 1 l.

XVI. Contrats d'union ou de direction de créanciers, ceux d'attermoyement, ou abandonnement de biens, pourvû que l'abandonnement soit fait par le débiteur à ses créanciers, pour être vendu en direction, sera payé dix livres, ci 10 l.

Et lorsque l'abandonnement ne sera pas fait par le débiteur à ses créanciers, pour être les biens vendus en direction, le droit du centiéme denier en sera payé comme des ventes pures & simples.

XVII. Pour chacune Lettre de répi, Arrêts, Jugemens, Sentences, portant surséance générale, soit qu'ils soient accordés par Sa Majesté, ou par les Cours & autres Jurisdictions, vingt livres, ci 20 l.

XVIII. Pour la recherche sur les Registres, lorsque les Juges auront permis d'en délivrer des extraits, ne sera payé que dix sols, si on indique l'année dans laquelle l'insinuation aura été faite; mais lorsque les Commis seront obligés d'en faire la recherche sur plusieurs années, il sera payé dix sols pour chacune année, à compter du jour de la passation de l'acte, jusqu'à celui de l'insinuation seulement: & lorsqu'il ne sera délivré que de simples extraits, sera payé dix-sols, pour chacun desdits extraits, mais s'il est requis copie entiere de l'enregistrement des Actes, sera payé par rôle de grosse même droit qui se paye pour les expéditions en papier, aux Greffes des Siéges Royaux près lesquels lesdites insinuations seront établies.

XIX. & dernier. Tous lesquels droits, ensemble les quatre sols pour livre pendant le tems que la levée en doit être faite au profit de Sa Majesté, seront payés par toutes sortes de personnes, exemptes & non exemptes, privilegiées & non privilegiées, sans aucune exception, pour quelque cause & sous quelque prétexte que ce soit ou puisse être, nonobstant tous Edits, Déclarations, Arrêts, Reglemens & Usages à ce contraires, sans que les Fermiers desdits droits, leurs Commis & Préposés, puissent faire remises ou modérations des droits en faveur de qui que ce soit, ni à eux-mêmes pour les actes qui les concerneront, à peine de restitution du quadruple & de trois cens livres d'amende pour chacun acte dont les droits n'auront pas été payés.

Fait & arrêté au Conseil Royal des Finances, tenu à Versailles le 29 jour de Septembre 1722. Signé LOUIS. *Et plus bas*, *Phelypeaux.*

Registrées, oui, & ce requerant le Procureur Général du Roi, pour être exécutées selon leur forme & teneur, sans approbation des Reglemens énoncés en ladite Déclaration, autres que ceux portés par les Edits, Déclarations & Lettres Patentes enregistrées en la Cour. Et sera le Roi très-humblement supplié de vouloir bien décharger son Peuple de l'Imposition portée par ladite Déclaration, aussi-tôt que l'état de ses affaires pourra le permettre: Et seront copies collationnées envoyées aux Bailliages & Sénéchaussées du Ressort, pour y être lües, publiées & registrées: Enjoint aux Substituts du Procureur Général du Roi, d'y tenir la main, & d'en certifier la Cour dans un mois, à la charge que le présent

enregistrement

enregistrement sera réitéré au lendemain de la saint Martin, suivant l'Arrêt de ce jour. A Paris en Parlement en Vacation, le 8 jour d'Octobre 1722. Signé, *Gilbert.*

Arrêt du Conseil du 13 Octobre 1722.

QUi ordonne qu'il sera payé cinquante livres de Contrôle & cinquante livres d'Insinuation, pour un Contrat de mariage dans lequel une Tante de la future Epouse la reconnoît pour son héritiere, & promet de n'avantager aucun autre de ses héritiers à son préjudice.

Arrêt du Conseil du 6 Février 1723.

POrtant qu'il ne sera perçû que dix sols pour le droit de contrôle par chaque codicile, outre les droits des Testamens.

Arrêt du Conseil du 2 Mars 1723.

LE Roi en son Conseil a ordonné, qu'à l'avenir il ne sera perçû pour le droit de Contrôle des Contrats de mariage qui ne contiendront donations de biens à venir, sans évaluation entre les personnes dénommées dans les quatre dernieres classes de l'article XXXV. du Tarif du 29 Septembre 1722, que le double des droits fixés, pour le Contrôle des Contrats de mariage de personnes comprises dans lesdites quatre classes, & pareil droit pour l'Insinuation, sans que les Commis & Receveurs puissent prétendre le plus fort droit de 200 livres pour le Contrôle & 50 livres d'insinuation pour raison desdites donations, que lorsque les biens désignés dans les Contrats de mariage excederont la somme de 20000 livres. Veut Sa Majesté que lesdits Tarifs soient au surplus exécutés.

Arrêt du Conseil du 2 Mars 1723.

QUi ordonne que les Procurations *ad Resignandum* desdits Offices puissent être contrôlées, les Notaires & les parties seront tenuës, de représenter aux Receveurs du Contrôle, les ventes & traités desdits Offices pour être contrôlés, & faute d'y satisfaire, les droits de contrôle desdites Procurations seront perçûs sur le pied de l'article IV. du Tarif du 29 Septembre 1722, outre & par-dessus les droits dûs pour lesdites Procurations.

Arrêt du Conseil du 15 Novembre 1723.

LE Roi en son Conseil a ordonné & ordonne que ceux ausquels les propriétaires des Offices donneront leur nomination uniquement pour la conservation desdits Offices, seront tenus de passer des déclarations pardevant Notaires, contenant qu'ils ne font que prêter leurs noms aux propriétaires desdits Offices, ne prétendant rien à la propriété d'iceux & n'entendant s'en faire pourvoir ni s'y faire recevoir, pour le Contrôle desdites déclarations il ne sera payé que dix sols, conformement à l'article XCV. du Tarif, & qu'en remettant aux Receveurs du Contrôle une expédition desdites déclarations, lesdits actes de nomination seront bien & duëment contrôlés en payant seulement le droit porté par l'article LXXIII dudit Tarif. Veut Sa Majesté que si au préjudice desdites Déclarations, ceux qui les auront passées, se font pourvoir & recevoir ausdits Offices, ils soient condamnés au payement du quadruple des droits qu'ils auroient dû payer par le traité desdits Offices sur le pied du plus fort prix que les Offices de pareille nature auront été vendus depuis les trois années dernieres; & seront au surplus ledit Tarif du 29 Septembre 1722. & l'Arrêt du Conseil du 2 Mars 1723, exécuté selon leur forme & teneur, &c.

Déclaration du Roi, donnée à Versailles le 7 Décembre 1723, Qui supprime la formalité du Contrôle, pour tous les Actes qui seront passés par les Notaires de la Ville de Paris.

Regiſtré en Parlement.

LOUIS, par la grace de Dieu, Roi de France & de Navarre: A tous ceux qui ces présentes Lettres verront, Salut, Nous avions par notre Déclaration du 29 Septembre 1722 rétabli le Droit du Contrôle des Actes des Notaires dans notre bonne Ville de Paris, pour y être perçû & levé conformément au Tarif attaché sous le Contrescel de ladite Déclaration: Mais étant informé de la difficulté qui se rencontre pour l'exacte observation de cette formalité dans le nombre infini d'Actes & de differente nature qui se passent à Paris, & de l'inquiétude de plusieurs familles & particuliers sur le secret des Actes dont ils ont interêt que l'on n'ait pas connoissance; Et sçachant d'ailleurs que la formalité du Contrôle établi principalement pour empêcher les antidates n'est pas nécessaire dans Paris comme dans d'autres Villes & lieux du Royaume, par l'attention que l'on y a toujours eû au choix des Sujets qui acquierent les Offices de Notaires, & par la régularité de leur conduite, & de la discipline qui s'observe dans cette Communauté: Nous avons bien voulu exempter les Actes des Notaires de Paris, de la formalité du Contrôle, & commuer le Droit de Contrôle qui se levoit sur lesdits Actes, en un Droit sur le papier & le parchemin sur lesquels les minutes & les grosses des Actes seront passées & expediées : Et quoique Nous eussions pû tirer un produit plus considerable & plus proportionné à celui du Contrôle, en fixant le Droit sur le papier & parchemin suivant la qualité & la nature de l'Acte, ainsi qu'il se pratique dans d'autres Etats voisins de notre Royaume; Nous avons néanmoins mieux aimé, en reduisant tous les Actes à deux classes, sacrifier en faveur du public une partie du produit que Nous aurions retiré de ce Droit, & éviter en même tems l'embarras & les discussions dont un plus grand nombre de classes auroit pû être susceptible. A ces causes & autres à ce Nous mouvans, de l'avis de notre Conseil, & de notre certaine science, pleine puissance & autorité Royale, Nous avons par ces présentes signées de notre main, dit, déclaré & ordonné, disons, declarons & ordonnons ce qui ensuit.

ARTICLE PREMIER.

Nous avons éteint & supprimé, éteignons & supprimons par ces présentes, à commencer du premier Janvier prochain, la formalité du Contrôle pour tous les Actes qui seront passés par les Notaires de notre bonne Ville de Paris.

II. Et en consequence Nous avons commué & commuons, à commencer dudit jour, les Droits de Contrôle qui devoient être percûs & levés sur lesdits Actes, en un autre Droit qui à l'avenir sera payé sur le papier & le parchemin sur lesquels seront faites & passées les minutes & expéditions desdits Actes.

III. Voulons à cet effet qu'il soit établi des formules particulieres pour les papiers & parchemins timbrés qui seront employés par les Notaires pour les Brevets, Minutes & Expeditions des Actes qui seront par eux passés; laquelle formule sera imprimée sur lesdits papiers & parchemins à coté de la formule actuelle de notre Ferme, & contiendra le prix dudit papier & parchemin, & sa destination.

IV. Tous les Actes seront & demeureront divisés en deux classes. La premiere sera composée des Actes simples & qui se passent ordinairement sans minute : Sçavoir, les Procurations, Avis de parens, Attestations ou Certificats, Autorisations d'un mari à sa femme, Desaveu, Repondant de Domestiques, Désistemens, Consentemens, Main-levées, Elargissemens, Décharges de piéces, papiers & meubles, Cautionnemens, & généralement tous Actes simples qui n'ont rapport à aucun titre ou Acte, & ne contiennent aucune obligation respective; les Apprentissages ou alloüés, transports d'iceux, Quittances de gages de domestiques, arrerages de pensions ou rentes, quittances d'ouvriers, artisans, journaliers, manœuvriers & autres personnes du commun pour choses concernant leur état & métier, quittances de loyers & fermages, cautionnemens des employés dans nos fermes & affaires, le tout à quelques sommes qu'ils puissent monter; les conventions, marchés, obligations qui n'excederont point la somme de trois cens livres, les Commissions d'Archidiacre pour déservir une Cure, les Actes de vêture, noviciat ou profession dans les Monasteres, les nominations de Gradués, Procurations pour compromettre, requerir, resigner, ceder ou retroceder un Bénéfice, celles pour notifier les noms, titres & qualités de Gradués, ou pour consentir création ou extinction de pension, Revocations desdites procurations, retractations, Significations desdites Actes & des Brefs, Bulles, Signatures, Rescrits Apostoliques, des Concordats, & Attestations de tems d'étude, Notifications de degrés & autres représentations, requisitions de visa, de fulminations de Bulles, d'admission de prendre l'habit, à faire Noviciat & Profession, celles pour satisfaire au decret d'une provision de Bénéfice regulier & celles faites aux Curés pour publier aux Prônes des Messes les prises de possession, les publications à issuës de Messes des prises de possessions, en cas de refus des Curés, Actes de refus d'ouvrir les portes pour prendre possession ou autrement, oppositions à prise de possession, Lettres d'intronisation, & les repudiations des provisions.

Et la seconde Classe sera composée de tous les autres Actes non compris dans ladite premiere Classe.

V. Il sera fait une premiere sorte de formules pour les Actes de la premiere classe, intitulée, *Actes de la premiere classe*, dont le droit de marque, pour tenir lieu du droit de Contrôle, sera de dix sols, outre le prix du papier timbré: & si les parties jugent à propos qu'il reste minute de quelqu'un desdits Actes, & qu'il leur en soit délivré des expéditions, lesdites expéditions ne pourront être faites que sur le papier de la même marque, ou sur des quarrés de parchemin dont le droit de marque sera de vingt sols.

VI. Les minutes des Actes de la seconde classe seront écrites sur un papier intitulé, *minutes des Actes de la seconde classe*, dont le droit de marque sera de cinq sols la feuille: Et à l'égard des expéditions & Grosses qui seront délivrées des actes, la premiere feuille de celles qui seront faites en papier, sera écrite sur un papier intitulé, *premiere feuille d'expédition*, dont le droit de marque sera de deux livres dix sols. Et si l'expédition contient plus d'une feuille, les Notaires se serviront pour les deuxiémes & autres feuilles, à quelque quantité qu'elle puisse monter, d'un papier intitulé *deuxiéme feuille d'expéditions*, dont le droit de marque sera de dix sols la feuille.

VII. A l'égard des grosses expéditions en parchemin, que les parties désireront leur être délivrées, les Notaires seront tenus d'y employer pour la premiere feuille de chaque expédition une feuille de parchemin intitulé, *premier feuille d'expéditions*, dont le droit de marque sera de quatre livres: Et si l'expédition contient plus d'une feuille, les Notaires y employeront pour la deuxiéme & autres feuilles desdites expéditions, à quelque quantité qu'elles puissent monter, un parchemin intitulé *seconde feuille d'expéditions*, dont le droit de marque sera de vingt sols la feuille.

VIII. Défendons ausdits Notaires au Châtelet de Paris, de se servir, à compter dudit jour premier Janvier, d'autres papiers & parchemins que de ceux de la nouvelle formule; leur enjoignons de les employer suivant la nature des Actes, & conformément à la présente Déclaration, à peine de cinq cens livres d'amende pour chaque contravention, qui appartiendront aux Fermiers ou Regisseurs de nos droits, ce que Nous entendons pareillement & ſous les mêmes peines être obſervé par tous autres Officiers & perſonnes publiques qui prétendent avoir droit de faire des inventaires & partages dans la Ville & Fauxbourgs de Paris, & ſans que la préſente diſpoſition puiſſe être tirée à conſéquence contre leſdits Notaires ſur les fonctions & droits de leurs charges, ni préjudicier aux droits reſpectifs deſdits Officiers.

IX. Les expéditions & Groſſes des Contrats & Actes dont la datte ſera anterieure audit jour premier Janvier 1724, ſeront faites & délivrées en papier ou parchemin timbrés ſeulement du Timbre ordinaire de nos Fermes.

X. Voulons pareillement que les quittances des rentes ſur l'Hôtel de Ville ou ſur les Tailles, perpetuelles ou viageres, ainſi que les minutes, groſſes & expéditions des Contrats qui ne ſeroient point encore paſſés avant le premier Janvier 1724, ſoient paſſés & expediés ſur le papier timbré ordinaire de nos Fermes; & qu'il en ſoit uſé de même pour les copies collationnées par les Notaires des groſſes & expeditions dont ils n'auront pas les minutes, ſans que leſdites Quittances, Contrats & copies collationnées puiſſent être aſſujettis à ladite nouvelle formule, dont Nous les avons diſpenſé & diſpenſons. Si donnons en mandement à nos amés & féaux Conſeillers, les Gens tenans notre Cour de Parlement, Chambre des Comptes & Cour des Aides à Paris, que ces préſentes ils ayent à faire lire, publier & regiſtrer, & le contenu en icelles garder & obſerver ſelon ſa forme & teneur. Car tel eſt notre plaiſir. En témoin de quoi Nous avons fait mettte notre Scel à ceſdites préſentes. Donnée à Verſailles le 7 jour de Décembre, l'an de grace 1723, & de notre Regne le 9. Signé, LOUIS. *Et plus bas*: Par le Roi, *Phelypeaux*. Vû au Conſeil *Dodun*. Et ſcellé du gaand Sceau de cire jaune.

Regiſtré, oui & ce requerant le Procureur Général du Roi, pour être exécuté ſelon leur forme & teneur, ſuivant l'Arrêt de ce jour. A Paris en Parlement le 22 jour de Décembre 1723, Signé, *Yſabeau*.

Déclaration du Roi, donnée à Verſailles le 5 Décembre 1730, Portant ſuppreſſion de différentes Formules des Actes des Notaires de la Ville de Paris, & ordonne une Formule uniforme.

Regiſtrée en la Cour des Aides.

LOUIS, par la grace de Dieu, Roi de France & de Navarre: A tous ceux qui ces préſentes Lettres verront, Salut. Nous avons par notre Déclaration du 7 Décembre 1723, commué le droit de Contrôle des Actes des Notaires de notre bonne Ville de Paris, que Nous avions rétablis par notre Déclaration du 20 Septembre 1722, en un droit de Formule particuliere, que Nous avons ordonné être appoſée, outre la Formule ordinaire de nos Fermes, ſur les papiers & parchemins qui ſeroient employés par lesdites Notaires de Paris, sur les brevets, minutes & expéditions des Actes & Contrats qui seroient par eux passés, à compter du premier Janvier 1724, lesquels Actes Nous avons divisé en deux classes, & sur chacune d'icelles établi un différent droit de formule, ainsi que sur les grosses & expéditions desdites Actes & Contrats, dont Nous avons reglé le droit de la premiere feuille, tant du papier que du parchemin, sur un pied plus fort que celui des autres feuilles. Mais ayant été depuis informés que ces différentes classes des Actes, & différents prix des grosses & expéditions, causent un embarras sensible aux Notaires & aux parties contractantes, ce qui est contraire aux vûës que Nous avons eû lors de notre Déclaration du 7 Décembre 1723, & que Nous aurons toujours, de procurer au public toute facilité pour la passation des Actes & Contrats des Notaires de notre bonne Ville de Paris; Nous nous serions porté à substituer pour l'avenir à la formule établie par notre Déclaration du 7 Décembre 1723, une formule uniforme sur tous les papiers & parchemins indistinctement, tant des minutes & brevets des Actes & Contrats des Notaires de Paris, grosses & expéditions d'iceux, que copies collationnées & extraits, sur tous lesquels généralement & uniformément sera appliqué une nouvelle formule particuliere pour tous Actes & Contrats, grosses & expéditions, copies collationnées & extraits d'Actes & Contrats passés par les Notaires de notre bonne Ville de Paris. A ces causes & autres à ce Nous mouvans, de notre certaine science, pleine puissance & autorité Royale, Nous avons par ces présentes signées de notre main, éteint & supprimé, éteignons & supprimons, à commencer du premier Janvier prochain, les différentes Formules dont Nous avions ordonné l'établissement par notre Déclaration du 7 Décembre 1723, sur les différens Actes & expéditions des Notaires de notre bonne Ville de Paris : Et en conséquence nous avons commué & commuons lesdites différentes formules, en une formule uniforme, dont nous voulons que l'établissement soit fait, à compter du premier Janvier 1731, sur tous les papiers & parchemins servant aux Actes & Contrats qui seront passés à compter dudit jour premier Janvier 1731, par lesdits Notaires de Paris, Brevets, grosses, expéditions, copies collationnées & extraits desdits Actes & Contrats, & sans aucune distinction des différens Actes, ni des premieres & autres feuilles des grosses, expéditions, copies collationnées ou extraits, laquelle formule sera timbrée à côté du timbre ordinaire de nos Fermes : Et sera aussi mis sur lesdits papiers & parchemins, le titre ou dénomination *Actes des Notaires de Paris.* Nous avons fixé le droit de marque de ladite formule, sçavoir, celui de chaque feuille de papier à sept sols six deniers, celui de chaque feuille de parchemin à vingt sols, & celui des demie feuilles de parchemin à douze sols, outre le prix ordinaire du timbre de nos Fermes; pour être lesdits droits tant de l'ancien timbre que de ladite nouvelle formule, perçûs par l'Adjudicataire desdites Fermes. Voulons qu'à compter dudit jour premier Janvier 1731, tous Actes & Contrats qui seront passés par les Notaires de notre bonne Ville de Paris, soient écrits & signés sur le papier & parchemin empreints de la nouvelle formule, & qu'il n'en puisse être fait ni délivré aucunes grosses & expéditions, ni même aucun extrait ou copies collationnées, sur d'autres papiers & parchemins que ceux timbrés de ladite nouvelle formule, à peine de cinq cens livres d'amende contre les contrevenans pour chacune contravention, laquelle ne pourra être remise ni moderée, & appartiendra au Fermier de nos droits. Les grosses, expéditions, extraits ou copies collationnées des Actes & Contrats qui auront été passés par lesdits Notaires de Paris, à compter du premier Janvier 1724, seront aussi sujets à ladite nouvelle formule. Dispensons de ladite nouvelle formule, les grosses, expéditions, copies collationnées, & extraits des Actes & Contrats, dont la date sera anterieure au premier Janvier 1724, ainsi que les Contrats & quittances des rentes de l'Hôtel de Ville ou sur les Tailles, perpétuelles & viageres, & aussi toutes autres quittances à notre décharge, à condition toutesfois que les piéces justificatives du droit & des qualités de ceux qui donneront lesdites quittances, seront mises sur papiers timbrés de ladite nouvelle formule. Seront les empreintes des timbres de ladite nouvelle formule, tant du papier que du parchemin, déposées au Greffe de l'élection de Paris, qui connoîtra en premiere instance, des contraventions aux présentes, & dont les appels seront portés en notre Cour des Aides de Paris. Voulons au surplus que notredite Déclaration du 7 Décembre 1723, soit exécutée en tout son contenu, en ce qui n'y est pas dérogé par la présente. Si donnons en mandement à nos amés & féaux Conseillers les Gens tenans notre Cour des Aides à Paris, que ces présentes ils ayent à faire lire, publier & registrer, & le contenu en icelles garder & observer selon sa forme & teneur: Car tel est notre plaisir. En témoin de quoi nous avons fait mettre notre Scel à cesdites présentes. Donné à Versailles, le 5 jour de Décembre l'an de grace 1730, & de notre regne le 16. Signé LOUIS. *Et plus bas*, par le Roi, *Phelypeaux*. Vû au Conseil, *Orry*. Et scellé du grand Sceau de cire jaune.

Registrées en la Cour des Aides, oui & ce requerant le Procureur Général du Roi, pour être exécutées selon leur forme & teneur, & ordonne que copie collationnée d'icelles, sera envoyée aux Siéges de l'élection de Paris, pour être lûës, publiées & registrées, l'Audiance tenante. Fait à Paris, en la premiere Chambre de ladite Cour des Aides, , le 15 Decembre 1730. Signé, *Darboulin.*

Ordonnance de Louis XV. du mois de Février 1731, concernant les donations. Registrée en Parlement le 9 Mars 1731.

LOUIS, par la grace de Dieu, Roi de France & de Navarre: A tous présens & à venir, Salut, &c.

ARTICLE PREMIER.

Tous Actes portant donation entre-vifs seront passés pardevant Notaires & il en restera minute, à peine de nullité.

II. Les donations entre-vifs seront faites dans la forme ordinaire des Contrats & Actes passés pardevant Notaires, & en y observant les autres formalités, qui y ont eu lieu jusqu'à présent, suivant les différentes Loix, Coutumes & usages des pays soumis à notre domination.

III. Toutes donations à cause de mort, à l'exception de celles qui se feront par Contrats de mariage, ne pourront dorenavant avoir aucun effet, dans les Pays mêmes où elles sont expressément autorisées par les Loix ou par les Coutumes, que lorsqu'elles auront été faites dans la même forme que les Testamens ou les Codiciles; en sorte qu'il n'y ait à l'avenir dans nos Etats que deux formes de disposer de ses biens à titre gratuit: dont l'une sera celle des donations entre-vifs, & l'autre celle des Testamens ou des Codiciles.

IV. Toute donation entre-vifs, qui ne seroit valable en cette qualité, ne pourra valoir comme donation ou disposition à cause de mort ou testamentaire, de quelque formalité qu'elle soit revêtuë.

V. Les donations entre-vifs, même celles qui seroient faites en faveur de l'Eglise, ou pour causes pies, ne pourront engager le donateur, ni produire aucun autre effet que du jour qu'elles auront été acceptées par le donataire ou par son Procureur général ou spécial, dont la procuration demeurera annexée à la minute de la donation; & en cas qu'elle eût été acceptée par une personne qui auroit déclaré se porter fort pour le donataire absent, ladite donation n'aura effet que du jour de la ratification expresse que ledit donataire en aura faite par Acte passé pardevant Notaires, duquel Acte il restera minute. Défendons à tous Notaires & Tabellions d'accepter les donations comme stipulans pour les donataires absens, à peine de nullité desdites stipulations.

VI. L'acceptation de la donation sera expresse, sans que les Juges puissent avoir aucun égard aux circonstances dont on prétendroit induire une acceptation tacite ou présumée, & ce quand même le donataire auroit été présent à l'Acte de donation, & qu'il l'auroit signé, ou quand il seroit entré en possession des choses données.

VII. Si le donataire est mineur de vingt-cinq ans, ou interdit par autorité de Justice, l'acceptation pourra être faite pour lui, soit par son Tuteur, ou son Curateur, soit par ses pere ou mere, ou autres ascendans, même du vivant du pere & de la mere, sans qu'il soit besoin d'aucun avis de Parens pour rendre ladite acceptation valable.

VIII. L'acceptation pourra aussi être faite par les Administrateurs des Hôpitaux, Hotels-Dieu ou autres semblables établissemens de Charité, autorisés par nos Lettres patentes régistrées en nos Cours, & par les Curés & Marguilliers, lorsqu'il s'agira de donations entre-vifs faites pour le Service divin, pour fondations particulieres, ou pour la subsistance & le soulagement des pauvres de leur Paroisse.

IX. Les femmes mariées, même celles qui ne seront communes en biens, ou qui auront été séparées par Sentence ou par Arrêt, ne pourront accepter aucunes donations entre-vifs sans être autorisées par leurs maris, ou par Justice à son refus. N'entendons néanmoins rien innover sur ce point à l'égard des donations qui seroient faites à la femme pour lui tenir lieu de bien para-

phernal

phernal dans les pays où les femmes mariées peuvent avoir des biens de cette qualité.

X. N'entendons pareillement comprendre dans la disposition des articles précedens sur la nécessité & la forme de l'acceptation dans les donations entre-vifs, celles qui seroient faites par contrat de mariage aux conjoints, ou à leurs enfans à naître, soit par les conjoints mêmes, ou par les ascendans, ou parens collateraux, même par des étrangers; lesquelles donations ne pourront être attaquées ni déclarées nulles sous prétexte de défaut d'acceptation.

XI. Lorsqu'une donation aura été faite en faveur du donataire & des enfans qui en naîtront, ou qu'elle aura été chargée de substitution au profit desdits enfans, ou autres personnes nées ou à naître, elle vaudra en faveur desdits enfans, ou autres personnes par la seule acceptation dudit donataire, encore qu'elle ne soit pas faite par contrat de mariage, & que les donateurs soient des collateraux ou des étrangers.

XII. Voulons pareillement qu'en cas qu'une donation faite à des enfans nés & à naître ait été acceptée par ceux qui étoient déja nés dans le tems de la donation, ou par leurs tuteurs & autres dénommés dans l'Article VII. elle vaille, même à l'égard des enfans qui naîtront dans la suite, nonobstant le défaut d'acceptation faite de leur part, ou pour eux, encore qu'elle ne soit pas faite par contrat de mariage, & que les donateurs soient des collateraux ou des étrangers.

XIII. Les institutions contractuelles & les dispositions à cause de mort qui seront faites dans un contrat de mariage, même par des collateraux ou par des étrangers, ne pourront être attaquées par le défaut d'acceptation.

XIV. Les mineurs, les interdits, l'Eglise, les Hôpitaux, Communautés ou autres qui joüissent des privileges des mineurs, ne pourront être restitués contre le défaut d'acceptation des donations entre-vifs : le tout sans préjudice du recours tel que de droit desdits mineurs ou interdits contre leurs tuteurs ou curateurs, & desdits Eglises, Hôpitaux, Communautés ou autres joüissans des privileges des mineurs contre leurs administrateurs, sans qu'en aucun cas la donation puisse être confirmée, sous prétexte de l'insolvabilité de ceux contre lesquels ledit recours pourra être exercé.

XV. Aucune donation entre-vifs ne pourra comprendre d'autres biens que ceux qui appartiendront au donateur dans le tems de la donation; & si elle renferme des meubles ou effets mobiliers, dont la donation ne contienne pas un tradition réelle, il en sera fait un état signé des parties qui demeurera annexée à la minute de ladite donation, faute de quoi le donataire ne pourra prétendre aucuns desdits meubles ou effets mobiliers, même contre le donateur ou ses héritiers. Défendons de faire dorénavant aucunes donations de biens présens & à venir, (si ce n'est dans le cas ci-après marqué) à peine de nullité desdites donations, même pour les biens présens; & ce encore que le donataire eût été mis en possession du vivant du donateur desdits biens présens, en tout ou en partie.

XVI. Les donations qui ne comprendroient que les biens présens seront pareillement déclarées nulles, lorsqu'elles seront faites à condition de payer les dettes & charges de la succession du donateur en tout ou en partie, ou autres dettes & charges que celles qui existoient lors de la donation, même de payer les légitimes des enfans du donateur, au-delà de ce dont ledit donataire peut en être tenu de droit, ainsi qu'il sera reglé ci-après; laquelle disposition sera observée généralement à l'égard de toutes les donations faites sous des conditions dont l'exécution dépend de la seule volonté du donateur, & en cas qu'il se soit réservé la liberté de disposer d'un effet compris dans la donation ou d'une somme fixe à prendre sur les biens donnés, voulons que ledit effet ou ladite somme ne puissent être censé compris dans la donation, quand même le donateur seroit mort sans en avoir disposé; auquel cas ledit effet ou ladite somme appartiendront aux héritiers du donateur, nonobstant toutes clauses ou stipulations à ce contraires.

XVII. Voulons néanmoins que les donations faites par contrat de mariage en faveur de conjoints ou de leurs descendans, même par des collateraux ou par des étrangers, soient exceptées de la disposition de l'Article XV. ci-dessus & que lesdites donations faites par contrat de mariage puissent comprendre tant les biens à venir, que les biens présens, en tout ou en partie; auquel cas il sera au choix du donataire de prendre les biens tels qu'ils se trouveront au jour du décès du donateur, en payant toutes les dettes & charges, même celles qui seroient postérieures à la donation, ou de s'en tenir aux biens qui existoient dans le tems qu'elle aura été faite, en payant seulement les dettes & charges existantes audit tems.

XVIII. Entendons pareillement, les donations des biens présens faites à condition de payer indistinctement toutes les dettes & charges de la succession du donateur, même les légitimes indéfiniment, ou sous d'autres conditions, dont l'éxécution dépendroit de la volonté du donateur, puissent avoir lieu dans les contrats de mariage en faveur des conjoints ou de leurs descendans, par quelles personnes que lesdites donations soient faites, & que le donataire soit tenu d'accomplir lesdites conditions, s'il n'aime mieux renoncer à ladite donation; & en cas que ledit donateur par contrat de mariage se soit réservé la liberté de disposer d'un effet compris dans la donation de ses biens présens, ou d'une somme fixe, à prendre sur lesdits biens, voulons que s'il meurt sans en avoir disposé, ledit effet ou ladite somme appartienne au donataire ou à ses héritiers, & soient censés compris dans ladite donation.

XIX. Les donations faites dans les contrats de mariage en ligne directe, ne feront pas sujettes à la formalité de l'insinuation.

XX. Toutes les autres donations, même les donations rémuneratoires ou mutuelles, quand même elles seroient entierement égales, ou celles qui seroient faites à la charge de services & de fondations, seront insinuées suivant la disposition des Ordonnances, à peine de nullité.

XXI. Ladite peine de nullité n'aura pas lieu néanmoins à l'égard des dons mobiles, augmens, contre-augmens, engagemens, droits de rétention, agencemens, gains de nôces & de suivie, dans les Païs où ils sont en usage; à l'égard de toutes lesquelles stipulations ou conventions, à quelque somme ou valeur qu'elles puissent monter, notre Déclaration du 25 Juin 1729, sera exécutée suivant sa forme & teneur.

XXII. L'exception portée par l'Article précedent & par ladite Déclaration aura pareillement lieu à l'égard des donations de choses mobiliaires : quand il y aura tradition réelle, ou quand elles n'excéderont pas la somme de mille livres une fois payée.

XXIII. Dans tous les cas où l'insinuation est nécessaire, à peine de nullité, les donations d'immeubles réels, ou de ceux qui sans être réels, ont une assiéte selon les loix; Coutumes, ou usages des lieux, & ne suivent pas la personne du donateur, seront insinuées, sous ladite peine de nullité, aux Greffes des Bailliages ou Sénéchaussées Royales, ou autre Siége Royal ressortissant nuëment en nos Cours, tant du domicile du donateur, que du lieu dans lequel les biens donnés sont situés, ou ont leur assiéte; & à l'égard des donations de choses mobiliaires, même des immobiliaires qui n'ont point d'assiéte & suivent la personne, l'insinuation s'en fera seulement au Greffe du Bailliage ou Sénéchaussée Royale, ou autre Siége Royal ressortissant nuëment en nos Cours du domicile du donateur. Défendons de faire aucunes insinuations dans d'autres Jurisdictions Royales, ou dans les Justices Seigneuriales, même dans celles des Pairies; & en cas que le donateur y ait son domicile, ou que les biens donnés y soient situés, l'insinuation sera faite au Greffe du Siege qui a la connoissance des cas Royaux dans le lieu dudit domicile, ou de la situation des biens donnés, le tout à peine de nullité.

XXIV. Sera tenu à l'avenir dans chaque Bailliage ou Sénéchaussée Royale un régistre particulier qui sera cotté & paraphé à chaque feuillet par le premier Officier du Siége, clos & arrêté à la fin de chaque année par ledit Officier, dans lequel régistre sera transcrit en entier l'acte de donation, si elle est faite par un acte séparé, sinon la partie de l'acte qui contiendra la donation, ses charges ou conditions, sans en rien obmettre; à l'effet de quoi la grosse ou expédition dudit acte seront représentées, sans qu'il soit nécessaire de rapporter la minutte.

XXV. Le dépositaire dudit régistre sera tenu d'en donner communication toutes les fois qu'il en sera requis, & sans ordonnance de Justice, même d'en délivrer un extrait signé de lui, si les parties le demandent : le tout sauf son salaire raisonnable, & ainsi qu'il est reglé par notre Déclaration du 17 du present mois.

XXVI. Lorsque l'insinuation aura été faite dans les délais portés par les Ordonnances, même après le decès du donateur ou du donataire, la donation aura son effet du jour de sa datte, à l'égard de toutes sortes de personnes. Pourra néanmoins être insinuée après lesdits délais, même après le décès du donataire, pourvû que le donateur soit encore vivant, mais elle n'aura effet en ce cas que du jour de l'insinuation.

XXVII. Le défaut d'insinuation des donations qui y sont sujettes, à peine de nullité, pourra être opposé tant par les tiers acquereurs & créanciers du donateur, que par ses héritiers donataires postérieurs ou légataires, & généralement par tous ceux qui y auront intérêt, autres néanmoins que le donateur : & la disposition du présent article aura lieu, encore que le donateur se fût chargé expressément de faire insinuer la donation, à peine de tous dépens, dommages & intérêts, laquelle clause sera regardée comme nulle & de nul effet.

XXVIII. Le défaut d'insinuation pourra pareillement être opposé à la femme commune en biens ou séparée d'avec son mari, & à ses héritiers, pour toutes les donations faites à son profit, même à titre de dot, & ce dans tous les cas où l'insinuation est nécessaire, à peine de nullité; sauf à elle ou à ses héritiers, d'exercer leur recours, s'il y échoit, contre le mari ou ses héritiers, sans que sous prétexte de leur insolvabilité la donation puisse être confirmée en aucun cas, nonobstant le défaut d'insinuation.

XXIX. N'entendons néanmoins qu'en aucun cas ledit recours puisse avoir lieu, quand il s'agira de donations faites à la femme pour lui tenir lieu de bien paraphernal, si ce n'est seulement lorsque le mari aura eu la joüissance de cette nature de bien du consentement exprès ou tacite de la femme.

XXX. Le mari ni ses héritiers ou ayans cause ne pourront en aucun cas, & quand même il s'agiroit de donation faite par d'autres que par le mari, opposer le défaut d'insinuation à la femme commune ou séparée, ou à ses héritiers ou ayans cause, si ce n'est que ladite donation eût été faite pour tenir lieu à la femme de bien paraphernal, & qu'elle en eût eu la libre joüissance & administration.

XXXI. Les Tuteurs, Curateurs, Administrateurs ou autres, qui par leur qualité sont tenus de faire insinuer les donations faites par eux ou par d'autres personnes aux mineurs ou autres étant sous leur autorité, ne pourront pareillement, ni leurs héritiers ou ayans cause, opposer le défaut d'insinuation ausdits mineurs ou autres donataires dont ils ont eu l'administration, ni à leurs héritiers ou ayans cause.

XXXII. Les Mineurs, l'Eglise, les Hôpitaux, Communautés ou autres qui joüissent du privilege des mineurs, ne pourront être restitués contre le défaut d'insinuation, sauf leur recours tel que de droit contre leurs tuteurs ou administrateurs, & sans que la restitution puisse avoir lieu, quand même lesdits tuteurs ou administrateurs se trouveroient insolvables.

XXXIII. N'entendons comprendre dans les dispositions des Articles précédens qui concernent l'insinuation, les Pays du Ressort de notre Cour de Parlement de Flandre.

XXXIV. Si les biens que le donateur aura laissé en mourant sans en avoir disposé, ou sans l'avoir fait autrement que par des dispositions de derniere volonté, ne suffisent pas pour fournir la légitime des enfans, eu égard à la totalité des biens compris dans les donations entre-vifs par lui faites, & ceux qui n'y sont pas renfermés : ladite légitime sera prise, premierement sur la derniere donation, & subsidiairement sur les autres, en remontant des dernieres aux premieres; & en cas qu'un ou plusieurs des donataires soient du nombre des enfans du donateur qui auroient eû droit de demander leur légitime sans la donation qui leur a été faite, ils retiendront les biens à eux donnés jusqu'à concurrence de la valeur de leur légitime, & ils ne seront tenus de la légitime des autres que pour l'excédent.

XXXV. La dot, même celle qui aura été fournie en deniers, sera pareillement sujette au retranchement pour la légitime dans l'ordre prescrit par l'Article précédent : ce qui aura lieu, soit que la légitime soit demandée pendant la vie du mari, ou qu'elle ne le soit qu'après sa mort, & quand il auroit joui de la dot pendant plus de trente ans, ou quand même la fille dotée auroit renoncée à la succession par son contrat de mariage ou autrement, ou qu'elle en seroit excluse de droit suivant la disposition des loix, coutumes ou usages.

XXXVI. Dans le cas où la donation des biens présens & à venir pour le tout ou pour partie, a été autorisée par l'Article XVII. si elle comprend la totalité des biens présens & à venir, le donataire sera tenu indéfiniment de payer les légitimes des enfans du donateur, soit qu'il en ait été chargé nommément par la donarion, soit que cette charge n'y ait pas été exprimée; & lorsque la donation ne contiendra qu'une partie des biens présens & à venir, le donataire ne sera obligé de payer lesdites légitimes au-delà de ce dont il en peut être tenu de droit, suivant l'Article XXXIV. qu'en cas qu'il en ait été expressement chargé par la donation, & non autrement, auquel cas d'expression de ladite charge, le donataire sera tenu directement & avant tous les autres donataires, quoique postérieurs, d'acquitter lesdites légitimes, pour la part & portion dont il aura été chargé dans la donation; & si ladite portion n'y a pas été expressément déterminée, elle demeurera fixée à telle & semblable portion que celle pour laquelle les biens présens & à venir se trouveront compris dans la donation, sauf au donataire dans tous les cas portés par le présent Article, de renoncer, si bon lui semble, à la donation.

XXXVII. Si néanmoins le donataire par Contrat de mariage de la totalité ou de partie des biens présens & à venir, déclare qu'il opte de s'en tenir aux biens qui appartenoient au donateur au tems de la donation, & qu'il renonce aux biens postérieurement acquis par ledit donateur, suivant la faculté qui lui est accordée par l'Article XVII. les légitimes des enfans se prendront sur lesdits biens postérieurement acquis, s'ils suffisent; sinon ce qui s'en manquera sera pris sur tous les biens qui appartenoient au donateur dans le tems de la donation; si elle comprend la totalité desdits biens: & en cas que la donation ne soit que d'une partie des biens, & qu'il y ait plusieurs donataires, la disposition de l'Article XXXIV. sera observée entr'eux selon sa forme & teneur.

XXXVIII. La prescription ne pourra commencer à courir en faveur des donataires outre les légitimaires, que du jour de la mort de ceux sur les biens desquels la légitime sera demandée.

XXXIX. Toutes donations entre-vifs faites par personnes qui n'avoient point d'enfans ou de descendans actuellement vivans dans le tems de la donation, de quelque valeur que lesdites donations puissent être, & à quelque titre qu'elles ayent été faites, & encore qu'elles fussent mutuelles ou remunératoires, même celles qui auroient été faites en faveur de mariage par autres que par les conjoints ou les ascendans, demeureront revoquées de plein droit, par la survenance d'un enfant légitime du donateur, même d'un posthume, ou par la légitimation d'un enfant naturel par mariage subséquent, & non par une autre sorte de légitimation.

XL. Ladite révocation aura lieu, encore que l'enfant du donateur ou de la donatrice fut conçû au tems de la donation.

XLI. La donation demeurera pareillement révoquée, quand même le donataire seroit entré en possession des biens donnés, & qu'il y auroit été laissé par le donateur depuis la survenance de l'enfant, sans néanmoins que ledit donataire soit tenu de restituer les fruits par lui perçus, de quelque nature qu'ils soient, si ce n'est du jour que la naissance de l'enfant ou sa légitimation par mariage subséquent, lui aura été notifiée par exploit ou autre acte en bonne forme, & ce, quand même la demande pour rentrer dans les biens donnés n'auroit été formée que postérieurement à ladite notification.

XLII. Les biens compris dans la donation révoquée de plein droit, rentreront dans le patrimoine du donateur, libres de toutes charges & hypotheques du chef du donataire, sans qu'ils puissent demeurer affectés, même subsidiairement, à la restitution de la dot de la femme dudit donataire, reprises, douaires ou autres conventions matrimoniales : ce qui aura lieu, quand même la donation auroit été faite en faveur du mariage du donataire & inserrée dans le contrat, & que le donateur se seroit obligé, comme caution, par ladite donation, à l'exécution du contrat de mariage.

XLIII. Les donations ainsi revoquées ne pourront revivre ou avoir de nouveau leur effet, ni par la mort de l'enfant du donateur, ni par aucun acte confirmatif, & si le donateur veut donner les mêmes biens au même donataire, soit avant ou après la mort de l'enfant, par la naissance duquel la donation avoit été révoquée, il ne leur pourra faire que par une nouvelle disposition.

XLIV. Toute clause ou convention par laquelle le donateur auroit renoncé à la révocation de la donation pour survenance d'enfans, sera regardée comme nulle, & ne pourra produire aucun effet.

XLV. Le donataire, ses héritiers ou ayans cause, ou autres détempteurs des choses données, ne pourront opposer la prescription pour faire valoir la donation révoquée par la survenance d'enfant, qu'après une possession de trente années, qui ne pourront commencer à courir que du jour de la naissance du dernier enfant du donateur, même posthume, & ce, sans préjudice des interruptions telles que de droit.

XLVI. N'entendons comprendre dans les dispositions de la présente Ordonnance, ce qui concerne les dons mutuels & autres donations faites entre maris & femmes ; autrement que par le contrat de mariage ; ni pareillement les donations faites par le pere de famille aux enfans étant en sa puissance, à l'égard de toutes lesquelles donations il ne sera rien innové, jusqu'à ce qu'il y ait été autrement par Nous pourvû.

XLVII. Voulons au surplus que la présente Ordonnance soit gardée & observée dans tout notre Royaume, Terres & Pays de notre obéissance, à compter du jour de la publication qui en sera faite : abrogeons toutes Ordonnances, Loix, Coûtumes, Statuts & usages différens, ou qui seroient contraires aux dispositions y contenuës, sans néanmoins que les donations faites avant ladite publication, puissent être attaquées sous prétexte qu'elles ne seroient pas conformes aux regles par Nous prescrites ; notre intention étant qu'elles soit exécutées ainsi qu'elles auroient pû & dû l'être auparavant ; & que les contestations nées & à naître sur leur exécution, soient décidées suivant les Loix & la Jurisprudence qui ont eu lieu jusqu'à présent dans nos Cours à cet égard. Si donnons, &c.

Déclaration du Roi du 17 Février 1731, concernant les Insinuations. Regiſtrée en Parlement le 9 Mars 1731.

LOUIS, &c. A ces cauſes &c. Nous voulons :

ARTICLE PREMIER.

Qu'à compter du jour de l'enregiſtrement des Préſentes, toutes Donations entre-vifs de meubles ou immeubles, mutuelles, réciproques, rémunératoires, onereuſes, même à la charge de ſervices & fondations, en faveur de mariage & autres faites en quelque forme & maniere que ce ſoit (à l'exception de celles faites par Contrat de mariage en ligne directe) ſoient inſinuées; ſçavoir, celles d'immeubles réels, ou d'immeubles fictifs, qui ont néanmoins une aſſiéte, aux Bureaux établis pour la perception des droits d'Inſinuations près les Bailliages ou Sénéchauſſées Royales, ou autre Siége Royal reſſortiſſant nuëment en nos Cours, tant du lieu du domicile du Donateur, que de la ſituation des choſes données; & celles des meubles ou des choſes immobiliaires qui n'ont point d'aſſiéte, aux Bureaux établis près leſdits Bailliages, Sénéchauſſées, ou autre Siége Royal reſſortiſſant nuëment en nos Cours, du lieu du domicile du Donateur ſeulement. Et au cas que le Donateur eût ſon domicile, ou que les biens donnés fuſſent ſitués dans l'étenduë des Juſtices Seigneuriales, l'Inſinuation ſera faite aux Bureaux établis près le Siége qui a la connoiſſance des cas Royaux dans l'étenduë deſdites Juſtices, le tout dans les tems, & ſous les peines portées par l'Ordonnance de Moulins, & la Déclaration du 17. Novembre 1690. Déclarons nulles & de nul effet toutes les inſinuations qui ſeroient faites à l'avenir en d'autres Juriſdictions : dérogeant à tous Edits & Déclarations à ce contraires.

II. Voulons qu'à commencer au premier Juillet prochain les Commis établis dans chacun deſdits Bureaux, leſquels ſeront tenus de prêter ſerment pardevant le Lieutenant Général des Siéges ci-deſſus nommés, tiennent un Regiſtre ſéparé, cotté & paraphé par ledit Lieutenant Général, ou par le premier ou plus ancien Officier du Siége en ſon abſence, dans leſquels les Actes de donations, ſi elles ſont faites par un acte ſéparé, ſinon la partie de l'acte qui contiendra la donation avec toutes ſes charges ou conditions, ſeront inſerés & enregiſtrés tout au long, pour le paraphe deſquels Regiſtres il ſera pris dix ſols pour ceux de cinquante feuillets & au-deſſous, vingt ſols pour ceux qui contiendront plus de cent feuillets.

III. Leſdits Commis ſeront tenus de communiquer leſdits Regiſtres, ſans déplacer, à tous ceux qui le demanderont, & de fournir des extraits, ou expéditions en papier, ſuivant qu'ils en ſeront requis, des actes y inſerés, & ne ſera prix que dix ſols pour le droit de recherche dans chaque Regiſtre, & pareille ſomme pour chaque extrait délivré, & en cas qu'ils fuſſent requis de délivrer des expéditions entieres des Actes enregiſtrés, il leur ſera payé par rôle de grosse le même droit qui se paye pour les expéditions en papier au Greffe du Siége près lequel ils sont établis.

IV. Lesdits Registres seront clos & arrêtés, à la fin de chaque année, par le Lieutenant Général, ou le premier ou plus ancien Officier du Siége à son absence; & quatre mois après seront mis au Greffe de la Jurisdiction; à quoi faire lesdits Commis seront contraints par corps, à la diligence des Substituts de nos Procureurs généraux, & sera dressé procès-verbal par le premier ou plus anciens Officier du Siége, de l'état desdits Registres, au bas duquel le Greffier de la Jurisdiction s'en chargera pour en donner communication toutesfois & quantes, même en fournir des extraits gratis à nos Fermiers, ou à leurs Commis, en lui remboursant les frais du papier timbré seulement, à peine de cent livres d'amende qui sera encouruë sur le simple Procès-verbal desdits Commis.

V. Lesdits Greffiers seront pareillement tenus de communiquer lesdits Registres, sans déplacer, à tous ceux qui le demanderont, & de fournir des extraits ou expéditions aussi en papier, suivant qu'ils en seront requis, des actes y inserés, leur défendons de prendre pour raison de ce d'autres droits que ceux qui sont attribués aux Commis par l'Article III. des présentes.

VI. N'entendons déroger à l'Article III. de notre Déclaration du 20 Mars 1708, en ce qu'il ordonne l'insinuation des donations par forme d'augmens ou contre-augmens, dons mobils, engagemens, droits de rétentions, agencemens, gains de nôces & de suivie, dans les Pays où ils sont en usage: Voulons que lesdits actes soient insinués conformément à la Déclaration, & les droits payés suivant le tarif, en même tems que ceux du contrôle, dans les lieux où le contrôle est établi; & dans ceux où le contrôle n'a pas lieu, dans les quatre mois du jour & datte desdits actes, sans néanmoins que le défaut d'insinuation desdits actes puisse emporter la nullité, & ce conformément à notre Déclaration du 25 Juin 1729, lesquels droits, lorsqu'ils auront été payés en même tems que ceux du contrôle, appartiendront aux Fermiers qui auront insinué lesdits actes sans répétition.

VII. Voulons pareillement que ladite peine de nullité ne puisse avoir lieu à l'égard des donations de choses mobiliaires, quand il y aura tradition réelle, ou quand elles n'excederont la somme de mille livres, au cas qu'elles n'eussent pas été insinuées, conformément à l'Article premier des présentes: Voulons que les parties qui auront négligé de les faire insinuer, soient seulement sujettes à la peine du double droit, & que les droits desdites donations soient payés conformement à ce qui est prescrit par l'Article précedent. Voulons au surplus que les Ordonnances, Edits & Déclarations enregistrés en nos Cours concernant les insinuations, soient exécutés suivant leur forme & teneur, dans toutes les dispositions ausquelles il n'est pas dérogé par ces présentes. Si donnons, &c.

Arrêt

Arrêt de la Cour du Parlement, du 18 Juillet 1733, portant Reglement pour les scellés & Inventaires.

LOUIS par la grace de Dieu, Roi de France & de Navarre: Au premier des Huissiers de notre Cour de Parlement de Paris, ou autre notre Huissier ou Sergent sur ce requis, Sçavoir faisons. Qu'entre Augustin Vielh Bourgeois de Paris, Marie Victoire Vielh, Anne Vielh, Victoire-Elisabeth Vielh, filles majeures, & Claude-François Vielh, Inspecteur de nos Fermes, demeurant à Alençon, héritiers par Bénéfice d'inventaire de François Vielh leur pere, ancien Munitionnaire des vivres, demandeurs en Requête du 24 Avril 1731, à ce qu'en interprétant en tant que besoin est ou seroit, l'Arrêt de notredite Cour du 11 dudit mois d'Avril, il fût ordonné que les scellés apposés à la Requête desdits Vielh & Consorts par le Commissaire d'Alby sur les effets de Charles Bouillard, ne seroient levés qu'à la charge par Nicole de Caux veuve dudit Bouillard, de faire proceder en même tems à la continuation de l'Inventaire; à l'effet de quoi, & au cas que les effets, titres & papiers de ladite succession ne pussent être inventoriés en une seule & même vacation, lesdits scellés seront remis à la fin de chaque vacation sur les effets qui resteroient à inventorier jusqu'en fin de la confection dudit Inventaire, que l'Arrêt qui interviendroit fût déclaré commun avec la Dame de Bruniere & autres opposans, & qu'en cas de contestation, les contestans fussent condamnés aux dépens, sans préjudice de tous les droits & actions dudit Vielh & Consorts, d'une part; & ladite Nicole de Caux, veuve de Charles Bouillard, Marchand Bourgeois de Paris, se disant habile à se dire & porter commune dudit défunt Bouillard; Jacques Berault Gentilhomme servant chez Nous, & Marguerite May veuve de Pierre de Bruniere, défendeurs d'autre part; après que Cadet Avocat de la veuve Bouillard, de Laverdi Avocat des Commissaires au Châtelet de Paris, Paillet de Bruniere Avocat de Vielh & consorts & de la veuve Jobert, Merlet Avocat des Brunieres, Marchand Avocat de Jacques Berault, & Pecouleau Avocat de Bonnet, ont été ouis pendant quatre Audiences, ensemble Gilbert pour notre Procureur Général, & qu'il en a été déliberé.

Notredite Cour reçoit les intervenans parties intervenantes, & les parties respectivement opposantes aux Arrêts par défaut; reçoit notre Procureur Général opposant à l'Arrêt du 11 Avril 1731; faisant droit sur son opposition; & ayant égard aux Requêtes & demandes des parties de Laverdi & de Paillet, sans s'arrêter à celles de la partie de Cadet, déclare l'intitulé d'inventaire fait le 16 Janvier 1731, des effets délaissés, par défunt Charles Bouillard, & continuation d'icelui nuls, ordonne que les scellés apposés à la Requête des parties de Paillet, le même jour 16 Janvier, & le 19 du même mois, seront continués à leur diligence par tout où besoin sera, pour en suite être levés, les parties intéressés présentes, ou elles duëment appellées, & procedé à l'Inventaire en la maniere accoûtumée; & que sur les deniers qui proviendront de la vente des meubles, la partie de Pecouleau sera payée par privilege & préference de ses frais de garde, sur le surplus des demandes, met les parties hors de Cour, tous dépens entr'elles compensés, desquels néanmoins, ensemble de ceux faits en conséquence de l'apposition de scellés, les parties de Paillet seront remboursées en frais d'apposition de scellés, celle de Pecouleau en frais de garde, & celle de Merlet & Marchand en frais & mise d'exécution; faisant droit sur le Requisitoire de notre Procureur Général, ordonne que l'Arrêt de Réglement du 8 Juin 1693, aura lieu pour le passé; mais qu'à l'avenir les scellés ne pourront être levés & les Inventaires commencés, soit dans cette Ville de Paris, soit dans les Bailliages & Sénéchaussées du Ressort, que trois jours francs après les enterremens faits publiquement des corps des défunts, à peine de nullité des Procès-verbaux de levée de scellés & confection d'Inventaire, d'interdiction & de cent livres d'amende contre les Commissaires, Notaires & Procureurs qui y assisteront, à moins que pour des causes urgentes & nécessaires justifiées au Juge, & dont il sera fait mention dans son Ordonnance, il en soit autrement ordonné; & pour la contravention faite audit Arrêt, par de la Fosse Notaire, qui a procédé à l'Inventaire ledit jour 16 Janvier 1731, ordonne que ledit de la Fosse sera & demeurera interdit de ses fonctions pendant un mois, & le condamne en cent livres d'amende, sera le présent Arrêt, lû & publié l'Audience du Parc Civil du Châtelet tenante, registré ès Registres du Châtelet & des Communautés des Commissaires & Notaires au Châtelet, imprimé, publié & affiché par tout où besoin sera, & envoyé dans les Bailliages & Sénéchaussées du Ressort pour y être pareillement lû, publié & enregistré, enjoint aux Substituts de notre Procureur Général d'y tenir la main, & d'en certifier notredite Cour dans le mois. Si mandons mettre le présent Arrêt à exécution selon sa forme & teneur: de ce faire te donnons pouvoir. Donné en Parlement le 18 Juillet, l'an de grace 1733, & de notre Regne le 18. Par la Chambre, Signé *Du Franc*.

Le 28 Juillet 1733, signifié & baillé copie à M^e. E. Geoffroy, de Coustard, Allain, d'Hostel, & Bruere. Signé *Griveau*.

Lettres Patentes, données à Verſailles au mois de Janvier 1734, portant création d'une Charge de Notaire au Village de Marly.

LOUIS, par la grace de Dieu, Roi de France & de Navarre : A tous préſens & à venir, Salut. Par Edit du mois de Mai 1693, le feu Roi notre très-honoré Seigneur & Biſayeul avoit établi un Siége & Bailliage Royal en la Ville de Verſailles, compoſé d'un Baillif, Juge Civil & Criminel, un Lieutenant, un Procureur pour Nous, un Commiſſaire, un Greffier, un Receveur des Conſignations, un Receveur aux Saiſies Réelles, ſix Procureurs poſtulans, deux Huiſſiers & quatre Sergens Royaux, & trois Notaires ; mais il Nous a été repréſenté que le ſéjour que Nous faiſons dans notre Château de Marly a attiré un grand nombre d'Habitans dans le Village de Marly, & que le Commerce qui ſe fait au Port dudit lieu pour la proviſion de la Ville de Verſailles & pour celle dudit lieu de Marly étant conſidérable, il eſt néceſſaire d'établir dans cette Paroiſſe un Notaire qui y faſſe ſa réſidence pour l'expédition des affaires, tant de la ſuite de notre Cour, que des Habitans du Village & Port de Marly. A ces cauſes, à ce Nous mouvans, de l'avis de notre Conſeil, & de notre certaine ſcience, pleine puiſſance & autorité Royale, Nous avons par ces préſentes ſignées de notre main, créé, établi & ordonné, créons, établiſſons & ordonnons un quatriéme Notaire Royal à la réſidence de Marly, dépendant de notre Siége & Bailliage Royal de Verſailles, à laquelle Charge il ſera par Nous nommé & commis une perſonne capable pour l'exercer, en vertu de nos Lettres de commiſſion expédiées en notre grande Chancellerie, & en joüir tant & ſi long-tems qu'il Nous plaira, aux mêmes fonctions, pouvoirs, autorités, prérogatives, honneurs, droits, profits & émolumens dont jouiſſent les autres Notaires de notredit Bailliage. Si donnons en mandement à nos amés & féaux Conſeillers les Gens tenans notre Cour de Parlement & Chambre de Comptes à Paris, que nos préſentes Lettres Patentes en forme d'Edit, ils ayent à faire lire, publier & enregiſtrer, & le contenu en icelles exécuter ſelon ſa forme & teneur, nonobſtant tous Edits, Déclarations, Reglemens & autres choſes à ce contraires, auſquelles Nous avons dérogé & dérogeons par ces préſentes : Car tel eſt notre plaiſir, & afin que ce ſoit choſe ferme & ſtable à toujours, Nous avons fait mettre notre ſcel à ceſdites préſentes. Donné à Verſailles au mois de Janvier l'an de grace mil ſept cens trente-quatre, & de notre Regne le dix-neuviéme. Signé, LOUIS ; *Et plus bas*, par le Roi,

Phelypeaux. Visa, Chauvelin. Et scellées du grand Sceau de cire verte, en lacs de soye rouge & verte.

Registrées, oui & ce requerant le Procureur Général du Roi, pour être exécutées selon leur forme & teneur, suivant l'Arrêt de ce jour. A Paris en Parlement le 29 Janvier 1754. Signé, *Dufranc.*

Ordonnance de Louis XV. du mois d'Août 1735, concernant les Testamens. Registrées en Parlement le 3 Février 1736.

LOUIS, &c. A ces causes, &c. Nous voulons ce qui suit.

ARTICLE PREMIER.

Toutes dispositions Testamentaires ou à cause de mort de quelque nature qu'elles soient, seront faites par écrit. Déclarons nulles toutes celles qui ne seroient faites que verbalement, & défendons d'en admettre la preuve par témoins, même sous prétexte de la modicité de la somme dont il auroit été disposé.

II. Déclarons pareillement nulles toutes dispositions qui ne seroient faites que par signes, encore qu'elles eussent été redigées par écrit sur le fondement desdits signes.

III. Voulons aussi que les dispositions qui seroient faites par Lettres missives, soient regardées comme nulles & de nul effet.

IV. L'usage des Testamens Nuncupatifs écrits, & des Testamens Mystiques ou Secrets, continuera d'avoir lieu dans les Pays de droit écrit & autres, où lesdites formes de tester sont autorisées par les Coûtumes ou Statuts.

V. Lorsque le Testateur voudra faire un Testament Nuncupatif écrit, il en prononcera intelligiblement toutes les dispositions, en présence au moins de sept témoins, y compris le Notaire ou Tabellion, lequel écrira lesdites dispositions, à mesure qu'elles seront prononcées par le Testateur, après quoi sera fait lecture du Testament entier audit Testateur, de laquelle lecture il sera fait mention par ledit Notaire ou Tabellion, & le Testament sera signé par le Testateur, ensemble par le Notaire ou Tabellion, & par les autres témoins, le tout de suite & sans divertir à autres actes: & en cas que le Testateur déclare qu'il ne sçait ou ne peut signer, il en sera fait mention.

VI.

VI. Il suffira que les témoins qui assisteront au Testament Nuncupatif écrit, y ayent été présens tous ensemble, sans qu'il soit nécessaire de faire mention qu'ils ayent été priés & convoqués à cet effet ; ce qui aura lieu pareillement à l'égard de tous les Testamens & autres Actes de derniere volonté, où la présence des temoins est nécessaire.

VII. Si le Testateur est aveugle, ou si dans le tems du Testament, il n'a pas l'usage de la vûë, il sera appellé un témoin outre le nombre porté par l'Article V. lequel signera le Testament avec les autres témoins.

VIII. Si le Testateur ne peut parler, soit par un défaut naturel, ou autrement, il ne pourra faire de disposition à cause de mort, que dans la forme portée par les Articles IX. & XII. ci-après.

IX. Lorsque le Testateur voudra faire un Testament Mystique ou secret, il sera tenu de signer ses dispositions, soit qu'il les ait écrites lui-même, ou qu'il les ait fait écrire par un autre, & sera le papier qui contiendra lesdites dispositions, ensemble le papier qui servira d'enveloppe, s'il y en a une, clos & scellé avec les précautions en tel cas requises & accoutumées ; le Testateur présentera ledit papier, ainsi clos & scellé, à sept témoins au moins, y compris le Notaire ou Tabellion, ou il le fera clorre & sceller en leur présence, & il déclarera que le contenu audit papier est son Testament écrit & signé de lui, ou écrit par un autre, & signé de lui ; ledit Notaire ou Tabellion en dressera l'Acte de suscription, qui sera écrit sur ledit papier ou sur la feuille qui servira d'enveloppe, & sera ledit acte signé, tant par le Testateur que par le Notaire ou Tabellion, ensemble par les autres témoins, sans qu'il soit nécessaire d'y apposer les Sceau de chacun desdits témoins. Tout ce que dessus sera fait de suite, & sans divertir à autres Actes; & en cas que le Testateur, par un empêchement survenu depuis la signature du Testament, ne puisse signer l'Acte de suscription, il sera fait mention de la déclaration qu'il en aura faite, sans qu'il soit besoin en ce cas d'augmenter le nombre des témoins.

X. Si le Testateur ne sçait signer, ou s'il n'a pû le faire lorsqu'il a fait écrire ses dispositions, il sera appellé à l'acte de suscription un témoin, outre le nombre porté par l'Article précedent, lequel signera ledit Acte avec les autres témoins, & il y sera fait mention de la cause pour laquelle ledit témoin aura été appellé.

XI. Ceux qui ne sçavent ou ne peuvent lire, ne pourront faire de dispositions dans la forme du Testament Mystique.

XII. En cas que le Testateur ne puisse parler, mais qu'il puisse écrire, il pourra faire un Testament Mystique, à la charge que ledit Testament sera entierement écrit, daté & signé de sa main ; qu'il le présentera au Notaire ou Tabellion, & aux autres témoins, & qu'au haut de l'Acte de suscription, il écrira en présence que le papier qu'il présente est son Testament ; après quoi ledit Notaire ou Tabellion écrira l'Acte de suscription, dans lequel il sera fait mention que le Testateur a écrit ces mots en présence dudit Notaire ou Tabellion & des témoins ; & sera au surplus observé tous ce qui est prescrit par l'Article IX.

XIII. N'entendons par les dispositions des Articles V. & IX. déroger aux Statuts ou Coûtumes observées dans les lieux régis par le droit écrit, qui exigent un nombre de témoins moindre que celui qui est porté ausdits Articles, à la charge néanmoins d'appeller un témoin, outre le nombre requis par lesdites Coûtumes ou Statuts, dans les cas mentionnés aux Articles VII. & X.

XIV. La forme qui a eu lieu jusqu'à présent à l'égard des Codiciles, continuera d'être observée, & il suffira qu'ils soient faits en présence de cinq témoins, y compris le Notaire ou Tabellion : N'entendons pareillement déroger aux Statuts ou Coutumes qui exigent un moindre nombre de témoins pour les Codiciles.

XV. Le nombre de témoins requis par les Articles V. VII. IX. & X. ne sera point nécessaire pour la validité des Testamens, Codiciles, ou autres Actes de derniere volonté faits entre Enfans & Descendans, dans les pays qui sont régis par le droit écrit, & il suffira que lesdits Testamens, Codiciles, ou autres actes soient faits en présence de deux Notaires ou Tabellions, ou d'un Notaire & de deux témoins.

XVI. Voulons pareillement que les Testamens, Codiciles, ou autres dispositions à cause de mort, qui seront entierement écrits, datés, signés de la main du Testateur ou de la Testatrice, soient valables dans lesdits Pays de droit écrit entre enfans & descendans. Déclarons nuls tous ceux qui ne seroient pas revêtus au moins d'une des formes portées par le présent Article & par le précedent.

XVII. Les actes de partage faits entre enfans & descendans, pour avoir lieu après la mort de ceux qui les font dans les Pays ou ces Actes sont en usage, ne seront valables, s'ils ne sont pareillement revêtus d'une des formes portées par les deux Articles précedens; & seront en outre observées les autres formalités prescrites par les Loix, Coûtumes ou Statuts qui autorisent lesdits Actes.

XVIII. Les dispositions qui seront faites au profit d'autres que lesdits enfans & descendans dans les Testamens & autres actes mentionnés aux Articles XV. XVI. & XVII. seront regardées comme de nul effet; & ne seront exécutées que celles qui concerneront lesdits enfans ou descendans.

XIX. L'usage des Testamens, Codiciles & autres dernieres dispositions olographes, continuera d'avoir lieu dans les Pays, & dans les cas où ils ont été admis jusqu'à présent.

XX. Les Testamens, Codiciles & dispositions mentionnées dans l'Article précedent, seront entierement écrits, datés & signés de la main de celui ou celle qui les aura faits.

XXI. Lorsque ceux ou celles qui auront fait des Testamens, Codiciles ou autres dernieres dispositions olographes, voudront faire des vœux solemnels de Religion, ils seront tenus de reconnoître lesdits Actes pardevant Notaires, avant que de faire lesdits vœux, sinon lesdits Testamens, Codiciles ou autres dispositions, demeureront nuls & de nul effet.

XXII. Dans tous les Pays où les formalités établies par le droit écrit pour les dispositions de derniere volonté, ne sont pas autorisées par les Loix, Statuts & Coûtumes, il n'y aura à l'avenir que deux formes qui puissent avoir lieu pour lesdites dispositions; sçavoir, celle des Testamens, Codiciles ou autres dispositions olographes, suivant ce qui est porté à cet égard par les Articles précedens, & celles des Testamens, Codiciles ou autres dispositions reçûës par personnes publiques, selon ce qui sera prescrit ci-après ; abrogeons toutes autres formes de disposer à cause de mort dans lesdits Pays.

XXIII. Les Testamens, Codiciles & autres dispositions de derniere volonté, qui se feront devant une personne publique, seront reçus par deux Notaires ou Tabellions ; ou par un Notaire ou Tabellion, en présence de deux témoins, lesquels Notaires ou Tabellions, ou l'un d'eux, écriront les dernieres volontés du Testateur, telles qu'il les dictera, & lui en feront ensuite la lecture, de laquelle il sera fait une mention expresse, sans néanmoins qu'il soit nécessaire de se servir précisement de ces termes : *dicté, nommé, lû & relû sans suggestion*, ou autres requis par les Coûtumes ou Statuts, après quoi ledit Testament, Codicile ou autre disposition de derniere volonté, sera signé par le Testateur, ensemble par les deux Notaires ou Tabellions, ou par le Notaire ou Tabellion, & les deux témoins ; & en cas que le Testateur déclare qu'il ne sçait ou ne peut signer, il en sera fait mention.

XXIV. N'entendons déroger aux Coutumes & usages des Pays où les Officiers de Justice, y compris les Greffiers, ou les Officiers Municipaux, sont mis au nombre des personnes publiques qui peuvent recevoir des Testamens ou autres dispositions à cause de mort ; ce que nous voulons pareillement avoir lieu dans les Provinces réglées par le droit écrit, où le même usage seroit établi.

XXV. Les Curés seculiers ou reguliers pourront recevoir des Testamens ou autres dispositions à cause de mort, dans l'étenduë de leurs Paroisses, & ce seulement dans les lieux où les Coûtumes ou Statuts les y autorisent expressément, & en y appellant avec eux deux témoins ; ce qui sera pareillement permis aux Prêtres séculiers préposés par l'Evêque à la desserte des Cures, pendant qu'ils les desserviront, sans que les Vicaires, ni aucunes autres personnes Ecclésiastiques, puissent recevoir des Testamens ou autres dernieres dispositions. N'entendons rien innover aux Reglemens & usages observés dans quelques Hôpitaux, par rapport à ceux qui peuvent y recevoir des Testamens ou autres dispositions à cause de mort.

XXVI. Le Curé ou le Desservant seront tenus incontinent après la mort du Testateur, s'ils ne l'ont fait auparavant, de déposer le Testament ou autre derniere disposition, qu'ils auront reçû, chez le Notaire ou Tabellion du lieu : & s'il n'y en a point, chez le plus prochain Notaire Royal dans l'étenduë du Bailliage ou Sénéchaussée dans laquelle la Paroisse est située, sans que lesdits Curés ou Desservans puissent en délivrer aucunes expéditions, à peine de nullité desdites expéditions, & des dommages & intérêts des Notaires ou Tabellions, & des parties qui pourront en prétendre.

XXVII. Les Testamens, Codiciles & autres dispositions à cause de mort de ceux qui servent dans nos Armées, en quelque Pays que ce soit, pourront être faits en présence de deux Notaires ou Tabellions, ou d'un Notaire ou Tabellion & de deux témoins, ou en présence de deux des Officiers ci-après nommés ; les Majors & les Officiers d'un rang supérieur, les Prévôts des Camps & Armées ; leurs Lieutenans ou Greffiers, & les Commissaires des Guerres, ou de l'un desdits Officiers avec deux témoins : & en cas que le

Testateur soit malade ou blessé, il pourra aussi faire ses dernieres dispositions en présence d'un des Aumôniers de nos Troupes ou des Hôpitaux avec deux témoins, & ce, encore que lesdites Aumôniers fussent réguliers.

XXVIII. Le Testateur signera les Testamens, Codiciles ou autres dernieres dispositions mentionnées dans l'Article précedent, s'il sçait ou peut signer, & en cas qu'il déclare ne sçavoir ou ne pouvoir le faire, il en sera fait mention. Seront lesdits Actes pareillement signés par celui ou ceux qui les recevront, ensemble par les témoins; sans néanmoins qu'il soit nécessaire d'appeller des témoins qui sçachent & puissent signer, si ce n'est lorsque le Testateur ne sçaura ou ne pourra le faire: & à la reserve de ce cas, lorsque les témoins, ou l'un d'eux déclareront qu'ils ne sçavent ou ne peuvent signer, il suffira d'en faire mention.

XXIX. Seront aussi valables les Testamens, Codiciles & autres dispositions à cause de mort de ceux qui servent dans nos Armées, en quelque Pays que ce soit, lorsqu'ils seront entierement écrits, datés & signés de la main de celui qui les aura faits. Déclarons nuls tous ceux qui ne seroient pas revêtus au moins d'une des formes portées aux deux Articles précedens & au présent Article.

XXX. La disposition des Articles XXVII. XXVIII. & XXIX. n'aura lieu qu'en faveur de ceux qui seront actuellement en expéditions militaires, ou qui seront en quartier, ou en garnison hors le Royaume, ou prisonniers chez les ennemis, sans que ceux qui seront en quartier ou en garnison hors le Royaume puissent profiter de la disposition desdits Articles, si ce n'est qu'ils fussent dans une place assiégée, ou dans une Citadelle, ou autre lieu, dont les portes fussent fermées, & la communication interrompuë à cause de la guerre.

XXXI. Ceux qui n'étant ni Officiers, ni engagés dans nos Troupes, se trouveront à la suite de nos Armées ou chez les ennemis, soit à cause de leurs emplois ou fonctions, soit pour le service qu'ils rendent à nos Officiers, soit à l'occasion de la fourniture des vivres & munitions de nos Troupes, pourront faire leurs dernieres dispositions dans la forme portée par les Articles XXVII. XXVIII. & XXIX. & dans les cas marqués dans l'Article XXX.

XXXII. Les Testamens, Codiciles & autres dispositions à cause de mort mentionnés dans l'Article précedent, demeureront nuls, six mois après que celui qui les aura faits, sera revenu dans un lieu où il puisse avoir la liberté de tester en la forme ordinaire, si ce n'est qu'ils fussent faits dans les formes qui sont requises de droit commun, dans le lieu où ils auront été faits.

XXXIII. En tems de peste, les Testamens, Codiciles, ou autres dispositions à cause de mort, pourront être faits en quelque Pays que ce soit, en présence de deux Notaires ou Tabellions, ou de deux des Officiers de Justice Royale, Seigneuriale ou Municipale, jusqu'aux Greffiers inclusivement, ou pardevant un Notaire ou Tabellion avec deux témoins, ou pardevant un des Officiers ci-dessus nommés, aussi avec deux témoins, ou en présence du Curé ou Desservant, ou Vicaire ou autre Prêtre chargé d'administrer les Sacremens aux malades, quand même il seroit regulier, & de deux témoins.

XXXIV. Ce qui a été regle par l'Article XXVIII. pour les Testamens Militaires,

Militaires, sur la signature tant du Testateur, que de celui ou ceux qui recevront le testament & des témoins, sera aussi observé par rapport aux Testamens, Codiciles, ou autres dispositions faits en tems de peste.

XXXV. Seront en outre valables, en tems de peste, en quelque pays que ce soit, les Testamens, Codiciles & autres dispositions à cause de mort, qui seront entierement écrits, datés & signés de la main de celui qui les aura faits. Déclarons nuls tous ceux qui ne seroient pas revêtus au moins d'une des formes portées aux deux Articles précedens, & au présent Article.

XXXVI. La disposition des Articles XXXIII. XXXIV. & XXXV. aura lieu, tant à l'égard de ceux qui seroient attaqués de la peste, que pour ceux qui seroient dans les lieux infectés de ladite maladie, encore qu'ils ne fussent pas actuellement malades.

XXXVII. Les Testamens, Codiciles & autres dispositions à cause de mort, mentionnés dans les quatre articles précedens, demeureront nuls six mois après que le Commerce aura été rétabli dans le lieu où le Testateur se trouvera, ou qu'il aura passé dans un lieu où le Commerce n'est point interdit, si ce n'est qu'on eût observé dans lesdits Actes les formes requises de droit commun dans le lieu où ils auront été faits.

XXXVIII. Tous Testamens, Codiciles, Actes de partage entre enfans & descendans, ou autres dispositions à cause de mort, en quelque forme qu'ils soient faits, contiendront la date de jour, mois & ans, & ce encore qu'ils fussent olographes. Ce qui sera pareillement observé, dans le cas du Testament Mystique, tant pour la date de la disposition, que pour celle de la suscription.

XXXIX. Dans tous les Actes à cause de mort, où la presence des Temoins est necessaire, l'âge desdits Témoins demeurera fixé à celui de vingt ans accomplis, à l'exception des Pays de Droit écrit, où il suffira que lesdits Témoins ayent l'âge où il est permis de tester dans lesdits Pays.

XL. Les Témoins seront mâles, Regnicoles & capables des effets Civils, à l'exception seulement du Testament Militaire dans lequel les Etrangers, non notés d'infamie, pourront servir de temoins.

XLI. Les Réguliers, Novices ou Profés, de quelque Ordre que ce soit, ne pourront être témoins dans aucuns Actes de derniere volonté, sans préjudice néanmoins de l'exécution des Articles XXV. XXVII. & XXXIII. en ce qui concerne le pouvoir de recevoir des Testamens accordé aux Réguliers en consequence des qualités mentionnées ausdits Articles.

XLII. Ne pourront pareillement être pris pour témoins les Clercs, Serviteurs ou Domestiques du Notaire ou Tabellion, ou autre Personne publique, qui recevra le Testament, Codicile ou autre derniere disposition, ou l'Acte de suscription.

XLIII. Les Héritiers institués ou substitués ne pourront être témoins en aucun cas; & à l'égard des Legataires universels ou particuliers, ils ne pourront l'être que pour l'Acte de souscription du Testament Mystique dans les Pays où cette forme de tester est reçuë.

XLIV. Dans les cas & dans les Pays où le nombre de deux témoins est suffisant pour la validité des Testamens, Codiciles ou autres dispositions de derniere volonté, il n'y pourra y être admis que des témoins qui sçachent & puissent signer, à l'exception néanmoins des cas mentionnés dans les Articles XXVIII. & XXXIV. ci-dessus.

XLV. Dans les cas & dans les Pays où le nombre de deux témoins n'est pas suffisant, il ne pourra pareillement être admis que des témoins qui sçachent & puissent signer, lorsque les Testamens, Codiciles ou autres dispositions à cause de mort, se feront dans des Villes ou Bourgs fermés. Voulons que dans les autres lieux il y ait au moins deux témoins qui sçachent & puissent signer; & à l'égard de ceux qui ne sçauront ou ne pourront le faire, il sera fait mention qu'ils ont été présens, & ont déclaré ne sçavoir ou ne pouvoir signer.

XLVI. Voulons au surplus que les dispositions du Droit écrit & autres Loix, Coutumes & Statuts, en ce qui concerne les qualités desdits témoins, soient exécutées en tout ce qui n'est pas contraire aux six Articles précedens.

XLVII. Toutes les dispositions de la présente Ordonnance qui concernent la date & la forme des Testamens, Codiciles ou autres Actes de derniere volonté, & les qualités des témoins, seront exécutées à peine de nullité, sans préjudice des autres moyens tirés des dispositions des Loix ou des Coutumes, ou de la suggestion & captation desdits Actes, lesquelles pourront être alleguées, sans qu'il soit nécessaire de s'inscrire en faux à cet effet, pour y avoir par nos Juges tel égard qu'il appartiendra.

XLVIII. Voulons que les Notaires, Tabellions ou autres Personnes publiques, comme aussi les témoins qui auroient signé les Testamens, Codiciles ou autres Actes de derniere volonté, ou les Actes de suscription des Testamens Mystiques, sans avoir vû le Testateur, & sans l'avoir entendu prononcer ses dispositions, ou les lui avoir vû présenter lors de ladite suscription, soient poursuivis extraordinairement à la requête de nos Procureurs ou de ceux des Hauts-Justiciers, & condamnés, sçavoir lesdits Notaires, Tabellions, ou autres personnes publiques, à la peine de mort, & les témoins à telles peines afflictives ou infamantes qu'il appartiendra.

XLIX. L'institution d'Heritier faite par Testament ne pourra valoir en aucun cas, si celui ou ceux au profit de qui elle aura été faite par Testament n'étoient ni nés, ni conçus lors du décès du Testateur.

L. Dans les Païs où l'institution d'Heritier est nécessaire pour la validité du Testament, ceux qui ont droit de Légitime seront institués Héritiers, au moins en ce que le Testateur leur donnera; & l'institution sera faite en les appellant par leurs noms, ou en les désignant de telle maniere que chacun d'eux y soit compris. Ce qui aura lieu, même à l'égard des Enfans qui ne seroient pas nés au tems du Testament; & qui seroient nés ou conçus au tems de la mort du Testateur.

LI. Quelque modique que soit l'effet ou la somme pour lesquels ceux qui ont droit de Légitime, auront été institués Héritiers, le vice de la préterition ne pourra être opposé contre le Testament, encore que le Testateur eût disposé de ses biens en faveur d'un étranger.

LII. Ceux à qui il aura été laissé moins que leur Légitime à titre d'institution, pourront former leur demande en supplément de Légitime; ce qui aura lieu à l'avenir dans les Païs même dans lesquels ladite demande n'a pas été admise jusqu'à présent, ou a été prohibée dans certains cas.

L III. En cas de préterition d'aucuns de ceux qui ont droit de Légitime, le Testament sera déclaré nul, quant à l'institution d'Héritier, sans même qu'elle puisse valoir comme Fidei-commis; & si elle a été chargée de substitution, ladite substitution demeurera pareillement nulle; le tout, encore que le Testament contînt la clause Codicillaire, laquelle ne pourra produire aucun effet à cet égard; sans préjudice néanmoins de l'exécution du Testament, en ce qui concerne le surplus des dispositions du Testateur.

L IV. La disposition de l'Article précedent sera exécutée, même à l'égard des Testamens faits entre enfans, ou en tems de peste: & en ce qui concerne les Testamens Militaires, n'entendons rien innover à ce qui est porté par les Loix Romaines à cet égard.

L V. N'entendons déroger par les Articles L. L III. & L IV. aux dispositions des Coutumes, Statuts, ou autres Loix particulieres observées dans quelques-uns des Païs régis par le Droit écrit, qui permettent expressément de laisser la Légitime, à autre titre que celui d'institution, & la demande en supplément de Légitime pourra être formée audit cas, ainsi qu'il est porté par l'Article L II.

L VI. Ceux qui ont droit de Légitime, & qui auront été institués Héritiers, pourront faire detraction de la Quarte Falcidie sur les legs, & de la Quarte Trebellianique sur les Fidei-commis, & retenir en outre leur Légitime.

L VII. Lorsque le Testament contiendra la clause codicillaire, & que l'institution d'Héritier ne sera sans effet qu'à cause d'un défaut de solemnité, ou de la caducité de ladite institution, les Héritiers *ab intestat*, qui ont droit de Légitime, & qui prendront audit cas la place de l'Héritier institué, pourront pareillement faire détraction des Quartes Falcidie & Trébellianique, & celle de la Légitime sur la totalité des biens du Testateur.

L VIII. Dans le cas porté par l'article LIII. où nonobstant la clause codicillaire l'institution d'Heritier ne peut valoir, même comme Fidei-commis, à cause du vice de la préterition & où le Testament ne subsiste que pour le surplus des dispositions du Testateur, ceux qui ont droit de Légitime pourront faire la détraction desdites Quartes Falcidie & Trébellanique sur les Legs ou Fidei-commis, & outre retenir leur Légitime sur iceux, en cas que les biens qui leur appartiendront par la nullité de l'institution, ne suffisent pas pour remplir ladite Legitime.

L IX. La disposition des trois articles précedens sera exécutée à l'égard de tous Testamens, même du Militaire.

L X. Sera néanmoins permis à tous Testateurs, de défendre par leur Testament, ou par un Codicile postérieur, de retenir lesdites Quartes Falcidie & Trebellanique, conjointement avec la Légitime, auquel cas ceux qui ont droit de Légitime, auront seulement le choix entre la détraction desdits Quartes & celle de la Légitime, à moins que le Testateur n'en eût autrement ordonné, en les réduisant à leur Légitime; & la disposition du présent article aura lieu dans tous les cas portés aux Articles L VI. L VII. & L VIII. Défendons aux

Juges d'avoir égard à ladite prohibition, si elle n'est faite en termes exprès.

LXI. La quotité de la Légitime des Ascendans dans les lieux où elle leur est dûe, sur les biens de leurs enfans ou Descendans qui n'ont pas laissé d'enfans, & qui ont fait un Testament, sera reglée, eu égard au total desdits biens, & non sur le pied de la portion qui auroit appartenu ausdits Ascendans, s'ils eussent recueilli lesdits biens *ab intestat*, concurremment avec les freres germains du défunt : ce qui aura lieu, soit que ledit défunt ait institué Héritiers ses freres ou sœurs, ou qu'il ait institué des étrangers.

LXII. Celui qui aura été institué Héritier, à la charge d'élire un des enfans du Testateur, ne pourra élire un des petits-Enfans ou Descendans, encore que celui des Enfans dont ils sont issus, fût mort avant que le choix eût été fait. Et si tous les Enfans du premier dégré décedent avant ledit choix, le droit d'élire demeurera caduc & éteint : le tout à moins que le Testateur n'en ait autrement ordonné.

LXIII. Celui qui aura été chargé d'élire un des Enfans du Testateur, ou autres, ne pourra gréver celui qu'il choisira d'aucune substitution même en faveur d'un autre sujet éligible, si ce n'est que le Testateur lui en eût donné expressément le pouvoir par son Testament.

LXIV. Lorsque celui qui aura été chargé d'élire, aura déclaré son choix par Contrat de Mariage ou par un Acte entre-vifs, accepté par celui qu'il aura élû dans la forme prescrite pour l'acceptation des donations par notre Ordonnance du mois de Février 1731., ledit choix sera irrévocable.

LXV. La disposition de l'Article précedent aura lieu, encore que le choix ait été fait avant le tems porté par le Testament, si ce n'est que le Testateur eût prohibé expressement de faire ledit choix avant le terme par lui marqué, auquel cas ledit choix ne sera irrévocable, qu'après l'expiration dudit terme.

LXVI. Tout ce qui a été reglé par les quatre Articles précedens sur les institutions d'Héritiers faites à la charge d'élire, aura lieu pareillement pour les legs universels ou particuliers faits sous la même charge.

LXVII. Si l'Héritier institué par un Testament qui contient la clause Codicillaire, n'a prétendu faire valoir la disposition du Testateur, que comme Codicile seulement, ou s'il n'a agi qu'en conséquence de ladite clause, il ne sera plus reçû à soutenir ladite disposition en qualité de Testament ; mais s'il a agi d'abord en vertu du Testament, il pourra se servir ensuite de la clause Codicillaire, & ce jusqu'à ce qu'il soit intervenu Arrêt définitif, ou Jugement passé en force de chose jugée au sujet dudit Testament.

LXVIII. Lorsque le Testateur sera domicilié dans un des Pays qui suivent le droit écrit, l'institution d'Héritier par lui faite aura son effet, tant pour les immeubles situés ausdits Pays, que pour les meubles, droits & actions qui suivent la personne. Et quant aux immeubles situés dans les Pays où le droit écrit n'est pas observé, elle vaudra comme legs universel, si ce n'est qu'elle ait été faite pour une somme fixe, ou pour de certains effets, auquel cas elle ne vaudra dans lesdits Pays, que comme legs particulier.

LXIX. La disposition de l'Article précedent aura lieu, encore que le Testateur domicilié en Pays de droit écrit, ait fait son Testament dans un Pays où ce droit n'est pas observé. Et en cas que ledit Testament ne contint qu'un ou plusieurs legs universels, sans institution d'Héritier, ils vaudront comme institution dans les Pays de droit écrit, pour les biens qui y sont situés, ou qui suivent la personne, & seulement comme legs universel pour les immeubles situés en d'autre Pays.

LXX. Dans le cas porté par l'Article précedent, de quelque maniere que le Testateur ait fait une ou plusieurs dispositions universelles, soit à titre d'institution ou à titre de legs universel, son Testament ne pourra être attaqué par le vice de la préterition, lorsqu'il y aura fait des legs, soit universels ou particuliers, à chacun de ceux qui ont droit de Légitime, quelque modiques que soient lesdits legs; lesquels vaudront en ce cas, comme institution d'Héritier, sauf l'action en supplément de legitime, ainsi qu'il est porté par l'Article LII. Mais si le Testateur n'a rien laissé à quelqu'un de ceux qui ont droit de légitime, ledit Testament sera déclaré nul, quant aux dispositions universelles seulement.

LXXI. Lorsque le Testateur sera domicilié dans un Pays où le droit écrit n'est pas observé, & qu'il aura fait un Testament contenant institution d'Héritier, elle n'aura son effet que pour les immeubles situés en pays de droit écrit; & à l'égard des autres immeubles, ensemble des meubles, droits & actions qui suivent la personne, elle ne vaudra que comme legs universel ou comme legs particulier, suivant la distinction portée par l'Article LXVIII.

LXXII. La disposition de l'Article précedent sera observée, en quelque lieu que le Testament ait été fait; & si ledit Testament ne contient point d'institution d'héritier, les dispositions universelles qui y seroient portées, ne seront exécutées que comme legs universel, même dans les Pays de droit écrit.

LXXIII. Dans tous les cas où suivant les dispositions des Articles LXVIII. LXIX. LXX. & LXXI. les institutions d'Héritier ne vaudront que comme legs universel, ou comme legs particulier, elles seront sujettes à délivrance & aux réductions portées par les Coutumes; & réciproquement dans tous les cas où les dispositions universelles vaudront comme institution d'Héritier, ceux au profit desquels elles seront faites, auront les mêmes avantages, & seront sujets aux mêmes loix que les Héritiers institués.

LXXIV. L'Article CCCCXXII. de la Coûtume de Normandie, qui exige la survie de trois mois pour la validité des Testamens, ou autres dispositions à cause de mort, concernant les biens d'une certaine nature, sera regardé comme un Statut réel; & en conséquence ledit Article aura son entier effet pour les biens de ladite nature, situés dans les lieux régis par ladite Coûtume; & n'en aura aucun pour les biens étant en d'autres Pays, le tout, en quelque lieu que celui qui aura fait la disposition ait son domicile, ou qu'il ait disposé.

LXXV. Voulons pareillement que les dispositions de l'Article VI. du Titre VII. de la Coûtume du Duché de Bourgogne, & de l'Article CCXVI. de la Coûtume de Bourbonnois, sur la validité des Actes de partage entre enfans & descendans, ayent leur entier effet, lorsque les biens compris dans lesdits Actes seront situés dans les lieux régis par lesdites Coûtumes, & que lesdites dispositions n'en ayent aucun, lorsque lesdits biens seront situés ailleurs ; & en cas que partie des biens soit située dans l'étenduë desdites Coûtumes, & partie dans des pays où la condition de la survie pour lesdits Actes n'est pas exigée, les contestations qui pourront naître, pour sçavoir si lesdits Actes doivent avoir effet en partie ou n'en avoir aucun pour le tout, seront decidées par les Juges qui en doivent connoître, ainsi qu'elles ont pû ou dû l'être par le passé, jusqu'à ce qu'il y ait été par Nous pourvû ainsi qu'il appartiendra.

LXXVI. Abrogeons l'usage des clauses dérogatoires dans tous Testamens, Codiciles ou dispositions à cause de mort ; voulons qu'à l'avenir elles soient regardées comme nulles & de nul effet, en quelques termes qu'elles soient conçûes.

LXXVII. Abrogeons pareillement l'usage des Testamens ou Codiciles mutuels, ou faits conjointement, soit par mari & femme ou par d'autres personnes. Voulons qu'à l'avenir ils soient regardés comme nuls & de nul effet dans tous les pays de notre domination, sans préjudice néanmoins de l'exécution des Actes de partage entre enfans & descendans, suivant ce qui a été reglé ci-dessus, & pareillement sans rien innover en ce qui concerne les donations mutuelles à cause de mort, jusqu'à ce qu'il y ait été par Nous pourvû, suivant la reserve portée par l'Article XLVI. de notre Ordonnance du mois de Février 1731.

LXXVIII. Toutes les dispositions de la présente Ordonnance, soit sur la forme ou sur le fond des Testamens, Codiciles & autres Actes de derniere volonté, seront exécutées, encore que lesdites dispositions, de quelque espece qu'elles soient, eussent la cause pie pour objet.

LXXIX. N'entendons comprendre dans la présente Ordonnance ce qui concerne la qualité ou la quotité des biens dont le Testateur peut disposer, ni pareillement ce qui regarde l'ouverture, l'enregistrement, & la publication des Testamens ou autres Actes de derniere volonté, nomination & fonctions des Exécuteurs Testamentaires, sur tous lesquels points il ne sera rien innové, en vertu de notre présente Ordonnance aux dispositions des loix ou usages qui sont observées à cet égard.

LXXX. Les Testamens, Codices ou autres Actes de derniere volonté, dont la rédaction ou la suscription auront une date certaine & autentique avant la publication des présentes, par la présence & signature d'un Notaire, Tabellion ou autre personne publique, ou qui auront été déposés chez un Notaire ou Tabellion, ou dans un Greffe ou autre dépôt public, avant ladite publication, seront exécutés, ainsi qu'ils auroient pû ou dû l'être avant notre présente Ordonnance, & ce, encore que le Testateur ne soit décedé qu'après qu'elle aura été publiée.

LXXXI. Et à l'égard des Testamens, Codiciles ou autres Actes de derniere volonté, dont la date n'aura point été ou ne sera point devenue autentique (suivant ce qui est porté par l'Article précedent) avant la publication de la présente Ordonnance : Voulons qu'elle soit observée en son entier dans le Jugement des contestations qui pourront naître au sujet desdits Actes, si ce n'est que le Testateur fut décedé avant la publication des présentes, ou dans l'année qui suivra immédiatement ladite publication, auquel cas lesdites contestations seront jugées ainsi qu'elles auroient pû & dû l'être avant la présente Ordonnance.

LXXXII. En cas que les Testamens, Codiciles ou autres dispositions olographes se trouvent n'avoir point de date, les contestations qui pourront naître sur la validité ou la nullité desdits Actes seront jugées suivant la Jurisprudence qui a eu lieu jusqu'à présent dans nos Cours à cet égard, & ce, lorsque le Testateur sera mort avant la publication de la présente Ordonnance, ou dans l'année qui suivra immediatement ladite publication, & lorsqu'il ne sera décedé qu'après ladite année, la disposition des Articles XXXVIII. & XLVII. sur la nullité desdits Actes par le défaut de date, sera également observée par toutes nos Cours & autres Juges.

Voulons au surplus que la présente Ordonnance soit gardée & observée dans tout notre Royaume, Terres & Pays de notre obéissance, à compter du jour de la publication qui en sera faite : abrogeons toutes Ordonnances, Loix, Coûtumes, Statuts & usages différens, ou qui seroient contraires aux dispositions y contenues. Si donnons, &c.

Déclaration du Roi du 17 Janvier 1736, pour le Pays d'Artois au sujet de l'Insinuation des Donations.

Régistrée en Parlement le 28 Février 1736.

LOUIS, &c. Salut. L'objet que Nous nous sommes proposé dans notre Ordonnance du mois de Février 1731, ayant été de fixer la Jurisprudence des différens Tribunaux de notre Royaume sur plusieurs questions qui concernent la nature, la forme, & les charges ou conditions des Donations ; Nous y avons établis par les Articles XIX. XX. & suivans, les regles qui doivent être observées par rapport à la formalité des insinuations. Et par l'Article XXXIII. de la même Ordonnance, Nous avons déclaré que Nous n'entendions comprendre dans les Articles qui regardent cette matiere, les Pays qui sont du Ressort de notre Cour de Parlement de Flandres, où la formalité des Insinuations n'a jamais été en usage ; mais il nous a été representé que notre Province d'Artois étoit dans le même cas, la formalité de l'insinuation n'y ayant jamais été observée, & que sur ce fondement le feu Roi, notre très-honoré Seigneur & Bisayeul, par sa Déclaration du 15 Septembre 1704, enregistrée en notre Cour de Parlement à Paris le 24 Septembre suivant, auroit dispensé ladite Province de l'établissement des Offices de Greffiers des Insinuations, ordonnant en même-tems qu'il en seroit usé dans ladite Province comme par le passé à l'égard des Actes & Contrats, qui sans cette Déclaration auroient été sujets à l'insinuation, suivant l'Edit du mois de Décembre 1703. Ainsi les raisons qui Nous ont porté à excepter les Pays du Ressort du Parlement de Flandres de la disposition des Articles de notre Ordonnance du mois de Février 1731, qui concernent la formalité de l'insinuation,

Nous engagent à expliquer de la même maniere nos intentions en faveur de l'ancien usage de notre Province d'Artois sur cette matiere. A ces causes, & autres à ce nous mouvans, de l'avis de notre Conseil, & de notre certaine science, pleine puissance & autorité Royale, Nous avons dit & déclaré, & par ces présentes signées de notre main, disons & déclarons, que dans les Articles XIX. & suivans de notredite Ordonnance du mois de Février 1731, jusqu'à l'Article XXXII. Nous n'avons pas entendu comprendre notredite Province d'Artois. Derogeons ausdits Articles pour ce regard seulement, & en conséquence voulons qu'en ce qui concerne la formalité de l'Insinuation, il en soit usé dans notredite Province, ainsi que par le passé & avant notredite Ordonnance, laquelle sera au surplus exécutée selon sa forme & teneur. Si donnons, &c.

Arrêt de la Cour du Parlement, du 9 Mai 1736, Qui maintient les Notaires au Châtelet de Paris dans le droit de faire tous Inventaires & autres Actes de leurs fonctions dans tout le Royaume.

LOUIS, par la grace de Dieu, Roi de France & de Navarre: Au premier Huissier de notre Cour de Parlement ou autres sur ce requis, sçavoir faisons qu'entre les Doyen, Syndics & Communauté de nos Conseillers Notaires au Châtelet de Paris, & M^e^. Gillet l'un d'eux, Jean-Baptiste Leguillier & Jean Leguillier Marchands demeurans à Deuil, au nom & comme tuteurs de Jean & Marie Leguillier enfans mineurs de défunt Jacques Leguillier & Marie Desouches sa femme, lesdits Jean-Baptiste, Jean & Marie Leguillier mineurs habiles à se dire & porter héritiers de défunt Martin Desouches leur oncle, vivant Marchand de vin & Chaircuitier à S. Denis en France, Demandeurs aux fins de la Requête inserée en l'Arrêt du 28 Mars 1733, & Exploit donné en conséquence le 22 Avril suivant, ladite Requête tendante à ce qu'il plût à notredite Cour ordonner commission leur être délivrée à l'effet de faire assigner les ci-après nommés, pour voir dire & ordonner que les Lettres Patentes, Edits, & Déclarations concernans les fonctions des Notaires du Châtelet de Paris, registrés en notredite Cour, Arrêts & Reglemens de notredite Cour rendus en conséquence, notamment ceux des 5 Mars 1728 rendu contre les Religieux de S. Denis comme Seigneurs du Tremblay, & du 7 Avril 1731, rendu contre les Officiers du Bailliage de Versailles, soient exécutés selon leur forme & teneur, en conséquence qu'ils seroient maintenus & gardés dans le droit & possession & jouissance de se transporter tant à S. Denis que dans toutes les Villes & lieux du Royaume pour y passer & recevoir, pour toutes les personnes qui les requereroient, tous Contrats, Testamens, Inventaires & Actes dépendans de leursdits Offices, qu'il fût fait défenses à Terrier l'un des ci-après nommés & à tous autres de les y troubler; & pour l'avoir fait par ledit Terrier, il fût condamné en leurs dommages & intérêts & aux dépens envers toutes les parties, & à rembourser les frais de transport de M^e^. Gillet Notaire & Paillard

lard Huissier, & autres frais occasionnés par les contestations; & attendu que ledit Me. Gillet a été requis par ledit Leguillier, & que lesdits ci-après nommés ne se sont point opposés de leur chef à ce qu'il fût par lui procedé à l'inventaire des biens & effets délaissés par ledit défunt Desouches, que d'ailleurs il y a du péril dans le retard; il fut ordonné qu'il seroit procedé aux déscription, inventaire, prisée & estimation des meubles & effets, titres & papiers dépendans de la succession & communauté dudit défunt Martin Desouches, par lesdits Gillet Notaires & Paillard Huissier Priseur au Châtelet, & à cet effet qu'il fut ordonné qu'à la premiere sommation qui seroit faite aux ci-après nommés, ladite veuve Desouches l'une des ci-après nommés seroit tenuë de représenter lesdits effets, titres & papiers, & être présente audit Inventaire, sinon & en cas de refus de faire ouverture des portes de la maison dudit défunt Desouches, & en cas d'absence des parties interessées il seroit en présence de l'Huissier porteur de l'Arrêt qui interviendroit fait ouverture par un Serrurier des portes de ladite maison, & procedé ausdits inventaire & prisée par lesdits Gillet & Pailliard en présence d'un des Substituts de Monsieur le Procureur Général au Châtelet, d'une part, & Anne Chaillou veuve de Martin Desouches Chaircuitier à S. Denis en France & sa donataire mutuelle, Marie Desouches, Marguerite Desouches filles majeures, & Marie-Elizabeth Grenet veuve de Jean Desouches tutrice de leurs enfans mineurs, lesdits Desouches habiles à se porter héritiers pour les trois quarts de défunt Martin Desouches leur oncle, & Me. François Terrier Notaire & Tabellion à S. Denis défendeurs, d'autre part, sans que les qualités puissent nuire ni préjudicier, après que Gillet Avocat des Notaires de Paris, de Gillet Notaire & de Jean & Jean-Baptiste Leguillier héritiers Desouches, & Benoît Avocat de Terrier & de la veuve & autres héritiers Desouches ont été oüis pendant une Audiance, ensemble Gilbert pour notre Procureur Général; Notredite Cour ordonne que les Edits, Déclarations, Arrêts & Reglemens seront exécutés; ce faisant maintient Gillet Notaire, & les Notaires du Châtelet de Paris parties de Gillet, dans le droit & possession de se transporter quand ils en seront requis à Saint Denis & dans toutes les Villes & lieux de notre Royaume, pour y faire, passer & recevoir tous Actes dépendans de leurs Offices, *même d'y proceder à la confection des Inventaires lorsqu'ils en seront requis* par une seule des parties interessées, *& qu'ils se seront présentés les premiers, sans qu'en ce cas les Notaires & Officiers des lieux puissent s'ingerer de proceder ausdits Inventaires à leur préjudice :* Fait défenses à Terrier Notaire de S. Denis, l'une des parties de Benoît & à tous autres Notaires & Officiers des lieux de les y troubler sous telles peines qu'il appartiendra, condamne la veuve & héritiers Desouches autres parties de Benoît à rembourser à Jean & Jean-Baptiste Leguillier ou à Gillet Notaire les frais de ses vacations, transports & procès-verbaux, sur le surplus met les parties hors de Cour : condamne toutes lesdites parties de Benoît aux dépens envers les Parties de Gillet; *Permet ausdits Parties de Gillet de faire imprimer, publier & afficher le présent Arrêt par tout où besoin sera, aux frais desdites parties de Benoît.* Mandons mettre le présent Arrêt à exécution, de ce faire te donnons pouvoir. Donné en Parlement le 9 Mai l'an de grace 1736; & de notre Regne le 21. Collationné. Signé *Regnard*, avec paraphe. Par la Chambre, signé *Dufranc*, aussi avec paraphe.

Edit du Roi, donné à Versailles au mois de Février 1740, portant suppression de quatre Offices de Notaires Royaux de la Ville de Meaux, faisant partie des dix reservés par celui du mois d'Avril 1664.

LOUIS, par la grace de Dieu, Roi de France & de Navarre. A tous présent & à venir : Salut. Les Notaires en la Ville & Bailliage de Meaux, Nous ont fait representer, que par Edit du mois d'Avril 1664, & l'Etat arrêté au Conseil le 5 Février 1665, ils ont été reduits au nombre de dix ; mais que la proximité de notre bonne Ville de Paris, en donnant la facilité aux Particuliers & Habitans de la Ville & Bailliage de Meaux, de passer les actes les plus considérables devant les Notaires du Châtelet, sans être sujets aux droits du Contrôle, & à ceux-ci de se transporter pour les recevoir dans l'étenduë de la même Ville & Bailliage, les Notaires de Meaux sont privés depuis long-tems de la plus grande partie de leur exercice, qui est encore diminué par les Notaires subalternes, & les Notaires Royaux du même Bailliage, établis dans des résidences particulieres ; que par une suite de ces inconveniens, plusieurs de leurs Offices demeurent vacans, soit en nos Parties casuelles ou entre les mains des héritiers des derniers Titulaires ; que c'est en partie ce qui a excité quelques particuliers à tâcher de suppléer au peu d'avantage qu'ils trouvoient dans l'exercice des Charges de Notaire, en s'adressant à Nous, pour obtenir des Lettres de compatibilité, en vertu desquelles ils puissent remplir en même tems, la fonction de Procureur en notre Bailliage de Meaux, ce qui feroit un grand préjudice aux autres Notaires qui ne seroient pas en état d'obtenir de pareilles Lettres, & qu'ainsi le seul moyen de rendre la condition des Notaires de ladite Ville moins desavantageuse qu'elle ne l'est depuis long-tems, seroit de supprimer quatre desdits Offices qui subsistent actuellement, dans le nombre desquels seroient compris ceux de Nicolas Royer, de la veuve & héritiers Charles Leviez, de Nicolas-Michel Ganneron, & de Charles Martin, en déclarant incompatibles à l'avenir les Offices de Notaire & de Procureur en ladite Ville, moyennant quoi lesdits Notaires se chargeroient de rembourser à chacun de ceux dont les titres seroient supprimés le prix de leur acquisition, ou les finances qui auroient été par eux payées au Receveur de nos revenus casuels ; & comme nous n'avons rien trouvé dans ces représentations, qui ne soit convenable au bien public, ainsi qu'aux intérêts particuliers de ceux qui Nous les ont faites, Nous avons jugé à propos d'y avoir égard, en expliquant nos intentions sur ce sujet. A ces causes & autres à ce Nous mouvans, de l'avis de notre Conseil & de notre certaine science, pleine puissance & autorité Royale, Nous avons, par notre présent Edit perpétuel & irrévocable, supprimé & supprimons quatre Offices de Notaires Royaux en la Ville & Bailliage de Meaux, faisant partie des dix reservés par l'Edit du mois d'Avril 1664, & l'état arrêté le 5 Février 1665; sçavoir, celui qui est possedé par Nicolas Royer, celui dont Charles Leviez est décedé Titulaire, celui dont est nouvellement pourvû Nicolas-Michel Garnеron, & celui que Charles Martin a levé en nos parties casuelles; au moyen de laquelle suppression les Offices des Notaires Royaux en la Ville & Bailliage de Meaux, seront & demeureront à l'avenir reduits au nombre de six, dont les Titulaires actuels sont Louis Cheron, Jean Chalemot, Pierre Sainlin, François Chrétien, Antoine Decan, Simon-Valerien de la Grange, & Guillaume Maciet; le tout à la charge que lesdits six Notaires reservés seront tenus de payer solidairement, suivant leurs offres, & les conventions faites entr'eux, & les Notaires dont les Offices demeureront supprimés, les sommes qui suivent; sçavoir, à Nicolas Royer celle de quinze cens livres, à la veuve & héritiers de Charles Leviez celle de douze cens livres, à Charles Martin celle de huit cens livres, & à Michel Ganneron celle de cinq cens livres; Voulons néanmoins que ledit Ganneron conserve pendant sa vie l'exercice de sa fonction de Notaire, au moyen de quoi, la somme de cinq cens livres ci-dessus mentionnée, ne pourra être par lui exigée, ni les six Notaires reservés, tenus de lui en payer l'intérêt tant qu'il vivra; sauf à ses successeurs, héritiers ou ayans-cause à se faire payer ladite somme; même en cas de retardement de la part desdits Notaires reservés, les intérêts de ladite somme jusqu'à l'actuel & entier payement. Ordonnons au surplus que les Offices de Notaires & de Procureur en la Ville & Bailliage de Meaux, seront & demeureront incompatibles, & ne pourront être possedés & exercés conjointement par la même personne : A l'effet de quoi il ne sera expédié aucunes Lettres de dispense pour faire cesser ladite incompatibilité. Si donnons en mandement à nos amés & féaux Conseillers les Gens tenans notre Cour de Parlement à Paris, & autres nos Officiers & Justiciers qu'il appartiendra, que ces présentes ils ayent à faire registrer, & le contenu en icelles, garder & observer selon leur forme & teneur; & afin que ce soit chose ferme & stable à toujours, Nous avons fait mettre notre scel à cesdites présentes. Car tel est notre plaisir. Donné à Versailles au mois de Février, l'an de grace 1740, & de notre Regne le 25. Signé, LOUIS. *Et plus bas*, par le Roi, *Phelypeaux. Visa Daguesseau.* Vû au Conseil *Orry*. Et scellé du grand Sceau de cire verte en lacs de soye rouge & verte.

Registré, oui & ce requerant le Procureur Général du Roi, pour être executé selon sa forme & teneur, & copies collationnées envoyées aux Bailliage & Siège Présidial de Meaux, pour y être lûës, publiées, & registrées. Enjoint au Substitut du Procureur Général du Roi d'y tenir la main, & d'en certifier la Cour dans un mois, suivant l'Arrêt de ce jour. A Paris en Parlement le 3 Mai 1740. Signé, *Dufranc.*

Déclaration du Roi, donnée à Verſailles le 3 Décembre 1743, qui accorde l'Hérédité aux Notaires, Procureurs & Huiſſiers des Juriſdictions Royales.

LOUIS par la grace de Dieu, Roi de France & de Navarre : A tous ceux qui ces preſentes lettres verront; Salut. Le feu Roi notre très-honoré Seigneur & Biſayeul, avoit jugé à propos de rendre héréditaires les Offices des Notaires, ceux des Procureurs en toutes les Cours & Juriſdictions Royales, & ceux des Huiſſiers & Sergens : mais par notre Déclaration du 9 Août 1722, le droit d'hérédité, précédemment accordé auſdits Offices, ayant été révoqué & ſupprimé, leſdits Offices ſont devenus caſuels, & depuis l'expérience Nous a fait connoître que la plûpart de ceux qui en ſont pourvûs négligent de payer le prêt & l'annuel, d'où il arrive qu'ils ſe trouvent perdus pour leurs familles, qui en ſouffrent un préjudice conſidérable, ſans qu'il Nous en revienne un grand avantage, attendu que leſdits Offices, ou reſtent vacans, ou ſont levés en nos parties caſuelles pour des ſommes très-modiques, ce qui Nous a fait prendre la réſolution d'y pourvoir en rétabliſſant, comme ci-devant, l'hérédité deſdits Offices. A ces cauſes, & autres à ce Nous mouvans, & de notre certaine ſcience, pleine puiſſance & autorité Royale, Nous avons par ces préſentes ſignées de notre main, dit & déclaré, diſons & déclarons, voulons & Nous plaît, qu'à l'avenir tous les Offices de Notaires, Gardenottes & Tabellions Royaux, les Procureurs de nos Cours, Siéges & Juriſdictions, les premiers Huiſſiers Audianciers, Huiſſiers & Sergens de nos Cours, Siéges & Juriſdictions, ſoient & demeurent héréditaires, pour en jouir par les propriétaires & pourvûs deſdits Offices, eux, leurs ſucceſſeurs & ayans cauſes héréditairement & perpétuellement; en faire & diſpoſer comme de leur propre choſe, en payant par eux les ſommes pour leſquelles ils ſeront employés dans les rolles qui ſeront arrêtés en notre Conſeil, & les deux ſols pour livre, ſans que ceux qui voudront faire les fonctions deſdits Offices en vertu des Actes qui leur en auront été paſſés par les propriétaires, leurs héritiers ou ayans cauſes, ſoient tenus d'aucune autre choſe que d'en prendre nos Lettres de proviſions en la grande Chancellerie, pour leſquelles ils ne payeront que le droit de Marc d'or, & les frais de Sceau, ſans aucuns autres droits. Voulons que ceux deſdits Offices ci-deſſus dénommés qui ſont actuellement vacans en nos parties caſuelles, ou qui pourront y tomber à l'avenir, ſoient pareillement héréditaires, & y ſoient taxés & vendus comme tels en la maniere accoutumée. N'entendons que ceux deſdits Offices qui ſont à la nomination de notre très-cher & très-amé Couſin le Duc d'Orleans, ceux d'Amirauté, ni ceux des Chancelleries ſoient compris dans l'exécution de la préſente Déclaration. Permettons à ceux qui ſeront employés dans les rôles arrêtés en notre Conſeil, d'emprunter pour payer les ſommes auſquelles ils ſeront taxés. Voulons que ceux qu ileur auront prêté ayent hypothèque sur lesdits Offices & privilege par préférence à tous autres Créanciers, même à ceux qui auroient prêté pour acquerir lesdits Offices. Et à l'égard des Pourvûs desdits Offices rendus héréditaires qui auroient payé le prêt en vertu de la Déclaration du 19 Juin 1740, pour être admis au payement de l'annuel, voulons qu'il leur soit tenu compte des six neuviémes de ce qu'ils justifieront avoir payé pour le prêt, desquels six neuviémes il leur sera fait déduction sur les sommes ausquelles ils seront taxés pour acquerir l'hérédité. Si donnons en mandement à nos amés & féaux Conseillers, les gens tenant notre Cour de Parlement, Chambres des Comptes & Cour des Aides à Paris, que ces présentes ils ayent à faire lire, publier & enregister, & le contenu en icelles garder & exécuter selon leur forme & teneur, nonobstant toutes choses à ce contraires, ausquelles Nous avons dérogé & dérogeons par ces présentes : Car tel est notre plaisir. En témoin de quoi Nous avons fait mettre notre Scel à cesdites présentes. Donné à Versailles les 3 jour de Décembre, l'an de grace 1743, & de notre regne le 29. Signé, LOUIS. *Et plus bas*, par le Roi, *Phelypeaux*. Vû au Conseil, *Orry*. Et scellée du grand Sceau de cire jaune.

Registrées, oui & ce requerant le Procureur Général du Roi, pour être exécutées selon sa forme & teneur, & copies collationnées envoyées aux Bailliages & Senechaussées du ressort, pour y être lûës, publiées & registrées : enjoint aux Substituts du Procureur Général du Roi d'y tenir la main, & d'en certifier la Cour dans un mois, suivant l'Arrêt de ce jour. A Paris en Parlement le 20 Décembre 1743. Signé, *Dufranc.*

Suivant le Tarif arrêté au Conseil le 25 Février 1748, en exécution de l'Edit du même mois, les papiers & parchemins timbrés à l'usage des Contrats & Actes des Notaires ont été fixés ;

SÇAVOIR.

Pour les Notaires de Paris.

LE Papier timbré à 2 sols & 7 sols 6 deniers la feuille	13 f.
Le Parchemin timbré à 13 f. 4 d. & 20 f. la feuille.	2 l. 5 f.
Celui appellé quarré timbré à 8 f. & 12 f.	1 l. 7 f.
Les quittances de Comptables ou de parties prénantes timbré à 6 f. 8 d. & 1 f. 8 d.	10 f.
Et les quittances de Villes timbrés à 2 f.	3 f.

Pour les Notaires des Provinces.

La feuille de papier timbré à 2 f. 8 d.	4 f.
Celle timbrée à 2 f.	3 f.

Celle timbré à 1 ſ. 4 d.	2 ſ.
La demie feuille à 10 d.	1 ſ. 3 d.
Le quarré timbré à 8 d.	1 ſ.
La feuille de parchemin timbré à 1 liv. 7 ſ.	2 l.
Celle timbrée à 1 liv.	1 l. 10 ſ.
Celle timbrée à 13 ſ. 4 d.	1 l.
Le quarré timbré à 8 ſ.	12 ſ.

En ce compris les quatre ſols pour livre.

Nota. *Suivant la Déclaration du Roi du 5 Décembre 1730, ci-devant imprimée* *pag. 749**, les Actes & Contrats dont la datte eſt anterieure au premier Janvier 1724, ſont diſpenſés d'être expédiés ſur du papier & parchemin timbré de la premiere Claſſe ci-deſſus.*

Déclaration du Roi, donnée à Verſailles le 20 Mars 1748, qui ordonne que les Actes tranſlatifs de propriété des biens réputés immeubles ſoient ſujets à l'Inſinuation dans les mêmes cas où les Actes tranſlatifs de propriété des immeubles réels y ſont aſſujettis; & qu'il ſoit payé pour ledit droit d'Inſinuation le centiéme denier de la valeur deſdits biens, & les quatre ſols pour livre en-ſus.

LOUIS, par la grace de Dieu, Roi de France & de Navarre: A tous ceux qui ces préſentes Lettres verront, Salut. La ſituation actuelle de nos affaires Nous obligeant à chercher les moyens d'augmenter nos Revenus par les voyes les moins onereuſes à nos Sujets; Nous avons crû pouvoir aſſujettir aux droits d'Inſinuation les Actes tranſlatifs de propriété des biens réputés immeubles, dans les mêmes cas où les Actes tranſlatifs de propriété des immeubles réels y ſont aſſujettis par les Edits antérieurs, en faiſant payer également le centiéme denier de la valeur deſdits biens, & les quatre ſols pour livre en-ſus pour les uns & pour les autres; comme auſſi de regler pareillement au centiéme denier le droit d'inſinuation à Nous dû pour les dons & les deniers mobiliers aſſujettis par les Reglemens précedens à de moindres droits d'Inſinuations, & d'aſſujettir aux mêmes droits les Succeſſions mobiliaires en ligne collaterale. A ces cauſes & autres à ce Nous mouvans, de l'avis de notre Conſeil, & de notre certaine ſcience, pleine puiſſance & autorité Royale, Nous avons par ces préſentes ſignées de notre main dit, déclaré & ordonné, diſons, déclarons & ordonnons, voulons & Nous plaît ce qui ſuit:

ARTICLE PREMIER.

Voulons qu'à commencer du jour de la publication de la préſente Déclaration, les Actes tranſlatifs de propriété de tous les biens réputés immeubles, des Offices, des rentes conſtituées à prix d'argent, dûës par Nous, par le Clergé, par les Etats, les Provinces, Villes & Communautés, ou par les particuliers, encore que leſdites Rentes fuſſent réputées meubles par les Coûtumes qui les doivent régir, ſoient ſujets à l'inſinuation, pour laquelle il ſera payé le centiéme denier de la valeur deſdits biens, & les quatre ſols pour livre en-ſus, tant que leſdits quatre ſols pour livre auront lieu, & ce dans tous les cas où les immeubles réels & les biens-fonds payent le centiéme denier, ſans néanmoins que leſdits droits puiſſent être perçûs pour les Contrats portant premiere conſtitution deſdites rentes, ni pour les quittances de rembourſemens lorſqu'ils ſeront faits ſans ſubrogation d'un nouveau créancier à titre de conſtitution de rentes, au lieu & place de celui qui ſera rembourſé, & ſans fraude.

II. Les donations, ſoit entre-vifs ou Teſtamentaires, les dons mutuels entre maris & femmes, & les donations mutuelles par Contrats de mariage ſeront inſinués comme par le paſſé; & il ſera payé pour celles des meubles & effets mobiliers le centiéme denier de la valeur deſdits biens-meubles pour tous droits d'inſinuation, & les quatre ſols pour livre en-ſus, tant que leſdits quatre ſols pour livre auront lieu, ſi mieux n'aiment les Fermiers & Regiſſeurs, chargés de la perception des droits d'inſinuation, percevoir leſdits droits d'inſinuation conformément au Tarif du 29 Septembre 1722.

* III. Voulons pareillement que ceux qui acquereront des biens meubles à titres ſucceſſifs ſoient tenus d'en faire leur déclaration au Bureau du lieu où la ſucceſſion eſt ouverte dans les délais preſcrits par les Reglemens pour les biens immeubles & de payer le centiéme denier, & quatre ſols pour livre de la valeur deſdits meubles, tant que leſdits quatre ſols pour livre auront lieu, ſans néanmoins que les effets actifs reputés mobiliers qui ſe trouveront dans leſdites ſucceſſions puiſſent être ſujets à aucune déclaration, ni au payement dudit droit.

IV. Les donations en ligne directe, par Contrats de mariage, ou par Teſtament; & les ſucceſſions auſſi en ligne directe, ſeront exemptes des droits ordonnés être perçûs par la préſente Déclaration, ainſi qu'elles le ſont pour les immeubles réels, conformément à l'Edit de Décembre 1703, & aux Reglemens ſur ce intervenus.

V. Les droits ſeront payés ſur le pied du prix deſdits immeubles fictifs, lorſque le prix ſera déterminé par les Actes, & lorſqu'il n'y aura pas de prix ſur le pied de la valeur ſuivant la déclaration des redevables, ſans que les rentes puiſſent être eſtimées au-delà du principal au denier vingt deſdites rentes, quoique le principal de la conſtitution ſoit plus fort, le prix des meubles ſera fixé ſur les priſées faites lors des Inventaires, s'il en a été fait, avec la cruë, & s'il n'y a point d'inventaire & de priſée ſur les états de la conſiſtance & valeur deſdits meubles, qui ſeront fournis par ceux à qui ils appartiendront, & par eux certifiés veritables; le tout ſous les peines portées contre ceux qui font de fauſſes déclarations.

* *Cet Article III. a été ſupprimé par Déclaration du 27 Mars 1748, regiſtrée au Parlement le 2 Avril ſuivant.*

VI. Toutes les dispositions de la présente Déclaration seront exécutées dans les délais & sous les peines portées par l'Edit du mois de Décembre 1703, & autres Reglemens intervenus sur les insinuations. Si donnons en mandement à nos amés & féaux Conseillers, les Gens tenans notre Cour de Parlement & Chambre des Comptes à Paris, que ces présentes ils ayent à faire lire, publier & registrer, & le contenu en icelles garder & observer selon leur forme & teneur, nonobstant toutes choses à ce contraires, ausquelles Nous avons dérogé & dérogeons par ces présentes; Car tel est notre plaisir. En témoin dequoi Nous avons fait mettre notre Scel à cesdites présentes. Donné à Versailles le 20 jour de Mars, l'an de grace 1748, & de notre Regne le 33. Signé, LOUIS. *Et plus bas*; par le Roi, *Phelypeaux.* Vû au Conseil, *Machault.* Et scellée du grand Sceau de cire jaune.

Registré du très-exprès Commandement du Roi, & conformément à la Réponse dudit Seigneur Roi, contenuë au Registre de ce jour, ce requerant le Procureur Général du Roi, pour être ladite Déclaration exécutée selon sa forme & teneur, & copies collationnées envoyées aux Bailliages & Sénéchaussées du Ressort, pour y être lûes, publiées & registrées; Enjoint aux Substituts du Procureur Général du Roi d'y tenir la main, & d'en certifier la Cour dans le mois; se reservant ladite Cour, la Guerre cessante, de faire au Roi de très-humbles & très-respectueuses remontrances pour qu'il lui plaise supprimer la présente Déclaration, suivant l'Arrêt de ce jour. A Paris en Parlement le 26 Mars 1748. Signé, *Ysabeau.*

Ordonnance du Roi, donnée au Camp de la Commanderie de vieux Jonc, au mois d'Août 1747, concernant les Substitutions.

Enregistrée au Parlement le 27 Mars 1748, & publiée le 8 Avril.

LOUIS, par la grace de Dieu, Roi de France & de Navarre: A tout présent & à venir, Salut. Dans la résolution que Nous avons prise de faire cesser l'incertitude & la diversité des Jugemens qui se rendent dans les différens Tribunaux de notre Royaume, quoique sur le fondement des mêmes Loix: La matiere des donations entre-vifs & celle des Testamens, Nous ont paru par leur importance devoir être les premiers objets de notre attention, & elles ont fait le sujet de nos Ordonnances des mois de Février 1731, & d'Août 1735. Nous nous sommes proposés ensuite d'établir la même uniformité de Jurisprudence à l'égard des Substitutions fidéi-Commissaires, qui peuvent se faire également par l'un & par l'autre genre de disposition; mais la matiere des fidei-Commis, fort simple dans son origine, est devenue beaucoup plus composée, depuis que l'on a commencé à étendre les substitutions, non-seulement à plusieurs personnes appellées les unes après les autres, mais à plusieurs dégrés, ou à une longue suite de générations. Il s'est formé par-là, comme un nouveau genre de succession, où où la volonté de l'homme prenant la place de la Loi, a donné lieu d'établir aussi un nouvel ordre de Jurisprudence, qui a été reçû d'autant plus favorablement, qu'on l'a regardé, comme tendant à la conservation du Patrimoine des Familles, & à donner aux maisons les plus illustres, le moyen d'en soutenir l'éclat : mais le grand nombre de difficultés qui se sont élevées, soit sur l'interprétation de la volonté, souvent équivoque du Donateur ou du Testateur, soit sur la composition de son Patrimoine, & sur les différentes détractions, dont les Fidei-commis sont susceptibles, soit au sujet du recours subsidiaire des femmes, sur les biens grevés de substitution, a fait naître une infinité de procès, qu'on a vû même se renouveller plusieurs fois à chaque ouverture du fidei-commis; ensorte que par une évenement contraire aux vûes de l'Auteur de la substitution, il est arrivé que ce qu'il avoit ordonné pour l'avantage de sa famille, en a causé quelquefois la ruine. D'un autre côté, la nécessité d'assurer & de favoriser la liberté du commerce, ayant exigé de la sagesse de la Loi, qu'elle établit des formalités nécessaires pour rendre les substitutions publiques, la négligence de ceux qui étoient obligés de remplir ces formalités, est devenue une nouvelle source de contestations, où les suffrages des Juges ont été suspendus entre la faveur d'un Créancier, ou d'un Acquereur de bonne-foi, & celle d'un Substitué qui ne devoit pas être privé des biens substitués, par la faute de celui qui étoit chargé de les lui remettre. C'est par toutes ces considérations, qu'après avoir pris les avis des principaux Magistrats de nos Parlemens, & des Conseils supérieurs de notre Royaume, qui Nous ont rendu un compte exact de leurs Jurisprudences différentes; Nous avons crû que les deux principaux objets de la matiere des fidei-commis, demandoient que Nous partageassions cette Loi en deux titres différens. Le premier comprendra tout ce qui concerne les substitutions fidei-commissaires, considerées en elles-mêmes, & les droits qui peuvent être exercés sur les biens substitués. Le second regardera les obligations imposées à ceux qui sont grevés de substitutions, soit pour leur donner le caractere de publicité qui leur est nécessaire, soit pour assurer la consistance & l'emploi des effets qui en font partie, soit pour l'expédition & le Jugement des contestations qui s'élevent dans une matiere si importante : Si la multitude & la subtilité des questions abstraites dont elle est rempli, l'opposition qui regne à cet égard, non-seulement entre les opinions des plus célebres Jurisconsultes, mais entre les Jugemens des Tribunaux les plus éclairés, & la nécessité de résoudre des doutes où le poids presque égal des raisons qu'on oppose de part & d'autre, rend le choix si difficile entre les sentimens contraires, ont retardé plus long-tems que Nous ne l'aurions désiré, la publication de cette Ordonnance, Nous esperons que nos peuples en seront dédommagés par la grande attention que Nous avons eu à la mettre dans l'état de perfection dont elle pouvoit être susceptible. Loin de vouloir y donner la moindre atteinte à la liberté de faire des substitutions, Nous ne nous sommes proposés que de les rendre plus utiles aux familles, & notre application à prévenir toutes les interprétations arbitraires par des regles fixes & uniformes, ne servira qu'à faire respecter encore plus la volonté des Donateurs & des Testateurs, en les obligeant seulement à l'expliquer d'une maniere plus expresse. C'est ainsi que Nous donnerons à nos Sujets une nouvelle preuve du soin que Nous prenons de maintenir le bon ordre au-dedans de notre Royaume, par l'autorité de nos Loix, dans le tems même que Nous sommes le plus occupés à le défendre au-dehors par la force de nos Armes, dont le principal objet est de procurer le grand bien de la Paix, à un peuple si digne de notre affection par son attachement pour notre personne, & par le zéle qu'il fait éclater tous les jours de plus en plus pour notre service. A ces causes & autres à ce Nous mouvans, de l'avis de notre Conseil, & de notre certaine science, pleine puissance & autorité Royale, Nous avons dit, déclaré & ordonné, disons, déclarons & ordonnons; Voulons & Nous plaît ce qui suit:

TITRE PREMIER.

Des biens qui peuvent être substitués, des clauses, conditions, & de la durée des Substitutions, & des droits qui peuvent être exercés sur lesdits biens.

ARTICLE PREMIER.

LEs substitutions fidei-commissaires dans les pays où elles sont en usage, pourront être faites par toutes personnes capables de disposer de leurs biens, de quelque état & condition qu'elles soient.

II. Les biens qui sont immeubles par leur nature pourront être chargés de substitutions, encore qu'ils fussent reputés meubles à certain égards, par les dispositions des Loix ou Coûtumes des lieux.

III. Les Offices & les rentes constituées à prix d'argent ou autrement, pourront être chargés de Substitutions, soit dans les pays où les biens de ladite qualité sont reputés immeubles, soit dans ceux où ils sont regardés comme meubles; & en cas de vente, suppression, ou réunion desdits Offices, ou de rachat desdits rentes, il sera fait emploi du prix desdits Offices, porté par le Contrat de vente, ou qui aura été par Nous fixé, ou du principal desdites rentes, en cas de remboursement: le tout suivant les regles qui seront prescrites dans le Titre second de la présente Ordonnance.

IV. Les deniers comptans, meubles, droits & effets mobiliers, seront censés compris dans la substitution, lorsqu'elle sera apposée à une disposition universelle, ou faite par forme de quotité, à moins qu'il n'en ait été autrement ordonné par l'auteur de la substitution; & il en sera fait emploi, ainsi qu'il sera reglé par le Titre second, à l'exception de ceux qui seront ci-après marqués.

V. Les biens mentionnés dans l'Article précedent, ne pourront être chargés d'aucune substitution particuliere, qu'en cas qu'il ait été ordonné expressément par l'Auteur de la substitution, qu'il sera fait emploi des deniers comptans, ou de ceux qui proviendront de la vente, ou du recouvrement desdits meubles, droits ou effets mobiliers.

VI. N'entendons comprendre dans la disposition des deux Articles précedens, les Bestiaux & Ustencilles servans à faire valoir les Terres, lesquels seront censés compris dans les substitutions desdites Terres, sans distinction entre les dispositions universelles & particulieres, & le Grevé de substitutions ne sera point tenu de les vendre, & d'en faire emploi; mais il sera obligé de les faire priser & estimer, ainsi qu'il sera reglé par le Titre second, pour en rendre d'une égale valeur, lors de la restitution du fidei-Commis, à peine de tous dépens, dommages & intérêts.

VII. Les meubles meublans, & autres choses mobiliaires qui servent à l'usage où à l'ornement des Châteaux ou maisons pourront être chargés des mêmes substitutions que les Châteaux ou Maisons où ils seront, pour être conservés en nature, pourvû néanmoins que l'Auteur de la substitution l'ait ainsi ordonné expressement, soit qu'il s'agisse d'une substitution universelle, ou qu'elle soit particuliere; & en ce cas, le Grevé de substitution, sera tenu de les rendre en nature, tels qu'ils seront lors de la restitution du fidei-commis, à peine de tous dépens, dommages & intérêts.

VIII. Faisons défenses de faire aucune substitution universelle ou particuliere, sous la condition de conserver en nature aucuns autres effets mobiliers, que ceux qui sont mentionnés dans les deux Articles précedens, à peine de nullité de la substitution, à l'égard desdits effets. Voulons que celui auquel ladite condition auroit été imposée les possede librement, sans même qu'il soit tenu d'en imputer la valeur sur ses détractions.

IX. Les substitutions apposées aux donations entre-vifs, ne pourront avoir leur effet à l'égard des meubles ou effets mobiliers, qu'en cas qu'il en ait été fait un état signé des parties, & annexé à la minute de la donation, lequel état contiendra l'estimation desdits meubles & effets; le tout à peine de nullité de la substitution à l'égard desdits effets, sans préjudice au surplus de l'exécution de l'Article XV. de notre Ordonnance du mois de Février 1731, concernant les donations.

X. Le Donataire chargé de substitution, sera tenu de faire emploi du prix des meubles & effets qui auront été compris dans l'état mentionné en l'Article précedent, lequel emploi sera fait suivant ce qui sera prescrit par le Titre second de la présente Ordonnance.

XI. Les substitutions faites par un Contrat de mariage, ou par une donation entre-vifs, bien & dûement acceptés, ne pourront être revoquées, ni les clauses d'icelles changées, augmentées ou diminuées par aucune convention ou disposition postérieure, même du consentement du donataire; & en cas qu'il renonce à la donation faite en sa faveur, la substitution sera ouverte au profit de ceux qui y auront été appellés.

XII. La disposition de l'Article précedent aura lieu pareillement par rapport aux institutions contractuelles. Voulons que lesdites institutions, comme aussi les substitutions qui y seront apposées, soient irrévocables, soit entre Nobles ou entre Roturiers, dans tous les Pays où elles sont en usage.

XIII. Les biens qui auront été donnés par un Contrat de mariage, ou par une donation entre-vifs, sans aucune charge de substitution, ne pourront en être grevés par une donation ou disposition posterieure, encore qu'il s'agisse d'une donation faite par un pere à ses enfans, que la substitution comprenne expressément les biens donnés, & qu'elle soit faite en faveur des enfans ou descendans du Donateur ou du Donataire.

XIV. Lorsque la donation ou l'institution contractuelle aura été faite, à la charge de remettre les biens donnés à celui que le Donateur ou le Donataire voudra choisir, celui qui sera élû, ne pourra sous prétexte de l'élection faite en sa faveur, être chargé d'aucune substitution.

XV. Le contenu aux deux Articles précedens sera exécuté, quand même le Contrat de mariage ou l'Acte de donation contiendroit une réserve faite par le donateur, de la faculté de charger dans la suite de substitution les biens par lui donnés, laquelle réserve sera regardée à l'avenir comme nulle & de nul effet, sans préjudice de l'exécution des réserves portées par des Actes antérieurs à la publication de la présente Ordonnance.

XVI. N'entendons rien innover par les Articles XIII. XIV. & XV. en ce qui concerne les dispositions, par lesquelles le Donateur feroit une nouvelle liberalité au Donataire, soit entre-vifs ou à cause de mort, à condition que les biens qu'il lui avoit précédemment donnés, demeureroient chargés de substitution; & en cas que ledit Donataire accepte la nouvelle liberalité faite sous ladite condition, il ne lui sera plus permis de diviser les deux dispositions faites à son profit, & de renoncer à la seconde pour s'en tenir à la premiere, quand même il offriroit de rendre les biens compris dans la seconde disposition avec les fruits par lui perçûs.

XVII. Dans le cas porté par l'Article précedent, où le Donataire auroit accepté la nouvelle liberalité faite sous la condition de substitution, même pour les biens précédemment donnés, ladite substitution n'aura effet que du jour qu'il l'aura acceptée, ou qu'il en aura fait ordonner l'exécution à son profit.

XVIII. N'entendons que la disposition des Articles XIII. XIV. & XV. puisse avoir effet pour les donations entre mari & femme, ou faites par le pere de famille aux enfans, étant en sa puissance, ou autre donation, à cause de mort, dans les Pays où elles sont en usage.

XIX. Les enfans qui ne seront point appellés expressément à la substitution, mais qui seront seulement mis dans la condition, sans être chargés de restituer à d'autres, ne seront en aucun cas regardés comme étant dans la disposition, encore qu'ils soient dans la condition en qualité de mâles; que la condition soit redoublée, que les Grevés soient obligés de porter le nom & armes de l'Auteur de la substitution, & qu'il y ait prohibition de faire détraction de la quarte Trébellianique, ou qu'il se trouve des conjectures tirées d'autres circonstances, telles que la Noblesse & la coutume de la Famille, ou la qualité & la valeur des biens substitués, ou autres présomptions, à toutes lesquelles Nous défendons d'avoir aucun égard, à peine de nullité.

XX. Ceux qui sont appellés à une substitution, & dont le droit n'aura pas été ouvert avant leur décès ne pourront en aucun cas être censés en avoir transmis l'esperance à leurs enfans ou descendans, encore que la substitution soit faite en ligne directe par des ascendans, & qu'il y ait d'autres substitués appellés à la même substitution, après ceux qui seront décédés, & leurs enfans ou descendans.

XXI. La répréſentation n'aura point lieu dans les ſubſtitutions, ſoit en directe ou en collateralle, & ſoit que ceux en faveur de qui la ſubſtitution aura été faite, y ayent été appellés collectivement, ou qu'ils ayent été déſignés en particulier, & nommés ſuivant l'ordre de la parenté qu'ils avoient avec l'Auteur de la ſubſtitution ; le tout à moins qu'il n'ait ordonné par une diſpoſition expreſſe, que la répréſentation y auroit lieu, ou que la ſubſtitution ſeroit déferée ſuivant l'ordre des ſucceſſions légitimes.

XXII. Dans les ſubſtitutions auſquelles les filles ſont appellées au défaut des mâles, elles recueilleront les biens ſubſtitués dans l'ordre qui aura été reglé entr'elles par l'Auteur de la ſubſtitution ; & s'il n'a pas marqué expreſſement ledit ordre, celles qui ſe trouveront les plus proches du dernier Poſſeſſeur deſdits biens, les recueilleront en quelque degré de parenté qu'elles ſe trouvent, à l'égard de l'Auteur de la ſubſtitution, & encore qu'il y eut d'autres filles qui en fuſſent plus proches, ou d'une branche aînée.

XXIII. Dans les ſubſtitutions faites, ſous la condition que le Grevé vienne à déceder ſans enfans, le cas prévû par ladite condition ſera cenſé être arrivé, lorſqu'au jour du décès du Grevé, il n'y aura aucuns enfans légitimes, & capables des effets civils, ſans qu'on puiſſe avoir égard à l'exiſtence des enfans naturels, même légitimés, autrement que par mariage ſubſéquent, ni pareillement par l'exiſtence des enfans morts civilement, par condamnation pour crime, ou incapables des effets civils, par la profeſſion ſolemnelle de la vie Religieuſe, ou pour quelqu'autre cauſe que ce ſoit.

XXIV. Dans tous les cas où la condamnation pour crime emporte mort civile, elle donnera lieu à l'ouverture du fidei-commis, comme la mort naturelle, ce qui ſera pareillement obſervé, à l'égard de ceux qui auront fait profeſſion ſolemnelle de la vie Religieuſe.

XXV. La condition de ſe marier ſera cenſée avoir manqué, & celle de ne ſe point marier (dans le cas où elle peut être valable) ſera cenſée accomplie, lorſque la perſonne à qui l'un ou l'autre deſdites conditions avoit été impoſée, aura fait profeſſion ſolemnelle dans l'état Religieux.

XXVI. Dans tout Teſtament autre que le Militaire, la caducité de l'Inſtitution emportera la caducité de la ſubſtitution fidei-commiſſaire, ſi ce n'eſt lorſque le Teſtament contiendra la clauſe codicillaire.

XXVII. La rénonciation de l'héritier inſtitué, ou du légataire, ou donataire grevé de ſubſtitution, ne pourra nuire au ſubſtitué ; lequel audit cas, prendra la place dudit héritier, légataire ou donataire, ſoit qu'il y ait une clauſe Codicillaire dans le Teſtament, ou qu'il n'y en ait point ; & pareillement en cas de renonciation du ſubſtitué, celui qui ſera appellé après lui prendra ſa place.

XXVIII. Celui qui ſera appellé à une ſubſtitution fidei-commiſſaire pourra y renoncer, ſoit après qu'elle aura été ouverte à ſon profit, ſoit avant que le droit lui en ſoit échû ; mais dans ce dernier cas, la rénonciation ne ſera valable que lorſqu'elle ſera faite par un Acte paſſé pardevant Notaires, avec celui qui ſe trouvera chargé de la ſubſtitution, ou avec le ſubſtitué qui ſera appellé après celui qui renoncera, duquel Acte il reſtera minutte, à peine de nullité.

XXIX. L'Exhérédation prononcée par les peres ou meres, ne pourra priver les enfans deshérités des biens qu'ils doivent recueillir, en vertu de substitutions faites par leurs ascendans ou autres, si ce n'est que l'Auteur de la substitution eut ordonné expressément, que les enfans qui auroient encouru l'Exhérédation, soient privés des biens par lui substitués, ou qu'ils ne soient dans un des cas où par la disposition des Ordonnances, ils sont déclarés déchûs & incapables de toutes successions.

XXX. L'Article LIX. de l'Ordonnance d'Orleans sera exécuté, & en conséquence toutes les substitutions faites, soit par Contrat de mariage ou autre Acte entre-vifs, soit par disposition à cause mort, en quelques termes qu'elles soient conçûes, ne pourront s'étendre au-delà de deux dégrés de substitués outre le donataire, l'héritier institué ou légataire, ou autre qui aura recueilli le premier les biens du donateur ou du Testateur. N'entendons déroger par la présente disposition à l'Article LVII. de l'Ordonnance de Moulins, par rapport aux substitutions qui seroient anterieures à ladite Ordonnance.

XXXI. Dans les Provinces où les substitutions avoient été étendues par l'usage jusqu'à quatre dégrés, outre l'institution, la restriction à deux dégrés portée par l'Article précedent, n'aura lieu que pour les substitutions qui y seront faites à l'avenir, sans qu'elles puissent avoir effet à l'égard des substitutions faites dans lesdites Provinces, par des Actes entre-vifs antérieurs à la publication des présentes, ou par des dispositions à cause de mort, lorsque celui qui aura fait lesdits dispositions, sera décedé avant ladite publication.

XXXII. N'entendons rien innover quant à présent, à l'égard des Provinces où les substitutions n'ont pas encore été restraintes à un certain nombre de dégrés, Nous réservant d'y pourvoir dans la suite, sur le compte qui Nous en sera rendu, ainsi que Nous le jugerons convenable pour le bien & avantage de nos sujets desdites Provinces.

XXXIII. Les degrés de substitution seront comptés par têtes, & non par souches ou générations, de telle maniere que chaque personne soit comptée pour un dégré.

XXXIV. En cas que la substitution ait été faite au profit de plusieurs freres ou autres appellés conjointement, ils seront censés avoir rempli un dégré, chacun pour la part & portion qu'il aura recueillie dans lesdits biens; ensorte que si ladite part passe ensuite à un autre substitué, même à un de ceux qui avoient été appellés conjointement, il soit regardé comme remplissant à cet égard un second dégré.

XXXV. La disposition des deux Articles précedens, n'aura effet que pour les substitutions qui seront faites à l'avenir dans les Pays où l'usage étoit de compter les dégrés par souches, n'entendant rien innover en ce qui concerne les dégrés qui restent à remplir des substitutions faites dans lesdits Pays par des Actes entre-vifs, antérieurs à la publication des présentes, ou par des dispositions à cause de mort, lorsque celui qui aura fait lesdites dispositions sera décedé avant ladite publication.

XXXVI. Lorsque le Grevé de substitutions aura accepté la disposition faite en sa faveur, soit expressément par des actes ou par des demandes formées en Justice; soit tacitement, en s'immisçant dans la possession des biens substitués, il sera censé avoir recueilli l'effet de ladite disposition; ensorte que le premier dégré de substitution soit compté après lui, ce qui aura lieu encore qu'il eût revoqué lesdits Actes, ou qu'il se fût desisté desdites demandes, ou les eût laissé périr ou prescrite, ou qu'il offrit de rendre les biens dont il se seroit mis en possession avec les fruits par lui perçûs. Voulons que le contenu au présent Article soit pareillement observé dans chaque dégré de substitution, lequel sera censé rempli dans les mêmes cas par chaque substitué.

XXXVII. Lorsque le Grevé de substitutions aura renoncé à la disposition faite en sa faveur, sans s'être immiscé dans les biens substitués, ou qu'il sera mort sans l'avoir accepté, ni expressement, ni tacitement, suivant ce qui est porté par l'Article précedent, le substitué du premier dégré en prendra la place, en sorte que les degrés de substitutions ne seront comptés qu'après lui, & dans les mêmes cas de renonciation ou d'abstention d'un des substitués, il ne sera point censé avoir rempli un degré, & celui qui sera appellé après lui prendra sa place, le tout encore que la renonciation ou l'abstention dudit Grevé ou dudit substitué n'eût pas été gratuite.

XXXVIII. N'entendons néanmoins que la disposition de l'Article précedent puisse avoir lieu dans le cas où les Créanciers du Grevé ou du substitué auroient été admis à accepter la disposition faite à son profit, ou à demander l'ouverture de la substitution, au lieu de leurs débiteurs, pour jouir pendant sa vie des biens substitués, auquel cas les degrés de substitution seront comptés comme s'il avoit recueilli lui-même lesdits biens.

XXXIX. Voulons au surplus que les héritiers, ayant cause, ou Créanciers de celui qui aura renoncé à la disposition ou à la substitution faite en sa faveur, ou qui sera mort sans l'avoir acceptée expressement ou tacitement, & sans que ses Créanciers ayent été admis à l'accepter pour lui, ne puissent exercer aucuns droits sur les biens substitués, au préjudice de ceux qui seront appellés après lui à la substitution.

XL. Le fidei-commissaire, même à titre universel, ne sera point saisi de plein droit, encore que la substitution eût été faite en ligne directe, mais il sera tenu d'obtenir la délivrance ou la remise du fidei-commis, & les fruits ne lui seront dûs en conséquence dudit fidei-commis, que du jour de l'Acte par lequel l'exécution de la substitution aura été consentie, ou de la demande qu'il aura formée à cet effet, sans qu'il puisse évincer les tiers possesseurs des biens compris dans la substitution, qu'après avoir obtenu ladite délivrance ou remise, & avoir satisfait à ce qui sera prescrit par les Articles XXXV. XXXVI. & XXXVII. du Titre second de la présente Ordonnance.

XLI. Lorsqu'il échéra de proceder à la distinction des biens libres & des biens substitués, & à la liquidation des détractions, les héritiers représentans ou ayans cause de l'Auteur de la substitution, ou de celui qui en étoit chargé, auront la jouissance provisoire des biens faisant partie de la succession, jusqu'à ce que lesdites distinctions & liquidations ayent été faites. A l'effet de quoi les Juges regleront le délai dans lequel y il sera procedé; & après l'expiration dudit délai, ils pourront ordonner que celui qui aura droit aux biens substitués, sera mis en possession de tout ou partie desdits biens, ou y pourvoir autrement, ainsi qu'il appartiendra, suivant l'exigence des cas.

XLII. La restitution du fidei-commis faite avant le tems de son échéance par quelque Acte que ce soit, ne pourra empêcher que les Créanciers du Grevé de substitution qui seront anterieurs à ladite remise, ne puissent exercer sur les biens substitués les mêmes droits & actions, que s'il n'y avoit point eû de restitution anticipée, & ce, jusqu'au tems où le fidei-commis devoit être restitué, ce qui aura lieu, même à l'égard des Créanciers Chirographaires, pourvû que leurs Créances ayent une datte certaine avant ladite remise.

XLIII. Ne pourra pareillement ladite restitution anticipée nuire à ceux qui auroient acquis des biens substitués de celui qui aura fait ladite restitution, & ils ne pourront être évincés par celui à qui elle aura été faite qu'après le tems où le fidei-commis auroit dû lui être restitué.

XLIV. L'hypotheque ou le recours subsidiaire accordé aux femmes sur les biens substitués, en cas d'insuffisance des biens libres, aura lieu, tant pour le fond ou capital de la dot, que pour les fruits ou intérêts qui en seront dûs.

XLV. Ladite hypotheque aura lieu pareillement en faveur de la femme & de ses enfans, tant pour le fond que pour les arrerages du douaire, soit coutumier ou préfix, à la charge néanmoins que si le douaire préfix excedoit le douaire coutumier, il sera reduit sur le pied dudit douaire coutumier, eû égard à la quantité des biens du mari, tant libres que substitués, sur lesquels le douaire doit avoir lieu suivant la disposition des Coûtumes.

XLVI. Dans les Pays où la stipulation de l'augment de dot est usitée, soit sous ce nom, ou sous celui d'agencement de gain de survie, ou de donation à cause de nôces, ladite hypotheque subsidiaire aura lieu, tant pour le principal que pour les intérêts dudit augment, & ce, jusqu'à concurrence de la quotité qui est reglée par les Statuts, Coûtumes & usages desdits Pays, sans néanmoins qu'en aucun cas la femme puisse exercer ladite hypotheque pour une plus grande quotité que le tiers de la dot, encore que l'augment fût plus considérable.

XLVII. En cas que les biens substitués soient situés dans des Pays régis par des loix différentes, la femme du Grevé de substitutions exercera ses droits à l'égard des biens situés dans les Pays où l'on observe le droit coutumier, ainsi qu'il est reglé par l'Article XLV. & à l'égard des biens situés dans les lieux où l'on suit le droit écrit, suivant ce qui est porté par l'Article précedent.

XLVIII. La femme du Grevé de substitutions n'aura aucun recours sur les biens substitués pour le préciput, la donation de bagues & Joyaux, & généralement pour toutes les autres liberalités & stipulations, non comprises aux Articles précedens, ni pareillement pour son deuil.

XLIX. Lorsque les biens qui sont propres à la femme en Pays coutumier, où ses biens dotaux dans les Pays de droit écrit auront été alienés de son consentement pendant le Mariage, elle n'aura aucun recours pour raison de ce, sur les biens substitués; ce qui sera observé, même dans les Pays où l'aliénation desdits biens est regardée comme nulle & de nul effet, sauf à elle à se pourvoir contre les détempteurs desdits biens, suivant les dispositions des Loix, Coutûmes ou Statuts qui y sont observés.

L. Il n'y aura pareillement aucun recours sur les biens substitués pour l'indemnité

demnité de la femme qui se sera obligée volontairement pour son mari pendant le mariage, quand même elle auroit acquittée, en tout ou en partie, les dettes ausquelles elle s'étoit obligée, & ce sans distinction entre les Pays où les obligations des femmes pour leurs maris sont réputées nulles, & ceux où elles sont regardées comme valables.

LI. En cas de contestation sur la suffisance ou l'insuffisance des biens libres, les Juges pourront ordonner que par provision la femme sera payée des intérêts de la dot, & des arrerages du douaire, ou intérêts de l'augment, agencement, gain de survie, ou donation à cause de nôces, ou y pourvoir autrement, suivant l'exigence des cas.

LII. Toutes les dispositions des Articles précedens sur l'hypotheque subsidiaire des femmes auront lieu également dans tous les degrés de substitution, & en faveur de chacune des femmes, que ceux qui sont grevés de substitution se trouveront avoir épousées successivement, sans néanmoins qu'aucune desdites femmes puisse exercer ladite hypotheque contre les enfans ou descendans d'un mariage antérieur au sien, lorsque ce seront eux qui recueilleront l'effet de la substitution.

LIII. Lesdites dispositions seront pareillement observées, encore que l'Auteur de la substitution soit un parent collateral, ou un étranger, pourvû néanmoins qu'elle soit faite en faveur des enfans du Grevé, ou en faveur d'un autre, au cas que le Grevé vienne à décéder sans enfans.

LIV. Les héritiers, successeurs ou ayans cause, & pareillement les créanciers de la femme pourront exercer au lieu d'elle, l'hypotheque subsidiaire sur les biens substitués, encore qu'elle ne l'eût pas exercée elle-même.

LV. Les adjudications par décret des biens substitués, ne pourront avoir aucun effet contre les substitués, lorsque les substitutions auront été publiées & enregistrées suivant les regles qui seront prescrites par le Titre suivant, ce qui sera observé encore que le substitué eût un droit ouvert à ladite substitution avant le décret, & même avant la saisie-réelle, & qu'il n'eût point formé d'opposition audit décret, le tout, si ce n'est que lesdits biens eussent été vendus pour les dettes de l'Auteur de la substitution, ou pour d'autres dettes ou charges antérieures à ladite substitution.

LVI. Lorsqu'il y aura des biens féodaux ou censuels compris dans une substitution; elle ne pourra nuire ni préjudicier aux Seigneurs dont lesdits biens sont mouvans, & en conséquence il en sera usé à l'égard de chaque nouveau possesseur des biens substitués, ainsi que s'il avoit pris la place du dernier possesseur desdits biens, par la voye de la succession ordinaire, ou par une donation; ensorte que dans tous les Pays, & dans tous les cas ou les héritiers naturels & légitimes, où les donataires sont sujets dans les mutations au payement du droit de relief, ou autre droit Seigneurial, chaque substitué soit pareillement obligé d'acquitter les mêmes droits, & réciproquement lorsque les héritiers naturels & légitimes, où les donataires n'en sont pas tenus, les substitués en seront pareillement exempts.

TITRE SECOND.

Des Regles à observer par ceux qui sont Grevés de Substitutions, des Juges qui en doivent connoître, & de l'autorité de leurs Jugemens.

ARTICLE PREMIER.

Après le décès de celui qui aura fait une substitution, soit universelle ou particuliere, il sera procedé dans les formes ordinaires à l'inventaire de tous les biens & effets qui composent la succession, à la requête de l'héritier institué ou légitime, ou du legataire universel, & ce, dans le tems porté par les Ordonnances.

II. Faute par ledit héritier institué ou légitime, ou par ledit légataire universel de satisfaire à l'Article précedent dans le cas où la substitution ne seroit pas faite en sa faveur, celui qui devra recueillir les biens substitués sera tenu dans une mois après l'expiration du délai marqué par ledit Article, de faire proceder audit inventaire, en y appellant, outre les personnes mentionnées ci-après, ledit héritier ou ledit légataire universel, qui seront tenus de lui en rembourser les frais.

III. En cas de négligence de ceux qui sont denommés dans les deux Articles précedens, voulons qu'il soit procedé audit inventaire, à la requête de notre Procureur au Siége de la qualité ci-après marquée, & aux frais dudit héritier ou dudit légataire universel, s'il est ainsi ordonné.

IV. L'inventaire sera fait par un Notaire Royal en présence du premier substitué, s'il est majeur, ou de son Tuteur ou Curateur, s'il est pupille, mineur, ou interdit, ou du Syndic, ou autre Administrateur, si la substitution est faite au profit de l'Eglise, ou d'un Hôpital, Corps ou Communauté Ecclésiastique ou Laïque.

V. En cas que le premier substitué soit sous la puissance paternelle dans les Pays où elle a lieu, & que le pere soit chargé de substitution envers lui, il lui sera nommé un Tuteur ou Curateur à l'effet dudit inventaire; & si le premier substitué n'est pas encore né, il sera nommé un Curateur à la substitution, qui assistera audit inventaire.

VI. Lorsqu'il y aura lieu de faire l'inventaire en Justice suivant les regles observées en cette matiere, il ne pourra y être procedé que de l'autorité du Bailliage, Sénéchaussée, ou autre Siége Royal ressortissant nuement en nos Cours de Parlement & Conseils supérieurs, dans l'étendue ou le ressort duquel étoit le lieu du domicile de l'Auteur de la substitution au jour de son décès, ou qui aura la connoissance des cas Royaux dans ledit lieu; ce qui sera exécuté encore qu'il y ait eu un scellé apposé par un autre Juge, lequel sera tenu audit cas, de renvoyer les parties dans le Siége de la qualité ci-dessus marquée, & ledit inventaire sera fait en présence de notre Procureur audit Siége, outre les personnes dénommées dans les deux Articles précedens.

VII. L'inventaire contiendra la prisée des Meubles, Livres, Tableaux, Pierreries, Vaisselle, Equipages & autres choses semblables, ce qui sera observé dans les Pays même où il n'est pas d'usage de faire ladite prisée, & il y sera procedé suivant les formes requises ausdits Pays, dans les cas où l'estimation des meubles ou effets mobiliers y a lieu; & à l'égard des Pays où ladite prisée se fait avec crue dans les inventaires, voulons que ladite crue soit toujours censée faire partie de la prisée en ce qui concerne la liquidation des droits & des charges de ceux qui seront grevés de substitution.

VIII. Le grevé de substitution sera tenu de faire proceder à la vente par affiches & encheres de tous les meubles & effets compris dans la substitution, à l'exception néanmoins de ceux qu'il pourroit être chargé de conserver en nature, suivant la disposition des articles VI. & VII. du Titre premier de la présente Ordonnance.

IX. Laissons à la prudence des Juges d'ordonner, s'il y échet, que le grevé de substitution pourra retenir lesdits meubles & effets mobiliers ou partie d'iceux, s'il demande à les imputer suivant ladite prisée en y ajoutant la crue, si ladite prisée a été faite avec une crue, sur ce qui est dû pour ses détractions ou autres droits, sans qu'audit cas il soit tenu de les faire vendre, ni d'en faire emploi.

X. Il sera fait emploi des deniers provenans du prix des meubles & effets qui auront été vendus, ensemble de l'argent comptant & de ce qui aura été reçu des effets actifs, & ce conformement à ce qui aura été ordonné par l'Auteur de la substitution, s'il a designé la nature des effets dans lesquels ledit emploi doit être fait.

XI. En cas que l'Auteur de la substitution n'ait pas expliqué ses intentions sur ledit emploi, lesdits deniers seront employés d'abord au payement des dettes & remboursement des rentes ou autres charges dont les biens substitués seroient tenus, si ce n'est qu'il fût plus avantageux à la substitution de continuer de payer les arrerages desdites rentes & charges, que d'en rembourser les capitaux, ce que Nous laissons à la prudence des Juges; & le surplus ou le total, s'il n'y a pas de dettes, rentes ou charges que l'on puisse acquitter, ne pourra être employé qu'en acquisition de fonds de terres, ou maisons, ou rentes foncieres ou constituées.

XII. Pour assurer ledit emploi, Voulons que par la même Ordonnance qui autorisera le Grevé de substitution, ou celui au profit duquel elle sera ouverte à entrer en possession des biens substitués suivant la disposition des Articles XXXV. & XXXVI. ci-après, il lui soit enjoint de faire ledit emploi dans un délai qui sera fixé par ladite Ordonnance, & ledit emploi sera fait en présence des personnes mentionnées aux Articles IV. & V. ci-dessus.

XIII. Le Grevé de substitution sera pareillement tenu de faire emploi des deniers qu'il pourra recevoir, soit du recouvrement des effets actifs, soit de la vente des Offices, ou en conséquence de la liquidation qui en aura été faite en cas de suppression ou de réunion, suivant ce qui est porté par l'Article III. du Titre premier, soit du remboursement des rentes comprises dans la substitution, & ce, dans trois mois au plûtard après qu'il aura reçu lesdits deniers, lequel emploi sera fait ainsi qu'il a été ci-dessus reglé, & en présence des personnes mentionnées ausdits Articles IV. & V. lesquels pourront faire à cet effet toutes les diligences nécessaires.

XIV. La disposition de l'Article précedent sera pareillement observée, en cas que l'emploi ait été fait en rentes rachetables, & qu'elles soient remboursées.

XV. Faute par celui qui sera chargé de substitution d'avoir fait l'emploi ou le remploi, ou d'avoir observé les regles ci-dessus prescrites, il en demeurera responsable sur tous ses biens libres, ensemble de tous dépens, dommages & intérêts envers ceux qui sont appellés après lui à la substitution, sans néanmoins que les débiteurs des rentes qui auront été remboursés puissent être responsables du défaut d'emploi, lorsqu'il n'y aura point eu d'opposition formée entre leurs mains.

XVI. Tout ce qui a été ci-dessus reglé au sujet dudit emploi ou remploi sera observé par chacun de ceux qui recueilleront successivement les biens substitués, & sans aucune distinction entre les substitutions faites par une disposition à cause de mort, & celles qui seront contenues dans un Acte entre-vifs.

XVII. Le substitué aura hypotheque sur les biens libres de celui qui aura négligé de faire ledit emploi ou remploi, ou qui aura fait des aliénations des biens substitués, tant pour les sommes capitales qui lui seroient dues, que pour ses dépens, dommages & intérêts, à compter du jour que celui qui n'auroit pas fait ledit emploi ou remploi, ou qui auroit fait lesdites aliénations, aura recueilli les biens substitués.

XVIII. Toutes les substitutions fidei-commissaires faites, soit par des Actes entre-vifs ou par des dispositions à cause de mort, seront publiées en jugement, l'Audience tenant, & enregistrées au Greffe du Siége où la publication sera faite; le tout à la diligence des donataires, héritiers institués, légataires universels ou particuliers qui seront grevés de substitution, même des héritiers légitimes, lorsque la charge de la restitution du fidei-commis tombera sur eux dans les cas de droit.

XIX. La publication & l'enregistrement des substitutions seront faits au Bailliage, Sénéchaussée ou autre Siége Royal ressortissant nuement en nos Cours de Parlement, ou Conseils supérieurs, dans l'étendue ou le ressort duquel étoit le lieu du domicile de l'Auteur de la substitution, au jour de l'Acte qui la contiendra, si elle est faite par un Acte entre-vifs, ou au jour de son décès, si elle est contenue dans une disposition à cause de mort, & pareillement dans les Siéges de la même qualité dans l'étenduë ou le ressort desquels seront situées les maisons & terres substituées, ou les fonds chargés de rentes foncieres & autres droits réels qui seroient compris dans la substitution.

XX. La disposition de l'article précedent aura lieu, encore que l'Auteur de la substitution eût son domicile, ou que les biens fussent situés en tout ou en partie dans une Justice Seigneuriale ressortissant immédiatement en nos Cours de Parlement, ou Conseils supérieurs; auquel cas la publication

& enregiſtrement ſe feront dans le Siége Royal de la qualité marquée par l'Article précedent qui y a la connoiſſance des cas Royaux.

XXI. Il ne pourra être procedé à l'avenir à la publication & enregiſtrement des ſubſtitutions que dans les Siéges de la qualité marquée par les deux Articles précedens, encore que la ſubſtitution fût antérieure à la publication de la préſente Ordonnance, ce qui ſera obſervé à peine de nullité.

XXII. Lorſque la ſubſtitution comprendra des rentes conſtituées ſur Nous, ou ſur notre bonne Ville de Paris ou autres Villes, ſur le Clergé, ou ſur les Pays d'Etats, ou des Offices, elle ſera publiée & enregiſtrée dans les Siéges de la qualité ci-deſſus marquée tant du lieu où leſdites rentes ſe payent, ou dans lequel ſe fait l'exercice deſdits Offices, que du lieu du domicile de l'Auteur de la ſubſtitution.

XXIII. Dans le cas où l'emploi ci-deſſus ordonné aura été fait en acquiſition de maiſons ou terres, rentes foncieres, ou autres droits réels, ou en conſtitution des rentes mentionnées dans l'Article précedent, voulons, que, tant la ſubſtitution que l'Acte d'emploi ſoient publiés & regiſtrés aux Siéges de la qualité marquée par les Articles XIX. & XX. dans leſquels leſdites maiſons ou terres, ou les héritages chargés deſdites rentes foncieres ou droits réels, ſont ſitués, ou dans leſquels leſdites rentes ſont payées; & en cas que la ſubſtitution y eût été déja publiée & enregiſtrée, il ſuffira d'y publier & enregiſtrer l'Acte d'emploi.

XXIV. Dans chacun des Siéges ci-deſſus marqués, il ſera tenu un regiſtre particulier, qui ſera cotté & paraphé à chaque feuillet, clos & arrêté à la fin par le premier Officier du Siége, ou, en ſon abſence, par celui qui le ſuit dans l'Ordre du Tableau; dans lequel regiſtre ſeront tranſcrits en entier les Contrats, Donations, Teſtamens, ou Codiciles qui contiendront des ſubſtitutions; à l'effet de quoi la groſſe ou expédition deſdits Actes ſera repréſentée, ſans qu'il ſoit beſoin d'en rapporter la minutte.

XXV. Le Greffier ou Commis du Greffe ſera tenu de donner communication dudit Regiſtre, ſans déplacer à tous ceux qui la demanderont, & pareillement d'en délivrer un extrait ſigné de lui, ou une expédition toutes les fois qu'il en ſera requis; le tout, ſans qu'il ſoit beſoin d'obtenir une Ordonnance du Juge à cet effet.

XXVI. Voulons que, ſuivant ce qui a été reglé par les Articles II. III. & V. de notre Déclaration du 17 Février 1731, il ne puiſſe être reçû par l'Officier qui cottera & paraphera ledit Regiſtre, que dix ſols pour ceux qui ſeront de cinquante feuillets, vingt ſols pour ceux qui auront cent feuillets, & trois livres pour ceux qui en contiendront un plus grand nombre, & ne pourra être pris par le Greffier que dix ſols pour ſon droit de recherche, & pareille ſomme pour chaque extrait qui ſera par lui délivré; & s'il eſt requis de délivrer des expéditions entieres des Actes enrégiſtrés, il lui ſera payé par Rôle de groſſe le même droit qui ſe paye pour les expéditions en papier au Greffe du Siége.

XXVII. La publication & enregiſtrement des ſubſtitutions ſeront faits dans ſix mois, à compter du jour de l'Acte qui les contiendra, lorſqu'elles feront portées par un Contrat de mariage, ou autre Acte entre-vifs, & du jour du décès de celui qui les aura faites, lorfqu'elles feront contenues dans une difpofition à caufe de mort.

XXVIII. Lorfque la fubftitution aura été dûëment publiée & enregiftrée dans ledit délai de fix mois, elle aura effet, même contre les Créanciers & les Tiers-Acquereurs, à compter du jour de fa datte, fi elle eft portée par un Acte entre-vifs, ou du jour du décès de celui qui l'aura faite, fi elle eft contenue dans une difpofition à caufe de mort.

XXIX. Pourra néanmoins être procedé à la publication & à l'enregiftrement des fubftitutions après l'expiration dudit délai de fix mois; mais en ce cas, la fubftitution n'aura effet contre les Créanciers & les Tiers-Acquereurs, que du jour qu'il aura été fatisfait aufdites formalités, fans qu'elle puiffe être oppofée à ceux qui auront contracté avant ledit jour.

XXX. Dans le cas marqué par l'Article XXIII, le délais de fix mois ci-deffus prefcrit, ne courra que du jour de l'Acte qui contiendra l'emploi des deniers provenans de la fubftitution, & lorfque la publication & enregiftrement requis par ledit Article auront été faits dans ledit délai, la fubftitution aura effet fur les biens mentionnés audit Article, à compter du jour dudit Acte, même contre les Créanciers & Tiers-Acquereurs; finon elle n'aura effet contr'eux, à l'égard defdits biens, que du jour de la publication & enregiftrement.

XXXI. Toutes les aliénations faites par le Grevé ou par un des fubftitués, au préjudice de la fubftitution, à compter du jour qu'elle doit avoir fon effet contre les Créanciers & les Tiers-Acquereurs, fuivant les Articles précedens, ne pourront nuire aux fubftitués, & en cas qu'ils revendiquent les biens aliénés, les Acquereurs feront tenus de les délaiffer, fauf leur recours fur les biens libres du vendeur; ce qui fera obfervé, encore que le fubftitué fe trouve en même-tems héritier pur & fimple du vendeur, fans néanmoins qu'en ce cas, il puiffe dépoffeder l'acquereur, qu'après l'avoir rembourfé entierement du prix de l'aliénation, frais & loyaux coûts.

XXXII. Les Créanciers & Tiers-Acquereurs pourront oppofer le défaut de publication & d'enregiftrement de la fubftitution, même aux Pupilles, Mineurs ou Interdits, & à l'Eglife, Hôpitaux, Communautés, ou autres qui jouiffent du privilege des mineurs, fauf le recours defdits Pupilles, mineurs & autres ci-deffus nommés, contre leurs Tuteurs, Curateurs, Syndics ou autres Adminiftrateurs, & fans qu'ils puiffent être reftitués contre ledit défaut, quand même lefdits Tuteurs, Curateurs, Syndics, ou autres Adminiftrateurs, fe trouveroient infolvables.

XXXIII. Le défaut de publication & d'enregiftrement ne pourra être fuppléé, ni regardé comme couvert par la connoiffance que les Créanciers ou les Tiers-Acquereurs pourroient avoir eû de la fubftitution, par d'autres voyes que celles de la publication & de l'enregiftrement: Voulons que le préfent Article foit obfervé, à peine de nullité.

XXXIV. Les donataires, héritiers inftitués, légataires univerfels, ou particuliers, même les héritiers légitimes de celui qui aura fait la fubftitution, ni pareillement leurs donataires, héritiers institués ou légitimes, & légataires universels ou particuliers, ne pourront en aucuns cas opposer aux substitués le défaut de publication & d'enregistrement de la substitution.

XXXV. Voulant assûrer pleinement l'observation des regles ci-dessus prescrites pour la conservation des droits des substitués, & pour la sûreté des familles, ordonnons qu'à l'avenir les donataires, héritiers institués, légataires universels ou particuliers, qui seront grevés de substitution, ou ceux qui prendront leur place à leur défaut, ne pourront se mettre en possession des biens compris dans la substitution, qu'en vertu d'une Ordonnance du premier Officier des Siéges mentionnés dans les Articles XIX. & XX. ou, en son absence, de celui qui le suit dans l'ordre du Tableau; laquelle Ordonnance ils ne pourront obtenir qu'en rapportant l'Acte de la publication & d'enregistrement de la substitution, comme aussi, un extrait en bonne forme de la clôture de l'Inventaire fait après le décès de l'Auteur de la substitution.

XXXVI. La disposition de l'Article précedent aura lieu pareillement à l'égard de ceux qui recueilleront la substitution, en cas que celui qui en étoit chargé n'ait pas satisfait aux formalités prescrites par ledit Article.

XXXVII. L'Ordonnance requise par les deux Articles précedens, sera donnée sur une simple requête, à laquelle sera attaché l'Acte de publication & d'enregistrement, ensemble l'extrait en bonne forme de la clôture de l'inventaire, & sur les conclusions de notre Procureur, sans qu'il soit nécessaire d'y appeller d'autres parties; & sera fait mention expresse desdits Actes dans le vû de ladite Ordonnance, dont la minutte sera mise au Greffe; le tout à peine de nullité.

XXXVIII. Il sera payé à l'Officier qui rendra ladite Ordonnance quatre livres dix sols, à notre Procureur trois livres, & une livre dix sols au Greffier; leur défendons de prendre autres, ou plus grands droits, à peine de concussion.

XXXIX. La disposition des Articles XXXV, XXXVI & XXXVII. sera observée, encore que l'exécution des dispositions portant substitution eût été consentie par des Actes volontaires, lesquels ne pourront avoir aucun effet qu'après que ceux, au profit desquels ils auront été faits, auront satisfaits ausdits Articles; ce qui sera exécuté à peine de nullité.

XL. Voulons qu'il ne puisse être rendu aucun Jugement sur les demandes qui seroient par eux formées en conséquence des Actes portant substitution, qu'après qu'il aura été satisfait ausdits Articles; ce qui sera pareillement observé à peine de nullité.

XLI. Les fruits des biens, dont celui qui aura obtenu l'Ordonnance ci-dessus requise, sera autorisé à prendre possession, lui appartiendront du jour qu'ils lui seront dûs de droit, lorsqu'il aura fait procéder à la publication & enregistrement de la substitution dans le délai de six mois ci-dessus prescrit, sinon il ne pourra les prétendre que du jour de ladite publication & enregistrement. Voulons que les fruits échûs avant ledit jour, soient adjugés, & ceux qu'il auroit perçûs, restitués par forme de peine à celui qui sera appellé après lui à la substitution; & s'il n'étoit pas encore né, à l'Hôpital du lieu où le Jugement sera rendu, ou à l'Hôpital le plus prochain, s'il n'y en a point dans ledit lieu.

XLII. La peine de privation & restitution des fruits portée par l'Article précedent, sera pareillement prononcée contre le Grevé de substitution, ou celui qui l'aura recueillie, lorsqu'il aura négligé de satisfaire aux regles prescrites par le présent Titre, sur l'inventaire & sur la prisée dans les cas où il en est tenu.

XLIII. La disposition des deux Articles précedens sera observée, encore que la substitution fût faite au profit des enfans de celui contre lequel ladite peine sera prononcée, & quoiqu'ils fussent sous sa puissance, dans les Pays où la puissance paternelle a lieu.

XLIV. N'entendons comprendre dans la disposition des trois Articles précedens les Pupilles, Mineurs, ou Interdits, ni les Eglises, Hôpitaux, Communautés, ou autres qui jouissent du privilege des Mineurs; & en cas que leurs Tuteurs ou Curateurs, Syndics ou autres Administrateurs, ayent négligé de satisfaire ausdites formalités, ils seront condamnés en leur propre & privé nom en telles sommes qu'il appartiendra, au profit du premier appellé à la substitution, ou de l'Hôpital ci-dessus marqué.

XLV. Ceux qui seront tenus, suivant les regles ci-dessus prescrites, de faire proceder à l'inventaire & à la prisée dans les cas où elle est requise, & à la publication & enregistrement de la substitution, seront tenus de satisfaire ausdites formalités, encore qu'ils prétendissent être en droit d'attaquer ladite substitution, contre laquelle ils ne pourront se pourvoir qu'après les avoir remplies; sans néanmoins que l'on puisse s'en prévaloir contre leur prétention, & sauf, en cas qu'ils y réussissent, à être ordonné qu'ils seront remboursés des frais par eux faits à ce sujet.

XLVI. N'entendons par les dispositions du présent Titre concernant la publication & enregistrement des substitutions, rien innover par rapport à celles qui seroient antérieures à l'enregistrement de l'Ordonnance de Moulins, en cas que les degrés prescrits par les Ordonnances ne soient pas encore remplis, ni pareillement à l'égard des substitutions faites dans les Pays où l'Ordonnance de Moulins n'a pas été publiée avant l'enregistrement des Loix qui y ont établi la formalité de la publication & enregistrement. Voulons que l'Edit du mois de Juillet 1707, ensemble notre Déclaration du 14 Septembre 1721, enregistrés en notre Parlement de Franche-Comté, & notre Déclaration du 22 Août 1739, enregistrée en notre Parlement de Dauphiné, soient exécutés par rapport aux substitutions faites dans lesdites Provinces avant les tems y mentionnés; le tout à la charge de se conformer, pour les publications & enregistremens qui se feront à l'avenir, aux regles ci-dessus prescrites sur les Jurisdictions, & les formes dans lesquelles il doit y être procedé.

XLVII. Désirant pourvoir au bien des Familles qui sont interessées, dans les substitutions, & leur épargner les frais ausquels elles seroient exposées par la multiplicité des degrés de Jurisdictions, voulons que toutes les contestations concernant les substitutions fidei-commissaires, soient portées à l'avenir en premiere instance dans nos Bailliages, Sénéchaussées, ou autres Siéges

Siéges Royaux, ressortissant nuëment en nos Cours de Parlemens & Conseils supérieurs, à l'exclusion des Juges Royaux subalternes, & de tous Juges Seigneuriaux, même de ceux qui ressortissent nuëment en nos Cours & Conseils supérieurs, pour y être statué sur lesdites Contestations, à la charge de l'appel en nosdits Parlemens & Conseils supérieurs.

XLVIII. N'entendons préjudicier par l'Article précédent au privilege de *Committimus*, lorsqu'il s'agira de demandes & contestations formées entre celui qui sera appellé à la substitution & les héritiers, ou représentans de l'Auteur de la substitution, ou de celui qui en étoit chargé, sans que ledit privilege puisse avoir lieu à l'égard des demandes en revendication de biens substitués, ou en révocation des aliénations faites par les Grevés de substitution, lorsque lesdits demandes seront formées contre de tiers-détenteurs, encore que celui qui auroit formé lesdites demandes contr'eux y eût mêlé des conclusions tendantes à faire déclarer la substitution ouverte en sa faveur.

XLIX. Il ne pourra être rendu aucun Jugement sur ce qui concerne les substitutions fidei-commissaires, & l'observation des regles prescrites par la présente Ordonnance, que sur les conclusions de nos Avocats & Procureurs en premiere instance, & sur celles de nos Avocats & Procureurs Généraux en nos Cours, lorsque les contestations formées à ce sujet y seront portées par l'appel ou autrement. Voulons qu'il y ait ouverture de Requête civile contre les Arrêts qui seroient rendus sans conclusions de nosdits Avocats & Procureurs Généraux.

L. Les Arrêts ou Jugemens en dernier ressort qui seront contradictoires avec le Grevé de substitution, ou un des substitués, ou contre lesquels il ne pourroit être reçû à former opposition, ne pourront être retractés sur le fondement d'une tierce opposition formée par celui au profit duquel la substitution sera ouverte, sauf à lui à se pourvoir par la voye de Lettres en Requête Civile, lesquelles pourront être fondées, soit sur les ouvertures mentionnées dans l'Article XXXIV. du Titre XXXV. de l'Ordonnance du mois d'Avril 1667, soit sur la contravention à la disposition de l'Article précedent, soit sur le défaut entier de défenses, ou l'obmission de défenses valables de la part du Grevé ou substitué anterieur.

LI. Le délai pour obtenir lesdites Lettres sera de six mois, à compter du jour de la signification qui aura été faite de l'Arrêt ou Jugement en dernier ressort, à la personne ou domicile du substitué, depuis l'ouverture de la substitution à son profit, s'il est majeur, ou à la personne ou domicile de son Curateur, s'il étoit interdit; & si le substitué est pupille ou mineur, ledit délai ne sera compté que du jour de la signification qui lui aura été faite après sa majorité.

LII. En cas que la substitution fût faite en faveur de l'Eglise, Hôpitaux, Corps ou Communautés Laïques ou Ecclésiastiques, ledit délai sera d'un an, à compter du jour de la signification qui sera faite depuis l'ouverture de la substitution à la personne ou domicile de leurs Syndics, ou autres Administrateurs.

LIII. Les Actes contenant des désistemens, transactions ou conventions qui seront passés à l'avenir entre celui qui sera chargé de substitution, ou qui l'aura recueillie, & d'autres parties, soit sur la validité ou la durée de la substitution, soit sur la liquidation des biens substitués, & des détractions, soit par rapport aux droits de priorité d'hypotheque, ou autres qui seroient prétendus sur lesdits biens, ne pourront avoir aucun effet contre les substitués, & il ne pourra, être rendu aucun Jugement en conséquence desdits Actes, qu'après qu'ils auront été homologués en nos Cours de Parlement, ou Conseils supérieurs, sur les conclusions de nos Procureurs Généraux; ce qui sera observé à peine de nullité.

LIV. Les Arrêts qui auront homologué lesdits Actes, seront exécutés contre les substitués, lesquels ne pourront se pourvoir contre lesdits Arrêts que par la voye de la Requête Civile, sur les moyens, & dans les délais ci-dessus expliqués.

LV. Les dispositions contenues dans le Titre premier de la présente Ordonnance, sur ce qui concerne la validité ou l'interprétation des Actes portant substitution, la qualité des biens qui peuvent être en chargés, la durée des substitutions, & l'irrévocabilité de celles qui sont portées par des Contrats de mariage, ou autres Actes entre-vifs, la maniere d'en compter les dégrés, l'hypotheque subsidiaire des femmes mariées avant la publication des présentes, & l'effet des décrets qui l'auront précedé, n'auront aucun effet rétroactif, & les contestations nées ou à naître à cet égard, seront jugées suivant les loix & la Jurisprudence qui étoit observée auparavant dans nos Cours, lorsque la substitution aura une datte antérieure à la publication de la présente Ordonnance, si elle est portée par un Acte entre-vifs, ou si elle est contenue dans une disposition à cause de mort, lorsque celui qui l'aura faite sera décedé avant ladite publication.

LVI. Les dispositions du présent Titre, sur la nécessité & la forme de l'inventaire des effets des successions dans lesquelles il y aura des biens chargés de substitution, n'auront effet qu'à l'égard des successions qui seront ouvertes après la publication des présentes.

LVII. Les dispositions portées par le présent Titre, concernant l'Ordonnance que celui qui recueillera les biens substitués, doit obtenir, faute par le Grevé ou le précedent substitué d'y avoir satisfait, n'auront lieu qu'à l'égard de ceux qui recueilleront à l'avenir des biens compris dans une substitution qui n'auroit pas encore été publiée ni enregistrée.

LVIII. Les regles prescrites par la présente Ordonnance, sur l'emploi ou le remploi des effets compris dans la substitution, sur la publication & enregistrement des substitutions & des Actes d'emploi ou remploi, sur les Tribunaux qui doivent connoître des contestations formées au sujet desdites substitutions, sur la maniere de se pourvoir contre les Arrêts ou Jugemens en dernier ressort, & sur l'homologation des transactions ou autres conventions faites avec ceux qui seroient chargés de substitution, seront exécutées par rapport aux publications & enregistremens, Actes, demandes & procedures qui se feront après la publication des présentes, encore que la substitution fût antérieure, ou que les Jugemens, contre lesquels le substitué voudroit se pourvoir eussent été rendus auparavant; & à l'égard des publications & enregistremens, Actes, demandes & procedures qui auroient été faits avant la publication de la présente Ordonnance, il y sera pourvû, en cas de contestation, suivant les Loix & la Jurisprudence qui ont été observées jusqu'à présent en nos Cours.

Voulons au surplus, que la présente Ordonnance soit gardée & observée dans toute l'étendue de notre Royaume, Terres & Pays de notre obéissance, à compter du jour de la publication qui en sera faite. Abrogeons toutes Ordonnances, Loix, Coûtumes, Statuts & Usages différens, ou qui seroient contraires aux dispositions y contenues. Si donnons en mandement à nos amés & féaux les Gens tenans nos Cours de Parlement & Conseils supérieurs, Grand-Conseil, Chambre des Comptes, Cour des Aides, Baillifs, Sénéchaux, & tous autres nos Officiers, que ces présentes ils gardent, observent & entretiennent, fassent garder, observer & entretenir; & pour les rendre notoires à nos sujets, les fassent lire, publier & registrer. Car tel est notre plaisir: & afin que ce soit chose ferme & stable à toujours, Nous avons fait mettre notre Scel à cesdites présentes. Donné au Camp de la Commanderie du Vieux-Jonc au mois d'Août, l'an de grace 1747, & de notre Regne, le 32. Signé, LOUIS. *Et plus bas*, par le Roi, *Phelypeaux. Visa, Daguesseau.* Et scellées du grand Sceau de cire verte, en lacs de soye rouge & verte.

Registrées, oui, & ce requerant le Procureur Général du Roi, pour être exécutées selon sa forme & teneur, & copies collationnées envoyées aux Bailliages & Sénéchaussées du Ressort, pour y être lûes, publiées & registrées: Enjoint aux Substituts du Procureur Général du Roi, d'y tenir la main, & d'en certifier la Cour dans le mois, suivant l'Arrêt de ce jour. A Paris en Parlement le 27 Mars 1748. Signé, *Ysabeau.*

Décision du Conseil au sujet du Papier timbré dont les Notaires de Paris doivent se servir pour faire des copies Collationnées ou Extraits.

SUivant une décision du Conseil du 9 Avril 1748, les Notaires de Paris, sont obligés de se servir du papier de leur formule particuliere ordonnée par la Déclaration du Roi du 5 Décembre 1730, pour faire des copies collationnées ou extraits, tant des Actes qu'ils ont passés, de ceux passés par leurs Confreres, que de tous les Actes sans exception, & de telle nature qu'ils soient passés par les Notaires de Provinces, ensemble des Sentences, Arrêts, Actes de Tutelle, Curatelle, Lettres de Chancellerie, Billets & généralement de toutes les piéces, dont ils feront des copies collationnées ou extraits, dont la date sera posterieure au premier Janvier 1724, à l'exception ſeulement des Contrats de conſtitution ſur l'Hôtel de Ville, quittances deſdites rentes, & les autres quittances à la décharge de Sa Majeſté; & ce ſous les peines portées par ladite Déclaration de 1730, & par celle du 7 Décembre 1723.

FORMULES D'ACTES POUR LES MATIERES BÉNÉFICIALES.

OBSERVATIONS SUR L'ORIGINE & l'Etat présent des Notaires Apostoliques.

LEs Notaires Apostoliques peuvent être considerés dans leur état ancien, ou dans celui où ils sont aujourd'hui, qui leur a été donné par les Edits du mois de Décembre 1691, & de Février 1693. Ces deux Edits & les Déclarations, & Arrêts subsequents, dont il sera ci-après parlé, ont totalement changé la forme des Actes en matiere Bénéficiale prescrite par l'Edit de 1550.

Anciennement les Notaires Apostoliques, étoient des personnes autorisées par le Pape, pour instrumenter dans les choses Ecclésiastiques; Fabian Pape qui tint le Siége depuis l'an 236 jusques en 250, ordonna des Notaires pour recueillir les Actes des Martyres & l'état de leur Sepulture.

Par les nouveaux Edits ce sont des Officiers Royaux, qui réunissent dans leur personne le pouvoir de l'une & de l'autre Jurisdiction.

Les entreprises des Notaires Apostoliques ont été autrefois si loin sur les droits des Notaires Royaux, ou des Justices Seigneuriales, qu'ils prétendoient pouvoir passer toutes sortes d'Actes, mais ces entreprises furent corrigées par plusieurs Ordonnances de nos Rois, celles de Charles VIII. de l'an 1490, & de François I. des mois d'Octobre 1535, & Août 1536, defendent aux Notaires Ecclésiastiques de recevoir aucuns Contrats entre Laïcs, pour chose temporelle, d'autant que lesdits Notaires Ecclésiastiques n'ont aucun pouvoir, ni jurisdiction sur le temporel des sujets du Roi.

Le Roi Henry II. ayant été informé par les remontrances du Clergé, des abus que les Notaires Apostoliques commettoient dans l'exercice de leurs Charges, & que le desordre provenoit de la trop grande facilité qu'il y avoit à s'en pourvoir, il ordonna par son Edit du mois de Septembre 1547, aux Baillifs & Sénéchaux d'en reduire le nombre à celui qui seroit estimé suffisant pour le public, & la réduction en ayant été faite, il voulut par autre Edit du mois de Juin 1550. *Cet Edit est ordinairement nommé l'Edit des petites dattes*, qu'ils fussent examinés & reçûs par les Archevêques & Evêques, chacun dans leur Diocèse, qu'ils fissent enregistrer leurs noms, sur-noms, & demeures aux Greffes des Présidiaux de leur résidence, & ne pussent exercer leurs fonctions qu'en un Diocèse; de plus il leur défendit par son Ordonnance de l'an 1559, de recevoir aucuns Contrats entre Laïcs pour chose temporelle, conformément à celles de Charles VIII. & de François I. dont il est ci-dessus parlé.

Mais ces Reglemens n'ayant point été capables de les contenir dans leur devoir, Louis XIII. leur défendit expressement par son Edit du mois de Novembre 1637, à peine de faux, de délivrer aux parties les minuttes de procuration pour resigner, & des autres Actes qu'ils passoient en matiere Bénéficiale. Ces défenses furent réïterées par une Déclaration du Roi Louis XIV. du mois d'Octobre 1646. Cependant ces Ordonnances n'ayant pas eu toute l'exécution que Sa Majesté en attendoit, elle résolut de fixer un ordre certain ausdits Notaires, qui jusqu'alors n'exerçoient que par commission, & de les revêtir pour cela d'un Office en titre, enfin de distinguer en même tems leurs fonctions, d'avec celles des autres Notaires & Huissiers, & leur attribuer des droits suffisans pour leur donner moyen de subsister en faisant leur Charge, ce qui fût fait par Edit du mois de Décembre 1691, ci-après imprimé tout au long à la fin des Formules, ou nous renvoyons le Lecteur.

Cet Edit fût interprété par une Déclaration du Roi du 16 Février 1692.

Par Arrêt du Conseil du 18 Mars suivant, Sa Majesté ordonna que les pourvus des Offices de Notaires Royaux Apostoliques, feroient bourse commune entr'eux, dans les lieux ou ils seroient plusieurs établis.

Par autre Arrêt du Conseil du 29 Avril aussi suivant, le Roi ordonna qus les Offices de Notaires Royaux Apostoliques qui doivent être établis dans la Ville & Diocèse de Nantes, en exécution de l'Edit du mois de Décembre 1691, seroient unis & incorporés à ceux des Notaires Royaux de ladite Ville, pour ne faire & composer à l'avenir qu'un seul & même Corps d'Office, être exercés & en jouir conformément audit Edit, en payant par les pourvus desdits Offices de Notaires

Royaux

Royaux, ſuivant leurs offres, la ſomme de 15455 livres, & les deux ſols pour livre, ès mains d'Antoine Gatte chargé de la vente desdits Offices.

Par l'Edit du mois de Février 1693, le Roi a ſupprimé le titre des Offices de Notaires Royaux Apoſtoliques, qui avoient été créés par l'Edit du mois de Décembre 1691, & avoient pû être établis en exécution d'icelui dans la Ville & dans le Diocèſe de Paris, & Sa Majeſté a réuni & incorporé les fonctions desdits Notaires Royaux Apoſtoliques, à la Communauté des cent treize Notaires au Châtelet de Paris, auquel Edit de 1693, ci-après inprimé, nous renvoyons les Lecteurs; nous obſerverons ſeulement à l'occaſion de cet Edit que comme il ne concerne que les Notaires de Paris, dans les Provinces où les Notaires n'ont point eu de pareil Edit d'union, les Notaires Royaux & les Notaires Apoſtoliques, ſont différens & paſſent chacun les Actes de leur competance, ſuivant leurs Edits de création.

Il y a néanmoins quelques Provinces où les Notaires Royaux ont le droit de faire les fonctions de Notaires Apoſtoliques, ce qui leur a été accordé par des Arrêts du Conſeil, en conſidération des taxes qu'ils ont payées pour leur abonnement, comme il a été ci-deſſus marqué à l'égard des Notaires de Nantes & de Paris, au moyen de quoi l'Edit de Création des Notaires Apoſtoliques de 1691, eſt revoqué à leur égard.

Au mois de Mars 1708, le Roi donna un Edit qui fût enregiſtré au Parlement le 21 du même mois, par lequel Sa Majeſté confirma les propriétaires des Offices de Notaires Royaux Apoſtoliques, dans la poſſeſſion & jouiſſance deſdits Offices & droits à eux attribués par l'Edit de leur création & Arrêts rendus en conſéquence, & les décharge de toutes recherches qui pourroient être faites contr'eux, pour raiſon des droits de ſcel des Actes Eccléſiaſtiques, par eux induëment exigés.

FORMULES D'ACTES POUR LES MATIERES BÉNÉFICIALES.

Résignation pure & simple entre les mains du Pape, d'un Bénefice à la nomination du Roi.

PARDEVANT les Conseillers du Roi, Notaires, Gardesnotes de Sa Majesté au Châtelet de Paris, soussignés fut présent M. A Prieur du Prieuré Commendataire de Diocèse de demeurant lequel a fait & constitué ses Procureurs généraux & spéciaux ausquels & à chacun d'eux, ledit sieur constituant a donné pouvoir de pour lui & en son nom résigner purement & simplement, sous le bon plaisir de Sa Majesté, avec son consentement & nomination entre les mains de notre Saint Pere le Pape, Monseigneur son Vice-Chancellier ou autres ayant à ce pouvoir, sondit Prieuré de ensemble tous ses droits & appartenances quelconques. Requerir la présente résignation être admise, & consentir l'expédition de toutes Lettres nécessaires ; jurer & affirmer qu'en ladite resignation il n'est intervenu & n'interviendra aucune simonie, ni autre paction contraire aux dispositions Canoniques, & généralement, promettant, obligeant. Fait & passé, &c.

Résignation pure & simple entre les mains du Collateur.

PArdevant les Conseillers du Roi, Notaires, Gardesnotes à Paris, soussignés, fut présent B lequel a fait & constitué son Procureur général & spécial &c. auquel il donne pouvoir de pour lui & en son nom, résigner & remettre purement & simplement entre les mains de Monseigneur l'Archevêque *ou* Evêque de Messieurs ses grands Vicaires ou autres ayant à ce pouvoir, la Chapelle ou Chapellenie de Saint desservie en l'Eglise de avec tous ses droits & appartenances quelconques, pour y être pourvû telle personne capable que bon lui semblera, consentir l'expédition de toutes Lettres nécessaires, jurer & affirmer, &c.

Résignation en faveur.

PArdevant &c. fut présent Messire D Prêtre, Chanoine de l'Eglise Cathédrale de demeurant lequel a fait & constitué ses Procureurs généraux & spéciaux ausquels & à chacun d'eux il a donné pouvoir de pour lui & en son nom résigner entre les mains de notre Saint Pere le Pape, Monseigneur son Vice-Chancellier, ou autre ayant à ce pouvoir, le Canonicat & Prébende qu'il possede dans ladite Eglise de avec ses droits & appartenances quelconques, pour & en faveur de M. E & non d'autre, consentir à toutes expéditions nécessaires, jurer & affirmer en l'ame dudit sieur constituant, qu'en ladite résignation il n'est intervenu & n'interviendra aucune simonie ni autres pactions contraires aux dispositions Canoniques, & généralement, promettant, obligeant. Fait & passé, &c.

Résignation avec reserve de pension.

PArdevant fut présent M. F Prieur du Prieuré de Diocèse de demeurant lequel a fait & constitué ses Procureurs généraux & spéciaux ausquels & à chacun d'eux, ledit sieur constituant a donné pouvoir de pour lui & en son nom résigner entrer les mains de notre Saint Pere le Pape, Monseigneur son Vice-Chancellier, ou autres ayant à ce pouvoir sondit Prieuré de avec ses droits & appartenances quelconques, pour & en faveur toutesfois de G & non d'autre, sous la réserve que fait ledit sieur constituant de de pension sa vie durant sur tous les fruits & revenus dudit Prieuré, exempte & quitte de toutes décimes ordinaires & extraordinaires, don gratuit, frais d'assemblées & réparations, nonobstant toutes Lettres Patentes ou Déclarations de Sa Majesté, cas fortuits, & de toutes autres charges & impositions quelconques faites ou à faire, ladite pension payable audit sieur constituant par ledit sieur G sçavoir, moitié au jour & Fête de & l'autre moitié au jour & Fête de de chacune année : consentir toutes expéditions nécessaires, jurer & affirmer qu'en ladite résignation & reserve de pension, il n'est intervenu & n'interviendra aucune simonie ni autres pactions contraires aux dispositions Canoniques, & généralement, promettant, obligeant. Fait & passé, &c.

Résignation en faveur d'un Résignataire d'un droit à un Bénéfice.

PArdevant les Conseillers du Roi, Notaires à Paris, soussignés, fut présent M. H Chanoine de l'Eglise de Saint y résidant, pourvû de la Prevôté de dépendant de l'Abbaye de Saint Ordre de S. Diocèse de étant de présent à Paris logé ruë Paroisse de Saint lequel a fait & constitué ses Procureurs généraux & spéciaux ausquels & à chacun d'eux il a donné pouvoir de pour lui & en son nom résigner entre les mains de notre Saint Pere le Pape, Monseigneur son Vice-Chancellier, ou autres ayant à ce pouvoir, tout & tel droit qu'il a & peut avoir & prétendre en ladite Prévôté de ses droits & appartenances quelconques en faveur de J Clerc du Diocèse de aussi pourvû d'icelle Prevôté, & non d'autre, sans préjudice du droit que ledit J a d'ailleurs en ladite Prévôté : Mais accumulant droit sur droit, consentir à toutes expéditions nécessaires, jurer & affirmer en l'ame dudit sieur constituant, qu'en ladite résignation il n'est intervenu ni interviendra aucune simonie, ni autre paction contraire aux dispositions Canoniques, & & généralement, promettant, obligeant. Fait & passé, &c.

Résignation pour cause d'union.

PArdevant les Conseillers du Roi, Notaires à Paris soussignés, furent présens tous Religieux Capitulans, grand Prieur & Couvent de l'Abbaye de lesquels capitulairement assemblés au son de la cloche en la maniere accoûtumée, pour déliberer de leurs affaires, considerant que la Mense Abbatiale de leur Monastere est distincte & séparée de la Conventuelle ; & qu'il a plû au Roi par ses Lettres Patentes de fondation de la Maison & Communauté de destiner les revenus de ladite Mense Abbatiale à la plus ample dotation de ladite maison & Communauté de ont fait & constitué leurs Procureurs généraux & spéciaux ausquels & à chacun d'eux ils donnent pouvoir de comparoître en Cour de Rome devant notre Saint Pere le Pape, & y déclarer qu'ils consentent à la suppression perpetuelle du titre d'Abbé, & à l'union des biens & revenus de ladite Mense Abbatiale, au profit de la Maison & Communauté de à la charge, sous le bon plaisir du Roi, que conformément à ses Lettres Patentes de fondations de ladite Maison & Communauté de il sera fait mention dans la Bulle d'union qu'elle est accordée, sans préjudice de leur Mense Conventuelle & des autres revenus dont ils jouissent présentement, sans que le nombre desdits Religieux ni le Service divin & les fonctions de leur Eglise, en puissent être aucunement diminués, requerir acte aux clauses & conditions ci-dessus de leur déclaration; consentir à l'expedition desdites Bulles, & généralement faire pour raison de ce que dessus, tout ce qui sera nécessaire, promettant, obligeant. Fait & passé, &c.

Démission pure & simple en Patronage Laïc.

PArdevant les Conseillers du Roi, Notaires au Châtelet de Paris, soussignés, fut présent M. B Chapellain de la Chapelle de étant en Patronage laïc, desservie dans l'Eglise de au Diocèse de ledit sieur étant de présent à Paris logé ruë Paroisse Saint lequel sous le bon plaisir & advenant la nomination de M Seigneur Patron laïc de ladite Chapelle, s'est volontairement démis & démet par ces présentes purement & simplement de sadite Chapelle de & de ses droits & appartenances quelconques, entre les mains de Monseigneur l'Illustrissime & Reverendissime Evêque de Messieurs ses grands Vicaires & autres ayant à ce pouvoir, pour y être pourvû telle personne capable qu'il appartiendra, & lui en être délivré les expéditions nécessaires, jurant & affirmant qu'en la présente démission, il n'est intervenu & n'interviendra aucune simonie, ni autre paction contraires aux dispositions Canoniques, promettant, obligeant, renonçant. Fait & passé, &c.

Procuration ou consentement à fin d'érection.

PArdevant fut présent M Chanoine Prébendé en l'Eglise Cathédrale de lequel a fait & constitué ses Procureurs généraux & spéciaux ausquels & a chacun d'eux il donne pouvoir de pour lui, & en son nom comparoître en Cour de Rome devant notre saint Pere le Pape, & déclarer que ledit sieur constituant consent comme il a consenti par ces présentes que le Canonicat & Prébende qu'il possede actuellement en ladite Eglise de soient par autorité Apostolique érigés à perpétuité en titre de Pénitencerie en la même Eglise, où elle est exercée par ledit sieur constituant; ensorte que ses successeurs Pénitenciers de ladite Eglise puissent obtenir & posseder pleinement & absolument les Canonicat & Prébende en vertu des Bulles de ladite érection, consentir icelle, & généralement promettant, obligeant. Fait & passé, &c.

Procuration pour cause de Permutation.

PArdevant fut présent M. A Curé de l'Eglise Paroissiale de demeurant lequel a fait & constitué ses Procureurs généraux & spéciaux ausquels & à chacun d'eux, il a donné & donne pouvoir de pour lui & en son nom résigner entre les mains de notre Saint Pere le Pape, sa Cure de l'Eglise Paroissiale de avec ses droits & appartenances quelconques, pour & en faveur de D Prêtre, Chapelain de la Chapelle ou Chapellenie de Saint fondé & desservie en l'Eglise Collegiale de pour cause néanmoins de permutation Canonique faite ou à faire avec ledit sieur D pour sadite Chapelle ou Chappellenie de avec ses droits & appartenances quelconques, suivant le Concordat qui a été passé entre lesdits sieurs A & D par lequel il a été stipulé que ladite permutation Canonique sera faite de Bénéfice paisible à Bénéfice paisible, sans aucune charge sur iceux; consentir toutes Lettres nécessaires, jurer & affirmer qu'en ladite permutation, il n'est intervenu & n'interviendra aucune simonie, ni autre paction contraires aux dispositions Canoniques, & généralement, promettant, obligeant. Fait & passé, &c.

Autre procuration passée par les copermutans.

PArdevant fut présens M pourvû en Commande du Prieuré simple de Ordre de Saint Diocèse de demeurant ruë Paroisse de Saint d'une part, & M Prieur Commendataire du Prieuré simple de dudit Ordre de Diocèse de demeurant à Paris ruë de Paroisse de Saint d'autre part; lesquels ont fait & constitué leurs Procureurs généraux & spéciaux en Cour de Rome M ausquels & à chacun d'eux ils ont donné pouvoir & puissance de pour & en leurs noms résigner & remettre respectivement entre les mains de notre Saint Pere le Pape, Monseigneur son Vice-Chancellier, ou autres ayant à ce pouvoir : Sçavoir, ledit sieur M sondit Prieuré de fruits, profits, revenus, émolumens en dépendans, duquel il est paisible possesseur en faveur toutefois dudit sieur pour ladite cause de permutation Canonique avec ledit Prieuré de & ledit sieur ledit Prieuré de & tout le droit qu'il prétend en icelui pour ladite cause de permutation audit Prieuré de en faveur dudit sieur & non d'autre, consentir à toutes expéditions nécessaires, jurer en leurs ames, qu'en cette permutation il n'est intervenu & n'interviendra aucune simonie, ni autres pactions contraires aux dispositions Canoniques, & généralement, promettans, obligeans. Fait & passé, &c.

Procuration pour permutation entre les mains des Patrons & Collateurs.

PArdevant furent présens M Prêtre du Diocèse de Prevôt de l'Eglise Collegiale de Diocèse de & Chapelain de la Chapelle ou Vicairie de Saint fondée & desservie en l'Eglise aussi Collegiale de dudit Diocèse de demeurant & M Prêtre du Diocèse de Bachelier ès droits, Vicaire Prébendé sous le Titre de Saint de l'Eglise Cathédrale de Chapelain de la Chapelle de Saint en l'Eglise Collegiale de Saint en ladite Ville de étant de présent à Paris logé ruë Paroisse Saint lesquels sous le bon plaisir du Roi ont fait & constitué leurs Procureurs ausquels & à chacun d'eux ils ont donné pouvoir de pour eux, & en leurs noms résigner & remettre lesdits Bénéfices avec leurs droits, appartenances & dependances : Sçavoir de la part dudit sieur ladite Prevôté de entre les mains de Sa Majesté à cause de la regale encore ouverte dans l'Evêché de & ladite Chapelle de du consentement de Madame Patrone Laïque d'icelle entre les mains de Messieurs les Doyen, Chanoines & Chapitre de & de la part du sieur ladite Vicairie Prébendiere de Saint entre les mains de Monseigneur le Comte de Grand Custode de ladite Eglise de & ladite Chapelle de Saint en celles de Monseigneur le Comte de Prevôt de ladite Eglise de ou autres qu'il appartiendra, pour en être lesdits constituans pourvûs respectivement, ledit sieur de par Sa Majesté de ladite Prevôté de & de ladite Chapelle de sur la présentation de ladite Dame de par lesdits sieurs du Chapitre de & ledit sieur par lesdits Seigneurs Comtes de & desdites Vicairie, Prébendiere de & Chapelle de Saint pour causes toutefois de vraies Canoniques permutations entr'eux, & de Bénéfices paisibles à Bénéfices paisibles, ni chargés les uns & les autres d'aucune pension & non d'autres, à condition que si ladite permutation n'étoit agréée, & les provisions accordées dans six mois pour l'une & pour l'autre; la présente Procuration & les actes faits en conséquence demeureront nuls, & les parties au même état qu'elles étoient auparavant; consentir à l'expédition de toutes Lettres sur ce nécessaires; même jurer qu'il n'est intervenu & n'interviendra aucune simonie, ni autres pactions contraires aux dispositions Canoniques, & généralement promettans, obligeans. Fait & passé, &c.

Substitution

Substitution de Procuration à l'effet de permutation avec reserve de pension.

PArdevant fut présent M demeurant à Paris ruë Paroisse Saint au nom & comme Procureur de noble & vénérable Protonotaire du saint Siége, Licentié ès droits, & Prieur du Prieuré de Ordre de Diocèse de de lui fondé de procuration passée pardevant spéciale pour l'effet des présentes, comme il est apparu aux Notaires soussignés par l'original en papier de ladite procuration signée qui demeurera annexée à la présente minute, pour y avoir recours quand besoin sera, & après qu'elle a été paraphée par ledit & à sa requisition par les Notaires soussignés, lequel audit nom a fait & substitué pour les Procureurs généraux & spéciaux dudit sieur M ausquels & à chacun d'eux il a donné & donne pouvoir & puissance de pour ledit sieur résigner & ceder la Commande dudit Prieuré de circonstances & dépendances, fruits, profits, revenus & émolumens, entre les mains de notre Saint Pere le Pape, Monseigneur son Vice-Chancellier, ou autres ayans à ce pouvoir, en faveur toutefois de noble & vénérable personne Prêtre du Diocèse de Chanoine Prébendé en l'Eglise Cathédrale de & non d'autre, pour cause de Canonique permutation de ladite Chanoinie & Prébende de l'Eglise Cathédrale de circonstances & dépendances, fruits, profits & émolumens, comme de Bénéfice paisible à Bénéfice paisible; non chargé d'aucune pension, & à la reserve que fait ledit sieur èsdits noms de de pension annuelle & perpetuelle, exempte de toutes charges, tant ordinaires qu'extraordinaires imposées & à imposer de quelque autorité que ce soit, payable audit sieur sa vie durant par ledit sieur ses successeurs pourvûs dudit Prieuré par mort, résignation ou autrement par chacun an, en sa demeure franchement & quittement ou au porteur, en un seul terme qui sera au & dont la premiere année de payement écherra & se fera à pareil jour de l'année que l'on comptera & continuer de-là en avant par chacun an ausdits termes & lieu, la vie durant dudit sieur consentir à toutes expéditions nécessaires, jurer & affirmer ès ames desdits sieurs qu'en ladite permutation & reserve de pension, il n'est intervenu & n'interviendra aucune simonie ni pactions contraires aux dispositions Canoniques, & généralement, promettant, obligeant. Fait & passé.

Procuration pour Coadjutorerie avec future succession.

PArdevant &c. fut présent M Abbé de l'Abbaye de Ordre de Diocèse de demeurant ruë Paroisse Saint lequel a fait & constitué ses Procureurs généraux & spéciaux M ausquels & à chacun d'eux ledit sieur constituant a donné pouvoir & puissance de pour lui & en son nom comparoître en Cour de Rome devant notre Saint Pere le Pape, sous le bon plaisir du Roi, & de son consentement sur la nomination qu'il auroit plû à sa Majesté de faire de la personne de Messire N pour Coadjuteur audit sieur constituant, avec future succession en ladite Abbaye de supplier Sa Sainteté d'en donner & accorder ses Bulles & Lettres nécessaires de Coadjutorerie & future succession audit sieur de N jurer & affirmer en l'ame dudit sieur constituant, qu'il n'est intervenu ni interviendra aucun dol, simonie ni autres pactions contraires aux dispositions Canoniques, & généralement, promettant, obligeant. Fait & passé.

Procuration pour retroceder un Bénéfice.

FUt présent Messire A lequel a fait & constitué son Procureur général & spécial lui donnant pouvoir de pour lui & en son nom comparoître en Cour de Rome devant notre Saint Pere le Pape, & là dire & déclarer pour ledit sieur constituant, qu'il consent pour & en faveur de M. B la retrocession pure & simple du Canonicat & Prébende qu'icelui sieur B possede en l'Eglise de S dont il auroit fait sa résignation en faveur dudit sieur constituant sous la reserve de de pension annuelle, de la nature & payable suivant & aux termes de l'acte de ladite résignation passée devant Notaire le laquelle résignation a été admise en Cour de Rome, & acceptée par ledit sieur constituant, pour par ledit sieur B nonobstant ladite résignation, continuer de jouir dudit Canonicat & Prébende avec tous ses droits & appartenances quelconques, en vertu des Lettres à ce nécessaires qui lui en seront expédiées, à la charge que ledit sieur constituant sera & demeurera à toujours déchargé du cours & continuation de ladite pension; jurer & affirmer, &c.

Procuration pour résigner avec réserve de pension acceptée par le resignataire.

PArdevant furent présens M^e. C Prêtre, Prieur Commendataire du Prieuré de Ordre de Diocèse de demeurant à Paris ruë Paroisse S d'une part, & M^e. Clerc du Diocèse de demeurant ruë Paroisse S d'autre part; lesquels ont respectivement fait & constitué leurs Procureurs généraux & spéciaux M^e. ausquels & à chacun d'eux ils ont donné & donnent pouvoir & puissance, sçavoir ledit sieur C de pour lui & en son nom résigner & remettre la Commande dudit Prieuré de appartenances & dépendances, fruits, profits, revenus & émolumens entre les mains de notre Saint Pere le Pape, Monseigneur son Vice-Chancellier & autres ayant à ce pouvoir, en faveur dudit sieur D & non d'autre, à la réserve toutefois de pension annuelle & perpetuelle exempte de toutes charges tant ordinaires qu'extraordinaires, imposées & à imposer, de quelque autorité que ce soit, payable audit C sa vie durant par ledit sieur D & ses successeurs pourvûs dudit Prieuré par mort, résignation, ou autrement par chacun an en cette Ville de Paris franchement & quittement, en deux termes & payemens égaux, qui seront ès jours & Fêtes de dont le premier terme de payement écherra & se fera en l'une ou l'autre de ces Fêtes, immédiatement après la paisible possession dudit sieur D audit Prieuré, ou qu'il jouira des fruits d'icelui, & continuer delà en avant èsdits termes & lieu la vie durant dudit sieur C & ledit sieur D de pour lui & en son nom, consentir en ladite Cour de Rome à la création de ladite pension de par chacun an, èsdit termes & lieu, la vie durant dudit sieur C ainsi que dit est, consentir à toutes expéditions nécessaires, jurer & affirmer ès ames desdits sieurs constituans, qu'en ce que dessus il n'est intervenu & n'interviendra aucune simonie ni autre paction contraires aux dispositions Canoniques, & généralement, promettans, obligeans chacun en droit soi, renonçans, &c. Fait & passé.

Procuration pour consentir création de pension.

PArdevant fut présent M^e^. A Prêtre pourvû du Prieuré de Diocèse de sur la résignation de M^e^. B dernier possesseur d'icelui, lequel a fait & constitué ses Procureurs généraux & spéciaux M ausquels ou à l'un d'eux il a donné & donne pouvoir de pour lui & en son nom, comparoître en Cour de Rome devant notre Saint Pere le Pape, & consentir la création d'une pension de par chacun an, payable au jour de sur les fruits & revenus dudit Prieuré, à compter du jour que ledit sieur constituant sera en paisible possession d'icelui, exempte & quitte de toutes décimes ordinaires & extraordinaires, dons gratuits au Roi, & autres charges imposées & à imposer, en faveur dudit sieur B pendant sa vie, & que toutes Lettres nécessaires lui en soient expédiées & délivrées, jurer & affirmer, &c.

Procuration par le créancier d'une pension pour en consentir l'extinction.

PArdevant fut présent M^e^. E ci-devant Prieur du Prieuré de & à présent Chanoine de lequel pour la bonne amitié qu'il porte à M. F à présent pourvû dudit Prieuré de sur la résignation qui en a été faite en sa faveur par ledit sieur E a consenti & consent par ces présentes que la pension viagere de qu'il s'est réservée sur les fruits & revenus dudit Prieuré de par ladite résignation, & qui a été créée à son profit en Cour de Rome, soit & demeure éteinte & amortie, sans qu'à l'avenir il lui en puisse faire aucune demande, pour quelque cause &

ſous quelque prétexte que ce puiſſe être, & quant aux arrérages de ladite penſion échûs depuis la création d'icelle juſqu'à cedit jour, ledit ſieur E déclare qu'il n'a pas droit de les prétendre, & en tant que beſoin eſt, il les a volontairement remis & quittés audit ſieur F attendu que ledit ſieur F n'a point joui des fruits & revenus dudit Bénéfice, & pour conſentir l'extinction de ladite penſion en ladite Cour de Rome & par tout ailleurs qu'il appartiendra, ledit ſieur E a conſtitué ſes Procureurs généraux & ſpéciaux Me. auſquels & à chacun d'eux il en a donné & donne tout pouvoir, & de conſentir toutes expéditions néceſſaires, jurer & affirmer qu'en ces préſentes il n'eſt intervenu & n'interviendra aucune ſimonie ni autres pactions contraires aux diſpoſitions Canoniques, & généralement, promettant, obligeant. Fait & paſſé.

Rachat de penſion.

PArdevant les Conſeillers du Roi, Notaires à Paris, ſouſſignés, fut préſent Me. G Penſionnaire de de penſion créée à ſon profit en Cour de Rome, & qu'il s'eſt réſervée ſur les fruits & revenus de l'Abbaye de Notre-Dame de Ordre de Diocèſe de par la réſignation qu'il en a ci-devant faite en faveur de Me. H qui depuis ſeroit décédé, par la mort duquel Me. I ſe ſeroit fait pourvoir dudit Pieuré, lequel ſieur G a reconnu avoir reçu dudit ſieur Abbé I à ce préſent, la ſomme de moyennant laquelle ledit ſieur G a conſenti l'extinction & amortiſſement deſdits de penſion, & que les fruits & revenus de ladite Abbaye en ſoient & demeurent à l'avenir quittes & déchargés, comme auſſi quitte & décharge ledit ſieur Abbé, de tous les arrerages de ladite penſion juſqu'à ce jour, au moyen du payement qu'il lui en a ci-devant fait, dont du tout il eſt content; pour conſentir en Cour de Rome ladite extinction de penſion, ledit ſieur G a préſentement paſſé une procuration devant les Notaires ſouſſignés, dont a été gardé minute, promettant, obligeant. Fait & paſſé.

Procuration pour conſentir en Cour de Rome l'extinction d'une penſion en conſéquence de rachat.

FUt préſent Me. G Penſionnaire de de penſion créée à ſon profit en Cour de Rome, & qu'il s'eſt réſervée ſur les fruits & revenus de l'Abbaye de Ordre de par la réſignation qu'il en a ci-devant faite en faveur de H à préſent défunt, par la mort duquel Me. I en a été pourvû & dont il eſt à préſent Titulaire & poſſeſſeur, lequel a fait & conſtitué ſes Procureurs généraux & ſpeciaux Mes auſquels & à chacun d'eux, il a donné & donne pouvoir & puiſſance de pour lui & en ſon nom, au moyen dn payement & avance qui lui a été fait par ledit ſieur I de quelques années de ladite penſion, conſentir en ladite Cour de Rome, à la ceſſation, extinction, & amortiſſement de ladite penſion de ci-devant déclarée, ce faiſant, que ladite Abbaye, ledit ſieur Abbé & ſes ſucceſſeurs en icelle, à l'avenir & à toujours en ſoient & demeurent déchargés, conſentir à toutes expéditions néceſſaires, jurer & affirmer en l'ame dudit ſieur conſtituant qu'en ladite extinction de penſion n'eſt intervenu & n'interviendra aucune ſimonie, ni autres pactions contraires aux diſpoſitions Canoniques, & généralement, promettant, obligeant. Fait & paſſé, &c.

Revocation de procuration.

AUjourd'hui eſt comparu pardevant &c. Me. L Prieur du Prieuré de lequel a dit & déclaré qu'il a révoqué & revoque par ces préſentes la procuration par lui paſſée devant le pour réſigner entre les mains de notre Saint Pere le Pape, ou autres ayans à ce pouvoir, ſonditPrieuré de en faveur de Me. M voulant que ladite procuration ſoit & demeure nulle, n'entendant point que ledit M puiſſe faire aucunes diligences ſur icelles & pour faire inſinuer la préſente révocation où il appartiendra, même notifier icelle audit M & à tous autres, ledit ſieur comparant a fait & conſtitué ſon Procureur le porteur, auquel il en donne pouvoir. Ce fut fait & paſſé, &c.

Retractation de revocation.

AUjourd'hui eſt comparu pardevant, &c. Me. L lequel a retracté par ces préſentes l'acte de révocation qu'il a paſſé devant Notaire le & la ſignification qui en a été faite à ſa requête, de la procuration *ad reſignandum*, qu'il avoit paſſée le de ſon Prieuré de en faveur de Me. M ſur laquelle ledit ſieur comparant conſent en tant que beſoin eſt, que nonobſtant ladite revocation qu'il a caſſée & annullée; ledit ſieur M pourſuive en Cour de Rome l'admiſſion de ladite réſignation, & l'expédition des proviſions néceſſaires dudit Prieuré, & pour faire inſinuer la préſente retractation où il appartiendra, même notifier icelle audit ſieur M & à tous autres, ledit ſieur comparant a fait & conſtitué ſon Procureur le porteur, auquel il en a donné pouvoir. Fait & paſſé, &c.

Procuration pour affermer les dixmes d'une Cure.

FUt préſent Maître Alexandre Prêtre & Curé du Prieuré-Cure de lequel a fait & conſtitué ſon Procureur général & ſpécial Jacques lui donnant pouvoir de pour & au nom dudit ſieur conſtituant donner à ferme à telles perſonnes, & pour tel tems, prix; charges, clauſes & conditions qu'il aviſera, toutes & chacunes les dixmes, tant groſſes que menues, vertes & domeſtiques qui appartiennent audit ſieur conſtituant, à cauſe de ſondit Prieuré-Cure de & ſans aucune reſerve, pour en jouir par les Fermiers durant le tems de leurs baux, & les appliquer à leur profit, tout ainſi que les précedens Fermiers en ont ci-devant joui, & que ledit ſieur conſtituant en jouit à préſent. Sur ce faire & paſſer tous contrats de bail à ferme néceſſaires, même donner quittance aux nouveaux Fermiers de ce qui ſera par eux payé & avancé audit Procureur avant que d'entrer en jouiſſance deſdites dixmes, élire domicile, &c. & généralement, &c. promettant, &c. obligeant, &c. Fait & paſſé, &c.

Nota. *Que pour connoître leſdites dixmes on les diſtingue les unes des autres par ces mots,* groſſes, menues, vertes *&* domeſtiques; *les groſſes ſont du bled, orge & avoine; les menues & vertes ſont pois, féves, oignons, & autres ſemblables denrées; & les domeſtiques ſont celles qui proviennent au dedans de la maiſon, comme vaches, brebis, porcs, & autres ſemblables animaux.*

Procuration pour prendre à ferme les dixmes.

FUt préſent Maître demeurant à lequel a fait & conſtitué ſon Procureur général & ſpécial Iſaac lui donnant pouvoir de pour & au nom dudit conſtituant, prendre à ferme pour tels tems, prix, charges, clauſes & conditions qu'il aviſera de Maître Alexandre Prêtre Prieur & Curé de toutes & chacunes les dixmes qui appartiennent audit ſieur Curé à cauſe de ſondit Prieuré-Cure de & en paſſer avec ledit ſieur Curé ou autre ayant charge & pouvoir de lui, tous baux néceſſaires, & par iceux obliger ledit ſieur conſtituant, tous ſes biens meubles préſens & à venir au payement dudit prix en entier, accompliſſement deſdites charges, clauſes & conditions, tant & ſi avant que le cas le requerera, élire domicile & ſi beſoin eſt ſe joindre avec ledit ſieur Curé pour la caſſation & nullité du prétendu bail ci-devant fait à Pierre comme ayant ſurpris défunt Maître Barthelemi des charges de gros dûs tant audit ſieur conſtituant, qu'au Chapelain *d'un tel lieu*, demander pour ledit ſieur conſtituant la préference dudit bail pour ledit prix, ainſi qu'il jugera à propos, & au ſurplus plaider, &c. oppoſer, &c. appeller, &c.

Procuration ad reſignandum *par un Bénéficier.*

PArdevant les Conſeillers du Roi, Notaires au Châtelet de Paris ſouſſignés, fut préſent Meſſire Jean T Chanoine Prébendé en la Ville & inſigne Egliſe de Saint Martin de à l'Egliſe de Rome ſujette, ſans moyens, de préſent en cette Ville, en la maiſon de noble homme Thomas T son Pere (*de telle qualité*) ruë Paroiſſe Saint lequel en la préſence dudit ſieur Thomas ſon Pere, pour ce comparant, a fait & conſtitué pour ſon Procureur général & ſpécial auquel il a donné & donne pouvoir de réſigner & remettre purement & ſimplement ſadite Chanoinie entre les mains de Meſſieurs les vénérables Doyen, Tréſorier, Chanoines & Chapitre de ladite Egliſe de Saint Martin de T Collateurs de plein droit d'icelle, pour par eux en diſpoſer en faveur de telle perſonne capable qu'ils jugeront à propos, conſentir que toutes proviſions lui en ſoient expédiées & délivrées, jurer & affirmer en l'ame du ſieur conſtituant, comme il a préſentement fait ès mains deſdits Notaires, qu'en la préſente démiſſion n'eſt intervenu & n'interviendra aucun dol, fraude, ſimonie, ni autres pactions vicieuſes & illicites, & généralement, promettant, &c. obligeant, &c. Fait & paſſé à Paris ès études deſdits Notaires, le mil & ont ſigné.

Procuration ad reſignandum *par un Bénéficier.*

PArdevant fut préſent Meſſire Nicolas D Clerc du Diocèſe de Chapelain des Chapelles ou Chapellenies, l'une de Saint Thomas, fondée & déſervie en l'Egliſe Paroiſſiale de Saint Etienne de & l'autre de S. Jean, pareillement fondée & deſſervie en l'Egliſe Paroiſſiale de Diocèſe de demeurant à Paris ruë Paroiſſe Saint lequel a fait & conſtitué ſon Procureur général & ſpécial auquel il a donné pouvoir de pour lui & en ſon nom réſigner & remettre ſeſdites deux Chapelles de Saint Thomas en l'Egliſe de Saint Etienne de & de Saint Jean en l'Egliſe de avec leurs droits, appartenances & dépendances, entre les mains de notre Saint Pere le Pape ou autre ayant à ce pouvoir, en faveur toutefois de Meſſire Pierre P Prêtre du Diocèſe de ſous la réſerve néanmoins que fait ledit ſieur D d'une penſion annuelle & viagere de livres, ſur les fruits & revenus deſdites deux Chapelles, exemptes de décimes ordinaires & extraordinaires, dons-gratuits, ſubventions & autres charges, impoſées & à impoſer, ſous quelque prétexte que ce ſoit, à lui payable par ledit ſieur P & ſes ſucceſſeurs èſdites Chapelles en cette Ville de Paris, par chacun an en deux termes & payemens égaux, dont le premier commencera ſix mois après que ledit ſieur P aura pris poſſeſſion deſdites Chapelles, qui ſera au premier de la préſente année, & ainſi continuer de ſix mois en ſix mois, & à cette fin ledit ſieur D donne pouvoir audit ſieur ſon Procureur de conſentir en Cour de Rome la création de ladite penſion annuelle & viagere de livres par chacun an au profit dudit ſieur D à prendre ſur leſdits fruits & revenus deſdites Chapelles, aux termes ſuſdits, franche & quitte comme dit eſt. Affirmer par ledit ſieur Procureur en l'ame dudit ſieur conſtituant, comme il a préſentement fait devant leſdits Notaires ſouſſignés, qu'en ladite réſignation, reſerve & création de ladite penſion, n'eſt intervenu & n'interviendra aucun dol, fraude, & ſimonie ni autre paction vicieuſe & illicite, & généralement, &c. promettant, &c. obligeant, &c. Fait & paſſé, &c.

Procuration pour prendre poſſeſſion d'un Bénéfice.

PArdevant fut préſent Jean le T Clerc Tonſuré du Diocèſe de Paris, & pourvû en Cour de Rome de (*mettre ici la nature du Bénéfice*) comme vacante par la démiſſion qui en a été faite en ſa faveur par Meſſire Jean-Baptiſte C dernier Chapelain & paiſible poſſeſſeur d'icelle, ledit ſieur le T demeurant à Paris ruë Paroiſſe Saint lequel a par ces préſentes fait & conſtitué pour ſon Procureur général & ſpécial auquel il donne pouvoir & puiſſance de pour lui & en ſon nom, ſur la ſignature de proviſion de ladite Chapelle à lui accordée par notre Saint Pere le Pape Benoît XIV. à préſent ſceant, requerir de Monſeigneur l'Illuſtriſſime & Reverendiſſime Seigneur Evêque de ou M. ſon Vicaire général, toutes Lettres de *Viſa* & autres néceſſaires, & enſuite en vertu deſdits Lettres prendre & apprehender la poſſeſſion corporelle, réelle & actuelle de ladite Chapelle de & de ſes droits, appartenances & dépendances en y obſervant les formalités en tel cas requiſes & & accoûtumées, faire inſinuer où il appartiendra tous & tel Actes qu'il conviendra, & de tous en demander un ou pluſieurs Actes, & généralement, &c. promettant, &c. obligeant, &c. Fait & paſſé, &c.

Préſentation de Patron Eccléſiaſtique.

A Monſeigneur l'Illuſtriſſime & Reverendiſſime Evêque de P ou Monſeigneur ſon Vicaire général Jacques C Prêtre Bachelier en Théologie de la Faculté de Paris, Prieur Titulaire de Ordre de Saint B & Grand-Vicaire de l'Illuſtriſſime Seigneur Monſeigneur Henri de Abbé de l'Abbaye de Notre-Dame de de Saint Auguſtin Diocèſe de P Salut avec honneur & reverence, comme ainſi ſoit par vacation avenant du Prieuré-Cure de la Paroiſſe de Saint S de l'Ordre de Saint Auguſtin, Congregation de France, Diocèſe de P le droit d'y nommer & préſenter, appartiendra audit Seigneur Abbé de à cauſe de ſadite Abbaye, & à vous Monſeigneur la collation & proviſion & toute autre diſpoſition à raiſon de votre dignité Epiſcopale à icelui Prieuré-Cure, à préſent vacant par la réſignation & demiſſion pure & ſimple qui en a été faite ès mains dudit Seigneur Abbé de par Meſſire T Prêtre, dernier Titulaire & paiſible poſſeſſeur d'icelui, pardevant D & B Notaires à le dernier, contrôlé, ſcellé & inſinué au Greffe des inſinuations Eccléſiaſtiques le même jour, nous audit nom Seigneur Abbé de la avons nommé & préſenté, nommons & préſentons par ces préſentes la perſonne de Pierre Antoine S Chanoine Regulier de l'Ordre de Saint Auguſtin Congregation

gation de France, comme connu & capable pour regir & gouverner ledit Prieuré-Cure, vous priant & requerant d'accorder audit Pere Antoine S toutes Lettres de Collation & provision sur ce nécessaires. En foi de quoi nous avons signé ces présentes à Paris, en notre Hôtel, en présence des Notaires, l'an, &c.

Présentation de Patron Ecclésiastique.

A Monseigneur l'Illustrissime & Reverendissime Evêque de la Cure ou Vicariat perpetuel de en votre Diocèse, étant présentement vacante par la mort de Messire dernier Titulaire & paisible possesseur d'icelle, dont (vacation arrivant) la nomination & présentation, nous appartient à cause de notre Prieuré Conventuel de S de Crespy en Valois, de l'Ordre de Saint en votre Diocèse; & à vous, Monseigneur, la provision, l'institution, & toute autre disposition à cause de votre dignité Episcopale: Nous soussigné Prieur Commendataire dudit Prieuré de S de Crespy en Valois, vous avons nommé & présenté Me. S gradué, nommé dûement, qualifié & insinué sur ledit Prieuré de S de bonne vie & mœurs, capable de bien & dûement desservir ladite Cure ou Vicariat perpetuel, pour être pourvû d'icelle, vous suppliant & requerant à cet effet de lui en accorder toutes les provisions requises & nécessaires, à l'effet qu'il en puisse prendre possession, en gardant les formalités ordinaires, sans préjudice de notre droit & celui d'autrui. Fait & passé à Paris en présence & pardevant les Conseillers du Roi Notaires à Paris, soussignés, au Seminaire des établi à Paris, en l'appartement qu'occupe ledit Seigneur Prieur l'an, &c.

Présentation en Patronage Laïc.

Fut présente Dame T Patronne de la Chapelle ou Vicairie de Saint P fondée & desservie en l'Eglise Collegiale de Saint N Diocèse de demeurante laquelle ayant eu communication de l'acte passé ce jourd'hui pardevant les Notaires soussignés, entr Me. A Chapelain de ladite Chapelle ou Vicairie Prébendiere de ladite Eglise Collegiale de d'une part; & Me. B Chapelain de la Chapelle de Saint A fondée & desservie en l'Eglise Paroissiale de S Diocèse de d'autre; pour permuter entre eux lesdits Bénéfices, & à elle appartenant le droit de nommer & présenter à ladite Chapelle ou Vicairie de Saint P a dit & déclaré qu'étant bien & dûement informée des bonnes vie, mœurs & capacité dudit sieur B elle a & icelui nommé & présenté à Messieurs les vénérables Doyen, Chanoines & Chapitre de ladite Eglise Collegiale de Saint N Collateurs ordinaires d'icelle Chapelle ou Vicairie, les priant à cet effet de pourvoir & instituer en icelle ledit présenté, & de lui accorder toutes Lettres de provision sur ce nécessaires, les formalités ordinaires sur ce gardées, dont elle a requis acte. Fait & passé, &c.

Signification de Lettres d'Indult.

L'An les Lettres d'Indult accordées par le Roi à Messire Prêtre du Diocèse de Paris, le des présens mois & an, sur la nomination faite de sa personne par signées par le Roi en son Conseil & scellées du grand sceau de cire jaune, adressantes à Messieurs les Prevôt, Chanoines & Chapitre de Lille en Flandres, tant conjointement que divisement; ont été par nous Conseillers du Roi, Notaires à Paris, soussignés, ce requerant ledit sieur demeurant où il a élû son domicile, montrées & notifiées, & dûement fait apparoir à Messire Bochard de C Prevôt de ladite Eglise Collegiale de Lille, & ausdits sieurs du Chapitre parlant pour eux tous à la personne dudit sieur Prevôt de Lille, trouvé en son Hôtel sis cloître Notre-Dame, à ce qu'ils n'en prétendent cause d'ignorance, & ayent à satisfaire ausdites Lettres d'Indult; desquelles Lettres, ensemble de l'acte de don d'Indult attachées sous le contre-scel desdites Lettres, & du présent acte de notification leur a été par lesdits Notaires soussignés, baillé & laissé copie les jour & an, lieu, & parlant que dessus, & a signé.

Notification des dégrés, attestation de tems d'étude & nomination de Gradué.

EN la présence des Conseillers du Roi, Notaires à Paris, soussignés, Messire Prêtre du Diocèse de Maître ès Arts en l'Université de Prieur de Notre-Dame de au Diocèse de Gradué nommé sur l'Abbaye de Saint Diocèse de demeurant ruë a montré, notifié & signifié ses Lettres de Tonsure en date du de Maître ès Arts du d'attestation de tems d'étude pendant cinq ans, & de nomination sur l'Abbaye de à lui accordé par l'Université de Paris, dûement signées & scellées, ensemble ses noms, surnoms, & qualités à Messire Abbé Commendataire de l'Abbaye de Saint en parlant à & lesdites Lettres de Tonsure, Maître ès Arts, & tems d'étude de cinq ans, de nomination & du présent acte de signification lui a été baillé & laissé copie par les Notaires soussignés, à ce qu'il n'en prétende cause d'ignorance, dont ledit sieur a requis acte. Fait & passé à Paris au lieu & parlant que dessus, l'an.

Cession de Patronage.

AUjourd'hui est comparu pardevant les Notaires &c. M. Chevalier Seigneur de demeurant Patron Laïc de la Chapelle de Diocèse de lequel a par ces présentes cedé, quitté, & transferé à L. T Chevalier Seigneur de demeurant à ce présent & acceptant pour lui & ses ayans cause, le droit de Patronage Laïc de ladite Chapelle de appartenant audit cedant en sadite qualité de Seigneur propriétaire de ladite Terre & Seigneurie de ou autrement, & de même qu'il appartenoit à ses prédecesseurs Seigneurs & propriétaires d'icelle, pour par ledit T & ses ayans cause avoir, tenir & posseder à l'avenir au lieu & & place dudit cedant ledit Patronage, & en faire & disposer comme il avisera & de chose à lui appartenante; & en conséquence nommer & présenter par lui & ses ayans cause, telles personnes capables qu'il jugera à propos, pour remplir & desservir ladite Chapelle, sans néanmoins qu'à cause de la présente cession ledit T puisse avoir & prétendre aucun droit en ladite Terre & Seigneurie de ses appartenances & dépendances, ledit cedant n'entendant ceder & transferer par ces présentes que ledit droit de Patronage purement & simplement, jurant & affirmant lesdites parties qu'en ce que dessus, circonstances & dépendances il n'est intervenu & n'interviendra aucun dol, fraude, simonie ni autre paction illicite, dont acte. Fait & passé à , &c.

Acte pour notifier les noms & surnoms des Gradués en tems de Carême, ou réïteration des Grades.

EN la présence des Conseillers du Roi, Notaires à Paris soussignés, Messire M. N Prêtre, Docteur en Théologie de la Faculté de Paris, Gradué nommé & dûement qualifié & insinué sur le Prieuré de Saint & sur le Chapitre de l'Eglise Collegiale de Saint demeurant ruë en continuant ses précedentes significations, insinuations & notifications, a réïteré, insinué, notifié en ce présent tems de Carême, ses nom, surnom, dégrés & qualités à Messire Prieur Commendataire du Prieuré de Saint en parlant au sieur son Valet de Chambre, trouvé en la chambre dudit sieur & à Messieurs les vénérables Doyen, Chanoines & Chapitre de ladite Eglise Collegiale de Saint convoqués & assemblés en leur Chapitre, tant conjointement que divisement, en parlant pour eux tous à M Greffier dudit Chapitre, trouvé à la porte d'icelui, dont & de ce que dessus ledit sieur M. N a requis le présent acte de réïteration, duquel a été laissé copie par lesdits Notaires, au lieu & parlant que dessus, l'an &c.

Requisition pour requerir Bénéfices.

EN la présence & compagnie des Conseillers du Roi Notaires à Paris soussignés, R. P. M. N Prêtre, Chanoine Regulier de l'Ordre de P Maître ès Arts & Bachelier en Théologie de la Faculté de Paris, Gradué nommé & dûement qualifié & insinué sur l'Abbaye de demeurant s'est avec eux rétiré pardevant M Abbé Commendataire de ladite Abbaye de en son Hôtel ruë où étant, parlant à ledit Reverend Pere en ladite qualité de Gradué, a très-humblement requis & supplié ledit sieur Abbé, de le nommer & présenter au Prieuré de Diocèse de dudit Ordre de Saint Augustin, comme ayant vaqué en ce présent mois d'Avril affecté aux Gradués simples par le décès du R. P. A. B dernier possesseur d'icelui, & lui en faire expédier Lettres de nomination & de présentation à ce nécessaires, pour s'en faire pourvoir; lequel sieur parlant que dessus a fait reponse que ledit sieur Abbé de n'y est pas de présent, & qu'il lui donnera avis de la présente requisition, même lui remettra copie des présentes qui lui a été laissée, dont & dequoi ledit R. P. M. N a requis le présent acte, & persisté en sadite requisition, & à lui octroyé le présent par lesdits Notaires, pour lui servir & valoir ce que de raison. Fait & passé à Paris en la demeure dudit sieur Abbé sus-déclarée, l'an sur le midi, & ont lesdits sieurs signé ces présentes & copie d'icelle laissée audit sieur

Provision de l'exécuteur de l'Indult sur le refus.

ANtoine Prêtre Abbé de l'Abbaye de Ordre de & en cette qualité Juge, Commissaire & exécuteur du privilege ou Indult Apostolique, accordé par le Pape Paul III. au Roi très-Chrétien, pour Messieurs ses Chancelliers, Presidens & Maîtres des Requêtes de son Hôtel, & Conseillers du Parlement de Paris, & autres personnes designées dans les Lettres dudit Indult, avec autre Collegue de l'Abbé de ladite Abbaye, sous la clause que plusieurs ou un seul sera commis ou député à notre bien amé M. L Soudiacre du Diocèse de Paris, salut en notre Seigneur. Le Prieuré simple & séculier de dependant de la Prevôté de dont en cas de vacance, la collation, provision & toute autre disposition appartient à M. D Prevôt de ladite Prevoté, étant présentement vacant par la mort de dernier possesseur d'icelui, à vous quoiqu'absent comme Catholique Ortodoxe, & ayant les capacités requises, & ayant été nommé par le Roi en vertu dudit Indult Apostolique au lieu & place, & sur la nomination de M. C Conseiller au Parlement, au premier Bénéfice de la qualité & valeur exprimée en ses Lettres de nomination, dependant de de ladite Prevôté de suivant qu'il nous a été exposé de votre part, bien & dûëment insinués, sur le refus toutesfois dudit sieur Prevôt de qu'il vous a fait ou à votre Procureur, porté en l'acte passé devant les Notaires soussignés, le qui nous a été exhibé de votre part. Nous Commissaires susdits, par l'autorité Apostolique, dont nous agissons en cette partie, vous avons donné & conferé, donnons & conferons par ces présentes ledit Prieuré de avec tous ses droits, appartenances & dependances, dont nous vous avons pourvû & pourvoyons. C'est pourquoi nous mandons par la teneur desdites présentes au premier Notaire sur ce requis, de vous mettre ou votre Procureur pour vous, en possession corporelle, réelle & actuelle dudit Prieuré de & de ses droits, appartenances & dependances, en y observant les ceremonies & formalités en pareil cas requises & accoutumées. Fait & donné en notre Hôtel Abbatial, sous le sceau de nos armes, en présence & pardevant les Conseillers du Roi, Notaires à Paris soussignés, le jour de mil sept cens & avons signé avec lesdits Notaires.

Commission de l'Archidiacre pour desservir une Cure pendant le déport.

JEan Prêtre, grand Archidiacre de à notre bien amé Maître Claude Prêtre du Diocèse de salut en notre Seigneur. Il nous appartient de droit, & par un usage confirmé, qui a été approuvé & observé jusqu'à présent de pourvoir aux Eglises Paroissiales & autres Benéfices Ecclésiastiques, étant dans l'étendue de notre Archidiaconé, vacans par quelque moyen que ce soit, qui peuvent être en litige, & dont il n'y a point de possession paisible, d'y commettre un ou plusieurs Vicaires, & de prendre & jouir des revenus jusqu'à ce qu'il nous ait apparu d'un paisible possesseur : & comme il est venu à notre connoissance, que l'Eglise Paroissiale de de notre Archidiaconé, manque à présent de possesseur paisible, & qu'elle est en litige entre Maître B & Maître D & peut être quelqu'autres contendans : étant dûëment informés de vos bonnes mœurs, capacité, suffisance & fidélité; désirant pourvoir efficacement à ladite Eglise, afin d'empêcher les contendans de proceder par voyes de fait, & que le culte divin ne soit pas interrompu ou diminué, ce qui porteroit un grand scandale à la Sainte Eglise ; nous vous avons commis & établi pour & en notre nom desservir incessamment & avec soin ladite Eglise Paroissiale de *in divinis*, administrer les Sacremens aux Paroissiens, & remplir les autres devoirs d'un véritable Pasteur; même de prendre & recevoir tous les fruits, revenus & autres émolumens de quelque nature que ce soit, provenans de ladite Eglise & qui en dépendent, dont nous consentons que vous soyez honnêtement satisfait, jusqu'à mandement de notre part. Mandons à tous & chacun qui ont & peuvent prétendre droit à ladite Eglise Paroissiale, & à tous autres qui nous sont soumis, que tout ce que dessus observé, ils ayent à vous obéir & entendre. Fait & passé en présence & pardevant les Notaires soussignés.

Lettres d'intronisation de l'Archidiacre.

MIchel Prêtre, Docteur ès droits, Chanoine de l'Eglise de Archidiacre de sçavoir faisons, que nous avons reçu les Lettres de collation & provision de la Cure & Eglise Paroissiale de Diocèse de de notre Archidiaconé de accordées à M. A Prêtre du Diocèse de le signées & scellées & à nous adressées, dont le teneur ensuit. (*Il faut ici transcrire lesdites Lettres de collation & provision, & mettre ce qui suit*) après la reception desquelles Lettres de collation & provision, nous avons ledit M. A comparant en personne mis, mettons & intronisons par la tradition des présentes, en la quasi-possession de ladite Cure de & en conséquence nous mandons par ces présentes au premier Prêtre & Notaire sur ce requis, de mettre & établir ledit sieur A en possession corporelle & actuelle de ladite Cure ou Eglise Paroissiale de & de ses droits & appartenances quelconques, en observant les formalités ordinaires, sauf le droit d'un chacun, sous notre seing & le sceau de notre Archidiaconé, en la présence & pardevant les Notaires à Paris soussignés, le, &c.

Provision d'un Collateur.

FUt présent Messire L Abbé Commendataire de l'Abbaye de Ordre de Diocèse de demeurant à lequel à cause de son Abbaye, étant Collateur du Prieuré simple & regulier de du même Ordre & du Diocèse de ledit Prieuré étant vacant par la mort du dernier titulaire & paisible possesseur; a déclaré par ces présentes, qu'il le donne & confere à M Religieux Profés du même Ordre absent, icelui étant de bonne vie & mœurs, suffisant & capable de bien & duëment le posseder & le desservir : c'est pourquoi il l'en revêt & l'institue, pour en jouir aux honneurs, privileges, droits, fruits, revenus, circonstances & dependances, ainsi qu'en ont joui ou dû jouir les derniers possesseurs dudit Prieuré, en observant toutes les solemnités requises & accoutumées en tel cas, sauf son droit, & ledit L Abbé mande au premier Notaire Royal Apostolique, trouvé sur les lieux, de mettre ledit M ou son Procureur en possession & jouissance réelle, corporelle & actuelle dudit Prieuré & du contenu ci-dessus. Fait & passé, &c.

Provision d'une Collatrice.

FUt présente Sœur B Abbesse de l'Abbaye de de l'Ordre de Diocèse de à cause de son Abbaye, étant Collatrice de plein droit du Prieuré simple de du même Ordre & Diocèse, lequel étant vacant par la mort de la derniere paisible titulaire, a déclarée par ces presentes, qu'elle le donne & confere à Sœur A Religieuse professe du même Ordre, & du Prieuré de au Diocèse de absente, icelle étant de bonne vie & mœurs, suffisante & capable de le pouvoir posseder, regir & gouverner : c'est pourquoi elle l'en revêt & l'institue, pour en jouir aux honneurs, privileges, droits, fruits, revenus, circonstances & dependances, ainsi qu'en ont joui ou dû jouir les dernieres paisibles titulaires dudit Prieuré, en observant toutes les formalités requises & accoutumées en tel cas, sauf son droit, & ladite Dame Abbesse mande au premier Notaire Royal Apostolique de mettre ladite Sœur A ou son Procureur, en possession réelle & actuelle dudit Prieuré & du contenu ci-dessus. Fait & passé au Parloir de ladite Abbaye.

Provisions données par un Collateur Laïque.

Pierre de Seigneur de au premier Notaire Royal ou autre ayant à ce pouvoir, salut sur le bon & louable rapport qui nous a été fait de la personne de M. N Clerc du Diocèse de de ses sens, bonne mœurs & capacité, pour ses causes nous avons donné & conferé, donnons & conferons par ces présentes signées de notre main, la Chapelle de à présent vacante par le décès de M. J dernier & paisible possesseur d'icelle, laquelle collation, provision, & toute autre disposition nous appartient de plein droit, pour par ledit A. D. C en jouir & user à l'avenir, en tous droits, revenus & émolumens quelconques. Fait & passé à en la présence & pardevant les Notaires soussignés le &c. en présence de & de témoins à ce requis & appellés ; & a ledit M signé avec lesdits Notaires & témoins & apposé le cachet de ses armes.

Prise de possession d'une Cure.

L'An mil sept cens le jour de du matin, en présence de moi Claude V Conseiller du Roi, Notaire Gardenote Apostolique & Garde-scel au Châtelet de Paris soussigné, & les témoins ci-après nommés, Messire Jacques R Prêtre du Diocèse de demeurant à A près de Paris, au Seminaire des Prêtres de pourvû par son Eminence Monseigneur le Cardinal de Archevêque de de la Cure ou Eglise paroissiale de Saint B en l'Archidiaconé de J du Diocèse de suivant les Lettres de Collation ou provision dudit Seigneur Archevêque dattées du jour des présent mois & an, & contenuë en celles d'intronisation de Messire Denis de la B Prêtre Docteur de Sorbonne, Président en la Cour de Parlement, ancien Chanoine de l'Eglise Metropolitaine de & Archidiacre de J en date du desdits présens mois & an, signées J & scellées, à moi représentées par ledit sieur R ce fait à lui rendues, a été par Messire A Prêtre du Diocèse de N demeurant audit Seminaire de étant ce jourd'hui audit C pour ce présent mis en la possession corporelle, réelle & actuelle de ladite Cure & Eglise Paroissiale de Saint B & de ses droits, appartenances & dépendances, par la libre entrée en ladite Eglise, prise d'eau-bénite, priere à Dieu devant le grand Autel, baiser dudit Autel, toucher du livre Missel étant sur icelui, du Pulpitre, de la Chaire à Prêcher, visitation des Fonts Baptismaux, son des Cloches, séance en la principale place du Chœur de ladite Eglise & de l'œuvre, exhibition desdits Lettres d'intronisarion, & par les autres cérémonies en tel cas requises & accoutumées, à laquelle prise de possession, par moi Notaire susdit, luë, & publiée à haute & intelligible voix, personne ne s'est opposé, dont & de ce que dessus, ledit sieur R à requis acte, à lui octroyé, pour lui servir & valoir en tems & lieu, ce que de raison; fait & passé audit C en ladite Eglise de Saint B où moi Notaire me suis exprès transporté distante de Paris de lieux ou environ, en présence de Reverend Pere Hubert de Saint Prêtre Religieux Feuillant, desservant actuellement ladite Cure, *tels & tels, leurs qualités*, tous habitans de ladite Paroisse de C témoins à ce requis & appellées, & autres personnes qui s'y sont trouvées en ladite Eglise, lesdits jour & an, & ont lesdits sieurs R & F avec lesdits témoins & moi Notaire susdit signé.

Prise de possession d'une Cure.

L'An le jour de a midi, en vertu tant de la signature Apostolique de provision de la Cure de Diocèse de accordée par notre Saint Pere le Pape à M^e. R Prêtre du Diocèse de sur la resignation de M^e. S dernier possesseur d'icelle, duëment signées & vérifiées, que de Lettres de *visa* délivrés sur icelle signature par Monseigneur l'Archevêque de contenues en celle d'intronisation de Monsieur le grand Archidiacre de l'Eglise de en date du

Je N Conseiller du Roi, Notaire à Paris, soussigné, & en la présence des témoins ci-après nommés, de présent audit lieu de où je me suis exprès transporté; ai mis ledit sieur R ainsi pourvû, & ce requerant, en possession réelle, actuelle & corporelle de ladite Cure ou Eglise Paroissiale de par la libre entrée en ladite Eglise Paroissiale, prise d'eau-bénite, prieres à Dieu devant le grand Autel, touché du Pulpitre, séance en la place Rectorale, visitation des Fonts Baptismaux, son des Cloches, exhibition desdites signatures, *visa* & intronisation, & par les autres cérémonies en tel cas requises & accoutumées; à laquelle prise de possession, lüë & publiée à haute & intelligible voix par moi Notaire susdit, personne ne s'est opposé, dont & de ce que dessus ledit sieur R a requis & demandé acte, à lui octroyé, pour lui servir & valoir en tems & lieu ce que de raison. Fait & passé audit les an, jour & lieu, & ainsi que dessus,

ès

ès présence de témoins à ce requis & appellés, & de plusieurs autres personnes qui se sont trouvées en ladite Eglise, & ont signé.

Procès verbal de Bénédiction d'Abbé.

AU nom de notre Seigneur. Ainsi soit-il. Soit notoire à tous qu'il appartiendra, que l'année le en la présence des Notaires soussignés, Illustrissime & Reverendissime Pere en Dieu Messire par la misericorde divine & du Saint Siége Apostolique Archevêque de célébrant pontificalement le Saint Sacrifice de la Messe, en l'Eglise de l'Abbaye Royale de en vertu de la commission & mandement de notre Saint Pere le Pape suivant ses Bulles données à Rome le & de son Pontificat le signées sur le repli scellées en plomb, avec lacs de soye, suivant l'usage de Cour de Rome, & de la permission d'Illustrissime Messire Abbé Commendataire de ladite Abbaye, ou de N son Vicaire général par lui accordé audit Seigneur Archevêque, ayant pour assistans, RR. PP. L. M Abbé de & A. C Abbé de a fait la cérémonie de bénir, conformément à la teneur desdites Bulles, mandement & commission, & de ladite permission, Reverend & discrete personne M. G Religieux Profés de l'Ordre de Abbé de Diocèse de assisté des Reverends Peres A. B. C. D. qui l'ont présenté à cet effet audit Seigneur Archevêque de lequel a dispensé audit Reverend Pere le don & la faveur de la bénédiction Abbatiale, dans la forme & suivant l'usage de la sainte Eglise Romaine, par la cooperation de la grace du Saint Esprit, après avoir par ledit Reverend Pere prêté entre les mains dudit Seigneur Archevêque, qui a de lui reçû les sermens accoutumés; à laquelle Bénédiction Abbatiale, prestation & reception de serment, ont assisté les Religieux de ladite Abbaye, dont & de ce que dessus ledit Reverend Pere A B a demandé qu'il lui soit fait & délivré un ou plusieurs actes, ou instrumens autentiques. Ce fut fait & passé en ladite Abbaye, les an & jour que dessus, ès présences de qui ont signé avec lesdits susnommés, & lesdits Notaires.

Acte de repudiation d'une résignation.

AUjourd'hui est comparu &c. lequel, sur ce qu'il a eu avis que L a résigné en Cour de Rome en sa faveur le Prieuré de avec ses appartenances & dependances, laquelle résignation a été admise; ledit N comparant a déclaré pat ces présentes qu'il ne veut & n'entend point accepter ladite résignation, nonobstant l'admission d'icelle; à laquelle, ensemble à toutes provisions, si aucunes ont été expédiées en conséquence, il y renonce & la repudie, & pour faire signifier ces présentes à qui il appartiendra, ledit comparant a fait & constitué son Procureur le porteur, &c. Fait & passé, &c.

Nota. *Il faut que cet Acte soit signifié par un Huissier, & Contrôlé, & il n'a point lieu lorsque la résignation a été acceptée par le résignataire.*

Acte pour notifier les noms & surnoms des Gradués, en tems de Carême, ou réitération des Grades.

EN la presence & compagnie des Notaires soussignés, Messire Prêtre Docteur en Théologie de la Faculté de Paris, Gradué, nommé & duëment qualifié, & insinué sur le Prieuré de & sur le Chapitre de l'Eglise Collegiale de demeurant à en continuant les précedentes significations, insinuations de dégrés, & réitérant en ce présent tems de Carême, a montré & notifié, & duëment fait sçavoir, ses noms, surnoms, & qualités à Messire Prieur Commendataire du Prieuré de parlant au S son Valet de Chambre, trouvé en la chambre dudit S & à Messieurs les vénérables Doyen, Chanoines & Chapitre de ladite Eglise Collegiale de assemblés & tenant leur Chapitre, au lieu & en la maniere accoutumée, tant conjointement que divisément, en parlant pour eux tous à M Greffier dudit Chapitre, trouvé à la porte d'icelui; dont & de ce que dessus, ledit S a requis le présent acte de réitération, duquel a été laissé copie par lesdits Notaires ès lieux parlant comme dessus, l'an, &c.

Cession & Donation, sous le bon plaisir du Roi, d'Indult d'Officiers du Parlement de Paris.

AUjourd'hui est comparu pardevant les Conseillers du Roi, Notaires à Paris, soussignés, Messire D Conseiller du Roi en sa Cour de Parlement, demeurant ruë lequel sous le bon plaisir de Sa Majesté, a par ces présentes donné & cedé l'Indult, dont il a droit à cause de son Office & qualité de Conseiller au Parlement, A Me. P pour par lui le tenir & posseder en son lieu & place, & en conséquence jouir pleinement & paisiblement de l'effet des Lettres de nomination sur ce nécessaires, que ledit sieur comparant supplie Sa Majesté de lui accorder. Ces présens don & cession faits irrévocablement, sans aucune simonie ni autre paction contraires aux dispositions Canoniques, dont acte. Fait & passé à Paris, &c.

Actes de notification des dégrés.

EN la présence & compagnie des Conseillers du Roi, Notaires, Gardes-notes au Châtelet de Paris soussignés, Messire P Prêtre du Diocèse de Maître ès Arts en l'Université, Docteur en Théologie de la Faculté de Paris, gradué, nommé, duëment qualifié, & insinué sur l'Abbaye de demeurant à Paris ruë Paroisse de en continuant ses précedentes significations de dégrés, réiterant en ce présent tems de Carême, a montré, notifié & insinué ses noms, surnoms & qualités à M Abbé Commendataire de ladite Abbaye, parlant pour lui à M son Vicaire général, trouvé en sa maison scise ruë dont & de quoi ledit P a requis acte aux Notaires soussignés, qui lui ont octroyé le présent, duquel ils ont laissé la présente copie au lieu & parlant que dessus à ce qu'il n'en ignore l'an le après midi &, a signé.

Concordat contenant permutation de droit sur Bénéfice contentieux à des Bénéfices simples à résigner, & de création de pension en attendant la fourniture d'iceux.

FUt present Me. J. L Clerc du Diocèse de pourvû du Prieuré Commendataire de S. François, Ordre de Saint Benoît, Diocèse de demeurant à Paris ruë Paroisse Saint d'une part; & Messire M. N Prêtre du Diocèse de aussi pourvû dudit Prieuré de Saint François, demeurant à d'autre part: Lesquels pour terminer à leur égard le procès pendant au Grand Conseil, pour raison du possessoire dudit Prieuré de Saint François; ont fait & passé ensemble de bonne foi le Concordat qui ensuit, sous le bon plaisir toutefois de notre Saint Pere le Pape, c'est à sçavoir que ledit sieur J. L a promis de passer ce jourd'hui une bonne, valable & irrévocable procuration pour ceder la Commende dudit Prieuré de S. François, & tout le droit qu'il y a & peut avoir & prétendre, circonstances & dépendances, fruits, profits, revenus & émolumens, entre les mains de notre Saint Pere le Pape, Monseigneur son Vice-Chancellier, & autres ayant à ce pouvoir, en faveur dudit sieur M. N & non d'autre, sans préjudice du droit qu'il a d'ailleurs, mais accumulant droit sur droit par forme de permutation Canonique contre un ou plusieurs Bénéfices simples, soit Prieurés, Chapelles, ou autres, non requerant résidence, ni en Patronage laïc & de valeur de de revenu annuel, toutes charges faites, lesdits Bénéfices paisibles & non chargés de pension, lesquels Bénéfices ledit sieur M. N sera tenu de resigner ou faire resigner audit sieur J L dans deux ans prochains pour tout délai, à compter du jour que ledit sieur M. N sera paisible possesseur dudit Prieuré de Saint François, &c. soit par Arrêt, accord ou autrement, & en attendant la fourniture desdits Bénéfices, à la réserve que fait icelui sieur J. L de de pension annuelle & perpetuelle, exempte de toutes charges, tant ordinaires qu'extraordinaires, imposées & à imposer, de quelque autorité que ce soit, payable audit sieur J. L sa vie durant par ledit sieur M. N & ses successeurs pourvûs dudit Prieuré de Saint François, &c. par mort, resignation ou autrement, en cette Ville de Paris, franchement & quittement, ou au porteur, &c. par chacun an à deux termes & payemens égaux, qui seront ès jours & Fêtes de premier terme de payement échéant à l'une ou l'autre desdites Fêtes immédiatement après la paisible possession ou jouissance dudit sieur M. N dudit Prieuré de Saint François, & ainsi de-là en avant continuer la vie durant dudit sieur J. L & si par le jugement diffinitif dudit procès ledit sieur M. N étoit condamné à restituer les fruits qu'il auroit perçûs; en ce cas ledit sieur J. L sera tenu de rendre audit sieur M. N les arrérages qui lui auroient été payés de ladite pension avant ledit jugement diffinitif, & ledit sieur M. N en acceptant ladite resignation, a aussi promis de passer ce jourd'hui une bonne, valable & irrévocable procuration pour consentir en ladite Cour de Rome à la création de ladite pension de payable par ledit sieur M. N audit sieur J. L par chacun an èsdits termes & lieu, sa vie durant, de laquelle pension icelui sieur M. N sera & demeurera déchargé pour toujours après la fourniture desdits Bénéfices; & d'autant que pour le possessoire dudit Prieuré de Saint François, il y a procès pendant & indécis au Grand-Conseil du Roi entre lesdites parties, & Me. A. B aussi prétendant droit audit Prieuré, ledit sieur M. N sera tenu d'en continuer la poursuite à ses frais & dépens incessamment & jusqu'à Arrêt diffinitif, & d'acquitter ledit sieur J. L de toutes prétentions, frais, dépens, dommages intérêts, si ledit sieur J. L y étoit condamné, & aussi les dépens, dommages & intérêts, & restitution de fruits qui pourroient être adjugés audit J. L appartiendront audit sieur M. N & pour si besoin est, faire homologuer le présent Concordat en ladite Cour de Rome, & par tout ailleurs qu'il appartiendra, lesdites parties ont respectivement fait & constitué leurs Procureurs généraux, spéciaux & irrévocables Maîtres ausquels & à chacun d'eux seuls ils en ont donné tout pouvoir, jurer & affirmer en leurs ames & conscience qu'au présent Concordat il n'est intervenu & n'interviendra aucun dol, fraude, simonie, ni paction vicieuse & illicite, consentir à toutes expéditions nécessaires; & pour l'exécution des présentes & dépendances, lesdites parties ont élû leurs domiciles irrévocables, sçavoir car ainsi a été accordé entre les parties, promettant, &c. obligeant, &c. Fait & passé.

Transaction entre un gros Décimateur & un Curé, au sujet de la portion congruë du Curé.

FUrent présens Illustrissime & Reverendissime Seigneur Messire Jules-Paul de L Conseiller, Aumônier du Roi ordinaire, Abbé Commendataire des Abbayes Royales de M C & S & Prieur aussi Commendataire du Prieuré de Saint M à Paris, y demeurant dans le Pavillon des grandes Ecuries du Roi au Louvre, Paroisse Saint Germain l'Auxerrois, d'une part. Et Messire Guillaume B Prêtre, Curé de B Diocèse de Paris, étant ce jour à Paris, d'autre part. Lesquelles parties pour prévenir & empêcher les contestations qui les auroient jettés en procès, au sujet de la demande faite par ledit sieur Curé de B audit Seigneur Abbé de L comme Prieur dudit Saint M & de gros Décimateur de ladite Cure de B pour moitié de sa portion congruë, tant pour lui que pour son Vicaire, à raison de trois cens livres pour lui, & de cent cinquante livres pour sondit Vicaire, aux termes & conditions portées par la Déclaration du Roi du attendu que le revenu de ladite Cure, dont ledit sieur Curé a joui jusqu'à présent, ne consiste qu'en septiers de bleds & septiers d'orges, qui lui sont payés pour son gros par ledit Seigneur Abbé de L & les autres Codécimateurs, & en la jouissance de arpens de terre labourable, situés audit B & arpens ou environ de Vignes, situés au terroir de N Lesquelles terres & vignes, sont chargées de fondations; ainsi que ledit sieur Curé a déclaré. Ledit Seigneur Abbé pour éviter une plus longue contestation, & contribuer de sa part à la subsistance dudit sieur Curé, & faire ensorte que le Service divin soit bien & dûëment fait, a par ces présentes, donné & accordé audit sieur Curé, outre & pardessus le gros & autres choses, dont il jouit, & a joui jusqu'à présent, tant pour lui que pour son Vicaire; en cas que ledit sieur Curé, voulut en avoir un, même pour ses successeurs Curés, tant & si longuement que la derniere Déclaration du Roi, portant Reglement pour les portions congruës ci-dessus dattée, aura lieu, la somme de livres par chacun an, payable de six mois en six mois, à commencer au premier dernier, dont le premier payement se fera & échera au dernier prochain, le second au dernier suivant, & ainsi continuer de six mois en six mois; & pour faciliter le payement de ladite somme de livres par chacun an; ledit Seigneur Abbé, a cedé audit sieur Curé, ce acceptant, pareille somme à prendre sur le prix du Bail de la Ferme & Dixme dudit B appartenant audit Seigneur Abbé, de laquelle Ferme le nommé S est maintenant Fermier, & auquel ledit Seigneur Abbé, tiendra compte de la susdite somme de livres par chacun an, en rapportant les quittances dudit sieur Curé, sur le prix de son Bail; au moyen dequoi & de l'acceptation, que ledit sieur Curé fait de ladite somme de livres, purement & simplement, il se désiste & déporte de toutes actions & prétentions qu'il a ou pourroit avoir pour raison de sadite portion congruë, tant pour lui que pour sondit Vicaire, en conséquence de ladite Déclaration du Roi; & promet de ne rien demander davantage à l'avenir audit Seigneur Abbé, se reservant seulement de se pouvoir, comme il avisera, contre les autres Codécimateurs, sans que ledit Seigneur Abbé puisse être tenu d'aucune autre chose directement ni indirectement, sans quoi cesdites présentes n'auroient été faites; & en conséquence, ledit sieur Curé s'est pareillement désisté de l'opposition par lui formée ès mains dudit S comme Fermier dudit Seigneur Abbé, à cause des vertes Dixmes que ledit sieur Curé prétendoit lui être dûës par ledit Seigneur Abbé, pour l'administration des Sacremens, par exploit de Sergent à B du consent que ladite opposition soit nulle comme non avenuë, faisant main-levée d'icelle audit Seigneur Abbé ou de ses Receveurs, de ce qu'ils peuvent devoir de ladite ferme, quoi faisant déchargés comme ledit sieur Curé les en décharge dès-à-présent à son égard, se mettant lesdites parties hors de cours & de procès, sans dépens, dommages & intérêts, de part ni d'autre, & pour l'exécution des présentes ont élû leurs domiciles, sçavoir ledit Seigneur Abbé en la maison de M^e. Avocat en Parlement, scise dans la premiere cour dudit Prieuré, & ledit sieur Curé en sa maison Presbyterale audit B ausquels lieux, &c. nonobstans, &c. promettant, &c. obligeans, &c. renonçans, &c. Fait & passé à Paris, audit Pavillon des grandes Ecuries du Roi, l'an mil sept cens le a midi. Et ont signé.

Titre Clerical ou Sacerdotal.

PArdevant, &c. fut présent M^e. A. B Bourgeois de Paris, y demeurant, &c. Lequel pour donner des marques de la singuliere considération qu'il a pour M^e. C. D Clerc Tonsuré du Diocèse de Paris, & lui faciliter l'exécution du saint désir qu'il a de se faire promouvoir aux Ordres sacrés, a volontairement donné, créé & constitué par ces présentes irrévocablement & promis garantir de tous empêchemens audit C. D à ce présent & acceptant livres de pension viagere, pour lui servir de Titre Sacerdotal, que ledit sieur A. B a promis & s'est obligé de lui donner & payer par chacun an en deux termes & payemens égaux de six mois en six mois en cette Ville de Paris, ou au porteur, &c. dont les premiers six mois de payement commenceront d'avoir cours du jour qu'il aura pris l'Ordre de Soûdiaconat en avant, & ensuite continuer de six en six mois, jusqu'à ce que ledit sieur C. D ait été pourvû & jouisse paisiblement d'un Bénéfice suffisant pour remplir sondit titre, & non plus avant; & jusqu'à ce, ledit sieur A. B a obligé, affecté & hypothequé spécialement une maison scise à Paris ruë produisant annuellement livres de loyer; pour desdits livres de pension en faire & disposer par ledit sieur C. D à sa volonté; cette donation ainsi faite pour les causes susdites, & à la charge que dès aussi-tôt que ledit sieur C. D aura été pourvû, & sera paisible possesseur d'un Bénéfice suffisant, pour sur icelui assigner sondit titre, ledit sieur A. B sera & demeurera bien & valablement quitte & déchargé desdites livres de pension viagere, & des arrérages qui lors s'en trouveront dûs & échûs, sans qu'à l'avenir il en puisse être inquiété ni recherché; à ce faire sont intervenus & furent présens Maîtres demeurans à Paris lesquels ont volontairement certifié que la maison ci-dessus obligée appartient bien & légitiment audit sieur A. B qu'elle est franche & quitte de toutes dettes & hypotheques, & qu'elle est plus que suffisante pour payer & acquitter annuellement lesdits livres de pension, dont acte. Et pour faire insinuer ces présentes par tout où besoin sera, les parties ont constitué leur Procureur le porteur, &c. & ont élû domicile à Paris en leurs demeures sus-déclarées, ausquels lieux, &c. nonobstant, &c. promettant, &c. obligeant, &c.

Donation pour servir de titre Clerical, & parvenir à l'Ordre de Prêtrise.

FUt présent Vincent lequel pour seconder autant qu'il lui est possible la bonne & louable intention que Mathurin son fils a de parvenir aux Ordres sacrés, & lui donner plus de moyen de vivre honnêtement en la Profession Ecclésiastique, a reconnu & confessé avoir donné, créé, & constitué, assis & assigné par ces présentes dès maintenant à toujours, promis & promet de garantir de tous troubles & empêchemens généralement quelconques audit Mathurin son fils à ce présent & acceptant, pour lui seulement livres de rente & pension viagere annuelle, que ledit Vincent son pere sera tenu & promet de lui donner & payer par chacun an en cette Ville de Paris, ou au porteur, & aux quatre quartiers également, dont le premier d'iceux écherra pour portion de tems à la fin du quartier de l'année, dans lequel ledit Mathurin aura pris & reçu l'Ordre de Prêtrise, & continuer de-là en avant le payement de ladite rente & pension viagere, de quartier en quartier après ensuivant, ladite vie durant dudit Mathurin seulement, à l'avoir & prendre, généralement sur tous & chacuns les biens meubles & immeubles présens & à venir dudit donateur, qu'il a dès-à-présent chargés, affectés, obligés & hypothequés, à garantir, fournir, & faire valoir ladit rente & pension viagere, bonne, solvable & bien payable, comme dit est, sans aucun déchet ni diminution, nonobstant toutes choses à ce contraires, pour en jouir par ledit Mathurin sadite vie durant seulement: le tout à condition expresse, que si ledit Mathurin n'étoit admis aux Ordres de Prêtrise, & qu'il n'en recherchât l'occasion, en ce cas le présent contrat demeurera nul & sans effet, comme n'ayant été fait que pour cette seule consideration, & ledit Vincent déchargé du payement & continuation de ladite rente & pension viagere. Et aussi le présent contrat fait sans que ladite donation & constitution de pension puisse à l'avenir faire préjudice audit Mathurin à ses droits de préciput & d'aînesse, & autres droits successifs, venant à la succession de sondit pere, en rapportant ladite rente & ce qu'il aura reçu à cause d'icelle : car ainsi, &c. le tout a été convenu, stipulé & accordé entre lesdites parties; lesquels pour faire insinuer ces présentes au Greffe des insinuations du Châtelet de Paris, & par tout ailleurs où besoin sera, ont fait & constitué leur Procureur spécial & irrévocable le porteur d'icelles, lui en donnant tout pouvoir : & de ladite insinuation requerir acte pour servir audit Mathurin en tems & lieu ce que de raison, promettant, &c. obligeant, &c. renonçant, &c. Fait & passé, &c.

Bail du temporel d'une Cure.

FUt présent Maître Jean Prêtre, Curé de l'Eglise Paroissiale S. Pierre de lequel a volontairement reconnu & confessé avoir donné & délaissé par ces présentes à titre de loyer & prix d'argent du jour & fête de S. Martin d'hyver prochain venant, jusqu'à ans après ensuivant aussi prochains, finis, revolus & accomplis, & promet durant ledit tems garantir & faire jouir à Maitre Joseph à ce présent & acceptant, preneur & retenant pour lui audit titre tout le revenu temporel de ladite Cure de S. Pierre de avec le logis & maison Presbyterale scise près ladite Eglise, auquel ledit preneur est demeurant, sans aucune chose en excepter ni reserver par ledit sieur Curé; déclarant ledit sieur preneur bien sçavoir à quoi se peut monter & consister ledit revenu temporel, dont il se contente, encore qu'il n'en soit ici fait une particuliere description en détail, pour par lui en jouir en tous fruits, profits, revenus & émolumens quelconques, durant ledit tems, tout ainsi que ledit sieur Curé & ses prédecesseurs Curés de ladite Paroisse en ont bien dûement joui, ou dû jouir; ce bail fait, à la charge par ledit sieur Joseph preneur, de faire dire, chanter & célébrer le Service divin dû & accoutumé être chanté & célébré en ladite Eglise Saint Pierre de faire faire la Prédication tous les Dimanches de l'année, jours de Fêtes, & durant les Avents deux fois la semaine, & le long du Carême, les jours de Dimanche, Mercredi, & Vendredi par un Prêtre, Religieux, ou personne capable & approuvée par l'Ordinaire; en telle sorte que ledit bailleur n'en reçoive aucune plainte ni mécontentement des Paroissiens dudit lieu. Plus de payer par ledit sieur preneur les cens & droits Seigneuriaux, que les terres & héritages dépendans de ladite Cure peuvent devoir par chacun an durant le tems du présent Bail aux Seigneurs ou Dames dont ils sont mouvans, les Décimes & autres impositions dont ladite Cure peut être chargée, même d'entretenir ladite maison & lieu Presbyteral, de toutes menues reparations, & à la fin dudit tems la rendre & délaisser en bon état audit sieur bailleur, & lui fournir les quittances desdits cens & droits Seigneuriaux, Décimes & autres impositions; le tout sans diminution du prix ci-après déclaré, & outre moyennant le prix & somme de livres de pension, & loyer pour & par chacune desdites années, que ledit sieur preneur a promis & s'oblige de donner & payer audit sieur Jean ou

au

au porteur, &c. par chacune desdites années, en deux termes & payemens égaux, de six mois en six mois, dont le premier écherra au jour de Saint Jean-Baptiste de l'année prochaine mil & le second au jour de Noël suivant, & ainsi continuer de payer lesdits loyers & pensions, d'an en an à chacun desdits termes, jusqu'à la fin desdites années. Ne pourra ledit sieur preneur ceder ni transporter son droit dudit présent bail à personne quelconque, sans l'exprès consentement par écrit dudit sieur bailleur, auquel & à sa premiere demande, ledit sieur preneur fournira à ses dépens, le présent bail en forme exécutoire, sans diminution dudit loyer; car ainsi, &c. promettant, &c. obligeant, chacun en droit soi, &c. renonçant, &c. Fait & passé, &c.

Formulaire & stile pour dresser les preuves de Noblesse & légitimation des Aspirans à l'Ordre des Chevaliers de Saint-Jean de Jerusalem.

Nota. *Pour parvenir ausdites preuves, l'Aspirant se doit présenter au Chapitre Provincial dudit Ordre, au lieu où il est assemblé, & y porter le Mémorial des titres & piéces dont il entend se servir pour faire les preuves litterales de sa noblesse & légitimation; & à ce sujet obtenir commission de Monsieur le grand Prieur, & de Messieurs les autres Chevaliers dudit Ordre, dans le tems de la tenue dudit Chapitre, lequel Mémorial se fait en la forme suivante.*

MEmorial des titres & papiers dont entend se servir noble Pierre Ecuyer, présenté au Chapitre tenu à la Saint-Martin, *ou* à la Saint-Barnabé en l'Hôtel Prieural de pour faire les preuves litterales de sa noblesse & légitimation, afin d'être reçu en rang de Frere Chevalier de l'Ordre de Saint-Jean de Jerusalem.

Premierement son Baptistaire signé du Curé de portant qu'il est né le *tel jour*, & a été baptisé le *tel jour*, qu'il est fils de Messire Jean de Dame Louise sa femme, ledit baptistaire bien & dûement légalisé.

Item, l'arbre de la généalogie du présenté de seize quartiers, où sont peintes les armes en vélin de lui & de ses ancêtres.

Côté paternel.

Le contrat de mariage des pere & mere du présenté (*il faut mettre leurs noms & qualités, & de leurs peres & meres, qui sont les ayeux & ayeules.*)

Plus on rapporte en ce mémorial les anciens titres de la famille, comme sont les aveus, dénombremens, foi & hommages des Terres, les Lettres de provisions des Offices, Brevets des dignités qu'il ont possedés dans le Royaume & dehors, le tout piéce à piéce, separement & par articles.

Au bas duquel mémorial ledit Chapitre met son decret portant que Messieurs les Chevaliers Commandeurs *tel & tel*, ont été nommés Commissaires pour voir ledit mémorial & titres, & les ayant trouvés bons, Messieurs dudit Chapitre adherans à l'opinion desdits sieurs Commissaires, *ordonnent ensuite que* commission sera délivrée, pour vaquer à la confection des preuves du présenté.

En vertu de laquelle commission Messieurs les Commissaires à ce députés par ledit sieur grand Prieur & Chapitre dudit Ordre, procedent à la confection desdites preuves, ainsi qu'il suit.

Formulaire desdites preuves.

AUjourdhui *tel jour de tel mois* de l'année Nous Frere *tel*, Chevalier de l'Ordre de Saint Jean de Jerusalem, Commandeur de & Frere *tel*, aussi Chevalier dudit Ordre, étant de présent *en tel lieu* où l'ancien de nous est logé; avons été priez par Messire Jean Conseiller du Roi en ses Conseils pour & au nom de Pierre son fils, & de défunte Dame Louise son épouse, présenté au Chapitre Provincial de notre Ordre à la Saint Barnabé derniere, pour être reçu en rang de Frere Chevalier dudit Ordre, de prendre une commission qu'il nous a présentée, décernée de Monsieur le grand Prieur de *tel lieu*, & de Messieurs les Commandeurs & Chevaliers dudit Ordre tenant ledit Chapitre Provincial, datée du *tel jour*, signée Frere & Chancellier du grand Prieur de & scellée en cire verte du scel à l'Aigle, à nous adressante, par laquelle nous est mandé d'informer de la noblesse & légitimation du présenté, de laquelle commission la teneur ensuit (*Il faut transcrire en cet endroit ladite commission tout au long*) laquelle commission nous avons reçue avec honneur & reverence, nous requerant ledit sieur vouloir proceder à l'exécution d'icelle. A quoi inclinant, ledit sieur Jean s'étant retiré, nous Commissaires susdits, auparavant que de rien commencer, avons pris le serment l'un de l'autre sur l'habit de notre Ordre, faute d'un tiers, de bien & fidélement exécuter notredite commission, & proceder selon nos Statuts, Us, Coûtumes & dernier Reglement de notre Langue, aux preuves des vie, mœurs, noblesse & légitimation, tant vocales, litterales que secretes, des côtés paternels & maternels dudit noble Pierre Ecuyer, présenté: Et pour rédiger par écrit lesdites preuves vocales & litterales, avons appellé avec nous Maîtres *tel* & *tel* Notaires desquels nous avons pris & reçu le serment sur les saints Evangiles, de n'écrire autre chose que ce qui leur sera par nous dicté, ce qu'ils ont promis faire.

Et le jour desdits mois & an Nous Commissaires susdits suivant notredite commission, & ledit dernier Reglement, pour faire les preuves vocales, sommes transportés en la maison de haut & puissant Seigneur Messire Gregoire Chevalier Marquis de à nous bien connu pour Gentilhomme de nom & d'armes, de la personne duquel nous avons fait choix & l'avons requis de vouloir servir pour premier témoin des côtés paternel & maternel de la noblesse & légitimation, & des vie & mœurs de noble Pierre Ecuyer présenté, & nous l'ayant accordé & dit avoir l'âge de ans, avons de lui pris & reçu le serment sur les saints Evangiles, de nous dire & répondre verité sur ce qu'il sera par nous enquis.

L'avons enquis ſur les articles ſuivans.

PREMIEREMENT.

S'il eſt parent ou allié dudit noble Pierre Ecuyer préſenté pour être reçu en rang de Frere Chevalier de notre Ordre.

A dit que non.

S'il le connoît, ſçait où il eſt né, & ſi c'eſt dans les limites du grand Prieuré de, &c.

A dit, &c.

S'il ſçait quel âge il a, & s'il eſt né en légitime mariage.

A dit, &c.

S'il eſt Gentilhomme de nom & d'armes, tant du côtés paternel que maternel.

A dit, &c.

S'il eſt de la Religion Catholique, Apoſtolique & Romaine, & s'il a été toujours inſtruit & nourri en icelle.

A dit qu'oui.

S'il n'a point fait promeſſe de mariage, & icelui conſommé.

A dit, &c.

S'il n'a point fait vœu en autre Religion.

A dit, &c.

S'il eſt débiteur de ſommes notables & inſupportables.

A dit, &c.

S'il n'a point été repris de Juſtice, commis homicide ou aſſaſſinat, ou autre acte qui mérite repréhenſion.

A dit, &c.

S'il connoît le pere du préſenté & ſes armes.

A dit, &c.

S'il a connu l'ayeul paternel du préſenté & ſes armes.

A dit, &c.

S'il a connu l'ayeule paternelle du préſenté & ſes armes.

A dit, &c.

S'il a connu le premier biſayeul paternel du préſenté & ſes armes.

A dit, &c.

S'il a connu la premiere biſayeule paternelle du préſenté & ſes armes.

A dit, &c.

S'il a connu le ſecond biſayeul paternel du préſenté & ſes armes.

A dit, &c.

S'il a connu la ſeconde biſayeule du préſenté & ſes armes.

A dit, &c.

Côté maternel.

S'il a connu la mere du préſenté & ſes armes.

A dit, &c.

S'il connoît l'ayeul maternel du présenté & ses armes.

A dit, &c.

S'il a connu l'ayeule maternelle du présenté & ses armes.

A dit, &c.

S'il a connu le premier bisayeul maternel du présenté & ses armes.

A dit, &c.

S'il a connu la premiere bisayeule maternelle du présenté & ses armes.

A dit, &c.

S'il a connu le second bisayeul maternel du présenté & ses armes.

A dit, &c.

S'il a connu la seconde bisayeule maternelle du présenté & ses armes.

A dit, &c.

Si le présenté, ses pere & mere, ayeux & bisayeux paternels & maternels ont fait acte dérogeant à noblesse & vertu, comme négociations, trafic de marchandises, ou tenu banque, & s'ils étoient de la Religion Catholique, Apostolique & Romaine.

A dit, &c.

Si le présenté ou ses parens n'ont point eu & n'ont dedans les Villes aucune communauté & association, & s'ils n'ont point été & ne sont sujets aux subsides, emprunts & nouveaux impôts des Rois & des Princes.

A dit, &c.

Si par le contrat de mariage, de partage, & autres enseignemens, les peres, ayeux & bisayeux, tant paternels que maternels du présenté, ont porté & portent titres d'Ecuyer, de Chevalier, ou d'autre plus grande qualité.

A dit, &c.

Si dans les aveux & dénombremens rendus au Roi ou aux Seigneurs dominans, ils ont été possesseurs de pere en fils des Terres & Maisons Seigneuriales, desquelles ils s'attribuent les noms & qualités, & s'ils les ont eues par acquisitions de long-tems, ou les ont partagées noblement & avantageusement.

A dit, &c.

Si lesdits pere, ayeux & bisayeux paternels & maternels du présenté ont été du passé, & sont toujours appellés comme les autres Gentilshomme du pays au ban & arriereban selon la coûtume & usance du pays.

A dit, &c.

Si lorsque l'occasion se présente & s'offre pour le service du Roi & du pays, que les Gentilshommes du pays font assemblées générales ou particulieres, lesdits pere, ayeux & bisayeux paternels & maternels du présenté y ont été & sont toujours appellés comme les autres Nobles du pays.

A dit, &c.

Si le présenté ou ses parens, détiennent aucuns biens & Jurisdictions de notre Ordre, sans les vouloir rendre & restituer.

A dit, &c.

Si le présenté est sain de ses membres & entendement, & s'il est tel que nos Statuts le veulent pour être Chevalier de notre Ordre.

A dit, &c.

Lecture fait audit sieur répondant de sa déposition, y a persisté & a signé.

Et le *tel jour*, &c. en continuant notredite commission, avons fait choix pour second témoin des preuves vocales des côtés paternel & maternel dudit noble Pierre Ecuyer présenté, de la personne de M. André Chevalier Seigneur de que nous connoissons bien Gentilhomme de nom & d'armes en l'Hôtel duquel nous nous sommes transportés, où étans, lui ayant demandé s'il vouloit déposer des vie, mœurs, noblesse & légitimation dudit présenté, & l'ayant trouvé en disposition de ce faire, l'aurions pris pour second témoin desdites preuves vocales, nous disant être âgé de ans ou environ, & après serment par lui fait sur les saints Evangiles, de dire & déposer verité sur ce qu'il sera par nous enquis.

L'avons enquis s'il connoît ledit présenté, & s'il est son parent ou allié.

A dit, &c.

Suivre la même enquête du premier témoin jusqu'au nombre de quatre témoins pour les deux côtés paternel & maternel; & quand la preuve ne se fait que pour un côté, soit paternel ou maternel, il suffit de deux témoins.

Preuve litterale.

Et le *tel jour* à nous Commissaires susdits s'est adressé ledit sieur Jean pere du présenté, lequel nous a mis ès mains les titres, contrats & piéces prouvant la noblesse & légitimation dudit présenté & de ses ascendans, nous suppliant les voir & examiner suivant notredite commission : & ayant de lui pris & reçû le serment requis & accoûtumé, nous a dit & juré sur les saints Evangiles, que tous lesdits titres & papiers sont bons & veritables originaux, & après avoir ici signé s'est retiré.

Tous lesquels titres & papiers nous avons vûs & examinés ainsi qu'il ensuit.

Premierement, le mémorial desdits titres & papiers, au bas duquel est le decret dudit Chapitre Provincial célebré au grand Prieuré de datté du signé Frere Chancelier du grand Prieuré de portant que Messieurs les Chevaliers Commandeurs *tel* & *tel*, ont été nommés Commissaires pour voir ledit mémorial des titres; & les ayant trouvés bons, Messieurs du Chapitre adherans à l'opinion desdits sieurs Commissaires, auroient accordé que commission seroit délivrée pour vaquer à la confection des présentes preuves.

Item, nous avons vû le baptistaire dudit présenté signé, Curé de portant qu'il est né le *tel* jour, & a été baptisé le *tel* jour, qu'il est fils de Messire Jean & de Dame Louise sa femme, ledit baptistaire bien & dûement légalisé.

Plus *telle* & *telle piéce.*

Côté paternel.

Pour prouver la noblesse, noms & qualités dudit sieur Jean pere du présenté, nous avons vû son contrat de mariage avec ladite Dame Louise passé pardevant *tels* Notaires le *tel jour*, duquel nous avons extrait ce qui ensuit.

C'est-à-dire, les noms, surnoms & qualités des pere & mere du présenté, de ses ayeux & ayeules, & autres ses parens paternels & maternels.

De même les noms, surnoms & qualités des ancêtres de la famille du côté paternel du présenté, sur les anciens titres, comme actes de foi & hommages, aveux, dénombremens, partages, échanges, provisions d'Offices, brevets de leurs dignités, & autres piéces justificatives de sa noblesse.

Côté maternel.

Il faut observer la même chose pour la preuve litterale de la noblesse du côté maternel.

Tous lesquels titres & contrats, pieces & papiers ci-dessus par nous vûs pour la preuve litterale des côtés paternel & maternel dudit noble Pierre Ecuyer présenté, nous avons verifiés sur sondit mémorial, & trouvé que ce sont les mêmes qui y sont déclarés.

Et pour connoître si les contrats qui sont passés pardevant les Notaires de *tel* & *tel lieu*, ci-devant mentionnés & par nous vû, sont bons & veritables; Nous Commissaires susdits, nous sommes transportés ès études des Notaires qui ont de présent les minutes d'iceux en leur possession, & nous les étant fait représenter, les avons verifiées & confrontées sur les grosses, & avons trouvé lesdites minutes & grosses conformes les unes aux autres.

Pour prouver les armes de la maison dudit Jean pere du présenté, nous Commissaires susdits, sommes transportés le *tel jour* en l'Eglise de dans *telle* Chapelle, qu'on nous a dit appartenir à la maison & famille dudit Jean pere du présenté, & y être enterré *tel* & *tel*, en laquelle Chapelle nous avons vû en marbre blanc les figures avec leurs épitaphes en marbre blanc & noir, desquelles épitaphes nous avons extrait ce qui ensuit (*c'est-à-dire les noms & qualités de ceux qui y sont nommés.*)

Au-dessus de laquelle épitaphe avons vû en relief de marbre les armes de la maison du présenté, telles qu'elles sont blasonnées en l'arbre généalogique.

Et tout ce que dessus nous Commissaires susdits certifions être veritable, & avoir été ainsi par nous fait & trouvé en exécutant notre commission: Et à l'instant avons rendu lesdits titres & papiers audit sieur Jean pere du présenté, en foi dequoi nous avons signé ces présentes, & à icelles fait apposer les cachets de nos armes, & clorre l'arbre généalogique du présenté.

Nota, *Messieurs les Commissaires signent en cet endroit, & à la marge à côté de leurs signatures appliquent leur cachet sur cire d'Espagne.*

Et nous *tel* & *tel* Notaires certifions avoir bien & fidélement écrit le contenu aux preuves ci-dessus, qui nous a été dicté & nommé par lesdits sieurs Commissaires les an & jour que dessus: Et pour vérité de ce, nous avons signé ces présentes.

Le Notaire en garde la minute, & en délivre une expédition en parchemin.

Ces preuves ainsi faites, Messieurs les Commissaires en font d'autres secrettes qui sont écrites de la main de l'un d'eux, afin que qui que ce soit n'en aye connoissance.

Quand il n'est question que des preuves d'un côté paternel ou maternel, immédiatement après le transcrit de la commission, à l'intitulation de la preuve, on met ce qui ensuit.

Et quoique ladite commission porte mandement d'informer de vie, mœurs, noblesse & légitimation, tant du côté paternel que maternel du présenté, ledit sieur Jean son pere nous a fait entendre que les preuves de noblesse & légitimation de son côté ont été faites au grand Prieuré de & qu'il n'est plus question que de les faire du côté maternel, nous requerant y vouloir proceder, & nous a pour les preuves litterales mis ès mains des titres & papiers qu'il nous a dit & affirmé sur les saints Evangiles être bons & veritables originaux, & après avoir ici signé s'est retiré.

Et à l'instant nous Commissaires susdits étant en la maison de où l'ancien de nous est logé, auparavant que de rien commencer, avons pris le serment de l'un de l'autre, &c.

Deux témoins suffisent pour la preuve d'un côté, & pour les deux côtés il en faut quatre, ainsi qu'il est ci-devant dit, suivez ledit formulaire.

Autre formulaire de preuves pour un Frere servant d'armes.

L'An &c. le *tel jour*, à nous Freres *tel* & *tel* Commandeurs Chevaliers de l'Ordre de Saint Jean de Jerusalem, étant de présent en *tel lieu*, &c. a été présenté par noble Antoine Conseiller du Roi, &c. pour & au nom de François fils de lui & de Damoiselle Henriette sa femme, présenté au Chapitre Provincial du grand Prieuré de tenu en *tel lieu*, &c. à la Saint Barnabé *ou* à la Saint Martin, &c. pour être reçu en rang de Frere servant d'armes de l'Ordre de Saint Jean de Jerusalem en ce Prieuré, une commission émanée de Monsieur le grand Prieur de Frere de & des Seigneurs Commandeurs Chevaliers & Freres dudit Ordre, tenant ledit Chapitre, par laquelle nous est mandé d'informer des vie, mœurs, qualités, légitimation, extraction & Religion dudit François présenté, & de ses pere & mere, ayeux & ayeules paternels & maternels, datée du dernier, signée Fr. Chancelier du grand Prieuré de scellée en cire verte, du scel de l'Aigle, laquelle commission nous avons prise & reçue avec honneur & reverence : Nous requerant ledit sieur Antoine pour ledit François son fils, la vouloir exécuter, ce que lui aurions accordé : Et en ce faisant étant en la maison où l'ancien de nous est logé, avons avant de rien commencer fait prêter le serment selon l'usage de notre Ordre ès mains l'un de l'autre par faute d'un tiers, de bien & fidélement proceder à l'exécution de ladite commission : Et pour rediger par écrit notre présent procès-verbal, nous avons appellé avec nous *tel* & *tel* Notaires ausquels nous avons fait prêter le serment sur les saints Evangiles de bien & fidélement rédiger par écrit ce qui sera par nous trouvé en exécutant notredite commission, de laquelle la teneur ensuit.

Frere grand Prieur (*Il faut transcrire ladite commission au long en cet endroit, & ensuite continuer en cette forme.*

Comme aussi avons fait faire serment sur les saints Evangiles audit sieur Antoine pere du présenté, qui a dit être âgé de de ne nous présenter aucuns contrats, titres & enseignemens pour la preuve litterale de la légitimation & extraction dudit François présenté, des côtés paternels & maternels, qui ne soient bons & valables originaux; ce qu'il a juré & promis faire, & après avoir ici signé s'est retiré.

Executant notredite commission & le nouveau Reglement fait par Messieurs de la venerable Langue de France à Malte portant que les Commissaires députés à faire les preuves des Freres Chevaliers, Chapelains & Servans d'armes en notre Ordre, ouiront des personnes des plus considerables du voisinage & de probité à leur choix, & non présentées par les parties, nous avons choisi pour les preuves vocales des vie, mœurs, légitimation & extraction dudit François présenté, les quatre témoins ci-après nommés, qu'avons connus pour gens de bien & d'honneur, pour déposer sur le fait de notredite commission, ausquels nous nous sommes adressés, & les avons interrogés séparement ainsi qu'il suit.

Premier témoin.

Messire Guillaume Chevalier, Conseiller du Roi en ses Conseils & en sa Cour de Parlement, demeurant ruë âgé de lequel après serment par lui fait sur les saints Evangiles, de dire & déposer vérité sur ce qu'il sera par nous enquis, l'avons enquis & interrogé sur les articles suivans.

Premierement, s'il est parent ou allié du présenté.

A dit, &c.

S'il le connoît, s'il sçait où il est né & baptisé, quel âge il peut avoir, & s'il est procréé en légitime mariage, en & au-dedans des limites du grand Prieuré de, &c.

A dit, &c.

S'il a fait & exercé aucun acte vil & mécanique.

A dit, &c.

S'il vit vertueusement & catholiquement, selon les Ordonnances & sacrées Constitutions de l'Eglise Apostolique & Romaine.

A dit, &c.

S'il a commis homicide, assassinat, ou autre cas qui mérite répréhension.

A dit, &c.

S'il n'a point fait promesse de mariage, & icelui consommé ou fait vœu en autre Religion.

A dit, &c.

S'il

S'il n'est point redevable de grandes sommes de deniers.

A dit, &c.

Si lui ou ses parens détiennent & possedent injustement aucuns biens de notre Ordre, sans les vouloir rendre & restituer.

A dit, &c.

S'il le connoît sain de corps, sens, membres & entendement & d'âge, & disposition suffisante pour faire service à notre Ordre en la profession où il entre, & selon que les Ordonnances le veulent & requierent.

A dit, &c.

S'il connoît le pere du présenté, s'il vit honorablement & vertueusement sans avoir fait ou commis aucun acte dérogeant à vertu, ni actuellement de ses propres mains exercé aucun art mécanique, & de quelle qualité & charge honorable en la Ville de sa demeure, Paroisse, Diocèse ou ailleurs il a été ou est pourvû.

A dit, &c.

S'il a connu l'ayeul paternel du présenté, sçait son nom, la condition dont il a été pourvû, & s'il a toujours vêcu catholiquement.

A dit, &c.

S'il a connu l'ayeule paternelle du présenté, sçait son nom, & si elle a toujours vêcu vertueusement & selon l'Eglise Catholique, Apostolique & Romaine.

A dit, &c.

S'il a connu la mere du présenté, sçait son nom, & si elle a toujours vêcue vertueusement & catholiquement selon l'Eglise Romaine.

A dit, &c.

S'il a connu l'ayeul maternel du présenté, & s'il a toujours vêcu selon l'Eglise Catholique, Apostolique & Romaine.

A dit, &c.

S'il a connu l'ayeule maternelle du présenté, si elle a toujours vêcue vertueusesement comme une femme de bien doit faire, & selon l'Eglise Catholique, Apostolique & Romaine.

A dit, &c.

Lecture faite de sa déposition, y a persisté, & a signé. *Et ainsi des autres témoins*, &c.

Et pour plus grande preuve & vérification de la légitimation & extraction du présenté, & de ses pere, mere, ayeux & ayeules paternels & matrnels, nous a ledit sieur Antoine son pere, produit & mis en nos mains les titres & piéces ci-après mentionnées, qu'il a dit & juré sur les saints Evangiles (le serment de lui pris & reçû,) être vrais originaux bons & valables, & après avoir signé s'est retiré.

Dans lesquelles piéces nous avons vû & trouvé un mémorial d'icelles piéces présentées au Chapitre Provincial par ledit François au bas duquel ledit mémorial est le decret du Chapitre, daté du signé Fr. Chancellier du grand Prieur de portant que les titres ont été jugés bons & valables, & que commission lui sera délivrée pour faire les preuves.

Item, Nous avons vû le baptistaire dudit François présenté, daté du signé André Curé de la Paroisse Saint légalisé & signé *tel* & *tel* Notaires Apostoliques le *tel jour*, &c. dont la teneur ensuit.

Extrait des Registres des Baptêmes, &c.

Côté paternel.

Nous avons vû le contrat de mariage en parchemin dudit sieur Antoine pere du présenté, avec ladite Damoiselle Henriette sa femme, passé pardevant *tel* & *tel* Notaires à Paris le *tel jour*, dont nous avons extrait les qualités qui suivent.

Furent présens, &c.

Pour prouver les qualités dudit sieur Antoine ayeul du présenté, & de Dame Julienne sa femme ayeule paternelle du présenté, nous avons vû leur contrat de mariage, & d'icelui extrait ce qui suit, &c.

Côté maternel.

Pour prouver les noms & qualités de ladite Damoiselle Henriette mere du présenté, nous avons revû son contrat de mariage avec ledit sieur Antoine son pere.

Pour prouver les noms & qualités desdits *tel* & *telle* ayeul & ayeule maternels du présenté, nous avons vû leur contrat de mariage, duquel nous avons extrait leurs noms & qualités ainsi qu'il ensuit.

Item, nous avons vû le partage, &c.

Ce fait, nous avons confronté les susdites piéces sur le mémorial, & les avons trouvées conformes à icelui.

Et le *tel jour*, &c. nous nous sommes transportés ès Etudes des Notaires & autres lieux où sont les minutes desdits contrats de mariage, partages & piéces, & après les avoir vérifiées aux grosses, nous avons trouvé que lesdites grosses sont veritables.

Et tout ce que dessus, nous Commissaires susdits, certifions être & avoir été ainsi par nous fait & trouvé exécutant notre commission, & avons rendu lesdits titres & papiers audit sieur Antoine pere du présenté, en foi de quoi nous avons signé ces présentes, & à icelles fait apposer les cachets de nos armes lesdits jour & an.

Les Commissaires signent en cet endroit l'un au-dessous de l'autre, & à côté de leurs signatures, à la marge, ils appliquent chacun leur cachet sur cire d'Espagne.

Et nous *tel* & *tel* Notaires, &c. certifions avoir bien & fidélement rédigé par écrit tout le contenu ci-dessus, qui a été ainsi fait & trouvé en nos présences par lesdits sieurs Commissaires, lesquels nous l'ont nommé & dicté lesdits jour & an.

Les Actes ci-après étant reçûs par deux Notaires, l'on doit éviter de mettre à la fin que les Notaires les ont signés du mandement de son Excellence Monseigneur le Nonce, comme quelques-uns l'ont fait assez mal-à-propos.

Forma Juramenti Professionis Fidei, à Cathedralibus & Superioribus Ecclesiis, vel Beneficiis curam animarum habentibus, & locis Regularium, ac Militiarium præficiendis, observata.

EGo electus Episcopus firma fide credo, & profiteor omnia & singula, quæ continentur in Symbolo fidei, quo sancta Romana Ecclesia utitur, videlicet : CREDO in unum Deum Patrem omnipotentem, factorem cœli & terræ, visibilium omnium & invisibilium. Et in unum Dominum Jesum Christum Filium Dei unigenitum. Et ex Patre natum ante omnia sæcula. Deum de Deo, lumen de lumine, Deum verum, de Deo vero : Genitum non factum, consubstantialem Patri, per quem omnia facta sunt. Qui propter nos homines & propter nostram salutem descendit de cœlis. Et incarnatus est de Spiritu sancto, ex Maria Virgine, & Homo factus est. Crucifixus etiam pro nobis sub Pontio Pilato, passus & sepultus est. Et resurrexit tertia die secundum Scripturas. Et ascendit in cœlum, sedet ad dexteram Patris. Et iterum venturus est cum gloria judicare vivos & mortuos. Cujus regni non erit finis. Et in Spiritum sanctum Dominum, & vivificantem, qui ex Patre Filioque procedit. Qui cum Patre & Filio, simul adoratur, & conglorificatur. Qui locutus est per Prophetas. Et unam sanctam Catholicam & Apostolicam Ecclesiam. Confiteor unum Baptisma in remissionem peccatorum. Et expecto resurrectionem mortuorum, & vitam

Forme du serment de Profession de Foi, que l'on fait faire à ceux qui se présentent pour être promus aux Eglises Cathédrales, & aux grands Bénéfices, ou à ceux où il y a charge d'ames ; comme aussi aux Bénéfices réguliers & aux Commanderies.

JE élû Evêque de croi d'une ferme foi, & fais profession de toutes les choses qui sont contenues tant en général qu'en particulier dans le Symbole de foi dont l'Eglise se sert ; sçavoir : Je crois en un seul Dieu, Pere tout puissant, qui a fait le ciel & la terre, & toutes les choses visibles & invisibles. Et en un seul Seigneur Jesus-Christ, Fils unique de Dieu, né du Pere devant tous les siécles, Dieu de Dieu, lumiere de lumiere, vrai Dieu du vrai Dieu : qui a été engendré & non pas fait ; qui est consubstantiel au Pere ; par qui toutes choses ont été faites, qui pour l'amour de nous autres hommes, & de notre salut, est descendu des Cieux, a pris chair de la Vierge Marie par l'operation du Saint Esprit : & a été fait homme ; qui aussi a été crucifié pour nous ; a souffert sous Ponce Pilate, a été enseveli ; est ressuscité le troisiéme jour selon les Ecritures : est monté au Ciel, où il est assis à la droite du Pere ; d'où il doit de rechef descendre avec gloire pour juger les vivans & les morts ; le regne duquel n'aura point de fin. Je crois au Saint-Esprit pareillement Seigneur, & vivifiant, qui proceder du Pere & du Fils ; qu'on adore & qu'on glori-

venturi sæculi. Amen. Apostolicas & Ecclesiasticas traditiones, reliquasque ejusdem Ecclesiæ observationes & constitutiones firmissimè admitto, & amplector. Item sacram Scripturam juxta eum sensum, quem tenuit & tenet sancta Mater Ecclesia: cujus est judicare de vero sensu & interpretatione sacrarum Scripturarum, admitto, nec eam unquam, nisi juxta unanimem consensum Patrum, accipiam & interpretabor. Profiteor quoque septem esse verè & propriè Sacramenta novæ legis à Jesu Christo Domino nostro instituta, atque ad salutem humani generis, licet non omnia singulis necessaria, scilicet Baptismum, Confirmationem, Eucharistiam, Pœnitentiam, Extremam-Unctionem, Ordinem, & Matrimonium, illaque gratiam conferre: & ex his Baptismum, Confirmationem & Ordinem sine sacrilegio reiterari non posse. Receptos quoque & approbatos Ecclesiæ Catholicæ ritus in supradictorum omnium Sacramentorum solemni administratione recipio & admitto. Omnia & singula quæ de peccato originali, & de justificatione in sacrosancta Tridentina Synodo definita & declarata fuerunt, amplector & recipio. Profiteor pariter in Missa offerri Deo verum, proprium, & propitiatorium Sacrificium pro vivis & defunctis: atque in sanctissimo Eucharistiæ Sacramento esse verè, realiter & substantialiter Corpus & Sanguinem, unà cum anima & divinitate Domini nostri Jesu Christi, fierique conversionem totius substantiæ panis in corpus, & totius substantiæ vini in sanguinem, quam conversionem Catholica Ecclesia transsubstantiationem appellat. Fateor etiam sub altera tantùm specie totum atque integrum Christum, verumque Sacramentum sumi. Constanter teneo Purgatorium esse, animasque ibi detentas fidelium suffragiis juvari: Similiter & Sanctos unà cum Christo regnantes: ve-

fie conjointement avec le Pere & le Fils; qui a parlé par la bouche des Prophetes. Je crois en une sainte Eglise Catholique & Apostolique: je confesse un Baptême pour la remission des péchés, & j'attens la résurrection des morts, & la vie du siécle à venir. Ainsi soit-il. J'admets & j'embrasse fermement toutes les Traditions Apostoliques & Ecclésiastiques, & toutes les autres observations & constitutions de la même Eglise. *Item*, j'admets l'Ecriture sainte dans le sens que tient & a toujours tenu notre Mere la sainte Eglise, à qui il appartient de juger du veritable sens & de la véritable interprétation des saintes Ecritures; je l'admets & je ne la prendrai & ne l'interpreterai jamais que selon le consentement unanime des Peres de l'Eglise. Je professe aussi qu'il y a veritablement & proprement sept Sacremens de la Loi nouvelle, institués par notre Seigneur Jesus-Christ, & qu'ils sont nécessaires à salut à chacun des hommes, quoique tous n'y soient pas nécessaires. Que ces Sacremens sont le Baptême, la Confirmation, l'Eucharistie, la Pénitence, l'Extrême-Onction, l'Ordre, & le Mariage, & qu'ils conferent la grace; & qu'entre ces Sacremens le Baptême, la Confirmation & l'Ordre ne peuvent se réiterer sans sacrilege. Je reçois aussi & j'admets les cérémonies reçues & approuvées par l'Eglise Catholique dans l'administration solemnelle de tous les Sacremens. J'embrasse & je reçois tout ce qui a été déclaré & défini touchant le péché originel & la justification. Je professe semblablement que dans la sainte Messe, on offre à Dieu un Sacrifice veritable, propre & propitiatoire pour les vivans & les morts. Que dans le très-Saint Sacrement de l'Eucharistie, est

nerandos atque invocandos esse, eosque orationes Deo pro nobis offerre, atque eorum reliquias esse venerandas. Firmissimè assero imagines Christi, ac Deiparæ semper Virginis, necnon aliorum Sanctorum habendas, & retinendas esse, atque eis debitum honorem, ac venerationem impertiendam. Indulgentiarum etiam potestatem à Christo in Ecclesia relictam fuisse, illarumque usum Christiano populo maximè salutarem esse affirmo. Sanctam, Catholicam & Apostolicam, Romanam Ecclesiam omnium Ecclesiarum matrem & magistram agnosco, Romanoque Pontifici B. Petri Apostolorum Principis successori, ac Jesu Christi Vicario veram obedientiam spondeo, ac juro. Cætera item omnia à sacris Canonibus, & œcumenicis Conciliis, ac præcipuè à sacrosancta Tridentina Synodo tradita, definita, & declarata, indubitanter recipio, atque profiteor: simulque contraria omnia, atque hæreses quascumque ab Ecclesia damnatas & rejectas & anathematisatas ego pariter damno & anathematizo. Hanc veram Catholicam Fidem, extra quam nemo salvus esse potest, quam in præsenti sponte profiteor, & veraciter teneo, eandem integram & inviolatam, usque ad extremum vitæ spiritum, constantissimè (Deo adjuvante) retinere, & confiteri, atque à meis subditis, vel illis quorum cura ad me in munere meo spectabit, teneri, doceri, & prædicari, quantum in me erit, curaturum: Ego electus Episcopus spendeo, voveo, ac juro. Sic me Deus adjuvet, & hæc sancta Dei Evangelia.

veritablement, réellement & substantiellement le Corps & le Sang de Jesus-Christ, avec son Ame & sa Divinité, & qu'il se fait un changement de toute la substance du pain en Corps, & de toute la substance du vin en Sang, & que c'est ce changement que l'Eglise Catholique appelle Transsubstantiation. Je confesse aussi que l'on reçoit sous une de ces especes Jesus-Christ tout entier, & que c'est un veritable Sacrement. Je crois fermement qu'il y a un Purgatoire, & que les ames qui y sont detenues sont soulagées par les prieres des fidéles. Semblablement qu'il faut honorer & invoquer les Saints qui regnent avec Jesus-Christ; qu'ils offrent leurs oraisons à Dieu pour nous, & qu'il faut honorer leurs Reliques. Je soutiens fermement qu'il faut conserver les Images de Jesus-Christ, de la Vierge Mere de Dieu, & des autres Saints; & qu'il leur faut rendre l'honneur & la reverence qui leur est dûe. Je soutiens aussi que Jesus-Christ a laissé à son Eglise le pouvoir de donner des Indulgences, & que l'usage en est très-salutaire au peuple de Dieu. Je reconnois que l'Eglise Catholique, Apostolique & Romaine, est la mere & la maîtresse de toutes les Eglises; & je promets & jure au Pontife Romain successeur de Saint Pierre Prince des Apôtres & Vicaire de Jesus-Christ, une veritable obéissance. Je reçois & je professe, sans aucun doute, toutes les autres choses qui ont été enseignées, définies & déclarées par les sacrés Canons & les Conciles Œcumeniques, & principalement par le Saint Concile de Trente. Je condamne & j'anathematise tout ce qui leur est contraire, & toutes les hérésies condamnées, rejettés & anathematisées par l'Eglise. Je A. B promets, voue & jure, que cette Foi, dont je fais maintenant une profession volontaire, & que je tiens en verité est la vraie Foi Catholique, hors de laquelle il n'y a point de salut : que je la tiendrai & professerai constamment, Dieu aydant, jusqu'au dernier soupir de ma vie, & que j'obligerai autant que je pourrai ceux qui dépendront de moi, ou qui en releveront à cause de mon ministere, de la tenir, de l'enseigner & de la prêcher. C'est ainsi que je prie Dieu qu'il soit à mon ayde, & ces saints Evangiles.

JOannes-Jacobus Cavalerinus, Archiepiscopus Nicenus ac sanctissimi Domini nostri Papæ Episcopus assistens, sacræ Rotæ Romanæ Auditor, necnon ejusdem sanctissimi Domini nostri Innocentii divina providentia Papæ XII. apud Christianissimum Dominum Dominum Ludovicum XIV. Francorum & Navarræ Regem, Nuncius Apostolicus, necnon ad infra scripta ab eodem S. D. N. P P. per litteras sub data Romæ apud sanctam Mariam Majorem Calendis Aprilis, Pontificatus ejusdem anno cura Magistri Advocati, Consiliarii Regis, Curiæ Romanæ Expeditionarii expeditas, & debitè verificatas, expressè delegatas universis præsentes litteras inspecturis salutem in Domino. Notum facimus & attestamur suprascriptum Illustrissimum & Reverendissimum Dominum D. electum Episcopum, supra impressam Fidei Catholicæ, professionis Fidei vulgò nuncupatam, contentam de verbo ad verbum coram nobis, & in præsentia dilecti nostri Magistri Michaëlis Angeli Prolis Auditoris nostri ac Magistrorum Consiliariorum Regiorum Notariorum in Castelleto Parisiensi subscriptorum personaliter comparentem genibus flexis fecisse & perlegisse, articulosque

JEan-Jacques Cavalerini Archevêque de Nicée, & Evêque assistant de notre Saint Pere le Pape, Auditeur de la sacrée Rote de Rome, & Nonce du même Pape Innocent, par la providence de Dieu Pape XII. à la Cour du Roi très-Chrétien de France & de Navarre Louis XIV. & pour l'expédition des choses contenues dans la Lettre de notre Saint Pere le Pape écrite à Rome à sainte Marie Majeure, le jour de la année de son Pontificat, expediée par les soins de M^e. Avocat, Conseiller du Roi, Expeditionnaire en Cour de Rome, dûement vérifiée, & deleguée expressement. A tous ceux qui ces présentes Lettres verront, Salut en notre Seigneur. Nous déclarons & attestons que le sieur A B ci-devant nommé Evêque de a comparu personnellement devant Nous en présence de notre bien amé M. Michel Ange Prolis notre Auditeur, & de Mes Conseillers du Roi, Notaires au Châtelet de Paris, soussignés. Après avoir lû de mot à mot la profession de Foi contenu dans un Imprimé que l'on appelle vulgai-

omnes & singulos in ea contentos firmiter tenere & credere ac perpetuo servaturum, & à suis subditis observari curaturum jurejurando, tactis sacrosanctis Dei Evangeliis promisisse, necnon in prima & penultima lineis ejusdem professionis suæ nomen, cognomen & qualitatem manu propria scripsisse, & in calce subsignasse, in quorum fidem præsentes litteras manu propria signavimus, & per præfatum nostrum Auditorem ac præsentibus Notariis supra nominatis fieri & signari sigilloque nostro muniri fecimus & jussimus. Datum Parisiis anno Domini millesimo sexcentesimo die vero mensis Signatum, J. Archiepiscopus Nicenus & Nuncius Apostolicus, & infra Michaël Angelus Prolis Auditor cum iisdem Notariis.

rement Imprimé de la Profession de Foi, étant à genoux, a fait sa Profession de Foi, & qu'il tient fermement & croit tous & un chacun des articles qui y sont contenus; & a promis, les mains sur l'Evangile, qu'il les gardera toujours, qu'il aura soin de les faire observer par les siens, & qu'il a écrit de sa propre main à la premiere & à la penultiéme ligne de la même Profession, son nom, surnom & sa qualité, & qu'il a paraphé à la fin. En foi de quoi nous avons signé ces présentes de notre main, & nous les avons fait sceller de notre Sceau par notredit Auditeur, en présence desdites Notaires susnommés. Fait à Paris, l'an mil six cens le jour de Signé, J. Archevêque de Nicée, & Nonce Apostolique: Et plus bas, Michel Ange Prolis, avec lesdits Notaires.

Inquisitiones super vita & moribus Dominorum Episcoporum promovendorum.

Joannes-Jacobus Cavalerinus Archiepiscopus Nicenus, sanctissimi D. N. PP. Episcopus assistens Sacræ Rotæ Romanæ Auditor, necnon ejusdem Sanctissimi D. Innocentii nostri divina providentiâ PP. duodecimi apud Christianissimum D. D. Ludovicum XIV. Francorum & Navarræ Regem, Nuncius Apostolicus, universis præsentes litteras inspecturis salutem in Domino. Cum ex summorum Pontificum decretis maximè constitutione felicis recordationis Gregorii Papæ XIV. & juxta sacrosancti Concilii Tridentini dispositionem, omnes ii qui deinceps Metropolitanis & Cathedralibus Ecclesiis aliisque dignitatibus Ecclesiasticis præfici, seu de iis à

Information de vie & mœurs de Messieurs les Evêques qui sont à promouvoir.

Jean-Jacques Cavalerini Archevêque de Nicée, Evêque assistant de notre saint Pere le Pape, Auditeur de la sacrée Rote de Rome, & Nonce Apostolique de notredit saint Pere, par la providence divine Innocent Pape XII. à la Cour du Roi très-Chrétien de France & de Navarre Louis XIV. A tous ceux qui ces présentes Lettres verront, Salut en notre Seigneur. Comme suivant les Decrets des souverains Pontifes, & principalement la Constitution de Gregoire XIV. d'heureuse mémoire, & suivant la disposition du sacré Concile de Trente, tous ceux qui désirent être préposés à l'avenir aux Eglises Mé-

sancta Sede Apostolica sibi provideri desiderant, ostentationem autenticam vitæ, morum, religionis, ætatis, doctrinæ & sufficientiæ in Romana Curia exhibere ac publicam fidei orthodoxæ professionem facere, seque in Romanæ Ecclesiæ ac sanctissimi D. N. Papæ obedientia permansuros jurare & spondere teneantur. Cumque nobilissimus DD. AB per suam Majestatem Christianissimam ad Episcopatum nominatus vacantem per decessum Reverendi in Christo Patris ejus ultimi & immediati possessoris pacifici, dicti Episcopatûs, dum viveret, sub sanctissimi Domini nostri PP. sanctæque Sedis Apostolicæ beneplacito ad Episcopatum veniat promovendus, pro illius partæ requisiti fuimus quatenus debitam & expeditam super ejus vita, moribus, doctrina, ætate, conversatione, religionis professione, natalibus aliisque præmissis atque etiam super statu Ecclesiæ & Episcopatus inquisitionem facere vellemus & dignaremur. Nos hujusmodi requisitioni & supplicationi quæ nobis justa & rationi consentanea visa est, annuentes, ei inclinati pro muneris nostri ratione nonnullos testes viros graves & fide dignos, quorum nomina & cognomina, ætates, qualitates & mansiones inferius deducentur, omni humano affectu deposito, super præmissis dictæque Ecclesiæ & Episcopatus statu & articulis ea de causa conformiter ad dictam constitutionem factis, medio jurejurando ab eis & eorum quolibet solemniter præstito seorsim & sigillatim audivimus, interrogavimus, inquisivimus & examinavimus, eorumque dicta & depositiones per Magistros Consiliarios Regios Notarios notarum Custodes in Castelleto Parisiensi subscriptos, in scriptis redigi fecimus in hunc qui sequitur modum.

tropolitaines & Cathédrales & aux autres Dignités Ecclésiastiques, sont tenus de faire exhibitions à la Cour de Rome d'une attestation authentique de vie, mœurs, religion, âge, doctrine & suffisance, & de faire publiquement profession de la foi orthodoxe ; & de jurer & promettre qu'ils demeureront à jamais dans l'obéissance de l'Eglise Romaine, & de notre Saint Pere le Pape ; Et comme noble homme nommé par sa Majesté très-Chrétienne à l'Evêché de vacant par le décès de Reverend Pere en Dieu le dernier & immédiat Titulaire & possesseur paisible dudit Evêché pendant qu'il vivoit, se présente pour être promû dudit Evêché de sous le bon plaisir de notre Saint Pere le Pape, & du saint Siége Apostolique, nous avons été requis de sa part de vouloir faire une enquête dûe & requise sur ses vie, mœurs, doctrine, âge, conduite, religion, profession, naissance, & les autres choses marquées ci-dessus ; comme aussi sur l'état de ladite Eglise & dudit Evêché de Nous pour satisfaire à cette priere, comme étant juste & raisonnable, avons, selon le dû de notre charge, entendu, interrogé, enquis & examiné quelques témoins, gens considérables & dignes de foi, dont on déduira ci-après les noms, les surnoms, l'âge, la qualité & la demeure, en mettant bas tous sentimens humains, sur les choses marquées ci-devant, & sur l'état de ladite Eglise & dudit Evêché, & sur les articles qui ont été dressés à cet effet, conformément à ladite constitution, après que tous & un chacun ont prêté solemnellement & séparement le serment l'un après l'autre, nous avons fait rédiger par écrit leur

Et

dire & dépositions par M
Conseillers du Roi, Notaires, Gardenotes de Sa Majesté au Châtelet de Paris, soussignés, en la maniere qui s'ensuit.

Et primo sequuntur articuli super quibus auditi sunt testes circa vitam & mores propositi Domini promovendi.

Et premierement, s'ensuivent les articles sur lesquels ont été entendus les témoins touchant la vie & les mœurs de celui qui est à promouvoir.

AN testis cognoscat nobilissimum Dominum ad Episcopatum promovendum. Quomodo, à quo tempore citra, an sit ipsius consanguineus, affinis, nimium familiaris, æmulus vel odiosus.

SI le témoin connoît le sieur qui est à promouvoir à l'Evèché de Comment il le connoît, s'il n'est point son parent, son cousin, son allié, son ami particulier, son concurrent, ou son ennemi.

An sciat in qua civitate, loco vel Diœcesi idem Dominus promovendus sit natus, & quæ sit causa scientiæ.

S'il sçait en quelle ville, ou lieu, ou Diocèse est né celui qui est à promouvoir.

An sciat cujus ætatis sit, præsertim an expleverit annum trigesimum, & quæ sit causa scientiæ.

S'il sçait quel âge il a, & principalement s'il a trente ans passés.

An sciat eum esse in sacris Ordinibus constitutum, quibus, à quo tempore citra præsertim, an ante sex menses, & quæ sit causa scientiæ.

S'il a connoissance qu'il est dans les Ordres sacrés, en quels Ordres il est, depuis quand il y est, & principalement s'il y est depuis plus de six mois.

An sciat eum esse in Ecclesiasticis functionibus, & in exercitio Ordinum susceptorum diu versatum, in susceptione Sacramentorum frequentem & devotum, & quæ sit causa scientiæ.

S'il sçait qu'il fait les fonctions Ecclésiastiques, s'il exerce depuis longtems les Ordres qu'il a reçus, s'il fréquente les Sacremens, & s'il fait profession de dévotion.

An sciat eum semper catholicè vixisse, & in fidei puritate permansisse, & quæ sit causa scientiæ.

S'il sçait qu'il a toujours vécu catholiquement, & s'il a toujours demeuré dans la pureté de la Foi.

An eum præditum esse innocentiâ vitæ, bonisque moribus, bonæ conversationis & famæ, & quæ sit causa scientiæ.

S'il sçait qu'il a toujours mené une vie innocente, s'il est de bonnes mœurs, de bonne conduite, & s'il est estimé.

An sciat eum esse virum gravem, prudentem, & usu rerum præstantem, & quæ sit causa scientiæ.

S'il est homme grave, prudent & d'expérience, & comment il le sçait.

An sciat eum aliquo gradu in Jure Canonico vel in sacra Theologia insignitum esse, quibus in locis, quanto tempore, & quo fructu ipse Theologiæ vel Juri Canonico operam dederit, & an vere ea polleat doctrina quæ in Episcopo requiritur ad hoc ut possit alios docere, & quæ sit causa scientiæ.

S'il a connoissance qu'il est Gradué en Droit Canon ou en Théologie, dans quelle Université il est Gradué, depuis quel tems, & quel profit il a fait dans l'étude du Droit & de Théologie, & s'il a véritablement la capacité qui est nécessaire à un Prélat pour enseigner les autres, & d'où il le sçait.

An sciat eum aliquo munere aliquando functum esse vel circa curam animorum, aut regimen alterius Ecclesiæ exercuisse, & quomodo in eis se gesserit, tam quoad doctrinam, quam quoad prudentiam, integritatem & mores, & quæ sit causa scientiæ.

S'il sçait qu'il ait été autrefois dans quelque emploi ou à charge d'ame, ou dans l'administration de quelque Eglise, comme il s'y est comporté, tant pour la doctrine, que pour ce qui regarde la conduite, l'integrité, & la bonne vie, & comment il le sçait.

An sciat eum aliquando publicum aliquod scandalum dedisse circa fidem, mores aut doctrinam, aut aliquo sive corporis aut animi vitio seu alio Canonico impedimento detineri, quominus possit ad aliquam Ecclesiasticam dignitatem promoveri, & quæ sit causa scientiæ.

S'il n'a point connoissance qu'il ait donné quelque scandale public sur le sujet de la foi, des mœurs & de la doctrine, qu'il ait quelque défaut, ou du corps, ou d'esprit, ou quelque empêchement Canonique d'être promû à quelque Dignité Ecclésiastique, & comme il le sçait.

An eum idoneum existimet ad bene regendam Ecclesiam Cathedralem, & præsertim eam ad quam ipse est promovendus, dignumque qui ad illam promoveatur, & an ipsius promotionem Ecclesiæ hujusmodi utilem & proficuam fore existimet, & quare ita existimet.

S'il le juge propre à bien gouverner un Evêché, & principalement celui auquel il doit être promû, s'il le juge digne d'être promû à cette Dignité, & s'il juge que cette promotion sera utile à cette Eglise, & pourquoi il le juge.

Sequuntur dicta & depositiones testium super vita & moribus prædicti nobilissimi Domini nominati promovendi.

S'ensuivent les dires & les dépositions des témoins, sur la vie & les mœurs de celui qui est à promouvoir.

Illustrissimus & Reverendissimus Dei & sanctæ Sedis Apostolicæ gratia Episcopus annos natus aut circiter, Parisiis in vico degens & commorans, præstito prius ab eo juramento de dicenda veritate super

Illustrissime & Reverendissime Seigneur par la grace de Dieu & du saint Siége Apostolique Evêque de âgé de ans, demeurant à Paris, ruë Paroisse après avoir prêté le

articulis præ insertis interrogatus.

serment de dire verité sur les articles insérés ci-devant interrogé qu'il a été.

Ad primum respondit, se à pluribus annis cognovisse & cognoscere nobilissimum prædictum N promovendum, idque excommunicatione & frequentatione cum eo ab illo tempore habita, non esse tamen illius consanguineum & affinem, nimium familiarem, æmulum vel odiosum.

Sur le premier, a dit, qu'il connoît depuis long-tems le sieur qui est à promouvoir, & qu'il le connoît par les communications & conversations fréquentes qu'il a eues avec lui, qu'il n'est ni son parent, ni son allié, ni son ami particulier, ni son concurrent, ni son ennemi.

Ad secundum, oriundum esse dictum Dominum promovendum ex urbe Diœcesi

Sur le deuxiéme, qu'il est originaire de Diocèse de

Ad tertium, dictum Dominum promovendum ex legitimo matrimonio nobilissimis & valde catholicis parentibus ortum esse, quorumque alteri non minus pietate, religione & scientia, quàm nobilitate regio stemmate insignita claruerunt, quod scit tam ex peculiari ipsius notitia quàm ex communi omnium consensu.

Sur le troisiéme, qu'il est né de légitime mariage, & de parens très-nobles & très-Catholiques, & dont les ancêtres n'ont pas été moins illustres par leur religion & leur science, que par leur noblesse.

Ad quartum, dictum Dominum promovendum esse in ætatis suæ anno aut circiter constitutum, prout cognoscitur fide baptismali.

Sur le quatriéme, qu'il est agé de ans, comme il se voit par son extrait baptistaire.

Ad quintum, dictum Dominum promovendum ad omnes sacros Ordines ab annis suscepisse, prout constat ex litteris susceptionis ipsorum Ordinum.

Sur le cinquiéme, qu'il a reçu les Ordres sacrés il y a ans, comme il paroît par ses Lettres d'Ordres.

Ad sextum, dictum Dominum promovendum in prædictorum Ordinum exercitio, cunctisque Ecclesiasticis functionibus dici & maxime versatum esse, necnon in Sacramentorum susceptione frequentem & devotum quod scit ex causa prædicta.

Sur le sixiéme, qu'il a exercé long-tems lesdits Ordres, & toutes les fonctions Ecclésiastiques, qu'il fréquente les Sacremens, & qu'il est devot. Ce qu'il sçait par la même voie.

Ad septimum, dictum Dominum promovendum bene & catholice vixisse, ac in fidei puritate permansisse semper, quod scit ut supra.

Sur le septiéme, qu'il a toujours bien & catholiquement vêcu, & qu'il est toujours demeuré dans la pureté de la Foi Catholique.

Ad octavum, dictum Dominum promovendum esse probatæ, vitæ, honestate morum & bona conversatione commendabilem.

Sur le huitiéme, qu'il est recommandable par sa probité, par son honnêté, & par sa bonne conduite.

Ad nonum, supradicti Domini promovendi prudentiam, gravitatem, & experientiam, in multis animadvertisse, & cognovisse eundem Dominum promovendum id rerum usu valde præstantem esse.

Ad decimum, dictum Dominum promovendum in gradu sacræ Thæologiæ insignitum, & in omnium scientiarum genere, maxime, quæ Antistitem decent, ornatum; quod scit, tam ex authenticis gradus litteris, quàm ex variis concionibus, quibus fideles instruere solebat.

Ad undecimum, dictum Dominum promovendum nullam unquam exercuisse curam animarum, sed cæteris fere muneribus Ecclesiæ functum fuisse.

Ad duodecimum, dictum Dominum promovendum nullum publicum scandalum dedisse, circa fidem, mores, & doctrinam, nulloque corporis & animi vitio, alioque Canonico impedimento, laborare, quominus possit ad præfatam Ecclesiam sancti promoveri.

Ad decimum tertium & ultimum, præfatum Dominum promovendum, ad omnia munia Ecclesiastica valde instructum esse, & etiam idoneum, ad regendam & gubernandam Cathedralem Ecclesiam præsertim sancti ipsius promotionem eidem Ecclesiæ non modo utilem, sed & proficuam fore, & signavit in minuta præsentium, quia ea omnia cognovit fama publica, & conversatione præfata.

Sur le neuviéme, qu'il a remarqué en plusieurs rencontres la prudence de celui qui est à promouvoir, sa gravité, son experience, & qu'il excelle dans le maniement des affaires.

Sur le dixiéme, qu'il est Gradué en Théologie, versé en toutes sortes de sciences, & principalement dans celles qui conviennent à un Prélat, ce qui paroît tant par les Lettres de ses Dégrés, que par plusieurs Prédications qu'il a faites pour l'instruction des fideles.

Sur l'onziéme, qu'il n'a jamais à la verité possedé de bénéfice à charge d'ame; mais qu'il a fait toutes les autres fonctions Ecclésiastiques.

Sur le douziéme, qu'il n'a jamais causé aucun scandale public sur le sujet de la foi, des mœurs, de la doctrine, qu'il n'y a en lui aucun défaut ni de corps, ni d'esprit, ni aucun empêchement Canonique qui puisse le rendre incapable d'être promû à l'Evêché de

Sur le treiziéme & dernier, qu'il est fort instruit dans toutes les fonctions Ecclésiastiques, & fort propre à remplir la Dignité Episcopale, & entre autres celle de & que sa promotion à cette Dignité sera, non-seulement utile, mais aussi fort avantageuse; & a signé la minute des présentes, parce qu'il a connoissance que tout cela est de notoriété publique, & par les conversations fréquentes qu'il a eues avec lui.

Sequuntur articuli super quibus auditi sunt iidem testes circa statum dictæ Ecclesiæ.

S'ensuivent les articles sur lesquels ont été entendus les mêmes témoins sur l'état de ladite Eglise.

AN testis sciat in qua Provincia sita sit civitas, cujus situs, qualitatis, & magnitudinis sit, quot constetur, domibus, & quot Christi fidelibus inhabitetur, cujus dominio in temporalibus subjaceat, & quæ sit causa scientiæ.

SI le témoin sçait en quelle Province est située la Ville de Quelle est sa situation, sa qualité & sa grandeur, combien elle contient de maisons, combien il y a d'habitans, & de quel Domaine elle dépend dans le temporel, & d'où il le sçait.

An sciat in illâ civitate esse Cathedralem, vel Metropolitanam, sub qua invocatione, cujus structuræ, & qualitatis & an aliqua reparatione indigeat, & quæ sit causa scientiæ.

Si sçait qu'il y a dans cette Ville une Eglise Cathédrale ou Métropolitaine, sous l'invocation de quel Saint elle est dédiée à Dieu, quelle est sa structure & sa qualité, & si elle a besoin de quelque réparation & comment il le sçait.

An sit Ecclesia Archiepiscopalis, an sciat quot Episcopos suffraganeos habeat, & qui sunt; si Episcopalis, an sciat cui Archiepiscopo sit suffraganea, & quæ sit causa scientiæ.

Si c'est une Eglise Archiepiscopale, s'il sçait combien il y a d'Evêques suffragans, & quels ils sont; si c'est une Eglise Episcopale, s'il sçait de quel Archevêché elle est suffragante, & comment il le sçait.

Quot & quales sint in dicta Ecclesia Dignitates, Canonicatus, & alia Beneficia Ecclesiastica, qui sit numerus omnium Presbyterorum & Clericorum inibi in divinis inservientium, & quæ sit dignitas major post Pontificalem, quales sint reditus Dignitatum, Canonicatuum, & aliorum Beneficiorum, & an adsint Prabendæ Theologalis, & Pœnitentiaria, & quæ sit causa scientiæ.

Combien il y a dans cette Eglise de Dignités, combien de Canonicats & & autres Bénéfices; quel est le nombre des Prêtres & des Clercs qui font l'Office divin dans cette Eglise, quelle est la plus grande Dignité après celle du Prélat, quels sont les revenus des Dignités, des Canonicats & des autres Bénéfices; s'il y a une Prébende Théologale, s'il y a une Prébende de Pénitencier, & comment il le sçait.

An in eâ cura animarum exerceatur, per quem, an sit in ea fons baptismalis, & quæ sit causa scientiæ.

S'il y a une Cure, qui en fait les fonctions; s'il y a des fonts baptismaux, & d'où il le sçait.

An habeat sacrarium, sufficienter instructum sacra supellectile, cæterisque

S'il y a une Sacristie assez bien meublée d'ornemens & des autres

rebus ad divinum cultum, & etiam ad Pontificalia exercenda necessariis, Chorum, organum, campanile, cum campanis, & cæmeterium, & quæ sit causa scientiæ.

choses nécessaires à l'Office divin, & même à célebrer pontificalement; s'il y a un Chœur, une Orgue, un clocher & des cloches, & un cimetiere, & comment il le sçait.

An sint in ea corpora, vel aliquæ insignes reliquiæ Sanctorum, quomodo asserventur, & quæ sit causa scientiæ.

S'il y a des Corps Saints, ou quelques Reliques remarquables, comme elles sont gardées, & comment il le sçait.

An habeat domum pro Episcopi habitatione, ubi & qualem, quantum distet ab Ecclesia, & an reparatione indigeat, & quæ sit causa scientiæ.

S'il y a une maison pour la demeure de l'Evêque, où elle est, & quelle elle est, combien elle est éloignée de l'Eglise, & si elle a besoin de réparations, & comment il le sçait.

An sciat verum valorem mensæ Episcopalis, ad quam summam annuatim ascendant reditus, in quibus consistant, & an sint aliqua pensione onerati, ad cujus, vel quorum favorem data pensio sit reservata, & quæ sit causa scientiæ.

S'il sçait quelle est la véritable valeur de la mense Episcopale, à combien elle monte tous les ans, en quoi elle consiste; si elle est chargée de quelque pension, en faveur de qui cette pension a été créée, & comment il le sçait.

Quot existant in illa civitate Ecclesiæ Parochiales, & unaquæque habeat fontem baptismalem, quot item in illa existant Collegiatæ, quot Monasteria virorum & mulierum, quot & Confraternitates, & Hospitales, & an ibi sit Mons Pietatis, & quæ sit causa scientiæ.

Combien il y a dans cette Ville d'Eglises Paroissiales, & si chacune a ses fonts baptismaux, combien il y a de Collegiales, combien de Monasteres de Religieux, combien de Religieuses, combien de Confrairies, combien d'Hôpitaux, s'il y a un Mont de Piété, & comment il le sçait.

Quantum sit ampla Diœcesis, quæ, & quot loca complectatur, & quæ sit causa scientiæ.

Quelle est l'étendue de l'Evêché, combien il contient de lieues dans son enceinte, & comment il le sçait.

An in ea erectum sit Seminarium, quot eo pueri alantur, & quæ sit causa scientiæ.

S'il y a un Seminaire fondé; combien on y entretient d'enfans, & d'où il le sçait.

An ipsa Ecclesia vacet, à quo tempore, citra, & quæ sit causa scientiæ.

Si cet Evêché est vacant, depuis quand il vaque, & comment il le sçait.

Sequuntur dicta & depositiones testium super statu præfati Episcopatus.

Discretus Magister, nunc Parisiis degens, & commorans in vico Parochiæ sancti præstito juramento veritatem dicendi, super prædictis articulis, & ad illos respondens, dixit,

Ad primum Ecclesiam sancti esse sitam in Provincia satis amplam & ex principalibus Provinciæ dicti Domini subjacentem, focos continentem, à millibus incolarum habitatam, quod scit, ut ex ipsa civitate oriundus.

Ad secundum, in ea civitate esse Ecclesiam Cathedralem sub invocatione sancti structuræ mediocris nonnullisque reparationibus indigentem, quod scit ex prædicta causa.

Ad tertium, dictam Ecclesiam sancti esse Episcopalem, & Archiepiscopo suffraganeam, quod scit ex prædicta causa.

Ad quartum, in præfata Ecclesia esse Archidiaconatum, dignitatem post Pontificalem majorem; cum duabus aliis Dignitatibus, subjacet Thesauraria & Archiepresbyteratus, Canonicatus septem-decim, quibus viginti Choristæ inserviunt, ita ut numerus Clericorum & Presbyterorum, in divinis inservientium, numerum quinquaginta aut circiter conficiat; dignitatum autem & Canonicatuum reditus esse annuatim, scilicet Archidiaconatus, librarum, Thesaurariæ & Archipresbyteratus, respective, librarum, Canonicatus vero cujuslibet librarum, quot scit ex prædicta causa.

Ad quintum, in Ecclesia sancti

S'ensuivent les dires & les dépositions des témoins, sur l'état de l'Evêché susdit.

Discrete personne Maître Bourgeois de de présent à Paris, demeurant rue de Paroisse de après avoir prêté serment de dire verité sur les articles susdits, & pour y repondre, a dit,

Sur le premier que l'Eglise de est située dans la Province de qu'elle contient feux, & habitans, ce qu'il sçait, parce qu'il est originaire de la Ville.

Sur le deuxiéme, qu'il y a une Eglise Cathédrale dans cette Ville, dédiée à Dieu sous l'invocation de S d'une structure médiocre, & qu'elle a besoin de quelques réparations, ce qu'il sçait pour les raisons ci-dessus.

Sur le troisiéme, que l'Eglise de S est Episcopale, & qu'elle est suffragante de l'Archevêché de ce qu'il sçait pour les raisons ci-dessus.

Sur le quatriéme, qu'il y a dans cette Eglise un Archidiaconé, Dignité qui est la plus grande après celle du Prélat; deux autres Dignités, la Trésorerie, & l'Archiprêtrise, dix-sept Canonicats à qui suppléent vingt Choristes, ensorte que le nombre des Prêtres qui célebrent l'Office divin, est de cinquante ou environ; que le revenu annuel des Canonicats est de sçavoir l'Archidiaconée de livres; celui de la Tresorerie & celui de l'Archiprêtre de livres chacun, & celui de chacun des Chanonicats simples de livres, ce qu'il sçait par la même voie.

Sur le cinquiéme, qu'il y a une Pa-

curam animarum, per rectorem, à capitulo distinctum, exerceri, & esse fontem baptismalem, quod scit ex prædicta causa.

Ad sextum, dictam Ecclesiam suam habere sacrarium, sufficienter instructum, sacra supellectile, aliisque necessariis, ad divinum cultum, & Pontificalia exercenda munitum, organum, campanile, cum campanis, & cæmeterium inesse.

Ad septimum, esse in dicta Ecclesia corpora Sanctorum, variasque reliquias, & præsertim in receptis a: curatissimè asservatas.

Ad octavum, se scire domum Episcopalem esse Cathedrali Ecclesiæ contiguam, multisque reparationibus indigentem, quod scit ex prædicta causa.

Ad nonum, fructus mensæ Episcopalis ascendere annuatim ad summam librarum, aut circiter, & illos consistere in quibusdam censibus, pratis, & majori ex parte in decimis; Episcopatum autem nulla pensione oneratum esse.

Ad decimum, in eadem civitate unicam esse Ecclesiam Parochialem, quæ in Ecclesia Cathedrali sita est, & deserviri solita, unam Collegiatam, tria Monasteria virorum, unum scilicet Cordigerorum, alterum sancti Dominici, & tertium Jesuitarum; duo Monialium, unum Visitationis, duas Confraternitates, unam scilicet Pœnitentium alborum & alteram nigrorum, Hospitale, nullum vero Montem Pietatis

Ad undecimum, Diœcesim sancti esse satis amplam, protensam ad leucas in longitudinem, & in latitudinem.

Ad duodecimum, in ipsa civitate inesse Seminarium, in quo pueri, aut circiter, in divinis instruuntur, quod scit ex prædicta causa.

Ad decimum-tertium & ultimum, prædictam

roisse dans l'Eglise Cathédrale de S desservie par & qu'il y a des fonts baptismaux.

Sur le sixiéme, que ladite Eglise a une Sacristie garnie suffisamment de ses ornemens, & des autres choses néceſſaires à l'Office Divin & même Pontifical; qu'il y a une orgue, un clocher & des cloches, & un cimetiere.

Sur le septiéme, qu'il y a des Corps Saints & Reliques des Saints, & entres autres qui sont gardés fort religieusement.

Sur le huitiéme, qu'il y a une Maison Episcopale qui tient à l'Eglise, & qu'elle est en mauvaise réparation, ce qu'il sçait par la même voie.

Sur le neuviéme, que les fruits de la mense Episcopale montent par an à la somme de livres, & qu'ils consistent en certains cens, prez, & en dixmes pour la plus grande partie, & que l'Evêché n'est chargé d'aucune pension.

Sur le dixiéme, qu'il n'y a qu'une Eglise Paroissiale qui est desservie dans la Cathédrale, une Collegiale, trois Monasteres d'hommes, un de Cordeliers, l'autre de Jacobins, le troisiéme de Jesuites, deux de Religieuses, un de la Visitation; deux Confrairies, sçavoir une de Pénitens blancs, l'autre de Pénitens noirs, un Hôpital, & qu'il n'y a point de Mont de Piété.

Sur l'onziéme, que l'Evêché de a lieues de long, & lieues de travers.

Sur le douziéme, qu'il y a un Seminaire où on éleve enfans pour l'Office divin, ce qu'il sçait par la même voie que dessus.

Sur le treiziéme & dernier, que

prædictam Ecclesiam vacare à mensibus, aut circiter, per obitum DD. illius ultimi Episcopi; quæ omnia, tanquam vera, signavit in minuta præsentium.

In quorum præmissorum fidem & testimonium, præsentes litteras manu nostra subscriptas, per dilectum nostrum Magistrum Michaëlem Angelum Prolis Auditorem nostrum, fieri, expediri, & signari fecimus, sigilloque nostro muniri jussimus & fecimus, præsentibus Magistris Consiliariis Regiis, Notariis, notarum custodibus Castelleti Parisiensis subscriptis. Datum Parisiis anno Domini millesimo septingentesimo die verò mensis

l'Eglise susdite vaque depuis par le décès de qui en a été le dernier Evêque : ce qu'il a signé à la minute des présentes.

En foi de quoi Nous avons fait expédier & signer ces présentes de notre main par notre bien aimé Maître Michel-Ange Prolis notre Auditeur, & nous les avons fait sceller de notre Sceau en présence de Maîtres Conseillers du Roi, Notaires Gardenotes du Châtelet de Paris soussignez. Fait à Paris, l'an mil le du mois de

---

Inquisitiones super vita & moribus Abbatis.

Joannes-Jacobus Cavalerinus Archiepiscopus Nicenus, sanctissimi D. N. PP. Episcopus assistens, Sacræ Rotæ Romanæ Auditor, necnon ejusdem Sanctissimi D. Innocentii nostri divinâ providentiâ Papæ duodecimi apud Christianissimum D. D. Ludovicum XIV. Francorum & Navarræ Regem Nuncius Apostolicus, universis præsentes litteras inspecturis salutem in Domino. Cum juxta sacros Canonos, Concilia generalia, præsertim Tridentinum, ac Constitutionem felicis recordationis sanctissimi in Christo Patris Gregorii Papæ XIV. in & pro promovendis ad Cathedrales & superiores Ecclesias, & alia Ecclesiastica Beneficia majora, atque etiam Monasteria & Prioratus Conventuales, ac vere electivos sancti Benedicti; seu alterius Ordinis, faciendi sunt processus & informationes circa statum & qualitatem hujusmodi Ecclesiarum &

Information de vie & de mœurs d'un Abbé.

Jean-Jacques Cavalerini Archevêque de Nicée, Evêque assistant de notre S. Pere le Pape, Auditeur de la sacrée Rote de Rome, & Nonce Apostolique de notredit S. Pere par la Providence divine Innocent Pape XII. à la Cour du Roi très-Chrétien de France & de Navarre Louis XIV. A tous ceux qui ces présentes Lettres verront, Salut en notre Seigneur. Comme suivant les sacrés Canons, les Conciles généraux, & principalement celui de Trente, & la Constitution du très-Saint Pere en notre Seigneur Jesus-Christ, Gregoire Pape XIV. d'heureuse mémoire, sur le sujet de ceux qui doivent être promus aux Eglises Cathédrales & Supérieures, & aux autres Bénéfices de plus grande conséquence; comme aussi aux Abbayes & Prieurés Conventuels électifs de l'Ordre de Saint Benoît, &

Beneficiorum ; pro parte vero nobilissimi viri Domini Diaconi Parisiensis Diœcesis, in Theologiæ Facultatis Parisiensis Baccalaurei, sanctissimo Domino nostro Papæ per Christianissimum Dominum nostrum Regem, ad Monasterium sancti Ordinis sancti Benedicti Diœcesis per obitum defuncti Domini illius ultimi & immediati Commendatarii possessoris tanquam nominati & præsentati, requisiti fuerimus, quatenus inquisitionem super ejus vita, fide, natalibus, ætate, moribus, religione, ejusque parentibus, nec non super statu dicti monasterii, in Romana Curia exhibendam, facere vellemus & dignaremur. Nos dictæ requisitioni, quæ nobis justa jurique consentanea visa est, annuentes & inclinati, testes infra nominatos, coram nobis productos, & personaliter, ad effectum præsentium comparentes, prævio juramento, in præsentia Auditoris nostri, ac Magistrorum Notariorum publicorum Parisiensium, super infra scriptis articulis, audivimus & examinavimus, & separatim interrogavimus, in hunc modum qui sequitur.

des autres Ordres, il faut dresser des procès-verbaux & des informations de l'état & de la qualité de ces Eglises & de ces Bénéfices ; & comme de la part de noble homme Diacre du Diocèse de Paris, Bachelier de la Faculté de Théologie de l'Université de Paris, nommé & présenté à notre Saint Pere le Pape par le Roi très-Chrétien, à l'Abbaye de de l'Ordre de Saint Benoît, du Diocèse de vacante par le décès de défunt dernier & immédiat Commendataire, nous avons été requis que notre bon plaisir fût de faire une enquête de sa foi, de sa naissance, de son âge, de ses mœurs, de sa religion & de ses parens, comme aussi de l'état de ladite Abbaye, pour être montrée à la Cour de Rome. Nous, pour proceder à ladite enquête qui nous a semblée juste & conforme aux regles du droit, avons entendu les témoins ci-après nommés, qu'on nous a produits, & qui ont comparu en personne devant nous, après avoir prêté le serment en présence de notre Auditeur, & de Maîtres Conseillers du Roi, Notaires Gardenotes de sa Majesté au Châtelet de Paris, soussignés, sur les articles ci-après rapportés, & les avons examinés & interrogés séparément en la maniere qui s'ensuit.

Sequitur tenor articulorum super quibus testes producti & examinati fuerunt, de & super vita & moribus prædicti Domini nominati.

S'ensuit la teneur des articles sur lesquels les témoins ont été produits & examinés, sur la vie & les mœurs dudit sieur nommé au Bénéfice.

S*Uper primo, an testis cognoscat dictum Dominum nominatum, quomodo, à quo tempore, citra; an sit ipsius consanguineus, cognatus, affinis,*

SUr le premier Article, si ce témoin connoît ledit sieur nommé au Bénéfice, comment il le connoît, depuis quel tems; s'il est

nimium familiaris, æmulus, vel odiosus.

son parent, son cousin, son allié, son ami particulier, son concurrent ou son ennemi.

Super secundo, an sciat in qua civitate, loco vel Diœcesi idem Dominus nominatus sit natus, & quæ sit causa scientiæ.

Sur le second, s'il sçait en quelle Ville, en quel lieu & en quel Diocèse le nommé a pris naissance, & comment il le sçait.

Super tertio, an sciat ipsum esse natum ex legitimo matrimonio atque honestis & catholicis parentibus, & quæ sit causa scientiæ.

Sur le troisiéme, s'il sçait qu'il est né de légitime mariage & de parens honnêtes & Catholiques, & comment il le sçait.

Super quarto, an sciat cujus ætatis sit, & quæ sit causa scientiæ.

Sur le quatriéme, s'il sçait quel âge il a, & comment il le sçait.

Super quinto, an sciat eum esse in sacris Ordinibus constitutum, quibus, à quo tempore, citra, & quæ sit causa scientiâ.

Sur le cinquiéme, s'il sçait qu'il est dans les Ordres sacrés, en quels Ordres il est, depuis quel tems il y est, & comment il le sçait.

Super sexto, an sciat eum esse sacris functionibus, & in exercitio Ordinum susceptorum diu versatum, in susceptione Sacramentorum frequentem & devotum, & quæ sit causa scientiæ.

Sur le sixiéme, s'il est bien versé dans les fonctions Ecclésiastiques, & dans l'exercice des Ordres qu'il a reçus, s'il fréquente les Sacremens, & s'il a de la dévotion, & comment il le sçait.

Super septimo, an sciat eum semper catholicè vixisse, & in fidei puritate permansisse, & quæ sit causa scientiæ.

Sur le septiéme, s'il sçait qu'il a toujours vêcu en bon catholique, & qu'il a toujours demeuré dans l'integrité de la Foi, & comment il le sçait.

Super octavo, an sciat eum præditum esse innocentiâ vitæ, bonisque moribus, & an sit bonæ conversationis & famæ, & quæ sit causa scientiæ.

Sur le huitiéme, s'il a mené une vie sans reproche, s'il a été de bonnes mœurs, si sa conduite est bonne, s'il est en estime, & comment il le sçait.

Super nono, an sciat eum esse virum gravem, prudentem, & usu rerum præstantem, & quæ sit causa scientiæ.

Sur le neuviéme, s'il a connoissance qu'il est homme grave, prudent & d'experience, & comment il le sçait.

Super decimo, an sciat eum aliquo gradu in Jure Canonico, vel in sacra Theologia insignitum esse, quibus in locis, quanto tempore, & quo fructu ipse Theologiæ vel Juri Canonico operam dederit, eumque verè ea doctrina pollere, quæ in Abbate requiritur ad hoc ut possit alios docere & regere, & quæ sit causa scientiæ.

Sur le dixiéme, s'il a connoissance qu'il a pris quelques dégrés ou en droit ou en Théologie, en quelle Université, depuis quel tems; s'il a profité dans ces sortes d'études, & si véritablement il a la capacité qui est requise à un Abbé pour instruire & gouverner les autres, & comment il le sçait.

Super undecimo, an sciat eum aliquando aliquo munere functum fuisse, &

Sur l'onziéme, s'il a connoissance qu'il ait été dans quelque emploi, *quomodo se gesserit, tam quoad doctrinam, quàm quoad mores, & quæ sit causa scientiæ.*

Super duodecimo, an sciat eum aliquando publicum aliquod scandalum dedisse circa fidem, mores aut doctrinam, vel aliquo sive corporis sive animi vitio, seu alio Canonico impedimento detineri, quominus possit ad aliquam Ecclesiasticam dignitatem promoveri, & quæ sit causa scientiæ.

Super decimo tertio & ultimo, an eum idoneum existimet, cui dicti Abbatia commendetur, ad quam à Rege Christianissimo nominatus existit, & an eidem Abbatiæ utilem & proficuum fore existimet, & quæ sit causa scientiæ.

& comment il s'y est comporté, tant pour la doctrine, que pour les mœurs, & comment il le sçait.

Sur le douziéme, s'il n'a point connoissance qu'il ait commis quelque scandale public ou dans la foi, ou dans les mœurs, ou dans la doctrine, s'il n'a point quelque défaut de corps & d'esprit, ou quelqu'autre empêchement Canonique qui puisse l'empêcher d'être promû à quelque Dignité Ecclésiastique, & comment il le sçait.

Sur le treiziéme & dernier, s'il le juge digne d'être pourvû de l'Abbaye à laquelle il a été nommé par le Roi très-Chrétien, & s'il croit qu'il sera utile à cette Abbaye, & comment il le sçait.

Sequuntur dicta & depositiones testium super vita & moribus prædicti Domini

De die anno Domini 17

Illustrissimus Dominus *Presbyter Licentiatus Theologiæ, Abbas Commendatarius Monasterii Ordinis Diœcesis annum agens Parisiis in regione sancti Germani à pratis, & in vico Parochiæ sancti Sulpicii degens & commorans, præstito prius juramento, interrogatus super articulis præinsertis, circa vitam & mores prædicti Domini nominati*

Ad primum respondit, se pluribus abhinc annis cognovisse & cognoscere familiam dicti Domini nominati, & ea de causa insummet Dominum nominatum ad Abbatiam & cum eo sæpissime familiariter conversatum fuisse, nec illum esse consanguineum, cognatum, affinem, nimium familiarem, æmulum,

S'ensuivent les dires & les dépositions des témoins qui ont été entendus sur la vie & les mœurs du sieur

Du 17

Le sieur Prêtre, Licentié en Théologie, Abbé Commendataire de Notre-Dame de de l'Ordre de au Diocèse de âgé de demeurant à Paris au quartier de Saint Germain des Prez, rue de la Paroisse de S. Sulpice, étant interrogé sur les articles insérés ci-dessus, sur le sujet de la vie & des mœurs du sieur nommé, après avoir prêté le serment,

A répondu sur le premier, que depuis plusieurs années il a connu & connoît la famille dudit nommé, & que c'est la cause pourquoi il connoît le sieur nommé à l'Abbaye de qu'il a souvent conversé familierement avec lui, qu'il n'est ni son parent, ni son cousin, ni son allié, ni trop *vel odiosum.*

Ad secundum, dictum Dominum nominatum, esse ex civitate prædicta, cum ejus familia.

Ad tertium, ortum fuisse ex legitimo thoro, habereque nobilissimos, honestos & catholicos parentes, videlicet Dominum & Dominam nobilitate & pietate conspicuos, quod scit tam ex ipsius notitia peculiari quàm communi omnium consensu.

Ad quartum, dictum Dominum nominatum esse in vigesimo quarto aut circiter suæ ætatis anno constitutum, prout ex aspectu cognoscitur.

Ad quintum, scire se, ipsum Dominum nominatum suscepisse à duobus annis aut circiter sacrum Diaconatus Ordinem, eumque vidisse sæpissime in functionibus.

Ad sextum & septimum, eum esse in dicto Ordine Diaconatus suscepto maxime versatum, nec à religionis Catholicæ, Apostolicæ & Romanæ professione unquam aberrasse.

Ad octavum, scire se eum esse vita innocentem, bonis rectisque moribus imbutum, & nulla labe infectum.

Ad nonum, se ejus prudentiam & gravitatem, ac experientiam, in multis animadvertisse.

Ad decimum, eum esse in Theologia Baccalaureum Sorbonicum, prout ex litteris sibi apparuit, & ex conversatione sua, quam multoties cum eo habuit, cognovisse, omnem in dicto Domino nominato scientiam reperiri, quæ in Abbate, ut alios edoceat, desiderari possit.

Ad undecimum, dictum Dominum

son ami, ni son concurrent, ni son ennemi.

Sur le second, que le nommé est de Paris, qu'il l'a appris de sa famille même.

Sur le troisiéme, qu'il est né de légitime mariage, qu'il a des parens très-nobles, honnêtes & catholiques, sçavoir Messire ses pere & mere, tous deux d'une illustre famille & d'une piété singuliere; ce qu'il sçait tant par la connoissance particuliere qu'il en a, que par le consentement de tout le monde.

Sur le quatriéme, que le nommé a vingt-quatre ans, comme il est aisé de le voir.

Sur le cinquiéme, que le nommé a reçu depuis deux ans ou environ le Diaconat, & qu'il lui en a vû faire souvent les fonctions.

Sur le sixiéme & le septiéme, qu'il est fort versé dans l'exercice de l'Ordre de Diacre, & qu'il n'a jamais rien fait qui n'ait été digne de la profession de la Religione Catholique, Apostolique & Romaine.

Sur le huitiéme, qu'il sçait qu'il a toujours mené une vie fort irreprochable, qu'il est de bonnes mœurs, & qu'il n'a aucun défaut.

Sur le neuviéme, qu'il a toujours remarqué en lui beaucoup de prudence, de gravité & d'experience.

Sur le dixiéme, qu'il est Bachelier en Théologie, de la Maison & Societé de Sorbonne de l'Université de Paris, comme il le sçait par ses Lettres que le déposant a vûes, & par la conversation qu'il a eue avec lui, où il a connu toute la suffisance nécessaire dans un Abbé pour instruire & gouverner les autres.

Sur l'onziéme, que le nommé n'a

nominatum nunquam exercuisse ullam curam animarum, sed pluribus muneribus Ecclesiæ tanquam Diaconum functum fuisse.

Ad duodecimum, dictum Dominum nominatum nunquam scandalum publicum dedisse, ex fama publica, circa fidem, mores aut doctrinam nulloque corporis aut animi vitio, aliove Canonico impedimento laborare, quominus ad dictum Monasterium promoveri possit.

Ad decimum tertium & ultimum, prædictum Dominum nominatum esse capacem ad suscipiendam administrationem dicti Monasterii, dignumque qui ad illud promoveatur, ipsiusque promotionem eidem Monasterio utilem & proficuam futuram propter experientiam, exterasque ejus qualitates ad id requisitas. Et quia præmissa à se responsa vera esse asseveravit, ideo subsignavit.

jamais été dans aucun emploi où il il eût charge d'ames, mais que hors cela il a fait toutes les choses qui regarde le Diaconat.

Sur le douziéme, que le nommé n'a jamais donné aucun scandale dans la foi, les mœurs & la doctrine, & qu'il n'a point connoissance qu'il ait aucun défaut de corps ou d'esprit, ni aucun empêchement Canonique qui le rende incapable de posseder l'Abbaye de

Sur le treiziéme article & dernier, que le nommé est très-capable de gouverner cette Abbaye, très-digne d'en être pourvû, & qu'il ne doute point que cette promotion ne soit fort avantageuse à cette maison, à cause de son experience & de ses autres talens; c'est ce qui fait que pour donner plus d'autorité au témoignage qu'il rend à la vérité, il l'a soussigné.

Sequuntur articuli super quibus testes interrogati & examinati fuerunt super statu dicti Monasterii.

S'ensuivent les articles sur lesquels on a examiné les témoins touchant l'état de ladite Abbaye.

PRimus articulus, an sciant in qua Provincia situm sit Monasterium cujus magnitudinis sit & quantitatis, & sub qua invocatione, cujus structuræ, & in qua Diœcesi sit situm.

Secundus, an sciant dictum Monasterium aliquibus reparationibus indigere, & quot sint in dicto Monasterio Monachi, & officia claustralia.

Tertius, an sciant quomodo in Eccesia dicti Monasterii cultus divinus fiat & exerceatur.

Quartus, an dictum Monasterium habeat sacrarium sufficienter instructum

LE premier article, s'ils sçavent en quelle Province est située l'Abbaye de combien elle est grande, sous l'invocation de quel Saint elle est dédiée à Dieu, comme elle est bâtie, & en quel Diocèse elle est située.

Le second, s'ils sçavent que cette Abbaye ait besoin de quelque réparation, combien il y a de Religieux, & quels sont les Offices claustraux.

Le troisiéme, s'ils sçavent comment le service divin se fait en cette Abbaye.

Le quatriéme, s'il y a une Sacristie à cette Abbaye qui soit meublée de *sacra supellectile, cæterisque rebus ad divinum cultum necessariis, Chorum, organum, capanile cum capanis, & cæmeterium.*

Quintus, an sint in Ecclesia dicti Monasterii corpora Sanctorum vel Sanctarum, & quomodo asservantur.

Sextus, an sciant dictum Monasterium habere aliquam domum pro Abbate, & Monachorum habitationem & qualem, & an indigeat reparationibus.

Septimus, an sciant verum valorem proventuum & reddituum mensæ Abbatialis dicti Monasterii, ad quam summam annuatim ascendant, & an sint aliqua pensione onerati, & ad cujus favorem.

Octavus, an sciant si dictum Monasterium vacet, à quo tempore & quomodo.

Nonus & ultimus, quomodo prædicta omnia & singula sciant.

tous les meubles nécessaires au service divin, s'il y a des orgues, un clocher, des cloches, & un cimetiere.

Le cinquiéme, s'il y a dans l'Eglise de cette Abbaye des corps saints, comment ils sont gardés.

Le sixiéme, s'il sçavent que l'Abbaye a une maison Abbatiale, si elle a des logemens pour les Religieux, & en quelles réparations ils sont.

Le septiéme, s'ils sçavent la veritable valeur de la mense Abbatiale, à quelle somme elle peut monter, si elle n'est point chargée de quelque pension, & en faveur de qui elle a été créée.

Le huitiéme, s'ils ont connoissance que cette Abbaye soit vacante, depuis quel tems elle vaque, & comment elle vaque.

Le neuviéme & dernier, comment toutes ces choses sont venues à leur connoissance.

Sequuntur dicta & depositiones testium super statu dicti Monasterii.

Domnus Religiosus expresse professus Ordinis sancti Benedicti, Procurator generalis Congregationis sancti vulgo nuncupatæ, annum agens manens Parisiis, in Monasterio vulgò des Blancs-manteaux, *nuncupato degens & commorans, præstito prius juramento de dicenda veritate super articulis præinscriptis.*

Ad primum articulum respondens dixit, Monasterium esse situm in Diœcesi sub invocatione sanctorum structuræ satis amplæ.

S'ensuivent les dires & les dépositions des témoins sur l'état de ladite Abbaye.

Dom Religieux Profés de l'Ordre de S. Benoît, Procureur général de la Congregation de Saint vulgairement appellée âgé de ans, demeurant à Paris, au Monastere vulgairement appellé des Blancs-Manteaux, après avoir prêté le serment de dire la verité sur les articles écrits ci-dessus.

Pour répondre au premier article, a dit que l'Abbaye de est située dans le Diocèse de dédiée à Dieu sous l'invocation de Saint & d'une structure assez ample.

Ad secundum, Ecclesiam dicti Monasterii quamplurimis reparationibus indigere, esseque decem Monachos, sed nescire quot sint officia claustralia.

Ad tertium, cultum divinum fieri & exerceri exactè secundum Ordinem sancti Benedicti.

Ad quartum, dictum Monasterium habere sacrarium sacra supellectile, cæterisque rebus ad divinum cultum necessariis, satis superque instructum, & esse Chorum, campanile cum campanis, organum & cæmeterium.

Ad quintum, esse quasdam reliquias in Ecclesia dicti Monasterii, sed nescire nomina Sanctorum vel Sanctarum.

Ad sextum, esse domum Abbatialem separatam ab habitatione Monachorum, quamplurimis reparationibus indigentem.

Ad septimum, redditum mensæ Abbatialis ascendere ad summam librarum, nulla tamen pensione oneratum.

Ad octavum, vacare dictum Monasterium à longo tempore per obitum Domini cognominati illius ultimi Commendatarii possessoris pacifici.

Ad nonum & ultimum, dixit se hæc omnia scire, quia est Religiosus ejusdem Ordinis sancti Benedicti.

Habitâ lecturâ suæ depositionis, dixit illam continere veritatem, & ideo se subsignavit. Et attestatus est, se in præmissis veritatem deprompsisse & in finem subscripsit.

In quorum præmissorum fidem ac testimonium præsentes litteras, manu nostra suscriptas, per dilectum nostrum Magistrum Michaëlum-Angelum Prolis Auditorem nostrum, ac Magistros Notarios publicos supradictos fieri & signari, sigilloque nostro muniri jussimus & fecimus. Datum Parisiis anno Domini millesimo septengentesimo

Sur le deuxiéme, que l'Eglise de cette Abbaye a besoin de beaucoup de réparations, qu'il y a dix Religieux, mais qu'il ne sçait pas combien il y a d'Offices claustraux.

Sur le troisiéme, qu'on y fait l'Office avec grande exactitude selon l'Ordre de Saint Benoît.

Sur le quatriéme, qu'il y a dans cette Abbaye une Sacristie, & tous les Ornemens nécessaires au service divin, qu'il y a un Chœur, un clocher, des cloches, des orgues & un cimetiere.

Sur le cinquiéme, qu'il y a quelques Reliques, mais qu'il ne sçait pas de quel Saint.

Sur le sixiéme, qu'il y a une maison Abbatiale séparée de l'habitation des Religieux, qui a beaucoup besoin de réparation.

Sur le septiéme, que le revenu de la mense Abbatiale se monte à livres ou environ de rente, & qu'il n'y a aucune pension dessus.

Sur le huitieme, qu'il y a long-tems que cette Abbaye vaque par le décès du sieur le dernier & immédiat possesseur pacifique.

Sur le neuviéme & dernier article, il a dit qu'il sçavoit tout cela, parce qu'il est Religieux du même Ordre de Saint Benoît.

Après que lecture lui a été faite de sa déposition, il a dit qu'elle contenoit vérité. C'est pourquoi il l'a signée, & il a attesté qu'il a dit verité dans les choses ci-dessus, en foi de quoi il a souscrit.

En foi de quoi nous avons fait dresser & sceller de notre Sceau les présentes signées de notre main par nos bien-aimez Maître Michel-Ange Prolis notre Secretaire, & Maîtres Notaires ci-devant nommés. Fait à Paris l'an mil sept cens

EDITS

EDITS,

DECLARATIONS DU ROI,

Arrêts du Conseil de Sa Majesté, & autres piéces concernant les fonctions des Notaires Apostoliques, & les matieres Bénéficiales.

Edit portant création de Notaires Royaux & Apostoliques, du mois de Décembre 1691.

LOUIS, par la grace de Dieu, Roi de France & de Navarre : A tous présent & à venir, Salut. Le Roi Henri II. ayant été informé par les remontrances du Clergé des abus que les Notaires Apostoliques commettoient dans l'exercice de leurs Charges, & que le désordre provenoit de la trop grande facilité qu'il y avoit à s'en faire pourvoir, il ordonna par son Edit du mois de Septembre 1547, à nos Baillifs & Sénéchaux d'en réduire le nombre à celui qui seroit estimé suffisant pour le service du public; & la réduction en ayant été faite, il voulut par son Edit du mois de Juin 1550, qu'ils fussent examinés & reçus par les Archevêques & Evêques, chacun dans leur Diocèse, qu'ils fissent entegistrer leurs noms, surnoms & demeures aux Greffes des Présidiaux de leur résidence, & ne pussent instrumenter qu'en un Diocèse. Ces Reglemens n'ayant pas été capables de contenir lesdits Notaires dans leur devoir, le feu Roi notre très-honoré Seigneur & pere fut obligé de leur défendre par son Edit du mois de Novembre 1637, à peine de faux, de délivrer aux parties les minutes des procurations pour résigner & des autres Actes qu'ils passoient en matieres Bénéficiales. Nous leur avons réiteré les mêmes défenses par notre Déclaration du mois d'Octobre 1646. Mais nous sommes averti que nonobstant les défenses réitérées ils se désaisissent encore des minutes des révocations de procurations pour résigner, & rendent par ce moyen les titres des Bénéfices tellement incertains entre le résignant & le résignataire, qu'ils ne peuvent vaquer par la mort de l'un ni de l'autre, & sont toujours conservés au plus vivant, ce qui cause plusieurs procès & fait préjudice aux droits des Patrons, Collateurs, Ordinaires & expectans. A quoi désirant pourvoir, nous nous sommes fait représenter nos anciennes Ordonnances sur le pouvoir des Notaires Apostoliques, & avons consideré que les Obligations & Contrats qu'ils reçoivent ne portant point hypotheque, & n'étant point exécutoires sous le scel de la Jurisdiction Ecclésiastique, c'étoient des Actes imparfaits; que nos Notaires, Huissiers & ceux des Seigneurs expédiant la plupart des Actes de leur compétence concurrement avec eux, leur emploi n'étoit pas suffisant pour leur donner moyen de subsister en faisant leur charge avec honneur & conscience, que n'étant point Officiers en titre, ils n'avoient point de successeurs obligés à conserver leurs minutes; & pour remedier à ces inconveniens & désordres, il n'y avoit point de meilleur moyen que de regler leurs fonctions avec celles de nos Notaires & Huissiers, & de les revêtir pour cela d'un Office en titre. A ces causes, & autres considerations à ce nous mouvans, de notre certaine science, pleine puissance & autorité Royale, Nous avons par le présent Edit perpétuel & irrévocable, créé & érigé en titre d'Office formé & héréditaire en chacun Archevêché & Evêché de notre Royaume, Terres & Pays de notre obéissance, des Offices de Notaires Royaux, pour être tenus & exercés par les Notaires Apostoliques qui seront établis dans les Villes & lieux qu'il sera jugé nécessaire pour la commodité de nos sujets, & dont le nombre sera fixé par les états qui seront arrêtés en notre Conseil suivant les avis des Archevêques & Evêques chacun dans leur Diocèse.

I. Ausquels Notaires Royaux & Apostoliques nous avons attribué & attribuons par notre présent Edit le pouvoir & faculté de faire seuls, & privativement à tous nos autres Notaires & Tabellions, à ceux des Seigneurs, & à tous nos Huissiers & Sergens, les Procurations pour résigner Bénéfices purement & simplement, en faveur, avec reserve & pension, pour cause d'union, d'érection, permutation, coadjutorerie avec future succession, ou en quelqu'autre façon que ce soit, entre les mains de notre Saint Pere le Pape, de son Légat, ou de l'Ordinaire, retroceder lesdits Bénéfices, consentir création ou extinction de pension, les révocations desdites procurations, les significations d'icelles, les rétractations desdites révocations, les significations d'icelles, les procurations pour se démettre des Ministreries de l'Ordre de la Trinité, dit des Mathurins, des Commanderies des Ordres Militaires & autres Séculiers ou Réguliers, des Provisoireries, Principalités, Chapelles, Bourses & Charges de Colleges & des Universités, & généralement toutes les démissions d'Archevêchés, Evêchés, Abbayes, Prieurés Conventuels, sociaux ou simples Dignités, Personnats, Offices, Administrations, Canonicats, Prébendes, Semiprébendes, Cures, Vicaireries perpétuelles, Chapelles, Servitoreries, Marguilleries, Superiorités, Prestimonies, & autres Charges Ecclésiastiques.

II. Passeront lesdits Notaires, les procurations pour prendre possession, les prises de possession, les oppositions à icelles, les actes de refus d'ouvrir les portes pour prendre possession de tous lesdits Bénéfices, Commanderies, Ministreries, Charges des Colléges, & Superiorités; & en cas que sur le refus fait en Cour de Rome ou par l'Ordinaire d'expédier Bulles, Provisions ou Visa, il soit permis par Arrêt ou par Ordonnance de nos Juges de prendre possession sur les lieux, ou en une Chapelle, à la charge de la réitérer; voulons que l'acte en soit aussi reçu par lesdits Notaires.

III. N'entendons toutefois empêcher que les Greffiers des Eglises Cathedrales, Collegiales & Conventuelles, qui ont coûtume d'expédier les actes de reception de ceux qui sont pourvûs des Bénéfices dépendans desdites Eglises, ne continuent de le faire conformément à l'article XIII. de l'Edit du mois de Juin 1550, que nous voulons être exécuté; & si les Chapitres refusent de mettre les pourvûs desdits Bénéfices en possession, & lesdits Greffiers d'en bailler acte, pourront les pourvûs en faire dresser procès-verbal par un des Notaires Royaux & Apostoliques du Diocèse, en présence de deux témoins pour le moins; lequel procès-verbal sera de tel effet, que celui qui leur auroit été délivré par le Greffier du Chapitre.

IV. Feront pareillement lesdits Notaires les publications des prises de possession dans l'assemblée des habitans & Marguilliers des Paroisses, ou par notifications aux Patrons & Collateurs ordinaires des provisions des résignataires & de leurs prises de possession, ou les requisitions aux Curés de publier lesdites prises de possession au Prône de la Messe Paroissiale; & en cas de refus, ils en feront la publication à l'issue de ladite Messe, en présence des habitans, dont ils seront tenus de nommer pour le moins quatre des principaux, & de les faire signer, s'ils sçavent signer, sinon feront mention de leur réponse, à peine de nullité de l'acte.

V. Expédieront lesdits Notaires les présentations des Patrons Ecclésiastiques & Laïques, les répréséntations, les provisions données par les Abbés, Abbesses & autres Bénéficiers; celles accordées par les Collateurs Laïques, les Commissions des Archidiacres pour desservir une Cure pendant le déport, les Lettres d'intronisation, les procès-verbaux d'élection à une Dignité, les actes d'acceptation, les requisitions d'une confirmation, celles de Visa ou de fulmination des Bulles, celles d'être admis à prendre l'Habit, faire Noviciat & profession pour satisfaire au décret d'une provision de Bénéfice regulier, les répréséntations de provisions, les significations extrajudiciaires de Brefs & Rescrits Apostoliques, celles de Lettres d'Indults, de joyeux avenement, serment de fidélité, celles des Dégrés, attestations de tems d'études, & nomination des Gradués, les procurations pour notifier les noms, & surnoms des Gradués en tems de Carême, les notifications, les procurations pour requerir Bénéfices, les requisitions, les collations accordées par les exécuteurs de l'Indult du Parlement, celles données par les Chancelliers de l'Eglise de Paris & de l'Université à ceux qui sont par nous nommés pour jouir de nos Brevets de joyeux avenement & de serment de fidélité, & généralement toutes les sommations, oppositions & interpellations que les parties désireront faire pour la conservation de leurs droits aux Patrons, aux Elisans, aux Collateurs & Collatrices de notre Royaume.

VI. Feront lesdites Notaires les informations de l'âge, vie & mœurs, & conversation Catholique de ceux qui seront par nous nommés à notre Saint Pere le Pape, aux Archevêchés & Evêchés, les procès-verbaux de benédictions d'Abbés & d'Abbesses, de consecrations d'Eglises, de bénédictions de Chapelles, les donations de Reliques, les cessions & donations sous notre bon plaisir d'Indult des Officiers de notre Parlement de Paris, les cessions & échanges de Patronages d'Eglises, les Actes de Vêture, de Noviciat & Profession dans les Monasteres qui n'ont point coûtume d'en tenir Registre, les Concordats sur procès mûs & à mouvoir pour raison du possessoire des Bénéfices, payement, réduction & extinction de pensions créées ou à créer en Cour de Rome, remboursement de frais, les transactions entre les Curés primitifs & les Vicaires perpétuels sur la célébration de l'Office divin à certains jours de l'année, perception des oblations, honneurs & prérogatives, celles pour la retribution & nomination des Prédicateurs pour l'Avent, le Carême, l'Octave & Fêtes, celles sur les refections, réparations, réédifications & entretenemens des Eglises Cathédrales, Chœur & Cancel des Eglises Paroissiales, fourniture d'ornemens & livres d'Eglise; celles entre les Curés, Religieux & Religieuses sur l'enterrement des séculiers qui élisent leur sepulture dans un Monastere, les procurations pour compromettre, les compromis & l'expédition des Sentences arbitrales entre personnes Ecclésiastiques, pour raison des droits appartenans à leurs Eglises, les contrats de partages entre les Abbés & les Religieux de leurs Menses Abbatiales & conventuelles, les transactions pour supplement de lots, augmentations de pension, acquit des Charges Claustrales, de Sacristie, Hospitalité, gages de Medecin, Apoticaire & Chirurgien, Aumônes, Décimes ordinaires & extraordinaires, taxe pour le don gratuit, réparation & autres charges des Monasteres, les transactions sur portions congrues, pensions de Vicaires, grosses novales, vertes & menues dixmes ou exemptions d'icelles, & généralement toutes les transactions, contrats & actes qui seront passés entre personnes Ecclésiastiques pour raison de la célébration des Offices divins, droits de visite, privilege, d'exception de la Jurisdiction ordinaire, exercice de Jurisdiction Ecclésiastique, rang & prééminence, conduite & discipline de l'Eglise, soit qu'il y ait procès au petitoire dans les Officialités, ou au possessoire devant nos Juges, ou par appel comme d'abus en nos Cours.

VII. Les Ordinaires n'adresseront plus leurs provisions aux Prêtres pour mettre les particuliers en possession des Bénéfices qu'ils auront conferé: Nous les admonestons, & néanmoins enjoignons d'en faire l'adresse aux Notaires Royaux & Apostoliques pour les exécuter. Défendons à tous nos autres Notaires, Tabellions, Huissiers & Sergens, de s'entremettre pour passer ou faire aucuns des actes ci-dessus exprimés, à peine de nullité desdits actes, d'interdiction pour six mois, de mille livres d'amende, & de tous dépens, dommages & intérêts des parties: pourront néanmoins les parties, au cas que les Notaires Royaux & Apostoliques refusent & dilayent de faire les requisitions de provisions, institutions, Visa, fulminations de Bulles & Rescrits, les faire faire par nos autres Notaires & Tabellions.

VIII. Pourront en tout lesdits Notaires faire concurremment avec nos autres Notaires & Tabellions, les Titres Sacerdotaux, les fondations de Bénéfices, de Monasteres, d'Obits, Prestimonies, Saluts, Processions, ou autre Office divin, les donations au profit des Communautés Ecclésiastiques Séculieres ou Regulieres, Fabriques, Confreries & Hôpitaux, baux à fermes, & soûbaux des biens Ecclésiastiques, les devis & marchés des constructions nouvelles, refections & réparations de bâtimens appartenans à l'Eglise, les quittances des ouvriers, les contrats de pension viagere promise à un Couvent lors de l'entrée d'une fille en Religion, les testamens des gens d'Eglise, & l'inventaire des meubles trouvés après le décès des Ecclésiastiques ; & lorsque le Curé de la Paroisse du Testateur, ou son Vicaire auront reçu un testament, nous leur enjoignons d'en déposer la minute huit jours après le décès du Testateur, dans l'Etude de l'un des Notaires Royaux Apostoliques du Diocèse, pour la grosse en être expédiée par lesdits Notaires.

IX. Et pour retrancher les suppressions d'Actes & autres abus qui procedent de la facilité des Notaires à délivrer aux parties les minutes des Concordats en matieres Bénéficiales, des Procurations pour résigner en quelque façon & pour quelque cause que ce soit, des révocations desdites procurations, & significations d'icelles, des retractations desdites revocations & significations d'icelles, des provisions, prises de possession, refus d'accepter, & autres actes concernant le titre des Bénéfices, nous défendons ausdits Notaires Royaux & Apostoliques de se désaisir d'aucune desdites minutes, nonobstant qu'ils en soient requis par l'une & l'autre des parties; leurs enjoignons de les garder soigneusement, à peine d'interdiction & de mille livres d'amende; & si aucune étoit délivrée, nous en déclarons l'acte nul, de nul effet & valeur ; faisons défenses aux parties de s'en servir, tant au respect des tierces personnes, qu'au regard de ceux entre lesquels il a été fait

X. Ne pourra doresnavant aucun Notaire Apostolique en exercer la fonction, s'il n'est revêtu de l'un des Offices de Notaire Royal créé par le présent Edit. Défendons à tous ceux qui en ont prêté serment pardevant les Archevêques, Evêques ou leurs Officiaux, de plus instrumenter en ladite qualité six semaines après la publication de notre présent Edit, à peine de faux, de nullité des actes, & de cinq cens livres d'amende.

XI. Voulons que les contrats de fondation & donation au profit des Eglises, obligations, transactions, & autres actes passés par lesdits Notaires Royaux & Apostoliques, portent hypotheque, pourvû qu'ils soient signés de deux Notaires, ou de l'un d'eux & de deux témoins, & revêtus des autres solemnités requises par nos Ordonnances : & afin que lesdits contrats soient à l'avenir exécutoires sans permission de nos Juges, nous avons unis & unissons ausdits Offices de Notaires Royaux & Apostoliques la fonction de Garde de notre petit Scel, & leur donnons pouvoir de sceller les contrats par eux reçus d'un scel gravé de nos armes en placard de cire rouge.

XII. Seront tenus lesdites Notaires de faire bon & loyal Registre des Actes qui seront par eux reçus, & d'écrire à la marge, ou au pied de la minute de chaque procuration, pour résigner, le tems auquel ils en auront délivré la grosse, combien de fois, & à quelles personnes.

XIII. Ne pourront lesdits Notaires exercer leur fonction qu'en un Diocèse, sur peine de faux, & de nullité des actes qui seront par eux passés hors le Diocèse auquel ils auront été reçus, & ne sera foi ajoutée aux instrumens par eux expédiés, s'il n'y est fait mention de leur qualité, demeure, & Jurisdiction en laquelle leurs provisions auront été registrées.

XIV. Seront les Notaires Royaux & Apostoliques reçus sans aucuns frais, après information de leur âge, vie, mœurs & Religion Catholique par nos Baillifs & Sénéchaux ou Juges Royaux dans la Jurisdiction desquels ils seront établis, & après qu'ils auront prêté serment devant nos Juges, nous leur enjoignons de présenter leurs Lettres de Notaires Apostoliques aux Archevêques & Evêques, leurs Vicaires généraux ou Officiaux; & de faire le serment entre leurs mains de bien & fidélement faire leurs Charges, sans néanmoins qu'ils soient obligés de faire aucune nouvelle information de vie & mœurs, ni de subir aucun nouvel examen.

XV. N'entendons que les Archevêques, Evêques, leurs Vicaires généraux ou Officiaux puissent en vertu de ce serment, ni autrement, s'attribuer la connoissance de l'exécution des actes qui seront passés par les Notaires Royaux & Apostoliques, ni prétendre autre Jurisdiction que celle qui leur appartient de droit suivant nos Ordonnances.

XVI. Nous donnons pouvoir aux Notaires Royaux & Apostoliques de postuler dans les Officialités & Cours Ecclésiastiques; défendons aux Procureurs de nos Bailliages & Sénéchaussées, & de nos autres Siéges, même à ceux des Jurisdictions des Seigneurs, de plus y occuper, plaider ni écrire, six semaines après la publication du présent Edit, à peine de faux, de nullité des procedures, mille livres d'amende, dépens, dommages & intérêts des parties: pourront néanmoins ceux qui exercent actuellement la Charge de Procureurs èsdites Officialités, en vertu des provisions qu'ils ont ci-devant obtenues des Archevêques & Evêques étant en possession d'en donner, continuer d'y en faire la fonction.

XVII. Voulons que les Notaires Apostoliques reçus avant notre présent Edit soient préferés dans l'acquisition desdits Offices & reçus sans nouvel examen; seront toutefois obligés de prêter serment entre les mains de nos Juges chacun dans son Ressort, & de faire registrer leurs provisions en leurs Greffes, pour lequel enregistrement les Greffiers ne pourront prendre que quarante sols.

XVIII. Et pour donner moyen ausdits Notaires de vivre honnêtement de leur emploi, & de se maintenir en l'honneur & l'égalité requis en leurs Charges, ordonnons que tant pour leurs minutes, grosses en parchemin, expéditions en papier, que pour leur droit de scel & cire, ils jouissent en qualité de Notaires Royaux & Apostoliques, pour leurs salaires & vacations hors leur Etude dans la Ville, & hors la Ville de leur résidence, des mêmes droits, profits, émolumens, honneurs & rangs qui se trouveront attribués, par les Reglemens aux Notaires Royaux & Gardes de nos petits Scels des Bailliages & Siéges Royaux, dans lesquels ils seront reçus & immatriculés ; & en qualité de Procureurs des Officialités, ils auront & prendront les mêmes droits & salaires qui seront perçus par les Procureurs des Bailliages ou Siéges Royaux, au Ressort desquels l'Officialité dans laquelle ils postuleront sera située.

XIX. Et pour donner moyen aux pourvûs desdits Offices de les exercer avec assiduité, nous les avons déchargés & déchargeons de logement effectif de gens de guerre, de la collecte de tailles, tutelle, curatelle, guet & garde, & de toutes autres Charges publiques. Si donnons en Mandement, &c. Donné à Versailles au mois de Décembre, l'an de grace 1691. Registré à Paris en Parlement le deuxiéme Janvier 1692.

Edit du Roi, donné à Versailles au mois de Décembre 1691, portant création de Greffiers des Insinuations Ecclésiastiques, avec le Tarif.

LOUIS, par la grace de Dieu, Roi de France & de Navarre : A tous présent & à venir, Salut. Les fraudes & les abus qui se commettent dans les actes concernant l'état des personnes Ecclésiastiques & les titres de Bénéfices, étant d'une dangereuse conséquence dans la Police de l'Eglise, les Rois nos prédecesseurs ont crû être obligés de s'appliquer serieusement à en rechercher la cause pour y apporter ensuite le remede convenable ; & ayant trouvé que le désordre provenoit principalement de la facilité qu'il y avoit d'antidater plusieurs Expéditions Bénéficiales, de la clandestinité des Résignations qui demeurent secretes jusqu'à l'extrêmité de la vie des résignans, du peu de soin que les Abbés Commendataires, les Patrons & Collateurs particuliers avoient de tenir Registres des Présentations & Collations qu'ils expédioient, & de ce qu'après leur mort les minutes de leurs présentations & collations étoient le plus souvent perdues, ensorte que quand leurs successeurs en avoient besoin pour justifier qu'ils étoient en possession d'un Patronage, ils ne pouvent les trouver. Le Roi Henri II. auroit sur les remontrances de plusieurs bons & notables Archevêques, Evêques, & autres Prélats du Clergé de France, fait publier en 1553, son Edit portant création d'un ou plusieurs Greffes des Insinuations Ecclésiastiques en chaque Diocèse du Royaume, & permis aux Archevêques & Evêques d'en nommer par provision les Greffiers, jusqu'à ce qu'autrement en eût été ordonné ; mais l'exécution de son Edit ayant été négligé, les plaintes des malversations qui se commettoient dans les Actes concernant les matieres Bénéficiales auroient continué, & le Roi Henri IV. notre Ayeul de glorieuse mémoire, jugeant qu'il n'y avoit point de meilleur moyen pour les faire cesser, que de pourvoir diffinitivement à l'établissement de ces Greffes, les auroit érigés par son Edit de 1595, en Offices Royaux, séculiers & domaniaux ; & après les avoir établis, le Clergé auroit obtenu en l'année 1615, du Roi Louis XIII. notre très-honnoré Seigneur & Pere, la permission de rembourser ceux qui les avoient acquis de la finance par eux payée, & qui étoit actuellement entrée en nos coffres, à la charge de commettre des personnes laïques & capables pour les exercer, en exécution de laquelle permission plusieurs propriétaires desdits Greffes ayant été remboursés, les domestiques de quelques Ordinaires auroient été commis pour faire la fonction des Greffiers des Insinuations; & ayant donné lieu à des plaintes contre leur conduite, ledit Seigneur Roi leur auroit enjoint par l'Ordonnance de 1629, de se démettre desdits Greffes, & auroit créé par son Édit de 1637, dans les Villes principales du Royaume des Controlleurs des Procurations pour résigner, & des autres actes concernant les Bénéfices; mais s'étant rencontré plusieurs inconveniens pour l'exécution de ce dernier Edit, nous aurions permis par notre Déclaration de 1646, aux Syndics du Clergé de rembourser lesdits Controlleurs, & ordonné moyennant le remboursement, que leur charge seroit faite par les Greffiers des Insinuations des Diocèses, chacun dans son ressort; & comme nous sommes informés que notredite Déclaration est diversement interpretée & exécutée dans nos Cours de Parlement, & par notre grand Conseil, les uns voulant suivre ce qui est porté par l'article XIII. de notredite Déclaration, & les autres par l'article XIX. de l'Edit du Contrôle; les uns jugeant que les Procurations pour résigner & autres actes ne sont nuls pour défaut d'insinuation, que quand ils sont suspects de fraude ou de faux, & les autres ayant fait des reglemens pour obliger d'insinuer les significations des Indultaires & des Gradués, & les Procurations pour résigner avant l'envoi en Cour de Rome, à peine de nullité, ce qui rend l'insinuation de la plupart des actes arbitraire, les Bénéfices litigieux, & fait que l'évenement des complaintes au fond, ne dépend le plus souvent que de l'issue d'un reglement de Juges; à quoi il est nécessaire de pourvoir, & de faire sur ce une loi générale qui établisse une Jurisprudence uniforme, tant pour regler les actes qu'il est nécessaire d'insinuer, que pour déterminer le tems dans lequel ils doivent être insinués. A ces causes, & autres à ce nous mouvant, de notre certaine science, pleine puissance & autorité Royale, nous avons par le présent Edit perpetuel & irrévocable, éteint & supprimé, éteignons & supprimons les Offices de Greffiers des insinuations Ecclésiastiques créés par les Edits des mois de Mars 1553, & Juin 1595, & avons par le présent Edit, créé, érigé & établi, créons, érigeons & établissons en titre d'Offices formé & héréditaire, domanial, Royal & séculier, des Offices de Greffiers des Insinuations Ecclésiastiques dans chaque Diocèse de notre Royaume, Pays, Terres & Seigneuries de notre obéissance, dont le nombre sera fixé par les Rôles qui seront arrêtés en notre Conseil.

I. Voulons qu'en attendant la vente desdits Offices il soit par Nous commis à l'exercice, à l'effet de quoi seront toutes Commissions expédiées en notre grande Chancellerie.

II. Ceux qui sont à present pourvûs ou jouissans desdits Offices représenteront en notre Conseil les contrats de la premiere vente qui en a été faite, leurs provisions, quittances de finances, leurs contrats particuliers d'acquisitions & autres titres de propriété en vertu desquels ils exercent, pour être remboursés sur le fonds qui sera à cet effet destiné.

III. Voulons que lesdits anciens Greffiers, & tous autres ayant en leur possession

possession les anciens Registres des Insinuations Ecclésiastiques, qu'eux & leurs auteurs ont tenus jusqu'à présent, soient contraints de les remettre entre les mains des nouveaux Titulaires après leur reception, ou de ceux qui seront par nous commis, huitaine après le commandement fait à leurs personnes, ou en leurs domiciles, sous peine de perte de leurs finances, inventaire préalablement fait desdits Registres par le Lieutenant général du Bailliage au ressort duquel le Greffe sera établi & seront tenus les Nouveaux Titulaires, ou ceux par nous commis, de se charger desdits Registres au pied de l'inventaire.

IV. Ceux qui leveront lesdits Offices seront tenus de prendre des provisions qui leur seront expédiées sur les quittances du Trésorier de nos Revenus Casuels, & ils seront ensuite reçus sans frais pardevant nos Baillifs & Sénéchaux du lieu de leur résidence, après avoir toutefois fait information de leur vie & mœurs.

V. Nul ne pourra être pourvû desdits Offices, ni commis à l'exercice d'iceux, s'il n'est laïque, âgé de vingt-cinq ans, non parent de Banquier au dégré de pere, fils, oncle, neveu, ou frere, non Officier & domestique d'aucun Ecclésiastique. Seront lesdits Greffiers assidus ès Villes & lieux de leur résidence, pour expédier promptement les parties & sans retardement, auquel effet pourront avoir près d'eux un ou plusieurs Commis pour exercer leurs charges en leur absence, maladie ou empêchement légitime; lesquels Commis prêteront serment pardevant le Juge Royal de leur résidence, & feront toutes expéditions & enregistremens nécessaires; & en cas de refus ou délayement d'insinuer, permettons aux parties de sommer lesdits Greffiers ou leurs Commis en présence d'un Notaire Royal & Apostolique & de deux témoins, d'enregistrer les actes qui leur seront présentés; & s'ils n'y satisfont, ladite sommation & acte qu'on voudra faire insinuer seront montrés au Lieutenant Général, ou en son absence au Substitut de notre Procureur Général en ladite Sénéchaussée ou Bailliage de la Ville de la résidence dudit Greffier; & où il n'y auroit point de Sénéchaussée ou Bailliage, au Juge Royal en Chef du lieu, & en son absence au Substitut de notre Procureur Général, par l'un desquels actes de sommation & refus sera signé, & lui en sera laissée copie; moyennant quoi voulons que lesdits actes soient de pareille force que s'ils avoient été insinués, sans néanmoins que les parties en puissent abuser, supposant des refus ou des retardemens.

VI. Ne pourront lesdits Greffiers & Commis avoir qu'un seul Registre en même tems, ni enregistrer aucune expédition en un nouveau Registre, que le précedent ne soit entierement rempli, à peine de punition corporelle contre lesdits Greffiers & Commis, & privation de leurs Charges, & seront obligés de représenter leurs Registres aux Archevêques & Evêques de leur résidence, à nos Procureurs Généraux & à leurs Substituts, lorsqu'ils en seront par eux requis, pour voir s'ils y ont gardé la forme prescrit par notre présent Edit, sans néanmoins que sous ce prétexte ils puissent être désaisis de leursdits Registres.

VII. Ne pourront aussi lesdits Greffiers ni leurs Commis, instrumenter comme Notaires Royaux & Apostoliques, en aucun acte sujet à insinuation dans leurs Registres, à peine de nullité de l'acte. Leur défendons de laisser aucun blanc entre les enregistremens, à peine d'être procedé contre le Greffier comme faussaire, & de quinze cens livres d'amende, dommages & intérêts des parties.

VIII. Voulons que les Registres des Greffiers des Insinuations contiennent au moins trois cens feuillets, & que chaque page soit reglée de lignes droites, tant en haut qu'en bas & aux côtés; & auparavant que d'écrire & enregistrer aucune expédition en icelui, ils soient tenus de le présenter à l'Archevêque ou Evêque Diocèsain, & au Lieutenant Général de la Sénéchaussée ou Bailliage du lieu, lesquels feront cotter de nombres continus tous les feuillets dudit Registre, parapheront & feront parapher chacun d'iceux par leurs Greffiers, & signeront avec eux l'acte qui en sera écrit à la fin du dernier feuillet, contenant le nombre des feuillets d'icelui, le jour qu'il aura été par eux paraphé, & le quantiéme dudit Registre, le tout à peine contre lesdits Greffiers de faux, de trois mille livres d'amende, dépens, dommages & intérêts des parties.

IX. Les Edits faits par les Rois nos prédecesseurs sur l'insinuation des actes concernant l'état des personnes Ecclésiastiques & les titres des Bénéfices, seront à l'avenir inviolablement observés en ce qui n'y est point dérogé par notre présent Edit; & en les renouvellant en tant que besoin seroit, & y ajoûtant, ordonnons que les Lettres de Tonsure, celles des Quatre-Mineurs, de Soûdiaconat, du Diaconat & de Prêtrise, ensemble les Démissoires seront insinués dans le mois au Greffe du Diocèse de l'Evêque qui aura conferé les Ordres; les Indults pour être promû aux Ordres avant l'âge & hors les Quatre-Tems, les Dispenses sur le défaut de naissance pour prendre les Ordres, les signatures d'absolution *à mala promotione*, celles d'absolution d'apostasie avec dispense pour les Ordres, les dispenses sur irrégularités avec réhabilitation aux Ordres, les protestations pour reclamer contre les Ordres de Soûdiacre & de Diacre, les Brefs déclaratoires de nullité de la promotion de l'Ordre de Soûdiacre ou de Diacre, les Sentences de fulmination desdites dispenses & brefs seront insinuées dans le mois de la fulmination, pour celles qui sont en forme commissoire, & dans le mois de la promotion aux Ordres pour celles qui sont en forme gratieuse; sinon & en cas de défaut d'insinuation, ne pourront les parties s'en servir devant nos Juges dans les complaintes bénéficiales, ni autres instances concernant leur état, faisons défenses à nos Juges d'y avoir égard.

X. Toutes procurations pour résigner purement & simplement en faveur, pour cause de permutation, de coadjutorerie avec future succession, ou en quelque autre façon que ce soit, même pour union entre les mains de notre Saint Pere le Pape, de son Légat, ou de l'Ordinaire, consentir création, ou extinction de pension, les révocations desdites procurations, les significations d'icelles, les provisions de Cour de Rome, de la Légation ou de l'Ordinaire, expédiées sur lesdites résignations, les réquisitions & refus de visa, les actes de fulmination, les visa, les procurations pour prendre possession, les prises de possession, les publications d'icelles, les actes de répudiation ou refus d'accepter une résignation, seront insinués dans le tems ci-après déclaré.

XI. Toutes procurations pour résigner en faveur ou permuter, seront insinuées auparavant d'être envoyées en Cour de Rome, ès Greffes des Diocèses dans lesquels les Notaires les auront reçûs : & si elles avoient été passées hors les Diocèses où les Bénéfices résignés sont situés, les pourvûs desdits Bénéfices sur icelles seront en outre tenus de les faire registrer dans le Greffe des insinuations du Diocèse au dedans duquel les Bénéfices seront assis, dans trois mois après l'expédition de leurs provisions, le tout à peine de nullité.

XII. Si les résignataires ou permutans pourvûs par le Pape ont differé leur prise de possession plus de six mois, & les pourvûs par démission ou permutation en la Légation ou par l'Ordinaire plus d'un mois; ils seront tenus de prendre ladite possession, & icelle faire publier & insinuer conjointement avec la provision, au plutard deux jours auparavant le décès du résignant ou compermutant, sans que le jour de la prise de possession, publication & insinuation d'icelles, & celui de la mort du résignant, soient compris dans ledit tems de deux jours, & à faute d'avoir pris ladite possession, & icelle fait publier & insinuer deux jours avant ledit décès, voulons lesdits Bénéfices être declarés, comme par ce présent Edit nous les déclarons vacans par la mort du résignant.

XIII. Déclarons les provisions des Collateurs ordinaires par démission ou permutation, nulles & de nul effet & valeur, au cas que par icelles les Indultaires, Gradués, Brévetaires de joyeux avenement & de serment de fidélité, soient privées de leurs graces expectatives, ou les Patrons de leur droit de présentations; si les procurations pour faire les démissions & permutations, ensemble les provisions expédiées sur icelles par les Ordinaires n'ont été insinuées deux jours francs avant le décès du résignant ou permutant, le jour de l'insinuation & celui du décès non compris; ce que nous voulons être exactement gardé par nos Juges sans y contrevenir, à peine de nullité de leurs jugemens.

XIV. Les présentations des Patrons Ecclésiastiques & Laïques, les représentations, les provisions des Bénéfices séculiers & réguliers en Titre ou en Commende par les Collateurs ordinaires, les nouvelles Commendes obtenues à Rome, les Mandemens des Archidiacres pour mettre en possession, les Collations Laïques, les provisions de Cour de Rome par mort, ou par dévolut, les requisitions de Visa, les Visa, les actes de refus, les certificats de Banquiers que la grace est accordée par le Pape, les Ordonnances des Juges, les Sentences & Arrêts portant permission de prendre possession civile, les prises de possession, les attestations des Ordinaires pour obtenir Bénéfices en forme gratieuse, les procurations pour prendre possession, les prises de possession, & autres expéditions, seront insinuées dans le mois de leur date au Greffe du Diocèse où les Bénéfices sont situés; & si lesdites expéditions ont été datées d'un lieu hors le Diocèse, & ne peuvent pas commodement y être insinuées dans ce délai, les parties seront tenues pour en assurer la date, de les faire insinuer dans le mois au Greffe du Diocèse où elles auront été faites, & seront en outre obligées de les faire insinuer deux mois après au Greffe du Diocèse où les Bénéfices sont situés : Comme aussi voulons que les provisions des Ordinaires, qui contiennent la collation de deux ou plusieurs Bénéfices assis en divers Diocèses, soient enregistrées en l'un & l'autre desdits Diocèses; sçavoir, celles de l'Ordinaire dans le mois de leur date au Greffe de l'un desdits Diocèses, & le mois suivant dans le Greffe de l'autre, & celles de Cour de Rome ou de la Légation, au Greffe pareillement de chacun desdits Diocèsés, un mois après la prise de possession de chacun desdits Bénéfices, le tout à peine de nullité.

XV. Seront pareillement sujettes à insinuation dans le mois, à peine de nullité, les provisions de Bénéfices accordées par les Ordinaires sur notre nomination, les prises de possession desdits Bénéfices, & de ceux étant à notre collation, à titre, régale, ou à cause de la fondation des Eglises, nonobstant l'article XVI. de notre Déclaration du mois d'Octobre 1646, que nous avons révoqué pour ce regard seulement.

XVI. Les Bulles de Cour de Rome contenant provision d'Archevêchés, d'Evêchés, d'Abbayes, de Prieurés Conventuels, des premieres Dignités des Eglises Cathédrales & Collegiales, ou d'autres Bénéfices situés ès Pays prétendus d'obédience en forme commissoire ou gratieuse, celle de Coadjutorerie, toutes les dispenses pour obtenir Bénéfices, celles pour en obtenir d'incompatibles & autres, les fulminations desdites Bulles & Dispenses, les actes de prise de possession, les signatures de Cour de Rome & Bulles expédiées en la Légation d'Avignon par mort ou dévolut, & généralement tous autres actes faits en exécution desdites Bulles & signatures, seront insinuées dans le mois après la prise de possession, à peine de nullité.

XVII. Les homologations de Concordats en Cour de Rome ou à la Légation, les Bulles & signatures contenant la création ou l'extinction d'une pension, & les procurations pour y prêter consentement, seront insinuées au Greffe des Diocèses où les Bénéfices chargés de pension seront situés, & ce dans trois mois; à compter du jour que les Banquiers Expéditionaires auront reçu lesdites Expéditions, & à cette fin seront tenus lesdits Banquiers d'écrire au dos desdites Expéditions le jour qu'ils les auront reçus.

XVIII. Les Lettres de Dégrés, les Certificats de tems d'études, les nominations par les Universités, les significations desdites Lettres, les procurations pour notifier les noms & surnoms des Gradués en tems de Carême, les notifications, les significations de Lettres d'Indults accordées aux Officiers de notre Parlement de Paris, celles des Lettres de joyeux avenement & de serment de fidélité, les procurations pour requerir Bénéfices seront insinuées au Greffe du Diocèse dans lequel seront situées les Prélatures, Chapitres, Dignités & autres Bénéfices de Patrons & Collateurs, ausquels lesdites Lettres seront adressées, & en sera ladite insinuation faite dans le mois de la date de chacune desdites significations; seront pareillement insinuées dans le mois de leur date, les requisitions des Bénéfices faites par lesdits expectans, les présentations & collations qui leur seront données, les actes de refus, les provisions concédées par les exécuteurs desdites graces expectatives, les actes de prise de possession, & les décrets d'érection, de suppression & union de Bénéfices, le tout à peine de nullité.

XIX. Et d'autant qu'il paroît souvent devant nos Juges des réclamations contre les Professions Religieuses suspectes d'antidate, voulons que les actes de réclamations dans les cinq années contre la Profession Religieuse, ensemble les dispenses de la publication d'un ou de deux bans de mariage, soient insinuées dans le mois de leur date, à peine de nullité, & seront pareillement insinués les actes de Vêture, Noviciat & Profession, les Indults de translation d'un Ordre à un autre, les Brefs déclaratoires de nullité d'une Profession Religieuse, les Sentences sur lesdits Brefs, les dispenses de mariage & les Sentences de fulmination, autrement les parties ne pourront s'en servir devant nos Juges, & seront tenus les Greffiers d'insinuer sans frais les actes concernant la Profession des Religieux & Religieuses des Ordres Mandiants.

XX. Enjoignons à tous pourvûs de Bénéfices qui n'ont pas acquis la possession annale paisible, de faire insinuer dans le mois, à compter du jour de la publication de notre présent Edit, les titres & actes en vertu desquels ils sont entrés en possession de leurs Bénéfices; sinon & en cas qu'ils y soient troublés, faisons défenses à nos Juges d'avoir égard ausdits titres & actes.

XXI. Les Vicariats pour présenter & conferer Bénéfices, même les procurations baillées par les Chanoines absens pour nommer aux Bénéfices qui vaqueront en leur tour, ou les conferer, ne pourront sortir aucun effet, ni aucunes nominations, présentations, ou collations être faites en vertu d'iceux, jusqu'à ce qu'il ayent été regiftrés au Greffe du Diocèse où est assis le chef-lieu des Prélatures, Chapitres & Dignités desquelles dépendent les Bénéfices; & seront sujettes à semblable insinuation les révocations desdits Vicariats, les provisions d'Official, celles de Vice-Gerent, de Promoteur, de Substitut de Promoteur, de Greffier des Officialités ou Chapitres, & les actes de remercimens faits par les Prélats & Chapitres ausdits Officiers pour en pourvoir d'autres en leur place.

XXII. Enjoignons à nos Cours de Parlement, à notre grand Conseil, & à tous autres Juges de tenir la main à l'exécution de notre présent Edit; leur défendons d'avoir égard aux actes ci-dessus exprimés qui n'auront été insinués; & si aucun Jugement ou Arrêt étoit donné au contraire, nous l'avons dés-à-présent déclaré de nul effet & valeur.

XXIII. Et pour engager les particuliers qui se feront pourvoir desdits Offices, à exercer leurs Charges avec assiduité & sans distraction, voulons qu'outre les droits que nous leur permettons de prendre suivant le Tarif arrêté en notre Conseil, ils jouissent encore de quatre cens livres de gages, de trois quartiers, desquels le fonds sera laissé dans l'état de nos Domaines de chaque Généralité, pour leur être payés par nos Fermiers; & afin qu'ils vaquent avec liberté à leurs fonctions, nous leur accordons pareillement l'exemption de logement effectif de gens de guerre, de la collecte de Tailles, Guet & Garde, Tutelle, Curatelle, & autres Charges publiques. Si donnons en mandement, &c. Donné à Versailles au mois de Décembre 1691. Regiftré en Parlement le 2 Janvier 1692.

Tarif des Droits que le Roi en son Conseil veut & ordonne être payés aux Greffiers des Insinuations, créés par l'Edit du mois de Décembre 1691.

SÇAVOIR,

POur l'Insinuation des Bulles d'Archevêché ou Evêché, & la prise de possession, trente livres, ci 30 l.

Pour l'insinuation des Bulles d'Abbayes, fulminations, & prise de possession, vingt livres, ci 20 l.

Pour l'Insinuation des Bulles de Prieurés Conventuels, de nomination Royale, fulmination & prise de possession, dix-huit livres, ci 18 l.

Pour l'Insinuation des Bulles des premieres Dignités des Eglises Cathédrales & Prieurés Conventuels, collatifs, fulmination de Bulles, & prise de possession, quinze livres, ci 15 l.

Et s'il n'y a qu'une collation de l'Ordinaire, & une prise de possession, douze livres, ci 12 l.

Pour les Bulles des premieres Dignités des Eglises Collegiales, fulmination, & prise de possession, neuf livres, ci 9 l.

Et s'il n'y a qu'une collation de l'Ordinaire, & une prise de possession, six livres, ci 6 l.

Pour les signatures des Dignités, Personats & Offices des Eglises Cathédrales, *Visa*, & prise de possession, huit livres, ci 8 l.

Et s'il n'y a qu'une collation de l'Ordinaire & prise de possession, sept livres, ci 7 l.

Pour les signatures des Dignités, Personats & Offices des Eglises Collegiales, *Visa*, prise de possession, sept livres, ci 7 l.

S'il n'y a qu'une collation de l'Ordinaire, & prise de possession, six livres, ci 6 l.

Pour les signatures des Prébendes des Eglises Metropolitaines & Cathédrales, *Visa*, & prise de possession, & publication, six livres, ci 6 l.

Et s'il n'y a qu'une collation de l'Ordinaire, & prise de possession, cinq livres, ci 6 l.

Pour les signatures des Prébendes des Eglises Collegiales, *Visa*, prise de possession, & publication, cinq livres, ci 5 l.

S'il n'y a qu'une collation de l'Ordinaire, & une prise de possession, quatre livres, ci 4 l.

Pour les prises de possession des premieres Dignités des Eglises Cathédrales en vertu de provisions en Regales, huit livres, ci 8 l.

Prises de possession des Dignités, Personats & Offices des Eglises Cathédrales, en vertu des provisions en Regale, quatre livres, ci 4 l.

Prises de possession des Prébendes des Eglises Cathédrales & Collegiales, en vertu de provisions en Regale, trois livres, ci 3 l.

Prises de possession des premieres Dignités des Eglises de fondation Royale, quatre livres, ci 4 l.

Prises de possession des Dignités, Personats & Offices des Eglises de fondation & collation Royale, trois livres dix sols, ci 3 l. 10 s.

Prises de possession des Prébendes dans les Chapitres de fondation & collation Royale, deux livres, ci 2 l.

Signature en forme commissoire, ou gratieuse, *Visa*, prise de possession des Semi-Prébendes, Chapellenies, Chapelles, & autres Bénéfices du bas Chœur des Eglises Cathédrales & Collégiales, quatre livres, ci 4 l.

Et s'il n'y a qu'une collation de l'Ordinaire, & une prise de possession, trois livres, ci 3 l.

Signatures de Prieurés simples en titre, ou en commende, en forme commissoire ou gratieuse, *Visa*, prise de possession & publication, huit livres, ci 8 l.

Et s'il n'y a qu'une collation de l'Ordinaire, & une prise de possession, six livres, ci 6 l.

Signatures en forme commissoire, ou gratieuse, *Visa*, & prise de possession d'Offices Claustraux, trois livres, ci 3 l.

Et s'il n'y a qu'une collation de l'Ordinaire, & une prise de possession, deux livres, ci 2 l.

Signature de nouvelle commende, trois livres, ci 3 l.

Signature de Prieuré, Cure, en titre ou en commende, Curés, Vicaires perpetuels, Chapellenies & Chapelles, *Visa*, prise de possession & publication, cinq livres, ci 5 l.

Et s'il n'y a qu'une collation de l'Ordinaire, & une prise de possession, quatre livres, ci 4 l.

Présentation, représentation, mandemens d'intronisation, requisitions de provisions, ou *Visa*, avec refus ou sans refus, attestations de vie & mœurs pour faire expédier en forme gratieuse, procuration pour prendre possession, sera payé pour chacun desdits actes dix sols, ci 10 s.

Les Concordats & homologations d'iceux, à Rome ou à la Légation, trois livres, ci 3 l.

Procuration pour resigner en faveur, purement & simplement, pour cause de permutation, ou en quelqu'autre façon & maniere que ce soit, une livre dix sols, ci 1 l. 10 s.

Revocation de procuration pour resigner, & signification d'icelle, une livre dix sols, ci 1 l. 10 s.

Retractation d'une revocation de procuration pour resigner, & signification d'icelle, une livre dix sols, ci 1 l. 10 s.

Repudiation d'une resignation ou autre provision, une livre, ci 1 l.

Création de pension sur Archevêchés, Evêchés, Abbayes, Prieurés Conventuels de nomination Royale, huit livres, ci 8 l.

Création de pension sur autres Bénéfices, quatre livres, ci 4 l.

Procuration pour consentir la réduction ou extinction d'une pension, une livre, ci 1 l.

Signature d'extinction de penſion ſur Bénéfice de nomination Royale, ſix livres, ci 6 l.

Signature d'extinction de penſion ſur autre Bénéfice, trois liv. ci 3 l.

Signature des Lettres d'Indults, de joyeux avenement, & de ferment de fidélité, procuration pour requerir Bénéfices, requiſition, ſera payé pour chacun deſdits actes, une livre, ci 1 l.

Lettres de Dégrés, certificats de tems d'étude, nominations par les Univerſités, ſignifications deſdites Lettres, procurations pour notifier le nom & ſur-nom d'un Gradué en tems de Carême, acte de notification, procuration pour requerir Bénéfices, requiſitions, ſera payé pour chacun deſdits actes, une livre, ci 1 l.

Chaque Lettre d'Ordre, dix ſols, ci 10 ſ.

Démiſſoires pour prendre les Ordres, dix ſols, ci 10 ſ.

Indult pour être promu aux Ordres hors les quatre-tems, une livre dix ſols, ci 1 l. 10 ſ.

Indult pour être promu aux Ordres, avant l'âge, & autres diſpenſes de Rome, ou de la Légation, ſur la promotion, ou réhabilitation aux Ordres, ou abſolution *à mala promotione*, ſera payé pour chacun deſdits Indults, & diſpenſes, quatre livres, ci 4 l.

Proteſtations contre la promotion à l'Ordre de Soûdiacre & de Diacre, une livre, ci 1 l.

Bref déclaratoire de nullité de la promotion à l'Ordre de Soûdiacre ou de Diacre, & Sentence de fulmination, quatre livres, ci 4 l.

Les Decrets d'érection, ſuppreſſion, & union de Bénéfices, douze livres, ci 12 l.

Diſpenſe d'âge ſans proviſion, pour tenir des Abbayes, Prieurés Conventuels, ou autres Bénéfices, douze livres, ci 12 l.

Diſpenſe ſans proviſion, ſur le défaut de naiſſance, pour tenir Bénéfices, ſix livres, ci 6 l.

Bref de diſpenſe ſur Bigamie, *ad Ordines & Beneficia*, douze livres, ci 12 l.

Diſpenſe ſur irrégularité jugée, & Sentence de fulmination, quatre livres, ci 4 l.

Diſpenſe pour Seculier ou Religieux, ſur incompatibilité de Bénéfice, ſix livres, ci 6 l.

Certificat de Banquier, que la grace eſt accordée, Sentence ou Arrêt portant permiſſion de prendre poſſeſſion, priſe de poſſeſſion, deux liv. ci 2 l.

Acte de Vêture, Noviciat & Profeſſion dans les Monaſteres non mendians, une livre dix ſols, ci 1 l. 10 ſ.

Indult de tranſlation d'un Ordre à un autre, pour y tenir Bénéfice, ſix livres, ci 6 l.

Acte de réclamation d'un Religieux contre ſa Profeſſion, une livre, ci 1 l.

Bref déclaratoire de nullité, d'une Profeſſion Religieuſe, & Sentence de fulmination, quatre livres, ci 4 l.

Diſpenſe

Dispense de mariage entre pauvres, & Sentence de fulmination, seront registrées gratuitement.

Dispense de mariage entre riches sans cause ou avec cause, & Sentence de fulmination, douze livres, ci 12 l.

Dispense d'un ou de deux bans de mariage, trois livres, ci 3 l.

Lettres de Vicariat pour présenter & conferer Bénéfices dépendans d'une Dignité, cinq livres, ci 5 l.

Procuration d'un Chanoine absent pour nommer aux Bénéfices vacans en son tour, une livre, ci 1 l.

Provisions d'Official ou Vicegerent, cinq livres, ci 5 l.

Provision de Promoteur, de Substitut de Promoteur, & de Greffier d'Officialité, sera payé pour chacune, trois livres, ci 3 l.

Acte de revocation des Lettres d'un Vicaire général, ou de remerciment fait par les Prélats ou Chapitre, à un Official, Vicegerent, Promoteur, Substitut de Promoteur & Greffier de l'Officialité, sera payé pour chacun, une livre, ci 1 l.

Fondation à perpétuité d'un Bénéfice, quatre livres, ci 4 l.

Fondation de Prestimonie, Saluts, Professions & Obits, deux livres, ci 2 l.

Seront payés pour les Bulles & Signatures de la Légations, les mêmes droits que ceux qui sont taxés pour les Bulles, Brefs & Signatures expédiées à Rome. Fait Sa Majesté défenses aux Greffiers des Insinuations Ecclésiastiques & à leurs Commis, d'exiger ni recevoir, sous quelque prétexte que ce puisse être, plus grande somme que celle contenue au présent Tarif, encore qu'elle leur fût volontairement offerte, à peine de concussion.

Fait & arrêté au Conseil Royal des Finances, tenu à Versailles le 11 jour de Décembre 1691. Collationné. Signé, *De Laistre*, avec paraphe.

Edit du Roi, donné à Versailles au mois de Février, 1693, portant réunion des Notaires Apostoliques aux Notaires au Châtelet,

LOUIS, par la grace de Dieu, Roi de France & de Navarre : A tous présens & à venir, Salut. Par notre Edit du mois de Décembre 1691. Nous avons créé & érigé en titre d'Offices formés & héréditaires, des Offices de Notaires Royaux Apostoliques, pour être établis dans les Diocèses de notre Royaume, Pays, Terres & Seigneuries de notre obéissance, & y faire les fonctions portées par ledit Edit, en vûe d'empêcher les abus qui s'étoient glissés parmi ceux qui faisoient ces fonctions, & de pourvoir au préjudice que la perte des minutes des differens actes qu'ils recevoient, causoit très-souvent à nos Sujets ; prévenir une infinité de procès ausquels ils donnoient lieu, conserver les droits des Patrons & Collateurs des Bénéfices, en assurer & affermir la possession. Mais parce que la maniere dont les fonctions attribuées aufdits Offices font reglées par cet Edit, elles fe trouvent avoir un très-grande connexité avec celles de nos autres Notaires, & même qu'elles les retranchent & diminuent notablement en plufieurs chofes ; nos cent treize Confeillers Notaires Gardenotes au Châtelet de Paris, nous auroient très-humblement fupplié de faire confidération fur le préjudice qu'ils recevroient de l'établiffement de ces nouveaux Officiers dans notre bonne Ville & Diocèfe de Paris, qui cauferoit dans la fuite de très-fréquentes conteftations entre eux & lefdits Notaires Royaux & Apoftoliques, par la confufion & concurrence d'une partie de leurs fonctions, que cet Edit rend communes, quoiqu'ils ayent toujours été dans la poffeffion immémoriale de toutes celles qu'ils pratiquent journellement, dans lefquelles nous les avons encore confirmés par notre Edit du mois d'Août 1673. C'eft pourquoi nous avons eftimé que fans bleffer l'intérêt public, auquel nous avions voulu pourvoir par cette création, nous pouvons fupprimer le titre defdits Offices de Notaires Royaux & Apoftoliques dans notre bonne Ville & Diocèfe de Paris, & en réunir les attributions & les fonctions à celles defdits cent treize nos Confeillers Notaires au Châtelet de Paris, & nous nous fommes portés d'autant plus volontiers, que par ce moyen nous empêchons tous les procès & differends qui ne manqueroient pas d'arriver entre eux & lefdits Officiers de nouvelle création ; ce qui même eft caufe que prefque tous ceux qui jufqu'à préfent avoient défiré de lever lefdits Offices, s'en font abftenus ; & trouvant occafion de témoigner aufdits cent treize Notaires au Châtelet la fatisfaction que nous avons de leur affection & de leur zéle dans les chofes de leur exercice, lefquelles ont rapport à notre fervice, en recevant néanmoins d'eux les mêmes fecours que nous nous étions promis de cette création. A ces caufes & autres à ce nous mouvant, & de notre certaine fcience, pleine puiffance & autorité Royale, Nous avons par notre préfent Edit perpétuel & irrévocable, éteint & fupprimé, éteignons & fupprimons le titre des Offices de Notaires Royaux Apoftoliques, créés par notre Edit du mois de Décembre 1691, qui auroient pû être établis en exécution d'icelui en notre bonne Ville, & dans ledit Diocèfe de Paris, fans qu'à l'avenir ils puiffent être rétablis pour quelque caufe & occafion que ce foit, & en rétabliffant lefdits cent treize Notaires du Châtelet de Paris, dans celles de leurs anciennes fonctions, qui leur avoient été retranchées par notredit Edit du mois de Décembre 1691, par l'attribution qui en avoit été donnée à leur exclufion aufdits Offices de Notaires Royaux Apoftoliques, ou qui avoient été diminuées par la concurrence qui leur étoit accordée en plufieurs articles avec lefdits Notaires du Châtelet de Paris. Nous avons encore attribué, uni & incorporé, attribuons, uniffons & incorporons les fonctions deftinées aux Offices de Notaires Royaux & Apoftoliques créés par notre Edit du mois de Décembre 1691, pour être établis en notre bonne Ville & Diocèfe de Paris, à celles de nos cent treize Confeillers Notaires au Châtelet de Paris, & à chacun d'eux & leurs fucceffeurs aufdits Offices à perpétuité, pour par eux les faire exercer ainfi & de même que toutes les autres fonctions dont ils font en pleine, actuelle & immémoriale poffeffion dans toute leur étendue, comme elles ont été faites par le paffé, tant par eux que par ceux qui étoient préposés pour les fonctions de Notaires Apostoliques, & tout ainsi qu'auroient fait & pû faire ceux qui ont été & auroient pû être pourvûs par nous desdits Offices de Notaires Royaux & Apostoliques, créés par notredit Edit du mois de Décembre 1691; à l'effet & exécution duquel en tout son contenu, nous avons subrogé & subrogeons par le présent lesdits cent treize nos Conseillers Notaites au Châtelet de Paris, & chacun d'eux pour eux & leursdits successeurs à perpétuité : Voulons & entendons qu'ils fassent toutes lesdites fonctions spécifiées en notredit Edit du mois de Décembre 1691, sans exception, & que leur ministere y soit employé, sans que les Prélats, Abbés, Patrons, Collateurs, Bénéficiers, ni autres personnes puissent se servir d'autres en quelque cas & pour quelque cause que ce soit, déclarant dès-à-présent nuls & de nul effet, tous Contrats, Actes, Lettres de Collateurs, Présentation & Provision, & autres instrumens dépendans desdites fonctions, & concernant les matieres Ecclésiastiques & Bénéficiales, suivant ledit Edit du mois de Décembre 1691, qui n'auroient été faits & expédiés par lesdits Notaires du Châtelet; & défendons à toutes nos Cours & Juges, d'y avoir égard, fors & excepté pour les Résignations des Bénéfices seulement, lesquelles pourront être reçues par tous Notaires Royaux chacun dans son district, dans les lieux situés à quatre lieues de Paris, & au-delà pour les personnes qui s'y trouveront domiciliées, comme auparavant notredit Edit du mois de Décembre 1691, sans néanmoins que lesdits cent treize Notaires du Châtelet de Paris, soient tenus de prendre nouvelles Lettres de provision de Nous, attache, commission ni expedition de qui que ce soit, que le présent Edit, & la Quittance du Receveur de nos Revenus Casuels, de la somme de quatre vingt-dix mille neuf cens livres, outre les deux sols pour livre, à laquelle toute la Communauté desdits cent treize Notaires en Corps a été taxée en notre Conseil pour ladite union & attribution, & sans que pour raison d'icelle, l'évaluation, droit annuel, droits de résignation & marc d'or de leurs Offices puissent être augmentés ni mis à plus haut prix que ce qu'ils en payent à présent, dont nous les avons dispensés & dispensons par notre présent Edit. Permettons ausdits cent treize nos Conseillers Notaires du Châtelet de Paris, en cas que ci-après ils ne jugeassent pas à propos de faire chacun en particulier le tout ou partie desdites fonctions mentionnées en notre Edit du mois de Décembre 1691, lesquelles leur sont unies & attribuées par le présent Edit, de choisir tels d'entre eux que bon leur semblera pour recevoir les actes que les Notaires Apostoliques établis avant notredit Edit, avoient accoûtumé de passer : Comme aussi de nommer telles personnes capables qu'ils aviseront, pour postuler dans l'Officialité & Cour Ecclésiastique de l'Archevêché de Paris : Voulant que sur la nomination & présentation qui nous sera faite par la Communauté desdits cent treize Notaires du Châtelet, de sujets capables & expérimentés pour ladite postulation, il soit expédié à ceux qui auront été par eux nommés & choisis, toutes Lettres de commission nécessaires en notre grande Chancellerie, pour le Sceau desquelles ne sera payé que la somme de vingt livres : lesquels Commis pour la postulation présenteront nos Lettres de commission à notre très cher & amé Cousin l'Archevêque de

Paris, & à ses successeurs, leurs Vicaires Généraux & Officiaux, & feront le serment entre leurs mains de bien & fidélement proceder dans ladite postulation. Pourront néanmoins ceux qui font à présent cette fonction dans l'Officialité de Paris, en vertu des provisions de notredit Cousin continuer pendant leur vie, conformément à l'article XVI. de notredit Edit. Et d'autant que les sieurs Jousse & le Brun ont été déja pourvûs de deux desdits Offices de Notaires Royaux & Apostoliques en notre bonne Ville & Diocèse de Paris, depuis & en conséquence dudit Edit du mois de Décembre 1691, Nous voulons & ordonnons que lesdits Jousse & le Brun rapportent incessamment à Maître Antoine Gatte, que nous avons chargé de la vente desdits Offices, les Quittances de finance & de Marc-d'or, ensemble les Lettres de provision qui leur en ont été expédiées & délivrées, pour en être lesdites Quittances déchargées du Contrôle & rendues par ledit Gatte aux Trésoriers qui les ont signées; & seront les sommes contenues en icelles rendues & restituées audit Gatte, ensemble les droits du Sceau desdites Lettres de provision par ceux qui les auront reçus, pour être payées & remboursées ausdits Jousse & le Brun par ledit Gatte, même tous les frais qu'ils auront fait & déboursés pour leur reception èsdits Offices; & en conséquence défendons ausdits Jousse & le Brun, & à tous autres qui ont ci-devant fait ou font encore à présent en notre Ville & Diocèse de Paris, les fonctions de Notaires Apostoliques, soit en vertu de nos Lettres de commission, soit à quelqu'autre titre que ce puisse être, d'y plus instrumenter, ni postuler en ladite qualité de Notaire Apostolique huit jours après la publication de notre présent Edit, à peine de faux, de nullité des Actes & procedures, & de cinq cens livres d'amende. Voulons en outre que lesdits cent treize nos Conseillers Notaires Gardenotes du Châtelet de Paris, continuent la possession immémoriale qu'ils ont, & en laquelle nous les avons d'abondant, en tant que besoin, confirmés & confirmons par le présent Edit, de recevoir, faire & passer tous Contrats & Inventaires, & autres Actes dans l'étendue de notre Royaume, & qu'ils jouissent des fonctions, droits, privileges, honneurs & prérogatives qui leur ont été ci-devant accordés, soit par les Rois nos Prédécesseurs, ou par Nous, dans lesquels nous les avons aussi à cet effet confirmé & confirmons par notre présent Edit; même en l'exemption de logement de gens guerre, tutelle & curatelle, conformément à celui susdit du mois d'Août 1673, & celui du mois de Décembre 1691, & à l'Arrêt de notre Conseil du 2 Septembre 1692, rendu en faveur desdits Notaires Royaux & Apostoliques: Et voulant encore en cette occasion témoigner à la Communauté desdits cent treize Notaires Gardenotes du Châtelet de Paris, l'estime que nous faisons de la conduite qu'ils tiennent en l'exercice de leurs Offices, en leur donnant quelque Privilege dont ils puissent jouir chacun successivement, après avoir vieilli dans leurs Offices, nous avons donné & attribué par notre présent Edit perpétuel & irrévocable à toujours aux douze plus anciens d'entre eux en reception de leurs Offices, le droit & privilege de *Committimus* au petit Sceau, aux Requêtes du Palais à Paris, en toutes demandes, actions, causes & instances de quelque nature qu'elles soient, sans aucunes exceptions ni réserves: duquel droit & privilege de *Committimus* jouïront à toujours ceux qui sont actuellement & qui seront après eux successivement & à leur tour les douze plus anciens en reception, tant & si longuement qu'ils seront pourvûs & jouissans de leursdits Offices de Notaires. Si donnons en mandement à nos amés & féaux Conseillers les Gens tenans notre Cour de Parlement, que ces présentes ils ayent à faire lire, publier & registrer, & du contenu en icelles jouir & user les cent treize Notaires du Châtelet de Paris, pleinement, paisiblement & perpétuellement, nonobstant tous Edits, Déclarations, Ordonnances, & autres choses à ce contraires, ausquelles nous avons dérogé & dérogeons par ces présentes: Car tel est notre plaisir. Et afin que ce soit chose ferme & stable à toujours, nous y avons fait mettre notre Scel. Donné à Versailles au mois de Février, l'an de grace 1693, & de notre Regne le cinquantiéme. Signé, LOUIS. *Visa, Boucherat. Et plus bas*, Par le Roi, *Phelypeaux.* Vû au Conseil, *Phelypeaux.* Et scellé du grand Sceau de cire verte.

Registré, oui, & ce requerant le Procureur Général du Roi, pour être exécutées selon leur forme & teneur, & copies collationnées envoyées au Siége du Châtelet de cette Ville de Paris, pour y être lûës, publiées, & registrées; Enjoint au Substitut du Procureur Général d'y tenir la main, & d'en certifier la Cour dans huitaine, suivant l'Arrêt de ce jour. A Paris en Parlement le 13 jour de Février 1693. Signé, *Du Tillet.*

Arrêt du Conseil d'Etat du Roi, du 12 Juillet 1695, portant Reglement & dénomination des Actes Ecclésiastiques qui sont sujets au Contrôle, ainsi que les autres Actes passés par les Notaires du Royaume.

Extrait des Registres du Conseil d'État.

SUr la Requête présentée au Roi en son Conseil par Maître Augustin Bonnel Fermier Général des droits de Contrôle des Actes des Notaires & Tabellions, Contenant qu'encore que tous les Actes, de quelque qualité qu'ils soient, qui sont passés par les Notaires & Tabellions, même par les Notaires Apostoliques, doivent être contrôlés à peine de nullité, & les droits payés au Suppliant, ou à ses Procureurs & Commis, conformément audit Edit, & à l'article vingtiéme de la Déclaration de Sa Majesté rendue en interprétation d'icelui le 20 Avril 1694, néanmoins que les sieurs Evêque & Syndics du Clergé du Diocèse de Langres, ayant représenté au Conseil qu'ils avoient acquis les Charges de Greffiers Ecclésiastiques dudit Diocèse créés par Edit du mois de Décembre 1694, & tous les Ecclésiastiques & Bénéficiers faisant insinuer leurs Actes sur les Registres des Insinuations dudit Diocèse, ils devoient être exceptés dudit Contrôle; Sa Majesté auroit par Arrêt de son Conseil du 14 Janvier 1695, fait défenses au Suppliant & à ses Procureurs & Commis de contraindre les Ecclésiastiques & Bénéficiers dudit Diocèse de faire contrôler les Actes Ecclésiastiques & Bénéficiers, à peine de 500 liv. d'amende, & de tout dépens, dommages & intérêts; ce qui obligeoit le Suppliant de représenter à Sa Majesté, qu'encore que l'exception portée par ledit Arrêt ne se puisse entendre ni avoir lieu que pour les Actes qui ont accoûtumé d'être signés par ledit sieur Evêque, & expédiés par le Greffier des Insinuations, les Ecclésiastiques du Diocèse de Langres, & presque tous les autres du Royaume, prétendoient que tous les Actes sujets aux Insinuations Ecclésiastiques, doivent être déchargés dudit Contrôle; ce qui troubloit le Suppliant & portoit un notable préjudice aux droits dudit Contrôle : pourquoi le Suppliant requeroit qu'il plût à Sa Majesté y pourvoir. Vû ladite Requête, ledit Arrêt du Conseil du 4 Janvier dernier, l'Edit du mois de Décembre 1691, & autres piéces énoncées audit Arrêt. Autre Edit du mois de Mars 1693, portant établissement dudit droit de Contrôle : le Tarif arrêté en conséquence, la Déclaration de Sa Majesté renduë en interprétation dudit Edit du mois de Mars 1693, ledit jour vingtiéme Avril 1694, & autres piéces jointes à ladite Requête. Oui le Rapport du sieur Phelypeaux de Pontchartrain Conseiller Ordinaire au Conseil Royal, Contrôleur Général des Finances : Le Roi en son Conseil, interprétant l'Arrêt dudit jour quatriéme Janvier dernier, a ordonné & ordonne, que les Lettres d'Ordres, Démissoires, Attestations, Exeats, Approbations, Dispenses, Provisions, Institutions, Visats, Enterrinemens, Fulminations, Erections de Bénéfices, Unions, Permissions, & autres Actes Ecclésiastiques qui ont accoûtumé d'être signés par les sieurs Archevêques & Evêques, sans ministere de Notaires, seront exempts dudit droit de Contrôle. Et à l'égard des Nominations, Resignations, Permutations, Procurations, prises de possession, & autres Actes concernant les Bénéficiers qui ont accoûtumé d'être passés, & qui seront reçûs par les Notaires Royaux ou Apostoliques; Sa Majesté ordonne qu'ils seront contrôlés par ledit Bonnel, ses Procureurs ou Commis, & les droits à lui dûs, payés conformément à l'Article vingtiéme de la Déclaration dudit jour 20 Avril 1694, sur les peines portées par les Edits, Déclarations & Arrêts rendus en conséquence. Enjoint Sa Majesté aux Commissaires par Elle départis dans les Provinces & Généralités d'y tenir la main. Et sera le présent Arrêt exécuté nonobstant oppositions, appellations ou empêchemens quelconques, & sans préjudice d'icelle. Fait au Conseil d'Etat du Roi, tenu à Versailles le douziéme jour de Juillet 1695. Collationné. Signé, *Ranchin.*

Collationné à l'Original par Nous Conseiller-Secretaire du Roi, Maison, Couronne de France & de ses Finances.

Arrêt du Conseil d'Etat, du 5 Août 1698, portant que tous les Actes que les Notaires, Tabellions & autres passeront pour les Ecclésiastiques, tant concernant les matieres Bénéficiales que la disposition de leurs revenus, même ceux concernans leurs affaires particulieres, quoique contractées avec des Laïques, seront Contrôlés dans les tems portés par les Edits & Arrêts rendus en consequence.

LE Roi ayant par Arrêt de son Conseil du 20 Août dernier ordonné que les Offices de Contrôleurs des Actes de Notaires créés par Edit du mois de Mars 1696, ensemble les droits de Privileges y attribués, demeureront éteints & supprimés pour toujours dans l'étenduë de la Généralité de Tours, en faveur des habitans de ladite Généralité, en payant à Maître Etienne Chaplet chargé par Sa Majesté du recouvrement de la Finance qui doit provenir desdites Charges & droits y attribués, la somme de 600000 liv. en principal, sur les quittances du Trésorier des revenus Casuels, & les deux sols pour livre sur celles dudit Chaplet, dans les tems & ainsi qu'il est plus au long contenu audit Arrêt, de laquelle somme les Ecclésiastiques de ladite Généralité, en doivent porter celle de 60000 liv. & les deux sols pour livre, avec faculté à eux accordée d'accepter ladite suppression, en payant ladite somme, ou pour en être déchargés consentir que lesdits Offices subsistent à leur égard, & les droits sur eux perçûs, à l'effet de quoi, que les Actes qu'ils passeront demeureront assujettis pour toujours au Contrôle, ce qu'ils seront tenus d'opter un mois après la signification dudit Arrêt. Vû les significations faites dudit Arrêt aux Syndics du Clergé des trois Diocèses de ladite Généralité, les reponses qu'ils ont faites signifiées audit Chaplet les 28 Septembre & 30 Octobre 1697, par lesquelles ils consentent que lesdites Charges de Contrôleurs subsistent à leur égard, & que les droits y attribués continuent d'être perçûs pour tous les Actes qu'ils passeront conformément ausdites Declarations, Tarifs & Arrêts, & d'autant que par ledit Arrêt du vingt Août 1697, la maniere de l'expédition des quittances, & des charges nécessaires aux redevables n'y a pas été assés expliquée, ce qui pourroit faire quelque difficulté par la suite, s'il n'y étoit pourvû. Oui le rapport du sieur Phelippeaux de Ponchartrain, Conseiller ordinaire au Conseil Royal, Contrôleur Général des Finances, Sa Majesté en son Conseil, ayant égard à l'option faite par les Syndics du Clergé, a déchargé & décharge tous les Bénéficiers & Ecclésiastiques des trois Diocèses de Tours, Angers, & le Mans, résidans actuellement dans l'étenduë de la Généralité de Tours, du payement de ladite somme de 60000 liv. & les deux sols pour livre portée par ledit Arrêt du 20 Août 1697, & en conséquence permet audit Chaplet de vendre lesdits Offices de Contrôleurs des Actes que les Notaires, Tabellions, & autres passeront pour les Ecclésiastiques, le nombre desquels Offices de Contrôleurs a été fixé à quarante, dans l'étenduë de ladite Généralité; Sçavoir, deux en l'élection de Tours, deux en celle d'Amboise, deux en celle de Loches, deux en celle de Chinon, un en celle de Richelieu, un en celle de Loudun, six en celle d'Angers, trois en celle de Saumur, trois en celle de la Fléche, deux en celle de Baugé, deux en celle de Châteaugontier, un en celle de Montreuil Bellay, sept en celle du Mans, deux en celle de Laval, deux en celle du Châteaudulóir, deux en celle de Mayenne. Et que l'exercice en sera fait dans les Bureaux que ledit Chaplet à ci-devant établis, ou autres qu'il pourra établir en tels lieux de chacune élection qu'il jugera à propos, & qu'en attendant la vente desdits Offices, ledit Chaplet pourra faire faire ledit Exercice par les personnes qu'il y commettra, & percevoir à son profit les droits y attribués. Veut & ordonne Sa Majesté que tous les actes que les Notaires, Tabellions & autres, passeront pour les Ecclésiastiques, tant concernant les matieres Bénéficiales, que la disposition de leurs Revenus mêmes, ceux concernans leurs affaires particulieres, quoique contractées avec des Laïques, soient Contrôlés dans les tems portés par les Edits des mois de Mars 1693 & 1696, Arrêts & Reglemens rendus en conséquence, à peine de nullité desdits Actes, & de 200 liv. d'amende pour chacune contravention contre les Notaires qui les auront reçûs, & chacune des parties qui s'en voudront servir, lesquelles amendes ne pourront être remises, moderées ni réputées comminatoires, pour quelque cause que ce soit, & seront payés en vertu du présent Arrêt, sans qu'il en soit besoin d'autre, moitié au Dénonciateur & l'autre moitié audit Chaplet. Faisant Sa Majesté défenses à tous Juges d'avoir égard à aucuns Actes sous seing privé desdits Ecclésiastiques & Bénéficiers, ni prononcer aucuns Jugemens de condamnation sur iceux, à peine de nullité, & de demeurer responsables en leurs noms privés de tous évenemens, dépens, dommages & intérêts; ordonne en outre Sa Majesté que des Rôles arrêtés par le sieur de Miromenil, sur les Nobles, exempts & privilegiés, il en sera envoyé des extraits aux Curés des Paroisses, pour être par eux publiés & valoir de signification, & que les quittances qui ont été ou seront expédiées par le Trésorier des Revenus Casuels, tant pour la somme de 25000 liv. d'un part, à laquelles les Nobles, exempts & privilegiés de ladite Généralité ont été fixés par ledit Arrêt, que des 15000 liv. d'autre pour les Villes franches, ensemble celles de Chaplet pour les deux sols pour livre desdites sommes, seront déposées aux Greffes de la principale Ville de chacune élection, & celle de 400000 liv. & deux sols pour livre, expédiées pour les Taillables aux Greffes des élections, duquel dépôt les Greffiers chacun en droit soi, seront tenus de donner sans frais au pied des copies desdites quittances leurs reconnoissances au porteur d'icelles, pour en être ensuite par lesdits Greffiers fournis aussi sans frais des extraits à chacun des Nobles, exempts, privilegiés qui auront contribué au payement des sommes contenuës ausdites quittances, avec son certificat au pied, contenant la somme que chacun d'eux y aura contribué, & un extrait à chacune Paroisse pour ce que les Taillables de ladite Paroisse y auront contribué, suivant les rôles & départemens arrêtés par ledit sieur de Miromenil, Commissaire départi en ladite Généralité de Tours. Enjoint Sa Majesté audit sieur de Miromenil, de tenir

tenir la main à l'exécution du présent Arrêt, lequel sera publié & exécuté nonobstant oppositions, appellations, & autres voyes quelconques, pour lesquelles ne sera differé, & s'il en intervient, Sa Majesté s'en est reservé à soi & en son Conseil toute connoissance, & icelle interdite & défenduë à toutes ses autres Cours & Juges. Fait au Conseil du Roi, tenu à Versailles le 5 jour d'Août 1698. Signé, *Ranchin*, Collationné.

Arrêt du Conseil d'Etat du Roi, du 28 Octobre 1698, portant Reglement pour le Contrôle des Contrats de Mariage, Collation de Copies de piéces, Titres Sacerdotaux ou Clericaux, & autres Actes passés par les Notaires Apostoliques, & pour l'exécution de plusieurs Articles desdits Tarifs, Déclarations & Arrêts rendus au sujet du Contrôle des Actes des Notaires, dont l'exécution est ordonnée sous les peines & amendes portées par ledit Arrêt.

Extrait des Registres du Conseil d'Etat.

SUr ce qui a été représenté au Roi en son Conseil; que Sa Majesté ayant par les Arrêts de son Conseil des 11 Février & 6 Mai dernier ordonné que M. Etienne Chaplet jouira des droits du Contrôle des Contrats & Actes des Notaires & Tabellions Royaux Apostoliques, Seigneuriaux & des Magistrats, Gens de loi des Villes & lieux dépendans des Généralités, Provinces & pays exprimés dans celui du 11 Février suivant & conformément aux Edits, Tarifs, Déclarations, Arrêts & Reglemens rendus en conséquence, pour la levée & perception desdits droits de Contrôle, & qu'ils seront exécutés au profit dudit Chaplet, comme s'ils avoient été rendus sous son nom: Et Sa Majesté ayant été informée que lesdits Notaires, Tabellions & autres qui ont pouvoir de faire des Contrats & Actes, font de continuelles contraventions ausdits Edits, Déclarations & Arrêts, & forment journellement des contestations sous differens prétextes, pour diminuer & anéantir lesdits droits de Contrôle, en expliquant lesdits Tarifs & Reglemens d'une maniere contraire aux intentions de Sa Majesté, notamment sur les Contrats de Mariage, collations de piéces, & par l'affectation que la plûpart desdits Notaires font de ne pas signer les Contrats & Actes qu'ils passent aussi-tôt qu'ils sont signés par les parties, & de tenir des repertoires de tous les Actes qu'ils passent ainsi, qu'il leur est ordonné de faire tant par la Déclaration de Sa Majesté du 19 Mars 1696, que par les Ordonnances précedentes, & que d'autres entreprennent d'aller passer des Contrats dans des Provinces où lieux affranchis ou redimés du Contrôle, prétendant par ces voyes en frustrer les droits, & que même il y a eu plusieurs desdits Notaires & Tabellions prevenus & convaincus d'avoir reçû les droits de Contrôle des parties contractantes, mis sur les expéditions, que les Actes auroient été Contrôlés sans qu'ils l'eussent été, & retenu lesdits droits à leur profit, & fraudé lesdits droits en une infinité d'autre cas, ce qui empêchoit ledit Chaplet de jouir des droits de ladite Ferme, & le mettoit hors d'état de la soutenir. A quoi voulant pourvoir : Oui le rapport du sieur Phelypeaux de Pontchartrain, Conseiller ordinaire au Conseil Royal, Contrôleur Général des Finances. Sa Majesté en son Conseil a ordonné & ordonne que les Edits, Déclarations, Tarifs & Arrêts concernant les droits de Contrôle des Contrats & Actes des Notaires & Tabellions Royaux, Apostoliques, Seigneuriaux, Magistrats, Gens de loi, seront exécutés selon leur forme & teneur, & que conformement à iceux & ausdits Arrêts des 11 Février & 6 Mai dernier ledit Chaplet jouira desdits droits de Contrôle, & qu'il sera payé double droit de Contrôle, pour les Contrats de mariage dans lesquels il n'y aura que le bien de l'un des conjoints évalué, à la charge que ledit droit ne pourra exceder la somme de vingt livres fixée par l'article douze de la Déclaration de Sa Majesté du 20 Avril 1694. Ce qui ne pourra toutesfois avoir lieu lorsque celui des deux conjoins dont le bien ne sera pas évalué, aura déclaré par le Contrat qu'il n'en a aucuns, auquel cas il ne sera payé qu'un seul droit de Contrôle sur le pied de la valeur du bien évalué, conformément audit Article, & en cas de fausse déclaration de la part de l'un des conjoints, ils seront contraints solidairement au payement de 200 liv. d'amende reglée par lesdits Edits, Déclarations & Arrêts, & au payement de la somme de 40 liv. pour le droit de Contrôle : ordonne aussi Sa Majesté que les Actes de collation de copies des piéces, Sentences, Jugemens, Arrêts, Appointemens & autres Actes judiciaires & extrajudiciaires, de quelque nature & qualité qu'ils soient sans exception, qui seront délivrés par des Notaires ou Tabellions, soit qu'ils ayent été rendus ou passés avant ou depuis l'Edit du mois de Mars 1693, seront contrôlés & que le droit de Contrôle en sera payé conformément à l'Article XIV. de ladite Déclaration du 20 Avril 1694. Fait Sa Majesté défenses à tous ses Juges & autres qu'il appartiendra, d'admettre aucuns privileges, hypotheques, nantissemens, ensaisinemens ou prises de possession sur des immeubles, si lesdits privileges ne sont fondés sur des Contrats ou Actes passés ou reconnus pardevant Notaires & Contrôlés ; enjoint Sa Majesté aux Greffiers des Jurisdictions, d'inserer dans les minutes & expéditions des Sentences, Jugemens & Arrêts, les Actes sur lesquels ils auront été rendus, les dattes desdits Actes, les noms & résidences des Notaires & Tabellions qui les auront passés, le nom du Contrôleur qui les aura contrôlé, & les jours qu'ils auront été contrôlés, à peine d'interdiction contre lesdits Greffiers, & de 200 liv. d'amende contre les Juges & Greffiers qui signeront lesdits Actes, Sentences ou Jugemens, & contre chacune des parties qui s'en serviront ; enjoint pareillement Sa Majesté aux Greffiers des Arbitrages, Syndics & Directeurs des créanciers, de faire mention dans les minutes des Jugemens, Sentences Arbitrales, Contrats & autres Actes qu'ils passeront des compromis, sur lesquels ils auront été rendus lorsqu'ils auront été passés pardevant Notaires ; leur fait aussi défenses, à peine d'interdiction, d'expédier lesdits Sentences, Jugemens & autres Actes, & aux parties de s'en servir, à peine de nullité de toute la procedure, & de 200 liv. d'amende, qu'après que lesdits compromis auront été Contrôlés s'ils ont été passés pardevant Notaires ; ordonne en outre Sa Majesté que le droit de Contrôle des titres

Sacerdotaux ou Clericaux, sera pris sur le pied de l'Article trois de ladite Déclaration du 20 Avril 1694, concernant les Donations, de quelle nature que puissent être les biens ou héritages exprimés dans lesdits titres Sacerdotaux, & à quel titre qu'ils soient donnés : veut & entend Sa Majesté que l'Edit de création des Offices de Notaires Royaux & Apostoliques du mois de Décembre 1691, soit exécuté, & que conformément à l'Article V. d'icelui les Actes ou Procurations des Gradués pour requerir Bénéfice, les Notifications desdits Actes où Procurations & tous autres Actes sans exception qui peuvent servir à obtenir ou posseder Bénéfices, soient passés pardevant lesdits Notaires Royaux & Apostoliques ou pardevant ceux qui font les fonctions desdits Offices, soit en conséquence d'union ou autrement, lesquels Actes seront contrôlés à peine de nullité, & le droit de contrôle payé sur le pied de l'Article XX. de ladite Déclaration du 20 Avril 1694, de tous lesquels Actes ils seront tenus de conserver des minutes à peine d'interdiction & de 200 liv. d'amende. Veut & ordonne Sa Majesté que l'Article IV. de sa Déclaration du mois de Mars 1696, soit exécuté, en conséquence que tous les Actes qui y sont énoncés, généralement tous ceux qui ont accoutumé d'être signés par les Srs Archevêques, Evêques, mêmes par leurs Vicaires Généraux & Officiaux, sans le Ministere des Notaires Royaux ou Apostoliques, soient déchargés & exempts dudit Contrôle. Fait Sa Majesté défenses à tous Huissiers, Sergens & autres de s'immiscer à passer ou faire aucuns desdits Actes sous les mêmes peines de nullité, d'interdiction & d'amende, & ordonne que conformément à l'Arrêt du Conseil du 15 Janvier 1697, les Notaires & Tabellions Royaux & Seigneuriaux, Magistrats, Gens de loi, Greffiers des Justices Royales & Seigneuriales & des Communautés & autres qui ont droit de passer des Contrats & actes, seront tenus de signer en même tems que les parties, les Actes qu'ils recevront, de les faire contrôler dans la quinzaine, conformement ausdits Edits & Déclarations, d'en payer les droits, & d'en tenir des repertoires & fournir copie d'iceux audit Chaplet, conformément à la Déclaration de Sa Majesté du 19 Mars 1696, à peine d'interdiction & de 200 liv. d'amende contre chacun contrevenant : Et pour faciliter les moyens de découvrir les fraudes qui pourroient être faites, Sa Majesté permet audit Chaplet, ses Procureurs ou Commis, de visiter en présence des Officiers qui seront à cet effet nommés par les sieurs Intendans & Commissaires départis, ou d'autres Officiers, lorsqu'ils en seront requis par ledit Chaplet ses Procureurs ou Commis, tant les minutes des Contrats, Testamens & autres Actes, que les Repertoires & Registres que les Notaires, Tabellions, Greffiers & autres sont obligés de tenir, pour être dressé des procès verbaux des contraventions qui pourront avoir été faites ausdits Edits, Déclarations & Arrêts, & les peines & amendes desdits contraventions poursuivies pardevant lesdits sieurs Commissaires départis, & par eux jugées conformément ausdits Edits, Déclarations & Arrêts. Seront lesdits Contrats & Actes contrôlés, & les droits payés dans ledit tems de quinzaine à la diligence desdits Notaires, Tabellions, Greffiers & autres, sous les peines de nullité, d'interdiction & des amendes portées tant par lesdits Edits, Déclarations & Arrêts rendus en conséquence, que par le présent Arrêt. Fait particulierement Sa Majesté défenses ausdits Notaires & Tabellions Royaux & Seigneuriaux, Notaires Apostoliques, Greffiers des Justices Royales & Seigneuriales, & à ceux des Communautés & des Arbitrages & tous autres qui ont droit ou sont en possession de passer des Contrats & Actes & aux parties de faire contrôler lesdits Contrats & Actes dans d'autres Bureaux que ceux des lieux où ils seront passés, ou s'il n'y en a point au plus proche. Ordonne pareillement Sa Majesté que les Actes sujets à signification ou notification qui seront reçûs par les Notaires Royaux, seront contrôlés & les droits de Contrôle payés avant que lesdits Actes puissent être signifiés par des Notaires ou Sergens, à peine de nullité & de 200 liv. d'amende, & que lesdits Actes soient contrôlés au Controle des Exploits après la signification ou notification. Défend aussi Sa Majesté à toutes sortes de personnes de mettre à exécution dans les Provinces où le Contrôle est établi aucuns Contrats & Actes passés ou reconnus pardevant Notaires dans des Provinces, pays ou lieux èsquels ledit Contrôle n'a pas lieu au profit de Sa Majesté, soit par privilege, exemption, ou que les droits ayent été rachetés ou remboursés, que préalablement lesdits Actes ou Contrats n'ayent été contrôlés au plus prochain Bureau du lieu où lesdits Actes se mettront à exécution, le tout sous même peine que dessus & de nullité de tout ce qui pourroit être fait en conséquence desdits Contrats ou Actes, lesquelles amendes seront applicables au profit dudit Chapler, & à lui payées en vertu du présent Arrêt conformément à son Bail, à l'exception néanmoins de ceux qui seront passés par les Notaires de la Ville de Paris, qui seront exécutées dans tout le Royaume sans être contrôlés : enjoint Sa Majesté ausdits sieurs Intendans & Commissaires départis pour l'exécution de ses ordres, de tenir la main à l'exécution du présent, sans souffrir qu'il y soit contrevenu en quelque sorte & maniere que ce soit, lequel, ensemble ce qui sera par eux ordonné en conséquence, seront exécutés nonobstant oppositions, appellations & autres empêchemens quelconques, & pour lesquels ne sera differé, & dont si aucuns interviennent, Sa Majesté s'en est reservé la connoissance & icelle interdite à toutes ses Cours & Juges. Fait au Conseil d'Etat du Roi, tenu à Fontainbleau le 28 jour d'Octobre 1698. Collationné, Signé, *De Laistre.*

Collationné à l'Original par Nous Conseiller-Secretaire du Roi, Maison Couronne de France & de ses Finances.

Arrêt du Conseil d'Etat du Roi, du 10 Mai 1707, par lequel Sa Majesté déclare n'avoir entendu comprendre dans l'exécution de l'Edit du mois de Décembre 1703, & des autres Edits & Déclarations concernans les Insinuations Laïques, les Constitutions de Titres Clericaux, lesquels seront seulement insinués comme par le passé aux Greffes des Insinuations Ecclésiastiques.

Extrait des Registres du Conseil d'Etat.

LE Roi s'étant fait représenter en son Conseil l'Edit du mois de Décembre 1703, par lequel Sa Majesté auroit ordonné l'établissement des Greffes des Insinuations Laïques, pour insinuer & enregistrer tous les Contrats & Actes y mentionnés, les Edits & Déclarations concernans lesdites Insinuations, le Tarif arrêté au Conseil le 24 Août 1706, portant nouveau Tarif des droits qui doivent être payés en exécution de l'Edit du mois d'Août, pour le Contrôle des Contrats & Actes qui se passent pardevant les Notaires tant Royaux que Seigneuriaux; les Mémoires présentés & remontrances faites par les Syndics du Clergé de plusieurs Diocèses, qui ont représenté que le Fermier des droits attribués pour lesdits Insinuations Laïques prétend assujettir à l'Insinuation Laïque & au payement des droits qui y sont attribués, les constitutions des Titres Clericaux des Ecclésiastiques, quoiqu'ils soient sujets à être insinués aux Greffes des Insinuations Ecclésiastiques, conformément aux Edits de création des Offices de Greffiers desdites Insinuations Ecclésiastiques, ausquels il n'a point été dérogé à cet égard par ledit Edit du mois de Décembre 1703, ni par les autres Edits & Déclarations donnés sur le fait desdites Insinuations Laïques, & quoiqu'il ne soit fait aucune mention desdits Actes dans le Tarif des droits d'Insinuations Laïques,& que d'ailleurs le même Fermier qui l'est aussi des droits de Contrôle des Actes des Notaires se fait payer pour le Contrôle des Actes portans constitutions desdits Titres Clericaux des droits au-delà de ce qui est prescrit par les Tarifs arrêtés au Conseil;à quoi Sa Majesté voulant pourvoir : Oui le rapport du sieur Fleuriau d'Armenonville, Conseiller ordinaire au Conseil Royal,Directeur des Finances. Sa Majesté en son Conseil a déclaré & déclare n'avoir entendu comprendre dans l'exécution dudit Edit du mois de Décembre 1703, & des autres Edits & Déclarations concernans les Insinuations Laïques, les constitutions de Titres Clericaux, lesquels seront seulement insinués comme par le passé aux Greffes des Insinuations Ecclésiastiques. Ordonne Sa Majesté que pour le Contrôle desdites constitutions de Titres Clericaux, lorsque la constitution est faite par l'Aspirant à l'état Ecclésiastique sur ses biens propres, les droits de Contrôle seront payés conformément à l'Article XXXIV. du Tarif desdits droits arrêté au Conseil le 24 Août de l'année derniere 1706, & lorsque la constitution dudit titre sera faite par les peres & meres ou par autres au profit dudit Aspirant à l'état Ecclésiastique, les droits de Contrôle seront payés, si ladite constitution est à vie, conformément à l'Article XXXIII. du Tarif qui regle lesdits droits de Contrôle pour les constitutions de pension viagere; & si ladite constitution de Titre Clerical porte constitution de rente ou donation de fonds, les droits de Contrôle seront payés conformément à l'Article premier dudit Tarif, par proportion au capital de la rente ou à la valeur du fonds qui aura été donné. Fait Sa Majesté défenses à Etienne Chaplet, Fermier général des Insinuations Laïques & droits de Contrôle des Actes de Notaires & ses sous-Fermiers, leurs Commis & préposés, de faire aucunes poursuites contre les Ecclésiastiques pour l'Insinuation des constitutions de leurs Titres Clericaux, & de percevoir pour les droits de Contrôle desdites constitutions de Titres Clericaux autres & plus grands droits que ceux reglés par le présent Arrêt, à peine de concussion. Enjoint aux sieurs Intendans & Commissaires départis dans les Provinces, de tenir la main à son exécution, nonobstant oppositions ou autres empêchemens, dont si aucuns interviennent, Sa Majesté s'est reservé la connoissance & à son Conseil, & icelle interdit à toutes ses Cours & autres Juges. Fait au Conseil d'Etat du Roi, tenu à Marly le 10 de Mai 1707. Collationné. Signé, *Du Jardin*, pour le Roi. Avec paraphe.

Collationné à l'Original par Nous Ecuyer, Conseiller Secretaire du Roi, Maison, Couronne de France & de ses Finances.

Arrêt du Conseil d'Etat du Roi, du 16 Décembre 1727, portant Reglement pour le Contrôle des Baux des revenus des Communautés Séculieres & Régulieres, & autres Gens de Main-morte.

Extrait des Registres du Conseil d'Etat.

VEU au Conseil d'Etat du Roi, les mémoires respectivement présentés par les Agens généraux du Clergé, & les sous-Fermiers des droits de Contrôle des Actes des Notaires, au sujet de l'Arrêt du 27 Juillet dernier, par lequel il est entre autres choses ordonné que tous Gens de Main-morte seront tenus de représenter les Baux de tous leurs revenus, passés pardevant Notaires depuis l'année 1700, & à faute de ce, de payer les droits de Contrôle des Baux faits par écrit sous signature privée, tacite reconduction ou verbalement, sur le pied du Tarif de 1722, comme s'ils avoient été passés pardevant Notaires: Et Sa Majesté voulant traiter favorablement lesdits Gens de Main-morte, & interprêter ledit Arrêt du 27 Juillet dernier, Oui le rapport du sieur le Peletier, Conseiller d'Etat ordinaire & au Conseil Royal, Contrôleur général des Finances, le Roi en son Conseil, en interprétant en tant que besoin l'Arrêt du 27 Juillet 1727, a ordonné & ordonne.

ARTICLE PREMIER.

Que conformément aux Déclarations des mois de Mars 1696, Juillet 1699, 20 Mars 1708, & Arrêts rendus en conséquence, il sera passé pardevant Notaires des Baux de tous les revenus des Biens dépendans de tous les Bénéfices; de ceux des Eglises, Commanderies, Hôpitaux, Universités, Facultés, Colleges, Fabriques, Confrairies, ainsi que de ceux des Villes & de toutes les Communautés Séculieres & Regulieres, & autres Gens de main-morte; sans aucuns excepter, aux peines portées par la Déclaration du 20 Mars 1708; lesquelles ne pourront à l'avenir être reduites ni moderées sous quelque prétexte que ce soit.

II. Décharge néanmoins Sa Majesté, par grace & du consentement des Fermiers, lesdits Gens de Main-morte & les preneurs desdits Baux, des amendes encouruës pour le passé: à la charge de passer pardevant Notaires dans trois mois, à compter du premier Janvier prochain, si fait n'a été, les Baux des biens & revenus dont ils ont donné la jouissance par écrit sous signature privée, tacite reconduction, ou convention verbale.

III. Ordonne Sa Majesté, que dans le délai ci-dessus tous lesdits Gens de Main-morte, à l'exception seulement des Communautés Religieuses de Filles, des Fabriques & des Curés à portion congruë, seront tenus de représenter aux Fermiers, outre le Bail qu'ils passeront dans le délai accordé par le présent Arrêt, les deux précedens Baux de tous leurs revenus passés pardevant Notaires, ou de payer les droits de Contrôle de deux Baux pour ceux passés précedemment par écrit sous signature privée, tacite reconduction, ou convention verbale; & à cet effet seront tenus de faire leurs déclarations de la maniere dont ces mêmes biens ont été exploités; moyennant quoi Sa Majesté les a déchargé & décharge de la représentation des Baux antérieurs, ordonnée par l'Arrêt du 27 Juillet dernier: Et en cas de fausses déclarations, ils seront condamnés en l'amende de 200. liv. pour chaque contravention.

IV. Ordonne Sa Majesté, que les Gens de main-morte qui ont passé pardevant Notaires les Baux de tous leurs biens & revenus, dont la jouissance subsiste actuellement, ne seront tenus chacun à leur égard, de représenter que le Bail précédent, ou de payer les droits de Contrôle dudit Bail, s'il se trouve avoir été fait sous signature privée; par tacite reconduction, ou convention verbale: Voulant Sa Majesté que ledit Bail courant passé pardevant Notaires ait son exécution pour le tems qui en reste à expirer, sans que les Gens de Main-morte soient tenus d'en passer un nouveau en exécution de l'Article II. du présent Arrêt, qu'à l'expiration du Bail courant.

V. A l'égard des Bénéficiers qui ne sont titulaires que depuis le premier Janvier 1725, ordonne Sa Majesté, qu'ils seront tenus de se conformer pour l'avenir à l'Article II. du présent Arrêt, & en outre de payer un seul droit de Contrôle pour raison des Baux qu'ils ont passés sous signature privée, par tacite reconduction, ou autrement.

VI. Veut Sa Majesté, que lorsque lesdits Gens de Main-morte auront passé pardevant Notaires des Baux particuliers de tous leurs revenus, ils puissent si bon leur semble passer sous signature privée un bail général; & que lorsqu'ils auront passé le bail général pardevant Notaires, il soit permis au preneur de passer les baux particuliers sous signature privée, sans néanmoins que les Bailleurs ni les Preneurs puissent se servir desdits Baux sous signature privée, ni faire aucuns Actes ou Exploits en conséquence, qu'ils n'ayent été préalablement contrôlés, conformément aux Reglemens & sous les peines y portées.

VII. Et à défaut par lesdits Gens de Main-morte de satisfaire aux dispositions du présent Arrêt, & dans le délai y porté, ils seront déchûs des remises des droits & amendes ci-dessus accordées; & pourront les Fermiers dans ce cas les faire contraindre au payement des droits & amendes encouruës & portées par les Reglemens. Fait au Conseil d'Etat du Roi, tenu à Versailles le 16 Décembre 1727. Signé, *De Laistre.*

Collationné à l'Original par Nous Ecuyer, Conseiller Secretaire du Roi, Maison, Couronne de France & de ses Finances.

Arrêt du Conseil d'Etat du Roi, du 30 Mars 1728, qui accorde un nouveau délai de trois mois aux Bénéficiers & Communautés Ecclésiastiques, pour la passation des Baux pardevant Notaires, de leurs Biens & Revenus.

Extrait des Registres du Conseil d'Etat.

LE Roi s'étant fait représenter en son Conseil l'Arrêt du 16 Décembre 1727, par lequel Sa Majesté a ordonné que les Bénéficiers & Communautés Ecclésiastiques, seroient tenus de passer dans trois mois pour tout délai, à compter du premier Janvier 1728, des Baux pardevant Notaires de tous les biens & revenus dont ils ont donné la jouissance par écrits sous signature privée, tacite réconduction, ou conventions verbales: & Sa Majesté étant informée que le délai fixé par ledit Arrêt, qui doit expirer à la fin du présent mois, n'a pas été suffisant pour mettre lesdits Bénéfices & Communautés en état de passer lesdits nouveaux Baux, attendu qu'ils doivent être précédés par des affiches & publications qui ne peuvent être faites que dans les mois d'Avril & Mai; que d'ailleurs il est d'usage que lesdits Baux, même sans affiches & publications, ne soient faits que dans le mois de Juin, à quoi voulant pourvoir: Oui le rapport du sieur le Peletier, Conseiller d'Etat ordinaire & au Conseil Royal, Contrôleur Général de Finances. Le Roi en son Conseil, a prorogé & proroge jusqu'au dernier Juin prochain inclusivement, le délai accordé par ledit Arrêt du 16 Décembre 1727, aux Bénéficiers & Communautés Ecclésiastiques, pour passer des Baux pardevant Notaires de leurs biens & revenus, & faire contrôler les Baux précedemment faits par écrits sous signature privée, tacite réconduction, ou conventions verbales; passé lequel délai, & sans esperance d'aucun autre, veut Sa Majesté que

que ledit Arrêt du 16 Décembre dernier soit exécuté suivant sa forme & teneur. Fait au Conseil d'Etat du Roi, tenu à Versailles le 30 jour de Mars 1728. Signé, *Goujon.*

Arrêt du Conseil d'Etat du Roi, du 27 Avril 1728, concernant l'insinuation des Quittances des droits d'amortissement.

Extrait des Registres du Conseil d'Etat.

VU par le Roi, en son Conseil, la Requête présentée en icelui par les Sieurs Agens généraux du Clergé, tendante à ce qu'il plût à Sa Majesté, en reformant l'Article XI. du Tarif des Insinuations du 29 Septembre 1722, ordonner que cet Article sera divisé en 22 Sections, au lieu de 6 dont il est composé, & que les Droits d'Insinuation des Quittances d'amortissement ne seront payés que pour celles expédiées, & pour droits d'amortissement acquittés depuis le 29 Septembre 1722, & non pour celles expédiées depuis ledit jour pour droit d'amortissement payés sur des Recepissés antérieurs à cette époque; ladite Requête contenant que la premiere Section de l'Article XI. du Tarif, en fixant à dix livres le droit des quittances d'amortissement des biens dont la valeur est de cinq cens livres, & ne statuant rien pour celles au-dessous de cette somme, il arrive qu'il est autant payé de droit pour la quittance d'amortissement d'un bien de cinquante livres, que pour celle d'un bien de cinq cens livres, & que dans les autres Sections du même Article la proportion n'est pas mieux gardée; ensorte que pour y remedier il seroit nécessaire de diviser tout l'Article en un nombre suffisant de Sections pour rendre l'objet des droits moins onereux au Clergé, principalement aux Curés & aux Fabriques de la Campagne, dont les modiques Fondations se trouvent souvent absorbées par le payement des droits: qu'à l'égard de celles de ces quittances qui ont été expédiées depuis 1722, & dont la valeur aura été fournie en Recepissés du Fermier ou de ses Commis, antérieurs à l'époque du 29 Septembre de ladite année, elles ne peuvent être assujettis au droit d'insinuation, sans donner un effet retroactif à une Loi penale & pecuniaire, & qui ne peut jamais avoir lieu. Vû pareillement la réponse des Soû-Fermiers, contenant qu'encore que l'exécution entiere des Reglemens ait fait l'objet sur lequel ils ont dû compter en prenant leurs Fermes, cependant ils croyent que, pour traiter avec proportion les Fondations mediocres, on peut subdiviser la premiere Section de l'Article XI. du Tarif du 27 Septembre 1722 pour les Insinuations, en dix autres Sections; ensorte qu'au lieu que les droits des quittances d'amortissement & de celles d'indemnités, y sont fixés à dix livres pour les biens de cinq cens livres & au-dessous indistinctement, il ne soit payé à l'avenir, lorsque les biens seront de cinquante livres & au-dessous que dix sols;

De 50 livres à 100 livres	1 l.
De 100 liv. à 150 liv.	1 l. 10 f

De 150 liv. à 200 liv.	2 l.
De 200 liv. à 250 liv.	2 l. 10 f.
De 250 liv. à 300 liv.	3 l.
De 300 liv. à 350 liv.	3 l. 10 f.
De 350 liv. à 400 liv.	5 l.
De 400 liv. à 450 liv.	7 l.
De 450 liv. à 500 liv.	10 l.

Ce qui fera une moderation confidérable & balancée fur la modicité des Fondations. A l'égard du plan propofé par les Sieurs Agens du Clergé, par rapport aux autres Sections dudit Article, il ne peut être écouté fans jetter les Fermiers dans une perte affez confidérable, les mettre dans le cas d'une indemnité proportionnée : que pour faire connoître le peu de fondement de la demande du Clergé en exemption du droit d'infinuation des quittances expédiées depuis le Tarif de 1722, en converfion de fimples recepiffés qui leur ont été délivrés avant cette époque, il fuffit d'obferver que les fimples recepiffés font des piéces informes qui n'operent point la décharge des redevables du droit d'amortiffement, qui font obligés abfolument de prendre des quittances, lefquelles ne font valables qu'autant qu'elles font revêtues des formalités prefcrites lors de leur expédition : que par rapport à la néceffité de retirer ces quittances, elle ne fouffre aucune doute, depuis l'Arrêt du 4 Septembre 1696, qui l'ordonne expreffement, en affujettiffant les Gens de main-morte à rapporter les recepiffés, au lieu defquels lefdites quittances leur doivent être expédiées, & qu'il eft fans difficulté qu'étant expédiées depuis le Tarif du 29 Septembre 1722, elles doivent néceffairement être infinuées pour être valables, attendu que ce Tarif les y affujettit en termes exprès : à quoi Sa Majefté voulant pourvoir. Oui le rapport du fieur le Peletier, Confeiller d'Etat ordinaire & au Confeil Royal, Contrôleur général des Finances, Le Roi en fon Confeil, a ordonné & ordonne, du confentement des Fermiers, que les droits fixés par la premiere Section de l'Article XI. du Tarif des infinuations du 29 Septembre 1722, feront payé à l'avenir ; fçavoir, pour les quittances du droit d'amortiffement, & pour celles d'indemnité des biens de valeur de cinquante livres & au deffous, dix fols.

De 50 livres à 100 livres	1 l.
De 100 liv. à 150 liv.	1 l. 10 f.
De 150 liv. à 200 liv.	2 l.
De 200 liv. à 250 liv.	2 l. 10 f.
De 250 liv. à 300 liv.	3 l.
De 300 liv. à 350 liv.	3 l. 10 f.
De 350 liv. à 400 liv.	5 l.
De 400 liv. à 450 liv.	7 l.
De 450 liv. à 500 liv.	10 l.

Qu'au furplus les autres Sections dudit Article feront exécutées felon leur forme & teneur : ordonne Sa Majefté que les quittances d'amortiffement expédiées depuis le premier Novembre 1722, & celles qui le feront à l'avenir, même en converfion des recepiffés qui ont été délivrés aux Gens de mainmorte avant ledit jour premier Novembre 1722, feront infinuées fur le pied ci-dessus reglé, sans que sous aucun prétexte ils puissent s'en dispenser; au payement desquels droits ils seront poursuivis sur les contraintes du Fermier ou de ses Procureurs. Enjoint aux sieurs Intendans & Commissaires départis dans les Provinces & Généralités du Royaume, de tenir la main à l'exécution du présent Arrêt, nonobstant toutes oppositions ou autres empêchemens, pour lesquels ne sera differé, dont si aucuns interviennent, Sa Majesté s'est reservée la connoissance, & icelle interdit à toutes ses Cours & autres Juges. Fait au Conseil d'Etat du Roi, tenu à Versailles le 27 jour d'Avril 1728. Collationné. Signé *De Vougny.*

LOUIS, par la grace de Dieu, Roi de France & de Navarre, Dauphin de Viennois, Comte de Valentinois & Dyois, Provence, Forcalquier & Terres adjacentes: à nos amés & féaux Conseillers en nos Conseils les sieurs Intendans & Commissaires départis pour l'exécution de nos ordres dans les Provinces & Généralités de notre Royaume, Salut. Nous vous mandons & enjoignons de proceder & tenir la main, chacun en droit soi, à l'exécution de l'Arrêt dont l'extrait est ci-attaché sous le Contre-scel de notre Chancellerie, ce jourd'hui rendu en notre Conseil d'Etat, pour les causes y contenues: commandons au premier notre Huissier ou Sergent sur ce requis, de signifier ledit Arrêt à tous qu'il appartiendra, à ce qu'aucun n'en ignore, & de faire en outre pour l'entiere exécution dudit Arrêt tous Commandemens, Sommations & autres Actes & Exploits nécessaires, sans autre permission, nonobstant Clameur de Haro, Chartre Normande & Lettres à ce contraires, toutes oppositions ou autres empêchemens, pour lesquels ne sera differé, & dont si aucuns interviennent, Nous nous en reservons la connoissance, & icelle interdisons à toutes nos Cours & autres Juges. Voulons qu'aux copies dudit Arrêt & des présentes, collationnées par l'un de nos amés & féaux Conseillers Secretaires, foi soit ajoutée comme aux originaux: Car tel est notre plaisir. Donné à Versailles le 27 jour d'Avril, l'an de grace 1728, & de notre Regne le treiziéme. *Et plus bas*, Par le Roi Dauphin, Comte de Provence, en son Conseil. Signé *De Vougny.*

Collationné aux Originaux par Nous Ecuyer Conseiller-Secretaire du Roi, Maison Couronne de France & de ses Finances.

Déclaration du Roi, donnée à Versailles le 14 Février 1737, qui regle la forme en laquelle les Procurations pour résigner des Bénéfices doivent être faites.

LOUIS, par la grace de Dieu, Roi de France & de Navarre: A tous ceux qui ces présentes Lettres verront, Salut. La multiplication des fraudes & des abus qui s'étoient glissés dans les Résignations en faveur, depuis que l'usage en avoit été introduit dans notre Royaume, obligea le Roi Henri II. à y apporter les remedes convenables par son Edit du mois de Juin 1550. Ce fut dans cette vûë qu'il ordonna entr'autres choses, que les

Procurations pour résigner les Bénéfices ne pourroient être reçûës par un Notaire seul & sans la présence de deux témoins connus & domiciliés, qui ne fussent ni domestiques, ni parens ou alliés jusqu'au dégré de Cousin-germain inclusivement, soit du Résignant ou du Resignataire. Le feu Roi notre très-honoré Seigneur & Bisayeul a renouvellé & même étendu les dispositions d'une Loi si nécessaire, par sa Déclaration du mois d'Octobre 1646, & par son Edit du mois de Décembre 1691, mais il manquoit encore quelque chose à la perfection de ces Loix, puisqu'en prescrivant des Regles pour les Procurations qui sont reçûës par un Notaire avec des témoins, elles n'avoient rien déterminé par rapport aux Procurations qui sont passées pardevant deux Notaires, où il n'est pas d'usage d'appeller deux témoins; & ayant resolu de suppléer à cette obmission, Nous avons consideré que les résignations se faisant le plus souvent dans la pensée de la mort, & étant exposées aux mêmes surprises que les dispositions de derniere volonté, on ne pouvoit y pourvoir d'une maniere plus sûre qu'en rendant la forme des Procurations pour résigner des Bénéfices presque semblable à celle que Nous avons autorisée par notre Ordonnance du mois d'Août 1735, pour les Actes à cause de mort, qui sont reçûs par des Notaires; Nous obligerons par là ceux qui recevront les Procurations pour résigner, à y apporter la même attention, pour connoître l'état du Résignant & lui faire expliquer sa volonté en leur présence, que lorsqu'il s'agit de s'assurer de l'état d'un Testateur, & de lui entendre prononcer ses dispositions. Et comme il arrive souvent que les demissions pures & simples, sont une espece de résignation secrete en faveur de celui qui en est l'objet, & que les permutations de Bénéfices qui renferment toujours une résignation réciproque, sont aussi susceptibles de différens genres de fraude, qu'il est important d'empêcher, Nous avons jugé à propos d'assujettir les unes & les autres à l'observation des regles que Nous établirons par notre présente Déclaration. A ces causes & autres à ce Nous mouvans, de l'avis de notre Conseil, & de notre certaine science, pleine puissance & autorité Royale, Nous avons dit, déclaré & ordonné, & par ces présentes signées de notre main, disons, déclarons & ordonnons, voulons & Nous plaît ce qui suit.

ARTICLE PREMIER.

Les Procurations pour résigner des Bénéfices ne pourront être faites que par des Actes passés en présence de deux Notaires, ou en présence d'un Notaire avec deux témoins au moins de la qualité qui sera ci-après marquée, & il sera fait mention dans lesdits Actes de l'état de santé ou de maladie dans lequel sera le Résignant, le tout à peine de nullité.

II. Lesdits Notaires ou l'un d'eux, écriront l'Acte de Procuration, suivant la Déclaration que le Résignant leur fera de ses intentions, & lui en feront ensuite la lecture, de laquelle il sera fait une mention expresse, après quoi l'acte sera signé, tant par le Résignant que par les deux Notaires, ou par un Notaire & les témoins; & en cas que le Résignant déclare qu'il ne peut signer, il en sera fait aussi mention, le tout à peine de nullité.

III. Ne pourront être pris pour assister ausdits Actes que des témoins connus & domiciliés, qui soient âgés au moins de vingt ans accomplis, & qui ne soient ni parens ou alliés du résignant ou du Résignataire, jusqu'au dégré de Cousin-germain inclusivement, ni Serviteurs ou Domestiques de l'un ou de l'autre : Voulons en outre conformément aux Articles XL. XLI. XLII. & XLIV. de notre Ordonnance concernant les Testamens, qu'il ne puisse être admis dans lesdits Actes que des témoins qui sçachent & puissent signer, & qui soient mâles, Regnicoles & capables d'effets civils, sans que les Réguliers, Novices ou Profés de quelqu'Ordre que ce soit, ni les Clercs, Serviteurs ou Domestiques du Notaire qui recevra la Procuration, puissent être pris pour témoins, le tout à peine de nullité.

IV. Voulons conformement à l'Article XLVIII. de notredite Ordonnance, que ceux desdits Notaires ou témoins qui auront signé lesdites Procurations, sans avoir vû le Résignant, & l'avoir entendu prononcer & expliquer ses intentions, soient poursuivis extraordinairement à la Requête de nos Procureurs, comme pour crime de faux.

V. Il restera minute desdites Procurations, à peine de nullité.

VI. La disposition des quatre Articles précédens aura lieu pareillement pour les Procurations & Actes qui se font à l'effet de permuter des Bénéfices, & pour les Actes de démission pure & simple.

VII. N'entendons au surplus rien innover par ces présentes, sur les regles, conditions & formalités établies par ledit Edit de 1550, & autres Ordonnances, Edits & Déclarations posterieurs ; toutes lesquelles Loix continueront d'être exécutées selon leur forme & teneur. Si donnons en mandement à nos amés & féaux Conseiller les Gens tenans notre Cour de Parlement à Paris, Grand-Conseil, Baillifs, Sénéchaux, & tous autres nos Officiers & Justiciers qu'il appartiendra, que ces présentes ils gardent, observent & entretiennent, fassent garder, observer & entretenir ; & pour les rendre notoires à nos Sujets, les fassent lire, publier & regiſtrer. Car tel est notre plaisir : En témoin de quoi Nous y avons fait mettre notre Scel. Donné à Versailles, le quatorziéme jour de Février 1737, & de notre Regne le 22. Signé, LOUIS; *Et plus bas*, Par le Roi, *Phelypeaux*. Et scellée du grand Sceau de cire jaune.

Registrée, oui, ce requerant le Procureur Général du Roi, pour être exécutée selon sa forme & teneur, & copies collationnées envoyées aux Bailliages & Senechaussées du ressort, pour y être lûës, publiées & registrées : enjoint aux Substituts du Procureur Général du Roi d'y tenir la main, & d'en certifier la Cour dans un mois, suivant l'Arrêt de ce jour. A Paris en Parlement le 15 Mars 1737. Signé, *Dufranc.*

Déclaration du Roi, donnée à Versailles le 6 Juin 1739, concernant les Procurations pour résigner.

LOUIS, par la grace de Dieu, Roi de France & de Navarre : A nos amés & féaux les Gens tenans notre Cour de Parlement à Paris, Salut. Par notre Déclaration du 14 Février 1737, Nous aurions, en confirmant la disposition de l'Edit du mois de Décembre 1691, ainsi que celles de l'Article III. de l'Edit du mois de Juin 1550, & de l'Article IX. de la Déclaration de 1646, reglé la forme en laquelle les Procurations pour résigner devoient être faites, soit qu'elles fussent passées par deux Notaires ou par un Notaire & en présence de deux témoins ; cette Déclaration ayant été enregistrée en notre Cour de Parlement, le 14 Mars 1737, & envoyée, conformement à l'Arrêt d'enregistrement, à tous les Bailliages & Sénéchaussées du ressort dudit Parlement, Nous avons été informés des difficultés qui pouvoient naître au Conseil Provincial d'Artois pour l'exécution de cette Déclaration, sur ce que l'Edit de 1550, & la Déclaration de 1646, n'y ont point été envoyés, & Nous avons crû que pour prévenir ces difficultés, il étoit nécessaire de faire enregistrer audit Conseil les Articles de ces Ordonnances, qui peuvent avoir rapport à notredite Déclaration. A ces causes & autres à ce Nous mouvans, de l'avis de notre Conseil, & de notre certaine science, pleine puissance & autorité Royale, Nous avons par ces présentes, signées de notre main, dit, déclaré & ordonné, disons, déclarons & ordonnons, voulons & Nous plaît, que l'Article III. de l'Edit du mois de Juin 1550, & l'Article IX. de la Déclaration du mois d'Octobre 1646, soient exactement observés dans le Ressort de notre Conseil Provincial d'Artois ; à cet effet vous mandons de les y envoyer pour y être lûs, publiés & registrés. Si vous mandons que ces présentes vous ayez à faire enregistrer, & le contenu en icelles exécuter & observer selon leur forme & teneur : Car tel est notre plaisir ; en témoin de quoi Nous avons fait mettre notre Scel à cesdites présentes. Donné à Versailles le sixiéme jour de Juin, l'an de grace 1739, & de notre Regne le 24. Signé LOUIS ; *Et plus bas*, par le Roi, *Phelypeaux.* Et scellé du grand Sceau de cire jaune.

Registrée, oui, ce requerant le Procureur Général du Roi, pour être exécutée selon sa forme & teneur, & copies collationnées d'icelle, ensemble de l'Article III. de l'Edit du mois de Juin 1550, *& de l'Article IX. de la Déclaration du mois d'Octobre* 1646, *envoyées au Conseil Provincial d'Artois, pour y être lûes, publiées & registrées ; Enjoint au Substitut du Procureur Général du Roi d'y tenir la main, & d'en certifier la Cour dans un mois, suivant l'Arrêt de ce jour. A Paris en Parlement le* 8 *Juillet* 1739. Signé, *Dufranc.*

Extrait des Regiſtres des Ordonnances Royaux regiſtrées en Parlement. Article III. de l'Edit du mois de Juin 1550, regiſtré le 24 Juillet 1550.

ORdonnons que foi ne ſera ajoutée aux inſtrumens reçûs par leſdits Notaires, (ores qu'ils auroient obſervé le contenu aux Articles précedens,) ſi dans les inſtrumens par eux reçus, n'eſt faite aucune mention de la qualité deſdits Notaires, du lieu où ils auront été enregiſtrés, & de leur demeurance; & n'auront les Juges égard aux inſtrumens de Procurations pour reſigner Bénéfices, ſi leſdits Notaires n'appellent deux témoins pour le moins, gens domiciliés & connus ès lieux où ils recevront leſdites Procurations, & non Parens ni Domeſtiques; c'eſt à ſçavoir, pere, ayeul, & aſcendant, frere, oncle, ou couſin-germain des Réſignans ou Réſignataires, & que les Procurations, Scedes & minutes d'icelles, ſoient ſignées par le Réſignant en préſence deſdites deux témoins, & leſquels témoins ſeront tenus, ſur peine de nullité de ladite Procuration, ſigner la Scede & notte d'icelle, au cas que le Réſignant fût en telle diſpoſition qu'il ne la pût ſigner, dont les Notaires ſeront tenus de faire mention, & de la raiſon & cauſe pour laquelle ledit Reſignant ne l'aura pû ſigner. Collationné, *Langele.*

Extrait des Regiſtres des Ordonnances Royaux, regiſtrées au Parlement. Article IX. de la Déclaration du mois d'Octobre 1646, regiſtrée au Parlement le 2 Août 1649.

DEclarons pareillement nulles les Procurations pour réſigner ou permuter Bénéfices, les révocations deſdites Procurations & les rétractations d'icelles, & toutes Procurations pour créer & étendre penſion, ſi elles n'ont été paſſées par Notaires Royaux ou Apoſtoliques, en préſence de deux témoins pour le moins, connus, domiciliés & non domeſtiques, parens ni alliés dans le degré du couſin-germain du Reſignant ou du Reſignataire, & & s'ils ne ſignent à la minute, s'ils ſçavent ſigner, dont les Notaires feront expreſſe mention: ordonnons auſſi qu'aux préſentations & collations des Patrons & Collateurs ordinaires, aſſiſteront deux témoins de la qualité ſuſdite, non parens, alliés audit degré, ni domeſtiques du Reſignant ni du Patron ou Collateur, leſquels ſigneront la minute, ainſi que dit eſt, à peine de nullité. Collationné, *Langele.*

TABLE ALPHABETIQUE

Des Formules de Contrats & Actes contenus dans ce Livre.

PREMIERE PARTIE.

MATIERE LAIQUE.

A

D

E

F

I

N

O

P

Procuration

Q

R

S

V.

Fin de la Table des modeles de Contrats & Actes en matiere Laïque.

TABLE ALPHABETIQUE

Des Formules d'Actes contenus dans ce Livre.

SECONDE PARTIE.

Matiere Ecclésiastique & Béneficiale.

Fin de la Table des Formules d'Actes en matiere Bénéficiale.

www.ingramcontent.com/pod-product-compliance
Lightning Source LLC
LaVergne TN
LVHW020953300926
849160LV00007B/141
9782013710275